I0751744

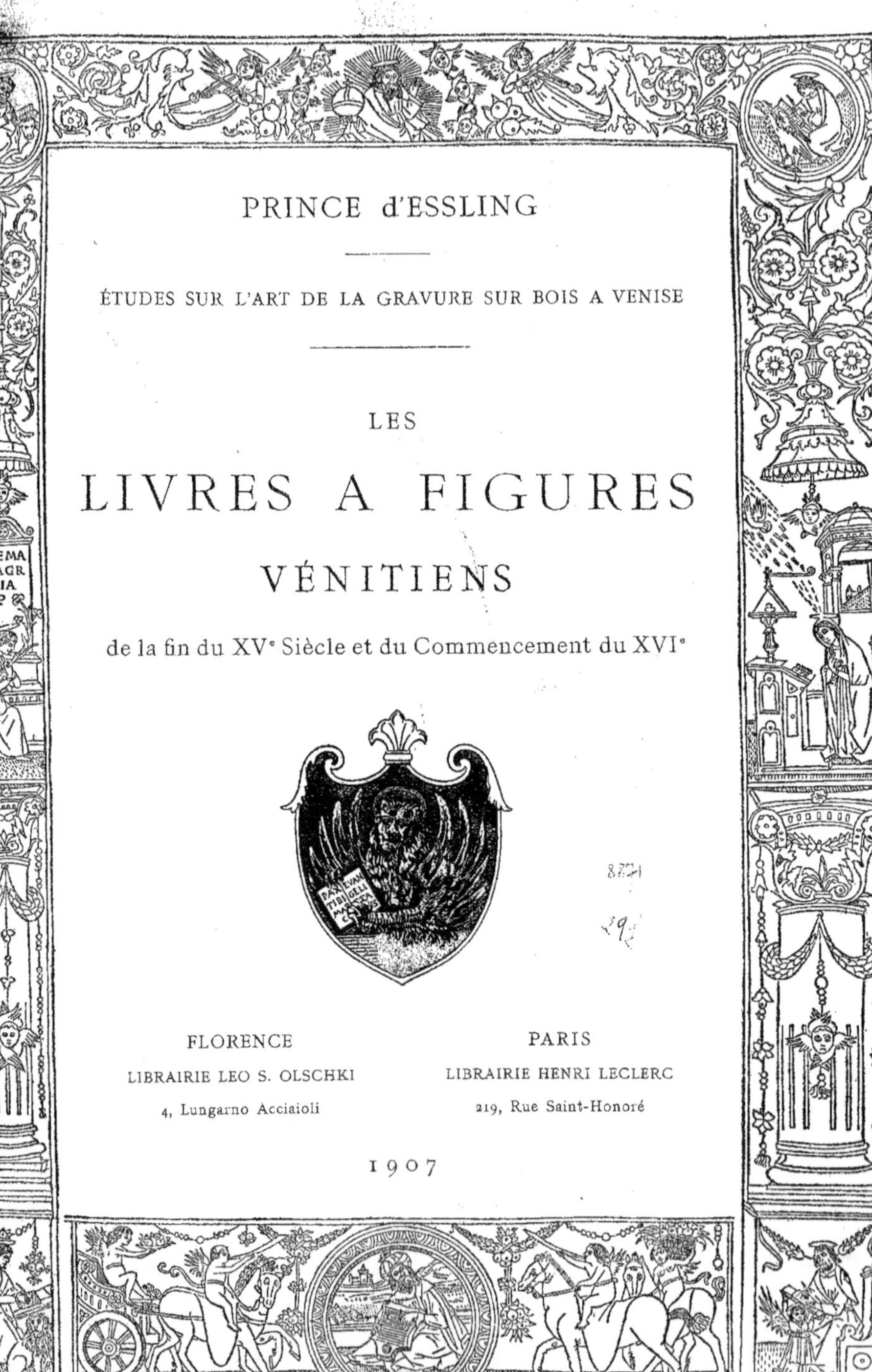

PRINCE d'ESSLING

ÉTUDES SUR L'ART DE LA GRAVURE SUR BOIS A VENISE

LES

LIVRES A FIGURES VÉNITIENS

de la fin du XVe Siècle et du Commencement du XVIe

FLORENCE
LIBRAIRIE LEO S. OLSCHKI
4, Lungarno Acciaioli

PARIS
LIBRAIRIE HENRI LECLERC
219, Rue Saint-Honoré

1907

LES

LIVRES A FIGURES

VÉNITIENS

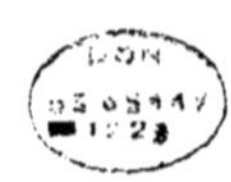

Tirage à trois cents exemplaires numérotés

Exemplaire N° 278

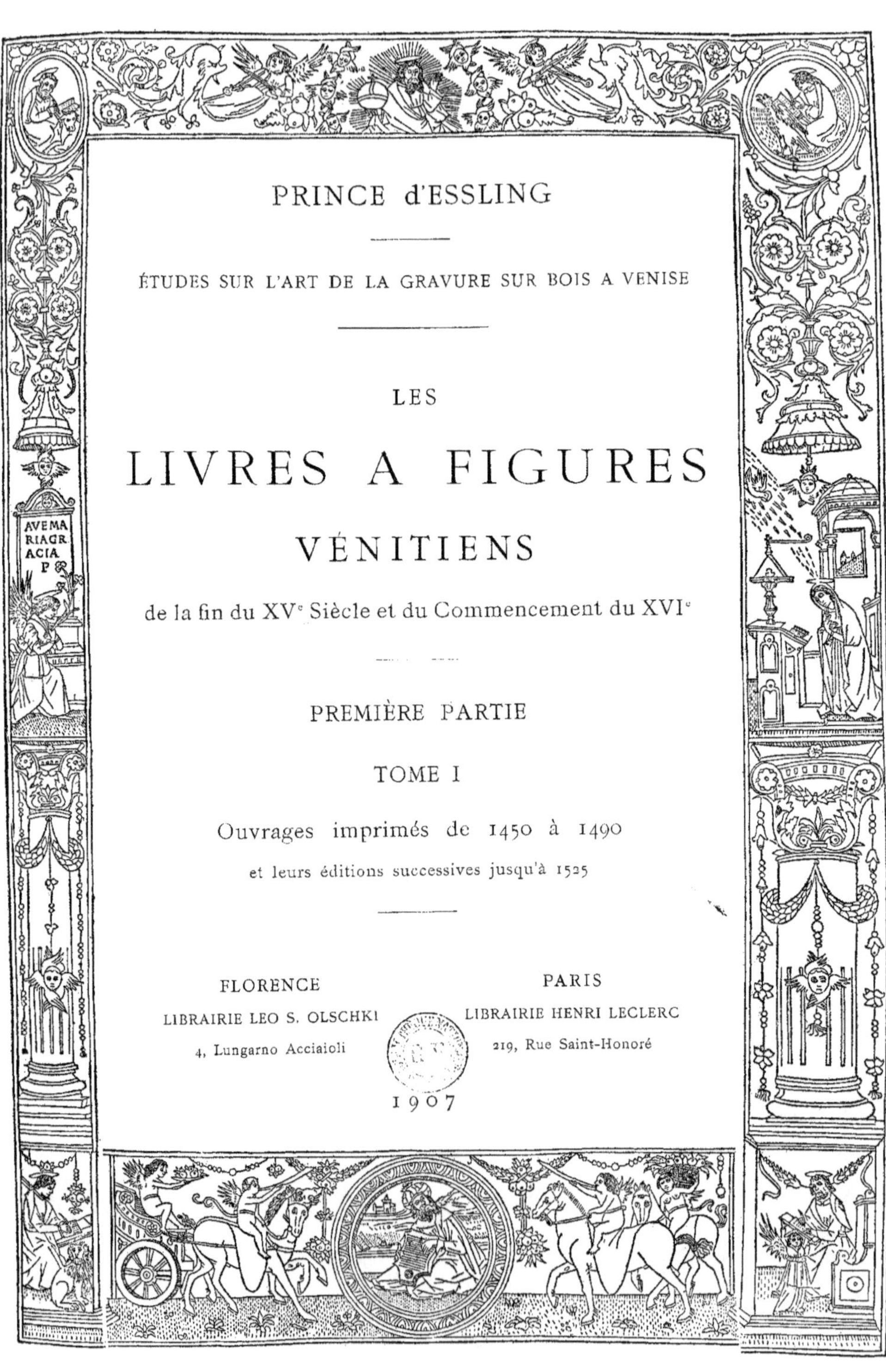

PRINCE d'ESSLING

ÉTUDES SUR L'ART DE LA GRAVURE SUR BOIS A VENISE

LES

LIVRES A FIGURES VÉNITIENS

de la fin du XVe Siècle et du Commencement du XVIe

PREMIÈRE PARTIE

TOME I

Ouvrages imprimés de 1450 à 1490

et leurs éditions successives jusqu'à 1525

FLORENCE
LIBRAIRIE LEO S. OLSCHKI
4, Lungarno Acciaioli

PARIS
LIBRAIRIE HENRI LECLERC
219, Rue Saint-Honoré

1907

AVERTISSEMENT

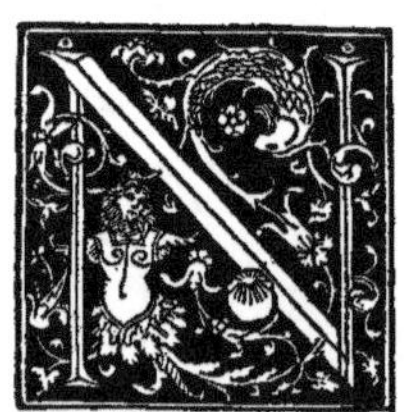

ous avons cru devoir conserver la disposition que nous avions adoptée dans notre premier essai, très incomplet, de bibliographie des *Livres à Figures Vénitiens*, publié en 1892 : c'est-à-dire qu'immédiatement à la suite de chaque édition *princeps* illustrée, nous avons rangé les éditions successives du même livre jusqu'à 1525 environ. Ce n'est pas que nous n'ayons apprécié à sa valeur l'objection qui a été soulevée contre cette méthode par certains critiques. A leur avis, il eût mieux valu, dans un travail destiné à montrer le progrès de la gravure sur bois à Venise, donner toutes les éditions à leurs dates respectives, sans se préoccuper d'en faire des séries ; ce qui eût permis de rapprocher les unes des autres les illustrations produites par tel graveur ou telle école de graveurs sur bois, dont la période d'activité peut, à défaut de renseignements précis, être limitée entre deux dates approximatives. Il nous a semblé que cet avantage ne compenserait pas assez l'inconvénient d'une certaine complication dans la recherche, que nous voulions précisément épargner au lecteur. Par exemple, nombre de bois fournis par le graveur b ou son atelier pour la *Bible* de 1490, ont été employés dans les éditions suivantes jusque vers la fin du xvie siècle. En décrivant ces éditions, nous y mentionnons simplement la présence des vignettes originales de 1490. Il faudrait donc, si l'on voulait avoir une idée des gravures en question, se reporter du second ou du troisième volume de notre recueil au premier, où se trouvent les reproductions données. Au contraire, les éditions d'une même œuvre étant énumérées successivement, rien n'est plus facile que de remonter de l'une ou de l'autre à la première. Ajoutons que les productions des principaux illustrateurs vénitiens seront examinées dans leur ensemble au cours de l'étude générale qui sera le complément de notre ouvrage.

Nous avons quelquefois dépassé, dans la nomenclature des éditions, la date de 1525, adoptée en principe comme terme de notre étude. Bien que l'illustration du livre, à Venise, perde de plus en plus, à mesure qu'on s'éloigne de la fin du xve siècle, le caractère artistique qui la distinguait à ses débuts, cependant certains imprimeurs du siècle suivant se sont efforcés de rivaliser avec leurs devanciers, et maint volume sorti de leurs ateliers compte parmi les plus intéressants qui sollicitent l'attention des amateurs.

Nous avons tenu à signaler quelques-unes de ces belles éditions, postérieures au premier quart du XVIe siècle. Dans d'autres séries, où même les éditions les plus tardives sont d'une insigne rareté, c'est cette dernière raison qui nous a engagé à sortir de la limite que nous nous étions assignée.

On trouvera classés parmi les livres vénitiens quelques ouvrages qui ont été imprimés, soit à Florence, soit même hors d'Italie (éditions de Ratdolt à Augsbourg) : c'est qu'ils entraient dans notre cadre à cause de leurs gravures d'origine vénitienne.

Toutes les reproductions que nous donnons sont de la dimension exacte des bois originaux, à l'exception de plusieurs figures et des encadrements qui, tirés de volume grand in-folio, excédaient la justification de nos pages.

Pour l'impression du texte de nos descriptions, nous avons employé deux caractères différents, le plus fort consacré aux livres les plus remarquables et les plus rares, et le plus petit aux livres de moindre importance.

Nous donnons ci-après la liste des bibliothèques publiques et des collections particulières que nous avons mises à contribution pour nos recherches, avec les indications abréviatives par lesquelles nous les désignons. Nous n'avons pas cru devoir citer les cotes des catalogues, auxquelles on apporte de fréquents changements. De même, afin de ne pas alourdir un texte déjà si chargé de détails, nous nous sommes abstenu de mentionner, pour chaque livre, toutes les bibliothèques où nous en avons vu des exemplaires. Nous n'avons fait exception que pour certains livres rarissimes, dont on ne connaît que quatre ou cinq exemplaires, et qui sont d'ailleurs l'objet de remarques particulières dans nos descriptions.

Il est une autre omission intentionnelle dont nous tenons à prévenir le lecteur. Nous avons écarté de parti pris une quantité d'ouvrages, la plupart de format in-4° et in-8°, imprimés au XVIe siècle, qui n'ont d'autre ornementation qu'un encadrement banal, et d'une exécution souvent grossière, à la page du titre, et quelques petites initiales ornées dans le texte. Il nous semble difficile d'admettre cette sorte de livres parmi les livres « illustrés » proprement dits, bien qu'ils soient généralement annoncés comme tels dans les catalogues de librairie.

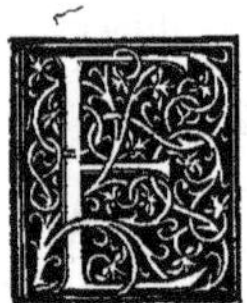

n livrant cet ouvrage à la publicité, nous avons le devoir de renouveler l'expression de notre gratitude aux personnes qui ont bien voulu nous seconder dans nos longues recherches, et se faire, à vraiment parler, nos collaborateurs.

Nous sommes particulièrement heureux de payer cette dette, d'abord, à l'illustre savant dont le nom est également aimé et respecté de tous ceux, compatriotes ou étrangers, qui ont eu recours aux lumières de sa vaste érudition. Que M. Léopold Delisle soit assuré de notre profonde reconnaissance pour la bienveillante attention avec laquelle il a toujours accueilli nos demandes. Après lui, nous avons à remercier M. Marchal, conservateur du département des Imprimés ; M. Courboin, conservateur-adjoint des Estampes, et les autres fonctionnaires de la Bibliothèque Nationale qui, si souvent, ont guidé de la meilleure grâce du monde, nos investigations dans les « arcanes » de la réserve. Nous ne pouvons plus, hélas ! que donner un souvenir ému à la mémoire de Henri Bouchot, dont maintes fois nous avons pris les avis, et qui vient d'être enlevé si prématurément à tant d'amitiés et de sympathies gagnées par son caractère et son talent.

Dans les autres bibliothèques de Paris, comme au Musée Condé, où notre tâche était moins compliquée, nous avons obtenu toutes les facilités qui devaient la simplifier encore davantage.

A Londres, dans ce splendide British Museum, où l'on ne sait ce qu'on doit le plus admirer, de la richesse si habilement entretenue des collections ou de l'organisation impeccable des services, nous avons eu la bonne fortune de rencontrer, parmi les bibliothécaires, des spécialistes d'une rare compétence en matière de livres anciens, et à qui nous sommes redevable de plus d'un renseignement utile, notamment M. Alfred Pollard et son collègue Robert Proctor, mort si tragiquement il y a quelques années. A la Bibliothèque Bodléienne d'Oxford, où nous avons vérifié une des particularités les plus intéressantes pour l'histoire des relations des imprimeurs vénitiens avec leurs confrères de Paris ; à Manchester, où l'amabilité de M. Henry Guppy nous a permis de prendre une reproduction de deux pages caractéristiques de la *Bible* de 1471, appartenant au fameux fonds Spencer, nous avons été favorisé autant que peut l'être un bibliophile en quête de trouvailles : c'est tout dire.

En Allemagne, c'est la Bibliothèque Royale de Munich qui devait nous fournir les plus nombreux éléments de travail. Son éminent directeur, M. le Conseiller von Laubmann, a trouvé moyen de renchérir sur les prévenances dont il nous avait déjà comblé lorsque nous préparions notre volume sur *Les Missels Vénitiens*. Le même accueil nous était réservé à Berlin, où il nous fut si agréable de passer en revue, avec le très regretté Dr Friedrich Lippmann, la belle collection de livres à figures annexée par ses soins au Cabinet des Estampes ; à la Bibliothèque Royale de Dresde, que dirigeait alors le Dr Max Lehrs, appelé depuis à prendre la succession du Dr Lippmann ; à Stuttgart, à Francfort, à Mayence, à Wolfenbüttel. Mais il nous faudrait, après avoir cité ces principales bibliothèques allemandes, énumérer encore toutes les autres et reprendre la liste détaillée que nous en donnons plus loin.

A Vienne, le Dr Rudolf Beer, non content de se faire notre « cicerone » tout dévoué à la Bibliothèque Impériale, dont il est le secrétaire, nous a encore procuré l'entrée de la Rossiana, une superbe collection réunie jadis par un Italien, léguée à S. M. l'Empereur d'Autriche, et restée presque inconnue. Nous y avons découvert, entre autres raretés de premier ordre, une des plus belles éditions du *Devote Meditationi* de St Bonaventure.

Nous avons eu plus d'une occasion, dans nos précédentes publications, de dire tout ce que nous devons aux bibliothèques d'Italie. Il y a quinze ans, c'étaient surtout la Bibliothèque St-Marc et le Musée Correr, de Venise, qui avaient constitué le cadre de notre premier essai de bibliographie. Mais dans ce fonds si riche de la Marciana, dont le classement était alors rendu très difficile par la disposition des salles du Palais Ducal, nous avions, malgré le secours intelligent du vice-bibliothécaire, le Cte Soranzo, laissé de côté nombre d'ouvrages qui auraient dû prendre place dans notre étude. C'est grâce à l'extrême obligeance du Dr Morpurgo — aujourd'hui directeur de la Bibliothèque Nationale de Florence — que nous avons pu, pendant plusieurs séjours consécutifs à Venise, réparer ces omissions et corriger aussi quelques erreurs. En même temps, nous revisions avec soin ce que nous avions déjà vu à la bibliothèque du Musée, toujours si bien administrée par notre excellent ami l'Abbé Nicoletti. D'autre part, afin de nous éclairer nous-même et de donner aux amateurs de l'art et aux bibliophiles tous les renseignements qu'il est possible de se procurer sur les exercices des imprimeurs vénitiens, sur leurs relations avec les graveurs-illustrateurs de livres, nous avons fait procéder à un relevé méthodique des actes de toute sorte, contrats, testaments, etc., conservés dans l'*Archivio di Stato* de Venise. Nous reviendrons, au cours de l'étude générale qui terminera notre ouvrage, sur cette contribution aux recherches déjà faites dans le même sens par des érudits et des historiens tels que le Sénateur Pompeo Molmenti, le Prof. Paoletti, et cet infatigable travailleur dont le monde savant déplore la perte récente, le Dr Georg Ludwig. En attendant, nous adressons ici nos remerciements au Comm. Malagola, directeur de l'*Archivio*, et à ses distingués collaborateurs, notamment MM. le Chevalier Giomo et le Chevalier Predelli, qui ont apporté à ce long dépouillement l'appoint de leur activité et de leur grande expérience.

Toutes les autres bibliothèques publiques d'Italie, où nous avons récolté une si ample moisson, ont mis leurs trésors à notre disposition avec la même largesse ; et partout leurs administrateurs nous ont témoigné une bonne volonté et une déférence dont nous avons été profondément touché. Nous avons cependant des obligations particulières envers quelques-uns d'entre eux qui sont allés bien au-delà de la courtoisie que nous pouvions attendre de leur part. Ainsi, à Rome, le Cte Gnoli, directeur de la Bibliothèque Vittorio Emanuele ; et, parmi les attachés de cette même bibliothèque, le Prof. Mario Menghini, dont l'aide nous a épargné souvent un temps précieux ; le Chevalier Giorgi, directeur de la Bibliothèque Casanatense ; le R. P. Ehrle, qui a introduit de si heureuses modifications dans la Bibliothèque Vaticane ; — à Milan, le Comm. Fumagalli, directeur de la Bibliothèque Brera, un des promoteurs de la Société bibliographique italienne, dont nous avons l'honneur de faire partie, et l'auteur bien connu de remarquables travaux sur l'imprimerie en Italie ; le Dr Ratti, adjoint au vénérable chanoine Ceriani, que vient de perdre dernièrement l'Ambrosiana, si longtemps placée sous sa haute direction ; — à Florence, le Dr Chilovi, également disparu depuis peu d'années ; et, dans le personnel de la Bibliothèque Nationale, le Chevalier Baccini, qui a été pour nous, dès le début de nos travaux, un auxiliaire si entendu et si diligent ; — à la Bibliothèque Communale de Vérone, le Dr Biadego, un de nos plus anciens correspondants ; — à la Bibliothèque Communale de Bologne, le respectable doyen des bibliothécaires d'Italie, le Dr Frati, resté si alerte et si jeune jusqu'à sa dernière heure ; — à Naples, le Dr Emidio Martini, directeur de la Bibliothèque Nationale, et le Chevalier Alfonso Miola, directeur de la Bibliothèque de l'Université ; — à Pérouse, le Cte Ansidei, qui (nous ne saurions passer tant de délicatesse sous silence) a bien voulu se déranger d'un congé pour ne pas nous faire perdre une journée de recherches ; — à Ferrare, le Prof. Agnelli, qui a su aménager la belle Bibliothèque de la Ville en savant doublé d'un artiste ; — à Parme, le Dr Edoardo Alvisi, directeur de la Bibliothèque Royale, où nous avons trouvé deux des plus importantes éditions de l'*Office de la Vierge ;* — à Ravenne, le Dr Joli, directeur de cette Bibliothèque Classense, où est conservée une surprenante collection de gravures sur bois archaïques dont nous aurons à nous occuper plus tard ; — à Sienne, le Prof. Donati, d'une amabilité toute toscane et qui ajoute au plaisir qu'on éprouve à travailler dans cette délicieuse ville. Que ceux qui nous ont rendu service et dont nous aurions pu omettre ici les noms, veuillent bien nous pardonner ; pour emprunter un mot célèbre, ils sont trop !

Une mention toute spéciale est due à la fameuse Bibliothèque Colombine, de Séville, dont nous avons appris avec regret la fermeture, pour cause du retrait de la subvention, pourtant bien insuffisante, que lui avait accordée jusqu'à présent le gouvernement espagnol. Le manque de fonds avait déjà forcé l'administration à suspendre, au troisième volume, l'impression du catalogue. Désormais, les amateurs seront privés de la joie que nous avons ressentie à feuilleter ces incunables d'une insigne rareté, ces milliers d'introuvables plaquettes, achetées à leur apparition par le grand curieux et l'intelligent bibliophile qu'était Fernand Colomb, et conservées depuis le XVIe siècle dans toute la fraîcheur de leur condition première. Le chanoine Arboli, qui avait la direction de la Bibliothèque, et le conservateur à qui est due la rédaction du catalogue, le Dr Simon de la Rosa, nous ont fait passer dans ces merveilleuses galeries des heures dont le charme sera compris par tous les passionnés du livre.

Si nous avons à nous féliciter aussi hautement de relations entretenues pendant plusieurs années avec les fonctionnaires des bibliothèques publiques de France et de l'étranger — où, du moins, de par les règlements, tous les travailleurs ont un libre accès, — comment pourrons-nous reconnaître les attentions des collectionneurs particuliers qui nous ont ouvert si libéralement leurs portes, nous donnant souvent l'illusion que nous poursuivions notre travail, assis à notre table, au milieu de nos livres à nous, dans notre propre bibliothèque?

Il eût été doux à notre vieille amitié de s'acquitter auprès du Prince Trivulzio, ce grand seigneur qui faisait les honneurs de son palais avec une affabilité exquise, et qui avait pour les merveilles artistiques entassées autour de lui les yeux d'un Italien de la Renaissance. Que le digne héritier de ce beau nom reçoive ici l'hommage qui revenait à son père. Nous ne saurions parler de la Trivulziana sans nommer le sympathique bibliothécaire qui, depuis de longues années, en a la charge, M. Emilio Motta.

Assez loin du Palais Trivulzio, mais encore à Milan, l'amateur de livres anciens est requis par une autre collection de la plus grande importance, constituée par le célèbre Melzi, et qui est l'objet des soins assidus et éclairés de sa petite-fille. Nous prions Mme la Marquise de Soragna-Melzi d'agréer pour son gracieux accueil les respectueux remerciements d'un confrère en bibliophilie.

Ne sortons pas de l'Italie sans avoir cité encore la belle bibliothèque formée par M. Horace de Landau dans sa villa des environs de Florence, et dont la conservation reste confiée comme par le passé au Dr Roediger.

Tous les amateurs connaissent, au moins de renom, la magnifique collection de livres italiens que possède à Londres M. Charles Fairfax Murray. Rien n'égale peut-être l'amour de ce fin dilettante pour ses chers livres, si ce n'est le plaisir qu'il goûte à en parler avec quelqu'un qui soit, comme on dit, « du métier », à les montrer les uns après les autres, à les commenter en artiste tout imprégné de la culture italienne; et le plaisir est si bien partagé, qu'on revient souvent importuner M. Murray.

A ces collectionneurs émérites, il nous faut joindre M. J. Masson, dont la compétence s'est fait apprécier à sa valeur dans l'organisation de l'*Exposition de la gravure sur bois* à l'Ecole des Beaux-Arts, en 1902; notre ami, le Vte de Savigny de Montcorps, l'auteur d'intéressantes monographies sur les Almanachs illustrés du XVIIIe siècle; M. Henri Gallice; en Angleterre, le Duc de Devonshire, Lord Aldenham, MM. Henry Huth et R. C. Fisher; en Allemagne, le P[ce] d'Oettingen-Wallerstein et le Dr Paul Kristeller, le bibliographe et critique d'art dont les nombreux travaux sur l'imprimerie et la gravure italiennes font autorité.

Enfin, nous avons aussi tiré profit des communications qui nous ont été faites par les principales librairies de Paris et de l'étranger. C'est ainsi que, dans plusieurs séries, certaines éditions, que nous n'avions pas rencontrées ailleurs, nous ont été connues, notamment grâce à notre éditeur, le Comm. Leo S. Olschki, de Florence; MM. Jacques et Ludwig Rosenthal, de Munich; et M. Voynich, de Londres.

Quelque incomplet que puisse être encore notre ouvrage, nous avons la conscience de n'avoir rien épargné pour le rendre digne d'être présenté à ceux qu'intéresse un sujet aussi spécial; mais nous n'aurions pu mener à bien une pareille tâche, si nous n'avions partout rencontré tant d'empressement et d'inlassable complaisance.

Bibliothèques

et

Collections citées dans l'ouvrage

AMIENS	M	Collection J. Masson.
BASSANO	C	Museo Civico.
BERLIN	E	Cabinet Royal des Estampes.
»	R	Bibl. Royale.
»	K	Collection P. Kristeller.
BOLOGNE	C	Bibl. Communale.
»	U	» Université.
»	L	» Liceo Musicale.
BRESLAU	D	Bibl. Diocésaine.
BRIXEN (Autriche)	S	Bibl. du Séminaire.
BUDAPEST	M	Musée National.
»	U	Bibl. de l'Université.
CARPENTRAS	M	Bibl. Municipale.
CHANTILLY	C	Musée Condé.
CHATSWORTH	D	Bibl. du Duc de Devonshire.
COPENHAGUE	R	Bibl. Royale.
CRACOVIE	U	Bibl. de l'Université.
DARMSTADT	C	Bibl. de la Cour.
DRESDE	R	Bibl. Royale.
ENGELBERG (Suisse)	C	Bibl. du Couvent de Bénédictins.
EPERNAY	G	Collection H. Gallice.
ERLAU (Hongrie)	A	Bibl. de l'Archevêché.
» »	L	Lyceum.
FERRARE	C	Bibl. Communale.
FLORENCE	N	Bibl. Nationale.
»	M	» Marucelliana.
»	R	» Riccardiana.
»	L	» Landau.
FRANCFORT-s/-M.	V	Bibl. de la Ville.
GIESSEN	U	Bibl. de l'Université.
GRAN	C	Bibl. de la Cathédrale.
HEIDELBERG	U	Bibl. de l'Université.
HEILIGENKREUZ (Autriche)	C	Bibl. du Couvent de Cisterciens.
LONDRES	BM	British Museum.
»	SP	Bibl. de la Cathédrale St-Paul.
»	L	» du Palais de Justice (Law Library).
»	FM	Collection Fairfax Murray.
»	H	» Henry Huth.
»	A	» Lord Aldenham.
MAYHINGEN (Bavière)	O	Bibl. du Prince d'Oettingen-Wallerstein.
MANCHESTER	R	Bibl. John Rylands.
MAYENCE	S	Bibl. du Séminaire.
MIDHURST	F	Collection R. C. Fisher.
MILAN	A	Bibl. Ambrosiana.
»	B	» Brera.
»	M	» Melziana.
»	T	» Trivulziana.
»	P	Musée Poldi-Pezzoli.
»	Pi	Collection Pirovano.
MODÈNE	E	Bibl. Estense.
MONT-CASSIN	A	Bibl. de l'Abbaye de Bénédictins.

MUNICH	R	Bibl. Royale.
NAPLES	N	Bibl. Nationale.
»	U	» Université.
»	B	» Brancacciana.
NEUSTIFT bei BRIXEN (Autriche)	C	Bibl. du Couvent d'Augustins.
NICE	M	Bibl. Municipale.
OLMÜTZ	U	Bibl. de l'Université.
OXFORD	B	Bibl. Bodléienne.
PADOUE	U	Bibl. de l'Université.
»	C	Museo Civico.
PALERME	C	Bibl. Communale.
PARIS	N	Bibl. Nationale.
»	A	» Arsenal.
»	M	» Mazarine.
»	G	» Ste Geneviève.
»	S	Collection du Vte de Savigny de Moncorps.
»	☆	Bibl. du Prince d'Essling.
PARME	R	Bibl. Royale.
PÉROUSE	C	Bibl. Communale.
PESARO	O	Bibl. Oliveriana.
PISE	U	Bibl. de l'Université.
RAVENNE	C	Bibl. Classense.
RATISBONNE	K	Kreisbibliothek.
ROME	VE	Bibl. Vittorio Emanuele.
»	Ca	» Casanatense.
»	Ch	» Chigi.
»	Co	» Corsini.
»	A	» Alessandrina.
»	An	» Angelica.
»	B	» Barberini.
»	Vl	» Vallicelliana.
»	Vt	» Vaticana.
SAINT-FLORIAN (Autriche)	C	Bibl. du Couvent.
SAINT-PAUL IN KÄRNTHEN (Autriche).	A	Bibl. de l'Abbaye de Bénédictins.
SALZBOURG	SP	Bibl. du Couvent St-Pierre.
SÉVILLE	C	Bibl. Colombine.
SIENNE	C	Bibl. Communale.
STUTTGART	R	Bibl. Royale.
TRÉVISE	C	Bibl. Communale.
TRIESTE	C	Bibl. Communale.
VENISE	M	Bibl. Marciana.
»	C	Museo Civico.
»	S	Bibl. du Séminaire.
VÉRONE	Ca	Bibl. Capitulaire.
»	C	» Communale.
VIENNE	I	Bibl. Impériale.
»	R	» Rossiana.
»	C	» du Couvent de Bénédictins (Schottenkloster).
WEIMAR	GD	Bibl. Grand-Ducale.
WOLFENBÜTTEL (Brunswick)	D	Bibl. Ducale.

Abréviations employées dans le texte

s. l. — Sans indication du lieu d'origine.
s. l. et a. — Sans lieu ni date.
s. n. t. — Sans nom d'imprimeur.
f. — Feuillet.
n. ch. — Non chiffré.
s. — Signé.
r. — Recto.
v. — Verso.
p. — Page.
col. — Colonne.
c. g. — Caractère gothique.
c. rom. — Caractère romain.
r. et n. — Rouge et noir.
in. o. — Initiale ornée.

1. — *Passio D. N. Jesu Christi.*

S. l. & a.; 4° (Livre xylographique imprimé vers 1450). — (Berlin, E)

C'est par un ouvrage d'une importance extraordinaire que nous ouvrons la longue nomenclature des livres où l'on peut suivre le développement et les transformations progressives de l'art de la gravure sur bois à Venise, depuis ses débuts jusque vers le milieu du XVIe siècle. La description que nous en donnons ici est extraite d'une étude [1] spécialement consacrée à cette suite des épisodes de la *Passion*, et où nous croyons avoir justifié, par des rapprochements et des comparaisons suffisamment probants, notre conviction quant à l'origine vénitienne de ces planches archaïques.

Le livre se compose de 9 ff. sans pagination ni signatures. Les gravures (220×145^{mm}), au nombre de 18, sont imprimées au recto et au verso, dans l'ordre suivant :

1. *Entrée à Jérusalem.* — Le Christ, la tête ornée du nimbe crucifère, la main droite bénissante, est monté sur une ânesse qui marche de profil, venant de la gauche, accompagnée de son ânon. En arrière du Seigneur, groupe d'apôtres, aux têtes nimbées. Sur la droite, groupe d'habitants de Jérusalem venant à la rencontre du Sauveur, et précédés de trois enfants, dont les deux premiers étendent un manteau sous les pieds de l'ânesse, et l'autre porte de chaque main une branche de palmier. Au fond, à gauche, deux palmiers, au tronc desquels se sont hissés deux hommes, dont l'un laisse tomber à terre une branche qu'il vient de détacher; à droite, partie du mur d'enceinte de Jérusalem, avec de hautes tours quadrangulaires crénelées et porte d'entrée de la ville; toits de maisons indiqués au-dessus des créneaux de la muraille. La banderole du bas porte le verset suivant :

Adduxerunt asinam et pullum et imposuerunt super eos uestimenta sua
et eum desuper sedere fecerūt. Math. xxi

1. Paris, *Gazette des Beaux-Arts*, 1903.

2. *La Cène.* (Reproduction page 11).

3. *Le Lavement des pieds.* — Jésus, la tête ceinte du nimbe crucifère, les manches de sa robe retroussées jusqu'au coude, une serviette à franges passée dans la ceinture, est placé, le genou gauche à terre, devant St Pierre, assis à gauche au premier plan, et dont les jambes nues trempent dans un bassin rempli d'eau. Le chef des apôtres, la main droite posée sur la poitrine, porte la main gauche à sa tête, en disant à Jésus : *« Domine, non lavabis pedes meo tantum, sed et manus meas, et caput meum ».* Les autres disciples se tiennent debout en groupe compact; celui qui est à l'extrême droite, au premier plan, porte un broc; tous sont nimbés. Dans le fond, vers la gauche, au-dessus des têtes, une voûte à coquille rayonnée. La composition est fermée, dans le haut, par un rang de modillons, au-dessus duquel court une frise de fleurs de lis; en retour d'angle, un petit arc, dont les retombées portent, d'un côté sur un pendentif pyramidé, de l'autre sur un pilastre qui ferme le tableau à droite. La banderole du bas porte le verset suivant :

[M]isit aquam in peluim. cepit lauare
pedes discipłoꝝ ⁊ extergē linteo
quo erat precinctus. Johis. c° xiij.

4. *La Veillée au jardin de Gethsemani.* — A l'intérieur d'un enclos entouré d'une barrière basse de clayonnage, Jésus, la tête ceinte du nimbe crucifère, les mains croisées sur la poitrine, est agenouillé, tourné de profil vers la gauche, au pied d'un tertre sur lequel est posé un calice; dans l'angle de gauche apparaît, entouré d'une auréole rayonnante, Dieu le Père, en buste, les mains tendues vers le Christ. Plus bas, à l'entrée de l'enclos, les trois apôtres qui accompagnent Jésus sont assis à terre, endormis; l'un a la tête renversée en arrière, la bouche ouverte; celui du milieu est accroupi, au contraire, le buste incliné en avant, la barbe touchant sa robe tendue entre les genoux écartés, sur lesquels sont posées ses mains; celui de droite, appuyé contre la barrière, les jambes allongées, est accoudé, la tête soutenue par sa main gauche. Sur la gauche, en arrière de ce groupe, sont plantés trois arbres; deux autres arbres dans le haut, à droite, près de Jésus. Dans le bas de la planche, deux petits anges nimbés, agenouillés, tenant une banderole où est gravé le verset suivant :

[I]ꝑus auulsus ē ab eis quasi iact' ē la
pidis. ⁊ positis genibꝫ orabat dicens
Pat' si vis trãsfer a me calicē istū. luce. xxij

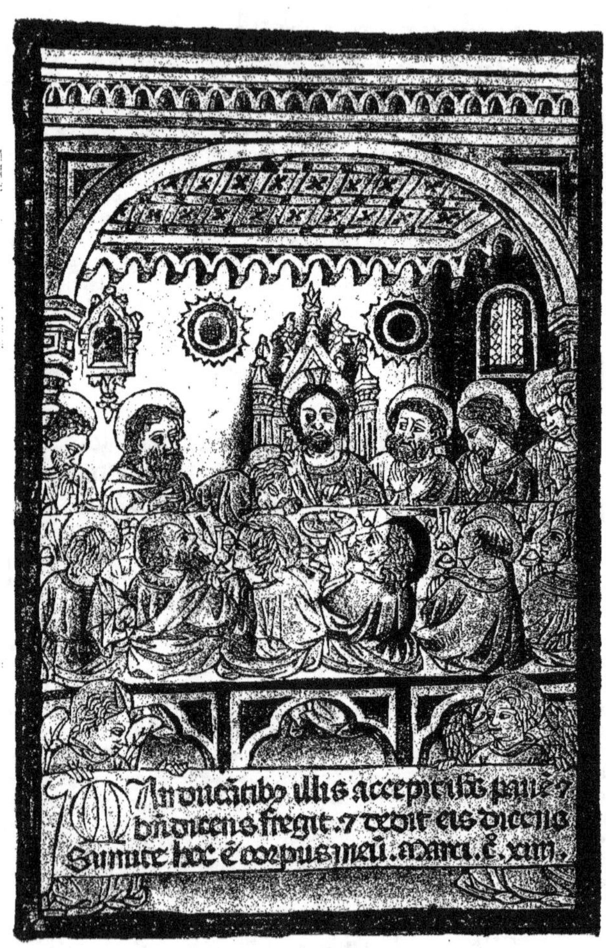

La Cène (*Livre xylographique*).

5. *Arrestation de Jésus.* (Reproduction page 13.)

6. *Jésus amené devant Pilate.* — Le gouverneur romain est à gauche, assis sur un tabouret carré supporté par un socle à arcatures que termine une avancée triangulaire. Pilate est vêtu d'une tunique serrée à la taille, garnie au bas d'une bande de fourrure et, à l'encolure, d'une passementerie bordée de grelots; il est coiffé d'un bonnet-sac replié en avant; ses deux mains ouvertes sont tendues vers le Christ, qu'il interroge. Jésus debout, à droite, la tête ornée du nimbe crucifère, les mains garrottées, est maintenu d'un côté par un soldat, revêtu d'une armure complète, qui a la main gauche sur l'épaule gauche du Sauveur, et de l'autre côté par un Juif, qui n'est visible qu'en partie. En arrière de ce groupe, se tient un autre soldat, dont on ne voit que les jambes et une partie du corps, ainsi que le bonnet-sac dont il est coiffé. A gauche et en arrière du trône de Pilate, un Juif, de profil, tourné vers la droite, la main droite levée en avant de la poitrine, la main gauche retenant les plis de son manteau, semble parler au gouverneur. Un second accusateur, placé à peu près au milieu de la composition, le corps de face, la tête tournée vers Pilate, lui indique Jésus d'un geste de la main droite. En arrière de ce personnage, au fond, un autre, dont on ne voit que la tête, de face. Cette scène se passe dans une salle dont le décor architectural, avec ses colonnes légères, ses archivoltes dentelées, ses pendentifs prismatiques fleuronnés, son plafond chargé d'ornements en relief, est emprunté de l'art arabe. La banderole du bas porte le verset suivant :

Principes sacerdotū vinctū ihm̄ addu
xerūt ⁊ tradiderunt pontio pilato
presidi. mathei. capitulo .xxvii.

7. *La Flagellation.* (Reproduction page 15.)

8. *Le Couronnement d'épines.* — Le Christ, avec le nimbe crucifère et la couronne d'épines, est assis sur un banc, tourné de trois quarts vers la gauche, la main droite posée sur le genou gauche, et tenant le roseau qu'on lui a donné par dérision en guise de sceptre; il se soutient de la main gauche sur le banc, le haut du corps déjeté par la poussée brutale des gens qui le maltraitent. Un de ceux-ci, à droite, coiffé d'un bonnet-sac, a la main droite posée sur l'épaule gauche de Jésus, et de la main gauche tient les extrémités d'une bande d'étoffe qui voile la figure du Sauveur; en arrière du Christ, un homme dont on ne voit qu'une partie de la tête, lève la main gauche pour le souffleter; à gauche, un valet, agenouillé par moquerie, la main gauche posée sur le genou droit de Jésus, lève vers lui son poing droit fermé; en arrière de ce personnage, un homme barbu, vêtu d'une robe dont il retient les plis de la main droite, donne de la main

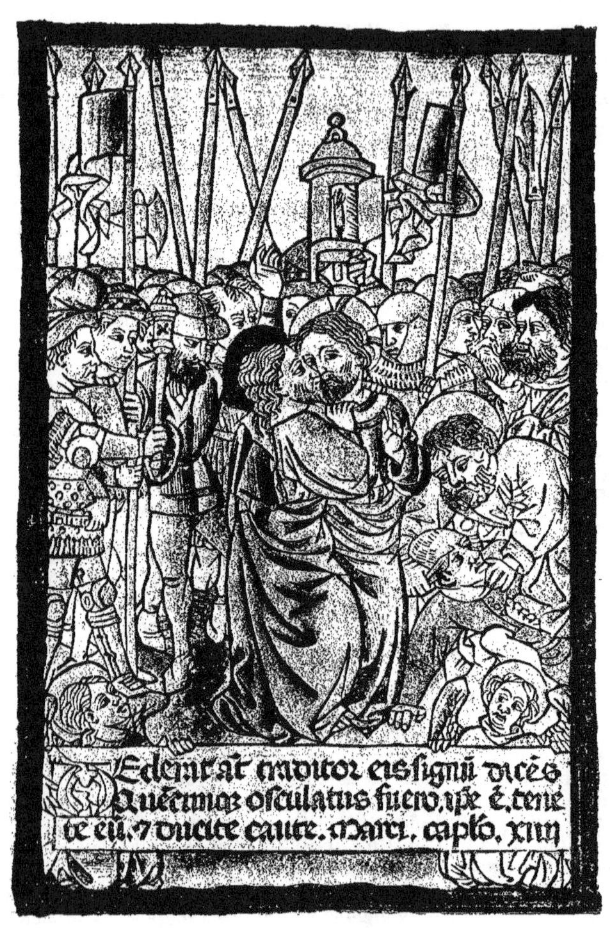

Arrestation de J. C. (*Livre xylographique*).

gauche un coup de bâton sur la tête du Christ; un autre, coiffé d'un bonnet-sac par dessus un couvre-nuque aux bords tailladés, lui donne un soufflet; en arrière de ces deux personnages, et entre leurs têtes, apparaît la tête d'un homme coiffé d'un bonnet du même genre; enfin, un Juif, un pan de sa robe couvrant ses cheveux, porte également la main vers le visage de Jésus pour le frapper. La scène se passe dans une sorte d'*atrium* fermé dans le haut par des voussures avec arcades trilobées, celle du milieu à fond de coquille rayonnée. Dans le mur du fond, deux œils-de-bœuf et trois petites fenêtres, dont deux cintrées. La banderole du bas porte le verset suivant :

Et milites plectentes coronam de spinis
imposuerunt capiti eius et uelauerunt
faciem eius. Iohannis. Capitulo. xix.

9. *Ecce homo.* — Le Christ, avec le nimbe crucifère et la couronne d'épines, les mains liées, vêtu seulement d'un manteau drapé sur l'épaule gauche et au-dessous du bras droit, est debout sous un petit portique à arcade trilobée, en avant d'une colonne dont un valet, à gauche, est en train de détacher une corde. A droite, à demi-engagé sous le portique, Pilate, vêtu du même costume que dans la sixième planche, montre Jésus de la main droite, et tient de la main gauche une banderole avec l'inscription : *Ecce homo.* Sur la droite, sont groupés des Juifs, dont l'un tient un phylactère avec les mots : *crucifige crucifige eum.* La banderole du bas porte le verset suivant :

Exiit ergo yhesus portans spine
am coronam in capite ⁊ purpure
um uestimentum. Iohs caplo. xviiii.

10. *Pilate se lavant les mains.* — Décor architectural du même genre que celui de la planche VI. Pilate, vêtu du même costume et avec la même coiffure que dans cette précédente composition, est assis à droite sur un tabouret carré sans socle. Derrière lui se tient un des princes des prêtres, dans une attitude semblable à celle du personnage qui occupait la place correspondante dans la scène de l'interrogatoire de Jésus. Un page, debout au milieu de la composition, coiffé d'un grand chapeau à plume, la tête tournée vers la gauche, verse l'eau d'une aiguière sur les mains que le gouverneur tient étendues au-dessus d'un bassin. A gauche, entre deux colonnes, Jésus, avec le nimbe crucifère et les mains garrottées, la taille un peu affaissée, la tête baissée, faisant face à Pilate. Du même côté, au

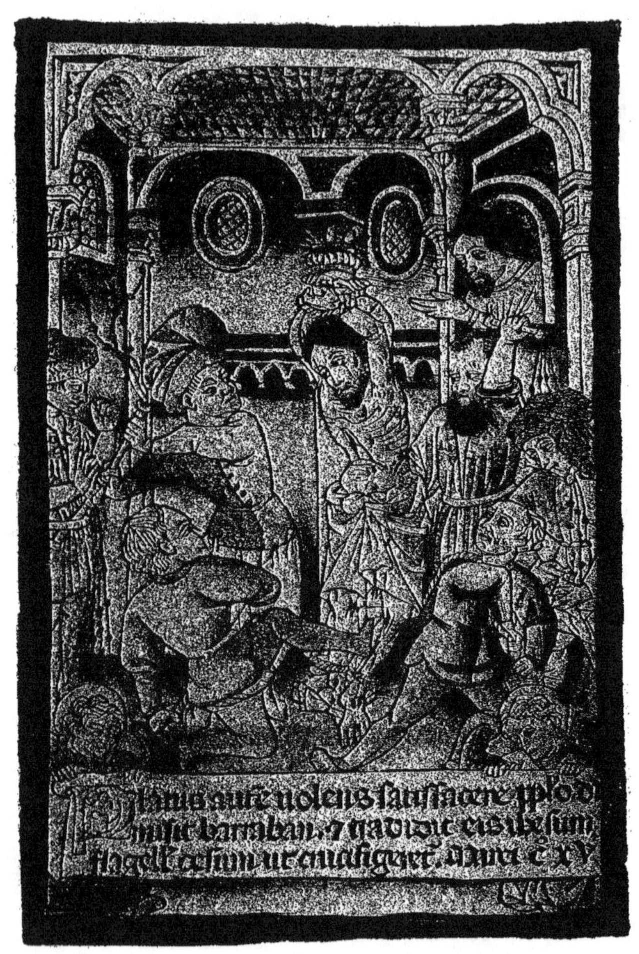

Flagellation (*Livre xylographique*).

fond, apparaissent les têtes de plusieurs personnages. La banderole du bas porte le verset suivant :

Pilatus accepta aqua lauit manus
coram populo dicens innocens sũ
a sanguine iusti huiꝰ. Mathi c°. xxvii.

11. *Portement de Croix.* (Reproduction page 17).

12. *La Mise en croix.* — La croix en T est posée à terre; le Christ, avec le nimbe crucifère, y est étendu, la tête vers la droite de la composition; un valet de bourreau, la tête enveloppée d'une sorte de turban, est en train d'enfoncer le clou qui traverse les pieds; un autre fixe le clou de la main gauche; un troisième s'arcboutant, du pied gauche contre le flanc de Jésus, tire des deux mains son bras droit pour le tendre, pendant qu'un autre tourmenteur tient tout prêt le clou qu'il va enfoncer dans la main droite. A gauche, au premier plan, un personnage, vêtu d'un justaucorps du même genre que celui de Pilate dans les planches précédentes, regarde ces préparatifs; à droite, au dernier plan, un autre personnage, coiffé d'un bonnet-sac, dont le fond retombe sur l'épaule gauche. A terre, entre les deux premiers valets, un marteau, deux clous et des tenailles. Terrain montueux, couronné, à gauche, dans le fond, par une éminence escarpée. La banderole du bas porte le verset suivant :

Et crucifigentes eum diuiserũt uesti
menta eius sortẽ mittentes sup eis
ut quis quid tolleret. Marci. c. xv.

13. *Crucifixion.* (Reproduction page 19.)

14. *Descente de croix.* — Le corps du Christ, incliné vers la droite, le bras gauche pendant, est soutenu par saint Jean, pendant que Nicodème, agenouillé à gauche, arrache avec des tenailles le clou des pieds, et Joseph d'Arimathie, monté sur une échelle, celui de la main droite. A droite, la Ste Vierge, affaissée à terre, est soutenue par Marie-Madeleine et une autre femme. Les six personnages sont nimbés; le Christ a le nimbe crucifère. La banderole du bas porte le verset suivant :

Et accepto ioseph corpore inuoluit
in syndone munda. et posuit illud in
monumẽto suo nouo. Mathei. c. xxvii.

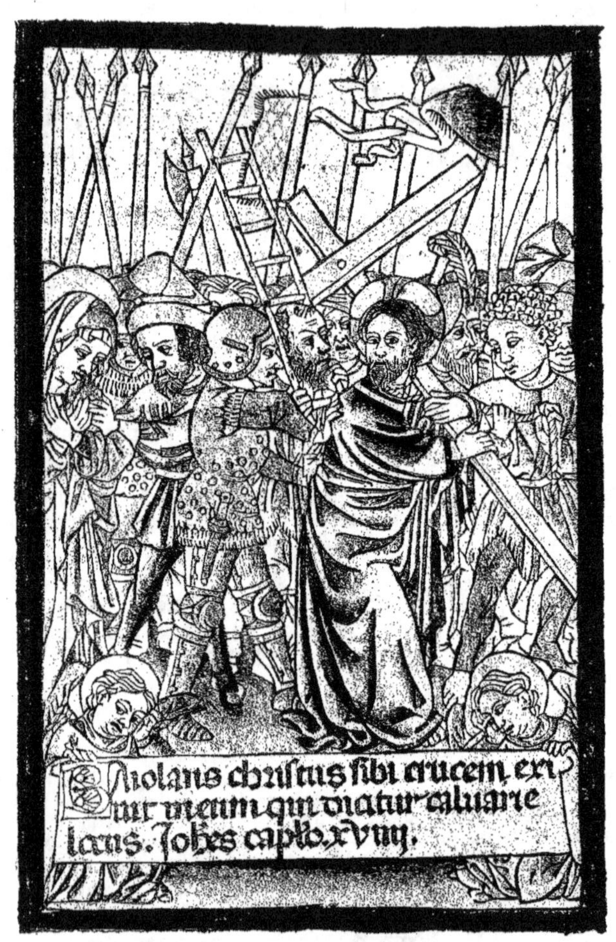

Portement de croix (*Livre xylographique*).

15. *La Mise au Tombeau.* — Nicodème et Joseph d'Arimathie, tenant chacun une extrémité du linceul où est étendu le corps du Christ, la tête tournée vers la droite, les mains croisées sur le ventre, le déposent dans le sépulcre, qui tient la largeur de la composition. La Ste Vierge est penchée sur son fils, les mains ouvertes en avant des épaules; à gauche, St Jean, les mains jointes, et Marie-Madeleine ; à droite, une autre femme. Les six personnages sont nimbés; le Christ a le nimbe crucifère. Dans le fond, deux éminences de terrain, l'une à gauche, l'autre à droite, et cinq arbres. La banderole du bas porte le verset suivant :

Maria autē magdalene ⁊ maria iosep aspiciebant ubi poneretur. Marci Capitulo. XV.

16. *Résurrection.* — Le tombeau est disposé obliquement entre des rochers; sur le couvercle, muni de deux anneaux, Jésus est debout, enveloppé de son linceul qui passe sous le bras droit et sur l'épaule gauche, la tête ornée du nimbe crucifère, la main droite levée, bénissante, la main gauche tenant la croix de résurrection. En avant du tombeau, un garde est endormi, la jambe droite étendue, la jambe gauche repliée, le dos reposant sur son bouclier, la tête soutenue par la main gauche, et la main droite posée sur le ventre. Sur la droite, un autre garde sommeille assis, le buste incliné, les bas repliés sur les genoux et le menton appuyé sur les mains; dans son bras gauche est passée la hampe de sa lance. A gauche, un troisième garde dort assis, adossé aux rochers, les mains croisées retenant son bouclier entre ses jambes, et la hampe d'une hallebarde passée dans le bras droit. Sur le terrain, une plante fleurie près du tombeau, à droite du Christ; un arbre au troisième plan, à gauche; et trois arbres, confondant leurs feuillages, à droite. Dans le fond, éminences couronnées par deux châteaux-forts, l'un à gauche, l'autre à droite. La banderole du bas porte le verset suivant :

Deus ihm suscitauit a mortuis solutis doloribus inferni. Actuum secundo capitulo.

17. *Les Myrrhophores au tombeau.* — Sur la gauche, le tombeau, vu en partie seulement, et dont le couvercle est levé; un ange, nimbé, et portant par dessus sa robe une étole semée de croix, montre le sépulcre vide aux trois saintes femmes, nimbées, qui sont à droite, la première à genoux, les deux autres debout et tenant chacune une cassolette de parfums. Terrain montueux, avec deux arbres dans le milieu. Au fond,

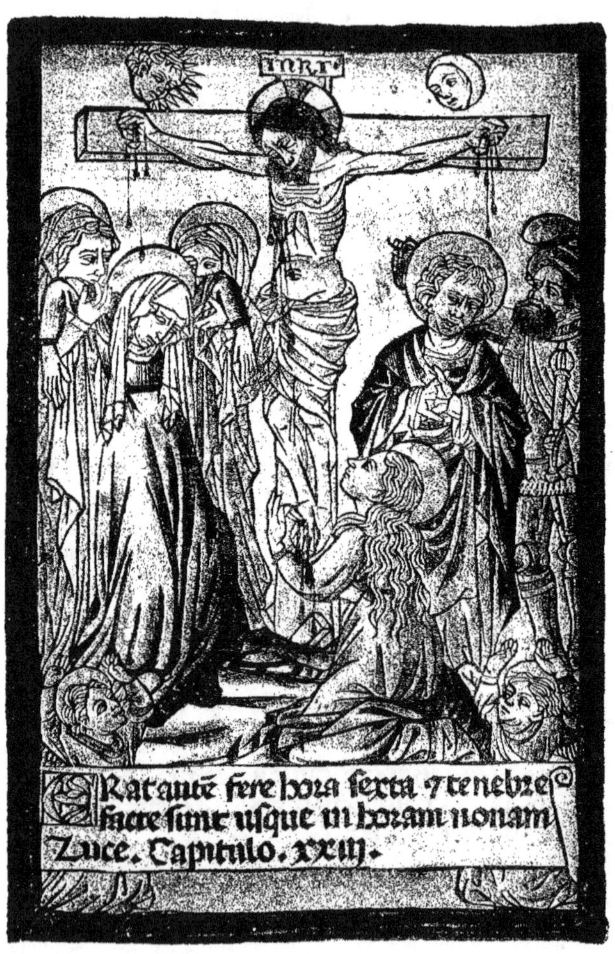

Crucifixion (*Livre xylographique*).

sur la gauche, édifices et porte d'entrée de ville entre deux tours crénelées; le paysage est fermé au milieu et à droite par une barrière basse de clayonnage, une éminence de terrain escarpée, et six arbres. La banderole du bas porte le verset suivant :

Venit sicut dixit : venite
et videte locum ubi positus
erat dominus. Math. c. xxviii.

18. *La Descente aux limbes.* — Paysage montueux, dans lequel s'ouvre, à droite, une grande caverne; la pierre qui la fermait est à terre au premier plan, munie d'une large serrure attachée à une chaîne. Au seuil de la caverne, sont agenouillés les élus qui attendaient le Messie dans la région extérieure des enfers; au premier rang se distinguent Adam, St Jean-Baptiste, nimbé, et un roi couronné. Le Christ est à gauche, la tête ceinte du nimbe crucifère, tenant de la main droite la croix de résurrection et donnant la main gauche à Adam. Près du Sauveur est le bon larron, qui porte une croix de passion. Sur le terrain, une plante fleurie, à droite de la tête du bon larron; un arbre à gauche, en arrière du Christ. Au troisième plan, dans le milieu, un arbre, près duquel on voit un lapin[1]; sur la droite, deux autres arbres, entre lesquels est assis un second lapin. Dans le fond, édifices avec tours crénelées, et deux arbres. La banderole du bas porte le verset suivant :

Redemisti nos deus in sanguine tuo
Et omni tribu lingua et populo.
Appocalipsis. Capitulo. quinto.

M. W.-L. Schreiber[2], en donnant la description de cette suite de la *Passion* sous la rubrique : « Edition italienne », dit que, si elle n'est pas la plus ancienne, elle est sans doute la plus belle. Quant à son origine, il écarte délibérément l'hypothèse d'une attribution à quelque artiste allemand. La présence d'un texte manuscrit en idiome germanique, à peu près contemporain des planches, visible encore dans les marges supérieure et inférieure de chaque gravure, donnerait à supposer seulement que l'exemplaire, presque aussitôt après son impression, a passé en Allemagne, ou bien est devenu la propriété d'un Allemand fixé en Italie. A la rigueur, le filigrane du papier pourrait fournir un indice en ce qui regarde la provenance; mais l'épaisseur de l'enluminure qui couvre les estampes ne

1. Notons, en passant, que ces animaux sont très fréquents dans les paysages et les motifs d'encadrements des bois vénitiens du XVe siècle.

2. *Manuel de l'amateur de la gravure sur bois et sur métal au XVe siècle*, t. IV, pp. 325 et suiv.

permet pas de le discerner. M. Schreiber conclut, comme son compatriote le Dr Kristeller[1], que ces planches ont dû être gravées à Venise, vers le milieu du XVe siècle; et l'indication de cette date nous parait très rationnelle. Mais il pense qu'elles ont été imprimées au frotton, tandis que le Dr Kristeller estime avec raison que ce procédé n'aurait pu être employé sans que l'une des deux images opposées, au recto et au verso de chaque feuillet, fût endommagée.

Ce qui ajoute à l'intérêt exceptionnel que présente pour l'histoire de la gravure cet exemplaire unique du premier livre xylographique italien connu, c'est qu'une partie des planches de la *Passion* fut employée pour l'illustration d'une édition du *Devote Meditationi* de St Bonaventure, imprimée à Venise en 1487 par « Ieronimo di Sancti et Cornelio suo compagno »[2]. Comme on peut le voir sur les reproductions que nous en donnons ici, les bois, trop grands pour le format de cet ouvrage, ont été sciés au-dessous du trait supérieur de la banderole tenue par les deux anges. Or, sur cinq des planches, la scie a entamé certaines lettres des légendes, dont les imprimeurs de 1487 ont négligé de faire sauter les fragments d'un coup de ciseau avant la mise en page; ces débris, par conséquent, sont restés visibles et parfaitement reconnaissables au bas des gravures[3]. De tels « témoins » ne permettent pas de croire, même un seul instant, que les bois de 1487 ne sont que des copies serviles de ceux du livre xylographique; l'identité est absolument certaine et incontestable.

Mais cette évidence n'est pas la seule qui ressorte du rapprochement des deux ouvrages. Le *Devote Meditationi* de 1487, en effet, commence par une *Résurrection de Lazare*, de même grandeur et de même facture que les autres bois, et qui fait défaut dans le livre xylographique de Berlin. Il est donc certain également que cette suite de la *Passion*, telle que nous la voyons en dix-huit planches, n'est pas complète, et qu'il y manque au moins un feuillet.

Quant au caractère bien particulier de ces gravures primitives, quant aux procédés de l'artiste qui les a taillés, on nous permettra de reproduire ici en partie l'appréciation que nous en avons donnée dans l'étude rappelée plus haut.

1. Le Dr Kristeller, un des critiques d'art les plus compétents et les mieux informés en matière de gravure italienne, a traité également la question de l'origine du livre xylographique de la *Passion* dans le *Iahrbuch der kgl. Preussischen Kunstsammlungen* (1901, fascic. III), sous le titre : *Ein venezianisches Blockbuch im kgl. Kupferstichkabinet zu Berlin.*

2. Ces planches sont : l'*Entrée à Jérusalem*, la *Cène*, la *Veillée au jardin de Gethsemani*, l'*Arrestation de Jésus*, le *Christ amené devant Pilate*, la *Flagellation*, le *Couronnement d'épines*, la *Portement de croix*, la *Crucifixion*, et la *Résurrection*.

3. La *Cène* (p. 22). Au-dessous de l'ange de droite, fragment de la partie supérieure de l'h du mot ihs (Iesus). — *Arrestation de J.-C.* (p. 23). Au-dessous de l'ange de droite, trait abréviatif de l'ẽ dans le mot dicẽs. — *Flagellation* (p. 24). 1° Trait abréviatif de l'ẽ dans le mot autẽ; 2° extrémité supérieure de l'l du mot suivant: uolens; 3° barre oblique de l'extrémité supérieure de l'f initiale du mot satisfacere; 4° barres obliques des extrémités supérieures du second f et de l'f voisin dans le corps du même mot; 5° partie supérieure de la boucle de l'p du mot pplo (populo). — *Portement de croix* (p. 25). 1° Fragment du cadre de l'initiale ornée [illegible] du premier mot [illegible]iolans

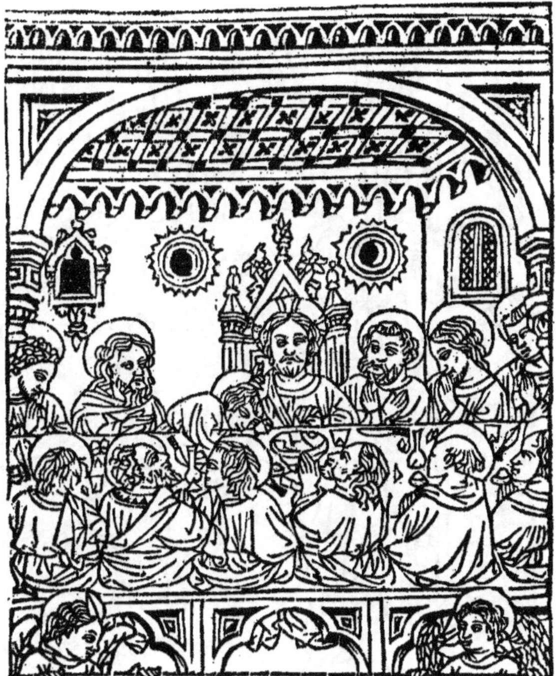

La Cène (*Dev. Medit.*, 1487).

Il est telle de ces estampes — l'*Arrestation de Jésus*, par exemple — dont la photographie, quand on la regarde à distance et de façon à ce que l'œil n'en perçoive pas le menu détail, semble avoir été faite d'après un relief modelé sur une plaque de buis ou d'ivoire, plutôt que d'après une impression sur papier. Assurément, les ombres résultant du coloriage ne sont pas sans contribuer à un tel effet; mais elles ne le produisent pas

(bajulans); 2° au-dessous du Christ, fragments du premier ſ du mot christus et de l' f initiale du mot fili. — *Crucifixion* (p. 26). 1° Trait du cadre de l'initiale ornée E du premier mot Erat, et partie supérieure de la lettre suivante R; 2° partie supérieure du b du mot tenebre; 3° un peu plus loin, fragment de la volute terminale de la banderole.

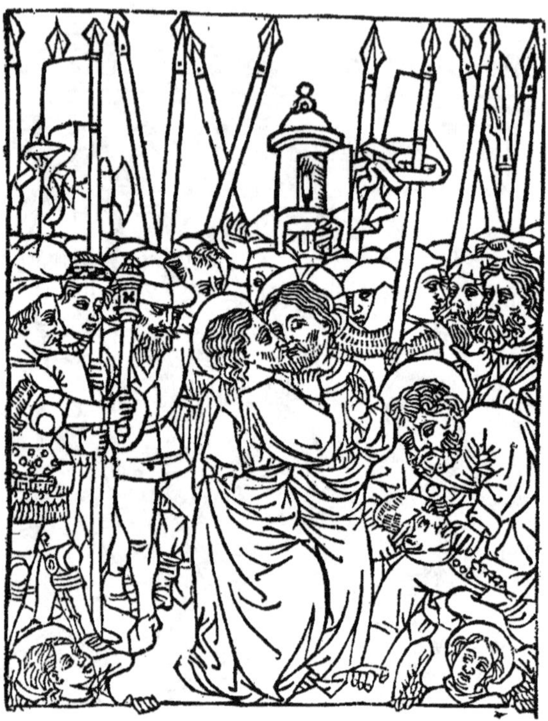

Arrestation de J. C. (*Dev. Medit.*, 1487).

tout entier. L'omission presque complète des fonds, tels du moins que les conçoivent d'habitude les peintres; les défauts de perspective et de graduation des plans successifs; les dimensions exagérées des figures par rapport à l'espace où elles sont situées; le système de groupement des personnages serrés les uns contre les autres en masse compacte; l'absence totale de nuages dans les scènes qui se passent à ciel ouvert; les indications sommaires du terrain, à peine visible çà et là, dans les endroits occupés par les personnages, ou parfois s'étageant derrière eux en blocs abrupts superposés, comme dans la *Mise en croix* et la *Descente aux limbes;* le décor architectural limité aux parties disponibles dans le haut des planches; enfin, si nous passons aux traits du dessin lui-même, les

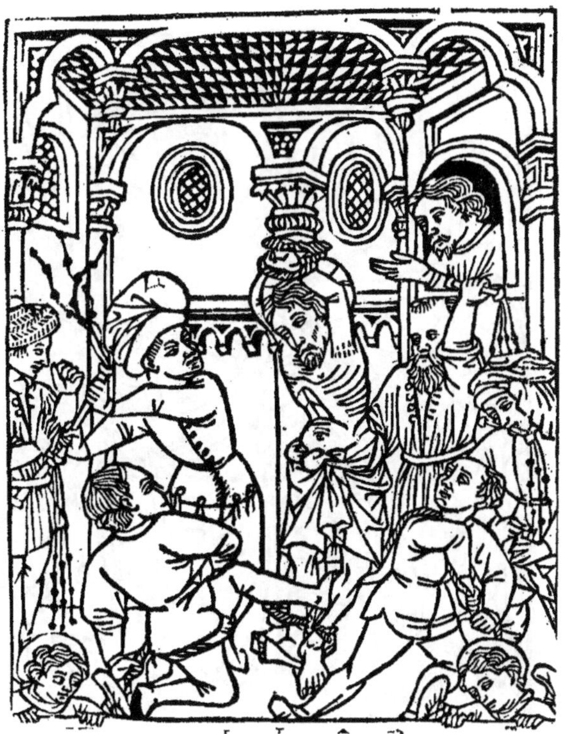

Flagellation de J. C. (*Dev. Medit.*, 1487).

draperies à longs plis souples et traînants, d'une ordonnance claire et simple, comme nous en voyons dans les sculptures de Jacobello et Pier Paolo dalle Massegne; certains raccourcis de membres, que n'eût jamais exécutés un miniaturiste de l'époque : autant de particularités de facture qui procèdent du travail plastique et qui montrent que l'auteur des bois de la *Passion* a traité ses sujets comme s'il s'agissait de les ouvrer en relief, et non d'en empreindre l'image sur la surface plane du papier.

C'est donc, à notre avis, dans les œuvres des premiers sculpteurs vénitiens, et non dans les miniatures de manuscrits italiens ou étrangers, qu'il faut chercher les modèles auxquels se rattachent ces estampes. Toutefois, comme la première école de sculpture vénitienne — qui, on le sait,

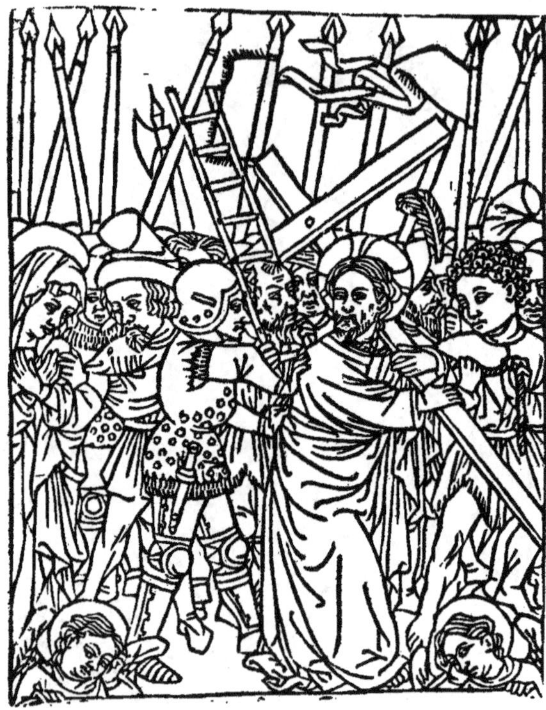

Portement de croix (*Dev. Medit.*, 1487).

a subi une influence notable de la part des artistes florentins — n'a guère laissé que des statues isolées ou des groupes de personnages peu nombreux, et presque rien en fait de représentations épisodiques, nous ne pourrions dire que l'auteur des gravures a copié telle ou telle figure déterminée, et si fidèlement que le pastiche saute immédiatement aux yeux. Nous prétendons seulement reconnaître dans la facture des bois du xylographe le style de la statuaire vénitienne de la fin du XIVe siècle; et nous croyons très fermement que l'auteur des planches de la *Passion* doit être compté parmi ces artisans, précurseurs des illustrateurs des livres vénitiens, exercés à la plastique bien plutôt qu'à la composition et à la technique picturales. Nous sommes donc loin d'admettre l'hypothèse qui

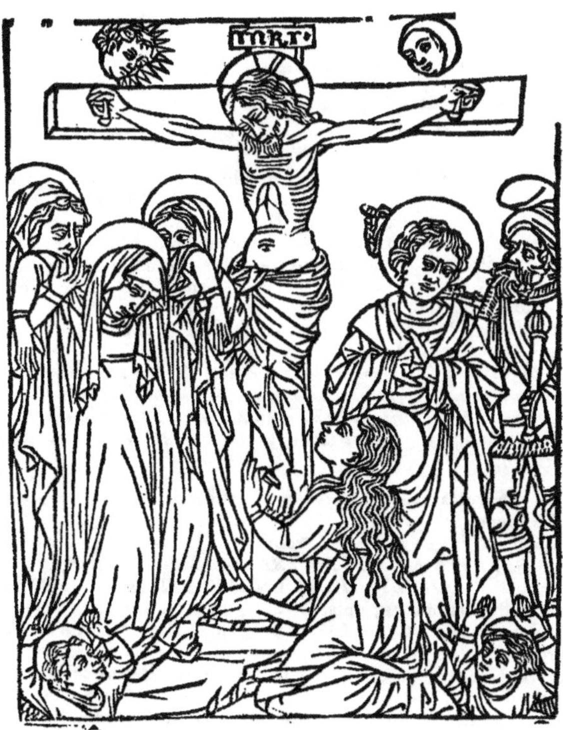

Crucifixion (*Dev. Medit.*, 1487).

a été présentée à propos de cette suite de gravures, et qui en fait de simples copies exécutées d'après des miniatures de l'école flamande-bourguignonne. Que si l'auteur de ces planches, par rencontre, ou bien au cours d'un voyage en France, avait jamais eu connaissance de l'œuvre d'un miniaturiste dont il se serait inspiré — ce qui, d'ailleurs, n'est nullement prouvé, puisque l'œuvre en question est restée ignorée, — en tout cas, il aurait tiré de ses modèles le même parti que l'auteur des vignettes de la *Bible* de Mallermi a tiré des bois de la *Bible* de Cologne, c'est-à-dire qu'il les aurait transformés au point de faire de ses copies d'autres créations originales, où nous voyons des détails absolument caractéristiques d'un pays, l'Italie, et d'un style, le style primitif vénitien.

1469

PLINIUS (Caius) Secundus. — *Historia naturalis.*

2. — Joannes de Spira, 1469; f°. — (Paris, N)

PLINIVS secundus nouocomensis equestribus militiis industrię functus....

356 ff. n. ch. et n. s., dont le 1er est blanc. — C. rom. — 52 ll. par page. — Titres des chapitres rubriqués à la main. — R. du 1er f. Encadrement de page enluminé, dont trois côtés sont imprimés avec des blocs gravés : haut et côté intérieur = encadrement du Tite-Live, 1470 (exemplaire Corsini) ; bas = encadrement du Trapesuntius, *circa* 1470 (voir les fac-simile hors texte de ces deux encadrements). La bordure du côté extérieur est faite à la main. — Dans le texte, in. o. enluminées, dont huit sont faites à la main et les autres imprimées avec des blocs du même style que l'encadrement.

V. du dernier f. : *Quem modo tam rarum cupiens uix lector haber& :/ Quiqȝ etiam fractus pene legendus eram :/ Restituit Venetis me nuper Spira Ioannes:/ Exscripsitqȝ libros ęre notante meos./ Fessa manus quondam moneo : Calamusqȝ quiescat / Nanqȝ labor studio cessit : & ingenio./ M.CCCC.LXVIIII.*

3. — Nicolas Jenson, 1472 ; f°. — (Ravenne, C ; Florence, Libr. Olschki, 1905)

356 ff. n. ch. et n. s. — C. rom. — 50 ll. par page. — R. du 1er f. : *CAIVS PLYNIVS MARCO SVO SALVTEM.* — V. du 2me f., blanc. — R. du 3me f. : *CAII PLYNII SECVNDI NATVRALIS HISTORIAE LIBER. I.* Suit la préface ; puis, la table, disposée sur deux colonnes, et qui se termine au v. du 19me f., 1re col. — R. du 20me f. Page ornée d'un encadrement enluminé, qui diffère dans les deux exemplaires cités. Dans l'exemplaire de Ravenne, les trois motifs imprimés sont ceux du Trapesuntius, *circa* 1470 (Paris, N) ; les deux ornements disposés, dans la marge inférieure, à droite et à gauche des *putti* ailés, ne remplissant pas la justification, on a fait des raccords à la plume pour rejoindre, d'une part le montant de droite, et d'autre part la bordure de la marge intérieure, qui ne consiste qu'en un filet épais, doré, doublé d'un autre filet de couleur verte. Dans l'exemplaire Olschki, les quatre côtés de l'encadrement sont imprimés : le motif de la marge extérieure est celui qui a été employé dans le Cicéron, *Epist. Famil.*, 1471, du même imprimeur (Paris, N), sauf la modification suivante : la corne d'abondance d'où sortent les branches entrelacées a été remplacée par un autre fragment figurant un vase au pied duquel est un triton soufflant dans une conque ; au milieu du montant, une rosace, séparant les deux impressions successives du même bloc ; dans la marge inférieure, un ornement de rinceaux répété à droite et à gauche d'une couronne de feuillage ; dans les deux autres marges, motif d'entrelacs. — In. o. du même genre, dont quelques-unes

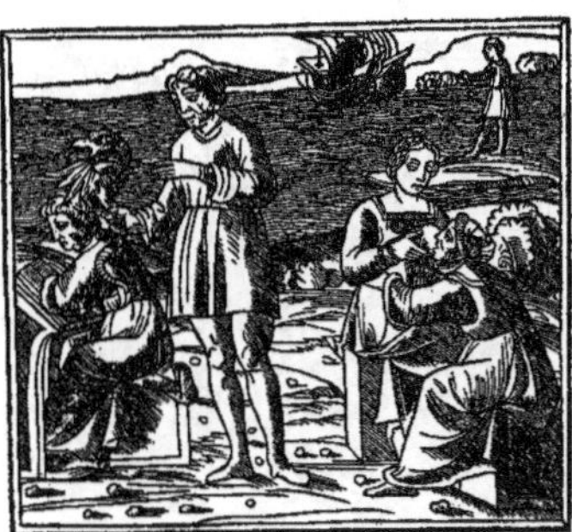
Pline, *Hist. nat.*, 20 août 1513 (v. XXXV).

imprimées, et les autres faites à la main (exemplaire de Ravenne). Dans l'exemplaire Olschki, sauf la grande initiale *M* au r. du 20me f., les in. o. sont faites à la main, et d'un tout autre style.

R. du 355me f. : *CAII PLYNII SECVNDI NATVRALIS HISTO/ RIAE LIBRI TRI/ CESIMISEPTIMI ET VLTIMI FINIS IMPRESSI VENETIIS/ PER NICOLAVM IENSON GALLICVM. M.CCCC. LXXII./ NICOLAO TRONO INCLYTO VENETIA/ RVM DVCE.* — V. du dernier f., blanc. Au-dessous : ***Johannis andreæ episcopi aleriensis ad pontificem/ summum Paulum secundum uenetum epistola.*** Cette épître se termine au r. du 356me f., dont le verso est blanc.

4. — Melchior Sessa, 20 août 1513 ; f°. — (Rome, VE)

C. Plinij. Secundi./ Ueronensis hi/ storiae naturalis Libri/ xxxvij. aptissimis figu/ ris exculti....

14 (8,6) ff. prél. n. ch. s. : ***aa-bb***. — 219 ff. num., avec erreurs de pagination, et 1 f. blanc, s.: ***a-z***, ***&***, ***ꝯ***, ***℞***, ***A***. — 8 ff. par cahier, sauf ***℞*** et ***A*** (dernier cahier), qui en ont 10. — C. rom. ; titre g. r. et n. — 63 ll. par page. — Au bas de la page du titre, marque aux initiales ·M··S· — V. ***aa*** ii. Reproduction de la pierre tombale des parents de Pline. — V. ***aa*** iii. Au commencement du texte de la préface, à gauche : Pline assis de face à un bureau, écrivant ; neuf personnages de diverses conditions groupés en demi-cercle autour de lui ; au fond, sur la gauche, une baie ouverte par où l'on aperçoit une éminence de terrain avec maisons et bouquets d'arbres. — R. I. Figure montrant la constitution du monde. — R. XII. Carte de l'Europe. — V. XVII. Cinq types d'hommes primitifs, dont trois, à droite, ont des pieds de chèvre. — V. XXII. Carte de l'Afrique. — R. XXVIII. Scène d'anthropophagie ; cinq personnages assis et un debout. — V. XXXV. Vignette avec monogramme I (voir reprod. p. 28) — R. XLIII. Au premier plan, deux éléphants, dont un en train de boire dans un ruisseau ; au second plan, à gauche, un lion ; au fond, la mer ; un vaisseau à gauche, près du bord ; au pied de l'échelle qui conduit sur le navire, deux hommes, et, près d'eux, un ours ; sur une éminence de terrain qui domine la mer, à droite, un chameau. — V. L. Paysage maritime ; au premier plan, un enfant, assis sur un petit tertre, donnant à manger à un dauphin ; au second plan, un vaisseau sur lequel un monstre marin, dont le long col émerge au-dessus des flots, vomit une trombe d'eau ; au fond, rivage couvert de maisons ; bouquets d'arbres. — R. LVII. Représentation de l'épisode de l'aigle de Sestos, qui, élevé par une jeune fille, et celle-ci

étant morte, se jette dans le bûcher où se consume le corps de sa maîtresse; sur la droite, un autre grand oiseau, aux ailes éployées; au second plan, un oiseau se débattant contre un chien; au fond, bouquets d'arbres. — V. LXIII. A gauche, près d'une éminence de terrain qui simule une fourmilière, quatre fourmis ailées, dont une s'attaque à un cadavre humain étendu sur le sol; sur la droite, au premier plan, un scorpion; au second plan, deux personnages montés sur des chameaux, marchant vers la droite; au troisième plan, au milieu, un arbre, autour duquel volent des abeilles; au fond, des maisons. — R. LXXII. (voir reprod. p. 29). — V. LXXVI. Plusieurs ouvriers tressant des feuilles de palmier; un autre pilant des parfums dans un mortier. — V. LXXX. Effets de l'ivresse causée par l'excès du vin: à droite, un homme en tunique courte, poursuivant, le bâton levé, une femme qui s'enfuit vers la droite; à gauche, deux couples enlacés s'embrassant. — V. LXXXIIII. Un autel dont la face antérieure est décorée d'un bucrâne; dans le brasier qui s'y trouve allumé, un prêtre, mitré, placé à droite, en train de brûler une branche de laurier; près de lui, un autre personnage; à gauche, quatre personnages agenouillés; au fond, à gauche, éminence de terrain, couronnée d'un bouquet d'arbres. — R. LXXXIX. Un homme, abattant avec une gaule les glands d'un chêne, au pied duquel mangent trois porcs; au fond, bouquet d'arbres. — R. XCVI. Trois paysans, dont un au milieu, monté sur une échelle, occupés à soigner les arbres. — R. CIIII. Au premier plan, à droite, un homme cueillant des grappes de raisin; au milieu, un personnage agenouillé, qu'un autre est en train de couronner de pampres; au fond, deux maçons construisant l'enclos d'un pressoir. — V. CXIIII. A droite, deux paysans travaillant le lin; à gauche, un autre occupé à fouir la terre avec une houe; un quatrième, au second plan, du même côté, appuyé sur une bêche; à l'arrière-plan, quatre arbres dont on ne voit que le tronc et les basses branches, sans feuillage. — V. CXIX. Deux paysans soignant des courges et des melons. — R. CXXVII. Deux hommes venant de la gauche, l'un portant un chapelet d'oignons, l'autre tenant à deux mains une corbeille plate remplie de grain; au premier plan, deux poules mortes, que sont en train de dévorer des fourmis; sur la droite, un rucher, autour duquel volent des abeilles. — V. CXXXII. A gauche, L. Sicinius Dentatus, agenouillé, tenant à deux mains une hallebarde dressée, reçoit des mains d'un soldat la couronne de gazon; à droite, un homme posant une compresse d'herbe sur sa cuisse, après avoir été mordu par un serpent, qui est représenté, à ses pieds, sous

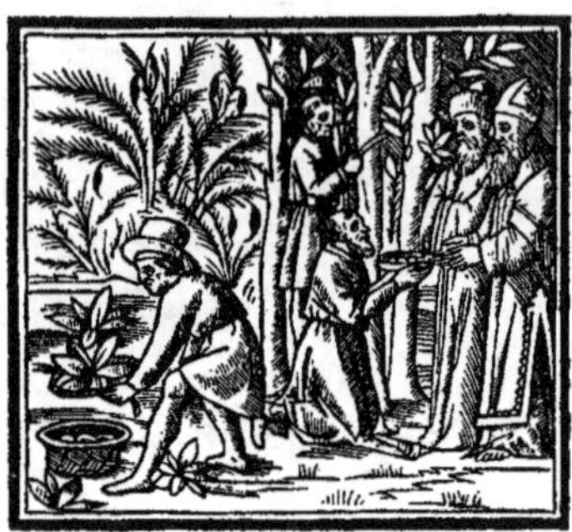

Pline, *Hist. nat.*, 20 août 1513 (r. LXXII).

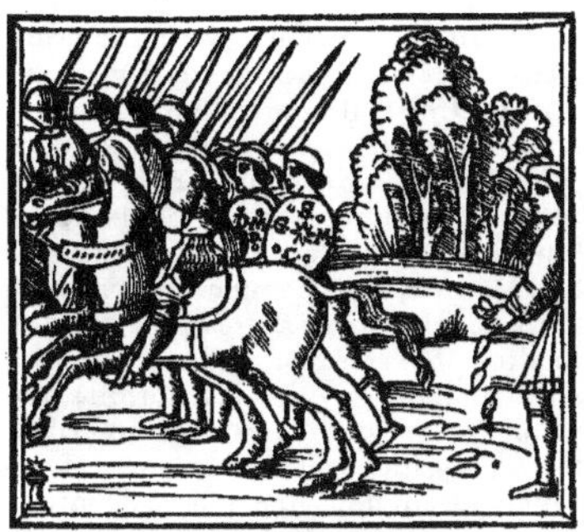

Pline, *Hist. nat.*, 20 août 1513 (v. CXCII).

la forme d'un dragon ailé ; au second plan, du même côté, un homme appliquant un topique sur la tête d'un autre personnage assis, soutenant sa tête de sa main gauche. — R. CXXXVIII. Cinq paysans dans un champ, autour d'un brasier qui flambe ; l'un d'eux chasse avec une branche d'arbre trois reptiles qui s'enfuient vers la gauche ; dans le haut, à droite, voltigent six moustiques ; bouquet d'arbres au dernier plan, à gauche. — R. CXXXXIII. A droite, un homme faisant une préparation pharmaceutique dans une cuvette ; au milieu, au second plan, un homme frottant avec un onguent la tête d'un personnage assis ; deux autres personnages debout à gauche, portant des feuillages. — V. CXXXXVIII. A droite, un malade couché, à qui un homme fait respirer les feuilles d'une branche d'arbre ; etc. ; monogramme . — V. CXCII. Vignette avec monogramme (voir reprod. p. 30). — V. CXCVIII. A droite, un homme couché sur un divan, la tête soutenue par deux coussins posés sur une branche d'arbre garnie de feuilles ; au second plan, à gauche, deux femmes, disposant des feuilles d'arbre dans un coffre à vêtements ; au fond, petite fenêtre à vitraux lenticulaires. — R. CLXIII. A droite, un médecin pansant le pied droit d'un homme assis, qui a la jambe allongée sur un escabeau ; au second plan, du même côté, un homme taillant les cheveux d'un enfant ; à gauche, un autre enfant assis, sur la tête duquel un éléphant, tourné de profil vers la gauche, et visible seulement en partie, repose l'extrémité de sa trompe. — V. CLXXI. (voir reprod. p. 30)[1]. — R. CLXXVI. A droite, un homme, coiffé d'un bonnet à retroussis, tenant de la main gauche un animal semblable à un rat, et élevant de la main droite à la hauteur de son œil une pierre (le *bézoar*, peut-être, que les alchimistes du moyen-

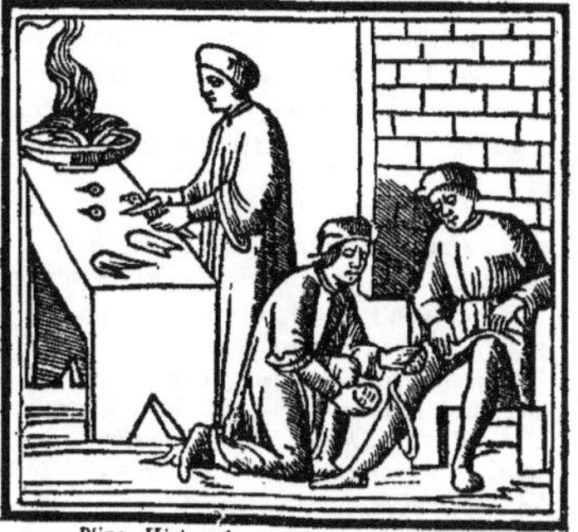

Pline, *Hist. nat.*, 20 août 1513 (v. CLXXI).

1. Ce bois se voit déjà dans le Galien, *Recetario*, 25 août 1510 ; comme il est absolument de la même facture que les autres bois exécutés sans doute tout exprès pour l'illustration du *Pline*, il serait permis de croire qu'il y a eu une édition de l'*Historia naturalis* tirée en 1510 ou dans les années précédentes, avec ces mêmes gravures, et qui nous est restée inconnue.

âge prétendaient être extrait du corps de certains animaux); au milieu, un homme tenant entre ses jambes un renard dressé, dont il serre le museau de la main gauche, tandis que de la main droite, il approche de la gorge de l'animal un bol pour recevoir le sang; ce personnage a un couteau ouvert entre les dents; au second plan, à gauche, un homme, vu de dos, tourné vers une muraille qui ferme le fond de ce côté; il tient un plat creux de la main gauche, et de la main droite un petit balai d'osier; au fond, sur la droite, bouquet d'arbres. — V. CLXXX. A droite, trois hommes nus prenant un bain dans une piscine circulaire; à gauche, deux autres personnages recueillant de l'eau d'un conduit qui alimente la piscine; au fond, paysage montueux. — R. CLXXXV. Un vaisseau en mer. — V. CXIC. A droite, un homme, penché au-dessus d'un ruisseau, passant de la terre dans un crible pour en extraire des parcelles de métal; à gauche, deux hommes, dont l'un porte une pelle sur l'épaule droite, entrant dans une galerie de mine. Au fond, à droite, bouquets d'arbres. — V. CXCIIII. A gauche, sur un piédestal, statue d'homme jouant du violon; au second plan, deux personnages, vêtus d'une robe longue, examinant la statue. A droite, un homme adaptant au corps d'un jeune homme courbé en avant des lames de plomb, moyen curatif préconisé dans le chapitre XVIII du livre XXXIV (*...adalligatisque lumborum & renum parti laminis frigidiore natura inhiberi impetus veneris*). — R. CC. A droite, un peintre assis devant un chevalet où il est en train de peindre un portrait; à gauche, un élève broyant des couleurs sur une table. — V. CCVI. A droite, un homme sculptant dans la pierre une figure de femme; à gauche, un autre, assis, polissant une table de marbre. — R. CCXIII. A droite, deux personnages à longue robe et bonnet rond; l'un d'eux, le plus rapproché du milieu, tend de la main gauche une bague ornée d'une pierre précieuse à un personnage vêtu de même, et qui lui fait face, tenant de la main droite l'écrin de la bague; sur la gauche, deux autres personnages, dont un porte une sacoche au côté. — In. o. à fond noir, de diverses grandeurs.

V. CCXIX : ... *Im/ pressus Venetiis summa diligentia per Melchiorem Sessam/ Anno reconciliatе natiuitatis. M.D.XIII./ Die.XX. Augusti.* Au-dessous, le registre. Plus bas, marque à fond noir, aux initiales ·M··S·.

5. — Melchior Sessa & Pietro Ravani, 14 août 1516; f°. — (Paris, N)

Historia naturale di Caio Pli/nio Secondo di lingua latina in fiorentina tradocta.... Aggionte/etiam di nouo le figure a/ tutti li libri con/ ueniente.

14 (6,8) ff. prél. n. ch., s. : *aa-bb*. — 259 ff. num. et 1 f. blanc, s. : *a-s*, *A-P*. — 8 ff. par cahier, sauf *s* et *P*, qui en ont 6. — C. rom.; titre g. r. — 2 col. à 60 ll. — Au-dessous du titre, marque du Chat. — V. bb_7 : à la fin de la table des matières, autre marque à fond noir. — Bois de l'édition 20 août 1513.

V. CCLIX : ℂ *Finisse el libro de lhistoria naturale de Plinio Secundo Veronese.... stampato in Venetia per Marchio Sessa &/ Piero di rauani bersano compagni. Ne lãno del Si/ gnor. 1516. Adi. 14. de Agosto.* Au-dessous, le registre.

6. — Melchior Sessa & Pietro Ravani, 24 mars 1525; f°. — (Rome, VE)

C. PLINII SECVN/ di naturalis historię Libri. xxxvij./... addito indice q̃ȝ copiosissi/mo figurisqȝ ad singulo/ rum librorum materi/ am aptissimis.

Même description que pour l'édition 20 août 1513, sauf une différence à la page du titre, qui est entourée d'un encadrement à figures. Dans le haut, les quatre portraits en buste : DIOGENES.// PLATO// ARISTOT.// THEMISTIVS ; blocs latéraux : scènes tirées de l'histoire romaine, sur fond de hachures obliques : *la louve allaitant Romulus et Rémus; Véturie et Volumnie suppliant Coriolan; Horace tuant sa sœur Camille;* etc. ; bloc du bas : à droite, *Héroïsme de Mucius Scævola;* à gauche, *Suicide de Lucrèce.* — Au-dessous du titre, marque.

V. CCXIX :.... *Impressum Venetiis summa di/ ligentia per Melchiorē Sessam, & Petrū Serenæ, Socios,/ Anno reconciliate natiuitatis. M. D. XXV./ Die. XXIIII. Martii.* Au-dessous, le registre; plus bas, petite marque à fond noir, aux initiales : ·M··S·

1470

CICERO (Marcus Tullius). — *De Officiis.*

7. — Vindelinus de Spira, 13 août 1470 ; f°. — (Parme, R)

MARCII TVLII CICERONIS AR/ pinatis. consulisqȝ romani. ac oratorum maximi./ Ad. M. Tulium Ciceronem filiū suum. Officioꝝ/ liber incipit.

134 ff. n. ch. et n. s., dont le dernier est blanc. — C. rom. — 30 ll. par page. — La première page est ornée sur trois côtés (haut, bas, et intérieur) de la bordure enluminée, employée pour le haut et le côté intérieur de l'encadrement du Tite-Live, 1470 (exemplaire Corsini); les extrémités des blocs inférieur et supérieur ont été achevées à la plume. — In. o. Q, du même genre.

R. du 131me f. : *Anno christi. M. CCCC. lxx. Die uero xiii mē/ sis Augusti: Venetiis./ E spira nato Ciceronis opuscula quinque/ Hęc Vindelino formis impressa fuere.* Le verso, blanc.

8. — Vindelinus de Spira, 4 juillet 1472 ; f°. — (Paris, N ; Londres, BM)

MARCI TVLII CICERONIS ARPI/ natis : consulisqȝ Romani. Ac oratorum maximi./ Ad. M. Tulium Ciceronem filium suū Officioꝝ / Liber primus.

134 ff. n. ch. et n. s., dont le premier est blanc. — C. rom. — 30 ll. par page. — R. du 2me f. Encadrement de page enluminé en or et couleurs. Dans l'exemplaire de la B. Nat., cet encadrement, complet, se compose des trois motifs employés dans le Trapesuntius, *circa* 1470, (Paris, N) et du motif qui borde la marge intérieure dans le Tite-Live, 1470 (exemplaire Corsini). Dans l'exemplaire du British Museum, la bordure n'occupe que trois côtés : le haut et le bas sont les mêmes que dans l'encadrement du Trapesuntius ; le motif du côté extérieur est celui qui a été employé pour la marge intérieure du Tite-Live, 1470 (exemplaire Corsini).

R. du dernier f. : *Anno Christi. M. CCCCLxxii. Die uero iiii./ mensis Iulii. Venetiis./ E Spira nato Ciceronis opuscula quinqȝ/ Hęc Vindelino formis impressa fuere.* Le verso, blanc.

9. — Joanne Tacuino, 20 février 1506; f°. — (Milan, B; Munich, R)

TULLII DE OFFICIIS/ AMICITIA z SENE/ ctute. Paradoxa eiusdem....

4 ff. prél. n. ch., dont le second seulement porte au bas la signature: 2. — 247 ff. num. et 1 f. blanc, s.: *A-Z, AA-II.* — 8 ff. par cahier, sauf *O*, qui en a 4; *HH* et *II*, qui en ont 6. — C. rom.; la 1re ligne du titre en grandes lettres goth., les autres lignes en goth. plus petit. — Texte encadré par le commentaire; 62 ll. par page. — Au bas de la page du titre, marque du *St Jean Baptiste*, avec le monogramme [illegible] — R. I. Encadrement à fond noir, du *Legendario delli Sancti*, 30 déc. 1504. En tête du 1er livre, bois oblong, ombré, à terrain noir: *Cicéron donnant son livre à*

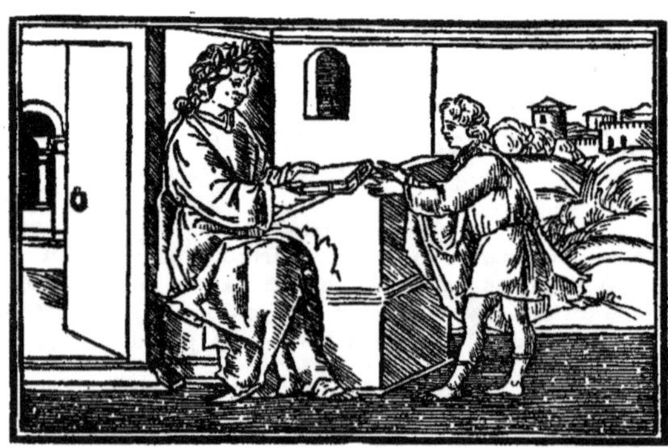

Cicéron, *De Officiis*, 20 février 1506 (r. I).

son fils Marcus (voir reprod. p. 33). — R. XIX. Figure allégorique de la Prudence: une femme tenant un miroir; à droite, un compas aux branches ouvertes et fichées en terre. — V. XXI. Figure allégorique de la Justice: une femme tenant de la main droite une balance, de la main gauche une épée dressée. — V. XXIIII. ℂ *Duo genera iniustitiæ.* Un homme poursuivant, le bâton levé, un autre homme et une femme qui s'enfuient; à droite, un enfant; monogramme L (voir reprod. p. 34) — R. XXV. ℂ *Fides etiam hostibus seruanda.* Deux soldats se serrant la main; même monogramme (voir reprod. p. 34). — R. XXXVI. ℂ *De beneficẽtia & liberalitate.* Au milieu, un personnage assis, puisant d'une main dans une sorte de cratère, et de l'autre main, tendant un sac à un homme qui vient de la droite; à la suite de cet homme, trois autres personnages, vêtus de robes, qui semblent attendre leur tour; à l'extrême gauche, un serviteur apportant une grande jarre. — V. XLVII. Figure allégorique du Courage: une femme aux cheveux flottants, ouvrant des deux mains la gueule d'un lion. — V. LXVI. ℂ *De ambitione.* A gauche,

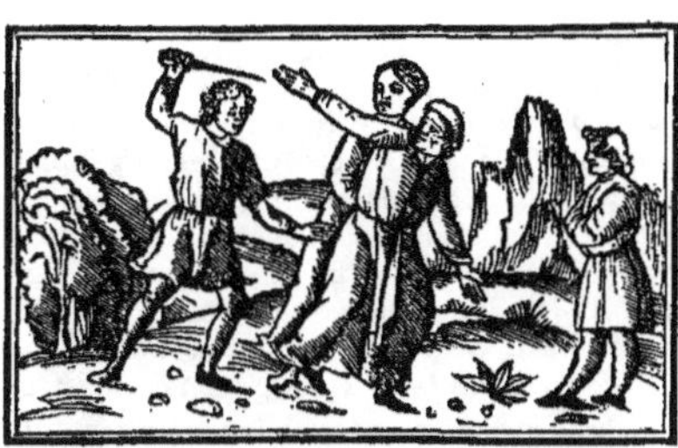
Cicéron, *De Officiis*, 20 février 1506 (v. XXIIII).

un homme dans l'attitude du découragement, regardant une grosse pierre qu'il a laissée retomber au bas d'un monticule abrupt ; à droite, un autre, essayant de gravir la pente en poussant devant lui une pierre semblable. — R. LXII. *Temperantia :* une femme, debout, de face, tenant une aiguière dont elle verse l'eau dans un vase. — R. LXXIX (K_7). ℭ *Duplex iocandi genus.* Deux joueurs d'échecs, assis à une table ; derrière le dossier de chacun de leurs sièges, un personnage debout, suivant la partie ; au fond, un autre personnage. — V. LXXXVIII (M_{ii}). ℭ *Adolescentis officia.* A gauche, deux jeunes garçons, marchant vers un personnage en robe, coiffé d'un bonnet rond ; le premier des deux enfants tient son bonnet de la main gauche. — V. LXXXIX (M_{iii}). ℭ *Officia senum.* A gauche un vieillard, coiffé d'un bonnet rond, assis dans une chaire, lisant un livre ; à droite, un autre vieillard, vêtu de même, essayant de séduire une jeune femme, assise près de lui. — R. XC (M_{iiii}) ℭ *Officia diuersarũ persoarũ conditionũqꝫ.* Au milieu, un personnage coiffé d'un bonnet rond, assis de face dans une chaire ; à gauche, un homme en robe ; à droite, un homme coiffé d'un chapeau rond, tenant de la main gauche un bourdon de pèlerin. — R. XCI (M_5). ℭ *Decorum a uerecundia.* Sur le bord d'une estrade où se dresse un lit, qui occupe le fond, un jeune homme assis, tenant sur ses genoux une femme ; sur la gauche, une porte fermée, près de laquelle est posée une chaise ; sur la droite, petite porte ouverte, au seuil de laquelle paraît une femme. — V. XCII (M_6). ℭ *Duo genera pulchritudinis.* A gauche, une femme, de profil ; à droite, un homme, coiffé d'un chapeau rond, drapé dans un manteau, se retournant vers la femme. — V. XCIII. ℭ *Duplex orationis uis.* A droite, un personnage en robe et bonnet rond, monté sur une pierre plate, haranguant un groupe de personnages de diverses conditions. — R. XCV (N). ℭ *Qualis sermo & quomodo utendum eo sit.* Un jeune homme, drapé dans un manteau, la main droite sur la garde d'une épée dressée à terre ; sur une banderole qui passe derrière sa tête : MILES GLORIOSVS. — V. XCVI (N_{ii}). ℭ *Qualis debet eẽ domꝰ honorati ciuis & prĩcipis.* A droite, quatre ouvriers occupés à la

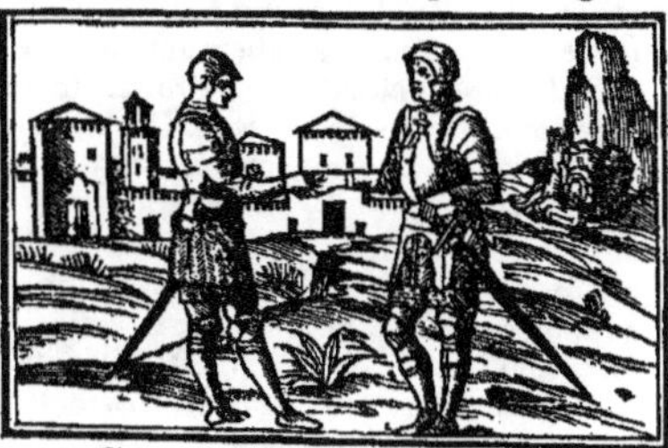
Cicéron, *De Officiis*, 20 février 1506 (r. XXV).

construction d'une maison ; à gauche, un personnage, qui semble leur donner des ordres ; à l'extrême gauche, un jeune garçon. — V. XCVIII (N_{iiii}). ℭ *Ordo actionum cum decoro.* A droite, un homme jouant de la mandoline ; dans l'angle, à l'extrême droite, trois personnages ; à gauche, un homme en robe, la main gauche levée, parlant au musicien. — R. CI (N_7). ℭ *De quæstibus artibusqȝ honestis & ĩhonestis.* A gauche, un paysan arrachant une plante avec une houe ; au milieu, un homme de loi, en robe, bonnet rond, de face, tenant des deux mains un papier ouvert ; à droite, un forgeron, battant un morceau de fer sur une enclume. — V. CII (N_8). ℭ *Comparatio duarum honestatum inter se.* A gauche, un astronome, coiffé d'un turban, assis sur une pierre, visant le ciel avec un sextant ; à droite, épisode de Mucius Scævola devant Porsenna. — R. CVII *(P).*

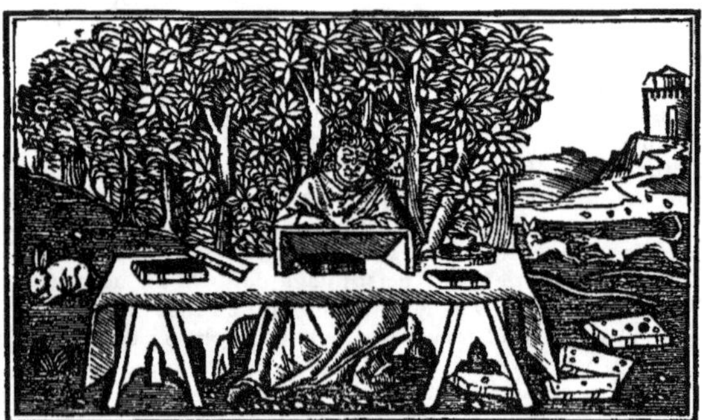

Cicéron, *De Officiis*, 20 février 1506 (r. CLII).

Même encadrement qu'au r. I. En tête du livre II, bois oblong ombré : à droite, sur une estrade élevée de deux marches, un personnage couronné de lauriers, écrivant ; à gauche, autre estrade où sont assis deux juges ; au pied des deux marches, trois personnages debout, leur faisant face. — R. CXI (P_5). ℭ *De his quæ ad utilitatē pertinēt uitamqȝ degēdā.* A gauche, un dragon ailé, au-dessus duquel une banderole porte le mot : PRVDENTIA ; au milieu, un oiseau, perché sur une souche d'arbre ; au-dessus, banderole avec le mot : SIMPLICITAS ; à droite, un renard assis : au-dessus, banderole avec le mot : VERSVTIA. — R. CXII (P_6). ℭ *De diuisione utiliū ad eoꝝ euidentiā.* Vignette au trait, représentant un combat, étrangère à l'ouvrage. — V. CXXII (Q_8). ℭ *De his ex quibus gloria constat.* Cortège triomphal : char traîné par deux chevaux ; sur la plate-forme du char, un personnage couronné de laurier, tenant un sceptre ; suite de personnages à gauche ; au-delà et un peu en avant de la caisse du char, un jeune homme portant un grand vase. — R. CXXXIII *(S).* ℭ *Quomodo debeamus uti liberalitate ad captan/ dam multitudinis beniuolentiam.* A gauche, un personnage prenant de l'argent dans une corbeille que tient un serviteur ; de la main gauche, il tend un sac à un personnage qui vient de la droite; un peu plus à droite, un autre personnage, les bras croisés; entre le maître et le serviteur, à gauche, apparaît un quatrième personnage, visible seulement en partie. — R. CLII (V_4). Même encadrement qu'au r. 1. En tête du livre III, bois oblong ombré, à terrain noir (voir reprod. p. 35). — V. CLIX (X_{iii}). ℂ *Formula qua officium cognoscitur.* Un personnage frappé d'un coup de poignard dans le dos, par un jeune homme qui sort d'un bouquet d'arbres. — V. CLXIIII (X_8) ℂ *Nihil est utile qđ ab iniustitia & malitia ꝓficiscit.* Sur la droite, au second plan, le cadavre de Candaule, roi de Phrygie, étendu à terre, sa couronne près de lui; à gauche, au premier plan, Gygès et la reine, femme de Candaule, assis l'un près de l'autre sur un tertre, se caressant. — R. CLXVII (Y_{iii}). A droite, un personnage, avec couronne à l'antique, regardant vers la gauche, d'où s'avancent deux hommes d'armes. — V. CLXVII. Exécution du fils de Brutus. — V. CLXVIII (Y_{iiii}) Damon et Pythias devant Denys le Tyran. — R. CLXXI (Y_7). Un vaisseau à l'ancre près d'un rivage, sur lequel s'élève une ville. — R. CLXXIII *(Z)*. Mésaventure de Caius Cannius, qui avait acheté à haut prix les jardins de Pythius, une fourberie de ce dernier lui ayant fait croire qu'on pêchait quantité de poisson dans le voisinage. — R. CLXXVI (Z_{iiii}). Les augures faisant démolir la maison de Titus Claudius, sur le mont Cœlius. — V. CLXXXIII (AA_{iii}). Deux vignettes. Dans le haut de la page: un vaisseau poussé par le vent, près d'un rivage sur lequel deux hommes, armés de gaffes, attirent à eux des épaves flottantes. Au bas de la page: un atrium, soutenu au milieu par trois colonnes, où l'on voit un homme apportant à un enfant un petit buste à tête couronnée. — V. CLXXXIIII (AA_{iiii}). L'aventure de Phaéton, guidant le char du soleil. — R. CLXXXV (AA_5). Deux vignettes. Dans le haut de la page: à gauche, un homme avec son serviteur, près d'un coffre à argent; à droite, deux malfaiteurs, dont l'un armé d'une épée. Au bas de la page: ℂ *De fortitudine*: figure allégorique du Courage (comme au v. XLVII) — V. CLXXXIX *(BB)*. Figure allégorique de la Tempérance (comme au r. LXXII). — R. CXCII (BB_4) ℂ *M. T. C. Lælius siue de Amicitia Dialo/ gus ad. T. Pomponiū Atticū Præfatio.* Même encadrement de page qu'au r. 1. En tête du texte, bois oblong ombré: un empereur mort, couché sur une civière; à droite, un personnage assis, tenant un sceptre; près de lui, un officier, la main gauche sur la garde de son épée; du même côté, au fond, un garde tenant une lance; au fond, portique à arcades. — R. CCVIII (DD_{iiii}) *M. T. C. Cato maior uel de Senectute...* Même encadrement de page qu'au r. 1. En tête du texte, bois oblong ombré: un personnage à longue barbe assis sur un trône; à droite et à gauche du trône, un garde, tenant une hallebarde; au fond, portique à arcades. — R. CCIX (DD_5). ℂ *Dialogus. P. Sci. C Lęlius: & Cato ĩterlocutores.* A gauche, un personnage assis à un bureau, écrivant; à droite, un autre, debout, la main droite posée sur le pupitre du bureau. — In. o. à fond noir.

R. CCXLVII: *Impressum Venetiis... sumptu miraqʒ diligẽtia/ Ioãnis de Tridino alias Tacuini Anno Salutiferæ incarnatōis. M. D. VI. die XX.*

Februarii.... Au dessous, marque à fond noir, aux initiales de Tacuino. Au verso, le registre.

10. — Bartholomeo Zanni, 20 décembre 1506; f°. — (Rome, Ca)

Tullij de officijs amicitia z senectute. Paradoxa eiusdē./ Opus Benedicti Brugnoli studio emaculatū....

4 ff. prél., n. ch., s. : *a.* — 223 ff. num. par erreur : 215, et 1 f. blanc, s. : *b-z*, *&*, *ꝯ*, *ꝶ*, *A-C.* — 8 ff. par cahier. — C. rom.; titre g. — Texte encadré par le commentaire; 63 ll par page. — R. 1. En tête et sur la gauche de la page, bois ombré de l'édition du 20 février, même année (r. 1). — In. o. à fond noir, de diverses grandeurs.

V. C7 : *Impressum Venetiis per Bartholomeū de Zanis de Portesio. M.CCCCCC. VI. die. xx. mensis Decēbris.* Au-dessous, le registre. Dans le bas de la page, à droite, petite marque à fond noir, aux initiales : ·B· Z·

11. — Joanne Tacuino, 20 août 1508; f°. — (Rome, VE)

Tullii de officiis/ Amicitia z Sene/ctute. Paradoxa eiusdem....

Réimpression de l'édition 20 février 1506.

R. CCXLVII : *Impressum Venetiis.... sumptu miraqꝫ diligentia/ Ioannis de Tridino alias Tacuini Anno Salutiferæ incarnationis. M. D. VIII. die. xx. Augusti/....* Au-dessous, marque à fond noir, aux initiales de Tacuino. Au verso, le registre.

12. — Joanne Tacuino, 28 février 1514; f°. — (Munich, R)

TULLIUS/ De Officiis : de amicitia : de senectute/ nec non Paradoxa eiusdeꝫ : opus Be/ nedicti Brugnoli studio emaculatum/....

10 (6,4) ff. prél., n. ch., s. : *aa-bb.* — 253 ff. num. et 1 f. blanc; s. : *A-Z, AA-II.* — 8 ff. par cahier, sauf *Z*, qui en a 6. — C. rom.; titre g. r. et n.. — 67 ll. par page. — Bois de l'édition 20 février 1506; au v. 105, on a remplacé par une vignette au trait, empruntée d'un autre livre, celle qui figurait au même chapitre dans cette édition, et qui était également étrangère à l'ouvrage. — In. o. à fond noir de diverses grandeurs.

V. 253 : *Impressum Venetiis.... sumptu miraqꝫ diligentia/ Ioannis de Tridino alias Tacuini Anno Salutiferæ incarnationis. M.D. XIIII. die/ Vltimo Februarii....* Au-dessous, le registre.

13. — Joanne Tacuino, 30 janvier 1517; f°. — (Rome, VE — ☆)

TVLLIVS DE/ Officiis : de amicitia : de senectute nec/ non Paradoxa eiusdem :....

Page du titre: encadrement ornemental; la première ligne en cap. rom. r. — Réimpression de l'édition 28 février 1514.

V. 253 : *Impressum Venetiis.... sumptu miraqꝫ diligentia/ Ioannis de Tridino alias Tacuini Anno Salutiferæ incarnationis. M. D. XVII. die/ XXX. Ianuarii....* Au-dessous, le registre.

14. — Georgio Rusconi, 23 mai 1518; f°. — (Rome, VE)

TVLLIVS DE/ Officijs : de amicitia : de senectute : nec/ non Paradoxa eiusdem :....

8 ff. prél. n. ch., s. : *aa.* — 238 ff. num., s. : *A-X, AA-II.* — 8 ff. par cahier, sauf *CC* et *II*, qui en ont 6; et *X*, qui en a 10. — C. rom.; titre g. r., sauf la première ligne, qui est en grandes cap. rom. r. — Texte encadré par le commentaire; 70 ll. par page. — Page du titre : encadrement ornemental. — Dans le corps de l'ouvrage, 45 vignettes de diverses grandeurs, copies serviles de celles de l'édition Tacuino, 20 février 1506, sauf

deux variantes. R. 99, au chapitre : ℂ *De diuisione utilium ad eorum euidentiam* (*De Off.*, liv. II); représentation d'un combat, mais différente. — R. 194. *De Senectute.* ℂ *Dialogus. P. Sci. C. Lælius : & Cato ĩterlocutores* : vignette tirée du Cicéron, *Epist. fam.*, 20 mars 1517 (r. 26). — In. o. à fond noir.

R. 238 : ℂ *Impressum Venetiis.... sumptu miraq3 diligentia Georgii/ de Rusconibus Mediolanensis. Anno Salutiferæ incarnationis. M. D.XVIII. Die. XXIII. Maii./....* Au-dessous, le registre. Au bas de la page, marque à fond noir, aux initiales de Georgio Rusconi. Le verso, blanc.

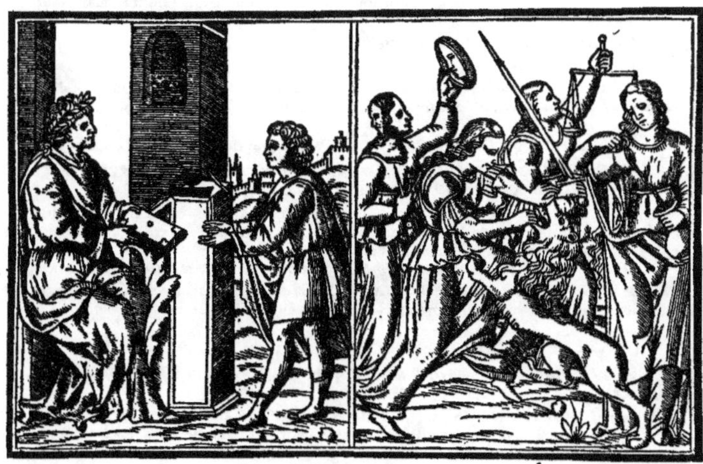

Cicéron, *De Officiis*, 24 mars 1525 (r. I).

15. — Guglielmo de Fontaneto (pour L. A. Giunta), 24 mars 1525; f°. —(Munich, R)

Tullius de officijs/ Cũ cõmẽtarijs./ OFFICIORVM/ Ciceronis libri tres cum commentarijs Petri Marsi :/ in quę etiã noua eiusdẽ reformatio non alias impressa est....

10 ff. prél. n. ch., s. : *aa.* — 260 ff. num. s. : *A-Z, AA-KK.* — 8 ff. par cahier, sauf *GG, KK*, qui en ont 6. — C. rom.; le titre, sauf la troisième ligne, en lettres g. r. et n. — Texte encadré par le commentaire; 70 ll. par page. — Page du titre : encadrement à figures du Virgile, *Opera*, 22 nov. 1522. — Les grands bois placés en tête des différents livres de l'ouvrage, sont des copies de ceux de l'édition Tacuino, 20 février 1506; les trois premiers sont à deux compartiments, réunissant ainsi des représentations traitées séparément dans l'original. — R. I. Compartiment de gauche : *Cicéron donnant son livre à son fils Marcus* (édit. 1506, r. I); compartiment de droite : figures allégoriques des quatre vertus principales : *la Force, la Justice, la Prudence, la Tempérance* (voir reprod. p. 38). — V. XCIX. Compartiment de gauche : *trois personnages debout au pied d'une estrade élevée de deux marches, et où siègent deux juges* (édit. 1506, r. CVIII); compartiment de droite : *cortège triomphal*, surmonté de la légende : INANIS. GLORIA. (id. v. CXXII). — R. CXXXVIII. Sur la gauche : *l'auteur assis, écrivant sur une table, en avant d'un bosquet;* terrain noir (édit. 1506, r. CLII); sur la droite : *la mésaventure de Phaéton conduisant le char du soleil* (id., v. CLXXXIIII).

— R. CLXXVI. En tête du *De Amicitia* : copie agrandie du bois correspondant de l'édition 1506 (r. CXCII). — R. CCVIII. En tête du *De Senectute* : autre copie d'un bois de 1506 (v. CCVIII). — R. CCXXXIX. Même bois qu'au r. 1. — In. o. de divers genres.

R. CCLX : ℭ *Impressum Venetiis per Guilielmum de Fontaneto Montisferrati : sumptibus vero/ nobilis viri domini Lucę Antonii Iuntę Florentini. Anno incarnationis domini nostri redemptoris. MD. XXV. IX. Kalē Aprilis./....* Au-dessous, le registre. Le verso, blanc.

16. — Ioanne Patavino & Venturino Roffinelli (pour L. A. Giunta), mai 1536; f°. — (Venise, M)

Tullius de officijs / Cū cōmētarijs./....

Réimpression de l'édition 24 mars 1525.

A la fin : *Venetiis in Officina Ioannis Patauini & Venturini de Roffi/ nellis, sumptibus uero Luceantonij Iuntæ Florentini./ M.D XXXVI Mense Maio.*

17. — S. n. t. (pour Giovanni de la Chiesa Pavese), février 1539; 8°. — (Londres, BM)

OPERE DI/ MARCO TVLLIO CICERONE/ TRADOTTE IN LINGVA/ VVLGARE DI NVOVO/ IMPRESSE ET CORETTE./ IN VENETIA. M.D XXXIX.

165 ff. num. & 3 ff. n. ch., s. : *A-X*. — 8 ff. par cahier. — C. ital. — 30 ll. par page. — Page du titre, au-dessus de l'indication de lieu et de date: *portrait de Cicéron*, en buste, dans un médaillon ovale. Le verso, blanc.

R. X_8 : le registre ; au-dessous : *Impresso in Venetia ad instantia di Gio/ uanni de la chiesa Pauese. Nel anno/ M.D.XXXIX. Del/ Mese di Febraro.* Au bas de la page, marque : deux *putti* soutenant une église ; aux initiales I G P. Le verso, blanc.

18. — Comin da Trino (in officina Erasmiana), 1540 ; 16°. — (Londres, BM)

M. T. C. PHILOSOPHIAE VOLV/ MEN PRIMVM,.... Venetiis in officina Erasmiana/ M.D.XXXX.

251 ff. num. & 1 f. n. ch., s. : *A-Z, AA-II*. — 8 ff. par cahier, sauf *II*, qui en a 4. — C. rom. — 32 ll. par page. — Page du titre : portrait, comme dans le *Orationes*, Bern. Stagnino, 1536.

V. 251 : *Venetijs per Cominum de Tridino Montis/ ferati anno domini. M D X L.* — R. II_4 : le registre, le verso blanc.

SECVNDO VOLVMINE HAEC/ CONTINENTVR./ M. T. C. de natura Deorum libri III./... Venetijs in officina Erasmiana ./ M.D.XXXX.

212 ff. num. par erreur jusqu'à 213, s. : *Aa-Zʒ, AAa-DDd*. — 8 ff. par cahier, sauf *DDd*, qui en a 4. — C. rom. — 32 ll. par page. — Page du titre : même portrait. — V. DDd_4 (chiffré 213) : le registre.

19. — In officina Erasmiana, 1540 ; 16°. — (Londres, BM)

MARCI TVLLII CICERONIS/ officiorum libri tres./... Venetijs in officina Erasmiana./ M.D.XXXX.

150 ff. num. par erreur jusqu'à 149 seulement, et 2 ff. blancs, s. : *A-T*. — 8 ff. par cahier. — C. rom. — 32 ll. par page. — Page du titre : portrait, comme dans le *Orationes*, Bern. Stagnino, 1536.

V. T_6 : *Venetijs. 1540.*

1470

Cicero (Marcus Tullius). — *Epistolæ familiares.*

20. — S. l. et n. t., 1470; f°. — (Londres, BM)

M. TVLII CICERONIS EPISTOLARVM FA/ MILIARIVM LIBER PRIMVS INCIPIT...

136 ff. n. ch. et n. s., dont le 1er est blanc. — C. rom. — 41 ll. par page. — R. du 2me f. : encadrement enluminé en or et couleurs, dont le côté gauche et la partie supérieure sont faits à la main ; le côté droit,

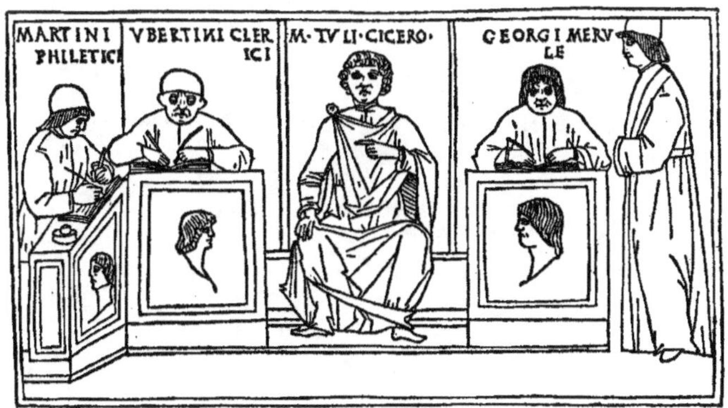

Cicéron, *Epist. fam.*, 22 sept. 1494 (p. du titre).

imprimé, est constitué par la répétition d'un motif formé d'un vase contenant une plante à feuilles rigides lancéolées, avec une fleur à longue hampe, du genre de l'aloès; la partie inférieure, imprimée également, se compose de deux motifs de rinceaux de feuillage flanquant un petit écu. — Belles in. o. enluminées. — R. du dernier f. : *M. CCCC. LXX.*

21. — Nicolaus Jenson, 1471 ; f°. — (Paris, N)

M. TVLLII CICERONIS EPISTOLARVM/ FAMILIARIVM LIBER PRIMVS INCIPIT AD/ LENTVLVM PROCONSVLEM

204 ff. n. ch. et n. s., dont le 1er est blanc. — C. rom. — 33 ll. par page. — R. du 1er f. imprimé : encadrement de page enluminé (voir fac-simile hors texte). — In. o. enluminées, faites à la main.

R. du dernier f. : *M. CCCC. LXXI./ OPVS PRAECLARISSIMVM. M. T. CICERONIS/ EPISTOLARVM A NICOLAO/ IENSON GALLICO VIVENTIBVS NECNON/ ET POSTERIS IMPRESSVM FELICITER FINIT.* Le verso, blanc.

Cicero (M. Tullius), *Epistolæ familiares;* Nicolaus Jenson, 1471

(Paris, Bibl. Nat.)

Gravé et tiré sur la presse à bras par H. de Navailles-Banos.

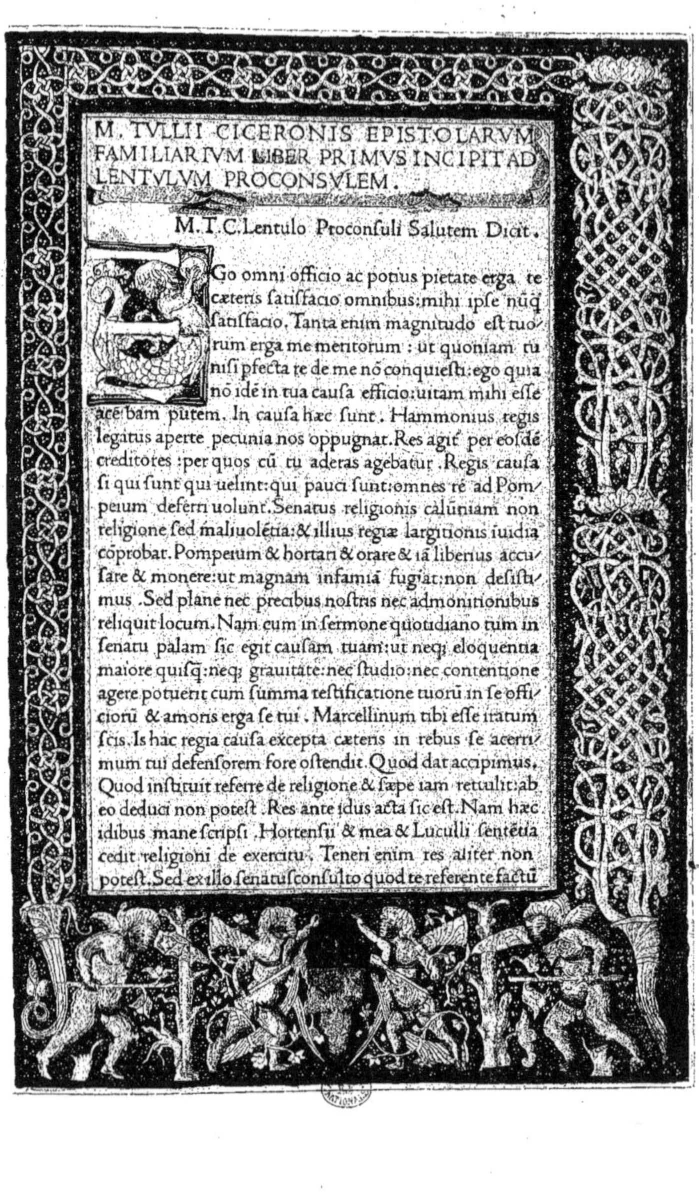

M. TVLLII CICERONIS EPISTOLARVM
FAMILIARIVM LIBER PRIMVS INCIPIT AD
LENTVLVM PROCONSVLEM.

M.T.C. Lentulo Proconſuli Salutem Dicit.

Go omni officio ac potius pietate erga te
cæteris ſatiſfacio omnibus: mihi ipſe nūq̃
ſatiſfacio. Tanta enim magnitudo eſt tuorum erga me meritorum: ut quoniam tu
niſi pfecta re de me nō conquieſti: ego quia
nō idē in tua cauſa efficio: uitam mihi eſſe
acerbam putem. In cauſa hæc ſunt. Hammonius regis
legatus aperte pecunia nos oppugnat. Res agit̄ per eoſdē
creditores: per quos cū tu aderas agebatur. Regis cauſa
ſi qui ſunt qui uelint: qui pauci ſunt: omnes rē ad Pompeium deferri uolunt. Senatus religionis calūniam non
religione ſed maliuolētia: & illius regiæ largitionis īuidia
cōprobat. Pompeium & hortari & orare & iā liberius accu-
ſare & monere: ut magnam infamiā fugiat: non deſiſti-
mus. Sed plane nec precibus noſtris nec admonitionibus
reliquit locum. Nam cum in ſermone quotidiano tum in
ſenatu palam ſic egit cauſam tuam: ut neq; eloquentia
maiore quiſq̄: neq; grauitate: nec ſtudio: nec contentione
agere potuerit cum ſumma teſtificatione tuorū in ſe offi-
ciorū & amoris erga ſe tui. Marcellinum tibi eſſe iratum
ſcis. Is hac regia cauſa excepta cæteris in rebus ſe acerri-
mum tui defenſorem fore oſtendit. Quod dat accipimus.
Quod inſtituit referre de religione & ſæpe iam retulit: ab
eo deduci non poteſt. Res ante idus acta ſic eſt. Nam hæc
idibus mane ſcripſi. Hortenſii & mea & Luculli ſentētia
cedit religioni de exercitu. Teneri enim res aliter non
poteſt. Sed ex illo ſenatuſconſulto quod te referente factū

22. — S. l. et n. t., 1471 ; f°. — (Londres, BM)

M. TVLII CICERONIS. EPISTVLARVM FAMI/ LIARIVM LIBER PRIMVS INCIPIT AD LEN/ TVLVM PROCONSVLEM.....

146 ff. n. ch. et n. s. — C. rom. — 40 ll. par page. — 1re page : bordure enluminée en or et couleurs, dont les côtés sont faits à la main ; la partie supérieure, imprimée, est constituée par la répétition d'un motif composé d'un vase d'où sortent des rinceaux de feuillage ; la partie inférieure, imprimée également, comporte deux motifs de rinceaux de branches d'arbres flanquant une couronne de feuillage. — In. o. enluminées de même. — V. du dernier f., au bas de la page : *M. CCCC. LXXI.*

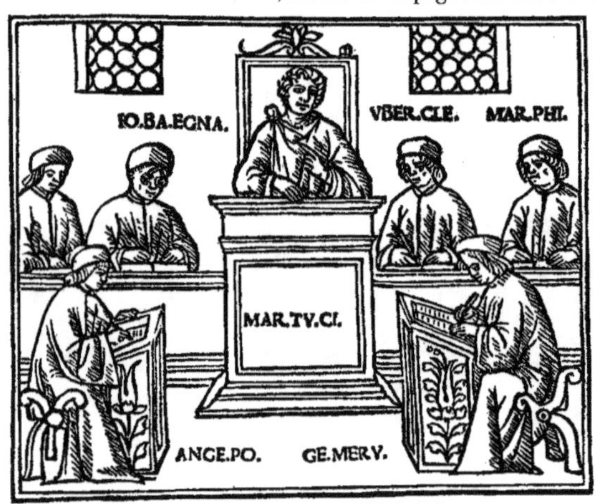

Cicéron, *Epist. fam.*, 7 sept. 1508 (p. du titre).

23. — Octaviano Scoto, 22 septembre 1494 ; f°. — (Munich, R)

Hoc in uolumine hæc continentur./ .M. Tulii Ciceronis Epistolarum familiarium libri sexdecim....

4 ff. prél., n. ch., s. : *aa.*— 222 ff. num. par erreur : 230, et 2 ff. n. ch., s. : *a-ʒ*, *&*, *ɔ*, *℞*, *A-C*. — 8 ff. par cahier, sauf les quatre derniers, qui n'en ont que 6. — En tête de la page du titre, bois au trait, avec les noms de Cicéron et des commentateurs au-dessus des têtes des personnages (voir reprod. p. 40). — Jolies in. o. à fond noir, de diverses grandeurs ; d'autres, au trait.

R. du dernier f. n. ch. : le registre ; au-dessous : *Marci Tullii Ciceronis epistolæ familiares cũ tribus cõmentariis Octauiani Scotti impensis Ve/ netiis ꝑdiligenter impressæ expliciunt. M. CCCC. LXXXXIIII. die. xxii. Septembris. Laus deo.* Le verso, blanc.

24. — Georgio Rusconi, 22 juillet 1508 ; f°. — (Vienne, I)

Hoc in uolumine hæc continentur./ M. Tulii Ciceronis Epistolarum Familiarium libri sexdecim./....

244 ff. num., s. : *a-ꝗ*, *&*, *ↄ*, *℞*, *A-C*. — 8 ff. par cahier, sauf *a*, qui en a 4 ; *g* et *k*, qui en ont 6. — C. rom. — Texte encadré par le commentaire : 62 ll. par page. — Au bas de la page du titre, bois avec monogramme L, du Suétone, *Vitæ XII Caes.*, 8 janvier 1506. — In. o. à fond noir.

R. CCXXIIII : *Venetiis per Georgium de Rusconibus Mediolanensem./ Anno domini. M. D. VIII. die. xxii. Julii.* Au dessous, le registre ; et, sur la droite, marque à fond noir, aux initiales de l'imprimeur. Le verso, blanc.

25. — Lazaro Soardi, 7 septembre 1508 ; f°. — (Rome, VE — ☆)

Marci Tullij Ciceronis Epistolarum familia/ riuꝫ libri. xvj. Ioãne Baptista Egnatio Ue/ neto : Ubertino : ꝛ Philetico interpre/ tibus : cum Politiani Merule/ adnotamentis qbusdam.

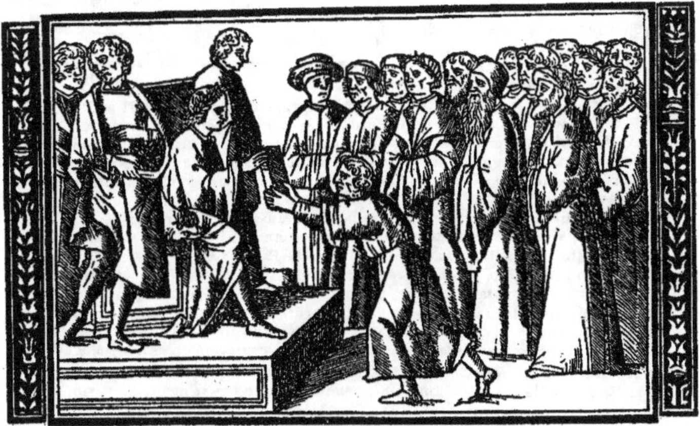

Cicéron, *Epist. fam.*, 27 mai 1511 (v. a_{10}).

4 ff. prél., n. ch., s. : *aa*. — 221 ff. num. et 1 f. blanc, s. : *A-Z*, *AA-FF*. — 8 ff. par cahier, sauf *A*, *C*, *D*, *G*, *K*, qui en ont 6. — C. rom. ; titre g. r. — Texte encadré par le commentaire ; 57 ll. par page. — Page du titre : encadrement de la *Bible*, 23 avril 1493. Au dessus des cinq lignes du titre, bois ombré : *Cicéron et quatre de ses commentateurs* (voir reprod. p. 41) — Petites in. o. à fond noir.

V. CXXI :.... *Impressum Venetiis per Laꝫarum de Soardis die. vii. septem. Anno. M. D. Viii.* Au-dessous, grande marque à fond noir, aux initiales de l'imprimeur.

26. — Georgio Rusconi, 27 mai 1511 ; f°. — (Milan, B)

Le titre manque. — 10 ff. prél., s. : *a* ; les ff. a_{ii} - a_{v}, sont chiffrés, dans le haut, de I à IIII ; le reste du cahier, n. ch. — 223 ff. num. à partir de v, et 1 f. n. ch., s. : *b-ꝗ*, *&*, *ↄ*, *℞*, *A-C*. — 8 ff. par cahier. — Texte encadré par le commentaire ; 62 ll. par page. — V. a_{10}. Au bas de la page : grand bois, avec bordure à motif ornemental sur les côtés (voir reprod. p. 42). — R. V. En tête du livre I : L'auteur assis à un bureau, la main gauche posée sur son pupitre ; de la main droite, il donne une lettre à un serviteur, debout, à gauche ; entre ce personnage et le dossier de la *cathedra*, à l'arrière-plan, un autre personnage ; à droite, au premier plan, un personnage

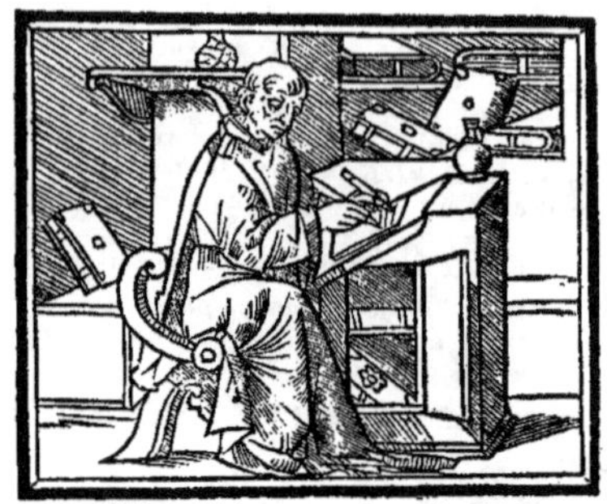

Cicéron, *Epist. fam.*, 27 mai 1511 (livre III).

avec une escarcelle pendue à la ceinture ; au second plan, un autre personnage. Cette vignette est répétée aux livres VII et XIII. — R. XXVIII. En tête du livre II : L'auteur assis à gauche, écrivant sur un pupitre ; une bouteille d'encre pendue près de lui, à la muraille du fond. Au-delà du bureau, et la main gauche posée sur le bord du pupitre, un personnage, debout, la main droite ramenée sur la poitrine et faisant vers la droite le geste de l'indication. A droite, un personnage en tunique courte, regardant celui qui écrit, et le montrant de la main gauche ; du même côté, au second plan, deux autres personnages tournés vers la gauche. Cette vignette est répétée aux livres VIII et XIV. — R. LI. En tête du livre III : vignette (voir reprod. p. 43) qui est répétée aux livres IX et XV. — V. LXVI. En tête du livre IV : Un personnage en tunique courte, debout, au milieu, tenant des deux mains une lettre ; à gauche, deux personnages, l'un tourné vers la droite, vêtu d'une longue robe, l'autre en tunique courte, tenant de la main droite un papier et tournant la tête vers la gauche ; à droite, un personnage, touchant le bras gauche de celui qui lit la lettre ; entre leurs deux têtes, au fond, apparaît celle d'un autre personnage ; à l'extrême droite, un dernier personnage. Dallage de carreaux blancs. Cette vignette est répétée aux livres X et XVI. — R. LXXXVIII. En tête du livre V : vignette (voir reprod. p. 43) qui est répétée au livre XI. — V CIIII. En tête du livre VI : L'auteur, assis à un bureau à gauche, tendant une lettre à un courrier, vêtu d'une cape, chaussé de demi-bottes à éperons, qui vient de la droite ; au mur du fond, une tapisserie avec ornement de feuillage. Cette vignette est répétée au livre XII. — In. o. à fond noir.

R. C_8 : *Impressum Venetijs opere & impensa Georgij de Rusconibus/ Mediolanensis. Anno Dñi nostri Jesu Christi. M.D.XI./Die. XXVII. Maij*...... Plus bas, le registre, et, sur la droite, la marque à fond noir, aux initiales de l'imprimeur. Le verso, blanc.

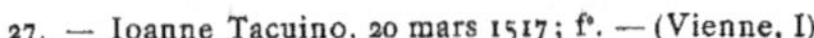

27. — Ioanne Tacuino, 20 mars 1517 ; f°. — (Vienne, I)

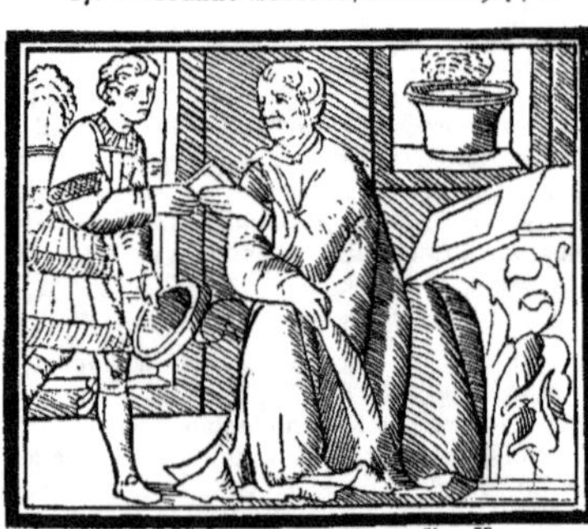

Cicéron, *Epist. fam.*, 27 mai 1511 (livre V).

M. TVLII CI/ CERONIS FAMILIARES/ EPISTOLAE DILIGEN/ tiore emendatione quam/ alias castigatae./.... Una cũ figuris suis locis apte dispo/sitis....

12 (6,6) ff. prél., n. ch., s. : *a-b.* — 287 ff. num. et 1 f. blanc, s. : *A-Z, &, ꝯ, ℞, AA-KK.* — 8 ff. par cahier. — C. rom. ; titre g., sauf les trois premières lignes. — Texte encadré par le commentaire ; 70 ll. par page. — Page du titre : encadrement ornemental. — Aux livres I, III, V, IX, XII, copies des bois de l'édition 27 mai 1511, tirées avec seulement trois blocs, dont deux sont répétés (voir reprod. p. 44) ;

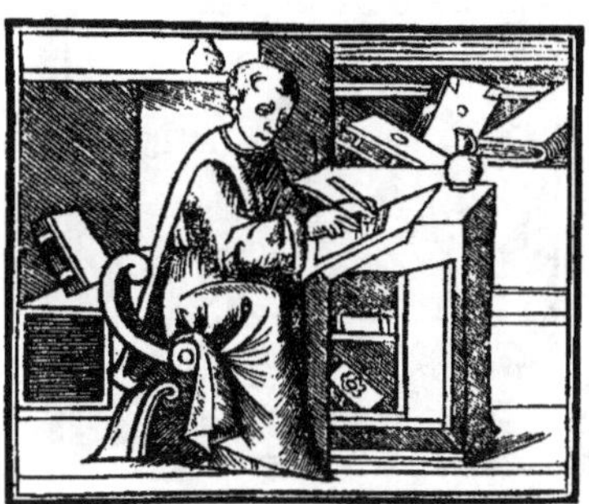
Cicéron, *Epist. fam.*, 20 mars 1517 (livre III).

pour les autres livres (sauf le livre X, qui n'a pas de gravure), on a employé quatre bois de l'édition 1511, dont deux sont reproduits chacun quatre fois. — In. o. à fond noir, de diverses grandeurs.

V. 287..... *Venetiis per/ Ioannem de Tridino, alias Tacuinum : Anno Domini nostri Jesu Christi./ M.D.XVII. Die. XX. Martii....* Au-dessous, le registre.

28. — Georgio Rusconi, 20 mars 1519; f°. — (Londres, BM)

M. TVLII CICE/ ronis familiares Epistolae dili/gẽtiori emendatione quã alias castigatae..... Una cũ figuris suis locis apte dispo/sitis:.....

12 ff. prél. (6,6), n. ch., s. : *a-b*. — 287 ff. num. et 1 f. blanc, s. : *A-Z*, *&*, ꝯ, ℞, *AA-KK*. — 8 ff. par cahier. — C. rom.; le titre, sauf la première ligne, en c. g. r. et n. — Texte encadré par le commentaire; 70 ll. par page. — Page du titre : encadrement ornemental. — Sauf le livre X, qui n'a pas de gravure, chacun des livres de l'ouvrage est orné d'un bois de l'édition 27 mai 1511. — In. o. à fond noir, de diverses grandeurs.

V. 287 : *M. Tulii Ciceronis Epistolarum familiarium Libri XVI. & ultimi Finis, Venetiis per/ Georgium de Rusconibus Mediolanensem : Anno Domini nostri Jesu Chri/sti. M.D.XIX.Die.XX Martii....* Au-dessous, le registre.

29. — Gulielmo de Fontaneto, 12 décembre 1525; f°. — (Milan, B)

Epistole/ Tulii/ M.T.C. FAMILI/ares Epistolae Cum interpretatione Uberti/ni Clerici Crescentinatis :.... Appositae sunt etiam complures figurae...

304 ff. num. par erreur : CCXCIIII; s. : *a*, *b*; *A-Z*; *AA-OO*. — 8 ff. par cahier, sauf *a*, *b*, *D*, *OO*, qui en ont 6. — C. rom.; titre g. r. et n., sauf la troisième ligne, qui est en cap. rom. — Texte encadré par le commentaire sur 2 col. à 70 ll. — Page du titre : encadrement architectural avec figures de guerriers, animaux fantastiques, *putti*, etc. — R. III. En tête du livre I : grand bois, à deux compartiments, avec monogramme ℒ (voir reprod. p. 45). — Pour les autres livres, on a employé cinq bois de l'édition 27 mai 1511 (dont un est reproduit deux fois, et deux sont reproduits trois fois), et deux bois de l'édition 20 mars 1517 (dont un est reproduit trois fois et l'autre deux fois). — In. o. à fond noir.

R. OO_6 (chiffré : CCXCIIII) : ℭ *Venetiis. In Casis Guilielmi de Fontaneto Montisferrati. Anno Domini nostri Jesu/ Christi. M.D.XXV. Die. XII. Decembris....* Au-dessous, le registre. Le verso, blanc.

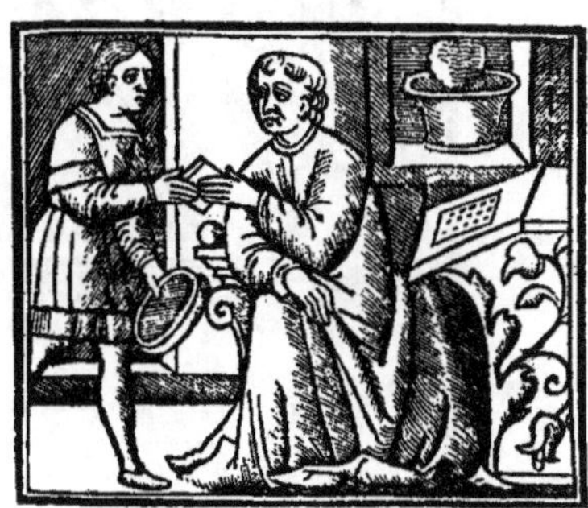
Cicéron, *Epist. fam.*, 20 mars 1517 (livre V).

30. — Ioanne Tacuino, 4 août 1526; f°. — (Londres, BM)

M. TVLII CI/ CERONIS FAMILIA/ RES EPISTOLAE./...

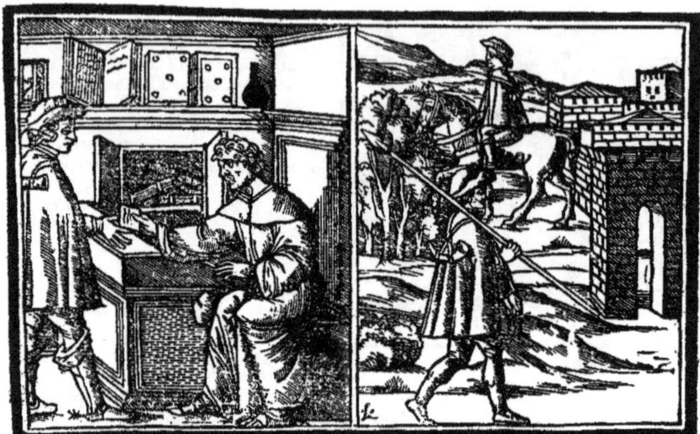

Cicéron, *Epist. fam.*, 12 déc. 1525 (livre I).

16 (8, 6, 2), ff. prél., n. ch., s. : *a-c.* — 279 ff. num. et 1 f. blanc, s. : *A-Z*, *&*, *ꝯ*, *℞*, *AA-II*. — 8 ff. par cahier. -- C. rom.; le titre, sauf les trois premières lignes, en g. r. et n. — Texte encadré par le commentaire ; 69 ll. par page. — Page du titre : encadrement ornemental. — Sauf le livre X, qui n'a pas de gravure, chacun des livres de l'ouvrage est orné d'un bois, le premier (liv. I), plus large que les suivants (voir reprod.

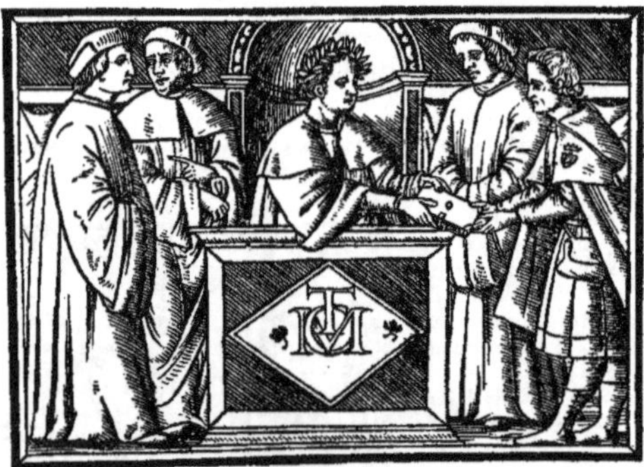

Cicéron, *Epist. fam.*, 4 août 1526 (livre I).

p. 45). — Les quatorze autres gravures sont tirées avec seulement cinq blocs, copiés des bois de l'édition 27 mai 1511. — In. o. à fond noir, et autres, de diverses grandeurs.

V. CCLXXIX : *M. Tulii Ciceronis Epistolarum Familiariū Libri. XVI & ultimi Finis, Venetiis per Ioan/nem de Tridino, Alias Tacuinū. Anno Domini nostri Jesu Christi. M.D.XXVI./ Die. IIII. Augusti.....* Au-dessous, le registre.

31. — Ioanne Tacuino, 20 août 1535; f°. —(Munich, R)

M. TVLLII CI/ CERONIS FAMILIA/ RES EPISTOLAE./... M.D.XXXV.

14 (8, 6) ff. prél., n. ch., et s. : *a, b.* — 279 ff. num. et 1 f. blanc, s. : *A-Z, &, ꝯ, ℞, AA-II.* — 8 ff. par cahier. — C. rom. — Texte encadré par le commentaire; 69 ll. par page. — Bois des éditions précédentes du même imprimeur.

V. CCLXXIX :... *Venetiis per Ioan /nem de Tridino, alias Tacuinū. Anno Domini nostri Jesu Christi. M. D. XXXV./ Die. XX. Augusti...* Au-dessous, le registre.

1470

Livius (Titus). — *Decades.*

32. — Vindelinus de Spira, 1470; f°. — (Paris, N; Rome, Ch, Co)

L'exemplaire de la B. Corsini est en trois volumes. — 1er vol. : 24 et 146 ff. n. ch. et n. s., dont le premier et le dernier sont blancs. — C. rom. — 49 ll. par page. -- R. du 1er f. : encadrement enluminé (voir fac-simile

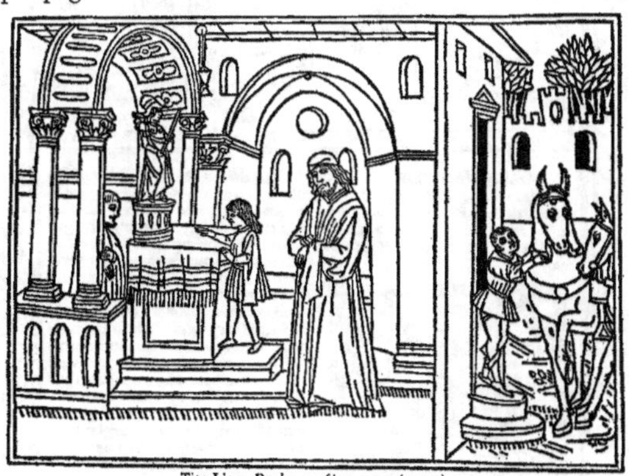

Tite-Live, *Deche*, 11 févr. 1493 (r. *a a*).

hors texte). — 2me vol. : 140 ff. dont le premier, au recto, est orné du même encadrement. — 3me vol. : 110 ff. — In. o. enluminées. — A la fin du 3me vol. : *M.CCCC.LXX.* Au-dessous, vingt-trois distiques latins, dont le suivant donne le nom de l'imprimeur : *Et Vindelino debebis tu quoqꝫ: formis/ Egregie impressit has modo qui decadas.*

L'exemplaire de la B. Chigi est d'un seul volume, de 420 ff. — Le r. du 24me f. est orné d'un encadrement enluminé, différent du précédent (voir fac-simile hors-texte).

L'exemplaire de la B. Nat. de Paris est en deux volumes. — 1er vol. : 170 ff. — R. du 24me f. : bordure enluminée à trois motifs (marges supérieure et intérieure = encadrement de l'exemplaire Corsini; marge infé-

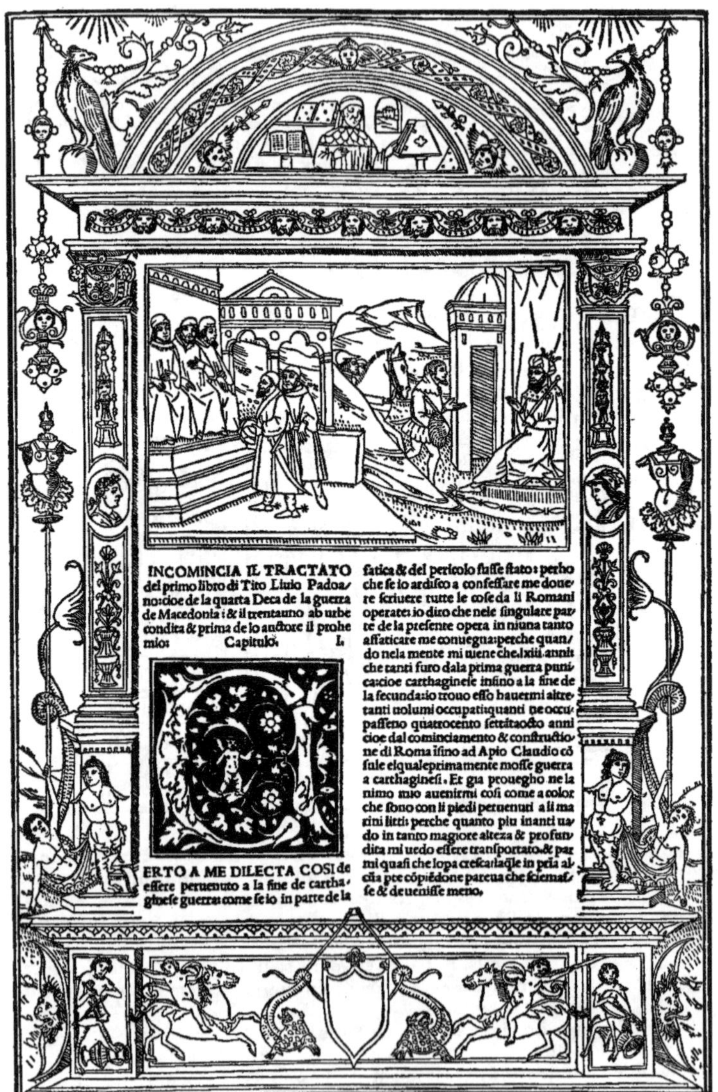

INCOMINCIA IL TRACTATO del primo libro di Tito Liuio Padoa-no: cioe de la quarta Deca de la guerra de Macedonia: & il trentauno ab urbe condita & prima de lo auctore il prohemio: Capitulo. I.

C ERTO A ME DILECTA COSI de essere peruenuto a la fine de carthaginese guerra: come se io in parte de la fatica & del pericolo fusse stato: perho che se io ardisco a confessare me douere scriuere tutte le cose da li Romani operate: io diro che nele singulare parte de la presente opera in niuna tanto affaticare me conuegna: perche quando nela mente mi uiene che .lxiii. anni che tanti furo dala prima guerra punica: cioe carthaginese insino a la fine de la secunda: io trouo esso hauermi altretanti uolumi occupati: quanti ne occupasseno quattrocento settitaocto anni cioe dal cominciamento & constructione di Roma isino ad Apio Claudio cõsule el quale primamente mosse guerra a carthaginesi. Et gia prouegho ne lanimo mio auenirmi cosi come a color che sono con li piedi peruenuti a li marini litti: perche quanto piu inanti uado in tanto magiore alteza & profundita mi uedo essere transportato. & parmi quasi che lopa cresca: laqle in pria al-cũa pte cõpiẽdone pareua che sciemasse & deuenisse meno.

Tite-Live, *Deche*, 11 févr. 1493 (r. *A*).

rieure = Trapesuntius, *circa* 1470) ; la marge extérieure n'est bordée que d'un simple filet doré. — 2me vol. : 250 ff. — R. du 1er f. : bordure à trois motifs (marges supérieure, inférieure et intérieure = encadrement de

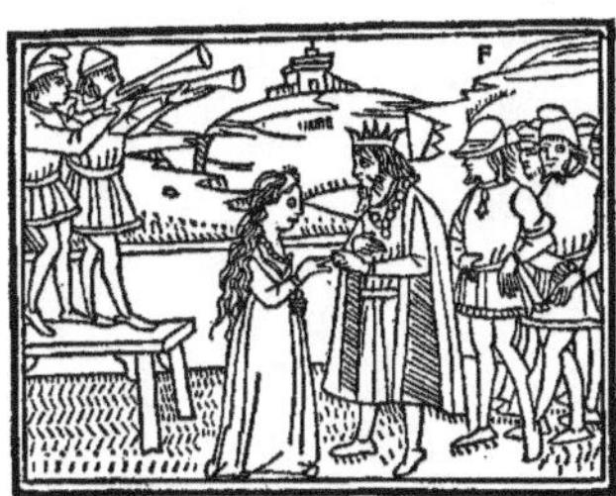

Tite-Live, *Deche*, 11 févr. 1493 (r. *b*).

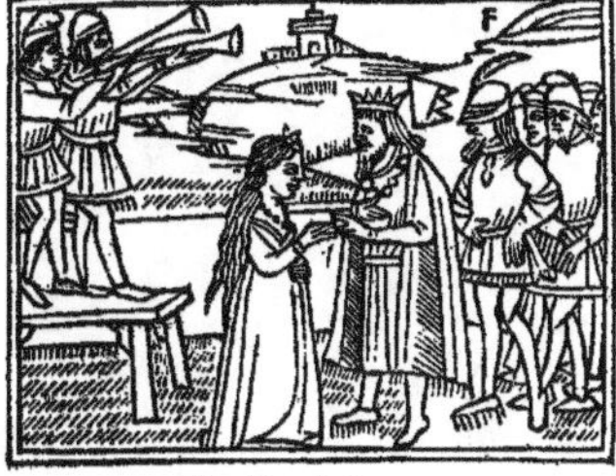

Tite-Live ; Paris, 1533.

l'exemplaire Corsini) ; un simple filet, fait à la main, dans la marge extérieure. Cette bordure est répétée au r. du 141me f., mais avec une disposition différente du motif du bas. — Les titres en tête de ces deux pages sont en lettres d'or, faites à la main, comme dans l'exemplaire Corsini. — In. o. enluminées, dont trois faites à la main.

33. — Zouane Vercellese (pour L. A. Giunta), 11 février 1493 ; f°. — (Paris, N ; Pise, U — ☆).

Deche di Tito Liuio/ vulgare historiate.

18 (8, 10) ff. prél., n. ch. et n. s., et dont le dernier est blanc. — 364 ff. n. ch., s. : *a*, *p*, *aa-pp*, *A-P*. — 8 ff. par cahier, sauf *p* et *pp*, qui en ont 10.

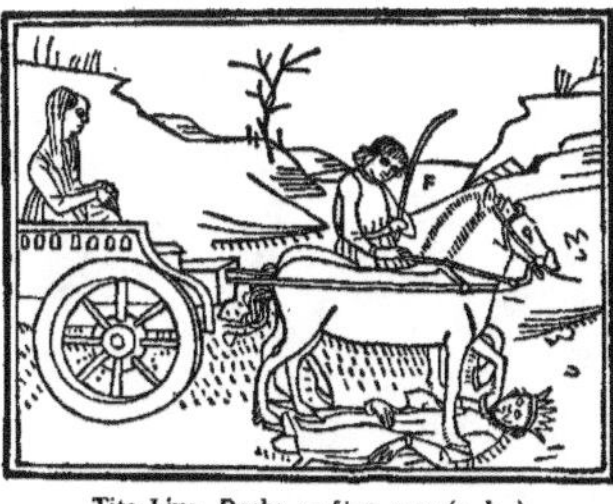

Tite-Live, *Deche*, 11 févr. 1493 (r. b_{iiii}).

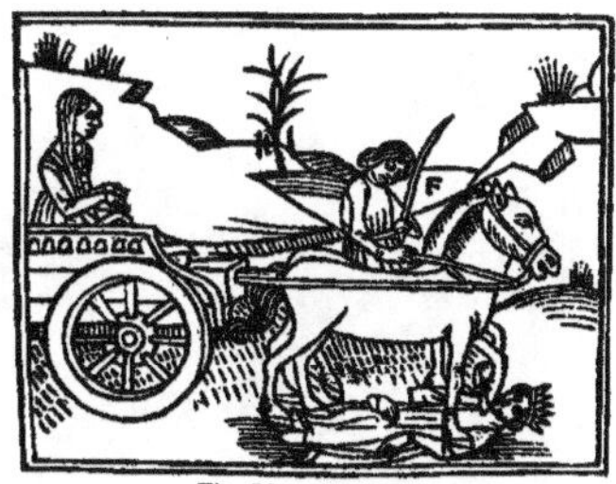

Tite-Live ; Paris, 1533.

— C. rom., titre g. — 2 col. à 63 ll. — V. du titre, blanc. — R. *a*. Encadrement de la *Bible*, 15 octobre 1490, avec modification au tympan : figure à mi-corps de l'auteur, regardant un livre ouvert, posé sur un pupitre, à droite. En tête du texte, grand bois représentant une bataille. — V. p_{10}, blanc. — R. *aa*. Même encadrement qu'au r. *a*. Grand bois représentant le

Livius (Titus), *Decades;* Vindelinus de Spira, 1470

(Rome, Bibl. Corsini)

Gravé et tiré sur la presse à bras par H. de Navailles-Banos.

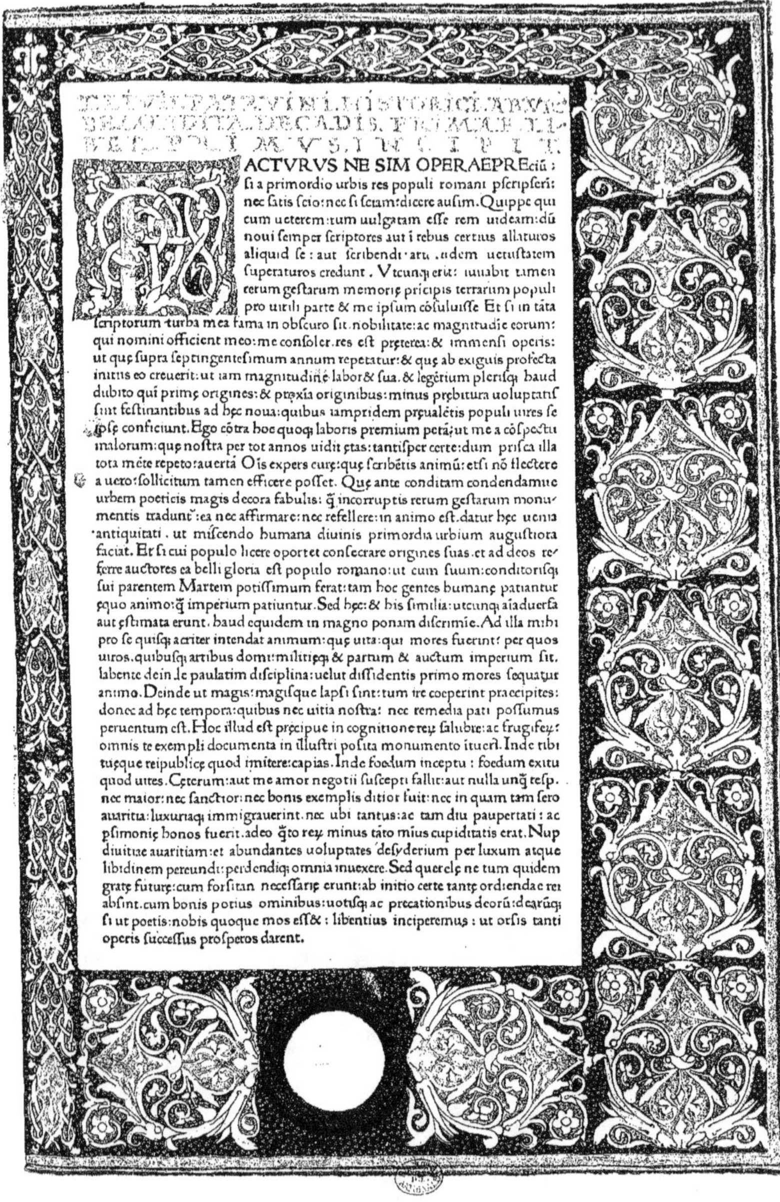

T. LIVII PATAVINI HISTORICI AB VRBE CONDITA DECADIS PRIMAE LIBER PRIMVS INCIPIT.

FACTVRVS NE SIM OPERAEPREciũ: si a primordio urbis res populi romani pscripseri: nec satis scio: nec si sciam: dicere ausim. Quippe qui cum ueterem: tum uulgatam esse rem uideam: dũ noui semper scriptores aut ĩ rebus certius allaturos aliquid se: aut scribendi arte rudem uetustatem superaturos credunt. Vtcunq; erit: iuuabit tamen rerum gestarum memorię pricipis terrarum populi pro uirili parte & me ipsum cõsuluisse. Et si in tãta scriptorum turba mea fama in obscuro sit. nobilitate: ac magnitudie eorum: qui nomini officient meo: me consoler. res est preterea: & immensi operis: ut quę supra septingentesimum annum repetatur: & quę ab exiguis profecta initiis eo creuerit: ut iam magnitudinẽ laboret sua. & legẽtium plerisq; baud dubito qui primę origines: & proxĩa originibus: minus prębitura uoluptatis sint festinantibus ad hęc noua: quibus iampridem pręualẽtis populi uires se ipsę conficiunt. Ego cõtra hoc quoq; laboris premium petã; ut me a cõspectu malorum: quę nostra per tot annos uidit ętas: tantisper certe: dum prisca illa tota mẽte repeto: auertã Oĩs expers curę: quę scribẽtis animũ: etsi nõ flectere a uero: sollicitum tamen efficere posset. Quę ante conditam condendamue urbem poeticis magis decora fabulis: q̃ incorruptis rerum gestarum monumentis traduntur: ea nec affirmare: nec refellere: in animo est. datur hęc uenia antiquitati. ut miscendo humana diuinis primordia urbium augustiora faciat. Et si cui populo licere oportet consecrare origines suas. et ad deos referre auctores ea belli gloria est populo romano: ut cum suum: conditorisq; sui parentem Martem potissimum ferat: tam hoc gentes humanę patiantur ęquo animo: q̃ imperium patiuntur. Sed hęc: & his similia: utcunq; aĩaduersa aut ęstimata erunt. haud equidem in magno ponam discrimie. Ad illa mihi pro se quisq; acriter intendat animum: quę uita: qui mores fuerint: per quos uiros. quibusq; artibus domi: militięq; & partum & auctum imperium sit. labente deinde paulatim disciplina: uelut dissidentis primo mores sequatur animo. Deinde ut magis: magisque lapsi sint: tum ire coeperint praecipites: donec ad hęc tempora: quibus nec uitia nostra: nec remedia pati possumus peruentum est. Hoc illud est pręcipue in cognitione reꝝ salubre: ac frugiferꝝ: omnis te exempli documenta in illustri posita monumento intueri. Inde tibi tuęque reipublicę quod imitere: capias. Inde foedum inceptu: foedum exitu quod uites. Ceterum: aut me amor negotii suscepti fallit: aut nulla unq̃ resp. nec maior: nec sanctior: nec bonis exemplis ditior fuit: nec in quam tam sero auaritia: luxuriaq; immigrauerint. nec ubi tantus: ac tam diu paupertati: ac psimonię honos fuerit. adeo q̃to reꝝ minus tãto mĩus cupiditatis erat. Nup diuitiae auaritiam: et abundantes uoluptates desyderium per luxum atque libidinem pereundi: perdendiq; omnia inuexere. Sed querelę ne tum quidem gratę futurę: cum forsitan necessarię erunt: ab initio certe tantę ordiendae rei absint. cum bonis potius ominibus: uotisq; ac precationibus deorũ: dearũq; si ut poetis: nobis quoque mos esset: libentius inciperemus: ut orsis tanti operis successus prosperos darent.

Livius (Titus), *Decades;* Vindelinus de Spira, 1470

(Rome, Bibl. Chigi)

Gravé et tiré sur la presse à bras par H. de Navailles-Banos.

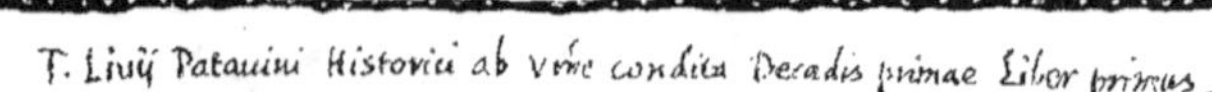

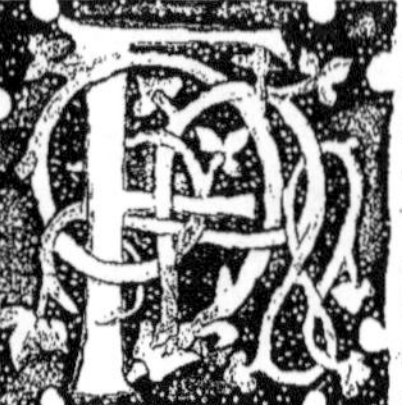

ACTVRVS NE SIM OPERAEPREciũ: si a primordio urbis res populi romani pscripseri: nec satis scio: nec si sciam: dicere ausim. Quippe qui cum ueterem: tum uulgatam esse rem uideam: cũ noui semper scriptores aut ĩ rebus certius allaturos aliquid se: aut scribendi arte rudem uetustatem superaturos credunt. Vtcunq; erit: iuuabit tamen rerum gestarum memorię pricipis terrarum populi pro uirili parte & me ipsum cõsuluisse. Et si in tãta scriptorum turba mea fama in obscuro sit: nobilitate: ac magnitudĩe eorum: qui nomini officient meo: me consoler. res est. preterea: & immensi operis: ut quę supra septingentesimum annum repetatur: & quę ab exiguis profecta initiis eo creuerit: ut iam magnitudine labor& sua. & legẽtium plerisq; haud dubito qui primę origines: & proxĩa originibus: minus prębitura uoluptatis sint festinantibus ad hęc noua: quibus iampridem pręualẽtis populi uires se ipsę conficiunt. Ego cõtra hoc quoq; laboris premium petã: ut me a cõspectu malorum: quę nostra per tot annos uidit ętas: tantisper certe: dum prisca illa tota mẽte repeto: auertã Oĩs expers curę: quę scribẽtis animũ: etsi nõ flectere a uero: sollicitum tamen efficere posset. Quę ante conditam condendamue urbem poeticis magis decora fabulis: q̃ incorruptis rerum gestarum monumentis traduntur: ea nec affirmare: nec refellere: in animo est. datur hęc uenia antiquitati. ut miscendo humana diuinis primordia urbium augustiora faciat. Et si cui populo licere oportet consecrare origines suas. et ad deos referre auctores ea belli gloria est populo romano: ut cum suum: conditorisq; sui parentem Martem potissimum ferat: tam hoc gentes humanę patiantur ęquo animo: q̃ imperium patiuntur. Sed hęc: & his similia: utcunq; aĩaduersa aut ęstimata erunt. haud equidem in magno ponam discrimĩe. Ad illa mihi pro se quisq; acriter intendat animum: quę uita: qui mores fuerint: per quos uiros: quibusq; artibus domi: militięq; & pa tum & auctum imperium sit. labente deinde paulatim disciplina: uelut dissidentis primo mores sequatur animo. Deinde ut magis: magisque lapsi sint: tum ire coeperint praecipites: donec ad hęc tempora: quibus nec uitia nostra: nec remedia pati possumus peruentum est. Hoc illud est pręcipue in cognitione rer̃ salubre: ac frugifer̃: omnis te exempli documenta in illustri posita monumento itueri. Inde tibi tuęque reipublicę quod imitere: capias. Inde foedum inceptu: foedum exitu quod uites. Cęterum: aut me amor negotii suscepti fallit: aut nulla unq̃ resp. nec maior: nec sanctior: nec bonis exemplis ditior fuit: nec in quam tam sero auaritia: luxuriaq; immigrauerint. nec ubi tantus: ac tam diu paupertati: ac psimonię honos fuerit. adeo q̃to rer̃ minus tãto mĩus cupiditatis erat. Nup diuitiae auaritiam: et abundantes uoluptates desyderium per luxum atque libidinem pereundi: perdendiq; omnia inuexere. Sed querelę ne tum quidem gratę futurę: cum forsitan necessarię erunt: ab initio certe tantę ordiendae rei absint. cum bonis potius ominibus: uotisq; ac precationibus deorũ: dearũq;: si ut poetis: nobis quoque mos ess&: libentius inciperemus: ut orsis tanti operis successus prosperos darent.

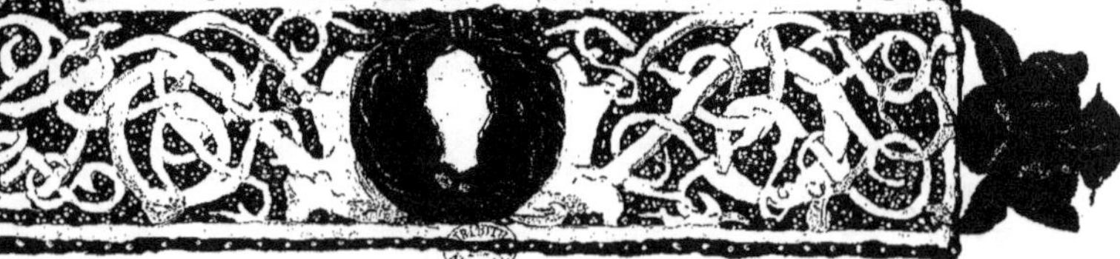

Livius (Titus), *Decades;* Vindelinus de Spira, 1470

(Paris, Bibl. Nat.)

Gravé et tiré sur la presse à bras par H. de Navailles-Banos.

T. Liuii Pataniui Historici de bello Macedonico & Asiatico. Decadis quarte. Liber secundus incipit.

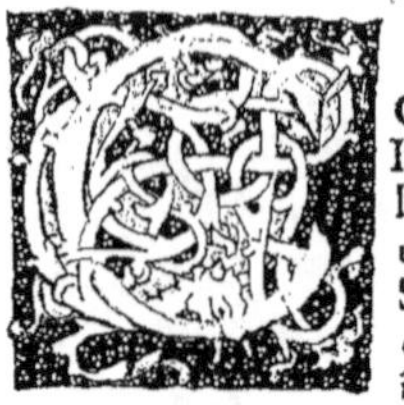

ONSVLES PRAETORESQVE CVM Idibus martiis Magistratũ iniſſẽt: Prouĩtias ſortiti ſũt. P. Lẽtulo Italia. P. Iulio Macedonia. Pręctoribus L. Quĩtio urbana. C. Bebio Ariminũ. L. Valerio Sicilia. L. Iulio Sardinia: euenit. Lẽtulus Cõſul nouas legiones ſcribere iuſſus. Iulius a Procõſule Sulpitio exercitũ accipere: ĩ ſupplemẽtũ eius: q̃ntũ militũ uideret̃: ut ſcriberet: Ipſi pmiſſũ. Pręctori Bebio: legiones q̃s. C. Aurelius Cõſul habuiſſet ita decretę:

T. Liuii Pataniui Historici de bello Macedonico & Asiatico Decadis quarte. Liber octauus incipit.

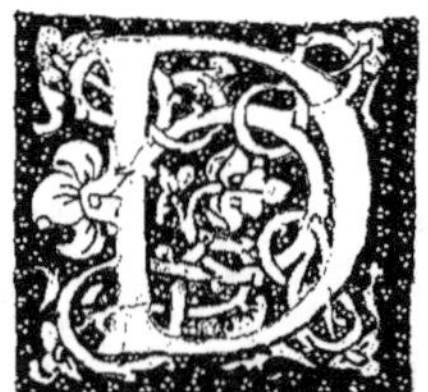

VM IN ASIA BELLVM GERITVR: ne in Aetolia qdẽ: quietę res fuerant. principio a gente Athamanũ orto. Athamani ea tẽpeſtate pulſo Aminãdro ſub Pręfectis Philippi Regio tenebantur pręſidio qui ſuperbo ac in modico ĩperio deſiderium Aminãdri fecerant. Exulãti tũ Aminãdro in Aetolia: litteris ſuoꝝ indicantium ſtatũ Athamanię ſpes recuperandi Regni facta eſt. remiſſiq; ab eo nuntiant Prĩcipibus Argitheã. id enĩ caput Athamanię erat: ſi popularium animos ſatis perſpectos haberẽt:

T. Liuii pataiuini historici ab urbe condita decadis primę liber Septimus incipit.

Nnus hic erit inſignis noui homĩs Conſulatu: inſignis nouis duobus Magiſtratibus Pręctura: & Curruli Aedilitate. hos ſibi Patritii quęſiuere honores p cõceſſo Plebi altero Conſulatu. Plebes conſulatum. L. Sextio cuius lege partus erat dedit. Patres Pręturam. Sp. Furio. M. Filio Camillo. Aedilitatem. Cn. Quĩtio Capitolino & P. Cornelio Scipioni ſuaꝝ gentium uiris: gratia campeſtri caeperut. L. Sextio collega ex Prĩbus datus. L. Aemilius Mamercus Prĩcipio

T. Liuii pataiuini historici ab urbe condita decadis primę liber decimus incipit.

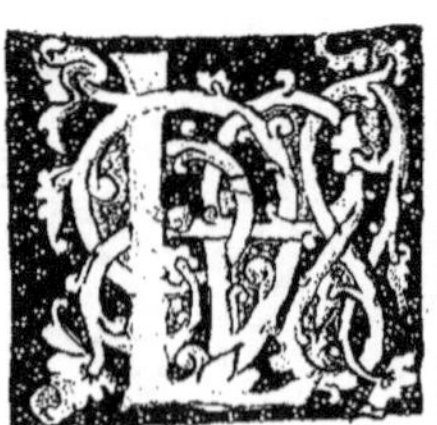

Genutio. Ser. Cornelio Cõſulibus Ab externis ferme bellis Ocium fuit. Soram atq; Albam Coloniae deductę Albã in equos ſex milia Colonorũ ſcripta. Sora agri Volſci fuerat. ſed poſſederant Sãnites Eo quatuor milia hominum miſſa Eodem anno arpinatibus Trebulaniſq; ciuitaſ data Fruſinateſ tertia parte agri dãnati: q Hernicos ab eis ſollicitatos: conpertum capitaq; cõiurationis eius quęſtione ab Cõſulibus ex ſenatus Cõſulto habita uirgis caeſi ac ſecuri percuſſi Tamẽ ne prorſus imbellem gererẽt

Serment d'Annibal (voir reprod. p. 46). — R. *A*. Même encadrement qu'au r. *a*. Grand bois représentant deux scènes différentes : à gauche, les ambassadeurs du roi d'Egypte Ptolémée VI, devant le Sénat romain ; à droite, un des envoyés rendant compte de sa mission au roi (voir reprod. p. 47). — Dans le texte, 420 vignettes, dont un certain nombre sont signées du monogramme b ou ·b·, d'autres du monogramme F. — Tous les bois signés b ou ·b· sont tirés de la *Bible*, 15 octobre 1490, ainsi que les vignettes de la dimension de ces bois ; seules sont inédites les vignettes marquées d'un F ou celles de la même dimension ; ces nouvelles gravures sont d'une taille plus rudimentaire ; beaucoup sont répétées (voir

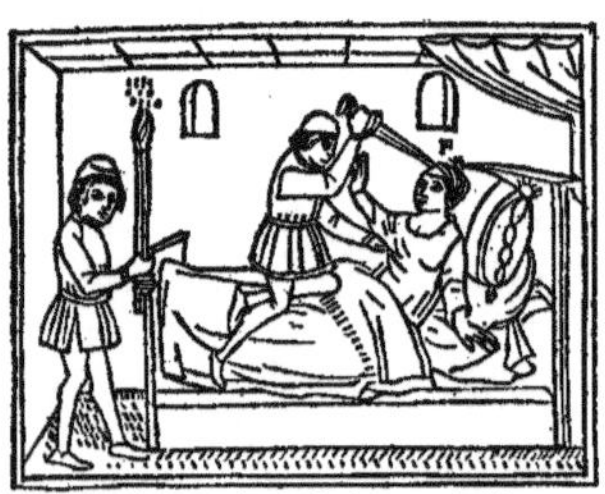

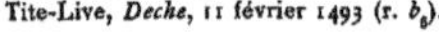

Tite-Live, *Deche*, 11 février 1493 (r. b_8).

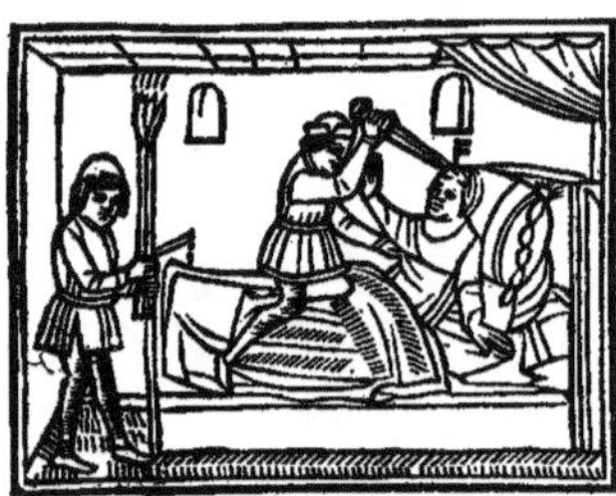

Tite-Live ; Paris, 1533.

reprod. pp. 48-50)[1]. Le frontispice de la 1re Décade est inférieur à ceux des 3me et 4me Décades. — Belles in. o. à fond noir.

V. P_7 : *Finite le Deche de Tito Liuio padouano historiographo vulgare cõ uno certo tractato de bel/ lo punico Stãpate nella inclita cittade di Venetia per/ Zouane Vercellese ad instancia del nobile Ser Luca/ antonio ʒonta Fiorentino. Nel Anno. M. cccc. lxxxxiii. adi. xi. del mese di Febraio.* — R. P_{10} : le registre ; au-dessous, le lis rouge florentin. Le verso, blanc.

1. Les vignettes de cette édition vénitienne ont été copiées pour une édition publiée à Paris en 1533 :

T. LIVII/ PATAVINI/ HISTORICI CLARISSIMI OPUS,.... *Figuris præterea hactenus non excusis,.... Illustratum,.... Venundatur a Ioanne Paruo, Petro Gaudoul, & Petro Vidouço, Bibliopolis iuratis/ M.D.XXXIII.* In-f°. 32 ff. prél. ; 622 et 40 pp. num. ; au bas de la dernière : *Finis*, et au-dessous : *Sub Prelo Vidouçano, Anno M.D.XXXIII. Mense Decembri*. Au verso, en guise de marque, une femme nue, debout sur les ondes ; sur une banderole : AVDENTES .IVVO., et au bas, à g. : P. VIDOVÆ. Suivent 24 ff. pour la table et la chronologie. A la fin : *Impensis Ioannis Parui, Petri Gaudol, et Petri Vidouæi, parisieñ. Vniuersitatis Libr. Adscrip.* ; au verso, la grande marque de Pierre Gaudoul. Le titre est entouré d'un encadrement portant, en bas, à droite, le monogramme d'Urs Graf : à gauche, dans le haut, une femme aux formes plantureuses tenant Virgile suspendu dans un panier ; au-dessous, une fontaine à plusieurs jets, et, dans le bas, Pyrame et Thisbé se donnant la mort ; au centre du bloc inférieur, un tronc d'arbre, derrière lequel se dissimule un Amour prêt à décocher une flèche ; à côté, Pâris, assis, donnant la pomme à Vénus, coiffée d'ailes d'oiseaux ; ses deux rivales la regardent, l'une nue, l'autre vêtue de riches habits ; au-dessus, à droite, David et Goliath ; enfin, dans le haut, faisant pendant au Virgile, la femme subissant la punition qui lui avait été infligée pour s'être cruellement moquée du grand poète. 40 bois pour la première Décade ; presque tous sont au trait, de la dimension de ceux de l'édition italienne, et copiés d'après eux, d'une façon assez grossière ; les autres, ombrés, à l'aide d'une simple taille, sont lourds et communs. 36 pour la troisième Décade ; 38 pour la quatrième. Parmi ces vignettes, quelques-unes portent la signature F. Mais cette supercherie du copiste, qui a poussé le soin jusqu'à placer cette initiale à l'endroit même qu'elle occupe dans l'original, ne saurait tromper un œil attentif, tant les copies sont inférieures aux originaux (voir reprod. pp. 48-50). — (Nice, M)

34. — Philippo Pincio (pour L. A. Giunta), 3 novembre 1495 ; f°. — (Paris, N)

T. LIVII DECADES.

20 ff. n. ch.; 253 ff. num. et 1 f. blanc, s. : *A*, *a-n*, *A-L*, *aa-ii*. — 8 ff. par cahier, sauf *b*, qui en 4 ; *m*, *n*, et *L*, qui en ont 10. — C. rom. — 60 ll. par page. — R. I, r. XCIII, r. CLXXXIII : encadrement et grand bois de l'édition 11 février 1493. — Dans le texte, 171 vignettes au trait, dont une avec le monogramme b, et un certain nombre avec le monogramme F. — In. o. à fond noir.

V. CCLIII : .... *Venetiis per Philippum Pincium Mantuanum : summa cura &/ diligenti studio Impressæ. Anno ab incarnatione domini. M. ccccxcy .iii. nonas nouembris....* Au-dessous, le registre. Dans le bas de la page, sur la droite, marque du lis rouge florentin.

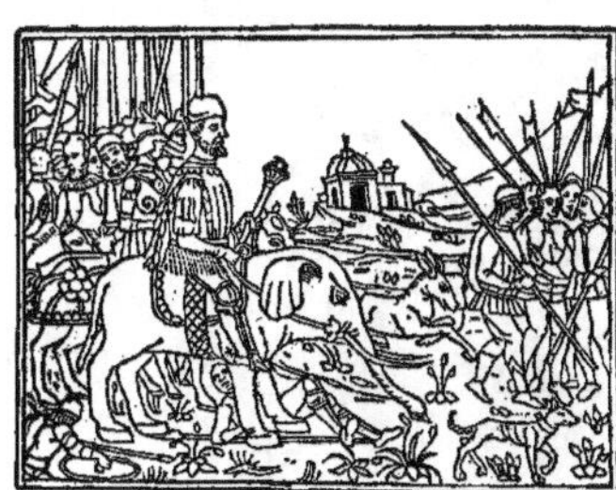

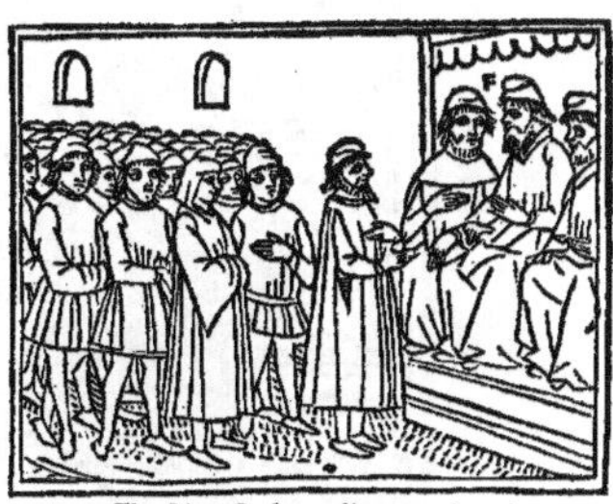

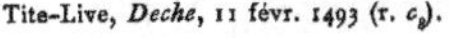

Tite-Live, *Deche*, 11 févr. 1493 (r. c_8).

Tite-Live, *Deche*, 11 févr. 1493 (v. f_{iii}).

35. — Bartholomeo Zanni, 20 juin 1498 ; f°. — (Hain, 10142).

In fine : *Titi Livii Decades finiunt. Venetiis per Bartholomaeum de Zanis de Portesio summa cura et diligenti studio impressae. Anno ab incarnatione Domini 1498. die XX. Iunii.* — F. r. ch. c. s., 62 l. ; 20 et 229 ff.

36. — Bartholomeo Zanni, 16 septembre 1502 ; f°. — (Londres, FM)

Deche di Tito Liuio/ vlugare (sic) *historiate*

4 ff. prél., n. ch. et n. s. — 367 ff. n. ch., s. : *a-p*, *aa-qq*, *A-Q*. — 8 ff. par cahier, sauf *p* et *qq*, qui en ont 10, et *aa*, *A*, qui en ont 6. — C. rom. ; titre g. — 2 col. à 62 ll. — R. *a*, r. *bb*, r. *B* : encadrement et grands bois de l'édition 11 février 1493. — Le v. *p* et le r. *A* sont blancs. — 426 vignettes, dont un certain nombre avec le monogramme F, d'autres avec le monogramme b ou ·b·. — In. o. à figures, de diverses grandeurs.

V. Q_7 : *Stāpate ī Venetia p̄ Bartholamio de Za/ ni de Portes. M. ccccc.ii. adi .xvi. del mese de Setēbrio.* Au-dessous, le registre. Le dernier f., blanc.

37. — Joannes & Bernardinus fratres Vercellenses (pour L. A. Giunta), 10 décembre 1506 ; f°. — (Londres, BM)

Titi Liuij Decades./ nouiter impresse

20 ff. n. ch., 253 ff. num., et 1 f. blanc, s. : *A*, *a-n*, *A-L*, *aa-ii*. — 8 ff. par cahier, sauf *b*, qui en a 4 ; *m*, *n*, *L*, qui en ont 10. — C. rom. ; titre g. r. — 58 ll. par page. — Au-dessus du titre, marque du lis rouge florentin. — R. *c*. r. *A*, r. *aa* : même encadrement que dans le Boccaccio, *Decamerone*, 20 juin 1492. En tête du texte de ces pages, grands bois de l'édition 11 février 1493. — Dans le corps de l'ouvrage, 171 vignettes, dont un certain nombre avec le monogramme F, et une avec le monogramme b.

— In. o. de diverses grandeurs, les unes au trait, d'autres à fond noir, et quelques autres ombrées, à figures.

V. CCLIII : *T. Liuii patauini Decades expliciunt Venetiis per Ioannem ac Bernardinum eius fratrem Vercellen/ ses summa cura & diligenti studio Impressæ. Anno domini. M. ccccc. vi. xxvii. nonas ianuarii....* Au-dessous, le registre.

38.— Bartholomeo Zanni (pour L. A. Giunta), 16 avril 1511 ; f°. — (Rome, V E — ☆).

Deche di Tito Liuio/ vulgare hystoriate / ✠

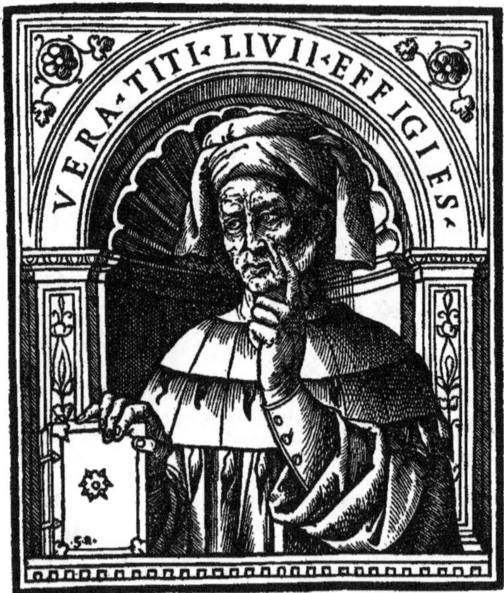

Tite-Live, *Decades*, 3 mai 1520 (p. du titre).

4 ff. prél. n. s., et num., sauf le 1er. — 378 ff. n. ch., dont le dernier est blanc, s. : *a-p, aa-qq, A-Q*. — 8 ff. par cahier, sauf *p, qq*, qui en ont 10, et *A*, qui en a 6. — C. rom. ; titre g. r. — 2 col. à 62 ll. — En tête de la page du titre, grand bois au trait de l'édition 11 février 1493. Au-dessous du titre, marque du lis rouge florentin. — R. *a*. Encadrement de page de la *Bible*, 21 avril 1502, sans figure dans le tympan. En tête du texte, même bois que sur la page du titre. — L'encadrement se répète aux pages r. *bb* et r. *B*, où sont reproduits les deux autres grands bois de la première édition. — Dans le texte, 429 vignettes au trait, dont un certain nombre portent le monogramme F et quelques-unes le monogramme b ou ·b·. — Le verso du f. *p* et le recto du f. *A* sont blancs. — In. o. à fond noir.

V. Q_7: *Finite le Deche de Tito Liuio Padouano historio/ grapho uulgare historiate... Stāpate ī Venetia p Bartholameo de Zā/ni de Portesio. M. ccccc. xi. adi xvi del mese de Aprile.* Au-dessous, le registre.

39. — Philippo Pincio, 27 septembre 1511 ; f°. — (Londres, B M)

Titi liuii/ patauini Deca/ des cum figu/ris nouiter impresse.

Réimpression de l'édition 10 décembre 1506.

V. CCLIII : *T. Liuii Decades fœliciter expliciunt: Venetiis a Philippo pincio Mantuano Impressæ. Anno domini/ M. CCCCC. XI. die. XXVII. Septembris....* Au-dessous, le registre ; plus bas, marque du *St Antoine,* surmontée du verset : *Defende nos beate pater Antoni.*

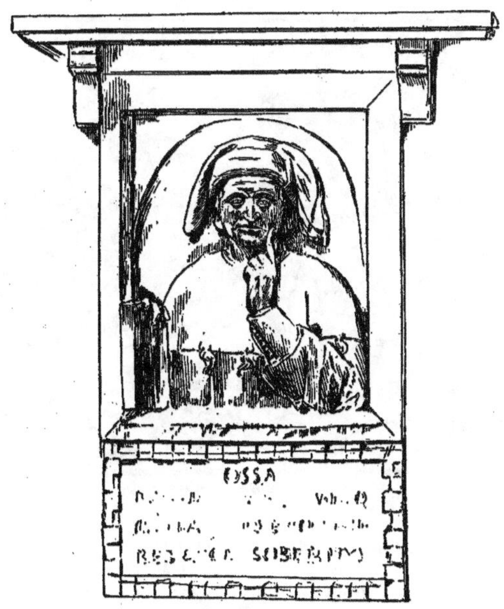

Pierre tumulaire de Tite-Live Halys, à Padoue.

40. — Philippo Pincio, 1514 ; f°.

Decades cum figuris noviter impresse. Venetiis, Phil. Pincio Mantuano, 1514. (Florence, Libr. Franchi, Catal. 115, année 1894).

41. — Melchior Sessa & Pietro Ravani, 3 mai 1520, f°. — (☆)

T. Liuius Pata/ uinus historicus duobus/ libris auctus : ....

70 ff. prél., n. ch., s. : *aa, gg, a- b.* — 8 ff. par cahier, sauf *gg*, qui en a 4, et *b*, qui en a 10. — 295 ff. num. et 1 f. blanc, s. : *A-Z, AA-OO.* — 8 ff. par cahier, sauf *M, OO*, qui en ont 10 ; *LL, MM*, qui en ont 6. — C. rom. ; titre g. r. et n. ; titres courants en c. g. — 58 ll. par page. Au-dessus du

titre : *portrait de Tite-Live*, avec monogramme ·ʒ·a·(voir reprod. p. 51). Cette gravure d'un style tout à fait original, est certainement une des meilleures que nous connaissions de Zuan Andrea ; le dessin est correct et soigné ; la tête, assez fortement ombrée, est pleine d'expression pensive ; la taille est simple, mais afin de donner plus d'énergie à la physionomie, l'artiste a indiqué par des traits largement tracés et plus profonds que les hachures, les rides, les coins de la bouche, le nez, les yeux, tous les points

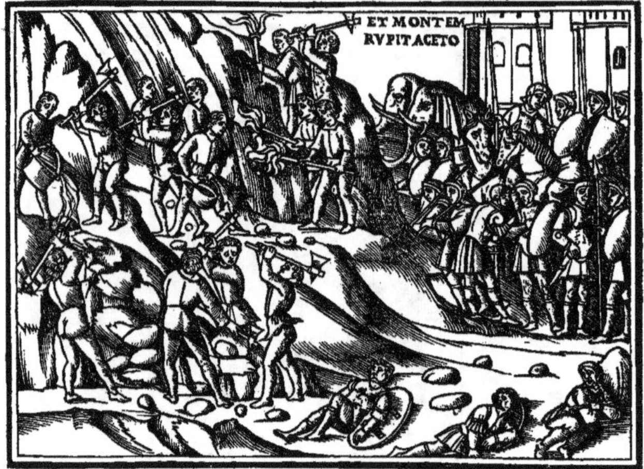

Tite-Live, *Decades*, 3 mai 1520 (r. 99).

essentiels qui doivent être accusés pour donner du relief au visage. Ce procédé ne va pas sans quelque dureté, mais il rend parfaitement l'expression voulue. Il existe à Padoue, sur une des façades du Salone (Palazzo della Ragione), une pierre tumulaire de Tite-Live Halys, descendant de l'historien latin, dit-on, ou de Tite-Live lui-même (voir reprod. p. 52). Si l'on rapproche les deux effigies, on s'aperçoit que Z. Andrea, suivant ses habitudes, a simplement copié la pierre tumulaire, ou du moins s'en est inspiré. Malgré quelques différences dans les attitudes, les deux bustes se présentent presque de même [1]. — Au bas de la page du titre, marque du Chat. — R. *A*. En tête du texte, bois ombré : ROMA CAPVT MVNDI. La page est entourée d'un encadrement formé de vignettes ayant trait à l'Histoire Romaine. — Les trois parties de l'ouvrage : *Ab urbe condita* — *De secundo bello Punico* — *De bello Macedonico & Asiatico*, renferment chacune dix bois, placés en tête des différents livres. Dans la troisième partie, les bois des livres I, II, IV et V sont signés du monogramme ·ʒ·a·(voir reprod. pp. 53, 54) ; ils sont infé-

1. Un buste de Tite-Live Halys se voit aussi dans le Bertelli, *Diversarum nationum habitus*, Patavii, 1589.

rieurs au portrait de l'historien, et ne nous semblent pas mériter l'éloge qu'en fait Passavant [1]. — La partie supplémentaire : *Leonardi Aretini de Primo bello Punico*, n'a qu'un grand bois au commencement du 1er livre.

V. 295 : *Finiunt Titi Liuii Patauini historici Decades :.... Impressæqʒ Venetiis summa diligētia per Mel-/ chiorem Sessam et Petrum de Rauanis/ socios. Anno domini M.D.XX./ Die III. Maii.* Au-dessous, petite marque à fond noir, aux initiales ·M· ·S·.

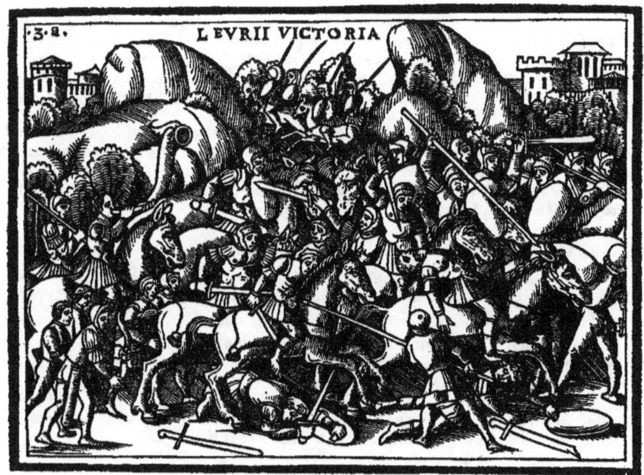

Tite-Live, *Decades*, 3 mai 1520 (r. 195).

42. — Vittor Ravani e compagni, 1535 ; 4°. — (Rome, Vt)

LE DECHE/ DI TITO LIVIO VOLGARI,/ Delle storie Romane, cõ somma diligenza/ corrette....

1er vol. — 20 (8, 8, 4) ff. prél., n. ch., s. : ✠, ✠✠, ✠✠✠. — 186 ff. num., s. : *a-z*. — 8 ff. par cahier, sauf *z*, qui en a 10. — C. rom. — 2 col. à 48 ll. — Page du titre : encadrement ornemental. Le verso, blanc. — Dù r. ✠ii au v. ✠✠✠iii, la table, imprimée sur trois col. en lettres g. — R. ✠✠✠4, blanc. Au verso : *portrait de Tite-Live*, avec monogramme ·3·a·, de l'édition 3 mai 1520. — In. o. à fond criblé. — V. 186 : *Finisse la prima Deca di Tito/ Liuio Paduano Historio/ grapho Romano.*

2e vol. — Pagination de 187 à 366. — In. o. à fond criblé.

3e vol. — Pagination de 367 à 528, et de 1 à 72.

R. 72 : *Impresso in Vinegia per Vettor/ di Rauani, & Compagni./* M.D.XXXV. Au-dessous, le registre. Au bas de la page, marque de la *Sirène* couronnée à double queue. Le verso, blanc.

1. « Les gravures marquées ·z·a· se trouvent dans la division *De bello macedonico et asiatico*, et sont mieux traitées que les gravures anonymes ; mais elles sentent toutes le métier, et ne correspondent pas à l'excellence de la composition et du dessin, qui sont d'un artiste dont le style rappelle celui de Carpaccio. » (*Le Peintre-Graveur*, I, p. 140.)

1470

SALLUSTIUS (Caius) Crispus. — *Opera.*

43. — Vindelinus de Spira, 1470 ; 4°. — (Milan, B)

72 ff., n. ch. et n. s., dont le dernier est blanc. — C. rom. — 30 ll. par page. — R du 1er f. Sur le côté intérieur de la page, bordure enluminée, dont le motif a été employé pour le haut de l'encadrement du Tite-Live, 1470 (exemplaire Corsini). Au commencement du texte : *OMNES HOMINES...*, in. *O* du même genre, également enluminée. — V. du 23e f. Au bas de la page : *SALVSTII LIBER FINIT PRI/MVS. INCIPIT SECVN/ DVS DE BELLO IV/GVRTINO.*

R. du 71e f. : *EXPLICIT. M.C.C.C.C.L.X.X.* Au dessous, le distique : *Qui cupis ignotum Iugurthę noscere letum./ Tarpeie rupis pulsus ad ima ruit.* Plus bas, deux autres distiques : *Quadringenta dedit formata uolumina crispi/ Nunc lector uenetis spirea uindelinus/ Et calamo libros audes spectare notatos/ Aere magis quando littera ducta nit&.* Le verso, blanc.

44. — Joanne Tacuino, 20 juillet 1500 ; f°. — (Munich, R)

Hoc in uolumine hæc continentur./ Pomponii Epistola ad Augustinum Mapheum./ C. Crispi Salustii bellū catilinarium cū cōmento/ Laurentii Vallensis. & Oīboni Leoniceni./.....

113 ff. num. & 1 f. blanc. s. : *a-t.* — 6 ff. par cahier. — C. rom. — 47 ll. par page. En tête de la page du titre : bois au trait du Juvénal, *Satiræ*, 28 janvier 1494. — In. o. à fond noir, de diverses grandeurs.

V. CXIII : *Impressum Venetiis opera & impensa solertissimi uiri Ioannis Tacuini de Tridino :...... Anno domini. M. ccccc. die. xx. Lui.* Au dessous le registre ; au bas de la page, marque à fond noir, aux initiales ·Z·T·

45. — Joanne Tacuino, 10 juillet 1502 ; f°. — (Venise, M)

¶ Hoc in uolumine hæc continentur./ ¶ Pomponii Epistola ad Augustinum Mapheū./ ¶ C. Crispi Salustii bellum catilinariū cū cōmēto/ Laurentii Vallensis : & Omniboni Leoniceni.

111 ff. num. et 1 f. n. ch., s. : *a-t.* — 6 ff. par cahier, sauf *f*, qui en a 4. — C. rom. — Texte encadré par le commentaire ; 61 ll. par page. — Au-dessus du titre, bois du Juvénal, *Satiræ*, 28 janvier 1494. — V. du f. XXXIII (fin du *Catilina*), blanc.

V. CXI : *¶ Impressum Venetiis opera & impensa solertissimi uiri Ioannis Tacuini de Tridino... Anno Domini. M. CCCCCII. die. X. iulii.* Au dessous, le registre ; plus bas, marque à fond noir, aux initiales ·Z· T· — R. du f. suivant : *Errata ;* le verso, blanc.

46. — Joanne Tacuino, 6 juillet 1506 ; f°. — (Bologne, C)

¶ Hoc in uolumine hæc continētur./ ¶ Pomponii Epistola ad Augustinum Mapheū./ ¶ C. Crispi Salustii bellum catilinariū cū cōmēto./.... ¶ C. Crispi Salustii bellum iugurthinum cū cōmē/ tariis....

Réimpression de l'édition 10 juillet 1502.

A la fin : *¶ Impressum Venetiis opera & impēsa solertissimi uiri Ioannis Tacuini de Tridino :.... Anno Domini. M. CCCCCVI. die. vi. Iulii.*

47. — Joanne Tacuino, 19 mai 1511 ; f°. — (Venise, M)

Hoc in volumine hæc opera continentur omnia./ C. Crispi Salustii vita./ Epistola Pomponii ad Augustinum Mapheum./ C. Crispi Salustii Bellum Catilinarium cum cõmento Laurentii/ Vallensis: & Omniboni Leoniceni./ C. Crispi Salustii Bellum Iugurthinum cum cõmentariis præ/ clarissimi fratris Ioannis Chrysostomi soldi Brixiani./.....

4 ff. prél. n. ch., s.: *AA*. — 141 ff. num. par erreur jusqu'à 139, et 1 f. blanc, s: *A-Z, &*. — 6 ff. par cahier, sauf *&*, qui en a 4. — C. rom. — Texte encadré par le commentaire; 61 ll. par page. — Au bas de la page du titre, marque du *St-Jean Baptiste*, avec monogramme. — *R. I : C. CRISPI SA/LVSTII LIBER/ DE CONIVRA/TIONE. L. SER./ CATILINÆ.* Au-dessus de ce titre, bois ombré : au milieu, un personnage assis au pied

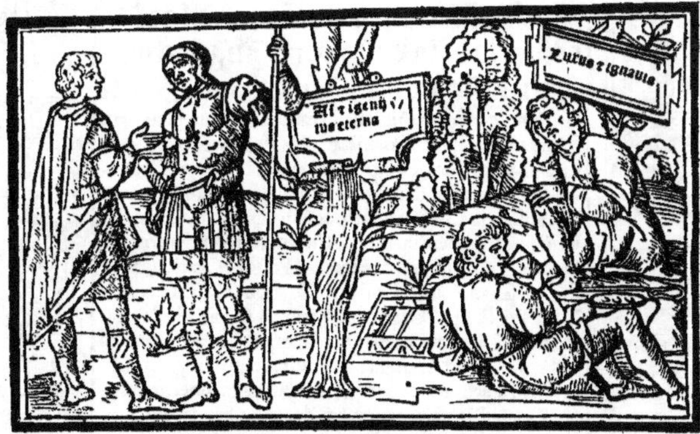

Salluste, *Opera*, 19 mai 1511 (r. 35).

d'un arbre tenant un livre ouvert ; à une des branches de l'arbre est suspendu un cartouche portant la sentence : *hõ aĩal ꝑti/ceps rõnis* (*homo animal particeps rationis*), qui résume une partie du premier chapitre du *Catilina;* au second plan, sur la gauche, deux bergers assis, jouant de la flûte ; auprès d'eux, quatre moutons ; un bouquet d'arbres à l'arrière plan ; sur la droite, d'autres animaux ; un bouquet d'arbres au fond. — R. 9. Sur le côté gauche de la page : *Catilina donnant ses instructions aux conjurés* [1]. — R. 16. *Roma parat/arma.* Au-dessous du cartouche où sont inscrits ces mots, une femme, symbolisant Rome, est assise, tenant une lance ; au fond : à gauche, groupe d'hommes armés ; à droite, groupe de Romains vêtus de manteaux. — R. 17. *Urbs factionibꝰ/trepida.* Cette légende est inscrite sur un cartouche posé à plat sur un pavé de dalles ; à droite, groupe de personnages s'entretenant avec animation ; à gauche, des hommes vêtus de la tunique courte, apportant des nouvelles à des femmes postées aux portes de leurs maisons [2]. — R. 22. *Uulturcij ca/ ptiuitas.* Le cartouche portant cette inscription est à droite, appliqué à un mur de briques ; en avant de ce mur, groupe d'hommes armés appréhendant Vulturcius ; au fond, à gauche, un soldat, près d'une bande longitudinale où se lit le mot : ROMA [3]. — R. 31. *Supplice de Lentulus dans le Tullianum.* — R. 33.

1. Une copie de ce bois se trouve dans un opuscule de 4 ff., en stances de 8 vers : *Vna novella de vno chiamato bus/ sotto.....* 4°, s. l. a. & n. t. — (Venise, M)

2. Id.

3. Id.

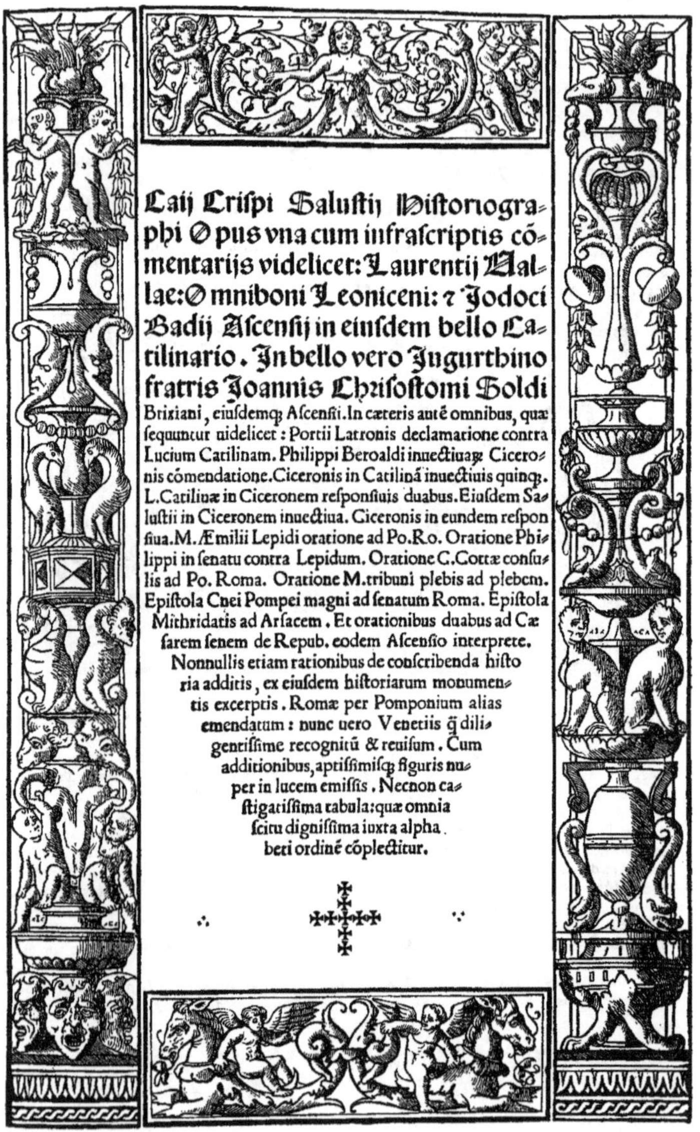

Caij Crispi Salustij Historiographi Opus vna cum infrascriptis cōmentarijs videlicet: Laurentij Vallae: Omniboni Leoniceni: ⁊ Jodoci Badij Ascensij in eiusdem bello Catilinario. In bello vero Jugurthino fratris Joannis Chrisostomi Soldi Brixiani, eiusdemq; Ascensii. In cæteris autē omnibus, quæ sequuntur uidelicet: Portii Latronis declamatione contra Lucium Catilinam. Philippi Beroaldi inuectiuarum Ciceronis cōmendatione. Ciceronis in Catilinā inuectiuis quinq;. L. Catilinæ in Ciceronem responsiuis duabus. Eiusdem Salustii in Ciceronem inuectiua. Ciceronis in eundem responsiua. M. Æmilii Lepidi oratione ad Po. Ro. Oratione Philippi in senatu contra Lepidum. Oratione C. Cottæ consulis ad Po. Roma. Oratione M. tribuni plebis ad plebem. Epistola Cnei Pompei magni ad senatum Roma. Epistola Mithridatis ad Arsacem. Et orationibus duabus ad Cæsarem senem de Repub. eodem Ascensio interprete. Nonnullis etiam rationibus de conscribenda historia additis, ex eiusdem historiarum monumentis excerptis. Romæ per Pomponium alias emendatum: nunc uero Venetiis q̄ diligentissime recognitū & reuisum. Cum additionibus, aptissimisq; figuris nuper in lucem emissis. Necnon castigatissima tabula: quæ omnia scitu dignissima iuxta alphabeti ordinē cōplectitur.

Salluste, *Opera*, 15 novembre 1521 (p. du titre).

Factionũ cru/ dus finis. Le cartouche portant ces mots se trouve dans le haut de la composition ; à gauche, deux hommes d'armes, dont l'un à cheval ; à droite, un autre soldat s'éloignant ; au premier plan, deux personnages, vêtus de la tunique courte, penchés sur les cadavres des conjurés. — V. 34, blanc. — R. 35 : ¶ *CRISPI SALVSTII LIBER/ DE BELLO IVGVRTHINO.* Au-dessus de ce titre, sur le côté gauche de la page, bois ombré illustrant, comme pour le *Catilina*, les réflexions philosophiques du premier chapitre (voir reprod. p. 56). — V. 39. *Massinisse regis cum Scipione amicitia.* Le cartouche portant cette légende est dans le haut de la composition. A gauche, Scipion, vêtu d'une armure ; vis-à-vis de lui, Massinissa ; tous deux s'inclinent en se serrant les mains ; de chaque côté, au second plan, groupe d'hommes d'armes et de serviteurs. — R. 42. *Derniers moments de Micipsa.* Il est couché dans un lit ; à droite : *Adherbal/ ꝛ hiẽpsal,* à gauche : *Iugurtha;* au-delà du lit, sur un cartouche : *Rex Mi/ cipsa.* — V. 43. *Meurtre de Hiempsal.* Son cadavre est étendu à gauche, la tête séparée du tronc ; deux soldats, l'épée levée, prêts à le frapper encore ; dans le milieu, un autre cadavre ; à droite, groupe de soldats se battant ; au fond, à gauche, un soldat s'en allant ; sur un cartouche placé au premier plan : *Hiempsal* [1]. — V. 47. *Partage du Royaume de Micipsa entre Jugurtha & Adherbal.* — V. 52. *Meurthe d'Adherbal.* Il est représenté à droite, essayant de repousser Jugurtha, qui lui enfonce son épée dans la poitrine. Au fond, sur la gauche, quatre soldats ; sur la droite, un cartouche avec la légende : *Adherbal ab infido Iu / gurtha occiditur.* — R. 60. *Jugurtha amené par L. Cassius devant le Sénat romain ;* dans un cartouche, la légende : *Iugurtha rex a / cassio Ro. ductus.* — R. 63. *Jugurtha fait passer sous le joug Aulus et son armée.* Le roi est assis à droite ; au fond, derrière lui, groupe de soldats ; au-dessous de lui, cartouche avec la légende : *Iugurtha / Rex.* Dans le milieu, le joug, formé de trois lances ; un cartouche y est suspendu, portant le mot : *Iugũ* ; un soldat romain passe en se courbant sous le joug ; d'autres, massés à gauche, attendent leur tour ; au-dessus de ce groupe, cartouche avec la légende : *Aulus cũ exerci/ tu Ro. sub iugo/ mittitur.* — In. o. à fond noir.

V. 139 : *Impressum Venetiis opera & impẽsa solertissimi viri Ioãnis Tacuini de Tridino : re / gnãte inclyto Principe Leonardo Lauredano. Anno Dñi. M.D.XI. die. XIX. Maii.* Au-dessous, le registre. Au bas de la page, marque à fond noir, aux initiales : ·Z· ·T·

48. — Bartholomeo Zanni, 3 février 1513 ; f°. — (Milan, B)

Opera. C. Crispi Salustij di/ uini hystoriographi : necnon verissimi : vt probati/ attestantur :...

4 ff. prél., n. ch., s. : *aa.* — 86 et 42 ff. num., s. : *a-l, A-E.* — 8 ff. par cahier, sauf *d*, qui en a 6, et *E*, qui en a 10. — C. rom. ; titre g. r. et n. — Texte encadré par le commentaire, sur 2 col. à 62 ll. — R. I : ¶ *C. Crispi Salustii liber de coniuratione Lucii/ Seruii Catilinæ auspicatum sumit exordium.* Au-dessus de ces deux lignes, vignette ombrée : un personnage couronné de feuillage, debout, de face, sur un petit piédestal, la main droite levée avec l'index dressé ; six personnages sont assis en demi-cercle, au fond, trois à droite et trois à gauche ; dans le haut de la vignette, légende : MENDICANT ARTES SIC ROMA COEGIT AVARA. — V. IIII. Vue de ville, provenant du *Supplem. chronicarum.* — Dans le texte, dix autres vignettes, dont huit au trait, provenant du Tite-Live, 11 février 1493, une de ces dernières avec le monogramme **F**. — In. o. à fond noir.

R. XLII :.... *Impræssum Venetiis per Bar/ tholomeum de Zannis de Portesio. Anno do/ mini. M. D. XIII. die tertio mensis/ Februarii.* Le verso, blanc.

49. — Joanne Tacuino, 8 mars 1514 ; f°. — (Florence, M — ☆).

Hoc in C. Crispi Salustii Volumine splendide Lector hæc omnia opera sunt./...

1. Une copie de ce bois se trouve dans : *El Suceso di Zenoua*, opuscule de 2 ff., en stances de 8 vers, imprimé à Pise, par Venturino, s. a. — (Venise, M)

C. Crispi Salustii vita./ C. Crispi Salustii Bellum Catilinarium.... C. Crispi Salustii Bellum Iugurthinum...

6 ff. prél., n. ch., s. : *AA.* — 157 ff. num. et 1 f. blanc. s. : *A-V.* — 8 ff. par cahier, sauf *V*, qui en a 6. — C. rom. — Texte encadré par le commentaire ; 66 ll. par page. — Au bas de la page du titre, marque du *St Jean Baptiste* avec monogramme [illegible]. — Bois de l'édition 19 mai 1511. — In. o. à fond noir.

V. 157 : *Impressum Venetiis opera & impensa solertissimi uiri Ioãnis Tacuini de Tridino.... Anno domini. M. D. XIII. die. VIII. Martii.* Au-dessous, le registre ; plus bas, marque à fond noir, aux initiales ·Z·T·

50. — Bernardino de Viano, 15 novembre 1521 ; f°. — (Londres, BM)

Caij Crispi Salustij Historiogra/ phi Opus vna cum infrascriptis cõ/ mentarijs......

6 ff. prél., n. ch., s. : *AA.* — 157 ff. num. et 1 f. blanc, s. : *A-V.* — 8 ff. par cahier, sauf *V*, qui en a 6. — C. rom. ; les sept premières lignes du titre en c. g. n. — Texte encadré par le commentaire ; 50 ll. par page. — Page du titre : encadrement ornemental, dont les blocs latéraux portent le monogramme ·I·C· (voir reprod. p. 57) [1] — Dans le texte, quinze gravures ombrées, copies des bois de l'édition 19 mai 1511. — In. o. à fond criblé et à fond noir.

V. CLVII : *Impressum Venetiis per Bernardinum de Vianis de Lexona Vercellensem. Anno domi/ ni. M. D. XXI. Die. XV. Nouembris.* Au-dessous, le registre.

51. — S. l. a. & n. t. ; f°. — (Londres, BM)

Hoc in uolumine hæc continentur./ Pomponii Epistola ad Augustinum Mapheum./ C. Crispi Salustii bellum catilinarium cum/ commento Laurentii uallensis./...

110 ff. n. ch., s. : *a-t.* — 6 ff. par cahier, sauf *e* et *t*, qui n'en ont que 4. — C. rom. — Texte encadré par le commentaire ; 61 ll. par page. — En tête de la page du titre : bois au trait du Cicéron, *Epist. fam.*, 22 septembre 1494. — In. o. à fond noir. — *R. t_4* : FINIS. Au-dessous, le registre. Le verso, blanc.

1470

VIRGILIUS (Publius) Maro. — *Opera.*

52. — Vindelinus de Spira, 1470 ; f°. — (Paris, N)

161 ff. n. ch. et n. s., et 1 f. blanc. — C. rom. — 41 vers par page. — R. du 1er f. : *Publij Virgilij maronis bucolicoꝝ Liber ĩci/pit.....* (titre manuscrit en lettres d'or). Page encadrée d'un ornement de feuillage, exécuté à la main, et à l'intérieur duquel ont été imprimés, sur le côté extérieur et dans le bas de la page, les blocs employés dans les mêmes marges pour l'encadrement du Trapesuntius, *circa* 1470, enluminés en or et couleurs. — Titres et in. o., enluminés, exécutés à la main.

V. du dernier f. : *Progenitus spira formis monumenta maronis/ Hęc uindelinus scripsit apud uenetos./ Laudent ergo alii polycletos parrhasiosue/ Et quosuis alios id genus artifices./ Ingenuas quisquis musarum*

1. Nous rencontrerons dans plusieurs ouvrages ces mêmes blocs employés pour des encadrements, avec des dispositions différentes.

diligit artes/ In primis ipsum laudibus afficiet./ Nec uero tantum quia multa uolumina : quantū/ Q perpulchra simul optimaqȝ exhibeat./ .M.CCCCLXX.

53. — Bartholomeus de Cremona, 1472 ; f°. — (Londres, BM ; Rome, B)

233 ff. n. ch. et n. s. ; le f. 60 blanc. — C. rom. — 40 vers par page. — R. 1. : TABVLA LIBRORVM QVI IN HOC/ VOLVMINE CONTINENTVR. — R. 2 : PVBLII VIRGILLI MARONIS VITA. — R. 19 : *Quem legis : impressus dum stabit ĩ ære caracter : / Dum non longa dies : uel fera fata prement./ Candida perpetuæ non deerit fama Cremonæ./ Phidiacū hinc superat Bartholomæus ebur./ Cædite chalcographi : millesima uestra figura est/ Archetypas fingit solus at iste notas./* FINIS./ M.CCCC.LXXII. NICOLAO TRVNO./ PRINCIPE VENETIARVM REGNAN-/ TE. QVÆ IN HOC VO-/ LVMINE CONTINEN-/ TVR FOELICITER/ IMPRESSA/ SVNT. — R. 20 : P. VIRGILII MARONIS BVCOLICA. Cette page, dans l'exemplaire du British Museum, est ornée, sur les côtés extérieur et inférieur, d'une bordure au trait gravée sur bois, et qui n'a pas été enluminée (voir reprod. hors texte) ; c'est le seul exemplaire que nous en ayons à citer dans les livres qui ont été l'objet de cette ornementation particulière entre 1469 et 1475. Dans l'exemplaire de la Barberiniana, l'encadrement complet, enluminé, est composé des motifs employés pour le haut, le bas, et le côté extérieur de l'encadrement du Trapesuntius, *circa* 1470, et pour le côté intérieur de l'encadrement du Tite-Live, 1470 (exemplaire Corsini). — R. 31 : P. VIRGILII MARONIS GEORGICON AD/ MECOENATEM LIBER PRIMVS. — R. 61 : PVBLII. VIRGILII. MARONIS/ MANTVANI VATIS/ EMINENTIS./ AENEIDOS LIBER PRIMVS. — V. du dernier f., blanc. — Dans l'exemplaire Barberini, in. o. gravées sur bois et enluminées, comme l'encadrement du r. 20.

La B. Nat. de Paris possède deux exemplaires de cette édition, dont un sur vélin, sans encadrement ni lettres initiales enluminées. L'exemplaire sur vélin, qui provient de la collection Mac Carthy, est orné seulement d'un portrait de Virgile, dessiné à la plume sur un feuillet ajouté en tête du volume. Un autre exemplaire, défectueux, se trouve à Rome, dans la B. Corsini.

54. — Christophoro Pensa (pour Iouan Antonio de Lignano), 20 décembre 1494 ; 4°. — (Milan, M)

Bucholicha Vulgare de Virgilio Composta / Per El Clarissimo Poeta Frate Euan / gelista Fossa DE Cremona/ Del Ordine di Serui.

34 ff. n. ch., s. : *a-f.* — Cahiers *a*, *b*, de 8 ff. ; *c*, *d*, *e*, de 4 ff. ; *f*, de 6 ff. — C. rom. — 30 vers par page. — Au-dessous du titre, bois au trait, du Pulci, *Cyriffo Calvaneo*, s. l. & a. (*circa* 1490).

R. f_6 : *Finisse le Egloge composte per el Clarissi/ mo poeta frate Euangelista fossa de cremona..... Impresse ꝑ Christophoro de pensis / de mandello ad instãtia di Iouan Antonio de/ Lignano Milanese adi xx di decembre Nel./ M. CCCCLXXXXIIII. In Venetia.* Au-dessous, le registre. Le verso, blanc.

55. — Bernardino Stagnino, 30 juin 1507 ; 4°. — (Rome, An)

❡ PVBLII VERGILII BVCOLICA, GEORGICA. AENEIS CVM SERVII COMMENTARIIS /...

Virgilius (Publius) Maro, *Opera*; Bartholomeus de Cremona, 1472

(Londres, British Museum)

Gravé et tiré sur la presse à bras par H. de Navailles-Banos.

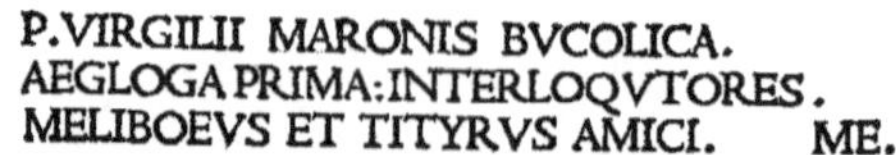

P.VIRGILII MARONIS BVCOLICA.
AEGLOGA PRIMA: INTERLOQVTORES.
MELIBOEVS ET TITYRVS AMICI. ME.

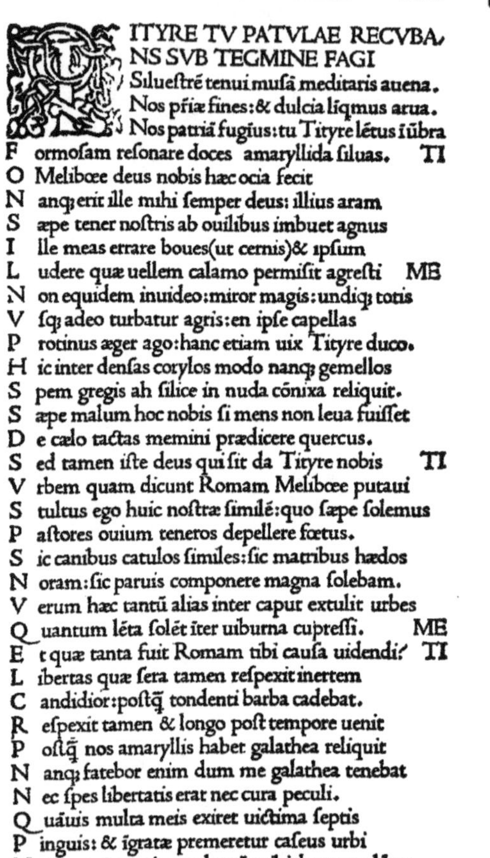

ITYRE TV PATVLAE RECVBA
NS SVB TEGMINE FAGI
Siluestrẽ tenui muſã meditaris auena.
Nos pĩiæ fines: & dulcia liq̃mus arua.
Nos patriã fugĩus: tu Tityre lẽtus ĩ ũbra
F ormoſam reſonare doces amaryllida ſiluas. TI
O Melibœe deus nobis hæc ocia fecit
N anq; erit ille mihi ſemper deus: illius aram
S æpe tener noſtris ab ouilibus imbuet agnus
I lle meas errare boues (ut cernis) & ipſum
L udere quæ uellem calamo permiſit agreſti ME
N on equidem inuideo: miror magis: undiq; totis
V ſq; adeo turbatur agris: en ipſe capellas
P rotinus æger ago: hanc etiam uix Tityre duco.
H ic inter denſas corylos modo nanq; gemellos
S pem gregis ah ſilice in nuda cõnixa reliquit.
S æpe malum hoc nobis ſi mens non leua fuiſſet
D e cælo tactas memini prædicere quercus.
S ed tamen iſte deus qui ſit da Tityre nobis TI
V rbem quam dicunt Romam Melibœe putaui
S tultus ego huic noſtræ ſimilẽ: quo ſæpe ſolemus
P aſtores ouium teneros depellere fœtus.
S ic canibus catulos ſimiles: ſic matribus hædos
N oram: ſic paruis componere magna ſolebam.
V erum hæc tantũ alias inter caput extulit urbes
Q uantum lẽta ſolẽt ĩter uiburna cupreſſi. ME
E t quæ tanta fuit Romam tibi cauſa uidendi? TI
L ibertas quæ ſera tamen reſpexit inertem
C andidior: poſtq̃ tondenti barba cadebat.
R eſpexit tamen & longo poſt tempore uenit
P oſtq̃ nos amaryllis habet galathea reliquit
N anq; fatebor enim dum me galathea tenebat
N ec ſpes libertatis erat nec cura peculi.
Q uãuis multa meis exiret uictima ſeptis
P inguis: & ĩgratæ premeretur caſeus urbi
N õ unquã grauis ære domũ mihi dextra redibat

492 ff. n. ch., s. : *a-g*, 2 ff. sans signature, puis *A-P*, *AA- ZZ*, *AAA-RRR*. — 8 ff. par cahier, sauf *P*, qui en a 6, et *RRR* qui en a 4. — C. rom. — Texte encadré par le commentaire, sur 2 col. à 60 ll. Au-bas de la page du titre, bois ombré (voir reprod. p. 61). — R. *b*. En tête de la première *Eglogue:* Mélibée et Tityre ; l'un assis à droite, au pied d'un arbre, tenant une cornemuse, l'autre debout à gauche, tenant de la main droite un long bâton ; près de sa jambe gauche, une chèvre ; en arrière de l'arbre, à droite, deux moutons ; au fond, à droite, édifices. — R. *A*. En tête du livre I des *Géorgiques :* au premier plan, un homme coiffé d'un chapeau rond, vêtu d'une tunique courte, conduisant une charrue ; au second plan, à gauche, un autre, nu-tête, un panier au bras gauche ; au troisième plan, à droite, un troisième, coiffé d'un bonnet rond à retroussis, attachant une vigne à un tronc d'arbre ; au-delà de l'arbre, une barrière basse en clayonnage ; sur la gauche, une maisonnette. — R. E_7. En tête du livre II : au premier plan, à gauche, un bûcheron en train d'abattre un arbre ébranché ; au deuxième plan, à droite, un homme liant un fagot ; au troisième plan, sur la gauche, un autre, monté sur une échelle, attachant une vigne à un arbre ; au dernier plan, à droite, un quatrième personnage, émondant un arbre ; dans l'angle supérieur de droite, une tête humaine, les joues gonflées, figurant un des vents qui amoncelle les nuages dans le fond, sur la droite. — R. I_6. En tête du livre III : cinq animaux, chevaux et bœufs, en différentes attitudes ; au fond, montuosités. — R. *M*. En tête du livre IV : sur la gauche, un rucher protégé par un auvent, autour duquel voltigent plusieurs abeilles ; au premier plan, dans la longueur de la vignette, la partie supérieure d'une barrière de clayonnage ; au second plan, sur la droite, au pied d'un arbre, une femme filant à la quenouille, et un paysan frappant sur une casserole pour faire descendre les abeilles égarées dans les branches de l'arbre. — R. *AA*. En tête du livre I de l'*Enéide* : Enée, debout à droite ; sur la droite, un rocher où s'ouvre l'entrée d'une grotte ; au fond, à gauche, un vaisseau battu par les vents, figurés par plusieurs têtes humaines, aux joues gonflées, au milieu des nuages. — V. *GG*. En tête du livre II : Enée à gauche, et Didon à droite, assis tous deux, se faisant face, sur un divan ; à l'extrême droite, au premier plan, une femme debout de trois quarts ; au fond, sur la gauche, deux soldats troyens ; à droite, deux femmes ; dans la muraille du fond, deux petites fenêtres cintrées. — R. LL_6. En tête du livre III : sur la droite, la mer, où est ancré un vaisseau, relié à la terre par une passerelle volante ; sur le rivage, à gauche, groupe de cinq personnages ; au fond, sur la droite, une ville, avec murailles crénelées. — R. *OO*. En tête du livre IV : à droite, Enée assis sur un trône ; vis à vis de lui, Didon, couronnée, assise sur une chaise basse, un guerrier troyen et le petit Ascagne, assis ; au second plan, à gauche, deux femmes, dont une assise, et un homme debout. — V. RR_{ij}. En tête du livre V : deux vaisseaux aux voiles gonflées, battus par la tempête ; sur l'un, on distingue quatre personnages, et deux sur l'autre. — R. TT_7. En tête du livre VI : vignette à deux compartiments ; à gauche : Enée, couronné ; près de lui, son fils Ascagne, et trois personnages ; il parle à une femme couronnée,

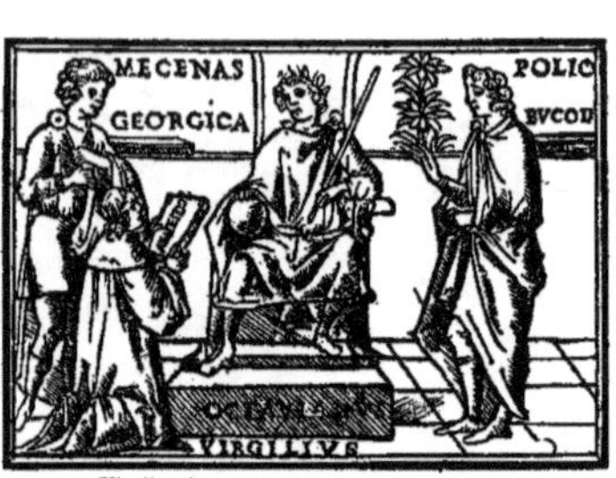

Virgile, *Opera*, 30 juin 1507 (p. du titre).

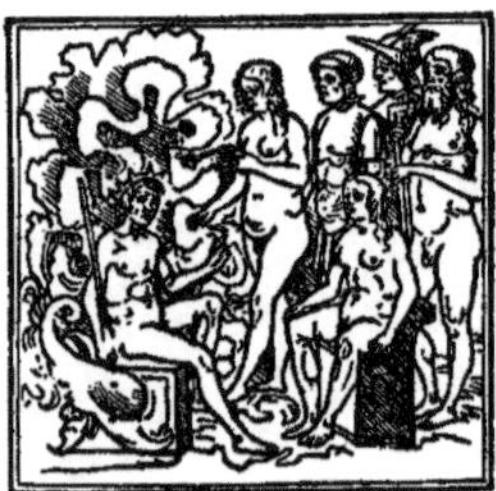
Virgile, *Opera*, 30 juin 1507 (*Enéide*, liv. X).

debout vis à vis de lui ; au fond, la mer, sur laquelle on voit l'arrière d'un vaisseau ; à droite : les ombres des morts évoqués par Enée, représentées par deux figurines ailées, volant ; dans le fond, un promontoire, du haut duquel un personnage couronné (Misenus) se jette dans la mer. — R. *BBB*. En tête du livre VII : un vaisseau voguant

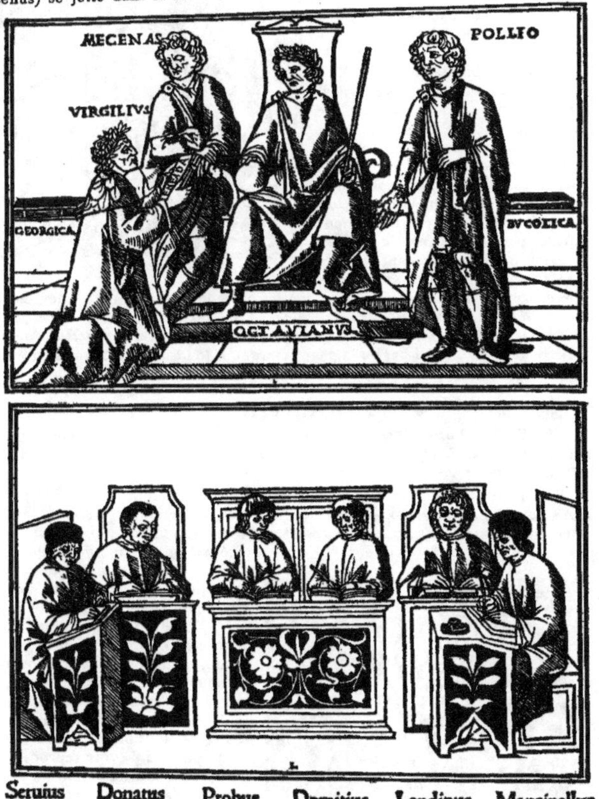

Virgile, *Opera*, 3 août 1508 (p. du titre).

à pleines voiles, et dans l'intérieur duquel sont représentés quatre personnages ; au fond, à gauche, Circé assise sur une éminence de terrain, filant une quenouille ; du même côté, un volcan fumant. — V. DDD_7. En tête du livre VIII : préparatifs d'un combat ; à gauche, un sonneur de trompette et un joueur de tambourin ; à droite, troupe de fantassins et deux cavaliers armés de lances, hallebardes, etc. ; au fond, la ville avec

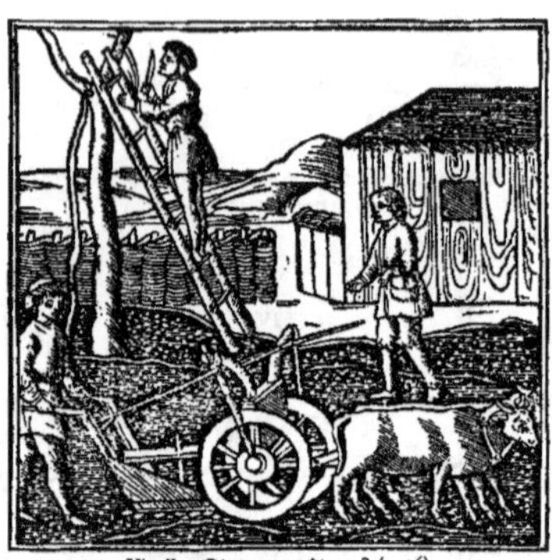
Virgile, *Opera*, 3 août 1508 (r. 36).

murailles crénelées et tours carrées. — R. GGG_5. En tête du livre IX : sur la gauche, Iris, envoyée par Junon, apparaissant à Turnus ; au fond, un soldat montant à une échelle dressée contre un rempart, au pied duquel est une bombarde. — V. III_7. En tête du livre X : conseil des dieux (voir reprod. p. 61). — R. MMM_{iiij}. Entête du livre XI : Enée consacrant au dieu Mars l'armure de Mézence suspendue à un tronc d'arbre à gauche ; groupe de personnages en armes, sur la droite ; au fond, à gauche, une ville. — V. PPP_{ij}. En tête du livre XII : un personnage couronné, à cheval, marchant vers la droite, où se tiennent un homme et une femme ; à l'extrême gauche, une femme couronnée, mains jointes, marchant vers la droite ; au fond, une ville avec tours carrées et murailles crénelées. — Ces vignettes n'ont qu'une médiocre valeur artistique.

R. RRR_4 : *P. V. Bucolica Georgica, Aeneidos Libri. XII. Venetijs excusi / M.D.VII. Die vltimo Iunij... / Bernardinus Stagninus Impensam fecit,...* Au-dessous, le registre de l'*Enéide* ; au bas de la page, marque à fond noir, aux initiales : ·S· ·B·. Le verso, blanc.

56. — Bartholomeo Zanni, 3 août 1508 ; f°. — (Venise, C)

P. V. M. Omnia opera : diligenti castigationeexculta : aptissimisqȝ ornata figuris :/ cōmentantibus Seruio : Donato : Probo : Domitio : Landino : Antonioqȝ Man/ cinello uiris claris simis...

8 ff. n. ch., 387 ff. num. et 1 f. blanc, s. : *A-Z-&, ꝯ, ℞, A-Z, AA*. — 8 ff. par cahier, sauf *AA* qui en a 4. — C. rom. — Texte encadré par le commentaire ; 63 ll. par page. — Au-dessous du titre, deux bois superposés, l'un et l'autre avec monogramme L (voir reprod. p. 62). Le bois inférieur avait été précédemment employé dans l'Horace, 5 février 1505, et dans le Suétone, 8 janvier 1506, avec changement du morceau du milieu, où est représenté l'auteur. — R. 1. En tête de la première *Eglogue* : Tityre & Mélibée ; le premier assis à droite, au pied d'un arbre, jouant de la cornemuse ; le second debout à gauche, une chèvre près de lui ; au fond, édifices. — R. 36. En tête du premier livre des *Géorgiques* : bois à terrain noir, avec monogramme L (voir reprod. p. 63). — R. 65. Bois à terrain noir : à droite, au premier plan, un paysan liant un fagot ; au milieu, un autre, abattant un arbre ; à l'arrière-plan, à gauche, un homme, coiffé d'un chapeau, en train de faire une greffe ; sur la droite, un autre, émondant un arbre ; dans le haut, figure humaine enveloppée d'un nuage, personnifiant un des vents dont le souffle, figuré par

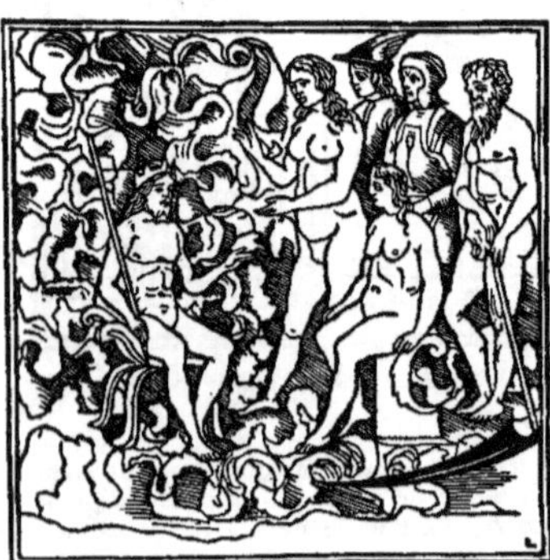
Virgile, *Opera*, 3 août 1508 (v. 314).

des rayons, est dirigé vers la droite. — R. 87. Bois à terrain noir : groupe d'animaux (des bœufs, un cheval, un âne). — V. 105 : un paysan rassemblant des abeilles, etc. — R. 122. En tête du premier livre de l'*Enéide* : Junon et Eole. — R. 159. Enée faisant à Didon le récit de la ruine de Troie. — R. 180. Embarquement d'Enée après la ruine de Troie. — V. 200. Didon faisant ses confidences à sa sœur. — R. 219. La flotte des Troyens en mer. — R. 236. Enée abordant à Cumes, près du temple élevé par Dédale. — V. 267. Le vaisseau d'Enée côtoyant l'île de Circé. — V. 284. Siège de Laurentum. — R. 301. Iris envoyée par Junon à Turnus. — V. 314. Conseil des dieux, avec monogramme L (voir reprod. p. 63) ; copie, avec quelques légères modifications, de la vignette du livre X de l'*Enéide*, édition 30 juin 1507. — R. 330. Enée consacrant à Mars le trophée des armes de Mézence. — R. 350. Turnus devant le roi Latinus et la reine Amata. — R. 361. ℭ *Maphei Veggi laudēsis poetæ clarissimi : Liber Ter/ tiusdecimus Additus duodecim Aeneidos libris.* Vignette : Enée vainqueur de Turnus. — Presque toutes ces gravures sont signées du monogramme L ; elles sont assez agréables, mais sans grande valeur. Le dessinateur s'est évidemment inspiré des bois de l'édition 30 juin 1507 ; on ne peut dire cependant qu'il en ait fait des copies absolues. — In. o. à fond noir.

V. 387 : ℭ *Impressum Venetiis per Bartholomeum de Zannis de Portesio. M.D.VIII. Die. iii. Augusti.* Au-dessous, le registre.

57. — Bartholomeo Zanni, 20 juin 1510 ; f°. — (Londres, BM)

P. V. M. Omnia opera : diligenti castigatione exculta : aptissimisqȝ ornata figuris :/...

Réimpression de l'édition 3 août 1508.

V. 387 : ℭ *Impressum Venetiis per Bartholomeum de Zannis de Portesio. M.D.X. Die. xx. Iunii.* Au-dessous, le registre.

58. — Georgio Arrivabene (pour Alexandro Paganini), 11 octobre-29 novembre 1512 ; f°. — (Pérouse, C)

Opera/ vergiliana do/ cte ꝛ familiariter exposita : Docte/ quidem Bucolica ꝛ Georgica : A/ Seruio Donato ꝛ Mancinello :... Ae/neis vero ab ijsdem...

1re partie. — 8 ff. n. ch. et 168 ff. num., s. : *a-s*. — 10 ff. par cahier, sauf *a* et *s*, qui en ont 8. — Caractères particuliers de l'imprimerie de Paganini ; titre g. r. — Texte encadré par le commentaire, sur 2 col. à 69 ll. — Page du titre : encadrement d'arabesques sur fond criblé. — R. I. En tête de la première *Eglogue* : Tityre & Mélibée. — V. XLIIII. En tête du premier livre des *Géorgiques* : un semeur, un laboureur, un bûcheron. — In. o.

R. CLXVIII :... *Impressa sūt hæc/ omnia Venetiis, XXIX Mensis Nouembris./ M.D.XII.* Au-dessous, le registre. Le verso, blanc.

2e partie. — *Aeneis/ vergiliana cum/ Seruij Honorati Grammatici hu/ berrimis commētarijs...*

8 ff. prél. n. ch., s. : *AA*. — 237 ff. num., et 1 f. blanc, s. : *A-Z, Aa*. — 10 ff. par cahier, sauf *Aa*, qui en a 8. — Même encadrement à la page du titre. — R. I. En tête du premier livre : Enée reçu par Didon. — Ces vignettes sont sans intérêt. — In. o.

R. CCXXX : *Que omnia im/ pressa sunt Venetiis per geor/ gium Arrivabenum An/no do. M.ccccc.xii./ Die. xi. mensis/ octobris.* Le verso, blanc.

59. — Bartholomeo Zanni, 16 mai 1514 ; f°. — (Munich, R)

P. V. M. Omnia opera : diligenti castigatione exculta : aptissimisqȝ ornata figuris :...

Réimpression de l'édition 3 août 1508.

V. *AA* 3 : ℭ *Impressum Venetiis per Bartholomeum de Zannis de Portesio. .M.D.XIIII. Die. xvi. Maii.* Au-dessous, le registre.

60. — Alexandro Paganini, 27 octobre-20 novembre 1515 ; f°. — (Vienne, I)

VERGILII/ POETARUM OMNIVЗ/ LONGE PRINCIPIS O/ PERA QVAECVNQVE/ EXTANT : ET IN HAEC/ ANNOTATIONES, COMMENTARIAQЗ/ COMPLVRIVM DOCTISSIMO/ RVM VIRORVM DO/ CTISSIMA./.....

Réimpression de l'édition 1512.

R. CLXVIII (1re partie) :... *Impressa sũt hęc/ omnia Venetiis. XXVII. Mensis Octobris.*

R. Z_{10} (n. ch.) :... *Impressum Venetiis in Aedibus Ale/ xandri Paganini... Duodecimo Kalen. Decẽ. MDXV.*

61. — Augustino Zanni (pour L. A. Giunta), 10 mai 1519, f°. — (☆)

Uergilius cnm (sic) *comentarijs./ Opera Uergiliana: antea corrupta: ꝛ mendosa: nunc/ vero multorũ exẽplariũ collatione in integrũ restituta: docte: ꝛ / familiariter exposita... ¶ Omnia ꝗdem tam Bucolica: Georgica: Opusculorũqꝫ nõnulla: ꝛ Aeneis: ꝗꝫ tertiusdeci/ mus a Mappheo Uegio liber expolitissimis figuris: ꝛ imaginibus illustrata...*

8 ff. prél. n. ch., s. : *aa*. — 122 ff. num. pour les *Bucoliques* et les *Géorgiques*, s. : *a-q ;* 250 ff. avec pagination nouvelle, pour l'*Énéide*, s. : *A-Z, AA-HH ;* 47 ff., avec une troisième pagination, pour le *Culex* et les autres petits poèmes, et 1 f. blanc, s. : *aaa-fff*. — 8 ff. par cahier, sauf *P*, qui en a 6 ; *q*, qui en a 4 ; et *HH*, qui en a 10. — C. rom. ; titre g. r. et n. — Texte encadré par le commentaire, sur 2 col. à 76 ll. — Au bas de la page du titre, marque du lis rouge florentin. — V. du dernier f. prél. : Mélibée et Tityre, avec monogramme L (voir reprod. p. 67). — R. *vii*. Corydon, Alexis, Thestilis, etc. — R. *xii*. Ménalque et Dametas. — R. *xviii*. Virgile, Pollion et l'enfant de ce dernier (dont la 4e *Eglogue* célèbre la naissance). — V. *xxi*. Le tombeau de Daphnis. — V. *xxiiij*. Chromis et Mnasylus, Silène, la nymphe Eglé ; Virgile assis à gauche, écrivant ; monogramme L. — R. *xxix*. Corydon, Daphnis et Thyrsis. — V. *xxxi*. Damon et Alphesibœus. — R. *xxxvii*. Mœris et Lycidas. — V. *xxxvii*. Ménalque, Gallus, Lycoris, etc. — V. *xl*. Frontispice des *Géorgiques*. — R. *xliij*. Les travaux des champs : à droite, un bûcheron abattant un arbre ; à gauche, un homme en train de fouir la terre avec une houe ; çà et là, instruments aratoires. — V. *xlv*. Paysage d'hiver, où soufflent les vents ; quatre paysans occupés à divers travaux. — V. *xlix*. Sur la droite, un homme, accroupi, allumant un feu de bois ; au milieu, un paysan buvant ; près de lui, un autre, bêchant la terre ; au second plan, à droite, un autre, conduisant une herse traînée par deux chevaux, etc. — R. *l*. Un paysan, au milieu d'un champ, versant de l'eau dans une grande jarre. — V. *liij*. Représentation du monde, avec les différentes zones célestes, les signes du Zodiaque, etc. ; monogramme L. — V. *lv*. Sur la droite, un forgeron ; à gauche, un charpentier construisant une barque, etc. ; même monogramme. — V. *lvi*. Sur la droite, trois paysans à table ; à peu près au milieu, un homme faisant des fagots ; à gauche, une femme assise près d'une cheminée, plongeant une cuiller dans une marmite pendue au-dessus du feu ; au second plan, dans le milieu, des porcs mangeant les glands qu'un homme fait

tomber d'un chêne; dans le fond, scènes de chasse. — V. *lviij*. La lutte des vents déchaînant l'orage et la grêle sur les moissons. — R. *lxj*. Les présages : au premier plan, à gauche, meurtre de César par Brutus et Cassius. — R. *lxiij*. Bacchus, Silène, un Satyre jouant des pipeaux; Virgile assis, sur la gauche, au second plan ; monogramme L. — V. *lxv*. La greffe des arbres ; sur la droite, Virgile et Mécène. — V. *lxvii*. Les vignes dans la campagne de Rome; au premier plan, Virgile et Mécène. — R. *lxxi*. Un paysan conduisant vers la droite un chariot chargé de bois ; à gauche, un homme sonnant de la trompe ; etc. — V. *lxxii*. A gauche, un paysan labourant ; un autre, au second plan, liant des plantes à des tuteurs ; un troisième, dans le milieu, bêchant la terre ; etc. — R. *lxxiiij*. A gauche, un berger et son troupeau ; à droite, un paysan cueillant du raisin. — V. *lxxv*. A droite, un paysan labourant; à gauche, un autre bêchant la terre au pied d'un arbre ; etc. — V. *lxxvii*. Paysans émondant des arbres. — R. *lxxix*. A gauche, un ouvrier façonnant des lances et des javelots ; au second plan, des charpentiers travaillant ; sur la droite, un berger couché au pied d'un arbre, son troupeau près de lui, etc. — V. *lxxxi*. Illustration du développement final du livre II des *Géorgiques (Felix qui potuit rerum cognoscere causas*, etc.) : un vaisseau en mer; des soldats donnant l'assaut à une ville ; un homme creusant un trou pour y cacher des sacs pleins d'or; etc. — V. *lxxxiii*. A gauche, la déesse Cybèle sur un char attelé de deux lions ; Virgile assis à droite, une harpe près de lui, etc. ; monogramme L. — R. *lxxxvii*. Paysage où sont réunis divers animaux domestiques. — R. *lxxxix*. Les premiers dompteurs de chevaux : Erichtonius, etc. — V. *xc*. Dressage des chevaux. — V. *xcii*. Paysage où sont réunis divers animaux domestiques ; composition différente de celle du r. *lxxvii*. — R. *xciij*. Animaux ; scène de chasse à droite. — V. *xciiij*. Un paysan tirant de l'eau d'un puits pour donner à boire à des bêtes ; un autre, à genoux, en train de traire une brebis ; etc. — R. *xcvj*. A gauche, un paysan dans son cellier ; à droite, un autre conduisant un chariot chargé de sacs ; etc. — V. *xcvii*. A droite, des moutons parqués dans un hangar ; à gauche, une cheminée, où une marmite est suspendue au-dessus du feu, et près de laquelle un homme prépare des aliments dans un bassin ; etc. — V. *xcviij*. Paysans détruisant des reptiles. — V. *xic*. Paysans soignant des moutons malades. — V. *cii*. A gauche, un paysan rappelant des abeilles ; à droite, Virgile et Mécène près d'un rucher ; etc. — R. *cv*. Les abeilles ; sur la droite, un homme jetant de la poussière, avec une pelle, sur un essaim qui s'envole. — R. *cvj*. Le vieillard de Corycos dans son jardin. — V. *cviij*. Un paysan guettant des rats et des belettes qui viennent manger le miel mis en réserve pour les abeilles. — R. *cxj*. Le berger Aristée. — V. *cxiij*. Cyrène et les nymphes du Pénée ; Protée sur un rocher. — V. *cxv*. Aristée enchaînant Protée ; dans l'eau, les membres d'Orphée, déchiré par les bacchantes. — V. *cxxii*. Frontispice de l'*Enéide* ; monogramme ·L· (voir reprod. p. 69). — R. *vj*. Eole, à la prière de Junon, déchaînant la tempête sur les vaisseaux troyens ; même monogramme. — R. *xi*. Les Troyens débarquant après la tempête. — V. *xiij*. A droite, Vénus implorant Jupiter pour son fils ; au fond, à gauche, Enée et deux autres personnages assis à une table, sur le bord de la mer ; monogramme L. — V. *xvij*. Enée et Achate allant à la chasse ; Mercure volant vers Carthage ; même monogramme. — V. *xxiiij*. Arrivée des Troyens à Carthage ; à droite, Didon au milieu de son conseil ; même monogramme. — V. *xxvii*. Didon

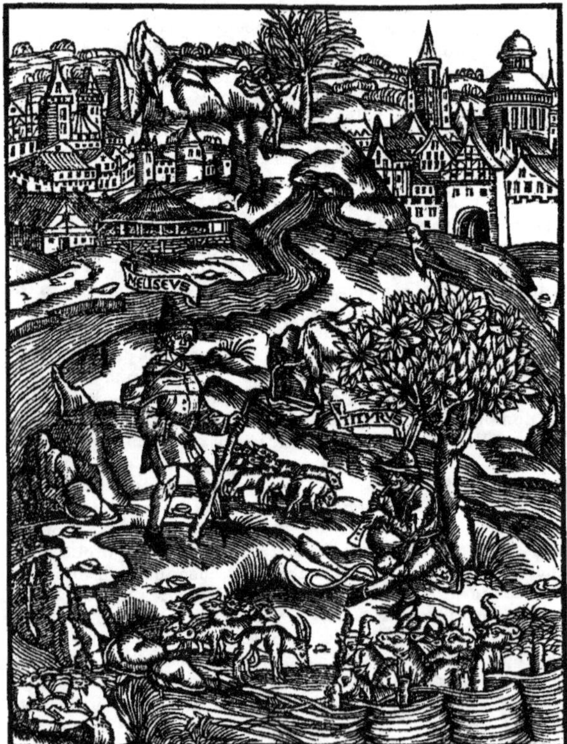

Virgile, *Opera*, 10 mai 1519 (v. du dernier f. prél.).

recevant Enée ; même monogramme. — V. *xxix*. Enée, à table, racontant à Didon ses infortunes ; même monogramme. — R. *xxxiiij*. Une troupe de Grecs s'introduisant dans le cheval de bois qui va être envoyé à Troie ; même monogramme. — V. *xxxv*. Les Troyens recevant le cheval de bois ; même monogramme. — R. *xxxix*. Le transfuge Sinon en présence de Priam ; même monogramme. — V. *xli*. Le cheval de bois traîné dans la ville par les

Troyens en fête ; à droite, Cassandre devant Priam ; au fond, à g., Laocoon et ses enfants, morts ; même monogramme. — R. *xlii*. Les Grecs, sortis du cheval de bois, introduisant l'armée dans Troie ; au fond, la ville, dont plusieurs maisons flambent ; même monogramme. — V. *xliii*. Incendie de Troie ; l'ombre d'Hector apparaissant à Enée dans son sommeil ; même monogramme. — V. *xliiij*. Enée et ses compagnons sortant de la ville de Troie en flammes ; même monogramme. — R. *xlvi*. Combat entre Grecs et Troyens. — R. *xlvii*. Cassandre traînée par les cheveux hors du sanctuaire de Minerve. — R. *xlviij*. Assaut des Grecs au palais de Priam ; monogramme ʟ. — R. *l*. Priam tué par Pyrrhus ; même monogramme. — R. *li*. Ruine de Troie ; Junon à droite, sur le bord de la mer, où l'on voit un vaisseau chargé de guerriers ; etc. — V. *lij*. Enée rentrant dans la ville incendiée pour chercher sa femme Créuse ; monogramme ʟ. — R. *liiij*. Enée portant sur ses épaules son père Anchise ; même monogramme. — R. *lv*. L'ombre de Créuse apparaissant à Enée ; même monogramme. — R. *lvij*. Embarquement d'Enée et de ses compagnons ; même monogramme. — R. *lviij*. Enée aborde en Thrace ; sacrifice à Jupiter ; etc. — V. *lix*. Enée et Anchise reçus dans l'ile de Délos par le roi Anius ; monogramme ʟ. — V. *lxi*. Enée en Crète ; Jupiter, Mercure et Pallas lui apparaissent dans son sommeil ; même monogramme. — R. *lxiij*. Enée assailli par une tempête en quittant la Crète ; même monogramme. — R. *lxv*. Enée dans l'archipel des Strophades ; jeux et sacrifice à Jupiter ; même monogramme. — V. *lxv*. Enée devant Andromaque ; même monogramme. — V. *lxvij*. Le devin Hélénus offrant un sacrifice à Diane ; même monogramme. — R. *lxx*. Hélénus prédisant à Enée ses vicissitudes prochaines ; même monogramme. — R. *lxxj*. La flotte troyenne en mer ; même monogramme. — V. *lxxij*. Le géant Encelade sous l'Etna ; même monogramme. — V. *lxxiij*. Les Troyens recueillant le Grec Achéménide ; même monogramme. — R. *lxxv*. Les Troyens fuyant devant les Cyclopes ; même monogramme. — V. *lxxv*. Mort d'Anchise ; même monogramme. — R. *lxxvii*. Didon et sa sœur Anna ; même monogramme. — R. *lxxix*. Didon examinant les entrailles des victimes ; même monogramme. — V. *lxxix*. A gauche, sous un portique, Didon et Ascagne ; à droite, l'Amour, Vénus et Junon. — R. *lxxxi*. Enée et Didon partant pour la chasse. — R. *lxxxij*. Enée et Didon, surpris par l'orage pendant la chasse, se réfugient dans une grotte ; monogramme ᴊ. — V. *lxxxij*. Figure de la Renommée ; monogramme ʟ. — R. *lxxxiiij*. Mercure envoyé par Jupiter à Enée pour le dissuader de rester à Carthage. — R. *lxxxv*. Adieux d'Enée à Didon. — R. *lxxxviij*. La flotte troyenne s'éloignant de Carthage. — V. *lxxxix*. Didon se préparant à mourir ; monogramme ʟ. — V. *xc*. Les Troyens en mer ; Didon les suivant des yeux, du haut d'une tour de son palais ; même monogramme. — R. *xciij*. Suicide de Didon ; même monogramme. — R. *xcv*. Les Troyens naviguant vers la Sicile ; au fond, Didon sur un bûcher. — V. *xcvj*. Sacrifice d'Enée au tombeau d'Anchise ; monogramme ʟ. — R. *xcviij*. Courses nautiques devant Enée et Acestès ; même monogramme. — V. *c*. Enée décernant les prix aux vainqueurs des jeux ; même monogramme. — V. *ci*. Courses à pied ;

monogramme ᴊ. — R. *ciij*. Combat du ceste entre Darès et Entellus ; même monogramme. — R. *cv*. Le jeu de l'arc. — V. *cvj*. Un tournoi. — V. *cvij*. Les femmes troyennes, excitées par Iris, sur l'ordre de Junon, mettent

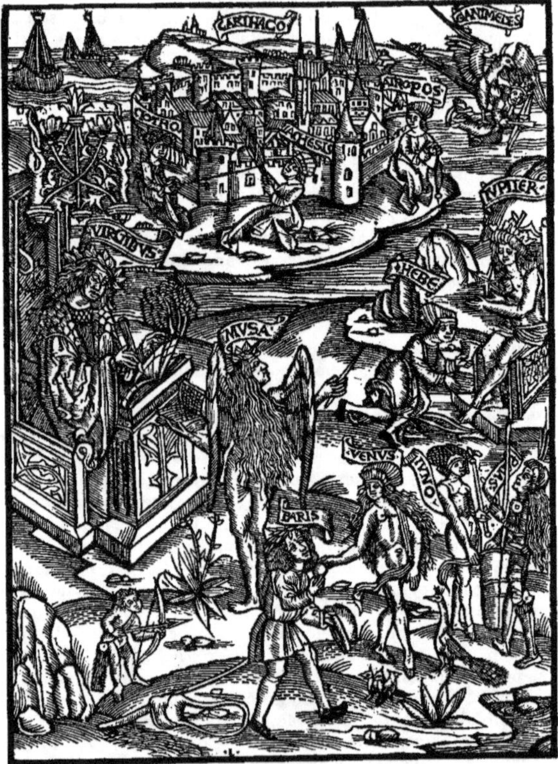

Virgile, *Opera*, 10 mai 1519 (v. *cxxii*).

le feu aux vaisseaux ; monogramme ʟ. — V. *cix*. Enée recommandant à Acestès les femmes, les enfants et les vieillards qui ne peuvent continuer le voyage avec lui, et qu'il laisse en Sicile. — R. *cxj*. Vénus implorant Neptune pour son fils ; monogramme ᴊ. — V. *cxiii*. Enée au temple d'Apollon, à Cumes ; monogramme ʟ. — R. *cxvij*. Enée et la Sibylle ; mort de Misenus ; même monogramme. — R. *cxx*. Les Troyens abattant des arbres; sépulture de Misenus; même monogramme. — R. *cxxii*. Enée offrant un sacrifice à Hécate; même monogramme. —R. *cxxiii*. Descente d'Enée aux enfers; même monogramme. — R. *cxxiiij*. La foule des ombres sur les bords du Cocyte; la barque de Charon; même monogramme. — V. *cxxvi*. Enée et la Sibylle dans la barque de Charon, près de l'antre de Cerbère;

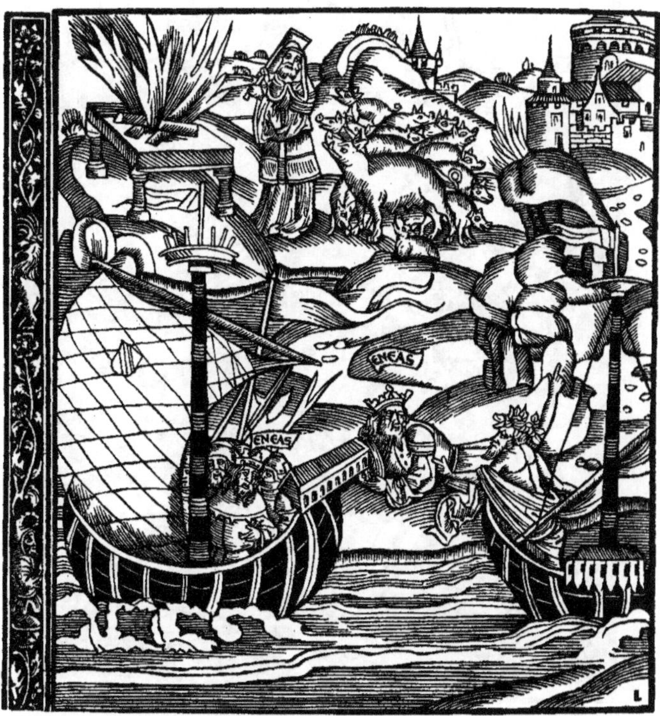

Virgile, *Opera*, 10 mai 1519 (v. *clxiij*).

même monogramme. — R. *cxxviij*. La Sibylle montrant à Enée les ombres des amoureuses célèbres, des jeunes enfants, etc.; même monogramme. — V. *cxxix*. Les ombres des guerriers illustres; même monogramme. — R. *cxxxi*. Les tourments des grands criminels, dans le Tartare. — R. *cxxxiiij*. Les bienheureux dans les Champs-Elysées. — V. *cxxxv*. Enée s'entretenant avec l'ombre d'Anchise. — V. *cxxxviij*. La Sibylle faisant voir à Enée ses descendants romains ; monogramme ·ι·. — V. *cxlj*. Episode de Marcellus. —R. *cxliij*. La flotte d'Enée évitant l'île de Circé. — V. *cxliiij*. Les Troyens abordant à la terre d'Ausonie ; monogramme ι. — R. *cxlvj*. Repas des Troyens débarqués ; même monogramme. — V. *cxlvij*. Le roi Latinus dans

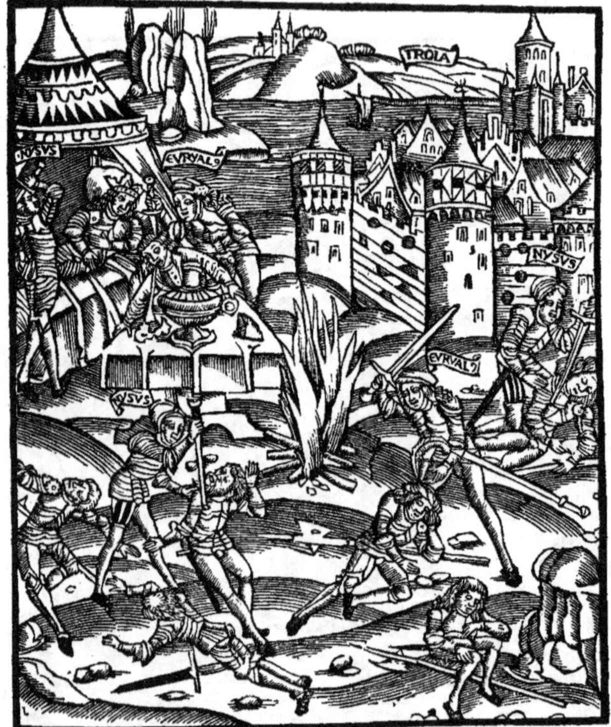

Virgile, *Opera*, 10 mai 1519 (v. *clxxxvi*).

son palais ; même monogramme. — V. *cl*. Junon donnant ses ordres aux Furies. — V. *cli*. Alecto excitant contre les Troyens la reine Amata. — R. *cliij*. Alecto allumant la fureur de Turnus. — V. *cliiii*. Ascagne tuant par inadvertance le cerf apprivoisé des enfants de Tyrrheus, chef des bergers du roi Latinus ; bataille entre les Troyens et les Ausoniens ; monogramme ·ι·. — R. *clvi*. Alecto devant Junon sur son trône. — R. *clvii*. Junon fermant elle-même les portes du temple de Janus ; préparatifs de guerre ;

monogramme L. — V. *clviij*. Entrée en campagne de Turnus et de ses alliés ; même monogramme. — V. *clxii*. Une troupe de cavaliers marchant vers la ville de Laurentum ; même monogramme. — V. *clxiij*. Le dieu du

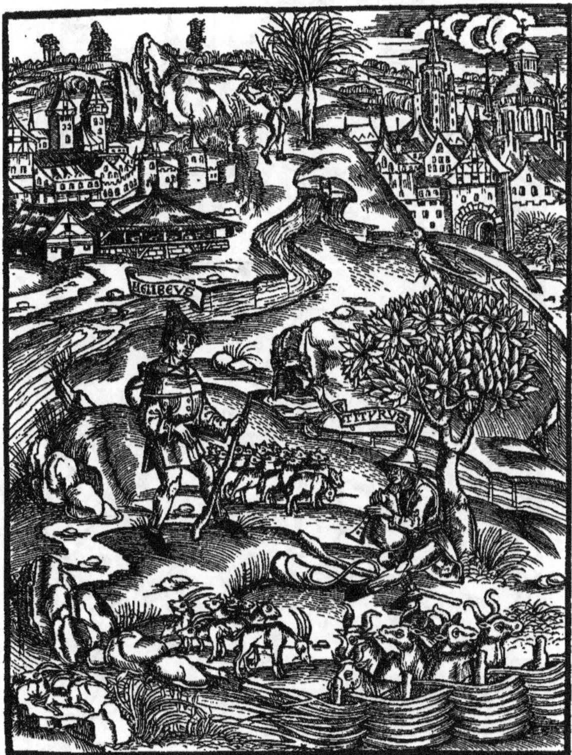

Virgile, *Opera* ; Johann Grüninger, 28 août 1502 (frontispice des *Bucoliques*).

Tibre indiquant à Enée l'emplacement où s'élèvera la ville d'Albe ; même monogramme (voir reprod. p. 70). — V. *clxv*. Enée abordant au royaume d'Evandre ; même monogramme. — V. *clxvi*. Enée faisant alliance avec Evandre ; même monogramme. — R. *clxx*. Enée conduit par Evandre et son fils Pallas ; même monogramme. — V. *clxxi*. Vulcain et Vénus ; les Cyclopes forgeant l'armure d'Enée ; même monogramme. — V. *clxxiij*. Evandre et Pallas ; Enée et Achates ; même monogramme. — V. *clxxv*. Enée partant avec Pallas et ses guerriers ; même monogramme. — R. *clxxvii*. Episodes de l'histoire de Rome, ciselés sur le bouclier d'Enée ; même monogramme.— V.

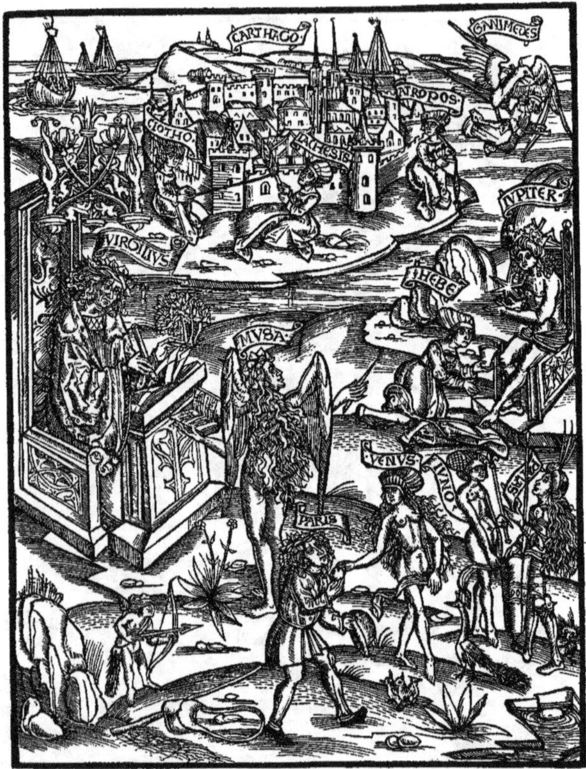

Virgile, *Opera* ; Johann Grüninger, 28 août 1502 (frontispice de l'*Enéide*).

clxxx. Iris envoyée par Junon à Turnus ; les Rutules assiégeant les Troyens ; même monogramme. — R. *clxxxiij*. Nisus et Euryale sortant du camp troyen pour aller surprendre les Rutules ; même monogramme. — V. *clxxxvi*. Exploits de Nisus et d'Euryale ; même monogramme (voir reprod. p. 71). — R. *clxxxvij*. Mort de Nisus et d'Euryale. — V. *clxxxix*. Les Rutules promenant les têtes coupées de Nisus et d'Euryale devant les remparts des

Troyens ; monogramme ʟ. — V. *clxxxxi*. Ascagne, guidé par Apollon, tuant d'une flèche Numanus, beau-frère de Turnus. — V. *cxcv*. Turnus se jetant dans le Tibre pour échapper aux Troyens. — V. *cxcvi*. Turnus devant le camp troyen ; dans le haut, les dieux au milieu des nuages. —

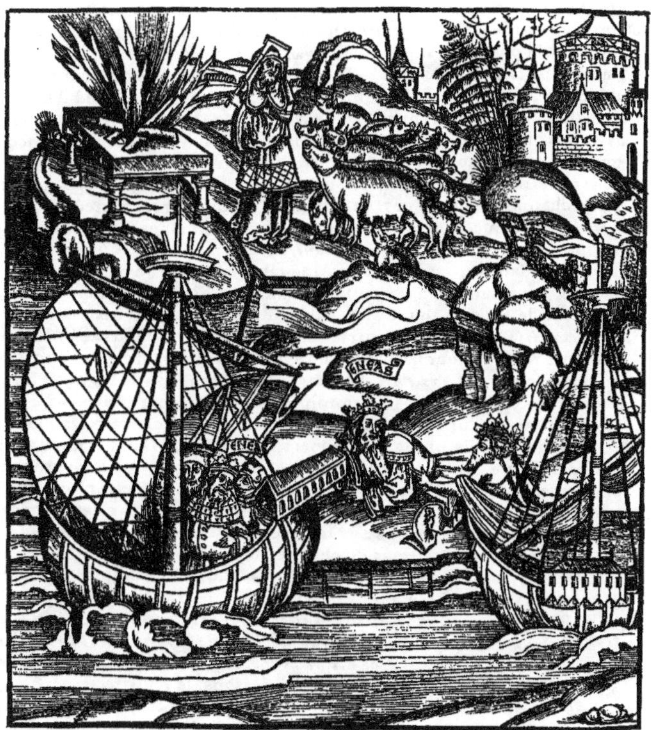

Virgile, *Opera* ; Johann Grüninger, 28 août 1502 (v. *cccix*).

R. *cxcix*. Enée en mer avec Pallas ; Tarchon et plusieurs guerriers sur le rivage ; au fond, combat entre Rutules et Troyens. — V. *cc*. Deux vaisseaux chargés de guerriers ; monogramme ʟ. — R. *ccij*. La nymphe Cymodocée avertissant Enée du danger que court Ascagne, cerné par les ennemis ; même monogramme. — R. *ccvii*. Trois hommes creusant la terre ; au fond, à droite, le roi Latinus et des femmes. — R. *ccxiii*. Enée consacrant au dieu

Mars le trophée des dépouilles de Mézence. — R. *ccxix*. Drancès et Turnus devant le roi Latinus. — V. *ccxxiiij*. Exploits de Camille; monogramme L. — V. *ccxxix*. Latinus et Amata suppliant Turnus, en présence de Lavinia, de renoncer à la lutte contre les Troyens. — R. *ccxxv*. Apparition de Vénus à Enée. — R. *ccxl*. Turnus défiant Énée. — V. *ccliiij*. (Livre XIII, ajouté par Mapheus Vegius). Enée permettant aux Rutules d'enlever le corps de Turnus. — V. *ccxlvii*. Drancès et les envoyés de Latinus venant négocier la paix avec Enée. — V. *cclx*. Vénus recueillant l'âme de son fils Enée, pour la porter au ciel. — Suivent les gravures pour les petits poèmes attribués à Virgile : *Culex*, etc. R. *l*. Un berger, assis au pied d'un arbre, prenant sur sa joue le moucheron qui vient de le piquer. — V. *vii*. Virgile assis au pied d'un arbre; au fond, Mantoue. — V. *x*. Le géant Encelade sous l'Etna; monogramme L ; même bois qu'au v. *lxxij* de l'*Enéide*. — R. *xviij*. Minos venant mettre le siège devant Mégare. — R. *xxv*. Intérieur d'une chaumière, où un paysan pile dans un mortier les ingrédients nécessaires à la confection du *moretum* (sorte de fromage), pendant qu'une femme enfourne le pain. — R. *xxvij*. Un personnage, couronné de feuillage, assis dans un jardin devant une table couverte de mets; à droite et à gauche, deux musiciens; une femme dans le fond, à gauche. — R. *xxxij*. Intérieur de taverne, où, à trois tables différentes, sont assis des joueurs. — R. *xxxiij*. Un envieux tourmenté par les Furies. — R. *xxxvij*. Plusieurs animaux réputés pour parvenir à un âge très avancé : un cerf, une corneille, un phénix, etc. — V. *xxxviij*. Les travaux d'Hercule. — R. *xxxix*. Plusieurs femmes se regardant dans des miroirs et dans l'eau d'un puits. — V. *xxxix*. Un homme conduisant un chariot attelé de trois chevaux; au fond, les vents soufflant sur un navire en mer; etc. — R. *xl*. Deux bergers assis au pied d'un arbre, sur une branche duquel est perché un coucou ; groupes de paysans à droite et à gauche. — V. *xl*. *De ortu solis*. Vignette plus petite que les autres : un soleil flamboyant, dans un char traîné par deux chevaux ; au fond, montagnes, au-dessus desquelles est une autre figure du soleil rayonnant, avec trois étoiles de chaque côté.

R. *xlvij*. Auguste, agenouillé près d'un tombeau, sur lequel est étendue la statue du poète, et qui porte l'inscription : .HIC. MARO. DOCTE. IACES. Au verso : *Finiunt opera Vergiliana : . . . Impressa uero Venetiis summa diligentia per/ Augustinum de Zannis de Portesio : impensis tamen. D. Luce Anto/ nii de giũta. Anno a natiuitate Iesu Christi. M.D./ .XIX. Die .X. Mensis Maii*. Au dessous, le registre.

Ce livre est particulièrement intéressant par la quantité et l'importance des bois dont il est orné, tous copiés de l'édition publiée à Strasbourg en 1502 par Iohann Grüninger [1]. Nous croyons qu'il y a eu une édition imprimée par L. A. Giunta en 1515, où ces copies auraient paru pour la première fois; mais nous n'avons pu réussir à la trouver dans aucune bibliothèque.

1. *Publij Uirgilij marõis opera*. (A la fin) *Impressum regia in ciuitate Argenten or-/ dinatione : elimatione : ac relectõne Sebastiani/ Brant : operaq & impensa non mediocri ma-/ gistri Iohannis Grieninger. Anno incarnati-/ onis christi. Millesimo quingentesimo secũ-/ do quinta kalendas septembres die*. 213 bois, de diverses grandeurs, dont un occupe un *recto* et un *verso* opposés (voir les reprod. pp. 72-74, 76).

62. — Georgio Rusconi, 3 janvier 1520; 4°. — (☆)

PVBLII VERGILII/ BVCOLICA, GEORGICA, AENEIS CVM SER/ VII COMMENTARIIS ACCVRATISSIME EMENDATIS...

490 ff. n. ch., s. : *a-g, A-P, AA-ZZ, AAA-RRR.* — 8 ff. par cahier, sauf *P*, qui en a 6, et *RRR*, qui en a 4. — C. rom. - Texte encadré par le commentaire sur 2 col. à

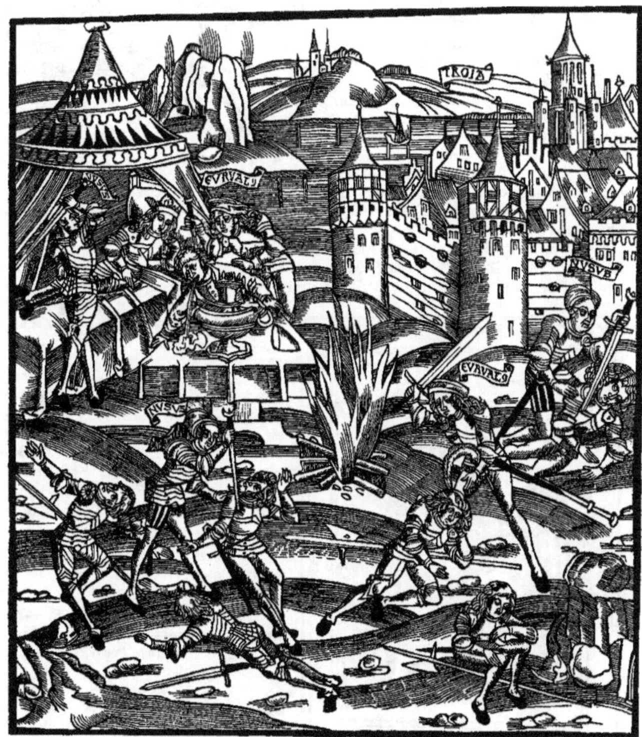

Virgile, *Opera* ; Johann Grüninger, 28 août 1502 (v. *cccxxxvi*).

58 ll. — Au-dessous du titre, petite marque du *St Georges combattant le dragon.* — Bois de l'édition Bern. Stagnino, 30 juin 1507 — In. o.

R. RRR_4 : *P. V. Bucolica ꝛ Georgica, ꝛ Aeneidos Libri. XII Venetijs in ædi/bus Georgij de Rusconibus et suis impensis excussi,.... Anno Do/mini M.D.xx. Die. iij. Januarij.* Au-dessous, le registre de l'*Enéide*, et la marque à fond noir, aux initiales de Georgio Rusconi. Le verso, blanc.

63. — Gregorius de Gregoriis (pour L. A. Giunta), 20 novembre 1522; f°. — (Paris, N)

Uergilius cum cōmē/ tarijs z figuris./ P. VERGILI/ Maronis Bucolica Georgica Aeneis cū Seruij cō/mentarijs accuratissime emendatis.... Res vero totius operis adeo graphice imaginibus ex/ primūtur ut nō minus geri videantur qȝ legi possint...

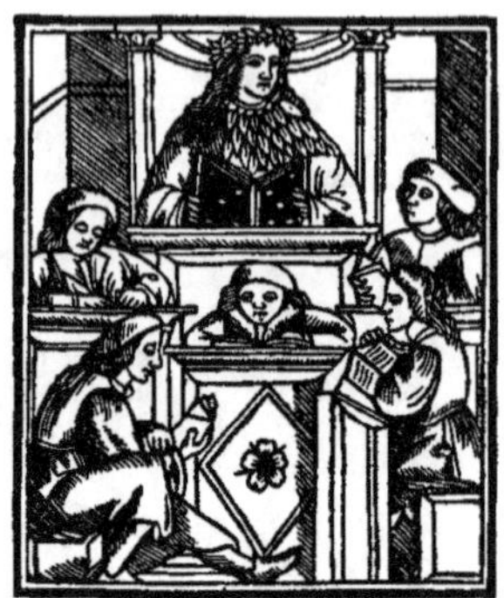

Virgile, *Moretum*, septembre 1525 (p. du titre).

8 ff. prél. n. ch., s. : *aa*. — 112 ff. num., s. : *a-o*; 222 ff. avec pagination nouvelle, s. : *A-Z*, *AA-EE*; 6 ff. n. ch., s. : *FF*; 43 ff. num. et 1 f. blanc, s. : *aaa-fff*. — 8 ff. par cahier, sauf *EE*, *FF*, *eee*, *fff*, qui en ont 6. — Texte en c. rom., encadré par le commentaire en c. g. sur 2 col. à 82 ll. — Page du titre; encadrement à figures : au milieu du fronton cintré, Apollon représenté à mi-corps, de face, jouant du violon; à gauche, bloc renfermant les bustes de *VIRGILIVS*, *ORATIVS*, *OVIDIVS*, *LVCRETIVS*, *TERENTIVS*; à droite, bloc renfermant les bustes de *M. TVLIVS*, *SALVSTIVS*, *T. LIVIVS VALERIVS*, *M. C. PLINIVS*; dans le bloc inférieur, figures des neuf Muses, en pied, avec leurs attributs, divisées en deux groupes, entre lesquels est imprimée la marque du lis rouge florentin. — Grands bois de l'édition 10 mai 1519 avec monogramme L. — In. o. de divers genres.

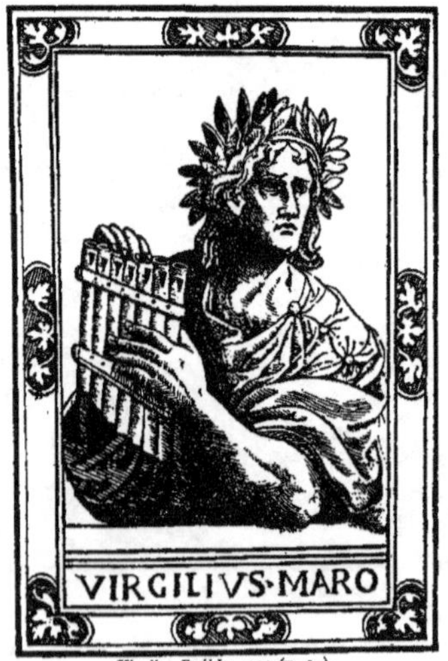

Virgile, *Enéide*, 1532 (v. a_{iii}).

V. fff_5 :... *Impressa vero Venetiis Sūma di/ligentia per Gregorium de Gregoriis. Impensis vero. D. Lucæ Antonii/ de giunta Anno a Natiuitate Seruatoris nostri./ M.D.XXII. Die XX. Mensis Nouembris*. Au-dessous, le registre.

64. — Mapheo Pasini, Septembre 1525; 8°. — (Londres, FM)

Uirgilij Moretuȝ: Ouidij nux:/ summa cum diligen/ tia castigate: atqȝ/ impresse.

8 (4,4) ff. n. ch., s.: *A*,*B*. — C. r.; titre g. — 23 vers par page. — Au-dessous du titre, bois ombré (voir reprod. p. 77) [1]. — Le verso, blanc.

V. A_4 : ℭ *Venetiis in ædibus Maphei Pasyni./ Anno Domini. M.D.XXV. men/ se Septembri*. — R. *B*. : ℭ *P. Ouidii Nasonis nux*. — V. B_4 : *Finis*.

65. — Nicolo Zoppino, 1528 ; 8°. — (Milan, M ; Florence, N)

1. Un bois analogue, portant le monogramme ✠·C·, se trouve dans le *Libro vtilissimo da iparare presto a leggere... chiamato el Babuino;* Perusia, Bianchino dal Leone, 25 nov. 1521, 8°. La vignette vénitienne en serait-elle une imitation? Dans ce cas, elle serait meilleure que l'original.

VIRGILIO VOLGARE/ qual narra le aspre Battaglie/ & li fatti di Enea nuoua/ mente Historiato./ MDXXVIII.

83 ff. num. & 1 f. blanc, s : *A-L*. — 8 ff. par cahier, sauf *L*, qui en a 4. — C. ital. — 27 ll. par page. — Page du titre : bordure ornementale à fond criblé; au-dessous du titre, portrait de Virgile. — Douze vignettes ombrées, une en tête de chaque chant du poème ; taille rude et épaisse.

V. 83 : *Stampato in Vinegia per Nicolo ditto Zop/ pino di Aristotile da Ferrara. Ne/ l'anno de nostra salute./ MDXXVIII.* Au-dessous, le registre. Au bas de la page, marque du *St Nicolas*.

66. — Bernardino Vitali, 1532 ; 8°. — (Rome, Ca, Vt)

LA ENEIDE DI/ VIRGILIO TRA/ DOTTA IN/ TERZA RIMA.

274 ff. n. ch., dont le dernier est blanc, s. : *a-z*, *A-L*. — 8 ff. par cahier sauf *L*, qui en a 10. — C. ital. — 30 vers par page. — Page du titre : encadrement ornemental. Le verso, blanc. — V. a_{iii}. *Portrait de Virgile*, couronné de laurier, tenant une flûte de Pan (voir reprod. p. 77).

V. L_7 : *Stampato in Venegia per Bernar/dino di Vitali Venetiano./ M.D.XXXII.* Au-dessous, le registre ; au bas de la page, petite marque aux initiales : ·Z· ·M· B B ·

67. — Janvier 1533, f°. — (Mt C)

Exemplaire incomplet. La date se trouve au titre de l'*Enéide* : *VENETIIS M.D.XXXIII./ MENSE IANVARIO.* — Grands bois de l'édition 10 mai 1519, avec monogramme L.

68. — Aurelio Pincio (pour L. A. Giunta), mars 1534 ; f°. — (Florence, M)

CONTENTA/ P. VIRGILII MARONIS/ OPERA./... VENETIIS M.D.XXXIIII./ Mense Martio.

4 ff. prél. n. ch., s. : . — 471 pp. num. et 1 p. n. ch., s. : *A-Z*, *AA-HH*. — 8 ff. par cahier, sauf *C*, qui en a 4, et *H*, *EE*, *FF*, *HH*, qui en ont 6. — C. rom. — Texte encadré par le commentaire, sur 2 col. à 76 ll. — Page du titre : au-dessus de l'indication de lieu et de date, grande marque du lis rouge florentin enfermé dans une guirlande de feuillage soutenue par deux *putti*. Le verso, blanc. — 14 grands bois, de l'édition 10 mai 1519, avec monogramme L. — In. o.

P. 471 : le registre ; au-dessous : *Venetiis in Ædibus Aurelii Pincii/ Veneti. M.D.XXXIIII. Mense Martio.* Le verso, blanc. — A la suite : *INDEX EORVM QVAE IN HIS COMMENTARIIS/ à Seruio exponuntur :...* 22 (8, 8, 6) ff. n. ch., s. : *1*, *2*, *3* ; le verso du dernier f., blanc.

69. — Giovanni Antonio Nicolini, 1534 ; 4°. — (Rome, VE)

PVBLII VERGILII MARO/ nis Poetæ Mantuani Aeneidos/ Liber quartus./ LO QVARTO LIBRO DEL/ l'Eneida Vergiliana con verso heroico/ volgar in lingua Thosca tradotto/ per M. Nicolo Liburnio/ Vinitiano.

42 ff. n. ch., s. : *A-K*. — 4 ff. par cahier, sauf *K*, qui en a 6. — C. ital. — Le texte latin, à raison de 18 vers par page, est en regard du texte italien, à raison de 30 vers par page. — Page du titre : encadrement à figures (*putti*, animaux fantastiques, etc.). Au-dessous du titre, marque du *St Georges combattant le dragon*, avec monogramme ZIO [1].

1. Voir la note mise à la suite de la description de la *Bible*, mai 1532.

R. K_6 : *Stampata in Vinegia per Giouan' Antonio de Nicolini/ da Sabio. Nel M D XXXIIII.* Le verso, blanc.

70. — L. A. Giunta, janvier 1537; f°. — (Milan, A)

P. VIRGILII/ MARONIS POETA/ RVM PRINCIPIS OPE/ RA... VENETIIS IN OFFICINA LV/ CAE ANTONII IVNTAE/ M.D. XXXVII.

1re partie (*Bucoliques* & *Géorgiques*) : 10 ff. prél. n. ch., s. : ✠; 143 ff. num. et 1 f. blanc, s. : *aa-tt*; 8 ff. par cahier, sauf *ff, gg, ss, tt*, qui n'en ont que 6. — 2me partie (*Enéide*) : 14 (8,6) ff. prél. n. ch., s. : ✠, ✠✠ ; 382 ff. num., s. : *Aa-Zz*, *AAa-ZZz*, *AAA*, *BBB*; 8 ff. par cahier; sauf *BBB*, qui en a 6. — 3me partie (*Culex* et autres petits poèmes) : 47 ff. num. et 1 f. blanc, s. : *aa-ff*; 8 ff. par cahier. — C. rom. — Texte encadré par le commentaire, sur 2 col. à 76 ll. — Page du titre : encadrement architectural; sur chacun des piédestaux des colonnes, le lis florentin, accosté des initiales L A. — Grands bois, avec monogramme L, de l'édition 10 mai 1519[1].

R. 382 (fin de la 2me partie) : le registre; au-dessous : VENETIIS IN OFFICINA LVCAEANTONII IVNTAE/ FLORENTINI ANNO DOMINI / M.D.XXXVII. MENSE/ IANVARIO. Le verso, blanc.

V. ff_8 (fin de la 3me partie) : VENETIIS IN OFFICINA LVCAEANTONII/ *Iuntae Florentini. Anno Domini/. M.D.XXXVI.* (sic) *Men/ se Ianuario.* Au-dessous, le registre. Au verso, grande marque du lis florentin[2].

1470

Eusèbe. — *De evangelica præparatione.*

71. — Nicolas Jenson, 1470 ; f°. — (Rome, Vt)

142 ff. n. ch. et n. s. — C. rom. — 39 ll. par page. — R. du 1er f. : *EVSEBIVM Pamphili de euangelica præparatione/ latinum ex græco beatissime pater iussu tuo effeci./...* La page est entourée d'un encadrement enluminé : haut, bas, et côté extérieur = encadrement du Trapesuntius, *circa* 1470 ; côté intérieur = encadrement du Tite-Live, 1470 (exemplaire Corsini). — In. o. du même genre.

V. du dernier f. : *Hoc Ienson ueneta Nicolaus in urbe uolumen/ Prompsit : cui fœlix gallica terra parens./ Scire placet tempus ? Mauro christophorus urbi./ Dux erat. Æqua animo musa retecta suo est./ Quid magis artificem peteret Dux : christus : et auctor ?/ Tres facit æternos ingeniosa manus./ M.CCCC.LXX.*

1. Les bois du copiste L reparaissent encore dans les éditions 1542, mars 1544, juin 1552, sorties également de l'imprimerie des Junta.

2. Nous mentionnerons encore simplement plusieurs éditions, soit complètes, soit partielles, des œuvres de Virgile, qui doivent être comptées parmi les éditions ornées de figures sur bois, mais dont l'illustration est de très mince importance : Aurelio Pincio, septembre 1536, 4° ; — Comin da Trino, pour Zoppino, 12 octobre 1540, 8° ; — Giov. Ant. & Dominico di Volpini, pour Zoppino, 1540, 8° ; — s. n. typ., 1544, 8° ; — Zoppino & Giovanni Padovano, 1544, 8° ; — Giovanni Padovano, pour Federico Torresano, 1544, 8° ; — Giovanni Gryphio, 1549, 4°.

1470

AUGUSTIN (St). — *De civitate Dei.*

72. — Vindelinus de Spira, 1470 ; f°. — (Londres, BM)

268 ff. n. ch. et n. s. — C. rom. — 50 ll. par page. — R. du 1er f. : *Aurelii Augustini de ciuitate dei/ primi libri incipiūt Rubricae.* — R. du 14e f. : *Aurelii Augustini de Ciuitate dei Liber Primus incipit.* Titre manuscrit (comme tous les autres titres de chapitres et les initiales ordinaires, en bleu ou rouge). Page ornée sur trois côtés d'une bordure imprimée et enluminée : au bas, même motif que dans l'encadrement du Trapesuntius, *circa* 1470 ; sur le côté intérieur, même motif que dans l'encadrement du Tite-Live, 1470 (exemplaire Corsini) ; dans le haut, autre bordure, dont le motif est comme un agrandissement de celui de la bordure latérale. — In o. du même genre.

R. du dernier f. : *Qui docuit Venetos exscribi posse Ioannes/ Mense fere trino Centena uolumina plini/ Et totidem Magni Ciceronis Spira libellos :/ Ceperat Aureli : subita sed morte perentus/ Vindelinus adest eiusdem frater : & arte/ Non minor : hadriacaqȝ morabitur urbe/ M.CCCC.LXX.*

73. — Octaviano Scoto, 18 février 1489 ; f°. — (☆)

Augustinus de ciuitate dei/ cum commento.

264 ff. n. ch. s. : *A-Z*, ꝛ, ꝯ, ꝶ, *AA-HH*. — 8 ff. par cahier, sauf *S*, *FF*, *GG*, *HH*, qui en ont 6. — C. g. — 2 col. à 51 ll. — V. *A*. Grand bois à deux compartiments (voir reprod. p. 81).

V. *HH : Aurelii Augustini de ciuitate dei liber explicit :/ impressus Uenetijs iussu impensisqȝ Nobilis/ viri Octauiani scoti ciuis modoetiensis : An-/ no salutiferi virginalis partꝰ octogesimono-/ no supra milesimū ꝛ quatercētesimum : duo-/ decimo Klendas Martias.* — R. HH_6 : le registre ; au-dessous, marque de Scoto sur fond noir. Au verso, répétition du titre.

1470

PETRARCA (Francesco). — *Sonetti, Canzoni*, etc.

74. — Vindelinus de Spira, 1470 ; 4°. — (Rome, VE ; Venise, M)

182 ff. n. ch. et n. s., dont le premier et le dernier sont blancs. — C. rom. — 28 vers par page. — R. du 9e f. : *VOI CHASCOLTATE INRI/ me sparse ilsono/ Di quei sospiri ondio nudriual core/...* Cette page, dans l'exemplaire de la Marciana, est ornée sur trois côtés (intérieur, haut et

Petrarca (Francesco), *Sonetti*, *Canzoni*, etc. ; s. n. t., 1473

(Rome, Bibl. Corsini)

Gravé et tiré sur la presse à bras par H. de Navailles-Banos.

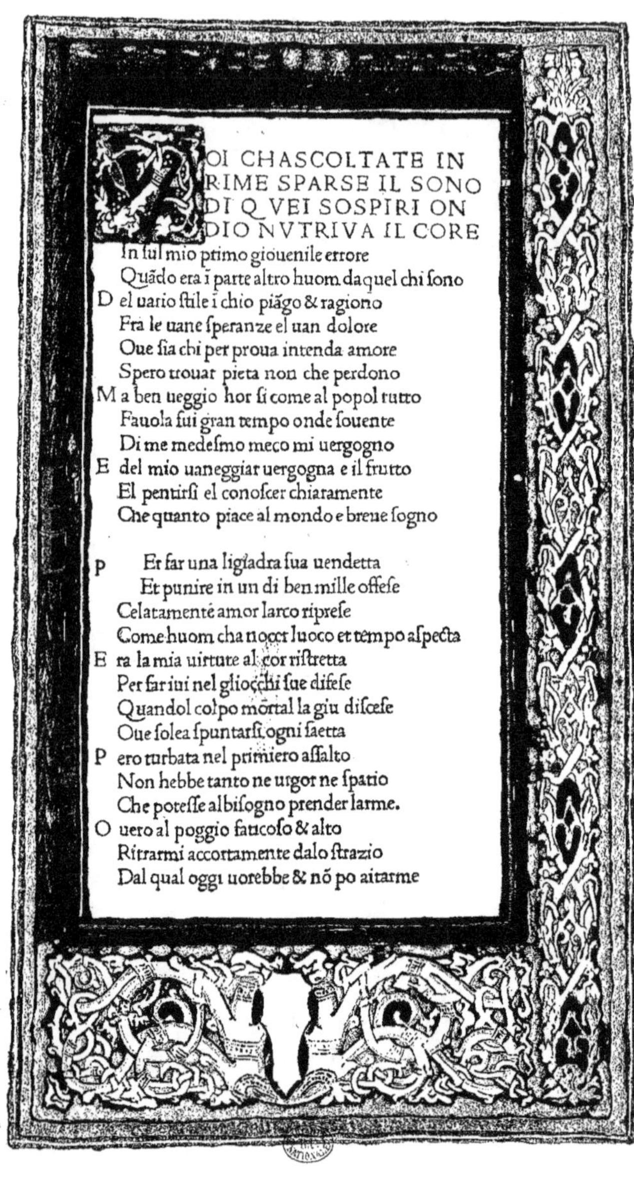

OI CHASCOLTATE IN
RIME SPARSE IL SONO
DI Q VEI SOSPIRI ON
DIO NVTRIVA IL CORE
In ſul mio primo giouenile errore
Quãdo era ĩ parte altro huom da quel chi ſono
D el uario ſtile ĩ chio piãgo & ragiono
Fra le uane ſperanze el uan dolore
Oue ſia chi per proua intenda amore
Spero trouar pieta non che perdono
M a ben ueggio hor ſi come al popol tutto
Fauola fui gran tempo onde ſouente
Di me medeſmo meco mi uergogno
E del mio uaneggiar uergogna e il frutto
El pentirſi el conoſcer chiaramente
Che quanto piace al mondo e breue ſogno

P Er far una ligiadra ſua uendetta
Et punire in un di ben mille offeſe
Celatamenté amor larco ripreſe
Come huom cha nocer luoco et tempo aſpecta
E ra la mia uirtute al cor riſtretta
Per far iui nel gliocchi ſue difeſe
Quandol colpo mortal la giu diſceſe
Oue ſolea ſpuntarſi ogni ſaetta
P ero turbata nel primiero aſſalto
Non hebbe tanto ne uigor ne ſpatio
Che poteſſe al biſogno prender larme.
O uero al poggio faticoſo & alto
Ritrarmi accortamente dalo ſtrazio
Dal qual oggi uorebbe & nõ po aitarme

bas) d'une bordure enluminée, imprimée avec le motif employé pour le haut et le côté intérieur du Tite-Live, 1470 (exemplaire Corsini). Au commencement du texte, in.o. *V*, du même genre. — Dans l'exemplaire

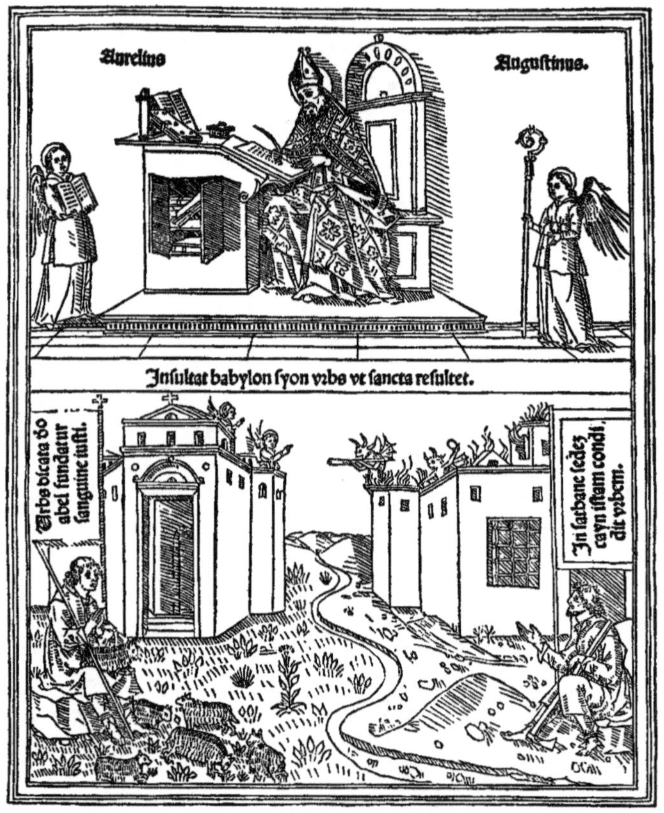

St Augustin, *De civitate Dei*, 18 févr. 1489 (v. du titre).

de la B. Vittorio Emanuele, même motif pour la bordure de la marge supérieure ; pour la marge inférieure, autre motif imprimé : deux sirènes se faisant face, celle de gauche tenant une corne d'abondance, celle de droite un étendard ; entre ces deux figures, un écu, qui semble avoir été dessiné à la plume.

R. du 181e f. : *FINIS. M. CCCCLXX.* Au-dessous : *Que fuerāt multis quōdam confusa tenebris/ Petrarcę laurę metra sacrata suę/ Christophori et feruens pariter cyllenia cura/ Transcripsit nitido lucidiora die/ Vtq3 superueniens nequeat corrumpere tēpus/ En Vindelinus ęnea plura dedit.*

75. — S. n. t., 1473 ; 4°. — (Rome, Co)

186 ff. n. ch. et n. s.— C. rom. — 30 vers par page. — La table occupe les sept premiers ff. — Le r. du 8e f., où commencent les *Sonetti*, est orné d'un encadrement enluminé dont le bas et le côté extérieur sont imprimés, et les deux autres côtés faits à la main. In. o. *V*, imprimée et enluminée de même (voir fac-simile hors texte).

V. du f. 180 : . · .*DEO GRATIAS.* · ./ *FRANCISCI PETRARCAE POETAE/ EXCELLENTISSIMI TRIVMPHVS/ SEXTVS ET VLTIMVS DE/ ETERNITATE EXPLICIVNT/ M.CCCC.LXXIII. NICOLAO MAR/ CELLO PRINCIPE REGNANTE IM/ PRESSVM FVIT HOC OPVS/ FOELICITER IN VENETIIS/* . · .*FINIS.* · . — Au f. suivant : *MEMORABILIA quædā de laura manu ꝑpria/ Francisci petrarcæ scripta in quodā codice Virgilii/ in papiensi biblyotheca reperta...* — V. du dernier f. : *EXPLICIVNT TRIVMPHI ET/ VITA PETRARCE.*

76. — Bernardino da Novara, 18 avril-12 juin 1488 ; f°. — (Florence, N ; Pise, U ; Trieste, C — ☆)

TRIVMPHI DEL PETRARCHA.

1re partie : 149 ff. num. et 1 f. blanc. s. : *a-t ;* 2me partie : 112 ff. num., dont le 1er est blanc, s. : *A-O.* — 8 ff. par cahier, sauf *t*, qui en a 6. — C. rom. — Texte encadré par le commentaire ; 62 ll. par page. — V. a_{iii}. *Triumphus Amoris* (voir reprod. p. 83). — V. f_{ii}. *Triumphus Castitatis.* Char allant de gauche à droite, traîné par deux licornes. Laure y est assise, tenant dans ses mains une corbeille de feuillage. Des vierges l'accompagnent, marchant à la gauche du char, et précédées de Lucrèce, qui tient un étendard avec l'hermine symbolique[1]. Dans le fond, édifices. — V. g_6. *Triumphus Mortis.* Laure, percée d'une flèche, et ses compagnes, revenant de leur victoire, rencontrent le char de la Mort. Il se dirige de gauche à droite, traîné par deux buffles, écrasant sous ses roues des papes, des évêques, des princes, etc. La Mort fait face au lecteur ; elle regarde à droite, tenant sa faux de la main droite, et enveloppée d'un vêtement noir, un peu flottant par derrière. — V. i_7. *Triumphus Fame.* Char allant de gauche à droite. Les longs cheveux de la déesse flottent au vent ; de la main gauche, elle tient une trompette gigantesque, qui touche presque au bord supérieur de la gravure. Sur la caisse du char faisant face au lecteur, le mot : FAMA, en lettres blanches sur fond noir. Des guerriers marchent sur la

1. Une tradition voulait que l'hermine, poursuivie par des chasseurs, aimât mieux se laisser tuer que chercher un abri où la blancheur de son pelage pouvait être souillée.

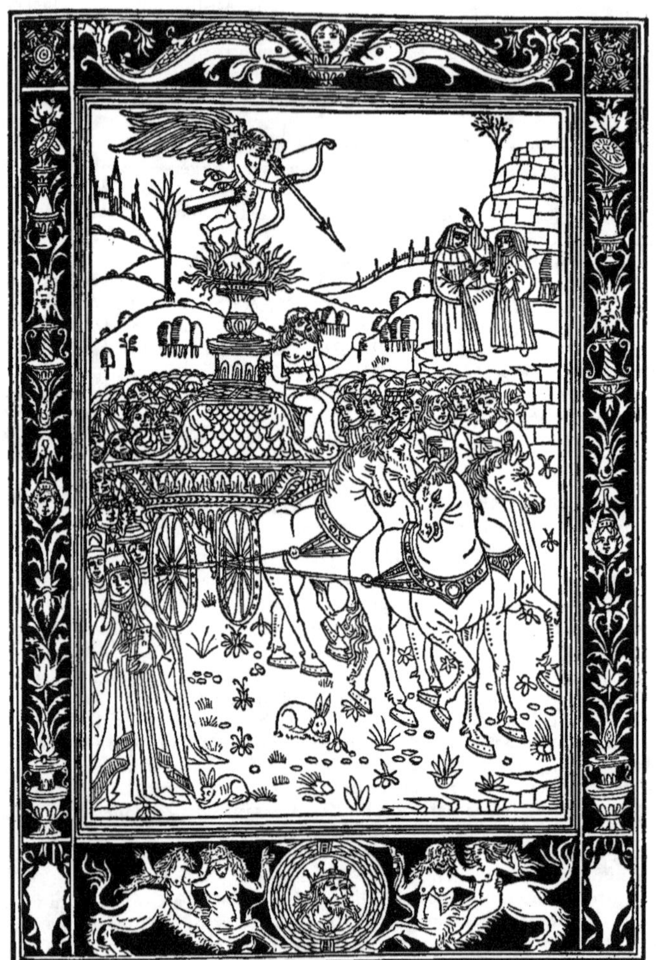

Pétrarque, *Sonetti*, etc., 1488 (v. a_{III}).

gauche du char. — V. *r*. *Triumphus Temporis* (voir reprod. p. 85). — V. s_{iii}. *Triumphus Divinitatis* (voir reprod. p. 87).

V. 149 :... *Impresso in Venitia con grãde diligentia per Bernar/ dino da Nouara nelli anni del nostro signore. M.CCCCLXXXVIII. adi. xviii. Aprile.* Au-dessous, le registre.

R.*A*, blanc. Au v. : *Prohemio... sopra gli sonetti & cãzone de messer Francesco Petrarcha...* Cette seconde partie est sans gravures.

R. 112 : *Finisse gli sonetti di Messer Francesco Petrarcha impressi in Venesia per Bernardino danoua/ ra nelli anni Mcccclxxxviii. a di. xii zugno...* Au-dessous, le registre. Le verso, blanc.

Les compositions de cette première édition avec gravures sont différentes de toutes celles que nous connaissons. Nous y voyons cependant les mêmes animaux symboliques que dans les autres représentations consacrées à ces sujets, sauf pour le Triomphe du Temps, où l'artiste a substitué aux cerfs deux griffons.

Quant à la persistance de ces symboles dans l'iconographie des *Triomphes*, nous croyons à propos de reproduire ici un passage de notre étude sur Pétrarque [1], où nous avons traité cette question avec tout le développement qu'elle comporte.

Tel est l'éclat des descriptions, telle est la richesse des images, que les artistes semblent n'avoir eu que la peine de les traduire par le pinceau pour en tirer les tableaux les plus brillants. Mais l'indépendance et la fantaisie qui caractérisent le poème de Pétrarque s'accordaient mal avec les habitudes de symétrie alors en honneur. Aussi, dès le début, les interprètes s'appliquèrent-ils à donner au cycle une forme éminemment rythmique. S'emparant du titre adopté par le poète, ils conçurent chacun des six chants comme un Triomphe, c'est-à-dire comme un cortège triomphal, et, presque immédiatement, firent figurer un char dans chacun d'eux, alors que Pétrarque n'en avait indiqué que pour le premier chant, consacré à l'Amour. Presque immédiatement aussi, comme à la suite d'un mot d'ordre, ils donnèrent à chacun de ces cortèges, à chacun de ces chars, des attributs immuables.

Ici, nous nous heurtons à une difficulté qu'il ne nous a pas été donné de résoudre entièrement. Par un phénomène rare dans l'histoire littéraire, il semble qu'entre le texte même des *Triomphes* et les premières tentatives d'exégèse faites par les artistes, il se soit glissé un commentateur, qui se serait appliqué à uniformiser les six chants et qui aurait fait loi pour les interprètes à venir.

Expliquons-nous. Si un char a été introduit par Pétrarque dans le Triomphe de l'Amour, et un autre ajouté dès le XIVe siècle par les miniaturistes au Triomphe de la Renommée, l'addition, faite au XVe siècle, d'un char et d'un attelage distincts pour chacun des Triomphes suivants, est en contradiction flagrante avec toute l'économie du poème. Non moins surprenant est le choix même des attelages de chaque char. Pétrarque, nous

1. Prince d'Essling et Eugène Müntz, *Pétrarque, ses études d'art, son influence sur les artistes*, etc. ; Paris, 1902.

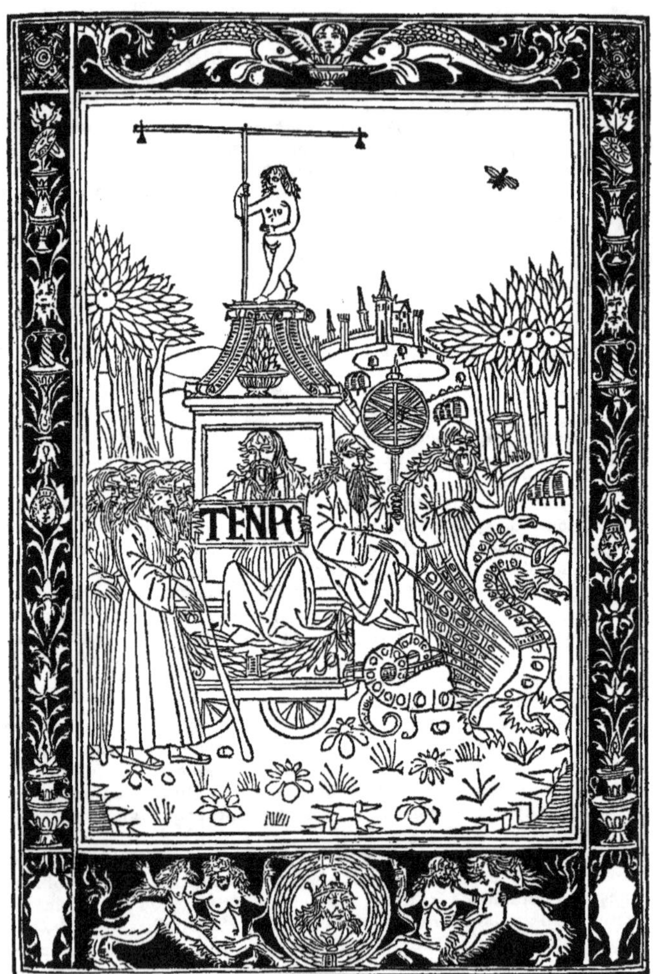

Pétrarque, *Sonetti*, etc., 1488 (v. *r*).

le rappelons, avait placé quatre chevaux blancs au timon du char de l'Amour. Voilà que, tout-à-coup, le char de la Chasteté reçoit des licornes; celui de la Mort, des buffles ; celui de la Renommée, des éléphants (par exception, des chevaux) ; celui du Temps, des cerfs ; enfin, celui de l'Eternité, les quatre symboles des Évangélistes. Cette quasi-unanimité frappe d'autant plus que ce ne sont là en aucune façon des symboles courants. Si la licorne forme l'emblème de la Chasteté, nous ne voyons pas qu'au moyen-âge la Mort ait été personnifiée par des buffles, le Temps par des cerfs [1], la Renommée par des éléphants [2]. Pour d'autres points de la mise en scène, il y eut également, presque dès le début, une entente internationale entre les illustrateurs. Chez Pétrarque, un petit nombre seulement d'acteurs étaient nettement individualisés. C'est ainsi que la Mort est une femme enveloppée dans un vêtement noir, à l'air furieux; la Chasteté n'est autre que Laure ; le Temps n'est pas défini : le soleil paraît et parle en son lieu et place. Dans les interprétations plastiques, au contraire, presque dès le début, la Mort paraît, tantôt sous la forme d'un squelette, tantôt sous les traits des Parques ; le Temps est représenté par un vieillard, parfois Saturne; l'Éternité enfin a pour symbole la Trinité. D'où vient cet accord ?

L'explication la plus naturelle consisterait à supposer que, comme il a été dit, entre Pétrarque et ses illustrateurs, se serait placé quelque exégète, dont le commentaire aurait fait loi d'un bout à l'autre de l'Europe. Or, toutes nos recherches dans ce sens ont été négatives [3]. Il existe bien un commentaire sur les *Triomphes*, mais il date de la seconde moitié du xve siècle seulement, et n'a par conséquent rien à voir avec les illustrations antérieures de quelque quarante ou cinquante ans. Ce commentaire est celui de Bernardo Glicino ou Illicino ou Lapini de Sienne (publié pour la première fois en 1475).

---

1. Cf. Cloquet, *Éléments d'Iconographie chrétienne*, pp. 280-314. — Où un archéologue distingué, Léon Palustre, a-t-il vu qu'à l'époque de Pétrarque la symbolique était assez établie pour que, tout naturellement, on fît traîner la Chasteté par des licornes, la Mort par des bœufs, la Renommée par des éléphants, le Temps par des chameaux, et la Divinité par le tétramorphe évangélique (*La Renaissance en France*, t. II, p. 298) ?

2. Dans les médailles romaines, des éléphants sont attelés aux chars de triomphe de Tibère, de Nerva, de Faustine (Cohen, *Description historique des Monnaies frappées sous l'Empire romain*, t. I, p. 480 ; t. II, p. 424. — Frœhner, *Les Médaillons de l'Empire romain*, pp. 7,145). — Un ivoire romain du British Museum (IVe ou Ve siècle) montre un triomphateur assis sur un char traîné par quatre éléphants (Venturi, *Storia dell' Arte italiana*, 1901 ; t. I, p. 393). — N'oublions pas que les Malatesta de Rimini avaient adopté l'éléphant pour emblème. — A Cyzique, on immolait à Proserpine un taureau noir. Dans l'Inde, on donnait un buffle pour monture à Yama, le dieu de la Mort (Langlois, *Essai sur les Danses des Morts*, t. II, p. 199). — Une monnaie de Tyr nous montre Héliogabale monté sur un quadrige attelé de cerfs (Mionnet, *Description des Médailles antiques*, t. V, pp. 435-659).

3. Nous étant adressés au savant professeur de l'Université de Pise, le commandeur Alessandro d'Ancona, nous avons reçu de lui cette réponse que nous nous faisons un devoir de placer sous les yeux du lecteur : « Se debbo dirle intero l'animo mio, io non credo che sia bisogno di cercare l'intermedio d'un commentatore, per trovare la ragione degli altri carri, e dei diversi animali, che gli illustratori del Petrarca hanno aggiunto al carro d'Amore guidato da quattro cavalli bianchi... A me sembra che gli illustratori dovessero seguire il concetto del Petrarca, interpretandolo e supplendolo, e inoltre la tradizione costante. Il poeta aveva intitolato Trionfi i suoi capitoli in terza rima, e aveva dato un carro ad Amore : ne veniva di natural conseguenza che agli altri Enti, pur essi trionfanti, si dovesse dare un carro, come la storia e la tradizione appropriavano ai vincitori, con animali già consacrati dal simbolo. — S'il faut vous dire nettement mon opinion, je ne crois pas qu'il soit besoin de recourir à l'intermédiaire d'un commentateur pour trouver la raison d'être des autres chars et des divers animaux, que les illustrateurs de Pétrarque ont ajoutés au char de l'Amour traîné par quatre chevaux blancs... Il me semble que les illustrateurs ont dû suivre la conception de Pétrarque, en l'interprétant et en y suppléant, ainsi que la tradition établie. Le poète avait intitulé Triomphes ses chapitres en tierce rime, et il avait donné un char à l'Amour : il s'ensuivait, comme conséquence naturelle, qu'aux autres divinités triomphantes on devait donner aussi un char, tel que l'histoire et la tradition en attribuaient aux vainqueurs, et attelé d'animaux déjà consacrés par la symbolique. »

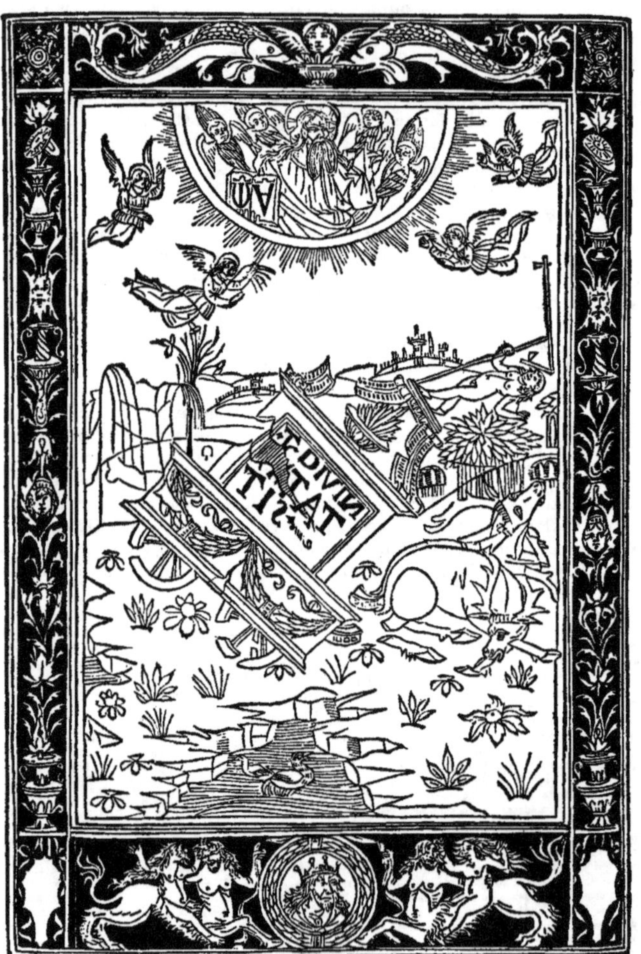

Pétrarque, *Sonetti*, etc., 1488 (v. s_{iii}).

L'hypothèse de l'intervention d'un commentateur semblant devoir être écartée, il nous faut admettre que quelque artiste, dont l'œuvre aura eu un grand retentissement, a imposé aux âges à venir une formule désormais classique. Mais quel était cet artiste et où se trouvait cette œuvre? Ce qui est certain, c'est que rarement interprétation a été consacrée par un suffrage aussi unanime. L'artiste supérieur — dont le nom nous est inconnu — avait à peine trouvé pour le poème sa formule, si conventionnelle pourtant, que tous subirent docilement son joug et se dispensèrent de recourir directement au texte original. Pendant près de deux siècles, aucun ne songea à renouveler l'inspiration en ouvrant le volume de Pétrarque.

77. — Piero Veronese, 22 avril 1490 ; f. — (Trieste, C — ☆)

1re partie : 8 ff. prél., dont le 1er est blanc, s. : *aa* ; les 7 premiers ff. n. ch., le dernier marqué par erreur du chiffre : 3. — 128 ff. num., s. : *a-q*, le 1er marqué par erreur du chiffre : 4. — 2me partie : 102 ff. num., s. : *A-N*. — 8 ff. par cahier, sauf *N*, qui en a 6. — C. rom. — Texte encadré par le commentaire ; 61 ll. par page. — V. aa_8. *Triumphus Amoris*. Char marchant de gauche à droite, traîné par quatre chevaux blancs de front, galopant. Sur le premier plan, à droite du char et à la hauteur des roues, deux personnages : un homme, nu-tête, vêtu d'une armure, tenant par la main une femme qui a le bras gauche passé sous le sien ; ils sont suivis d'un autre couple. A la gauche du char, cortège de personnages s'avançant jusqu'à la hauteur de la tête des chevaux : hommes, femmes, guerriers, cardinaux, etc., massés et suivant le triomphe. Le char est richement orné de guirlandes ; sur la caisse, d'où s'échappent des flammes, au-dessus des ornements, une tête de Méduse ; enfin, un riche candélabre surmonté d'une coupe d'où sortent encore des flammes, environnant une boule où se tient l'Amour, debout sur le pied gauche, prêt à décocher une flèche ; il a de grandes ailes et les yeux couverts d'un bandeau. Au dernier plan, des collines et deux petites villes. A droite, Pétrarque s'entretenant avec l'ombre qu'il avait rencontrée. Sur le devant du char, est attaché un vieillard couronné. — V. e_{ii}. *Triumphus Castitatis*. Char allant de gauche à droite, traîné par deux licornes. Sur le premier plan à droite, sept jeunes femmes marchant l'une derrière l'autre et conversant entre elles ; la première porte la bannière à l'hermine. Un groupe de femmes, à gauche, à la hauteur de l'attelage, et un autre groupe suivant. La caisse du char, enguirlandée, supporte un motif ornemental évasé en coupe, différent du précédent, et sur lequel la Chasteté, couronnée, personnifiée par Laure, est debout, une palme dans la main droite, regardant vers le lecteur. De la main gauche, elle s'appuie sur un bouclier [1]. L'Amour, prisonnier, à

1. Faut-il voir dans ce bouclier, enlevé par la Chasteté à son ennemi désarmé, cet « écu de l'amour » dont nous trouvons une si curieuse description dans les *Emblèmes* d'Alciat (Lyon, 1549)? Ou bien est-ce le bouclier à tête de Méduse qu'on prêtait à la Chasteté se défendant contre les traits de l'Amour? C'est ainsi que la représente une petite vignette de l'*Hécatomgraphie* (Paris, Denys Janot, 1543) : *Chasteté vaincq Cupido*, avec ces vers :

... Comme a bien sçeu coucher en son histoire
Ton grand ami le tressçavant Petrarque.

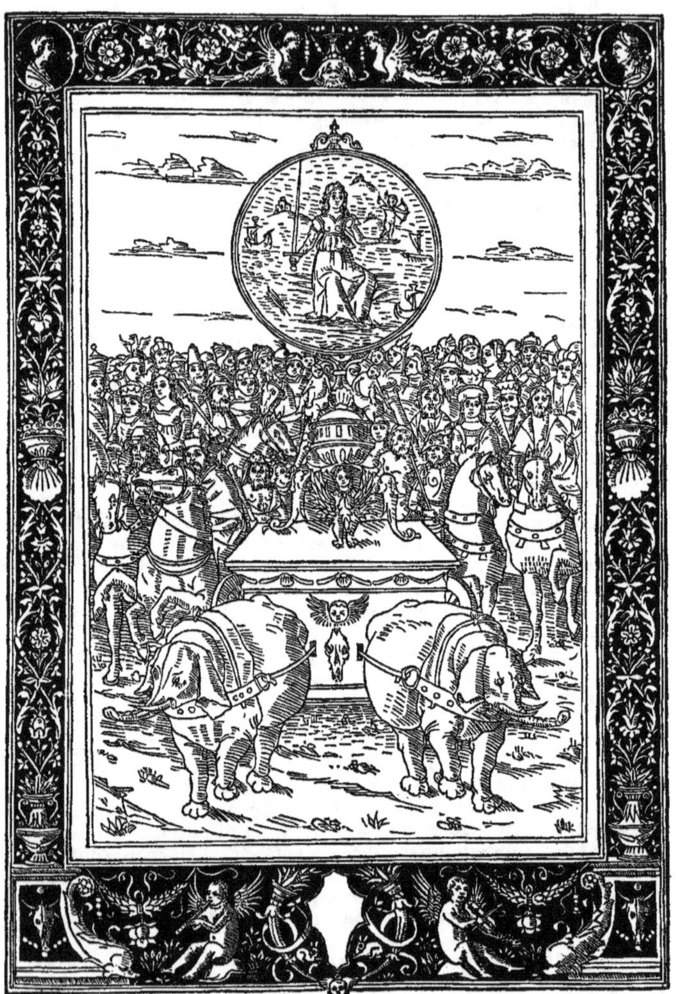

Pétrarque, *Sonetti*, etc., 22 avril 1490 (v. h_{iiii}).

genoux, est attaché, sur le devant du char, à la colonne sur laquelle se tient Laure ; son arc brisé est devant lui. — V. *f_5*. ***Triumphus Mortis.*** Char marchant de gauche à droite, traîné par quatre buffles. Le bas de la caisse porte trois croix; au-dessus, des os brisés, un ornement, trois crânes ; enfin, une croix au-dessus du crâne du milieu. Au centre de la plateforme, un crâne, sur lequel un squelette dansant pose le pied droit ; il tient en l'air, de ses deux mains, une faux. Sur le premier plan, couchés à terre, le guerrier que nous avons vu dans le *Triomphe de l'Amour*, des évêques, des femmes, des cardinaux, etc. Au second plan, d'autres personnages sur lesquels passe le char ; à gauche, d'autres encore, étendus à terre. Le paysage est désolé : roches arides, arbres sans feuilles, partout les traces des ravages de la Mort. Dans l'angle, à droite, trois anges emportent des âmes vers le ciel ; à gauche, au contraire, des démons armés de fourches précipitent d'autres âmes dans l'enfer, d'où l'on voit s'échapper des flammes. — V. *h_{iiii}*. *Triumphus Fame* (voir reprod. p. 89). — V. *o_6*. *Triumphus Temporis* (voir reprod. p. 91). — V. *p_7*. *Triumphus Divinitatis.* Char vu de face, surmonté d'une croix sur laquelle est le Christ. Au-dessus de lui, Dieu le Père ; le groupe est environné d'une auréole et de chérubins. Sur le devant du char, le chrisme dans un double cercle. Au pied de la croix, quatre anges agenouillés, sonnant de la trompette. Le char est traîné par les quatre évangélistes, nimbés ; à gauche, Saint Jean et Saint Luc ; devant eux, l'aigle et le bœuf ; à droite, Saint Mathieu et Saint Marc ; devant eux le lion et l'ange. Cortège de personnages, comme dans les autres *Triomphes.* A gauche, à la hauteur de la branche horizontale de la croix, le soleil ; à droite, la lune. — R. 128. Au bas de la page, le registre des *Triomphi*, et, sur la même ligne : *Finis.* Le verso, blanc.

La 2me partie ne contient pas de bois. — V. 102 : *Finisse gli sonetti di Misser Francescho Petrarcha coreti & castigati per me Hieronymo Centone Paſduano Impressi in Venetia per Piero Veroneso nel M.CCCC.LXXXX. Adi xxii. de Aprilo...*

Il paraît certain que les estampes de l'édition de 1490 sont des copies des gravures sur cuivre du fameux florentin anonyme de la fin du xve siècle (Bartsch, XIII, p. 277 ; Passavant, V, pp. 11 et 71), et des copies serrant parfois de très près les sujets originaux.

Triomphe de l'Amour. — Des deux parts, les quatre chevaux de l'attelage ont une attitude et une allure identiques ; le personnage enchaîné sur le devant du char est habillé et coiffé presque de même ; les mêmes flammes s'échappent des parties supérieure et inférieure du char ; le candélabre repose sur le même motif ornemental formé de figures de dauphins ; l'Amour est appuyé sur le même pied et se tient dans la même position en tendant son arc ; enfin, le paysage à collines est semblable, ainsi que les accidents du terrain du premier plan. La taille même, dans les plis des étoffes et dans les crinières des chevaux, est exactement imitée. — On saisit une différence dans le groupement des personnages. La disposition en est plus habile et plus gracieuse sur le cuivre, où les femmes du premier plan dansent en se tenant la main ; sur le bois, elles marchent à pas

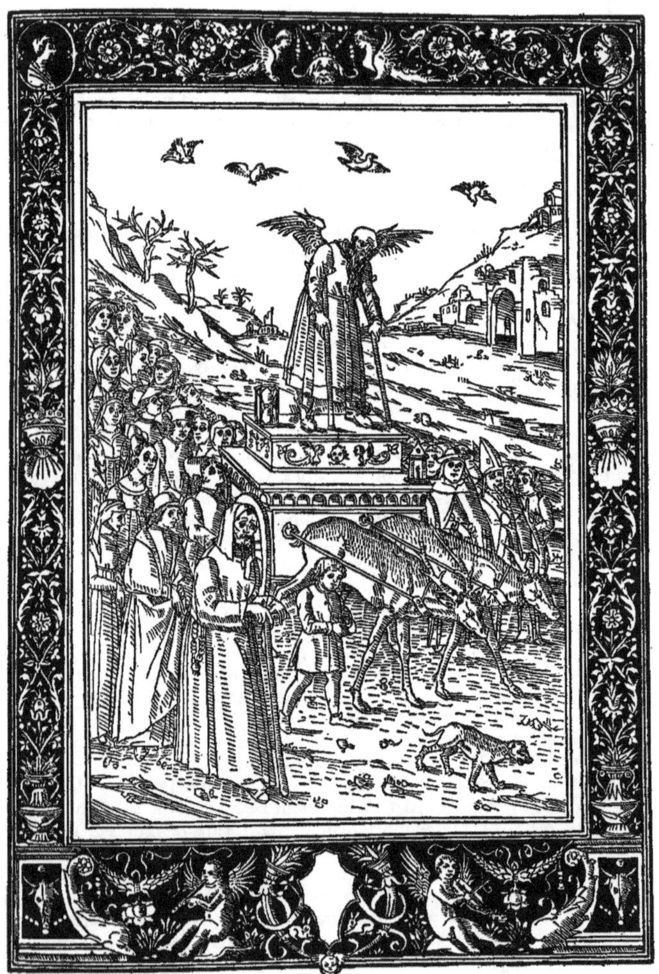

Pétrarque, *Sonetti*, etc., 22 avril 1490 (v. o_6).

comptés, ce qui est, pour ainsi dire, un contre-sens, puisque les chevaux sont représentés caracolant. Le personnage portant la colonne a été reproduit, mais moins apparent. Le char est sans ornements.

Triomphe de la Chasteté. — Ici l'imitation est encore plus complète, si possible. Même direction du char ; même attitude triste de l'Amour vaincu et attaché par deux traits qui passent sur son corps ; même cortège de sept jeunes femmes accompagnant le char, avec plus d'animation toutefois sur le cuivre ; même attitude de celle qui porte la bannière, la main droite appuyée sur la hanche, et regardant ses compagnes. Il n'est pas jusqu'aux costumes qui ne soient semblables, bien que les premières gravures soient de Florence et les autres de Venise. — Une légère différence est à noter dans le personnage de la Chasteté. Sur le cuivre, elle porte la palme de la main gauche ; le graveur sur bois la lui a mise dans la droite ; il lui a posé aussi sur la tête une couronne qui n'existe pas dans le modèle ; sauf ces détails, elle est vêtue de la même façon. Le char est sans ornement.

Triomphe de la Mort. — L'estampe a été retournée : le char se dirige de droite à gauche, au lieu d'aller de gauche à droite ; mais il a la même forme ; les croix, les ossements, les crânes, sont copiés exactement. Dans les deux gravures, le personnage étendu à terre au premier plan est un chevalier, et celui qui est couché sous les roues du char, un évêque. Même paysage désolé ; mêmes arbres desséchés. — Il y a une différence dans l'attitude donnée à la Mort, qui est sur le char, vêtue d'une tunique, de longs cheveux flottant en arrière, tenant de la main droite une faux, la lame en avant : dans la gravure sur bois, elle se tient sur un crâne, d'un seul pied, tandis que, dans la gravure sur cuivre, elle est debout sur la plate-forme du char. Le graveur sur bois a fait encore une autre modification : il a mis à droite les trois anges qui figuraient à gauche, emportant des âmes ; et quant aux démons qui, dans le haut de l'estampe, à droite, remplissaient le même office, il les a représentés à gauche, précipitant avec des fourches les damnés en enfer.

Triomphe de la Renommée et *Triomphe du Temps* (voir les reproductions hors texte).

Triomphe de la Divinité. — Le char, très simple et sans ornement, les saints qui le traînent, les quatre anges à genoux sur la plate-forme, les symboles des Evangélistes, le soleil et la lune sur la droite et la gauche de l'estampe, tout a été copié d'une façon identique. — Il n'y a de différence à relever que dans le bonnet qui couvre la tête de Dieu le Père.

La comparaison détaillée des gravures sur cuivre florentines et des *Triomphes* sur bois de 1490 dénote donc dans ces derniers une imitation très proche, quand ce n'est pas une copie servile des premières. D'ailleurs, Piero Veronese, qui a donné le premier *Dante* avec gravures sur bois, n'avait-il pas fait imiter les cuivres florentins de Botticelli ? Il en fit autant pour le *Pétrarque*; et le copiste, pour être plus fidèle, a ombré ses bois sur le modèle des cuivres, de façon à produire un effet presque semblable. Par surcroît, l'imprimeur fit encadrer les gravures d'un

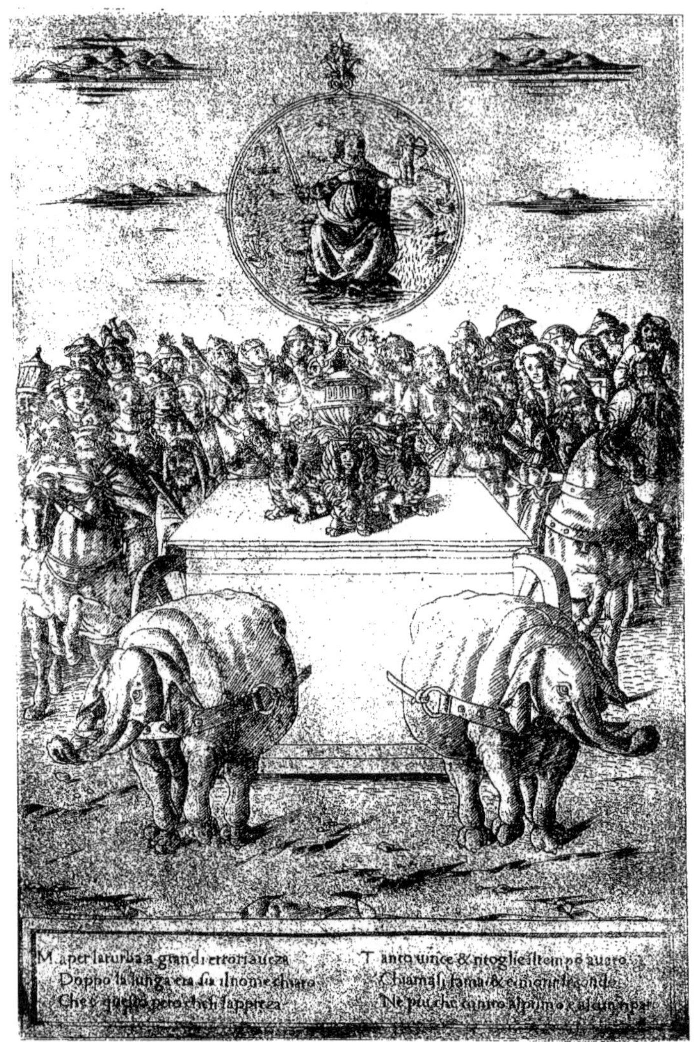

Triomphe de la Renommée.

Gravure sur cuivre florentine de la fin du XVe siècle.

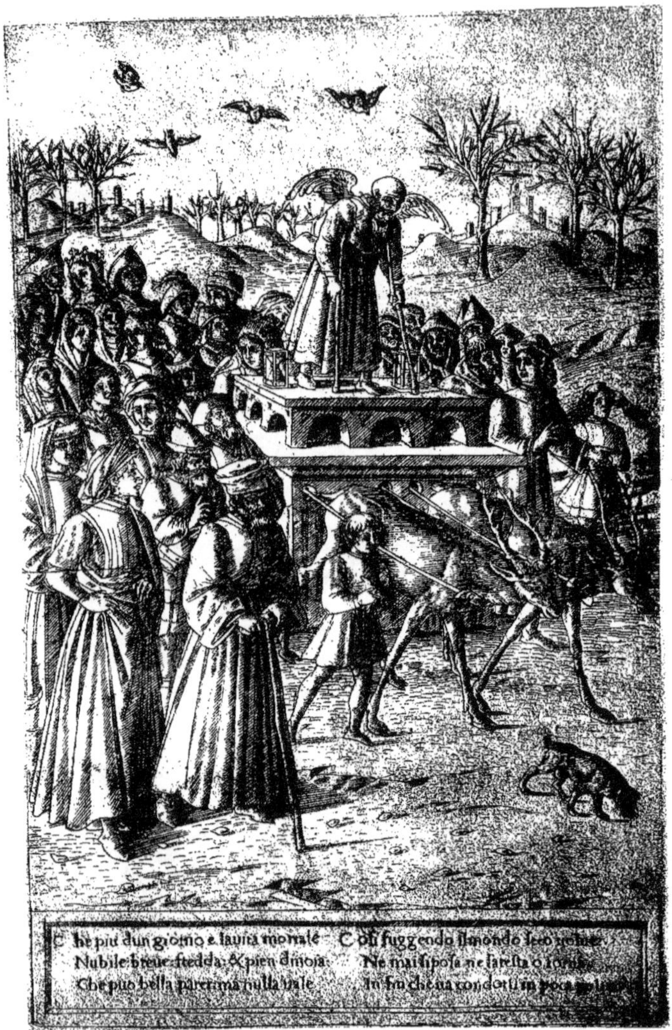

Triomphe du Temps

Gravure sur cuivre florentine de la fin du xve siècle.

ornement à fond noir, à l'imitation des encadrements florentins. — Ajoutons, pour terminer, que ces bois de 1490, bien qu'inégaux entre eux, sont certainement les meilleurs que nous connaissions pour le *Pétrarque*.

78. — Piero Veronese, 10 mai 1491-1er avril 1492 ; f°. — (Florence, N ; Trieste, C)

Même nombre de ff., même disposition et même registre que dans l'édition 22 avril 1490. — Mêmes bois, et aux mêmes pages. — R. 128 : *Finit Petrarca nuꝑ sũma diligẽtia a reuerẽdo. p. ordĩs minoꝝ magr̃o gabriele bruno ueneto terre sãctæ/ mĩstro emẽdatus ãno dñi. i49i. io. maii.* Au-dessous, le registre de la 1re partie.

V. 102 (2me partie) : *Finisse gli sonetti di Misser Francescho Petrarcha coreti & castigati per me Hieronymo Centone Pa/ duano Impressi ĩ uetia* (sic) *per Piero Veronese nel M.CCCCLXXXXII. Adi Primo de Aprile*... Au-dessous, le registre.

79. — Ioanne Codecha, 12 janvier 1492-28 mars 1493 ; f°. — (Florence, N ; Trieste, C)

8 ff. prél. n. ch., s. : *aa*, dont le premier est blanc, les sept autres pour la table et le prologue. — 128 ff. num. par erreur jusqu'à : clviii ; s. : *a-q*. — 8 ff. par cahier. — C. rom. — Texte encadré par le commentaire ; 59 ll. par page. — V. aa_8. *Triomphe de l'Amour.* — V. e_i. *Triomphe de la Chasteté* (avec titre : TRIVMPHUS FAME en tête de la page). — V. f_{iiii}. *Triomphe de la Mort.* — V. h_{iii}. *Triomphe de la Renommée.* — V. o_5. *Triomphe du Temps.* — R. p_7. *Triomphe de la Divinité.* — R. q_8 : *Finit Petrarcha nuper summa diligentia a reuerendo. P. ordinis minorum magistro Gabriele bruno ue/ neto terræ sanctæ ministro emendatus anno domini. M.cccc. lxxxxii. die. xii. Ianuarii.* Au-dessous, le registre. Le verso, blanc.

A la suite, 102 ff. num., s. : *A-N*. — 8 ff. par cahier, sauf *N*, qui en a 6. — R. ii : *Incominciano li sonetti con canzoni dello egregio poeta Misser Francescho Petrarcha*... — Cette seconde partie ne contient pas de gravures.

V. cii : *Finisse gli sonetti di Misser Francescho Petrarcha coreti & castigati per me Hieronymo Centone Padoua/ no. Impressi in Venetia per Ioanne di co de ca da Parma. Nel. M.CCCCLXXXXIII. Adi. xxviii. de marzo*... Au-dessous, le registre. Plus bas, marque à fond noir, aux initiales ·M·.C· ·p·

Les gravures de l'édition de 1493, si souvent employées pour les éditions qui suivirent, sont, sinon des copies au trait, du moins des imitations de celles de l'édition 22 avril 1490. Parfois le sujet est serré d'assez près ; parfois aussi le dessinateur s'est borné à y puiser son inspiration. Il est donc intéressant d'en faire la comparaison, et d'en indiquer les similitudes et les différences.

Triomphe de l'Amour. — Les quatre chevaux, au lieu d'être de front, comme dans le modèle, sont attelés par couple. Au lieu de la foule qui suivait le char, il n'y a que deux personnages à droite et neuf à gauche. L'Amour, au lieu de se tenir sur une boule, est debout, le pied au milieu des flammes, sur le char même qui va se rétrécissant à la partie supérieure.

Triomphe de la Chasteté. — Le char, traîné par deux licornes, est presque le même. La Chasteté, la palme dans la main droite, l'appuie sur son épaule au lieu de la tenir le bras étendu. Elle regarde devant elle, tandis que, dans le modèle, son regard est dirigé vers la droite. La jeune fille à la bannière est à gauche, au lieu d'être à droite, et la ville à droite, au lieu d'être à gauche.

Triomphe de la Mort. — Le char, bien que plus grand, a la même structure. Sur la face qui nous regarde, il n'y a qu'un crâne au lieu de trois, pas d'ornements, et une seule croix. La Mort a les deux pieds posés sur la plate-forme et tient la faux verticalement des deux mains.

Triomphe de la Renommée. — Ici, la copie est presque servile pour le char ; il n'y a que de légères différences dans le pied du disque.

Triomphe du Temps. — Là aussi la copie est complète, sauf l'absence d'oiseaux voltigeant dans le ciel, et quelques détails différents dans les costumes, les coiffures des personnages et les ornements du char.

Triomphe de la Divinité (voir reprod. p. 95).

Toutes les gravures ont le même encadrement [1].

80. — Piero Quarengi, 12 janvier 1492-17 juin 1494 ; f°. — (Florence, N ; Trieste, C)

1re partie : 8 ff. prél. n. ch., dont le 1er est blanc, s. : *aa*. — 128 ff. num., s. : *a-q*. — 2me partie : 101 ff. ch. et 1 f. blanc, s. : *A-N*. — 8 ff. par cahier, sauf *N*, qui en a 6. — C. rom. — Texte encadré par le commentaire ; 60 ll. par page. — V. aa_8. *Triomphe de l'Amour.* — V. e_{ii}. *Triomphe de la Renommée* (placé, par erreur, en regard du chapitre du *Tr. de la Chasteté*). — V. f_5. *Triomphe de la Mort.* — V. h_{iiii}. *Triomphe de la Chasteté* (placé, par erreur, en regard du chapitre du *Tr. de la Renommée*). — V. o_6. *Triomphe du Temps.* — V. p_7. *Triomphe de la Divinité.* — Bois de l'édition 1488.

V. c.xxviii : *Finit Petrarcha nuper summa diligētia a reuerendo. P. ordinis minorū magistro Gabriele bruno uene/ to terræ sanctæ ministro emendatus anno domini. M. cccc. lxxxxxii.* (sic) *die. xii. Ianuarii.* Au-dessous, le registre.

La 2me partie ne contient pas de bois. — V. ci : *Finisse gli soneti di Misser Frācescho Petrarcha... Impressi ĩ Venetia ꝑ Piero de Zohane di quarēgi Bergamascho. Nel. M. CCCCLXXXXIIII./ Adi. xvii. Zugno...* Au-dessous, le registre.

81. — Bartholomeo Zanni, 11 juillet-30 août 1497 ; f°. — (Florence, N ; Trieste, C)

8 ff. prél. n. ch., s. : *aa*, et dont le premier est blanc, les sept autres pour la table et le prologue. — 128 ff. num., s. : *a-q*, suivis de 97 ff. avec pagination nouvelle, et 1 f. blanc, s. : *A-M*. — 8 ff. par cahier, sauf *M*, qui en a 10. — C. rom. — Texte encadré par le commentaire ; 62 ll. par page. — Bois de l'édition Codecha, 28 mars 1493.

R. 128 (1re partie) : *Finit Petrarca... Impressum Venetiis per Bartholamaeum de Zanis de Portesio an/ no domini. 1497. die. xi. Iulius* (sic). Au-dessous, le registre. Le verso, blanc.

---

1. Cette édition de Codecha a été copiée en 1494, à Milan, par Ulrico Scinzenzeler et par Antonio Zaroto (Trieste, C). L'édition de Scinzenzeler comprend deux parties. La première, de 8 ff. n. ch. et de 128 ff. num., se termine par le colophon : *Finit Petrarca nuꝑ sūma diligentia ac maxīo studio emēdatus Mediolāi año dñi. 1494. die. 10. Februarii.* La seconde partie compte 101 ff. num. et 1 f. n. ch. A la fin : *Finisse gli sonetti di Misser Francesco Petrarca Impressi in Milano per Magistro Ulderico Scinzenzeler Nel anno del Signore M.CCCC.LXXXXIIII. A di. xxvi. de marzo.* — *Tr. de l'Amour.* Copie médiocre. — *Tr. de la Chasteté.* Même observation. Encadrement différent. — *Tr. de la Mort.* Même observation. Même encadrement qu'au *Tr. de l'Amour.* — *Tr. de la Renommée.* Même observation. Même encadrement qu'au *Tr. de la Chasteté.* — *Tr. du Temps.* Très mauvaise copie. Même encadrement qu'au *Tr. de la Chasteté.* — *Tr. de la Divinité.* Mauvaise copie. Même encadrement qu'au *Tr. de l'Amour.* — A la fin des *Sonnets*, au-dessous du registre, la marque d'Ulrico Scinzenzeler. — Le même imprimeur a réédité ces bois en 1507 et en 1512. — L'édition de Zaroto est encore inférieure à celle de Scinzenzeler.

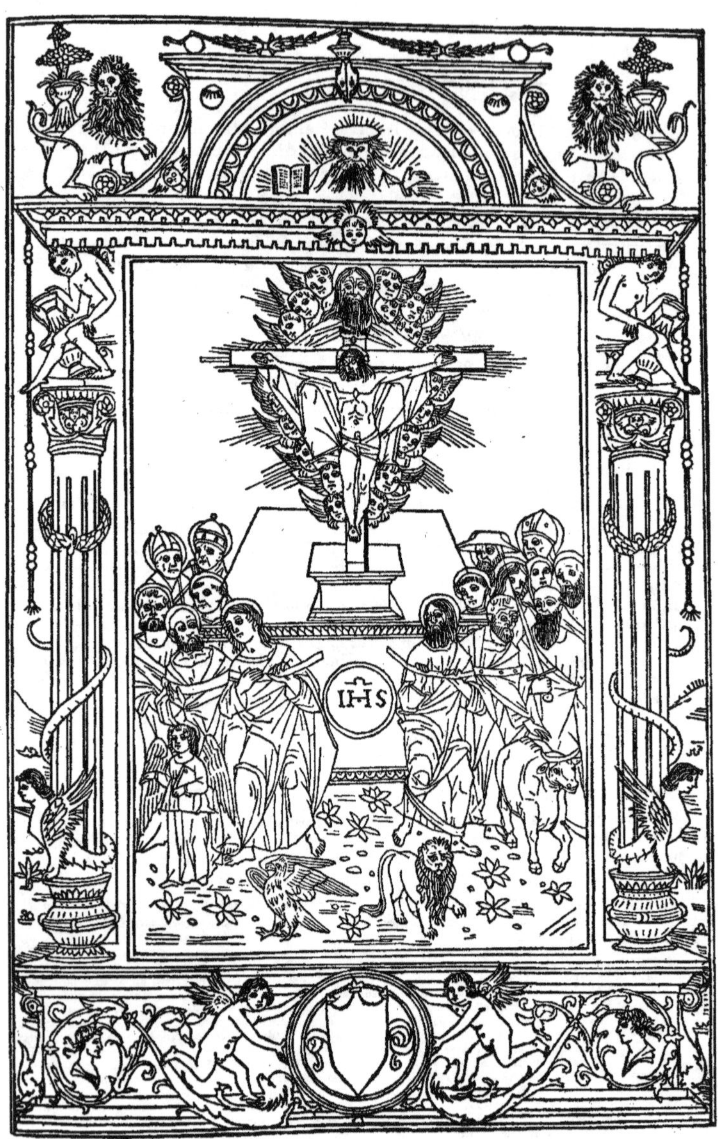

Pétrarque, *Sonetti*, etc., 1493 (r. p_7).

R. 2 (2me partie): *Incominciano li sonetti cõ cãzoni dello egregio poeta Misser Frãcesco Petrarcha...* — V. 97: *Finisse li sonetti di Misser Francescho Petrarcha... Impressi in Venetia per Bartholamio de Zani da Portese Nel 1497 Adi 30 Agosto...* Au-dessous, le registre.

82. — Bartholomeo Zanni, 6 mars-28 avril 1500; f°. — (Florence, N; Trieste, C)

18 ff. prél. n. ch., s: *a*, dont le premier est blanc, les autres pour la table et le prologue. — 128 ff. num., s.: *b-r*. — 8 ff. par cahier. — C. rom. — Texte encadré par le commentaire; 62 ll. par page. — Bois de l'édition Codecha, 28 mars 1493.

R. 128: ℂ *Finit Petrarca Impressum Venetiis per Bartholameum de/ Zanis de Portesio: Anno domini. M. ccccc. die. vi. Marci.* Au-dessous, le registre. Le verso, blanc.

A la suite, 100 ff., dont le premier est blanc, et num. à partir du 5me, s.: *A-N*. — 8 ff. par cahier, sauf *M*, *N*, qui en ont 6. — R. A_{ii}: TABVLA. — Au bas du verso A_{iiii}: ℂ *Prohemio del prestante Oratore & poeta Misser Francescho Philelpho...* — R. 5: ℂ *Incominciano li sonetti cõ cãzoni dello egregio poeta Misser Frãcesco Petrarcha...*

R. 100: ℂ *Finisse li sonetti de Misser Francescho Petrarcha... Impressi in Venetia per Bartho/ lomeo de Zani da Portese: nel. M.CCCCC. a di. xxviii./ de Aprile: Regnante lo Inclyto & glorioso prin/ cipe Augustino Barbadico. Finis.* Au-dessous, le registre. Le verso, blanc.

83. — Albertino da Lissona, 26 septembre, 1503; f°. — (Trieste, C — ☆)

Petrarcha Con Doi Comenti Sopra Li Sonetti & Canzone./...

1re partie: 116 ff. num., s.: *A-P*. — 2me partie: 10 ff. n. ch. et 128 ff. num., s.: *a-r*. — 8 ff. par cahier, sauf *O*, *P*, qui en ont 6, et *a*, qui en a 10. — C. rom. — Texte encadré par le commentaire; 59 ll. par page. — Au-dessous du titre, grand bois (voir reprod. p. 97).

V. 113: *Finisse li Sonetti... Stãpadi in Venesia p/ Albertin Vercelese.* A la suite, la table des *Sonetti*.

R. *a*, blanc. Le verso et les 9 ff. suivants sont occupés par la table et le prologue de la 2me partie. — Bois de l'édition Codecha, 28 mars 1493.

R. 128: *Anno domini. M.ccccc.iii. adi uintisei di septembrio.* Au-dessous: *FINISSE il Petrarca Con Tre Commenti/. Stampado In Venesia Per Alber/ tino Da Lissona/ Vercellese.* Au-dessous, le registre. Le verso, blanc.

Marsand, dans sa *Bibliotheca* de 1820, décrit la gravure de la page du titre, en disant que le personnage représenté n'est autre que Pétrarque. Dans son édition de 1826, il change d'avis et le donne comme Saint Albertino bénissant Florence. M. Hortis [1] se demande pourquoi il a ainsi modifié son opinion sans en donner aucune raison. Nous partageons, sur ce point, l'étonnement du savant italien. Nul doute que, si c'était un saint, un artiste de cette époque l'eût représenté avec le nimbe, et non avec la couronne de laurier des poètes. Quoi qu'il en soit, cette figure est fort intéressante, par son style tout florentin. Elle paraît être, en effet, comme une réplique, agrandie, du bois placé au-dessous du titre de l'Ovide, *Epist. Heroides*, J.-B. Sessa, 14 janvier 1502. En examinant avec attention

1. *Catalogo della Petrarchesca Rossettiana di Trieste*, p. 23.

la taille des deux figures, on y découvre l'emploi des mêmes procédés pour mettre les traits en relief; les yeux sont identiques, ainsi que les rides

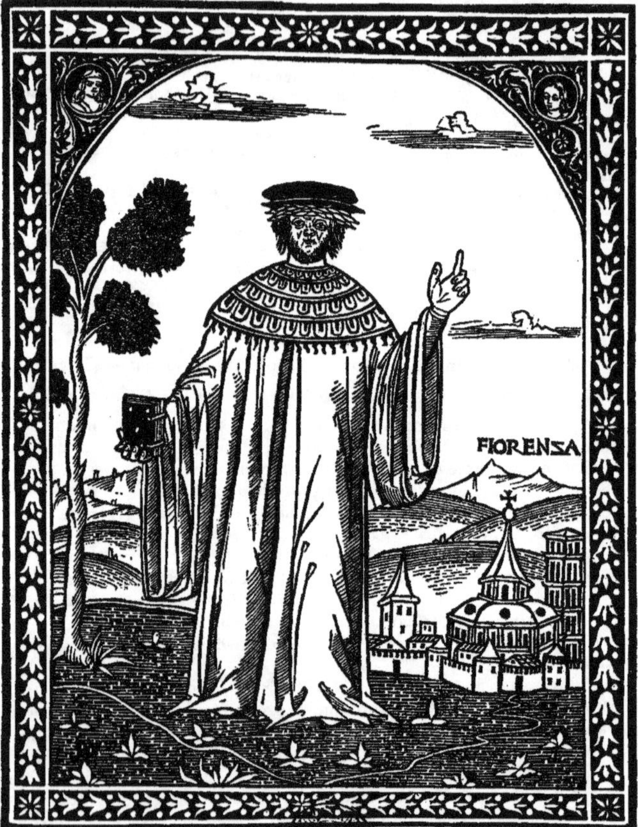

Pétrarque, *Sonetti*, etc., 16 sept. 1503 (p. du titre).

voisines du nez; la barbe, les cheveux, les plis du vêtement, sont traités de la même manière de part et d'autre. Le paysage enfin, avec l'indication de FIORENZA dans le fond, complète la similitude des deux gravures, où s'accuse, dans l'ensemble comme dans les détails de la composition, une

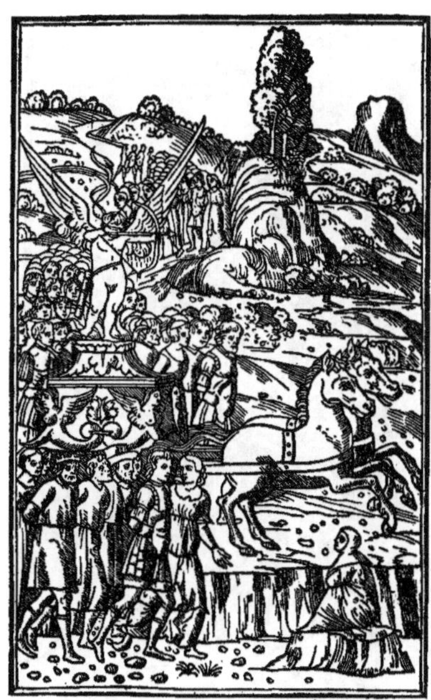
Pétrarque, *Sonetti*, etc., 20 nov. 1508 (v. A_8).

commune origine. L'une et l'autre font partie de cette série de bois, d'un caractère très personnel et d'une saveur toute particulière, exécutés principalement pour les Sessa, dans les premières années du XVIe siècle, par un artiste sans doute originaire de Florence, et qui méritent une mention spéciale parmi les œuvres produites à Venise à la même époque.

84. — Gregorio de Gregorii (pour Bernardino Stagnino), 20 novembre 1508 ; 4°. — (Trieste, C)

¶ *PETRARCHA CON DOI COM/ MENTI SOPRA LI SO/ NETTI ET CAN/ ZONE...*

120 ff. num. pour les *Sonetti et Canzone*, s. : *A-P;* le verso du dernier f., blanc. — A la suite, 12 ff. n. ch., s. : *a-A*, pour la table de la 1re partie et le prologue des *Trionfi*. — 140 ff. num. pour la 2me partie, s. : *AA-RR*. — 8 ff. par cahier, sauf *a*, qui en a 4, et *BB*, qui en a 12. — C. rom. — Texte encadré par le commentaire ; 65 ll. par page. — V. A_8 (dernier f. du prologue des *Trionfi*). *Triomphe de l'Amour* (voir reprod. p. 98). — V. 37. *Triomphe de la Chasteté* (voir reprod. p. 99). — V. 49. *Triomphe de la Mort.* Char aux roues pleines traîné par deux buffles, marchant de gauche à droite, de profil. Sur la plate-forme, la Mort, couronnée, debout, tenant de la main droite une faux dressée. A terre, nombreux cadavres d'hommes et de femmes de toutes conditions. Paysage vallonné, avec bouquets d'arbres, et une ville dans le fond, sur la gauche. — V. 66. *Triomphe de la Renommée* (voir reprod. p. 100). — V. 121. *Triomphe du Temps* (voir reprod. p. 101). — R. 131. *Triomphe de la Divinité.* Ici, le char est remplacé par une sorte d'arche ou de caisse ornée, portée par les quatre Evangélistes accompagnés de leurs symboles, et par des Pères de l'Eglise, marchant de gauche à droite. Sur la plate-forme est placé un trône, où Dieu le Père est assis, entouré d'une auréole de nuages frangée de rayons, tenant sur ses genoux la sphère du monde et une croix dans la main droite. A la suite, vient un

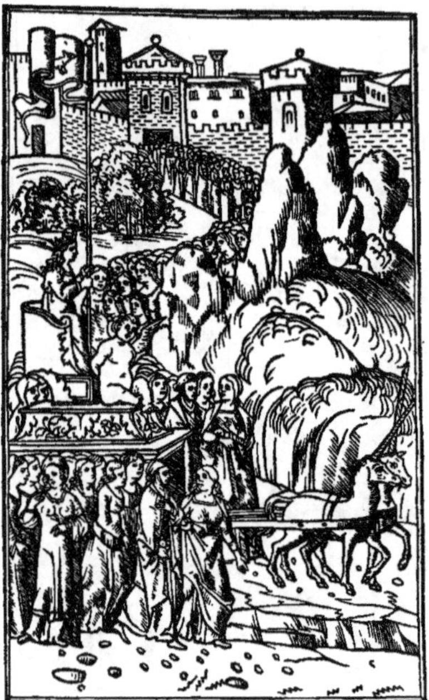
Pétrarque, *Sonetti*, etc., 20 nov. 1508 (v. 37).

cortège de saints et saintes, martyrs, etc., qui se prolonge jusqu'au fond, vers la gauche. Bouquets d'arbres au dernier plan, sur la droite. Dans le ciel, au milieu des nuages, têtes d'anges ailées et petits anges musiciens [1]. — In. o. florales.

R. 140 : *Finit Petrarcha nuꝑ sũma diligẽtia corretto. Impressum Venetiis per Gregorium de gregoriis/ sumptibus Egregii viri Domini Bernardini de tridino. Anno dñi. M.D.VIII. Die. xx. nouembris.* Au-dessous, le registre. Le verso, blanc.

85. — Bartolomeo Zanni, 15 février 1508 ; f°. — (Rome, An ; Trieste, C)

Opera del preclarissimo Poeta Miser Fran/cesco Petrarcha con li comenti sopra li/ Triumphi : Sonetti : ꝛ Canzone hi/ storiate/...

10 ff. n. ch. ; 128 et 116 ff. num., s. : *a-r*, *A-P*. — 8 ff. par cahier, sauf : *a*, qui en a 10 ; *O* et *P*, qui en ont 6. — C. rom. ; titre g. n. — Texte encadré par le commentaire ; 62 ll. par page. — Au-dessous du titre, marque du *St Barthélemi*. — V. a_{10}. *Triomphe de l'Amour.* — V. f_{ii}.

1. Les bois de cette édition ont été copiés pour deux éditions florentines de 1515 et de 1522 :

CANZONIERE/ ET TRIOMPHI/ DI MESSER/ FRANCESCO/ PETRARCHA. — 8°. — 193 ff. num. et 7 ff. n. ch., s. : *a-z*, &, ꝯ. — 8 ff. par cahier. — C. ital. — 29 vers par page. — P. du titre : encadrement architectural. Le verso, blanc. — Les représentations du *Tr. de l'Amour* (voir reprod. p. 102), du *Tr. de la Renommée* et du *Tr. de la Divinité*, sont signées du monogramme ·I·A·. La représentation du *Tr. du Temps* est remplacée par une copie du bois de l'édition Stagnino, mai 1513 : *Pétrarque couronné par Apollon.* — R. $ꝯ_8$: *Impresso in Florentia per Philippo di Giunta/nel. M.D.XV. di Aprile...* Au-dessous, le registre. Au verso, marque du lis florentin. — (Trieste, C)

IL PETRARCHA. — 8°. — 180 ff. num. et 24 ff. n. ch., s. : *a-z*, &, ꝯ, *A*. — 8 ff. par cahier, sauf ꝯ, qui en a 4. — C. ital. — 30 vers par page. — P. du titre : encadrement architectural. — Mêmes bois que dans l'édition précédente. — V. $ꝯ_4$: le registre ; au-dessous : *Impresso in Fiorenza ꝑ li heredi di Filippo di Giunta/ L'anno M.D.XXII. del Mese di Luglio.* Le f. *A*. blanc. — V. A_8 : marque du lis florentin. — (Padoue, C)

D'autres imitations des bois de l'édition vénitienne 20 nov. 1508 sont à signaler dans une édition espagnole de 1512 :

Francisco Petrarca con los seys triunfos de Toscano sacados en castillano. — In-f°. — A la fin : *Fue ympressa.... en la muy noble ꝛ leal cibdad d' logroño por Arnao guillen de brocar acabose lunes a veynte dias del mes de deziembre año del nascimiento de nuestro salvador Iesu Cristo de mil ꝛ quinientos y doce años.* — (Londres, BM)

Une copie du *Triomphe de la Renommée* se trouve encore dans le *Burato* (livre de dentelles), imprimé par Alexandre Paganini, à Benaco, s. a. — (☆)

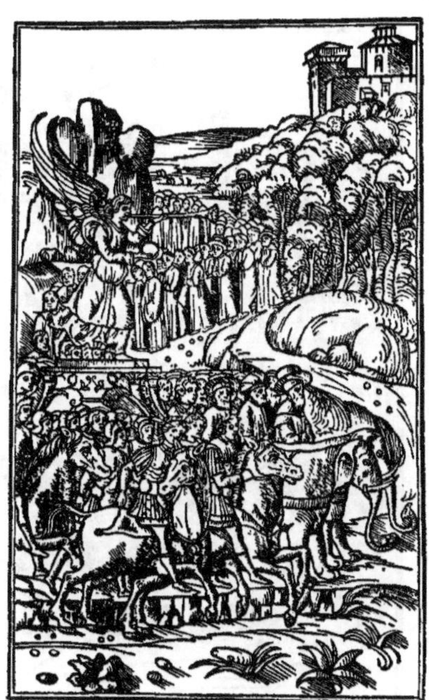
Pétrarque, *Sonetti*, etc., 20 nov. 1508 (v. 66).

Triomphe de la Chasteté. — V. g_5. *Triomphe de la Mort.* — V. i_{iiii}. *Triomphe de la Renommée.* — V. p_6. *Triomphe du Temps.* — V. q_7. *Triomphe de la Divinité.* — Bois de l'édition Codecha, 28 mars 1493. — In. o. à fond noir, de diverses grandeurs.

R. 128 : ℂ *Qui finisse li Triumphi de Misser Francescho Petrarcha : Stampadi in Venetia/ per Bartolameo de Zanni da Portese nel M.D.VIII. adi, xv. Febraro.* Au-dessous, le registre. Le verso, blanc.

R. *A : Sonetti & Canzone...* — R. P_{iii} : *Stāpadi in Venetia p Bartholomeo de Zani de portese/ nel. M.D.VIII. adi. xv. febraro.* A la suite, la table. — R. P_6 : le registre; dans le bas de la page, à droite, petite marque à fond noir, aux initiales de l'imprimeur. Le verso, blanc.

86. — Bernardino Stagnino, mai 1513 ; 4°. — (☆)

ℂ *LI SONETTI CANZONE E TRIVMPHI DEL PETRARCHA/ CON LI SOI COMMENTI...*

1re partie. 158 ff. num. s. : *A-V.* — 2me partie. 6 ff. prél. n. ch. s. : ✠ ; 184 ff. num., s. : *AA-ZZ.* — 8 ff. par cahier, sauf *V*, qui en a 6. — C. ital. — Texte encadré par le commentaire ; 52 ll. par page. — V. A_{iii}. *Pétrarque couronné par Apollon* (voir reprod. p. 103).

R. V_6 (158) : le registre de la 1re partie ; au-dessous : ℂ *Finiscono e Sonetti z Canzoni de Meser Francesco Petrarcha :/ con li suoi cōmenti stampadi per opera de Meser Ber/ nardino stagnino in Venesia del mese de/ Maggio. M.DXIII.....* Le verso, blanc.

R. ✠ : *TRIOMPHI DI MESER FRANCE/ SCO PETRARCHA CON/ LA LORO OPTI/ MA SPOSI/ TIONE.*

Les ff. prél. sont occupés par une épître dédicatoire, le prologue, une biographie de Pétrarque, etc. — V. $✠_8$. *Triomphe de l'Amour*, avec monogramme I (voir reprod. p. 104) ; copie du bois de l'édition de novembre 1508. — V. FF_8 (48). *Triomphe de la Chasteté*, avec même monogramme ; copie du bois de l'édition 1508. — V. HH_8 (64). *Triomphe de la Mort.* Bois de l'édition 1508. — V. LL_5 (85). *Triomphe de la Renommée.* Répétition du bois du *Triomphe de la Chasteté.* — V. VV_6 (158). *Triomphe*

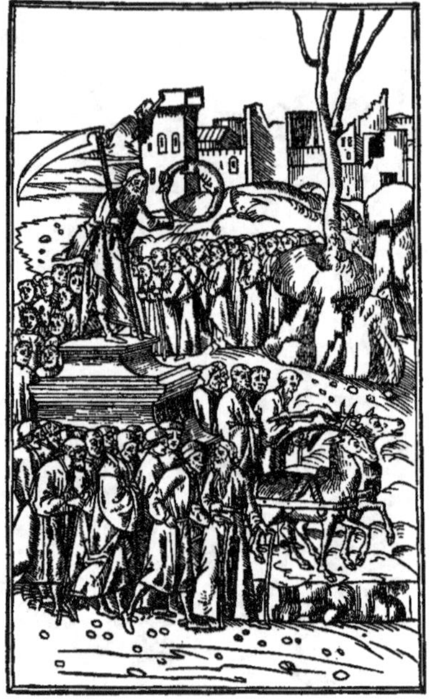
Pétrarque, *Sonetti*, etc., 20 nov. 1508 (v. 121).

du Temps. Cette représentation, faisant défaut sans doute au moment de l'impression du livre, a été remplacée par le *Triomphe de la Renommée*, bois de l'édition 1508. — V. YY_{iij} (171). *Triomphe de la Divinité*. Bois de l'édition 1508. — Chacune de ces gravures est encadrée d'une petite bordure ornementale.

R. ZZ_8 : le registre de la seconde partie; au-dessous: ℭ *I Triomphi moralissimi del Petrarcha... finiscono in Venegia impressi nel anno. M.D. XIII./ del mese di Maggio per Meser Ber/ nardino stagnino...* Le verso, blanc.

87. — Augustino Zanni, 20 mai 1515; f°. — (Paris, N; Trieste, C)

Opera del preclaris/ simo Poeta misser Francescho Petrarcha con el/ cõmento de misser Bernardo Lycinio sopra li/ triũphi...

10 ff. n. ch., s : *a*. — 128 ff. num., s.: *b-r*, pour les *Triumphi*; 113 ff. num. avec pagination nouvelle, et 3 ff. n. ch., s.: *A-P*, pour les *Sonetti*. — 8 ff. par cahier, sauf *P*, qui en a 6. — C. rom.; titre g. — Texte encadré par le commentaire; 62 ll. par page. — Au-dessous du titre, marque du *St Barthélemi*. — Bois de l'édition Codecha, 28 mars 1493, avec même encadrement. — In. o. à fond noir.

R. r_8 : ℭ *Qui finisse li triumphi de Misser Francescho Petrarcha : Stampadi in Venetia/ per Augustino de Zanni da Portese nel. M.D.XV. adi. xx. Mazo.* Au-dessous, le registre. Le verso, blanc.

A la suite : *Sonetti z Canzone de/ misser Francescho/ Petrarcha.* Ce titre, comme le précédent, en c. g.

R. CXIII : ┌ *Finisse li Soneti & Canzone de Misser Frãcescho Petrarcha... Stãpadi in Venetia ꝑ Augustino de Zãni de por/ tese nel. M.D.XV. Adi. xx. Mazo.* — R. P_6 : au-dessous de la table, le registre. Le verso, blanc.

88. — Gregorio de Gregorij, mai 1519; Bernardino Stagnino, juin 1519; 4°. — (Vienne, R; Trieste, C)

1re partie. ℭ *LI SONETTI CANZONE TRIVMPHI DEL PETRARCHA/ CON LI SOI COMMENTI...*

R. 158 : le registre ; au-dessous : ℭ *Finiscono e Sonetti z Canzoni de Meser Fran-*

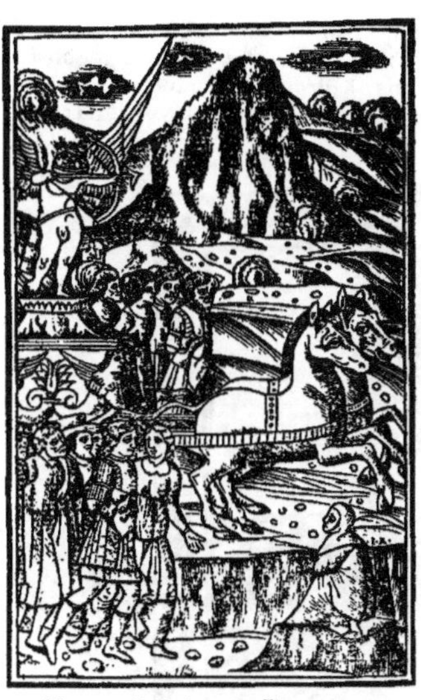

Pétrarque, *Canzoniere*, etc.; Florence, 1515.

cesco Pe/ trarcha.. .. stampadi per Gregorio de/ Gregorij in Venesia del mese de Maggio. M.D.XIX./... Le verso, blanc.

2me partie. *TRIOMPHI DI MESER FRANCE/ SCO PETRARCHA CON/ LA LORO OPTI/ MA SPOSI/ TIONE.*

V. 184 : ❡ *I Triumphi moralissimi del Petrarcha... finiscono in/ Venegia impressi nel anno. M.D.XIX. del me/ se di Zugno per Meser Bernardino/ stagnino...* Le verso, blanc.

Réimpression de l'édition Stagnino, mai 1513.

89. — Nicolo Zoppino & Vincenzo de Polo, novembre 1519 ; 8°. — (Bologne, U)

TRIOMPHI/ di Messer Francescho/ PETRARCHA/ Istoriati/ Con le Postile Et con la sua/ Vita in prosa vulga/ re nouamente/ STAMPATI.

48 ff. n. ch. s. : *A-F.* — C. rom. et ital. — 29 vers par page. — Page du titre : encadrement architectural. Au verso : *Triomphe de l'Amour* (voir reprod. p. 105). — V. B_6. *Triomphe de la Chasteté.* Char attelé de deux licornes, marchant de gauche à droite, de profil. Sur la plate-forme est assise la Chasteté, tenant une palme dressée ; à ses pieds, sur le devant de la caisse du char, l'Amour assis, les mains liées derrière le dos. Le char est entouré d'un cortège de femmes portant des palmes ; l'une d'elles, au premier rang vers la droite, porte l'étendard marqué d'une hermine. Au premier plan, un lapin, et deux colombes perchées sur les branches d'un arbuste sans feuillage. Au fond, à gauche, un monticule avec bouquets d'arbres ; à droite, une ville. — V. C_{ii}. *Triomphe de la Mort.* Char attelé de deux bœufs, marchant de gauche à droite, de profil et foulant aux pieds les corps de personnages de toutes conditions. La caisse du char est surmontée d'une petite plate-forme où se tient la Mort, debout, de face, les jambes écartées, le haut du corps penché vers la gauche, et brandissant une faux des deux mains ; entre ses pieds est posé un sablier. Au second plan, au-delà de l'attelage, groupe de personnages qui fuient en courant. Au fond, paysage montueux ; sur la droite, plusieurs arbres ébranchés et sans feuillage. — R. D_{ii}, blanc. Au verso : *Triomphe de la Renommée* (voir reprod, p. 106). — V. E_5. *Triomphe du Temps.* Char attelé de deux cerfs, marchant de trois quarts vers la droite. Sur la plate-forme, le Temps, sous la figure d'un vieillard ailé, qui s'appuie sur des béquilles. Des deux côtés du char, nombreux cortège de personnages de tout âge. Au fond, paysage

montueux; sur la gauche, des ruines; sur la droite, des arbres morts. — V. E_8. *Triomphe de la Divinité.* Char traîné, de face, par les Evangélistes accompagnés de leurs symboles, et suivis, à droite et à gauche, par un nombreux cortège, le tout porté par des nuages frangés de rayons. Sur la

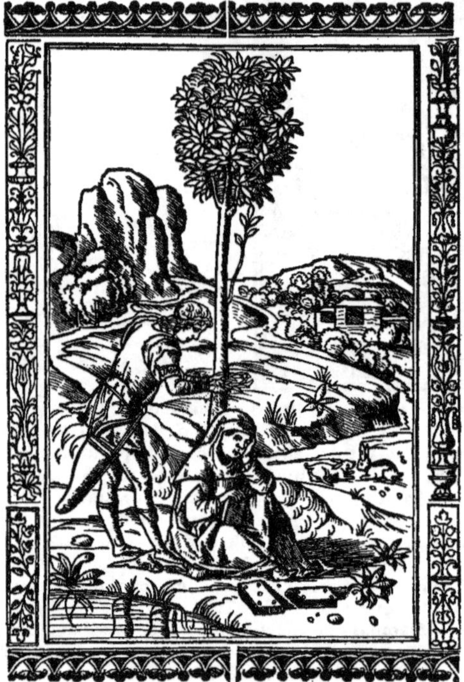

Pétrarque, *Sonetti*, etc., mai 1513 (v. A_{III}).

plate-forme sont assis Dieu le Père et Jésus-Christ, chacun d'eux tenant un sceptre d'une main, et l'autre main posée sur une sphère du monde, au-dessus de laquelle est figurée la colombe céleste, rayonnante. Les trois personnes de la Ste Trinité se détachent sur un fond de nuages frangés de rayons. En avant du char, groupe de têtes d'anges ailées. — Tous ces bois sont signés du monogramme ·z·a. — In. o. à figures.

R. E_8 : ℂ *Finiscono I triomphi di .M.F. PETRAR/ CHA... im/ pressi in Venetia p Nicolo/ ditto Zopino e Vincē/ ço cōpagno nel./ M.ccccc. xix./ de Nouē/ brio.* Au-dessous, marque du St *Nicolas.* Le verso, blanc.

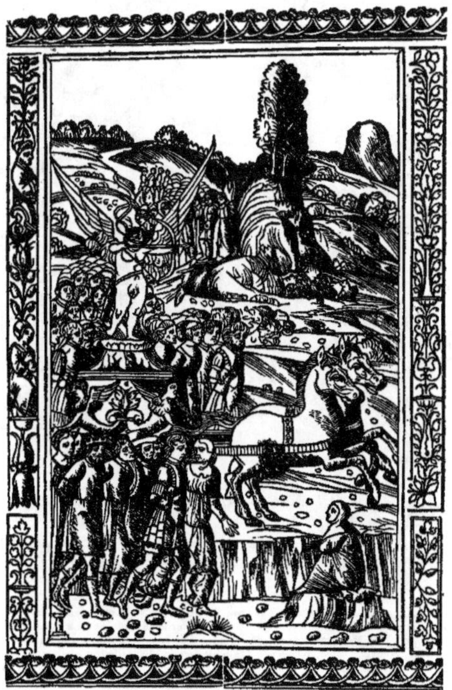

Pétrarque, *Sonetti*, etc., mai 1513 (v. ✠₈).

90. — Nicolo Zoppino & Vincenzo de Polo, mars 1521 ; 8°. — (Londres, BM ; Trieste, C — ☆)

TRIOMPHI/ Di Messer Francescho/ PETRARCHA/ Istoriati./ Con le Postile Et con la sua/ Vita improsa (sic) *vulgare/ Nouamente/ Stampati.*

48 ff. n. ch., s.: *A-F.* — 8 ff. par cahier. — C. rom. — 29 vers ou lignes par page. — Page du titre : encadrement architectural. — Bois, avec monogramme ·**3·a**·, de l'édition novembre 1519.

R. F_8: *Finiscono I triomphi di .M. F. petrar/ cha... im/ pressi in Venetia p*

Nicolo/ ditto Zopino e Vicẽ/ ʒo cõpagno nel/ M.D.xxi./ de Mar/ ʒo[1]. Au-dessous, marque du *St Nicolas*. Le verso, blanc.

91. — Nicolo Zoppino & Vincenzo de Polo, 4 décembre 1521; 8°. — (Vienne, I; Trieste, C)

CANZONIERE ET/ TRIOMPHI DI/ MESSER FRAN/ CESCO PE/ TRARCHA./ HISTORIATO ET DILIGENTEMEN/ TE CORRETTO.

193 ff. num. et 7 ff. n. ch., s. : *a-ʒ*, *&*, *ꝯ*. — 8 ff. par cahier. — C. ital. — 29 vers par page. — Page du titre : encadrement architectural, avec, au milieu de la base, une figure de l'Amour, assis au pied d'un arbre, tenant son arc, son carquois suspendu à une branche auprès de lui. Le verso blanc. — Bois, avec monogramme •Z•A•, de l'édition novembre 1519.

R. $ꝯ_8$: *Impresso in Venetia per Nicolo Zopino e Vin/ centio compagno nel. M.CCCCC.XXI./ Adi. IIII. di Decembrio*. Au-dessous, le registre. Au bas de la page, marque du *St Nicolas*. Le verso, blanc.

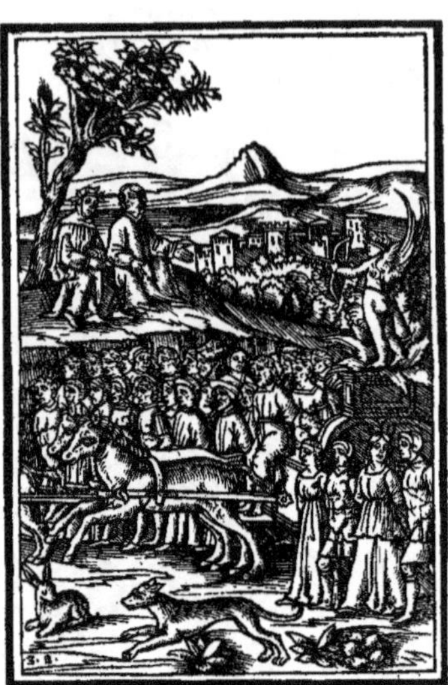

Pétrarque, *Sonetti*, etc., novembre 1519 (v. du titre).

92. — Bernardino Stagnino, 28 mars 1522; 4°. — (Venise, M; Trieste, C)

¶ *PETRARCHA CON DOI COM/ MENTI SOPRA LI SO/ NETTI ET CAN/ ZONE./ ✠/...*

1re partie. 118 ff. num. et 14 ff. n. ch., s. : *A-P*, *a*-A. — 8 ff. par cahier, sauf *a*, qui en a 4. — Les ff. P_8, *A* (cahier final) sont blancs. — 2me partie : 140 ff. num., avec nouvelle

1. Nous croyons devoir faire ressortir ici l'erreur commise par M. Hortis dans son catalogue de la Rossettiana de Trieste, et que nous avons nous-même reproduite par inadvertance dans notre étude sur Pétrarque en faisant un emprunt à ce catalogue. M. Hortis, sur la foi d'une note manuscrite introduite par Rossetti dans son exemplaire, assigne à cette édition la date : *1500, 21 mars*. On peut être induit, en effet, à la traduire ainsi par la disposition typographique de la souscription, où l'année semble être énoncée par les seuls chiffres *M.D.*, en capitales, tandis que la suite : *xxi. de Marʒo*, en minuscules, paraît indiquer le quantième du mois. Mais cette leçon est contredite d'abord par les dates de l'exercice de Nicolo Zoppino et de son associé Vincenzo de Polo. Dans cette longue revision des livres vénitiens ornés de gravures sur bois, nous n'en avons rencontré aucun, sorti des presses de ces deux imprimeurs, qui ne soit postérieur de plusieurs années au début du XVIe siècle. La même observation s'applique aux bois taillés par Zoan Andrea, qui a signé de son monogramme les six gravures des *Triomphes*. D'ailleurs, la formule abrégée qui fait suivre le millésime du nom du mois, accompagné ou non de la préposition *de* ou *di*, se rencontre dans plusieurs livres dont la date ne peut prêter à aucune équivoque. Ainsi, la précédente édition de Pétrarque, des mêmes imprimeurs et illustrée des mêmes bois, porte au colophon : *nel. M.ccccc.xix. de Nouẽbrio*, qu'on ne saurait hésiter à traduire : *en novembre 1519*. Celle de Philippo Giunta, à Florence, signalée plus haut, est datée : *nel M.D.XV. di Aprile*; il est impossible de la placer ailleurs qu'à 1515, et M. Hortis l'a bien inscrite à cette année dans son catalogue (n° 36). Ainsi encore, un opuscule d'Antonio Vinciguerra, *Opera nova*, imprimé par Alexandro Bindoni, est daté : *M. ccccc.xuii. Auosto*, qu'on doit traduire, non pas : *17 août 1500*, mais bien : *août 1517*, quand on est renseigné sur la période d'exercice de cet imprimeur. Cette formule, à vrai dire, n'est pas d'un emploi très fréquent; on en trouvera cependant ici d'autres exemples. — Ajoutons que nous ne connaissons pas l'édition imprimée par Nicolo Zoppino & Vincenzo « *nel M.D. xxiiii. de Luio* », que cite la note manuscrite de l'exemplaire Rossetti, et qui aurait été acquise par l'ancienne Bibliothèque du Louvre. L'auteur de la note en fait une seconde édition de l'année 1500; il va de soi, d'après ce que nous venons de dire, qu'il faudrait la restituer à l'année 1524, en juillet.

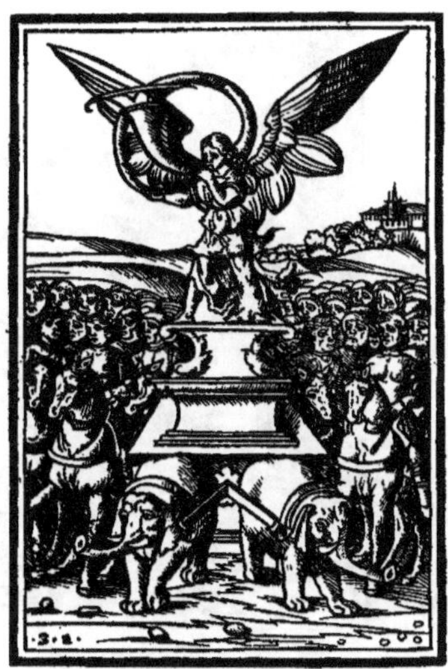

Pétrarque, *Sonetti*, etc., novembre 1519 (v. D_{ii}).

pagination: s.: *AA-RR*. — 8 ff. par cahier, sauf *RR* qui en a 12. — C. rom. — 2 col. à 66 ll. — Page du titre : encadrement à figures, et la petite marque du *St Bernardin portant le chrisme.* — R. P_7 : le registre de la 1re partie ; au-dessous : ℭ *Finisse li Sonetti & Canzone de Misser Francesco Petrarcha... Stampadi in Venetia per il/ No. Misser Bernardi/ no Stagnino al̃s/ de Ferrarijs./ ✠/ M ccccc xxij. die viij. Mensis Martij.* Au-dessous, marque aux initiales S B, accostée à mi-hauteur des deux mots : LAVS DEO. Le verso, blanc. — V. A_8 (cahier final de la 1re partie). *Triomphe de l'Amour.* — V. XXXVII (2me partie). *Triomphe de la Chasteté.* — V. XLIX. *Triomphe de la Mort.* — V. LXVI. *Triomphe du Temps* (placé par erreur sous le titre : TRIVMPHUS FAME). — V. CXXI. *Triomphe de la Renommée* (placé par erreur sous le titre : TRIVMPHVS TEMPORIS). — R. CXXXI. *Triomphe de la Divinité.* — Bois de l'édition 20 novembre 1508. — In. o. de différents genres et de diverses grandeurs.

R. CXL :... *Impressuȝ Venetijs ꝑ dñm Bernardinū Stagninū/ Alias de Ferrarijs de Tridino Mõtisferrati Anno Dñi M.D.XXII. Die, xxviij. Martij....* Au-dessous, le registre. Le verso, blanc.

93. — Melchior Sessa, 1526 ; 8°. — (Trieste, C)

LI SONETTI, CANZO/ NI ET TRIOMPHI/ DI MESSER/ FRANCESCO PETRAR/ CHA/ HISTORIATI.

196 ff. num. et 8 ff. n. ch., s.: *a-ꝛ, A-C* — 8 ff. par cahier, sauf *B*, qui en a 4. — C. ital. — 29 vers par page. — Page du titre : encadrement architectural. — Bois, avec monogramme ·Z·A·, de l'édition novembre 1519.

R. C_8 : le registre ; au-dessous : *Stampato in Vinegia per Melchiore/ Sessa nel' Anno di nostra salute./ M D XXVI.* Plus bas, marque du *Chat.* Le verso, blanc.

94. — Nicolo Zoppino, 1526 ; 8°. — (Padoue, M)

Exemplaire incomplet. — 8 ff. par cahier. — C. ital. — 29 vers par page. — *V.* 142 et f. 143, blancs. — R. 144 : *TRIOMPHI/ DI MESSER/ FRANCESCO/ PETRARCHA.* — Copies serviles, médiocres, des bois de l'édition novembre 1519.

95. — Nicolo Zoppino, 1530 ; 8°. — (Munich, R ; Padoue, M ; Trieste, C)

LI SONETTI,/ CANZONI ET/ TRIOMPHI/ DI M. FRANCE/ SCO PETRAR/ CHA, HISTO/ RIATI./ M D XXX.

196 ff. num. et 8 ff. n. ch., s.: *A-Z, AA-CC.* — 8 ff. par cahier, sauf *BB*, qui en a 4. — C. ital. ; le titre en cap. rom. n. et r. — 29 vers par page. — Encadrement du titre et bois, avec monogramme ·Z·A·, de l'édition novembre 1519.

R. CC_8 : le registre ; au-dessous : *Stampato in Vinegia per Nicolo d'Ari/ stotile detto Zoppino MDXXX.* Au verso, marque du *St Nicolas.*

96. — Nicolo Zoppino, 1531 ; 8°. — (Trieste, C)

TRIVMPHI DI/M. FRANCESCO PETRARCHA/ Nuouamente stampati, e con/ somma diligentia corretti/ MDXXXI.

R. F_8 : *Finisce li Triumphi di M. Francesco/ Petrarcha, Stampati in Vinegia/ per Nicolo d'Aristotele detto/ Zoppino. MDXXXI.* Au verso, marque du *S' Nicolas.*

Réimpression de l'édition mars 1521, inconnue aux bibliographes.

97. — Giov. Antonio Nicolini (pour Nicolo Zoppino), 1535 ; 8°. — (Bologne, C)

TRIVMPHI DI/ M. FRANCESCO/ PETRARCHA./... M D XXX V.

48 ff. n. ch., s. : *A-F.* — 8 ff. par cahier. — C. ital. — 24 vers par page. — Page du titre : encadrement architectural. — Bois, avec monogramme ·3·a·, de l'édition novembre 1519.

R. F_8 :... *Stampati in Vinegia per Giouann' Antonio di/ Nicolini da Sabio ad instantia di/ M. Nicolo d'Aristotile detto/ Zoppino. MDXXXV.* Au verso, marque du *S' Nicolas.*

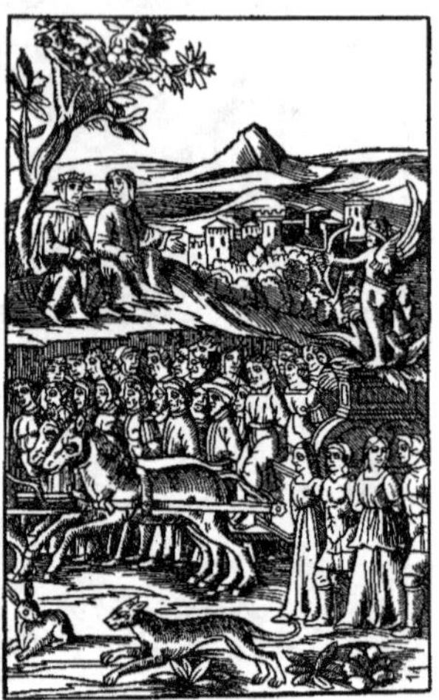

Pétrarque, *Sonetti*, etc., 1535 (v. 138).

98. — Vittor Ravani e compagni, 1535 ; 8°. — (Trieste, C ; Venise, M)

IL PETRARCHA/ nuouamente conferito con es/ semplari antichi scritti al/ tempo ch' egli era in ui/ta, & con somma dili/ genza corretto con/ le figure àluo/ ghi suoi ac/ commo/ date./...

188 ff. num. et 32 ff. n. ch. dont le dernier est blanc, s. : *a-v, A-F.* — 8 ff. par cahier, sauf *F* qui en a 4. — C. ital. ; la première ligne du titre, en cap. rom. — 29 vers par page. — Page du titre : encadrement ornemental, avec marque de la *Sirène* couronnée, à double queue, dans la partie inférieure. — Copies des bois de l'édition Zoppino, novembre 1519 ; mais ces copies sont différentes de celles de l'édition donnée par Zoppino lui-même en 1526 ; elles sont meilleures, et d'une taille plus fine (voir reprod. p. 107).

R. F_3 : le registre ; au-dessous : *Impresso in Vinegia, per Vettor. q. Piero Ra/ uano, della Serena & compagni./ Nel anno del Signore./ M.D.XXXV.* Au-dessous, marque de la *Sirène* couronnée, à double queue. Le verso, blanc[1].

99. — Nicolo Zoppino, juillet 1536 ; 12°. — (Munich, R ; Trieste, C)

SONETTI E CANZONI/ DI MESSER/ FRANCESCO PETRARCA/ M D XXXVI.

215 ff. num. et 1 f. blanc, s. : *A-S.* — 12 ff. par cahier. — C. ital. — 28 vers par page. — Page du titre, au-dessous de la date : médaillon circulaire avec portrait du poète, en buste, couronné de laurier. — V. 149. *Triomphe de l'Amour* (voir reprod. p. 108). — V. 163. *Triomphe de la Chasteté.* — V. 167. *Triomphe de la Mort.* — V. 175.

1. Nous ne continuons pas la série complète des éditions illustrées de Pétrarque publiées de 1535 à 1550 ; nous mentionnons seulement celles qui nous paraissent les plus intéressantes.

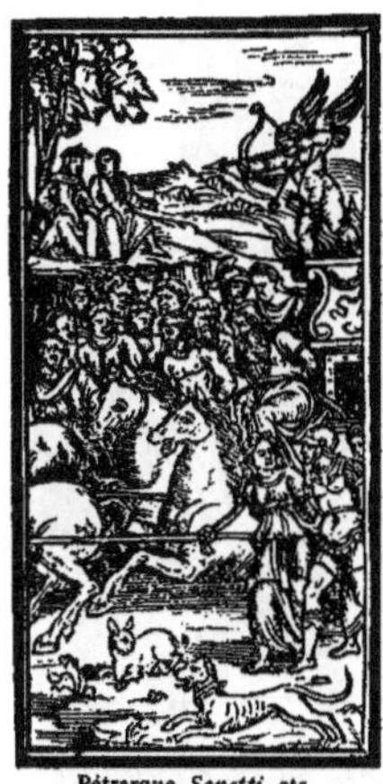

Pétrarque, *Sonetti*, etc., juillet 1536 (v. 149).

Triomphe de la Renommée (voir reprod. p. 108). — V. 184. *Triomphe du Temps.* — V. 188. *Triomphe de la Divinité.* — Tous les bois sont du même style que ceux que nous reproduisons.

R. 215 : le registre ; au-dessous : *In Vinegia per Nicolo d'Aristotele det/ to Zoppino. M D XXXVI/ Del Mese di Luglio*[1]. Le verso, blanc.

100. — Bartolomeo Zanetti (pour Giovanni Giolito), 1538 ; 8°. — (Londres, BM ; Trieste, C)

IL PETRARCHA/ CON L'ESPOSITIONE/ D'ALESSANDRO VELLVTELLO/.... M D XXXVIII.

10 ff. n. ch., 158 ff. num. de III à 160 ; et 44 ff. n. ch. ; s. : *A-Z, AA-CC.* — 8 ff. par cahier, sauf *CC*, qui en a 12. — C. ital. — Texte encadré par le commentaire ; 54 ll. par page. — Page du titre, au-dessus de la mention du privilège et de la date : médaillon ovale, avec portrait de Pétrarque, en buste, de profil, tourné vers la gauche, couronné de laurier, le capuchon de son vêtement rabattu sur son front. Le verso, blanc. — V. A_{iiii} et r. A_5 : carte topographique du pays de Vaucluse.

R. CC_{12} : le registre ; au-dessous :... *Stampate in Vinegia/ per Bartolomeo Zanetti Casterzagense, Ad/ instantia di Messer Alessandro/ Vellutello, e di Messer/ Giouanni Giolitto da/ Trino : Ne l'anno/ del Signore./ M D XXXVIII.* Le verso, blanc.

101. — Giov. Antonio Nicolini (pour Melchior Sessa), 1539 ; 8°. — (Londres, BM ; Trieste, C)

IL PETRARCHA/ NVOVAMENTE CONFERITO/ con essemplari antichi scritti al tempo ch'egli era in uita,...

184 ff. num. et 32 ff. n. ch. ; s. : *A-Z, AA-DD.* — 8 ff. par cahier. — C. ital. — 30 vers par page. — Au bas de la page du titre, marque du *Chat*, dans un cadre ornemental, avec la devise : · *dissimilivm* · *infida* · *societas* · — Bois de l'édition Vittor Ravani, 1535.

V. DD_7 : le registre ; au-dessous : *Impresso in Vinegia, per Giouann'Antonio di Nicolini/ da Sabio ; Ad instantia di M. Marchiò Sessa. Nel/ Anno del Signore. M D XXXIX.* — *R.* DD_8, blanc. Au verso, même marque que sur la page du titre.

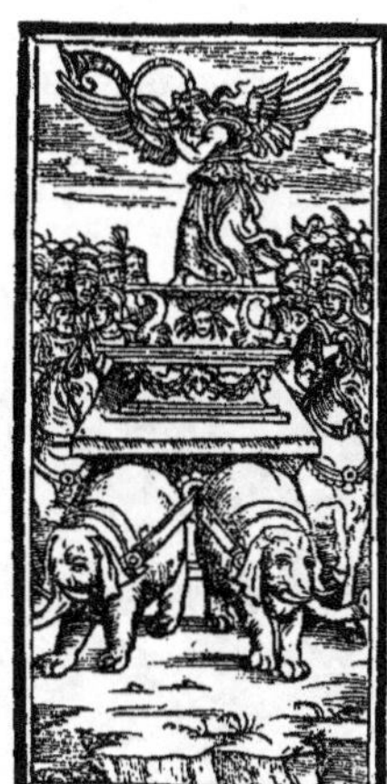

Pétrarque, *Sonetti*, etc., juillet 1536 (v. 175).

102. — Bernardino Bindoni, 14 novembre 1541 - mars 1542 ; 8°. — (Florence, M)

IL PETRARCHA.

180 ff. num., et 40 ff. n. ch., dont le dernier est blanc ; s. : *a-ʒ &, ꝯ, A-C.* — 8 ff. par cahier, sauf ꝯ, qui en

1. L'exemplaire de la Rossettiana porte sur le titre la date : *MD XXXVIII.* Serait-ce une autre édition du *Canzoniere* qui aurait été reliée avec les *Triomphes* de juillet 1536 ? Ou bien la date aurait-elle été altérée par un grattage sur l'exemplaire de la Bibl. Royale de Munich ? Nous ne pouvons que signaler cette différence sans l'expliquer.

a 4. — C. ital. — 30 vers par page. Au-dessous du titre : médaillon ovale avec portrait de Pétrarque. Le verso blanc. — Bois, avec monogramme I·A·, de l'édition Philippo Giunta (Florence), avril 1515, y compris la gravure : *Pétrarque couronné par Apollon*, substituée à la représentation ordinaire du *Triomphe du Temps*.

V. ꝯ4 : le registre, allant seulement jusqu'à *A* inclusivement ; au-dessous : *Stampato In Venetia per Bernardino bindoni/ Lanno M.D.XLII. del mese di Marzo.* — V. C_7 : registre complet ; et, au-dessous, cet autre colophon : *Impresso in Venegia, per Bernardino Bindoni/ Milanese... Nel anno/ M.D. XXXXI./ adi. 14. de No/ uembrio.*

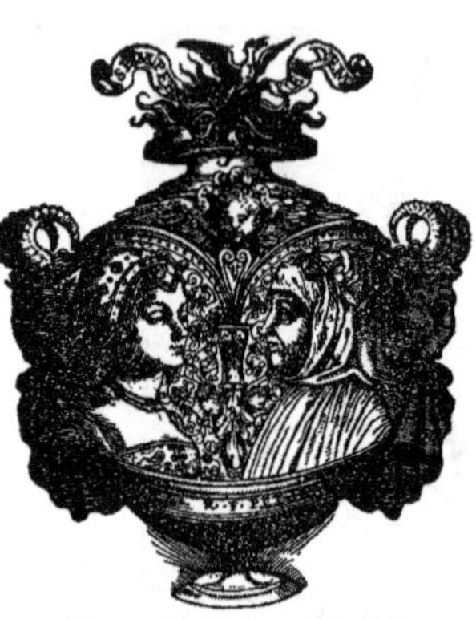

Pétrarque, *Sonetti*, etc., 1544 (r. A_{III}).

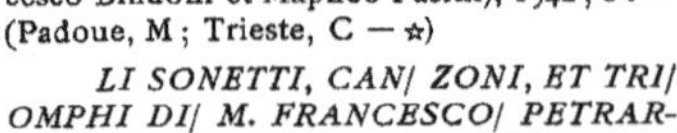

103. — Augustino Bindoni (pour Francesco Bindoni et Mapheo Pasini), 1542 ; 8°. — (Padoue, M ; Trieste, C — ☆)

LI SONETTI, CAN/ ZONI, ET TRI/ OMPHI DI/ M. FRANCESCO/ PETRARCHA/ HISTORIATI./.... M D XLII./ IN VENETIA Apresso/ di Francesco Bindoni, &/ Mapheo Pasini.

199 ff. num. et 9 ff. n. ch., dont le dernier est blanc, s. : *A-Z, Aa-Cc.* — 8 ff. par cahier. — C. ital. — 29 vers par page. — Bois de l'édition Zoppino, 1526.

V. 199 : *Stampato in Vinegia per Agostino Bendone./ Nel anno del Signore M.D.XLII.*

104. — Bernardino Bindoni, 1543 ; 8°. — (Padoue, M ; Trieste, C)

IL PETRARCHA.

180 ff. num. et 44 ff. n. ch. dont le dernier est blanc, s. : *a-ʒ, &, ꝯ, A-C.* — 8 ff. par cahier. — C. ital. — 30 vers par page. — Au-dessous du titre : médaillon avec portrait de Pétrarque. Le verso, blanc. — La 1re partie, sans figures. — Dans la 2me partie, bois de l'édition Vittor Ravani, 1535.

V. C_7 : le registre ; au-dessous : *Impresso in Vinegia, per Bernardino Bindoni/ Milanese,... Nel anno/ M D XLIII.*

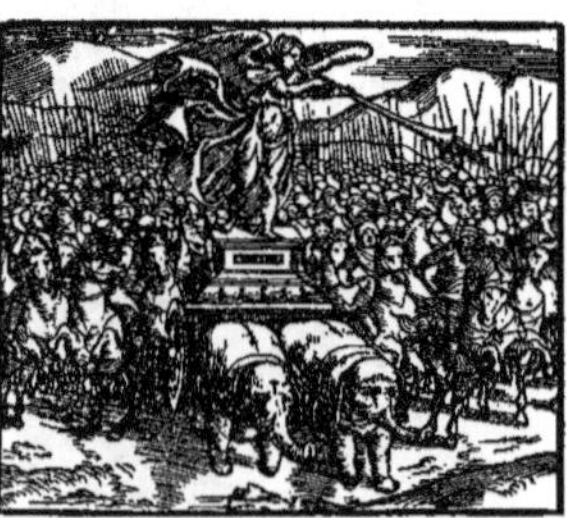

Pétrarque, *Sonetti*, etc., 1544 (r. 181).

105. — Gabriel Giolito, 1544 ; 4°. — (Rome, VE ; Trieste, C)

IL PETRARCHA/ CON L'ESPOSITIONE/ D'ALESSANDRO VELLVTELLO/ DI NOVO RISTAMPATO CON LE FIGV/ RE AI TRIOMPHI.... IN VENETIA APPRES/SO GABRIEL GIOLI (sic) *DI FERRARII/ M D XXXXIIII.*

10 ff. n. ch., 195 ff. num. de 3 à 197, et 7 ff. n. ch., s. : *A-Z, AA-DD.* — 8 ff. par cahier, sauf *DD* qui en 4. — C. ital. et rom. — Texte encadré par le commentaire ; 61 ll. par page. — Page du titre : encadrement architectural avec cariatides, figures de *putti* ailés, et la marque

du *Phénix* à la double légende : SEMPER EADEM, et : DE LA MIA MORTE... etc. Le verso blanc. — F. A_{ii}, blanc. — R. A_{iii}. Urne funéraire avec les deux portraits de Laure et de Pétrarque. — R. A_8. Carte topographique du pays de Vaucluse. — Pour les *Triomphes*, six petites vignettes, de facture moderne (voir les reprod. pp. 109, 110). — In. o. de diverses grandeurs.

R. DD_4 : le registre :... *Stampate in Venetia per Gabriel Gioli* (sic) *di/ Ferrarij da Trino di Monferra l'anno di nostra salute/ MDXLIIII.* Au verso, marque du *Phénix*.

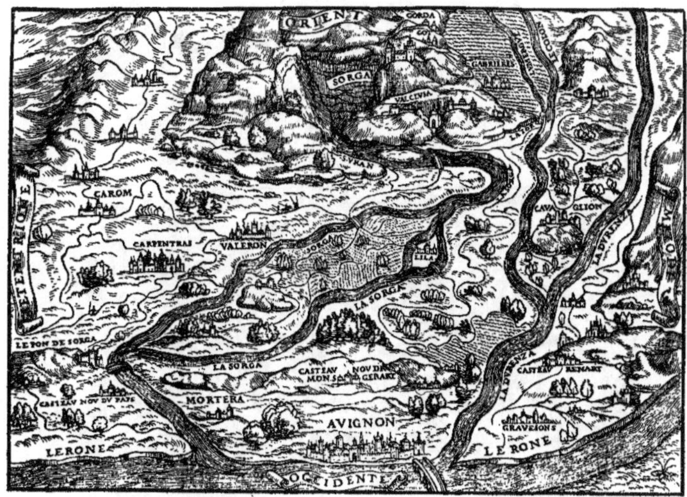

Pétrarque, *Sonetti*, 1544 (r. A_8).

106. — Gabriel Giolito, 1545 ; 4°. — (Trieste, C — ☆)

IL PETRARCHA/ CON L'ESPOSITIONE/ D'ALESSANDRO VELLVTELLO/ DI NOVO RISTAMPATO CON LE FIGVe/ RE AI TRIOMPHI... IN VINEGIA APPRES/ SO GABRIEL GIOLITO/ DE FERRARI/ MDXXXXV.

8 ff. n. ch. ; 197 ff. num. et 7 ff. n. ch., s. : *A-Z, AA-CC, D.* — 8 ff. par cahier, sauf *D* (dernier cahier), qui en a 4. — C. ital. et rom. — Texte encadré par le commentaire ; 61 ll. par page. — Réimpression, à quelques différences près, de l'édition 1544 (voir reprod. p. 111).

R. D_4 : le registre ; au-dessous : *IN VINEGIA APPRESSO/ GABRIEL GIOLITO/ DE FERRARI./ MDXLV.* Au verso, marque du *Phénix*.

107. — Heredi di Pietro Ravani & compagni, août 1546 ; 8°. — (Pesaro, O ; Trieste, C)

IL PETRARCA./ DI NVOVO CON GRAN/ dissima diligenza riueduto & corretto... M.D.XLVI.

193 ff. num. et 27 ff. n. ch., dont le dernier est blanc, s. : *a-ʒ*, *A-E*. — 8 ff. par cahier, sauf *E*, qui en a 4. — C. ital. — 29 ll. par page. — Page du titre : au-dessus de la

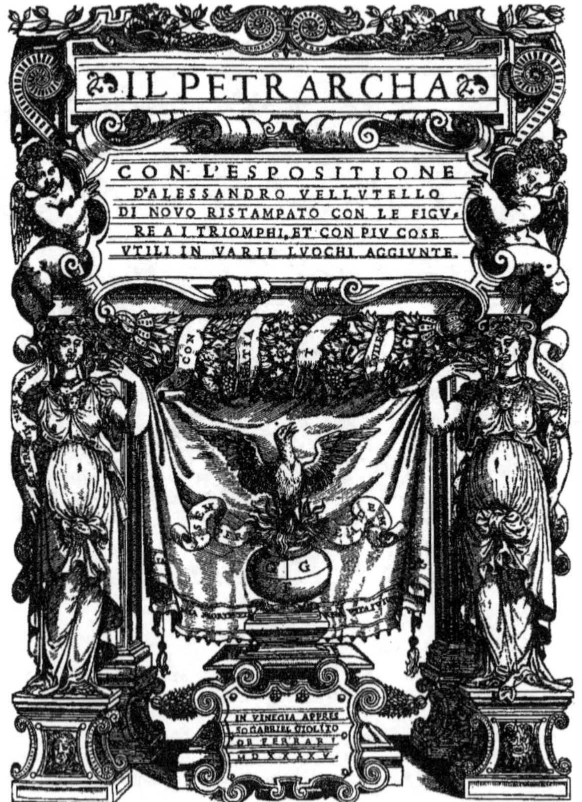

Pétrarque, *Sonetti*, etc., 1545 (p. du titre).

date, marque de la *Sirène* à double queue, dans un médaillon ornemental. — Bois de l'édition Vittor Ravani, 1535.

V. E_3 : le registre ; au-dessous : *In Vinegia appresso gli heredi di Pietro/ Rauano & compagni. Nel mese di Agosto.* Plus bas, marque de la *Sirène* à double queue, dans un médaillon ornemental.

108. — Gabriel Giolito, 1548-1549; 12°. — (Trieste, C)

IL PETRARCA/ CORRETTO DA/ M. LODOVICO/ DOLCE,/ ET ALLA SVA/ INTEGRITA/ RIDOTTO./ IN VINEGIA APPRESSO GABRIEL/ GIOLITO DE FERRARI/ M D XLVIII.

195 ff. num. et 9 ff. n. ch., dont le dernier est blanc, s : *A-R.* — 12 ff. par cahier. — C. ital. — 29 vers par page. — Page du titre : au-dessus de l'indication de lieu et de date, marque du *Phénix.* — Le verso, blanc. — V. A_{ii}. Portrait de Pétrarque. — Six petites vignettes, de style moderne. — In. o. du même genre.

R. R_{11} : le registre ; au-dessous : même marque que sur la page du titre ; plus bas : *IN VINEGIA APPRESSO GABRIEL/ GIOLITO DE FERRARI/ MDXLIX.* Le verso, blanc.

109. — Pietro & Zuan Maria Nicolini (pour Giov. Battista Pederzano), 1549; 4°. — (Florence, N; Trieste, C)

SONETTI/ CANZONI E TRIOMPHI DI/ M. FRANCESCO PETRARCA,/ CON LA SPOSITIONE DI/ Bernardino Daniello da Lucca./.... IN VINEGIA/ M.D.XLIX. — A la fin : *In Vinegia per Pietro & Gioanmaria Fratelli de Nicolini da Sabio,/ Ad instanza di M. Gioambattista Pederzano, libraro al segno/ della Torre, appresso il ponte di Rialto, & compagni.* — Six vignettes, de style moderne.

110. — Pietro & Zuan Maria Nicolini (pour Francesco Rocca e fratelli), 1549 ; 12°. — (Munich, R)

I TRIONFI DI/ M. FRANCESCO PETRAR/ CA NOVAMENTE STAMPATI./ M.D. XLIX. — A la fin : *In Venetia per Pietro e Zuanmaria fratelli di/ Nicolini da Sabio, ad Instantia de France/ sco Rocca e fratelli. M.D.XLIX.* — Six petites vignettes, de style moderne.

111. — Pietro Nicolini (pour Francesco Rocca e fratelli), 1549; 12°. — (Milan, A; Trieste, C)

I SONETTI LE CANZO/ NI ET I CAPITOLI DI/ M. FRANCESCO PETRAR/ CA NOVAMENTE/ STAMPATI./ Le belle Rime, i dotti Versi, e l'Arte/ Vedesi del Petrarca in queste carte./ M.D.XLIX. — A la fin : *In Vinetia per Pietro de Sabio, ad in/ stantia di Francesco Rocca, e Fratelli. M.D.XLIX.* — Six petites vignettes, de style moderne.

112. — Gabriel Giolito, 1549-1550; 12°. — (Rome, Vt; Trieste, C)

IL PETRARCA/ CORRETTO DA/ M. LODOVICO/ DOLCE... IN VINEGIA APPRESSO/ GABRIEL GIOLITO/ DE FERRARI./ M D L. — A la fin : *IN VINEGIA APPRESSO GABRIEL/ GIOLITO DE FERRARI/ M D XLIX.* — Vignettes de l'édition 1548-1549.

Les gravures des éditions suivantes n'offrant plus qu'un intérêt relatif, nous en arrêtons ici la nomenclature, en renvoyant aux catalogues spéciaux, et notamment aux catalogues Marsand et Hortis.

1470

PRISCIANUS. — *Opera.*

113. — S. l. et n. t., 1470 ; f°. — (Londres, FM)

IVLIANO CONSVLI AC PATRICIO PRI/ SCIANVS SALVTEM.

Georgius Trapesuntius, *Rhetorica;* Vindelinus de Spira, *circa* 1470

(Paris, Bibl. Nat.)

Gravé et tiré sur la presse à bras par H. de Navailles-Banos.

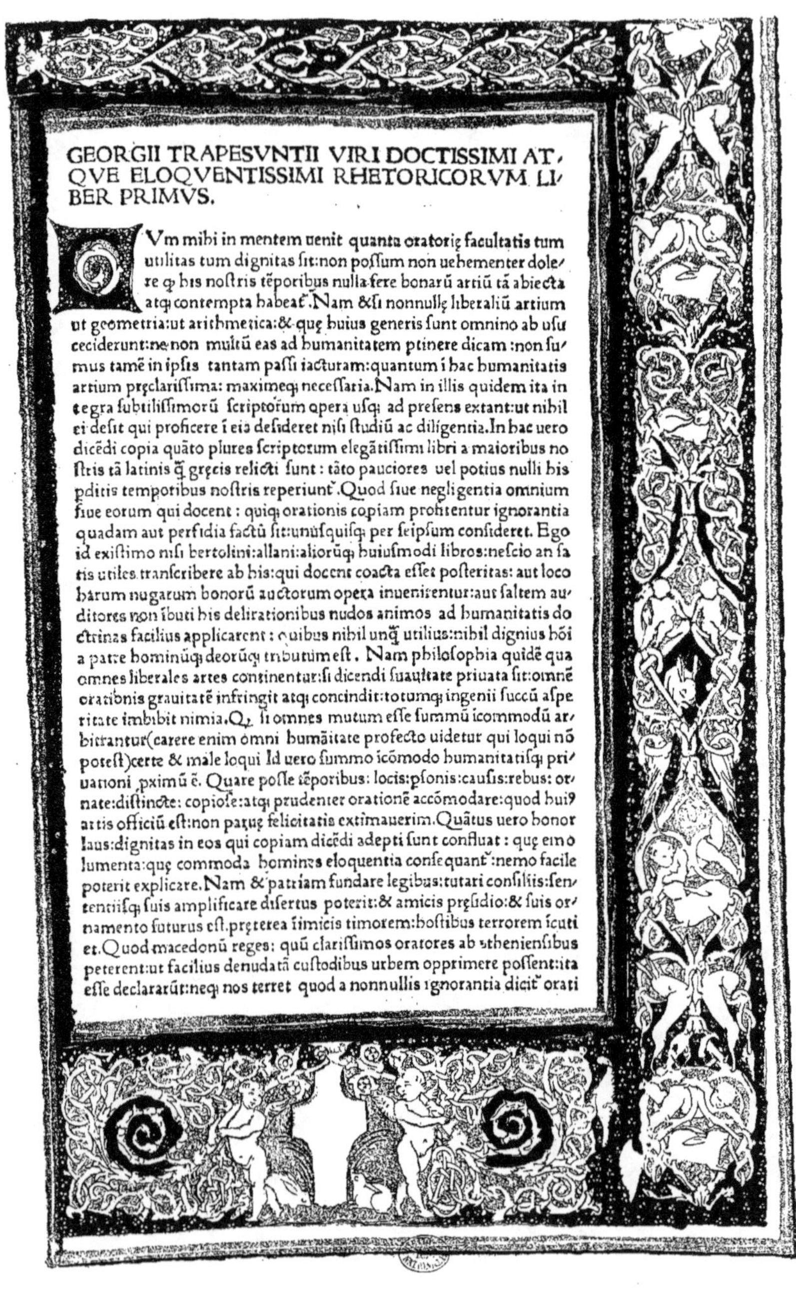

GEORGII TRAPESVNTII VIRI DOCTISSIMI AT/
QVE ELOQVENTISSIMI RHETORICORVM LI/
BER PRIMVS.

CVm mihi in mentem uenit quanta oratorię facultatis tum
utilitas tum dignitas sit:non possum non uehementer dole/
re ꝙ his nostris tẽporibus nulla fere bonarũ artiũ tã abiecta
atq; contempta habeat̃.Nam &si nonnullę liberaliũ artium
ut geometria:ut arithmetica:& quę huius generis sunt omnino ab usu
ciciderunt:ne non multũ eas ad humanitatem ptinere dicam :non su/
mus tamẽ in ipsis tantam passi iacturam:quantum ĩ hac humanitatis
artium pręclarissima: maximeq; necessaria.Nam in illis quidem ita in
tegra subtilissimorũ scriptorum opera usq; ad presens extant:ut nihil
ei desit qui proficere ĩ eis desideret nisi studiũ ac diligentia.In hac uero
dicẽdi copia quãto plures scriptorum elegãtissimi libri a maioribus no
stris tã latinis ꝙ̃ gręcis relicti sunt : tãto pauciores uel potius nulli his
pditis temporibus nostris reperiunt̃.Quod siue negligentia omnium
siue eorum qui docent : quiq; orationis copiam profitentur ignorantia
quadam aut perfidia factũ sit:unũsquisq; per seipsum consideret. Ego
id existimo nisi bertolini:allani:aliorũq; huiusmodi libros:nescio an sa
tis utiles transcribere ab his:qui docent coacta esset posteritas: aut loco
harum nugarum bonorũ auctorum opera inuenirentur:aut saltem au/
ditores non ĩbuti his delirationibus nudos animos ad humanitatis do
ctrinas facilius applicarent : quibus nihil unꝙ̃ utilius:nihil dignius hõi
a patre hominũq; deorũq; tributum est . Nam philosophia quidẽ qua
omnes liberales artes continentur:si dicendi suauitate priuata sit:omnẽ
orationis grauitatẽ infringit atq; concindit:totumq; ingenii succũ aspe
ritate imbibit nimia.Q; si omnes mutum esse summũ icommodũ ar/
bitrantur(carere enim omni humãitate profecto uidetur qui loqui nõ
potest)certe & male loqui Id uero summo icõmodo humanitatisq; pri/
uationi ꝓximũ ẽ. Quare posse tẽporibus: locis:ꝑsonis:causis:rebus: or/
nate:distincte: copiose:atq; prudenter orationẽ accõmodare:quod hui⁹
artis officiũ est:non paruę felicitatis extimauerim.Quãtus uero honor
laus:dignitas in eos qui copiam dicẽdi adepti sunt confluat : quę emo
lumenta:quę commoda homines eloquentia consequant̃:nemo facile
poterit explicare.Nam & patriam fundare legibus:tutari consiliis:sen/
tentiisq; suis amplificare disertus poterit:& amicis pręsidio:& suis or/
namento futurus est.prę terea ĩimicis timorem:hostibus terrorem ĩcuti
et.Quod macedonũ reges: quũ clarissimos oratores ab athenienſibus
peterent:ut facilius denudatã custodibus urbem opprimere possent:ita
esse declararũt:neq; nos terret quod a nonnullis ignorantia dicit̃ orati

Curtius (Quintus), *Historia Alexandri Magni*; Vindelinus de Spira, *circa* 1470

(Bibl. du Prince d'Essling)

Gravé et tiré sur la presse à bras par H. de Navailles-Banos.

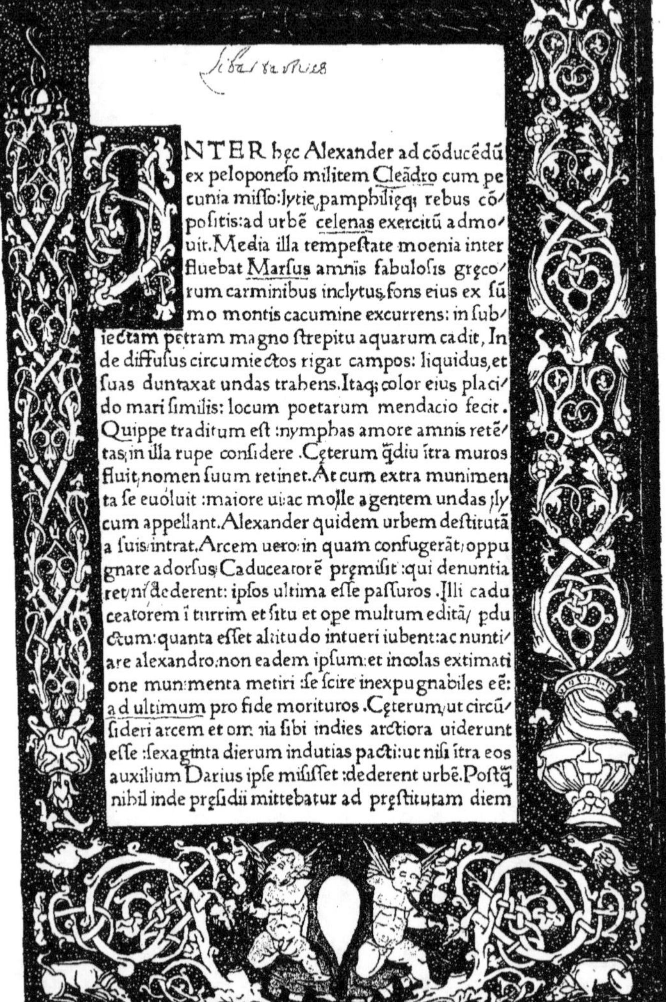

INTER hęc Alexander ad cõducẽdũ
ex peloponeſo militem Cleãdro cum pe
cunia miſſo: lytie, pamphilięq; rebus cõ/
poſitis: ad urbẽ celenas exercitũ admo/
uit. Media illa tempeſtate moenia inter
fluebat Marſus amnis fabuloſis gręco/
rum carminibus inclytus, fons eius ex ſũ
mo montis cacumine excurrens: in ſub/
iectam petram magno ſtrepitu aquarum cadit, In
de diffuſus circumiectos rigat campos: liquidus, et
ſuas duntaxat undas trahens. Itaq; color eius placi/
do mari ſimilis: locum poetarum mendacio fecit.
Quippe traditum eſt: nymphas amore amnis retẽ/
tas, in illa rupe conſidere. Cęterum q̃diu ĩtra muros
fluit, nomen ſuum retinet. At cum extra munimen
ta ſe euoluit: maiore ui: ac molle agentem undas, ly
cum appellant. Alexander quidem urbem deſtitutã
a ſuis, intrat. Arcem uero: in quam confugerãt, oppu
gnare adorſus, Caduceatorẽ pręmiſit: qui denuntia
ret, ni dederent: ipſos ultima eſſe paſſuros. Illi cadu
ceatorem ĩ turrim et ſitu et ope multum editã, ꝑdu
ctum: quanta eſſet altitudo intueri iubent: ac nunti/
are alexandro: non eadem ipſum: et incolas extimati
one munimenta metiri: ſe ſcire inexpugnabiles eẽ:
ad ultimum pro fide morituros. Cęterum, ut circũ/
ſideri arcem et omnia ſibi indies arctiora uiderunt
eſſe: ſexaginta dierum indutias pacti: ut niſi ĩtra eos
auxilium Darius ipſe miſiſſet: dederent urbẽ. Poſtq̃
nihil inde pręſidii mittebatur ad pręſtitutam diem

286 ff. n. ch. et n. s. : — C. rom. — 41 ll. par page. — 1re page : encadrement enluminé en or et couleurs, dont les côtés sont faits à la main ; motifs des marges supérieure et inférieure : encadrement du Trapesuntius, *circa* 1470.

V. du f. 248 : *Volumen prisciani de octo partibus orationis : de constructione : de/ duodecim carminibus : de accẽtibus : de numeris & põderibus & mẽsu/ ris FINIT/ Anno Domini./ M.CCCC.LXX.* — R. du f. 249 : *Priscianus Grãmaticus De pręexercitamentis Rhetoricę...* etc.

114. — Philippo Pincio, 16 septembre 1509 ; f°. — (Parme, R)

PRISCIANVS/ Habes candide lector in hoc opere prisciani uolumẽ maius cum expo/ sitione elegantissima clarissimi philosophi Ioannis de Aingre...

283 ff. num. et 1 f. blanc, s. : *A-Z, AA-NN.* — 8 ff. par cahier, sauf *BB,CC,* qui en ont 6. — C. rom. — Texte encadré par le commentaire ; 64 ll. par page. — Au-dessus du titre, bois ombré, avec monogr. L, du Suétone, *Vitæ XII Cæs.*, 8 janvier 1506.

R. 283 : *Impressum Venetiis per Philippum Pincium Man/ tuanum. M. cccccix. die xyi. septembris....* Au verso, le registre.

1470 *(circa)*

Cicero (Marcus Tullius). — *De Oratore.*

115 — S. l. a. & n. t. ; 4°. — (Vienne, I)

M.T. Ciceronis ad Quintum Fratrem In Libros De Ora/ tore Prefatio Incipit Foeliciter.

110 ff. n. ch. et n. s., et dont le 1er et le dernier sont blancs. — C. rom. — 32 ll. par page. — La première page imprimée est ornée d'une bordure enluminée, dont trois côtés sont faits à la main, et dont la partie inférieure est imprimée avec un motif employé pour la bordure de page du St Augustin, *De civitate Dei*, 1470 (marge supérieure). — In. o. du même genre.

116. — Guglielmo de Fontaneto, 15 septembre 1520 ; f°. — (Séville, C)

MAR. TVL. CI/ ceronis de Oratore ad Quintũ fratrem/ libri tres : una cum Omniboni Leonice/ ni viri clarissimi Comentarijs..

4 ff. prél., n. ch., s. : *AA.* — 179 ff. num. et 1 f. blanc, s. : *A-Y.* — 8 ff. par cahier, sauf *P* et *Q*, qui en ont 10. — C. rom. ; titre g. n. — Texte encadré par le commentaire ; 62 ll. par page. — Page du titre : encadrement ornemental, comme dans le Cicéron, *Epist. fam.*, 20 mars 1517. — R. 1. *MAR. TVL. CICERONIS AD QVIN/ TVM FRATREM...* Au-dessus de ce titre, sur la gauche de la page : bois ombré, copie d'une gravure de l'édition d'Horace, *Opera*, 16 mai 1509 (r. LXII). — In. o. de divers genres.

V. CLXXIX : *Venetiis : In Aedibus Guilielmi de Fontaneto Montisferrati. MDXX. Die. XV./ Setembris...* Au-dessous, le registre.

117. — Bernardino Stagnino, 10 mai 1536 ; 16°. — (Londres, BM)

IN HOC VOLVMINE HÆC/ CONTINENTVR./ M.T.C. de oratore ad Quintũ fratrẽ lib. III./... Venetijs in officina Diui Bernardini/ MDXXXVI.

332 ff. num., avec pagination complètement erronée, s. : *Aa-Zʒ, &&, AAa-SSs.* — 8 ff. par cahier, sauf *SSs*, qui en a 4. — C. rom. — 31 ll. par page. — Page du titre : portrait de Cicéron.

R. *SSs*$_3$: *Venetijs per Dominum Bernardinum/ Stagninum de Tridino Montis/ ferrati. Anno Domini. M./ D.XXXVI. Die. X./ Mensis Maij.*

1470 *(circa)*

Trapesuntius (Georgius). — *Rhetorica.*

118. — Vindelinus de Spira, s. a. ; f°. — (Paris, N)

GEORGII TRAPESVNTII VIRI DOCTISSIMI AT/ QVE ELOQVENTISSIMI RHETORICORVM LI/ BER PRIMVS.

154 ff. n. ch. et n. s. — C. rom. — 40 ll. par page. — Première page : encadrement enluminé (voir fac-simile hors texte).

R. du dernier f. : *Que superat reliquas artes est facta georgi/ Ars bene dicendi munere nostra tuo./ Correxit ueneta rhętor benedictus in urbe/. Hanc emat orator qui bonus esse uelit./ Si nescis ubi sit uenalis : quę re lemanum/ Spiram : qui precii codicis auctor erit./ Coradinus.* Le verso, blanc.

1470 *(circa)*

Curtius (Quintus) Rufus. — *De rebus gestis Alexandri Magni.*

119. — Vindelinus de Spira, s. a. ; f°. — (☆)

153 ff. n. ch. et n. s. — C. rom. — 32 ll. par page. — R. du 1er f. Le texte commence immédiatement, sans titre : *Inter hęc Alexander ad cōducēdū/ ex peloponeso militem...* Page ornée d'un encadrement enluminé, dont le bas et les côtés sont imprimés ; l'initiale en tête du texte est du même genre (voir fac-simile hors texte).

V. du dernier f. : *Quinti Curcij ruffi historiarum Alexandri magni/ Regis Macedonum liber nonus explicit.* Au-dessous : *Loquitur lector ad Vindelinum Spirensem/ Artificem qui Q. C. reddit in lucem./ Vindeline mee prius hic redditurus in auras/ Spiritus : & corpus linquet inane meum./ Q. tua nobilitas uirtus : atqʒ inclita fama :/ Pectore labatur candide amice meo.*

120. — Vittor Ravani, 2 septembre 1535 ; 8°. — (Milan, B)

QVINTO/ CVRTIO RVFFO/ Historico, nel qual si trattano/ i fatti, e le guerre de Ales/ sandro Magno, tradotto di latino nella uolgar/ lingua per l'eccelē/ te humo. P./ Candido./...

196 ff. num. s. : *a-ꝫ*, &, ꝯ. — 8 ff. par cahier, sauf ꝯ, qui en a 4. — C. ital. — 30 ll. par page. — Page du titre : encadrement à figures, s. : ·EVSTACHIVS·, du Paris de Puteo, *Duello*, 10 mars 1525.

R. 196 : le registre : au-dessous : *In Vineggia per Vettor .q. Piero Rauano, della Se/ rena & Compagni, Nel anno del Signore./ M.D.XXXV. del mese di Setembrio.* Au verso, marque de la *Sirène* couronnée, à double queue.

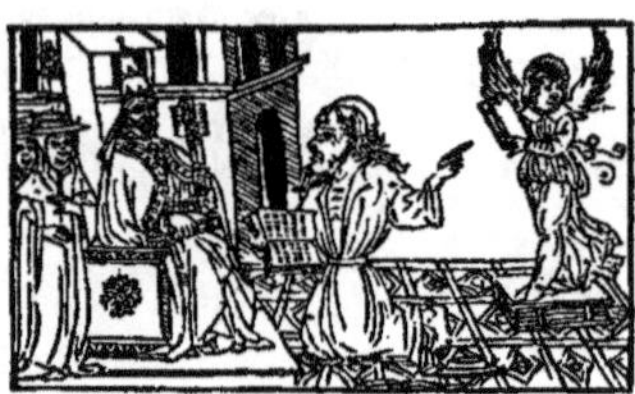

Transito de S. Hieronymo, 17 févr. 1489 (r. a_{ii}).

121. — Vittor Ravani, août 1541 ; 8°. — (Londres, BM)

Quinto Cur/ TIO DA P. CANDI/ DO DI LATINO IN/ VOLGARE TRA/ DOTTO ET NO/ VAMENTE CORRET/TO.

196 ff. num., s. : *a-ꝫ*, &, ꝯ. — 8 ff. par cahier, sauf ꝯ, qui en a 4. — C. ital. — 30 ll. par page. — Page du titre : encadrement signé : ·EVSTACHIVS· comme dans l'édition précédente.

R. 196 : le registre ; au dessous : *In Vineggia per Vettor. q. Piero Rauano, della Se/rena & Compagni, Nel anno del Signore/. M. D. XXXI. del mese di Agosto.* Au verso, marque de la *Sirène* couronnée, à double queue.

1470 *(circa)*

Transito, Vita & Miracoli di S. Hieronymo.

122. — S. l. a. & n. t. ; 4°. — (Londres, FM)

COMINCIA LA TAVOLA SOPRA LA VI/ TA EL TRANSITO ET GLI MIRACOLI/ DEL BEATISSIMO HIERONYMO DOCTO/ RE EXCELLENTISSIMO.

126 ff. n. ch. et n. s. — C. rom. — 28 ll. par page. — R. du 11me f. : bordure enluminée dans les marges supérieure, inférieure et extérieure, imprimée avec le bloc employé pour le haut de l'encadrement du Tite-Live, 1470 (exemplaire Corsini).

123. — Matheo Codeca (pour L. A. Giunta,) 17 février 1489 ; 4. — (☆)

TRANSITO DE SANCTO HIERONYMO.

68 ff. num., s. : *a-i*. — 8 ff. par cahier, sauf *h*, qui en a 10, et *i*, qui en a 2. — C. rom. — 37 ll. par page. — V. du titre, blanc. — R. a_{ii}. En tête de la page, vignette représentant St Jérôme agenouillé, offrant au pape Damase son épître sur les quatre évangélistes (voir reproduction p. 115).

V. lxviii : *Impresso in Venetia per Matheo di co de cha da Parma ad instā/ tia de maestro Lucantonio Fiorētino de lanno del. M. cccclxxxix./ adi. xvii. de Februario.*

124. — Io. Maria de Occimiano de Monteferrato, 8 novembre 1491 ; 4°. — (Paris, N)

1 f. n. ch. et 51 ff. num., s. : *a-g*. — 8 ff. par cahier, sauf *a* et *g*, qui en ont 6. —

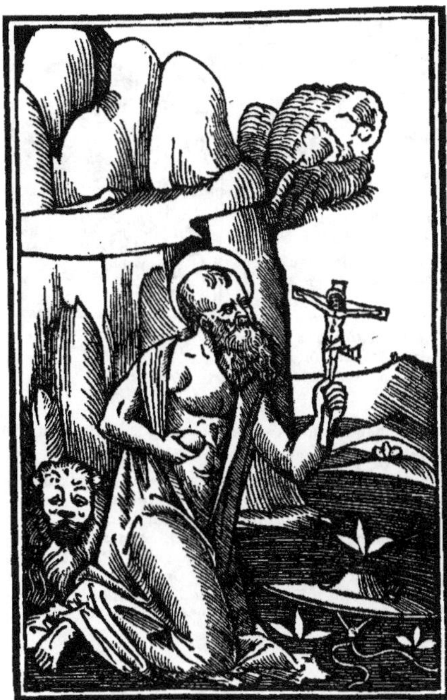

Transito de S. Hieronymo, 4 avril 1519 (p. du titre).

C. g. — 2 col. à 40 ll. — R. *a*. Vignette tirée de la *Bible*, 15 octobre 1490 (r. a_6) : St Jérôme assis à un pupitre. Le verso, blanc. — R. a_2 : ℂ *Incomīcia la tauola del vtilissimo/ libro chiamato Trāsito de sancto Hie.* — R. a_3. ℂ *Incomīcia la vtilissima opera chia/ mata Transito de sancto Hieronymo : doctore excellētissimo : ꝛ primo de la sua/ sanctissima vita.* Au commencement du texte, in. o. *A*.

R. LI : ℂ *Impresum Uenecijs per magistrū/ Ioānēmariā de Occimiano de Mon/ teferato ād̄no. M. cccclxxxxj .die. viii./ Mensis nouenbris.* Le verso, blanc.

125. — Manfredo de Monteferrato, 23 février 1498 ; 4°. — (Rome, Co)

ℂ *INCOMENZA LA VTLISSIMA OPERA CHIA/MATA TRANSITO DI SANCTO HIERONI/ MO DOCTORE EXCELLENTISSIMO ET PRI/ MO DE LA SVA SANCTISSIMA VITA/COMINZIA IL PROEMIO.*

60 ff. n. ch. s. : *a-h*. — 8 ff. par cahier, sauf *h*, qui en a 4. — C. rom. — 2 col. à 38 ll. — La 1re page est entourée de l'encadrement à fond noir du Lucain, *Pharsalia*, 4 août 1495. A gauche de l'in. o. *A* qui commence le texte, petite vignette au trait peu importante, représentant St Jérôme, agenouillé devant un crucifix, battant sa coulpe avec une pierre (signalée dans le St Jérôme, *Epistole mandate ad Eustochia*, du mois d'avril de la même année, et du même imprimeur.

R. h_3 : ℂ *Stampata in Venetia per me/manfredo di Monteferrato/di Sustreuo di Bonello/Del. M.CCCC/ LXXXXVIII./ Adi xxiii. Del/ Mese di fe/braro.* Au verso, *Crucifixion* au trait, tirée du St Bonaventure, *Devotissime meditationes*, 14 décembre 1497 (v. du titre).

126. — Augustino Zanni, 12 septembre 1511 ; 4°. — (☆)

La vita el transito/& li Miracoli del beatissimo/ Hieronymo doctore/ excellentissimo/ nouamēte/ stāpato.

82 ff. num., s. : *a-k*. — 8 ff. par cahier, sauf *k*, qui en a 10. — C. rom. — 2 col. à 32 ll. — Page du titre : encadrement ornemental, ombré (vases, rinceaux de feuillage,

putti); au-dessous des six lignes du titre, vignette ombrée, en forme de médaillon circulaire, empruntée du S. Hieronymo. *Regula data ad Eustochio*, 9 janvier 1504. — Dans le texte, petites in. o. à fond noir.

R. 82 : *Stampato in Venetia per Augustino de/ Zani da Portese. Nel anno. M. D./ XI. adi. xii. Setembrio.* Au-dessous, le registre. Le verso, blanc.

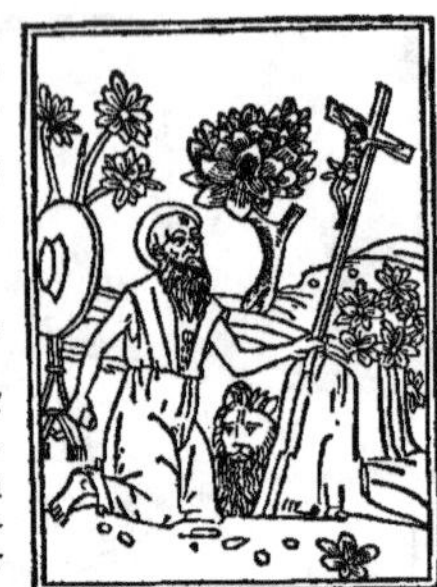

Transito de S. Hieronymo, 16 mai 1543 (p. du titre).

127. — Guglielmo de Fontaneto, 4 avril 1519 ; 4°. — (Modène, E — ☆)

La uita el Transito z gli Mira/ racoli (sic) *del beatissimo Sancto Hieronymo/ Doctore Excellentissimo.*

84 ff. n. ch., s. : *a-l*. — 8 ff. par cahier, sauf *l*, qui en a 4. — C. rom. ; la première ligne du titre en c. g. — 2 col. à 32 ll. — Au-dessous du titre, bois ombré (voir reprod. p. 116). Le verso, blanc. — In. o. à fond noir.

R l_4 : ℂ *Oratione deuotissima dedicata a sancto Hieronymo*. Au bas de la page : ℂ *Stãpato in Venetia ꝑ Guglielmo Fotãneto da Mõferrato/ Nel anno del nostro Signore. 1519. adi. 4. de Aprile.* Le verso, blanc.

128.— Francesco Bindoni et Mapheo Pasini, 25 septembre 1524 ; 8°.— (Bologne, U)

Transito Uita Miracoli/ z morte del glorioso sancto/ hieronymo.

128 ff. num., s. : *A-Q*. — 8 ff. par cahier. — C. rom. ; titre g. — 27 ll. par page. — Au-dessous du titre, bois ombré, avec monogramme •3•a• : St Jérôme, à genoux, à gauche, de trois quarts, un caillou dans la main droite, devant un crucifix ; son lion familier couché à droite, au premier plan ; sur la gauche, au fond, éminence de terrain boisée, au sommet de laquelle s'élève une église avec un campanile[1]. Page encadrée d'une petite bordure de motifs d'ornement. Le verso, blanc. — Une in. o. à fond noir.

R. CXXVIII : ℂ *Stampato in Vineggia ꝑ Francesco Bin/doni, & Mapheo Pasini, cõpagni. Nel/ anno, M. D. XXIIII. Adi xxv./ Del mese di Settẽbre.* Le verso, blanc.

129. — Bernardino Bindoni, 16 mai 1543. — (☆)

TRANSITO VITA/ MIRACOLI, ET MOR/ te del Glorioso Santo Hieroni/mo...

102 ff. num., et 2 ff. n. ch., dont le dernier est blanc, s. : *A-N*. — 8 ff. par cahier. — C. rom. ; titre r. et n. — 30 ll. par page. — Au-dessous du titre, vignette au trait, qui doit provenir d'un ouvrage de la fin du XVe siècle (voir reprod. p. 117).

V. N_7 : ℂ *Stampato in Venetia per Bernardino de Bindo/ ni Milanese. Ne li anni del nostro Signor./ M. D. XLIII. Adi XVI. Maȝo.*

1471

QUINTILIANUS (Marcus Fabius). — *De oratoria institutione.*

130. — Nicolas Jenson, 21 mai 1471 ; f°. — (Londres, FM)

211 ff. n. ch. et n. s. — R. du 4me f. : encadrement enluminé = encadrement du Quinte-Curce, *circa* 1470 ; la bordure du haut de la page est

1. L'état de cette gravure ne nous a pas permis d'en donner une reproduction satisfaisante.

faite à la main. Au commencement du texte, grande in. o. *F*, et, plus bas, deux autres initiales plus petites, également gravées en bois & enluminées.

V. du dernier f. : *QUINTILIANVM ELOQVENTIÆ FONTEM AB ERVDI/ TISSIMO OMNIBONO LEONICENO EMENDATVM. M./ NICOLAVS IENSON GALLICVS VIVENTIBVS POSTE/ RISQVEMIRO IMPRESSIT ARTIFICIO./ ANNIS. M. CCCCLXXI. MENSE MAII DIE. XXI.*

1471

Biblia.

131. — (ital.) — (Adam d'Ammergau) 1er octobre 1471 ; f°. — (Manchester, R)

Cette édition se compose de deux volumes, imprimés en c. rom., à 50 ll. par page, et dont le second est sans aucune illustration.

1er vol. — 314 ff. n. ch. & n. s. — R. du 1er f., blanc. Au verso : *Tabula dei libri de tuto il testamento uechio.* Cette table se termine au r. du f. 5, dont le verso est blanc. — R. du f. 6 : *.PROLOGO./ QVI COMINCIA LA SOLEMNE EPISTOLA DI SANCTO/ HIERONYMO AD PAVLINO SACERDOTE REPORTATA/ PER PROLOGO SOPRA TVTTA LA BIBLIA./. C. I.* Le "prologue" se termine au v. du f. 9. — R. du f. 10, blanc. Au verso, commence le premier chapitre de la *Genèse* : *LIBRO DEL GENESIS/ BIBLIA IN LINGVA VVLGARE : LO PRIMO/ LIBRO SECONDO LA LINGVA GRECA E CHIAMATO/ GENESIS : CIOE IN LATINO GENERATION : IN LOQUAL/ SI MANIFESTA LORIGINE DILMONDO. C. I.* Au commencement du texte, in. o. *N* faite à la main, et enluminée en or et couleurs. Dans le texte de cette même page, quatre figures illustrant les quatre premiers jours de la création. Deux autres figures, au recto suivant, complètent la série des six jours (voir pp. 120, 121, la reproduction de ces deux pages). — Le volume se termine avec le *Psautier*, au v. du f. 314 : *Finisse il Psalterio di David.*

2me vol. — 333 ff. n. ch. & n. s. — R. du 1er f. : *PROLOGO DI SN. IERONIMO. SVPRA. ILIBRI. DISA/ LOMONE.* — V. 332 : *QVIVI FINISSE LAPOCALIPSIS ET E IL FINE DEL/ NOVO TESTAMENTO/ M.CCCC.LXXI. IN KALENDE. DE OCTOBRIO.* — R. du f. suivant : *Tabula de testamento novo.* Le verso, blanc.

Nous nous réservons d'insister comme il convient, dans l'étude générale qui sera le complément de cette bibliographie, sur l'importance de cet exemplaire, probablement unique, de la première *Bible* qui ait été imprimée avec illustrations, la première aussi imprimée en langue italienne. Hain (*Repert.*, 3148) ne mentionne aucune figure dans cette édition. Dans l'exemplaire du British Museum, les espaces réservés aux deux premières pages de la *Genèse* ont été laissés en blanc. Quant à l'exemplaire de la Bibl. Bodléienne, à Oxford, il est réduit au second volume. Dibdin a décrit, dans sa *Bibliotheca Spenceriana*, l'exemplaire qui nous occupe ici, mais en donnant comme des dessins coloriés les six compositions placées dans le

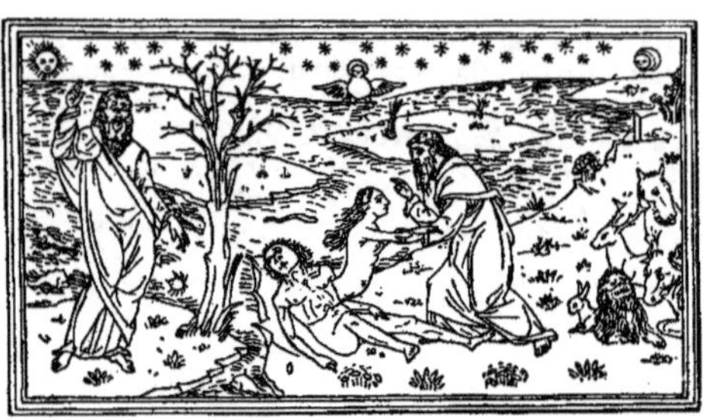

Bibla lat., 8 août 1489 (r. c).

récit des jours de la Création; et jusqu'à ces dernières années, on avait admis sans contrôle cette appréciation du célèbre bibliographe anglais.

C'est M. Henry Guppy, directeur de la Bibl. John Rylands, à Manchester, qui a corrigé l'erreur commise par Dibdin, et restitué aux illustrations de la *Bible* du fonds Spencer leur véritable désignation, celle de gravures imprimées[1]. Il avait attribué d'abord l'impression du livre à Nicolas Jenson; mais certaines particularités relevées dans le texte permettent d'en reporter avec certitude l'attribution à Adam d'Ammergau; et c'est bien, en effet, sous le nom de cet imprimeur que la *Bible* de 1471 est inscrite dans l'*Index* de Robert Proctor.

Il nous parait impossible de ne pas adopter l'opinion du savant bibliothécaire de Manchester, quant aux six figures de la *Genèse*. Le coloriage dont elles ont été couvertes n'est pas tellement épais qu'il ne permette de discerner les contours et d'y reconnaître le caractère nettement accusé des traits réservés par la taille d'épargne sur un bloc de bois ou une plaque de métal. Ici, nous pencherions plutôt pour un relief sur cuivre, d'un travail tout à fait analogue à celui des émaux champlevés produits par les écoles de Limoges et de la région du Rhin. Certains détails des paysages, les arbres, les touffes d'herbes, les plis du terrain, ont été exécutés au pinceau; mais le personnage du Créateur dans les six figures, ceux d'Adam et d'Eve dans la sixième, et les animaux dans les deux dernières, n'ont pas été dessinés à la plume; ils ont été imprimés par l'application de plaques gravées dans les espaces ménagés à cet effet sur les deux pages. On n'en saurait douter, si l'on remarque que le personnage de Dieu le Père est identique dans quatre des figures, et surtout que, dans ces mêmes figures, la traîne de sa robe déborde plus ou moins hors du filet qui encadre la composition; cette irrégularité est absolument significative.

Nous reviendrons ailleurs sur cet intéressant sujet. Pour le moment, nous nous bornons à constater que cet exemplaire de la *Bible* de 1471 montre le premier essai, à Venise, de l'illustration d'un texte au moyen d'images imprimées. Cette expérience est encore plus décisive que celle qui était tentée, à la même date, par l'emploi de motifs d'ornement gravés en bois pour composer des bordures de pages dans certains exemplaires de luxe.

1. *The John Rylands Library, Manchester. Catalogue of an Exhibition of Manuscripts and Printed Books; March 7th 1905* (p. 11, n° 6).

LIBRO DEL GENESIS

BIBLIA IN LINGVA VVLGARE TRADVTTA: LO PRIMO LIBRO SECONDO LALINGVA GRECA E CHIAMATO GENESIS: CIOE IN LATINO GENERATION: IN LO QVAL SI MANIFESTA LORIGINE DIL MONDO. .C.I.

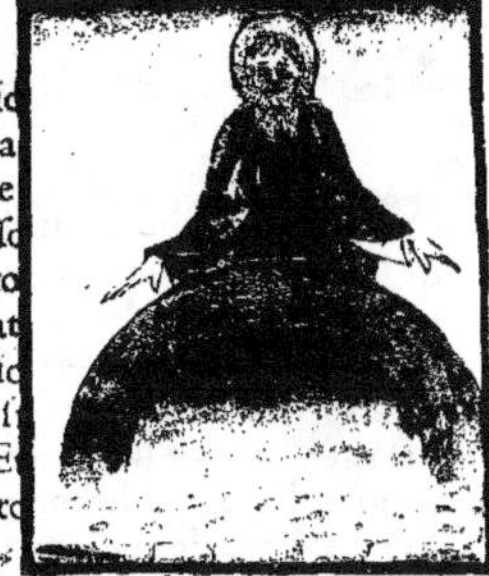

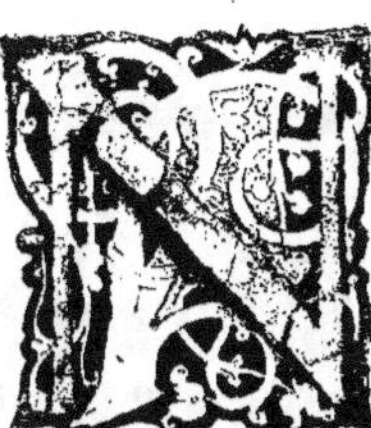

EL PRINCIPIO creo idi lo cielo & la terra. Ma laterra era uana & uota. Et le tenebre erano ſopra la faccia dellabiſſ & lo ſpirito di dio era portat ſopra lacque. Diſſe idio ſia fat ta la luce e fata e la luce & idi uide che la luce era buona & ſ diuiſe la luce dalle tenebre. E appelloe la luce die: & le tenebre nocte. & tra il ueſpr & la matina lo di uno & primo.

Inuerita idio diſſe ſia fatto lo fermamēto nel mezzo de lacque & diuidanſe lacque da lacque. & facto e il firmamento & dio diuiſe lacque le quali erano ſotto il firmamento da quelle cherano ſopra il firmamēto e fatto e coſi. Et chiamo idio lo firmamento cielo & fatto e tra lo ueſpro & la matina lodi ſecondo.

Diſſe in uerita idio. Ragunisi lacque le quali ſono ſotto lo cielo in uno loco & appariſcha la arida: & fatto e coſi: Et ſi chiamoe idio larida terra. Et le cō gregationi dellacque chiamo Mari & queſto uide idi chera buono & ſi diſſe. Germini la terra herba uerd facendo lo ſeme: & il legno pomifero facendo fruct ſecōdo la generatione ſua in ſe iſteſo il ſeme dil qual in ſempiterno ſia ſopra la terra. & fatto e coſi. Et l terra menoe herba uerzitante & facendo ſeme ſecond la ſua generatione. Et il legno facēdo fructo & auēd zaſcuno el ſeme ſecondo laſpetie ſua. Vide idio ch queſto era buono: et fatto e tra il ueſpro et la matina l di terzo.

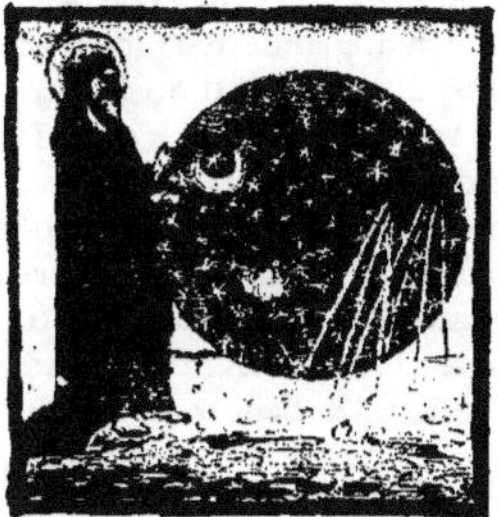

Diſſe ancora idio ſia fatto illuminari nel firmamēto del cielo: & diuidano il di da la nocte ſieno in ſegni & tēpi: et di: eglianni: accio che lucano nel firma mēto del cielo: & illuminano la terra. Et fatto e coſi Fece idio dui grandi luminari magori: accio che ſo praſteſſe il di: uno màgiore luminare: cioe il ſole: et el luminare minore: cioe la luna che ſopraſteſſe ala nocte & alle ſtelle. Et ſi le puoſe nel firmamento del cielo acio che luceſſero ſopra la terra et diuideſſe la luce da le tenebre: et diuiſero la luce dalle tenebre E uide idio chera buono queſto & fatto e tra il ue ſpro et la mattina: lo di quarto.

Biblia ital., 1er octobre 1471 (v. 10).

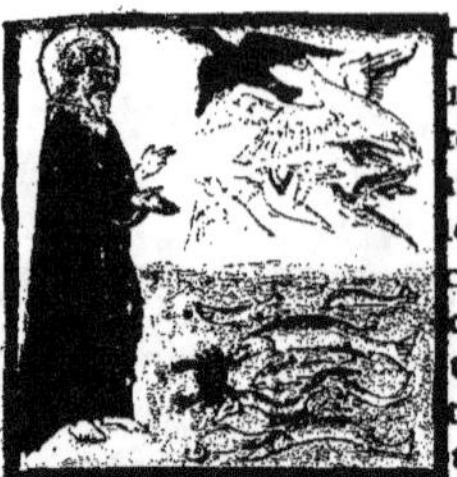

Disse ancora idio menino lacque le reptile de lanime uiuenti.& le cose che uolino sopra la terra.sotto al firmamento del cielo. E creoe idio le ballene grandissime & ogne anima uiuete muteuole la quale auea produto lacque ne le specie sue di ciascuna diperse:& ogni cosa uollatile secondo il suo essere & sua generatione. Adumq; uidde idio chera buono & si benedisse loro.dicedo.Crescite & multiplicate & rempiete lacque del mare ma gliuccelli multiplicono sopra la terra. Et fatto e tra lo uesporo & la matina lo di quinto:

Disse inuerita idio produchi la terra lanima uiuente ne la sua generatione ciascuno:le bestie grande & le piccole & le bestie de la terra secondo le spetie loro & fatto e.cosi. Fece idio le bestie de la terra secondo la qualita loro & i iumenti & tutte le reptile de la terra nela generacione sua. Ancora uide idio che era buono & disse. Facciamo luhomo a la imagine & a la simlitudie nostra & soprastea apesci delmare & ad gliuccelli del cielo uollatili & ad tutte le bestie & di ciascuna creatura ad tutte le reptile ferucole che se muoueno ne la terra. Et creo idio luhomo a la imagie sua & a la imagine didio creo lo maschio & femina & benedisse loro idio dicendo. Crescete & multiplicate & rempieti laterra & soprastate allei .& signorizate apesci dellacque & gliuccelli del cielo et tutte le cose che anno anima le quale se muoue sopra la terra.Disse acora idio Ecco io ue odato tutte le herbe producere el seme sopra laterra et tuttiquati ilegni.anno insi medisimo semete ciascuno de sua generatioe:accio che auoi siano escha:& atutti gliauimali de la terra .& in ogni uccello del cielo & a tutte le cose chessimuoueno ne la terra & ne le quali e anima uiuete.accio chellabbiano de che uiuere et fatto e cosi. E uidde idio tutte quelle cose le quale auea fatto cherano molto buone.E fatto e traluespro et la matina lo di sesto cioe lo Venere di:

. C . II .

Adumque Compiutisono li cieli e laterra.& ogne loro adornameto e compie idio lo di septio il suo lauorio . chegli auea fatto. E ditutto illauorio chegli auea fatto lodi septimo si riposoe.et benedisse lo die septimo & sacrificoe quello:percio che iquello die si cessoe datutto illauorio suo il quale creoeidio accio che si facesse,questo fue il sabbato:Queste sono le generationi del cielo & de la terra quado create sono:nel die nel quale fece lo segnore idio lo cielo & la terra & ogne cosa uerzitate dil campo dinazi che nascesse de la terra & ogni herba de la regione sua in nanzi che germinasse .Inuerita ancora no auea il segnore idio piouuto sopra la terra:& ancora non era luhomo il quale opperasse la terra.ma una fontana saliua & bagniaua tutte le cose sopra la faccia de la terra Dumq; formoe il segnore idio luhomo di fango di terra:& fue fatto & soffio idio ne la faccia sua lo spirito de la uita e fatto e huomo in anima uiuente .lo signore idio auea piantato inuerita il paradiso de la dilletanza dal cominciamento di prima:nel quale pose luhomo chegli auea formato. Produsse inuerita il signore idio:dela terra ogni legnio bello auedere & ausarlo soaue. ancora lo legnio de la uita nel mezzo del paradiso.Et lo legnio de la sapientia di bene & di male.Et uno fiume uenua dalluogo de la dellectanza abagnare il paradiso:il quale quindi si diuide in quatro capi.El nome diluno e physon.quegli equello che circuisse tutta

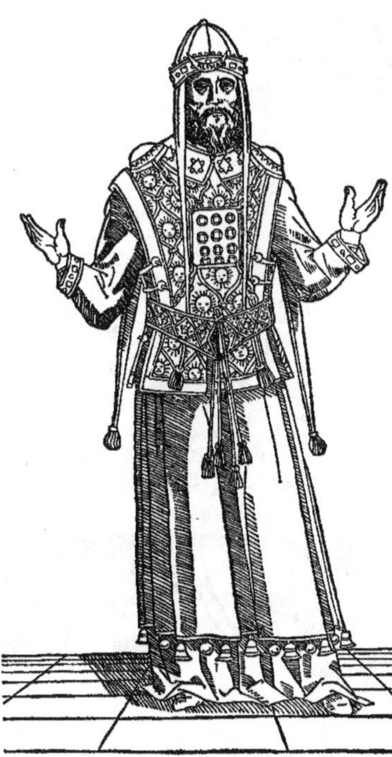

Biblia lat., 8 août 1489 (v. l_6).

132. — (lat.) — Octavianus Scotus, 8 août 1489[1]; f°. — (Florence, N; Milan, A; Stuttgart, R— ☆)

Sans titre. 4 volumes.

1er vol. — 298 ff. n. ch., le 1er blanc, s.; *a-ꝫ*, *ꝛ*, *ꝯ*, *ꝶ*, *Aa-Dd*. — 10 ff. par cahier, sauf *b*, qui en a 8. — C. g. — 2 col. à 78 ll. — R. a_2. Au commencement du texte, in. o. *H*, au trait, avec figure de l'auteur écrivant. — V. a_3. In. o. *F*, même style. — R. *c*. *Création de la femme* (voir reprod. p. 119). Au-dessous, in. o. *I*, avec représentation de la *Tentation d'Adam et d'Eve*. — R. d_5. Deux figures de l'*Arche de Noé*. — V. l_2. Deux figures du *Propitiatorium*. — R. l_3. Deux figures de la *Table des Pains de proposition*. — V. l_3. Deux figures du *Chandelier à sept branches*. — R. l_4. Les *Rideaux du Tabernacle*. — V. l_4, 1re col. Autre figure des *Rideaux du Tabernacle*. 2me col.: les *Tables de la loi*. — R. l_5. *Clôture du tabernacle*. — V. l_5. Deux figures de l'*Autel des holocaustes*. — V. l_6. Le *Grand-Prêtre* (voir reprod. p. 122). — V. l_{10}. Deux figures des *Tables de la loi*. — R. m_9. Plan du tabernacle. Le verso, blanc. — R. o_{10}. Plan du campement des Israélites. — V. r_3. Plan d'une des villes de refuge. — V. Aa_7. Deux figures du *Temple de Salomon*. — R. Aa_9. *Palais de Salomon sur le Liban*. — V. Aa_{10}, r. *Bb*, v. *Bb*, r. Bb_2. Détails de l'intérieur du temple. — R. Dd_6 et v. Dd_6. *Cadrans solaires d'Achaz*.

2me vol. — 292 ff. n. ch. s.: *aa-ꝫꝫ*, *ꝛꝛ*, *ꝯꝯ*, *ꝶꝶ*, *aaa-ccc*. — 10 ff. par cahier, sauf *ccc*, qui en a 12. — Pas de gravures.

3me vol. — 244 ff. n. ch., s.: *AA-ZZ*, *&&*, *ꝯꝯ*. — 10 ff. par cahier, sauf *ZZ*, *&&*, et *ꝯꝯ*, qui n'en ont que 8. — R. AA_8. *Dieu le Père en majesté*, d'après

1. Brunet (I, col. 893) mentionne, d'après un autre bibliographe (Dav. Clément, IV, p. 51) une édition de la *Biblia vulgare*, « Venetia, per Joan. Rosso Vercellese, 1487, avec fig. sur bois, in-f°. » Nous n'avons jamais rencontré cette édition.

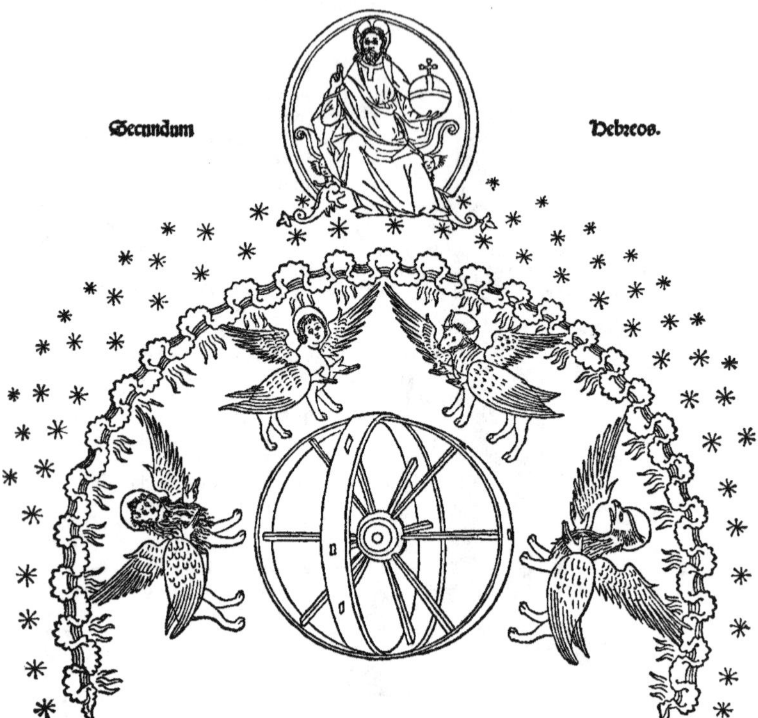

Latini dicunt quodlibet animalium predictorum esse eiusdem figure cum animali inferius.

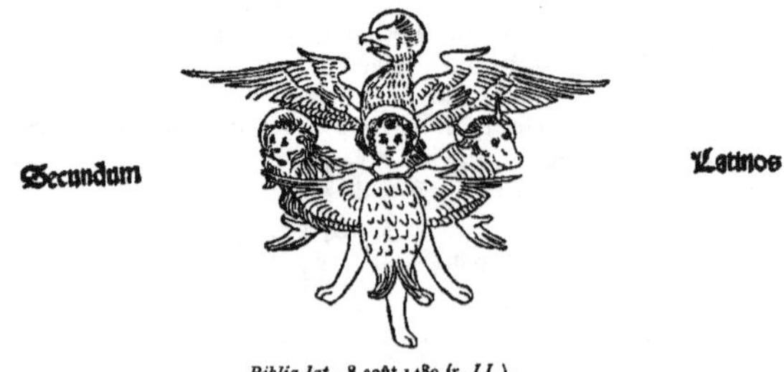

Biblia lat., 8 août 1489 (r. LL_5).

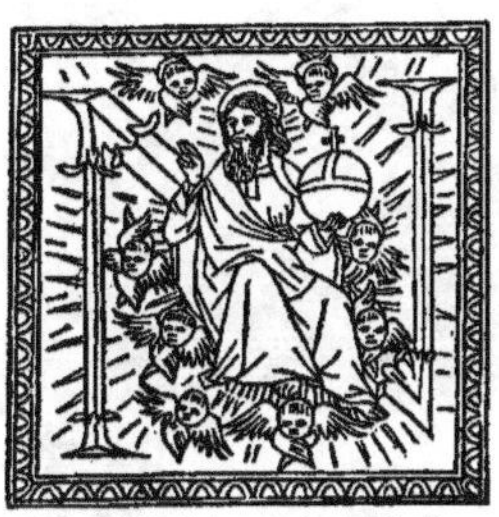
Biblia ital., 15 oct. 1490 (r. *b*).

la vision d'Isaïe. — R. DD_6. *Cadrans solaires d'Achaz.* — R. LL_5. *Vision d'Ezéchiel* (voir reprod. p. 123). — R. LL_{10}. Plan du temple. — V. NN_{10}, r. OO, r. OO_3, v. OO_3, v. OO_4, r. OO_5, r. OO_8, r. OO_9 ; différentes vues des parties du temple, d'après Ezéchiel. — R. PP_3. Plan de la cité réservée aux douze tribus. — R. RR_5. Tableau généalogique des rois de Syrie et d'Egypte.

4me vol. — 272 ff. n. ch. s. : *A-Z*, *&*, *ɔ*, *℞*, ✠. — Pas de gravures. — R. $✠_{11}$: *Uenetijs opere ɀ sumptibus Octauiani Scoti/ Modoetiēsis. M.CCCC. LXXXIX. Sexto Idꝰ sextilis.* Au verso, le registre. — Au bas du r. $✠_{12}$, grande marque à fond rouge, avec les initiales d'Octaviano Scoto. Le verso, blanc.

133. — (ital.) — Giovanne Ragazo (pour L. A. Giunta), 15 octobre 1490 ; f°. — (Paris, N ; Florence, N ; Londres, BM — ☆)

BIBLIA VVLGARE ISTORIATA.

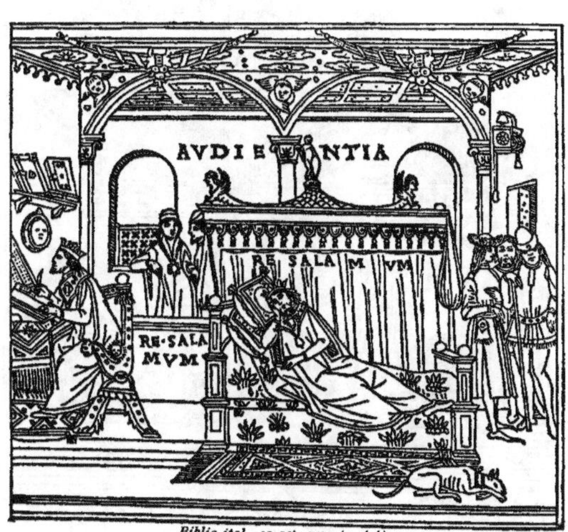

Biblia ital., 15 oct. 1490 (r. *AA*).

430 ff. n. ch., s. : *a-y*, *aa-ee*, *AA-PP*, *A-M*. — 8 ff. par cahier, sauf *y*, qui en a 10 ; *ee*, *M*, qui en ont 6. — C. rom. — 2 col. à 61 ll. — Au verso du titre, le registre. — V. a_8. *Les six jours de la création*, dans un grand

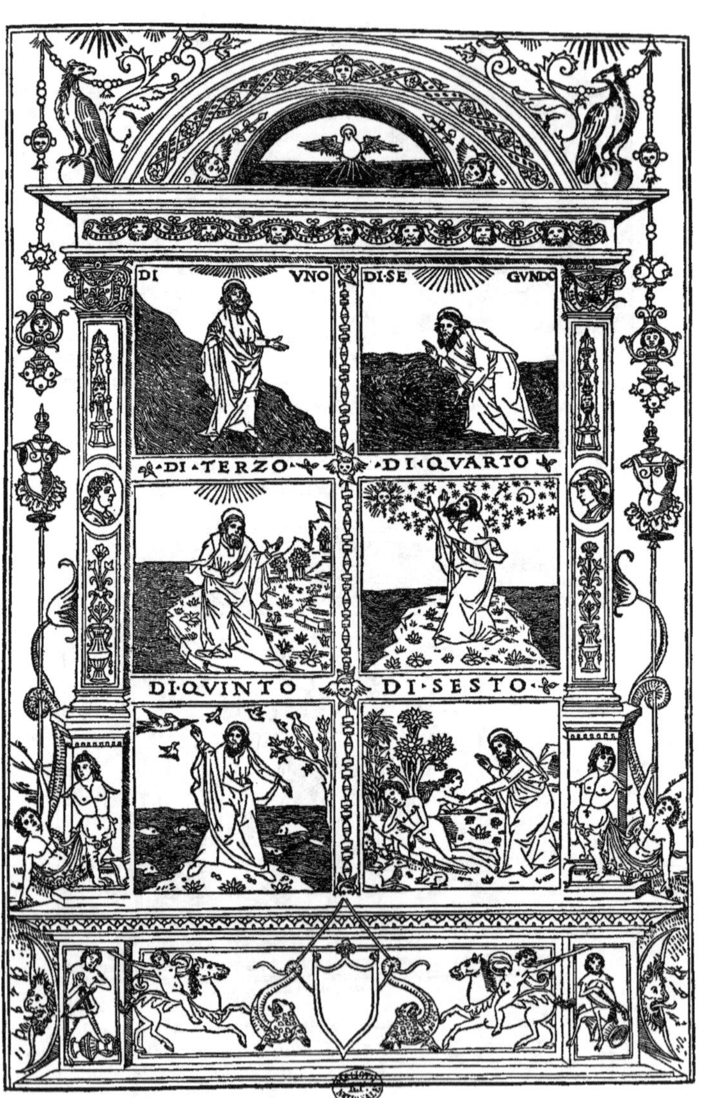

Biblia ital., 15 oct. 1490 (v. a_8).

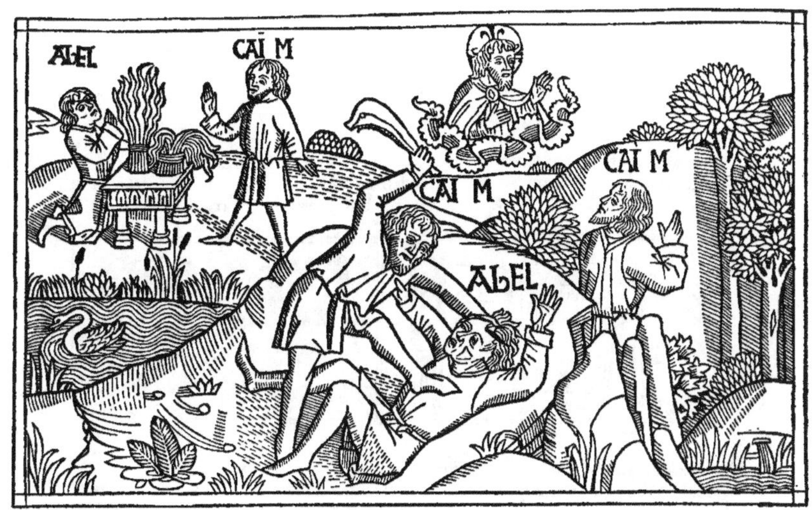

Bible de Cologne, 1480.

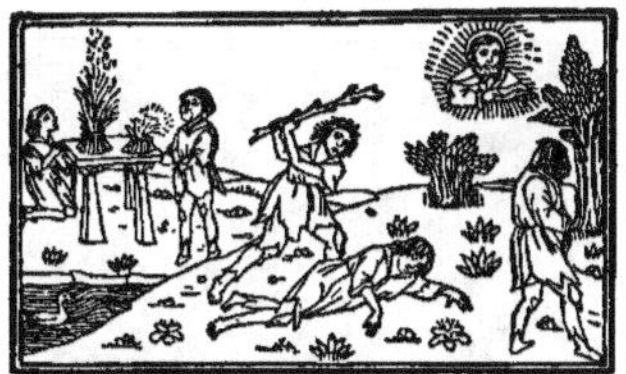

Biblia ital., 15 oct. 1490.

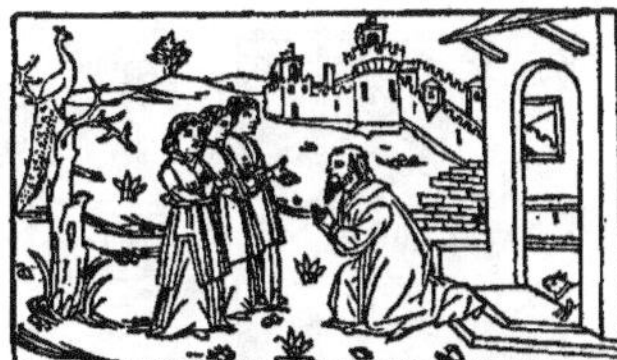

Biblia ital., 15 oct. 1490.

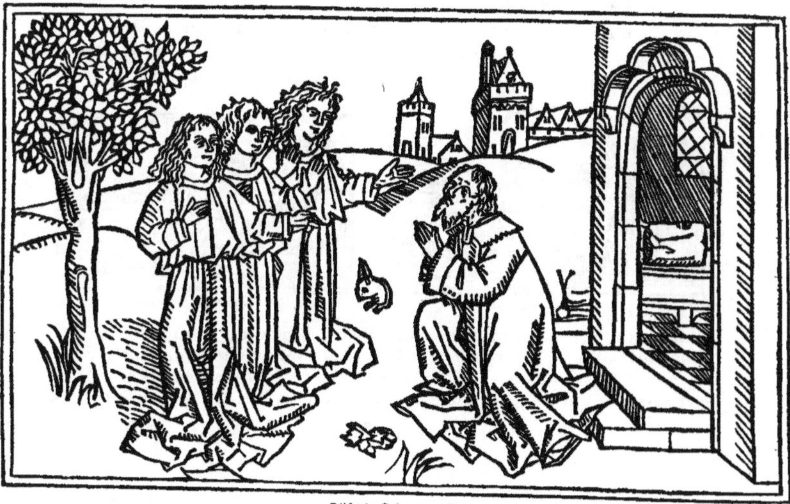

Bible de Cologne, 1480.

encadrement au trait (voir reprod. p. 125). — R. *b*. Même encadrement de page. Au commencement du texte, in. o. *N*, avec figure de *Dieu le Père* (voir reprod. p. 124). — R. *AA*. Grand bois, tenant la largeur de la justi-

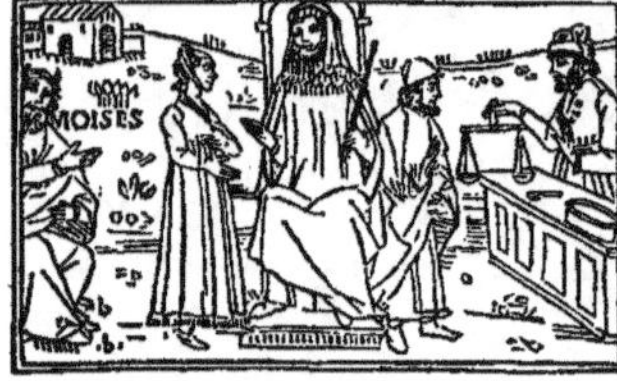

Biblia ital., 15 oct. 1490.

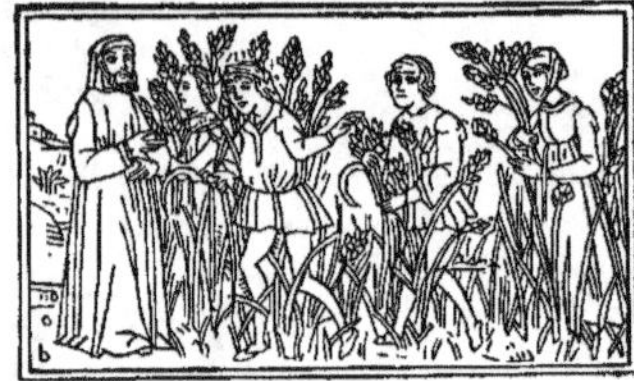

Biblia ital., 15 oct. 1490.

fication : *Le roi Salomon endormi sur un lit* (voir reprod. p. 124). Même encadrement de page qu'au v. a_8, mais avec figure de *Dieu le Père* dans le tympan. — La première partie est ornée de 208 vignettes; la seconde

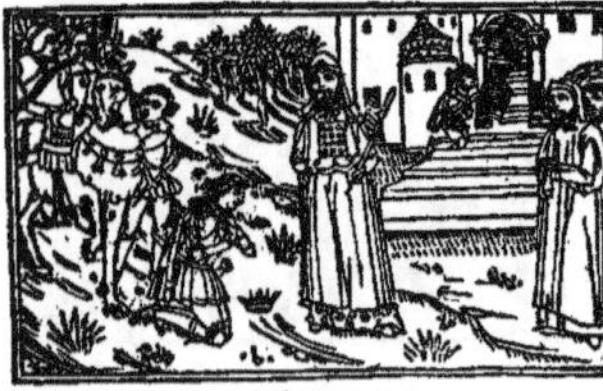

Biblia ital., 15 oct. 1490.

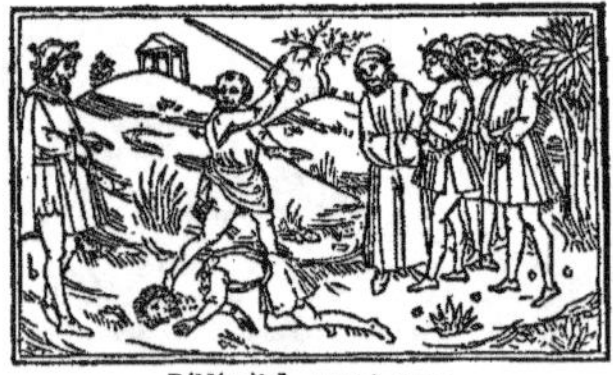

Biblia ital., 15 oct. 1490.

partie, de 176; toutes sont au trait, et généralement de la meilleure facture; une grande partie portent le monogramme b ou ·b·; dans le *Deutéronome* (chap. XXV), une vignette a le double monogramme b/·b·; une

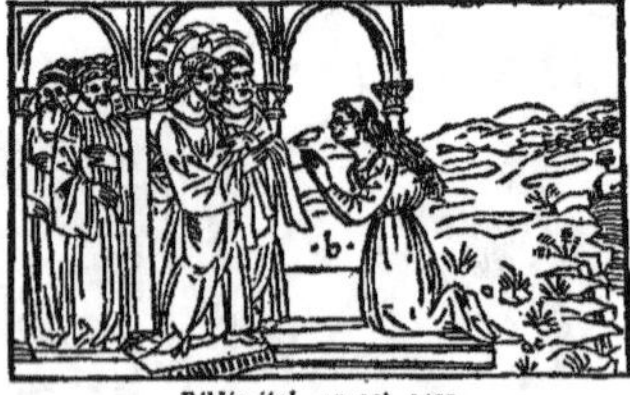

Biblia ital., 15 oct. 1490.

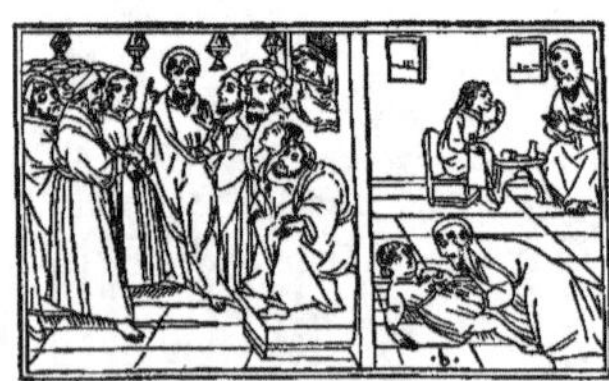

Biblia ital., 15 oct. 1490.

autre, dans l'*Apocalypse* (chap. XVII), est signée du monogramme ·b·. Dans le *Nouveau Testament*, nous reconnaissons trois mains différentes, bien inférieures à celles du maître b : 1° vignettes sans signatures, où les personnages ont de grosses têtes, et dont le dessin et la taille sont parfois assez défectueux[1]; 2° autres vignettes non signées, dont on rencontre des spécimens, par exemple, au r. et au v. E_5; 3° vignettes signées ·b· ou b; mais, dans ce dernier cas, le b est plus épais et plus anguleux que celui des jolies vignettes de la première partie (voir reprod. pp. 126-129).

R. L_8, au bas de la 1re col...... *Qui finisse la Biblia uulgare hystoriata stampata ne/ lalma citta de Venetia per Giouanne Ragazo A in/ stantia di Luchantonio di Giunta Fiorentio* (sic) *Sotto/ gli añi de la nostra redē-*

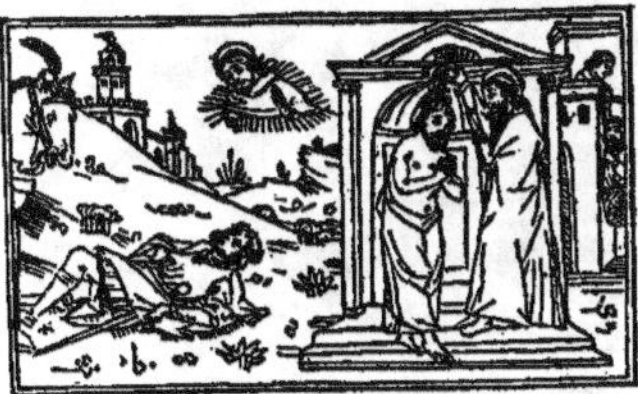

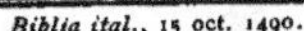

Biblia ital., 15 oct. 1490.

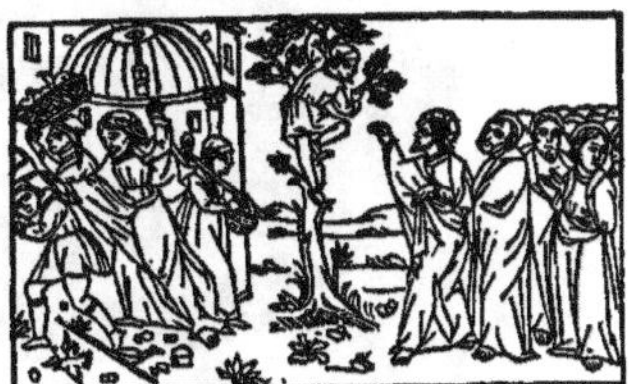

Biblia ital., 15 oct. 1490.

tione... M. CCCCLXXXX./ A di. xv. de Octubrio... — A la suite, la *Vie de St Joseph*, jusqu'au quart du v. *M;* puis la table de la seconde partie. — R. M_6, au bas de la 2me col. : marque du lis rouge florentin. Le verso, blanc.

Quelques-unes des vignettes de la *Bible* de Mallermi ont été adaptées, avec variantes plus ou moins importantes, de la *Bible* de 1489

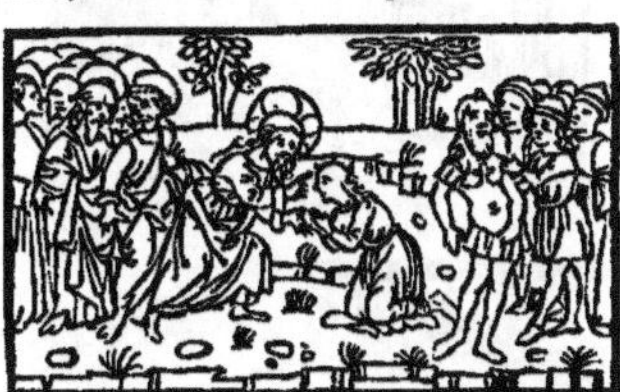

Biblia ital., 15 oct. 1490.

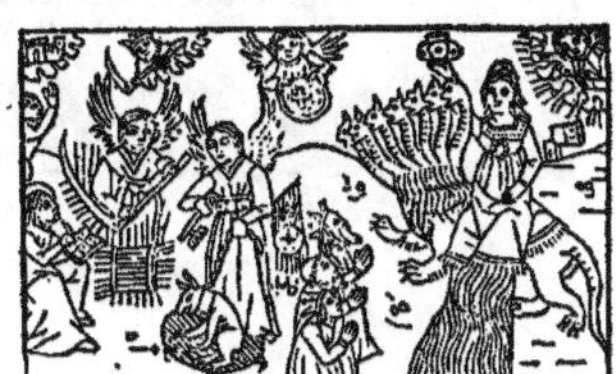

Biblia ital., 15 oct. 1490.

(*Postillæ* de Nicolas de Lyra). D'autre part, on sait qu'un certain nombre d'autres gravures ont été copiées des bois qui ornent la *Bible* imprimée par Quentell à Cologne en 1480, et qui furent reproduits dans la *Bible* de Koburger, à Nuremberg, en 1483 (voir reprod. p. 126). Mais il s'agit ici, à vraiment parler, de libre imitation bien plutôt que de copie, au sens rigoureux du mot, et l'artiste italien se révèle comme infiniment supérieur à son devancier allemand. « Il a copié ces bois, dit à ce propos le

1. Il serait possible d'attribuer ces compositions au miniaturiste Benedetto Bordone, si l'on juge d'après deux miniatures de cet artiste, qui nous ont été obligeamment communiquées par M. Fairfax Murray, et dont nous donnons les reproductions (voir p. 129). La première représentant le Martyre de St Jean devant la Porte Latine, est comprise dans l'encadrement de la première page d'une *Mariegola dei Sagomadori dell'olio*, manuscrit daté du mois d'octobre 1491 ; la seconde se trouve dans un manuscrit sans date : *Comissio seu Capitulare Magnifici ꝛ clarissimi viri Gasparis de Molino/ Procuratoris S. Marci.* Dans l'une comme dans l'autre, mais surtout dans celle de la *Mariegola*, les personnages sont bien de la même famille que ceux des vignettes auxquelles nous faisons allusion ici.

Dr Friedrich Lippmann, mais avec la plus grande liberté, réduisant les dimensions, changeant les positions des personnages, constituant des groupes là où il y avait des figures isolées, ou, au contraire, divisant les

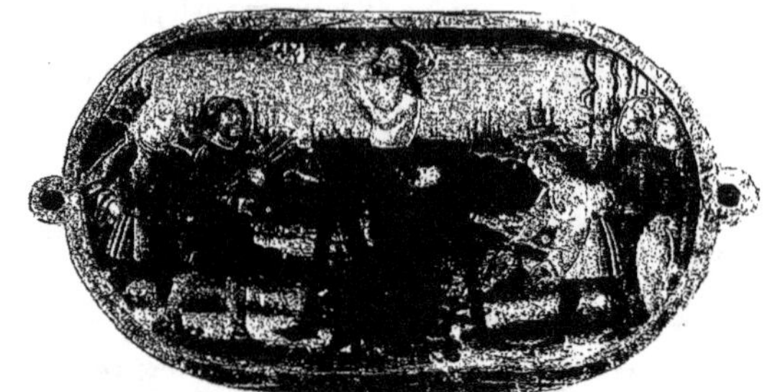

Mariegola dei Sagomadori dell'olio. Miniature de Benedetto Bordone.

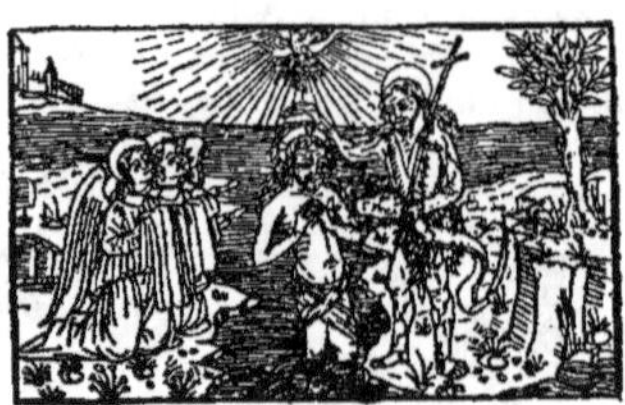

Biblia ital., 15 oct. 1490.

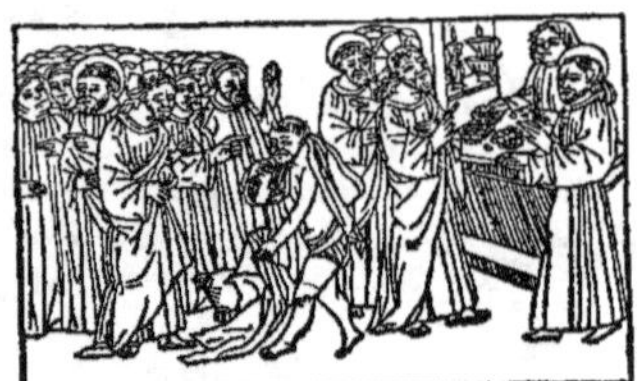

Biblia ital., 15 oct. 1490.

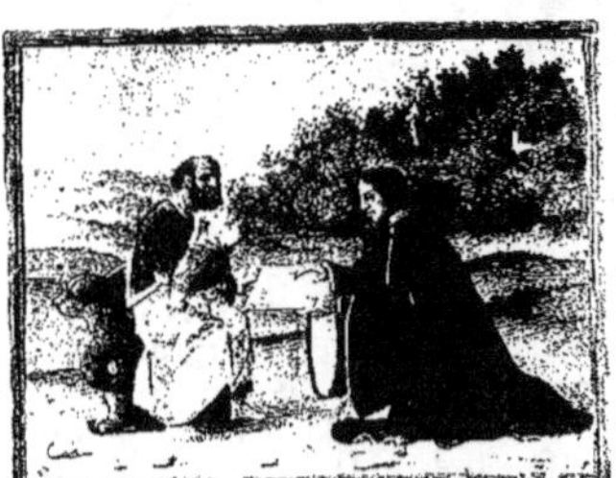

Comissio Gasparis de Molino, Procuratoris S. Marci. Miniature de Benedetto Bordone.

groupes en leurs différents éléments, modifiant les costumes suivant la mode italienne. Bref, il s'est servi des illustrations de Cologne comme d'une base commode pour ses propres dessins, sans emprunter autre chose, en réalité, que le sujet même de chaque composition. Il s'est gardé également de laisser affecter son goût artistique par la lourdeur et la vulgarité de ses modèles gothiques, ainsi que le prouve assez la facture aisée et élégante de son travail. Il faut remarquer, en outre, que le plus grand nombre de ces vignettes étaient entièrement nouvelles, puisque

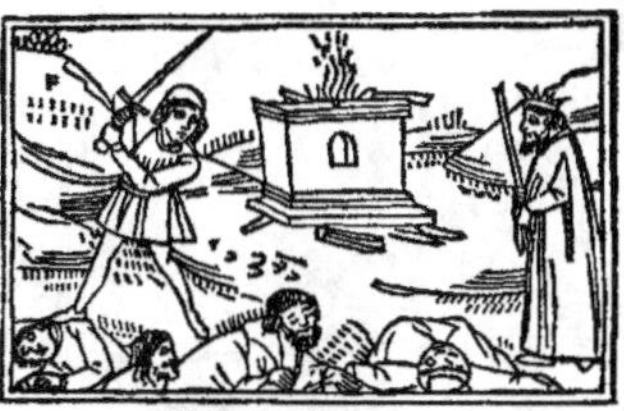

Biblia ital., juillet 1492.

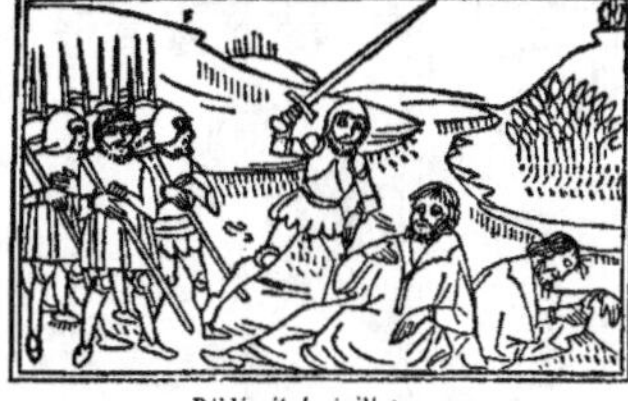

Biblia ital., juillet 1492.

l'on compte seulement cent dix illustrations dans la *Bible* de Cologne; et c'est précisément parmi les compositions originales que se trouvent les plus charmantes et les plus gracieuses de la série entière »[1].

Il y a lieu d'ajouter que plusieurs vignettes de la fin de l'ouvrage sont d'une date antérieure; entre autres, celle du v. A_{ii}, en tête de l'*Epistola de Hieronymo a Damaso papa nelli quattro evangelisti*, figure déjà dans le *Transito de S. Hieronymo*, 17 février 1489 (voir reprod. p. 115).

134. — (ital.) — Giovanne Ragazo (pour L. A. Giunta), juillet 1492; f°. — (Rome, VE)

Biblia vulgare historiata.

8 ff. prél., n. ch., s. : *a*. — 208 et 195 ff. num. avec erreurs de pagina-

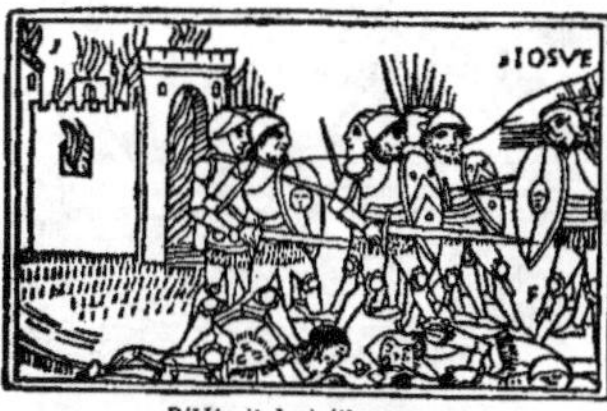

Biblia ital., juillet 1492.

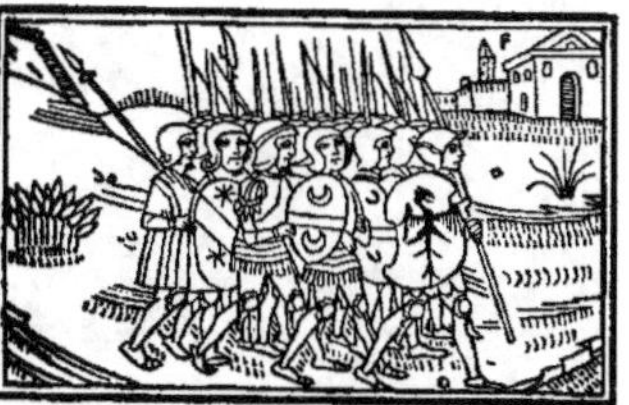

Biblia ital., juillet 1492.

tion, suivis de 7 ff. n. ch., dont le dernier est blanc, et s. : *b-z*, *&*, *ɔ*, *℞*, *A-O*, *AA-LL*. — 8 ff. par cahier, sauf *A*, qui en a 10. — C. rom.; titre g. r. — 2 col. à 62 ll. — V. a_8. *Les six jours de la création*, bois de l'édition 15 octobre 1490. Encadrement (reproduit pour le *Supplementum chronicarum*, 4 mai 1506). — R. *b*. Même encadrement de page. Au commence-

1. *Italian wood-engraving in the fifteenth century*, pp. 85, 86.

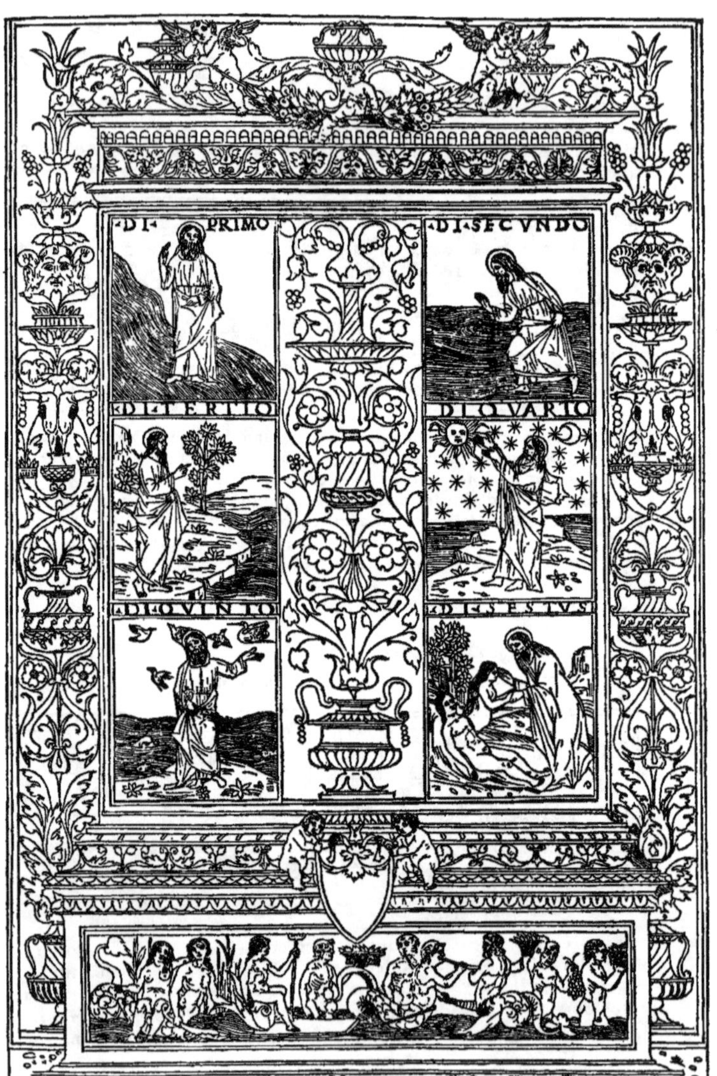

Biblia ital., 23 avril 1493 (v. a_8).

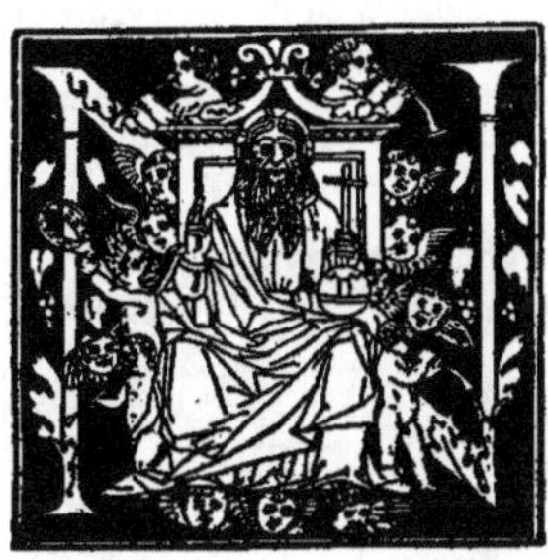

Biblia ital., 23 avril 1493 (r. *b*).

ment du texte, grande in. o. *N.*, de l'édition 15 oct. 1490. — R. *A*. Même encadrement de page, mais avec la figure de *Dieu le Père* en buste, dans le tympan, au lieu de celle du *St-Esprit*. En tête du texte, grand bois : *Salomon endormi sur un lit*, de l'édition 1490. — Dans le texte, 430 vignettes (243 pour la première partie, 187 pour la seconde, de l'édition 1490, sauf quelques gravures nouvelles, dont huit portent le monogramme F, (voir reprod. p. 130) et une le monogramme ꝇ. — In. o. au trait; d'autres, plus petites, blanches sur fond noir.

R. *LL*:... *Qui finisse la Bibia uulgare hystoriata stampata ne lalma Citta de Venetia per Giouanne Ragazo di/ monteferato A instantia di Luchantonio di Giunta/ Fiorentino Sotto gli anni de la nostra redemptione./ M.CCCCLXXXXII. Del mese di Luio....* A la suite : *Prohemio nela uita del sanctissimo et uirgine per/ petuo Ioseph...* — V. L_{ii} : FINISE LA VITA DE SANCTO/ IOSEPH/ SPOSO DE LA INTEMERATA VERGINE/ MARIA MADRE DE CHRISTO. Au-dessous, marque du lis rouge florentin. — R. LL_{iii} : *Tabula de la seconda parte de la/ Bybia.*

135. — (ital.) — Guglielmo de Monteferrato, 23 avril 1493; f°. — (Londres, BM; Berlin, E — ☆)

Biblia vulgar Historiata.

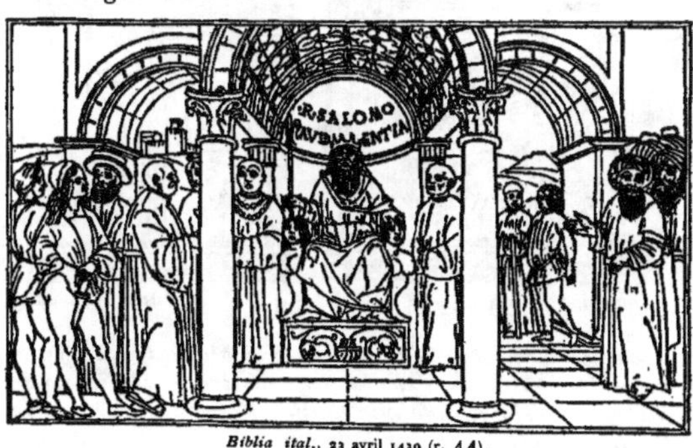

Biblia ital., 23 avril 1439 (r. *AA*).

8 ff. prél., n. ch., s. : *a*. — 200 ff. num. par erreur jusqu'à *ccx*, pour la première partie, et 212 ff., avec nouvelle pagination, pour la seconde ; s. : *b-z*, *&*, *ɔ*, *℞*, *AA-ZZ*, *&&*, *AAA-CCC*. — 8 ff. par cahier, sauf *BBB*, *CCC*

qui en ont chacun 6. — C. rom. titre g. r. — 2 col. à 60 ll. — Au v. du titre, le registre. — V. a_8. *Les six jours de la création*, copie du bois de l'édition 15 octobre 1490. Encadrement (voir reprod. p. 131) — R. *b*. Même encadrement qu'à la page précédente. Au commencement du texte, grande in. o. *N*, sur fond noir, avec figure de *Dieu le Père* (voir reprod. p. 132). — R. *AA*.

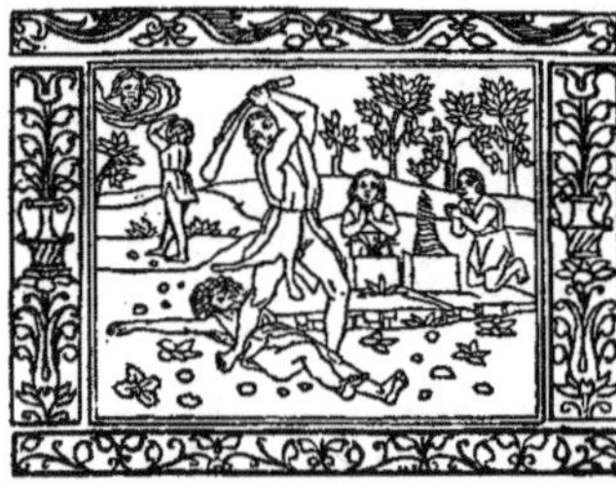

Biblia ital., 23 avril 1493.

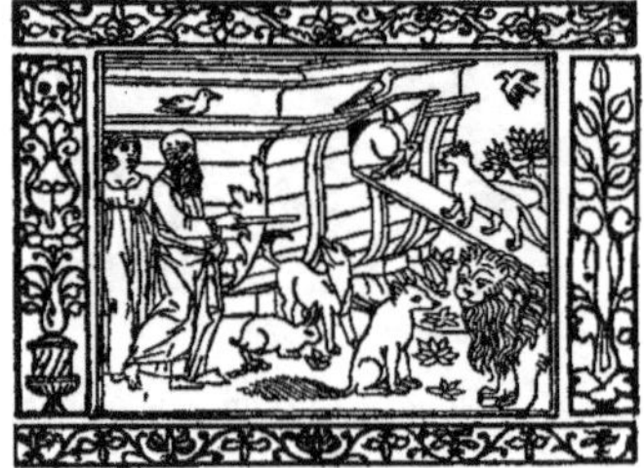

Biblia ital., 23 avril 1493.

Grand bois, tenant la largeur de la justification : *Le roi Salomon sur un trône, donnant audience* (voir reprod. p. 132). — La première partie est ornée de 227 vignettes ; la seconde, de 206. De ce dernier nombre, 32 portent le monogramme N, qui parait ici pour la première fois (voir reprod. pp. 133-135). — In o., au trait, sur fond blanc ou noir, de diverses grandeurs.

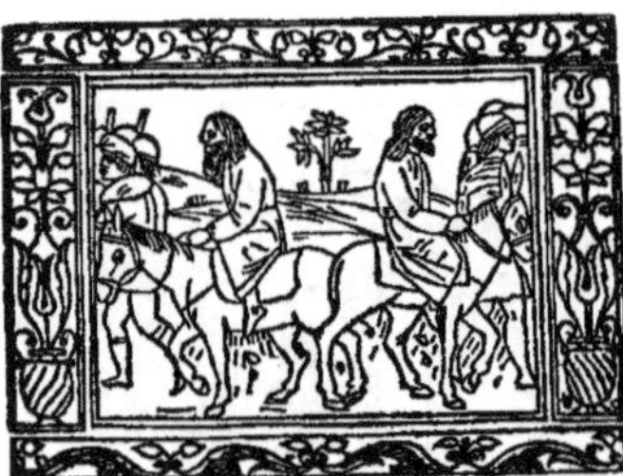

Biblia ital., 23 avril 1493.

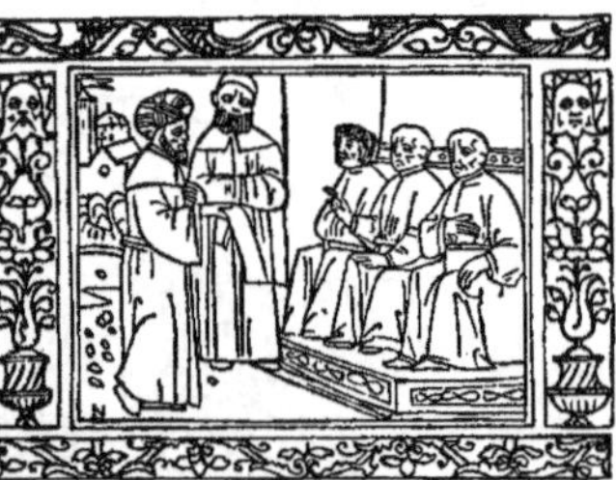

Biblia ital., 23 avril 1493.

R. 206 (2me partie) :... *Qui finisse la Bibia uulgare hystoriata stampata ne/ lalma citta de Venetia per maestro Guiglielmo da tri/ no de Monferato nominato Anima mia. Sotto gli/ anni de la nostra redẽptiõe. MCCCCLXXXXIII/ A di. xxiii de Aprile.....*

Au -dessous, commence le *Prohemio nella uita del sanctissimo & uergine p/ petuo Ioseph....* — V. 207 : la table de la seconde partie. — R. 212, au bas de la seconde colonne, la marque. Le verso, blanc.

A la suite de l'acquisition, par le British Museum, d'un exemplaire de la *Bible* de 1493 — le troisième connu, avec celui du Cabinet des Estampes de Berlin, et le nôtre, — M. Alfred W. Pollard a publié[1] une intéressante étude sur cette rarissime édition de la version italienne de Mallermi, comparée avec l'édition 15 octobre 1490, la première en Italie

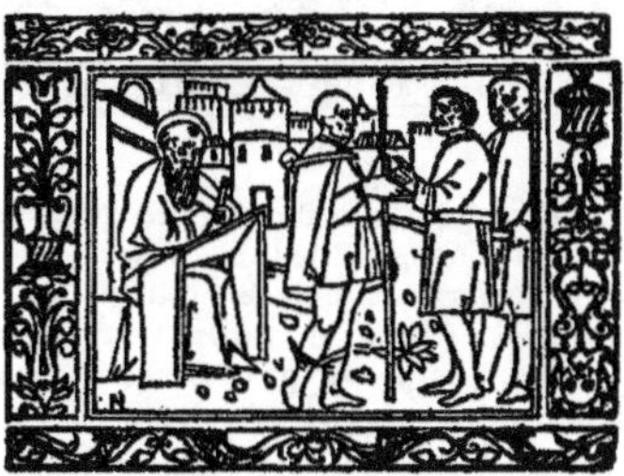

Biblia ital., 23 avril 1493.

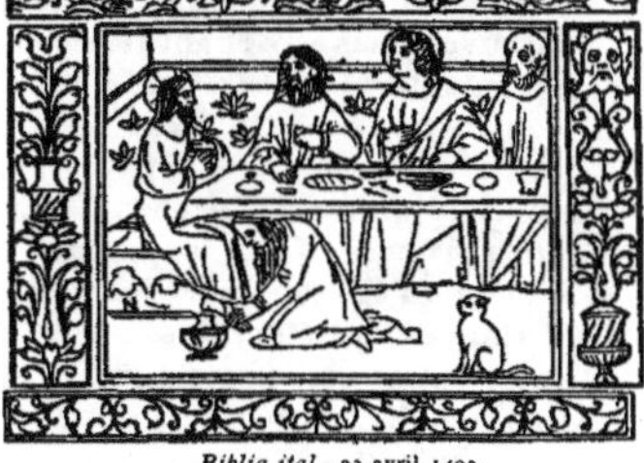

Biblia ital., 23 avril 1493.

où le texte ait été illustré avec une richesse et une abondance extraordinaires.

Le distingué bibliographe a raison de faire remarquer tout d'abord que l'éditeur de 1493 s'est attaché à produire une contrefaçon aussi complète que possible des éditions précédemment offertes au public par L. A.

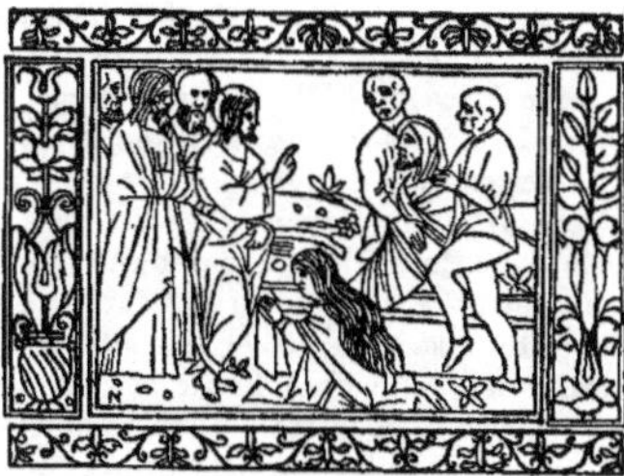

Biblia ital., 23 avril 1493.

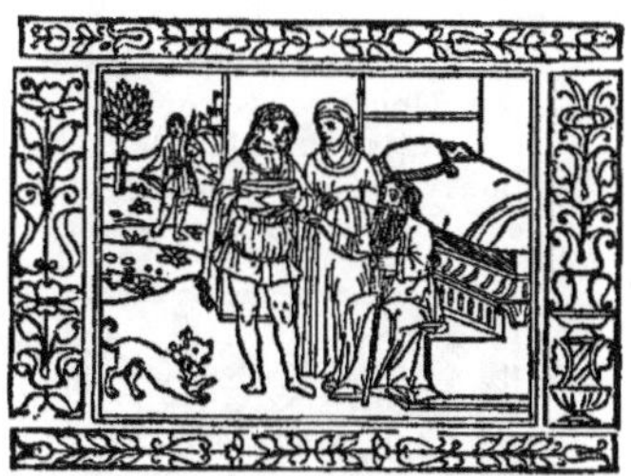

Biblia ital., 23 avril 1493.

Giunta. Le plagiat se manifeste, non seulement dans le format du volume, l'arrangement de la page et les dimensions des vignettes, mais encore dans l'imitation plus ou moins servile des dessins, dont bon nombre furent copiés, non sur les images imprimées, mais sur les blocs de bois taillés pour l'impression, de telle sorte que les mêmes sujets apparaissent représentés à l'inverse.

1. *The Library*, juillet 1902.

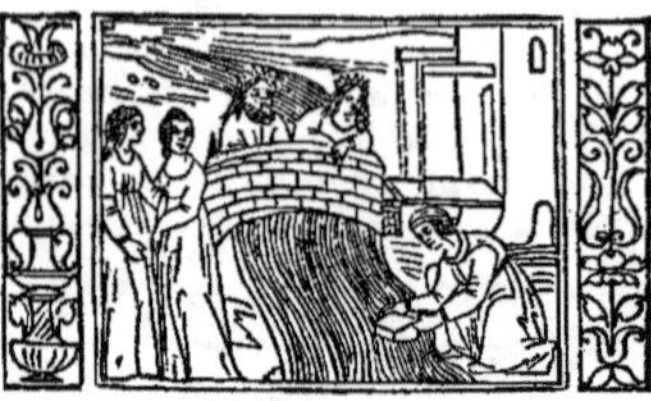
Biblia ital., 23 avril 1493.

La question est de savoir laquelle des éditions de Giunta a servi de modèle au contrefacteur. L'auteur de l'étude que nous citons pense que ce ne fut pas l'édition 1490. A l'appui de cette opinion, il énumère plusieurs vignettes de 1493, dont les originaux ne se trouvent pas aux chapitres correspondants de la *Bible* 1490, tandis qu'on les rencontre dans celle de 1492; il insiste sur d'autres différences de position et de nombre des bois dans les livres de l'Ancien Testament, d'où l'on peut déduire que l'artiste de 1493 ne s'est pas inspiré de l'édition 1490, sans conclure toutefois qu'il a copié l'édition 1492. En conséquence, M. Alfred W. Pollard incline à croire qu'entre octobre 1490 et juillet 1492, c'est-à-dire probablement dans le courant de l'année 1491, L. A. Giunta aurait publié une autre édition, contenant plusieurs vignettes de plus que la première et deux nouveaux bois substitués à des originaux d'une interprétation un peu trop réaliste (édit. 1490 : *Genèse*, chap. XXXIX ; *Nombres*, chap. XXV). Et ce serait cette édition intermédiaire qui aurait été copiée deux ans plus tard par Guglielmo da Trino. Cet intervalle de deux ans semble, en effet, beaucoup plus vraisemblable, pour la préparation d'un tel ouvrage, que les neuf mois qui séparent l'édition de juillet 1492 de celle du 23 avril 1493. Pour ces diverses raisons, nous admettons volontiers l'hypothèse d'une édition Giunta qui aurait suivi celle de 1490 et précédé celle de 1492, mais qui, malheureusement, est restée tout-à-fait inconnue, comme le fut jusqu'à ces dernières années l'édition de 1493.

Nous nous accordons également avec M. Alfred W. Pollard quant à l'appréciation de la valeur respective des illustrations dans les deux éditions de 1490 et 1493. Si l'on s'en tient à l'ensemble de l'œuvre, les artistes employés par Giunta se montrent supérieurs pour l'originalité du dessin et l'habileté de la taille. Cependant, lorsqu'on feuillette l'édition de 1493, l'œil s'arrête avec plaisir sur mainte composition où l'illustrateur a tiré le plus heureux parti de l'espace très restreint laissé à sa disposition dans les colonnes du livre, et diminué encore nécessairement par la bordure ornementale qui encadre chaque vignette. Plusieurs de ces petits tableaux ne le cèdent en rien, pour la délicatesse et le fini de l'exécution, aux bois de l'édition de 1490 ; et le graveur **N** ou les artisans de son atelier rivalisent parfois avec le maître **b**, dont ils continuent l'école.

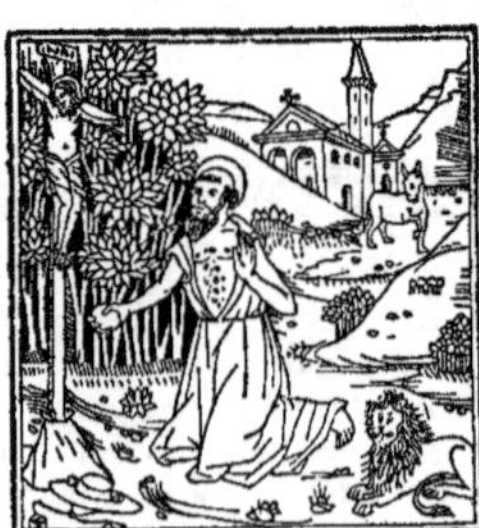
Biblia ital., 23 avril 1493.

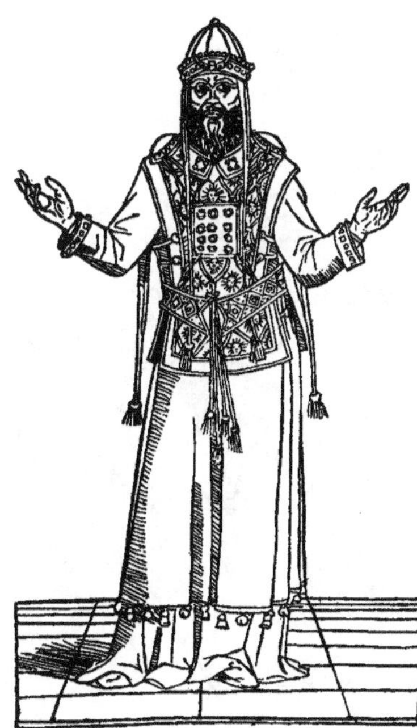

Biblia lat., 18 avril 1495 (r. p_8).

136. — (ital.) — Giovanne Rosso (pour L. A. Giunta), juin 1494 ; f°. — (Amiens, M ; Carpentras, V ; Florence, N)

Biblia vulgare historiata.

8 ff. prél., s. : *a.* — 200 et 195 ff. num. avec pagination erronée, 6 ff. n. ch., et 1 f. blanc, s. : *b-ʒ*, &, ꝯ, ℞, *A-O*, *AA-LL*. — 8 ff. par cahier, sauf *A*, qui en a 10. — C. rom. ; titre g. r. — 2 col. à 63 ll. — Au-dessous du titre, marque du lis rouge florentin. Le verso, blanc. — R. a_{ii} : table de la première partie. — V. a_5, à la suite de la table : *Comincia il prologo ueramente epistola dil bea/to Hieronymo sopra di la bibia...* — V. a_8. *Les six jours de la création;* bois et encadrement de l'édition 15 oct. 1490. — R. *b.* Même encadrement. En tête du texte, dans la 1re col., in. o. *N* (édition 1490). — R. *A.* En tête du texte, et tenant la justification des deux colonnes, bois au trait : *Salomon endormi* (édition 1490). Même encadrement, avec figure de *Dieu le Père* en buste dans le tympan, au lieu du *St-Esprit.* — 243 vignettes pour la première partie, et 87 pour la seconde. Sur le nombre total, 278 proviennent de l'édition 1490 ; parmi les 52 petits bois qui ont été ajoutés, plusieurs portent le monogramme **F**.

R. LL. En tête de la 2me col. : *A laude & gloria del omnipotente Idio & de la glo/ riosissima uergine Maria : & di sancto Ioanne Bapti/sta Qui finisse la Bibia vulgare hystoriata stampata ne lalma Citta de Venetia per Giouanne Rosso Ver/ cellese A instantia di Luchantonio di Giunta Fioren/ tino Sotto gli anni de la nostra redemptione. M. CC/CC. LXXXXIIII. Del mese di Zugno....* Au dessous : *Prohemio nela uita del sanctissimo & uirgine per/ petuo Ioseph sposo de la intemerata Vergine Maria/matre delecta de Dio.* — V. LL_{ii} : *FINISE LA VITA DE SANCTO IOSEPH...* — R. LL_{iii} : *Tabula de la seconda parte de la/ Bybia.* La table, disposée comme la première sur trois colonnes, se termine, au v. LL_7, par les mots : *LAVS DEO/ FINIS*, au bas de la 3me colonne.

137. — (lat.) — Paganinus de Paganinis[1], 18 avril 1495 ; f°. — (Rome, Ca, Co ; Milan, A)

LIber uite./Biblia cum glosis ordinarijs : et interli/nearibus : excerptis ex omnib̄ fer/me Ecclesie sancte doctorib̄ :/ simulq̃ʒ cum expositiōe/ Nicolai de lyra : et/cum concordan/tijs ī margine.

1. Nous ne signalons que pour mémoire plusieurs éditions imprimées par les Paganini, avant ou après celle-ci, et qui n'ont d'autre illustration que la marque du *St Pierre*, au trait, sur la page du titre.

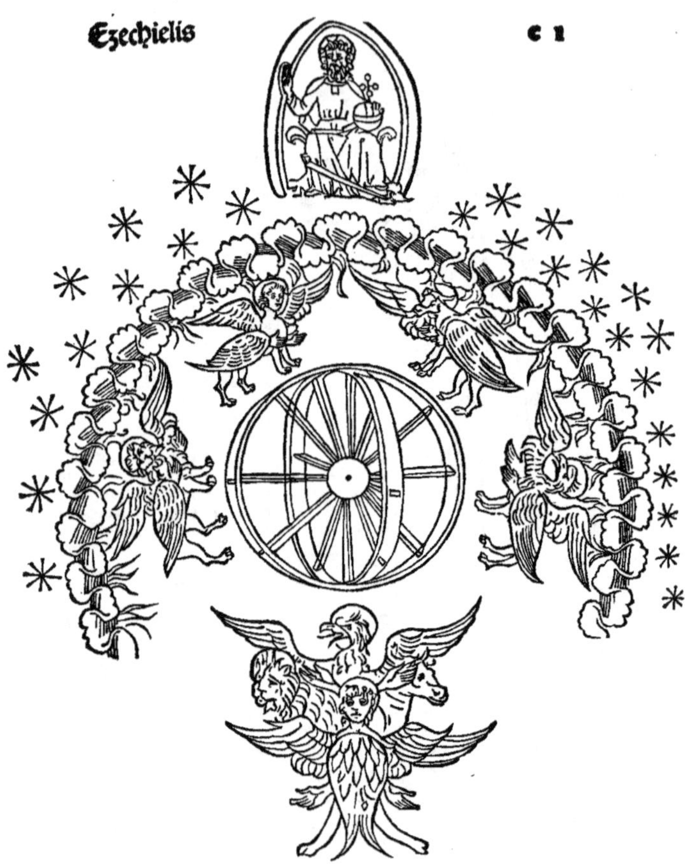

Biblia lat., 18 avril 1495 (v. SS_7).

5 volumes.

T. I. — 14 (8,6) ff. prél., n. ch., s. : *a-b*. — 249 ff. num., avec erreurs de pagination, et 1 f. blanc. s. : *a-z*, ꝛ, ꝯ, ꝝ, *aa-ff*. — 8 ff. par cahier, sauf *b*, *ee*, *ff*, qui en ont 6. — C. g. — Texte encadré par le commentaire, sur 2 col. à 83 ll. — Page du titre, au-dessous des mots : *LIber uite*, dont la première lettre est rouge : marque du *St Pierre*. — R. *c*. *Genesis*. Un espace blanc a été ménagé pour recevoir un bois et une iñ. o., qui devaient être, sans doute, copiés de l'illustration correspondante de l'édition 8 août 1489. — R. *e*. Double figure de l'*Arche de Noé*. — V. o_7. Double figure du *Propiciatorium*. — V o_8. Double figure de la *Table des pains de proposition*. — V. *p*. Double figure du *Chandelier d'or à sept branches*. — R. et v. p_{iij} et v. p_{iiij}. Diverses parties du *Tabernacle*. — R. p_6. Double figure de l'*Autel des holocaustes*. — R. p_8. Figure du *Grand-Prêtre* (voir reprod. p. 136), copie de la gravure correspondante de l'édition 1489. — V. q_7. Les *Tables de la loi*. — R. r_8. Plan du temple. — R. z_{ii}. Emplacement des douze tribus.

T. II. — 234 ff. num., avec erreurs de pagination, et s. : *gg-zz*, *ꝛꝛ*, *ꝯꝯ*, *ꝶꝶ*, *aaa-kkk*. — 8 ff. par cahier, sauf *ss*, *tt*, *vv*, qui en ont 6. — R. et v. tt_{ij}, et v. tt_6. Parties du *Temple de Salomon*. — R. vv_{ij}. Chapiteaux de colonnes du temple. — V. vv_{ij}. La « *Mer d'airain* ». — R. vv_4. Double figure du « luter », petit bassin monté sur un chariot. — R. *ꝛꝛ*. Double figure du cadran solaire. — Le verso du dern. f., blanc.

T. III. — 296 ff. num., avec erreurs de pagination, et s. : *lll-zzz*, *ꝛꝛꝛ*, *ꝯꝯꝯ*, *ꝶꝶꝶ*, *A-Y*. — 8 ff. par cahier, sauf *qqq*, *rrr*, *X*, *Y*, qui en ont 6. — Pas de gravures. — Le verso du dernier f., blanc.

T. IV. — 346 ff. num., avec erreurs de pagination, et s. : *Z*, *AA-ZZ*, *AAA-TTT*. — 8 f. par cahier, sauf *TTT*, qui en a 10. — V. AA_{ij}. *Vision d'Isaïe*. — R EE_6. Double figure du cadran solaire. — V. SS_7. *Vision d'Ezéchiel* (voir reprod. p. 137), copie du bois correspondant de l'édition 1489. — V. TT_6. Plan du temple. — R. et v. ZZ_8 ; r. et v. AAA_{iiij} ; v. AAA_5. Figures du temple ou de parties du temple. — V. *BBB*. L'*Autel des holocaustes*. — V. BBB_{iij}. Plan de l'emplacement des douze tribus. — R. BBB_7. Plan du temple. — V. *CCC*. Les douze tribus autour du temple.

T. V. — 386 ff. num., avec erreurs de pagination, et s. : *UUU-ZZZ*, *1-44*. — 8 ff. par cahier, sauf le dernier, s. : *44*, qui en a 10. — Pas de figures.

R. 44_{10} : *Glosa ordĩaria vna cũ postilł. ve. f. Nicolai de lyra or. mi. feliciter finit./ Anno salut nře Mccccłxxxxv. die po aplis. xviij. Uenetiis ĩpressa p Pa/ganinũ de paganinis brix sũmo labore ac studio :*.... Au-dessous, le registre. Le verso, blanc[1].

138. — (lat.) — Simon Bevilaqua, 8 mai 1498 ; 4°. — (Florence, N ; Londres, B. M ; Séville, C — ☆)

Biblia cum tabula nuper im/ pressa ꝛ cum summari/ is nouiter editis.

520 ff. n. ch., dont 26 ff. prél., savoir : 8 pour le titre et la table, avec signatures : *2*, *3*, *4* aux 2me, 3me et 4me ff. ; 8 autres pour une seconde table alphabétique, avec signatures : *5*, *6*, *7*, *8*, aux quatre premiers ff. du cahier ; et un troisième cahier de 10 ff., avec signature : *a*, pour le *Prologus in bibliam* et les sommaires. Les 494 ff. qui suivent, sont signés : *a-z*, *ꝛ*, *ꝶ*, *ꝯ*, *A-Z*, *aa-hh*, *AA-EE*. 8 ff. par cahier, sauf *hh*, qui en a 10, et *EE*, qui en a 4. — C. g. ; au verso du titre, avertissement au lecteur en c. rom. — 2 col. à 51 ll. — 2 grands bois (*Les six jours de la création*, et *Salomon endormi*), sans encadrement, et 71 vignettes de texte, tirés de l'édition 15 oct. 1490. — In. o. à fond noir.

V. hh_{10} : ℂ *Impressum venetijs p symonem dictuȝ/ beuilaqua 1498. die octauo Maij*. — R. *AA* : ℂ *Incipĩt interptatões hebrai/ corũ nominum*... Cette table, disposée sur trois col., va jusqu'au r. EE_4, au bas duquel est indiqué le registre. Le verso de ce dernier f. est blanc.

139. — (ital.) — Bartholomeo Zanni, 21 avril 1502 ; f°. — (Paris, N)

Biblia vulgare historiada.

8 ff. prél., n. ch., s. : *a*. — 200 ff. num. avec erreur de pagination, s. : *b-z*, *&*, *ꝯ*, *℞*, suivis de 193 ff. n. ch. avec nouvelle pagination erronée, et 7 ff. n. ch., dont le dernier est blanc ; s. : *A-O*, *AA-LL*. — 8 ff. par cahier. — C. rom. — 2 col. à 62 ll. — V. du

1. L'exemplaire de la B. Corsini, est divisé en six volumes, au lieu de cinq ; mais la suite des cahiers et le nombre total des ff. sont les mêmes que dans les autres exemplaires cités.

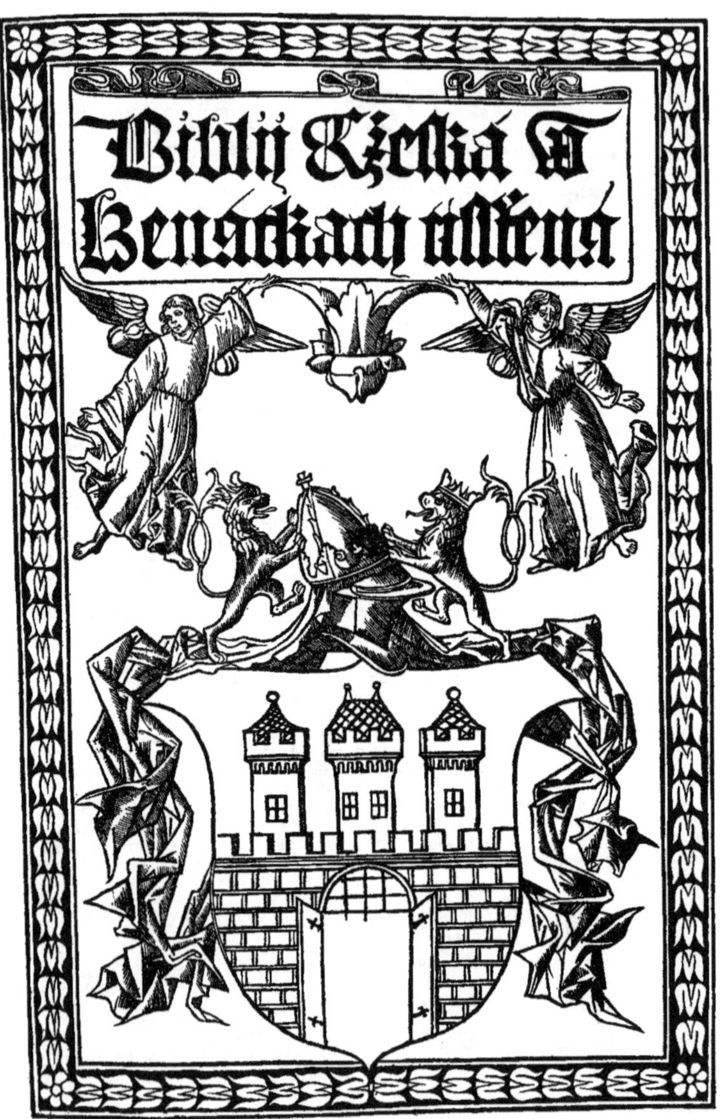

Biblia bohem., 5 déc. 1506 (p. du titre).

titre, blanc. — R. a_{ii} : table de la première partie, sur trois col. — V. a_5 : *Incomincia il prologo ueramente epistola del bea/to Heronymo* (sic) *sopra de la bibia...* — V. a_8. *Les six jours de la création*, bois de l'édition 15 octobre 1490. Encadrement de page de l'édition juillet 1492. — R. *b*. *GENESIS*. Même encadrement de page. En tête du texte, dans la 1re col., in. o. *N* (édition 1490). — R. A. *PROVERBI*. Au-dessus du texte, et prenant la largeur des deux colonnes, bois au trait : *Salomon endormi* (édition 1490). Même encadrement de page que ci-dessus, mais avec figure du *St-Esprit* au fronton, au lieu de celle de *Dieu le Père*. — Vignettes de l'édition 15 octobre 1490, avec addition d'un certain nombre d'autres petits bois, dont plusieurs signés du monogramme F, comme dans les éditions juillet 1492 et juin 1494. Cette édition, d'ailleurs, est presque semblable, comme nombre et distribution des vignettes, à celle de 1494. — In. o. florales, à fond noir.

R. *LL* (chiffré CC), au bas de la 1re col. : *A laude & gloria del omnipotente Idio & de la glo/riosissima uergie Maria : & di sancto Ioãne Baptista./ Qui finisse la Bibia uulgare hystoriada stampata in/Venetia per Bartholamio de Zanni da Portese. Nel/ MCCCCCII. Del mese de Aprile a di uintiuno* — A la suite : *Prohemio nela uita del sanctissimo... Ioseph...* ; puis : *Incomincia la legẽda del glorioso patriarcha & cõ/fessore sancto Ioseph...* — V. LL_{ii} : table de la seconde partie, sur trois col. — V. LL_7 : le registre.

140. — (bohem.) — Petrus Liechtenstein, 5 décembre 1506; f°. — (Stuttgart, R)

Biblij Czeska...

564 ff. n. ch. s. : *a-z*, ꝛ, ꝯ, ꝉ, *A-T*, *Aa*, *Ll*, suivis de 6 ff., dont les trois premiers s. : *i*, *ij*, *iij*. — 10 ff. par cahier, sauf *a*, qui en a 6 ; *d*, qui en a 18 ; ꝯ, qui en a 8 ; ꝉ, qui en a 8 ; *Kk*, qui en a 12. — Manquent le f. Ll_{12}, et le dernier f. du cahier complémentaire qui vient à la suite. — C. semi-goth. — 2 col. à 52 ll. — Page du titre : bordure à motif ornemental, sur fond noir. Au-dessous des deux lignes du titre, inscrites sur une banderole que soutiennent deux anges, grand écu aux armes de la ville de Prague (voir reprod. p. 139) Au verso, au dessous de l'avertissement, trois écus à fond noir, marques respectives des trois éditeurs de l'ouvrage : Jan Hlawsa, Waczlaw Sowa, Buryan Lazar. — R. *a*. Encadrement de page à fond noir dont le bloc supérieur est signé du monogramme L A. Au-dessous des neuf lignes, imprimées en rouge, exposant l'argument de l'épître de St Jérôme au prêtre Paulin, bois à deux compartiments : à droite, le prêtre Paulin remettant au frère Ambroise la lettre destinée à St Jérome, et à laquelle celui-ci fait allusion à la première ligne de son épître ; à gauche, St Jérôme lisant la lettre de Paulin, le frère Ambroise assis près de lui (voir reprod. p. 141). — V. a_6. *Les six jours de la création*. Encadrement (voir reprod. p. 142). — R. *b*. Même encadrement qu'au r *a*. En tête de la *Genèse*, bois oblong ombré : *Création des animaux* (voir reprod. p. 144). — V. *Aa*. *Arbre de Jessé*, avec monogramme ·LA· (voir reprod. p. 143). — R. Aa_{ij}. Même encadrement qu'au r. *a*. — Dans le texte, 11 vignettes ombrées, avec monogramme L, et 94 autres petits bois non signés (voir reprod. pp. 144, 145), parmi lesquels quatre blocs oblongs à fond criblé, au v. Aa_{ij}, et deux autres du même genre au v. Cc_1, provenant des encadrements de *l'Offic. B.M.V.*, 26 juin 1501.

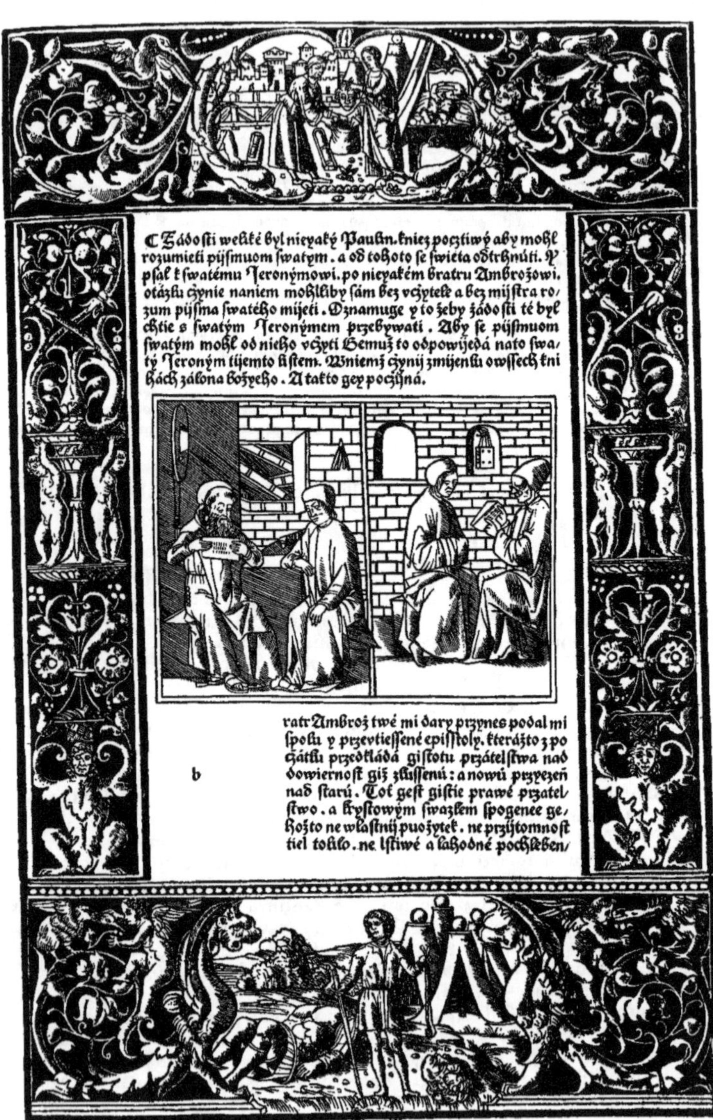

Žádoſti weliké byl nieyaký Paulin. kniez pocztiwý aby mohl rozumieti pijſmuom ſwatym . a od tohoto ſe ſwieta odtrhnúti. Y pſal k ſwatému Jeronýmowi. po nieyakém bratru Ambrožowi. otázku czynie naniem mohlliby ſám bez vczytele a bez mijſtra rozum pijſma ſwatého mijeti . Oznamuge y to žeby žádoſti té byl chtie s ſwatým Jeronýmem przebywati . Aby ſe pijſmuom ſwatým mohl od nieho vczyti Gemuž to odpowijedá nato ſwatý Jeronym tijemto liſtem. Wniemž czynij zmijenku owſſech knihách zákona božyeho . A takto gey poczijná.

ratr Ambrož twé mi dary przynes podal mi ſpolu y przevtieſſené epiſſtoly. kterážto z poczátku przedkládá giſtotu przátelſtwa nad dowiernoſt giž zkuſſenú : a nowú przyezeň nad ſtarú . Tok geſt giſtie prawé przatelſtwo . a kryſtowým ſwazkem ſpogenee gehožto ne wlaſtnij puožytek . ne przijtomnoſt tiel toliko . ne lſtiwé a lahodné pochlebenʼ

b

Biblia bohem., 5 déc. 1506 (r. *a*).

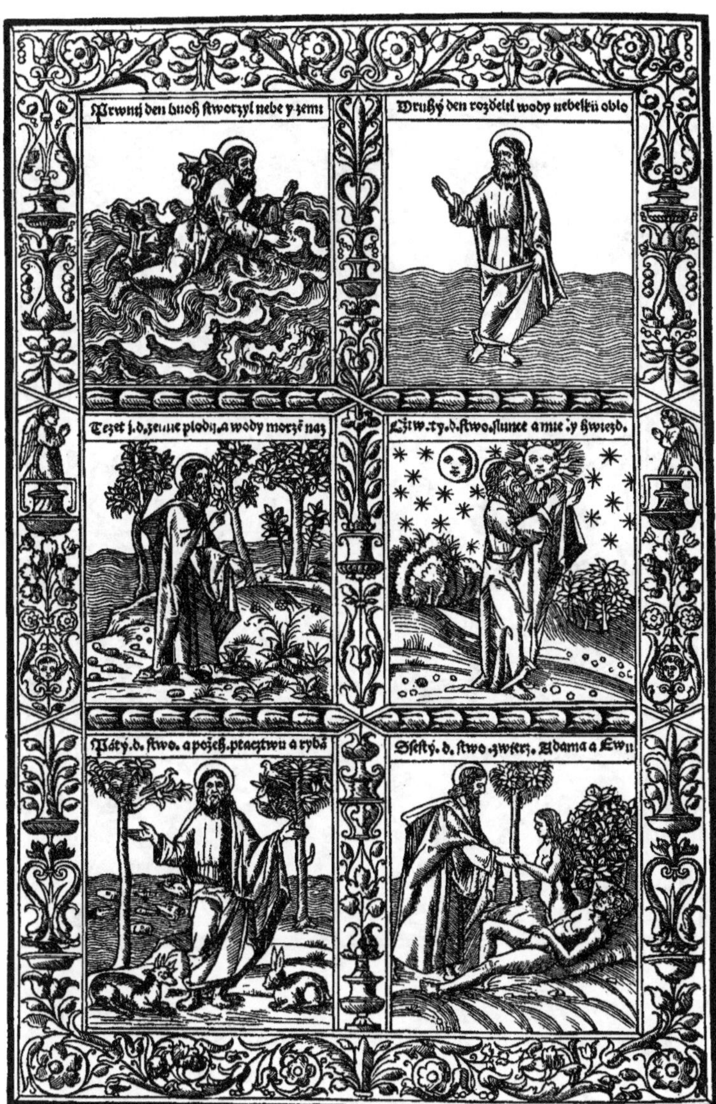

Biblia bohem., 5 déc. 1506 (v. a_6)

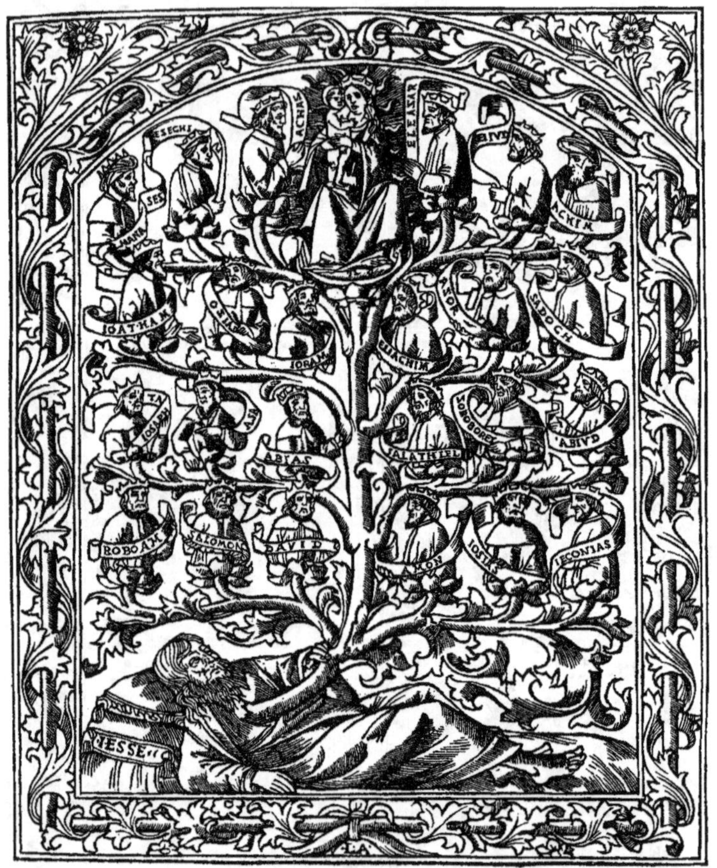

Biblia bohem., 5 déc. 1506 (v. *Aa*).

V. *Ll*$_{11}$: *Uenetiis in Edibus Petri Liechtenstein/ Coloniensis Germani. Anno vir/ ginei Partus. M.D.Ui/ Die. U. Decembris.*

141. — (ital.) — Bartholomeo Zanni (pour L. A. Giunta), 1er décembre 1507 ; f°. — (Paris, N — ☆)

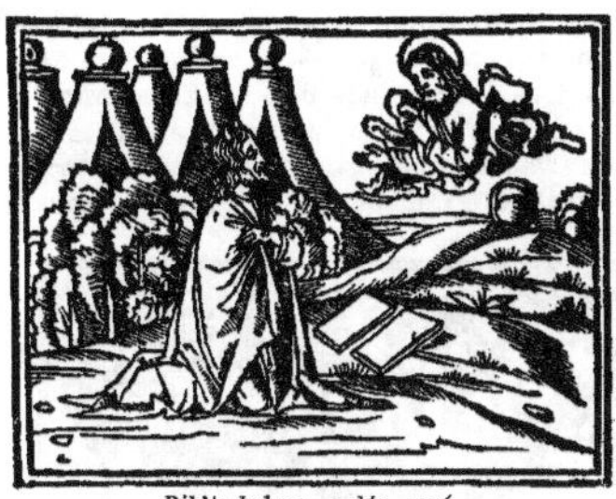
Biblia bohem., 5 déc. 1506.

Biblia vulgare historiada.

Même volume, sauf quelques différences de détail, que l'édition 21 avril 1502, du même imprimeur. — Les titres courants (sauf pour le livre d'*Isaïe*) sont en petits c. rom., tandis qu'ils sont en capitales dans l'édition 1502. — La pagination diffère par endroits, notamment dans la partie du *Psautier*, à partir du f. ℞. Quelques vignettes, ainsi que des in. o., ont été changées.

R. *LL* (chiffré CC): *A laude & gloria del omnipotente Idio & de la glo/ riosissima uergine Maria: & di sancto Ioāne Baptista./ Qui finisse la Bibia uulgare hystoriada.* La suite, comme dans l'édition 1502. — V. LL_7: le registre. Au-dessous: *Stampata in Venetia per Bartholamio de Zanni da Portes/ Ad instantia di Luca Antonio de Giunta Fiorentino/ nel. M.C. VII. adi primo del mese di decembrio.* — Le f. LL_8, blanc.

142. — (lat.) — Luc'Antonio Giunta, 28 mai 1511; 4°. — (Londres BM; Munich, R; Stuttgart, R; Venise, M — ☆)

Biblia cuꝫ concordātijs veteris et noui/ testamenti ꝛ sacrorum canonuꝫ: nec non ꝛ additione/ in marginibus varietatis diuersoruꝫ textuum:...

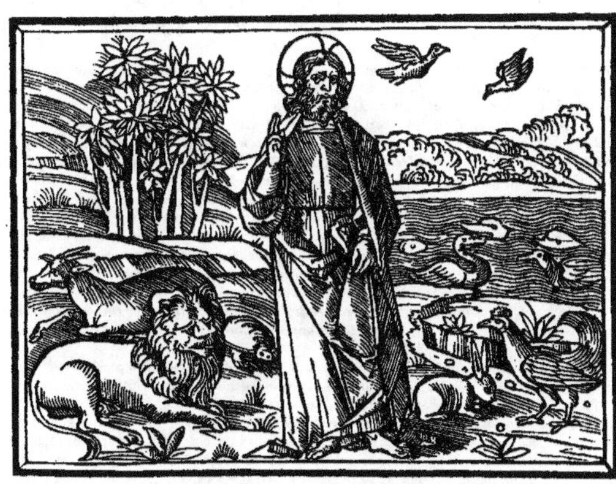
Biblia bohem., 5 déc. 1506 (r. *b*).

32 (8,12,12) ff. prél. n. ch. s.: *1*, *2*, *3*. — 510 ff. num. par erreur jusqu'à 519, s.: *a-ꝫ*, ꝛ, ꝯ, ꝶ, *A-S*. — 12 ff. par cahier, sauf *h*, qui en a 14; ꝫ, qui en a 4; *I,R,S*, qui en ont 8. — A la suite, 32 (12,12,8) ff. n. ch. s.: ✠, ✠✠, ✠✠✠. — C. g., le titre en lettres rouges. — 2 col. à 51 ll.. — Au-dessus du titre, petit bois ombré, surmonté de l'inscription: *Sanctus hieronymus interpres biblie;* St Jérôme, battant sa coulpe devant un crucifix

(voir reprod. p. 146). Au bas de la page, marque du lis rouge florentin. — V. 2_{12} et v. 3_{12}. *Les six jours de la création*, bois de l'édition 15 octobre 1490. — R. 255. En tête de la page : *Salomon endormi*, de la même édition. Ces deux grands bois sont sans encadrement. — V. 410. *Nativité de Jésus*, bois de page ombré, signé du monogramme L, et qui avait déjà paru dans le Marcus Vigerius, *Decachordum christianum*, 10 août 1507, imprimé à Fano par Hieronymo Soncino[1]. A droite et à gauche de la gravure, pour

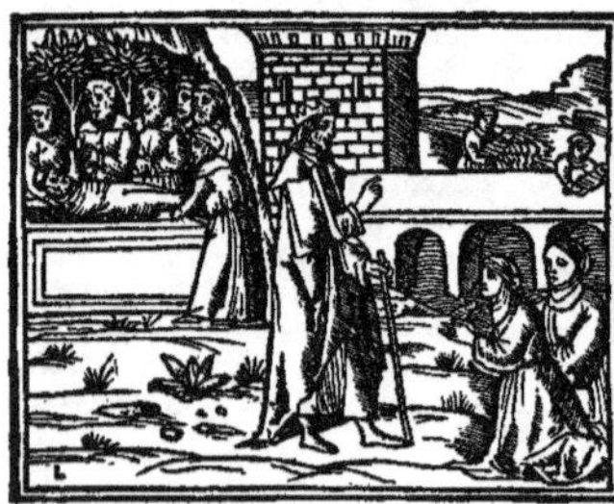

Biblia bohem., 5 déc. 1506.

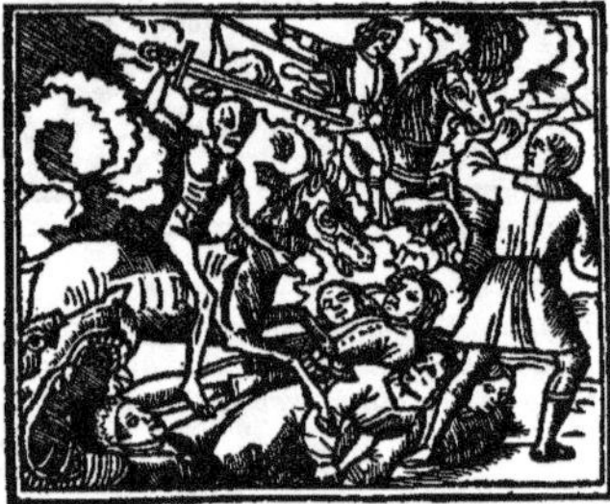

Biblia bohem., 5 déc. 1506.

parfaire la justification bordure ornementale à fond noir (voir reprod. p. 147. — Dans la partie de l'*Ancien Testament*, 90 vignettes au trait, provenant de la *Bible* de 1490 ou de celle de 1494. Le *Nouveau Testament*, outre le *St Jérôme* du titre, qui reparaît deux fois, comprend 23 vignettes ombrées, dont plusieurs avec monogramme L, quelques-

1. *MARCI VIGERII SAONEN/SIS SAN. MARIAE TRANS/TIBE. PRAESBI. CAR. SENO/ GALLIEN. DECACHORDVM/ CHRISTIANVM IVLIO. II./ PONT. MAX. DICATVM.* — In-f°. 8 ff. prél., n. ch., dont le dernier est blanc, s. : *aa.* 246 ff. num., s. : *a-ʒ*, *&*, *A-F*, et 16 ff. n. ch., s. : *AA-BB*. 8 ff. par cahier, sauf *a*, *A*, *F*, qui en ont dix. C. rom. 38 ll. par page. Au-dessous du titre, armes cardinalices ; page entourée d'un bel encadrement à fond noir. 10 grands bois. V. II : *Annonciation* ; v. XXVI : *Nativité de J. C.*, avec monogramme L ; v. L : *Circoncision* ; v. LVIII : *Adoration des Mages* ; v. LXXV : *Présentation au temple* ; v. XC : *Entrée à Jérusalem* ; v. XCVIII : *Veillée au jardin de Gethsemani* ; v. CCXIII : *Résurrection* ; v. CCXIX : *Ascension* ; r. CCXXVI : *Descente du St-Esprit*. Chacun de ces bois est entouré, comme la page du titre, d'un encadrement à fond noir. La dernière gravure porte sur les piédestaux des pilastres qui soutiennent l'arcade du Cénacle, les deux initiales F (à gauche), V (à droite). Passavant (I, pp. 141, 142) indique ces lettres comme étant le monogramme de Florio Vavassore, bien que tous les bois, de facture identique, soient évidemment l'œuvre d'un même graveur, c'est-à-dire de celui qui a signé du monogramme L la *Nativité*. Florio Vavassore, d'ailleurs, n'a exercé que beaucoup plus tard. Ne serait-il pas plus vraisemblable de voir dans ces initiales F V une simple indication de lieu, l'abréviation de FANO VRBE ? — Dans le texte, petites vignettes à fond criblé. — V. CCXLVI : *Marci Vigerii Saonensis ordinis minorum Tituli Sanctæ Mariæ Trans/ tyberim presbyteri Cardi. Senogallien̄. Decachordum Christianū finit./ Quod Hieronymus Soncinus in Vrbe Fani his caracteribus impressit/ die. x. Augusti. M. D. VII...* — (Milan, M — ☆).

L'illustration des premières éditions vénitiennes de la *Bible* a été imitée dans plusieurs éditions imprimées à Lyon au commencement du XVIe siècle. Nous donnons, comme spécimen, la description de la *Bible* sortie en 1516 des presses de Jacques Sacon, pour Antoine Koburger, de Nuremberg :

Biblia cū cōcordantijs veteris ꝛ noui testamēti ꝛ sacrorū ca/ nonum : ... — In-f°. 14 (8,6) ff. prél. n. ch., s. : *aa-bb*. 318 ff. num., s. : *a-ʒ*, *A-R*, suivis de 26 (8, 8, 10) ff. n. ch., s. : *AA-CC*, dont le dernier a le verso blanc. 8 ff. par cahier, sauf *R*, qui en a 6. C. g. r. et n. 2 col. à 67 ll. Au-dessous du titre, grand bois ombré : *St Jean-Baptiste*, avec *l'Agneau divin* ; encadrement de page architectural, avec deux figures de saints, petits anges soutenant des écus armoriés, etc. Deux grands bois : *Les six jours de la création* et *Salomon endormi*, ainsi qu'un grand nombre de vignettes du texte, sont copiés de l'édition vénitienne du 15 oct. 1490. Un autre grand bois : *Nativité de J. C.*, est copié de la gravure avec monogramme L du Vigerius, *Decachordum christianum*, 10 août 1507. La distribution des bois dans le texte est à peu près la même que dans la *Bible* de L. A. Giunta, 28 mai 1511 ; plusieurs de ces vignettes proviennent du fonds même du grand imprimeur vénitien. V. CCCXVII : ... *Impressa autem Lugduni : per M. Iacobum Sacon. Expensis/ notabilis viri Antonij koberger Nuremburgensis... Anno nostre salutis/ Millesimo quingentesimo decimosexto. Die vo decimoseptimo mensis Decembris*. Au-dessous, la marque ; au bas de la page, le registre. R. *AA: Interpretationes nominū hebraicorū*, sur trois col., jusqu'à la fin. — (Paris, N)

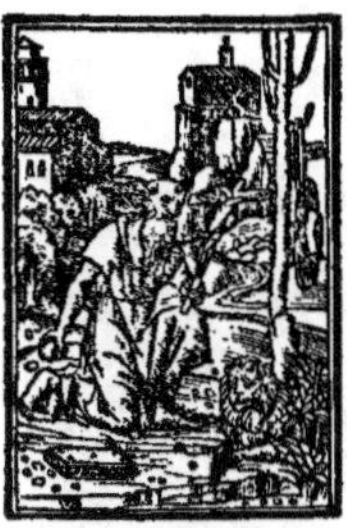

Biblia lat., 28 mai 1511 (p. du titre).

unes avec monogramme ᴄ, et qui se retrouvent dans nombre de livres de liturgie imprimés par Giunta. — In. o. au trait ou ombrées, de diverses grandeurs ; d'autres, à fond noir.

V. S_8 (chiffré 219) : *Biblia cũ cõcordantijs veteris ꝛ noui testa/menti necnõ ꝛ iuris canonici : ac diuersitatibꝰ textuũ :... per nobilem virum dominum Lucamanto-/ nium de giunta florentinum diligenter. Ue/ netijs impressa :... feliciter explicit./ Anno domini. M. d. xi./ v. calẽdas Iunij./ Laus deo.* Au-dessous, le registre. — Les trois cahiers complémentaires contiennent : *Interpretationes nomĩum hebraicorũ*, sur trois col. Le dernier f., blanc.

143. — (ital.) — Georgio Rusconi, 2 mars 1517 ; f°. — (Paris, A ; Londres, BM)

Biblia vul/ gare/ Nouamente impressa : Diligen/ temente correcta :/ Historiata.

1re partie. 8 ff. prél. n. ch., s. : *a* ; et 207 ff. num. par erreur jusqu'à 208, s. : *b-ꝫ*, *&*, *ꝯ*, *℞*. — 2me partie : 196 ff. num. et 6 ff. n. ch., dont le dernier est blanc, s. : *A-O*, *AA-LL*. — 8 ff. par cahier, sauf *A*, qui en a 10. — C. rom. ; titre g. r. — 2 col. à 62 ll. — Page du titre : encadrement ornemental. Au-dessous du titre, marque du *St Georges combattant le dragon*, avec monogramme FV. Le verso, blanc. — V. a_8 : *Les six jours de la création*, (voir reprod. p. 148), dans un encadrement à figures. — R. 1. Encadrement de page du même style. — R. 1 (2me partie) Même encadrement qu'au v. a_8, avec transposition des blocs de droite et de gauche. En tête du texte, grand bois oblong : AVIDIENTIA SALOMONIS (voir reprod. p. 149). — Dans le texte 429 vignettes ombrées, (244 dans la première partie, et 185 dans la seconde), copiées de celles de l'édition 15 oct. 1490 (voir reprod. p. 150). — Petites in. o. à fond noir.

V. LL_7 : ℂ *Stampata in Venetia per Georgio de Rusconi Milanese/ Nel anno del nostro signore. M.D.XVII. Adi secon/ do del mese di Marꝫo...*[1]

144. — (ital.) — Lazaro Soardi et Bernardino Benali, 10 juillet 1517 ; f°. — (Venise, M — ☆)

8 ff. prél., dont le 1er est blanc, s. : *a*. — 192 et 202 ff. num., s. : *b-ꝫ*, *&*, *ꝯ*, *A-O*, *AA-LL*. — 8 ff. par cahier, sauf *A*, qui en a 10. — C. rom. — 2 col. à 61 ll. — Bois de l'édition 23 avril 1493. — In. o. de différents genres.

R. CCII : le registre ; au-dessous : ℂ *A laude de dio & della sua matre uergine Maria & de miser san Hieronymo fu impresso/ questo uolume ne lalma citta di Venetia per Laꝫaro de Soardi & Bernardino Benalio... ne gli/ anni della salutifera incarnatione del figliol de leterno & omnipotente Dio./ M. CCCCCXVII. Adi. X. de Luio.* Le verso, blanc.

145. — (lat.) — Lucᵃ Antonio Giunta, 15 octobre 1519 ; 8°. — (Paris, N ; Londres, BM ; Venise, C)

Biblia cum concordantijs veteris ꝛ/ noui testamẽti ꝛ sacrorũ canonum : plenisqꝫ q̃ꝫuis/ breuibus summarijs ad singula capita appositis :...

30 (8,8,10,4) ff. prél. n. ch. s. : ✠, ✠✠, ✠✠✠, *ꝫ*. — 512 ff. num. par erreur jusqu'à 532, s. : *a-ꝫ*, *ꝛ*, *ꝯ*, *ꝶ*, *A-Z*, *AA-PP*. — 8 ff. par cahier. — C. g. — 2 col. à 52 ll. — En tête de la page du titre, petit bois ombré : St Jérôme dans un oratoire. Au-dessous

1. Passavant (I, pp. 137, 138) cite, d'après Zani (*Enciclopedia metodica delle belle arti*, p. II, t. I, p. 275) une édition de la *Bible* de Mallermi imprimée à Venise en 1515, avec gravures sur bois. Nous n'avons jamais vu cette édition, non plus que le monogramme IBV, signalé par le même Zani sur certains bois des éditions de la *Bible* de 1490 à 1515.

du titre, imprimé en rouge, marque du lis rouge florentin. Autour de la page, petite bordure ornementale. — V. ✠✠✠$_{10}$ et v. ʒ$_4$: *Les six jours de la création*, avec monogramme ·3·a· (voir reprod. p. 151). — V. 400. *Nativité de J. C.* (reprod. dans *Les Missels*

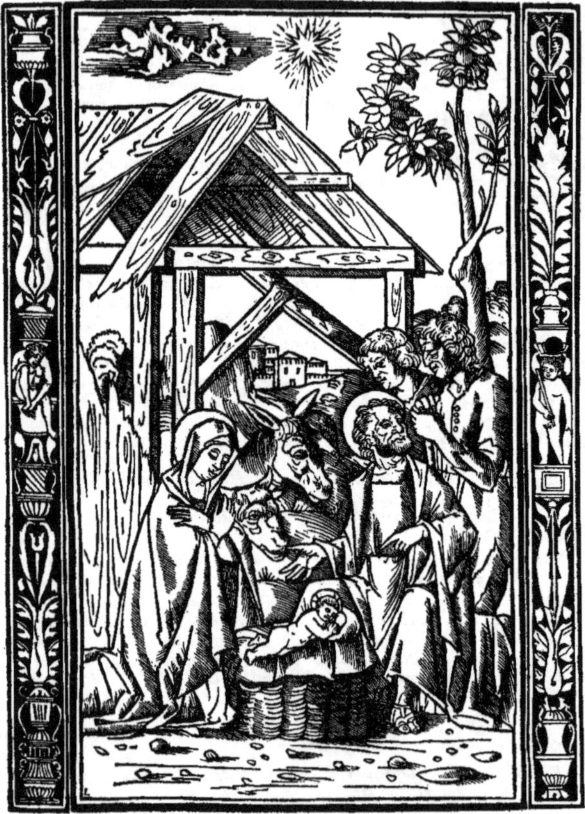

Biblia lat., 28 mai 1511 (v. 410).

vén., p. 111). — 212 petites vignettes ombrées (y compris celle de la page du titre), copies ou imitations des vignettes des premières éditions; un certain nombre sont signées : c; mais ce monogramme se rencontre principalement dans les *Evangiles*, sur des vignettes, de dimension moindre, qui ont paru dans d'autres livres de liturgie imprimés par Giunta. — Petites in. o. à figures.

V. du dernier f. ch. 552 : *Biblia cũ concordantijs veteris ꝛ noui testa/ mẽti necnõ ꝛ iuris canõici : ac diuersitatib' textuũ :/ ... feliciter explicit./* ℂ *Uene tijs mãdato ꝛ expẽsis/ nobilis viri Luceantonij/ de giunta Florẽtini dili/ genter impressa anno/ dñi.*

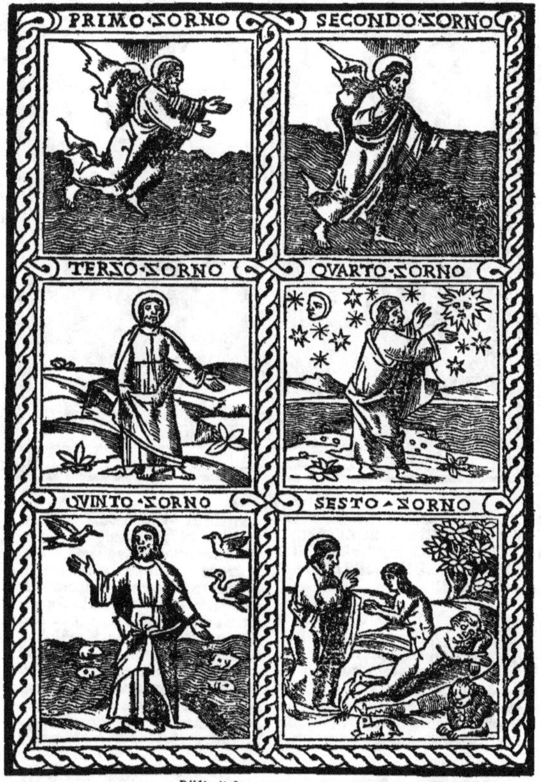

Biblia ital., 2 mars 1517 (v. a_8).

1519. Die. 15./ mẽsis Octobris./ Laus Deo. Au-dessous, le registre. — A la suite : *Interpretationes nominũ hebraicorũ*, 55 ff. n. ch., et 1 f. blanc, par 8, avec signatures : *I-7*.

146. — (ital.) — Helisabetta Rusconi, 23 décembre 1525 ; f°. — (Paris, N, A ; Venise, C — ✫)

Biblia vul/ gare/ Nouamente impressa. Corretta : / Hystoriata, Con le Rubrice/ ꝛ Capitulatione.

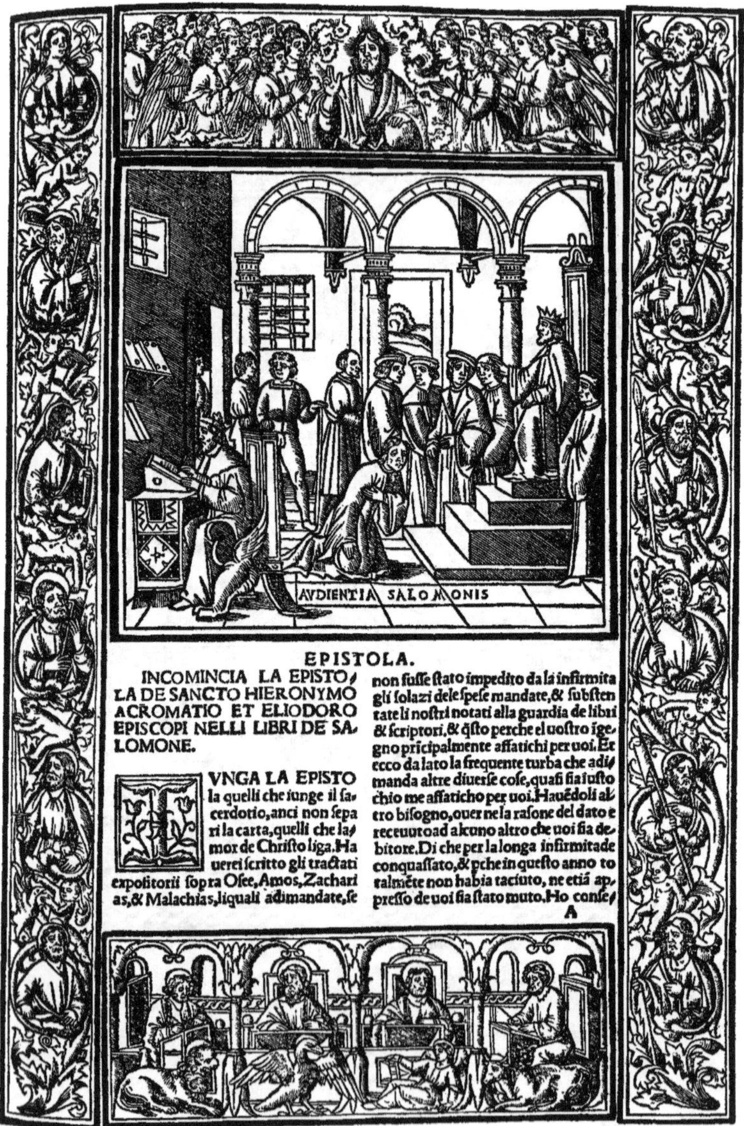

EPISTOLA.

INCOMINCIA LA EPISTOLA DE SANCTO HIERONYMO ACROMATIO ET ELIODORO EPISCOPI NELLI LIBRI DE SALOMONE.

TVNGA LA EPISTOLA quelli che iunge il sacerdotio, anci non separi la carta, quelli che lamor de Christo liga. Hauerei scritto gli tractati expositorii sopra Osee, Amos, Zacharias, & Malachias, liquali adimandate, se non fusse stato impedito da la infirmita gli solazi dele spese mandate, & substentate li nostri notati alla guardia de libri & scriptori, & q̄sto perche el uostro igegno pricipalmente affatichi per uoi. Et ecco da lato la frequente turba che adimanda altre diuerse cose, quasi sia iusto chio me affaticho per uoi. Hauēdoli altro bisogno, ouer ne la rasone del dato e receuuto ad alcuno altro che uoi sia debitore. Di che per la longa infirmitade conquassato, & pche in questo anno totalmēte non habia taciuto, ne etiā appresso de uoi sia stato muto. Ho conse-

A

Biblia ital., 2 mars 1517 (r. 1, 2me partie).

1re partie. 8 ff. prél., n. ch., s. : *a* ; 200 ff. num. par erreur jusqu'à CCVIII, et s. : *b-ꝫ*, *&*, *ꝯ*, *℞*. — 2me partie. 195 ff. num. et 5 ff. n. ch., dont le dernier est blanc, s. ; *A-O*, *AA-LL*. — 8 ff. par cahier. — C. rom. ; titre de l'ouvrage en lettres g. r., titres des chapitres en lettres g. n. — 2 col. à 62 et 63 ll. — Au-dessous du titre, marque du *St Georges combattant le dragon*, avec monogramme **FV**. — Bois de l'édition 2 mars 1517.

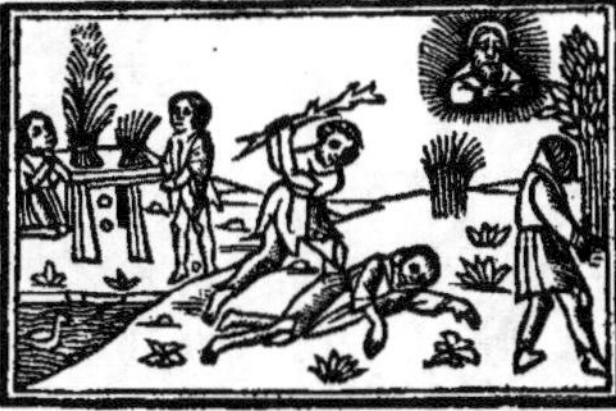

Biblia ital., 2 mars 1517.

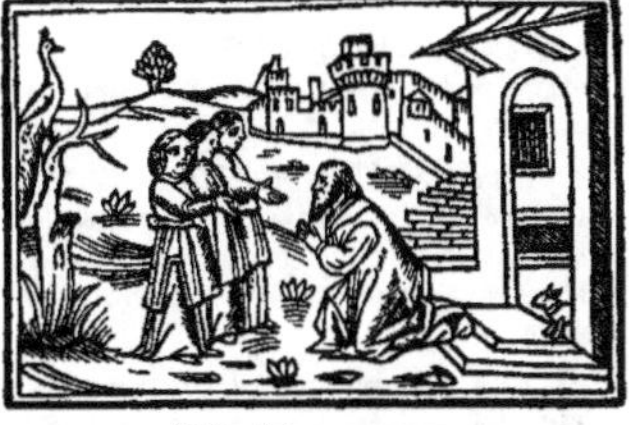

Biblia ital., 2 mars 1517.

V. LL_7 : le registre ; au-dessous : ℂ *Stampata in Vineggia per Helisabetta de Rusconi.| Nel anno del nostro signore. M.D.XXV. Adi.| XXIII. del mese di Decēbrio. Regnante| lo Iclyto Principe Andrea Griti.*

147. — (ital.) — Luc' Antonio Giunta, mai 1532 ; f°. — (Paris, N, A ; Londres, BM — ☆)

LA BIBLIA| QVALE CONTIENE I SACRI LIBRI| DEL VECCHIO TESTAMENTO,| Tradotti nuouamente de la hebraica verita in lingua tosca| na... IN VENETIA M D XXXII.

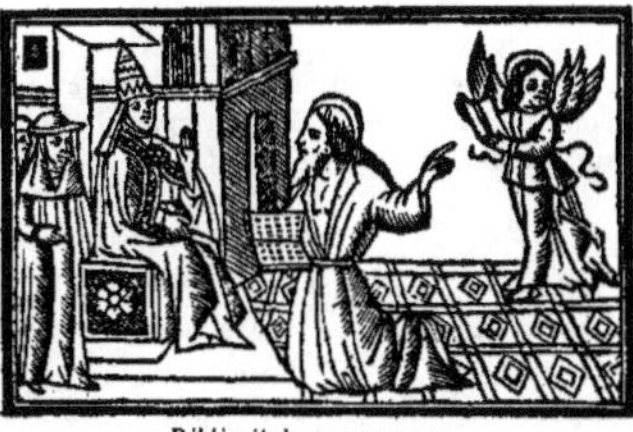

Biblia ital., 2 mars 1517.

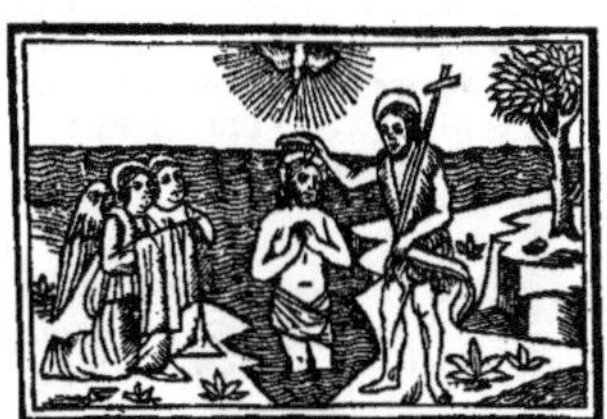

Biblia ital., 2 mars 1517.

1re partie. 6 ff. prél., n. ch., s. : ✠ ; 321 ff. num. et 1 f. blanc, s. : *A-Z*, *AA-RR* — 8 ff. par cahier, sauf *RR*, qui en a 10. — 2me partie. 4 ff. prél., n. ch., s. : ✠✠, et 88 ff. num., s. : *Aa-Ll*. — 8 ff. par cahier. — C. rom. — 59 ll. par page. — Page du titre : encadrement de petites vignettes, qui est répété au titre du *Nouveau Testament* (voir reprod. p. 152). — Dans le texte de l'*Apocalypse*, 21 grandes vignettes ombrées, dont plusieurs portent les monogrammes M, M, M, .M., M·F· (voir reprod. pp. 153-155)[1]. — In. o. à figures.

1. Ces divers monogrammes doivent être attribués au graveur Matheo da Treviso, qui a fourni des bois pour un certain nombre de livres de Venise. Nous avons déjà reproduit, dans *Les Missels vénitiens* (pp. 215, 218, 226), une *Annonciation* signée : ·M·F, une *Crucifixion* signée : MATHEVS·F·, et une autre *Crucifixion* signée : matio fecit. Le même artiste a signé encore : matheof. le frontispice du Lenio (Antonino), *Oronte gigante*,

R. 88 (seconde partie) : le registre ; au-dessous : *Impresso in Vinegia, ne le case di Lucantonio Giunti/ Fiorentino, nel mese di Maggio. 1532.* Au verso, marque du lis florentin, inscrit dans une guirlande de feuillage et de fruits, que soutiennent deux *putti*.

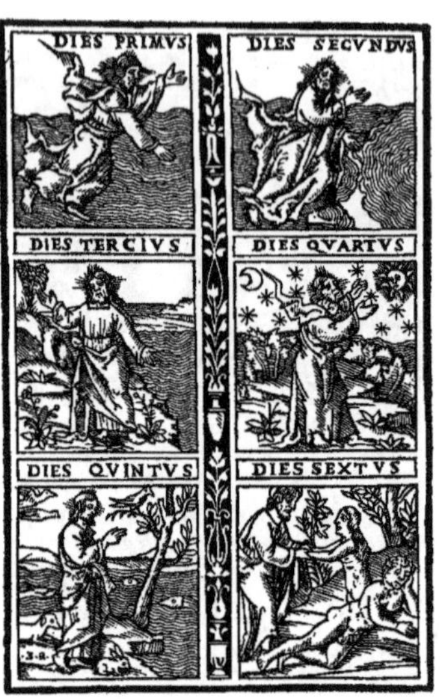

Biblia lat., 15 oct. 1519.

148. — (ital.) — Guglielmo da Fontaneto, Melchior Sessa et Heredi di Piero Ravani, 1532 ; f°. — (Rome, Ca)

Biblia/ BIBLIA IN/ LINGVA MATERNA/ vltimamẽte impressa : essornata atorno de/ Theologice z moral Postille z Figure/ alli luochi congrui situade...

10 ff. n. ch., et 394 ff. num. par erreur : CCCLXXXV ; s. : *a-z*, *&*, *ꝯ*, *℞*, *A-Z*. — 8 ff. par cahier, sauf *a* et *N*, qui en ont 10. — C. rom. ; titre g. r. et n., sauf la 2me et la 3me ligne, qui sont en capit. rom. — 2 col. à 62 ll. — Page du titre : encadrement ornemental. Le verso, blanc. — V. a_{10}. *Les six jours de la création*. Encadrement ornemental (voir reprod. p. 156). — Dans le texte, 420 vignettes au trait, dont 37 avec le monogramme N, provenant de la *Bible* 23 avril 1493, d'autres tirées des premières éditions du *Tite-Live* et du *Vite de SS. Padri*. — In. o. de différents genres.

R. CCCLXXXVI : le registre ; au-dessous : ℂ *Stampata in Vinegia per Gulielmo da Fontaneto de/ Monferra : & Merchio* (sic) *Sessa : e li heredi del. q./ Piero de Rauani. Del M.D.XXXII.* Le verso, blanc.

149. — (ital.) — Bernardino Bindoni, 1535 ; f°. — (Paris, M ; Venise, M)

LA BIBLIA VOLGARE/ Nellaquale si contengono i sacri libri del uecchio, & nuouo testamento de la fede di Giesu Christo... Venetiis. M.D.XXXV.

10 ff. prél. n. ch., s. : *a*. — 376 ff. num., avec erreurs de pagination, s. : *b-z*, *&*, *ꝯ*, *℞*, *A-Z*. — 8 ff. par cahier, sauf *N*, qui en a 10. — C. rom. — 2 col. à 62 ll. — Page du titre : encadrement architectural (voir reprod. p. 157). — V. a_{10}. *Les six jours de la création*, bois de l'édition 2 mars 1517, entouré d'une bordure ornementale, dont le bloc inférieur (le soleil, accosté de deux cornes d'abondance, au milieu de rinceaux de feuillage) est emprunté du *Supplem. chronic.*, 4 mai 1503. — Vignettes ombrées de l'édition 1517, et vignettes au trait de l'édition 15 oct. 1490, avec d'autres, de provenances différentes. — In. o. de divers styles et de différentes grandeurs.

---

imprimé par Aurelio Pincio « ad instantia de Christophoro dito Stampon libraro e compagni » en novembre 1531.

Sa signature, plus complète, puisqu'elle donne le lieu de son origine : MATIO DA·TRE VIXO F, se trouve sur la gravure servant de frontispice au Corvo (Andrea), *Chiromantia*, 22 mai 1520, imprimé par Georgio Rusconi. Il a gravé aussi une marque du *St Georges combattant le dragon*, signée : MA IO, qui a été employée dans le Virgile imprimé par Giov. Ant. Nicolini en 1534, et dans d'autres ouvrages.

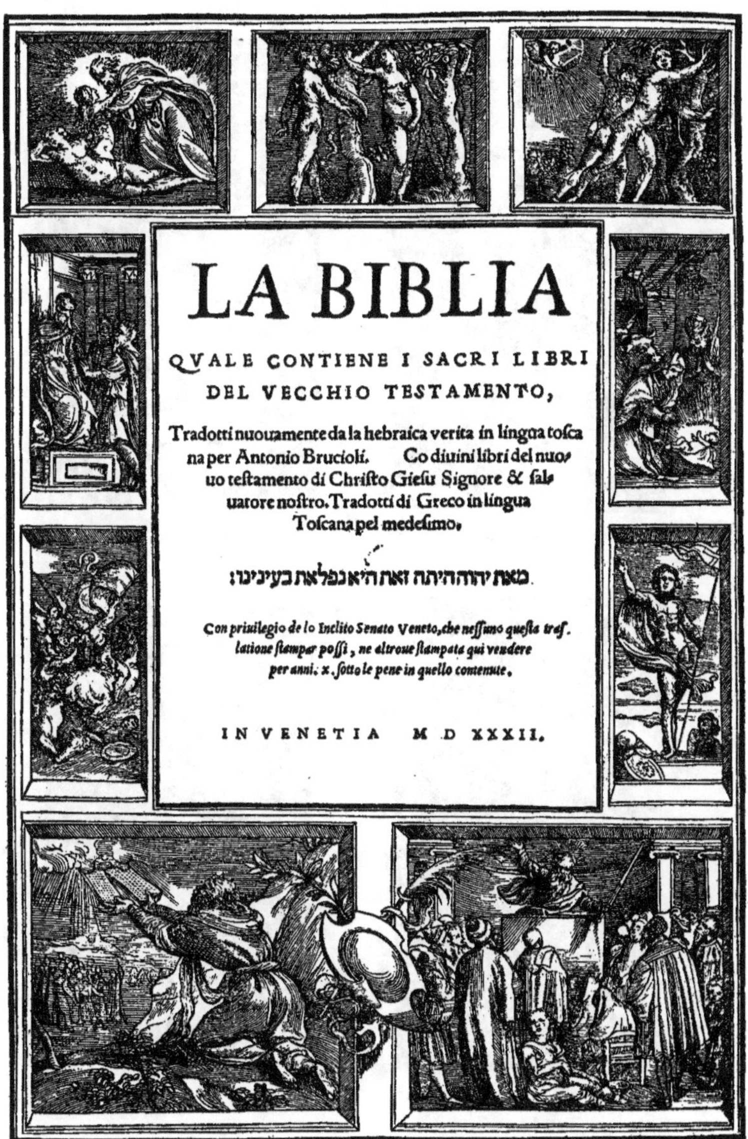

LA BIBLIA

QVALE CONTIENE I SACRI LIBRI
DEL VECCHIO TESTAMENTO,

Tradotti nuouamente da la hebraica verita in lingua tosca
na per Antonio Brucioli. Co diuini libri del nuouo testamento di Christo Giesu Signore & saluatore nostro. Tradotti di Greco in lingua
Toscana pel medesimo.

מאת יהוה היתה זאת היא נפלאת בעינינו:

*Con priuilegio de lo Inclito Senato Veneto, che nessuno questa tras-
latione stampar possi, ne altroue stampata qui vendere
per anni. x. sotto le pene in quello contenute.*

IN VENETIA M D XXXII.

Biblia ital., mai 1532.

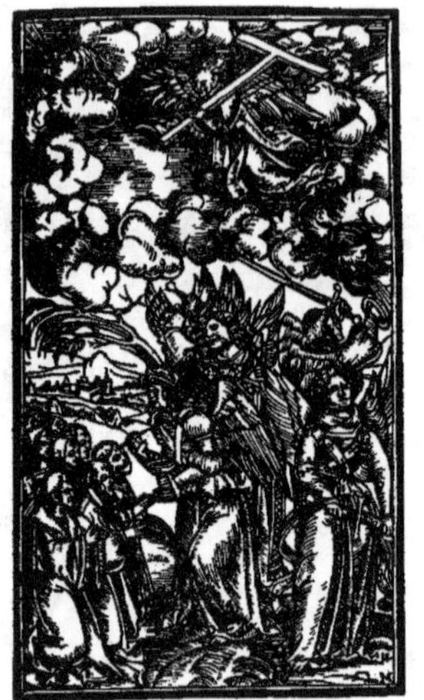

Biblia ital., mai 1532 (*Apocal.*)

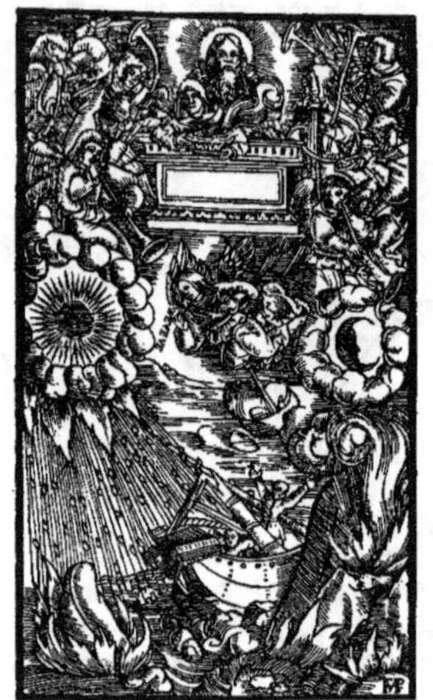

Biblia ital., mai 1532 (*Apocal.*)

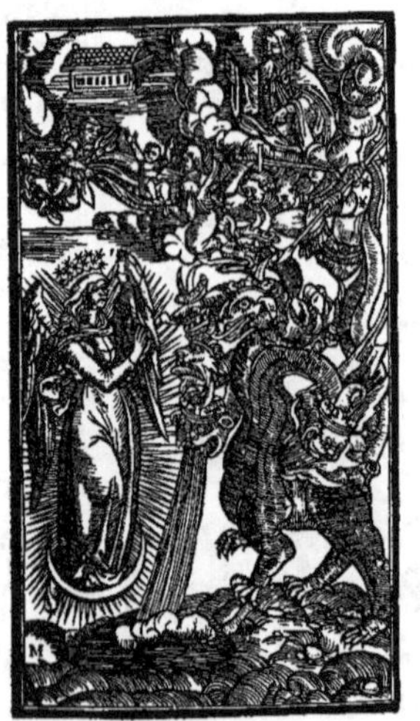

Biblia ital., mai 1532 (*Apocal.*)

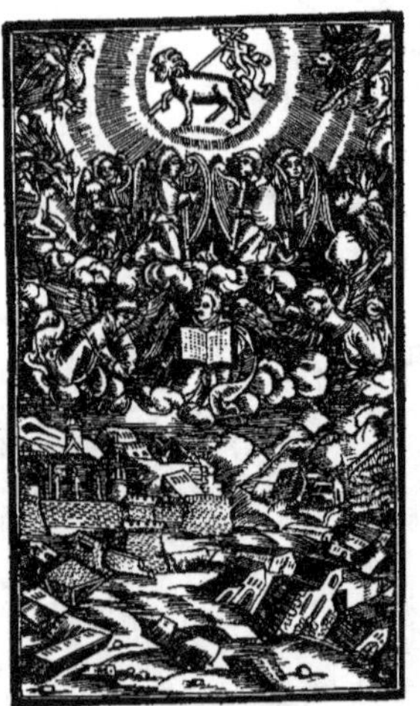

Biblia ital., mai 1532 (*Apocal.*)

R. Z_7 (chiffré : CCCLXXXVI) : le registre ; au-dessous : ℂ *Stampata in Venetia per Bernardin de Bendoni. Mila/ nese. del l'isola del Lago Maggiore. Anno/ Domini. M. D. XXXV.* Le verso, blanc[1].

150. — (ital.) — Heredi di L. A. Giunta, avril 1538 ; f°. — (Paris, N ; Londres, BM ; Florence, N)

LA BIBLIA/ NVOVAMENTE TRADOTTA DALLA/ Hebraica verita in lingua thoscana.... IN VINEGIA M DXXXVIII.

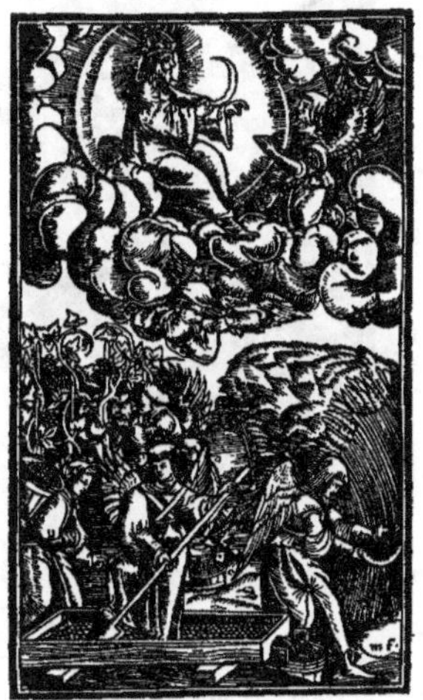

Biblia ital., mai 1532 (*Apocal.*)

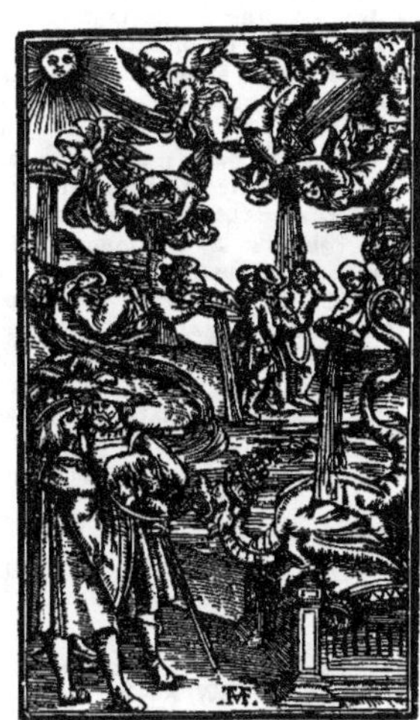

Biblia ital., mai 1532 (*Apocal.*)

14 (8,6) ff. prél. n. ch., s. : ✠, ✠✠. — 352 et 85 ff. num., et 1 f. blanc, s. : *a-z*, *A-X*, *Aa-Ll*. — 8 ff. par cahier, sauf *Ll*, qui en a 6. — C. rom. et ital., la première ligne du titre en capitales rouges. — 59 ll. par page. — Page du titre : encadrement de l'édition mai 1532. — In. o. florales.

V. 85 (2me partie) : le registre ; au-dessous : *In Vinegia appresso gli heredi di Luc'antonio/ Giunti nell'anno. MD.XXXVIII./ nel mese di Aprile.* Plus bas, marque du lis florentin, en noir, dans une guirlande de feuillage et de fruits, que soutiennent deux *putti*.

151. — (ital.) — Francesco Bindoni et Mapheo Pasini, juillet 1538 ; 4°. — Paris, N ; Londres, BM ; Florence, N)

LA BIBLIA/ QVALE CONTIENE I SACRI LIBRI/ DEL VECCHIO

---

1. Le frontispice est différent dans l'exemplaire de la Marciana. Le titre est ainsi conçu : *BIBLIA/ IN LINGVA/* MATERNA VLTIMAMENTE/ *Theologice & moral Postille & Figure alli luochi/ congrui situade,... cosa noua, ne/ mai per/ li tempi passati/ con simel ordine per altri fatta./ Venetiis* M. D. XXXV. Entre le premier chiffre et les chiffres suivants de la date, petite marque du St *Pierre* « *in cathedra* ». L'encadrement est formé, dans le haut et sur les côtés, de petites vignettes à figures, et dans le bas, d'un bloc ornemental qui reparaît dans l'édition 1er juin 1541. Cette page, collée au commencement du volume, doit appartenir à une autre édition, qui nous est restée inconnue.

TESTAMENTO,/ Tradotti de la hebraica uerita in lingua toscana per/ Antonio Brucioli,... IN VENETIA M D XXXVIII.

8 ff. prél. n. ch. : ✠. — 466 ff. num., s. : *A-Z, AA-ZZ, AAA-MMM*, suivis de 6 ff. n. ch. s. : ✠✠, 117 ff. num., et 1 f. blanc. s. : *Aa-Pp.* — 8 ff. par cahier, sauf *MMM*, qui en a 10, et *Pp*, qui en a 6. — C. rom. — 2 col. à 49 ll. — Ce livre est orné de gravures sur cuivre; mais la page du titre a un encadrement à figures gravé sur bois, copie réduite de l'encadrement de l'édition mai 1532, et qui est répété au *Nouveau Testament.*

R. 117 (2me partie): le registre; au-dessous: *Stampata in Vinegia, a san Moyse, ne le case noue Iustiniane, Al segno/ de l'Angelo Raphael, Per Francesco di Alesandro Bindoni, et/ Mapheo Pasini compagni. Nel mese di Giulio./ M D XXXVIII.* Au verso, grand bois de page à terrain noir : *l'archange Raphaël conduisant le jeune Tobie.* Ce volume est le seul où nous ayons rencontré la marque de Bindoni sous la forme d'un bois d'une telle importance.

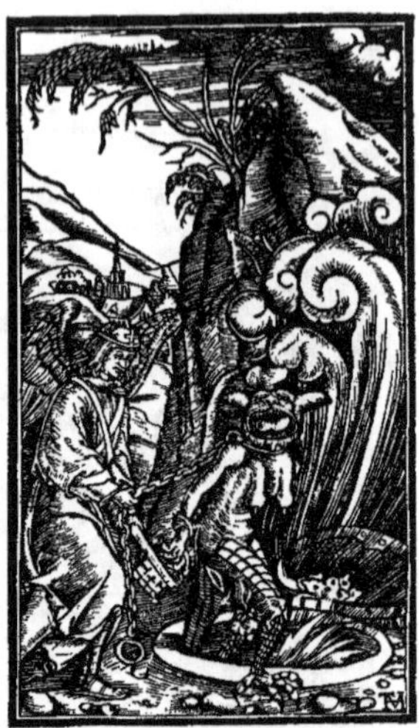

Biblia ital., mai 1532 (*Apocal.*)

152. —(lat.)— Bernardino Stagnino, 1538; 8°. — (Paris, N, A; Londres, B M; Venise, M; Stuttgart, R)

BIBLIA BREVES IN EADEM AN/ NOTATIONES, EX DOCTISS./ INTERPRETATIONIBUS,.... Venundantur VENETIIS In taberna/ Libraria Diui Bernardini,/ MDXXXVIII.

8 ff. prél., n. ch., s. : ✠. — 472 et 115 ff. num., suivis de 45 ff. n. ch., s. : *A-Z, AA-ZZ, AAA-NNN, Aa-Vu.* — 8 ff. par cahier. — C. rom. — 56 ll. par page. — Page du titre, au-dessus de l'indication de lieu et de date, vignette ombrée : *Josué implorant le Seigneur.* — R. *Aa. NOVVM TESTA/MENTVM. BREVES/ IN EODEM ANNOTA/ TIONES,...* Au dessous de ce titre, figure de Jésus, nimbé d'une triple aigrette de rayons, la main levée; quatre versets de l'écriture sont disposés au-dessus, au-dessous, et de chaque côté de cette figure.

R. Vu_8 : *Venetijs per D. Bernardinum Stagninum/ Anno domini MDXXXVIII.* Le verso, blanc.

153. — (ital.) — Bartholomeo Zanetti, août 1539; 4°. — (Paris, N, A; Stuttgart, R)

LA BIBLIA QVALE CONTIENE I SACRI LIBRI/ DEL VECCHIO TESTAMENTO,/ Tradotti de la hebraica uerita in lingua toscana per/ Antonio Brucioli... Co diuini libri del NVOVO Testamento di Christo/... IN VENETIA M D XXXIX.

4 ff. prél. n. ch. et n. s — 459 ff. num, et 1 f. blanc, pour l'*Ancien Testament;* 4 ff. n. ch. et n. s., et 116 ff. num. pour le *Nouveau Testament;* s. : *A-Z, AA-ZZ, AAA-LLL, Aa-Pp.* — 8 ff. par cahier, sauf *LLL*, qui en a 12, et *Pp*, qui en a 4. — C. rom. — 2 col. à 50 ll. — Page du titre du volume et page du titre du *Nouveau Testament:* encadrement ornemental à fond de hachures, dont la partie inférieure contient la marque des Torresani (une tour crénelée) aux initiales FT. — In. o.

R. 116 : le registre; au-dessous : *Stampata in Vinetia per Bartholomeo de Zanetti da Bressa/ nel M D.XXXIX. Del mese di Agosto.*

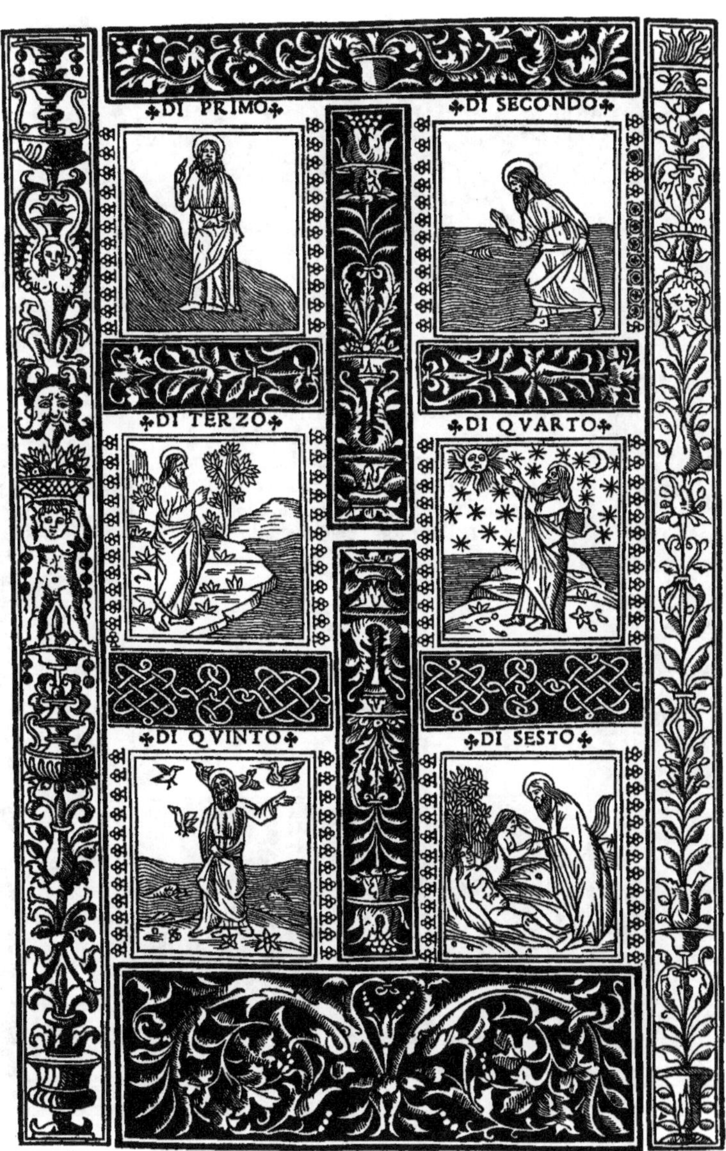

Biblia ital. (Guglielmo da Fontaneto, etc.), 1532 (v. a_{10}).

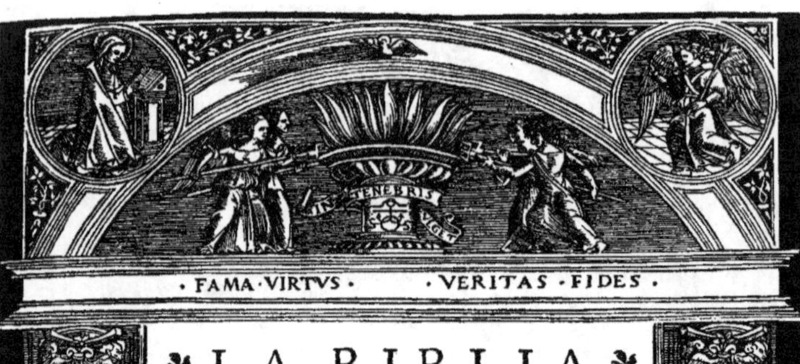

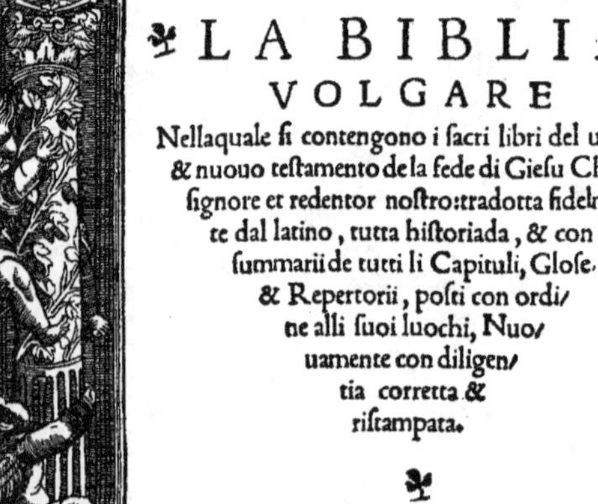

LA BIBLIA VOLGARE

Nellaquale si contengono i sacri libri del uecchio, & nuouo testamento de la fede di Giesu Christo, signore et redentor nostro: tradotta fidelmen/te dal latino, tutta historiada, & con li summarii de tutti li Capituli, Glose. & Repertorii, posti con ordi/ne alli suoi luochi, Nuo/uamente con diligen/tia corretta & ristampata.

Venetiis. M. D. XXXV.

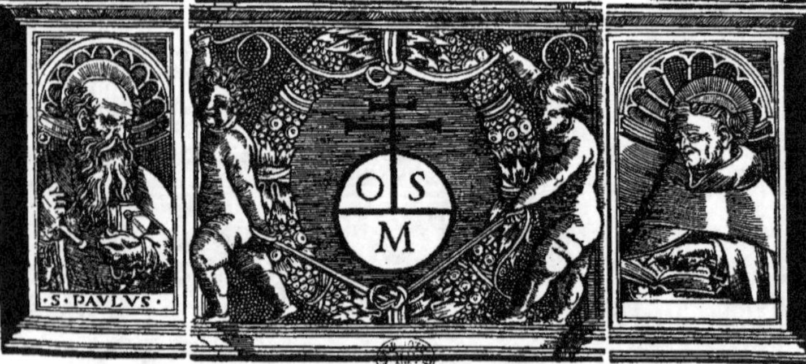

Biblia ital., 1535.

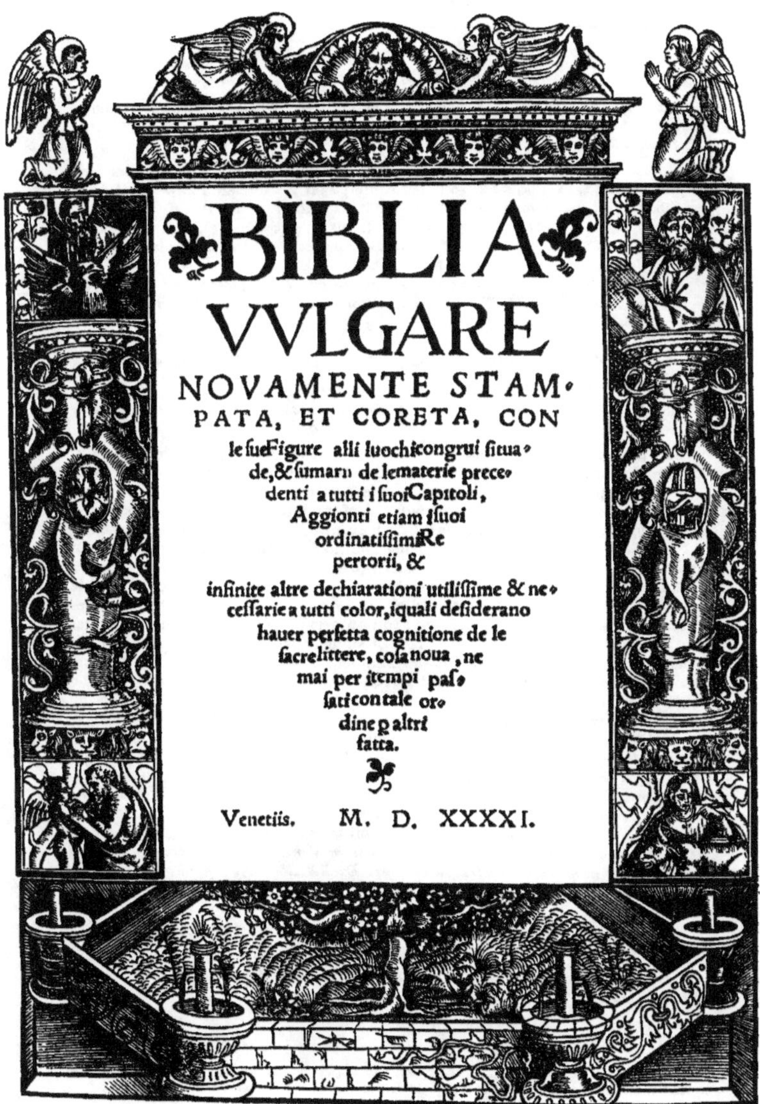
BÌBLIA
VVLGARE
NOVAMENTE STAM-
PATA, ET CORETA, CON
le ſue Figure alli luochi congrui ſitua-
de, & ſumarii de le materie prece-
denti a tutti i ſuoi Capitoli,
Aggionti etiam i ſuoi
ordinatiſſimi Re
pertorii, &
infinite altre dechiarationi utiliſſime & ne-
ceſſarie a tutti color, iquali deſiderano
hauer perfetta cognitione de le
ſacre littere, coſa noua, ne
mai per i tempi paſ-
ſati con tale or-
dine p altri
fatta.

Venetiis. M. D. XXXXI.

Biblia ital., 1er juin 1541.

154. — (ital.) — Bartholomeo Zanetti, octobre 1540; f°. — (Paris, M)

I SACROSANTI/ LIBRI DEL VECCHIO/ Testamento, Tradotti dalla Ebraica/ uerita in Lingua Italiana, & cō/ breue & catholico com/ mento dichiarati./ PER ANTONIO BRVCIOLI.

3 tomes réunis en un volume. — T. I. 4 ff. prél. n. ch. et n. s.; 260 ff. num. par erreur jusqu'à 265, s.: *a-ʒ, &, aa-xx.* 6 ff. par cahier, sauf *xx* qui en a 4. — T. II. 4 ff. prél. n. ch. et n. s.; 150 ff. num., s.: *A-Z, &, ꝯ.* 6 ff. par cahier. — T. III. 6 ff. prél. n. ch. et n. s.; 235 ff. num. par erreur jusqu'à 241, et 1 f. blanc, s.: *AA-QQ.* 6 ff. par cahier, sauf *QQ*, qui en a 8. — C. rom. — 2 col. à 76 ll. — Chacun des titres des trois tomes est entouré de l'encadrement de l'édition mai 1532[1].

R. QQ_7 (chiffré 241): ... *Stampato in Venetia per Bartholomeo de/ Zanetti da Brescia. Nel Anno/ M.D.XL. del Mese/ di Ottobre.* Au verso: *Errori incorsi nello stampare in tutti esti libri.*

155. — (ital.) — Bernardino Bindoni, 1er juin 1541; f°. — (Venise, M — ☆)

BIBLIA/ VVLGARE/ NOVAMENTE STAM/ PATA, ET CORETA, CON/ le sue Figure alli luochi congrui situa-/ de, & sumarii de le materie prece-/ denti a tutti i suoi Capitoli.... Venetiis. M. D. XXXXI.

4 ff. prél., n. ch. s.: *a.* — 200 et 196 ff. num. avec erreurs de pagination, et 10 ff. n. ch., dont le dernier est blanc; s.: *b-ʒ, &, ꝯ, ℞, A-Z, AA-BB.* — 8 ff. par cahier, sauf *A, AA* et *BB*, qui en ont 10. — C. rom.; titre r. et n. — 2 col. à 62 ll. — Page du titre: encadrement ornemental, déjà employé, sauf modification à la partie supérieure, dans le *Supplem. chronic.*, 29 mai 1540, du même imprimeur (voir reprod. p. 158). — V. a_4. *Les six jours de la création*; bois de l'édition 15 octobre 1490; encadrement comme au r. 1 de l'édition 2 mars 1517. — R. 1 (cahier *b*), r. 1 (cahier *A*), r. 115 (cahier *P*): même encadrement de page. — R. 1 (cahier *A*): en tête du texte, bois ombré, copie du bois du r. 206 du Cicéron, *De Officiis*, 28 février 1514. — Dans le texte, vignettes ombrées, dont la plupart sont copiées de l'édition 2 mars 1517; et quelques vignettes au trait, empruntées de l'édition 15 oct. 1490. A signaler particulièrement: une vignette plusieurs fois répétée dans les Evangiles (St Mathieu, ch. V, XX, XXIII; St Marc, ch. II, etc.). et qui affecte la facture florentine; en tête de la *Legenda del glorioso Patriarcha & confessore santo Ioseph*, une autre vignette, copiée d'un petit bois du *Missale romanum*, Bern. Stagnino, 3 juillet 1509 (voir *Les Missels vénitiens*, p. 178). — In. o. de différents styles et de diverses grandeurs. — R. CXCV (AA_9): *A laude e gloria del omnipotente Iddio, & della gloriosis/ sima Vergine Maria/ & di sancto Gioanni Battista,/ Qui finisse la Bibia vulgare historiata.* — V. CXCVI (AA_{10}): *Qui finisse la vita de santo Ioseph... Stampata nella inclita citta di Venetia per/ Bernardino Bindoni Milanese, Nel an/ no del nostro Signor. M. D. XXXXI....* — R. *BB*: *INCOMINCIA LA TABVLA DE/ Tutta la Bibia...*, sur trois colonnes.

V. BB_9: le registre; au-dessous: *Stampate in Venetia per Bernardino Bindoni Milanese/ Nelli anni de la nostra salute. M. D. XXXXI./ Adi. primo del mese di Zugno.* Au bas de la page, marque du St Pierre « *in cathedra* ».

156. — (ital.) — Bernardino Bindoni, octobre 1546; f°. — (Paris, A)

BIBLIA/ VVLGARE/ NOVAMENTE STAM/ PATA, ET CORRETTA CON/ le sue figure alli luochi congrui situade,... Venetijs apud Bernardinum de Bindonis Mediola/ nensis (sic), *Anno Domini. M. D. XLVI.*

---

1. Le même encadrement est reproduit dans les éditions 1542-1546, en 7 tomes (Alessandro & Francesco Brucioli); juin 1545 (Heredi di L.A. Giunta), que nous ne faisons que mentionner. — Nous omettons à dessein, dans la nomenclature des éditions de la seconde moitié du XVIe siècle, celles où l'illustration, réduite à un encadrement banal ou bien à une seule vignette sur la page du titre, est dénuée de tout intérêt.

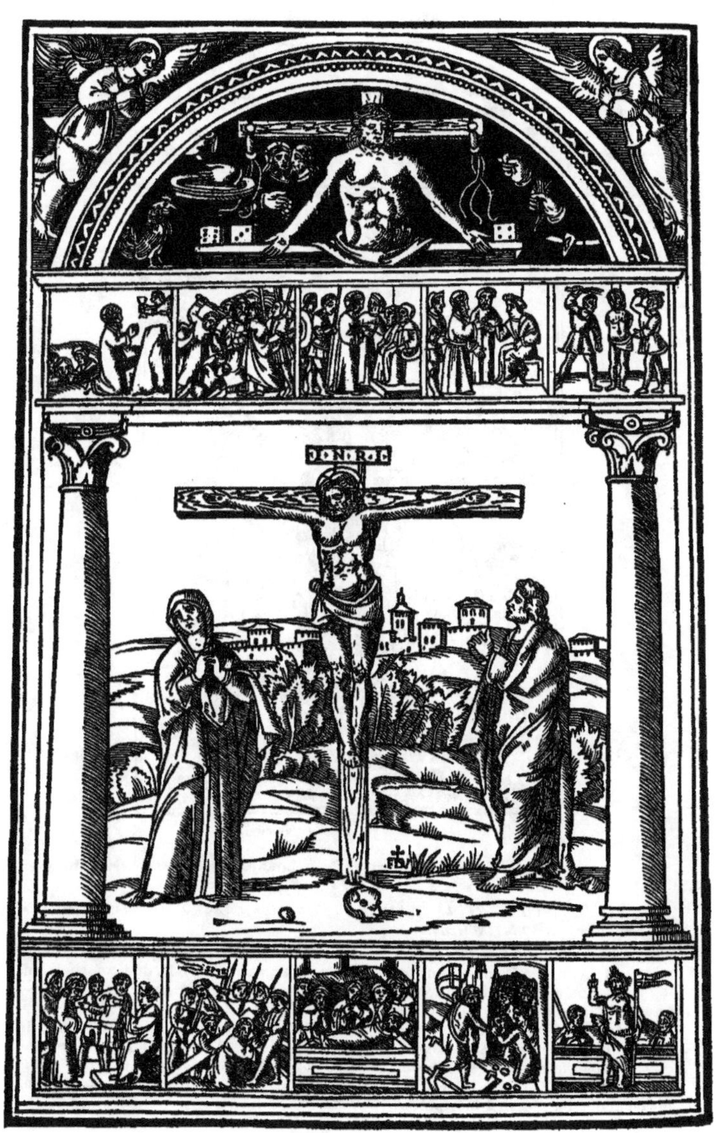

Biblia ital., 1558 (v. Ff_{10}).

Même description que pour l'édition 1er juin 1541, sauf quelques différences dans le nombre et le placement des vignettes.

V. BB_9 : le registre ; au-dessous : *Stampata in Venegia per Bernardino Bindoni Milanese./ Nelli anni de la nostra salute. M. D. XLVI./ Del mese di Ottobrio.*

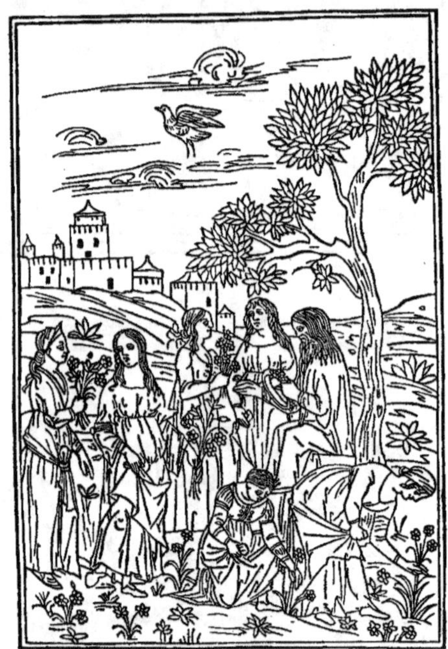

Fioreti della bibia, 1493 (v. du titre).

157. — (ital.) — Aurelio Pincio, 1553 ; f°. — (Londres, BM ; Venise, M ; Stuttgart, R — ☆)

BIBIA/ VOLGARE/ LA QVALE IN SE CONTIENE I SACRO/ SANTI LIBRI DEL VECCHIO, ET NVOVO TESTAMENTO,... IN VINETIA/ MDLIII.

409 ff. num. et 1 f. n. ch., s. : *a-ʒ &, ɔ, ℞, A-Z, AA, BB.* — 8 ff. par cahier, sauf *a*, qui en a 4 ; *A, AA, BB,* qui en ont 10. — C. rom. — 2 col. à 63 ll. — P. du titre, au-dessus de l'indication de lieu, marque avec légende : VRBE NIHIL VENETA DIGNIVS ORBIS HABET. — R. 205. En tête de la page, même bois oblong qu'au r. 1 (cahier *A*) de l'édition Bern. Bindoni, 1er juin 1541. — Dans le texte, vignettes de cette même édition, et, vers la fin du volume, plusieurs vignettes au trait, signées : ·b·, tirées de l'édition 15 octobre 1490.

V. 409 : le registre ; au-dessous : *IN VENETIA. Nella stamparia de Aurelio Pincio, nel Anno./ M D LIII.* — Le recto du f. suivant, blanc ; au verso, grande marque, que nous n'avons pu réussir à interpréter.

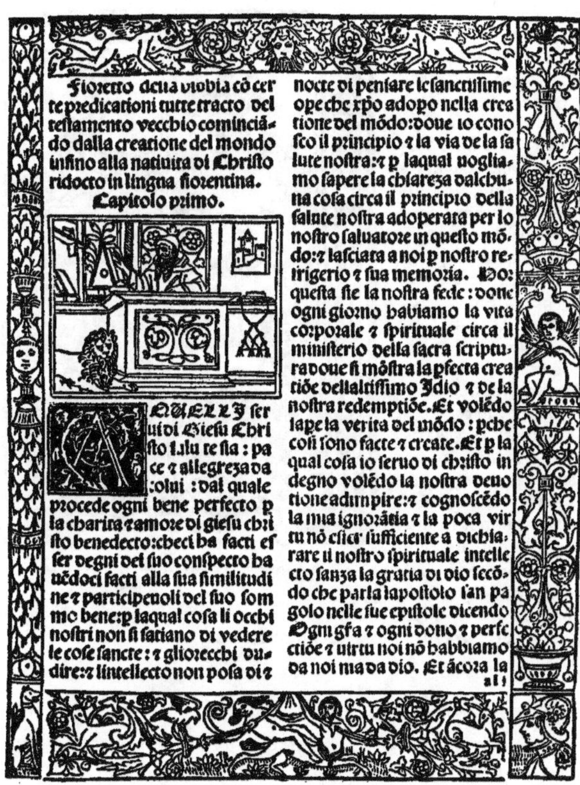

Fioretto della biblia cō certe predicationi tutte tracto del testamento vecchio cominciā-do dalla creatione del mondo insino alla natiuita di Christo ridocto in lingua fiorentina.

Capitolo primo.

AQUELLI servi di Giesu Christo i i lu re sia: pace ⁊ allegreza da colui: dal quale procede ogni bene perfecto p la charita ⁊ amore di giesu christo benedecto: che ci ha facti esser degni del suo conspecto havēdoci facti alla sua similitudine ⁊ participevoli del suo sommo bene: p laqual cosa li occhi nostri non si satiano di vedere le cose sancte: ⁊ gli orecchi dudire: ⁊ lintellecto non posa di ⁊ nocte di pensare le sanctissime ope che xp̄o adopo nella creatione del mōdo: doue io conosco il principio ⁊ la via de la salute nostra: ⁊ p laqual vogliamo sapere la chiareza dalchuna cosa circa il principio della salute nostra adoperata per lo nostro saluatore in questo mōdo: ⁊ lasciata a noi p nostro refrigerio ⁊ sua memoria. Ho: questa sie la nostra fede: donde ogni giorno haviamo la vita corporale ⁊ spirituale circa il ministerio della sacra scriptura doue si mōstra la pfecta creatiōe dellaltissimo Idio ⁊ de la nostra redemptiōe. Et volēdo sape la verita del mōdo: pche cosi sono facte ⁊ create. Et p la qual cosa io seruo di christo indegno volēdo la nostra deuotione adimpire: ⁊ cognoscēdo la mia ignorātia ⁊ la poca virtu nō esser sufficiente a dichiarare il nostro spirituale intellecto sanza la gratia di dio secōdo che parla lapostolo san pagolo nelle sue epistole dicendo Ogni gr̄a ⁊ ogni dono ⁊ perfectiōe ⁊ uirtu noi nō habbiamo da noi ma da dio. Et ācora la

a ii

Fioreti della bibia, 1493 (r. a_{ii}).

158. — (ital.) — s. n. t., 1558; f°. — (Paris, N, A, M; Londres, BM; Amiens, M — ✩)

BIBLIA/ VOLGARE/ LA QVAL IN SE CONTIENE I/ SACROSANTI LIBRI DEL VECCHIO, ET NVOVO/ *Testamento, i quali ti apporto Christianissimo lettore, tradotti dalla Hebraica,/ & Greca verita in nostra lingua. Con le figure, & Summarii a/ ciascun Capo,...* IN VINEGIA, M D L VIII.

404 ff. num. à partir du 4me, avec erreurs de pagination, et 10 ff. n. ch., s. : *a-ʒ, A-Z, Aa-Ff.* — 8 ff. par cahier, sauf *a*, qui en a 4; *S*, qui en a

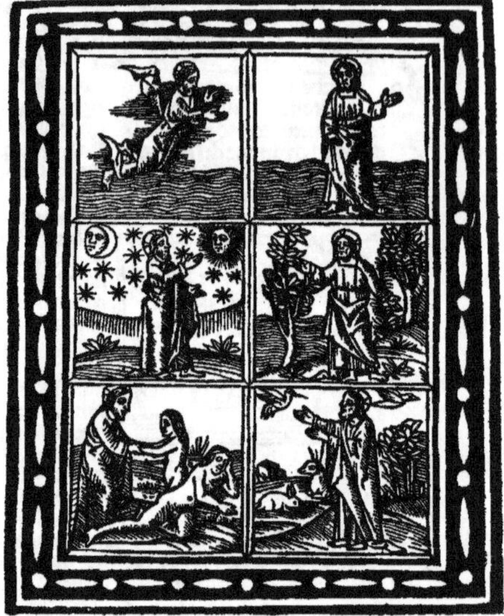

Fioretto della Bibbia, 21 mai 1515 (p. du titre).

6 ; *Ee*, *Ff*, qui en ont 10. — C. rom. et ital. — 2 col. à 62 ll. — Sur la page du titre, au-dessus de l'indication de lieu, et au v. D_{iii} : *Salomon endormi*, bois de l'édition 15 oct. 1490. — Dans le texte, 302 vignettes, provenant presque toutes de la même édition. Le monogramme F se trouve sur un petit bois, répété aux chapitres 1 et 33 du livre des *Nombres*. — In. o. de diverses grandeurs, et de style moderne.

V. Ff_9 : le registre ; au dessous : IN VENETIA, MDLVIII. — R. Ff_{10}, blanc ; au verso, grande gravure ombrée : *Crucifixion*, avec le monogramme que la date de l'édition et la facture du bois permettent d'attribuer probablement à Florio Vavassore (voir reprod. p. 160). Nous n'avons retrouvé cette gravure dans aucun autre ouvrage[1].

Fioretti della Bibbia.

159. — Antonio et Renaldo fratelli da Trino, 1493 ; 4°. — (Rome, Co)

Fioreti della bibia Histo/riati In lingua fiorentina.

76 ff. n. ch. s. : *a-k*. — 8 ff. par cahier, sauf *k*, qui en 4. — C. g. — 2 col. à 36 ll. — V. du titre : bois de page au trait (voir reprod. p. 161). — R. a_{ii} : *Fioretto della bibbia cō cer/te predicationi tutte tracto del/ testamento vecchio... Capitolo primo*. Au dessous de ce titre, vignette au trait : St Jérôme compulsant un livre. Encadrement de page au trait (voir reprod. p. 162). — Dans le texte, 58 vignettes au trait, tirées de la *Bible* 23 avril 1493.

1. On peut mentionner encore, parmi les *Bibles* illustrées imprimées à Venise dans la seconde moitié du XVIe siècle, les éditions suivantes : Andrea Muschio, 1566, 4° ; Altobellus Salicatius (sumptibus Hæredum Nicolai Bevilacquæ & sociorum), 1574, 4° ; Alexander Gryphius (pour les mêmes éditeurs), 1578, 4° ; Hieronymus Polus, 1587, 4° ; Apud Iolitos, 1588, 4°.

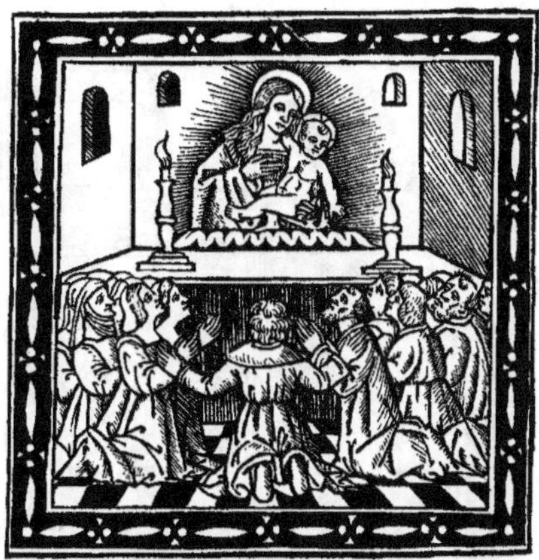

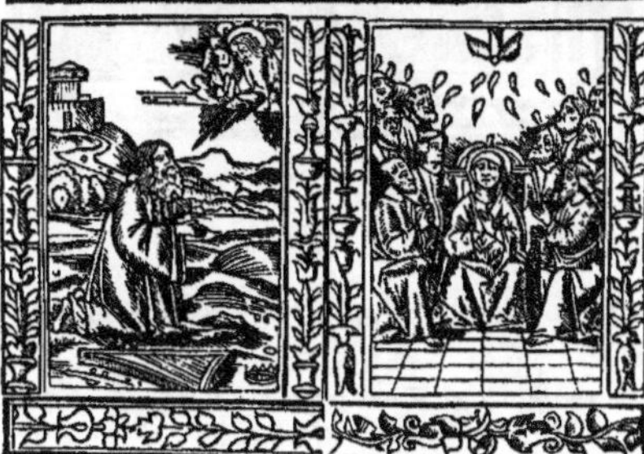

Fioretto della Bibbia, 21 mai 1515 (v. du titre).

R. k_4 : *Qui finisce illibro chiamato/ fioreto nouello del testamento vechio z nouo hystoriado stãpa/to in Uenetia per Antonio. Et/ Renaldo fradelli de Trino de Monferato. Sotto gli anni d' la/ nostra redemptione. M. cccc. lx/ xxxiij. Regnãte Augustĩo Barbadico Inclito Principe de Ue/ netia./ FINIS.* Dans la seconde col., au milieu, la marque, aux initiales P C (capit. rom.) et plus bas : .G. .A. (majuscules goth.). — Le verso, blanc.

160. — Georgio Rusconi, 15 avril 1503 ; 4°. — (☆)

FIORETI DE LA BIBIA HISTORIATI/ IN LINGVA FIORENTINA.

80 ff. n. ch., s. : *A-K*. — 8 ff. par cahier. — C. rom. — 2 col. à 33 ll. — V. du titre, blanc. — Dans le texte, 59 vignettes au trait de la *Bible* 23 avril 1493.

R. K_8 : ℭ *Qui finisse il libro chiamato/ Fioreto nouello del testamẽto ue/chio & nouo. Stampato in Vene/tia per Georgio di Rusconi Mila/nese nel. M.D.III. Adi. xy. del me/se de Aprile./ LAVS DEO.* Au-dessous, le registre. Le verso, blanc.

161. — Joanne Tacuino, 21 mai 1515; 4°. — (Séville, C)

Fioretto della Bibbia hystoriato z di nouo/ in lingua Toscha correcto...

77 ff. n. ch., s. : *A-I*. — 8 ff. par cahier. — C. rom.; la 1re ligne du titre en lettres g. n. — 2 col. à 34 ll. — Au-dessous du titre, bois ombré : *Les six jours de la création*, avec encadrement à fond noir (voir reprod. p. 163). Au verso, deux vignettes surmontées d'un bois plus important, qui se retrouve dans l'édition du *Miracoli de la Madonna* de la même année et du même imprimeur (voir reprod. p. 164). — Dans le corps de l'ouvrage, 51 vignettes ombrées de diverses grandeurs.

V. I_8 : le registre ; au dessous : ℭ *Stampato in Venetia per Iouan/ne Thacuino nel. M. ccccc. xv./ Adi xxi. de Mazo.*

162. — Piero Quarengi, 18 novembre 1515 ; 4°. — (Munich, R)

Fioretti della Bibia hy/ storiati : z nouamen/te correcti.

80 ff. n. ch., s. : *A-K.* — 8 ff. par cahier. — C. rom. ; titre g. — 2 col. à 32 ll. — Au-dessous du titre : *Les six jours de la création* (voir reprod. p. 165), copie du bois de l'édition Tacuino, 21 mai 1515. Le verso, blanc. — 57 vignettes, la plupart ombrées, de la largeur d'une colonne, et assez médiocres ; quelques-unes, provenant de la *Bible* 1490 et du *Tite-Live* 1493, débordent dans la 2me col. ; une de celles-ci est signée : b *(Ensevelissement de Moïse,* au bas du r. G_8) ; une grande in. o. *N*, au trait, tirée de la *Bible* 1490, a été placée en guise de vignette, au commencement du chap. X.

R. K_8 :..... *Stampato in Vene/tia per Piero di quarengii Berga/ masco nel. M.D.XV. Adi. xviii./ Nouembrio.* Au-dessous, le registre. Le verso, blanc.

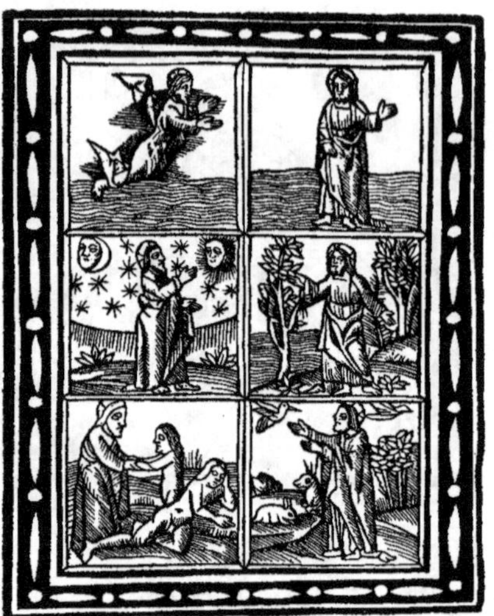

Fioretti della Bibia, 18 nov. 1515 (p. du titre).

163. — Georgio Rusconi (pour Nicolo Zoppino et Vincenzo de Polo), 7 février 1517 ; 8°. — (Modène, E)

Fioretto de tutta la Bibia tra/cto dal Testamento Vecchio & Nuouo. Co/ menzando dalla creatione de Mõdo :/ insino al Passione de Christo : Hy/ storiato : & di Nouo in Lin/gua Toscha Corretto.

116 ff. n, ch., s. : *A-P.* — 8 ff. par cahier, sauf *P*, qui en a 4. — C. rom. ; la 1re ligne du titre en lettres g. — 2 col. à 30 ll. — Au-dessous du titre, bois ombré : *Les six jours de la création*, avec monogramme (voir reprod. p. 166) ; copie du bois de l'édition Tacuino, 21 mai 1515 (différente de la copie de l'édition Piero Quarengi, 18 novembre 1515). Au verso : *Crucifixion* au trait, du St Bonaventure, *Devote Medit.*, 14 déc. 1497. — R. A_{ii}. Bordure ornementale (rinceaux de feuillage, petits anges, etc.) — 65 petites vignettes ombrées dont une porte le monogr. (voir reprod. p. 166) ; une autre est signée ; et 52 sont signées : c.

V. P_3 : le registre ; au-dessous : ℭ *Finito il Libro chiamato Fioretto Nouello del Te/ stamẽto Vecchio & Nouo in lingua Tosca ridocto./ Impresso in Venetia per Zorzi di Rusconi Milanese : Ad instantia de Nicolo dicto Zopino/ & Vincentio cõpagni : ne la incarnatione del/ Signor.*

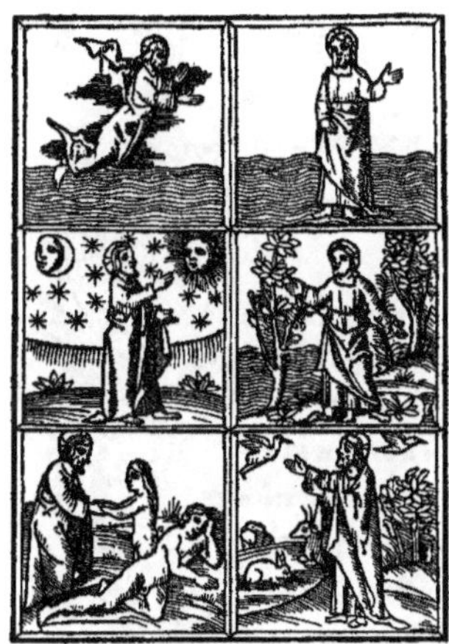

Fioretti de la Bibia, 7 févr. 1517 (p. du titre).

M.D.XVII. adi. VII. de Febraro. — R. P_4 : marque du *St Nicolas*. Le verso, blanc.

164. — Francesco Bindoni, 18 novembre 1523 ; 8°. — (Venise, M)

El fiore de tutta la Bibbia hystoriato z di/ nouo in lingua Tosca correcto...

88 ff. n. ch., dont le dernier est blanc, s. : *A.-L.* — 8 ff. par cahier. — C. g. ; le titre en rouge. — 2 col. à 35 ll. — Au-dessous du titre : *Les six jours de la création*, avec monogramme ·3·a· ; bois de la *Biblia lat.*, L. A. Giunta, 15 octobre 1519. Le verso, blanc. — Dans le texte, 59 vignettes médiocres, parmi lesquelles une *Annonciation* au trait.

V. L_7 : ℭ *Stampato in Uenetia per/ Francesco Bindoni. Nel/ anno. 1523. adi. 18. del/ mese di Nouẽbre.*

165. — Francesco Bindoni et Mapheo Pasini, novembre 1551 ; 8°. — (Munich, R)

El fiore de tutta la Bibia hysto/riato z di nouo in lingua Tosca corretto...

88 ff. n. ch. s. : *A-L*. — 8 ff. par cahier. — C. rom. ; les deux premières lignes du titre en lettres g. r. et n. — 2 col. à 35 ll. — Au-dessous du titre : *Les six jours de la création*, copie du bois de l'édition Tacuino, 21 mai 1515. Le verso, blanc. — Dans le texte, 62 vignettes ombrées, médiocres.

V. L_7 : ℭ *Stampato in Vinegia, a Santo Moyse per Francesco di Alessandro Bindoni, & Mapheo Pasini compagni,/ Nelli anni del nostro Signore. 1551. Del Mese/ di Nouembrio...* — R. L_8 : marque de l'*archange Raphaël conduisant le jeune Tobie*. Le verso, blanc.

166. — Giovanni Andrea Vavassore, 1552 ; 8°. — (☆)

Fioretto di tutta la Bibia hysto/riato, & di nouo in lingua Tosca corretto Cõ certe/ predicationi, tutto tratto del testamẽto vecchio/ Cominciando da la creatione del mondo/ infino alla Natiuita di Iesu Christo.

83 ff. num. et 5 ff. n. ch., s. : *A-L*. — 8 ff. par cahier. — C. rom. ; titre r. et n. ; la première ligne en lettres goth. — 2 col. à 35 ll. — Au-dessous du titre, bois ombré : *Les six jours de la création*, copie de la gravure de la *Biblia lat.*, L. A. Giunta, 15 oct. 1519. Le verso, blanc. — Dans le texte, 35 vignettes ombrées, médiocres. — In. o.

V. L_7 : *Stampata in Venegia per Giouanni Andrea/ Valuassore detto Guadagnino. Anno/ Domini, M.D.LII.* — R. L_8 : Marque du *St Michel terrassant le démon*. Le verso, blanc.

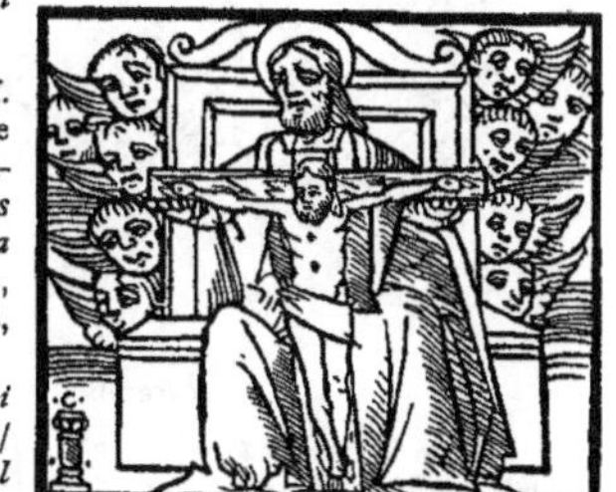

Fioretto de la Bibia, 7 févr. 1517.

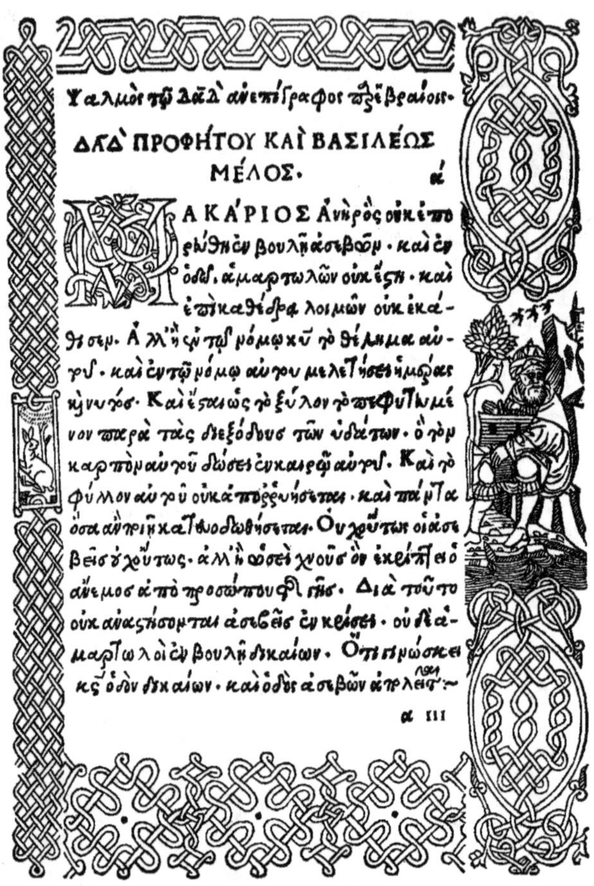

Ψαλμὸς τοῦ Δαβὶδ ἀνεπίγραφος παρ' ἑβραίοις·
ΔΑΒΙΔ ΠΡΟΦΗΤΟΥ ΚΑΙ ΒΑΣΙΛΕΩΣ
ΜΕΛΟΣ. α'
ΜΑΚΑΡΙΟΣ ἀνὴρ ὃς οὐκ ἐπο-
ρεύθη ἐν βουλῇ ἀσεβῶν· καὶ ἐν
ὁδῷ ἁμαρτωλῶν οὐκ ἔστη· καὶ
ἐπὶ καθέδρᾳ λοιμῶν οὐκ ἐκά-
θισεν. Ἀλλ' ἢ ἐν τῷ νόμῳ κυ̅ τὸ θέλημα αὐ-
τοῦ· καὶ ἐν τῷ νόμῳ αὐτοῦ μελετήσει ἡμέρας
καὶ νυκτός. Καὶ ἔσται ὡς τὸ ξύλον τὸ πεφυτευμένον παρὰ τὰς διεξόδους τῶν ὑδάτων· ὃ τὸν
καρπὸν αὐτοῦ δώσει ἐν καιρῷ αὐτοῦ. Καὶ τὸ
φύλλον αὐτοῦ οὐκ ἀπορρυήσεται· καὶ πάντα
ὅσα ἂν ποιῇ κατευοδωθήσεται. Οὐχ οὕτως οἱ ἀσεβεῖς οὐχ οὕτως· ἀλλ' ἢ ὡσεὶ χνοῦς ὃν ἐκρίπτει ὁ
ἄνεμος ἀπὸ προσώπου τῆς γῆς. Διὰ τοῦτο
οὐκ ἀναστήσονται ἀσεβεῖς ἐν κρίσει· οὐδὲ ἁ-
μαρτωλοὶ ἐν βουλῇ δικαίων. Ὅτι γινώσκει
κς̅ ὁδὸν δικαίων· καὶ ὁδὸς ἀσεβῶν ἀπολεῖται.
α III

Psalterium (græcè), *circa* 1500.

167. — S. a. et n. t. (exemplaire incomplet) ; 4°. — (Vienne, R)

FIORETTO della bibia/ cõ certe pdicatiõe tutto tratto del te/ stamento uechio comĩciando dela/ creatiõe del mõdo ĩsino alla natiui/ ta de Christo riduto in lingua fio/ rentina,

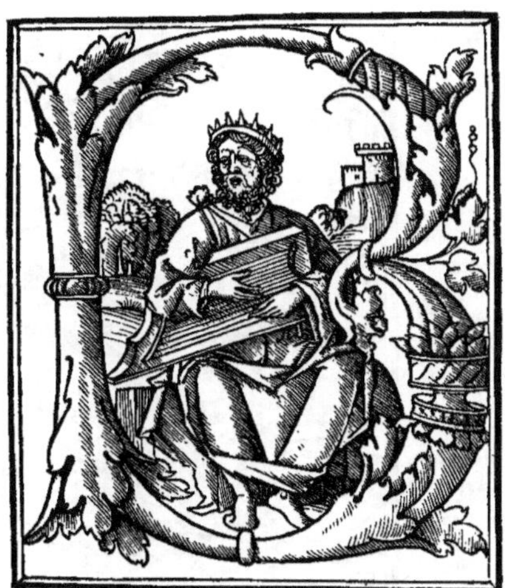
Psalterium rom., 21 juillet 1507 (v. *iii*).

Le titre est en tête de la 1re col. du r. A_{ii}. — C. rom. — 2 col. à 32 ll. — Au-dessous du titre, vignette ombrée, débordant dans la 2me col.: *Dieu le Père parlant au prophète Jonas*. Dans le corps de l'ouvrage, mélange de vignettes ombrées et de vignettes au trait, ces dernières provenant de la *Bible* 1490. — L'exemplaire se termine au f. K_7.

Psalterium.

168.— Manfredo de Monteferrato, 15 mai 1497; 16°. — (Londres, FM)

LI septi salmi penetentiali li quali/ fece dauit siando in pena.

16 (8,8) ff. n. ch. s.: *a-b*. — C. g. — 22 vers par page. — R. *a*, sur la gauche de la page, au commencement du texte, petite figure au trait de *David*, en buste, couronné, jouant du psaltérion.

V. b_8 : *Stampata in Uenetia/ per Manfrino da Mõfera da Su/ streuo. M./cccc/lxxxvii./ a di xv./ maẓo.*

169. — (græcè) — Aldus Manutius, s. a. (*circa* 1500); 4°. — (Paris, G — ☆)

ΨΑΛΤΗΡΙΟΝ

150 ff. n. ch., s., α-υ. — 8 ff. par cahier, sauf ι, qui en a 6. — C. gr., r. et n. — 20 ll. par page. — R. $α_{iii}$ et r. $χ_i$. Encadrement de page au trait, avec figure de *David* (voir reprod. p. 167). — Dans le texte, en tête de chaque psaume, petite bordure ornementale, au trait; in.-o. du même genre.

R. $υ_8$: le registre; au-dessous: Ἐγράφη ἐν Ἐνετίαις ἐν οἰκείᾳ Ἄλδου του/ μανυτίου. Le verso, blanc.

170. — Luc'Antonio Giunta, 21 juillet 1507 ; f°. — (Munich, Libr. L. Rosenthal, 1906)

Psalterium ꝭm morē ꝛ ꝯsuetudinē/ sancte Romane ecclesie : cuius can/ tus ꝑ religiosuꝫ fratrē Franciscū/ de brugis ordīs minoꝝ sūma cū/ diligentia reuisi : atqꝫ fideli/ studio emēdati...

Vélin. — 285 ff. num. & 1. f. n. ch., s. : *a-ẓ*, ꝛ, ꝯ, *A-L*. — 8 ff. par cahier, sauf *t*, ꝯ, qui en ont 6, et *L*, qui en a 10. — C. g. r. & n. — 7 portées de musique, ou 21 ll. par page. — Au bas de la page du titre, marque du lis rouge florentin. Au verso, calendrier disposé sur cinq col. — Plusieurs grandes in. o., dont une inédite, et les autres empruntées du *Graduale* de

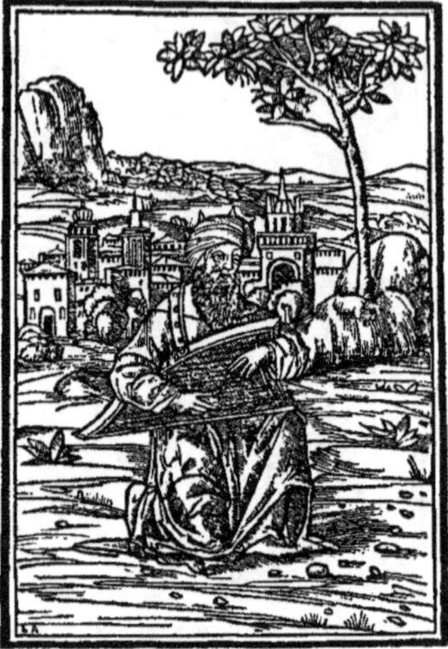

Psalmista monast., 17 nov. 1507 (v. A_{12}).

1499-1500. — R. *ij.* In. *U : Ascension.* — R. *iij.* In. *P : Nativité de J. C.* — V. *iiij.* In. *B : David* (voir reprod. p. 168). — V. *xlv*, v. *lxiij.* In. *D* : *S' Jean Baptiste.* — R. *lxxviij*, r. *clxij.* In. *D : S' André.* — V. *xcij.* In. *S : Purification.* — V. *cxij.* In. *E : S' Jacques le Mineur.* — V. R. *cxxviij*, r. *cxcvij*, r. *ccxxxvij.* In. *C* (employée comme in. E dans le *Graduel* de 1499) : *Adoration des Mages.* — V. *ccxlvij. S' François d'Assise recevant les stigmates.* — R. *cclxj. S' Augustin.* Ces deux dernières gravures, flanquées de bordures ornementales, et tenant la place de deux in. o., ont été employées dans nombre de *Missels* et de *Bréviaires* imprimés par L.A. Giunta.

V. *cclxxxv :* ¶ *Psalteriũ iuxta ritũ z ꝯsuetudinẽ scẽ Romane ecclesie : .... fideliqȝ stu/ dio ac impẽsis Luceantonij de giũta Florẽtini/ Uenetijs impssum : felici fine ꝯsũma/ tũ est. Anno a Iesu christi ĩcarnatiõe M. d. vij. xij. kł. Augusti.* — R. L_{10} : la table, disposée sur cinq col. Le verso, blanc.

171. — Luc'Antonio Giunta, 17 novembre 1507 ; 8°. — (Engelberg [Suisse], C)

Psalmista monasticum no/ viter impressum : cum an/ tiphonis et orationi/ bus cõmemoratio/nũ totius anni.

12 ff. prél. n. ch., s. : *A*, suivis immédiatement de 160 ff. num. de 105 à 264, et s. : *O-Z, AA-KK.* « Ce livre serait donc un exemplaire tiré à part du psautier d'un *Bréviaire* ou plutôt d'un *Diurnal* du Mont-Cassin, imprimé par Giunta en 1507 ». (Catal. Alès) — C. g. r. et n. ; titres courants en c. rom. — 25 ll. par page. — En tête de la page du titre, petite vignette : *S' Benoît.* Dans le bas de la page, marque du lis rouge florentin. — V. A_{12}. *David*, avec monogramme L A (voir reprod. p. 169). — Dans le texte, petites vignettes ; jolies in. o., parmi lesquelles est à remarquer un *O* avec figure de *David*, au trait, employé dans plusieurs ouvrages de la fin du XV° siècle.

R. 264 : *Psalteriũ monasticũ ẽȝ ritũ z morẽ ꝯgre/ gatiõis casinẽsis... explicit : Ve/ netiisqȝ p. d. Lucãtoniũ de giũtis Florẽtinũ ac/ curatissime ĩpssũ. Anno a nativit. dñi qngẽtesi/ mo septimo sup millesimũ. XV. kalẽdas. Decẽ.* Le verso, blanc.

172. — Luc'Antonio Giunta, 13 juin 1509 ; 8°. — (Naples, N)

Psalmista secundũ/ consuetudineȝ/ sancti do/ minici.

8 ff. prél., n. ch., s. : ✠. — 144 ff. num., s. : *A-S.* — 8 ff. par cahier. — C. g. r. et n. — 25 ll. par page. — En tête de la page du titre, bois ombré, avec monogramme L : *S' Dominique et les armes de l'ordre des Frères Prêcheurs* (reprod. pour le *Breviarium*

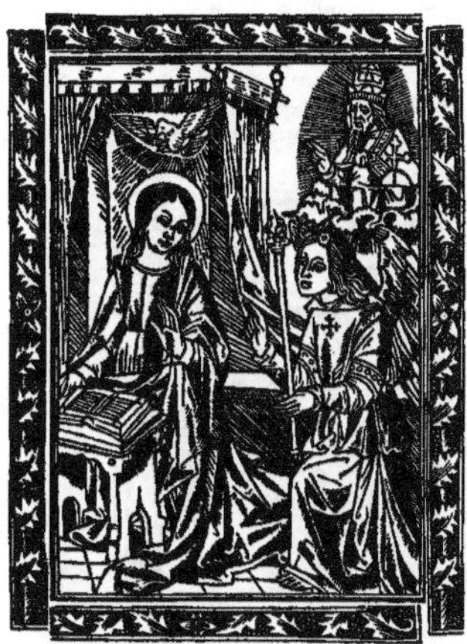
Psalmista rom., 20 mars 1520 (p. du titre).

ord. Frat. Præd., 28 sept. 1508). — Au bas de la page, marque du lis rouge florentin. — V. ✠$_8$. *Annonciation* (reprod. dans *Les Missels vén.*, p. 167). — R. 1. Encadrement de page à figures. — In. o. à figures.

R. 144 : ℂ *Explicit psalteriū.... ĩpressuʒ Uenetijs ꝑ dñm Lucā/ antõiū de giūta fiorẽtinū Anno dñi. 1509./ Idibus iunij.* Le verso, blanc.

173. — Iacobus Pentius de Leucho, 20 mars 1520 ; 8°. — (Venise, M)

Psalmista scd̃m con/ suetudinẽm roma/ ne curie.

10 ff. n. ch. et 136 ff. num., s. : ✠, ✠✠, *A-R*. — 8 ff. par cahier, sauf ✠✠, qui en a 2, et *R*, qui en a 10. — C. g. — 2 col. à 27 ll. — Au-dessous du titre : *Annonciation* (voir reprod. p. 170), copie d'un bois français. (Nous renvoyons à l'observation que nous avons faite, dans la description de l'*Offic. B. M. V.*, 20 octobre 1522, du même imprimeur, à propos d'une autre copie signée du monogramme VGO).

V. R_{10} : *Impressum Uenetijs per Iacobuʒ Pen/tium de Leuco. Anno incarnatiõis dñi nr̃i/ iesu xp̃i. M. ccccc.xx. Die. xx. martij.* Au-dessous, petite *Annonciation*, sans importance : Marie à droite, agenouillée près d'un prie-Dieu, les bras écartés du corps, les mains ouvertes ; l'ange à gauche, un genou à terre, la main droite bénissante, la main gauche tenant une branche de lis ; la colombe céleste volant vers la Ste Vierge.

174. — Melchior Sessa et Pietro Ravani, 15 décembre 1520 ; 4°. — (Bologne, C)

Psalterium ſm consuetudi/ nem Romane curie re/ cẽter emendatum.

10 ff. prél. n. ch., s. : ✠. — 92 ff. num., s. : *a-m*. — 8 ff. par cahier, sauf *m*, qui en a 4. — C. g. r. et n. — 2 col. à 35 ll. — Au-dessous du titre : *Adoration des Mages* (voir reprod. p. 170). — V. ✠$_{10}$. *Un moine en prière dans sa cellule* (voir reprod. p. 171). In. o. florales.

R. 92 : ℂ *Impressum Uenetijs per Melchiorẽ Sessam et Petrum de Rauanis. Anno domini/ M. ccccc. xx. Die. xv. Decẽb.* Au bas de la page, marque du *Chat*. Le verso, blanc.

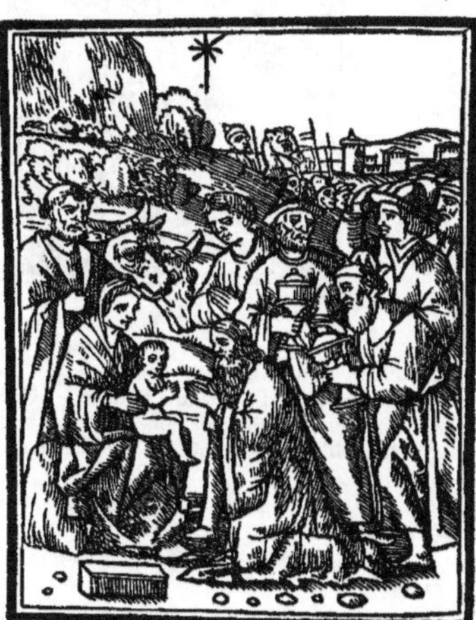
Psalterium rom., 15 déc. 1520 (p. du titre).

175. — Bernardino Benali, 1er mars 1524; 8°. — (Londres, FM)
℄ *Psalmista ℗m consuetudi/nem Romane curie.*

8 ff. prél., n. ch., s.: ✠. — 136 ff. num., s.: *A-R*. — 8 ff. par cahier. — C. g. r. et n. — 2 col. à 28 ll. — Au-dessous du titre, bois ombré : *Résurrection de J. C.* (voir reprod. p. 172), copie servile d'un bois employé dans un *Missale rom.*, 16 sept. 1512,

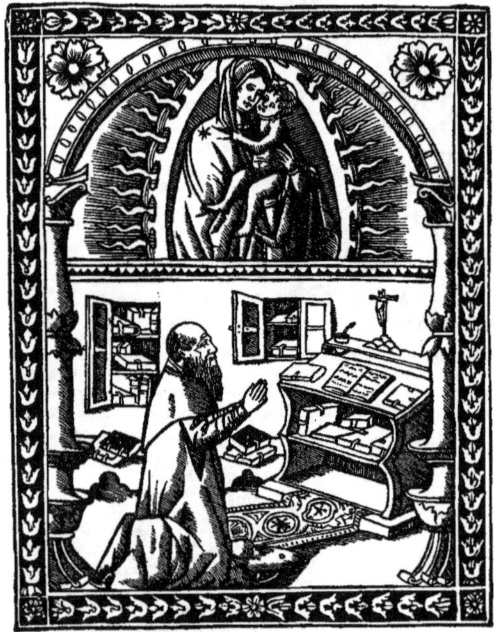

Psalterium rom., 15 déc. 1520 (v. ✠$_{10}$).

imprimé par Iacobus Pentius de Leucho (reprod. dans *Les Missels vén.*, p. 183). — R. 1. Encadrement de page à figures. — Quelques in. o.

R. 136 : ℄ *Imprssuȝ* (sic) *Uenetijs per Bernardinū/ Bernaliū* (sic). *Anno incarnationis dñi/ nři iesu xp̄i. M. ccccc.xxiiij. Die p̄ria Martij.* Le verso, blanc.

176. — Stephanus de Sabio, avril-15 juillet 1525; 16°. — (Munich, Libr. L. Rosenthal, 1895)
Psalterium scd̃m Bibliam : Diuo Hieronymo interprete : ad Paulam ꝛ Eustochium.

144 et 48 ff. num., s. : *a-s*, *A.-F*. — 8 ff. par cahier. — C. g. r. et n. — 21 ll. par page. — Au-dessous du titre, vignette ombrée : *David en prière.*

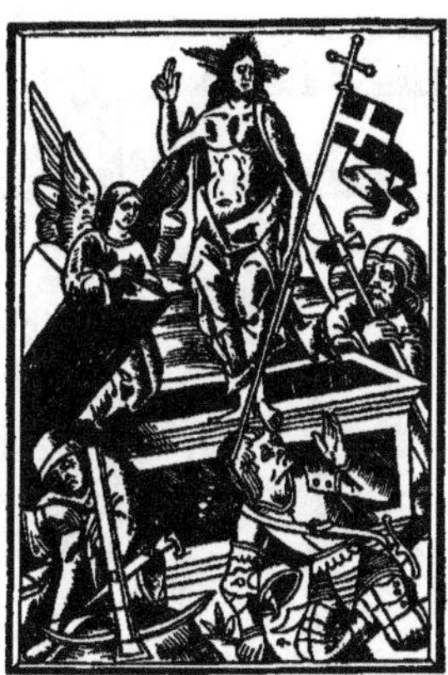

Psalmista rom., 1er mars 1524 (p. du titre).

R. 144: le registre de la 1re partie; au-dessous: *Uenetijs p Stephanū de Sabio. 1525. Mensis Aprillis.* Au verso, petite marque de la *Nativité de J. C.* — R. 48 (dern. f.): *Uenetijs per Stephanum de Sabio. Die. 15. Julij. 1525.*

177. — (græcè) — Melchior Sessa et Pietro Ravani, 1525; 8°. — (Londres, BM)

ΨΑLΤΉΡΙΟΝ

144 ff. n. ch. s.: *A-Q, AA-CC.* — 8 ff. par cahier, sauf *Q* et *BB*, qui n'en ont que 4. — C. gr. r. et n. — 27 ll. par page. — Page du titre: encadrement à fond noir copié des Livres d'Heures français; au-dessous du titre, petite vignette ombrée: *David en prière* (voir reprod. p. 173). — R. A_{ij}: Autre encadrement de page à fond noir (voir reprod. p. 174).

V. BB_{iij}: *Venetiis per Melchiorem Sessa & Petrum de Rauanis sociis,/ Anno dñi. M.D. XXV.* — V. CC_8: marque du *Chat.*

178. — Stephanus de Sabio, mars 1534; 16°. — (☆)

Psalterium scd̄m/ Bibliam: Diuo Hieronymo/ interprete: ad Paulam/ ꝛ Eustochium.

144 ff. num., s.: *a-s.* — 8 ff. par cahier. — C. g. r. et n. — 21 ll. par page. — Au-dessous du titre, vignette ombrée, médiocre: *David en prière.* — Une in. o. à figure.

R. 144: le registre; au-dessous: ℂ *Uenetijs per Stephanum de/ Sabio. 1534. mense Martij.* Au verso, petite marque de la *Nativité de J. C.*

179. — Luc'Antonio Giunta, janvier 1535; 8°. — (Pesaro, O)

ℂ *Psalmista secundum/ consuetudinem/ sancti do/ minici.*

8 ff. prél. n. ch., s.: ✠ — 151 ff. num., avec pagination erronée, et 1 f. blanc, s.: *A-T.* — 8 ff. par cahier. — C. g. r. et n. — 2 col. à 25 ll. — En tête de la page du titre, bois avec monogramme L: *St Dominique et les armes de l'ordre des Frères Prêcheurs* (reprod. pour le *Breviarium ord. Frat. Præd.*, 28 sept. 1508). Au bas de la page, marque du lis florentin. — V. $✠_8$. *David*, avec monogramme ɯ, de l'édition 17 nov. 1507. — R. 1. Encadrement de page à figures. — In. o. à figures.

V. T_7: (chiffré par erreur: 155): *Explicit psalterium... impressum Uene/tijs expensis nobilis viri dñi Lu/ ceantonij Iunta florētini: an/ no ab incarnatione verbi./ M.D. xxxv. Men/se Ianuario.* Au-dessous, le registre.

180. — Luc'Antonio Giunta, décembre 1537; 8°. — (Naples, N)

PSALTERIVM/ dispositum in dies, & ho/ras ordine quo totuȝ/ singulis hebdoma/ dis dicit per to/ tum annum.

Manquent les trois cahiers de ff. prél indiqués au registre, avec signatures: ✠, ✠✠, ✠✠✠. — 468 ff. num. par erreur: 463, et dont le dernier est blanc, s.: *A-Z, AA-ZZ, AAA-NNN.* — 8 ff. par cahier, sauf *NNN*, qui en a 4. — C. g. r. et n.; la 1re ligne du titre en cap. rom. r. — 2 col. à 37 ll. — R. 1. Encadrement de page; dans le haut: Dieu le Père, entouré d'une auréole rayonnante, bordée de têtes d'anges ailées, la main droite levée, bénissante, la main gauche tenant ouvert un livre où se voient les deux initiales A Ω ; dans les montants : nombreuse réunion de bienheureux, adorant le Seigneur; dans le bas : David prêt à couper la tête à Goliath terrassé. Cet encadrement est répété aux pages r. 53, r. 388, r. 403. — V. 52. *Annonciation*, avec encadrement (guirlandes de fruits, oiseaux, etc.). — V. 387. *Descente du S' Esprit*, avec encadrement semblable. — V. 402. *Assomption*, avec petite bordure ornementale. Ces bois, de style moderne, se trouvent signalés dans d'autres livres de liturgie sortis de la même imprimerie. — In. o. florales.

V. du f. chiffré 436 : *Uenetijs in officina Luceantonij Iuntę Flo/rentini. M D XXXII./ mense Decembri*. Au-dessous, le registre.

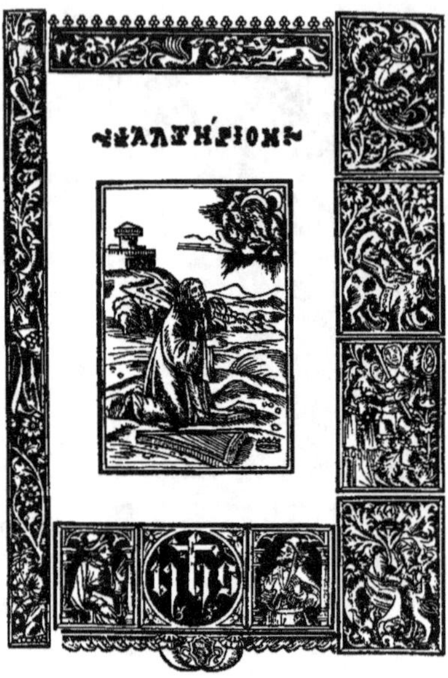

Psalterium (græcè), 1525 (p. du titre).

181. — Hæredes L. A. Juntæ, août 1538; 8°. — (Munich, Libr. L. Rosenthal, 1894)

Psalmista secundum consuetudineȝ sancte romane ecclesie.

8 ff. prél., n. ch. s. : ✠. — 144 ff. num., s. : *a-s*. — 8 ff. par cahier. — C. g. r. et n. — 2 col. à 25 ll. — Au-dessous du titre, marque du lis rouge florentin. — V. $✠_8$. *David*, avec monogramme ɪᴀ, de l'édition 17 nov. 1507. — R. 1. Encadrement de page du même genre que ceux de l'*Offic. B. M. V.*, 26 juin 1501. — V. 120. *Annonciation*, avec monogramme ·ʒ·ᴀ·. (Reprod. pour le *Brev. rom.*, 22 février 1518). — Petites in. o. à figures et autres.

R. 144 : *Uenetijs in officina heredum Luceantonij Iunte M.D. xxxviij. Mense Augusto*. Le verso, blanc.

182. — Nicolo Zoppino, janvier 1539; 8°. — (Florence, N ; Venise, M)

Il Salmista : secondo la Bi/bia, il qual fece il Propheta Dauid :... M D XXXIX.

144 ff., dont 8 n. ch., et 136 num., s. : *A-M*. — 12 ff. par cahier. — C. g. r. et n. — 31 ll. par page. — Page du titre, au-dessus de la date : marque du *S' Nicolas*. Au verso, bois ombré médiocre : S' Jérôme, revêtu des insignes de cardinal, debout à gauche, tenant les mains de David, qui est dans la même posture à droite, coiffé d'un turban; entre les deux personnages, le lion familier de S' Jérôme, couché; à terre, au premier plan, une harpe; au fond, une niche, flanquée de deux pilastres.

R. 136 : le registre; au-dessous : ℭ *Uenetijs : per Nicolaum de Aristo/ tele Ferrarienseȝ, dictum Zoppinū./ Anno Circūcisionis Iesu Chri/sti. M. D. XXXIX./ Mense Ianuario*. Au verso, même marque que sur la page du titre.

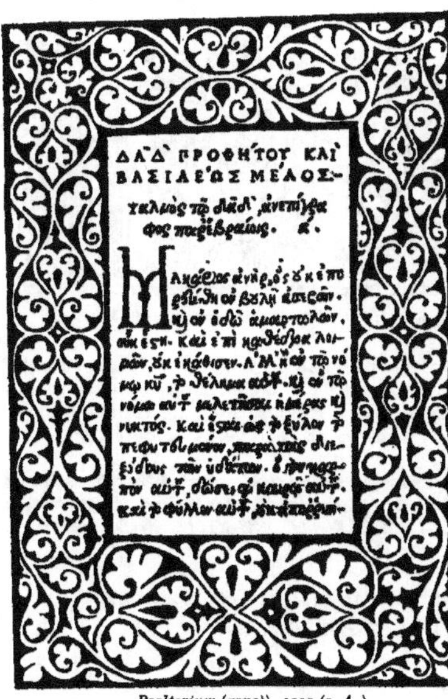

ΔΑΔ ΠΡΟΦΗΤΟΥ ΚΑΙ
ΒΑΣΙΛΕΩΣ ΜΕΛΟΣ
ψαλμὸς τῷ δαδ, ἀνεπίγρα-
φος παρ' ἑβραίοις. α.
Μακάριος ἀνήρ, ὃς οὐκ ἐπο-
ρεύθη ἐν βουλῇ ἀσεβῶν.
καὶ ἐν ὁδῷ ἁμαρτωλῶν,
οὐκ ἔστη. Καὶ ἐπὶ καθέδραν λοιμῶν, οὐκ ἐκάθισεν. Ἀλλ' ἢ ἐν τῷ νόμῳ κυ, τὸ θέλημα αὐτοῦ. καὶ ἐν τῷ
νόμῳ αὐτοῦ μελετήσει ἡμέρας καὶ
νυκτός. Καὶ ἔσται ὡς τὸ ξύλον τὸ
πεφυτευμένον, παρὰ τὰς διεξόδους τῶν ὑδάτων. ὃ τὸν καρπὸν αὐτοῦ, δώσει ἐν καιρῷ αὐτοῦ.
καὶ τὸ φύλλον αὐτοῦ, οὐκ ἀπορρυή-

Psalterium (græcè), 1525 (r. A_{ii}).

183. — Hæredes L. A. Juntæ, septembre 1541 ; 8°. — (Londres, BM)

℄ *Psalmista secundum/ consuetudinem/ sancti do/minici.*

8 ff. prél., n. ch , s. : ✠. — 151 ff. num., et 1 f. blanc, s. : *A-T*. — 8 ff. par cahier. — C. g. r. et n. 2 col. à 25 ll. — Au-dessous du titre, bois ombré avec monogramme L : *St Dominique & les armes de l'ordre des Frères Prêcheurs* (reprod. pour le *Breviarium ord. Frat. Præd.*, 28 sept. 1508). — V. $✠_8$. *David*, avec monogramme ıA, de l'édition 17 nov. 1507. — R. 1, r. III : encadrement de page à figures. — In. o. de différents genres.

V. 151 : le registre ; au-dessous : *Uenetijs apud hęredes Lucę antonij/ Junte Florentini anno. 1541/ mense septēbris.*

Proverbi de Salomone.

184. — S. n. t., 3 janvier 1517 ; 8°. — (Séville, C)

Prouerbi de Salamone/ moltò vtilissimi a/ ciascuno.

4 ff. n. ch. s. . *A*. — C. rom. ; titre g. — 28 vers par page. — Au-dessous du titre, vignette ombrée, copie d'un petit bois faisant partie de l'illustration du *Libro del Troiano*, 20 mars 1509.

R. A_4 : ℄ *Stampati in Venetia ne lãno/del Signore. M.D.XVII./ Adi. iii. di Zenaro*. Le verso, blanc[1].

Epistole et Evangeli.

185. — (Guglielmo de Monteferrato, *circa* 1492) ; 4°. — (Rome, Co)

EPISTOLE EVANGELII VVLGAR ET HISTORIADE.

Exemplaire incomplet. D'après le registre, qui se trouve au bas du r. du 4me f., le volume doit avoir 102 ff. n. ch., s. : *a-n* ; 8 ff. par cahier, sauf *a* qui en a 4, et *n*, qui en a 10. Manquent dans cet exemplaire : 6 ff. du cahier *b*, les ff. k, k_8, n, n_{iii}, n_9, n_{10}. — C. rom. — 42 ll. par page. — V. du titre, blanc. — R. a_{ii} : *Qvesta e la tauola da trouare le domeniche & le uigilie & le fe/ ste...* — V. a_4 : *AL NOME SIA DEL nostro Si/gnore Iesu Christo. Incomĩciano/ le epistole & lectione euãgelii : i qua/ li si legono in tutto lanno alla mes/sa secondo luso della sancta chiesa/ Romana....* — 45 vignettes portant un des monogrammes b, ·b·, ·b, et 68 vignettes non signées, toutes provenant de la *Bible* 15 octobre 1490.

1. Une édition donnée par Aurelio Pincio, en octobre 1533, n'a qu'un encadrement ornemental, avec une marque, sur la page du titre. A la fin, une autre marque : les trois Parques, avec une légende latine et une légende en caractères hébraïques. — (Florence, N)

186. — Matheo Codeca, 14 décembre 1493 ; f°. — (Wolfenbuttel, D)

EPISTOLE ET EVANGELI VVLGARI/ STORIATE COMPOSTE IN LIN/ GVA FIORENTINA.

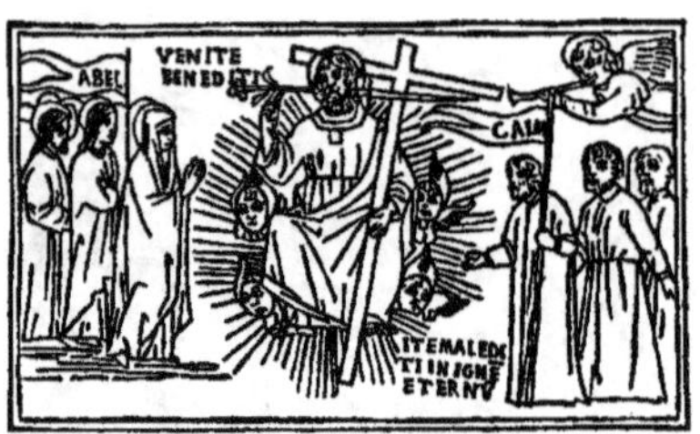

Epistole & Evangelii, 15 mars 1494 (r. *b*).

74 ff. num. et 2 ff. n. ch., s. : *a-k*. — 8 ff. par cahier, sauf *k*, qui en 4. — C. rom. — 2 col. à 46 ll. — V. du titre : *AL NOME SIA del nostro Signore....* Au-dessous : petit bois, avec monogramme b. — R. II. Encadrement de page du *Supplementum chronicarum*, 15 février 1492 ; en tête du texte, grand bois au trait : *Jugement dernier* avec monogramme b, emprunté du Voragine, *Legendario de Sancti*, 10 déc. 1492. — Dans le corps de l'ouvrage, 128 vignettes, dont un certain nombre portant un des monogrammes b, ·b·, ·b, et tirées de la *Bible*, 15 octobre 1490. — In. o. à fond noir.

V. LXXIIII : *Qui finisce lepistole & uangeli uulgari hi/ storiate & stāpate nella triumphante cipta di/ Vinegia ꝑ me Matheo di cho de cha da Parma :... Sotto gli anni de/ la nostra redemptione. M.CCCCLXXXX/ III. Adi XIIII. di Decembrio...* R. k_4 : le registre. Le verso, blanc.

187. — Guglielmo de Monteferrato, 15 mars 1494 ; f°. — (Londres, BM)

EPISTOLE EVANGELII VVLGAR ET HISTORIADE.

Exemplaire incomplet. Il ne reste qu'un seul des ff. prél. ; le titre, découpé, a été collé sur un feuillet ajouté au livre. — 95 ff. num., s. : *b-n*. — 8 ff. par cahier ; le dernier f. (blanc ?) fait défaut. — C. rom. — 2 col. à 41 & 42 ll. — R. *b*. Encadrement de page, emprunté du *Vita della preciosa Vergine Maria*, 24 septembre 1493 ; en tête du texte, bois au trait : *Jugement dernier* (voir reprod. p. 175). Dans le corps de l'ouvrage, nombreuses vignettes au trait (monogramme N), de la *Bible*, 23 avril 1493.

R. LXXXXV, 2me col. : *Qui finisse lepistole & Euangelii uul/gari historiate & stampate nella trium-/ phante cipta di Vinegia ꝑ maestro Gulli/ elmo de tridino de monteferato :... Sotto gli anni dela nostra/ redēptione. M.CCCC.LXXXXIIII./ Adi. XV. di Marȥo.... LAVS DEO.*

188. — Manfredo de Monteferrato, 20 août 1495 ; f°. — (☆)

Epistole euangelii vulgare et Istoriate.

74 ff. num. et 2 ff. n. ch., s. : *a-k*. — 8 ff. par cahier, sauf *k*, qui en a 4. — C. rom. ; titre g. — 2 col. à 47 ll. — V. du titre : *AL NOME SIA del nostro Signor/ Iesu Christo :...* En tête de l'épître de St Paul aux Romains pour le premier dimanche de l'Avent, vignette au trait, représentant : à gauche, l'apôtre écrivant ; à droite, un messager remettant sa lettre à un groupe de citoyens près d'une porte de Rome. — R. II. Encadrement de page du *Supplementum chronicarum*, 15 février 1492 ; en tête du texte, grand bois au trait : *Jugement dernier*, avec monogramme b, comme dans l'édition 14 décembre 1493. — Dans le corps de l'ouvrage, 128 vignettes, dont un certain nombre portant le monogramme b ou ·b·, et tirées de la *Bible*, 15 octobre 1490. — In. o. à fond noir.

V. LXXIIII : *Qui finisse le epistole & euangeli uulgari/ historiate & stampate nella triumphante cip/ ta di Vinegia per me Manfredo de monferra/ de Sstreuo* (sic) *de cha bonello : composte & cor/ repte per Ser Iacobo di Carlo prete fiorētino/ Sotto gli anni della nostra redemptione. M.| CCCCLXXXXV. Adi XX. di Agosto...* Au-dessous, commence la table. — R. k_4 : le registre. Le verso, blanc.

Cet exemplaire est le seul que nous connaissions de cette édition d'une insigne rareté.

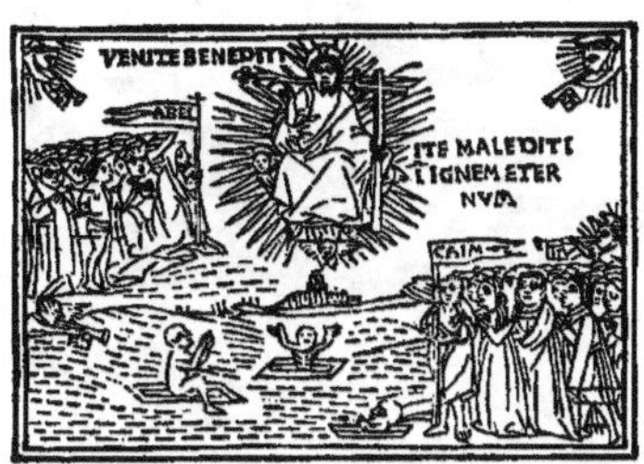

Epistole & Evangelii, 4 sept. 1497 (r. a_{ii}).

189. — (Firenze) s. n. t., 24 octobre 1495 ; f°. — (Florence, N)

℄ *EPISTOLE ET EVANGELII| IN VVLGARE STORIATE| COMPOSTE IN LINGVA| FIORENTINA*

91 ff. num. à partir du 3me, et 1 f. n. ch., s. : *a-m.* — 8 ff. par cahier, sauf *l* et *m*, qui n'en ont que 6. — C. rom. — 2 col. à 43 ll. — Cette partie précède l'*Expositione sopra euangeli*, de Simone da Cascia ; elle contient 167 vignettes (monogramme N) ; au r. a_2, encadrement de page et grand bois : *Jugement dernier*, avec monogramme b, empruntés du *Legendario de Sancti*, 10 déc. 1492. — V. 91 : ℄ *Finiscono lectioni & epistole & Euãgelii| che sidicono p̱ tutto lanno secõdo lordi|ne del messale impresso ĩ Firẽze a di. 24.| doctobre. M.CCCCL-XXXXV.* Au-dessous : ℄ *Tauola da trouare piu cõmodamente lelectioni & le| epistole...* Cette table, qui se termine au verso du f. suivant et dernier, est imprimée sur 2 col., et avec un caractère plus petit que celui du corps de l'ouvrage.

190. — SIMONE DA CASCIA. — *Expositione sopra Evangeli.*

(Firenze, Bartholomeo de Libri), 24 septembre 1496 ; f°. — (Florence, N — ☆)

Expositione sopra euangeli.

119 ff. num. et 2 ff. n. ch., s. : *a-p.* — 8 ff. par cahier. — C. rom. — 2 col. à 51 ll. — R. a_{ii}. Encadrement de page et grand bois au trait : *Jugement dernier*, avec monogramme b, comme dans l'édition des *Epistole & Evangeli*, 24 octobre 1495, dont l'*Expositione* forme, en quelque sorte, la seconde partie. — Mêmes vignettes (monogramme N) dans le corps de l'ouvrage.

R. CXVIIII (au lieu de : CXVIII) :... *Impresse in Firenze p̱ Bartholomeo di Francesco de Libri .p̱. fiorentino Adi xxiiii. di. Septembre. MCCCCLXXXXVI.* Le bas de la 1re col. de cette page et la 2me col. entière, sont blancs. Le verso, blanc.

191. — Manfredo de Monteferrato, 4 septembre 1497 ; f°. — (Milan, T)

EPISTOLE ET EVANGELI VVLGARI| ISTORIATE COMPOSTE IN LIN| GVA FIORENTINA.

74 ff. num. et 2 ff. n. ch., s. : *a-k.* — 8 ff. par cahier, sauf *k*, qui en a 4. — C. rom. — 2 col. à 47 ll. — R. a_{ii}. Encadrement de page du Dante, *Div. Com.*, 3 mars 1491 ; en tête du texte, bois au trait : *Jugement dernier* (voir reprod. p. 176). Dans le corps de l'ouvrage, vignettes tirées de la *Bible*, 15 octobre 1490. — In. o. à fond noir.

V. LXXIIII : *QVI finisce lepistole & uãgeli uulgari hi| storiate & stampate nella triũphante cipta di Vinetia p̱ me Manfreo* (sic) *da monferrato da| streuo Sotto gli anni per la nostra redem| tiõe. M.CCCCLXXXXVII. A Di. IIII. di Set| tembrio....* Au-dessous, commence la table. — R. k_4 : le registre ; au-dessous : *FINIS.* Le verso, blanc.

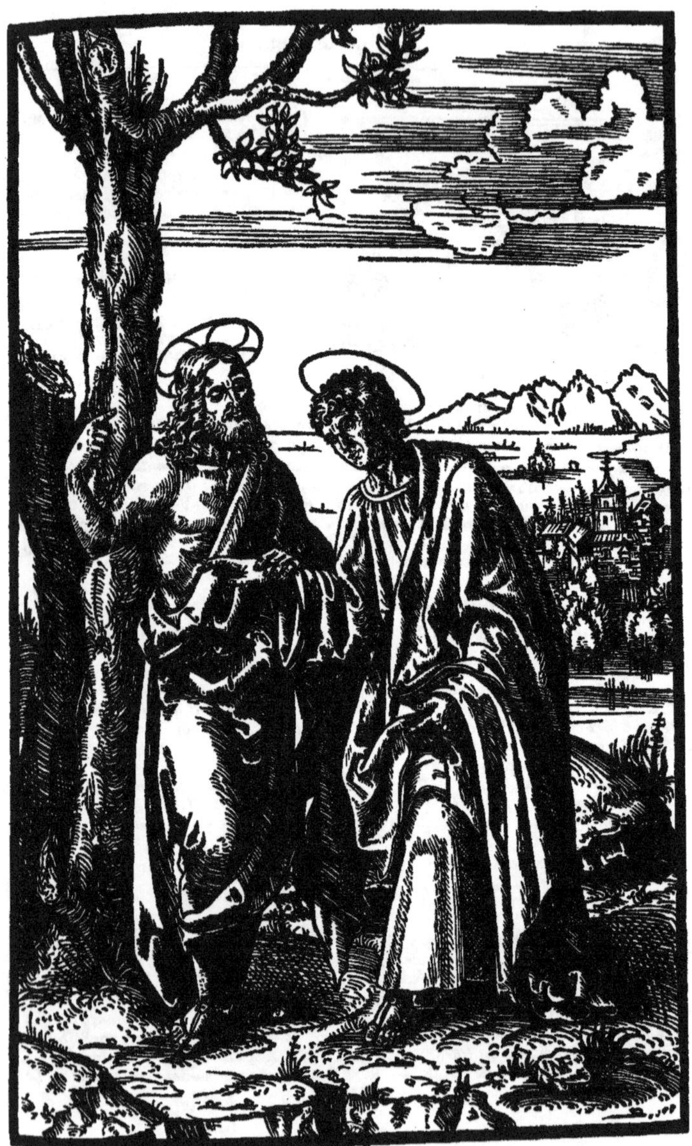

Epistole & Evangelii, juin 1512 (v. AA_4).

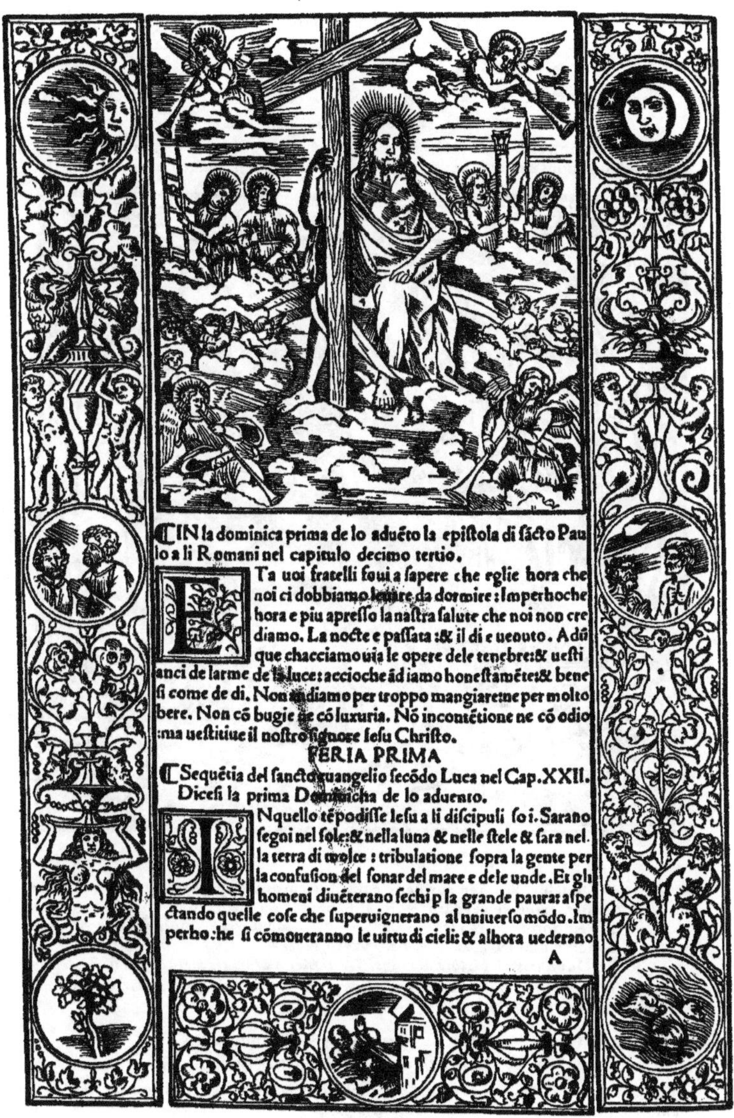

¶ IN la dominica prima de lo aduẽto la epiſtola di ſãcto Pau
lo a li Romani nel capitulo decimo tertio.

ETa uoi fratelli ſoui a ſapere che eglie hora che
noi ci dobbiamo leuare da dormire : Imperhoche
hora e piu apreſſo la naſtra ſalute che noi non cre
diamo. La nocte e paſſata :& il di e uenuto. Adũ
que chacciamo uia le opere dele tenebre:& ueſti
anci de larme de la luce: accioche ãd iamo honeſtamẽte:& bene
ſi come de di. Non andiamo per troppo mangiare:ne per molto
bere. Non cõ bugie ne cõ luxuria. Nõ incontẽtione ne cõ odio
:ma ueſtitiue il noſtro ſignore Ieſu Chriſto.

FERIA PRIMA

¶ Sequẽtia del ſancto euangelio ſecõdo Luca nel Cap. XXII.
Diceſi la prima Dominicha de lo aduento.

INquello tẽpo diſſe Ieſu a li diſcipuli ſoi. Sarano
ſegni nel ſole:& nella luna & nelle ſtele & ſara nel
la terra di molte : tribulatione ſopra la gente per
la confuſion del ſonar del mare e dele unde. Et gli
homeni diuẽterano ſechi p la grande paura: aſpe
ctando quelle coſe che ſuperuignerano al uniuerſo mõdo. Im
perho che ſi cõmoueranno le uirtu di cieli: & alhora uederano

A

Epistole & Evangelii, juin 1512 (r. 5).

192. — Pietro da Pavia, 21 juillet 1500; 4°. — (Londres, FM)

EPISTOLE EVANGELII VVLGAR/ HISTORIADE.

148 ff. n. ch., s. : *a-t*. — 8 ff. par cahier, sauf *a*, qui en a 4. — C. rom. — 31 ll. par page. — Au-dessous du titre, petite vignette au trait, représentant l'*Arche d'alliance.*

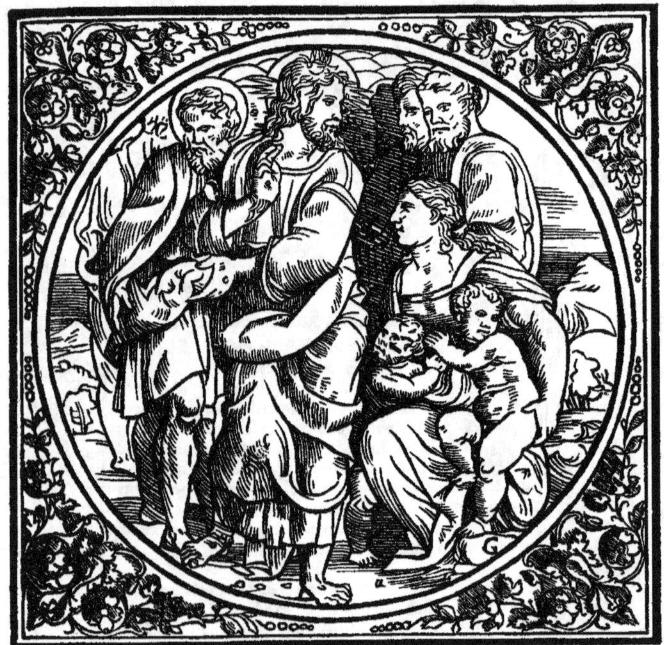

Epistole & Evangelii, juin 1512 (r. 21).

— Au verso, la table disposée sur deux col., et occupant les pages jusqu'au r. a_4; au bas de cette dernière page, le registre. — R. *b*. Encadrement de page et bois du *Jugement dernier*, de l'édition 15 mars 1494. — Dans le corps de l'ouvrage, nombreuses vignettes au trait (monogramme N), de la *Bible*, 23 avril 1493.

R. t_8: *Qui finisse lepistole & euãgelii Vulgari historiate & stãpa/ te ne la triumphante cipta di Vinegia per maestro Pietro da Pa/ uia nel Anno. M.CCCCC. adi. xxi di Luio*. Le verso, blanc.

193. — Georgio Rusconi, 11 mars 1503; 4°. — (Venise, C)

¶ *EPISTOLE EVANGELII VVLGAR/ HISTORIADE.*

4 ff. prél., n. ch., 131 ff. num., et 1 f. blanc, s. : *A-s*. — 8 ff. par cahier, sauf *A* et *s*, qui n'en ont que 4. — C. rom. — 2 col. à 32 ll. — V. *A*. *Crucifixion*, bois du St Bona-

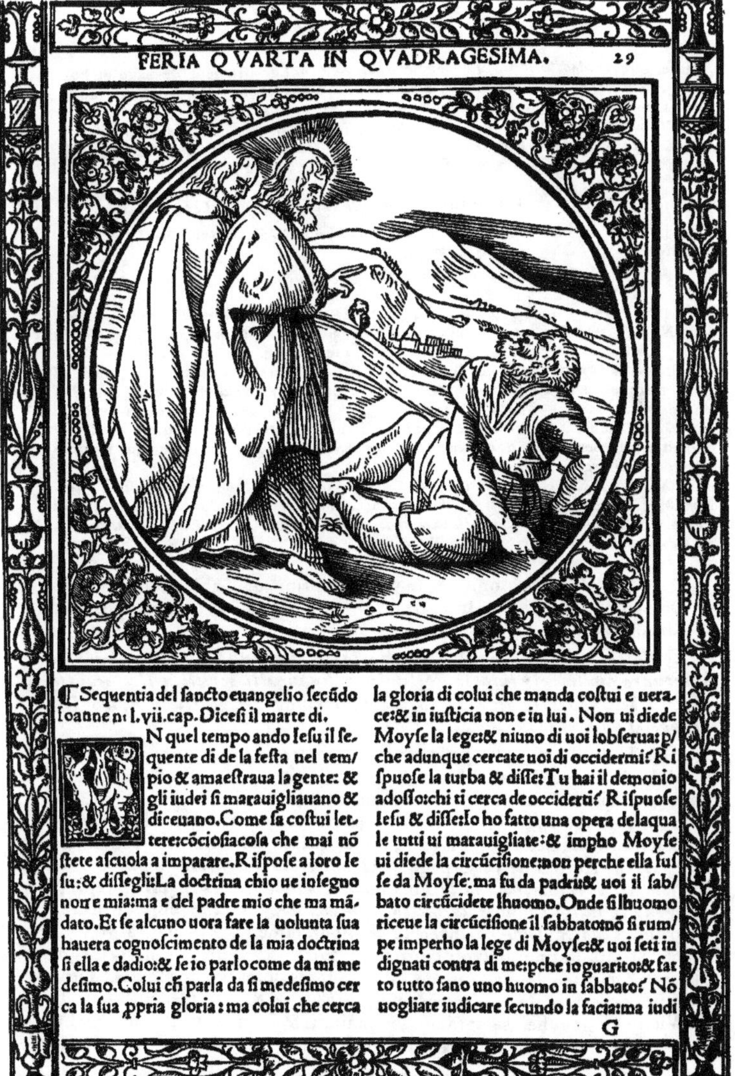

¶ Sequentia del sancto euangelio secũdo Ioanne nel I. vii. cap. Dicesi il marte di.

[I]N quel tempo ando Iesu il seguente di de la festa nel tempio & amaestraua la gente: & gli iudei si marauigliauano & diceuano. Come sa costui lettere: cõciosiacosa che mai nõ stete a scuola a imparare. Rispose a loro Iesu: & dissegli: La doctrina chio ue insegno non e mia: ma e del padre mio che ma mãdato. Et se alcuno uora fare la uolunta sua hauera cognoscimento de la mia doctrina si ella e da dio: & se io parlo come da mi medesimo. Colui chi parla da si medesimo cerca la sua ꝓpria gloria: ma colui che cerca la gloria di colui che manda costui e uerace: & in iusticia non e in lui. Non ui diede Moyse la lege: & niuno di uoi lobserua: ꝑche adunque cercate uoi di occidermi? Rispuose la turba & disse: Tu hai il demonio adosso: chi ti cerca de occiderti? Rispuose Iesu & disse: Io ho fatto una opera de laqua le tutti ui marauigliate: & impho Moyse ui diede la circũcisione: non perche ella fusse da Moyse: ma fu da padri: & uoi il sabbato circũcidete lhuomo. Onde si lhuomo riceue la circũcisione il sabbato: nõ si rumpe imperho la lege di Moyse: & uoi seti indignati contra di me: pche io guarito: & fatto tutto sano uno huomo in sabbato? Nõ uogliate iudicare secundo la facia: ma iudi

Epistole & Evangelii, juin 1512 (r. 29).

venture, *Devote Meditationi*, 14 décembre 1497. — R. *b*. Encadrement de page et bois du *Jugement dernier*, de l'édition 15 mars 1494. — Dans le corps de l'ouvrage, nombreuses vignettes au trait (monogramme N) de la *Bible*, 23 avril 1493.

V. s_3 : ℂ *Quifinisse le epistole & euan/ gelii uulgar historiade & stãpate/ne la inclyta citta di Venetia per/ Georgio di Ruscõi Milanese : nel/ Anno. M.D.III. Adi. xi. marzo.* Au-dessous, le registre. Plus bas, marque de Georgio Rusconi.

194. — GUILLERMUS PARISIENSIS.[1] — *Postilla super epistolas et evangelia.*

Jacobus Pentius de Leuco (pour L. A. Giunta), 6 novembre 1505; 4°. — (Londres, BM)

Postilla Guillermi super epi/ stolas z euãgelia : de tẽpore :/ z de sanctis : z pro defun/ctis...

L'ouvrage est en deux parties. — 1re partie : *Postilla sup euangelia.* 106 ff. num., s : *A-N*; 8 ff. par cahier, sauf *N* qui en a 10. — 2me partie : *Postilla super Epistolas.* 89 ff. ch., et 1 f. blanc, s. : *AA-LL* ; 8 ff. par cahier, sauf *LL*, qui en a 10. — C. g. — Texte encadré par le commentaire, sur deux col. à 48 ll. — Au-dessous du titre, imprimé en g. r., marque du lis rouge florentin. — V. du titre : *Crucifixion* (reprod. dans *Les Missels vén.*, p. 289). — V. CVI, blanc. — R. *AA*, au-dessous du titre de la seconde partie, bois ombré : *St Pierre et St Paul.* — Dans le texte de le première partie, 37 vignettes ombrées et une in. o. avec figure de *St Jean*, que l'on retrouve dans nombre de livres de liturgie de Giunta.

V. LXXXIX : ℂ *Explicit Postilla Guilliermi sup epistolas z euangelia :... impensis Dñi Luce antonij de giunta flo/ rentini : Per magistrum Iacobum pentium de Leuco : In florentissima Uene/ tiarum vrbe impressa : sub annis Dñi. M. D. v. Die. vj. Nouembris :...* Au-dessous, le registre.

195. — Zuan Antonio & fratelli Nicolini da Sabio (pour Nicolo & Domenico dal Jesu), juin 1512; f°. — (Paris, N; Florence, M; Londres, H — ☆)

Epistole : z euãgelij volgari hystoria/de : cum una tabula : che insegna a/ trouare facilmente tutte le Epi/stole : z Euangelij scritti nella/ sequẽte opera : secundo lor/ dine de la corte Roma/na : Cõ alcune Episto/le : z euãgelij nõ piu/ tradutti.

88 ff., dont les quatre premiers n. ch., et les suivants num. de 5 à 88; s. : *AA*, *A-X*. — 4 ff. par cahier. — C. rom.; titre g. — 2 col. à 46 ll. — Page du titre : encadrement ornemental ; au-dessus du titre, le chrisme sur fond noir. — Toutes les pages sont entourées de bordures ornementales variées. — V. *AA* : la table, qui se termine aux deux tiers du r. AA_4. Au bas de cette page : *Al nome sia del nostro signore Iesu Christo :...* ℂ *Incominciano le Epistole & Lectione & Euangelii : liquali si legono in tut/to lanno a la messa...* — V. AA_4. Grand bois de page : *Incrédulité de St Thomas*, avec le monogramme NF du maître graveur Marc'Antonio Raimondi (voir reprod. p. 177). — R. 5. En tête de la page : *Jugement dernier*. La page est encadrée, sur les côtés et dans le bas, d'une bordure ornementale (voir reprod. p. 178). — R. 37. *Crucifixion* : la Ste Vierge à gauche, se tordant les mains; St Jean à droite, les mains jointes ; Madeleine agenouillée au pied de la croix, dont elle étreint la

1. Guillaume Pepin, prédicateur.

hampe; sur le terrain entre la Ste Vierge et Madeleine, une tête de mort. Au-dessous de la gravure, légende en lettres gothiques : *Passio domini nostri Iesu Christi.* Ce bois est de la main du graveur au monogramme G (voir *Legendario de Sancti*, 2 août 1518). Même encadrement qu'à la page du titre. — Ce volume contient, en outre, 19 grands bois en forme de médaillons circulaires, inscrits dans des carrés avec écoinçons garnis de

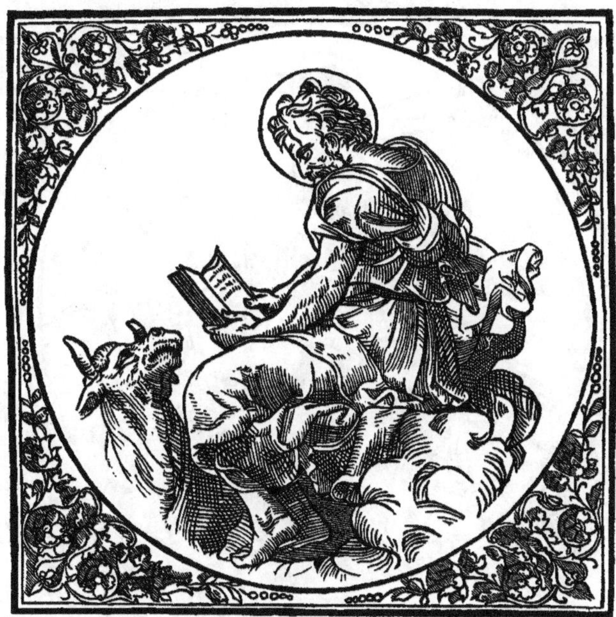

Epistole & Evangelii, juin 1512 (r. 53).

feuillage, comme dans le *Vite de SS. Padri*, 28 juillet 1501, et les deux éditions du *Legendario de Sancti*, 20 déc. 1505 et 2 août 1518. — R. 9. *Nativité de J. C.*; bois du *Legendario* 1505 (r. 30). — R. 13. " D'un gentilhomme qui mourut subitement au milieu d'un festin "; bois du *Vite* 1501 (r. &). — R. 17. *St Vincent Ferrier*; bois du *Legendario* 1505 (r. 119). — R. 21. Jésus, avec ses disciples, rencontrant la mère des fils de Zébédée; monogramme G (voir reprod. p. 179). — R. 25. Deux aveugles, dont l'un sert de guide à l'autre (*il ciecho guida el ciecho*, paroles de l'évangile selon St Mathieu, au-dessus duquel est placée la gravure). — R. 29. Jésus, suivi d'un de ses disciples, délivre un possédé du démon (voir reprod. p. 180). — R. 33.

St Jean, écrivant, assis sur un aigle qui plane dans les nuages. — R. 42. Un grand calice, d'où sort, à mi-corps, l'enfant Jésus, la main droite bénissante, et tenant de la main gauche la sphère du monde ; de chaque côté un ange agenouillé, en adoration. — R. 45. *St Jérôme*, bois du *Vite* 1501 (r. a_{ii}). — R. 49. *Résurrection*, bois du *Legendario* 1505 (r. 111.). — R. 53.

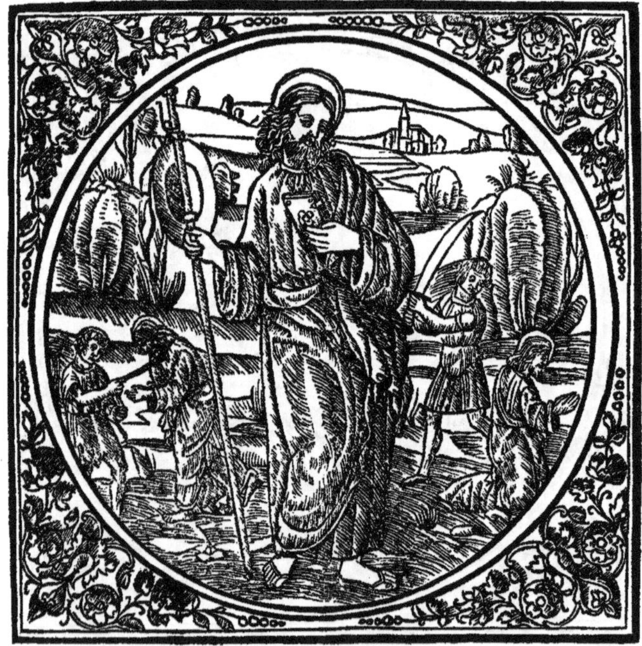

Epistole & Evangelii, juin 1512 (r. 73).

St Luc, assis sur des nuages, lisant dans un livre (voir reprod. p. 182). — R. 57. Héraclius rapportant à Jérusalem la vraie croix, bois du *Legendario* 1505 (v. 292). — R. 61. St Apollonius délivré de la prison par un ange ; bois du *Vite* 1501 (r. *f*) — R. 65. St Mathieu assis sur des nuages, trempant une plume dans l'encrier que tient l'ange symbolique. — R. 69. *St Pierre « in cathedra »*; bois du *Legendario* 1505 (r. 91). — R. 73. *St Jacques le Majeur* (voir reprod. p. 183). — R. 77. *Descente du St-Esprit;* bois du *Legendario* 1505 (r. 179). — R. 81. " D'un moine qui se fit ensevelir vivant, pour être tombé dans le péché de luxure "; bois du *Vite* 1501 (r. *q.*). — R. 85. *Ste Apollonia*, martyre ; bois du *Legendario* 1505 (r. 365). — Dans le texte,

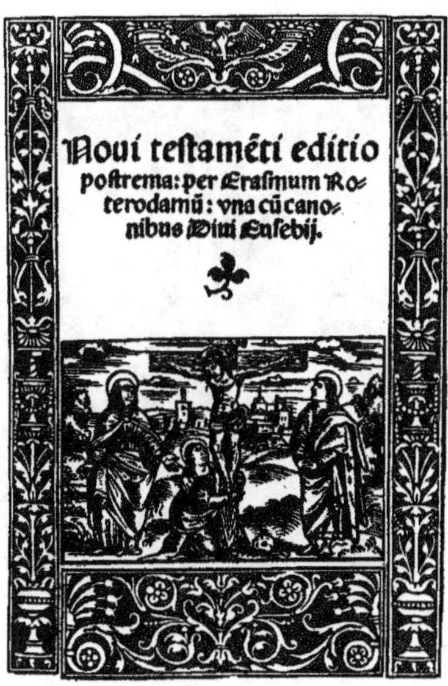
Noui testamēti editio postrema: per Erasmum Roterodamū: vna cū canonibus Diui Eusebij.

Novum Testamentum, octobre 1526.

11 vignettes assez médiocres. — In. o. florales, de diverses grandeurs.

R. 88 : le registre ; au-dessous : *Stampata in Venetia per Zuane Antonio & fradeli/ da Sabio ad instantia de Nicolo & Domene/go dal Iesus fradeli nel anno del signore./ M.D.XII. Del mese de zugno.* Le verso, blanc.

Les bois-médaillons qui ornent cette édition sont de valeur inégale, comme dans le *Legendario* 1505. Aux deux graveurs différents dont nous avons signalé la collaboration pour ce précédent ouvrage, vient s'en adjoindre ici un troisième, le graveur G. dont nous retrouverons plusieurs bois, signés de son monogramme, dans le *Legendario* de 1518.

Quant à la magnifique gravure placée en tête de ce livre, et qui lui donne, à elle seule, un prix extraordinaire, nous ne pouvons mieux faire que de citer ce qu'en écrivait M. Georges Duplessis, conservateur des Estampes à la Bibliothèque Nationale, lorsqu'il reçut, pour son département, il y a quelques années, l'exemplaire légué par M. E. Piot :

« Le troisième ouvrage légué par M. E. Piot au Département des Estampes est un livre de la plus haute valeur. Il a pour titre : *Epistole et evangelii volgari hystoriade; Venise, 1512.* Bien qu'on en signale deux autres exemplaires, l'un à Londres, dans la collection de M. Henry Huth, l'autre à Florence, dans la Bibliothèque Marucelliana, celui-ci est le seul que, jusqu'à ce jour, il ait été donné aux curieux de consulter. C'est un in-folio de 88 feuillets, contenant un grand nombre de figures en bois, de provenances diverses et de valeur très diverse aussi, mais en renfermant une, en tête, qui a, pour l'histoire de l'art, une importance capitale : elle représente l'*Incrédulité de St Thomas*, et porte à la droite du bas, sur une pierre, le monogramme de Marc-Antoine. Dans l'œuvre du maître, cette planche apparaît à l'état unique. Marc-Antoine qui, pendant son séjour à Venise, copia sur métal les estampes en bois qu'Albert Durer avait dessinées pour la *Vie de la Vierge* et pour la *Passion*, voulut-il se rendre compte des difficultés qu'aurait à vaincre un graveur sur métal pour tailler le bois ? Voulut-il simplement faire un essai qu'un éditeur mit à profit ? Jamais on ne le saura, si un document écrit ne vient à être exhumé un jour des archives de Venise ; mais ce qu'il est possible, dès à présent, de constater, c'est que cette planche est digne, pour la gravure du moins, d'être attribuée avec certitude au grand artiste bolonais. Nous croyons qu'il serait imprudent de regarder ces figures, qui portent le caractère bien accusé des œuvres vénitiennes de cette époque, comme ayant été dessinées par Marc-Antoine ; dès lors, la marque du maître, qui ne peut être contestée, se rapporte uniquement à la gravure ; et l'œuvre du maître à la Bibliothèque Nationale, grâce à la générosité de M. E. Piot, se trouve ainsi augmentée d'une planche qui pourra désormais être mise sous les yeux des artistes, tous les jours plus nombreux, qui s'intéressent aux admirables productions de Marc-Antoine. » *(Bulletin des Musées).*

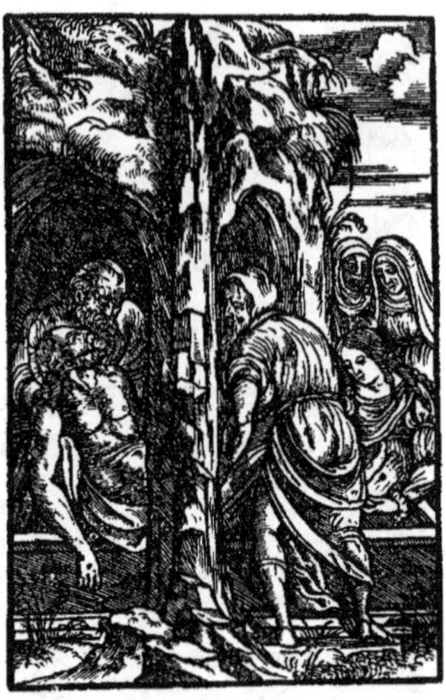

Novum Testamentum, octobre 1526 (v. du titre).

196. — GUILLERMUS PARISIENSIS. — *Postilla super Epistolas et Evangelia.*

Piero Quarengi (pour L. A. Giunta), 1er juillet 1512 ; 4°. — (Rome, VE ; Bologne, V)

Postilla Guillermi super Epistolas z Euan/gelia, per totius anni circulum : De tempore : Sã/ctis : z pro defunctis ere z arte noua im/pressa :...

4 ff. prél., dont le second seul est signé au bas : 2. — 103 ff. num. et 1 f. blanc pour la partie des *Evangiles*, et 68 ff. avec pagination nouvelle, pour la partie des *Epîtres* ; s. : *Aa-Nn*, *A-I*. — 8 ff. par cahier, sauf *I*, qui en a 4. — C. g. — Texte encadré par le commentaire, sur 2 col. à 48 ll. — Au-dessous du titre, marque du lis rouge florentin. — R. 1 *(Aa)* : ℭ *Incipit postilla Guil/lermi super euangelia domi/nicalia per toti' anni ciculũ :/...* Dans cette partie, qui va jusqu'au v. 103, 54 vignettes ombrées, des livres de liturgie de Giunta, et dont deux avec le monogramme L. — R. 1 *(A)* : ℭ *Incipit postilla frĩs/ Guillermi cõpediosa cũ ad/ditiõibus sup ep̃las ãnuales.* Pas de vignettes dans la seconde partie. — In. o. florales dans tout le livre. — R. 68 : ℭ *Finit Postilla Guillermi super Epistolas/ de tempore : z de sanctis per totius/ anni circumitum.* Le verso, blanc.

Cet ouvrage est suivi de :

Passio Domini nostri Iesu Christi ẽm seriem/ quattuor euangelistarum : per quendam Fratrem/ ordinis Minorum de obseruantia/...

31 ff. num., et 1 f. blanc, s. : *a-h*. — 4 ff. par cahier. — C. g. — Texte encadré par le commentaire, sur 2 col. à 48 ll. — Au-dessous du titre : *Crucifixion*, du St Bonaventure, *Devote Meditationi*, Bernardino Benali, s. a. Au verso : *Hexasticon cuiusdam fratris/ minoris ad deuotum/ meditatorem/...* Au-dessous : *Crucifixion*, de l'édition du

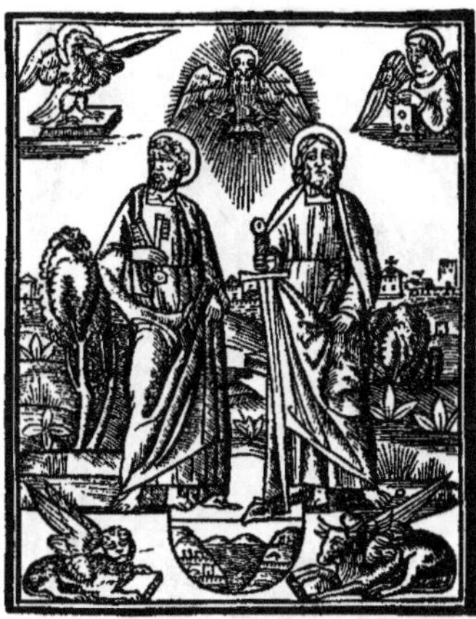

Epistole & Evangelii, 1533-1534 (p. du titre).

Devote Meditationi, 14 décembre 1497. — Dans le texte, 20 petites vignettes hagiographiques. — In. o. florales.

V. 31 :... *Impensis do/ mini Luceantonij de giũta Florẽtini per magistꝝ Pe/ trum de quarengijs : In florentissima Uenetiaꝝ/ Urbe Impssa sub annis domini. M. D. xij./ Kal. Iulij*... Au-dessous, le registre, comprenant, avec cet ouvrage, l'ouvrage précédent.

197. — DRACO (Io. Iacobus). — *Postillæ super Epistolas et Evangelia.*

S. n. t., 17 septembre 1514 ; 4°. — (Venise, Libr. Olschki, 1895)

Postille maiores totius anni cum que/ stionibus de nouo additis. Nuper/ recognite per fratrem Io. Iaco/ bum dracone Uenetuȝ :... In hoc volumine subscripta cõtinentur/ Epistole ꝛ euangelia :...

6 ff. prél. n. ch., s. : *A*. — 286 ff. num. par erreur : 284, suivis de 8 ff. n. ch., dont le dernier est blanc, s. : *a-ꝫ*, *ꝛ*, *ꝯ*, *ꝝ*, *aa-ll*. — 8 ff. par cahier, sauf *m*, qui en a 6. — C. g. — Texte encadré par le commentaire, sur 2 col. à 55 ll. — V. A_6. *Crucifixion* (reprod. dans les *Missels vén.*, p. 73); encadrement à la Gregorius, avec figures d'apôtres et de prophètes. — R. 1. Encadrement de page du même genre. — Dans le texte nombreuses vignettes.

V. ll_7 : *Postille siue expõnes epistolarum ꝛ euangelioꝝ... : nuper recognite ac diligenter reuise per. U. lectorẽ. frẽm Io. Iacobũ draconem Uenetũ ordinis here. sancti Augu. M.D.xiiij die. xvij. mensis septembris feliciter finiunt.* Au-dessous, le registre.

198. — Pietro da Pavia, 1521 ; 4°.

Epistole e Lectione Evangelii i quali si legono in tutto lanno alla messa secondo l'uso de la sancta chiesa Romana. In Vinegia per Pietro da Pavia, 1521.

148 vignettes ; la première page du texte est entourée d'un encadrement (Note extraite d'un catalogue de librairie).

199. — GUILLERMUS PARISIENSIS. — *Postillæ majores totius anni.*

Iacobus Pentius de Leucho, 5 décembre 1523 ; 8°. — (Vienne, I ; Pérouse, C)

Postille/ Maiores to/ tius anni oĩa que alie an/ tea ĩpresse ꝯtinebant cõpre/ hẽdẽtes nũc instaurate sũt : additis plerisqȝ marginali/ bus additiõibus...

18 (8,10) ff. prél. n. ch. s. : ✠, ✠✠. — 449 ff., chiffrés : 447, à cause d'un cahier intercalaire (*RR*), dont les deux ff. portent le même chiffre (313) que le 1ᵉʳ f. du cahier suivant ; et un f. blanc ; s. : *a-g*, *H-Z*, *AA-RR*, *RR-ZZ*, *AAA-KKK*. — 8 ff. par cahier, sauf le 1ᵉʳ cahier *RR*, qui n'a que 2 ff. — C. g. de grosseurs différentes ; le nombre de lignes varie de 34 à 46 par page. — Titre r. et n. — Page du titre : encadrement architectural, avec figures de *putti* & d'animaux fantastiques. — R. 8. Sur la gauche du texte, en haut de la page, vignette ombrée : *Dieu créant le monde*. Au-dessous, vignette plus petite : *Chemin de Damas*. — R. 313 (1ᵉʳ cahier *RR*). Vignette ombrée : *Jésus guérissant un malade*. — In o. à figures.

V. KKK_7 : ... *Uenetijs im/ presse per magistrum Iacobum pentium de Leucho artis/ impressorie per q3 diligentissimum. Anno domini millesi/ mo quingentesimo tertio. Die. v. Decembris.* Au-dessous, le registre.

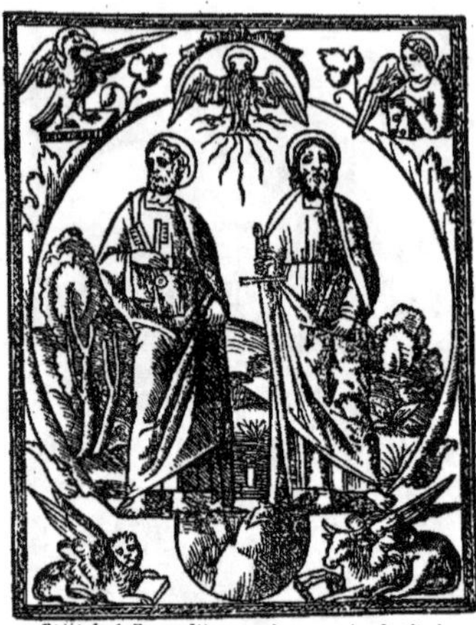

Epistole & Evangelii, novembre 1539 (p. du titre).

200.— Nicolo Zoppino, octobre 1526; 12°. — (Munich, Libr. L. Rosenthal, 1895)

Noui testamēti editio/ postrema: per Erasmum Ro-/ terodamū: vna cū cano-/ nibus Diui Eusebij.

280 ff. n. ch., s. : *a-ʒ*, *ꝛ*, *ꝯ*, *ꝝ*, *A-I*. — 8 ff. par cahier. — C. g. — 35 ll. par page. — Au-dessous des quatre lignes du titre, vignette ombrée: *Crucifixion*. La page est entourée d'une jolie bordure à motif ornemental sur fond criblé (voir reprod. p. 184). — V. du titre: *Mise au tombeau* (voir reprod. p. 185). — V. C_5. *Arbre de Jessé*, bois emprunté du Cornazano, *Vita de la Madonna*, 30 janvier 1517. — In. o. florales, dont quelques-unes à fond noir.

R. I_8 : le registre; au-dessous : *Uenetijs per Nicolaum Zoppinum Ferrariensem Anno MDxxvi. Mense Octobri.* Plus bas, marque du *St Nicolas*.

201. — Francesco Bindoni et Mapheo Pasini, décembre 1533-1534; 8°. — (☆)

℃ *Epistole Euangelij Lectioni ꝛ/ Passij per tutto lanno in volgare ꝛ in/ lingua Tosca tradotti : Nouamēte/ stāpati ꝛ diligētemēte corretti./ M.D.XXXIIII.*

176 ff. num. par erreur : 184, s. : *A-Y*. — 8 ff. par cahier. — C. rom., titre g. r. et n. — 2 col. à 30 ll. — Page du titre, au-dessus de la date, bois ombré : *St Pierre et St Paul* et les symboles des quatre Évangélistes (voir reprod. p. 186). Le verso, blanc. — Dans le texte, 68 vignettes, où l'on distingue la main de deux graveurs différents.

R. Y_8 (chiffré : 184) : ℃ *Stampate nella inclita citta di Vinegia a San/to Moyse, per Frācesco di Alessandro Bin/doni, & Mapheo Pasini compagni,/ Nel anno del signore. 1533./ Del mese di Decembre.* Au-dessous, petite marque de l'*Archange Raphaël conduisant le jeune Tobie*. Le verso, blanc

202. — Nicolo Zoppino, novembre 1539; 8°. — (☆)

Epistole : Lettioni : ꝛ Euāge/lij : che si leggono ī tutto lanno ; tradotti in/ lingua Tosca per Antonio Brucioli./ Nuouamēte ristampati : ꝛ corretti./ M D XXXIX.

140 ff. num. par erreur : 134, et 4 ff. n. ch., s. : *A-S*. — 8 ff. par cahier. — C. g. — 34 ll. par page. — Au-dessous du titre, bois ombré avec monogramme I représentant *St Pierre et St Paul* et les symboles des quatre Évangélistes, copie du bois de la précédente édition (voir reprod. p. 187). Au verso, bois de page du Pietro da

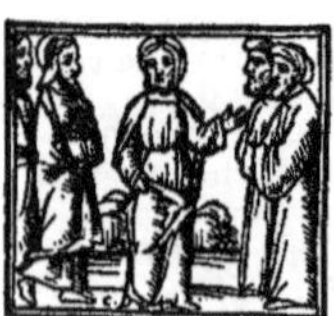

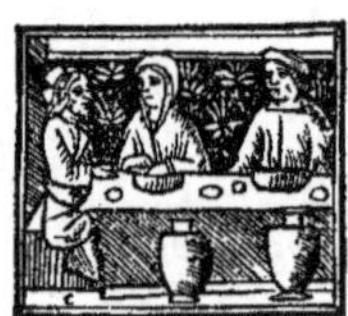

Epistole & Evangelii, nov. 1539.

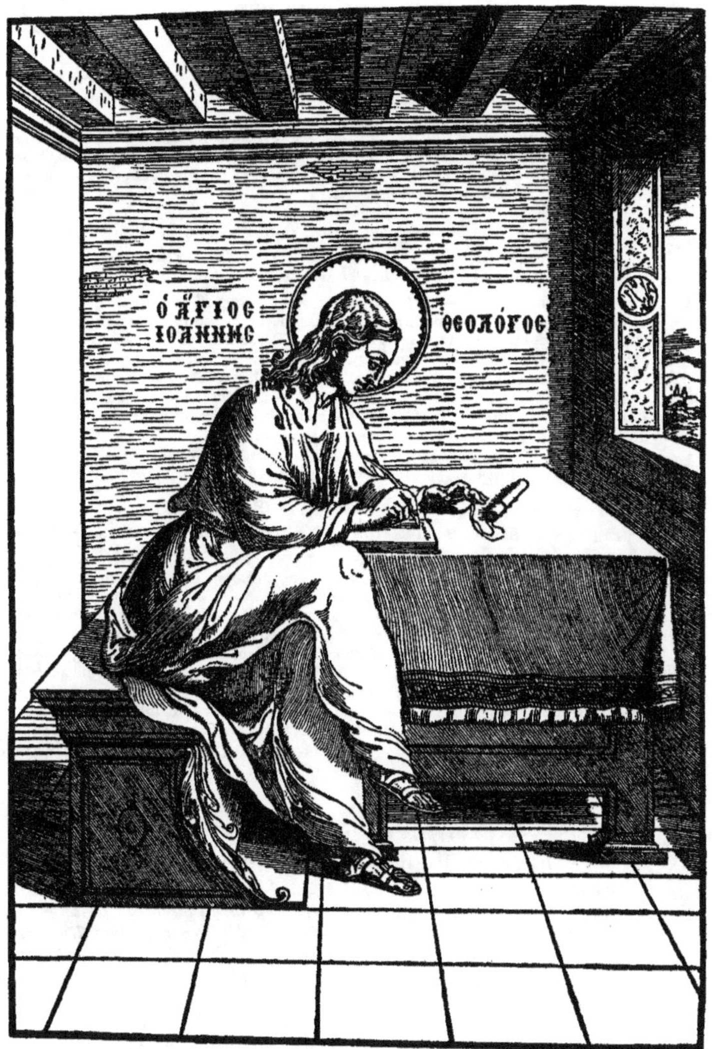

Evangelia (græcè), 10 mai 1550 (v. du titre).

Lucha, *Arte del ben pensare*, avril 1527 : *le Christ ressuscité, entre St André et St Maurice*. — Dans le texte, 92 vignettes ombrées, dont 85 signées du monogramme ϵ ou ·ϵ·. (voir reprod. p. 184).

V. S_4 : ℂ *Finiscono le Epistole : Euangelij : Lettioni : z/ Passii che si leggono per tutto lanno in vol/gare... stampati/ in Uenetia per Nicolo dAristotile/ detto Zoppino : del mese di/ Nouembrio./ MDXXXIX*. — R. S_5 : la table ; le verso et le recto suivant, blancs. — V. S_8 : marque du *St Nicolas*.

203. — (græcè) — Andrea Spinelli, 10 mai 1550 ; f°. — (Rome, An)

ΙΕΡΟΝ/ ΕΥΑΓΓΕΛΙΟΝ/ ΕΝΕΤΙΗΣΙΝ ΕΝ ΟΙΚΙΑ/ Ἀνδρέου τοῦ σπινελλου,... ἔτει ἀπὸ τῆς ἐνσάρκου οἰκονομίας / τοῦ κῦ' ἡμῶν ἰῦ χῦ. χιλιοστῷ / πεντακοσιοστῷ πεν / τηκοστῷ' μηνὶ / μαΐω δε / κατη.

136 ff. n. ch., s. : α-ψ. — 6 ff. par cahier, sauf ψ, qui en a 4. — C. grecs r. & n. — 2. col. à 40 ll. — Page du titre : encadrement architectural, avec ornements de feuillage et de fruits. — V. du titre : grand bois : *St Jean*, assis, écrivant (voir reprod. p. 188). — R. α_{11}. En tête de la page, motif ornemental de rinceaux de feuillage, disposé sur trois côtés, enfermant le titre de l'évangile selon St Jean ; cet en-tête est répété aux pages r. γ_4, r. η_{111}, r. μ_{11}. — V. γ_3. Figure de *St Mathieu*. — V. η_{11}. Figure de *St Luc*. — V. μ. Figure de *St Marc*. — Le même bois a servi pour tirer les quatre figures des Evangélistes ; seule la tête a été changée.

V. ψ_4 : Ἐνετίησιν ἐν οἰκίᾳ ἀνδρέου τοῦ σπινέλλου.... ἔτει τῷ ἀπὸ τῆς ἐν / σάρκου οἰκονομίας τοῦ / κυρίου ἡμῶν / ἰῦ χῦ' αφν́ μηνὶ ἰου / νίω, ιέ' Au-dessous, le registre.

204. — (græcè) — Andrea Juliano, 1581 ; f°. — (Rome, Ca)

ΘΕΙΟΝ ΚΑΙ ῾ΙΕΡΟΝ / ῾ΕΥΑΓΓΕΛΙΟΝ /.... ΕΝΕΤΙΗΣΙ, αφπά.... Παρὰ Ἀνδρέᾳ τῳ Ἰουλιανῷ

129 ff. num. et 1 f. n. ch., s. : *A-Q*. — 8 ff. par cahier, sauf *Q*, qui en a 10. — C. grecs r. et n. — 2 col. à 37 ll. — Page du titre : encadrement architectural, avec figures du Christ et des quatre Evangélistes. Le verso, blanc. — V. A_3. Grand bois : figure de *St Jean*, avec monogramme : G.F. (voir reprod. p. 190). — R. A_4. En tête de la page, bordure ornementale, avec médaillons de Jésus-Christ, de la Ste Vierge, de St Jean-Baptiste, etc. — R. C_3. Figure de *St Mathieu*. Au verso, bordure tête de page comme au r. A_4. — V. F_3. Figure de *St Luc*. — R. F_4. Bordure tête de page, comme au r. A_4. — R. K_3. Figure de *St Marc*. Au verso, bordure tête de page, comme au r. A_4. — Les trois dernières figures des Evangélistes sont signées du même monogramme que la première, sauf variante pour la forme et la position de la lettre R dans la signature de la figure de *St Luc*. — R. Q_9 : le registre. — V. Q_{10} : ΤΕ'ΛΟΣ. Au bas de la page, marque des frères Spinelli.

JEAN (S^t). — *Apocalypsis Iesu Christi.*

205. — Alexandro Paganini, 7 avril 1515-1516 ; f°. — (Paris, N — ☆)

Apocali/psis iesu/ christi. hoc est re/ uelatione fatta a sancto giohanni/ euangelista. cum/ noua expositione : in lingua volgare cō/ posta per el reuerendo theologo z ange/ lico spirito frate Federico veneto Or/ dinis predicatorum :... Impressa ꝑ mi alexandro de paganini./ in Uenetia. sub serenissi. duce Leo/ nardo lauredano. Cum gratia/. Uendesse sopra la riua deli carboni.

2 ff. prél. n. ch. et n. s. — 91 ff. num. et 1 f. blanc, s. : *A-P*. — 6 ff. par cahier, sauf *P*, qui en a 8. — Caract. particuliers de l'imprimerie de Paganini ; titre g. r. et n. — 2 col. à 50 ll. — Le titre est entouré d'un encadrement d'entrelacs sur fond criblé. — In. o. à fond criblé.

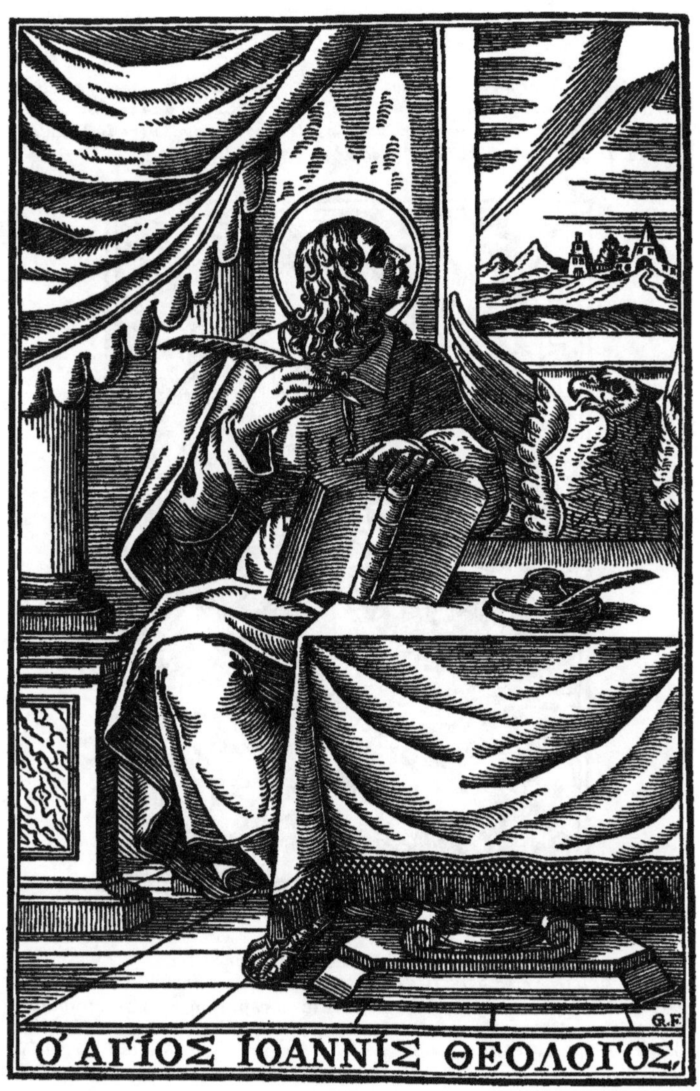

Evangelia (græcè), 1581 (v. A_2).

V. XCI : *Qui finisce la expositione del reuerendo theo/ logo frate Federico veneto nelle prophetie : ouer/ reuelationi de .S. Giouanne ditte Apochalypsis/ nouamente deducte in luce per Alexandro Paga/ nino in Venetia del. M. D. XV. Adi. VII./ de Aprile.* Au-dessous, le registre.

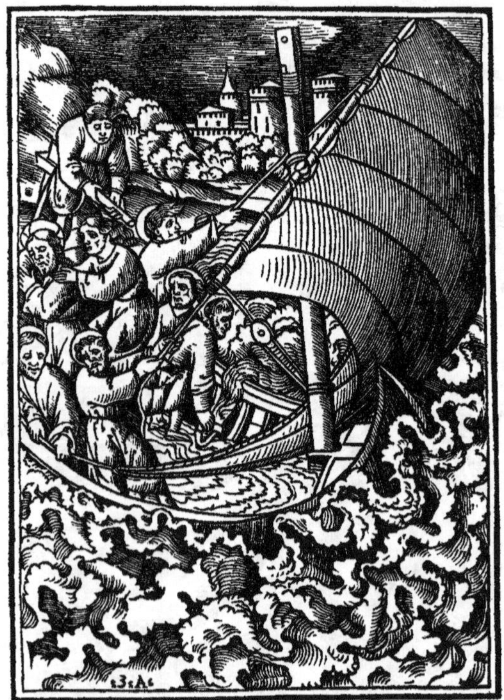

Apocalypsis J. C., 1515-1516 (p. du titre).

A la suite est placé le texte même du livre de St Jean :
APOCHA/ LYPSIS IHESV/ CHRISTI

16 ff. n. ch. et n. s. — C. g. ; le titre en cap. rom. — 2 col. ; nombre de ll. par col. variable. — Au-dessous du titre : *Jésus avec ses disciples, dans une barque battue par la tempête ;* gravure signée du monogramme **ı3ıAı** (voir reprod. p. 191). Au-dessous, la légende : *Fluctuabit nauicula sed/ non demergetur.* — Les quinze ff. suivants sont occupés, au recto, par

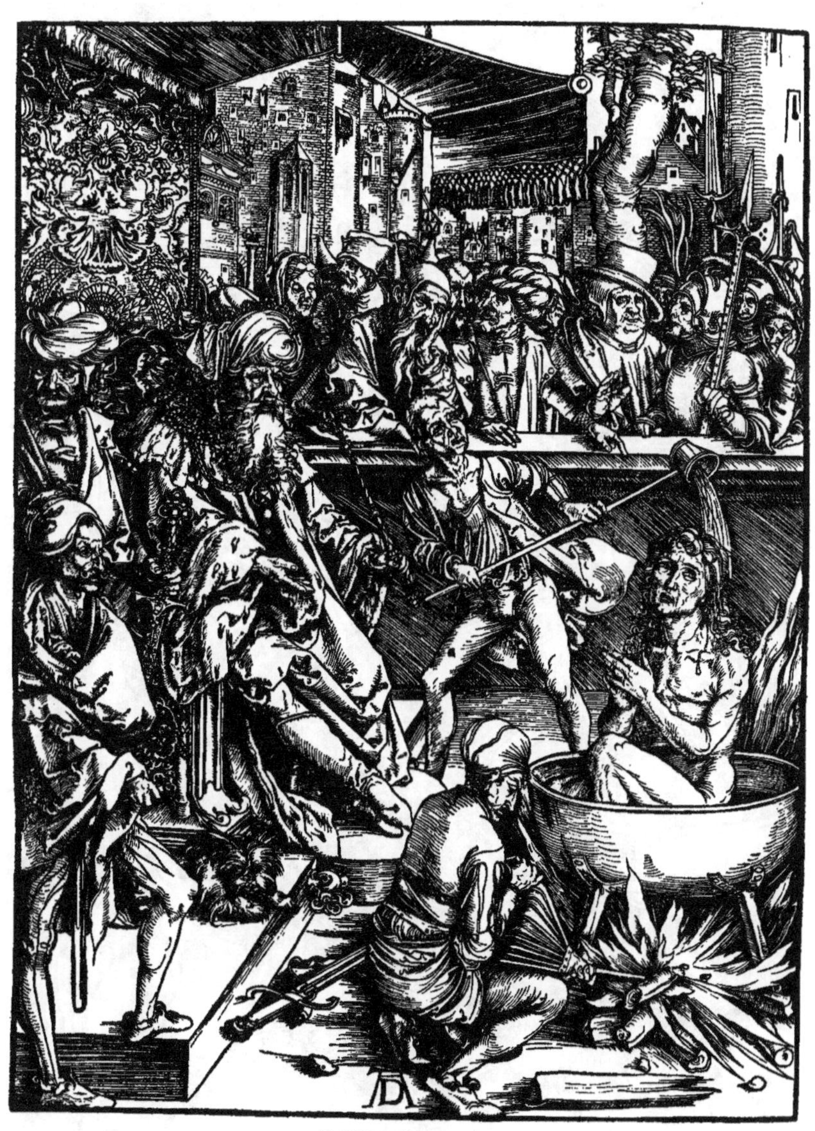

Albert Dürer, *Apocalypse*, pl. I.

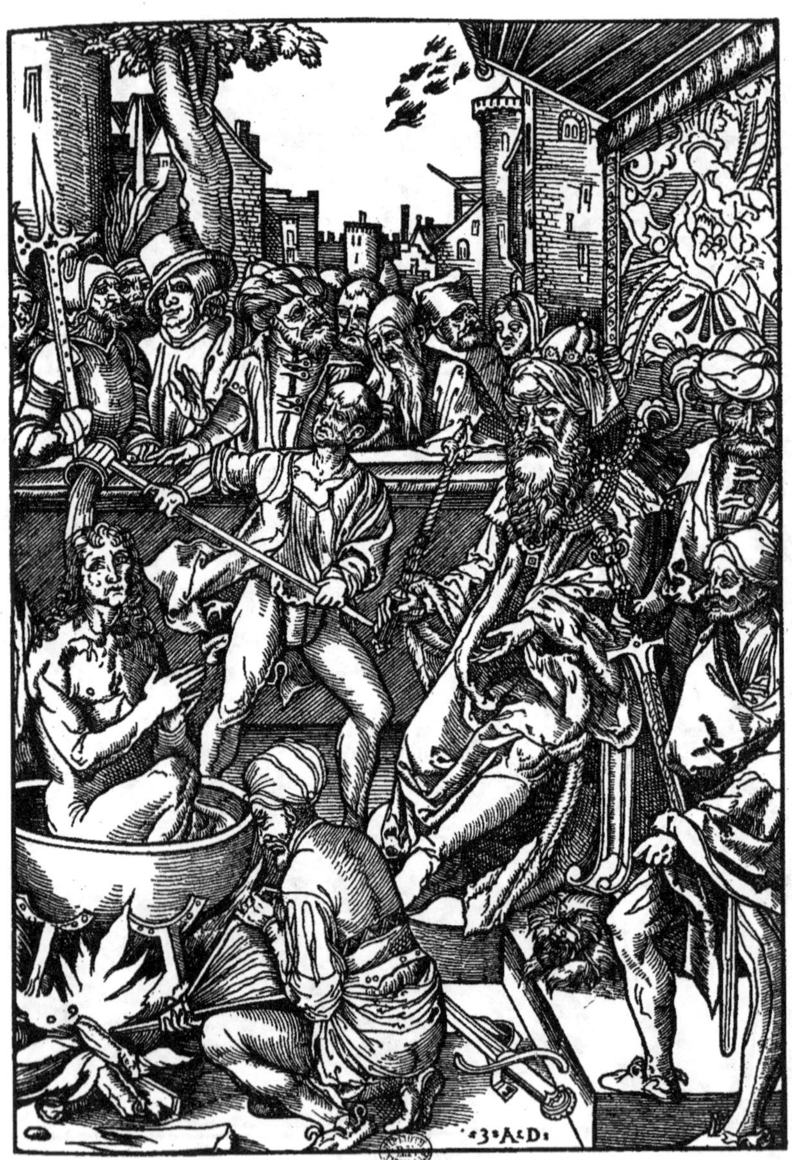

Apocalypsis J. C., 1515-1516, pl. I.

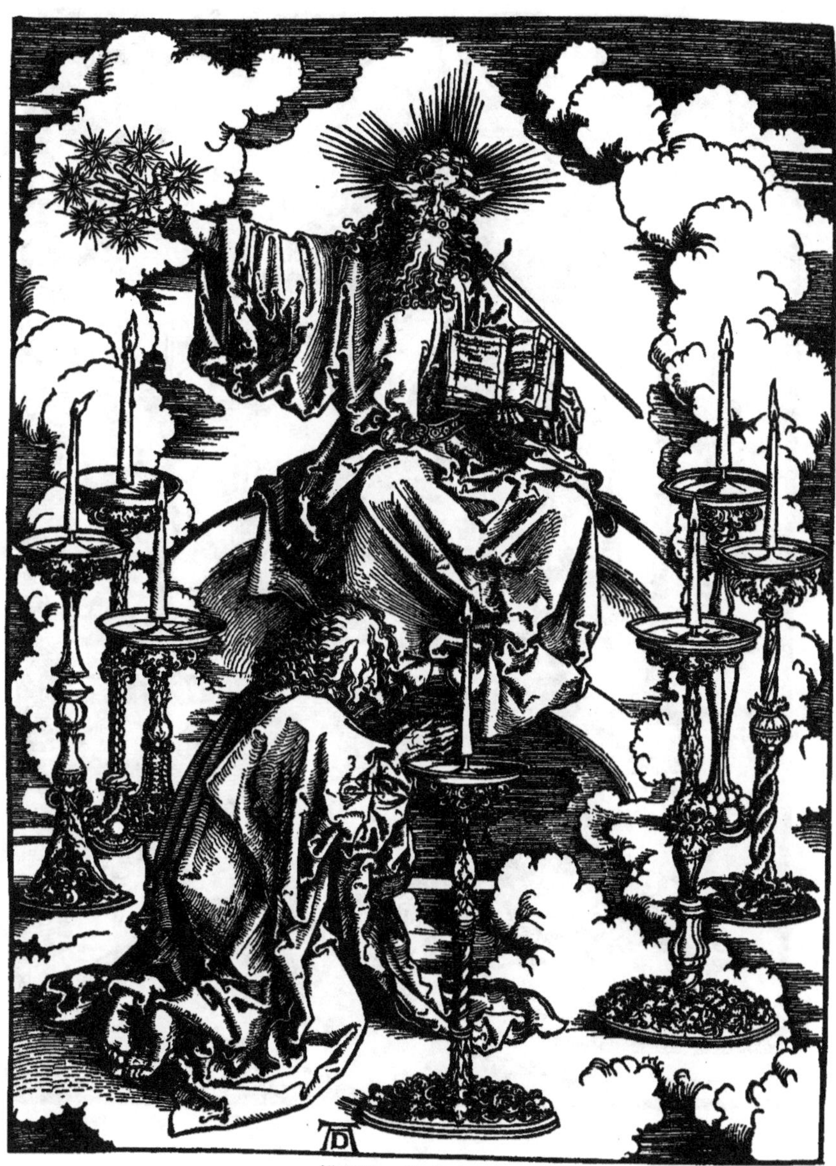

Albert Dürer, *Apocalypse*, pl. II.

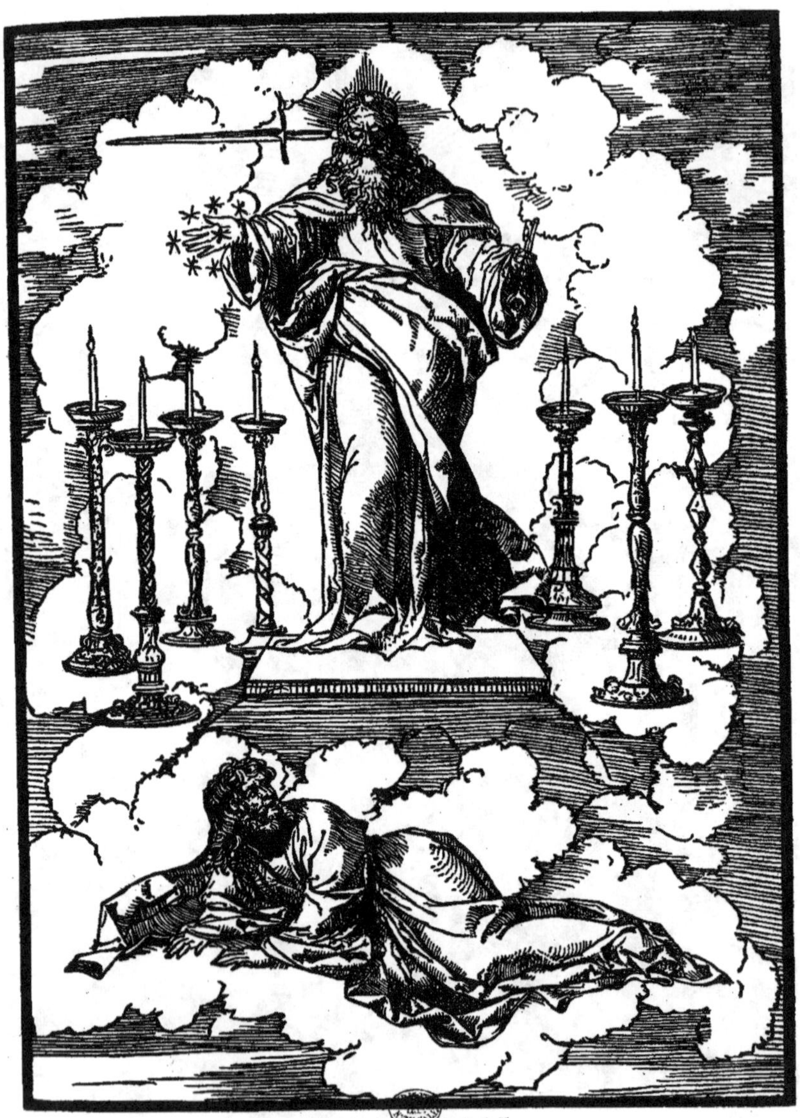

Apocalypsis J. C., 1515-1516, pl. II.

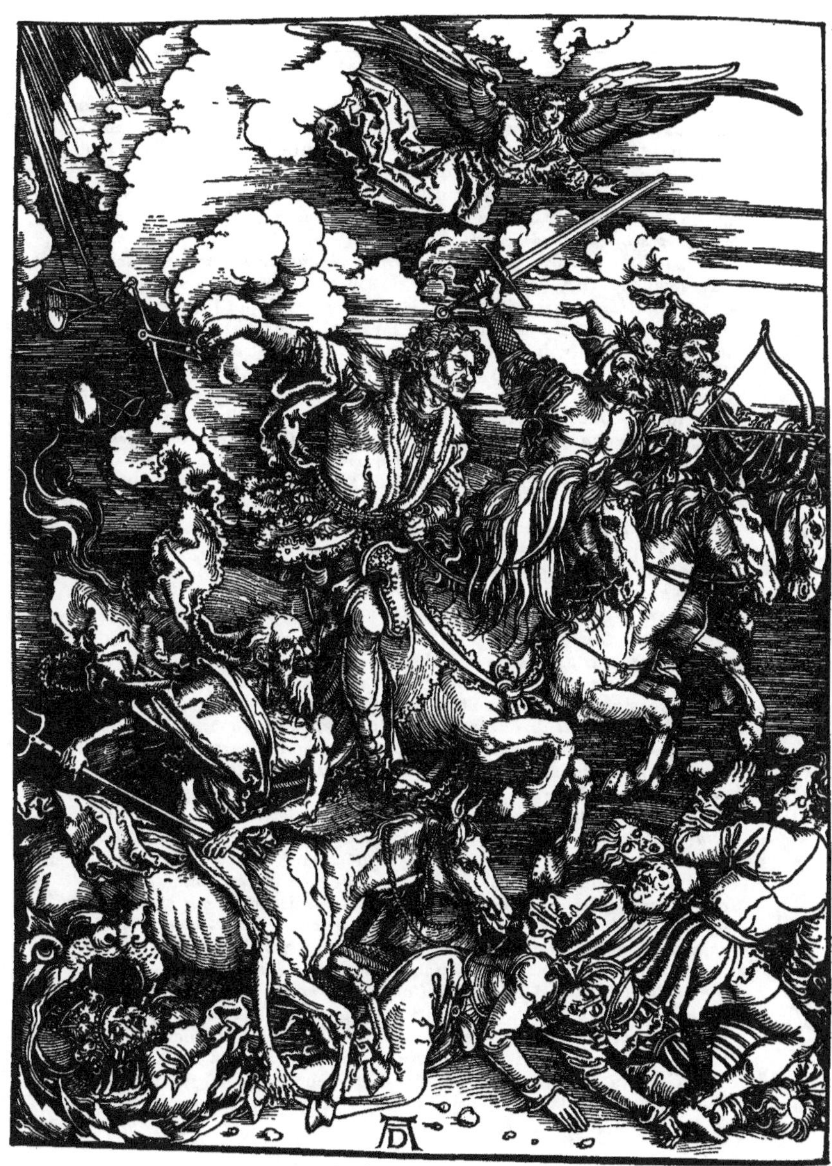

Albert Dürer, *Apocalypse*, pl. IV.

les grandes planches, et au verso, par le texte latin. — 1° *Supplice de St Jean près de la Porte Latine, en présence de l'Empereur Domitien ;* monogramme •3•A•D•. Copie inverse de la gravure d'Albert Dürer (voir reprod. pp. 192, 193). — 2° *Vocation de St Jean;* sans signature. Ici, le copiste a modifié assez largement la donnée de son modèle (voir reprod. pp. 194, 195). — 3° *Vision du trône de Dieu, dans le ciel, entouré des vingt-quatre vieillards et des quatre animaux mystérieux ; l'Agneau prêt à ouvrir le livre aux sept sceaux placé sur les genoux de Dieu* ; signé dans le bas, à gauche : •I•A•. Copie inverse de Dürer; le paysage du bas est mal copié. — 4° *Les quatre cavaliers apocalyptiques.* Copie inverse, très médiocre, sans signature ; le quatrième cavalier, la Mort, tient une faux au lieu d'un trident (voir reprod. pp. 196, 198). — 5° *Les cinquième et sixième sceaux ouverts : les martyrs demandant vengeance pour leur sang répandu; effroi des méchants au jour de la colère de l'Agneau.* Copie inverse, sans signature. — 6° *Les quatre anges qui retiennent les quatre vents ; les serviteurs de Dieu marqués au front.* — 7° *Dieu distribuant les trompettes aux sept anges ; les fléaux dont les quatre premiers frappent le monde.* Copie inverse, sans signature. — 8° *La sixième trompette : les quatre anges qui étaient liés sur l'Euphrate, tuant la troisième partie de l'humanité ; armée de chevaux à tête de lions et queues de serpents.* Copie inverse, signée dans le bas, à droite : •I•A• — 9° *L'ange qui se tient debout sur la mer et sur la terre,* " le visage comme le soleil, les jambes comme des colonnes de feu", *tendant un livre à St Jean, pour qu'il le dévore.* Copie inverse, sans signature. — 10° *La femme revêtue de soleil, couronnée d'étoiles, debout sur un croissant de lune ; les anges emportant vers le trône de Dieu son enfant nouveau-né; près de la femme, le dragon aux sept têtes couronnées, qui fait tomber avec sa queue la troisième partie des étoiles du ciel.* Copie inverse, médiocre, signée, à droite, en bas : •3OVA•ADREA• (voir reprod. pp. 199, 200). — 11° *Combat de l'archange St Michel et de ses anges contre Satan et ses dragons, qui sont précipités sur la terre.* Copie inverse, signée dans le bas : •I•A• (voir reprod. p. 202). — 12° *La bête à sept têtes et dix cornes, sortie de la mer, adorée par les hommes ; dans le haut, le Fils de l'homme, assis sur les nuées, tenant une faucille, et, à gauche, deux anges armés, l'un également d'une faucille, l'autre d'une épée, prêts à commencer la moisson sanglante.* Copie inverse, signée dans le bas : •I•A• — 13° *L'Agneau sur la montagne de Sion, entouré des quatre animaux mystérieux, des vingt-quatre vieillards, et de la foule des élus, qui chantent les louanges du Seigneur.* Copie inverse, signée dans le bas : •I•A• — 14° *Condamnation de Babylone, la grande prostituée, assise sur la bête à sept têtes et dix cornes, et levant de la main gauche une coupe d'or.* Copie inverse, signée dans le bas : •I•A•. — 15° *L'ange enfermant pour mille ans, dans l'abîme, Satan enchaîné.* Copie inverse, signée dans le bas : •I•A•. — Le verso blanc. — Au recto en regard de cette dernière planche, dans la 2me col. : *Impressa per Alex. Pag. Anno a natiui./ domini. M.D.xvj.*

Ces illustrations de l'*Apocalypse* doivent leur célébrité aux originaux de Dürer, à leur dimension même, à l'important ensemble qu'elles

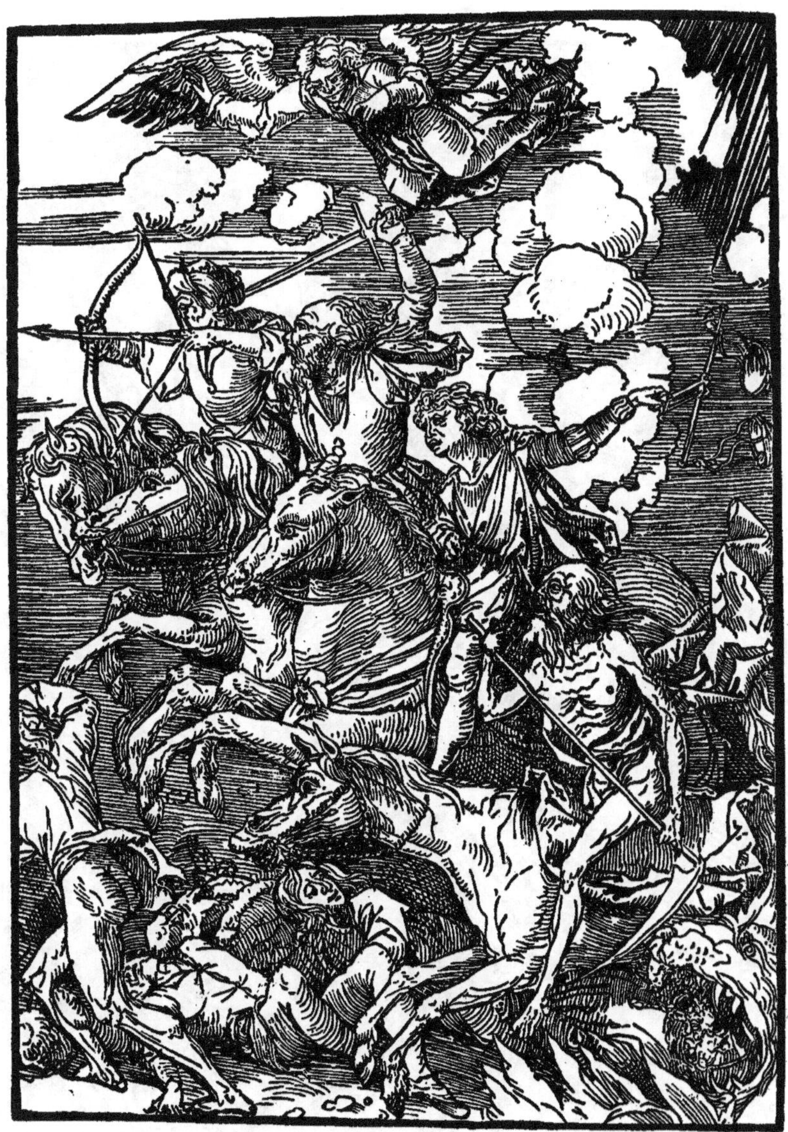

Apocalypsis J. C., 1515-1516, pl. IV.

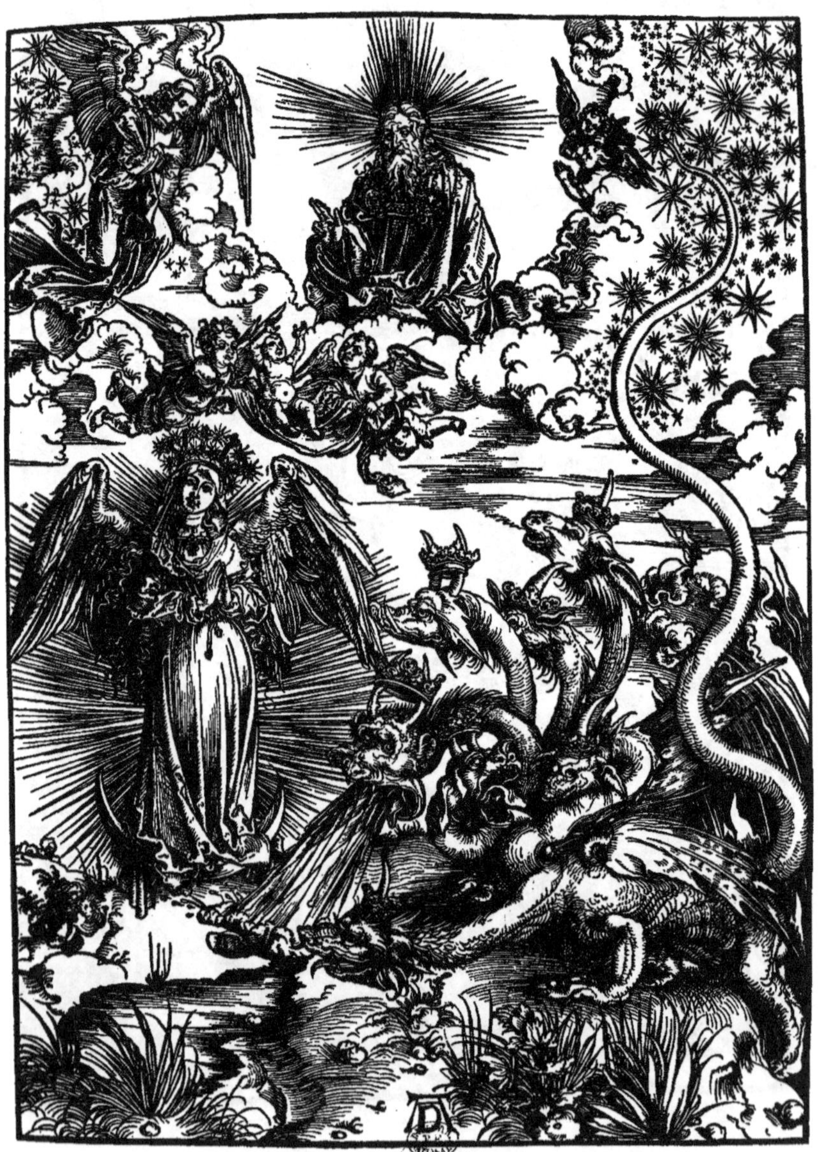

Albert Dürer, *Apocalypse*, pl. X.

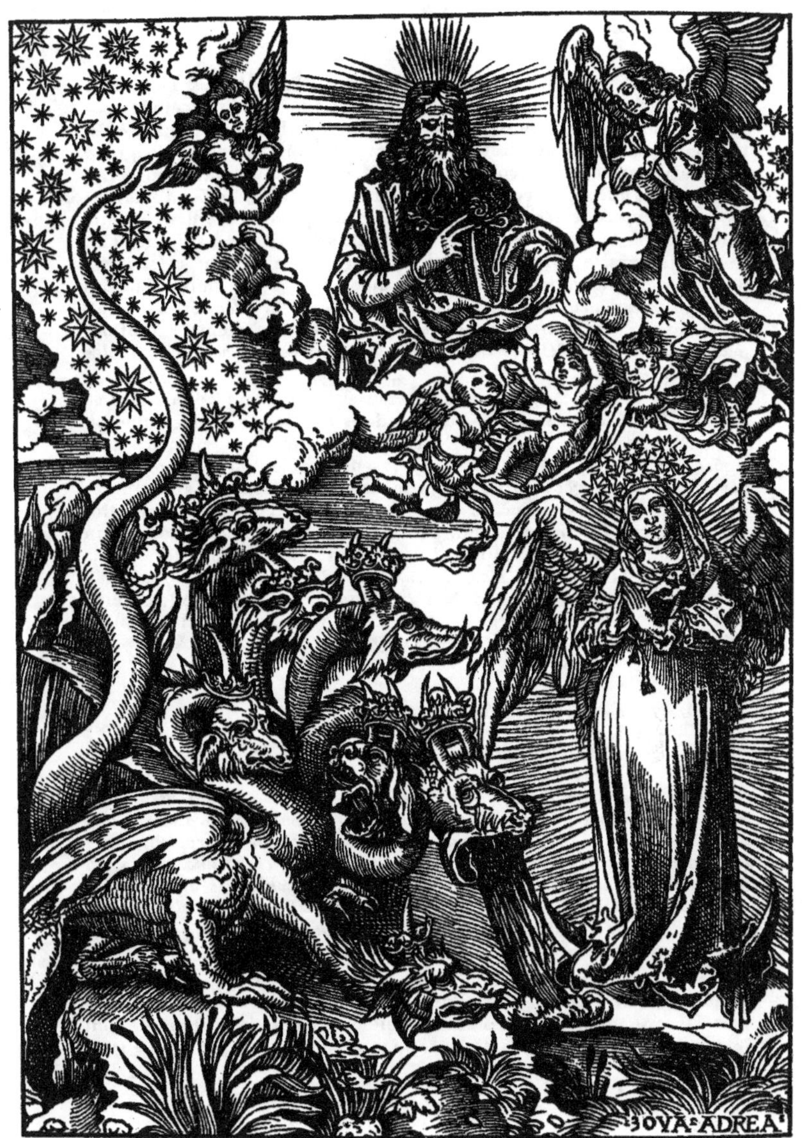

Apocalypsis J. C., 1515-1516, pl. X.

forment, enfin à la signature complète que porte l'une d'elles. Le tailleur de bois — dont nous nous sommes occupé ailleurs dans une étude spéciale[1] — impuissant à rendre la forte expression de Dürer, a italianisé, en les affaiblissant, ses admirables modèles. Bien que le souffle du grand artiste allemand anime encore, malgré tout, ces infidèles traductions, elles ne dépassent guère le niveau des productions ordinaires de Zoan Andrea ; on y retrouve cette technique un peu lourde qui s'accuse dans mainte gravure sortie de son atelier. Cette médiocrité se remarque, naturellement, davantage dans le bois du frontispice, dont le dessin même présente la banalité des illustrations quelconques qu'on voit se multiplier dans les livres du commencement du XVIe siècle ; et c'est là précisément qu'on reconnaît en Zoan Andrea un copiste doué d'un certain talent d'exécution, mais incapable de s'élever très haut quand il n'est pas soutenu par des originaux tels que ceux de Dürer.

Il est à croire, d'ailleurs, que d'autres artistes ont collaboré avec Zoan Andrea à cette suite de compositions copiées ou imitées plus ou moins librement du maître de Nuremberg. Plusieurs des planches non signées, en effet, sont d'une facture où il semble qu'on puisse reconnaître, par comparaison avec d'autres pièces, la main de Domenico Campagnola : nous voulons désigner ici les 2me, 4me, 5me, 6me, 7me figures. Il serait très admissible que Campagnola qui, vers cette même époque, a exécuté un certain nombre de copies de Dürer, eût fourni tout au moins les dessins de ces cinq planches de l'*Apocalypse*, dont la première seule est d'une gravure soignée et finie. Quant à la 9me planche, non signée, elle est bien plutôt de la même famille que celles où Zoan Andrea a mis sa signature, et il conviendrait de la laisser a son compte.

Opera nova contemplativa (Biblia pauperum).

206. — Giovanni Andrea Vavassore, s. a. ; 8°. — (Paris, N ; Florence, N ; Venise, M — ☆)

Opera noua contemplatiua ꝑ/ ogni fidel christiano laquale tra/tta de le figure del testamento/ vecchio : le quale figure sonno veri/ ficate nel testamento nuouo con le sue expositione : Et con el detto/ de li propheti sopra esse figure :/ Si come legendo trouerete : Et/ nota che ciaschuna figura del tes/tamento nuouo trouareti dua dil te/ stamento vecchio : le quale sonno/ affigurate a quella dil nuouo Et/ sempre quella dil nuouo sara posta/ nel meggio di quelle dua dil ve/chio : Cosa belissima da ītēdere/ achi se dilectano de la sacra/ scrittura : Nouamente/ stampata.

64 ff. dont le dernier est blanc. s. : *A-H*. — 8 ff. par cahier. — C. g. — La page du titre est encadrée d'une jolie bordure d'arabesques sur fond noir. Le verso, blanc. — Les planches sont au nombre de cent vingt, dont la première est au r. A_{ii} et la dernière au v. H_5. — Ainsi que l'indique le

[1] *Zoan Andrea & ses homonymes*, par le Duc de Rivoli et Ch. Ephrussi ; *Gazette des Beaux-Arts*, 1891.

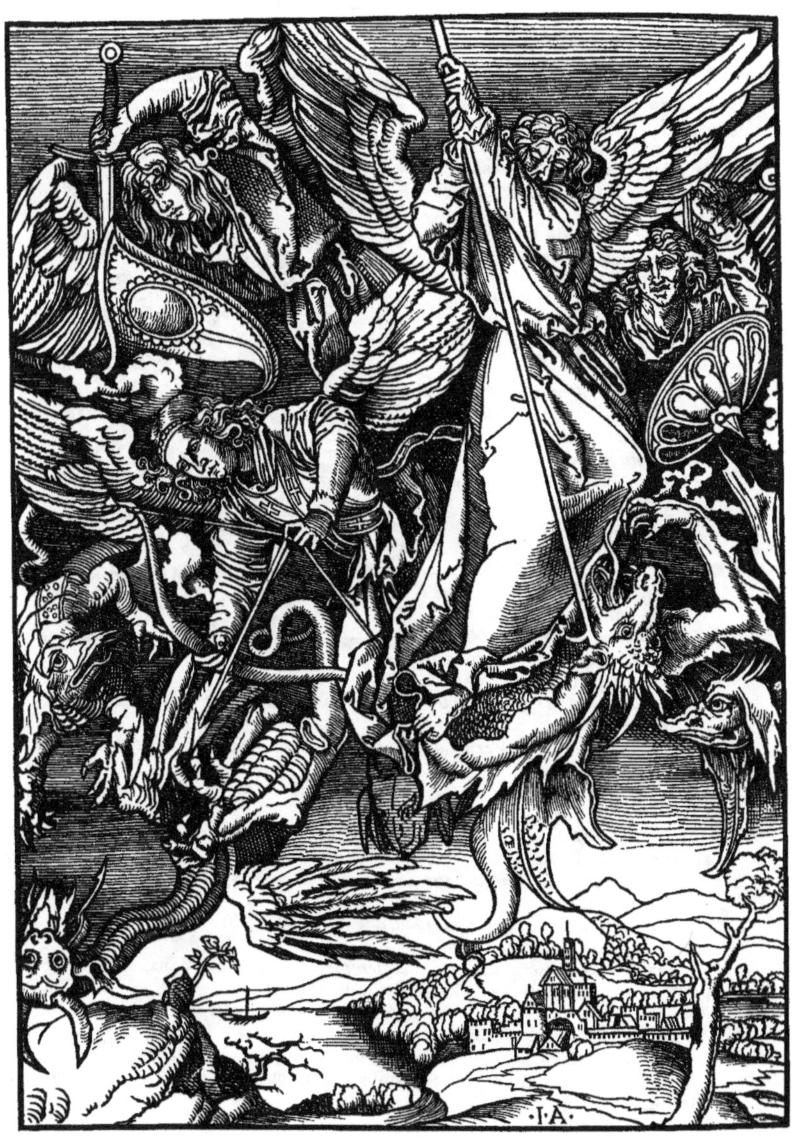

Apocalypsis J. C., 1515-1516, pl. XI.

titre de l'ouvrage, elles sont disposées de telle sorte que les sujets tirés du Nouveau Testament se trouvent en regard des figures de l'Ancien Testament représentant des épisodes qui, d'après les prophéties, annonçaient les événements de la vie de Jésus Christ, chaque figure du Nouveau Testament est ainsi placée entre deux figures de l'Ancien (... *Et sempre quella dil nuouo sara posta nel meggio di quelle dua dil vechio...*) Voici la suite de ces gravures :

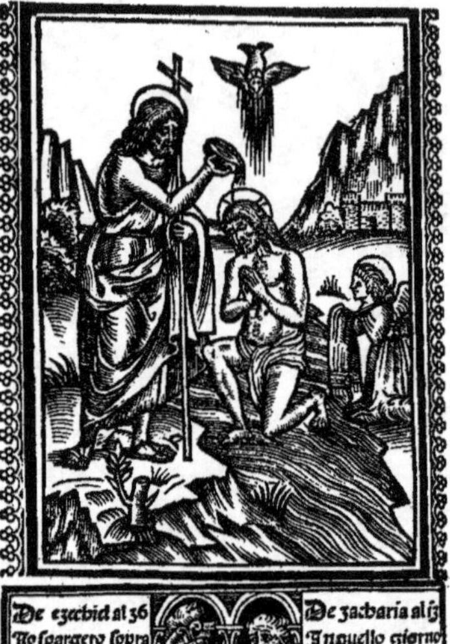

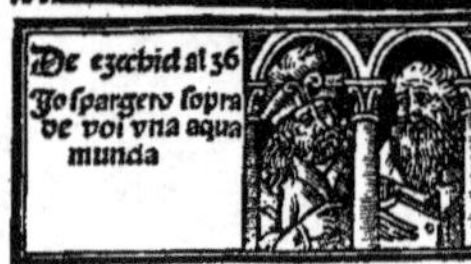

Opera nova contempl., s. a., pl. 26.

1. *Gédéon demandant à Dieu la victoire.* — Au dessus, cinq lignes de texte (Juges, ch. 6).

2. *Annonciation.* Au-dessous, figures en buste de deux prophètes, accompagnées, de chaque côté, d'une citation de Jérémie et d'Ezéchiel.

3. *La Tentation d'Eve.* Au-dessous, six lignes de texte (Genèse, ch. 3).

4. *Moïse devant le buisson ardent.* Au-dessus, huit lignes de texte (Exode, ch. 3).

5. *Nativité de Jésus.* Au-dessous, deux bustes de prophètes, avec citations d'Habacuc et de Michée.

6. *Miracle de la Verge d'Aaron.* Au-dessus, cinq lignes de texte (Nombres, ch. 17).

7. *Abner fléchissant le genou devant David.* Au-dessus, huit lignes de texte (Rois, l. II, ch. 3).

8. *Adoration des Mages.* Au-dessous, deux bustes de prophètes, avec citations d'Isaïe et du livre des Nombres.

9. *La reine de Saba devant Salomon.* Au-dessus, six lignes de texte (Rois, l. III, ch. 10).

10. *Cérémonie de la purification chez les Juifs.* Au-dessus, huit lignes de texte (Lévitique, ch. 15).

11. *Présentation de Jésus au temple.* Au-dessous, deux bustes de prophètes, avec citations de Zacharie et de Sophonie.

12. *Anne, mère de Samuel, présentant son fils au grand-prêtre Hélie.* Au-dessus, six lignes de texte (Rois, l. I, ch. 1).

13. *Rebecca faisant fuir son fils Jacob* (Genèse, ch. 27).

14. *Fuite en Egypte.* Au-dessous, deux bustes de prophètes, avec citations de Jérémie et d'Osée.

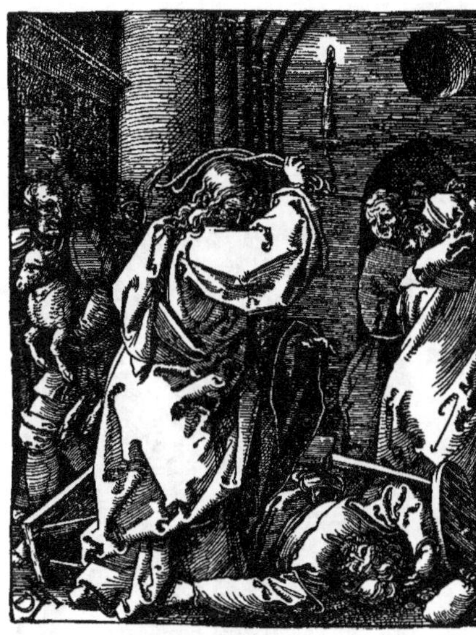

Albert Dürer, Petite *Passion*, pl. 8.

15. *La femme de David le faisant échapper à la poursuite des soldats de Saül.* Au-dessus, neuf lignes de texte (Rois, l. I, ch. 19).

16. *Le veau d'or.* Au-dessus, neuf lignes de texte (Exode, ch. 31 et 35).

17. *Destruction des idoles à la venue du Christ.* Au dessous, deux bustes de prophètes, avec citations de Zacharie et de Sophonie.

18. *Dagon, idole des Philistins, renversé par la vertu de l'arche d'alliance.* Au-dessus, neuf lignes de texte (Rois, l. I, ch. 5).

19. *Saül ordonnant le meurtre des prêtres de Nobé.* Au-dessus, sept lignes de texte (Rois, l. I, ch. 22).

20. *Massacre des SS. Innocents.* Au-dessous, deux bustes de prophètes, avec citations de Jérémie et d'Osée.

21. *Athalie faisant égorger ses petits-fils.* Au-dessus, neuf lignes de texte (Rois, l. IV, ch. 2).

22. *David recevant du Seigneur l'ordre de retourner dans le pays de Juda.* Au dessus, neuf lignes de texte (Rois, l. II, ch. 2).

23. *Fuite en Egypte* (différente de la gravure 14). Au dessous, deux bustes de prophètes, avec citations d'Osée et de Zacharie.

24. *Retour de Jacob dans son pays.* Au-dessus, huit lignes de texte (Genèse, ch. 31, 38).

25. *Passage de la Mer Rouge.* Au-dessus, neuf lignes de texte (Exode, ch. 14).

26. *Baptême du Christ.* Au-dessous, deux bustes de prophètes avec citations d'Ezéchiel et de Zacharie (voir reprod. p. 203).

27. *Retour des Israélites envoyés dans la Terre promise.* Au-dessus, huit lignes de texte (Nombres, ch. 13).

28. *Esaü vendant à Jacob son droit d'aînesse.* Au-dessus, huit lignes de texte (Genèse, ch. 25).

29. *Jésus tenté par le démon.* Au-dessous, deux bustes de prophètes, avec citations du 2e livre des Rois (ch. 7) et du livre de Job (ch. 16).

30. *Le péché d'Adam et d'Eve.* Au-dessus, sept lignes de texte (Genèse, ch. 3).

31. *Le prophète Hélie ressuscitant un enfant.* Au-dessus, huit lignes de texte (Rois, l. III, ch. 17).

32. *Le Christ ressuscitant Lazare.* Au dessous, deux bustes de prophètes, avec citations du livre de Job (ch. 14) et du 1er livre des Rois (ch. 5).

33. *Le prophète Hélisée ressuscitant un enfant.* Au-dessus, huit lignes de texte (Rois, l. IV, chap. 4).

34. *Rencontre d'Abraham et des trois anges.* Au-dessus, huit lignes de texte (Genèse, ch. 18).

35. *La Transfiguration de Jésus.* Au-dessous, deux bustes de prophètes, avec citations de Malachie (dern. ch.) et d'Habacuc (ch. 3).

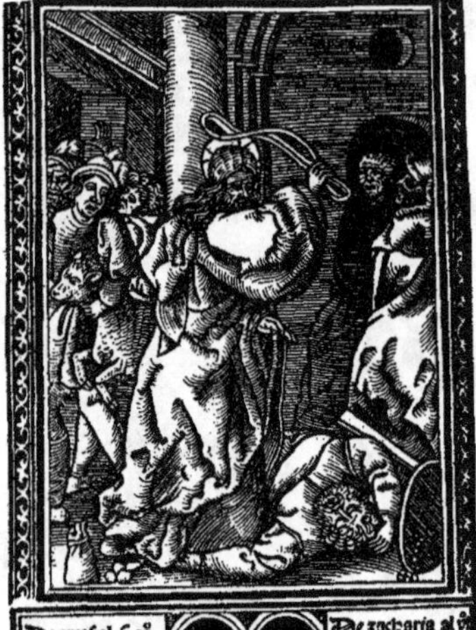

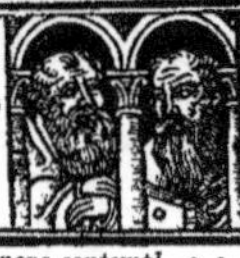

Opera nova contempl., s. a., pl. 44.

36. *Nabuchodonosor faisant jeter trois jeunes Hébreux dans une fournaise.* Au-dessus, neuf lignes de texte (Daniel, ch. 3).

37. *Le prophète Nathan devant David.* Au-dessus, sept lignes de texte (Rois, ch. 12).

38. *Jésus chez Simon le Pharisien.* Au-dessous, deux bustes de prophètes, avec citations de Zacharie (ch. 1) et de David.

39. *Marie, sœur de Moïse et d'Aaron, guérie de la lèpre.* Au-dessus, sept lignes de texte (Nombres, ch. 5).

40. *David, vainqueur de Goliath, rentrant en triomphe à Jérusalem.* Au-dessus, neuf lignes de texte (Rois, l. I, ch. 17).

41. *Entrée de Jésus-Christ à Jérusalem.* Au-dessous, deux bustes de prophètes, avec citation de Zacharie (ch. 9).

42. *Le prophète Hélisée reçu par les enfants de Jérusalem.* Au-dessus, sept lignes de texte (Rois, l. IV, ch. 2).

43. *Darius ordonnant à Esdras de remettre en état le temple de Jérusalem.* Au-dessus, huit lignes de texte (Esdras, l. I, ch. 3).

44. *Jésus chassant les vendeurs du temple.* Au-dessous, deux bustes de prophètes, avec citations d'Amos (ch. 5) et de Zacharie (dern. ch.). — Cette gravure est une copie exacte, sauf quelques différences de détail, d'une planche de la petite *Passion* sur bois, exécutée par Albert Dürer en

1510. Le copiste a supprimé le banc renversé qu'on voit sur la gauche, ainsi que la torchère fixée au mur du fond; il a transporté à gauche le sac qui est à terre, dans l'angle de droite de la gravure allemande, et donné au Christ le nimbe crucifère (voir reprod. pp. 204, 205).

45. *Judas Macchabée commandant aux Juifs de débarrasser le temple de tous les objets illicites.* Au-dessus, huit lignes de texte (Macchabées, ch. 10).

46. *Jacob recevant la fausse nouvelle de la mort de son fils Joseph.* Au-dessus, huit lignes de texte (Genèse, ch. 37).

47. *Judas faisant marché avec le conseil des prêtres juifs pour la trahison de Jésus.* Au-dessous, deux bustes de prophètes, avec citations du livre des Proverbes (ch. 21) et de Jérémie (ch. 2).

48. *Absalon pactisant avec les ennemis de son père.* Au-dessus, neuf lignes de texte (Rois, l. II, ch. 15).

49. *Joseph vendu par ses frères.* Au-dessus, huit lignes de texte (Genèse, ch. 37).

50. *Judas recevant le prix de sa trahison.* Au-dessous, deux bustes de prophètes, avec citations d'Aggée (ch. 1) et de Zacharie (ch. 2).

51. *Joseph revendu par des marchands ismaélites à Putiphar.* Au-dessus, sept lignes de texte (Genèse, ch. 39).

52. *Le grand-prêtre Melchisedech offrant à Abraham vainqueur le pain et le vin.* Au-dessus, neuf lignes de texte (Genèse, ch. 15).

53. *La Cène.* Au-dessous, deux bustes de prophètes, avec citations d'Isaïe (ch. 6) et du livre de la Sagesse (ch. 5).

54. *Les Israélites recevant la manne.* Au-dessus, huit lignes de texte (Exode, ch. 16).

55. *Josaphat et le prophète Michée.* Au-dessus, dix lignes de texte (Rois, l. III, ch. 25 et 26).

56. *Jésus annonçant à ses disciples sa passion prochaine.* Au-dessous, deux bustes de prophètes, avec citations de Jonas (ch. 4) et du livre de Tobie (ch. 15).

57. *Le roi de Samarie faisant tuer le prophète Hélisée.* Au-dessus, onze lignes de texte (Rois, l. IV, ch. 6).

58. *Joab assassinant Abner par traîtrise.* Au-dessus, huit lignes de texte (Rois, l. II, ch. 3).

59. *Arrestation de Jésus* (reprod. pour le St Bonaventure, *Devote Meditationi*, s. a., Giov. And. & Florio Vavassore). Au-dessous, deux bustes de prophètes, avec citation d'Isaïe (ch. 3) et de Jérémie (ch. 2).

60. *Triphon venant pour trahir les hommes de Juda et d'Israël.* Au-dessus, sept lignes de texte (Macchabées, l. I, ch. 12).

61. *Les vierges folles.* Au-dessus, huit lignes de texte. (St Mathieu, ch. 25).

62. *Chute des ennemis du Seigneur.* Au-dessous, deux bustes de prophètes, avec citations de Jérémie (ch. 14) et de Baruch (ch. 6).

63. *Lucifer et ses complices précipités du ciel.* Au-dessus, sept lignes de texte (Apocalypse, ch. 12; Isaïe, ch. 14).

64. *Jézabel donnant l'ordre de tuer le prophète Hélie.* Au-dessus, sept lignes de texte (Rois, l. III, ch. 19).

65. *Jésus devant Caïphe* (voir *Devote Medit.* s. a.). Au-dessous, deux bustes de prophètes, avec citations de Job (ch. 36) et d'Amos (ch. 5).

66. *Le peuple de Babylone réclamant la mise à mort de Daniel.* Au-dessus, huit lignes de texte (Daniel, ch. 14).

67. *Cham, fils de Noé, tournant en dérision son père* (Genèse, ch. 9).

68. *Le Couronnement d'épines* (voir *Devote Medit.* s. a.). Au-dessous, deux bustes de prophètes, avec citations d'Isaïe (ch. 1) et de Jérémie (ch. 3).

69. *Le prophète Hélisée insulté par les enfants de Bethel.* Au-dessus, sept lignes de texte (Rois, l. IV, ch. 2).

70. *Abraham conduisant son fils Isaac au sacrifice.* Au-dessus, sept lignes de texte (Genèse, ch. 1).

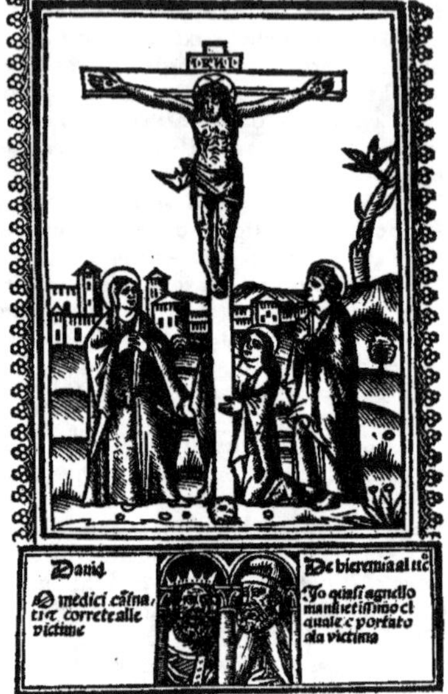

Opera nova contempl., s. a., pl. 74.

71. *Le Portement de croix* (voir *Devote Medit.*, s. a.) Au-dessous, deux bustes de prophètes, avec citations de Job (ch. 40) et d'Habacuc (ch. 3).

72. *Le prophète Hélie et la veuve de Sarepta* (Rois, l. III, ch. 17).

73. *Isaac, près d'être immolé par son père, est sauvé grâce à l'intervention d'un ange.* Au-dessus, huit lignes de texte (Genèse, ch. 25).

74. *Crucifixion.* Au-dessous, deux bustes de prophètes, avec citations de David et de Jérémie (dernier ch.) (voir reprod. p. 207).

75. *Le serpent d'airain.* Au-dessus, huit lignes de texte (Nombres, ch. 21).

76. *La création de la femme.* Au-dessus, sept lignes de texte (Genèse, ch. 2).

77. *Longinus perçant de sa lance le flanc de Jésus crucifié.* Au-dessous, deux bustes de prophètes, avec citations de Jérémie (ch. 1) et d'Amos (ch. 8).

78. *Moïse faisant jaillir l'eau d'un rocher.* Au-dessus, huit lignes de texte (Exode, ch. 17).

79. *Joseph descendu par ses frères au fond d'une citerne.* Au-dessus, six lignes de texte (Genèse, ch. 36).

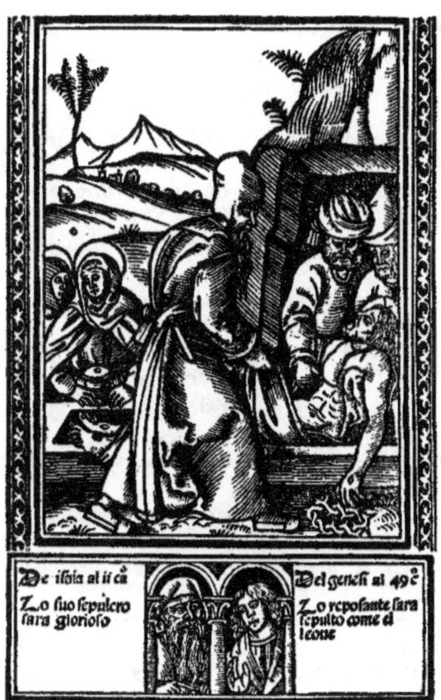

Opera nova contempl., s. a., pl. 80.

80. *Jésus mis au tombeau.* Au-dessous, deux bustes de prophètes, avec citations d'Isaïe (ch. 2) et de la Genèse (ch. 49). (voir reprod. p. 208).

81. *Jonas précipité à la mer.* Au-dessus, huit lignes de texte (Jonas, ch. 2).

82. *David coupant la tête de Goliath.* Au-dessus, six lignes de texte (Rois, l. I, ch. 17).

83. *Descente de Jésus-Christ aux limbes* (voir *Devote Medit.* s. a.) Au-dessous, deux bustes de prophètes, avec citations de Zacharie (ch. 9) et de la Genèse (ch. 49).

84. *Samson terrassant un lion.* Au-dessus, cinq lignes de texte (Juges, ch. 14).

85. *Samson enlevant les portes de Gaza.* Au-dessus, sept lignes de texte (Juges, ch. 16).

86. *Jésus ressuscité debout devant son tombeau* (voir *Devote Medit.* s. a.) Au-dessous, deux bustes de prophètes, avec citation d'Osée (ch. 6) et de Sophonie (ch. 3).

87. *Jonas rejeté par la baleine sur le rivage.* Au-dessus, six lignes de texte (Jonas, ch. 2).

88. *Ruben à la recherche de son frère Joseph.* Au-dessus, huit lignes de texte (Genèse, ch. 37).

89. *Les Myrrhophores au tombeau du Christ.* Au-dessous, deux bustes de prophètes, avec citations de Michée (dern. ch.) et de la Genèse (ch. 49).

90. *La fiancée à la recherche de son bien-aimé.* Au-dessus, six lignes de texte (Cant. des Cantiques, ch. 3).

91. *Daniel dans la fosse aux lions.* Au-dessus, neuf lignes de texte. (Daniel, ch. 14).

92. « *Noli me tangere* ». Au-dessous, deux bustes de prophètes, avec citations d'Isaïe (ch. 61) et d'Osée (ch. 5).

93. *La fiancée rencontre son bien-aimé.* Au-dessus, huit lignes de texte (Cant. des Cantiques, ch. 3).

94. *Joseph se faisant reconnaître par ses frères.* Au-dessus, neuf lignes de texte (Genèse, ch. 55).

95. *Jésus ressuscité apparaissant à ses disciples.* Au-dessous, deux bustes de prophètes, avec citations d'Isaïe (ch. 50) et d'Ezéchiel (ch. 38).

96. *Retour de l'enfant prodigue.* Au-dessus, neuf lignes de texte (St Luc, ch. 15).

97. *Gédéon visité par un ange.* Au-dessus, neuf lignes de texte (Juges, ch. 6).

98. *Incrédulité de St Thomas.* Au-dessous, deux bustes de prophètes, avec citations de David et de Sophonie.

99. *Jacob luttant avec l'ange du Seigneur.* Au-dessus, huit lignes de texte (Genèse, ch. 32).

100. *Enoch ravi par le Seigneur dans le paradis.* Au-dessus, sept lignes de texte (Genèse, ch. 5).

101. *Ascension de Jésus-Christ.* Au-dessous, deux bustes de prophètes, avec citations du Deutéronome (ch. 30) et de Michée (ch. 2).

102. *Hélie enlevé au ciel dans un char de feu.* Au-dessus, huit lignes de texte (Rois, l. IV).

103. *Moïse recevant les tables de la loi.* Au-dessus, sept lignes de texte (Exode, ch. 32).

104. *La Pentecôte.* Au-dessous, deux bustes de prophètes, avec citations d'Ezéchiel (ch. 33) et de Joël (ch. 2).

105. *L'holocauste du prophète Hélie, brûlé par le feu du ciel.* Au-dessus, neuf lignes de texte (Rois, l. III, ch. 18).

106. *Honneurs rendus par Salomon à sa mère Bersabée.* Au-dessous, huit lignes de texte (Rois, l. III, ch. 2).

107. *Couronnement de la Ste Vierge.* Au-dessous, deux bustes de prophètes, avec citations d'Isaïe (ch. 35) et du livre de la Sagesse (ch. 4).

108. *Esther devant Assuérus.* Au-dessus, sept lignes de texte (Esther, ch. 2).

109. *Le Jugement de Salomon.* Au-dessus, dix lignes de texte (Rois, l. III, ch. 3).

110. *Le Jugement dernier.* Au-dessous, deux bustes de prophètes, avec citations d'Isaïe (ch. 2) et d'Ezéchiel (ch. 7).

111. *David faisant mettre à mort le meurtrier de Saül.* Au-dessus, neuf lignes de texte (Rois, l. II, ch. 1).

112. *Châtiment de Dathan et d'Abiron.* Au-dessus, neuf lignes de texte (Deutéronome, ch. 2).

113. *Les pécheurs plongés dans l'enfer.* Au-dessous, deux bustes de prophètes, avec citations de Jérémie (ch. 25) et de Job (ch. 13).

114. *Incendie de Sodome et de Gomorrhe.* Au-dessus, sept lignes de texte (Genèse, ch. 19).

115. *Le festin chez les fils de Job.* Au-dessus, huit lignes de texte (Job, ch. 1).

116. *Le Christ portant les âmes des élus.* Au-dessous, deux bustes de prophètes, avec citations du livre de Josué (ch. 1) et d'Isaïe (dernier ch.)

117. *L'Echelle de Jacob.* Au-dessus, neuf lignes de texte (Genèse, ch. 27).

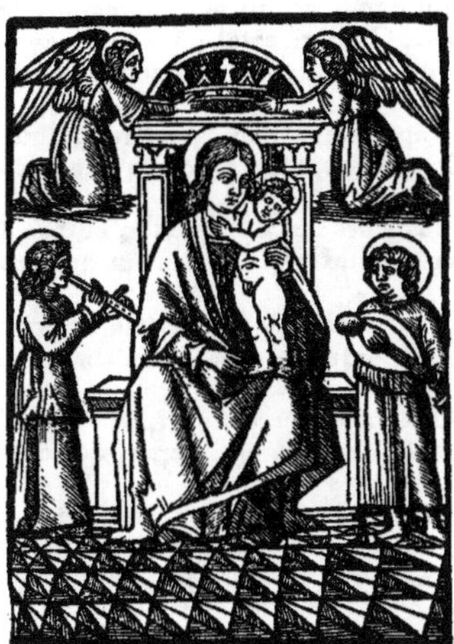

Opera nova contempl., s. a. (v. H_7).

118. *Le fiancé couronnant sa bien-aimée.* Au-dessus, huit lignes de texte (Cant. des Cantiques, ch. 3).

119. *Le Christ couronnant l'âme fidèle.* Au-dessous, deux bustes de prophètes, avec citations d'Ezéchiel (ch. 24) et d'Osée (ch. 2).

120. *St Jean l'Evangéliste et l'Ange du Seigneur.* Au-dessus, sept lignes de texte (Apocalypse, ch. 21).

R. H_6, blanc; au verso, encadré de la même bordure que la page du titre : *Opera di Giouãniandrea/ Uauassore ditto Uadagni/no: Stampata nouamẽte/ nella inclita citta di/ Uinegia/ Laus Deo.* — R. H_7, blanc; au verso : *Immaculée Conception*, copie servile d'une gravure d'un *Missale Romanum*, 9 janvier 1506, imprimé par L.-A. Giunta (reprod. dans les *Missels Vénitiens*, p. 52). Le copiste a supprimé le croissant de lune à profil humain sur lequel reposent les pieds de la Ste Vierge, ainsi que les têtes d'anges ailées de chaque côté du croissant; le sol est pavé de carreaux mi-partie blancs et striés (voir reprod. p. 210).

Cicognara, cité par Eugène Dutuit dans son *Manuel de l'Amateur d'estampes* (Ire partie, p. 96), fait remarquer que certaines planches de l'*Opera nova contemplativa* semblent avoir été gravées d'après des dessins de Bellini, de Carpaccio, de Squarcione et de Montagna. Nous n'avons pu constater cette relation; bien loin même de reconnaître dans ces bois la grâce ordinaire de la gravure italienne, nous y retrouvons plutôt l'influence germanique, visible surtout dans la draperie, dans la manière de traiter les étoffes avec ces plis tourmentés et ces cassures particulières aux estampes allemandes. Cette observation, que nous faisons porter sur l'ensemble, s'applique plus spécialement à certaines gravures, où s'accuse l'imitation très proche des planches de Dürer (ainsi, les figures 2, 65, 80, 92, 98, 101, 104), quand ce n'est pas à proprement parler une copie, comme la figure 44, que nous reproduisons. Un certain nombre de planches, d'autre part, sont copiées, avec plus ou moins de modifications, d'une des éditions néerlandaises en 40 feuillets.

Les signatures des cahiers, placées au bas des pages, ne font pas corps avec les planches; elles ont été ajoutées après coup, au moyen de petits blocs séparés; de là vient que, dans les différents tirages, ces signatures ne se trouvent pas exactement à la même place. M. Schreiber[1], ajou-

1. *Op. cit.*, t. IV, pp. 105 et suiv.

tant ses observations à celles des bibliographes qui se sont occupés de cet ouvrage (notamment E. Dutuit, *op. cit.*; G. Libri, catal. 1862, et *Monuments inédits*), mentionne les différences qui marquent l'existence d'au moins quatre tirages:

1) Le texte, entièrement xylographique, est en caractères gothiques; la dernière planche: l'*Immaculée Conception*, n'est bordée que par le trait carré.

2) Au recto H_5, les figures en buste des deux prophètes, au bas de la planche, ont été gravées à nouveau, et le texte qui les accompagne est en caractères romains.

3) Même particularité. De plus, l'*Immaculée Conception* de la fin est flanquée, à droite et à gauche, d'une bordure étroite, remplaçant le trait carré primitif, qui avait été brisé.

4) Au recto E_5, même modification qu'au recto H_5. Les bordures ajoutées à la planche de l'*Immaculée Conception* diffèrent de celles de l'état précédent.

A la suite de ces remarques, nous pouvons signaler, pour notre part, un exemplaire du premier tirage, faisant partie de la collection Tessier, à Venise[1], et où la planche 91 : *Daniel dans la fosse aux lions*, a été imprimée à l'envers.

1471

SUETONIUS (Caius) Tranquillus. — *Vitæ XII Cæsarum.*

207. — Nicolas Jenson, 1471 ; 4°. — (Chantilly, C; Rome, Ca)

158 ff. (161 dans l'exemplaire de Chantilly) n. ch. et n. s. — C. rom. — 32 ll. par page. — R. du 1er f. ; *VERSUS AVSONII IN LIBROS SVETONII./ Cæsareos proceres in quorum regna secundis/ Consulibus dudum romana potentia cessit/ Accipe bissenos: sua quenqꝫ monostica signat./ Quorum per plenam seriem Suetonius olim/ Nomina : res gestas : uitamqꝫ: obitumqꝫ peregit.* La page est ornée d'un encadrement enluminé, qui diffère dans les deux exemplaires. Dans celui de la Casanatense, la bordure des marges supérieure et intérieure est faite à la main ; les deux autres côtés sont imprimés avec les blocs employés pour les côtés correspondants de l'encadrement du Quinte-Curce, *circa* 1470. Dans l'exemplaire de Chantilly, la bordure imprimée occupe les marges supérieure, intérieure et inférieure; on a employé, pour le bas, le motif qui avait déjà servi dans le St Augustin, *De Civit. Dei*, 1470 (r. du 1er f., en tête de la page), et dans le Cicéron, *De Oratore*, *circa* 1470 (r. du 1er f., au bas de la page) ; pour les deux autres côtés, le motif qui forme le haut et le côté

1. Vendue à Munich, par J. Rosenthal, en 1900.

intérieur de l'encadrement du Tite-Live, 1470 (exemplaire Corsini). L'initiale ornée *I*, au commencement du texte, est faite à la main. Dans l'exemplaire de la Casanatense, la même in. o. est gravée sur bois, et du même style que la bordure imprimée; dans le corps de l'ouvrage, autres initiales plus petites, également enluminées.

V. du dernier f.: *Hoc ego nicoleos gallus cognomine ienson/ Impressi: miræ quis neg& artis opus?/ At tibi dum legitur docili suetonius ore:/ Artificis nomen fac rogo lector ames./ .M.CCCC.LXXI.*

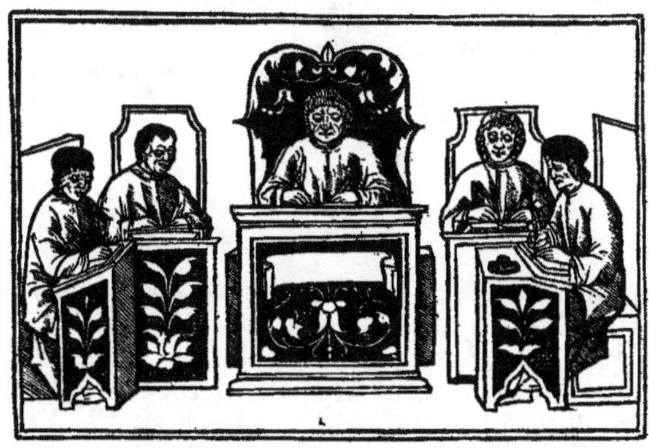

Suétone, *Vitæ XII Cæs*, 8 janvier 1506 (p. du titre).

208. — Ioanne Rosso Vercellese, 8 janvier 1506; f°. - (Séville, C)

SVETONIVS TRANQVILLVS CVM PHILIPPI/ BEROALDI ET MARCI ANTONII SA/ BELLICI COMMENTARIIS./ CVM FIGVRIS NV/ PER ADDITIS.

4 ff. prél. n. ch., s. : *aa*. — 358 ff., dont la numération ne commence qu'au 18me (c_{ii}); s. : *a-ʒ*, *&*, *ɔ*, *ꝶ*, *A-T*. — 8 ff. par cahier, sauf *T*, qui en 6. — C. rom. — Texte encadré par le commentaire; 59 ll. par page. — Au-dessous du titre, bois oblong, ombré, avec monogramme L (voir reprod. p. 212). Ce bois avait déjà été employé dans l'édition d'Horace, 5 févr. 1505, mais avec une autre figure pour le personnage de l'auteur, gravée sur un morceau mobile qu'on pouvait changer à volonté. — R. *a*. Au commencement de la *Vie de Jules César*, bois oblong, ombré : *Naissance de César*. — Dans le texte, 44 vignettes au trait, empruntées presque toutes du *Tite-Live*, plusieurs avec le monogramme F, d'autres avec le monogramme b; et 36 vignettes ombrées.

R. 358 : *Commentaria Philippi Beroaldi necnon Marci Antonii Sabellici in Suetonium Tranquillum Fœliciter/ Venetiis exacta. Per Ioãnem Rubeum Vercellẽsem Anno domini. M.CCCCCVI. Die VIII. Ianuarii*. Au-dessous, le registre. Le verso, blanc.

209. — Philippo Pincio, 18 février 1510; f°. — (☆)

COMMENTATIONES CONDITAE A PHILIPPO/ Beroaldo in Suetoniũ Tranquillum. Additis ꝗpluri/ mis annotamentis :....

14 (10,4) ff. prél. n. ch. s. : *AA-BB*. — 341 ff. num. et 1 f. blanc, s. : *a-ʒ*, *&*, *ɔ*, *ꝶ*.

A-R. — 8 ff. par cahier, sauf *R*, qui en a 6. — C. rom. — Texte encadré par le commentaire ; 61 ll. par page. — Au-dessous du titre : *Naissance de J. César*, bois de l'édition 8 janvier 1506 (r. *a*). — 72 bois (36 au trait, et 36 ombrés), de cette même édition.

V. CCCXLI :... *Venetiis exacta per Philippum Pincium Mantuanum. Anno domini. M. CCCCCX. Die. XVIII. Februarii....* Au-dessous, le registre.

210. — Bernardino de Viano, 8 janvier 1522 ; f°. — (Berlin, Libr. Breslauer & Meyer, 1900)

COMMENTATIONES CONDITAE A PHILIPPO/ Beroaldo in Suetoniũ Tranquillum. Additis q̧ pluri/ mis annotamentis :...

14 (10,4) ff. prél. n. ch., s. : *AA-BB.* — 340 ff. num. s. : *a-ꝙ, &, ꝯ, ꝶ, A-R.* — 8 ff. par cahier, sauf *R* qui en a 4. — C. rom. — Texte encadré par le commentaire ; 62 ll. par page. — Bois des éditions précédentes.

R. CCCXL : ℭ *Commentaria.... in Suetonium Tran/ quillum Fœliciter Venetiis exacta. Per Bernardinum de Vianis Vercellensem Anno domini. M. CCCCCXXII. Die VIII. Ianuarii.* Le verso, blanc.

1471

Valerius Maximus. — *Factorum dictorum que memorabilium libri IX.*

211. — Vindelinus de Spira, 1471 ; f°. — (Paris, N)

122 ff. n. ch. et n. s. — C. rom. — 41 ll. par page. — R. du 1er f., blanc. — Au verso : *VALERII MAXIMI DICTORVM ET FA/CTORVM. MEMORABILIVM RVBRICAE.* — R. du 3me f. : *Valerii Maximi liber primus.* Page encadrée d'un ornement enluminé dont les parties supérieure et inférieure sont imprimées (= marges supérieure et inférieure du Trapesuntius, *circa* 1470). Au commencement du texte, in. o. *V*, du même genre.

R. du dernier f. : *M.CCCC.LXXI./ Impressum formis iustoqꝫ nitore coruscans/ Hoc Vindelinus condidit artis opus.* Le verso, blanc.

212. — Albertino da Lissona, 6 novembre 1504 ; f°. — (Rome, Ca)

Manque le frontispice dans cet exemplaire. — 86 ff. num., s. : *a-p.* — 6 ff. par cahier, sauf *o, p*, qui en ont 4. — C. rom. — 2 col. à 47 ll. — R. a_{ii} : *COMINCIA IL PROHEMIO DI VALERIO MAXIMO.* La page est entourée d'un encadrement formé de bordures ornementales dans le haut et sur les côtés, et d'un bloc plus large dans le bas ; ce dernier bloc (la lune rayonnante entre deux cornes d'abondance) est emprunté, ainsi que les bordures latérales, du *Supplem. chronic.*, 4 mai 1503.

R. lxxxvj : *Finito il libro di Valerio Maximo uulgare nouamente impresso in Venetia per Al/ bertino da Lissona Vercellese del/ Mille cinquecento e quatro/ Adi. vi. del Mese/ de Nouem/ bre.* Le verso, blanc.

213. — Bartolomeo Zanni, 24 octobre 1508 ; f°. — (Vienne, I)

VALERII Maximi priscorum exemplorũ libri nouem : diligenti castigatione/ emendati : aptissimisqꝫ figuris exculti :...

4 ff. n. ch., 208 ff. num., et 10 ff. n. ch., dont le dernier est blanc, s. : *a-ꝙ, &, ꝯ, ꝶ,*

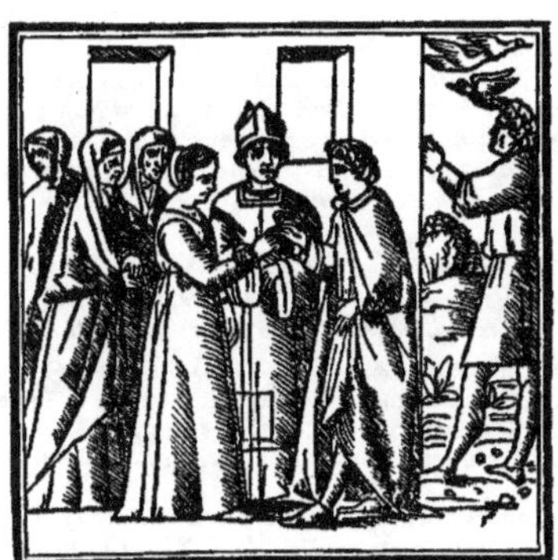

Valerii Maximi libri IX, 24 oct. 1508 (v. 26).

A-B. — 8 ff. par cahier, sauf *a* qui en a 4, et *B* qui en a 10. — C. rom. — Texte encadré par le commentaire ; 62 ll. par page. — En tête de la page du titre : bois du Suétone, 8 janvier 1506 (titre), avec monogramme L. Le verso, blanc. — R. 1. En tête du *Prologus* : l'auteur, à genoux, présentant son ouvrage à Tibère ; deux personnages debout de chaque côté du trône de l'empereur. — V. 26. En tête du livre II : cérémonie du mariage (voir reprod. p. 214). — V. 49. En tête du livre III : Horatius Coclès sur le pont Sublicius. — R. 71. En tête du livre IV : un officier, debout sur une pierre, haranguant des soldats. — V. 94. En tête du livre V : un roi soumis se présentant au Sénat romain. — V. 117. En tête du livre VI : mort de Lucrèce, femme de Collatin. — V. 138. En tête du livre VII : le Sénat romain, représenté par cinq personnages, assis sur une banquette demi-circulaire. — V. 156. En tête du livre VIII : un homme et deux jeunes enfants comparaissant devant un magistrat. — V. 182. En tête du livre IX : trois personnages à table, servis par deux esclaves. — Petites in. o. à fond noir.

V. 208 : *Impressum Venetiis per Bartholomeum de Zanis de Portesio. M. D. VIII. Die. xxiiii. Mensis Octobri* (sic). Au-dessous, le registre. Au bas de la page, sur la droite, petite marque à fond noir, aux initiales .B.Z.

214. — Augustino Zanni, 2 juin 1509 ; f°. — (Florence, L)

Ualerio Maximo volgare./ nouamente correcto.

87 ff. num. et 1 f. n. ch., s. : *a-p*. — 6 ff. par cahier, sauf *p*, qui en a 4. — C. rom. ; titre g. — 2 col. à 45 ll. — R. a_{ii}. Encadrement de page de la *Bible*, 21 avril 1502 ; dans le tympan, Dieu le Père, les bras ouverts. — In. o. à fond noir.

R. p_4 : le registre ; au-dessous : ℂ *Finito il libro di Valerio Maximo uulgare no/ uamente impresso in Venetia per Agusti/ no de Taie* (sic) *da Portese del Mille / e cinquecẽto e noue Adi. 2./ de Zugnio.* Le verso, blanc.

215. — L. A. Giunta, 20 août 1513 ; f°. — (Rome, Ca)

Ualerius maximus cum cõmen/ tario historico videlicet ac litterato Oliuerii Arzi/ gnanensis :... Additis... nec non pene viuis imaginibus : que priscorum/ gesta referre videntur.

12 (6,6) ff. prél., s. : *aa,bb*. — 303 ff. num. et 1 f. blanc, s. : *a-z, &, ɔ, ℞, A-M*. — 8 ff. par cahier. — C. rom. ; titre g. r. et n. — Texte encadré par le commentaire ; 62 ll. par page. — Au bas de la page du titre, marque du lis rouge florentin. — Bois de l'édition 24 octobre 1508. — In. o. à fond noir, de diverses grandeurs.

V. CCCIII : le registre ; au-dessous :... *Impressum Ve/ netiis per D. Lu. Ant. de Giunta Anno. M./D.XIII. Die. xx. Mensis Augusti.*

216. — Augustino Zanni, 20 mai 1518 ; f°. — (Munich, R)

Ualerius maximus nouiter re/ cognitus cum commentario historico videlicet ac littera/ to Oliuerij Arzignanẽsis :. .. Nec non/ pene viuis imaginibus : quae priscorum/ gesta referre uidentur.

10 ff. prél. n. ch. s. : *aa.* — 271 ff. num. et 1 f. blanc, s : *a-ʒ*, *&*, *ɔ*, *℞*, *A-H.* — 8 ff. par cahier. — C. rom ; titre g. r. et n. — Texte encadré par le commentaire ; 65 ll. par page. — Au-dessous du titre, marque du *S*ᵗ *Barthélemi.* — Bois de l'édition 24 octobre 1508, sauf celui du r. CLVI qui provient de l'édition d'Ovide, *Heroides*, 10 juin 1506 (épître ; *Hipsyphyle Iasoni*). — In. o. à fond noir, de diverses grandeurs.

V. CCLXXI : *Explicit opus Valerii Maximi..... Ipressũ Venetiis ꝑ Au/ gustinũ de ʒãnis de portesio An/ no Dñi. M.D.XVIII. Die/ .XX. Mensis Maii.*

217. — Guglielmo de Fontaneto, 6 février 1523 ; f°. — (Bologne, C)

Ualerius/ Maximus nouiter recognitus cum cõmẽ/ tario historico videlicet ac literato.... Nec nõ pene viuis imaginibus : quae pri/ scorum gesta referre videntur.

12 ff. prél., n. ch., s. : *aa.* — 264 ff. num. s. : *a-ʒ*, *&*, *ɔ*, *℞*, *A-G.* — 8 ff. par cahier. — C. rom ; titre g. r. et n. — Texte encadré par le commentaire, sur 2 col. à 70 ll. — Page du titre : encadrement ornemental. — Copies des bois de l'édition 24 oct. 1508, comprenant, comme l'édition 20 mai 1518, une vignette des *Epistolæ Heroides* d'Ovide, placée au r. CLII. — In. o. à fond noir.

R. CCLXIIII : le registre ; au-dessous : *Explicit opus Valerii Maximi.... Ipressũ Venetiis ꝑ Guliel/ mũ de fontaneto mõtisferrati/ Anno Dñi M.D.XXIII./ Die VI. Mensis./ Februarii.* Le verso, blanc.

1471

CICERO (Marcus Tullius). — *Orationes.*

218. — Christophorus Valdarfer, 1471 ; f°. — (Paris, A)

273 ff. n. ch. et n. s., dont le premier est orné sur trois côtés d'une bordure enluminée : marges supérieure et intérieure = encadrement du Tite-Live, 1470 (exemplaire Corsini) ; marge inférieure = encadrement du Trapesuntius, *circa* 1470. — In. o. *Q*, du même genre.

V. du dernier f. : *Germani ingenii quis non miretur acumen ?/ Quod uult germanus protinus efficiet :/ Aspice quam mira libros impresserit arte :/ Quam subito ueterum tot monumenta dedit/ Nomine Cristophorus : Valdarfer gentis alumnus :/ Ratisponensis gloria magna soli :/ Nunc ingens Ciceronis opus : causasqʒ forenses/ Quas inter patres dixit et in populo./ Cernis quam recto : quam emendato ordine struxit/ Nulla figura oculis gratior esse potest :/ Hoc autem illustri Venetum perficit in urbe/ Præstanti Mauro sub Duce Christophoro :/ Accipite hunc librum quibus est facundia cordi/ Qui te Marce col& sponte disertus erit./ M. CCCC. LXXI. LODO. CARBO.*

1471

Bruni (Leonardo) [Leonardo Aretino]. — *De bello italico adversus Gothos.*

219. — Nicolas Jenson, 1471 ; f°. — (Ferrare, C)

LEONARDI ARETINI DE BELLO ITALICO/ ADVERSVS GOTTHOS.

64 ff. n. ch. et n. s. — C. rom. — 32 ll. par page. — R. du 1er f. Encadrement de page, enluminé : marges supérieure, inférieure et extérieure = encadrement du Trapesuntius, *circa* 1470 ; marge intérieure = encadrement du Tite-Live, 1470 (exemplaire Corsini).

R. du 64me f. : *Gallicus hunc librum impressit nicolaus ienson :/ Artifici grates optime lector habe./ .M.CCCC.LXXI.* Le verso, blanc.

1472

Appianus. — *De bellis civilibus Romanorum.*

220. — Vindelinus de Spira, 1472 ; f°. — (Londres, BM)

146 ff. n. ch. et n. s. — C. rom. — 41 ll. par page. — R. du 1er f. : *libro primo bellorum ciuilium : haec continentur....* Au verso : *Ad Gloriosissimum & inuictissimum Principem Alfonsum Aragonum & utriusqʒ Sicilię Regem.... P. Candidi prologus.* Au commencement du texte : *Parthorum Regem....*, grande initiale *P* en or et couleurs. — R. du 2me f. Encadrement de page enluminé : marges supérieure, inférieure et extérieure = encadrement du Trapesuntius, *circa* 1470 ; marge intérieure = encadrement du Tite-Live, 1470 (exemplaire Corsini). Initiale *S* du même genre au commencement du texte du livre 1er : *SENATVS Populusqʒ Romanus....*

V. du dernier f. : *Hic est alexandrinus appianus/ A candido linguę latinę patrono/ Romanus. hunc impressit & vindelinus/ Quem spira nobilis parens dędalei/ Produxit ingeni faceti lępidiqʒ.* Au bas de la page : *M.CCCC.LXXII.*

221. — Bernardus Pictor, Erhardus Ratdolt, et Petrus Loslein, 1477 ; 4°. — (Paris, N)

L'ouvrage est divisé en deux parties.

1re partie. 132 ff. n. ch., dont le premier est blanc, s. : *a-o.* — 10 ff. par cahier, sauf *k, l, m, n,* qui en ont 8. — C. rom. — 33 ll. par page. — R. a_2 : *P. Candidi in libros Appiani sophistę Alexandrini ad Nico/ laum quintũ pontificem Prętatio incipit felicissime.* Encadrement de page d'arabesques sur fond noir (voir reprod. p. 217).

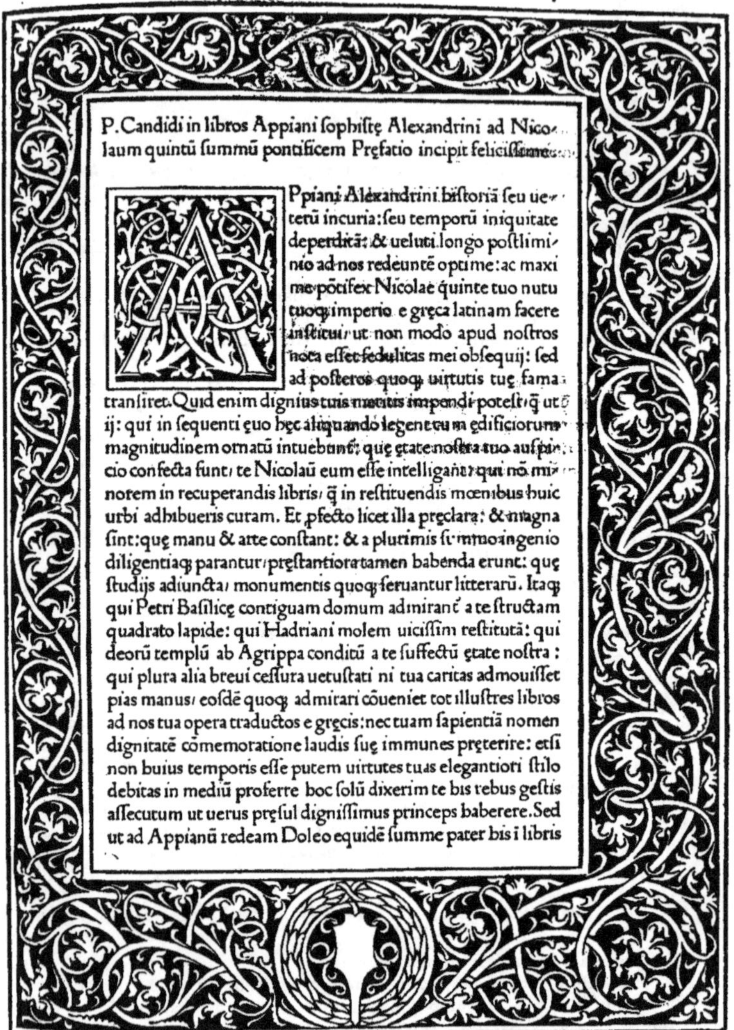

P. Candidi in libros Appiani sophistę Alexandrini ad Nicolaum quintū summū pontificem Prętatio incipit felicissime.

APpiani Alexandrini historiā seu ueterū incuria: seu temporū iniquitate deperditā: & ueluti longo postliminio ad nos redeuntē optime: ac maxime pōtifex Nicolae quinte tuo nutu tuoq; imperio e gręca latinam facere institui, ut non modo apud nostros nota esset sedulitas mei obsequij: sed ad posteros quoq; uirtutis tuę fama transiret. Quid enim dignius tuis meritis impendi potest, q̄ ut ij: qui in sequenti ęuo hęc aliquando legent: cum edificiorum magnitudinem ornatū intuebunt: quę ętate nostra tuo auspicio confecta sunt, te Nicolaū eum esse intelligant: qui nō minorem in recuperandis libris, q̄ in restituendis mœnibus huic urbi adhibueris curam. Et ꝓfecto licet illa pręclara: & magna sint: quę manu & arte constant: & a plurimis summo ingenio diligentiaq; parantur, pręstantiora tamen habenda erunt: quę studijs adiuncta, monumentis quoq; seruantur litterarū. Itaq; qui Petri Basilicę contiguam domum admirant' a te structam quadrato lapide: qui Hadriani molem uicissim restitutā: qui deorū templū ab Agrippa conditū a te suffectū ętate nostra: qui plura alia breui cessura uetustati ni tua caritas admouisset pias manus, eosdē quoq; admirari cōueniet tot illustres libros ad nos tua opera traductos e gręcis: nec tuam sapientiā nomen dignitatē cōmemoratione laudis suę immunes pręterire: etsi non huius temporis esse putem uirtutes tuas elegantiori stilo debitas in mediū proferre hoc solū dixerim te his rebus gestis assecutum ut uerus pręsul dignissimus princeps haberere. Sed ut ad Appianū redeam Doleo equidē summe pater his ī libris

Appianus, *De bellis civil. Roman.*, 1477 (1re partie).

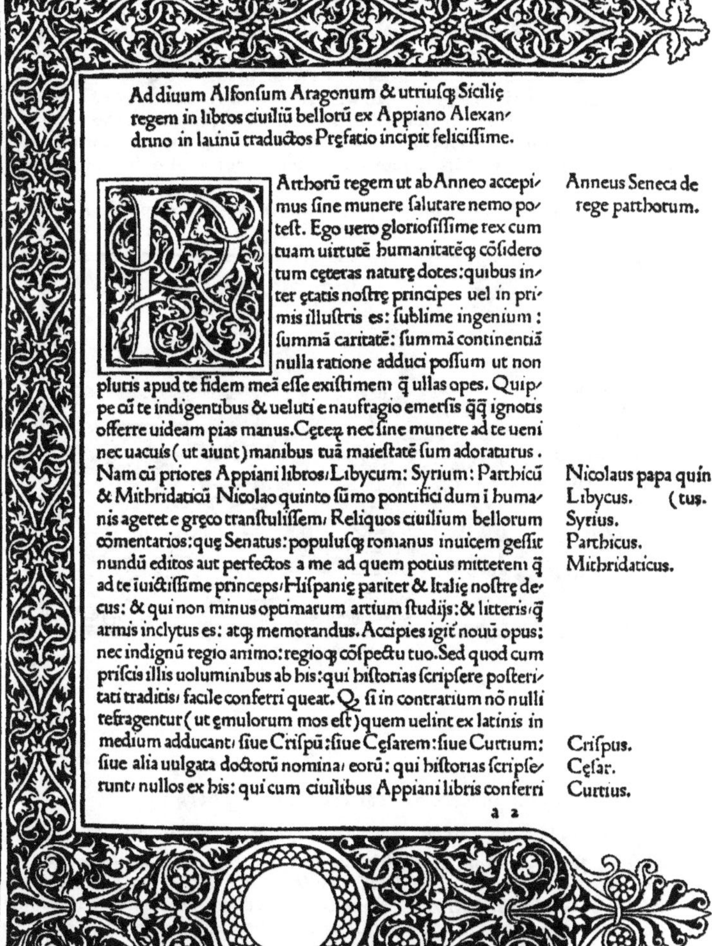

Ad diuum Alfonsum Aragonum & utriusq; Sicilię regem in libros ciuiliū bellorū ex Appiano Alexandrino in latinū traductos Pręfatio incipit felicissime.

Parthorū regem ut ab Anneo accepimus sine munere salutare nemo potest. Ego uero gloriosissime rex cum tuam uirtutē humanitatemq; cōsidero tum cęteras naturę dotes: quibus inter ętatis nostrę principes uel in primis illustris es: sublime ingenium: summā caritatē: summā continentiā nulla ratione adduci possum ut non pluris apud te fidem meā esse existimem q̄ ullas opes. Quippe cū te indigentibus & ueluti e naufragio emersis q̄q̄ ignotis offerre uideam pias manus. Cęte℞ nec sine munere ad te ueni nec uacuis (ut aiunt) manibus tuā maiestatē sum adoraturus. Nam cū priores Appiani libros, Libycum: Syrium: Parthicū & Mithridaticū Nicolao quinto sūmo pontifici dum i humanis ageret e gręco transtulissem, Reliquos ciuilium bellorum cōmentarios: quę Senatus: populusq; romanus inuicem gessit nundū editos aut perfectos a me ad quem potius mitterem q̄ ad te iuictissime princeps, Hispanię pariter & Italię nostrę decus: & qui non minus optimatum artium studijs: & litteris, q̄ armis inclytus es: atq; memorandus. Accipies igit' nouū opus: nec indignū regio animo: regioq; cōspectu tuo. Sed quod cum priscis illis uoluminibus ab his: qui historias scripsere posteritati traditis, facile conferri queat. Q; si in contrarium nō nulli refragentur (ut ęmulorum mos est) quem uelint ex latinis in medium adducant, siue Crispū: siue Cęsarem: siue Curtium: siue alia uulgata doctorū nomina, eorū: qui historias scripserunt, nullos ex his: qui cum ciuilibus Appiani libris conferri

Anneus Seneca de rege parthorum.

Nicolaus papa quintus.
Libycus.
Syrius.
Parthicus.
Mithridaticus.

Crispus.
Cęsar.
Curtius.

a 2

Appianus, *De bellis civil. Roman.*, 1477 (2e partie).

R. o_{10} : *Impressum est hoc opus Venetijs per Bernardū picto/ rem & Erhardum ratdolt de Augusta una cum Petro/ loslein de Langencen correctore ac socio. Laus Deo./. M.CCCC.LXXVII.* Le verso, blanc.

2me partie. 212 ff. n. ch., dont le 1er est blanc, s. : *a-x*. — 10 ff. par cahier, sauf *d*, qui en a 12. — R. a_2 : *Ad diuum Alfonsum Aragonum & utriusqȝ Siciliȩ/ regem in libros ciuiliū bellorū ex Appiano Alexan/drino in latinū traductos Prȩfatio incipit felicissime.* La page est ornée, sur trois côtés, d'une bordure à motif ornemental sur fond noir (voir reprod. p. 218).

R. x_{10} : même souscription qu'à la fin de la première partie. Le verso, blanc.

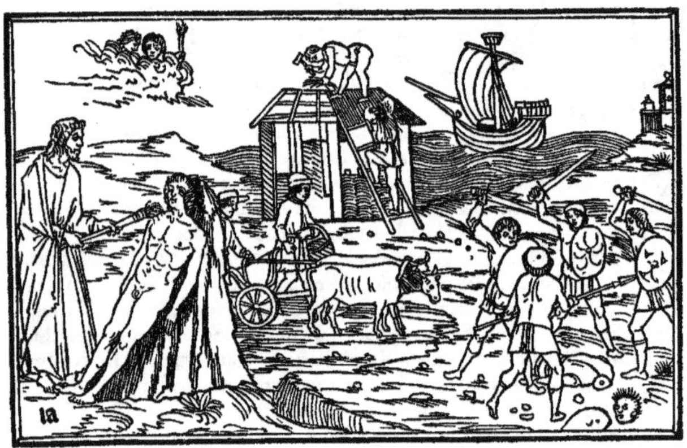

Ovide, *Metam.*, 10 avril 1497 (r. a_{ii}).

1474

Ovidius (Publius) Naso. — *Metamorphoseos libri XV.*

222. — Jacobus Rubeus Gallicus, 1474 ; f°. — (Milan, B)

412 ff. n. ch. et n. s., dont le dernier est blanc. — C. rom. — 43 vers par page. — R. du 1er f. : *PVBLII OVIDII NASONIS META/ MORPHOSEOS LIBER PRIMVS.* Page entourée d'un encadrement enluminé qui, malheureusement, a été rogné à la reliure, en haut, en bas, et sur le côté intérieur ; la bordure de la marge extérieure est imprimée avec le même motif que le côté correspondant de l'encadrement du Cicéron, *Epist. fam.*, 1471 (Nicolas Jenson). — In. o. du même genre, également enluminées.

V. du f. 410 : *Huius opera omnia.... Iacobus Rubeus natione/ gallicus honestissimo loco natus ad utilitatem uiuē/ tium nec non & posteroꝝ impressit./... MCCCC.LXXIIII.* — R. du f. 411 : *Tabula eaꝝ rerum quæ sunt in hoc uolumine./....* Le verso, blanc.

223. — Joanne Rosso Vercellese (pour L. A. Giunta), 10 avril 1497 ; f°. — (Paris, N ; Florence, N ; Venise, C)

Ouidio methamor/ phoseos vulgare.

4 ff. prél., n. ch. et n. s. — 141 ff. num., avec erreurs de pagination, et 1 f. blanc, s. : *a-s.* — 8 ff. par cahier, sauf *s*, qui en a 6. — C. rom. ; titre

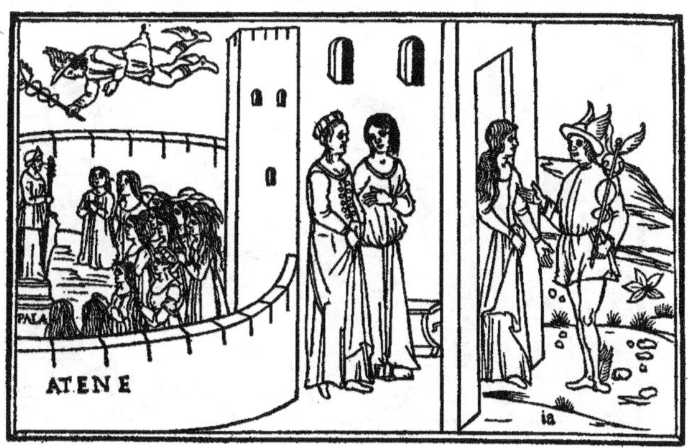

Ovide, *Metam.*, 10 avril 1497 (v. c_{ii}).

g. — 2 col. à 44 ll. — R. *a*. Encadrement de page de la *Bible*, 23 avril 1493 ; au-dessus du commencement du texte du livre I, bois au trait : *Création du monde ;* Dieu debout, au milieu d'une bande de terrain, au bord de la mer ; à ses pieds, un lion, une antilope, et un lapin, couchés ; une montagne à gauche ; un bouquet d'arbres à droite ; dans le ciel, deux oiseaux volant, figures du soleil et de la lune, trois étoiles, et une autre figure représentant un des vents. — Dans le texte, 52 autres gravures au trait, de la largeur de la justification. — R. a_{ii}. *Création du premier homme* ; monogramme ia (voir reprod. p. 219). — V. a_{iii}. *Assemblée des dieux ; le déluge.* Sur la gauche, les dieux assis sur des nuages, autour de Jupiter qui les domine ; le reste de la composition est occupé par l'eau, dont un vent furieux agite les vagues ; des hommes et des femmes, nageant, ou accrochés à des épaves, tentent de se sauver ; au fond, le mont Parnasse, couronné du temple de Thémis, émergeant des flots, et vers lequel se dirige la barque montée par Deucalion et Pyrrha. — R. a_6. *Deucalion et*

Pyrrha repeuplant la terre. On les voit, au fond, sur la gauche, agenouillés au pied de la statue de Thémis, et au premier plan, accomplissant l'oracle de la déesse, en lançant derrière eux, par dessus leur épaule, des pierres qui sont changées en hommes et en femmes. — R. a_7. A gauche : *Apollon vainqueur du serpent Python ;* sur la droite : *Apollon poursuivant Daphné*; la nymphe est métamorphosée en laurier; sa tête et ses bras sont déjà transformés en branches chargées de feuillage. — R. b_{iii}. *Aventure de Phaéton.* A gauche, le palais du soleil, devant lequel Phaéton agenouillé demande à son père la faveur de conduire son char ; sur la droite, Phaéton précipité du ciel. — V. b_5. *Jupiter et Calisto.* A gauche, la nymphe embrassant

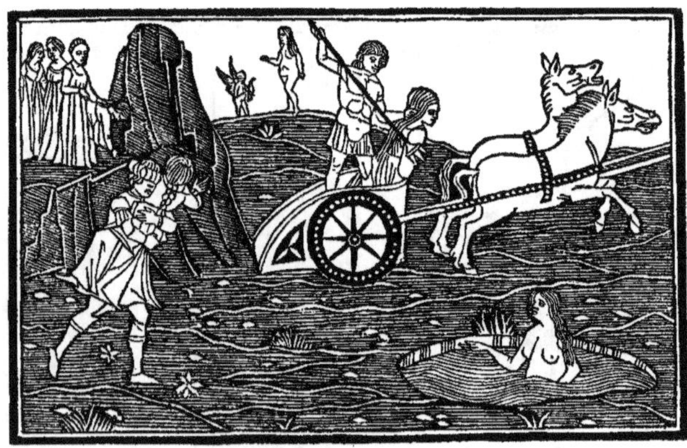

Ovide, *Metam.*, 10 avril 1497 (v. e_8).

Jupiter, qui a pris, pour la tromper, l'apparence de Diane; dans le milieu, au second plan, le bain des nymphes de Diane ; à droite, Calisto, ayant mis au monde un fils de Jupiter, subit la colère de Junon, qui la change en ourse. — V. b_8. *Phèdre et Hippolyte.* Au fond, Hippolyte sur un char, dont les chevaux s'emportent à la vue d'un monstre marin ; au premier plan, à gauche, partie de l'intérieur d'un palais, et quatre personnages ; sur la droite, Hippolyte mort étendu à terre, et trois personnages. — V. c_{ii}. *Mercure et Herse* ; monogramme **ıa** (voir reprod. p. 220). — V. c_{iii}. *Jupiter et Europe* ; monogramme **ıa**. Dans le fond, à gauche, Jupiter ordonnant à Mercure d'aller chasser vers le bord de la mer les troupeaux du roi de Phénicie Agénor; au premier plan : à gauche, Mercure rassemblant les bêtes en train de paître; au milieu, Europe, fille du roi, et deux autres femmes, parant de fleurs le taureau dont Jupiter a pris l'apparence ; sur la droite : Europe assise sur le taureau. — R. c_5. *Actéon changé en cerf.* A gauche, Actéon surprenant Diane et deux de ses nymphes dans leur bain : à droite, transformé en cerf, il est assailli par ses propres chiens. — R. d_{iiii}. *Mars et Vénus surpris par Vulcain.* A gauche, Vulcain averti par Apollon; à droite, Mars et Vénus sur un lit enveloppé d'un réseau de mailles de fer; au fond, les dieux appelés par Vulcain. — R. d_7. *Junon aux enfers*; monogramme **ia**. A gauche, la déesse à l'entrée du Tartare, où se trouvent Cerbère et les Euménides; à droite, les Danaïdes, Sisyphe, Ixion, Tityus, subissant leurs supplices. — V. d_8. *Ino & Atamas* ; monogramme **ia**. A gauche, Ino et Athamas, tourmentés par les Furies et les êtres fantastiques venus de l'enfer; à droite, Athamas brisant sur un rocher la tête d'un de ses enfants, pendant qu'Ino se jette dans la mer avec Mélicerte, son autre

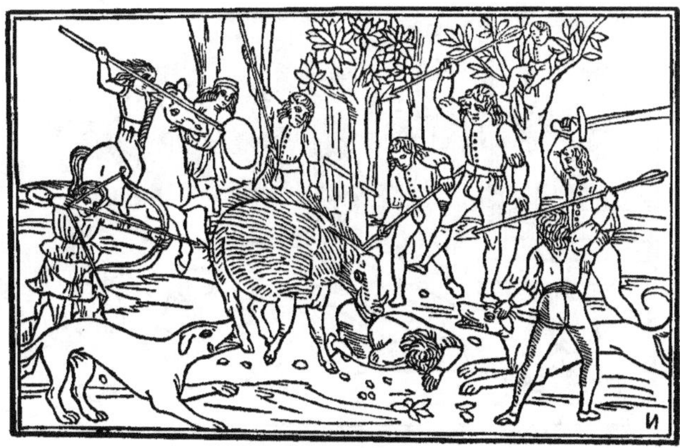

Ovide, *Metam.*, 10 avril 1497 (v. i_{ii}.)

fils. — V. e_{ii}. *Persée et Andromède.* A gauche, Persée debout près du cadavre de Méduse, à qui il vient de trancher la tête; au second plan, le cheval Pégase, et, au-dessus, Persée volant dans les airs; à peu près au milieu de la composition, Andromède, liée à un rocher près duquel se tient son père le roi Céphée; sur la droite, Persée, planant au-dessus de la mer, et combattant le monstre envoyé pour dévorer Andromède. — V. e_8. *La nymphe Cyané changée en source;* gravure à terrain noir (voir reprod. p. 221). — R. f_{iii}. *Triptolème & Lyncus.* A gauche, Triptolème arrivant au palais de Lyncus, roi de Scythie, sur le char attelé de deux dragons ailés, que lui a donné Cérès; à droite, Lyncus changé en lynx par Cérès, au moment où il se prépare à assassiner Triptolème pendant son sommeil. — V. f_7. *Niobé et ses fils.* Sur la gauche, Niobé interdisant à ses sujets de faire des sacrifices à Latone; sur la droite, les fils de Niobé, percés par les flèches d'Apollon et de Diane. — V. *g. Aventure de Marsyas*; monogramme **ia**. Sur la gauche, une femme, assise au bord d'une fontaine, et jouant de la cornemuse ; au milieu, Apollon, debout, tenant un violon et un archet, et, près de lui, Marsyas, assis sur une pierre, jouant de la cornemuse ; sur la droite, Apollon écorchant vif le satyre. — V. g_6. ***Rajeunissement d'Eson ;*** monogramme **ia**. Sur la gauche, Médée, nue, agenouillée, prononçant l'incantation magique ; à peu près au milieu, Médée égorgeant Eson, étendu sur une table ; au fond, Médée dans les airs, sur un char attelé de deux dragons ailés. — V. h_{ii}. ***Minos & Androgée.*** Sur la gauche, Androgée, fils de Minos, assassiné par ordre d'Egée, roi d'Athènes ; sur la droite, et à l'arrière plan, Minos venant assiéger Athènes pour venger son fils. — V. h_6. ***Minos & Scylla.*** Sur la gauche, Minos à la tête d'une

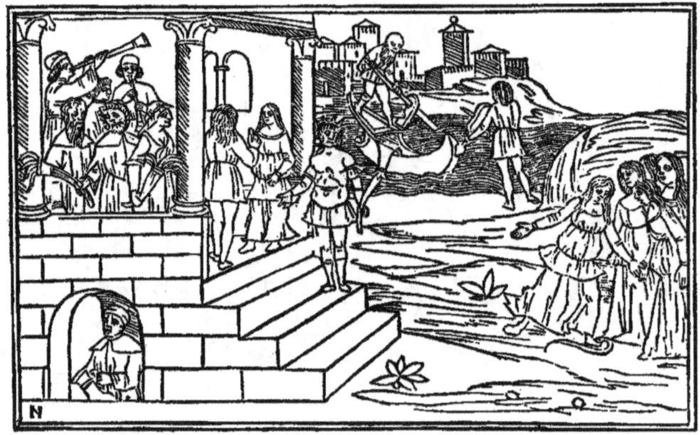

Ovide, *Metam.*, 10 avril 1497 (v. l_{iii}).

troupe de soldats, chevauchant vers Mégare, qu'il assiège ; sur la terrasse de la tour principale de la ville, Scylla, fille du roi Nisus, regardant le cortège qui s'avance. — V. h_8. ***Ariane et Thésée.*** Sur la gauche, au bord de la mer, Thésée écoutant les instructions d'Ariane ; sur la droite, Thésée et un autre personnage, près de l'entrée du Labyrinthe. — V. i_{ii}. ***Chasse du sanglier de Calydon*** ; monogramme **N** (voir reprod. p. 222). — V. i_5. ***Erisichthon puni par Cérès.*** Sur la droite, Erisichthon abattant un arbre, du tronc duquel sort la tête d'une hamadryade ; dans le fond, au milieu, deux hamadryades implorant la protection de Cérès ; au second plan, à gauche, une nymphe, envoyée par Cérès, invite la déesse de la Faim à tourmenter Erisichthon ; du même côté, au premier plan, la Faim soufflant sur Erisichthon endormi. — V. i_7. ***Travaux d'Hercule.*** Au premier plan, à gauche, Hercule combattant l'hydre de Lerne ; au milieu, Hercule luttant avec le fleuve Acheloüs, qui a la forme d'un taureau ; au second plan, vers la gauche, Hercule et Antée ; au fond, sur la droite, mariage d'Hercule et de Déjanire, et, au milieu, enlèvement de Déjanire par le centaure Nessus. — V. k_{ii}. *Hercule et Thésée combattant les Amazones.* Guerriers et Amazones à cheval, armés de javelots, d'épées, de massues, etc. ; sous les pieds des chevaux, un cadavre et des membres coupés, gisant à terre. — R. k_{iiii}. *Mort d'Hercule.* A gauche, Hercule précipitant dans la mer Lichas, qui lui a apporté la robe teinte du sang du centaure Nessus ; à droite, Hercule remettant à Philoctète son arc et ses flèches empoisonnées ; au fond, à droite, Hercule sur son bûcher. — V. k_5. *Naissance d'Hercule.* Intérieur de chambre ; à droite, la servante Galanthis déjouant le maléfice de Lucine, envoyée par Junon pour empêcher l'accouchement d'Alcmène ; à gauche Alcmène assise dans un fauteuil, et délivrée par

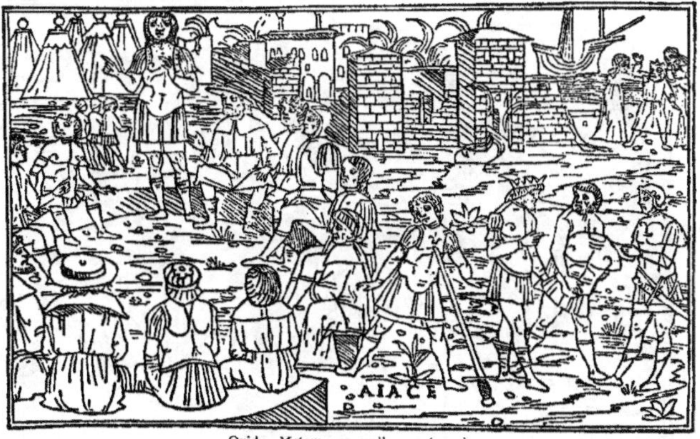

Ovide, *Metam.*, 10 avril 1497 (v. n_8).

une sage-femme, assise devant elle sur une chaise basse. — V. k_6. *Priape et Lotos* ; monogramme **ia**. A gauche, la nymphe Lotos assaillie par Priape pendant son sommeil ; à droite, poursuivie et près d'être atteinte par lui, elle est changée en arbre. V. l_{iii}. *Orphée et Eurydice* ; monogramme N (voir reprob. p. 223). — R. l_5. *Orphée charmant les animaux.* Il est assis sur un rocher, au milieu de la composition, jouant du violon ; à droite, et à gauche, divers animaux, au repos, écoutant sa musique. — V. l_5. *Métamorphose de Cyparissus.* A gauche, Cyparissus tuant par mégarde son cerf favori ; à droite, il est changé par Aopllon en cyprès[1]. — R. *m.* *Naissance d'Adonis*, monogramme **ia**. A gauche, Cinyras, l'épée à la main, poursuivant sa fille Myrrha, pour la punir de son amour incestueux ; au milieu, Myrrha, changée en arbre, donne naissance à Adonis ; à droite, Adonis et Vénus assis au pied d'un arbre ; au fond, Adonis mortellement

1. « Sujet emprunté à une gravure au burin de Benedetto Montagna, représentant deux chasseurs, avec un cerf abattu. Mais la composition et le dessin, dans cette imitation, sont très inférieurs. » (Passavant, I, p. 140).

blessé par un sanglier. — V. *m. Hippomène et Atalante*, monogramme N. A gauche, Hippomène s'entretenant avec Atalante; au milieu, la course, dont Hippomène sort vainqueur; à droite, le mariage; au fond, les deux jeunes gens changés en lion et en lionne, par Cybèle dont ils ont profané le sanctuaire. — V. m_{iii}. *Mort d'Orphée*. Il est représenté au milieu de la composition à genoux, s'appuyant sur la main droite, la main gauche levée au-dessus de sa tête pour parer les coups que lui portent les bacchantes, armées de branches d'arbres. — R. m_5. *Apollon et Pan*, monogramme ia. A droite, Apollon jouant du violon; près de lui, sont assis Pan, le roi Midas et un autre personnage; à gauche, Pan jouant de la

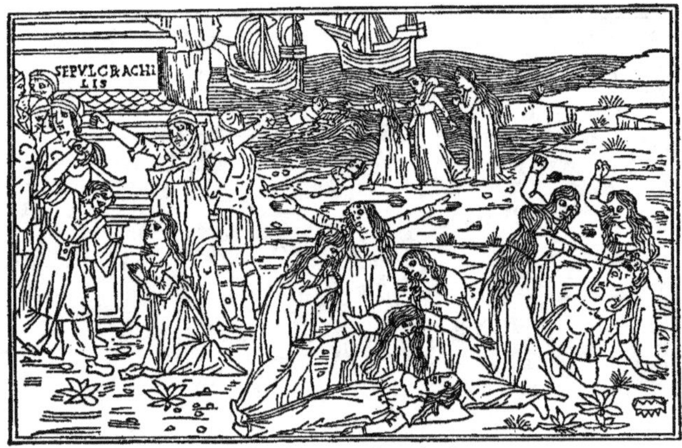

Ovide, *Metam.*, 10 avril 1497 (v. o_6).

flûte à sept tuyaux, assis, près du roi Midas, au pied d'un arbre derrière lequel est debout Apollon. — V. m_6. *Thétis et Pélée*; monogramme ia. A gauche Pélée regardant Thétis endormie sur un rocher; au milieu et à droite, métamorphoses successives de Thétis pour échapper à Pélée. — V. m_8. *Céyx et Alcyone;* monogramme ia. A gauche, Céyx, sur le point de s'embarquer, prenant congé de sa femme; à droite, Alcyone, accompagnée de deux femmes, reconnaissant dans la mer le cadavre de son mari. — R. n_{iii}. *Les Grecs à Aulis*. A gauche, groupe de guerriers agenouillés au pied d'un autel ou se consume une victime sacrifiée à Jupiter; à droite, un arbre, au tronc duquel est enroulé un serpent dévorant des oiseaux dans un nid; au pied de l'arbre, Calchas interprétant cet indice donné par les dieux pour le siège de Troie. — R. n_{iiii}. *Première attaque des Grecs contre Troie*; monogramme ia. A gauche, guerriers troyens, précédés d'un sonneur de trompe, sortant d'une porte de la ville; à droite et au fond, des Troyens s'opposant au débarquement des Grecs. — V. n_8. *Dispute des*

Armes d'Achille; suicide d'Ajax (voir reprod. p. 223). — R. o_{iiii}. *Pâris tuant Achille d'une flèche;* monogramme ia. Ici, la composition n'est pas l'interprétation exacte du poème, qui montre Achille mortellement frappé au milieu de la mêlée furieuse des Grecs et des Troyens. L'artiste a représenté Pâris debout, à gauche, tendant son arc, et visant tranquillement Achille, qui est agenouillé au pied d'une statue d'Apollon, en présence de plusieurs personnages; dans le fond, à gauche, Neptune priant Apollon d'intervenir pour faire périr Achille. — V. o_{iiii}. Même bois qu'au v. n_8. — V. o_6. *Polyxène immolée aux mânes d'Achille* (voir reprod. p. 225). — R. o_8. *Enée à Délos*. A droite, il est reçu par le roi Anius; à gauche, un

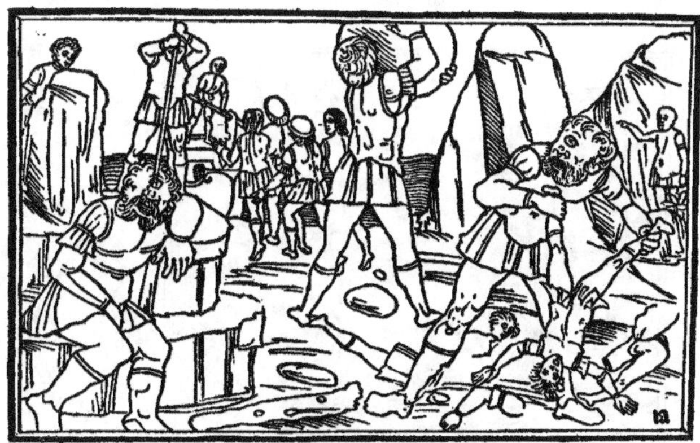

Ovide, *Metam.*, 10 avril 1497 (r. p_8).

vaisseau et une barque, où se préparent à monter Enée, son père Anchise, et son fils Ascagne. — V. p_{iii}. *Acis et Galatée*. A gauche, le cyclope Polyphème, assis sur une pierre, jouant de la flûte de Pan; du même côté, au pied d'un rocher, Acis et Galatée embrassés; sur la droite, Polyphème lançant un quartier de roc vers Acis, qui s'enfuit. — V. p_5. *Glaucus et Circé*. Intérieur de chambre, où Circé reçoit Glaucus, qui vient la prier de lui faire obtenir, par ses sortilèges, l'amour de la nymphe Scylla; divers animaux sont réunis dans la chambre; sol noir, à la florentine. — R. p_8. *Polyphème aveuglé par Ulysse;* monogramme ia (voir reprod. p. 226). — V. q_{ii}. *Picus à la chasse;* monogramme ia. Sortilèges de Circé pour se venger de son mépris. — V. q_7. *Iphis & Anaxarète;* monogramme N. A gauche, Iphis pendu à la porte du palais d'Anaxarète, pour l'amour de qui il s'est tué; à une fenêtre, Anaxarète regardant passer le convoi funèbre d'Iphis, qui est représenté à droite. — V. q_8. *Romulus et Rémus*; monogramme N (voir reprod. p. 227). — V. r_{ii}. *Numa Pompilius;* monogramme ia. A droite, Numa, à cheval, arrivant dans la Grande-Grèce pour s'instruire dans la philosophie pythagoricienne; à gauche, Numa couronné roi. — Petites in. o. à fond noir.

R. CXLI (S_5) : *Fine delo Ouidio Metamorphose/ os uulgare. Stampato in Venetia per/ Zoane rosso uercellese ad instantia del nobile homo miser Lucantonio zonta/ fiorentino del. M.CCCC.LXXXXVII./ Adi. X. del mese de Aprile.* Au verso : le registre; plus bas, marque du lis florentin.

224. — Christoforo Pensa, 7 janvier 1492 — 9 novembre 1498; f°. — (Venise, M)

OVIDIVS.

6 ff. prél., n. ch., s. : *A.* — 112 ff. n. ch., s. : *a.-s.* — 6 ff. par cahier, sauf *r* et *s*, qui en ont 8. — C. rom. — 62 ll. par page. — R. *a* : *PVBLII OVIDII NASONIS META-*

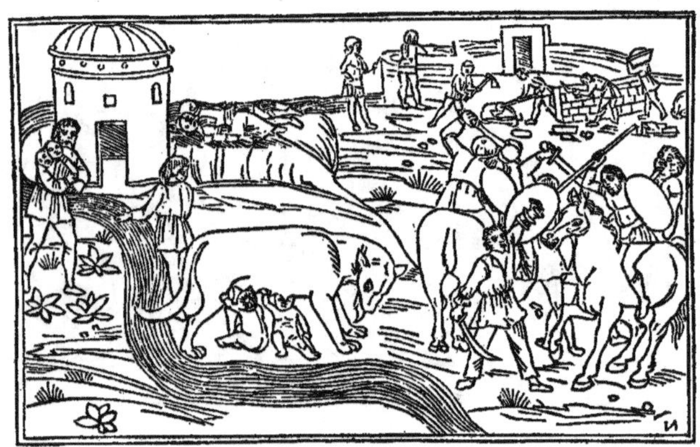

Ovide, *Metam.*, 10 avril 1497 (v. q_6).

MORPHOSEOS/ LIBER PRIMVS INCIPIT. — V. s_8 : *Impressum Venetiis per Cristophorū de Pensis de Man/ dello. M.ccccLxxxxii. die. vii. mensis ianuarii.* Au-dessous, le registre. — A la suite, 190 ff. n. ch., s. : *A-Z, &, ꝯ, ꝶ, AA-EE.* — 6 ff. par cahier, sauf *BB* et *EE* qui en ont 8. — R. *A* : *P. OVI. NASONIS SVLMONENSIS POETAE CLARISSIMI HEROIDVM LIBER VNICVS.* Au-dessous de ce titre, bois au trait du Cicéron, *Epist. famil.*, 22 sept. 1494.

R. EE_7 : *Publii Ouidii Nasonis Sulmonensis poetæ Clarissi-/ mi Opa oīa impressa Venetiis ꝑ Xpoforū de Pensis :/ de Mandello Anno Dñi. M.CCCC. LXXXXVIII./ xxiii. kalendas decembres. Laus Deo.* Au-dessous, le registre. — R. EE_8 : table générale des œuvres contenues dans le volume. Le verso, blanc.

Dans un exemplaire qui nous a été communiqué par la librairie J. Rosenthal, de Munich, le bois au trait emprunté du Cicéron 1494, au lieu d'être placé au-dessous du titre des *Epist. Heroïdes*, occupe la page du titre du volume ; le nom : OVIDIVS est imprimé au-dessus de la tête du personnage principal.

225. — Christoforo Pensa (pour L. A. Giunta), 7 mars 1501 ; f°. — (Florence, N ; Venise, C)

Ouidio methamor/ phoseos vulgare.

R. I. Encadrement du *Supplem. chronic.*, 15 févr. 1492. A part cette différence, même description que pour l'édition 10 avril 1497.

R. CXLI : ℭ *Fine de lo Ouidio Metamorphose/ os uulgare. Stampato in Venetia per/ christofolo de pensa ad instantia del no/ bile homo miser Lucantonio zonta fio/ rentino del. M. CCCCC.I. Adi. VII/. del mese de Marzo.*

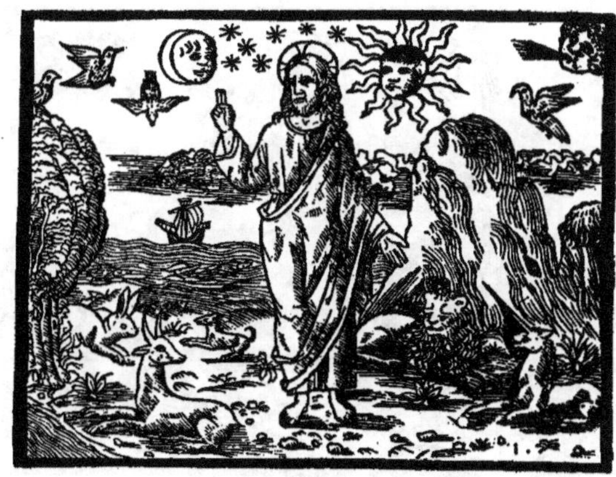

Ovide, *Metam.*, 2 mai 1509 (r. I).

226. — (Parmæ) Franciscus Mazalis, 1er mai 1505 ; f°. — (☆)

Habebis candide lector. P. Ouidii/ Nasonis Metamorphosin casti/ gatissimam cum Raphae/ lis Regii commentariis/ emendatissimis & ca/ pitulis figuratis/ decenter ap/ positis.

6 ff. prél. n. ch., s. : *A*. — 176 ff. num., avec pagination erronée, et 2 ff. n. ch., dont le dernier est blanc, s. : *a-y*. — 8 ff. par cahier, sauf *y*, qui en a 10. — C. rom. — Texte encadré par le commentaire sur 2 col. à 45 vers ou à 60 ll. — V. A_6 : rose des vents. — Mêmes bois que dans l'édition vénitienne 10 avril 1497, augmentés de quatre autres. — R. e_{iiii}. *Narcisse et la nymphe Echo.* — R. *f. Les filles de Minée refusant de prendre part aux fêtes de Bacchus;* gravure à deux compartiments, et à terrain noir ; à gauche : les femmes de Thèbes réunies auprès du grand-prêtre de Bacchus ; à droite : les filles de Minée, dans une chambre, en train de filer la laine. — R. h_7. *Episode d'Arachné;* gravure à terrain noir. — R. i_8. *Phryxus et Hellé; le bélier à la toison d'or.* — En outre, le bois placé au v. *q*, pour illustrer l'épisode de *Pélée et Thétis*, a été adapté, au v. d_6, à

l'épisode de *Cadmus vainqueur du dragon;* de même, la représentation du *Combat d'Hercule & de Thésée contre les Amazones*, qui se rencontre d'abord au v. g_5, est répétée plus loin au r. n_{iiii}. Enfin, on constate, sur la planche du v. *x*: *Numa Pompilius*, la disparition, par suite d'une cassure, du monogramme ia, qui figure sur le tirage de 1497.

R. y_9: le registre; au-dessous: *Impressum Parmæ Expensis & Labore Francisci/ Mazalis Calcographi diligentissimi./ M.D.V. Cal. Maii.* Le verso, blanc.

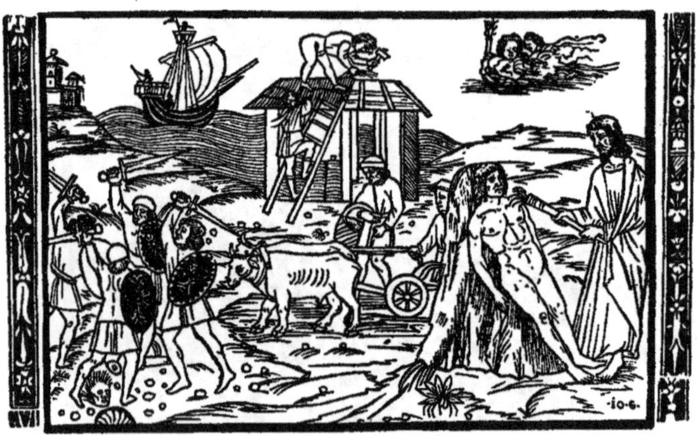

Ovide, *Metam.*, 2 mai 1509 (v. III).

227. — Alexandro Bindoni (pour L. A. Giunta), 14 août 1508; f°. — (Modène, E)

Ouidio methamorphose/ os vulgare hystoriado.

4 ff. prél. n. ch. et n. s. — 141 ff. num. et 1 f. blanc, s: *a-s*. — 8 ff. par cahier, sauf *s*, qui en a 6. — C. rom; titre g. — 2 col. à 42 ll. — R. 1. Encadrement de page du Boccaccio, *Decamerone*, 20 juin 1492. — Bois de l'édition 10 avril 1497.

R. CXLI: *Fine de lo Ouidio Metamorphoseos/ uulgare. Stampato in Venetia per Alexã/ dro di Bãdoni ad instãtia del nobile mis/ ser Lucantonio zonta fiorentino del. M./CCCCC. VIII adi. xiiii. del mese de Ago/ sto.* Au verso, le registre; au-dessous, marque du lis florentin.

228. — Georgio Rusconi, 2 mai 1509; f°. — (☆)

Accipe Studiose Lector/ P. Ouidij Metamorphosin cuz luculentissimis/ Raphaelis Regij enarrationibus: quibus/ plurima ascripta sunt: que in exempla/ ribus antea impressis non inueni/ untur...

8 ff. prél. n. ch., s.; *A*. — 169 ff. num. et 1 f blanc, s.: *a-x*. — 8 ff. par cahier, sauf *x*, qui en a 10. — C. rom.; titre g. r. — Texte encadré par le commentaire; 62 ll. par page. — Au-dessous du titre, marque du *St Georges combattant le dragon*, avec monogramme FV. Le bas de la

page est rempli par six distiques latins : ℭ *Iacobi Musæi Foroiuliensis ad Lectorem Carmen.* — V. A_8 : rose des vents. — Les cinq premières gravures : *Création du Monde* (r. I), avec monogramme ɪ (voir reprod p. 228) ; *Création du premier homme* (v. III), avec monogramme ·io·c· (voir reprod. p. 229) ; *Le Déluge* (r. VI) ; *Deucalion et Pyrrha* (r. IX) (voir reprod. p. 230) ; *Apollon et Daphné* (r. XI), sont des copies des bois de l'édition 10 avril 1497. — Les autres bois, au nombre de 54, sont ceux de l'édition originale et de l'édition Francesco Mazali, Parme, 1er mai 1505. — In. o. à fond noir.

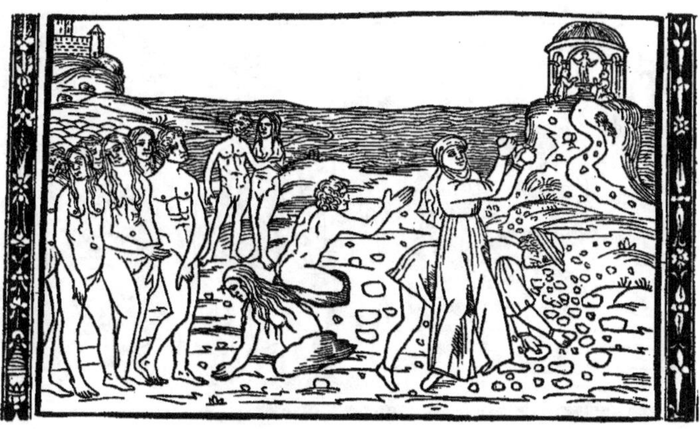

Ovide, *Metam.*, 2 mai 1509 (r. IX).

V. CLXIX : *Ad lectorem./ Si quid forte litteraꝝ immutatione, transpositione, inuersione/ appositione, omissione aliaue deprauatiõe offenderis stu/ diose lector id correctionis difficultati ascribas ro/ gat Georgius de Rusconibus Mediolanẽsis/ cuius industria Raphael Regius ĩ hoc/ opere describendo usus est. Ve/ netiis Principe felicis./ Leonardo Lau/ redão die. ii./ maii. M.D./ IX.* Au-dessous, le registre ; plus bas, marque à fond noir, aux initiales de Georgio Rusconi.

229. — Joanne Tacuino, 1513 ; f°. — (☆)

P. ouidii/ Metamorphosis cũ luculentissimis Ra/ phaelis Regii enarrationibus : qui/ bus cũ alia q̃dam ascripta sunt : q̃ ĩ/ exemplaribus antea impressis/ non inueniuntur :...

10 ff. prél. n. ch. s. : *AA*. — 156 ff. num. s. : *A-V*. — 8 ff. par cahier, sauf *V*, qui en a 4. — C. rom. ; titre g. r., la première ligne en gros caractères. — Texte encadré par le commentaire sur 2 col. à 66 ll. — Page du titre : encadrement ornemental. — V. AA_{10} : rose des vents. — R. 1. En tête de la page, grand bois oblong (voir reprod.

p. 231). Dans le texte, 61 vignettes ombrées, assez médiocres (voir reprod. p. 232). — In. o. à fond noir.

R. CLVI : le registre ; au-dessous : *Impressum Venetiis Per Ioannem Thacuinum de Tridino. M.D.XIII.* Le verso, blanc.

230. — Georgio Rusconi, 20 avril 1517 ; f°. — (☆)

P. ouidii/ Metamorphosis/ Cum luculentissimis Raphaelis Regij/ enarrationibus: quibus cũ alia q̃daʒ/ ascripta sunt: q̃ in exemplarib' an/ tea impressis non inueniuntur :...

8 ff. prél. n. ch., s. : *A.* — 169 ff. num. et 1 f. blanc, s. : *a-x.* — 8 ff. par cahier,

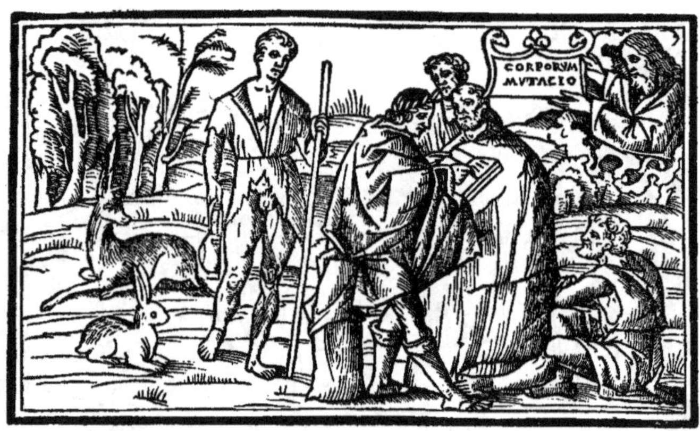

Ovide, *Metam.*, 1513 (r. 1).

sauf *x*, qui en a 10. — C. rom. ; titre g. r. — Texte encadré par le commentaire ; 62 ll. par page. — Page du titre : encadrement ornemental. — V. A_8 : rose des vents. — R. I. Encadrement de page ornemental. — Les trois premières gravures sont celles de l'édition 2 mai 1509 ; les deux suivantes (*Deucalion et Pyrrha* ; *Apollon et Daphné*) viennent de l'édition 10 avril 1497 ; les autres sont des copies ombrées des bois de l'édition originale et de l'édition Francesco Mazali, Parme, 1er mai 1505. De ces copies, généralement bien exécutées, les neuf suivantes portent le monogramme L : *Aventure de Phaéton*, au r. XVII ; *Phèdre et Hippolyte*, au v. XXV ; *Mercure et Hersé*, au v. XXVI ; *Enlèvement d'Europe*, au v. XXVIII ; *Cadmus vainqueur du dragon*, au r. XXIX ; *Narcisse et la nymphe Echo*, au r. XXXIIII ; *Erisichthon puni par Cérès*, au v. XCI ; *Suicide d'Ajax*, au r. CXXXI ; *Polyphème et Galatée*, au r. CXLI (voir reprod. pp. 233-235). — In. o. à fond noir.

V. CLXIX : Ad Lectorem./ ¶ Si quid forte litteraꝝ immutatione. transpositione. inuersione./ appositione. omissione aliaue deprauatione offenderis stu/ diose lector id correctionis difficultati ascribas ro/ gat Georgius de Rusconibus Mediolanẽsis/ cuius industria Raphael Regius ĩ hoc/ opere describendo usus est. Ve/ netiis Principe felicis./ Leonardo Lau/ redano Die/ xx. Aprilis/ M.D./ xvii. Au-dessous, le registre ; plus bas, marque à fond noir, aux initiales de Georgio Rusconi.

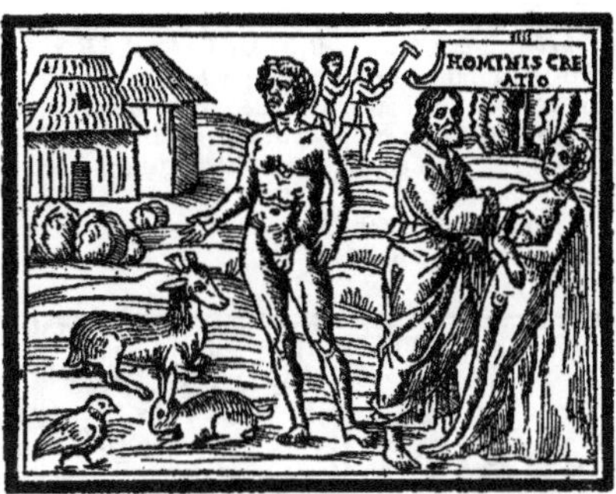

Ovide, *Metam.*, 1513.

231. — Georgio Rusconi, 20 mai 1517 ; f°. — (Darmstadt, C)

P. Ouidio/ Metamorphoseos/ Uulgare/ Nouamente stampato. Diligentemen/ te correcto z historiato.

4 ff. prél. n. ch., s. : ✠. — 119 ff. num. et 1 f. blanc, s.: *a-u.* — 8 ff. par cahier. — C. rom. — Texte encadré par le commentaire, sur 2 col. à 60 ll. — R. ✠. Encadrement ornemental ; au-dessous du titre, marque du *St Georges combattant le dragon*, avec monogramme F V. Au verso: *Aventure de Phaéton*, bois signé du monogramme L (qui reparaît dans le corps de l'ouvrage, au r. 9). — V. ✠$_4$. *L'auteur offrant son ouvrage à l'empereur*, bois emprunté du Cicéron, *Epist. famil.*, 27 mai 1511. — Les trois premières gravures illustrant le texte des *Métamorphoses*, sont celles de l'édition 2 mai 1509; les autres sont celles de l'édition latine du 20 avril 1517 de la même année, moins le bois de la fable de *Narcisse et la nymphe Echo*, ce qui réduit à huit les copies signées du monogramme L. — In. o.

R. 119 : ....*Finisse lo Ouidio Metamorphoseos/ uulgare nouamente stampato in Vene/tia per Georgio de Rusconi nel/ Anno de la incarnatione del/ nostro Signore Jesu Chri/ sto. M.D.XVII. adi/ xx. del mese de Ma/gio...* Au-dessous, marque à fond noir, aux initiales de Georgio Rusconi. Le verso, blanc.

232. — Joanne Tacuino, 1518; f°. — (Florence, N)

P. OVIDII ME/ tamorphosis cũ luculentissimis Ra/ phaelis Regii enarratiõibus :...

Même description que pour l'édition 1513, du même imprimeur.

R. 156 : le registre ; au-dessous : *Impressum Venetiis per Ioannem Tacuinum de Tridino. M.D.XVIII.* Le verso, blanc.

233. — Georgio Rusconi, 1521 ; f°. — (Venise, M)

P. OVIDII ME/ tamorphosis cũ luculentissimis Ra/ phaelis Regii enarratiõibus : qui/bus cũ alia q̃dã ascripta sunt: q̃ ĩ/ exemplaribus ãtea impressis/non inueniuntur :...

10 ff. prél. n. ch., s.: *AA.* — 172 ff. num., s. : *A-Y.* — 8 ff. par cahier, sauf *Y*, qui en a 4. — C. rom. ; titre g., sauf la première ligne. — Texte encadré par le commentaire sur 2 col. à 65 ll. — Page du titre : encadrement ornemental. — V. *AA*$_{10}$: rose des vents, au trait, avec légendes en grec et en latin ; en haut de la page, deux blocs de bordure ornementale ; dans

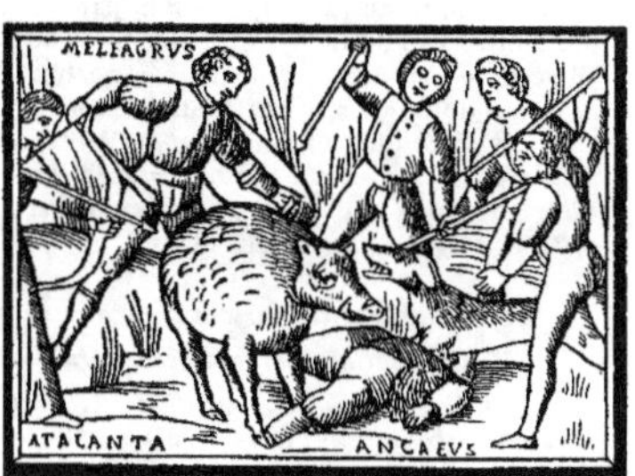

Ovide, *Metam.*, 1513.

le bas, bloc plus large (le soleil, et au-dessous, cornes d'abondance, etc.) employé pour un encadrement du *Supplem. chron.*, 4 mai 1503. — R. 1. *METAMORPHOSEOS LIBER PRIMUS.* Au dessous de ce titre courant, bois de l'édition Tacuino, 1513 (r. 1). — Dans le texte, 55 vignettes ombrées, dont une, au r. 6, signée du monogramme L (voir reprod. p. 236). — Une autre vignette, au v. 33 : *Jupiter et Calisto*, signée du monogramme M (voir reprod. p. 236), est copiée d'un bois de l'édition Tacuino, 1518. — In. o. à fond noir, de diverses grandeurs.

R. 172 : le registre ; au-dessous : *Impressum Venetiis per Ge/ orgiū Rusconē de Mediolano. M.D.XXI.* Le verso, blanc.

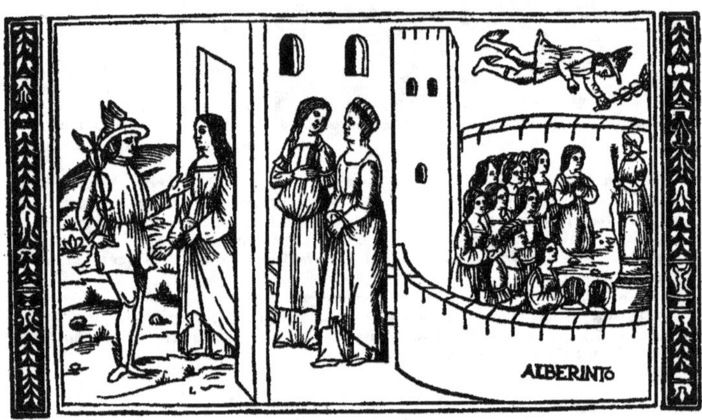

Ovide, *Métam.*, 20 avril 1517.

234. — Jacomo da Lecco (pour Nicolo Zoppino et Vincenzo de Polo), 7 mai 1522 ; 4°. — (Rome, Vt — ☆)

Tutti gli Libri de Ouidio Metamorphoseos tra/ dutti dal litteral in uerso uulgar con le sue Allegorie in prosa...

180 ff. n. ch., s. : *A-Z*. — 8 ff. par cahier, sauf *Z*, qui en a 4. — C. rom. et ital. ; la première ligne du titre, goth. ; les trois autres lignes en c. rom. rouges. — 2 col. à 38 vers. — Au-dessous du titre : portrait d'Ovide (voir reprod. p. 237). — 72 vignettes ombrées oblongues, assez médiocres (voir reprod. pp. 238, 239).

V. Z_4 : *Qui finisse Louidio Metamorphoseos composto per Nicolo agu/ stini, & stampato in Venetia per Iacomo da Leco ad instan/tia de Nicolo Zoppino & Vincētio di Pollo suo com/ pagno correnti gli anni del Signore. M.D.XXII./ a giorni sette di Magio....* Le verso, blanc.

235. — Georgio Rusconi, 10 janvier 1522 ; f°. — (Rome, Vt)

P. Ouidio/ Metamorphoseos/ Uulgare./ Nouamente stampato...

4 ff. prél. n. ch., s. : ✠. — 119 ff. num. et 1 f. blanc, s. : *A-V*. — 6 ff. par cahier. — C. rom. ; titre g. r. et n. — 2 col. à 45 ll. — Page du titre : encadrement ornemental ; au-dessous du titre, marque du *St Georges combattant le dragon*, avec monogramme FV. Au verso, en tête de la page, bois ombré, avec monogramme L : *Aventure de*

Phaéton, qui se retrouve dans le corps du livre. — V. ✠$_4$. Au-dessous de la fin de la table, bois du Cicéron, *Epist. famil.*, 22 juillet 1508, du même imprimeur (v. a_{10}). — R. 1. Encadrement de page, formé de blocs qui ont paru dans la *Bible*, 2 mars 1517, du même imprimeur. — Mêmes bois que dans l'édition 20 avril 1517. — In. o. à fond noir, de diverses grandeurs.

R. CXIX :... *Finisse lo Ouidio Metamorphoseos/ uulgare nouamente stampato in Venetia/ per Georgio de Rusconi*: *nel Anno de/ la Incarnatione del nostro Signore/ Iesu Christo. M.D.XXII. adi. x./ del mese de Zenaro*... Au-dessous, marque à fond noir, aux initiales de Georgio Rusconi. Au verso, le registre.

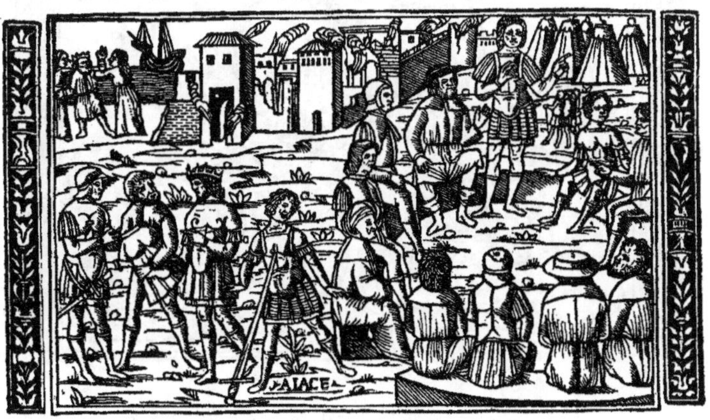

Ovide, *Metam.*, 20 avril 1517.

236. — Helisabeth Rusconi, avril 1527; f°. — (Bologne, U)

P. Ouidij/ Nasonis poete in/ geniosissimi Metamorphoseos Li/bri. xv...

10 ff. prél. n. ch., s.: *AA*. — 172 ff. num., s. : *A-Y*. — 8 ff. par cahier, sauf *Y*, qui en a 4. — C. rom.; titre g. r. et n. — Texte encadré par le commentaire, sur 2 col. à 66 ll. — Page du titre : encadrement ornemental. — V. AA_{10} : rose des vents ; en haut et en bas de la page, motif ornemental. — R. I. Grand bois de l'édition Tacuino, 1513. 60 vignettes, médiocres, parmi lesquelles se retrouve, au v. XXXIII, celle de *Jupiter et Calisto*, avec monogramme •M, de l'édition 1521. — In. o. à fond noir.

R. CLXXII : le registre ; au-dessous : ℂ *Impressum Venetiis per Helisabeth de Rusconibus./ Anno Domini. M.D.XXVII./ Mensis Aprilis.* Le verso, blanc.

237. — Joanne Tacuino, 7 septembre 1534; f°. — (Munich, R; Vienne, I)

P. OVIDII/ NASONIS/ *Poetæ ingeniosissimi Metamorphoseos Libri. XV./... appositis etiam figuris/ quam aptissimis... M.D.XXXIIII.*

8 ff. prél. n. ch., s.: ✠. — 171 ff. num. et 1 f. blanc, s.: *A-Y*. — 8 ff. par cahier, sauf *Y*, qui en a 4. — C. rom. — Texte encadré par le commentaire sur 2 col. à 66 ll. — Page du titre : encadrement ornemental. — Bois de l'édition 1513. — In. o. à fond noir.

V. CLXXI : *Venetiis in ædibus Ioãnis Tacuini de Tridino. Anno dñi. M.D. XXXIIII./ Die VII. Septemb....* Au-dessous, le registre.

238. — Nicolo Zoppino, mars 1537 ; 4°. — (Paris, A)

DI OVIDIO/ Le Metamorphosi, cioe trasmutationi, tradot/ te dal latino diligentemente in volgar ver/ so... con le/sue figure appropriate, a suoi/ luoghi con ordine poste... M D XXXVII.

165 ff. num. et 3 ff. n. ch., dont le dernier est blanc, s. : *A-X*. — 8 ff. par cahier. — C. rom. ; titre r. et n. — 2 col. à 5 octaves. — Page du titre : encadrement à figures. Au-dessous du titre, et séparant en deux parties la date : *M D// XXXVII*, portrait d'Ovide. — Dans le texte, 72 vignettes.

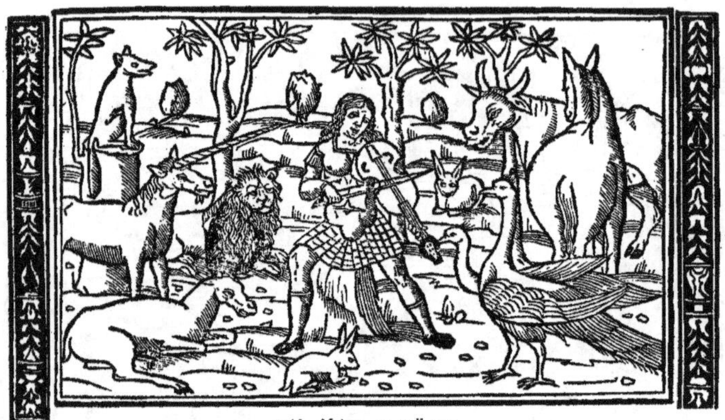

Ovide, *Metam.*, 20 avril 1517.

V. X_7 : *Qui finisce lo Ouidio Metamorphoseos cõposto per Nicolo di Agu/stini: stampato per Nicolo di Aristotile detto Zoppino : cor/renti gli anni del Signore. M. D. XXXVII./ Dil mese di Marzo....* Au-dessous, marque du *S Nicolas*.

239. — Bernardino Bindoni, mai 1538 ; 4°. — (Londres, FM — ☆)

DI OVIDIO/ LE METAMORPHOSI, CIOE/ TRASMVTATIONI, TRADOT/ te dal Latino diligentemente in volgar/ verso, ... con le sue figure appropiate,...

165 ff. num. et 3 ff. n. ch., dont le dernier est blanc, s. : *A-X*. — 8 ff. par cahier. — C. rom. ; titre r. et n. — 2 col. à 5 octaves. — Page du titre : encadrement architectural ; au-dessous du titre, petit portrait d'Ovide, en buste. — 65 vignettes, dont une : HOMINIS CRE/ ATIO, avec monogramme L (r. 3), et une autre, avec monogramme ·M (v. 15), proviennent de l'édition Georgio Rusconi, 1521.

V. X_7 : *Qui finisce lo Ouidio Metamorphoseos cõposto per Nicolo di Agu/ stini, stampato per Bernardino di Bindoni Milanese. Correnti/ gli anni del Signore. M. D XXXVIII./ Dil mese di Mazo...* Au-dessous petite marque du *St Pierre*.

240. — Bernardino Bindoni, 1540 ; f°. — (Bologne, C)

P. OVIDII/ NASONIS POETE ingeniosissimi Metamor/ phoseos Libri. xv....

A la fin : *Venetiis per Bernardinum de Bindonibus Mediolanẽ./ Anno Domini. M. D. XL.*

Très mauvaises vignettes.

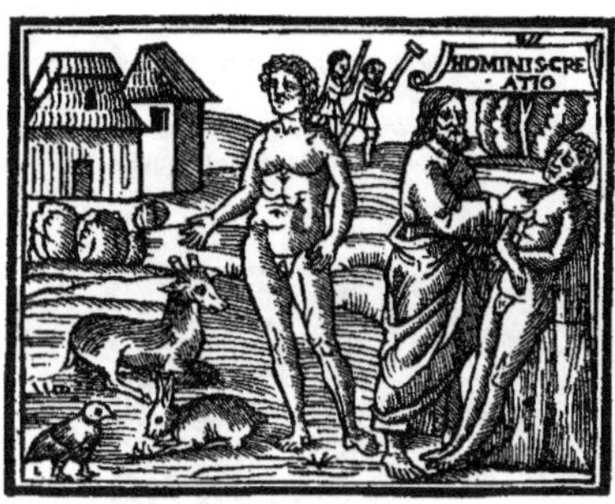

Ovide, *Metam.*, 1521.

241. — Hieronymo Scoto, 1545; f°. — (Londres, BM)

METAMORPHOSEON/ PVB. OVIDII NASONIS/ LIBRI/ XV./... *Venetijs apud Hieronymum Scotum./ 1545.*

A la fin : *Venetijs apud Hieronymum Scotum./ M. D. XXXXV.*

15 vignettes ombrées, de style moderne, et de diverses grandeurs.

242. — Federico Torresano, 1547 ; 4°. — (Munich, R)

DI OVIDIO/ LE METAMORPHOSI, CIOE/ *Trasmutationi, tradotte dal latino diligentemente/ in volgar verso,... con le sue figure appropriate,/ a suoi luoghi con ordine/ poste.... M D XXXXVII.*

A la fin : *Qui finise* (sic) *l'Ouidio Metamorphoseo, composto per Nicolo de gli augustini ristampato, & di nuouo ricorreto ad instan/ tia, & spese del nobel homo Misier Federico To/ resano in Venetia. 1547.* Au bas de la page, marque de la tour, entourée d'un ruban qui porte le nom : FEDERICVS TORESANVS.

Bois de l'édition Zoppino, 7 mai 1522.

243. — Bernardino Bindoni, juin 1548 ; 4°. — (Venise, M)

DI OVIDIO/ LE METHAMORPHOSI CIOE/ *trasmutationi, tradotte dal latino diligente/ mente in volgar verso...*

59 vignettes ombrées, de facture médiocre, dont une : HOMINIS. CREA/TIO (r. A_{iii}), avec monogramme L, et une autre (v. 15), avec monogramme ·M, viennent de l'édition Georgio Rusconi, 1521.

A la fin : *Qui finisce lo Ouidio Metamorphoseos composto per Nicolo di Agu/ stini, stampato per Bernardino di Bindoni Milanese. Correnti/gli anni del Signore. M. D. XXXXVIII./ Dil mese di Zugno...* Au-dessous, marque avec légende : PRAVORVM LINGVA PERIBIT, petit médaillon ovale, représentant un guerrier à pied, et inscrit dans un écu à volutes, sommé d'un heaume portant un aigle à deux têtes, avec lambrequins.

244. — Comin da Trino, 1548, 8°. — (Sienne, C)

IL DECIMO LIBRO/ DE LE TRASFORMA/ TIONI D'OVIDIO/... M. D. XLVIII.

27 ff. num. et 1 f. blanc, s. : *A-D*. — 8 ff. par cahier, sauf *D*, qui en a 4. — C. ital. — 29 vers par page. — Page du titre, au-dessus de l'indication de lieu et de date : figure d'écrivain romain, en buste, couronné de laurier, tenant un livre des deux mains, appuyé sur une tablette. Le verso, blanc.

R. 27 : *In Vinegia per Comin da Trino/ di Monferrato. L'anno./* M. D. XLVIII. Le verso, blanc.

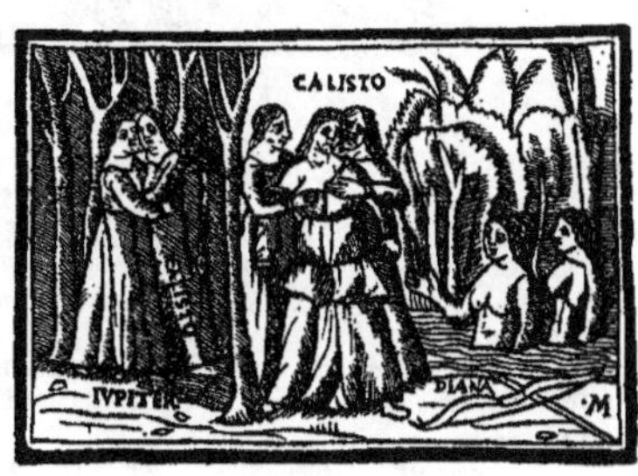

Ovide, *Metam.*, 1521.

245. — Haeredes Petri Ravani et socii, 1548-1549 ; f°. — (Rome, VE)

METAMORPHOSEON/ PVB. OVIDII NASONIS/ LIBRI XV./.... VENETIIS ANNO M. D. XLIX.

A la fin : *VENETIIS APVD HAEREDES PETRI RAVANI/ ET SOCIOS. M. D. XL VIII./ MENSE OCTOBRI.* Au-dessous, grande marque de la *Sirène couronnée*, à double queue, dans un cadre ornemental à fond de hachures obliques.

15 bois ombrés.

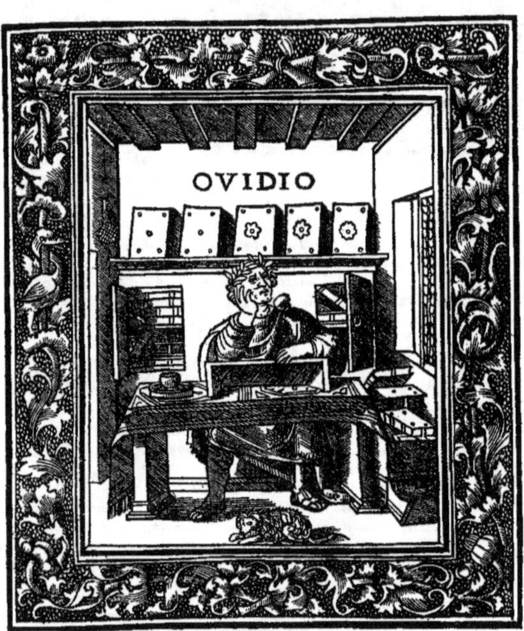

Ovide, *Metam.*, 7 mai 1522 (p. du titre).

246. — Gabriel Giolito, 1553 ; 4°. — (Florence, N — ☆)

A LL'INVITTISS. E/ GLORIOSISS. IMP./ CARLO QVINTO./ LE TRASFORMA/TIONI DI M./ LODOVICO DOLCE/ CON PRIVILEGII./ IN VENETIA AP/PRESSO GABRIEL/ GIOLITO DE FERRA/RI E FRATEL. M D L III.

A la fin : *IN VINEGIA APPRESSO GABRIEL/ GIOLITO DE FERRARI E/ FRATELLI M D L III.*

95 vignettes très fines, de style moderne (voir reprod. p. 240), dont sept (pp. 100, 104, 136, 263, 289, 292, 300), sont tirées d'une édition de la *Bible*[1].

1. Nous mentionnerons encore, pour mémoire, les éditions imprimées par Giolito en 1555, 1557-58, 1561 ; par Giovanni Griffio, en 1556, 1561, 1563, 1565 ; par Francesco de Franceschi en 1563 et 1575.

1476

MONTEREGIO (Joannes de)[1]. — *Kalendarium.*

247. — Bernardus Pictor, Petrus Loslein, Erhardus Ratdolt, 1476; 4°. — (Florence, N)

30 ff. n. ch. et n. s. — C. rom. — R. du 1er f. : *A vreus hic liber est: non est preciosior ulla/ Gēma Kalendario : quod docet istud opus.../ Hoc Ioannes opus regio de monte probatum/ Composuit : tota notus in italia./ Quod ueneta impressum fuit in tellure per illos/ Inferius quorum nomina*

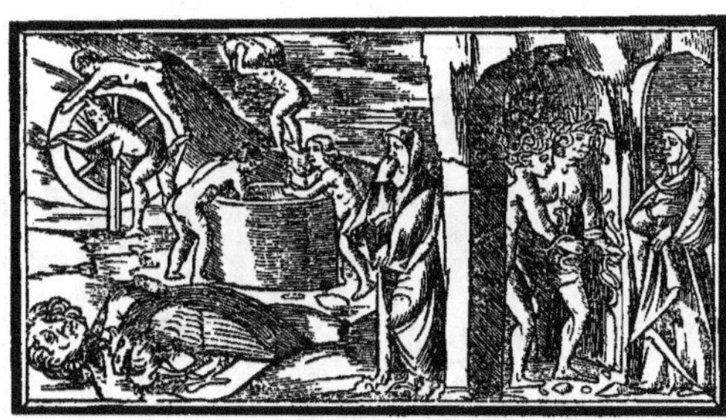

Ovide, *Metam.*, 7 mai 1522.

picta loco./. 1476. Au-dessous, en lettres rouges : *Bernardus pictor de Augusta/ Petrus loslein de Lan-gencen/ Erhardus ratdolt de Augusta.* Cette page est ornée d'une charmante bordure ornementale, au trait (reprod. pour l'édition italienne). — Dans le texte, belles in. o. au trait; figures imprimées en jaune et noir, représentant les éclipses de soleil et de lune jusqu'à l'année 1530. — Entre les 18e et 19e feuillets est intercalé un feuillet indépendant, portant au recto et au verso deux diagrammes : INSTRVMENTVM HORARVM INAEQVALIVM — INSTRVMENTVM VERI MOTVS *lvnae.* A ce feuillet en correspond un autre, placé à la fin du volume, avec deux autres diagrammes : QVADRANS HOROLOGII HORIZONTALIS. — QVADRATVM HORARIVM GENERALE.

Cet ouvrage nous offre le premier exemple connu d'une page de titre ornée, donnant le sujet du livre, la date et le lieu de publication, et le nom de l'imprimeur.

1. Joannes de Monteregio (Jean de Kœnigsberg) astronome et mathématicien, mort l'année même où fut imprimée cette édition de son *Kalendarium*, fut professeur à l'Université de Padoue.

248. — (Traduction italienne) Mêmes imprimeurs, 1476; 4°. — (Venise, C — ☆)

30 ff. n. ch. et n. s. — C. rom. — R. du 1er f. : *Qvesta opra da ogni parte e un libro doro./ Non fu piu preciosa gemma mai/ Dil Kalendario :... I nomi di impressori/ Son qui da basso di rossi colori./ Venetiis. 1476.* Un peu plus bas : *Bernardus pictor de Augusta/ Petrus loslein de Langencen/ Erhardus ratdolt de Augusta.* — Même bordure ornementale que dans l'édition latine de la même année (voir reprod. p. 241. — Diagrammes et figures astronomiques.

249. — (Traduction allemande) Bernhart Maler et Erhart Ratdolt, 1478; 4°. — (Bologne, V)

DAs buchlin behende/ du billich lernen solt/ Vnd es achtē fur edel

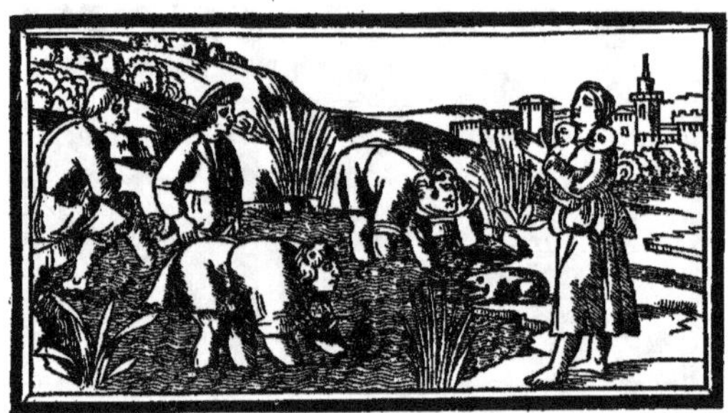

Ovide, *Metam.*, 7 mai 1522.

gestain silber vnd golt/ Kalendarius gehaissen zu latein... Das hat gemacht maister hans von konigsperg genant/ In teutschen vnd welschen landen wol erkant/ Czu venedig gedrückt mit hubscher vernuft und kunden/ Als die nach gemelten maister wol kunden/ 1478/

Bernhart maler)
Erhart ratdolt) von augspurg

28 ff. n. ch. et n. s. — Texte allemand, imprimé en c. rom. — 32 ll. par page. — Page du titre; bordure ornementale, au trait, des éditions latine et italienne de 1476. — Au bas du verso du dernier f. : *M. Iohan von Kungsperg.* A la suite, 2 ff. de carton, avec les figures : *Instrument der planeten Stund.*, etc.

250. — Erhardus Ratdolt, 9 août 1482; 4°. — (Florence, N; Copenhague, R — ☆)

In laudem kalendarij. s. huius Iohanne/ de monte regio editi germanorꝝ decoris nostrae/aetatis astronomorū principis Iacobi Sontini/ Ricinensis Carmina.

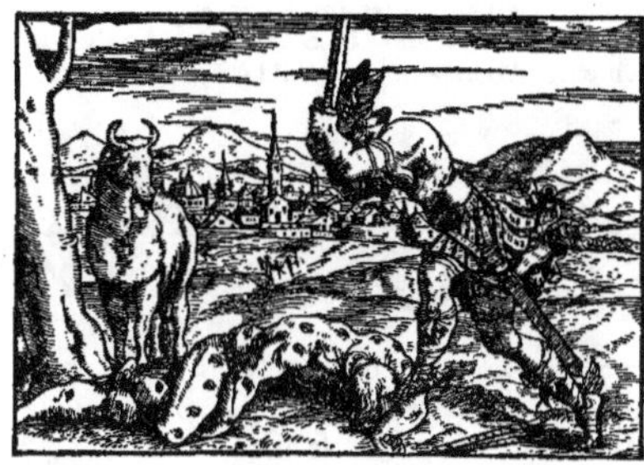
Ovide, *Metam.*, 1553.

24 ff. n. ch. et n. s. — C. g. r. et n. — 39 ll. par page. — R. du 1er f. : bel encadrement d'arabesques sur fond noir (voir reprod. p. 242). — Dans le texte, in. o. à fond noir; figures imprimées en noir et en rouge, représentant les éclipses de soleil et de lune jusqu'à l'année 1530. — A la fin de l'opuscule, deux ff. indépendants où sont représentés : *Instrumentum horarũ inequalium*, etc. —V. du 1er f. : au bas de la page, trois distiques latins, dont le second indique le nom de l'imprimeur : *Hoc augustensis ratdolt german' erhardus/ Dispositis signis undiqȝ pressit opus.../* Au-dessous : *Anno. S. 1482. Idus. 5. Augusti. Uenetijs.*

Dans l'exemplaire de la B. Nat. de Florence et dans celui de la B. de Copenhague, les quatre lignes, d'un latin douteux, imprimées en rouge en tête du premier f., ont été rétablies comme il suit : *In laudem operis huius præclari a Iohanne/ de monte regio editi germanoꝝ decore ꝛ nostrae/ aetatis astronomorũ principe Iacobi Sentini/ Ricinensis Carmina*[1]. Tout le reste étant identique dans les deux exemplaires, il ne s'agit là, sans doute, que d'une correction faite au cours du tirage.

251. — Erhardus Ratdolt, 13 septembre 1483 ; 4°. — (Paris, N)

In laudem operis Calendarij a Ioanne de mon/ te regio Germanorum decoris nostrę ętatis Astro/ nomoꝝ principis editi Iacobi Sentini Ricinensis/ Carmina.

26 (10,8,8) ff. n. ch. : *a-c*. — C. g. r. et n. — Nombre de ll., variable dans la 1re partie de l'opuscule ; les dernières pages imprimées sur 2 col. à 41 ll. — R. *a*. Encadrement de page de l'édition 9 août 1482 ; au commencement du texte ; même in. o. — Dans le corps de l'ouvrage, autres in. o. à fond noir ; figures des éclipses imprimées en noir et rouge.

V. *a* : *L. Ioannes Lucilius santritter Helbronnensis/ Lectori. S./ Cui dedit ingenium diuina potentia : ꝛ artes/ Qui bene dędalias solus in orbe tenet/ Hoc Augustensis ratdolt Germanus Erhardus/ Dispositis*

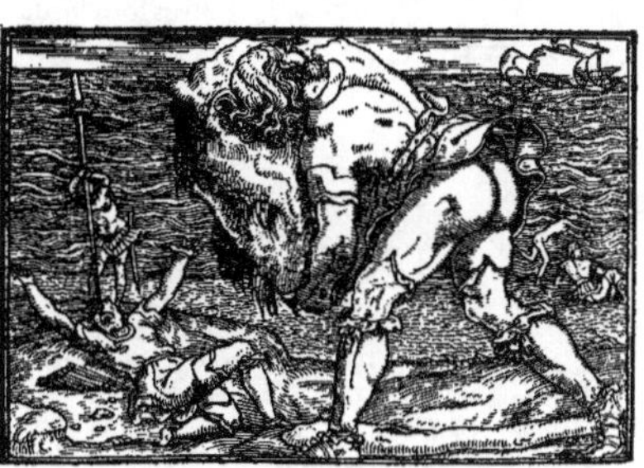
Ovide, *Metam.*, 1553.

1. Un exemplaire, qui figurait sous le n° 3068 dans le catalogue « *Incunabula typographica* », 2me partie, de la librairie J. Rosenthal (Munich, 1905), présente la même différence.

signis vndiqȝ pressit opus.| Uiuat ut hic : semp voluentes, fataq; sorores.| Nam prodest multis lector amice roga.| Anno. S. 1483. Idus Septembri Uenetijs. — A la fin de l'opuscule, 2 ff. de carton où sont représentés : *Instrumentum horarū inequalium*, etc.

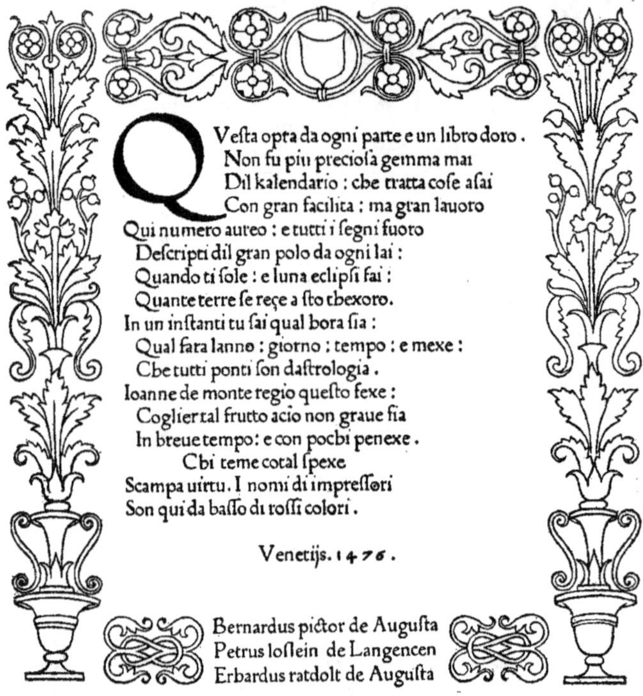

Q Veſta opra da ogni parte e un libro doro.
Non fu piu precioſa gemma mai
Dil kalendario : che tratta coſe aſai
Con gran facilita : ma gran lauoro
Qui numero aureo : e tutti i ſegni ſuoro
Deſcripti dil gran polo da ogni lai :
Quando ti ſole : e luna eclipſi fai :
Quante terre ſe reçe a ſto thexoro.
In un inſtanti tu ſai qual hora ſia :
Qual ſara lanno : giorno : tempo : e mexe :
Che tutti ponti ſon daſtrologia.
Ioanne de monte regio queſto fexe :
Coglier tal frutto acio non graue ſia
In breue tempo: e con pochi penexe.
Chi teme cotal ſpexe
Scampa uirtu. I nomi di impreſſori
Son qui da baſſo di roſſi colori.

Venetijs. 1476.

Bernardus pictor de Auguſta
Petrus loſlein de Langencen
Erhardus ratdolt de Auguſta

Monteregio (Jo. de), *Kalendario*, 1476.

252. — Erhardus Ratdolt, 15 octobre 1485 ; 4°. — (Rome, VE)

24 (8, 8, 8) ff. n. ch. .s. : *a-c*, suivis de deux ff. de papier plus fort, n.s. — C. g. r. et n. — 2 col. à 40 ll. — R. *a* : *In laudem operis Calendarij a Iohanne de mon| te regio Germanorum decoris nostre etatis Astro| nomoꝶ principis editi Iacobi Sentini Ricinensis| Carmina.* Encadrement de page de l'édition 9 août 1482. Au verso : *L. Ioannes Lucilius sanctritter Helbronnensis| Lectori .S.|... Hoc Augustensis ratdolt Germanus Erhardus| dispositis signis vndiqȝ pressit opus...| Anno. S. 1485. Idus Octobri Uenetijs.* — Figures des éclipses de soleil et de lune, pour les années de 1483 à 1530, imprimées en noir et en rouge. — In. o. à fond noir. — Sur les deux derniers ff. sont représentés : *Instrumentum horarū inequalium*, etc.

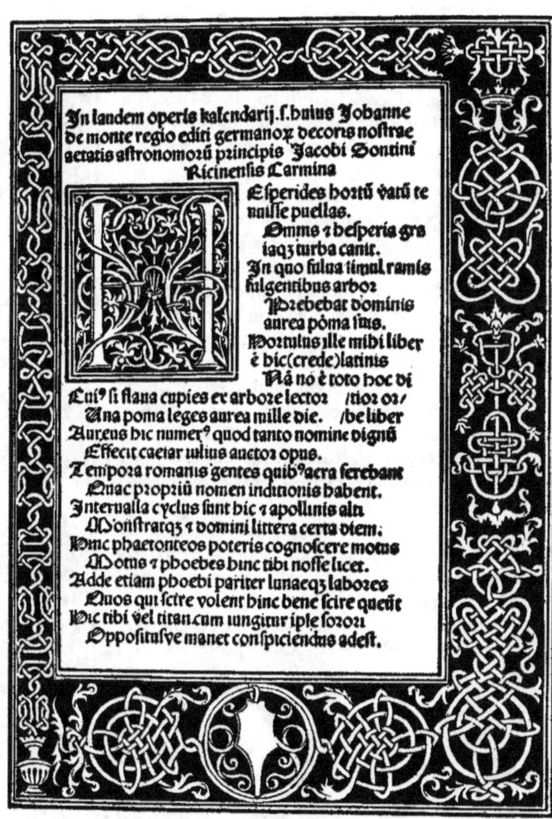

In laudem operis kalendarij.s.huius Iohanne
de monte regio editi germanoꝝ decoris nostrae
aetatis astronomorũ principis Iacobi Sontini
Ricinensis Carmina

H Esperides hortũ varũ te
nuisse puellas.
Omnis ⁊ hesperia gra
iaq; turba canit.
In quo fulua simul ramis
fulgentibus arbor
Prebebat dominis
aurea pôma suis.
Hortulus ille mihi liber
ẽ hic(crede)latinis
Nã nõ ẽ toto hoc di
Cui⁹ si flaua cupies ex arbore lector /tior or/
Una poma leges aurea mille die. /be liber
Aureus hic numer⁹ quod tanto nomine dignũ
Effecit caesar iulius auctor opus.
Tempora romanis gentes quib⁹ aera ferebant
Quac propriũ nomen inditionis habent.
Interualla cyclus sunt hic ⁊ apollinis alti
Monstratq; ⁊ domini littera certa diem.
Hinc phaetonteos poteris cognoscere motus
Motus ⁊ phoebes hinc tibi nosse licet.
Adde etiam phoebi pariter lunaeq; labores
Quos qui scire volent hinc bene scire queũt
Hic tibi vel titan cum iungitur ipse sorori
Oppositusve manet conspiciendus adest.

Monteregio (Jo. de), *Kalendarium*, 9 août 1482.

253. — Petrus Liechtenstein, 1514 ; 4°. — (Munich, R)

In laudem operis Calendarij a Ioanne/ de monte regio Germanorum decoris no/ stre etatis Astronomoꝝ principis editi Ia-/ cobi Sentini Ricinensis Carmina./... Anno 1514./ Ex officina Petri Liechtenstein.

26 ff. n. ch., s. : *a* (10), *b* (8), *c* (8), et deux ff. sans signature. — C. g. — 2 col. à 39 ou 41 ll. — Du v. 14 au r. 18, figures des éclipses de soleil et de lune pour les années 1483-1530. — Les deux derniers ff. contiennent les quatre figures signalées dans les précédentes éditions ; au v. 27 est fixé par un cordon un cercle divisé en degrés, mobile autour du centre. — In. o. florales r. & n.

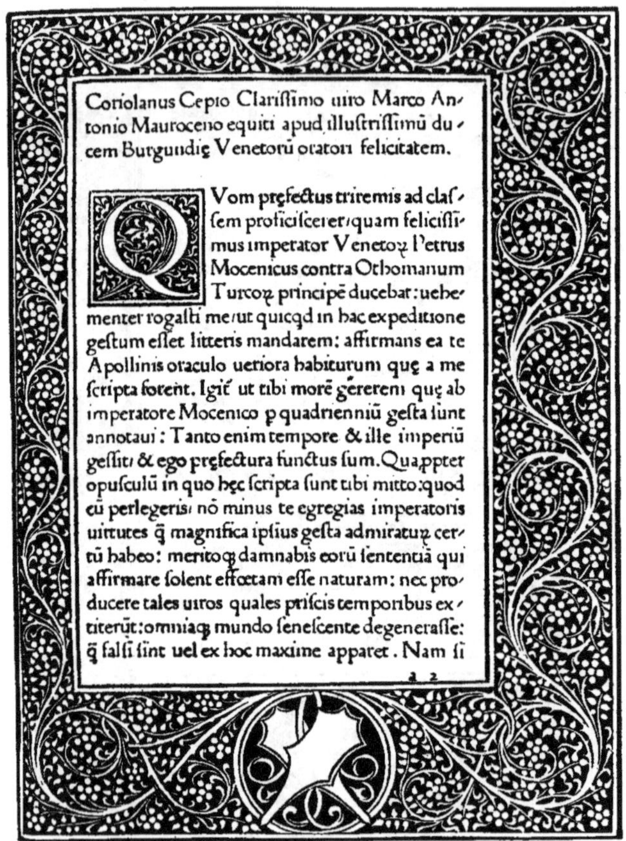
Coriolanus Cepio Clarissimo uiro Marco Antonio Mauroceno equiti apud illustrissimū ducem Burgundię Venetorū oratori felicitatem.

QVom pręfectus triremis ad classem proficiscerer/quam felicissimus imperator Venetoꝝ Petrus Mocenicus contra Othomanum Turcoꝝ principē ducebat: uehementer rogasti me/ut quicqd in hac expeditione gestum esset litteris mandarem: affirmans ea te Apollinis oraculo ueriora habiturum quę a me scripta forent. Igit̃ ut tibi morē gererem quę ab imperatore Mocenico ꝑ quadrienniū gesta sunt annotaui: Tanto enim tempore & ille imperiū gessit/& ego pręfectura functus sum. Quapꝑter opusculū in quo hęc scripta sunt tibi mitto: quod cū perlegeris/ nō minus te egregias imperatoris uirtutes q̃ magnifica ipsius gesta admiratuꝝ certū habeo: meritoq; damnabis eorū sententiā qui affirmare solent effoetam esse naturam: nec producere tales uiros quales priscis temporibus extiterūt: omniaq; mundo senescente degenerasse: q̃ falsi sint uel ex hoc maxime apparet. Nam si

a 2

Cepio (Coriolanus), *Petri Mocenici gesta*, 1477.

1477

Cepio (Coriolanus). — *Petri Mocenici gesta.*

254. — Bernardus Pictor, Erhardus Ratdolt et Petrus Loslein, 1477 ; 4°. — (Paris, N ; Venise, C)

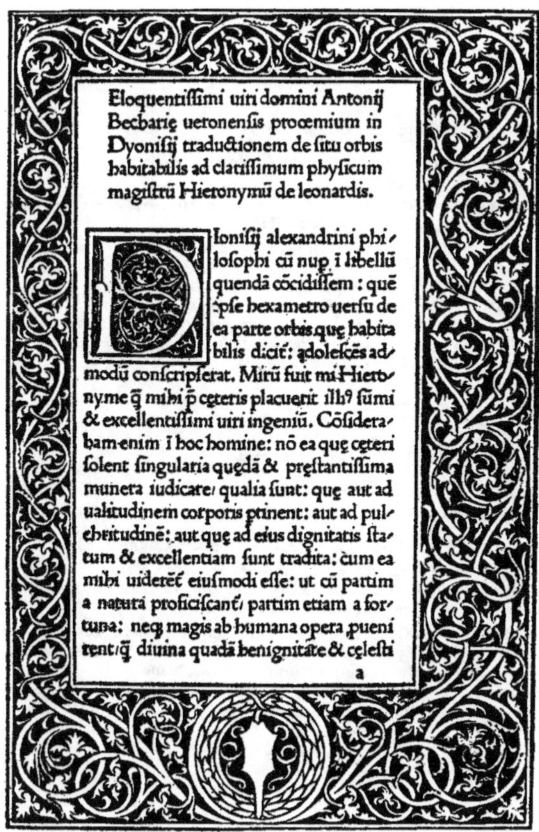
Eloquentiſſimi uiri domini Antonij Becbarię ueronenſis procemium in Dyoniſij traductionem de ſitu orbis habitabilis ad clatiſſimum phyſicum magiſtrū Hieronymū de leonardis.

Dioniſij alexandrini phi/loſophi cū nup̄ ī libellū quendā cōcidiſſem : quē ꝑpſe hexametro uerſu de ea parte orbis quę habitabilis dicit̃: ꝗdoleſcēs ad/modū conſcripſerat. Mirū fuit mi Hieronyme q̄ mihi p̄ cęteris placuerit illꝰ ſūmi & excellentiſſimi uiri ingeniū. Cōſiderabam enim ī hoc homine: nō ea quę cęteri ſolent ſingularia quędā & pręſtantiſſima munera iudicare/ qualia ſunt: quę aut ad ualitudinem corporis ꝑtinent: aut ad pulchritudinē: aut quę ad eius dignitatis ſtatum & excellentiam ſunt tradita: cum ea mihi uiderēt̃ eiuſmodi eſſe: ut cū partim a natura proficiſcant̃/ partim etiam a fortuna: neq̃ magis ab humana opera ꝓuenirent/q̄ diuina quadā benignitate & cęleſti

a

Dionysius Periegetes, *De situ orbis*, 1477.

54 ff. n. ch., dont le premier et le dernier sont blancs., s. : *a-g*. — 8 ff. par cahier, sauf *g*, qui en a 6. — C. rom. — 24 ll. par page. — R. a_2 : *Coriolanus Cepio Clarissimo uiro Marco An/ tonio Mauroceno equiti...* Encadrement de page à fond noir (voir reprod. p. 243). — R. a_3. *Coriolani Cepionis dalmatę Petri Moce/ nici Imperatoris gestorum liber primus.* — Jolies in. o. à fond noir.

V. g_5 : *Impressum est hoc opusculum Venetijs per Bernardum pictorem & Erhardum ratdolt/ de Augusta una cum Petro loslein de Lan/ gencen correctore ac socio. Laus Deo/ M.CCCC.LXXVII.*

1477

Dionysius Periegetes. — *De situ orbis.*

255. — Bernardus Pictor, Erhardus Ratdolt et Petrus Loslein, 1477 ; 4°. — (Munich, R — ✫)

℄ Eloquentissimi uiri domini Antonij/ Becharię ueronensis procemium in/ Dyonisij traductionem de situ orbis/ habitabilis...

42 ff. n. ch., et dont le dernier est blanc, s. : *a-e*. — 8 ff. par cahier, sauf *e*, qui en a 10. — C. rom. — 25 ll. par page. — R. *a*. Encadrement de page d'arabesques sur fond rouge (voir reprod. p. 244), réduction du premier encadrement de l'Appianus, *De bellis civil. Roman.*, de la même année. — Dans le texte, in. o. à fond noir.

V. e_7 : *℄ Impressum est hoc opusculum Venetijs/ per Bernardū pictorē & Erhardū ratdolt/ de Augusta una cū Petro loslein de Lan/ gencen eoꝝ correctore ac socio. Laus deo/ M.CCCC.LXXVII.*

1477

Maffei (Celso). — *Pro facillima Turcorum expugnatione epistola.*

256. — S. l. a. & n. t. (Erhardus Ratdolt, 1477) ; 4°. — (Munich, R)

Pro facillima Turcorum expugnatione epistola./ Serenissimo Principi & Excellentissimo Domi/ no. D. Andreę Vendramino Dei gratia Inclyto/ Duci Venetiarū. Celsus Veronensis canonicus/ regularis. S. PL. Dicit.

8 ff. n. ch., s. : *a*. — C. r. ; le titre et l'envoi imprimés en rouge. — 24 ll. par page. — R. *a*. Encadrement de page du Coriolanus Cepio, *Petri Mocenici gesta*, 1477. Au commencement du texte, in, o. *S* à fond noir. — V. a_8, blanc.

Le professeur Pietro Sgulmero, de Vérone, pense que cet ouvrage a dû être imprimé par Erhardus Ratdolt, en novembre 1477. (Cf. *Archivio Veneto*, t. XXV, année 1883, p. 195).

1478

Sacrobusto (Joannes de)[1]. — *Sphaera Mundi.*

257. — Franciscus Renner de Hailbrun, 1478 ; 4°. — (Venise, M)

Iohannis de sacrobusto anglici uiri cla/ rissimi Spera mundi feliciter incipit.

48 ff. n. ch., s. : *a-f*. — Les deux premiers cahiers, 8 ff. ; les deux suivants, 6 ; les deux derniers, 10. — C. rom. — 25 ll. par page. — V. d_6, blanc. — R. *e* : *Gerardi*

1. John Holywood, mathématicien anglais, contemporain de Roger Bacon.

cremonensis uiri clarissimi/ Theorica planetarū feliciter incipit. — Figures astronomiques. — Jolies in. o. à fond noir.

V. f_{10}:... *Impressa/ Venetijs per Franciscū renner de Hailbrun./ M.CCCC. LXXVIII.*

258. — Erhardus Ratdolt, 6 juillet 1482; 4°. — (Londres, BM)

Nouicijs adolescētib⁹: ad astronomicā remp: capessendā aditū/ impetrātib⁹: ꝓ breui rectoq; tramite a vulgari vestigio semoto:/ Ioannis de sacro busto sphęricū opusculū...

60 ff. n. ch., s.: *a-h.* — 8 ff. par cahier, sauf *h*, qui en a 4. — C. g.; titre en rouge. — 31 ll. par page. — Recto du 1er f., blanc. Au verso: figure de la sphère astronomique, dont l'axe, à sa partie inférieure, entouré d'une banderole avec inscription: *Sphaera Mundi*, est tenu par une main issant d'un nuage. — 35 diagrammes. — Belles in. o. à fond noir.

V. h_4: *Impressum est hoc opusculū mira arte z diligentia Erhardi/ Ratdolt Augustensis. 2. Non. Iulij Anno Salutis. 1482.*

259. — Erhardus Ratdolt, 1485; 4°. — (Florence, N)

NOVICIIS ADOLESCENTIBUS: AD ASTRONOMI/ cam rempu. capessendā aditū īpetrātib⁹: ꝓ breui rectoq; trami/ te a uulgari uestigio semoto: Ioannis de sacro busto sphęricum/ opusculū... inchoat.

58 ff. n. ch., s.: *1-7.* — 8 ff. par cahier, sauf le dernier, qui en a 10. — C. rom. — 32 ll. par page. — Recto du 1er f., blanc; au verso: figure de la sphère astronomique, de l'édition 6 juillet 1482. — Dans le texte, 61 figures astronomiques. — Belles in. o. à fond noir.

V. 7_{10}: *Impressum est hoc opusculum mira arte & diligentia Erhardi/ Ratdolt Augustensis. Anno salutiferę incarnationis. 1485.*

260. — Johannes Santritter et Hieronymus de Sanctis, 31 mars 1488; 4°. — (Munich, R — ☆)

69 ff. n. ch., s.: *A* (10 ff.), *B* (8), *BB* (12), *C* (8), *D* (9), *E* (8), *F* (8), *G* (6). — C. rom. — 35 ll. par page. — R. *A*, blanc. Au verso, grand bois au trait (voir reprod. p. 247)[1]. — R. A_{ii}: *SPHAERAE MVNDI Cōpendiū FOELICITER INCHOAT.* — *V.* A_4. Figure de la sphère astronomique, dont l'axe est tenu par une main issant d'un nuage. — R. *C*: *DISPVTATIONVM IOHANNIS DE MONTE REGIO/ CONTRA CREMONENSIA IN PLANETARVM/ THEORICAS DELIRAMENTA PRAEFATIO.* — R. D_5; *THEORICAE NOVAE PLANETARUM/ GEORGII/ PVRBACHII ASTRONOMI CELEBRATISS.* Dans le texte, figures et diagrammes astronomiques, dont plusieurs imprimés en noir et bistre (voir reprod. p. 248).

L'auteur de ces figures, comme aussi du bois de page du v. *A*, nous est révélé par les vers suivants, imprimés en tête du r. G_6: *Carmina in impressoꝝ hui⁹ opusculi laudem/ Vranie quantū quantū debere fatentur/*

1. Ce bois a été grossièrement copié pour une édition de Paris: *TEXTVS De Sphera Iohannis de Sacrobosco Cum Additione (quantum necessarium est) adiecta:...*; in-f° goth.; à la fin: *Impressum Parisijs in pago diui Iacobi ad insigne sancti Georgij Anno Christi siderum conditoris 1494 duodecima februarij Per ingeniosum impressorē Uuolffgangū hopyl....* — Une autre imitation du frontispice de l'édition vénitienne se trouve au f. 5 d'une édition imprimée à Paris, en août 1515, pour Jean Petit.

Cuncta canopeo : cognitaqȝ astra uiro/ Santritter helbronna lucili ex urbe Iohannes/ Schemata sic debent ipsa reperta tibi/ Næc minus hæc tibi de sanctis hieronyme debent/ Quam socio : nanqȝ hic inuenit : ipse secas./ qu'on peut traduire librement de la manière suivante : « Autant la science d'Uranie et la connaissance des corps célestes est redevable au savant de

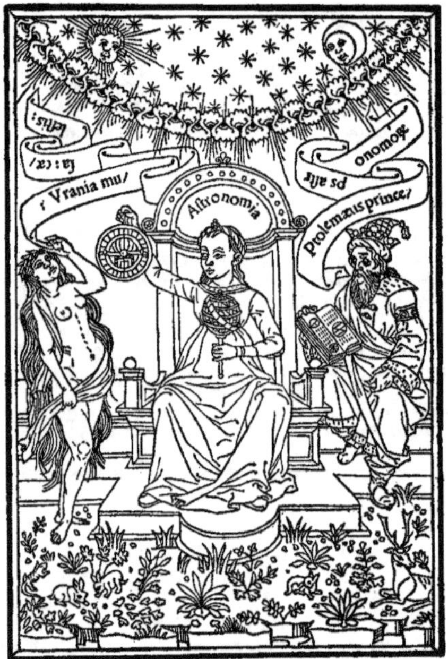

Sacrobusto (Jo. de), *Sphæra Mundi*, 31 mars 1488 (v. *A*).

Canope (Ptolémée), autant l'art de représenter les astres par des figures est redevable à Iohannes Lucilius Santritter de Heilbronn, et à son associé Hieronymus de Sanctis ; car le premier a inventé ces figures, le second les a gravées. » Au-dessous de ces trois distiques, la souscription : *Hoc quoqȝ sideralis scientiæ singulare opusculum/ mirifica illa arte nuper ingenio germanico/ in luce prodita impressione uidelicet/ Prididie caleñ. Aprilis./ Anno Salutis./ M.cccc.lxxxviii./ completũ est./ Veneliis*. Au bas de la page, marque à fond noir. Le verso, blanc.

On verra plus loin (n°s 447 et 457) le rapprochement que nous faisons entre le *Sphæra Mundi*, le St Thomas d'Aquin, *De Esse et Essentiis*, publié

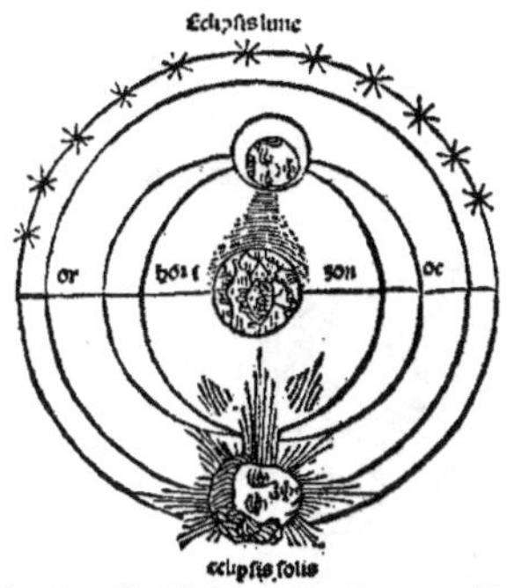

Sacrobusto (Jo. de), *Sphæra Mundi*, 31 mars 1488.

par les mêmes imprimeurs, le 11 février de la même année 1488, et l'*Officium B. M. V.*, 26 avril 1494, où s'affirme, dans la personne de l'un des associés, Hieronimo de Sancti, le graveur le plus habile qui ait travaillé à Venise à la fin du 15me siècle. A notre connaissance, aucune bibliographie, jusqu'à présent, n'avait mis en relief le nom de cet artiste de premier ordre. — Il va sans dire qu'on doit lui attribuer, aussi bien que les figures, les belles initiales à fond noir qui contribuent à l'ornement du livre, et la marque du même genre, qui le termine.

261. — Octaviano Scoto, 4 octobre 1490; 4° — (Florence, N ; Venise, M ; Munich, R. — ☆)

SPHAERA/ MVNDI.

48 ff. n. ch., s. : *a-f.* — 8 ff. par cahier. — C. rom. — 41 ll. par page. — Au verso du titre, grand bois au trait de l'édition 31 mars 1488. — Dans le corps de l'ouvrage, figures et diagrammes de cette même édition. — In. o. à fond noir.

V. f_7 : ***Hoc quoqȝ sideralis scientie singulare opusculum Impressum est Venetiis man/ dato & expensis nobilis uiri Octauiani scoti ciuis modoetiensis Anno Salutis/ M. cccc. lxxxx. quarto nonas octobris.*** — R. f_8 : le registre ; au-dessous, marque à fond rouge, aux initiales de Scoto. Le verso, blanc.

262. — Guglielmo de Tridino, 14 janvier 1491 ; 4°. — (Florence, N ; Venise, C ; Munich, R)

SPHAERA/ MVNDI.

48 ff. n. ch., s. : a-f. — 8 ff. par cahier. — C. rom. — 42 ll. par page. — V. du titre : bois au trait (voir reprod. p. 249), copie de la gravure de l'édition 1488. Nous avons affaire ici à une copie tellement servile, qu'il faut apporter la plus grande attention à l'examen des détails, pour découvrir les différences, dont nous indiquerons quelques-unes : deux touffes d'herbe, qui se remarquent au premier plan, sur le bord du terrain, dans le bois de 1488, font défaut dans le bois de 1491 ; même observation pour une autre touffe d'herbe placée dans le prolongement du corps du lézard qu'on voit sur la gauche ; la seconde brèche au bord du terrain, en partant de la droite, n'offre pas une configuration identique dans les deux gravures ; une des étoiles, qui, dans la gravure originale, ne se distingue en rien des autres, a été agrandie par le copiste dans la gravure de 1491. — Dans le texte, figures astronomiques. — In. o. à fond noir.

V. f_7 :... ***Impressum est Venetiis per Magistrum Gullielmum de Tridino de Montefer-rato Anno Salutis. M./cccc.lxxxxi. Die. xiiii. Ianuarii.*** — R. f_8 : le registre ; le verso, blanc.

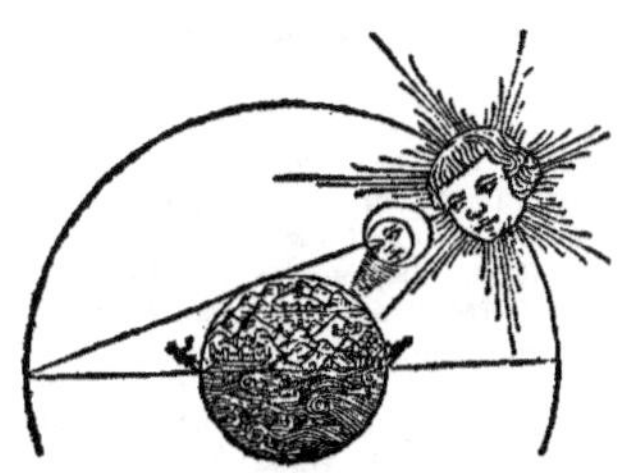

Sacrobusto (Jo. de), *Sphæra Mundi*, 31 mars 1488.

263. — Simon Bevilaqua, 23 octobre 1499 ; f°. — (Florence, N ; Turin, U)

Sphera Mundi cū/ tribus Commentis/ nuper editis vʒ./ Cicchi Esculani/ Francisci Capuani/ de Manfredonia/ Iacobi Fabri Stapulensis.

150 ff. n. ch., s. : *a-ʒ*, *&*, *ꝯ*. — 6 ff. par cahier, sauf *d*, qui en a 8, et *ꝯ*, qui en a 4. — C. rom. ; titre g. — Texte encadré par le commentaire, sur 2 col.

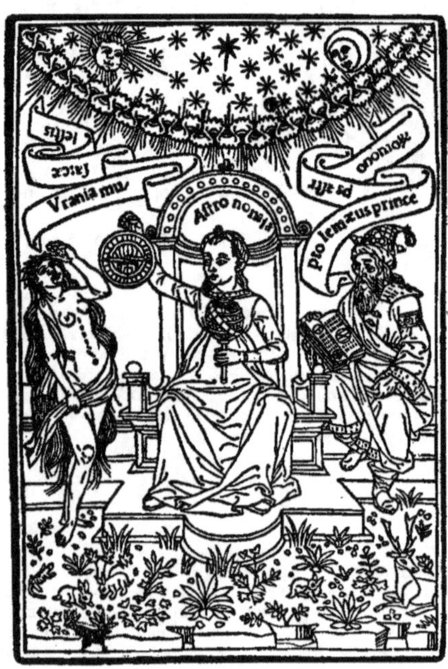

Sacrobusto (Jo. de), *Sphæra Mundi*, 14 janvier 1491 (v. du titre).

à 58 et 59 ll. — V. a_{ii} : figure de la sphère astronomique, dont l'axe, autour duquel s'enroule une banderole avec l'inscription : *Spera Mundi*, est tenu par une main issant d'un nuage. Cette figure est répétée au v. *m*. — Nombreuses figures astronomiques dans le texte.

R. o_6 : *Impressum Venetiis per Simonem Papiensem dictum Biuilaquam/.... Anno Cristi Side/ rum conditoris. MCDXCIX. Decimo Kalendas Nouembres.* Au-dessous, marque à fond noir, avec le nom : SIMO BEVIAQUA. Le verso, blanc.

R. *p* : *THEORICAE nouæ planetarum Georgii Purbachii astronomi celebratissimi...* — Figures astronomiques dans le texte. — R. $ꝯ_3$: le registre ; le verso, blanc. — R. $ꝯ_4$, blanc. Au verso : *Theorice noue planeta/ rum cum commento.*

264. — Georgio de Monteferrato, 28 janvier 1500; 4°.— (Florence, N; Rome, VI)

Figura Sphere: cũ glosis Georgii de/ Mõteferrato Artiũ ꝛ medicĩe Doctoris.

26 ff. num., s.: *A-F.* — 4 ff. par cahier, sauf *F*, qui en a 6. — C. rom.; titre g. — Texte encadré par le commentaire; 31 ll. par page. — Au-dessous du titre, figure de la

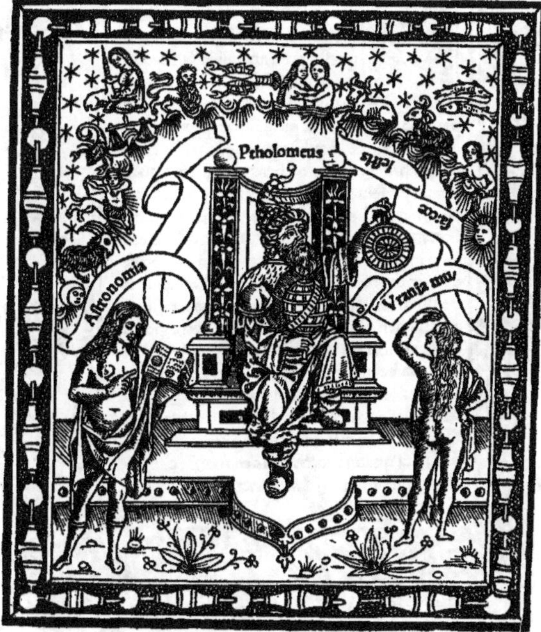

Sacrobusto (Jo de), *Sphæra Mundi*, 3 déc. 1501 (p. du titre).

sphère astronomique, dont l'axe, autour duquel s'enroule une banderole avec l'inscription : *Sphera Mundi*, est tenu par une main issant d'un nuage. — Dans le texte, quelques petites figures astronomiques.

R. 26: *Venetiis. Impensis domini Magistri Georgii/ de Mõteferrato .. 1500. Die/. 28. Ianuarii.* Au-dessous: *Errata.* Au verso, la table, disposée sur quatre col.

265. — Joannes Baptista Sessa, 3 décembre 1501; 4°. — (☆)

Sphaera Mundi.

In-4°. — 47 ff. num. et 1 f. blanc, s. : *A-F.* — 8 ff. par cahier. — C. rom.; titre g. — 42 ll. par page. — Au-dessous du titre, grand bois ombré (voir reprod. p. 250), imitation plutôt que copie, à proprement parler, de la gravure au trait de l'édition 1488.

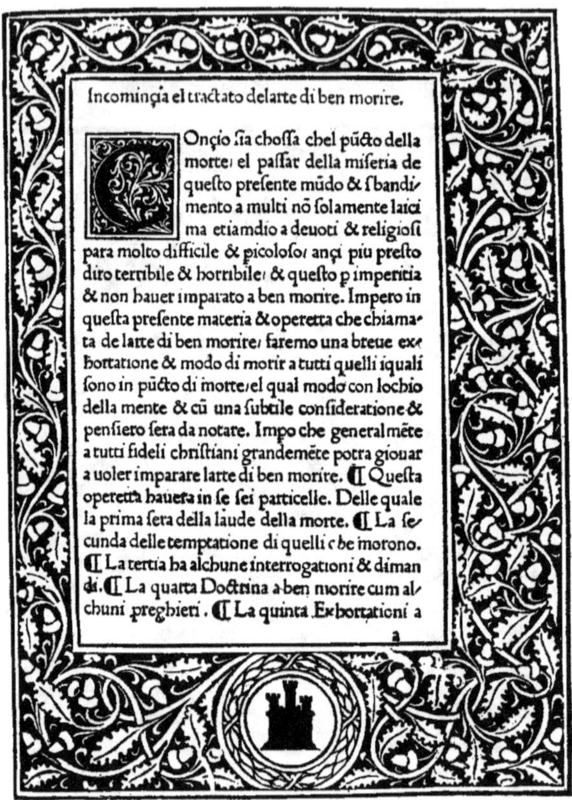

Incominçia el tractato delarte di ben morire.

COnçio ſia choſſa chel pũcto della morte/ el paſſar della miſeria de queſto preſente mũdo & ſbandi/mento a multi nõ ſolamente laici ma etiamdio a deuoti & religioſi para molto difficile & picoloſo/ ançi piu preſto diro terribile & horribile/ & queſto p imperitia & non hauer imparato a ben morire. Impero in queſta preſente materia & operetta che chiama/ta de larte di ben morire/ faremo una breue ex/hortatione & modo di morir a tutti quelli iquali ſono in pũcto di morte/el qual modo con lochio della mente & cũ una ſubtile conſideratione & penſiero ſera da notare. Impo che generalmẽte a tutti fideli chriſtiani grandemẽte potra giouar a uoler imparare larte di ben morire. ¶ Queſta operetta hauera in ſe ſei particelle. Delle quale la prima ſera della laude della morte. ¶ La ſe/cunda delle temptatione di quelli che morono. ¶ La tertia ha alchune interrogationi & diman di. ¶ La quarta Doctrina a ben morire cum al/chuni preghieri. ¶ La quinta Exhortationi a

a

Arte di ben morire, 1478.

— Le verso blanc. — R. 2 : *SPHAERAE MVNDI COMPENDIVM FOELICITER INCHOAT./ ¶ Nouitiis adolescentibus : ad astronomicã rẽpu. capessendã aditũ impetranti/bus:... Ioãnis de sacro busto/ sphæricũ opusculum.../ Ioannis de monteregio disputationes...: Nec non Georgii/ purbachii :... accuratis. theoricæ : dicatum opus :...* — V. 3. Figure au trait de la sphère céleste dont l'axe, à la partie inférieure, est tenu par une main issant d'un nuage. — Dans le texte, nombreuses figures astronomiques de diverses grandeurs. — In. o.

V. 47 : ¶ *Hoc quoqꝫ sideralis scientiæ singulare opusculum. Impressum Venetiis per/ Io. Baptista Sessa. Anno Salutis. 1501. Die uero. 3. Decembris.* Au-dessous, le registre. Au bas de la page, petite marque, aux initiales de J. B. Sessa sur fond noir.

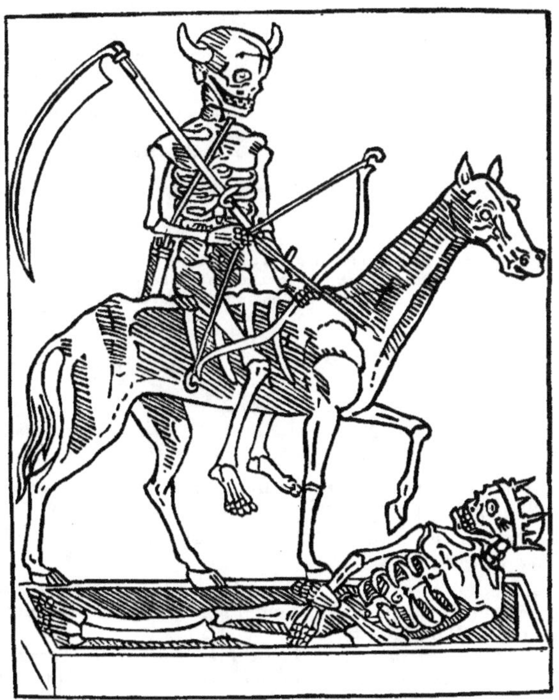

Arte di ben morire, s. l. a. & n. t. (v. *a*).

266. — Melchior Sessa, 3 décembre 1513 ; 4°. — (Rome, Co).

Sphaera Mundi

47 ff. num. et 1 f. blanc, s. : *A-F*. — 8 ff. par cahier. — C. rom. ; titre g. — 42 ll. par page. — Au-dessous du titre, grand bois de l'Hyginus, *Poeticon Astronomicon*, 15 sept. 1512 (copie de la gravure du *Sphaera Mundi*, 3 déc. 1501). Le verso, blanc. — Dans le texte, diagrammes et figures astronomiques ; in. o. de divers genres.

V. 47 : ... *Impressum Venetiis/ per Melchiorem Sessa. Anno Salutis. M.D.XIII. Die uero. 3. Decembris.* Au-dessous, le registre. Plus bas, petite marque à fond noir, aux initiales ·M··S·

267. — Hæredes Octaviani Scoti, 19 janvier 1518 ; f°. — (Florence, R ; Londres, BM)

Sphera/ cum commentis in hoc volumine/ contentis. videlicet./ Cichi Esculani cum textu/ Expositio Ioannis Baptiste Capuani in eandem/ Iacobi Fabri Stapulensis/...

233 ff. num. par erreur : 253, et 1 f. blanc, s. : *A-Z*, *AA-GG*. — 8 ff. par cahier, sauf *A*, qui en a 4, et *GG*, qui en a 6. — C. g. — 2 col. à 65 ll. — V. du titre, blanc. — V. 4. Figure de la sphère astronomique, dont l'axe, à la partie inférieure, est tenu par une main issant d'un nuage ; sur une banderole enroulée autour de l'axe, au-dessus de la main : *Sphera mundi*. — Dans le texte, diagrammes et figures astronomiques. — In. o. de divers genres.

V. GG_5 (chiffré : 253) : *Uenetijs impensa heredum quondam Do/ mini octauiani Scoti Modoe/ tiensis : ac sociorum./ 19. Ianuarij./ 1518.* Au bas de la seconde col., marque aux initiales d'Octaviano Scoto. Au-dessous, le registre.

268. — Jacobus Pentius de Leucho (pour Melchior Sessa), 24 décembre 1519 ; 4°. — (Florence, L — ☆)

Sphaera Mundi.

Réimpression de l'édition 3 déc. 1513.

V. 47 :... *Impressum Venetiis/p Iacobū pētiū de Leucho. Anno Salutis. M.D.xix. Die vero. xxiiii. Decēbris.* Au-dessous, marque aux initiales ·M··S·

1478

De arte bene moriendi.

269. — Bernardus Pictor, Erhardus Ratdolt et Petrus Loslein, 1478; 4°. — (Bologne, U)

Tractatus breuis ac ualde utilis de arte &/ scientia bene moriendi feliciter incipit.

20 (10, 10) ff., n, ch., s. : *a-b*. — C. rom. — 24 ll. par page. — R. *a* : encadrement de feuillage sur fond rouge (voir reprod. pour l'édition italienne). — Dans le texte, in. o. à fond noir.

V. b_{10} : *Impressum est hoc opusculum Venetijs per Bernardū pictorē & Erhardū ratdolt de Augusta una/cū Petro loslein de langencen correctore ac socio./ M.CCCC.LXXVIII.*

270. — (Traduction italienne) S. n. t., 1478 ; 4°. — (Florence, N)

Incomincia el tractato de larte di ben morire.

24 ff. s. ch., s. : *a-c*. — 8 ff. par cahier. — C. rom. — 24 ll. par page. — Le titre, en tête du r. *a*, est imprimé en rouge ; cette même page est entourée de l'encadrement de l'édition latine de la même année, tiré en noir (voir reprod. p. 251). — Dans le texte, in. o. à fond noir.

R. c_8 : *Impressus Venetijs. 1478. Laus deo.*

271. — S. l. a. et n. t. ; 4°. — (Milan, M)

Cette version italienne de l'*Ars moriendi*, qui n'a été signalée par aucun bibliographe, n'est pas celle de Capranica, mais elle est certainement l'œuvre d'un Vénitien, ainsi qu'en témoignent les formes dialectales qu'on rencontre presque à chaque ligne. Elle doit être de la fin du 15me siècle.

30 ff. n. ch., s. : *a-d.* — 8 ff. par cahier, sauf *a*, qui en a 6. — C. rom. — 29 ll. par page. — R. *a*, blanc. Au verso, bois de page des plus curieux :

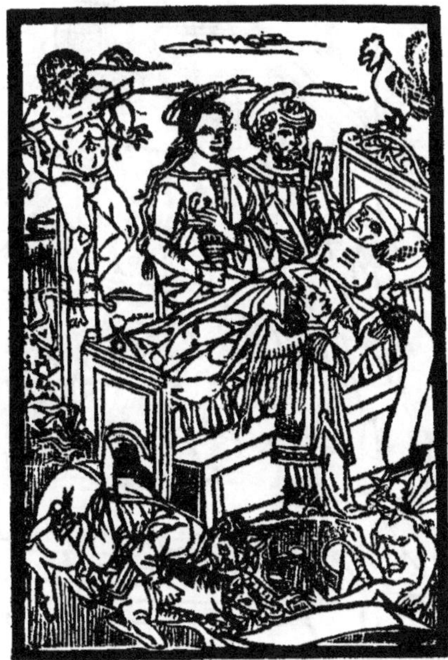

Arte di ben morire, s. l. a. & n. t. (v. b_6).

la Mort, au front cornu, à cheval, portant une faux, et visant d'une flèche un squelette couronné étendu dans un tombeau ouvert (voir reprod. p. 252). Au-dessus de cette gravure, trois lignes : *Guarda me in uiso achi mi rasomiglia. Son impuisa spauẽtosa muta sor/da cieca dura aspra dispietosa terribil forte e de uostra disparita fazo qua/ leza e del mõdo ui fazo dura partida come ad alexãdro a me pe pstrato.* — R. a_{ii} : *La historia de la morte corporale.* — V. a_{iii} : *De la morte naturale.* — Au bas du v. a_5 : *Finita la historia de la morte.* — R. a_6. Pièce de vers commençant ainsi : *O morte quãta e amara la tua memoria...;* au bas de la page : *Finis.* Le verso, blanc. — R. b. *De larte del ben morire zioe in la gratia de dio.*

C'est à cette page que commence le traité proprement dit de *l'Art de bien mourir*, avec treize bois de page au trait, encadrés ou d'un trait épais, ou d'un double filet, et dont deux sont en dehors de la série des illustrations traditionnelles de l'ouvrage. Ces bois, d'un dessin archaïque non

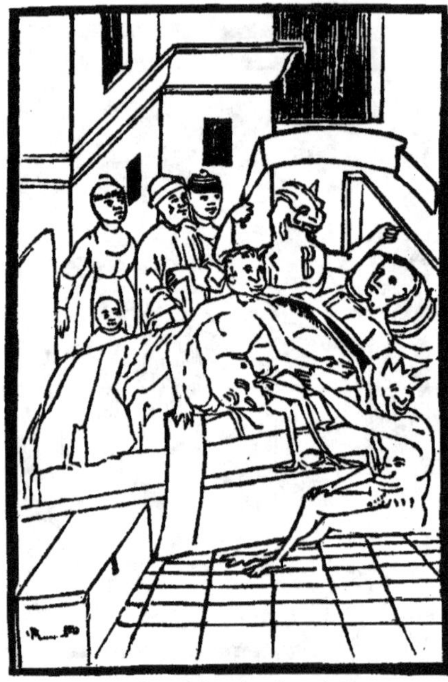

Arte di ben morire, s. l. a. & n. t. (v. b_{ij}).

sans mérite, mais interprété par un graveur inhabile, ont pour la plupart un aspect singulièrement confus, dû à l'enchevêtrement maladroit des traits, que viennent compliquer des banderoles laissées sans légende. D'autre part, leur distribution ne suit pas l'ordre établi par la succession des chapitres dans les éditions xylographiques. La description détaillée en serait donc assez difficile ; et nous nous bornerons à indiquer les concordances avec les planches des xylographes qui ont servi de modèles, en renvoyant, pour l'explication des sujets, à l'édition suivante (J. B. Sessa, s. a.). — V. *b*. Copie inverse de la première planche xylographique. (*Tentatio diaboli de fide*). — V. b_{ii}. Copie directe de la troisième pl. (*Tentatio diaboli de desperatione*). — V. b_{iii}. Copie inverse de la seconde pl. (*Bona inspiratio angeli de fide*). — V. b_6. Copie directe de la quatrième pl. (*Bona inspiratio angeli contra desperationem*) (voir reprod. p. 254) — V. b_7. Copie directe de la cinquième pl. (*Tentatio diaboli de impatientia*). — V. b_8. Ce bois n'a pas de correspondant dans les éditions xylographiques (voir reprod. p. 255)

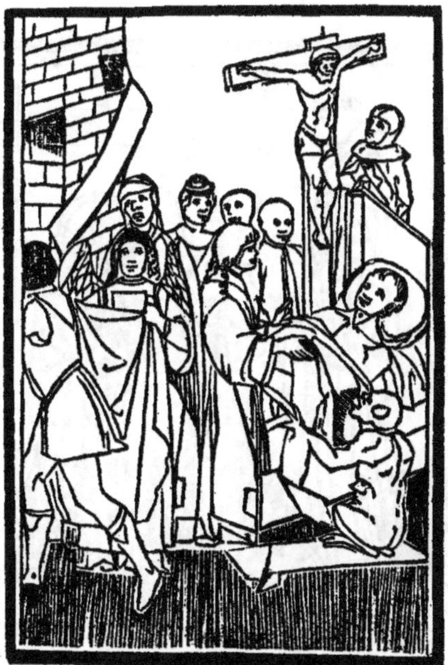

Arte di ben morire, s. l. a. & n. t. (v. *c*).

mais la présence d'un coffre au pied du lit, sur les carreaux de la chambre, indique qu'il se rapporte au chapitre : *Tentatio diaboli de avaritia*. — V. *c*. Copie directe de la dixième pl. (*Bona inspiratio angeli contra avaritiam* (voir reprod. p. 256). — R. c_{iiii}. *Crucifixion* (voir reprod. p. 257). — R. c_5. *Pietà* (voir reprod. p. 258). — R. c_6. Copie inverse de la sixième pl. (*La Mort du bon chrétien*) (voir reprod. p. 259). — R. c_7. Copie inverse de la huitième pl. (*Bona inspiratio angeli contra vanam gloriam*). — R. c_8. Copie inverse de la sixième pl. (*Bona inspiratio angeli de patientia*). — R. *d*. Copie inverse de la septième pl. (*Tentatio diaboli de vana gloria*). — V. d_8. Au bas de la page : *Finis*.

272. — Johannes Baptista Sessa, s. a. (*circa* 1503); 4° — (Venise, C — ☆)

Questa Operetta Tracta Dellarte Del/ Benmorire Cioe In gratia di Dio.

24 ff. n. ch., s.: *a-f.* — 4 ff. par cahier. — C. g. — 38 ll. par page. — Au-dessous du titre : *un religieux, agenouillé, offrant une couronne à*

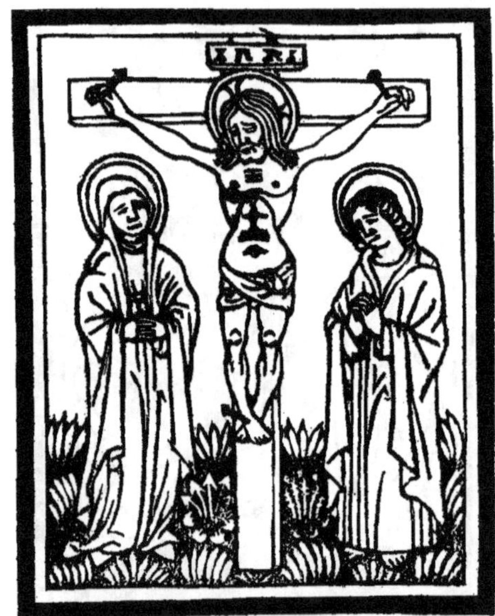

Arte di ben morire, s. l. a. & n. t. (r. c_{iiii}).

la Ste Vierge; bois emprunté du Cornazano, *Vita de la Madonna*, 22 mars 1503. Au bas de la page, marque du Chat. Le verso, blanc. — R. a_{ii} : ℂ *Incomincia el prohemio dellarte del ben morire : cioe in/ gratia di dio. Composto per el Reuerendo padre Monsi/ gnore Cardinale di Fermo. Anno dñi. M. CCCC.LII.* [1] L'ouvrage est divisé en six parties, dont un avant-propos donne le sommaire. La première est une préface où l'auteur établit la nécessité pour tout chrétien d'apprendre à bien mourir, c'est-à-dire de préparer son âme pour le jour où il plaira à Dieu de la rappeler à lui, en considérant la mort comme le terme de notre exil sur la terre et le

1 Domenico Capranica, cardinal et évêque de Fermo, qui est désigné ici comme l'auteur du livre, n'a fait que le traduire en italien.

retour à notre céleste patrie. La seconde expose les tentations dont le mourant est assailli par le démon, et la lutte qui se livre à son chevet entre l'esprit du mal et l'ange envoyé par Dieu pour réconforter l'âme en péril et la sauver de ces diaboliques épreuves. La troisième partie est un questionnaire, dressé d'après St Anselme, comprenant d'une part les interroga-

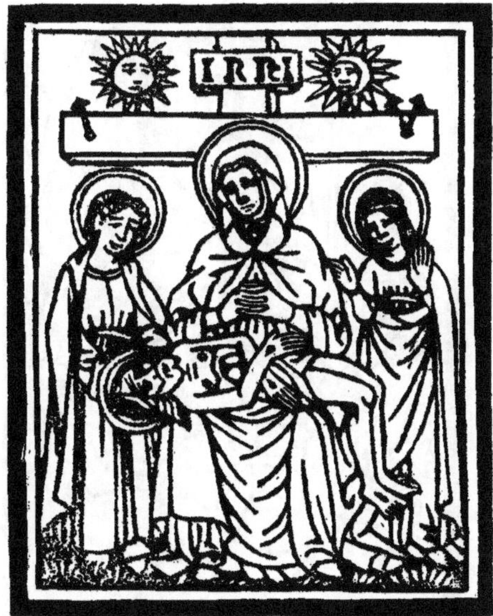

Arte di ben Morire, s. l. a. & n. t. (r. c_3).

tions que les parents et les amis du moribond doivent lui poser pendant qu'il a encore sa raison et l'usage de la parole, d'autre part les réponses qui conviennent à ces diverses demandes, ayant pour objet de l'engager ou de le maintenir dans la voie du salut éternel. La quatrième partie contient les enseignements donnés aux hommes par Jésus-Christ mourant sur la croix, et les prières que doit faire le malade. La cinquième partie développe les exhortations qu'il y a lieu d'adresser au mourant pour qu'il paraisse devant Dieu en état de grâce et de contrition parfaite. La sixième et dernière partie se compose des prières que doivent réciter les personnes qui assistent l'agonisant. Les onze bois, placés en regard des pages du texte explicatif, et entourés de bordures ornementales à motifs variés, sont des copies plus ou moins libres des planches des éditions xylographiques de l'*Ars moriendi.* — R. a_3, au bas de la page : ℂ *Seguita la figura della temptation deli diauoli.* Au verso, la gravure. Près du lit du mourant, des démons tentent d'ébranler sa foi par leurs perfides conseils : l'un tient une banderole sur laquelle on lit : *Fac sicut pagani ;* et, au-dessous, sont

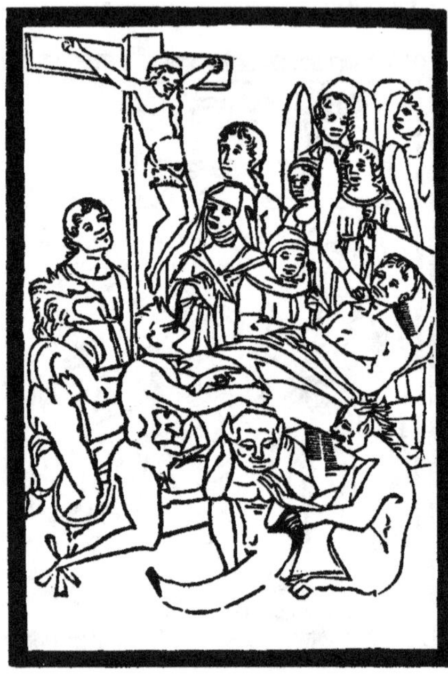

Arte di ben morire, s. l. a. & n. t. (r. c_6).

représentés un païen à turban, un roi et une reine couronnés, qui adorent une idole ; un autre diable présente un phylactère avec ces mots : *Interficias te ipsum,* et l'on voit à côté un homme qui se tue d'un coup de poignard ; mais, au chevet du lit, veillent Dieu le Père, Jésus et la Ste Vierge, qui vont faire échouer cette première tentation de l'esprit malin ; et cette défaite serait indiquée par l'inscription de la banderole déroulée au-dessus d'un troisième démon qui tire à lui le drap du lit : *Infern' fract' ē* (L'enfer a été vaincu). Si la lettre *r* n'a pas été introduite par inadvertance dans le second mot de cette légende, il y aurait là une modification assez importante de la composition qui a servi de modèle, où l'on voit un démon, escomptant déjà la victoire, dire en montrant le malade : *Infernus factus est* (Il est à la merci de l'enfer; il est à nous) (voir reprod. p. 260). — R. a_4, au bas de la page : ℂ *Seguita la figura della inspiration buona/ del lanzolo della fede.* Au verso, la gravure. Un ange engage le moribond à persévérer dans sa foi : *Sis firmus in fide;* de l'autre côté du lit, Dieu le Père et Jésus, au-dessus desquels plane la colombe céleste, accompagnés

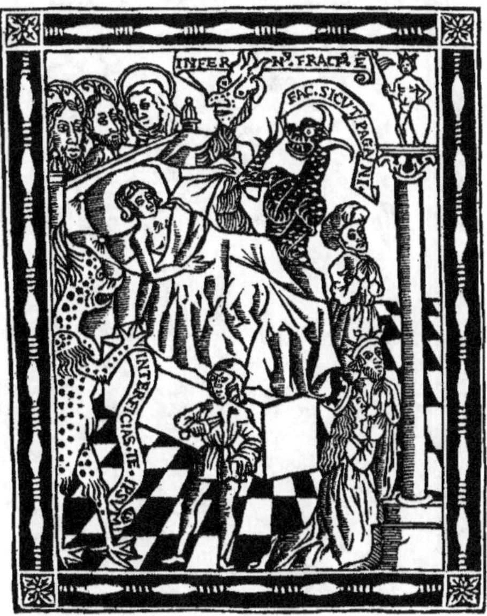

Arte del ben morire, J. B. Sessa, s. a. (v. a_3).

de la Ste Vierge et d'un groupe de bienheureux, assistent à la déroute des démons qui s'enfuient (*Fugiamus; Victi sumus ; Frustra laboravim'*). — V. *b :* ℂ *Seguita la figura della seconda temptatione de moriēti/ della desperatione.* R. b_{ii}, la gravure. Cinq diables à têtes d'animaux cornus entourent le malade et lui reprochent toutes les fautes qu'il a commises. "*Ecce peccata tua*", dit l'un, en lui présentant un livre où sont inscrits ses péchés; un autre l'accuse : "*Avare vixisti*", et lui montre une bourse qu'il tient d'une main, et, près de lui, un mendiant qui a vainement imploré sa charité; "*Occidisti*", lui crie un autre, en brandissant un poignard qui a donné la mort à un homme gisant sur le carreau; "*Fornicatus es*", ajoute le quatrième, en désignant une femme debout à son côté; le cinquième l'avertit que le moment suprême est proche: "*Periturus es*", et tous cherchent à l'accabler sous le désespoir. — V. b_{ii}: ℭ *Seguita la figura della inspiration del/ lanzelo della speranza.* R. b_3, la gravure. L'ange rassure le malheureux en lui représentant que Dieu a eu pitié des plus grands pécheurs, quand ils se sont montrés repentants:

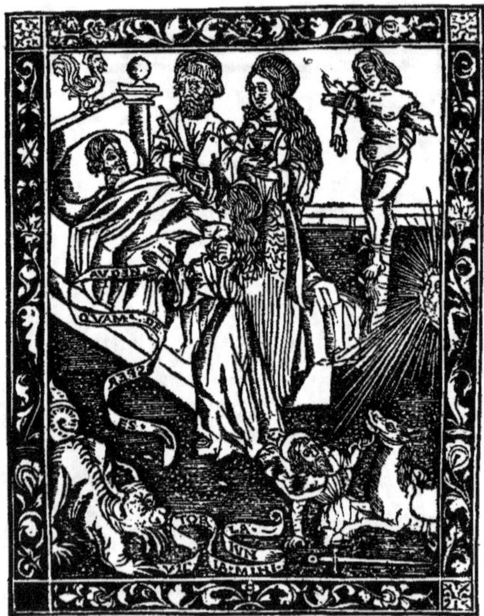

Arte del ben morire, J. B. Sessa, s. a. (r. b_3).

St Pierre, qui a renié trois fois le divin maître au chant du coq, et Marie Madeleine la pécheresse, et le bon larron crucifié près de Jésus sur le Calvaire, et St Paul persécuteur de l'église avant d'être terrassé par l'esprit de Dieu sur le chemin de Damas. "*Nequaquam desperes!*" dit l'ange; et sous cette parole réconfortante, le mourant reprend courage, et le démon est forcé de nouveau de prendre la fuite en confessant son impuissance: "*Victoria mihi nulla*" (voir reprod. p. 261). — R. b_4: ℭ *Seguita la figura della tertia temptatione/ de morienti della impatientia.* Au verso, la gravure. Les souffrances et les angoisses de la fin viennent à bout de la volonté, et le malade s'impatiente: il renverse une table voisine de son lit, renvoie la servante qui lui apportait des médicaments, et donne des coups

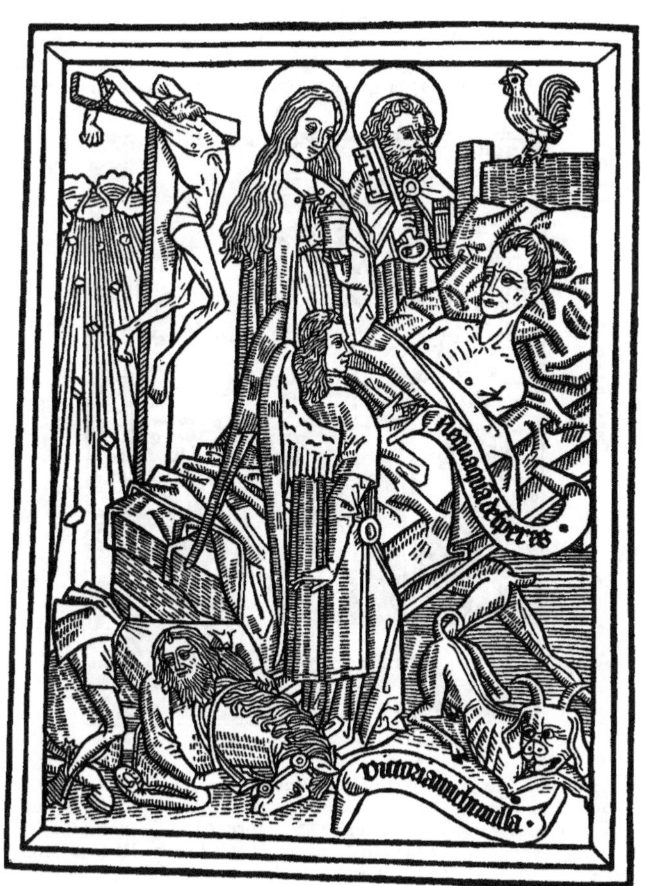

Ars moriendi (édit. xylogr.), pl. IV.

de pied aux personnes qui sont venues l'assister; celles-ci compatissent à ses douleurs: "*Ecce quantam penam patitur!*" Cependant, le démon, qui croit avoir vaincu, se réjouit du succès de ses maléfices: "*Quam bene decepi eum!*" — R. *c*: ℭ *Seguita la figura della inspiration/ del lanzelo della patientia.* Au verso, la gravure. Le démon s'est encore trop hâté de

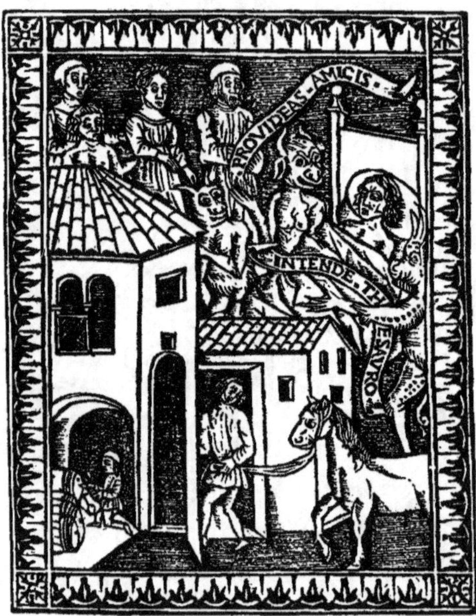

Arte del ben morire J. B. Sessa, s. a. (r. *d*).

triompher; le Christ, couronné d'épines, et tenant le fouet et les verges qui ont servi à sa flagellation, revient au chevet du chrétien, accompagné d'une troupe de martyrs: St Etienne, St Laurent, Ste Catherine d'Alexandrie, etc.; et l'ange apaise le délire du malade et lui conseille la résignation: "*Sis patiens!*" Les démons ont perdu leur peine; l'un prend la fuite: "*Labores amisi*"; un autre se cache sous le lit: "*Sum captivatus*". — V. c_{ii}: ℭ *Seguita la figura della quarta temptatiosie* (sic) *de morienti/ che della complacentia di se medesimo.* R. c_{iii}, la gravure. Satan va peut-être réussir en exaltant l'orgueil du malade: des démons le circonviennent en lui offrant des couronnes: "*Coronam meruisti*", et en louant ses mérites: "*Tu es firmus in fide; In patientia perseverasti*"; ils l'excitent à se glori-

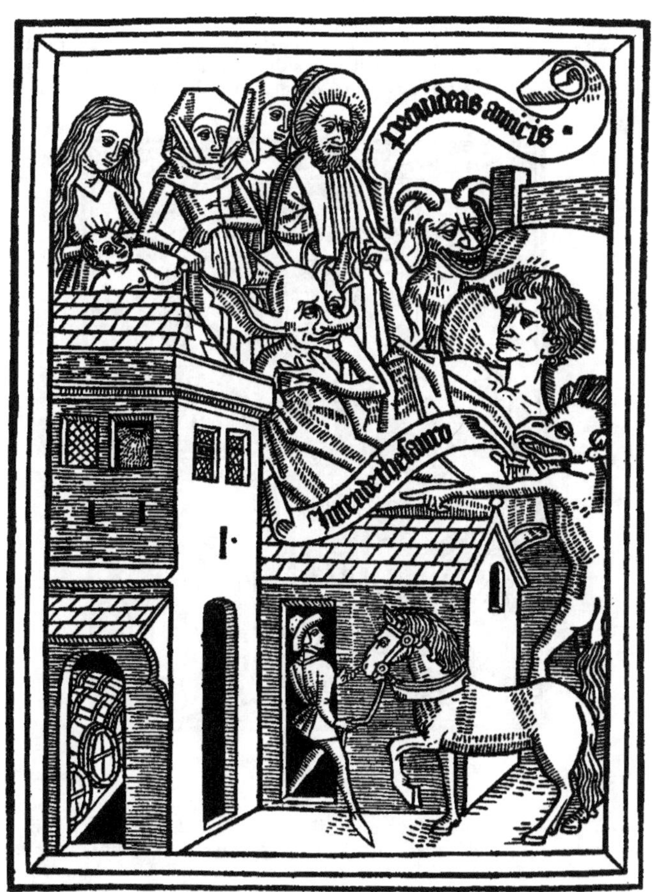

Ars moriendi (édit. xylogr.), pl. IX.

fier de ses vertus : "*Exulta te ipsum !*" Mais le Christ et la Ste Vierge sont là, qui entendent leurs perfides conseils. — V. c_{iii} : ℭ *Seguita la figura della buona inspiration/ del lanzelo de la humilitade.* R. c_4, la gravure. Avant que le moribond cède aux instigations de l'esprit du mal, un ange vient lui rappeler que Dieu réserve aux orgueilleux de terribles châtiments :

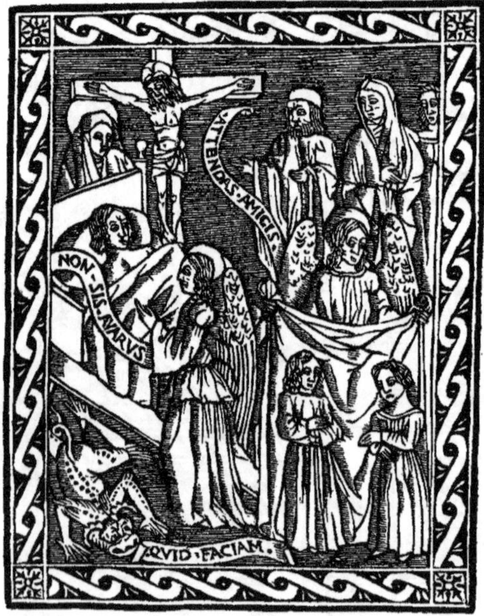

Arte del ben morire, J. B. Sessa, s. a. (r. d_{ii}).

"*Superbos punio*"; il évoque devant lui la vision de malheureux pécheurs engloutis dans la gueule immonde d'un monstre infernal pour avoir cédé aux tentations de l'orgueil; un autre ange, en même temps, l'exhorte à l'humilité : "*Sis humilis*", et lui offre comme modèle St Antoine, qui est représenté debout au pied du lit, tandis qu'au chevet, la Ste Trinité et la Ste Vierge regardent l'effet de ces pieux encouragements ; le diable se sauve en criant : "*Victus sum !*" — V. c_4 : ℭ *Seguita la figura della quinta temptatione/ de morienti de la auaricia.* R. *d*, la gravure. Satan revient à la charge, et s'efforce de perdre le malade en s'adressant à son avarice : il a une riche maison, une cave bien garnie, des amis qui se pressent autour de lui; qu'il veille sur ses trésors, qu'il s'intéresse à ceux qui l'aiment! "*Provideas amicis; Intende thesauro*" (voir reprod. p. 263). — V. *d.* ℭ *Seguita la figura della buona inspiration del/ lanzelo de lassar ogni cosa temporale.* R. d_{ii}, la gravure. L'ange combat dans l'esprit du malade l'attachement aux biens de ce monde: pour avoir la félicité éternelle, le

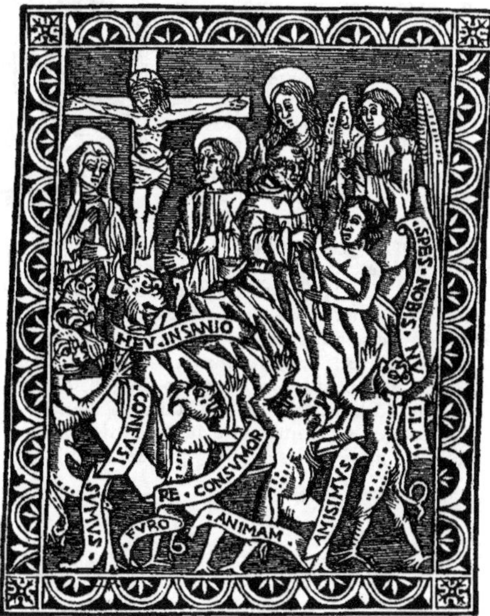

Arte del ben morire, J. B. Sessa, s. a. (v. d_3).

chrétien doit fuir l'avarice: "*Non sis avarus!*"; et se détacher de ses amis parasites attirés uniquement par ses richesses: "*Attendas amicis*" (contre-sens, au lieu de: "*Ne intendas amicis*", qui se lit sur la gravure des éditions xylographiques); il faut se donner tout entier à Jésus, comme celui-ci a donné tout son sang pour sauver l'humanité. Le démon déconcerté, se demande à quelles armes il pourra maintenant recourir: "*Quid faciam?*" (voir reprod. p. 265). — R. d_3: ℭ *Seguita la figura della terza particella che contiene le domande o vero interrogatione che si debono fare allo/ infermo: e prima per li religiosi da poi per li mondani.* Au verso, la gravure. L'ange gardien l'a emporté dans sa lutte contre le diable: l'homme meurt en état de grâce tourné vers Jésus crucifié, et tenant un cierge bénit, qu'un moine lui a mis dans la main; son âme, sous la forme d'une figurine humaine, est recueillie par des anges, qui vont la porter dans le royaume des élus ; les diables n'ont plus rien à attendre : "*Spes nobis nulla!*" L'enfer vient de perdre encore une âme : "*Animam amisimus*"; ils sont transportés de rage : "*Furore consumor ; Confusi sumus*" ; ils s'accusent de folie pour avoir prétendu mettre en échec la toute-puissance divine : "*Heu insanio!*" Cette composition finale est comme l'apothéose du bon chrétien (voir reprod. p. 266).

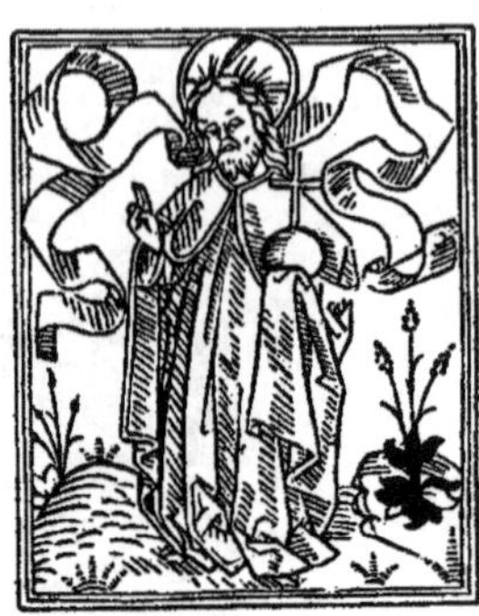

Rolewinck (W.), *Fasciculus temporum*, 1479 (r. 26).

V. f_4 : *Impressum Uenetijs Per Io. Baptistum Sessa.*

Cette suite de gravures, sans grande valeur, mais quand même fort intéressantes, a du être exécutée par les artistes, peut-être Florentins d'origine, ou, en tout cas, formés à l'école des graveurs de Florence, qui travaillèrent pour les Sessa dans les premières années du 16me siècle. On y reconnaît la même facture que dans les bois du Cornazano, *Vita de la Madonna*, 5 mars 1502, de l'Omar Astronomus, *De nativitatibus*, 15 mars 1503, et du Campanus, *Tetragonismus*, 28 août 1503. Aussi est-il à peine besoin de relever ici l'erreur commise par Eugène Dutuit, dans son *Manuel de l'Amateur d'Estampes* (1re partie, p. 64), lorsqu'il dit que "Hain place cette édition vers 1478". Hain ne signale d'autre édition vénitienne, à la date de 1478, que celle de Bernardus Pictor, E. Ratdolt et Petrus Loslein, que nous avons décrite précédemment.

1478

MELA (Pomponius). — *De situ orbis.*

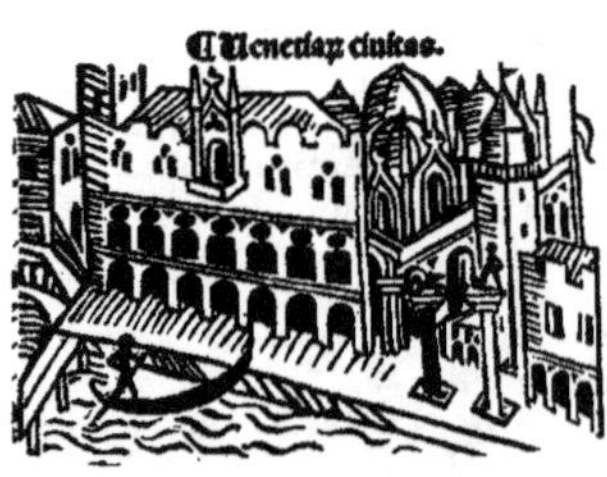

Rolewinck (W.), *Fasciculus temporum*, 1479.

273. — Bernardus Pictor, Erhardus Ratdolt et Petrus Loslein, 1478; 4°. — (Londres, BM ; Munich, R — ✫)

Pomponij Mellę Cosmographi de/ situ orbis liber primus...

48 ff. n. s. ch., s. : *a-f*. — 8 ff. par cahier. — C. rom. ; titre en rouge. — 26 ll. par page. — R. *a*. Encadrement de page du Coriolanus Cepio, *Petri Mocenici gesta*, 1477.

V. f_8 : *Impressum est hoc opusculum Venetijs per/ Bernardū pictorem & Erhardum ratdolt de/ Augusta uno cū Petro loslein de Langencen/ correctore ac socio. Laus Deo./. M.CCCC.LXXVIII.*

274. — Erhardus Ratdolt, 18 juillet 1482 ; 4°. — (Rome, Ca ; Venise, M ; Londres, BM — ☆)

Pomponij Mellae Cosmographi Geographia : / Prisciani quoqȝ ex dionysio Thessalonicensi de/ situ orbis interpretatio.

48 ff. n. ch., s. : *A-R.* — 8 ff. par cahier. — C. g. — 31 ll. par page. — R. *A*, blanc ; au verso, carte géographique. — Le titre, en lettres rouges, est en tête du r. A_2. — Belles in. o. à fond noir.

R. F_8 : ... *Erhardus ratdolt Au/gustēsis impressit Uenetijs. 15. Caleñ. Augusti An/ no salutis nostrę. 1482. Laus deo.* Le verso, blanc.

1478

MAFFEI (Celso). — *Monumentum compendiosum pro confessionibus cardinalium.*

275. — S. n. t. (Erhardus Ratdolt), 1478 ; 4°. — (☆)

18 (8, 10) ff. n. ch., s. : *a-b.* — C. rom. — 25 ll. par page. — R. *a* : *Suo Rueuerendissimo patri & Domin. D. B. Ze-/ no diuina miseratione presbytero Cardinali san-/ ctę Marię ĩ porticu. Celsus Mapheus ueronensis/ canonicus regularis congregationis Lateranensis/ Salutem ęternam & cõmendationem peroptat.* Ces cinq lignes sont imprimées en rouge. La page est entourée de l'encadrement à fond noir de l'*Arte del ben morire* de la même année. Au verso : ℭ *Incipit Monumentũ compendiosum pro confes-/ sionibus Cardinaliũ reliquorũqȝ pręlatoꝝ...* — In. o, à fond noir.

R. b_{10} : ℭ *Explicit breue scrutatoriolum seu monumentũ/ compendiosum pro confessionibus a Celso Ma-/pheo ueronensi canonico regulari congestum/* ℭ *M. CCCC.LXXVIII.*

Fossi (III, p. 108), après avoir décrit cette édition, ajoute : " *Cl. Denis* (Supplem., p. 96) *huius meminit opuscoli et Erhardo Ratdolto recte adscribit.* "

1479

ROLEWINCK (Werner). — *Fasciculus temporum.*

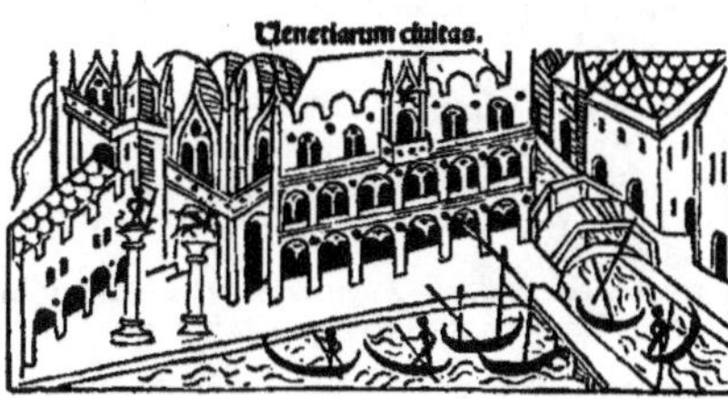

Rolewinck (W.), *Fasciculus temporum*, 24 nov. 1480.

276. — Georg Walch, 1479 ; f°. — (Paris, N ; Pise, U)

8 ff. prél. n. ch. et n. s., dont le 1er est blanc. — 64 ff. num., n. s. — C. g. — Nombre de lignes par page, variable. — R. du 2me f. prél. : ℭ *Tabula breuis z vtilis super li/ bello quodã q̃ dicitur fasciculus*

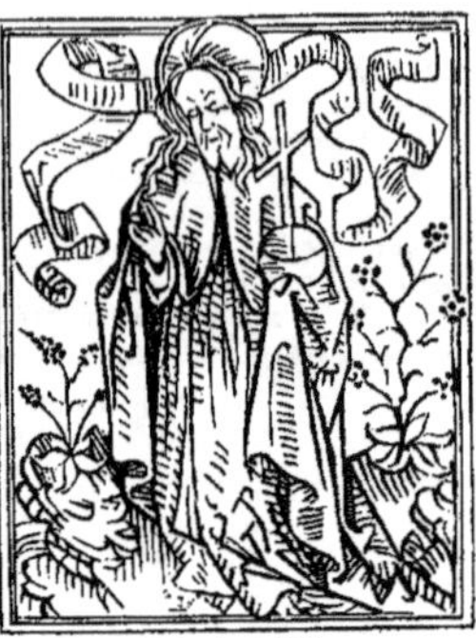
Rolewinck (W.), *Fasciculus temporum*, 24 nov. 1480 (r. 26).

tē| poꝝ : ... incipit felicit. Suit la table, imprimée sur trois col. jusqu'au v. du 8me f. — V. 3. *Arche de Noé.* — V. 8. *Tour de Babel.* — V. 9. *Temple de Salomon.* — R. 26. *Figure de Jésus-Christ,* la main droite bénissante, et tenant de la main gauche un globe surmonté d'une croix (voir reprod. p. 267). — En outre, dans le texte, dix vues de villes (voir reprod. p. 267).

R. 64 : ¶ *Chronica q̄ dr̄ fascicul' temporꝝ : edita in alma vniuersitate co| lonie agrippine a quodā deuoto cartusiensi : ꝛ impssa Uenetiijs| singulari industria atq; impensa Georij Walch almani. āno dñi| 1479. Sixto quarto pontifice maximo : finit feliciter.* Le verso, blanc.

277. — Erhardus Ratdolt, 24 novembre 1480; f°. — (Venise, M; Pise, U — ☆)

8 ff. prél. n. ch., dont le 1er est blanc, et 68 ff. num., n. s. — C. g. — Nombre de lignes par page, variable. — R. du 2me f. : ¶ *Tabula breuis utilis super libello| quodā qui dicit fasciculus temporum :...* — V. 3. *Arche de Noé.* — V. 4. *Tour de Babel.* — V. 9. *Temple de Salomon.* — R. 26. *Figure de Jésus-Christ,* copie de celle de l'édition 1479 (voir reprod. p. 267). — En outre, 44 vues de villes et de monuments célèbres, parmi lesquelles se retrouvent les vignettes de l'édition Georg Walch, de 1479 (voir reprod. p. 268).

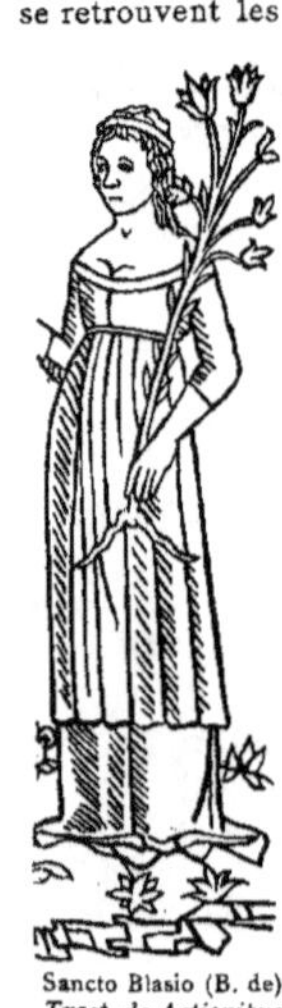
Sancto Blasio (B. de), *Tract. de Actionibus,* 31 mai 1481.

R. 68: *Explicit chronica que dicit Fasciculus temporꝝ :... Uenetijs impressa : cura| impensisq; Erhardi ratdolt. de Augusta. Anno dñi. M.CCCC.LXXX. xxiiij. mens nouem|bris....* Le verso, blanc.

278. — Erhardus Ratdolt, 21 décembre 1481; f°. — (Paris, N; Florence, N)

8 ff. prél. n. ch., dont le 1er est blanc, et 64 ff. num. n. s. — C. g. — Nombre de lignes par page, variable. — R. 2. Tableau de l'œuvre de la création, et, au-dessous, figure de *Dieu créant le monde.* — Aux pages, v. 3, v. 4, v. 9, r. 26, figures de l'édition du 24 novembre, même année. — Mêmes vues de villes et de monuments, augmentées de plusieurs représentations nouvelles.

V. 64 ; ¶ *Fasciculus temporū oēs quasi antiquas| choronicas* (sic) *mortaliū vsq; ad hec tempora| cōplectens felicit explicit Impressusq; im|pensa ꝛ arte mira Erhardi rodolt* (sic) *de augu| sta. 1481. 12. caleñ. Iañ.*

279. — Erhardus Ratdolt, 24 mai 1484[1]; f°. — (Paris, N; Florence, N)

8 ff. prél. n. ch., et 66 ff. num., n. s. — C. g. — Nombre de lignes par page, variable. — Bois copiés de ceux de l'édition 24 novembre 1480.

R. 65 : *Erhardus Ratdolt Augustensis impressioni parauit.| Anno salutis. M.cccc.lxxxiiii.v.calen. Iunii. Uenetiis...*

1. Hain (6933) cite une édition de Venise, 1483, imprimée par Ratdolt, qu'il nous a été impossible de découvrir; elle n'est pas mentionnée par Panzer.

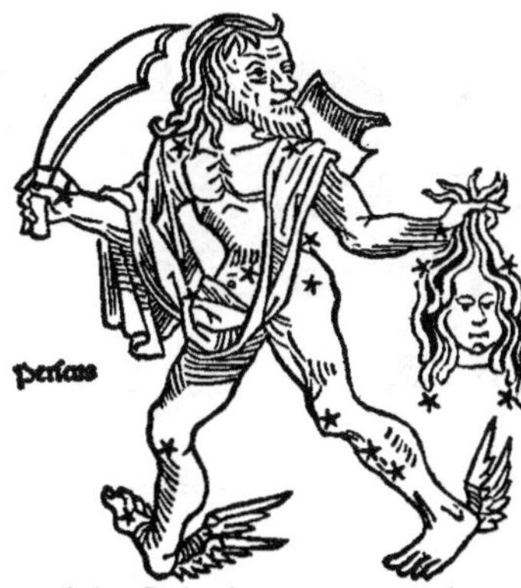

Hyginus, *Poeticon Astronomicon*, 14 oct. 1482.

280. — Erhardus Ratdolt, 8 septembre 1485; f°. — (Paris, N; Florence, N; Venise, C)

8 ff. prél., n. ch. et n. s. — 66 ff. num., n. s. — C. g. — Nombre de lignes par page, variable. — R. du 1er f., blanc. Au verso : *Nicolao Mocenico Magnifici : D. Francisci/ Patricio Veneto : Erhardus ratdolt Salutē.* — R. du 2e f.: ℭ *Tabula cōmodissima super libro/ sequēti qui fasciculus dicit̄ temporū/...* — Bois de l'édition 21 décembre 1480.

R. 65 : *Erhardus Ratdolt Augustensis impressioni parauit :/ Anno salutis. M.cccc.lxxxv. vi. idus. Septembris/ Venetiis Inclyto principe Iohanne Mocenico.* — V. 65 et r. 66 : tableau généalogique de la famille de la Ste Vierge. — V. 66, blanc.

1481

SANCTO BLASIO (Baptista de). — *Tractatus de Actionibus.*

281. — Erhardus Ratdolt, 31 mai 1481; f°. — (Munich, R — ☆)

4 ff. prél., n. ch. et n. s., dont le 1er est blanc; 78 ff. n. ch., dont le dernier est blanc, s. : *a-d,-AA,BB, A, aa-cc, Aa-Bb.* — 6 ff. par cahier, sauf *d*, qui en a 4; *BB, A, cc, Bb,* qui en ont 8. — C. g. — 2 col. à 54 ll. — R. du 2me f. : *Inter cete/ ros nostri/ temporis/ iurisconsul/ tos excellentissimos :/ Baptista de scō Bla/sio vtrivsq; iuris do/ ctor eximius :...* — Le verso du 3me f. & le recto du 4me, n. s., sont occupées par l'*Arbor actionum Ioannis*, et les gloses relatives. Dans la marge de gauche de la seconde de ces pages, figure de femme, au trait (voir reprod. p. 269), illustrant un chapitre précédent intitulé : *Rubrica de questionibus concernentibus domi/nam tenentem arborem actionum*[1]. — Verso du 4me f. n. s., blanc. —

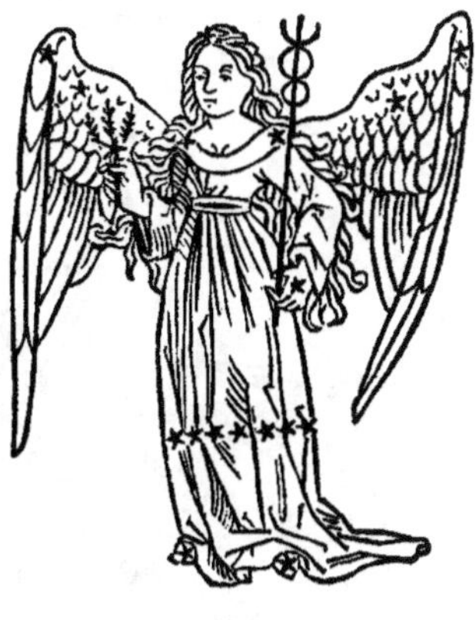

Hyginus, *Poeticon Astronomicon*, 14 oct. 1482.

1. C'est par erreur que le Dr Lippmann (*op. cit.*, p. 79) donne cette figure comme appartenant à l'édition des *Decretalia* d'Innocent IV, imprimée à Venise, dans cette même année 1481, par les trois associés "Iohannes de Colonia, Nicolaus Jenson et Iohannes de Seligenstadt". Les exemplaires de ce dernier ouvrage, qui se trouvent à la B. Royale de Munich et à la B. Nationale de Florence,

Belles in. o. à fond noir, et, au commencement, plusieurs à fond rouge.

V. Bb_7 : *Eandē3 ɀ Erhardus ratdolt de Augusta imprimēs/ pridie calen. Iunij. M.cccc.lxxxj. feliciter comple/ uit Uenetijs. Laus deo.*

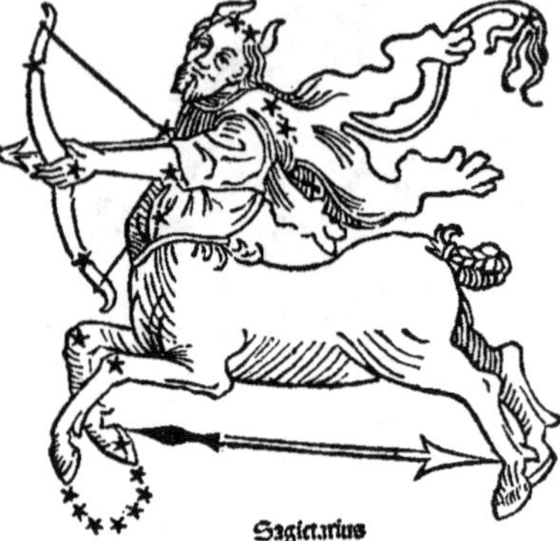

Hyginus, *Poeticon Astronomicon*, 14 oct. 1482.

1481

Missalia Ecclesiarum & Ordinum.

Pour cette importante série, nous renvoyons à l'étude spéciale que nous avons publiée précédemment[1], et au supplément comprenant les éditions dont nous avons eu connaissance après l'impression de ce travail. Le supplément sera donné à la fin du présent volume.

1482

EUCLIDE. — ***Elementa geometriæ.***

282. — Erhardus Ratdolt, 25 mai 1482; f°. — (Paris, N; Milan, B)

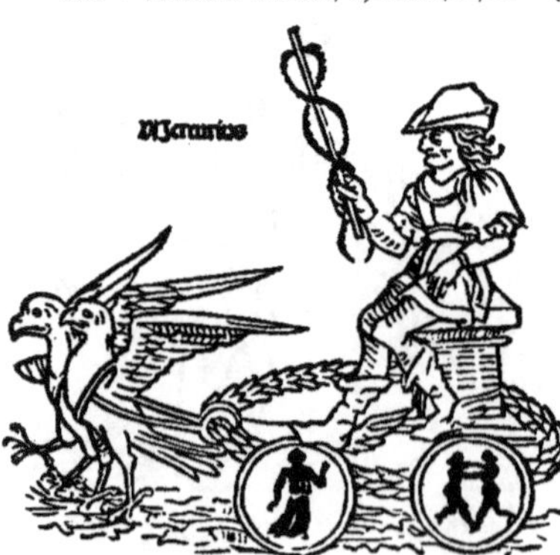

Hyginus, *Poeticon Astronomicon*, 14 oct. 1482.

138 ff., n. ch., dont le dernier est blanc, s. : *a-r*. — 8 ff. par cahier, sauf *a*, qui en a 10. — C. g. — 44 et 45 ll. par page. — R. *a*, blanc. — Au verso, lettre d'Erhardus Ratdolt au doge Ioanne Mocenigo. — R. a_2. Bordure ornementale, à fond noir, de l'Appianus, *De bellis civil. Roman.*, 1477 (2e partie). Au dessous de la bande supérieure: *Preclarissimus liber elementorum Euclidis perspi/ cacissimi : in artem Geometrie incipit....* Au commencement du texte, grande in. o. *P*, du même style que la bordure de

ne contiennent pas le bois indiqué ici; apparemment, le Dr Lippmann aura vu un exemplaire dans lequel on avait introduit un feuillet du livre de Baptista de Sancto Blasio.

1. *Les Missels imprimés à Venise de 1481 à 1600*; Paris, J. Rothschild, 1895.

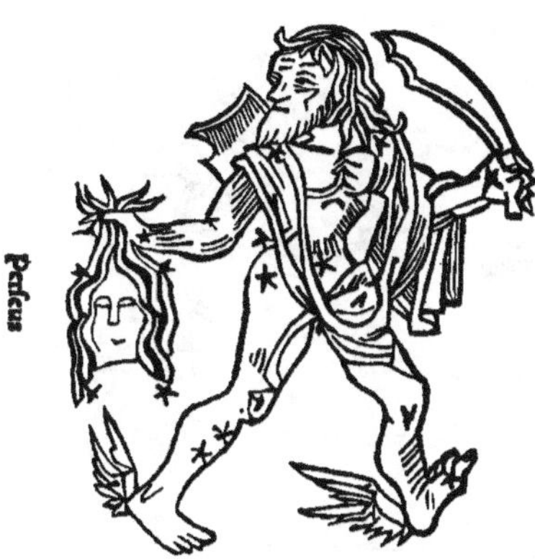

Hyginus, *Poeticon Astronomicon*, 7 juin 1488.

page. — In. o. à fond noir ; figures géométriques dans les marges.

V. r_7 :... *Erhardus ratdolt Augustensis impressor / solertissimus. venetijs impressit. Anno salutis. M.cccc.lxxxij. Octauis Caleñ./ Iun.*

283. — Joanne Tacuino, 25 octobre 1505 ; f°. — (Londres, BM)

Euclidis Megarẽsis philosophi platonicj Mathematicaruȝ disciplinarũ Ianitoris...

10 ff. prél.. dont les 2me, 3me, 4me et 5me sont marqués, au bas, respectivement, des chiffres, *1*, *2*, *3*, *4*. — 230 ff. n. ch., dont le dernier est blanc, s. : *A-Z. AA-FF.* — 8 ff par cahier, sauf *FF*, qui en a 6. — C. rom. ; titre g. — 42 ll. par page. Au-dessous du titre, marque du *St Jean Baptiste*, avec monogramme B M. Le verso, blanc. — R. A. Les trois marges intérieure, supérieure et inférieure sont ornées de blocs d'un encadrement à fond noir qui a été employé, à l'état complet, dans le *Legendario delli sancti*, 30 déc. 1504, et dans plusieurs éditions d'Ovide *(Heroïdes Epistolæ* et *De Fastis)*. — Dans le texte, nombreuses in. o. intéressantes, et figures de géométrie.

R. F_5 : ℭ *Impressum Venetiis... in ędibus Ioannis Tacuini librarii... Anno reconciliatæ diuinitatis. M.D.VIII. Klen/ das nouẽbris...* Plus bas, marque à fond noir, avec initiales ·Z·T·, et les mots DEO à gauche, IMMORTALI à droite, GLORIA au-dessous. Au verso, le registre.[1]

284. — Ioanne Tacuino, 26 mars 1510 ; f°. — (Londres, BM ; Milan, B)

Réimpression de l'édition 25 octobre 1505.

R. FF_5 : ℭ *Impressum Venetiis... in ædibus Ioannis Tacuini librarii.... Anno reconciliatæ diuinitatis. M.D.X.VII. Klen/ das Aprilis...*

1482

Hyginus (Caius Julius). — *Poeticon Astronomicon.*

285. — Erhardus Ratdolt, 14 octobre 1482 ; 4°. — (Paris, N ; Venise, M — ☆)

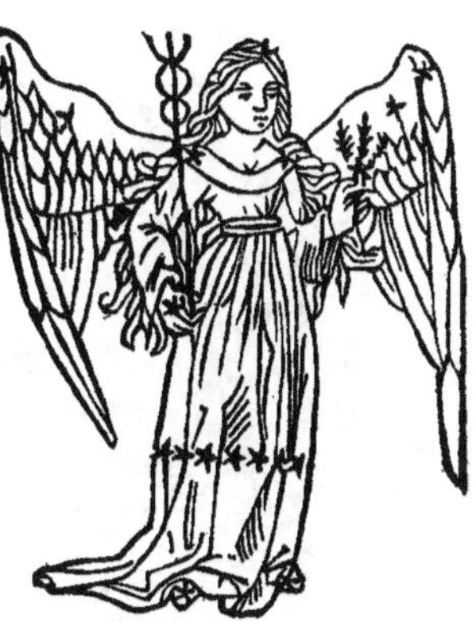

Hygénius, *Poeticon Astronomicon*, 7 juin 1488.

1. Nous ne donnons pas la description de l'édition Paganinus de Paganinis, 22 mai 1509, qui ne contient que des initiales ornées et des figures géométriques.

Clarissimi Uiri Iginij Poeticon Astronomicon/ Opus vtilissimum Foeliciter Incipit.

58 ff. n. ch., dont le 1er est blanc, et s. : *a-g*. — 8 ff. par cahier, sauf *g*, qui en a 10. — C. g. — 31 ll. par page. — 46 figures allégoriques des principales constellations, des planètes, et des signes du Zodiaque (voir reprod. pp. 270, 271). — Belles in. o. à fond noir.

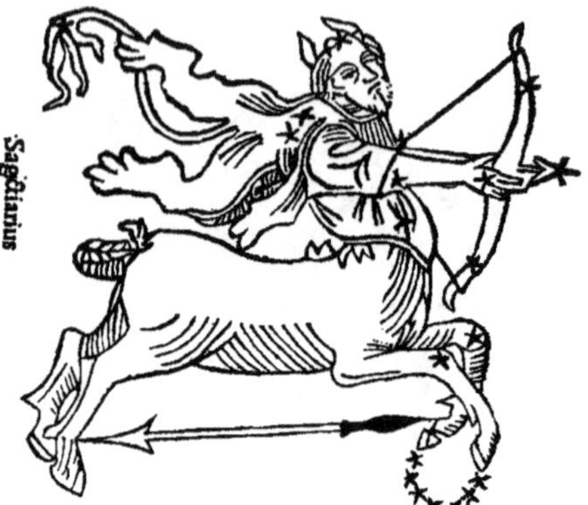

Hyginus, *Poeticon Astronomicon*, 7 juin 1488.

R. g_{10} : *Hoc Augustensis ratdolt germanus Erhardus./ Dispositis signis vndiqꝫ pressit opus/... Anno salutis. 1482. Pridie Idus. Octobris. Uenetijs.* Le verso, blanc.

286. — Erhardus Ratdolt, 22 janvier 1485 ; 4°. — (Paris, N ; Venise, M, C)

CLARISSIMI VIRI HYGINII POETICON ASTRO/ NOMICON, OPVS VTILISSIMVM FOELICITER IN/CIPIT.

56 ff. n. ch., s. : *a-g*. — 8 ff. par cahier. — C. rom. — 32 ll. par page. — R. *a*, blanc ; au verso, figure de la sphère astronomique. — Le titre, en tête du r. a_2. — Mêmes figures allégoriques que dans l'édition 14 octobre 1482. — Belles in. o. à fond noir, de diverses grandeurs.

R. g_8 : *Anno salutifere incarnationis Millesimo quadringentesimo/ octogesimo quinto mensis Ianuarii die uigesima secunda. Im/pressum est pręsens opusculū per Erhardū Ratdolt de Augusta./ Venetiis.* Le verso, blanc.

287. — Thomas de Blavis, 7 juin 1488 ; 4°. — (Paris, N, A — ☆)

CLARISSIMI VIRI HYGINII POETICON ASTRONO/MICON. OPVS VTILI SIMVM FOELICITER INCIPIT.

56 ff. n. ch., s. : *a-g*. — 8 ff. par cahier. — C. rom. — 33 ll. par page. — R. *a*, blanc. Au verso, figure de la sphère astronomique. — Le titre, en tête du r. a_{ii}. — Copies, la plupart inverses, des bois de l'édition 14 oct. 1482 (voir reprod. pp. 272, 273). — In. o. à fond noir.

Mercurius

Hyginus, *Poeticon Astronomicon*, 7 juin 1488.

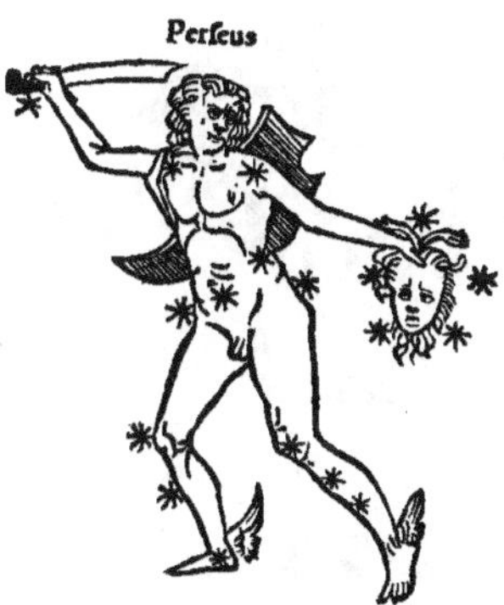

Hyginus, *Poeticon Astronomicon*, 25 août 1502.

R. g_8 : *Anno salutifere incarnationis Millesimo quadringentesimo/ octogesimo octauo mensis Iunii die septima Impressum est præ/ sens opusculum ꝑ Thomam de alexandria./ Venetiis.* Le verso, blanc.[1]

288. — Joannes Baptista Sessa, 25 août 1502; 4°. — (Venise, C — ☆)

Clarissimi Hyginij Astronomi De Mundi Et/ Sphere Ac Utriusq3 Partium Declaratione/ Cũ Planetis Et Uarijs Signis Historiatis.

48 ff. n. ch., dont le dernier est blanc, s: *A-m*. — 4 ff. par cahier. — C. rom.; titre g. — 41 ll. par page. — Au-dessous du titre, grand bois du Sacrobusto, *Sphæra Mundi*, 3 décembre 1501. — Au verso, figure de la sphère astronomique tenue par une main issant d'un nuage. — 47 figures allégoriques des constellations, des planètes, etc. (voir reprod. pp. 274, 275).

R. m_3 : *Impressum Venetiis Per Ioannem Baptistam Sessa/ Anno Domini. M. CCCC.II. Die XXV. Mensis Augusti.* Au bas de la page, petite marque du Chat. Au verso, indication des distances de la terre à la lune, au soleil, etc.

289. — Melchior Sessa, 15 septembre 1512; 4°. — (Berlin, E)

Titre, pagination, caractères et nombre de lignes, comme dans l'édition 25 août 1502. — Au-dessous du titre, grand bois copié de celui du Sacrobusto, *Sphaera Mundi*, 3 décembre 1501 (voir reprod. p. 276). Au bas de la page, marque du Chat. — Au verso, figure de la sphère astronomique tenue par une main issant d'un nuage. — Des 47 figures allégoriques réparties dans le texte, 43 sont des copies ou des imitations plus ou moins proches de celles de l'édition 25 août 1502, et généralement inférieures en qualité à ces dernières (voir reprod. p. 277); quant aux ff. G_{ii} et G_{iii}, qui contiennent les quatre bois: *Taurus*, *Gemini*, *Cancer*, *Leo*, ils proviennent intégralement, texte et gravures, de l'édition 1502.

R. m_3 : *Impressum Venetiis per Melchiorem Sessa/ Anno Domini. M. CCCCC. XII./ Die XV. Mensis Septembris.* Au-dessous, marque du Chat.

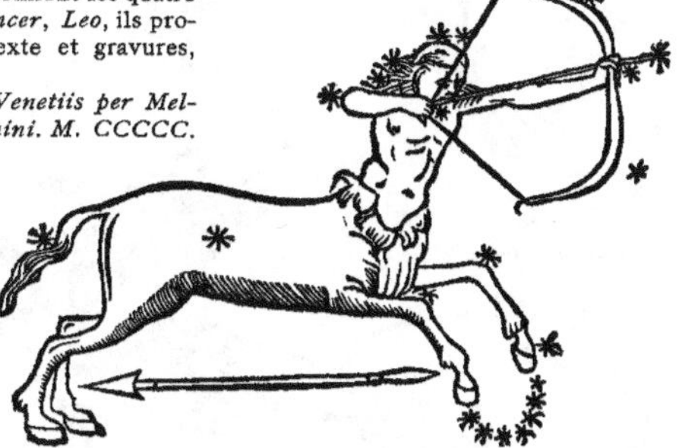

Hyginus, *Poeticon Astronomicon*, 25 août 1502.

1. Hain (9064) signale une édition de 1485, du même imprimeur, et de même format, mais sans indiquer si elle contient des figures. Il donne également, sous le n° 9066, une édition de 1489, s. n. t. Nous n'avons jamais rencontré ni l'une, ni l'autre, non plus que Hain, qui les mentionne simplement, sans les décrire.

290. — (Papiæ) Jacobus Paucidrapius de Burgofranco (sumptibus hæredum Octaviani Scoti), 12 janvier 1513; 4°. — (☆)

Higinius de stellis.

52 ff. n. ch., dont le dernier est blanc, s. : *A-G.* — 8 ff. par cahier, sauf *G,* qui en a 4. — C. g. — 37 ll. par page. — Au-dessous du titre, figure de la sphère astronomique, tenue par une main issant d'un nuage. Même figure au verso. — R. A_2 : ℭ *CLARISSIMI VIRI HIGINII POETICON ASTRO/ NOMICON OPVS VTLISSIMVM FOELI/ CITER INCIPIT.* — 47 figures allégoriques des constellations, des planètes, etc. (voir reprod. p. 278). — Jolies in. o. a fond noir.

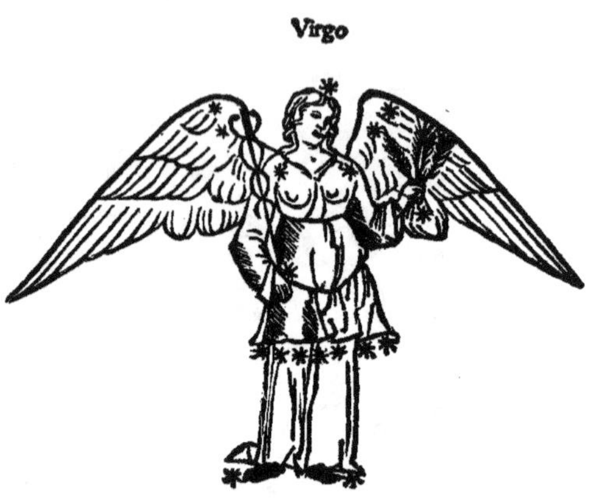

Hyginus, *Poeticon Astronomicon,* 25 août 1502.

R. G_3 :... *PAPIAE Impressuз : arte/ ꝛ industria IACOB Paucidrapẽsis de Burgofrãco : Sumptibꝰ ꝓo/ heredum quondam Nobilis viri dñi Octauiani Scoti ꝛ sociorum./ Anno Dñi. M.D.XIII. Die. XII. Ianuarij* [1]. Le verso, blanc.

291. — Melchior Sessa et Pietro Ravani, 24 mars 1517; 4°. — (Florence, N; Mayence, V — ☆)

ℭ *Clarissimi Hyginii Astronomi De mundi Et sphæræ Ac/ vtriusqз Partium Declaratione Cum Planetis/ Et Variis Signis Historiatis.*

48 ff. n. ch., dont le dernier est blanc, s. : *A-M.* — 4 ff. par cahier. — C. rom. — 41 ll. par page. — Au-dessous du titre, grand bois de l'édition 15 septembre 1512. — Au verso, figure de la sphère astronomique dont l'axe est tenu par une main issant d'un nuage. — Dans le texte, les 47 bois de l'édition 15 septembre 1512. — In. o. au trait; d'autres, à fond noir.

R. M_3 : *Impressasqз Venetiis exactissima cura per Melchiorem sessam & Pe/ trum de Rauanis socios Anno dñi. M. ccccc. xvii. Die. 24. Mar.* Au-dessous, marque du Chat, aux initiales ·M· ·S·. — Au verso, table de quelques mesures astronomiques.

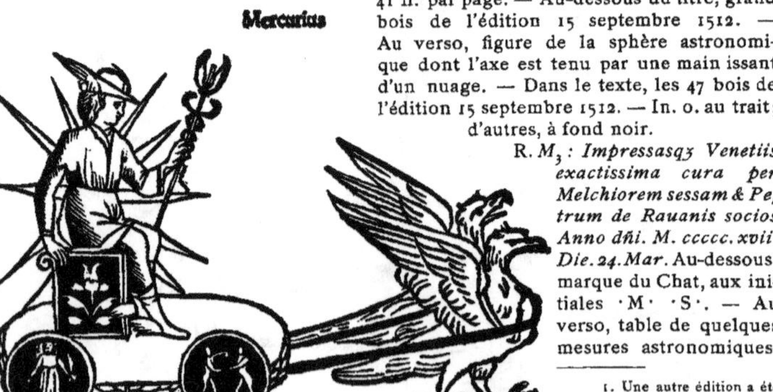

Hyginus, *Poeticon Astronomicon,* 25 août 1502.

1. Une autre édition a été donnée par le même imprimeur, encore aux frais des héritiers Scoto, le 12 janvier 1524. — (Rome, Al)

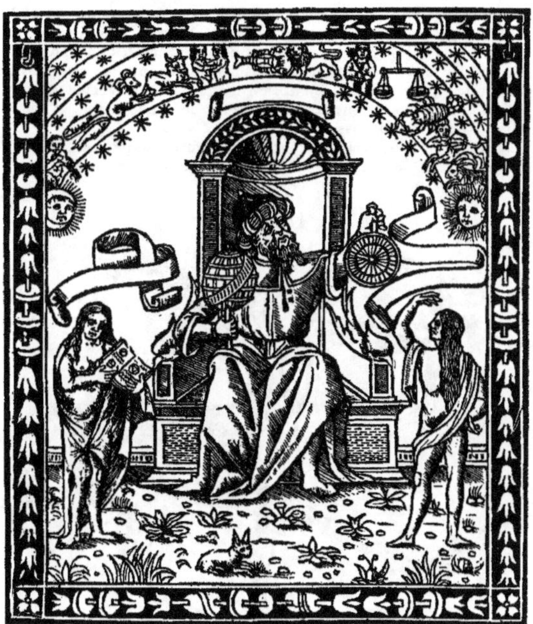

Hygínus, *Poeticon Astronomicon*, 15 sept. 1512 (p. du titre).

1482

PUBLICIUS (Jacobus). — *Oratoriæ artis epitomata.*

292. — Erhardus Ratdolt, 30 novembre 1482 ; 4°. — (Paris, N ; Berlin, E ; Venise, M)

Oratoriae artis Epitomata: Siue Quae ad consuma/ tũ spectant Oratorem: ex antiquo Rhetoꝝ gymnasio/ dicendi: scribendiq3 breues rationes: Nec nõ ꝛ aptus/ optimo cuiq3 viro titulus: Insup ꝛ pq̃3facilis memorie/ artis mod' Iacobi Publicij Florentini lucubratione/ in lucem editus: Foelici numine Inchoat.

56 ff. n. ch. dont le 1er et le dernier sont blancs, s. : *A-E, a-d.* — 8 ff. par cahier, sauf *A,E,b,* qui n'en ont que 6. — C. g. — 31 ll. par page. — Le titre est en tête du r. A_2. — Cet opuscule est un manuel d'art oratoire, traitant spécialement des lieux communs et des moyens mnémoniques pour en user aisément, et orné de curieuses figures relatives à ces procédés de mnémotechnie. — V. A_3. Figure de l'arbre du

discours (*Arbor Triũ Finiũ Causarũ*). — R. c_7: *Iacobi Publicij Realium litteraꝝ cęteraꝝ quoq; figurarum./ Liber secundus.* Au verso, commence un alphabet figuré, qui finit au v. d_2 (voir reprod. p. 279). — R. d_3. Damier avec figures d'animaux dans les cases. Au verso : un carré noir, encadrant plusieurs cercles concentriques, au milieu desquels est un autre carré noir, entouré de lettres ; au centre de ce carré, une rondelle, sur laquelle une figure mobile, en forme de poisson, traversée par un fil, peut se mouvoir dans tous les sens. Sur les quatre côtés du grand carré, en lettres blanches : ·SEPTE/ NTRIO·, ·ORTVS·, ·MERI/ DIES·, ·OCCASVS·.

V. d_7: un échiquier, avec les trente-deux figures rangées en ordre (voir reprod. p. 280). Au-dessous : *Q̃uę ad consumatũ spectant oratorẽ: ex antiquo rhetorũ gymna-/*

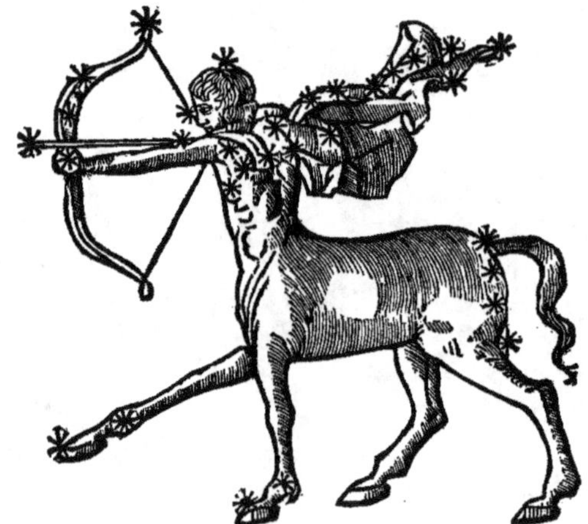

Hyginus, *Poeticon Astronomicon*, 15 sept. 1512.

sio: dicendi: scribendiq; rationes: necnon ⁊ aptus optimo cuiq; vi/ ro titulus: memorię quoq; modus ꝓutilis: Iacobi publicij Floren/ tiui (sic) *lucubratione in lucem ęditus foelici numine explicita sunt./ Erhardus ratdolt augustensis. 1482. pridie caleñ. decembris/ impressit Uenetijs.*

293. — Erhardus Ratdolt, 31 janvier 1485 ; 4°. — (Londres, BM — ☆)

ORATORIAE ARTIS EPITOMA : VEL QVAE BRE/ VIBUS AD CONSVMATUM SPECTANT ORATO/ REM : EX ANTIQVO RHETORVM GYMNASIO : DI/ CENDI SCRIBENDIQVE BREVES RATIONES :...

66 ff. n. ch., s, : *A-H.* — 8 ff. par cahier, sauf *H*, qui en a 10. — C. rom. — 33 ll. par page. — Bois de l'édition 30 novembre 1482, avec, en plus, trois autres figures de peu d'importance.

V. H_{10}: *Erhardus Ratdolt augustẽsis ingenio miro & arte ꝓpolita im/ pressioni mirifice dedit. 1485. pridie caleñ. februarii. Venetiis.*

1482

ABDILAZI[1]. — *Libellus ysagogicus.*

294. — Erhardus Ratdolt, 16 janvier 1482; 4°. — (Londres, BM; Florence, N; Rome, Co)

Libellus ysagogic' abdilazi. i. serui gloriosi dei: q̄ dr̄ alchabiti'/ ad magisteriū iudicioꝝ astroꝝ:.... incipit.

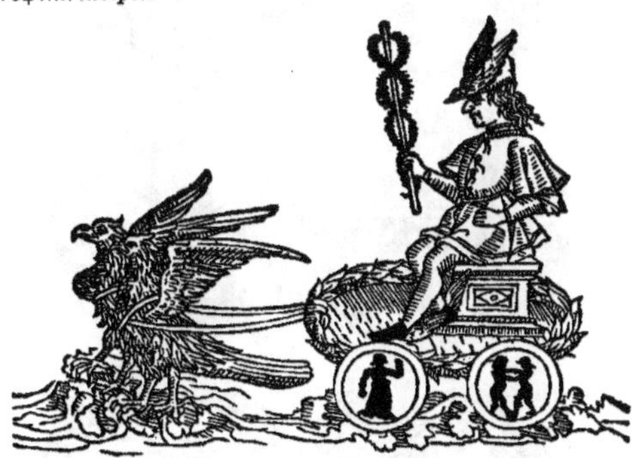

Hyginus, *Poeticon Astronomicon*, 12 janvier 1513.

32 ff. n. ch., s.: *a-d.* — 8 ff. par cahier. — C. g. — 31 ll. par page. — Au-dessous du titre, diagramme astronomique, avec ces mots au centre: *Figura celi generalis/ magisterij astrologie.* Le texte commence par une in. o. *P* à fond noir. — Belles in. o. et tables astronomiques.

V. d_8: *Libellus introductoriꝰ abdilasi....... interp̄tat' a Ioāne yspalensi: explicit/ Erhardus ratdolt Augustensis eundē p̄polite emendatissimūq3 imp̄ssit./ Xvij. Caleñ. Febr̄. Anno Salut. M: ccccIxxxij Uenetijs.*

295. — Erhardus Ratdolt, 1485; 4°. — (Londres, BM; Rome, Ca; Florence, N; Venise, M).

LIBELLVS YSAGOGICVS ABDILAZI. ID EST SER/VI GLORIOSI DEI: QVI DICITVR ALCHABITIVS....

98 ff. n. ch., s.: *aa-mm.* — 8 ff. par cahier, sauf *mm*, qui en a 10. — C. rom. jusqu'au v. ee_3 inclusivement, et goth. à partir du r. ee_4, où commence: *Cōmentum Iohannis de sa/xonia super textu Alchabicii.* — 33 et 38 ll. par page. — R. du 1er f., blanc; au verso, diagramme astronomique. — Le titre est en tête du r. aa_2. — Dans le texte, deux autres diagrammes; belles in. o. à fond noir.

R. mm_{10}:... *Impressum arte ac diligentia Erhardi rat/dolt de Augusta... Anno salutifere incarnationis. 1485./ Uenetijs.* Le verso, blanc.

1. Abd al' Aziz ibn' Uthman (Al Ḳabîsî).

296. — Iohannes et Gregorius de Gregoriis, 26 juillet 1491 ; 4°. — (Londres, BM ; Munich, R)

LIBELLVS YSAGOGICVS ABDILAZI. ID EST SERVI GLO/ RIOSI DEI : QVI DICITVR ALCHABITIVS....

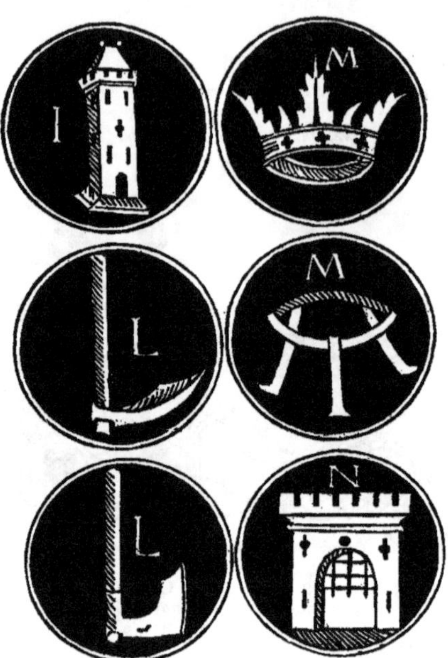

Publicius (Jac.), *Oratoriæ artis epitomata*, 30 nov. 1482.

82 ff. n. ch., s. : *aa-cc*, *A-G*. — 8 ff. par cahier, sauf *cc*, qui en a 10. — C. rom. — 37 ll. par page. — R. du 1er f. blanc ; au verso, diagramme astronomique. — Deux autres diagrammes dans le texte.

V. G_8 :... *Impressum uenetiis p̄ Iohãnẽ & Gregoriũ deforliuio fra/tres ãno salutis Mccccxxxxxi. in die. xxvi. Iulii.* Au-dessous, le registre [1].

297. — Ioannes & Gregorius de Gregoriis, 18 février 1502 ; 4°. — (Londres, BM ; Vienne, I)

Alchabitius cum comento./ Cum gratia et priuilegio.

74 ff. n. ch., s. : *a-i*. — 8 ff. par cahier, sauf *i*, qui en a 10. — C. g. — 45 ll. par page. — Au-dessous du titre, diagramme astronomique. — Dans le texte, trois autres diagrammes ; belles in. o. à fond noir ; une, au r. a_{ij}, au trait, sur fond blanc.

V. i_{10} :... *Impressum Uenetijs p̄ Ioãnem z Gregoriuȝ de gre/ gorijs fratres. Anno natiuitatis dñi. M.ccccc.ij. die. xviij. Februarij.* Au-dessous, le registre.

1. Hain (619) indique une autre édition de 1491, imprimée par Guglielmo de Tridino, et que nous n'avons pas rencontrée.

298. — Joannes et Gregorius de Gregoriis, 10 août 1503; 4°. — (Londres, BM; Munich, R)

Alchabitius cum comento.| Cum gratia z priuilegio.

72 ff. n. ch., s.: *a-i.* — 8 ff. par cahier. — C. g. — 45 ll. par page. — Au-dessous du titre, diagramme astronomique. — Dans le texte, trois autres diagrammes.

V. i_7 :... *Impressum Uenetijs per Ioãnem z Gregoriũ de gre| gorijs fratres. anno natiuitatis dñi. 1503. die. 10. Augusti.* Au-dessous, le registre.

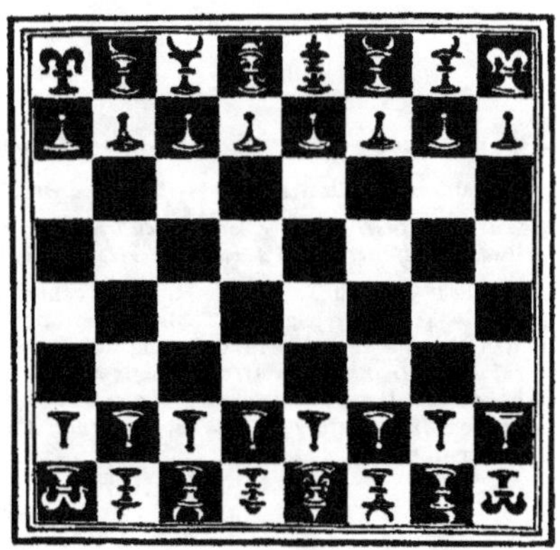

Publicius (Jac.), *Oratoriæ artis ebitomata*, 30 nov. 1482 (v. d_7).

299. — Melchior Sessa, 21 janvier 1512; 4°. — (Londres, BM; Rome, Ca)

Alchabitius cum commento.| Nouiter Impresso.

71 ff. num. et 1 f. blanc, s.: *a-i.* — 8 ff. par cahier. — C. g. — 46 ll. par page. — Au-dessous du titre, diagramme astronomique; dans le bas de la page, marque du Chat, aux initiales ·M· ·S· — Dans le texte, trois autres diagrammes. Plusieurs belles in. o. à fond noir; et une charmante in. *E*, au trait sur fond blanc, plusieurs fois répétée.

V. 71:... *Impressuz Uenetijs p̄ Melchiorem| Sessa. Anno incarnationis dñi| 1512. Die. 21. Mensis| Ianuarij.* Au-dessous, petite marque à fond noir, aux initiales ·M· ·S·

300. — Melchior Sessa & Pietro Ravani, 18 juin 1521; 4°. — (Londres, BM; Rome, Ca)

Preclaꝝ Summi in Astroꝝ Scientia Prin| cipis Alchabitij Opus ad scrutanda Stellaꝝ Magi| steria isagogicũ...

63 ff. num. et 1 f. blanc, s.: *a-h.* — 8 ff. par cahier. — C. g. — 46 ll. par page. — Au-dessous du titre, marque du Chat aux initiales ·M· ·S· — Dans le texte, quatre diagrammes; in. o. à fond criblé.

V. 63: ℂ *Impressum Uenetijs per Melchiorem Sessam z Petrum| de Rauanis socios. Anno dñi. 1521. Die. 18. Iunij.*

301. — Petrus Liechtenstein, 1521 ; 4°. — (Londres, BM)

Preclarū Sūmi in Astro/ rū Scientia Principis Alcha/ bitij Opus ad scrutanda Stellarū/ Magisteria isagogicū... 1521/ Uenetijs In edibus/ Petri Liechtenstein.

64 ff. num., s. : *a-h.* — 8 ff. par cahier. — C. g. — 45 ll. par page. — Quatre diagrammes dans le texte. — R. 64 : *Finis./ Laus deo optimo maximoq3./* Au-dessous, le registre. Au verso, grande marque de l'écu aux trois sphères, avec le nom : *Petrus// Liechtenstein* dans le haut, et, au-dessous : *Anno 1521 Uenetijs.*

1483

ALPHONSE X de Castille. — *Cælestium motuum tabulæ.*

302. — Erhardus Ratdolt, 4 juillet 1483 ; 4°. — (Londres, BM ; Séville, C)

Alfontij regis castellę illustrissimi cęlestiu motuū tabulę : nec nō stellaꝝ fixarū lō/ gitudines ac latitudines alfontij tpe ad motus veritatē mira diligētia reductę...

94 ff. n. ch., dont le 1er est blanc, s. : *a-m.* — 8 ff. par cahier, sauf *m* qui en a 6. — C. g. ; le titre en rouge. — 41 ll. par page. — Tableaux astronomiques, et deux diagrammes vers la fin de l'ouvrage. — Belles in. o. à fond noir.

R. m_6 : *Finis tabulaꝝ astronomicaꝝ Alfontij regis castellę. Impressionem quaꝝ emen/ datissima Erhardꝰ ratdolt augustensis mira sua arte sua ꝛ impensa foelicissimo sidere complere curauit. Anno salutis 1483 Sole in. 20. gradu Cancri gradiente/ hoc ē. 4. noñ. Iulij....* Le verso, blanc.[1]

1483

ISIDORUS Hispalensis. — *Etymologiarum liber.*

303. — S. l. a. & n. t. (Petrus Loslein, 1483) ; f°. — (Londres, BM)

Incipit epistola Isidori iunioris hispalensis epi/ scopi ad Braulionem cęsaraugustanū episcopū.

1 f. blanc, n. ch., et 101 ff. num., s. : *a-k.* — 10 ff. par cahier, sauf *i*, qui en a 12. — C. g. — 2 col. à 58 ll. — Initiales rouges et bleues, faites à la main. — V. 48. Grand arbre généalogique, avec la légende : *Hec est arbor consanguinitatis* sur une banderole enroulée autour du tronc, au-dessus de la racine. — V. 101 : *Finit liber etymologiarum/ Isidori hispalensis episcopi.*[2]

Ce livre est relié avec un autre ouvrage du même auteur : *De sūmo bono*, imprimé en caractères identiques, sur même papier, et qui porte la souscription : ... *Uenetijs per Petrū loslein de Langenceñ./. M. cccc. lxxxiij.*

---

1. Nous ne comptons pas comme livre illustré l'édition Hamman de Landoia, 31 octobre 1492, qui ne contient que des initiales ornées et, en tête du f. A_1, un fragment de bordure au trait sans importance.

2. Nous connaissons de cet ouvrage deux autres éditions vénitiennes, l'une du 11 décembre 1493 (Bonetus Locatellus), l'autre s. l. a. & n. t., et qui ne contiennent également qu'un arbre généalogique. — (Milan, A)

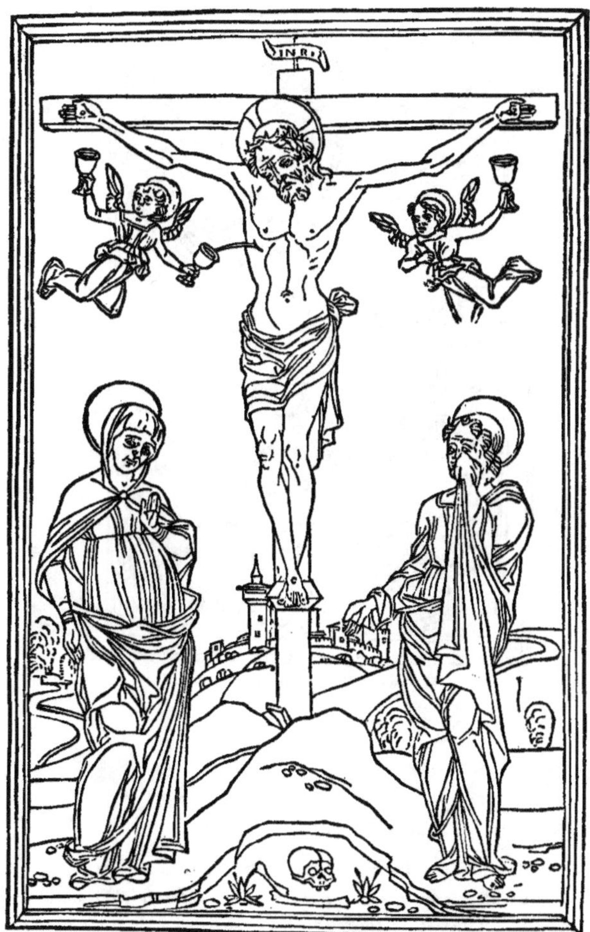

St François d'Assise, *Fioretti*, 22 sept. 1484.

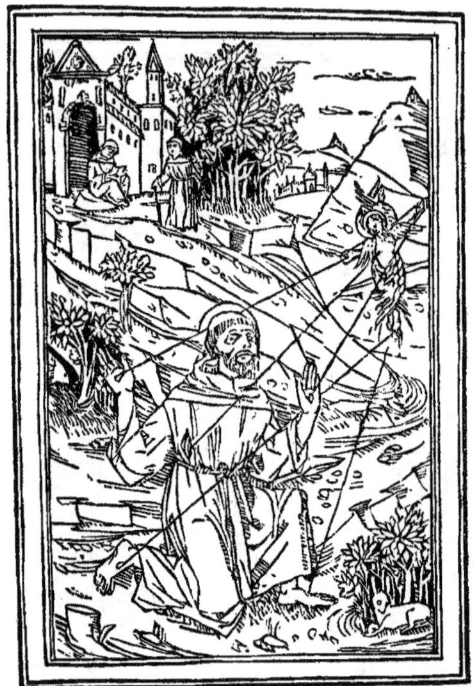

St François d'Assise, *Fioretti*, 15 déc. 1490.

1484

François (S[t]) d'Assise. — *Fioretti.*

304. — Bernardino Benali, 22 septembre 1484; f°. — (☆)

Opera deuotissima : z utilissi/ma a tutti li fideli christiani la ql se chiama li fioreti d miser sãcio/ francesco...

54 ff. num., s. : *a-i.* — 6 ff. par cahier, sauf *a*, qui en a 8, et *i*, qui en a 4. — C. g. — 2 col. à 40 ll. — R. *a*, blanc; au verso : *Crucifixion* au trait, un des bois les plus remarquables qui se rencontrent dans les premiers livres vénitiens (voir reprod. p. 282); copie de la gravure du *Missale*

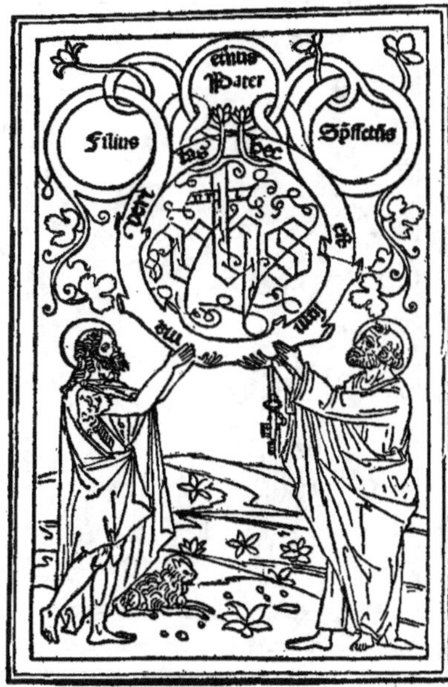

St François d'Assise, *Fioretti*, 11 juin 1493 (r. *a*).

rom., Octaviano Scoto, 31 août 1482 (reprod. dans *Les Missels vén.*, p. 59). — Le titre est en tête de la 1re col. du r. a_2.

V. i_4 : ***Ad honore de la/ gloriosa ꝑzene ma/ria e de miser sãcto/ frãcesco e impressa/ questa deuota oꝑa/ in uenetia per Ber/nardino di Benali/ da Bergamo: del/. Mccclxxx.iiii. a di/. xxii. de septembre.*** Sur la gauche de cette souscription, marque à fond noir.

Notre exemplaire est le seul que nous ayons rencontré de cette édition.

305. — S. n. t., 15 décembre 1490; 4°. — (Venise, C; Florence, L — ☆)

72 ff. n. ch., s. : *a-i*. — 8 ff. par cahier. — C. rom. — 33 ll. par page. — R. *a*, blanc. Au verso, bois de page, légèrement ombré : *St François recevant les stigmates* (voir reprod. p. 283). — R. a_{ii} : ***Opera deuotissima & utilissima a tutti li fideli christia/ni : la qual se chiama li fioreti de misser sancto frãcesco....*** Au commencement du texte, in. o. *P*, à fond noir.

R. i_8 : ***A honore de dio & de la gloriosa uerzene maria : & de misser/ sancto francesco e impressa questa deuota operetta in Vene/sia nel mille quatrocento nonanta Adi quindexe del mese de/ Decembrio. Deo gratias Amen.*** Le verso, blanc.

306. — S. n. t. (Bernardino Benali), 11 juin 1493; 4°. — (Milan, T)

ſ ***Opera deuotissima z vtilissima a tutti li fideli christia/ ni: la qual se chiama li fioreti de misser sancto frãcesco...***

82 ff. n. ch. s. : *a-v*. — 4 ff. par cahier, sauf *v*, qui en a 6. — C. g. — 2 col. à 33 ll. — R. *a* : *St Pierre et St Jean Baptiste soutenant le chrisme* (voir reprod. p. 284). — Au verso : *St François recevant les stigmates* (voir reprod. p. 285). — Le titre est en tête du r. a_{ii}.

V. v_5 : ***A honore de dio z de la gloriosa vergene maria z de/ misser sancto frãcesco Impressa questa opera in Uenezia/nel mille quatrocẽto nonãtatre. A di vndeci del mese de/zunio. Deo gratias. Amen.***

R. v_6, blanc. Au verso : *St Jean l'Evangéliste & St François d'Assise soutenant le chiffre de Marie* (voir reprod. p. 286).[1]

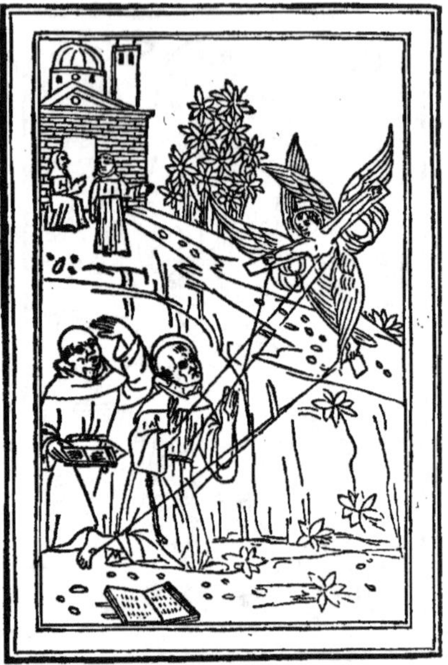

St François d'Assise, *Fioretti*, 11 juin 1493 (v. *a*).

307. — Manfredo de Monteferrato, 4 novembre 1495 ; 4°. — (Londres, FM ; Vérone, C)

OPERA deuotissima & utilissima a tutti li fideli Christiãi laq̃le se chia/ ma li fioretti de misser sancto Frãcesco...

52 ff. n. ch. s. : A-N. — 4 ff. par cahier. — C. rom. — 42 ll. par page. — R. *A*. Encadrement de page à fond noir du Lucain, *Pharsalia*, 4 août 1495, enfermant le bois au trait de l'édition 11 juin 1493 (v. *a*). Le verso, blanc. — Le titre est en tête du r. A_{ii}. Au commencement du texte, jolie in. *P*, au trait, avec figure d'un religieux écrivant. — Autres petites in. o. à fond noir.

R. N_4 : ¶ *A honore de dio : & della gloriosa uerzene Maria : & de mis/ ser sancto Francesco e impressa questa deuota operetta/ in Venetia. nel Mille e quatrocento nonantacinq3 : a/ di quatro del mese de Nouenbre. Per mi/ Manfredo de monferra da/ streuo. Deo gratias./ Amen./ FINIS.* Le verso, blanc.

308. — Georgio Rusconi, 26 juillet 1502 ; 4°. — (Venise, M ; Modène, E — ☆)

Questi sono li fioretti de sancto Francesco.

48 ff. n. ch., dont le dernier est blanc, s. : *A-M*. — 4 ff. par cahier. — C. rom.; titre g. — 2 col. à 43 ll. — Au-dessous du titre, bois au trait de l'édition 11 juin 1493 (v. *a*). Le verso, blanc. — R. A_{ii}. Au commencement du texte, in. o. *P*, de l'édition précédente. — Autres petites in. o. à fond noir.

V. M_3 ; ¶ *A honore de dio :.... e impressa questa deuota operetta ĩ/ Venetia ꝑ me Zorzo de Rusconi Mila/nese. nel. M. cccc.ii. adi. xxvi. de Luio.*

---

1. Les deux grands bois du r. *a* et du v. v_6, qui forment une couverture illustrée, ont été employés dans une série d'ouvrages de même format et sans nom d'imprimeur, mais imprimés avec les mêmes caractères et affectant les mêmes dispositions typographiques : Damianus (Petrus), *Chome langelo amaestra lanima*, 29 nov. 1493 ; S. Bernardino, *De la confessione*, s. a.; *La Vita e li miracoli di S. Antonio de Padoa*, s. a.; *Il gran lamento de la Virgine Maria*, s. a.; *Monte de la Oratione*, s. a.; *Zardino de Oration*, 1494; Iustiniano (Lorenzo), *Doctrina della vita monastica*, 20 oct. 1494. Or, parmi les privilèges conservés dans les cartons de l'Archivio di Stato de Venise, il s'en trouve un, en date du 15 février 1493 (1494, nouv. st.), accordé à Bernardino Benali, pour " le opere del B. Lorenzo Giustiniani ". Nous croyons que cette désignation ne peut s'appliquer qu'au *Doctrina della vita monastica* de 1494, et que, par conséquent, il faut attribuer au même Bernardino Benali l'impression des autres livres que nous venons de mentionner, ainsi que du *Fioretti* de 1493.

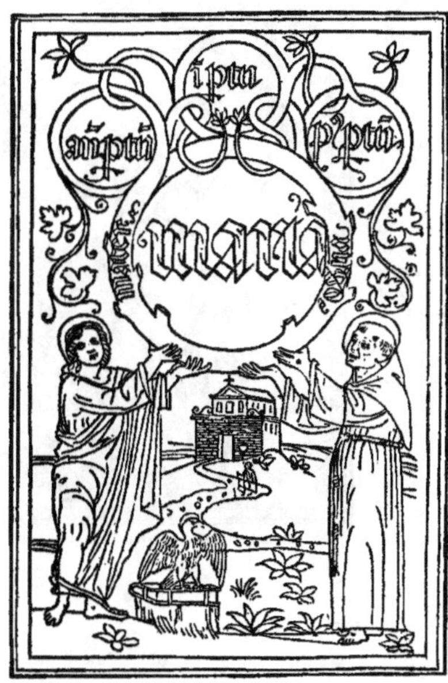

St François d'Assise, *Fioretti*, 11 juin 1493 (v. v_6).

309. — Joanne Tacuino, 29 novembre 1504 ; 4°. — (Bologne, C)

Questi Sono Li Fioreti De/ Sancto Francesco.

48 ff. n. ch., dont le dernier est blanc, et s. : *A-M.* — 4 ff. par cahier. — C. rom.; titre g. — 2 col. à 43 ll. — Au-dessous du titre, bois au trait de l'édition 11 juin 1493 (v. *a*). Le verso, blanc. — In. o. à fond noir.

V. M_3 : ℂ *A honore de dio : & de la gloriosa/ uerzene Maria: & de misser scõ frãce/ sco e impressa q̃sta deuota opereta in/ Venetia p̱ me Zoãne tacoino da tri/no nel M.ccccc.iiii. adi. xxix. de No/uembre./ FINIS.*

310. — S.n.t., 27 mars 1509; 4°. — (Modène, E)

Questi Sono Li Fioreti/ De Sancto Francesco.

48 ff. n. ch. s. : *A-M.* — 4 ff. par cahier (le dernier f. manque dans cet exemplaire). — C. rom. ; titre g. — 2 col. à 42 ll. par col. — Au-dessous du titre, bois ombré, à la manière florentine: *St François recevant les stigmates* (voir reprod. p. 287). La page est ornée de l'encadrement à fond noir du Lucain, *Pharsalia*, 4 août 1495. Le verso, blanc. — R. A_{ii}. Au commencement du texte, in. o. *P.*, au trait, signalée dans l'édition 4 novembre 1495.

V. M_3 : ℂ *Qui finisse li Fioretti de sancto Frã/ cesco nouamente stampate.... Impresse in Venetia : nel. M.D.IX./ adi. xxyii. de Marzo.*

311. — Piero Quarengi, 12 août 1512 ; 4°. — (Milan, T — ☆)

Questi sono li Fioreti de san/cto Francesco Noua/mente Stampati.

48 ff. n. ch., dont le dernier est blanc, s. : *A-m.* — 4 ff. par cahier. — C. g. — 2 col. à 45 ll. — Au-dessous du titre, bois de l'édition 27 mars 1509. La page est entourée d'un encadrement formé, en haut et en bas, d'un fragment de bordure ornementale à fond noir, et de cinq petites vignettes sur chacun des deux côtés. Le verso, blanc.

V. m_3 : ℂ *Impresso in Uenesia per magistro/ Piero di quarengi da Bergamo./ M.D.Xij. Adi. xij. Auosto.*

312. — Zuan Francesco et Zuan Antonio Rusconi, 2 mai 1522 ; 8°. — (Vienne, R)

Questi sono li fioretti d' / sctõ Frãcesco. Ne liq̃li / se cõtiene la vita z li / miracoli che lui fece ĩ vita.

80 ff. n. ch., dont le dernier est blanc, s : *A-K*. — 8 ff. par cahier. — C. g. — 2 col. à 34 ll. — Au-dessous du titre, petite vignette ombrée médiocre : *St François recevant les stigmates*. Bordure de page ornementale. — Au verso : *Crucifixion*, avec monogramme I, empruntée du *Colletanio de cose nove spirituale*, Zoppino, 31 janvier 1509. — In. o. à fond noir.

R. K_7 :... *Stãpato in Uenetia p̃ Zoã / Francesco z ʒoã Antonio di Rusconi. Nel Anno del si / gnore. M.cccccxxij. Adi. ij. de Maʒo*... Le verso, blanc.

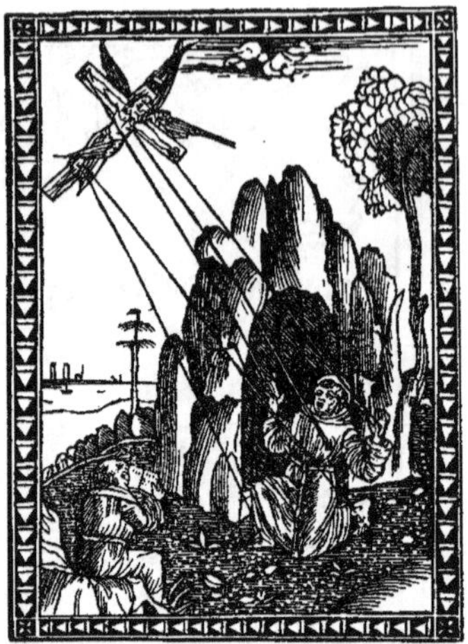

St François d'Assise, *Fioretti*, 27 mars 1509.

1484

PTOLEMÆUS (Claudius). — *Liber Quadripartiti.*

313. — Erhardus Ratdolt, 15 janvier 1484 ; 4°. — (Londres, BM ; Munich, R)

Liber Quadripartiti Ptolomęi id ẽ / quattuor tractatuũ : in radicanti discre / tione p̱ stellas d' futuris z ĩ hoc mundo / cõstructiõis z destructiõis cõtingẽtib'...

68 ff. n. ch., s. : *a-h*. — 8 ff. par cahier, sauf *h*, qui en a 12. — C. g. ; titre en rouge. — 2 col. à 42 ll. — Recto du premier f., blanc. Au verso, diagramme astronomique. — Un autre diagramme dans le texte. — Belles in. o. à fond noir.

R. h_{12} : *Impressum in Uenetijs per Erhar / dum ratdolt de Augusta. Die. 15. men / sis Ianuarij. 1484*. Le verso, blanc[1].

1485

GUARINUS Veronensis. — *Grammaticales Regulæ.*

314. — Bernardino Benali, 25 mai 1485 ; 4°. — (Vienne, I)

GVARINI VERONENSIS VIRI PERitis / simi grammaticales regulæ incipiunt.

34 ff. n. ch., dont le premier est blanc, et s. : *a* (8), *b* (6), *bb* (4), *c* (8), *d* (8). — C.

1. L'édition du 22 décembre 1495 (Bonetus Locatellus) ne contient que des figures géométriques. — (Munich, R)

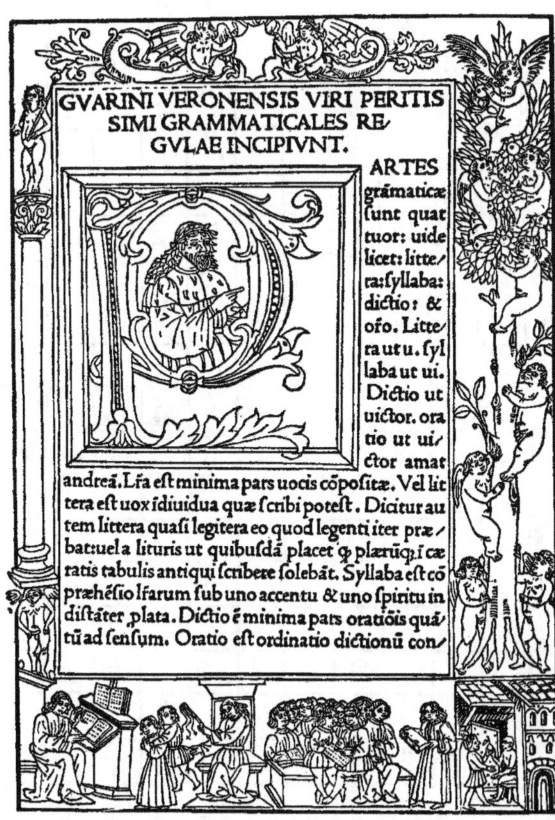

GVARINI VERONENSIS VIRI PERITIS SIMI GRAMMATICALES REGVLAE INCIPIVNT.

ARTES grãmaticæ ſunt quattuor: uidelicet: littera: ſyllaba: dictio: & orõ. Littera ut u. ſyllaba ut ui. Dictio ut uictor. oratio ut uictor amat andreã. Lr̃a eſt minima pars uocis cõpoſitæ. Vel littera eſt uox īdiuidua quæ ſcribi poteſt. Dicitur autem littera quaſi legitera eo quod legenti iter præbat: uel a lituris ut quibuſdã placet ꝙ plærũq; ī cæratis tabulis antiqui ſcribere ſolebãt. Syllaba eſt cõpræhẽſio lr̃arum ſub uno accentu & uno ſpiritu indiſtãter ꝓlata. Dictio ẽ minima pars oratiõis quãtũ ad ſenſum. Oratio eſt ordinatio dictionũ con-

Guarinus Veronensis, *Grammaticales regulæ*, 9 août 1488.

rom. — 26 et 27 ll. par page. — R. a_{ii}. Encadrement de page à motif d'entrelacs sur fond noir, copie de celui du Monteregio, *Kalendarium*, 9 août 1482. Au commencement du texte, in. o. *P* du même style. — Dans le corps de l'opuscule, in. o. du même genre, plus petites.

R. d_8: *Venetiis per Bernardinum de Be/naliis Bergomẽsẽ. M.cccc.lxxxv./ die. xxy. Madii.* Le verso, blanc.

	Zenaro	Febraro	Marzo	Aprile	Mazo	Zugno	Luio	Agosto	Setembrio	Octubrio	Nouembrio	Decembrio
A	1 / 31 19 / 8 613 / 381	0 0 0	1 / 31 15 / 9 992 / 83	29 22 605	29 11 318	28 0 31	27 12 824	26 1 537	24 14 250	24 2 1048	22 15 256	22 4 469
B	20 17 182	19 5 925	20 18 688	19 7 401	18 20 144	17 8 907	16 21 20	15 10 333	13 23 46	13 11 839	12 0 552	11 13 262
C	10 1 1058	8 14 771	10 3 484	8 16 197	8 4 490	6 17 203	6 6 416	4 19 124	3 7 922	2 20 632	1 / 30 9 / 22 348 / 61	30 10 854
D	28 23 567	27 12 280	28 0 1021	26 13 786	26 2 499	26 15 212	24 3 1005	22 16 718	21 5 431	20 18 144	19 6 937	18 19 650
E	17 8 363	15 21 76	17 9 869	15 22 582	15 11 295	14 0 8	13 12 801	12 1 514	10 14 227	10 2 1020	8 15 733	8 4 446
F	6 17 159	5 5 952	5 18 665	5 7 378	4 20 91	3 8 884	2 21 597	1 / 30 10 / 23 310 / 23	29 11 816	29 0 529	27 13 242	27 1 1032
G	25 14 748	24 3 461	25 16 174	24 4 967	23 17 680	22 6 393	21 19 106	20 7 899	18 20 612	18 9 325	16 22 38	16 10 831
H	14 23 544	13 12 527	14 0 1050	12 13 763	12 2 486	10 15 199	10 3 992	8 16 705	7 5 418	6 18 131	5 6 924	4 19 637
I	3 8 350	1 21 63	3 9 856	1 22 569	1 / 30 11 / 23 281 / 551	29 12 288	29 1 501	27 14 214	26 2 1007	25 16 720	24 4 433	23 17 146
K	22 5 939	20 18 652	22 7 365	20 20 78	20 8 871	18 21 584	18 10 297	16 23 10	15 11 803	15 0 516	13 3 229	3 1 1022
L	11 14 735	10 3 448	11 16 161	10 4 954	9 17 667	8 6 380	7 19 93	6 7 886	4 20 599	4 0 312	2 22 25	2 / 31 10 / 23 881 / 531
M	30 2 244	29 0 103	29 17 750	28 2 463	27 15 176	26 3 969	25 16 682	24 5 295	22 18 108	22 6 901	20 19 614	20 8 327
N	18 21 40	17 9 833	18 22 546	17 11 259	16 23 1052	15 12 761	15 1 478	13 13 191	12 2 984	11 15 697	10 4 420	9 17 123
O	8 5 916	6 18 629	8 7 342	6 20 55	6 0 848	4 2 61	4 10 274	2 22 1066	1 11 780	1 / 30 0 / 13 393 / 313	29 1 999	28 14 712
P	27 10 900	25 23 613	26 12 326	25 1 39	24 3 832	23 2 545	22 15 258	21 3 1051	19 16 764	19 5 427	17 18 190	17 6 983
Q	15 19 696	14 8 409	15 21 222	14 9 915	13 22 628	12 11 341	12 9 54	10 12 547	9 1 560	8 14 273	7 2 1066	6 15 779
R	5 4 492	3 17 205	5 5 998	3 18 711	3 7 424	1 20 137	1 / 30 8 / 21 931 / 611	29 10 356	27 23 69	27 11 862	26 0 575	25 13 288
S	24 2 1	22 14 794	24 3 507	22 16 220	22 4 1013	20 7 726	20 6 459	18 19 152	17 7 945	16 29 658	15 9 321	14 22 84
T	13 10 877	11 13 59	12 12 303	11 1 26	10 13 809	9 2 522	8 15 235	7 3 1028	5 6 741	5 5 454	3 18 167	3 6 960

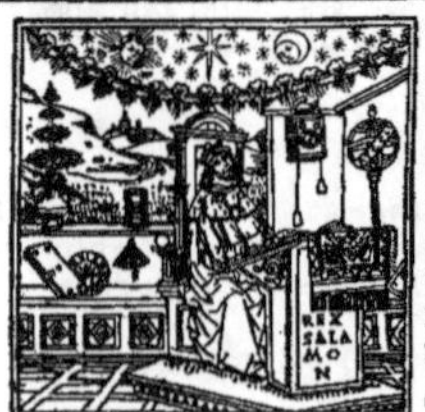

Questa sie la tauola di Salomone nelaquale se pol saper inperpetuo aquanti di del mese & aquante hore & ponti se fa la luna: E sapi che del 1489 corre per letera A: e del 1490 corre B: e del 1491 corre C: e del 1492 correra D: e cosi ogni anno vien ingiuso vna letera i fino che sarai in capo cioe al T: & dapoi torna dacapo acomenzar dal A: e cosi ogni anno saperai la letera che corre: & quando uoi sapere el fare de la luna piglia la letera che corre i lanno done sei e vien per dritto fin che sei per mezo el mese done che sei detro e la tien fermo co el dedo che te deschiarerano tutte le promesse E sapi che ponti 1080 fano vnhora. Stampata per Nicolo ditto Castilia.

Calendrier imprimé à Venise en 1488.

315. — Nicolaus dictus Castilia[1], 9 août 1488 ; 4°. — (☆)

GVARINI VERONENSIS VIRI PERITIS/ SIMI GRAMMATICALES RE-/ GVLAE INCIPIVNT.

32 (8,8,8,8) ff. n. ch., s. : *a-d*. — C. rom. — 29 ll. par page. — R. a. Encadrement de page au trait, et grande in. o. *P*, avec figure d'un professeur couronné de laurier (voir reprod. p. 288).

R. d_8 : *Laus omnipotenti deo./ Impressum Venetiis per Nicolaũ dictũ Castilia. Anno./ M.CCCCLXXXVIII. Die. viiii. mensis Agusti* (sic). Au-dessus, petite marque, au trait, ue la *Sirène* à double queue. Le verso, blanc.

316. — Guglielmo de Tridino, 2 novembre 1491 ; 4°. — (Londres, BM)

GVARINI VERONENSIS VIRI PERITISSIMI/ GRAMMATICALES REGVLE INCIPIVNT.

24 (8,8,8) ff. n. ch. dont le dernier est blanc, et s. : *A-C*. — C. g. ; titre en capit. rom. — 36 ll. par page. — Le f. *A* manque dans l'exemplaire. — R. A_{ij} : encadrement de page à motif ornemental, au trait ; au commencement du texte, jolie in. o. *P* au trait, avec figure d'un professeur assis, tenant sa férule, et devant qui est debout un enfant tenant un livre ouvert.

V. C_7 :... *Gulielmus Tridinẽsis/ cognomento Anima mia : cuius opera hoc opusculuȝ Uene/ tijs fuit descriptum.... die ij./ mensis nouẽbris. .M. cccclxxxxj.*

317. — Ioanne Tacuino, 15 juillet 1507 ; 4°. — (Vienne, I)

Regulae Guarini Veronẽsis per Nicolaũ/ ferettum rhauennatẽ eius discipulum/ quibusdam in locis vtilioribus emẽ/ datae :...

28 ff. n. ch., s. : *A-D*. — 8 ff. par cahier, sauf *D*, qui en a 4. — C. rom. ; titre g. — 33 ll. par page. — Au-dessous du titre, bois emprunté du Barbara (Antoninus), *Oratio ad clarissimum senatum civit. Calatagyroni*, s. n., 1er avril 1503. — Au verso : figure de la *Sibylle*, avec monogramme [illegible], du Valerius Probus, *De interpret. Roman. litteris*, 20 avril 1499. — In. o. à fond noir.

V. D_4 : ℂ *Impressum Venetiis per Ioannem Tacuinum de Tridino./ M.D.VII. Die. XV. Iulii.*

318. — Bernardino Benali, 3 mars 1511 ; 4°. — (Rome, A)

Guarini veronensis viri peritis/ simi grammaticales regule incipi/ unt :...

Un seul cahier de 22 ff., s. : *a*. — C. g. — 36 ll. par page. — Page du titre : encadrement à figures ; bloc du haut : *Nativité de J.-C.* ; côté extérieur : trois vignettes hagiographiques séparées par des légendes en noir ; côté intérieur : quatre vignettes du même genre, mais plus petites, disposées de même ; bloc du bas : *Embrassement devant la Porte Dorée*. Au commencement du texte, in. o. *P*, avec figure en buste d'un personnage couronné de laurier.

V. du dernier f. : *Uenetijs ꝑ Bernardinũ Benaliũ. M.ccccc.xi. die. iij. Martij.*

1. Nicolo de Balager, surnommé « Castilia », sans doute à cause du lieu de son origine (*Balaguer*, petite ville de Catalogne ? ou *Balaguères*, village du département de l'Ariège, près de Castillon ?). Nous n'avons à citer, comme sorti des presses de cet imprimeur — outre l'édition du Guarinus — qu'un seul autre ouvrage, dont on trouvera plus loin la description : Marco dal Monte S. Maria in Gallo, *Libro de la divina lege*, 1er février 1486, et un Calendrier, conservé à l'Archivio di Stato de Venise, et imprimé en 1488. Ce Calendrier, feuille volante de 45×32 cm., dont nous donnons la reproduction (voir p. 289), est orné d'une vignette au trait qui fut employée par Simon de Luere, en 1510, dans un *Tractatulus ad convincendum Iudaeos de errore suo*, en 1511 dans un *Horologio de la sapientia*, et qu'on retrouve en 1515 dans un Granolachs, *Summario de la luna*, imprimé par Ioanne Tacuino. — Notre exemplaire du Guarinus de 1488 est le seul que nous connaissions.

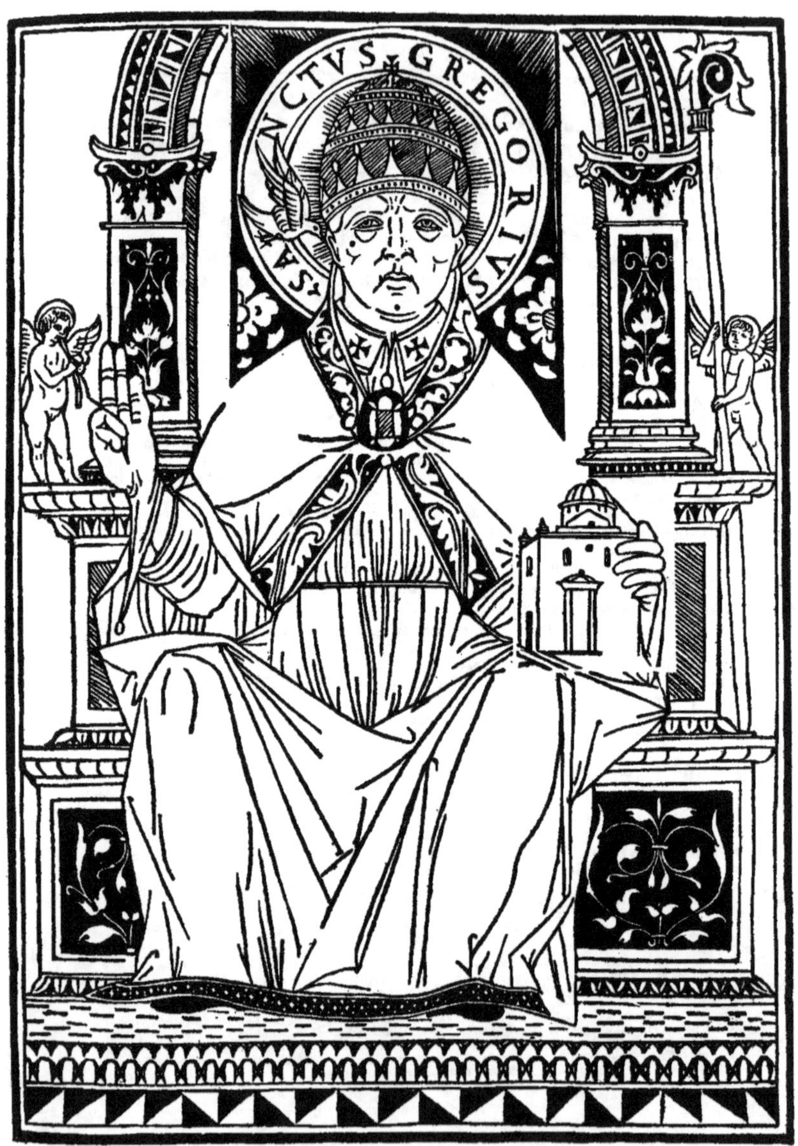

Morali di san Gregorio papa vulgari in lingua toschana

1485

ABEN-ESRA [Abraham Iudæus]. — *De nativitatibus.*

319. — Erhardus Ratdolt, 24 décembre 1485 ; 4°. — (Rome, Co)

℄ *Incipit liber Abraham iudei de natiuitatibus.*

30 ff. n. ch. s. : *a-d.* — 8 ff. par cahier, sauf *d* qui en a 6. — C. g. — 38 ll. par page. — R. du 1er f. blanc ; au verso, figure astronomique au trait. Le titre est en tête du r. a_2. — Dans le texte, autres figures schématiques ; jolies in. o. à fond noir, de diverses grandeurs.

R. d_6 : *Finit felicit opusculū abrahe iudei de natiuitatibus... Impressū venetijs arte ꝛ impensis Erhardi ratdolt/ de augusta. Anno salutifere incarnatiōis dñice. M. cccc. lxxxv. nona/ Kalendas Ianuarij.* Le verso, blanc.

1485 *(circa)*

320. — *Guerra (La) de Ferrara.* S. l. n. d. (Venezia, v. 1485). In-4°., goth., à 2 col. ; fig. s. b. — Petit poème fort rare en *ottava rima* de 81 octaves. — (Deschamps, I, col. 577)

1486

GRÉGOIRE (St) le Grand. — *Moralia.*

321. — (Firenze) Nicolo della Magna, 15 juin 1486 ; f°. — (Munich, R ; Bologne, U ; Vérone, C ; Modène, E)

Morali di San Gregorio papa vulgari in lingua toschana.

626 ff. n. ch., s. : *a-ʒ, ꝛ, ꝯ, aa-ii, ll-uu, A-Q, Aa-Ii, Ll-Ss.* — 8 ff. par cahier, sauf *a, ff, gg, Aa*, qui en ont 10 ; *uu*, qui en a 12 ; *Ss*, qui en a 6. — C. rom. — 2 col. à 43 ou 44 ll. — L'ouvrage est ordinairement divisé en deux volumes, dont le nombre de ff. varie d'un exemplaire à l'autre. Dans certains exemplaires, on a ajouté, en tête du premier cahier, un feuillet où le titre est imprimé, tantôt au-dessus, tantôt au-dessous d'un grand bois représentant *St Grégoire*, et qui est, sans aucun doute, d'origine vénitienne (voir reprod. p. 291). Comme plusieurs autres figures de saints que nous avons à signaler dans différents ouvrages, celle-ci comporte deux fragments amovibles, dont l'un ou l'autre pouvait être remplacé pour modifier le personnage représenté : d'une part, la tête et le buste ; d'autre part, la main gauche soutenant l'église symbolique. — Le r. *a* est blanc ; au verso : *Tauola del primo libro del libro de mo/ rali di sancto Gregorio papa.* — Le v. ff_{10}, le r. *gg*, et le r. *Aa* sont également blancs.

V. Ss_5 : *Fine del libro trigesimo quinto : et ulti/ mo de morali di sancto Gregorio Papa... Impresso nella dignissima/ cicta di Firenze per Nicholo di Lorenzo/ della Magna. Nellanno dalla natiuita del/ Signore. M.CCCC.LXXXVI. Adi./ XV. del mese di Giugno.* Au-dessous, une note biographique sur St Grégoire. — R. Ss_6 : le registre, disposé sur quatre col., et qui se termine au verso par les mots : *LAVS DEO.*

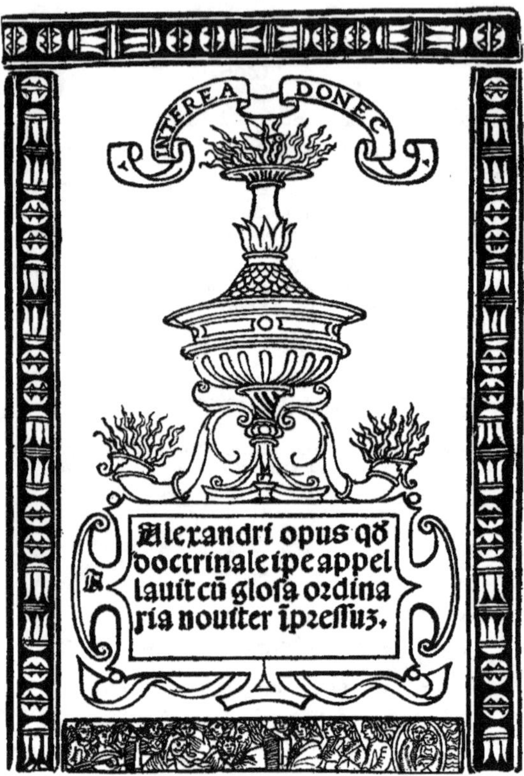

Alexander Grammaticus, *Doctrinale*, 4 juillet 1486.

1486

ALEXANDER Grammaticus. — *Doctrinale.*

322. — Pietro Cremonese, 4 juillet 1486; 4°. — (Venise, Libr. S. Rosen, 1904)

Alexandri opus qđ/ doctrinale ipe appel/ lauit cũ glosa ordina/ria nouiter ĩpressuꝫ.

84 ff. n. ch., s.: *a-l*. — 8 ff. par cahier, sauf *l*, qui en a 4. — C. g. de deux grosseurs différentes. — De 37 à 43 ll. par page. — R. *a*. Frontispice (voir reprod. p. 293). Au verso, quatre distiques latins. — Belles in. o. à fond noir.

V. l_4 : ℭ *Alexandri grammatici opus interpretatum a Uiro eruditissimo grammatico Domino Ludo/ uico de guaschis. Impressum Uenetijs Anno salutis. M.cccc. lxxxvj. Die. iiij. mensis Iulij. Per/ Petrum Cremonensem dictum veronensem*... Au-dessous, le registre.

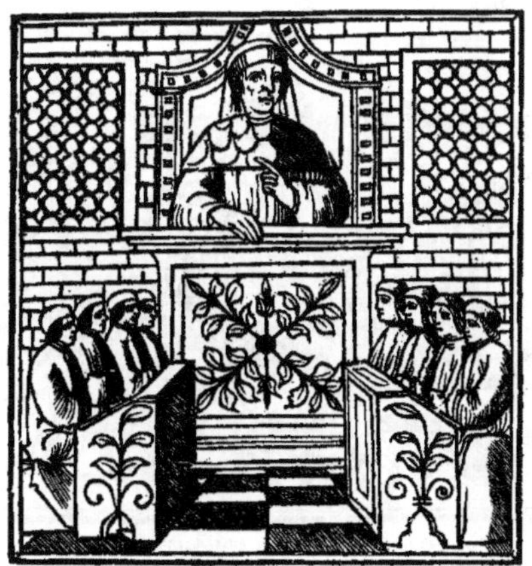

Alexander Grammaticus, *Doctrinale*, 8 juin 1513 (p. du titre).

323. — Guglielmo de Monteferrato, 3 février 1488; 4°. — (Rome, Co)

Opus Alexādri grāmatici pro eruditiōe pueroꝝ:...

100 ff. n. ch., dont le premier et les deux derniers sont blancs, s.: *a-n*. — 8 ff. par cahier, sauf *n*, qui en a 4. — C. g. — 43 ll. par page. — R. a_2. Encadrement d'arabesques sur fond noir, emprunté du S. Bonaventura, *Devote Meditationi*, 1487. Au commencement du texte, in. o. *S* du même genre.

V. n_2 : ....*Impressum Uenetijs diligētia ꝛ industria Guilelmi de monte ferrato tridinēseꝫ* (sic). *M.cccc.lxxxviij. die/ tertia Februarij*... Au-dessous, le registre.

324. — Bernardino Benali, 1488; f°. — (Naples, N; Berlin, R)

64 ff. n. ch., dont le premier et le dernier sont blancs, s.: *a-k*. — 6 ff. par cahier, sauf *a*, *b*, qui en ont 8. — C. g. — Nombre de lignes par page, variable. — R. a_{ij} : *Opus alexandri grāmatici pro eruditione puerorum. Incipit.* Bel encadrement d'entrelacs sur fond noir. — In. o. à fond noir.

V. k_4 : *Explicitus est alexander grammaticus/... Anno domi/ ni Millesimo quadringente/ simo octuagesimo/ octauo.* — R. k_5 : *Uenetijs per Bernardinum benalium.* Au-dessous, le registre. Le verso, blanc.

325. — Melchior Sessa, 8 juin 1513; 4°. — (Bologne, C)

Doctrinale cum/ commento.

84 ff. num., s.: *a-l*. — 8 ff. par cahier, sauf *l*, qui en a 4. — C. g. — Texte en vers encadré par le commentaire; 50 ll. par page. — Au-dessous du titre, bois ombré (voir reprod. p. 294). Au bas de la page, petite marque du Chat aux initiales ·M· ·S·. Le verso, blanc. — R. A_2. Belle in. o. *S* à fond noir, avec une figure d'oiseau et deux *putti* ailés.

R 84: ℂ *Impressum Uenetijs per Melchiorem Sessa Anno dñi. 1513. die. 8. Iunij.* Au-dessous, le registre. Au bas de la page, petite marque à fond noir, aux initiales ·M· ·S·. Le verso, blanc.

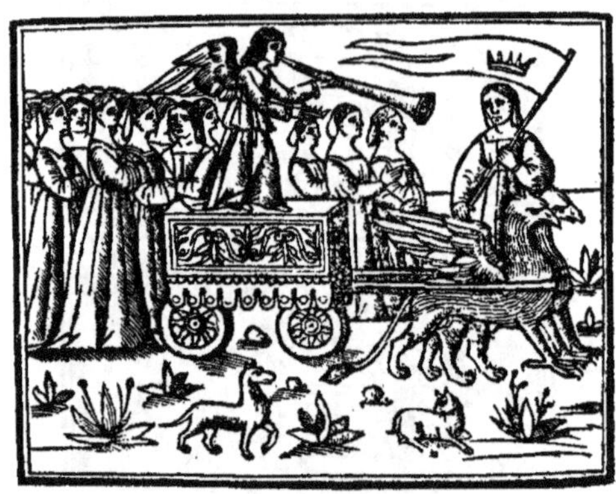

Alexander Grammaticus, *Doctrinale*, 4 mai 1519 (v. du titre).

326. — Alexandro Bindoni, 4 mai 1519; 4°. — (Rome, Al)

Doctrinale cum comento.

66 ff. n. ch., s.: *A-H*. — 8 ff. par cahier, sauf *H*, qui en a 10. — C. g. — 59 ll. par page. — Au-dessous du titre, bois de l'édition 8 juin 1513. Au verso, bois oblong: *Triomphe de la Renommée* (voir reprod. p. 295). R. R_{ii}: ℂ *Opus Alexādri grāmatici pro eruditione pueroꝝ. Incipit.* — In. o. à fond noir et à fond criblé, de diverses grandeurs.

V. H_9: *Uenetijs per Alexandrum de Bindonis/ M cccccxix. die. iiij. Maij.* R. H_{10}: marque de la *Justice*, aux initiales ·A· ·B·. Le verso, blanc.

1486

Chiromantia.

327. — Bernardino Benali, juillet 1486; 4°. — (Vienne, I)

ℂ *Ex diuina philosophorum achademia secūdum nature vires ad extra/ chyromanticio diligentissime collectum.* ℂ *Exordium.*

24 ff. n. s., et num. par erreur: 28. — 4 ff. par cahier. — C. g. — 39 ll. par page. —

R. *i*. Au commencement du texte, grande in. *P*, ornée d'arabesques, sur fond noir. — Du r. du 2me f. au v. du 12me (qui est chiffré par erreur : 16), 21 figures représentant les signes de la main, avec leur explication.

R. du 24me f. (chiffré : 28) : *Ex diuina philosophoruȝ achademia collecta chyromantica scientia na/ turalis ad laudeȝ dei finit : que impressa fuit Uenetijs per Bernardinuȝ de/ Benalijs. 1486. Idibus Iulij*. Le verso, blanc.

328. — Bernardino Benali, octobre 1493 ; 4°. — (Vienne, I)

Ex diuina philosophorum achademia secundum nature uires ares ad ex/ trachyromanticio diligentissime collectum. Exordium.

24 ff. n. ch., s. : *a-f*. — 4 ff. par cahier. — C. rom. — 37 ll. à la première page 41 et 43 ll. à partir de *d*. — Du r. a_{ii} au v. c_4, 22 figures représentant les signes de la main, avec leur explication.

V. f_4 : *Ex diuina philosophorum achademia collecta chiromantica scien/ tia naturalis ad laudem dei finit : que impressa fuit Venetiis per Ber/ nardinum Benaliũ. M.cccc.Lxxxxiii. de mense Octobri.*

329. — Bernardino Benali, 25 novembre 1499 ; 4°. — (Vienne, I)

Opus pulcherrimuȝ chi/ romantie cum mul/ tis additiõibus/ nouiter im/ pressuȝ

36 ff. n. ch., s. : *a-e*. — 8 ff. par cahier, sauf *e*, qui en a 4. — C. g. — 32 ll. par page. — Du r. a_{iij} v. au b_5, 21 figures représentant les signes de la main, avec leur explication.

R. e_4 : ℭ *Ex diuina philosophorum achademia collecta chi/ romantica scientia naturalis ad laudem Dei finit. que/ Impressa fuit Uenetijs per Bernardinum Benaliũ/ M.CCCCXCIX. Die. xxv. Nouembris*. Le verso, blanc.

330. — Erhardus Ratdolt, s. a. ; 4°. — (Londres, B M)

Ex diuina philosophorum academia ; secundum nature vires ad extra : chyromantitio : diligentissime collectum.

26 (8, 8, 10) ff. n. ch., dont le dernier est blanc, et s. : *a-c*. — C. g. — 37 ll. par page. — 21 figures explicatives des signes de la main. — Une in. o. *P*. à fond noir.

V. c_9 : ... *Impressum Uenetijs per magistrum Er/hardum ratdolt de Augusta.*

331. — Erhardus Ratdolt, s. a. ; 4°. — (Londres, B M)

Incomentia larte diuina dela chyromantia recolta dala excellentissi/ ma schola de philosophi.

28 (8 8, 6, 6) ff. n. ch., s. : *a-d*. — C. g. — 37 ll. par page. — 21 figures explicatives des signes de la main. — Une in. o. *E*, à fond noir.

R. d_6 :... *Stampata Uenetie di maister Erhardo ratdolt*. Le verso, blanc.

1486

Bartholomeo Miniatore. — *Formulario de epistole.*

332. — Pietro Cremonese, 3 septembre 1486 ; 4°. — (Milan, M)

ℭ *Formulario de epistole vulgare missiue e responsiue ꝛ/ altri fiori d'ornati parlamenti... Composto per Bartholomio miniatore...*

44 ff. n. ch. s. : *a-f*. — 8 ff. par cahier, sauf *f*, qui en a 4. — 37 ll. par page. —

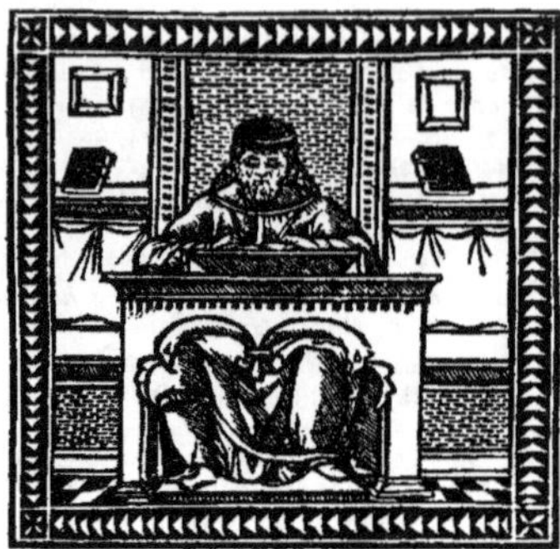
Bartholomeo Miniatore, *Formulario*, 5 sept. 1506.

R. *a*, blanc. Au verso, deux vignettes superposées : *Bresa de Lombardia* et *Ferara*, empruntées de l'illustration du *Supplementum chronicarum* dont l'impression allait être achevée le 15 décembre de la même année. Le titre, en tête du r. a_2. — In. o. *S*, à fond noir, au commencement du texte.

R. f_4 : *Qui finisse questa operetta chiamata Formulario stã/ pata ĩ Uenetia ꝑ Pietro Cremõeso dicto Ueroneso :... Ne lanno del nostro/ signore. M.cccc.lxxxvi. Adi. 3. de Septembrio.* Au-dessous, le registre. Le verso, blanc.

333. — Bernardino de Novara, 19 juillet 1487 ; 4°. — (Venise, M)

Formulario de epistole uulgare missiue & responsiue & al/ tri fiori de ornati parlamenti... Cõ/posto per Bartholamio miniatore...

44 ff. n. ch., s. : *a-f*. — 8 ff. par cahier, sauf *f*, qui en a 4. — C. rom. — 34 ll. par page. — R. *a*; Deux vues de villes : MILANO et NOVARA. Au verso : FERARA, dans un encadrement à fond noir. Ces trois représentations sont empruntées du *Supplem. chronic.*, 15 déc. 1486. — Le titre est en tête du r. a_{ii}. — In. o. à fond noir.

R. f_4 : *Finisse il libro chiamato Formulario Stampado in Venesia/ per Bernardino da Nouara nel. M. cccc.xxvii. a di. xix. de Luglio.* Au-dessous, le registre. Le verso, blanc.

334. — Batista di Bossi, 20 avril 1492 ; 8°. — (Modène, E)

FORMULARIO DA COMPO/ NERE LETTERE VVLGAR.

60 ff. n. ch., s. : *a-f*. — 8 ff. par cahier, sauf *f* qui en a 10. — C. rom. — 29 ll. par page. — Au-dessous du titre, petite vignette au trait, tirée de la *Bible*, 15 octobre 1490 : Nicolo de Mallermi écrivant dans un cabinet de travail, avec l'inscription : SILENTIVM dans le haut, à gauche. — R. a_{ii} : *Formulario de epistole uulgare missiue & responsi/ ue... Composto ꝑ Bartholomio mi/ niatore...*

R. f_{10}: *Finisse il libro chiamato Formulario stampado ꝑ/ Batista di bossi Milanese & diligẽtemente correcto :/ in Venesia de lãno. M.ccccl xxxxii. a di. xx. aprile.* Au verso, deux petites vignettes superposées : en haut, celle de la page du titre ; au-dessous, celle qui porte l'indication : NEEM/ /IA, provenant aussi de la *Bible* de Mallermi. — Cet opuscule est intéressant, à cause du nom de l'imprimeur, dont nous n'aurons à citer aucun autre ouvrage.

335. — Manfredo de Monteferrato, 5 septembre 1506 ; 8°. — (Londres, BM — ☆)

Ⅽ FORMVLARIO ET EPISTOLARIO/ DA DITTARE LITTERE A OGNI/ PERSONA ET ETIAM INSEGNA/ A RESPONDERE A TVTTI CON/ HORNATO ET ELEGANTE PAR/ LARE...

44 ff. n. ch., s. : *A-L*. — 4 ff. par cahier. — C. rom. — 2 col., à 31 ll. — Au-dessus du titre, bois ombré (voir reprod. p. 297). — R. A_{ii} : *Ⅽ Formulario de Epistole/.... Cõposto/ ꝑ Bartholomio Miniato/ re...*

R. L_4 : *Ⅽ Stampata in Venetia ꝑ maestro Manfredo/ de Monteferrato : de Streuo*

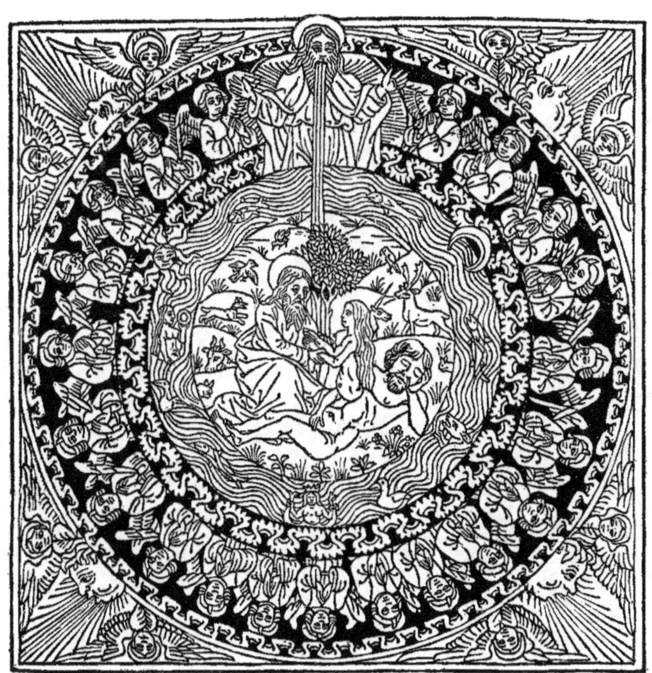

Foresti (Jac. Phil.), *Supplem. chronic.*, 15 déc. 1486 (r. c).

de bono :/ ne lanno del nr̃o Signore./ del. M.CCCCCVI./ Adi V. Setem/ ·:· *bro* ·:· Le verso, blanc[1].

336. — Georgio Rusconi, 5 avril 1508; 8°. — (Florence, L)

Formulario & epistolario/ da dittare littere a ogni/ persona & etiam inse/ gna a respondere à/ tutti cõ ornato &/ elegãte ꝑlare...

40 ff. n. ch., s. : *A-K.* — 4 ff. par cahier. — C. g. ; titre rom. — 2 col. à 35 ll. — Au-dessus du titre, petite vignette au trait, provenant d'une édition des *Epistole & Evangelii*. Bordure de page ornementale, à fond noir.

R. K_4 : ℂ *Stampato in Uenetia/ per maestro ʒorʒi di/ Rusconi Milane/ se ne lanno del/ nr̃o Signore/ M.ccccc./ viij. Adi V de Aprile.* Le verso, blanc.

---

1. L'édition du 28 septembre 1493, du même imprimeur (Londres, FM), ne contient que des in. o. de différents genres, parmi lesquelles est à remarquer surtout un *P*, avec figure de moine écrivant, employé dans plusieurs autres ouvrages. — Quant à l'édition de 1505, que mentionne Brunet (II, col. 1343) sans dire si elle est illustrée, nous ne l'avons pas rencontrée.

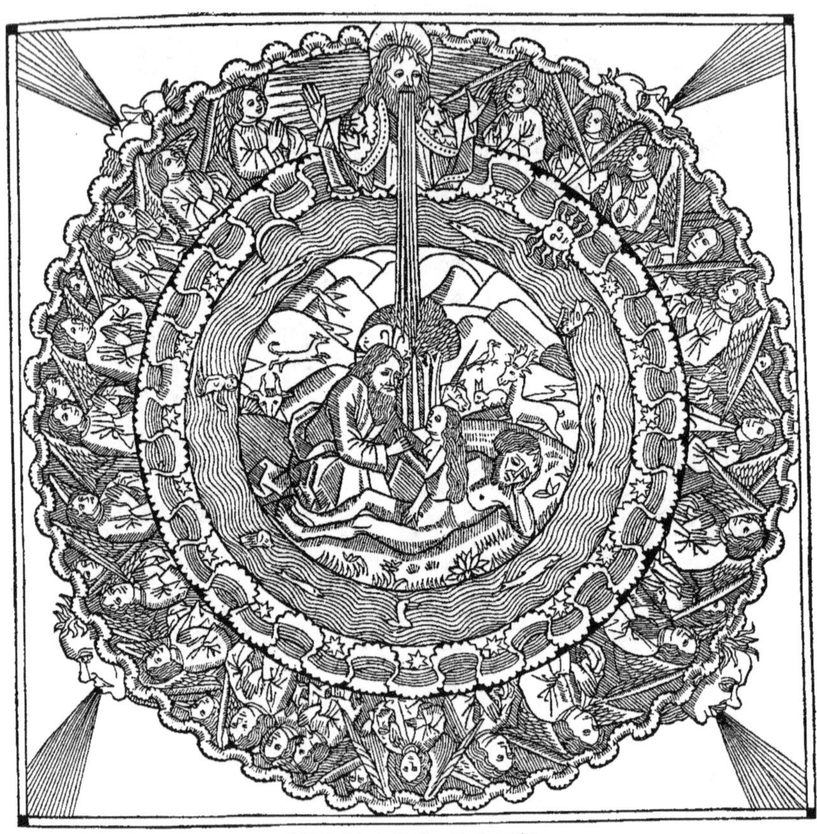

Bible de Cologne (H. Quentell, *circa* 1480).

337. — Manfredo de Monteferrato, 19 avril 1508 ; 8°. — (Paris, N)

Formulario Et Epistolario Da Ditta/ re Littere a Ogni Persona Et Etiam/ Insegna A Respondere A/ Tutti Con Horna/ to Et Elegãte Par/ lare...

44 ff. n. ch. s. : *A-L*. — 4 ff. par cahier. — C. rom. — 2 col. à 31 ll. — Au-dessous du titre, bois de l'édition 5 septembre 1506.

R. L_4 : ℂ *Stampata in Venetia p maestro Manfredo/ de Monteferrato. de Streuo de Bono/ ne. lãno del nostro Signore./ del. M. CCCCCVIII./ Adi. XIX. Aprile.* Le verso, blanc.

338. — Georgio Rusconi, 30 avril 1512; 8°. — (Séville, C)

Formulario & epistolario/ da dittare littere a ogni/ persona & etiam inse/ gna a respondere a/ tutti cō ornato & elegāte plare &/ de tutte le mā/ sione missi/ ue & re/ spon/ siue.

40 ff. n. ch., s. : *A-K*. — 4 ff. par cahier. — C. g. — 2 col. à 35 ll. — Page du titre : bordure ornementale, dont les blocs supérieur et latéraux sont à fond noir. Au-dessus

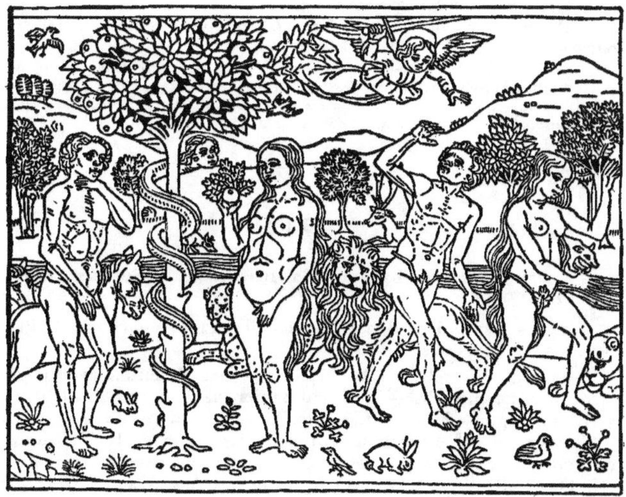

Foresti (Jac. Phil.), *Supplem. chronic.*, 15 déc. 1486 (v. c_2).

du titre, petite vignette ombrée, de très peu d'importance. R. A_2 : ℭ *Formulario De Epistole/ vulgare missiue z respōsiue/... Cōposto per/ Bartholamio miniatore...* — R. I_4 : *FINIS*. Le verso, blanc.

R. K_4 : ℭ *Stampato in Uenetia/ per Zorzi di Ru/ sconi Milane/ se ne lanno del/ nr̄o Signore/ M.ccccc./ xij. Adi vltimo de Aprile.* Le verso, blanc.

339. — Bernardino Vitali, 31 décembre 1512 ; 8°. — (Rome, Al)

Formulario z Epistolario da/ dittare littere ad ogni persona : z etiā insegna a re/ spōdere a tutti cō or/ nato z elegāte par/ lare :...

32 ff. n. ch., s. : *A-H*. — 4 ff. par cahier. — C. g. — 2 col. à 40 ll. — En tête de la page du titre, vignette légèrement ombrée, provenant du Voragine, *Legendario de sancti*, 30 décembre 1504.

V. H_4 :... *Stāpato in Ue/ netia per Bernardin Uenetian/ di Uidali Anno dn̄i. Mille Cin/ quecento e Dodece : A di vltimo/ Decembrio.*

340. — Alexandro Bindoni, 20 janvier 1520; 8°. — (Londres, BM)

¶ *Formulario de Epistole/ vulgare missiue z respõsiue z/ altri fiori de ornati parlaměti/... Composto per bartholomeo/ miniatore...*

40 ff. n. ch., s.: *A-E.* — 8 ff. par cahier. — C. g. — 2 col. à 35 ll. — Manque, dans cet exemplaire, le f. *A*, qui sans doute était orné d'un encadrement ou d'une vignette. R. E_8: ¶ *Im/ presso in Uenetia per Alexan/ dro di Bindoni. M.ccccc./ Adi. xx. Zenaro.* Le verso, blanc.

341. — S. l. a. & n. t., 8°. — (Londres, FM)

Formulario & epistolario/ da dittare littere a ogni/ persona & etiam inse/ gna a respondere a/ tutti cõ ornato & elegãte plare....

36 ff. n. ch., s.: *A-I.* — 4 ff. par cahier. — C. g.; titre rom. — 2 col. à 35 ll. — R. *A*: bordure ornementale. Au-dessus du titre, petite vignette de l'édition Rusconi, 30 avril 1512. — R. A_2: ¶ *Formulario De Epistole/ vulgare... Cõposto per/ Bartholamio miniatore...* — R. I_4: FINIS. Le verso, blanc.

1486

FORESTI (Jacobo Philippo), da Bergamo. — *Supplementum chronicarum.*

342. — Bernardino Benali, 15 décembre 1486; f°. — (Paris, A; Florence, N; Pise, U; Mayence, V — ☆)

12 (8,4) ff. prél., n. ch., s.; *a-b.* — 262 ff. num., avec pagination erronée, s.: *c-p, A, U.* — 8 ff. par cahier, sauf *m*, qui en a 6. — C. g. — 59 ll. par page. — R. du 1er f., blanc. Au verso: *Incipit Tabula generalis....* — R. *c* (s.: *a* par erreur). *Création du monde*, avec la *Naissance d'Eve* au centre (voir reprod. pp. 298, 299); copie d'un bois de la *Bible* de Cologne (H. Quentell, *circa* 1480). — V. c_2. *Adam et Eve chassés du Paradis* (voir reprod. p. 300). — R. c_3. *Caïn tuant son frère Abel* (voir reprod. p. 302). — Dans le texte, 70 vues de villes de diverses grandeurs, tantôt inspirées par quelques documents plus ou moins authentiques, tantôt entièrement imaginaires; plusieurs de ces vignettes se répètent, avec des noms de cités différentes. Une des plus curieuses est celle où Venise est représentée par une vue du Palais ducal, tel qu'il était à l'époque la plus reculée: on y voit les deux colonnes de la Piazzetta — portant le lion de St Marc et la statue de St Théodore — placées à droite du palais, et non à gauche, comme on les aperçoit réellement de la lagune (voir reprod. p. 303). "Cette étrange méprise est due à ce que le bois en question, bien que représentant le monument le plus glorieux de l'architecture vénitienne, et gravé à Venise même, fut, non pas dessiné d'après nature, ni même de souvenir, mais simplement copié, en contre-partie, d'une petite et mauvaise vignette du *Fasciculus temporum* de 1481."[1] — Belles in. o. à fond noir.

1. F. Lippmann, *op. cit.*, p. 71.

R. U_8 : ℂ *Impssuȝ aũt Uenetijs ꝑ Bernardinũ de benalijs bergomēsē eodē ãno videlicet. i486. die. i5. decēbris.* Le verso, blanc.

343. — Bernardino Rizo de Novara, 15 mai 1490 ; f°. — (Paris, N ; Florence, N ; Mayence, V — ☆)

12 ff. prél., dont le 1er est blanc, et les suivants chiffrés de 2 à 12, au bas du recto. — 261 ff. num. et 1 f. blanc, s. : *a-ʒ*, ɀ, ɔ, ꝝ, *A-G*. — 8 ff.

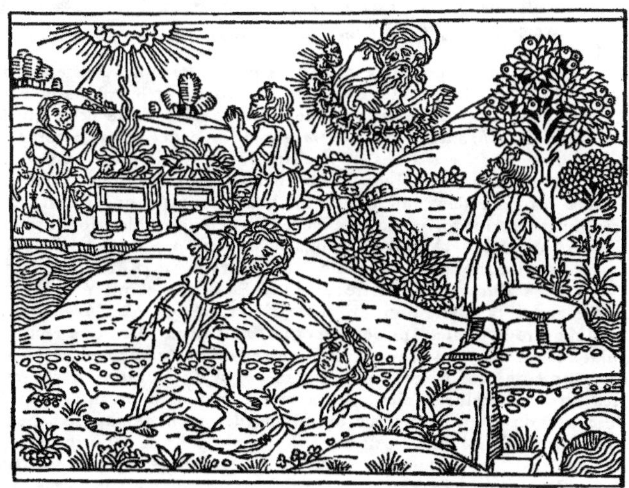

Foresti (Jac. Phil). *Supplem. chronic.*, 15 déc. 1486 (r. c_8).

par cahier, sauf *G*, qui en a 6. — C. g. — 60 ll. par page. — R. 1 : ℂ *Opus preclarum Supplementum chronicaꝝ vulgo appellatũ... Fratris Iacobi philippi Bergomensis :... ꝑ faustissime inchoat.* Au-dessous de ce titre : *Création du monde.* — V. 2. *Adam et Eve chassés du Paradis.* — R. 3. *Caïn tuant son frère Abel.* Ces trois bois sont tirés de l'édition 15 déc. 1486. — V. 6. *La Tour de Babel.* Au centre de la composition, une tour hexagonale en construction, entourée d'un échafaudage, sur lequel travaillent des maçons ; au premier plan, sur la gauche, le roi et sa suite, examinant l'ouvrage ; dans le fond, et au second plan, à droite, différents ouvriers. — Dans le texte, 63 vues de villes, parmi lesquelles il convient de signaler particulièrement les représentations de Rome et de Venise (voir reprod. pp. 304, 305). — In. o. à fond noir.

“ Venise, dit M. Lippmann, dans l'édition de 1490, est représentée sur une assez grande échelle, par une vue très bonne et fort bien exécutée

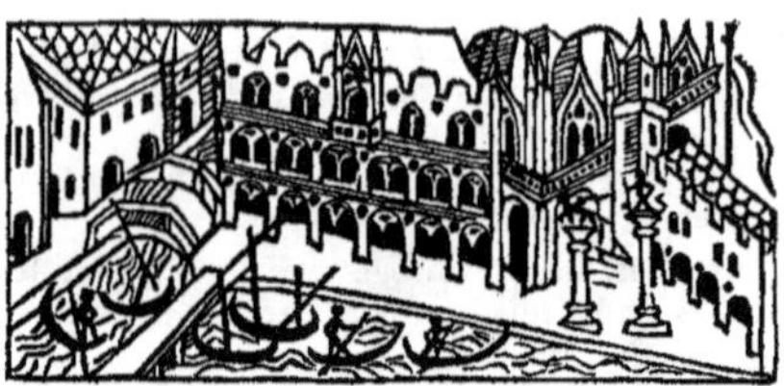

Foresti (Jac. Phil.), *Supplem. chronic.*, 15 déc. 1486 (r. F_8).

du Palais des Doges et de la Piazzetta. Selon nous, cette gravure a été copiée d'après un grand panorama publié dans les *Peregrinationes* de Bernhard de Breydenbach (Mayence, 1486)...

"La vue la plus remarquable est celle de Rome, qui se trouve pour la première fois dans l'édition de 1490, et qui, à notre connaissance, est la plus ancienne représentation de cette ville. Dans le grand ouvrage de De Rossi sur les plans et vues de Rome, cette gravure n'est pas mentionnée ; il donne celle qui se trouve dans la *Chronique de Nuremberg* de Schedel (1493) comme la plus ancienne, et faite d'après un dessin qui n'existe plus, mais dont la copie, à la *tempera*, est conservée au musée de Mantoue. C'est un panorama long de deux mètres et haut d'un mètre, qui paraît être, d'après une inscription presque effacée, l'œuvre de Salanzio Rusconi, un artiste inconnu de Mantoue. Nous ne savons pas la date de cette copie, mais elle ne peut pas être antérieure à 1543, car elle nous fait voir les statues de St Pierre et de St Paul, qui n'ont été placées que cette année là sur le pont du château Saint-Ange. La *Chronique* de Schedel montre le pont avant cette époque, avec deux édicules à coupole à la place des statues. La gravure du *Supplementum* a également ces deux petits bâtiments. De Rossi croit que la copie de Mantoue a été faite d'après un dessin plus ancien, et que ce fut le copiste qui introduisit la modification du pont, tandis que les artistes de la *Chronique* de Schedel prirent pour modèle l'image primitive. Le dessinateur de cet original est, selon De Rossi, le même qui, sous le pseudonyme de "*Prospettivo Milanese Depictore*", composa au XVe siècle un poème sur Rome. Les vues de la *Chronique* et du *Supplementum* contiennent la même portion de la ville et sont prises du même point de vue ; il paraît certain qu'elles ont eu un modèle commun"[1]. M. Lippmann pense que le modèle original fut, non une peinture, mais une gravure sur bois ou sur cuivre.

R. 261 : *Impressum autem Uenetijs per Bernardum Rizum de Nouaria anno a Natiuitate domini./ M.cccc.lxxxx. die decimoquinto Madij*... Au verso, le registre ; au-dessous, marque à fond noir de l'imprimeur.

344. — Bernardino Rizo de Novara, 8 octobre 1491 ; f°. — (Venise, M)

Ȼ *CRONICHA DE TU/ TO EL MONDO/ UUL/ GARE.*

10 ff. prél., n. ch., s. : *aa*. — 297 ff. num. et 1 n. ch., s. : *a-ʒ*, *ꝛ*, *ꝯ*, *ꝶ*, *A-L*. — 8 ff. par cahier, sauf *L*, qui en a 10. — C. g. — 57 ll. par page. — V. du titre, blanc. — R. 1. Ȼ *Incomenʒa lopera dignissima ꝛ preclara chiamata Supplemento de le Chroniche*... Au-dessous de ce titre : *Création du monde*. — R. 3. *Adam et Eve chassés du*

1. *Op. cit.*, pp. 72-75.

Paradis. — R. 4. *Caïn tuant son frère Abel.* Ces trois bois sont tirés de l'édition 15 décembre 1486. — R. 8. *La Tour de Babel,* de l'édition 15 mai 1490. — Dans le texte, 51 vignettes, des éditions précédentes.

V. 297 : ℂ *Finisce adunque el presente volume diuiso in libri. i5. chiamato Supplemento de Chroni/ che:... Impresso nella inclita Citta de Uenetia per me Bernardino Rizo de Nouara lanno de/ la nostra salute. 1491. adi. 8. de Octobrio:...* Au-dessous, marque à fond noir de l'imprimeur. — R. du f. suivant: le registre. Le verso, blanc.

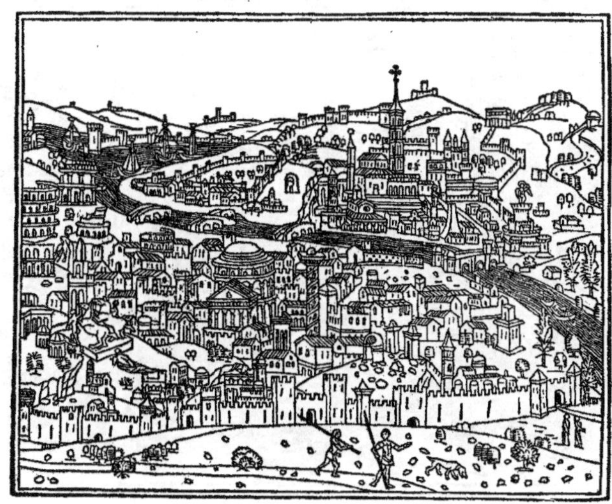

Foresti (Jac. Phil.), *Supplem. chronic.*, 15 mai 1490 (r. 49).

345. — Bernardino Rizo de Novara, 15 février 1492 ; f°. — (Paris, M ; Séville, C)

Supplementum Chronicarum.

256 ff. num. à partir du 3me, s. : *a-ʒ*, ꝛ, ꝯ, ꝶ, *A-F*, suivis de 12 ff. n. ch., s. : *A-B.* — 8 ff. par cahier, sauf *a*, qui en a 10, et les deux derniers cahiers *A,B,* qui en ont 6. — C. g. — De 56 à 60 ll. par page. — V. du titre : encadrement du Voragine, *Legendario di Sancti,* du 10 décembre, même année, enfermant les vignettes des *Six jours de la création* de la *Bible,* 15 oct. 1490. — Même encadrement au r. a_2. — V. a_3. *Adam & Eve chassés du Paradis terrestre.* — V. a_4. *Caïn et Abel.* Ces deux bois sont empruntés de l'édition 15 déc. 1486. — V. a_8. *La Tour de Babel,* de l'édition 15 mai 1490. — 44 vues de villes, également empruntées de l'édition 1490.

V. 256 :... *Impressum autem Uenetijs per magistrum Bernardinuȝ riçium de Nouaria: Anno a natiuita/ te dñi. M.cccc.lxxxxij. die decimoquinto Februarij :...* Au-dessous, le registre ; plus bas, marque à fond noir de l'imprimeur.

346. — Albertino da Lissona, 4 mai 1503 ; f°. — (Paris, A ; Venise, M — ☆)

Nouissime hystoriaꝝ omniū repercussio/nes. nouiter a Reuerendissimo patre Ia/ cobo philippo Bergomēse ordinis He/ remitarum edite:...

452 ff. num. et 10 ff. n. ch. s., dont le dernier est blanc, s. : *a-z*, *&*, ꝯ, ꝶ, *A-Z*, *AA-II*. — 8 ff. par cahier, sauf *I*, qui en a 10. — C. rom. ; titre g. — 53 ll. par page. — Au-dessous du titre : les armes du cardinal Pallavicini,

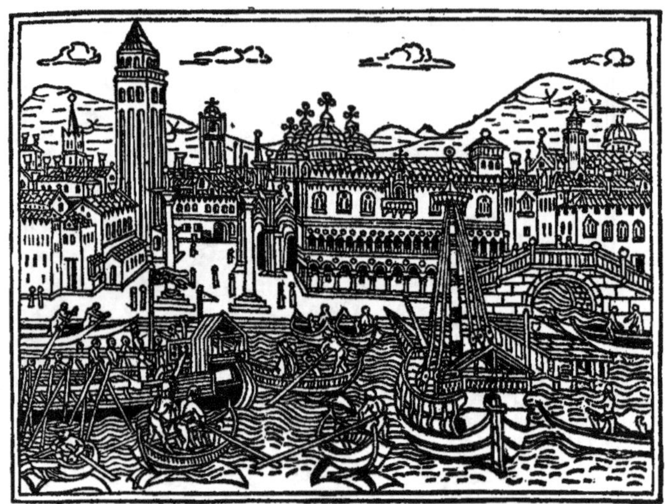

Foresti (Jac. Phil.), *Supplem. chronic.*, 15 mai 1490 (r. 148).

encadrées d'une petite bordure à fond noir. — V. 2. *Création de la femme* (voir reprod. p. 306). — R. 7. Au bas de la page : mappemonde, inscrite dans un rectangle à motif ornemental sur fond noir. — V. 8. *Adam et Eve chassés du Paradis* (voir reprod. p. 307). — R. 10. *Caïn tuant son frère Abel* (voir reprod. p. 308). — R. 16. *La Tour de Babel*, de l'édition 15 mai 1490. Les quatre grands bois ont le même encadrement, qui orne également la page r. 3. — Dans le texte, 89 vues de villes, provenant des éditions de 1486 et 1490 ; à signaler, au v. 119 et au r. 300, la représentation de Milan, grand bois nouveau, occupant les deux tiers de la page (voir reprod. p. 309). — In. o. florales.

V. 451 :... *Venetiis Im/ pressuȝ Per Albertinū De Lissona Vercellē/ sem... A Natiui/ tate Christi. M.ccccc./iii. Die. iiii. Maii....* — R. 452 : le registre. Au verso, commence la table.

Les bois de cette édition sont des copies de ceux de l'édition 1486. Ici, les terrains sont noirs; on a cherché à donner plus de relief aux formes, en y jetant des ombres; cette tentative n'a eu d'autre résultat que d'alourdir l'ensemble de la gravure, en lui ôtant de sa grâce et de sa vigueur.

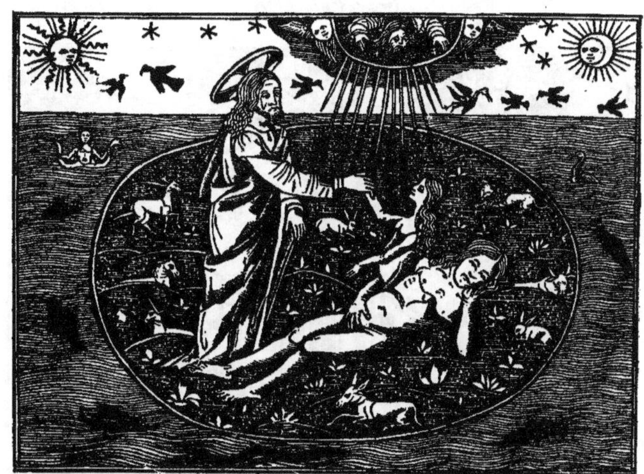

Foresti (Jac. Phil.), *Snpplem. chronic.*, 4 mai 1503 (v. 2).

347. — Georgio Rusconi, 4 mai 1506; f°. — (Florence, N — ☆)

Nouissime historiarū omniū repercussiōes : noui/ ter a Reuerendissimo patre Iacobo philip/ po Bergomense ordinis Heremitaruȝ/ edite:...

12 (6,6) prél. n. ch., s.: *Aa*, *Bb*. — 447 ff. num. par erreur: 449, et 1 f. blanc, s.: *a-ȝ*, *A-Z*, *AA-HH*. — 8 ff. par cahier, sauf *a*, *GG*, qui en ont 6, et *HH*, qui en a 4. — C. rom.; titre g. — 55 ll. par page. — Au-dessous du titre, les armes du cardinal Pallavicini, entourées d'une petite bordure à fond noir. — V. Bb_6. *Création de la femme*, bois de l'édition 4 mai 1503, compris entre deux blocs à fond criblé, d'une belle facture, et dont un porte le monogramme [monogramme] (voir reprod. p. 310). Le graveur qui a taillé ces blocs, et dont on reconnaît la main dans les trois grands bois de l'édition 1503 qui reparaissent ici, a travaillé également à l'illustration du *Miracoli de la Madonna*, 6 nov. 1505, et de la *Biblia cȝeska*, 5 déc. 1506. — R. *a*. Encadrement de page au trait, emprunté de la *Bible*, 21 avril 1502 (voir reprod. p. 311). — R. 7. Au bas de la page: mappemonde inscrite dans un rectangle à motif ornemental sur fond noir. — V. 8. *Adam et Eve chassés du*

Paradis, bois de l'édition 1503, avec encadrement comme dans cette édition. — R. 10. *Caïn tuant son frère Abel;* même remarque que pour le précédent. — R. 16. *La Tour de Babel*, bois de l'édition 15 mai 1490, compris entre les deux blocs d'encadrement de l'édition 1503. — Dans le texte, 89 vues de villes, provenant des éditions 1486, 1490 et 1503. — In. o. à fond noir.

V. HH_3:... *Vene/ tiis impressum Opere & impensa Georgii de Ru/*

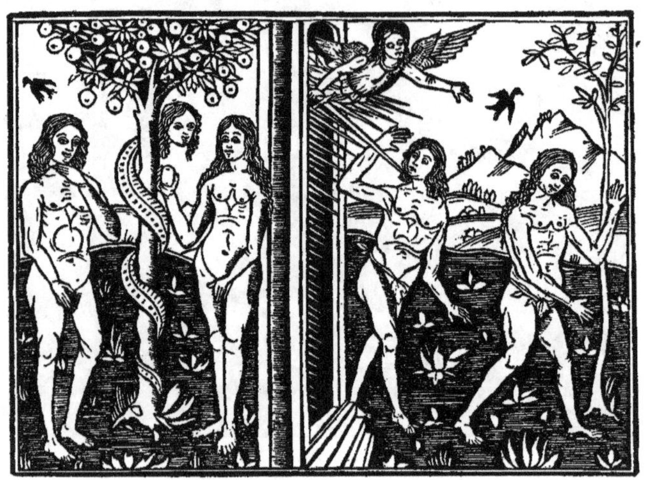

Foresti (Jac. Phil.), *Supplem. chronic.*, 4 mai 1503 (v. 8).

sconibus Anno a Natiuitate Christi. M.D./VI.Die.iiii. Maii. Au-dessous, le registre, et, sur la droite, la marque de Rusconi.

348. — Georgio Rusconi, 7 août 1508; f°. — (Florence, N, L)

SVPPLEMENTVM/ Supplementi de le Croniche/ Uulgare nouamente dal venerando patre frate/ Jacobo Philippo... primo auctore agionto z emendato :...

12 ff. prél., n. ch. s. : *A.* — 350 ff. num. s. : *A-Z, a-x.* — 8 ff. par cahier, sauf *A*, qui en a 6. — C. rom. ; titre g. r., sauf la première ligne qui est en majuscules romaines entrelacées, imprimées en noir. — 58 ll. par page. — V. du titre blanc. — V. A_{12} (dernier f. prél.). *Création de la femme*, bois de l'édition 4 mai 1503, compris entre les deux ornements à fond criblé de l'édition 1506; les fragments de bordure latéraux sont différents. — R. *A* (1er f. de l'ouvrage proprement dit). Encadrement de page de l'édition 4 mai 1506. — V. du 6me f. (chiffré par erreur : VIII). *Adam et Eve chassés du Paradis*, bois de l'édition 1503, y compris les deux ornements du haut et du bas; on a ajouté, sur les côtés et au-dessous, de petites bordures sans intérêt. — R. VIII. En tête de la page : *Caïn tuant son frère Abel*, de la même édition. — V. XIII. En tête de la page :

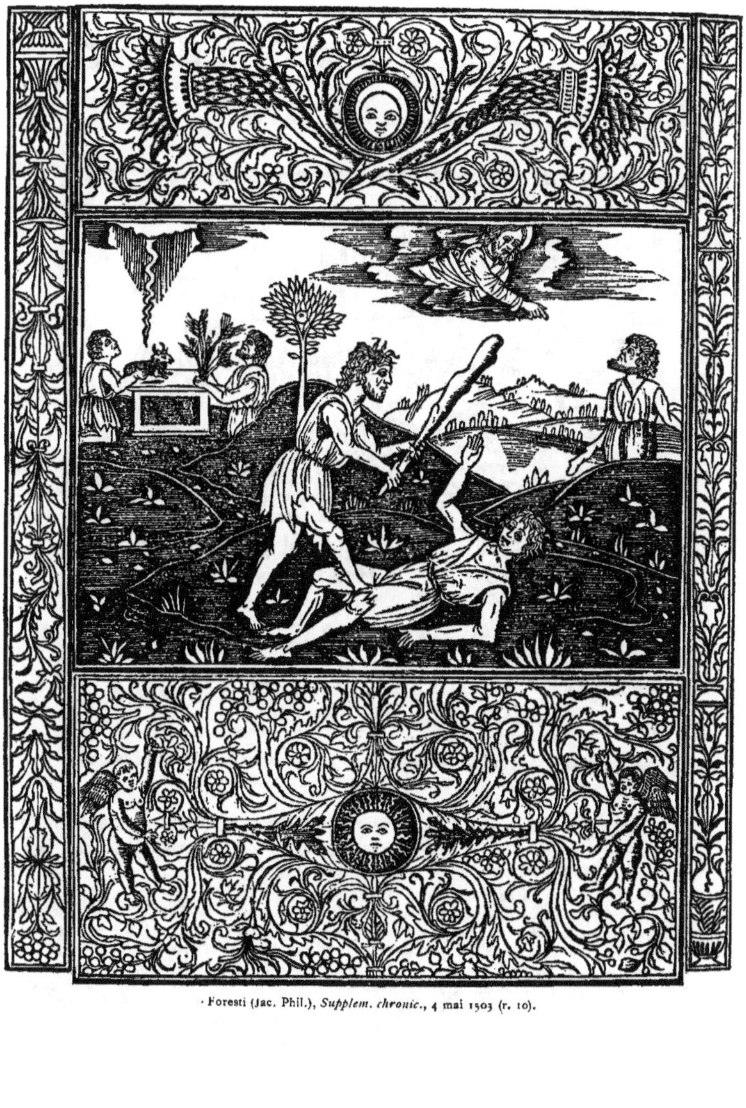

Foresti (Jac. Phil.), *Supplem. chronic.*, 4 mai 1503 (r. 10).

La Tour de Babel, de l'édition 15 mai 1490. — Dans le texte, 90 représentations de villes de diverses grandeurs, les unes au trait, les autres ombrées (voir reprod. p. 312).

R. *CCCL : Impresso nella inclita Citta de Venetia ꝑ me Georgio de/ Rusconi Milanese ne lanno della nostra salute. 1508. adi. 7./ de Augusto....* Au-dessous, le registre ; à droite du colophon et du registre, marque à fond noir de l'imprimeur. Le verso, blanc.

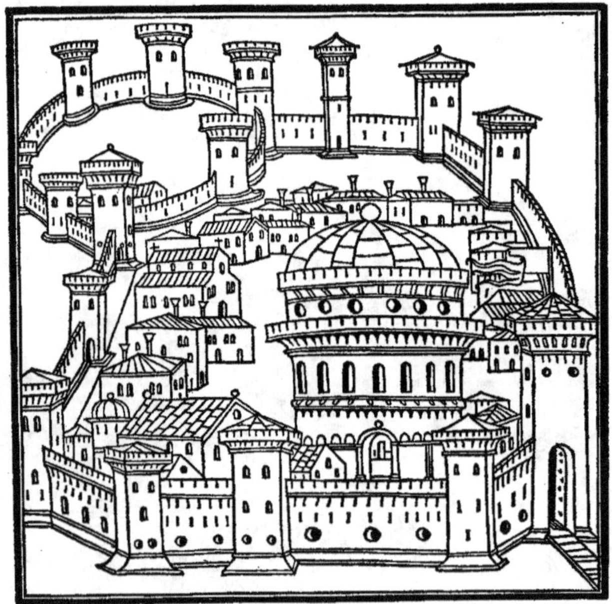

Foresti (Jac. Phil.), *Supplem. chronic.*, 4 mai 1503 (r. 16).

349. — Georgio Rusconi, 20 août 1513 ; f°. — (Paris, A ; Venise, M ; Munich, R)

SVPPLEMENTVM/ Supplementi Chronica/ rum ab ipso Mundi Exordio vsq3 ad redemptio/ nis Nostrae Annum. M.ccccc.x.editum...

10 ff. prél., n. ch. s. : *Aa*. — 335 ff. num. et 1 f. blanc, s. : *a-ʒ*, *&*, *ɔ*, *ꝶ*, *A-Q*. — 8 ff. par cahier. — C. rom. ; titre g. r., sauf le premier mot, qui est en grandes capitales de fantaisie entrelacées et enguirlandées de feuillage. — 61 ll. par page. — Page du titre : à droite, à gauche, & dans le bas, bordure de motifs d'ornement, ombrés (*putti*, oiseaux, rinceaux de feuillage, etc.) Au-dessous du titre, marque du *St Georges combattant le dragon*, avec monogramme FV. — V. Aa_{10}. *Création de la femme*, bois de l'édition 4 mai 1503, compris entre les deux ornements à fond criblé de l'édition 4 mai 1506. — R. 1. Encadrement de page de la *Bible*, 21 avril 1502, qui a subi une modification assez importante : la partie inférieure a été sciée et remplacée par un

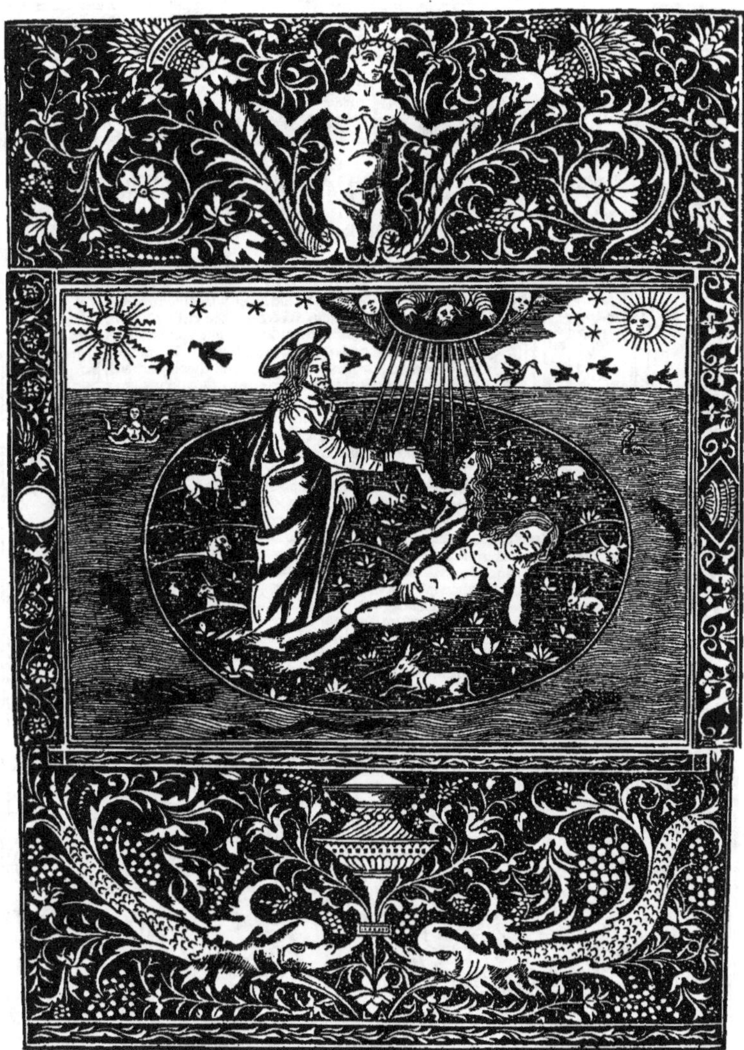

Foresti (Jac. Phil.), *Supplem. chronic.*, 4 mai 1506 (v. *Bb*$_6$).

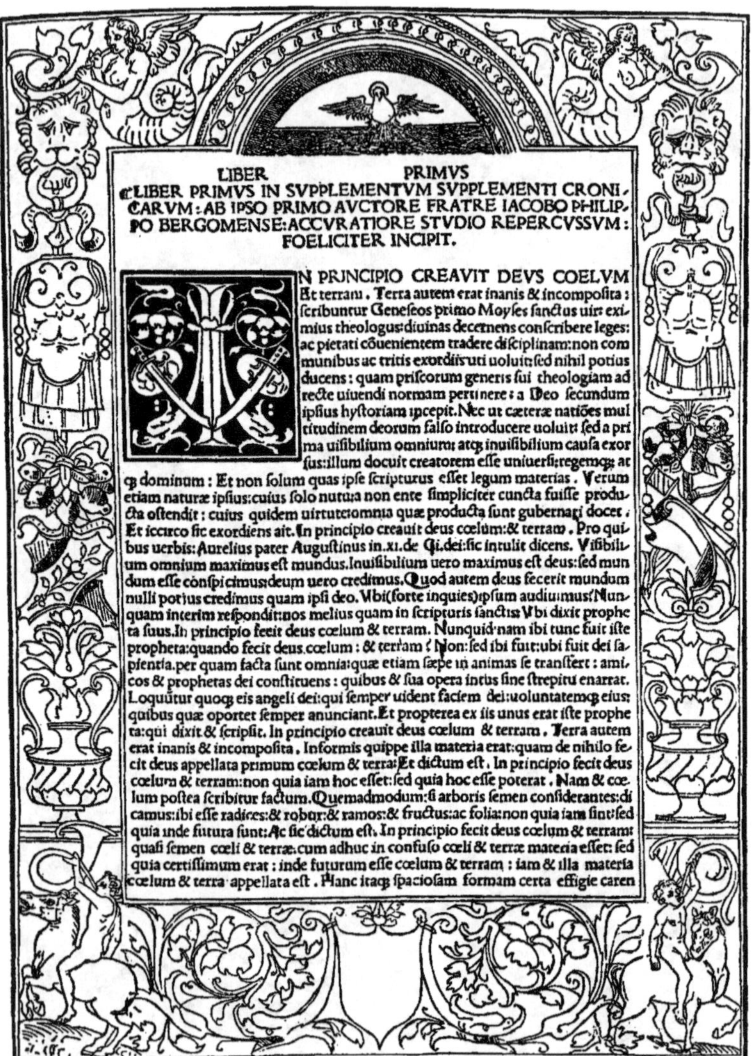

LIBER PRIMVS

¶ LIBER PRIMVS IN SVPPLEMENTVM SVPPLEMENTI CRONI-
CARVM: AB IPSO PRIMO AVCTORE FRATRE IACOBO PHILIP-
PO BERGOMENSE: ACCVRATIORE STVDIO REPERCVSSVM:
FOELICITER INCIPIT.

IN PRINCIPIO CREAVIT DEVS COELVM
Et terram. Terra autem erat inanis & incompoſita:
ſcribuntur Geneſeos primo Moyſes ſanctus uir: eximius theologus: diuinas decernens conſcribere leges:
ac pietati cõuenientem tradere diſciplinam: non com
munibus ac tritis exordiis uti uoluit: ſed nihil potius
ducens: quam priſcorum generis ſui theologiam ad
recte uiuendi normam pertinere: a Deo ſecundum
ipſius hyſtoriam ĩcepit. Nec ut cæteræ natiões mul
titudinem deorum falſo introducere uoluit: ſed a pri
ma uiſibilium omnium: atq; inuiſibilium cauſa exor
ſus: illum docuit creatorem eſſe uniuerſi: regemq; at
q; dominum: Et non ſolum quas ipſe ſcripturus eſſet legum materias. Verum
etiam naturæ ipſius: cuius ſolo nutu: a non ente ſimpliciter cuncta fuiſſe producta oſtendit: cuius quidem uirtute: omnia quæ producta ſunt gubernari docet.
Et iccirco ſic exordiens ait. In principio creauit deus cœlum: & terram. Pro quibus uerbis: Aurelius pater Auguſtinus in. xi. de Ci. dei: ſic intulit dicens. Viſibili-
um omnium maximus eſt mundus. Inuiſibilium uero maximus eſt deus: ſed mun
dum eſſe cõſpicimus: deum uero credimus. Quod autem deus fecerit mundum
nulli potius credimus quam ipſi deo. Vbi (forte inquies) ipſum audiuimus? Nun-
quam interim reſpondit: nos melius quam in ſcripturis ſanctis: Vbi dixit prophe
ta ſuus. In principio fecit deus cœlum & terram. Nunquid nam ibi tunc fuit iſte
propheta: quando fecit deus cœlum: & terram? Non: ſed ibi fuit: ubi fuit dei ſa-
pientia. per quam facta ſunt omnia: quæ etiam ſæpe in animas ſe transfert: ami-
cos & prophetas dei conſtituens: quibus & ſua opera intus ſine ſtrepitu enarrat.
Loquũtur quoq; eis angeli dei: qui ſemper uident faciem dei: uoluntatemq; eius:
quibus quæ oportet ſemper anunciant. Et propterea ex iis unus erat iſte prophe
ta: qui dixit & ſcripſit. In principio creauit deus cœlum & terram. Terra autem
erat inanis & incompoſita. Informis quippe illa materia erat: quam de nihilo fecit deus appellata primum cœlum & terra: Et dictum eſt. In principio fecit deus
cœlum & terram: non quia iam hoc eſſet: ſed quia hoc eſſe poterat. Nam & cœlum poſtea ſcribitur factum. Quemadmodum: ſi arboris ſemen conſiderantes: di
camus: ibi eſſe radices: & robur: & ramos: & fructus: ac folia: non quia iam ſint: ſed
quia inde futura ſunt: Ac ſic dictum eſt. In principio fecit deus cœlum & terram:
quaſi ſemen cœli & terræ: cum adhuc in confuſo cœli & terræ materia eſſet: ſed
quia certiſſimum erat: inde futurum eſſe cœlum & terram: iam & illa materia
cœlum & terra appellata eſt. Hanc itaq; ſpacioſam formam certa effigie caren

Foresti (Jac. Phil.), *Supplem. chronic.*, 4 mai 1506 (r. *a*).

bloc renfermant un écu blanc, soutenu à droite et à gauche par les queues retroussées de deux dauphins, de la gueule desquels sortent des volutes de rinceaux. — R. 5. *Adam et Eve chassés du Paradis*, de l'édition 1503. — R. 6. *Caïn tuant son frère Abel*, de la même édition. — R. 10. *La Tour de Babel*, de l'édition 15 mai 1490. — Dans le texte, 90 vues de villes de diverses grandeurs. — In. o.

V. 335 : ℂ *Explicit supplementum supplementi Chronicarum... Vene/tiis impressuȝ Opere & ĩpensa Georgii de Ru/ sconibus Anno a Natiuitate Xpi. M.D./XIII. Die.xx. Augusti...* Au-dessous, le registre ; sur la droite, marque à fond noir de l'imprimeur.

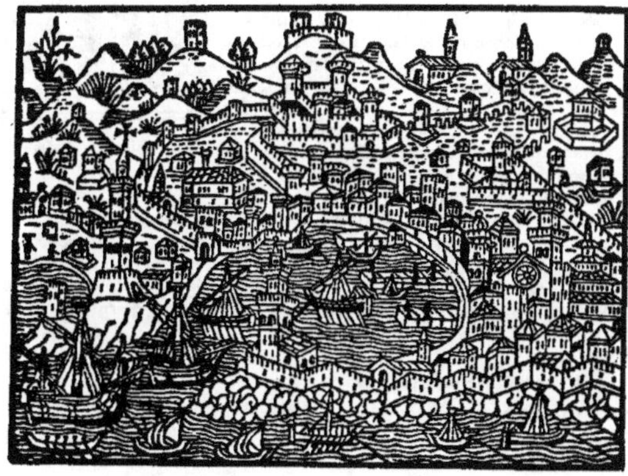

Foresti (Jac. Phil.), *Supplem. chronic.*, 7 août 1508.

350. — Georgio Rusconi, 25 mai 1520 ; f°. — (Libr. Tross, 1875, Catal. IV, n° 2289)

SVPPLEMENTVM SVPPLEMENTI DE LE CHRONICHE vvlcare (sic)...

8 ff. n. ch., s. : — 356 ff. num., s. : *A-Z, a-y*. — 8 ff. par cahier, sauf *A* et *y*, qui en ont 6. — C. rom. ; titre g. r. & n., sauf les deux premières lignes en cap. rom. — Page du titre : encadrement à figures, emprunté de la *Bible*, 2 mars 1517. Au-dessous du titre, marque du *St Georges combattant le dragon* avec monogramme FV. — V. A_8. *Création de la femme* (comme dans l'édition 4 mai 1506). — R. 1. Autre encadrement à figures, de la *Bible*, 2 mars 1517. — V. 6. *Adam et Eve chassés du Paradis*, de l'édition 4 mai 1503. — R. 8. *Caïn et Abel* (id., sans encadrement). — V. 13. *La Tour de Babel* (id.). — Dans le texte, vues de villes, des éditions précédentes.

A la fin : ... *Impresso in Venetia per Georgio di Rusconi A di. XXV. de Magio. M.D.XX...* Au-dessous, le registre.

351. — Joanne Francesco & Joanne Antonio Rusconi fratelli, novembre 1524 ; f°. — (Venise, M ; Séville, C)

SVPPLEMENTVM/ SVPPLEMENTI/ *De le Chroniche del Uenerando padre Fra/te Iacobo Philippo del ordine Heremitano/ Primo Authore. Uulgariȝato ꝛ Hystoriato./ Cum la Gionta per infino. 1524.*

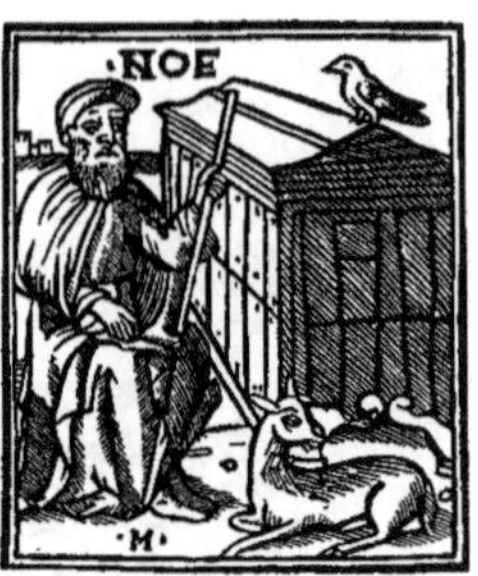

Foresti (Jac. Phil.), *Supplem. chronic.*, nov. 1524 (r. X).

10 ff. prél., n. ch. s. : ✠. — 367 ff. num. par erreur jusqu'à CCCLXVI seulement, et 1 f. blanc, s. : *A-Z*, *a-ꝫ*. — 8 ff. par cahier, sauf *A* qui en a 6, et *Z* qui en a 10. — C. rom. ; titre g. r. et n., sauf la première ligne qui est en grandes capit. rom. de fantaisie, entrelacées, et la seconde ligne, en capit. rom. ordinaires, rouges. — 60 ll. par page. — Page du titre : encadrement de la *Bible*, 2 mars 1517. — V. $✠_{10}$. *Création de la femme.* — R. 1. Encadrement de page de la *Bible*, 2 mars 1517 (v. a_8). — V. VI. *Adam et Eve chassés du Paradis.* — R. VIII. *Caïn tuant son frère Abel.* Ce dernier bois et les deux précédents sont de l'édition 4 mai 1503. — V. XIII. *La Tour de Babel*, de l'édition 15 mai 1490. — Dans le texte, 96 vignettes au trait, où se retrouvent celles des éditions précédentes ; et sept autres vignettes, ombrées, avec personnages, dont une (r. X), représentant *Noé*, porte le monogramme ·M· (voir reprod. p. 313). — In. o. à fond noir, et autres.

V.CCCLXVI : ¶ *Tabula de la gionta del Libro decimoseptimo.* Au-dessous de cette table, le registre ; plus bas : ¶ *Finisse il supplemento de le Croniche Vulgarizato & Hystoriato con la gion/ta per insino del anno. 1524. del mese di Octobrio. Impresso in Venetia/ per Ioãne Francischo & Ioanne Antonio Fratelli di Rusconi/... Nel an/ no del Signore. 1524. del mese di Nouẽbrio.* Au-dessous, marque à fond noir des imprimeurs.

352. — Bernardino Bindoni, 8 février 1535 ; f°. — (Bologne, C)

SVPPLEMENTVM / SVPPLEMENTI/ DELLE CRONICHE DEL/ Venerando Padre Frate Iacobo Phi/lippo, del ordine Heremitano, Pri/mo Auttore... Con la/ Gionta, del M.D./ XXIIII. insi/no al M.D.XXXV.

12 (6, 6) ff. prél. n. ch., s. : ✠, ✠✠. — 393 ff. num. et 1 f. n. ch., s. : ✠*a*-✠ꝫ, *a-ꝫ*, *Aa-Dd*. — 8 ff. par cahier, sauf *a* qui en a 6, et *Dd* qui en a 4. — C. rom. — 59 ll. par page. — Page du titre : encadrement à figures (bustes de personnages de l'antiquité : *Homère*, *Hésiode*, *Salomon*, etc.) ; le bloc inférieur est le même que dans la *Bible*, 1535, du même imprimeur. — V. $✠✠_6$. *Création de la femme.* — V. VI. *Adam et Eve chassés du Paradis terrestre.* — R. VIII. *Caïn tuant son frère Abel.* — Ces trois bois sont ceux de l'édition 4 mai 1503 ; le premier est compris entre les deux ornements à fond criblé de l'édition 4 mai 1506. — V. XIII. *La Tour de Babel*, de l'édition 15 mai 1490. — Le r. I est entouré de l'encadrement à fond criblé précédemment employé dans l'Horace, *Opera*, 18 avril 1527 (copie de l'encadrement du *Legendario delli Sancti*, 30 décembre 1504). — Dans le texte, vignettes des éditions précédentes, parmi lesquelles la figure de *Noé*, avec monogramme ·M·, de l'édition novembre 1524.

R. Dd_4 : le registre ; au-dessous ...*Impresso Veneti/ per Bernardino Bindone, Milanese, de l'Isola del Lago Mag/giore,... Nel anno della Natiuita, del nostro Si/gnore. 1535. A di otto, di Februaro.* Au dessous, marque du St *Pierre* « in cathedra ». Le verso, blanc.

353. — Bernardino Bindoni, 29 mai 1540 ; f°. — (Florence, N)

SVPPLEMENTO/ DELLE CRONICHE/ DEL REVERENDO PADRE/FRATE IACOPO PHILIPPO DA/Bergamo.... IN VENETIA. MDXL.

A la fin : *FINISSE IL SVPPLEMENTO DELLE CRONICHE/ del Reuerendo padre*

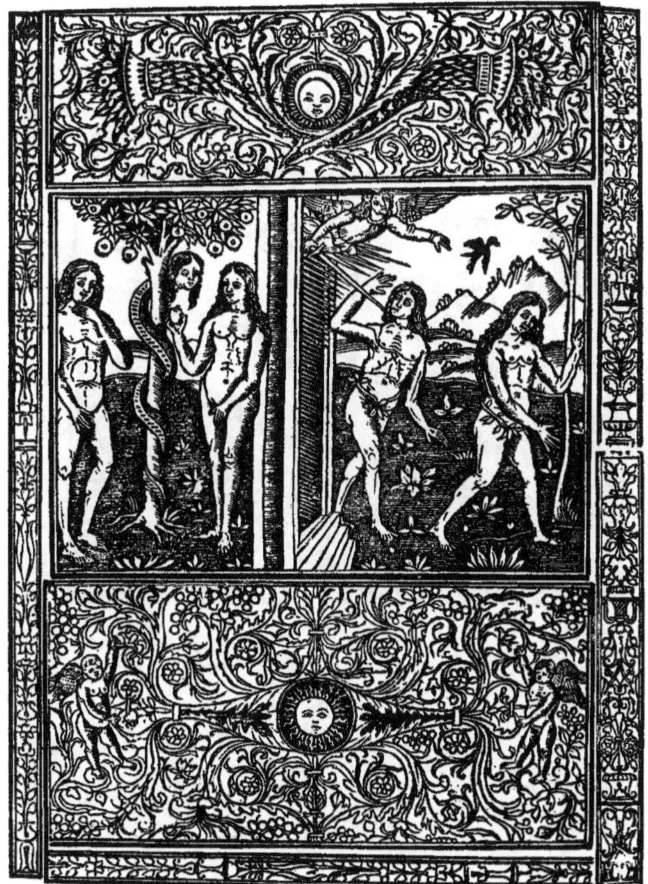

Foresti (Jac. Phil.), *Supplem. chronic.*, 1553 (v. VI).

Frate Iacopo Philippo... Stãpate in Venegia... per Bernardino/ Bindoni Milanese... Nel/ Anno. M.D.XL. adi. 29. di Maggio.

Cet ouvrage n'a qu'un encadrement, qui reparaît dans la *Bible*, 1er juin 1541, du même imprimeur, avec modification à la partie supérieure.

354. — Bartolomeo detto l'Imperadore & Francesco suo genero, 1553; f°. — (Venise, M; Florence, N)

SVPPLEMENTVM/ SVPPLEMENTI/ DELLE CRONICHE DEL/ *Venerando Padre Frate Iacobo Phi/ lippo, dell'ordine Heremitano pri/mo Auttore: Nouamente*

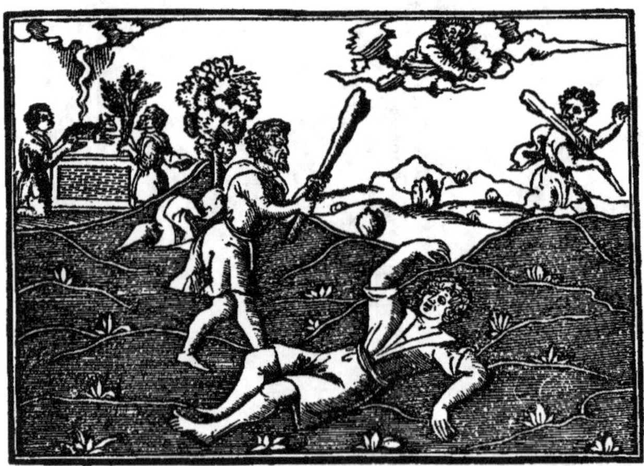

Foresti (Jac. Phil.), *Supplem. chronic.*, 1553 (r. VIII).

re/uisto, Vulgarizato, & Hi/storiato, & con somma/ diligentia corret/to: con la/ Gionta/ Vltima del/ M.D.XL./ insino al M.D.LII.

14 ff. prél., n. ch., s.: ✠, ✠✠. — 419 ff. num.; et 1 f. blanc, s.: *A-Z, AA-ZZ, AAA-GGG.* — 8 ff. par cahier, sauf *A* qui en a 6, *D* qui en a 10, *GGG* qui en a 4. — C. rom. — 60 ll. par page. — Page du titre : encadrement à figures, rappelant celui de l'édition Bindoni, 1540, et celui de la *Bible*, 1541, du même imprimeur. — V. ✠✠6 et v. VI. *Adam & Eve chassés du Paradis*, copie du bois de l'édition 4 mai 1503 (voir reprod. p. 314). — R. I. Encadrement de page de la *Bible*, 2 mars 1517 (r. 1). — R. VIII. *Caïn tuant son frère Abel*; copie du bois de l'édition 1503 (voir reprod. p. 315). — V. XIII. *La Tour de Babel*, de l'édition 15 mai 1490. — Dans le texte, 140 vignettes au trait, représentant des vues de villes ; 26 vignettes ombrées, où sont traités des sujets semblables, les unes copiées des bois de la première édition, les autres non rencontrées encore dans les éditions précédentes. Parmi ces représentations, deux portent le monogramme L : au v. LXXII, une vue de Rome, copie du bois de l'édition Rusconi, 20 août 1513, et, au v. CCCLXXXIIII, une vue de Bologne (voir reprod. p. 316). Une autre mention particulière est à faire pour la gravure ombrée du v. CCCLI, représentant *Genoua citta maritima*, dont l'original au trait, provenant de

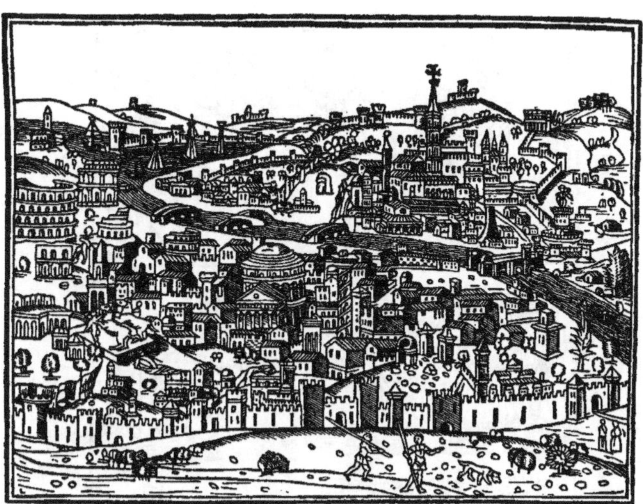

Foresti (Jac. Phil.), *Supplem. chronic.*. 1553 (v. LXXII).

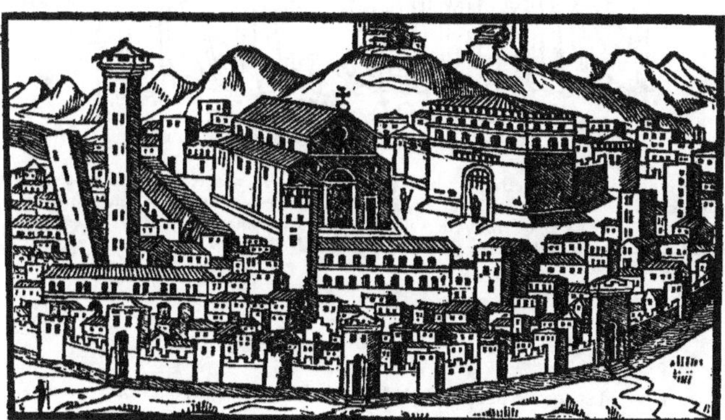

Foresti (Jac. Phil.), *Supplem. chronic.*, 1553 (r. CCCLXXXIIII).

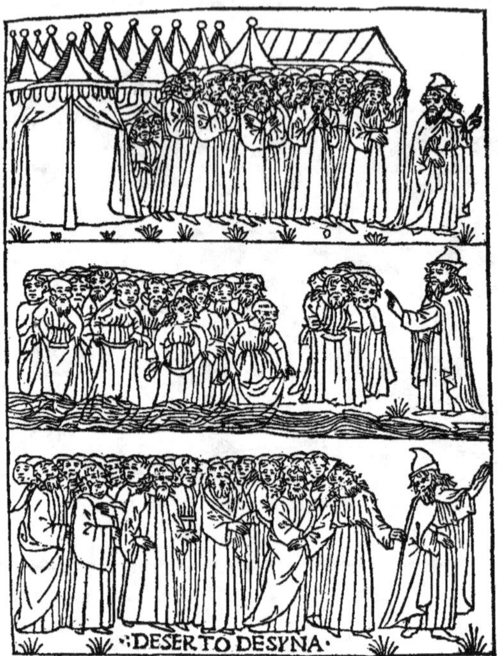

Marco dal Monte S. Maria, *Libro de la divina lege*, 1er févr. 1486.

la première édition, se retrouve au r. CCCLXXXIII, affectée à la représentation de *Coron citta maritima*. — 4 autres vignettes ombrées, avec personnages, et in. o.

R. CCCCXIX : le registre ; au-dessous : *In Venetia per Bartolomeo detto l'Imperadore, & France| sco suo genero. M D L III.* Le verso, blanc.

1486

355. — Marco dal Monte S. Maria in Gallo. — *Libro de la divina lege.*

Nicolo de Balager, dicto Castilia[1], 1er février 1486 ; 4°. — (Parme, R ; Séville, C)

---

1. Voir p. 290 la note que nous avons mise en renvoi à l'édition du Guarinus Veronensis, *Regulæ grammaticales*, 9 août 1488.

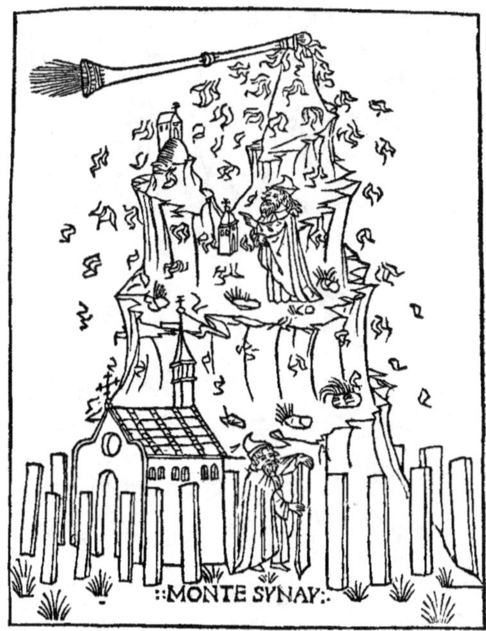

Marco dal Monte S. Maria, *Libro de la divina lege*, 1er févr. 1486.

Libro intitulato de la diuina lege & comandamenti de esso omni/ potente dio da legerse per le schole : boteche : parrochie : & per qualunche altro loco a li piccoli e grandi :...

16 (8, 8) ff. n. ch., s. : *a*, *b*. — C. rom. ; 39 ll. par page. — Au dessous du titre, qui est imprimé en rouge, vient le *Prohemio*, où on lit :... *La quale/ opera in tale forma reducta e predicata fu per me frate Marco dal/ monte sancta Maria in gallo dela prouincia de la marcha de Anco/ na : de lordene de li frati minori ꝓfessore indigno : Nel mille quatro/ cento octanta sei : del mese de decembre : nella inclita & admi-randa/ christianissima citta de Venesia...* — V. a_{iiij}. Grand bois au trait, avec la légende : ·: DESERTO DESYNA. (voir reprod. p. 317). — R. a_5 Autre grand bois, avec la légende :: MONTE SYNAY :· (voir reprod. p. 318).

V. b_8 : *Finisse el libro de li comandamenti de dio : im/ presso in*

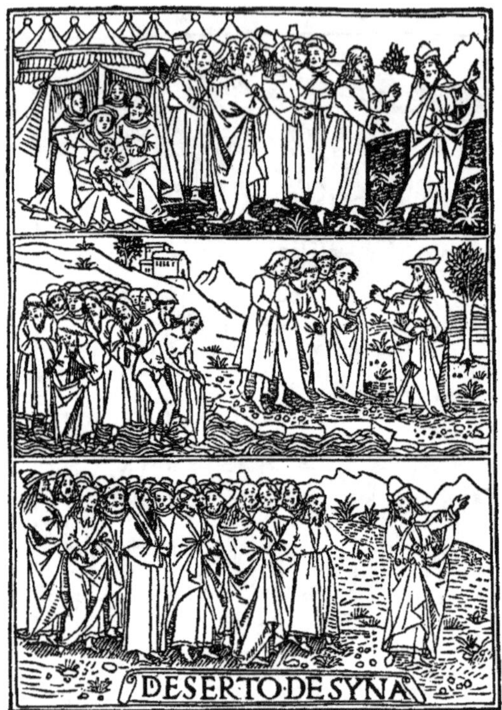

Marco dal Monte S. Maria, *Libro de la divina lege*; Florence, 1494.

Venesia per Nicolo de Balager di/ cto Castilia nel. M.CCCCLXXXVI. Adi/ primo de Febraro.

Cet opuscule est un des plus importants incunables vénitiens, non seulement par son extrême rareté, mais encore à cause de ses deux gravures au trait, qui furent servilement copiées, huit ans plus tard, dans l'édition florentine, Antonio Mischomini, 1494 (voir reprod. pp. 319, 320). Cet exemple est très rare; nous aurons, au contraire, assez souvent à signaler des copies ou des imitations vénitiennes d'après des bois florentins.

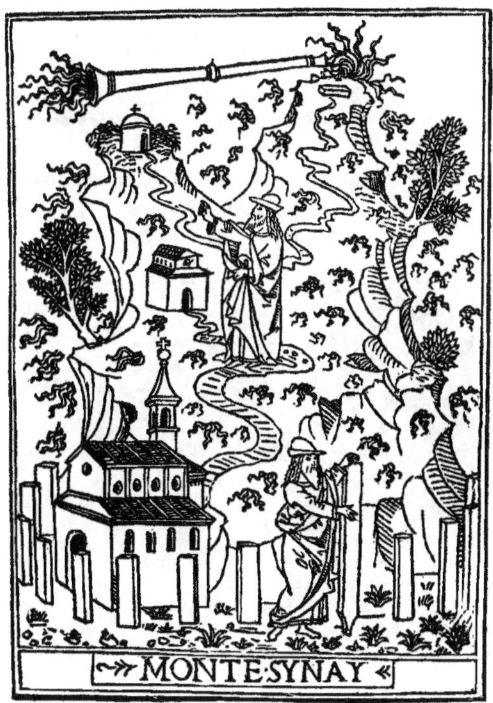

Marco dal Monte S. Maria, *Libro de la divina lege*; Florence, 1494.

1487

Libro de S. Iusto, paladino de Franza.

356. — S. n., t., 10 juillet 1487; 4°. — (Manchester, R)

Qui comincia el libro de sancto Iusto pa/ ladino de franza e de la sua vita e come/ a elo li apparue la fortuna del mondo e/ como parlaua con essa e como lo fu intẽ/ tato dal demonio de diuersi modi de la/ nostra fede christiana.

Exemplaire incomplet du premier et du dernier feuillet, et qui, tel quel, se compose de 12 (7,5) ff. n. ch. s. : *a-b*. — C. g. — 2 col. à 5 octaves. — Le titre ci-dessus est en tête de la 1re col. du r. a_1, précédant immédiatement le commencement du texte du poème. En haut de la page, bois au trait (voir reprod. p. 321).

V. b_5, au bas de la 2me col. : *Qui finisse la vita de Iusto paladino de/ Franza A di dexe de luio del mille qua-/ trocento otantasette in Uenesia/ Deo gratias Amen.*

357. — Joanne Baptista Sessa, 8 juillet 1505 ; 4°. — (Séville, C)

Libro Di Santo Iusto/ Paladino Di/ Francia.

12 ff. n. ch., s. : *a-c*. — 4 ff. par cahier. — C. g. — 2 col. à 5 octaves.

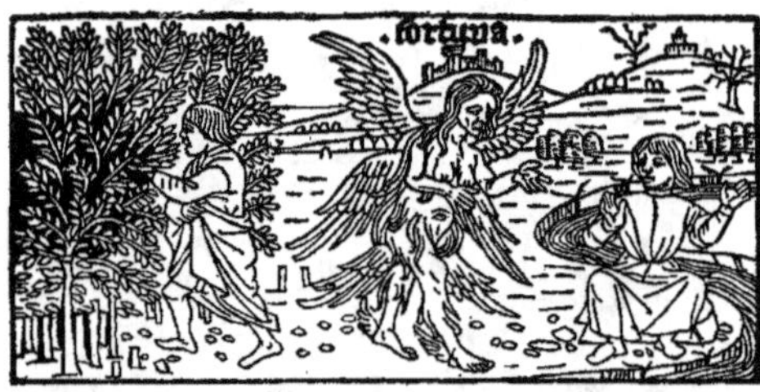

Libro de S. Justo, 10 juillet 1487.

— Au-dessous du titre, grand bois ombré à fond noir (voir reprod. p. 322).

V. c_4 : *Qui finisse/ la vita d' sãto/ Iusto paladi/ no d' Franza/ impresso in/ Uenesia per/ Io. Baptista/ Sessa nel./ 150.5. adi.8./ Luio.* A droite de cette souscription, petite marque à fond noir, aux initiales de l'imprimeur.

1487

Aesopus. — *Fabulæ.*

358. — Bernardino Benali, 20 novembre 1487 ; 8°. — (Berlin, E)

Exemplaire incomplet des ff. $a_1 a_2$, a_7, *h*. — Le volume complet aurait 90 ff. n. ch., s. : *a-m*. — 8 ff. par cahier, sauf *l*, qui en a 6, et *m*, qui en a 4. — C. g. — 34 vers par page. — Bois au trait, inspirés de ceux de l'édition de Vérone, de 1479 ; ils sont de différentes mains, avec encadrements à fond noir, enfermant, au-dessus de la gravure, un tympan demi-circulaire, où alternent trois motifs différents : 1° un écu blanc, inscrit dans une couronne de laurier, flanquée de deux profils d'empereurs romains (fond noir) ; 2° un vase, soutenu par deux figures de sirènes (fond blanc); 3° un médaillon, avec tête d'homme, inscrit dans une couronne de laurier, que portent deux *putti* ailés (fond blanc). — R. a_{iiii}. "*De Gallo et Iaspide, Fab. ii.*" A gauche, le coq ; à droite, une poule, lui faisant face ; entre les deux oiseaux, à terre, un diamant ; trois poussins au premier plan ; un autre poussin au troisième plan ; au fond, sur la droite, maisons; sur la gauche, un arbre avec des fruits, au sommet d'une éminence de terrain. — V. a_5. "*De Lupo et Agno. Fab. iii.*" Ruisseau coulant du fond vers le premier plan, où est l'agneau, à gauche, buvant dans le

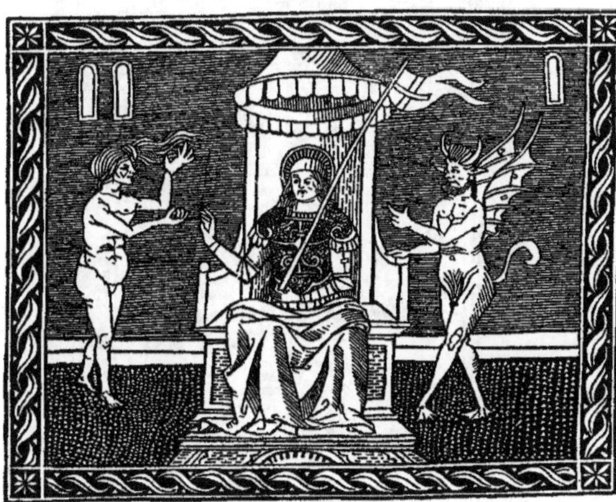

Libro de S. Justo, 8 juillet 1505.

courant, au-dessous du loup, qui est à droite; sur la dr., deux arbres ; au fond, à gauche, édifice crénelé. — R. a_8. "*De cane z ove. Fab. v.*" A gauche, un âne assis sur un socle de bois ; à droite, au pied de cette estrade, et tournés vers l'âne, se tiennent la brebis, le chien, et le loup ; au fond, à droite, sur les branches d'un arbre, le vautour et le milan. — R. *b*. "*De cane gerente carnem in ore. Fab. vi.*" Un chien passant sur un pont; au fond, sur la droite, une maison, et, en arrière, la partie moyenne d'un campanile. — R. b_2. "*De Leone, capra, ove et iuvenca. Fab. vii.*" (voir reprod. p. 323) — R. b_{iii}. "*De femina nubente furi. Fab. viii.*" (voir reprod. p. 324) — R. b_{iiii}. "*De Lupo et Grue. Fab. ix.*" A gauche, le loup, assis sur une pierre; à droite, la grue, le bec dans la gueule du loup ; un arbre à gauche. — V. b_5. "*De cane et alia cane. Fab. x.*" Une chienne à gauche, la tête levée vers une autre chienne, qui se tient, avec un petit, dans une logette pratiquée à la partie supérieure d'un édicule avec porte cintrée dans le bas ; sur la gauche, un arbre. — V. b_6. "*De viro et colubro. Fab. xi.*" Vignette à deux compartiments : à droite, le paysan, marchant vers sa maison, où il rapporte le serpent engourdi par le froid ; un arbre au fond ; à gauche : intérieur de la maison ; près de la porte, le paysan, debout, la main droite levée, assailli par le serpent, sous la forme d'un dragon ailé ; à terre, une hachette et deux autres objets. — V. b_7. "*De Asello et Apro. Fab. xii.*" L'âne à gauche, debout sur une pierre ; le sanglier à droite, lui

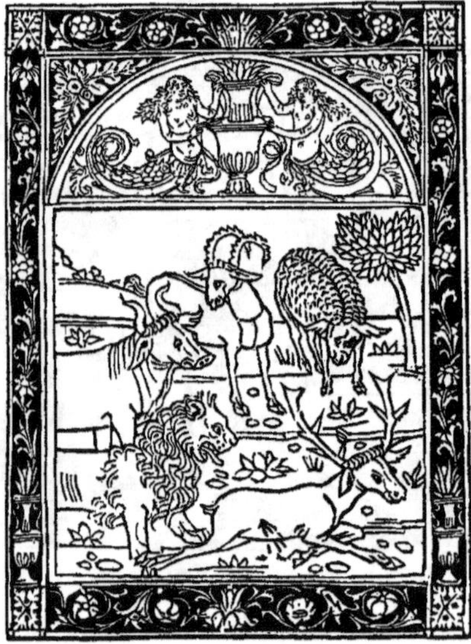

Aesopus, *Fabulæ*, 20 nov. 1487 (r. b_3).

faisant face, et dans la même position ; au fond : à gauche, édifices, et à droite, bouquet d'arbres. — V. *c*. "*De mure rustico et vrbano. Fab. xiii.*" Vignette à deux compartiments : à gauche, un homme, coiffé d'un bonnet à retroussis, un tablier devant lui, tenant de la main droite une clef avec laquelle il va ouvrir son cellier ; à droite, intérieur du cellier où l'on voit, au fond, les deux rats grimpés sur des tonneaux ; au pied du premier tonneau, une sorte de cuveau rempli de provisions ; en avant, au premier plan, les deux rats s'enfuyant éperdus. — V. c_2. "*De Vulpe et Aquila. Fab. xiiii .*" Sur la droite, l'aigle volant vers son nid, emportant suspendu à son bec un des petits du renard ; à gauche, un arbre, dans la fourche duquel se tient l'aigle sur son nid, contenant trois aiglons ; au pied de l'arbre, le renard, ajoutant un morceau de bois au bûcher qu'il a allumé pour tirer vengeance de l'aigle. — V. c_3. "*De Aquila et Testudine. Fab. xv.*" L'aigle à gauche, perché sur un rocher, tenant entre ses serres une tortue; la corneille à droite, lui faisant face, sur une pierre; un arbre ébranché à gauche; un autre arbre, garni de feuillage, à droite. — V. c_{iiii}. "*De Vulpe et Corvo. Fab. xvi.*" A gauche, le corbeau, perché sur un arbre, tenant un fromage dans son bec; à droite, le renard, assis à terre,

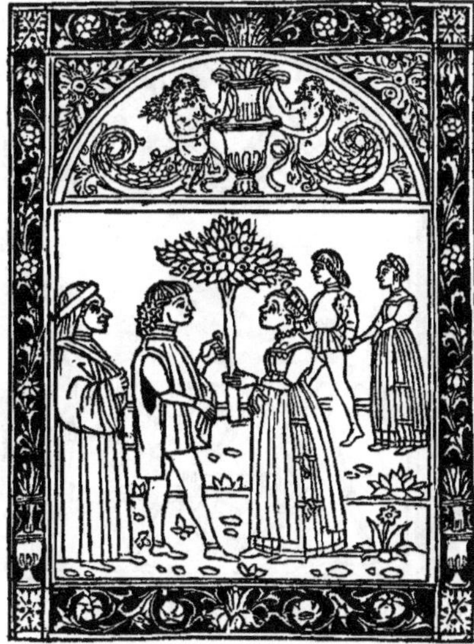

Aesopus, *Fabulæ*, 20 nov. 1487 (r. b_{iii}).

la tête et la patte droite levées vers l'oiseau, la gueule ouverte. — R. c_6. "*De Leone, Apro, Tauro et Asello. Fab. xvii.*" A gauche, le lion, couché à terre, assailli en arrière par le taureau, qui fonce sur lui tête baissée, par le sanglier, et par l'âne, qui lui donne sur la tête une ruade. — V. c_7. "*De Catullo, hero & Asello. Fab. xviii.*" (Voir reprod. p. 325)—v. c_8. "*De Leone et Mure. Fab. xix.*" Le lion assis vers la gauche, tenant de sa patte levée un rat qui dresse vers lui sa tête et ses deux pattes antérieures, implorant sa pitié. — V. *d.* "*De milvo et matre. Fab. xx.*" Un milan couché dans un lit, malade; au pied du lit, un autre milan. — R. d_3. "*De Hirundine et rustico. Fab. xxi.*" A gauche, sur un arbre, cinq oiseaux, de taille et d'espèce différentes; à droite, partie de maison avec porte cintrée;

sur une pièce de bois faisant saillie hors de la corniche, est perchée une hirondelle, parlant aux oiseaux. — R. d_{iiii}. "*De ciuitate carente rege. Fab. xxii.*" (voir reprod. p. 326) — V. d_5. "*De ranis petentibus regem. Fab. xxiii.*" Plusieurs grenouilles dans un étang ; à la partie supérieure, à gauche, Jupiter ; à droite, l'hydre descendant du ciel. — V. d_6. "*De accipitre et colombis. Fab. xxiiii.*" A gauche, un arbre, sur les branches duquel sont perchées trois colombes, et au-dessous d'elles, un autour ; à

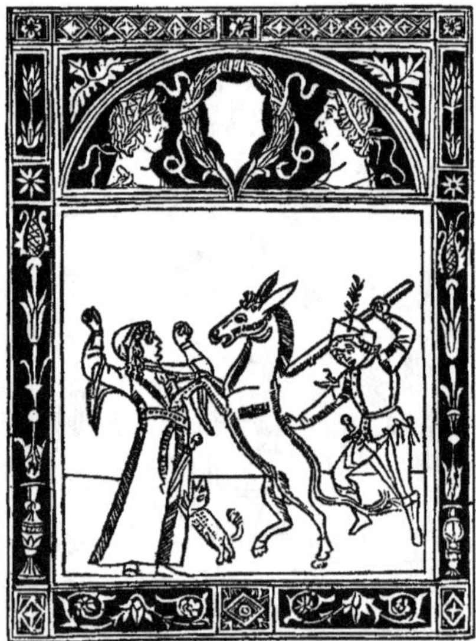

Aesopus, *Fabulæ*, 20 nov. 1487 (v. c_7).

droite, un colombier, sur le toit duquel est couchée une colombe. — V. d_7. "*De fure et cane. Fab. xxv.*" A droite, partie de maison, avec porte cintrée sur le seuil de laquelle apparaît un chien ; à gauche, le voleur tenant des clefs de la main droite, et présentant de la main gauche un pain au chien ; au fond, un mur avec créneaux. — R. *e*. "*De lupo et sucula. Fab. xxvi.*" A gauche, la truie, debout sur une pierre plate ; à droite, le loup, assis, la tête et la patte droite levées vers la truie. — R. e_2. "*De terra qui peperit murem. Fab. xxvii.*" Quatre hommes armés de lances, groupés près d'une crevasse qui s'est ouverte dans le sol ; sur la gauche à l'arrière plan, partie d'édifice. — V. e_{iii}. "*De lupo et agno. Fab. xxviii.*" Au premier plan, le loup et l'agneau, se faisant vis-à-vis ; au fond, à gauche, deux chèvres. —

V. e_{iiii}. "*De cane et domino. Fab. xxix.*" A droite, un paysan battant d'une poignée de verges son chien qu'il tient par la queue; au fond, le chien poursuivant un lièvre sur la pente d'une colline. — V. e_5. "*De sylva et leporibus. Fab. xxx.*" A droite, un cours d'eau dans lequel on voit au premier plan deux grenouilles qui plongent; à gauche, trois lièvres, et, sur la rive, une grenouille qui va plonger. — V. e_7. "*De lupo et hedo. Fab. xxxi.*" A droite, l'étable, à l'intérieur de laquelle, par une petite fenêtre

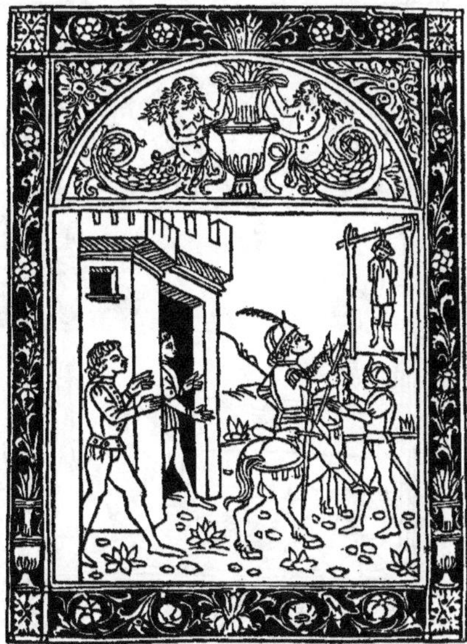

Aesopus, *Fabulæ*, 20 nov. 1487 (r. d_{iiii}).

carrée, on voit la tête du chevreau; à gauche, le loup, tourné vers l'étable; au second plan, sur la gauche, la chèvre broutant. — V. e_8. *De rustico et angue. Fab. xxxii*". A gauche, un paysan assis sur un escabeau; à droite, lui faisant face, le serpent, sous la forme d'un dragon ailé; entre l'homme et l'animal, à terre, une hache; au fond, une cheminée où flambe du bois; une porte ouverte sur la droite. — V. *f*. "*De cervo et ove. Fab. xxxiii.*" Le loup, vêtu d'une simarre de juge, assis dans une *cathedra* surmontée d'un dais; à droite, le cerf; à gauche, la brebis, tous deux assis, la tête levée vers leur juge. — V. f_2. "*De musca et calvo. Fab. xxxiiii.*" A gauche, un homme chauve, assis sur une pierre plate, tenant une petite branche d'arbre ; à droite de cette branche d'arbre, la mouche volant vers le crâne de l'homme. — V. f_3. "*De vulpe et ciconia. Fab. xxxv.*" A gauche, la cigogne, prenant de la nourriture dans un vase à long col ; à droite, le renard assis. — R. f_5. "*De lupo et cervice. Fab. xxxvi.*" Le loup, de profil, tourné vers la droite, la gueule ouverte au-dessus d'une tête de statue gisant à terre, et qu'il maintient de sa patte droite. — V. f_6. "*De graculo et pavonibus. Fab. xxxvii.*" Le geai, au milieu, entouré de trois paons,

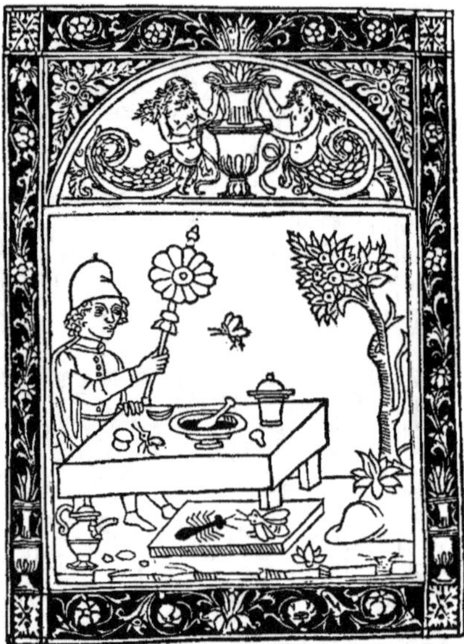

Aesopus, *Fabulæ*, 20 nov. 1487 (v. f_8).

qui le déplument ; un autre paon, sur la droite. — V. f_7. "*De mula et musca et mulione. Fab. xxxviii.*" Un mulet portant un cavalier et galopant de gauche à droite, une grosse mouche collée sur sa croupe droite. — V. f_8. "*De musca et formica. Fab. xxxix.*" (voir reprod. p. 327) — R. g_2. "*De lupo et vulpe. Fab. xxxx.*" Le singe, à droite, assis sur un coussin, levant un bâton de la main droite ; à gauche, au premier plan, le loup assis, la gueule ouverte et la tête levée vers le singe ; au second plan, le renard assis sur une pierre plate. — R. g_3. "*De viro et mustella. Fab. xxxxi.*" Intérieur d'un cellier, ou l'on voit, au fond, des fromages rangés sur des planches ; au premier plan, sur la droite, un homme avec un tablier, tenant des deux mains un piège où se trouve prise la belette, et posé sur un large socle de bois. — V. g_4. "*De Rana & Bove. Fab. xxxxxii.*" A gauche, au premier plan, la grenouille en train de se gonfler ; une autre grenouille lui faisant vis à vis ; à droite, le bœuf, au bord d'un cours d'eau, tourné vers les deux grenouilles. — V. g_5. "*De Leone et Pastore. Fab. xxxxxiii.*" A droite, un berger assis sur une pierre ; à gauche, le lion, lui faisant face ; au fond, sur la droite, trois brebis paissant, et un arbre. — V. g_7. "*De equo et leone. Fab. xxxxxiiii.*" Le lion, couché à droite, recevant la ruade des deux pieds de derrière du cheval, placé à gauche. — V. g_8. "*De equo & asello. Fab. xxxxxv.*" A gauche, le cheval, couvert d'un caparaçon chargé d'ornements ; à droite, l'âne ; au fond, deux ânes se faisant face. — R. h_2. "*De quadrupedibus et avibus. Fab. xxxxxvi.*" Cette gravure est déchirée dans l'exemplaire : dans le ciel, divers oiseaux, volant ; en bas, divers animaux, dressés vers les oiseaux. — R. h_3. "*De Philomena et Accipitre. Fab. xxxxxvii.*" Dans la fourche d'un arbre, un nid contenant trois petits rossignols, et sur lequel un épervier, perché à droite, pose une de ses serres ; à gauche, lui faisant face, sur une autre branche, le rossignol. — V. h_{iiii}. "*De lupo & vulpe. Fab. xlviii.*" A gauche, un berger gardant des moutons ; en face de lui, au milieu, le renard, qui vient l'avertir de la présence du loup dans sa tanière ; au-dessous de cette scène, dans une clairière, le loup dévorant un mouton. — R. h_6. "*De cervo et fonte. Fab. xlviiii.*" Le cerf à droite, au bord de l'eau ; au fond, le cerf passant dans un bouquet d'arbres, poursuivi par un chien. — V. h_7. "*De viro et uxore. Fab. l.*" Au seuil d'une maison, à droite, la veuve présentant à boire au garde qui est debout, lui faisant face ; sur la gauche, à l'arrière plan, un voleur pendu à une potence. — V. h_8. "*De juvene & Thayde. Fab. li.*" (voir reprod. p. 329) — R. i_{ii}. "*De patre et ejus filio. Fab. lii.*" A droite, le père, battant d'un faisceau de verges un esclave couché à terre, le derrière découvert ; au second plan, les mains croisées sur la poitrine, l'enfant pour la faute de qui l'esclave est battu ; au fond, à gauche, un arbre avec des fruits ; à droite, partie de maison. — R. i_{iii}. "*De vipera et lima. Fab. liii.*" La vipère, sous la forme d'un dragon ailé, mordant une lime posée sur une enclume ; à droite de l'enclume, à terre, un marteau, des tenailles, une pince ; au fond, une forge. — R. i_{iiii}. "*De lupis et ovibus. Fab. liiii.*" Un loup emportant une brebis dans sa gueule ; un autre loup terrassant un chien ; au fond, sur la droite, trois brebis s'enfuyant. — V. i_5. "*De luco et secure. Fab. lv.*" Un bûcheron, debout, au milieu de la composition, ébranchant des arbres. — R. i_7. "*De lupo et cane. Fab. lvi.*" Le loup, à droite ; le chien, à gauche, campé vis à vis de lui, aboyant. — R. i_8. "*De ventre, pedibus & manibus. Fab. lvii.*" Cinq personnages, trois assis et deux debout. — R. *k.* "*De simia et vulpe. Fab. lviii.*" A droite, le singe, assis sur une pierre ; à gauche, le renard, lui faisant face. — V. k_2. "*De Asello et Institore. Fab. lvix.*" A droite, l'âne chargé de morceaux de bois, vu de dos ; à gauche, un homme jouant de la flûte et frappant sur un tambourin fait de la peau de l'âne ; au fond, bouquets d'arbres. — R. k_{iiii}. "*De Argo Cervo & Bobus. Fab. lx.*" A gauche, deux vaches couchées ; à droite, un homme, saisissant des deux mains la tête d'un cerf, qui se dresse au fond, en arrière des vaches. — R. k_5. " *De Iudeo et Pincerna regis. Fab. lxi.*" A gauche, le roi, avec le sceptre et la couronne à l'antique, assis sur une pierre ; à droite, le juif, le genou gauche à terre, en face du roi ; au fond, l'échanson du roi frappant d'un coup d'épée le juif agenouillé, les mains liées ; entre les deux hommes, une perdrix volant ; à gauche, potence où est pendu l'échanson. — V. k_7

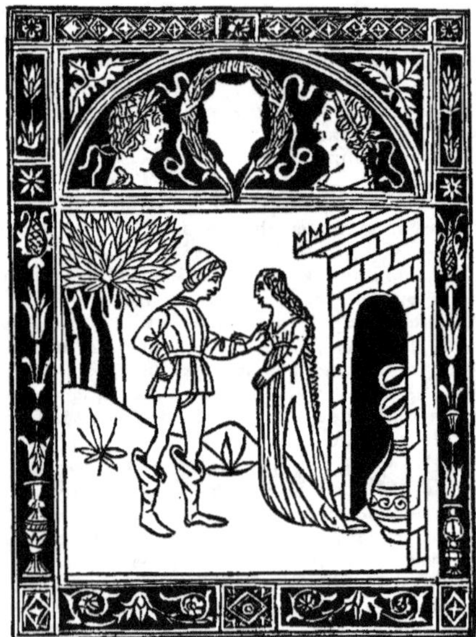

Aesopus, *Fabulæ*, 20 nov. 1487 (v. h_8).

" *De Cive et Equite regis. Fab. lxii.* " A droite, un homme levant des deux mains une sorte de massue sur la tête d'un autre personnage qui est devant lui, le genou gauche à terre, au pied d'un mur par dessus lequel un roi et deux autres personnages regardent le combat. — V. k_8. " *De Capone et Accipitre. Fab. lxiii.*" A gauche, le chapon, tourné vers un homme debout sur le seuil d'une porte à droite ; au-dessus, un épervier descendant vers le chapon. — V. l_2. " *De Pastore et Lupo. Fab. lxiiii.*" A droite, le berger, debout, un chien couché à ses pieds ; à gauche, le loup, assis, lui faisant face ; du même côté, au second plan, des moutons. — R. l_4. " *De Mercatore et ejus uxore. Fab. lxv.*" A droite, une femme debout, en avant d'une porte, de profil, tenant par la main un petit garçon ; à gauche, le mari, de

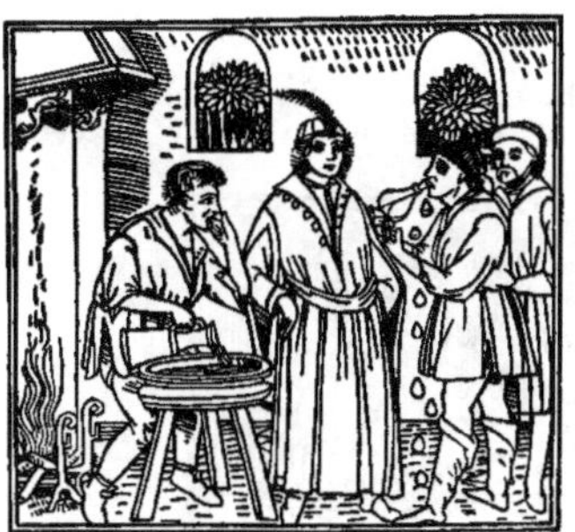

Aesopus, *Fabulæ*, 1er avril 1491 (p. du titre).

profil, faisant face à sa femme. — R. l_5. " *De rustico et Plutone. Fab. lxvi.*" Un homme couché dans un lit, au-dessus duquel est un diable, qui saisit des deux mains le personnage couché. — V. m_{ii}. *Annonciation ;* petite vignette au trait, avec quelques hachures discrètes en certaines parties.

R. m_3 : *Impressum uenetiis per Bernardinuȝ/ de Benaliis Bergomensem. Anno domi/ ni. M. CCCC.LXXXVII. die. xx. No/ uembris.* Au-dessous, la table, qui finit au r. m_4 ; le verso, blanc.

Livre d'une rareté extraordinaire, et l'un des plus importants parmi les ouvrages à figures sortis des presses vénitiennes au XVe siècle[1].

359. — Bernardino Benali & Matteo da Parma, 1er avril 1491 ; 4°. — (Sienne, C)

Lepidissimi Aesopi Fabule.

78 ff. n. ch. s. : *a-k*. — 8 ff. par cahier, sauf *k*, qui en a 6. — C. g., sauf les trois dernières pages qui sont en c. rom. — 35 vers par page. — Au-dessous du titre, bois au trait : *Les figues rendues* (voir reprod. p. 330)[2]. — Dans le corps de l'ouvrage, bois de l'édition 20 novembre 1487. — R. k_5. *Annonciation*, vignette au trait : l'ange agenouillé à droite ; Dieu le Père confusément indiqué dans l'angle supérieur du même côté ; de ce point, partent des rayons dirigés vers la Ste Vierge, qui est à genoux, à gauche, mains jointes ; la colombe céleste vole vers elle, sur des rayons ; un pupitre entre l'ange et Marie.

V. k_6 : *Impressũ Venetiis ꝑ Bernardinũ benaliũ & Matheũ/ parmensem. Nel. M.cccc.lxxxxi. a di primo Aprile.*

---

1. Hain (I, 344) mentionne une édition « s. l. a. & typ. n. 4. c. figg. xyl. ; Venetiis, c. 1480 », que nous n'avons jamais rencontrée au cours de nos recherches.

2. Episode bien connu de la vie d'Esope. Dans un testament de Mattheo Codeca, en date du 12 août 1491, conservé à l'Archivio di Stato de Venise (Sezione Notarile, Cancelleria Inferiore, Testam. di notai diversi, n° 2758, f° 28), sont énumérés les ouvrages qui ont été édités par ce maître imprimeur en association avec Bernardino Benali et parmi lesquels figure une *Vie d'Esope* mentionnée en ces termes : « *Item adi 6 aprile 1491 se stampo et fu misso insieme Isopi historia di frixe* (Aesopi historia de Phrygia) *per n° 756...* » Il n'est pas douteux que le bois qui se rencontre ici, dans l'édition des *Fables* du 1er avril 1491, ait fait partie de l'illustration de la *Vie* du fabuliste, tirée à quelques jours d'intervalle, et dont aucun exemplaire, à notre connaissance, n'a subsisté. — Nous signalons dans le *Fior di virtu*, 6 novembre 1493, imprimé aussi par Codeca, un autre bois qui est évidemment de la même provenance. Il n'est pas besoin d'insister sur la similitude de ces deux gravures et de celles qui ornent l'édition s. d. du *Devote Meditationi*, des mêmes imprimeurs associés. Il suffit d'en faire le rapprochement pour reconnaître dans les unes et les autres la main du même artiste.

360. — Manfredo de Monteferrato, 31 janvier 1491 ; 4°. — (Venise, M ; Berlin, E)

ESOPVS.

72 ff. n. ch., s. : *a-i*. — 8 ff. par cahier. — C. g. — 41 vers par page. — R. *a*. Bois et encadrement au trait (voir reprod. p. 331)[1]. — V. a_{ii}. " *De*

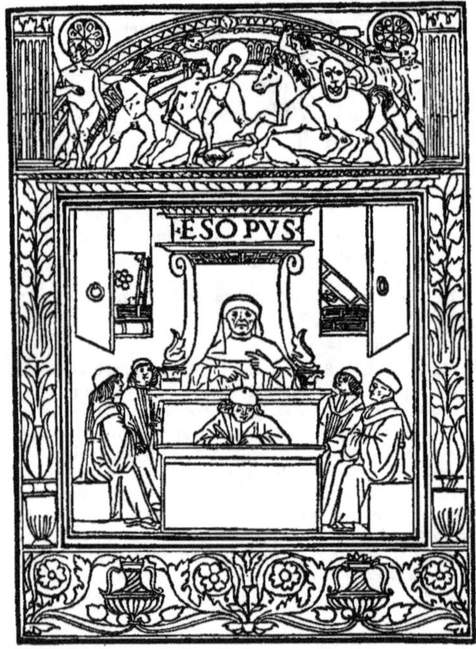

Aesopus, *Fabulæ*, 31 janvier 1491 (frontispice).

gallo z iaspide. Fabula. ij " (voir reprod. p. 333). — V. a_{iii}. " *De lupo z agno. Fabula. iij.*" Le loup à droite, l'agneau à gauche, se faisant face, sur les deux bords d'un ruisseau, dont le courant vient du fond, en passant sous les trois arches d'un pont ; à droite et à gauche de ce pont, des maisons. — V. a_{iiij}. " *De mure z rana. Fabula. iiij.* " A gauche,

1. Une copie inverse de ce frontispice (sans le nom : *ESOPVS*) se trouve dans un *Pungy lingua*, imprimé à Bologne par Hercules de Nani, le 23 mars 1493, 4° (Venise, M). — Quant aux vignettes des fables de cette édition de 1491, signalons, parmi les nombreuses copies qui en ont été faites, celles des éditions milanaises de Lazarus de Turate, 23 déc. 1502 (Londres, BM) (voir reprod. p. 332), et de Zanotus de Castelliono, 17 nov. 1522 (☆).

le rat, dressé sur ses pattes de derrière, portant un bourdon et un chaperon de pélerin, parle avec la grenouille, accroupie vis-à-vis de lui. A droite, dans une mare, le rat est entraîné par la grenouille, qui plonge; dans le haut, un milan, éployé, fondant sur les deux animaux. — V. a_5. "*De cane*

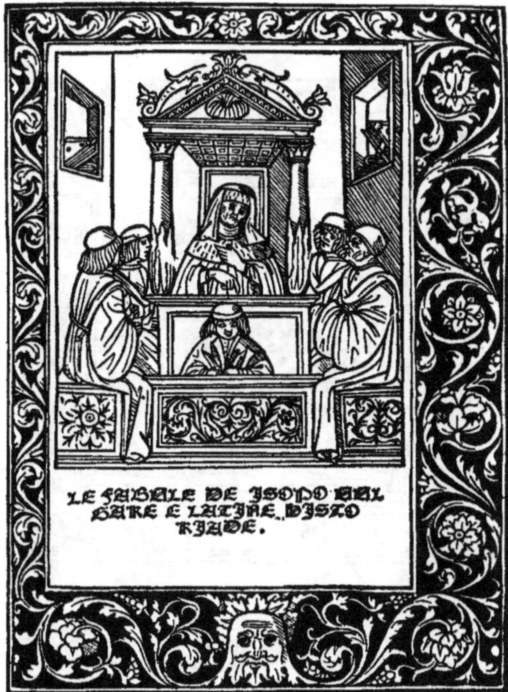

Fabule de Isopo, Mediolani, Lazarus de Turate, 23 déc. 1502.

z oue. Fabula. v." A gauche, un singe assis sur un tertre, tenant de la patte gauche une branche d'arbre dressée; à droite, au pied du tertre, la brebis, le chien et le loup; au second plan, sur la droite, un arbre, où se tiennent perchés un milan et un vautour. — V. a_6. "*De cane gerente carnem in ore. Fabula. vj.*" Un chien traversant, de gauche à droite, une planche jetée en travers d'un ruisseau; il porte à sa gueule un morceau de viande. — V. a_7. "*De leone capra oue z iuuenca. Fabula. v*" (au lieu de *vij*). Au premier plan, à droite, le lion ; à gauche, le cerf ; tous deux marchant de droite à gauche ; au second plan, la génisse à droite, la chèvre au milieu, la brebis à gauche. — V. a_8. " *De femina nubente furi. Fabula. viij.* " A gauche, une femme recevant l'anneau nuptial de la main d'un homme coiffé d'une toque à aigrette, qui est placé vis-à-vis d'elle ; au second plan, une autre femme et un homme vêtu d'une robe et coiffé d'un bonnet rond ; à droite, un paysan assis sur la fourche d'un arbre, jouant

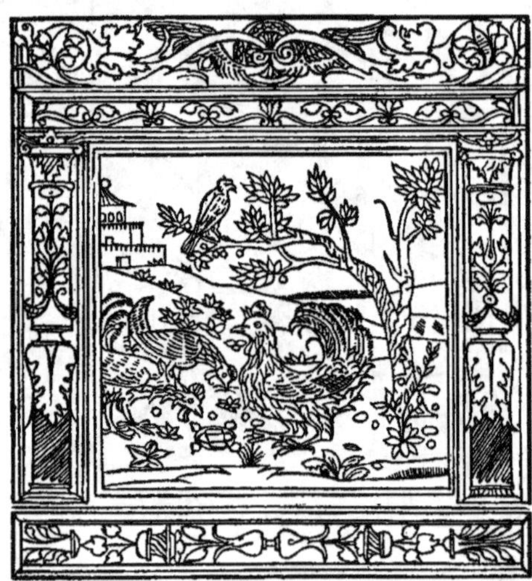

Aesopus, *Fabulæ*, 31 janvier 1491 (v. a_{ij}).

de la cornemuse. — V. *b.* " *De lupo z grue. Fabula, ix.* " A droite, le loup, assis sur un petit tertre, tourné vers la gauche ; vis-à-vis de lui, la grue, qui plonge son bec dans la gueule de l'animal. — V. b_{ij}. " *De cane z alia cane. Fabula decima.* " A gauche, partie d'une maison, dont la porte est fermée ; à une fenêtre qui surmonte cette porte, une chienne, vue à mi-corps ; à droite, devant la maison, l'autre chienne, levant la tête vers la fenêtre. — V. b_3. " *De viro z colubro. Fabula. xj.* " A droite, à l'arrière-plan, un arbre dénudé, en avant duquel un homme, baissé, est en train de ramasser un serpent. A gauche, intérieur d'une chaumière, où l'homme est assailli par le reptile, sous la forme d'un dragon ailé. — V. b_4. " *De asello z apro. Fabula. xii.* " A gauche, l'âne ; à droite, lui faisant vis-à-vis, le sanglier. — V. b_5. " *De mure rustico z vrbano. Fabula. xiii.* " A gauche, les deux rats, dans un cellier garni de trois tonneaux et d'autres provisions; sur la droite, un homme en train d'ouvrir la porte du cellier. — R. b_7. "*De vulpe z aquila. Fabula. xiiii.*" Sur la gauche, un arbre, à la cime duquel se tient dressé l'aigle, dans son nid, d'où sort à mi-corps un aiglon. Au pied de l'arbre, à droite, le renard entassant des brindilles auxquelles il va mettre le feu. Au troisième plan, à gauche, des édifices; au fond, à droite, d'autres maisons. — R. b_8. "*De aquila z testudine. Fabula. xv.*" A gauche, l'aigle, perché sur une tortue posée à terre; il a la tête tournée vers la droite, où, sur une branche basse d'un palmier, se tient une corneille. — R. *c.* "*De vulpe z coruo. Fa. xvi*". A gauche, un chêne, sur lequel est perché le corbeau, le bec ouvert; à droite, le renard, saisissant dans sa gueule le fromage qui vient de tomber au pied de l'arbre. — R. c_{ij}. "*De leone apro tauro assello* (sic). *Fa. xvij.*" A droite, le sanglier, donnant un coup de boutoir au lion couché, qui reçoit en même temps une ruade de l'âne, placé à gauche, et un coup de corne du taureau, posé en arrière de l'âne. — R. c_{iij}. "*De catullo hero z asello. Fabula. xviij.*" A droite, le petit chien, marchant à la rencontre de son maître, qui tourne la tête vers la gauche, regardant l'âne; celui-ci s'avance, dressé sur les pieds de derrière; à l'extrême gauche, un serviteur levant des deux mains un bâton pour frapper l'âne. — R. c_{iiij}. "*De leone z mure. Fabula. xix.*" A droite, le lion assis, la patte gauche posée sur un rat. — R. c_5. "*De miluo z matre. Fabula. xx.*" A droite, un arbre, dont une branche s'allonge presque horizontalement vers la gauche; sur cette branche est perché, de face, un des deux oiseaux de proie, la tête retournée vers la droite, où se tient, sur le tronc écimé de l'arbre, le second oiseau, posé de profil, les ailes pendantes. — R. c_6. "*De hyrundine z rustico. Fabula. xxi.*" A droite, un arbre, sans feuillage, sur lequel sont perchés cinq oiseaux; à gauche, une maison. — R. c_7. "*De ciuitate carente rege. Fabula. xxi*" (au lieu de *xxii*). Au milieu, un condamné, agenouillé, les mains liées derrière le dos; au-delà, un bourreau, qui va frapper d'un coup de revers de sabre la tête de l'homme à genoux. A gauche, un homme d'armes, tenant une lance; à droite, un cavalier, tournant le dos, tenant un bâton. — R. c_8. "*De ranis petentibus regem. Fa. xviij*" (au lieu de *xxiij*). Une mare, sur le bord de laquelle se trouvent trois grenouilles à gauche, et deux à droite; dans l'eau, deux grenouilles et la poutre tombée du ciel; au fond, les ailes déployées, l'hydre envoyée en second lieu par Jupiter. Ce dernier est représenté dans l'angle supérieur de gauche, en buste, issant d'un nuage, tenant un sceptre, & la tête ornée d'une couronne à l'antique. — R. *d.* "*De accipitre z columbis. Fabula. xxiiij.*" A droite, un arbre sans feuillage, sur lequel sont perchées quatre colombes; à gauche, une maison, en avant de laquelle vole un épervier tenant dans ses serres une autre colombe. — R. d_{ij}. "*De fure z cane. Fabula. xxv.*" A gauche, une maison; sur le seuil, un chien, tourné vers la droite, où se trouve le voleur, tenant de la main gauche des outils, et de la main droite présentant un pain à l'animal. — R. d_{iii}. "*De lupo z sucula. Fabula. xxvj.*" A gauche, le loup; à droite, la truie, lui faisant face. — R. d_{iiij}. "*De terra que peperit murem.*

Fabula. xxvij." A droite, le rat, sortant d'une crevasse du sol ; à gauche, groupe de quatre personnages vêtus d'armures, trois portant le casque, celui qui est le plus à droite ayant l'épée au côté, celui du milieu tenant un bouclier. — V. d_{iiii}. "*De lupo ꝛ agno. Fabula. xxviij.*" A droite, l'agneau, et, au second plan, la chèvre ; à gauche, le loup ; entre le loup et la chèvre, se dresse un arbre, dont le feuillage s'étale dans le haut. — V. d_5. "*De cane ꝛ domino. Fabula. xxix.*" A gauche, le chien ; son maître le tient par la queue de la main gauche, et, de la main droite, lève un

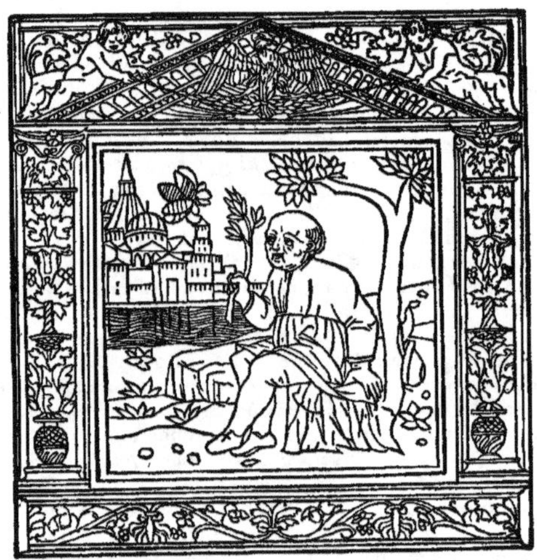

Aesopus, *Fabulæ*, 31 janvier 1491 (v. e_{ij}).

bâton dont il va le frapper ; le corps de l'homme masque en partie un autre chien qui, à l'arrière plan, poursuit un lièvre. — V. d_6. "*De sylua ꝛ leporibus. Fabula. xxx.*" Sur la droite, au second plan, bouquet d'arbres ; trois lièvres, venant de cette direction, courent vers la gauche, où sont représentées deux grenouilles plongeant dans une mare, et une troisième, accroupie sur le bord. — V. d_7. "*De lupo ꝛ hedo. Fabula. xxxj.*" Au fond, à gauche, la chèvre, en train de paître ; près d'elle, à droite, un arbre. Au premier plan, à gauche, le loup, campé devant la porte de l'étable ; une barrière basse de clayonnage, sur la face antérieure de l'étable, laisse voir, à l'intérieur, le chevreau couché. — V. d_8. "*De rustico ꝛ angue. Fabula. xxxij.*" A droite, le paysan, coiffé d'un chapeau, les bras croisés, appuyé sur le manche d'un hoyau, les pieds nus ; à gauche, le serpent, à demi levé, la tête tournée vers l'homme. — V. *e*. "*De ceruo z oue. Fabula. xxxiij.*" A droite, le cerf; sur la gauche, la brebis, couchée à terre; au second plan, du même côté que la brebis, le loup. — V. e_{ij}. "*De musca z caluo. Fabula. xxxiiij*" (voir reprod. p. 335). — V. e_{iij}. "*De vulpe z ciconia. Fabula. xxxv.*" Au premier plan, à gauche, le renard ; à droite, la cigogne, tous deux se faisant face et penchés sur un plat posé à terre. Au second plan, vers la gauche, à des places correspondantes, la cigogne plongeant son bec dans un vase à long col, et le renard la regardant, la tête levée. — V. e_{iiij}. "*De lupo z ceruice. Fabula. xxxvj.*" Un loup en train de flairer un buste qu'il trouve sur son chemin. — V. e_5. "*De graculo z pauonibus. Fabula. xxxvij.*" Le geai, à gauche; un paon, qui lui est directement opposé, lui donne un coup de bec au cou, et tient une plume qu'il vient de lui arracher; une autre plume est tombée à terre; à gauche, en arrière du geai, deux autres paons, tenant chacun une plume dans leur bec Au second plan, un paon, posé presque de face, faisant la roue. — V. e_6. "*De mulla musca z mullione. Fabula. xxxviij.*" Une mule, galopant vers la droite, montée par un cavalier coiffé d'un chapeau à retroussis avec deux longues plumes en aigrette; il tient un bâton de la main droite; sur la croupe de la mule, une mouche. — V. e_7. "*De musca z formica. Fabula xxxix.*" Une salle où est dressée une table, portant une soupière, une carafe, un verre, une serviette, une assiette ; au fond, une fenêtre, dans le cadre de laquelle est figurée une mouche ; en avant de la table, et à droite, un page, la main gauche sur la hanche, et de la main droite tenant un écran dont il va frapper la mouche ; une autre mouche dans l'assiette, au bord de la table; près du pied droit du page, une fourmi placée vis-à-vis d'une mouche. — V. e_8. "*De lupo z vulpe. Fabula. xl.*" (voir reprod. p. 337) — V. *f*. "*De viro z mustella. Fabula. xxxxi.*" Intérieur de chaumière, avec, au fond, deux armoires ouvertes, laissant voir des fromages, une jarre d'huile, etc. ; au premier plan, assis sur un banc, un homme tenant des deux mains, devant lui, un piège où est enfermée une belette. — V. f_{ij}. "*De rana z boue. Fabula. xlij.*" A droite, le bœuf, les pieds dans l'eau d'une mare ; à gauche, au bord de l'eau, la grenouille qui se gonfle pour égaler le bœuf; au second plan, une autre grenouille, de proportions ordinaires. — V. f_{iij}. "*De leone z pastore. Fabula. xliij.*" A gauche, le berger, assis sur une souche d'arbre, tenant des deux mains la patte droite du lion assis vis-à-vis de lui, afin de le débarrasser d'une épine qui le blesse. — R. f_5. "*De equo z leone. Fabula. xliiij.*" A droite, le cheval, décochant une ruade dans la tête du lion, couché à gauche. — R. f_6. "*De equo z asello. Fabula. xlv.*" A droite, le cheval, sellé, bridé, et couvert d'un riche caparaçon ; à gauche l'âne, sans selle ni bride ; au second plan, un arbre, entre les deux animaux; au fond, à gauche, des édifices. — R. f_7. "*De quadrupedibus z auibus. Fabula xlvi.*" Au premier plan, à gauche, un bœuf; au milieu, un chien ; à droite de ce dernier, un cheval, dressé sur les pieds de derrière ; à l'extrême droite, un lion ; au-dessus de ce groupe, six oiseaux différents et une chauve-souris, volant en diverses directions. — R. f_8. "*De philomena z accipitre. Fabula. xlvij.*" Sur les branches d'un arbre, un rossignol à gauche, et un épervier à droite, se faisant face; au-dessous de l'épervier, le nid du rossignol, avec deux petits dedans. — R. *g*. "*De lupo z vulpe. Fabula. xlviij.*" A droite, un berger, appuyé des deux mains sur sa houlette; au premier plan, à gauche, trois moutons, paissant. Du même côté, au second plan, sur un tertre assez élevé, un renard assis, de profil, tourné vers la droite. — R. g_{ij}. "*De ceruo z fonte. Fabula. xlviiij.*" Au premier plan, à droite, le cerf, au bord d'un ruisseau; au fond, à gauche, le même cerf, courant dans un bouquet d'arbres, et poursuivi par un chien.

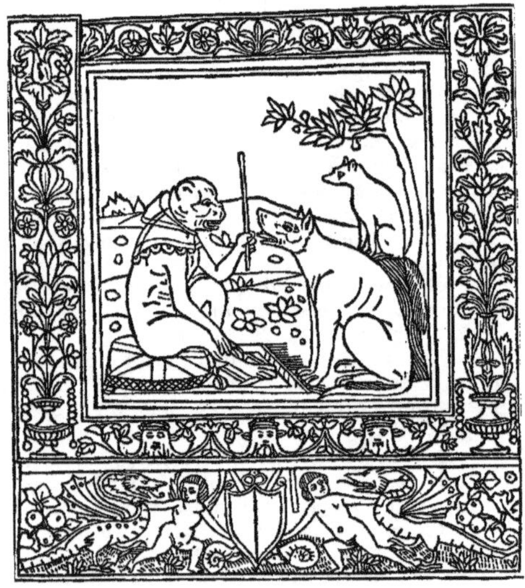

Aesopus, *Fabulæ*, 31 janvier 1491 (v. e_8).

— R. g_{iij}. "*De viro z vxore. Fabula. l.*" A droite, au premier plan, un cercueil; au-delà, l'entrée d'une maison sur le seuil de laquelle se tient une femme, tendant une tasse à un homme placé vis-à-vis d'elle, et qui a le pied droit posé sur le cercueil; au second plan, à gauche, un malfaiteur pendu à un gibet. — R. g_{iiij}. "*De iuuene z thayde. Fabula. li.*" A gauche, sur le seuil d'une maison, une femme coiffée d'un turban; vis-à-vis d'elle, un jeune homme, coiffé d'une toque à aigrette, la main gauche sur la garde de son épée, et touchant de la main droite la poitrine de la femme. — R. g_5. "*De patre z eius filio. Fabula. lij.*" A gauche, un esclave, agenouillé, les jambes et les fesses découvertes, le buste prostré à terre; à droite, le père de famille, à genoux également, maintenant l'esclave de la main gauche, et de la main droite, levant un faisceau de verges dont il le fouette; au second plan, à gauche, le fils de la maison, les bras croisés, regardant la scène. — R. g_6. "*De vipera z lima. Fabula. liij.*" A gauche, une enclume, sur laquelle est posée une lime, que mord un dragon ailé, placé à droite. — R. g_7. "*De lupis z ouibus. Fabula. liiij.*" Au premier plan, deux moutons dévorés par deux loups; au fond, à gauche, deux autres moutons. — R. g_8. "*De luco z secure. Fabula. lv.*" Au milieu, un homme, brandissant une cognée dont il frappe les arbres qui l'entourent; à terre, un fer de cognée non emmanché. — R. *h*. "*De lupo z cane. Fabula. lvi.*" A gauche, un chien couché nez à nez avec un loup, qui regarde le collier du chien. — R. h_{ij}. "*De ventre pedibus z manibus. Fabula. lvij.*" A droite, un homme, vêtu d'une tunique courte, adossé à un arbre ébranché; à gauche, un médecin, élevant de la main gauche un vase d'urine qu'il examine. — R. h_3. "*De simia z vulpe. Fabula. lviij.*" A gauche, un singe assis, le bras gauche à demi levé; à droite, le renard. — R. h_{iiij}. *De asello z institore. Fabula. lviiij.*" A droite, l'âne; à gauche, un bouffon, soufflant dans une cornemuse; à ses pieds, entre lui et l'âne, une corbeille garnie de grain. — R. h_5. "*De argo ceruo z bobus. Fabula. lx.*" Au premier plan, deux bœufs couchés; au second plan, sur la droite, une enceinte de clayonnage, hors de laquelle se dresse un cerf, tiré par une corde passée autour de son cou, et que tient un homme placé à gauche. — V. h_6. "*De iudeo z pincerna regis. Fabula. lxi.*" Au premier plan, à droite, un roi, avec couronne à l'antique, assis à table; à gauche, son échanson apportant un plat; en arrière de cette scène, un mur bas, au-delà duquel s'étend jusqu'au fond un terrain vallonné; à peu près au milieu de cet espace, on voit l'échanson du roi assassinant un marchand juif; à l'extrême droite, le même échanson est représenté pendu à un gibet. — V. h_7. "*De ciue z equite regis. Fabula. lxij.*" Au premier plan, à gauche, un chevalier, tombé à terre, s'appuyant sur le coude gauche, la main droite levée au-dessus de la tête; à droite, un paysan, brandissant à deux mains une massue dont il va frapper son adversaire; au fond, à gauche, partie d'édifice, où, à une fenêtre, apparaissent en buste un roi couronné et tenant son sceptre, et un autre personnage, qui regardent le combat. — V. *i*. "*De capone z accipitre. Fabula. lxiii.*" A droite, un chapon; à gauche, un page portant un faucon sur le poing. — V. i_2. "*De pastore z lupo. Fabula. lxiiij.*" A gauche, un berger, coiffé d'un chapeau à larges bords, appuyé des deux mains sur un long bâton; près de l'homme, un chien couché. A droite, un loup, assis, la tête levée vers le berger. — V. i_3. "*De Mercatore z eius vxore. Fabula. lxv.*" A gauche, le marchand, vêtu d'une robe à larges manches, coiffé d'un bonnet; à droite, sa femme; entre les deux époux, un jeune enfant chevauchant un bâton et tenant de la main gauche un fouet. — V. i_{iiij}. "*De rustico z plutone. Fabula lxvj.*" Un mourant couché sur le dos, dans un lit; un démon, aux ailes de chauve-souris, aux griffes et au bec d'oiseau, est accroupi sur lui. — Toutes ces vignettes sont encadrées de bordures ornementales, variées.

V. i_7: *Impressum venetijs per Manfre/ dum de mōteferato. de sustreuo/ M. cccc. lxxxxj. a di vltimo/ ʒenaro.* — R. i_8: la table; le verso, blanc.

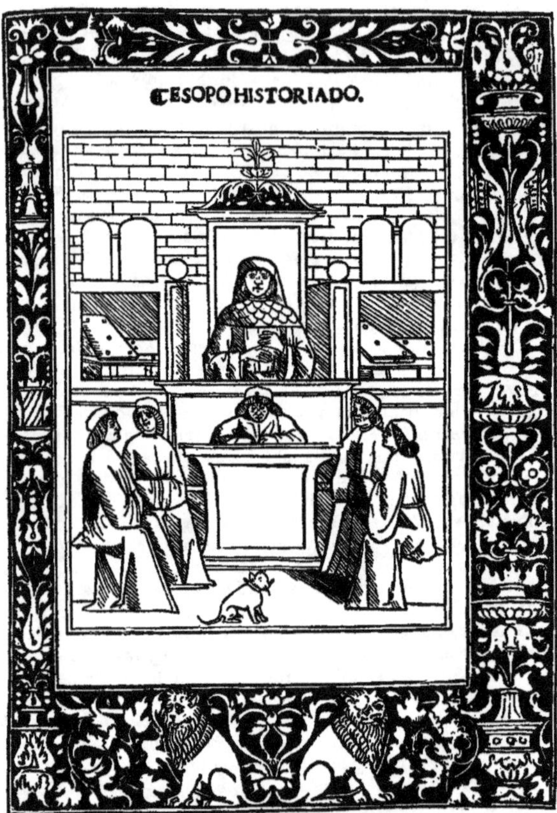

Esopo historiado, 27 juin 1497 (frontispice).

361. — Manfredo de Monteferrato, 15 février 1491 ; 4°. — (☆)

ESOPVS.

72 ff. n. ch., s. : *a-i*. — 8 ff. par cahier. — C. g. — 40 vers par page. — R. *a*. Frontispice de l'édition 31 janvier 1491. — La disposition du texte est la même que dans cette précédente édition. Les bois sont aussi les mêmes, sauf quelques différences dans l'arrangement des encadrements.

V. i_7 : *Impressum venetijs per Manfredum de monte/ferato de bonelis de sustreuo. M. cccc. lxxxxj die. xv./ Februarij*...— R. i_8 : *Tauola de le preditte Fabule*, sur deux col. ; le verso, blanc.

362. — Manfredo de Monteferrato, 17 août 1493; 4°. — (Modène, E; Venise, M)

Réimpression de l'édition 31 janvier 1491.

V. i_7 : *Impressum venetijs per Manfre/dum de monteferato, de sustreuo/ M. cccc. 93. adi 17./ Agosto.*

363. — Manfredo de Monferrato, 27 juin 1497; 4°. — (Londres, BM; Oxford, B)

Aesopo Historiado.

72 ff. n. ch., dont le dernier est blanc, s.: *A-I.* — 8 ff. par cahier. — C. rom.; titre g. — 40 vers par page. — Page du titre: bois légèrement ombré, enfermé dans l'encadrement à fond noir du Lucain, *Pharsalia*, 4 août 1495 (voir reprod. p. 339). — Bois de l'édition 31 janvier 1491, sauf quelques différences dans les encadrements.

V. I_7: *Stampado in Venetia per Mae/stro Manfredo de Bonello de Stre/uo da Mõfera... nel anno del signor/ M.CCCC.LXXXXVII adi XXVII. Zugno.*

364. — Manfredo de Monteferrato, 25 février 1502; 4°. — (Londres, BM; Berlin, E — ☆)

☙ *ESOPO HISTORIADO.*

72 ff. n. ch., dont le dernier est blanc, s.: *A-I.* — 8 ff. par cahier. — C. rom. — 40 vers par page. — Bois de l'édition 31 janvier 1491, sauf une différence au r. H_2 *(De ventre pedibus manibus. Fabula lvti)*, et quelques modifications dans les encadrements. Le frontispice est celui de l'édition 27 juin 1497.

V. I_7: ☙ *Stampado ĩ Venetia per Maestro/ Manfredo de Bonello de Streuo da/ Monteferato. nel año del signore. M. cccccii. adi xxv. de Feuraro./ Finis.*

365. — Manfredo de Monteferrato, 20 décembre 1508; 4°. — (Sienne, C)

Esopo hystoriado.

72 ff. n. ch., dont le dernier est blanc, s.: *A-I.* — 8 ff. par cahier. — C. rom. — 40 vers par page. — Au-dessous du titre, bois au trait, avec encadrement à fronton. — L'exemplaire est incomplet du f. I_{iii}; tel quel, il renferme 63 bois au trait, avec encadrements variés, comme dans les autres éditions du même imprimeur.

V. I_7: *Stampado ĩ Venetia per Maestro/ Manfredo de Bonello de Streuo da/ Monteferato. nel ãno del signore. M/cccccyiii. adi. xx. de Decembrio.*

366. — Bernardino Benali, 10 mai 1517; 4°. — (Londres, BM, FM)

Esopus constructus moral liçatus ꝛ hystoriatus vltimo/ impressus ꝛ correctus ad vti/ litatem discipulorum.

52 ff. n. ch., dont le dernier est blanc, s.: *a-g.* — 8 ff. par cahier, sauf *g*, qui en a 4. — C. g. — 46 et 47 ll. par page. — Page du titre: encadrement à figures; quatre médaillons à droite, représentant: GREGORIVS, ·HIERONIMVS·, AMBROSIVS, ·AVGVSTIN, et quatre médaillons, plus petits, à gauche, où sont figurés les prophètes: IEREMIAS, ABACVC, DANIEL, IONA; bloc inférieur: Dieu le Père & Jésus-Christ tenant la sphère du monde, au-dessus de laquelle vole la colombe céleste, rayonnante; deux anges à droite et à gauche; bloc supérieur: trois petits médaillons; dans celui du milieu, figure du Christ bénissant. — Bois de l'édition 20 novembre 1487.

R. g_3: *Impressum Uenetijs per Bernardinum Benalium Anno dñi./ M. ccccc. xvij. Die. x. mensis. Madij.* Au verso, la table.

367. — Augustino Zanni, 1528; 8°. — (Paris, S — ☆)

Fabule de Esopo hystoriate.

76 ff. (24, 24, 28) n. ch., dont le dernier est blanc, s.: *A-B.* — C. rom.; titre g. —

35 vers par page. — Au-dessous du titre : bois précédemment employé dans le Virgile, *Moretum*, Mapheo Pasini, sept. 1525 (p. du titre). — Dans le texte, bois de l'édition Bern. Benali, 20 nov. 1487, très fatigués par de nombreux tirages.

V. C_{27} : ℂ *Impressæ Venetiis per Augustinum de/ Zannis. M.D.XXVIII.*

368. — Simon de Prello, 27 octobre 1533 ; 8°. — (Londres, BM)

Fabule de Esopo hystoriate.

80 ff. n. ch., s. : *A-K.* — 8 ff. par cahier. — C. rom. ; titre g. — 31 vers par page. — Bois de l'édition 31 janvier 1491, sauf la gravure du verso *I*, qui provient d'une autre édition.

V. K_8 : *Venetiis per Simonem de Prello Ver/ cellensem. Anno Dñi. M.D.XXXIII./ Die. XXVII. Octobr.*

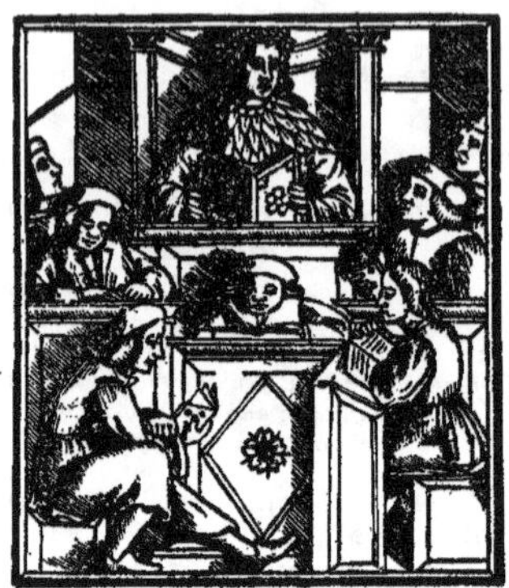

Fabule di Esopo, 1542 (p. du titre).

369. — Simon de Prello, 5 août 1534 ; 8°. — (Bologne, C)

Réimpression de l'édition 27 octobre 1533.

V. K_8 : ℂ *Venetiis per Simonem de Prello de Lexona/ Vercellẽsem. Anno Dñi. M.D.XXXIIII./ Die. V. mensis Augusti.*

370. — Agostino Bindoni, 1542 ; 8°. — (☆)

Fabule di Esopo historiate/ con sue Allegorie histor/ice ꝛ morale.

80 ff. n. ch. s. : *A-E.* — 16 ff. par cahier. — C. rom. ; titre g. — 27 vers par page. Au-dessous du titre, bois copié de celui qui a été employé dans le Virgile, *Moretum*, Mapheo Pasini, sept. 1525 (voir reprod. p. 341). — Les vignettes qui illustrent les fables sont des copies, plus ou moins librement interprétées et médiocres, de celles de l'édition 31 janvier 1491 (voir reprod. p. 341) ; toutefois, les vignettes du v. D_{10}, du v. *E* et du v. E_{ii}, ne peuvent être considérées comme des copies.

V. E_{16} : ℂ *Venetijs ꝑ Augustinum de Bindonis./ Anno Domini. M.D.XXXXII*[1].

371. — Bartholomeo l'Imperatore, 1546 ; 8°. — (Vienne, I)

FABVLE DI/ ESOPO HISTORIATE/ CON SVE ALLEGORIE HI/ STORICE ET MORALE.

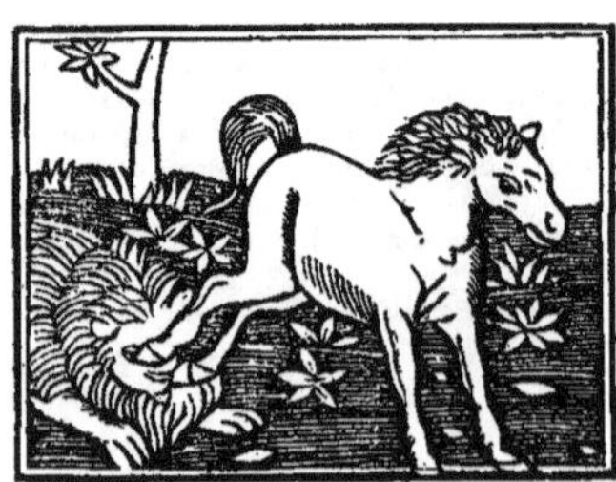

Fabule di Esopo, 1542.

80 ff. n. ch. s. ; *A-E.* — 16 ff. par cahier. — C. rom. — 28 vers par page. — Au-dessous du titre ; bois de la *Vita d'Esopo*, G. A. Vavassore, 1533 (p. du titre). — Dans le texte, 66 vignettes, la plupart à terrain noir (voir reprod. p. 342).

V. E_{16} : *Venetiis per Bartholomeum cognomento/ Imperatorem. M.D.XLVI.*

1. Nous avons rencontré une copie servile du bois de la page du titre dans l'opuscule : *Joannis/ Antonii Boꝫavotre/ Partenopei Atqꝫ Medici/ Eruditissimi Quesitum de/ Calido Natiuo.* (à la fin) ℂ*Neapoli apud Mathium Cance Bionis Anno/ domini nostri. M.D. XXXXII./ 26. mensis Februarii.* In-4°, 28 ff. — (Florence, Libr. de Marinis, 1905.)

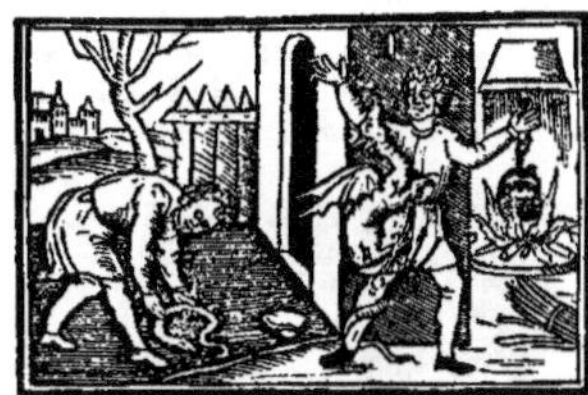
Fabule di Esobo, 1546.

372. — Agostino Bindoni, 1549; 8°. — (Londres, BM)

Fabule Esopi/ Historiate: con sue Alle/ gorie: Historice: z morale.

80 ff. n. ch., s.: *A-E*. — 16 ff. par cahier. — C. rom. — 29 vers par page. — Au-dessous du titre, bois de l'édition 1542. — 67 vignettes ombrées, copies des bois au trait de l'édition 31 janvier 1491; le copiste a généralement simplifié les fonds en supprimant des édifices, des bouquets d'arbres; dans quelques vignettes, le terrain est traité à la manière florentine.

V. E_{16}: ℂ *Venetiis per Augustinum de Bindonis./ Anno Domini. 1549.*

373. — S. a. & n. t. (?); 4°. — (Paris, A)

Fabule de Esopo Historiate.

Cet exemplaire, incomplet, se compose de 59 ff. n. ch., s.: *A-H_3*. — 8 ff. par cahier. — C. rom.; titre g. — 39 et 41 vers par page. — Frontispice de l'édition 27 juin 1497. — 64 vignettes des éditions Manfredo de Monteferrato. — V. H_{iii}: *Finis.*

374. — S. a. et n. t. (milieu du XVI° s.); 8°. — (Paris, S)

Fabule de Esope historite (sic).

80 ff. n. ch., s.: *A-K*. — 8 ff. par cahier. — C. rom.; titre g. — 30 vers par page. — Bois de l'édition 31 janvier 1491, fatigués par de nombreux tirages[1].

375. — S. l. a. & n. t.; 4°. — (Munich, Libr. J. Rosenthal, 1907)

Fabule de Esopo historiate.

80 ff. n. ch., s.: *A-K*. — 8 ff. par cahier. — C. rom.; titre g. — 30 vers par page. — Au-dessous du titre, bois de l'édition 27 juin 1497. — 65 bois de l'édition 31 janvier 1491. — R. K_8, au bas de la page: *FINIS*. Le verso, blanc.

1487

Buovo d'Antona.

376. — Hannibal Foxio da Parma, 28 janvier 1487; 4°. — (Milan, T)

58 ff. n. ch., dont le dernier est blanc, s.: *a-g*. — 8 ff. par cahier, sauf *g*, qui en a 10. — C. rom. — 2 col. à 4 octaves et demie. — R. *a*, blanc. Au verso, bois au trait de l'Esope, *Fabulæ*, Bern. Benali, 20 nov. 1487 (v. h_8: *De Iuvene & Thayde*); encadrement tiré du même ouvrage.

R. g_9, au bas de la 1re col.: le registre; au-dessous: *Qua finisse lhistoria del nobile ca/ ualiero Buouo dãtona ĩpresso ĩ Ve/ netia per Hãnibale foxio da parma/ del. Mcccclxxxvii. adi. xxviii. de Ze/naro.* Le reste de la page et le verso, blancs.

1. Dans la même collection: *Esopus cõstructus mo / raliʒatus z hystoriatus / ad vtilitatẽ discipulorũ*, Taurini, Bernardinus Sylva, s. a., 4°; spécimen des nombreuses éditions populaires des *Fables* d'Esope, publiées dans les principales villes d'Italie, avec gravures copiées des éditions vénitiennes.

377. — Manfredo de Monteferrato, 24 janvier 1508 ; 4°. — (☆)

72 ff. n. ch., s. : *A-I* (les ff. *A* et A_8 manquent dans cet exemplaire). — 8 ff. par cahier. — C. rom. — 2 col. à 5 octaves. — En tête de la 1re col. du r. A_2 : ℭ *INCOMincia il libro chiamato Buo/ uo Dantona nelquale si contiene uarie/ e molte delectabile*

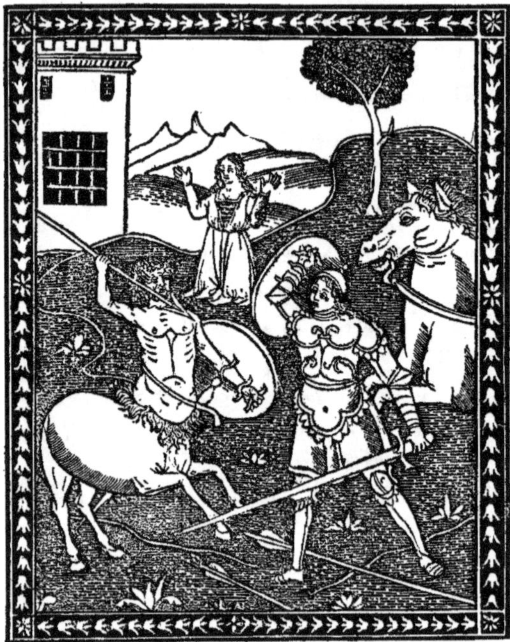

Buovo d'Antona, 12 avril 1514 (p. du titre).

cose come chi lege/ ra apertamente potra cognoscere... — Dans le texte, 42 vignettes à terrain noir, dont une, au r. D_5, et répétée plusieurs fois, porte le monogramme ʙ.

R. I_8 : le registre ; au-dessous : ℭ *Impressum in Venetia per Manfredo/ Bono de Mōteferrato del. M.CCCCC/VIII. Adi XXIIII. de Zenaro*. Le verso, blanc.

378. — Piero Bergamascho, 12 avril 1514 ; 4°. — (Vienne, I)

Bouo dantona.

72 ff. n. ch., s. : *A-I*. — 8 ff. par cahier. — C. g. — 2 col. à 5 octaves. — Au-dessous du titre, grand bois, à terrain noir, avec monogramme ▪ (voir reprod. p. 343). Le verso, blanc. — R. A_{ii} : ℭ *Incomincia il libro*

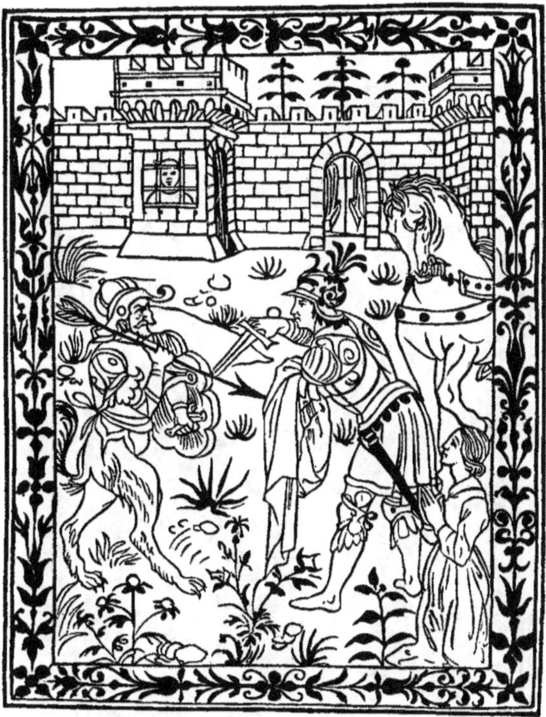

Bois florentin du XVe siècle (Collection J. Masson).

chiamato Buo/ uo Dantona nel quale si contiene va/ rie e molte delectabile cose :... — Dans le texte, 40 vignettes ombrées, la plupart à terrain noir ; deux de ces petits bois portent le monogramme c ; un autre, le monogramme a.

R. I_8 : le registre ; au-dessous : ℭ *Impresso in Uenetia per maestro/ Piero Bergamascho del. M.ccccc/ xiiij. Adi. xij. Aprile.* Le verso, blanc[1].

1. Nous reproduisons ci-dessus une curieuse gravure florentine, appartenant à la collection de M. J. Masson, d'Amiens, et qui figura en 1902 à l'Exposition de la gravure sur bois (n° 892 du catalogue) avec la désignation suivante : "La Vertu défendant l'Innocence contre le Vice. XVe siècle, vers 1480". Sans contester cette interprétation très plausible du sujet, nous nous bornons à faire remarquer la frappante similitude de cette composition et de celles qui ont été adaptées au *Buovo d'Antona* dans les éditions vénitiennes de ce poème. Nous croyons que la gravure de l'édition 12 avril 1514, qui fut copiée dans l'édition 27 mars 1518 et imitée dans l'édition 6 juillet 1521, est elle-même inspirée du bois florentin. Ne serait-il donc pas permis de supposer que ce dernier servait de frontispice à une édition du *Buovo d'Antona* imprimée à Florence, et qui est restée inconnue ?

379. — Gulielmo de Monteferrato, 27 mars 1518; 4°. — (Milan, M)

Buouo Dantona historiato: z del suo inamora/ mento con Drusiana: cõ molte sue aduersitade:...

72 ff. n. ch., s.: *A-I*. — 8 ff. par cahier. — C. rom.; titre g. — 2 col. à 5 octaves. — Au-dessous du titre, grand bois à terrain noir,

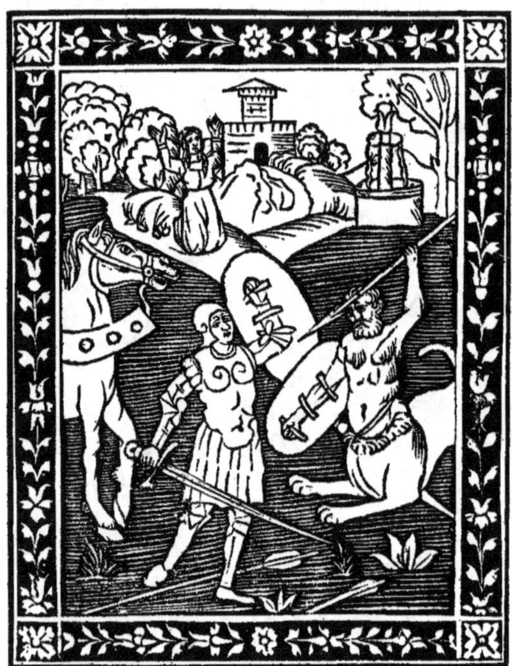

Buovo d'Antona, 27 mars 1518 (p. du titre).

copie inverse du bois de l'édition 12 avril 1514, avec modifications dans le fond; bordure ornementale à fond noir (voir reprod. p. 345). — Ce bois est répété au verso. — Dans le texte, 40 vignettes, à terrain noir, médiocres.

R. I_8: le registre; au-dessous: ℂ *Impresso in Venetia ꝑ Gulielmo da/ monfera. Del. M.D.XVIII./ Adi. XXVII. di Marzo.* Le verso, blanc.

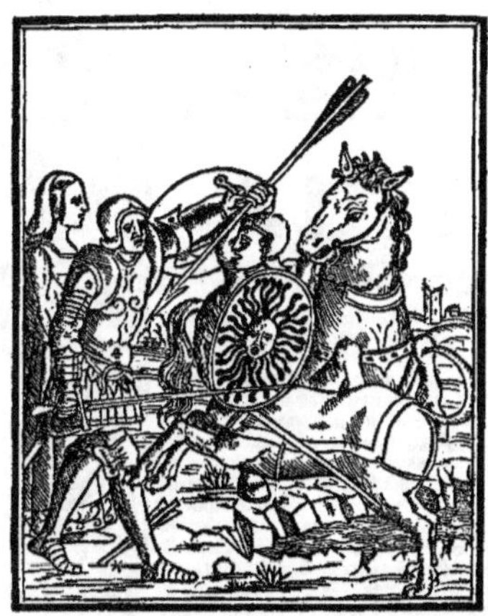

Buovo d'Antona, 6 juillet 1521 (p. du titre).

380. — Alessandro & Benedetto Bindoni, 6 juillet 1521 ; 8°. — (Florence, L)

Buouo Dantona Con/ molte azonte Noua/ mēte Impresso.

72 ff. n. ch., dont le dernier est blanc, s. : *A-I*. — 8 ff. par cahier. — C. g. — 2 col. à 5 octaves. — Au-dessous du titre, bois ombré (voir reprod. p. 346). — Le verso, blanc. — Dans le texte, 31 petites vignettes ombrées, assez médiocres.

V. I_7 : *Impresso in Uenetia per Alessandro/ z Benedetto di bendoni. Nel an/ no. 1521. Adi. 6 de Luio...*

381. — Alvise di Torti, 11 juillet 1534 ; 4°. — (Paris, N)

Libro chiamato Buouo de Antona nelquale/ se cōtiene tutti li soi fatti mirabili che lui fece cō la sua morte...

72 ff. num., s. : *A-I*. — 8 ff. par cahier. — C. rom. ; la 1re ligne du titre en lettres goth. — 2 col. à 5 octaves. — Au-dessous du titre, grand bois à terrain noir, avec monogramme [L A], de l'édition 12 avril 1514. Le verso, blanc. — Dans le texte, 22 vignettes médiocres, tirées avec quatre ou cinq blocs différents et qui se répètent.

V. LXXII :... *Stampato in Vinegia per/ Aluise di Torti. Nelli anni del Signore. M.D.XXXIIII./ A di XI. de Luglio...* Au-dessous, le registre.

382. — Benedetto Bindoni, 10 novembre 1537 ; 4°. — (Londres, BM)

Buouo de Antona.

72 ff. n. ch., dont le dernier est blanc, s. : *A-I*. — 8 ff. par cahier. — C. rom. ; titre g. — 2 col. à 5 octaves. — Au-dessous du titre, grand bois ombré, avec monogramme [L A], de l'édition 12 avril 1514. — Le verso, blanc. — Dans le texte, 31 petites vignettes ombrées, médiocres.

V. I_7 : *Impresso in Venetia per Benedetto/ di Bendoni. Nel anno. M.D./XXXVII. adi. x./ Nouembre.*

383. — S. l. & n. t., 1560 ; 4°. — (☆)

BVOVO D'ANTONA/ NEL QVALE SE CONTIENE TVTTI GLI SVOI/ fatti mirabili che lui fece, con la sua morte, & di molte e di-/ uerse Battaglie : Nouamente historiato./ MDLX.

72 ff. n. ch., dont le dernier est blanc, s. : *A-I*. — 8 ff. par cahier. — C. rom. ; titre r. & n. — 2 col. à 5 octaves. — Au-dessous des quatre lignes du titre, et surmontant la date, bois de l'édition 27 mars 1518. Le verso, blanc. — Dans le texte, vignettes de diverses provenances, dont plusieurs sont signées du monogramme **c**. — V. I_7 au bas de la 2me col. : *IL FINE.*

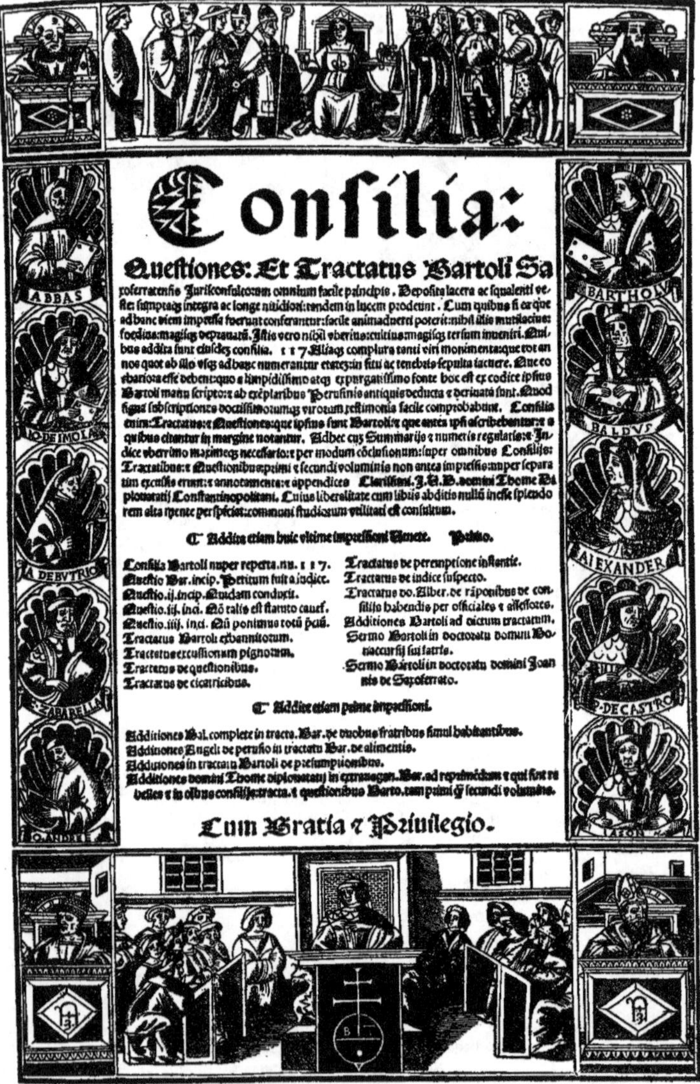

Consilia:

Questiones: Et Tractatus Bartoli Saxoferratensis Jurisconsultorum omnium facile principis. Deposita lacera ac squalenti veste: sumptaque integra ac longe nitidiori: tandem in lucem prodeunt. Cum quibus si ea que ad hanc diem impressa fuerant conferantur: facile animadverti poterit: nihil illis mutilacius: foedius: magisque depravatum. Istis vero nihil uberius: cultius: magisque tersum inveniri. Quibus addita sunt eiusdem consilia. 117. Aliaque complura tanti viri monimenta: que tot annos quot ab illo usque ad hanc numerantur etatem: in situ ac tenebris sepulta iacuere. Que eo uberiora esse debent: quo e limpidissimo atque expurgatissimo fonte hoc est ex codice ipsius Bartoli manu scripto: et ab exemplaribus Perusinis antiquis deducta et derivata sunt. Quod signa subscriptiones doctissimorumque virorum testimonia facile comprobabunt. Consilia enim: Tractatus: et Questiones: que ipsius sunt Bartoli: et que antea ipsi ascribebantur: et a quibus citantur in margine notantur. Adhec cum Summariis et numeris regulatis: et Indice uberrimo maximeque necessario: et per modum conclusionum: super omnibus Consiliis: Tractatibus: et Questionibus: primi et secundi voluminis non antea impressis: nuper separatim excussis erunt: et annotamenta: et appendices Clarissimi. J. U. D. domini Thome Diplovatatii Constantinopolitani. Cuius liberalitate cum libris additis nullum inesse splendorem alta mente perspiciat: communi studiosorum utilitati est consultum.

¶ Addita etiam huic ultime impressioni Venete. [illegible].

Consilia Bartoli nuper reperta. nu. 117.
Questio Bar. incip. Petitum fuit a iudice.
Questio. ij. incip. Quidam conduxit.
Questio. iij. inci. Non talis est statuto cauet.
Questio. iiij. inci. Quum ponimus totum per eius.
Tractatus Bartoli de bannitorum.
Tractatus de excussionum pignorum.
Tractatus de questionibus.
Tractatus de cicatricibus.
Tractatus de peremptione instantie.
Tractatus de iudice suspecto.
Tractatus do. Alber. de ranponibus de consiliis habendis per officiales et assessores.
Additiones Bartoli ad dictum tractatum.
Sermo Bartoli in doctoratu domini Bonaccursii sui fratris.
Sermo Bartoli in doctoratu domini Joannis de Saxoferrato.

¶ Addite etiam prime impressioni.

Additiones Bal. complete in tracta. Bar. de duobus fratribus simul habitantibus.
Additiones Angeli de perusio in tractatu Bar. de alimentis.
Additiones in tractatu Bartoli de presumptionibus.
Additiones domini Thome diplovatatij in extravagan. Bar. ad reprimendum et qui sint rebelles et in omnibus consiliis: tracta. et questionibus Barto. tam primi quam secundi voluminis.

Cum Gratia et Privilegio.

Bartolus de Saxoferrato, *Consilia*, etc., 18 janvier 1529.

1487

BARTOLUS de Saxoferrato. — *Consilia, questiones et tractatus.*

384. — Bernardino Benali, 25 février 1487 ; f°. — (Rome, Ca)

Consilia Domini Bartoli de Saxoferrato.

170 ff. n. ch., s. : *a-h, hh, i, k, m-z, r-u.* — 8 ff. par cahier, sauf : *a,k,u*, qui en ont 10 ; *g, h, hh*, qui en ont 6 ; *z*, qui en a 12. — C. g. — 2 col. à 76 ll. — R. *a*, blanc. Au verso : *Ad lectorem.* — 39 figures et diagrammes, numérotés, relatifs à la mesure et à la délimitation des propriétés foncières.

R. u_{10} : *Finis Consiliorũ Disputationum necnon Tracta/ tuum domini Bar. de Saxoferato... Impressoruȝ venetijs per Bernardinum Bena/ lium Bergomensem. Anno domini. M.ccccIxxxvij./ die.xxv. Februarij.* Au-dessous, le registre. Le verso, blanc.

385. — Baptista de Torti, 20 juin 1495 ; f°. — (Bonn, U — ☆)

Consilia questiones et tracta/ tus bartoli cum addi/ tionibus nouis.

153 ff. num. et 1 f. blanc, s. : *a-v.* — 8 ff. par cahier, sauf *t*, qui en a 6, et *v*, qui en a 4. — C. g. ; le titre en rouge. — 2 col. à 71 ll. — 39 figures et diagrammes de mêmes sujets que dans l'édition 1487.

R. 153 : *Venetijs per Baptistam de Tor/ tis. M.CCCC.XCV. die .xx. Iunij.* Au-dessous, marque à fond noir de l'imprimeur. Au verso, la table et le registre.

386. — Baptista de Torti, 18 janvier 1529 ; f°. — (Bassano, C)

Consilia :/ Questiones : Et Tractatus Bartoli Sa/ xoferratensis Iurisconsultorum omnium facile principis...

215 ff. num. et 1 f. n. ch., s. : *A-Z,AA-EE.* — 8 ff. par cahier, sauf *I,Y,Z,EE*, qui n'en ont que 6. — C. g. ; titre r. et n. — 2 col. à 72 ll. — Page du titre : grand encadrement, qui porte, dans le milieu du bloc inférieur, sur la chaire d'un professeur enseignant, la marque de Baptista de Torti, et, aux extrémités du même bloc, sur les chaires d'un pape à gauche, & d'un évêque à droite, le monogramme [monogramme] (voir reprod. p. 347)[1].

V. 215 : le registre ; au-dessous : ℭ *Uenetijs per Baptistam/ de Tortis. Mccccc xxix./ Die. xviij. Ianuarij.* Au bas de la page, marque à fond noir. — R. EE_6 : *Sequitur Tabula eorum que in hoc volumine habentur.* Le verso, blanc.

1487

CHERUBINO da Spoleto. — *Fior di virtu.*

387. — Hieronymo di Sancti, 1487 ; 4°. — (Oxford, B)

Incomenza vna opera chiamata/fiore de virtu : laquale tracta de tut-/ti gli homini che desiderano viue/re secondo dio...

1. Cet encadrement se trouve également sur la page du titre de : *Index seu/ Aureum Repertorium ad omnia Consi/ lia : Questiones : Tractatus Bartoli :...*, feuillet isolé placé à la suite de l'exemplaire du *Consilia*, etc., de Bassano.

28 (8, 8, 6, 6,) ff. n. ch., s. : *a-d.* — C. g. — 2 col. à 41 ll. — Le r. du f. *a* est blanc. Au verso, bois au trait (voir reprod. p. 349). — In. o. à fond noir. R. d_6, 1re col. : *Impresso in la Inclita cita de Uene/tia per Maistro Ieronimo di san/cti Facta nel. M. cccclxxxvij.* Dans la 2me col., la table des chapitres. Le verso, blanc.

Edition d'une rareté exceptionnelle, et dont nous ne connaissons que ce seul exemplaire.

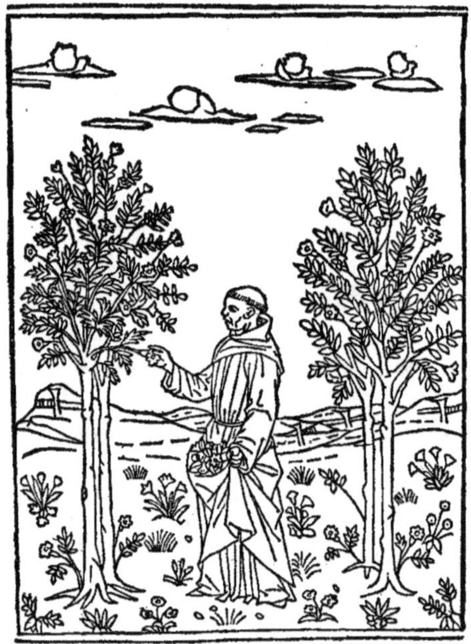

Cherubino da Spoleto, *Fior di virtu*, 1487.

388. — Hannibal Foxio da Parma, 25 juin 1488; 4°. — (Pesaro, O)

Incomenza una opera chiama/ta fiore de uirtu : laquale tracta de/ tutti gli uitii humani : liquali debo/ no fugire gli homini che desidera/ no uiuere secondo dio...

34 ff. n. ch., dont le dernier est blanc, s. : *a-d.* — 8 ff. par cahier, sauf *d*, qui en a 10. — C. rom. — 2 col. à 38 ll. — R. du 1er f., blanc ; au verso, bois de l'édition 1487. — Le titre est en tête de la 1re col. du r. a_{ii} ; au-dessous, au commencement du texte, in. o. *P.* à fond noir.

V. d_8 : *Fine del libro chiamato fiore/ de uirtu loquale ha impresso mae/ stro Hanibal de Parma Adi. xxv./ de Zugno. del Mccccl xxxviii... FINIS.* — R. d_9 : *Euangelio di Sancto Ioanne.* Au verso : table des chapitres.

Édition aussi rare que la précédente.

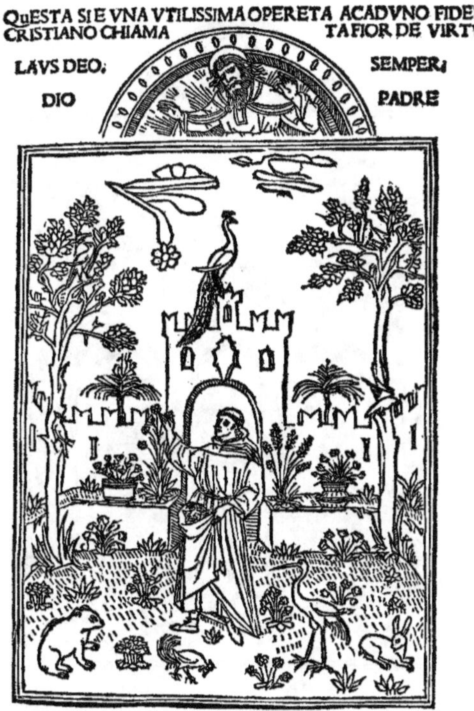

Cherubino da Spoleto, *Fior di virtu*, 3 avril et 30 décembre 1490.

389. — Matheo Codeca, 3 avril 1490 ; 4°. — (☆)

FIORE DE VIRTV.

32 ff. n. ch., s. : *a-d*. — 8 ff. par cahier. — C. rom. — 2 col. à 39 ll. — V. du titre : bois au trait (voir reprod. p. 350)[1]. — In. o. a fond noir.

1. Ici, le bois n'est pas surmonté de la figure de Dieu le Père et de la légende qui ont été ajoutées dans l'édition suivante.

V. d_7 :... *Impresso in Venetia per Ma/theo di co de ca da Parma del an/no del. Mccccl xxxx. a di. iii. aprile.* — R. d_8, au bas de la 2me col., au-dessous de la table, marque à fond noir. Au verso : *Oratione del beato santo Augustino...* Au bas de la page, bois emprunté du St Bonaventure, *Devote Meditationi*, 27 février 1489 (v. b_6) : *le Christ devant Pilate.*

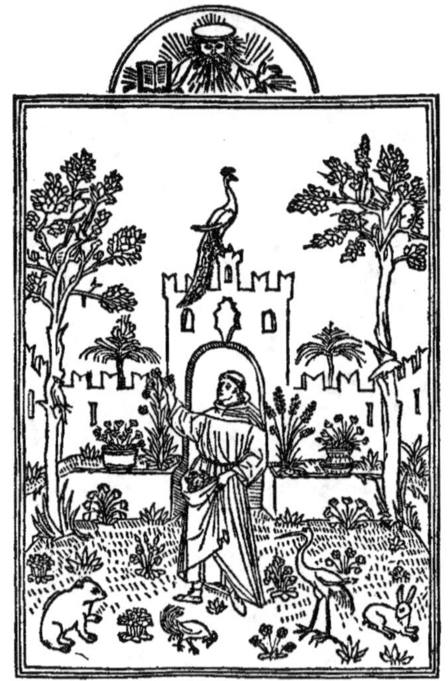

Cherubino da Spoleto, *Fior di virtu*, 14 juillet 1492.

390. — Zuan Ragazo, 30 décembre 1490 ; 4°. — (☆)

QUESTA SI E VNA VTILISSIMA OPERA ACADVNO FIDEL/ CRISTIANO CHIAMA// TA FIOR DE VIRTV.

24 (8, 8, 8) ff. n. ch., s. : *a-c.* — C. rom. — 2 col. à 41 ll. — Au-dessous du titre, bois de l'édition Codeca du 3 avril, même année, surmonté d'une figure de *Dieu le Père* en buste dans une arcade demi-circulaire, accostée des mots : *LAVS DEO.// SEMPER.* et, en seconde ligne : *DIO// PADRE* (voir reprod. p. 350). — Une in. o. au trait ; autres petites in. o. à fond noir.

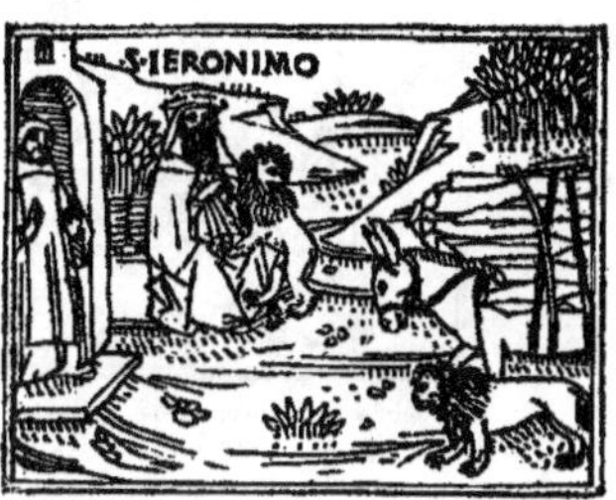

Cherubino da Spoleto, *Fior di virtu*, 14 juillet 1492.

V. c_8. Au-dessous de la table, vignette tirée de la *Bible* du 15 octobre, même année. Au bas de la page : *Impresso in Venexia. per Zan Raga/ zo da Pomale : del. Mccccl xxxxx./ Adi xxxx Decembrio./ Finis.*

391. — Matheo Codeca, 14 juillet 1492 ; 4°. — (Paris, N)

QVESTA SIE VNA VTILISSIMA OPERETA ACADVNO/ FIDEL CHRISTIANO CHIAMATA FIOR/ DE VIRTV.

30 ff. n. ch., s. : *a-d*. — 8 ff. par cahier, sauf *d*, qui en a 6. — C. rom. — 2 col. à 39 ll. — Au-dessous du titre, bois de l'édition 3 avril 1490, un peu modifié par la suppression de l'étoile et des nuages dans le ciel ; le tympan demi-circulaire, avec figure de *Dieu le Père*, rapporté au-dessus de la gravure, est différent de celui de l'édition précédente (voir reprod. p. 351). — Dans le texte, 35 vignettes au trait (voir reprod. p. 353) et nombreuses in. o. du même genre.

R. d_6 : *Impresso in Venetia per Matheo di/ co de cha da Parma. Nel. M. cccc./ lxxxxii. Adi. xiiii. de Luio.* Au verso, la table ; au bas de la page, vignette au trait, représentant St Jérôme (voir reprod. p. 352).

392. — Cherubino de Aliotti[1], février 1492 ; 4°. — (☆)

FIORE DE VIRTV CON/ EL VANGELIO DI/ SANCTO IO/ VANNE.

32 ff. n. ch., s. : *a-d*. — 8 ff. par cahier. — C. rom. — 38 ll. par page. — Au-dessous du titre, bois au trait, copié de celui de l'édition 1487 (voir reprod. p. 354). Le verso, blanc. — In. o.

V. d_8 : *Impresso in Venetia per mi Caru/bini de Aliotti. Ne lanno del no/ stro signore iesu christo. Mccccl xxxxii. nel mese di Febraro.*

Édition non moins rare que celles de 1487 et 1488, et dont nous ne connaissons pas d'autre exemplaire que le nôtre.

393. — Matheo Codeca, 3 juin 1493 ; 4°. — (Londres, BM ; Milan, T)

QVESTA SIE VNA VTLISSIMA/ OPERET/ TA ACADAVNO/ CHIA MATA FIOR DE/ VIRTV.

30 ff. n. ch., s. : *a-d*. — 8 ff. par cahier, sauf *d*, qui en a 6. — C. rom. — 2 col. à 38 ll. — Page du titre : bois de l'édition 14 juillet 1492. — Dans le texte, 35 vignettes au trait, dont quelques-unes très légèrement ombrées en certaines parties. — In. o. au trait ; d'autres à fond noir.

---

1. Le nom de cet imprimeur, dont nous n'aurons à mentionner aucun autre ouvrage, est attaché à une œuvre artistique des plus remarquables parmi toutes celles où s'affirme la splendeur de l'ancienne Venise. C'est lui, en effet, qui, en qualité de membre de la confrérie " della Carità ", fit établir à ses propres frais le magnifique plafond de bois sculpté de la salle dite " dei Maestri Antichi " dans l'Académie, autrefois " Scuola Grande di Santa Maria della Carità ", la première des six " Scuole Grandi " instituées à Venise. La règle de la confrérie interdisant au donateur de mettre son nom sur ce chef-d'œuvre, il imagina une sorte de rébus où le " Cherubino de Aliotti " est en quelque sorte traduit par une foule de têtes ailées de chérubins, logées dans les caissons du plafond.

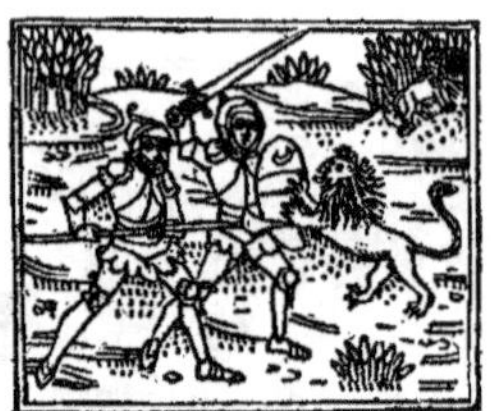
Cherubino da Spoleto, *Fior di virtu*, 14 juillet 1492.

R. d_6 : *Delle uirtu io son chiamato il fiore/ Le feste almeno legemi per amore/ Fui rinnouato nel mille quattrocẽto/ Nonanta e tre nella cita famosa/ Che de uirtu per tuto fama spande/ Vinitia bella gratiosa e degna.* Au-dessous : *Impressa in uenetia per Matheo di/ co de cha da parma. Adi. iii ʒugo* (sic). Au verso, la table ; dans le bas de la page, deux vignettes au trait juxtaposées : à gauche, *Fuite en Egypte ;* à droite, *Nativité de J. C.*, cette dernière surtout fort jolie (voir reprod. p. 355). Ces deux petits bois, de l'école du graveur b, doivent provenir d'un autre ouvrage, qui nous est inconnu.

394. — Matheo Codeca, 6 novembre 1493 ; 4°. — (Londres, BM)

QVESTA SIE VNA VTILISSIMA OPERETTA ACADA/VNO FIDEL CHRI/ STIANO CHIAMATA/FIOR DE VIRTV LAVS DEO.

30 ff. n. ch., s. : *a-d.* — 8 ff. par cahier, sauf *d*, qui en a 6. — C. rom. — 2 col. à 40 ll. — Au-dessous du titre, bois de l'édition 14 juillet 1492. — Dans le texte, 35 vignettes au trait, quelques-unes légèrement ombrées. — In. o. au trait, et à fond noir.

R. d_6 : *Delle uirtu io son chiamato il fiore/ Le feste almeno legemi per amore/ Fui rinnouato nel mille quatrocẽto/ Nonanta e tre nella cita famosa/ Che de uirtu per tuto fama spande/ Vinetia bella gratiosa e degna.* Au-dessous : *Impssa ĩ Venetia ꝑ Matheo di co de/cha da Parma Adi. yi. Nouẽbre.* — Au verso, la table ; au bas de la page, bois au trait (voir reprod. p. 355). Cette vignette (le jardinier du philosophe Xanthus présentant à son maître des fruits de son jardin) doit provenir d'une édition de la *Vie d'Esope*, restée inconnue. Nous mentionnons dans l'édition des *Fables* d'Esope, de Benali et Codeca, 1er avril 1491, une autre vignette qui, évidemment, devait faire partie de la même suite (voir la note mise en renvoi à cet ouvrage).

395. — Joanne Baptiste Sessa, 14 juin 1499 ; 8°. — (Londres, BM)

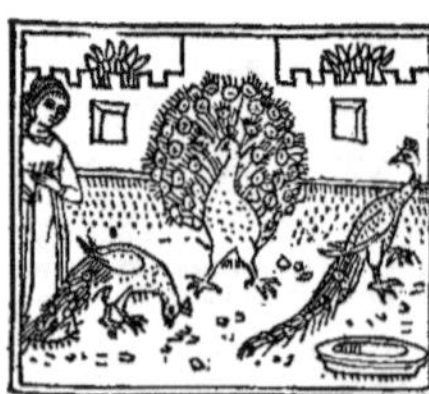
Cherubino da Spoleto, *Fior di virtu*, 14 juillet 1492.

Questa Sie Una Utilissi/ ma opereta A Cadau/ na Persona Chia/ mata fior De/ Uirtu.

56 ff. n. ch., dont le dernier est blanc, et s. : *a-g.* — 8 ff. par cahier. — C. rom. ; titre g. — 2 col. à 30 ll. — Au-dessous du titre, bois ombré (voir reprod. p. 356). — V. *a* : in. o. *P* au trait, avec figure de St Pierre en buste. — Dans le texte, 35 petites vignettes ombrées, de la largeur de la justification d'une colonne.

V. g_6 : *Impressa in Venesia per Zuan Baptista da Sessa Mi/ lanese. M.ccccLxxxxix. adi. xiiii. ʒugno.* Au-dessous marque du Chat. — R. g_7 : la table.

396. — Christophoro Pensa, 29 avril 1500 ; 4°. — (Londres, FM ; Oxford, B)

Fior De Uirtu Utelissimo/ Acaduno Fidel/ Christano.

28 (8, 8, 8, 4) ff. n. ch., s. : *a-d*. — C. rom. ; titre g. — 2 col. à 42 ll. — Au-dessous du titre, bois de l'édition 14 juillet 1492. — Dans le texte, 35 vignettes ; in. o. à fond noir.

R. d_4 : ℂ *Impssa ĩ Venetia ꝑ xp̄ofolo de pẽsa/nel. M.CCCC. adi xxviiii.Aprile.* Au-dessous, le registre, et la table des chapitres, qui finit au verso.

L'exemplaire de la collection Murray porte le quantième : *xxiiii.Aprile.* Mais il est à remarquer, dans l'exemplaire de la Bodléienne, que le chiffre *v* est sensiblement

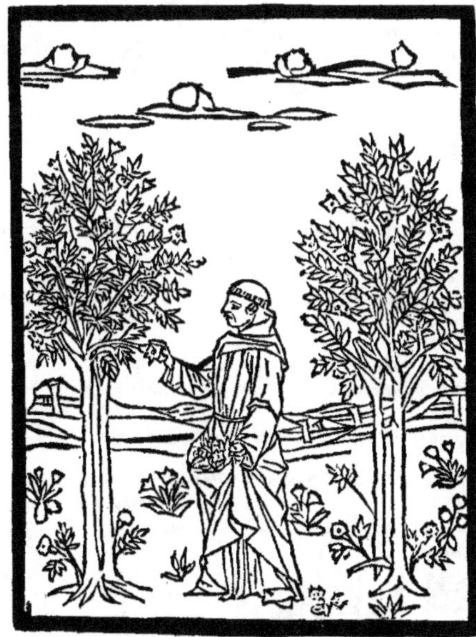

Cherubino da Spoleto, *Fior di virtu*, février 1492.

au-dessous des autres, ce qui donne à croire qu'il a été introduit, de façon maladroite, entre le second *x* et le premier *i*, au cours du tirage, pour réparer une omission commise dans la composition de la dernière ligne du colophon.

397. — Joanne Baptista Sessa, 3 février 1502 ; 8°. — (Vienne, R)

Questa Sie Una Utilissi/ ma Opereta A Cadau/na Persona Chia/ mata Fior De/ Uirtu.

48 ff. n. n. ch., s. ; *A-F*. — 8 ff. par cahier. — C. rom. ; titre g. — 2 col. à 30 ll. — Au-dessous du titre, bois de l'édition 14 juin 1499. Le verso, blanc. — Dans le texte, 36 vignettes ombrées. — Une in. o. à fig., au trait.

R. F_8 : *Impressa in Venetia per Zuan Ba/tista Sessa Anno. 1502. adi. 3. Fe/braro.* Sur la droite, marque du Chat. Le verso, blanc.

398. — Joanne Tacuino, 1515; 8°[1].

Opera deuotissima chiamata Fior de Virtu. Historiato e de nouo impresso.

Au-dessous du titre, petit bois ombré, représentant St Jérôme ; plus bas, autre vignette : un personnage nu entre un ange et un démon. Au verso, une *Crucifixion* légèrement ombrée, d'un assez joli style. Dans le texte, petits bois médiocres.

A la fin : *Stampato per Ioanne Tacuino da Trino Nel anno. M.CCCCC.XV.*

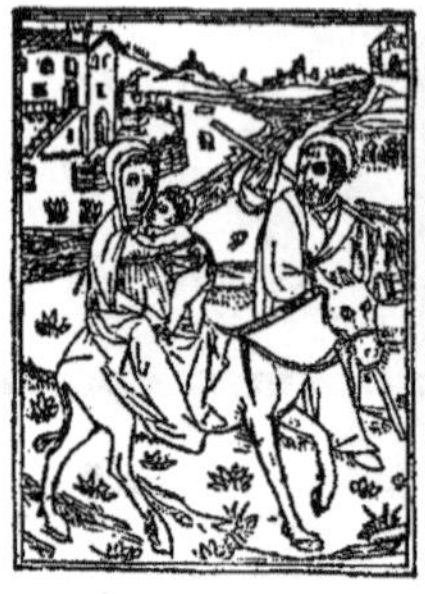
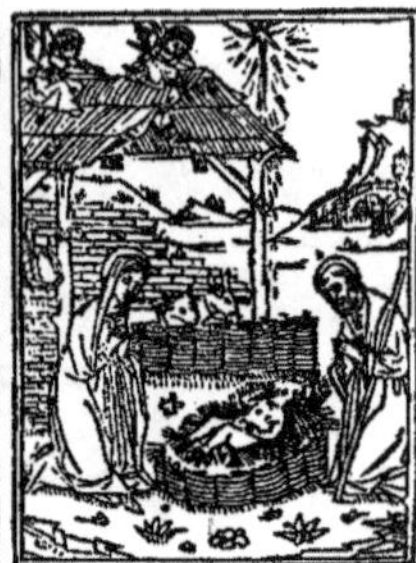

Cherubino da Spoleto, *Fior di virtu*, 3 juin 1493.

399. — Alexandro Bindoni, 151 (?) ; 8°. — (Francfort s/M., Libr. Baer, 1891)

Opera deuotissima chiamata/ Fior de Virtu historiato/ Nouamente Impresso.

C. g. — Au-dessous du titre, petite vignette ombrée : *Crucifixion*, à trois personnages. — Dans le corps de l'ouvrage, vignettes médiocres. — Au dernier f., après la table : *Venetiis per Alexandrum de Bindonis 151* (?). Le dernier chiffre de la date a été déchiré.

400. — S. n. t., 1524 ; 4°[2].

Fior de Virtu utilissimo acaduno fidel Christiano. (A la fin). *Impressa in Venetia, 1524.*

Bois sur la page du titre, et 30 vignettes dans le texte.

401. — Francesco Bindoni & Mapheo Pasini, 1534 ; 8°. — (Rome, Ca)

Fior de Uertu hystoriato vtilis/ simo a ciascadun fidel chri/ stiano... M.D. XXXIIII.

48 ff. n. ch., s. : *A-C.* — 16 ff. par cahier. — C. rom. ; titre g. — 2 col. à 30 ll. — Au-dessous du titre, médaillon circulaire inscrit dans un carré : représentation d'un intérieur d'église ; à gauche, un religieux dans une chaire, prêchant ; à droite, un autre moine, confessant un pénitent agenouillé ; écoinçons garnis d'un ornement de feuillage blanc sur fond noir. — V. du titre : *Crucifixion* précédemment employée dans *La Passione del nostro*

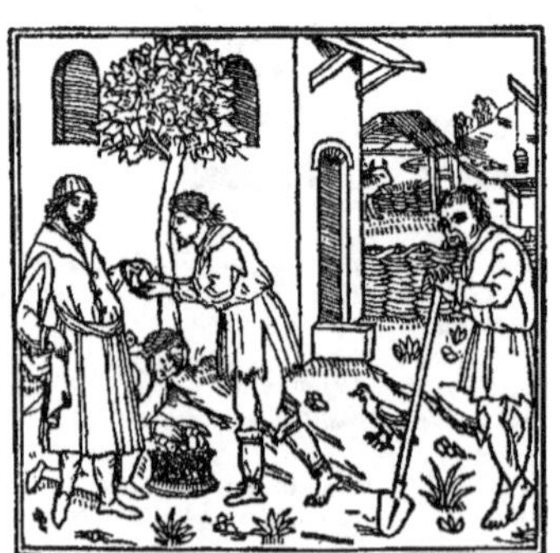

Cherubino da Spoleto, *Fior di virtu*, 6 nov. 1493 (v. d_6).

1. Nous avons retrouvé dans nos notes cette indication sommaire, que nous donnons telle quelle, sans pouvoir en préciser l'origine.

2. Même observation que pour l'édition Tacuino, 1515.

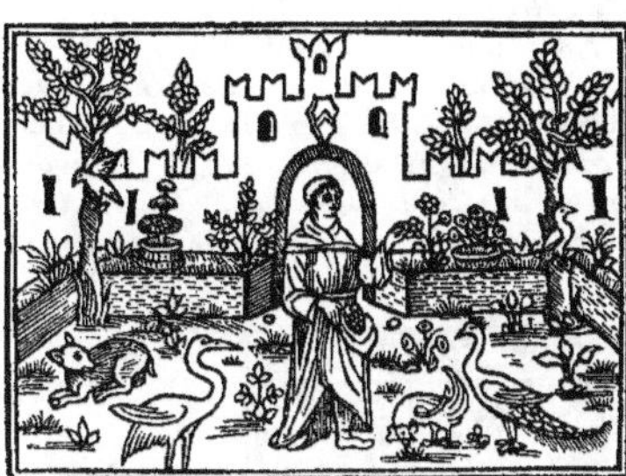

Cherubino da Spoleto, *Fior di Virtu*, 14 juin 1499 (p. du titre).

signor iesu Christo, imprimé à Pesaro par Hieronymo Soncino, 17 février 1513, et dans *Privilegia fratrum eremitarũ Sãcti Augustini*, 18 mai 1515, du même imprimeur. — Dans le texte, 35 petites vignettes.

R. C_{16} : *Stampato in Vinegia per Francesco Bindoni/ & Mapheo Pasini, cõpagni. Nel anno./ M.D. XXXIIII.* Au verso, marque de l'*archange Raphaël conduisant le jeune Tobie*, copie de la marque avec monogramme ♭.

402. — Giovanni ditto Pichaia, 1538 ; 8°. — (Londres, BM)

Fior de virtu Hystoriado./ M D XXXVIII.

40 (24,16) ff. n. ch., s. : *A-B*. C. g. — 2 col. à 36 ll. — Au-dessous du titre, bois ombré (voir reprod. p. 357). — Dans le texte, 35 vignettes ombrées, toutes également de dessin et de taille très médiocres.

R. B_{16} : ℂ *In Uinegia ber Giouãni ditto Pichaia/ Cremonese. Del. 1538.* Le verso, blanc.

403. — Bernardino Vitali, s. a. ; 4°. — (Londres, FM)

✠ *Fior de virtu vtilissimo aca/ dauno fidel christiano azõ/ to e con gran diligen/ tia correcto.*

50 ff. n. ch., s : *a-m*. — 4 ff. par cahier, sauf *m*, qui en a 6. — C. rom. ; titre g. — 28 ll. par page. — Au-dessous du titre, médaillon circulaire inscrit dans un cadre carré, avec ornements blancs sur fond noir (voir reprod. p. 358). — Dans le texte, 36 vignettes ombrées.

V. m_6 : *Stampado in Venetia per Bernardin Venetiã di Vidali.*

1487

BONAVENTURA (S.). — *Devote Meditationi sopra la Passione del Nostro Signore.*

404. — Hieronymo di Sancti & Cornelio compagni ; 1487 ; 4°. — (Rome, Ca ; Modène, E ; Londres, H ; Amiens, M — ☆)

ℂ *Incominciano le deuote meditatione sopra la passione del nostro/ signore cauate z fundate originalmente sopra sancto Bonauentura/ cardinale del ordine minore sopra Nicolao de Lira. etiamdio sopra/ altri doctori predicatori approbati.*

40 ff. n. ch., s. : *a-e*. — 8 ff. par cahier. — C. g. — 37 ll. par page. — R. *a*, blanc. Au verso, grand bois : *Résurrection de Lazare* (voir reprod. p. 359). — R. a_2. Encadrement de page à motif d'entrelacs sur fond noir,

emprunté du Guarinus Veronensis, *Regulæ grammat.* 25 mai 1485 (copie de l'encadrement du Monteregio, *Kalendarium*, 9 août 1482); belle in. o. *A*, du même genre. — V. a_3. *Entrée à Jérusalem.* — V. a_7. *La Cène.* — R. b_4. *Veillée au jardin de Gethsemani.* — V. b_6. *Arrestation de Jésus.* — V. c_2. *Jésus devant Pilate.* — V. c_5. *La Flagellation.* — V. c_7. *Couronnement d'épines.* — V. *d. Portement de Croix.* — V. d_5. *Crucifixion.* — V. e_8. *Résurrection.* — Ces bois, excepté la *Résurrection de Lazare*, sont

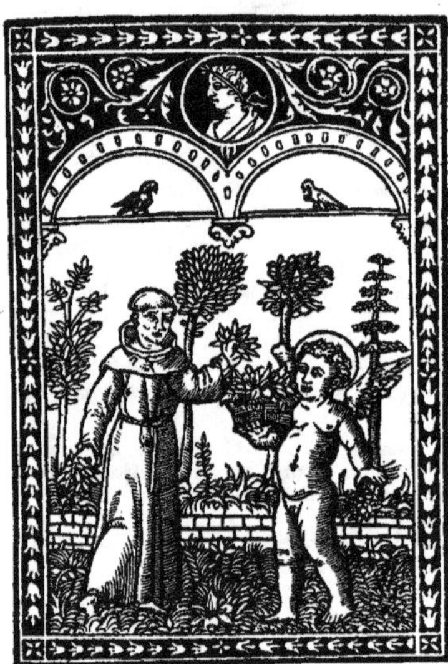

Cherubino da Spoleto, *Fior di virtu*, 1538 (p. du titre).

ceux du livre xylographique conservé au Cabinet des Estampes de Berlin, et dont la description est placée en tête de notre nomenclature bibliographique.

R. e_8 : ℂ *Finisse le deuote meditatione del nostro signore impresse in la incli/ta cita de Uenetia per Ieronimo di sancti z Cornelio suo compagno/ de mille quatrocento ottantasette a laude z honore del omnipotente/ dio z la sua madre virgine benedecta. Deo gratias. Amen.*

405. — Matheo Codeca, 27 février 1489; 4°. — (Paris, N; Florence, N)

Incominciano le deuote meditatione sopra la passione del nostro si/ gnore cauate & fundate originalmente sopra sancto Bonauentura car/

dinale del ordine minore sopra Nicolao de Lira : etiamdio sopra altri/ doctori & predicatori approbati.

34 ff. n. ch., s. : *a-e*. — 6 ff. par cahier, sauf *a*, *b*, qui en ont 8. — C. rom. — 39 ll. par page. — R. a_i. *Résurrection de Lazare.* A gauche, le Christ, posé de profil, la tête ornée du nimbe crucifère, la main droite bénissante ; à sa suite, groupe d'apôtres, nimbés. A droite, le tombeau, dans lequel est assis Lazare, les mains jointes ; en avant du tombeau, Madeleine, nimbée, le genou droit à terre, les mains levées vers Jésus ;

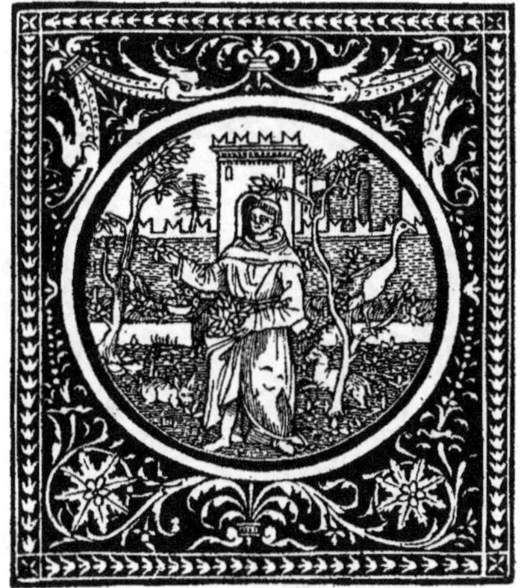

Cherubino da Spoleto, *Fior di virtu*, Bern. Vitali, s. a. (p. du titre).

au-delà du tombeau, Marthe, debout, nimbée regardant le Sauveur, les deux mains posées sur la poitrine. Sur la droite, deux hommes, se bouchant le nez. Paysage vallonné ; bouquet d'arbres au fond, à gauche ; sur la droite, un arbre, et partie de muraille crénelée. — R. a_{ii}. *Entrée à Jérusalem.* A gauche, le Christ, avec le nimbe crucifère, la main droite, bénissante, montant une ânesse, qui marche de profil vers la droite ; à sa suite, groupe d'apôtres, nimbés. A droite, groupe de personnages venant au devant de Jésus, avec des palmes dans les mains, et dont l'un étend un tapis sous les pieds de l'ânesse. En arrière de l'encolure de l'animal, un arbre, dans les branches duquel est assis un homme ; au fond, à gauche, second arbre, où se tient de même un autre personnage ; de là jusqu'à la droite, le fond est fermé par le mur d'enceinte de Jérusalem, du haut duquel on jette des palmes ; près d'une tour de l'enceinte voisine de l'angle de droite, se tient un personnage, portant des palmes et regardant le Christ et son cortège. — V. a_5. *La Cène* (voir reprod. p. 360).[1] — R. b_i. *Veillée au jardin de Gethsemani.* A l'intérieur d'une enceinte palissadée, au second plan, à gauche, le Christ, posé de profil, avec le nimbe cru-

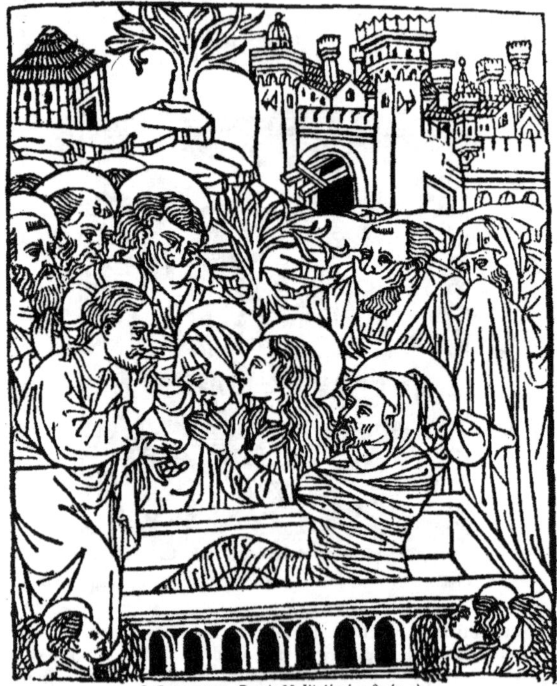

S. Bonaventura, *Devote Meditationi*, 1487 (v. *a*).

cifère, le genou gauche à terre, les mains jointes, la tête levée, regarde venir à lui un ange qui descend du ciel, portant de la main droite une croix, et de la main gauche un calice surmonté d'une hostie. Au premier plan, à droite, trois apôtres, nimbés, couchés à terre. — R. b_{iii}. *Arrestation de Jésus.* Intérieur de la même enceinte, où est massée une troupe de soldats, au-dessus desquels se dressent des fers de lances et de hallebardes

1. L'auteur de cette composition pourrait s'être inspiré de la fresque du Ghirlandajo, dans le cloître de S. Maria Novella, à Florence.

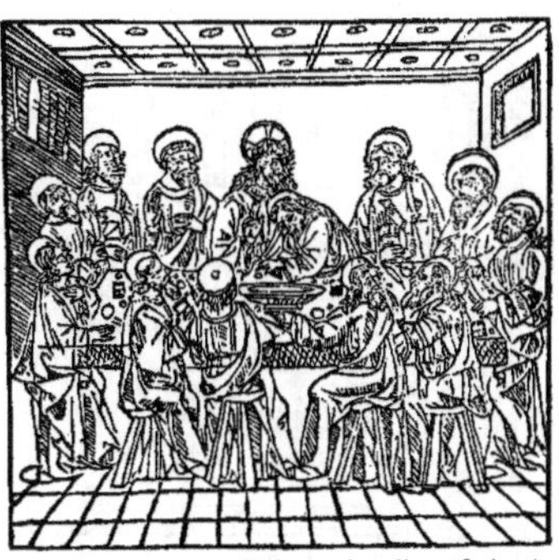
S. Bonaventura, *Devote Meditationi*, 27 févr. 1489 (v. *a*.).

et deux pots à feu ; au premier plan, Judas embrassant Jésus, qui a le nimbe crucifère ; sur la droite, St Pierre coupant l'oreille de Malchus ; au fond, à droite, édifices. — V. b_6. *Le Christ devant Pilate.* A droite, le gouverneur romain assis sur un trône, élevé de deux degrés ; il est coiffé d'un bonnet-sac, et tient un sceptre ; devant le trône, Jésus, avec le nimbe crucifère, les mains liées en avant à la hauteur de la taille ; près de lui, un centurion, qui le présente à Pilate ; tout le côté gauche est occupé par une troupe de soldats, au-dessus desquels se dressent des fers de lances et de hallebardes, et un pot à feu. Au premier plan, à droite, un chien, couché contre l'estrade du trône de Pilate. — R. c_i. *Flagellation* (voir reprod. p. 361). — V. c_{ii}. *Couronnement d'épines.* Jésus assis, de face, les mains liées en avant à la hauteur de la taille, la couronne d'épines sur la tête, les yeux bandés ; à droite, un homme lui porte un coup de poing au visage, un autre le frappe d'un bâton sur le crâne, un troisième lève un bâton pour le frapper à son tour ; un autre personnage, au fond, le bras droit levé, et un à l'extrême droite, dont on ne voit que le buste ; à gauche, un homme, le bras gauche posé sur l'épaule du Christ, le bras droit étendu pour lui donner un soufflet, un autre lui donnant un coup de bâton sur la tête ; un troisième faisant le geste de le frapper de même ; un enfant s'approchant, un bâton à la main ; et un autre personnage dont on n'aperçoit que le buste. — R. c_4. *Portement de croix.* Le Christ, la croix sur l'épaule droite, la tête un peu tournée pour regarder en arrière, une corde passée autour du cou, s'avance de gauche à droite, tiré en avant par un valet de bourreau, et poussé en arrière par un soldat, qui lui donne un coup de poing ; à gauche, groupe de saintes femmes, qui suivent le cortège ; tout le fond est occupé par la troupe des soldats, au-dessus desquels se dressent des fers de lances et de hallebardes, et un étendard aux initiales R Q P S ; à gauche du valet qui entraîne le Christ, un soldat tirant les cheveux du Sauveur ; à l'extrême droite, un centurion, à cheval, faisant un geste de commandement ; au fond, édifices sur une hauteur à gauche. — V. d_i. *Crucifixion.* La croix, haute, au bois veiné, porte un *titulus* rectangulaire, avec l'inscription. I. N. R. I., fixé par une tige dans la pièce de bois qui surmonte la traverse. Jésus a le nimbe crucifère, la couronne d'épines, le *perizonium* flottant le long de la cuisse gauche ; des gouttes de sang, figurées par des traits, coulent de ses mains et de son flanc droit ; à gauche de la croix, St Jean et les saintes femmes, nimbées, soutenant la Ste Vierge ; près de ce groupe, Nicodème, les mains croisées sur la

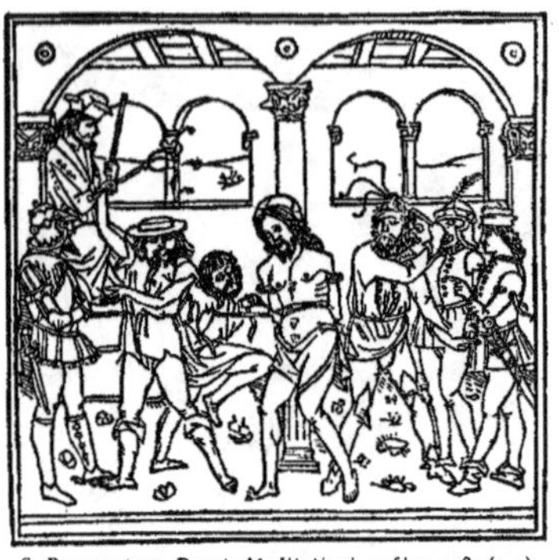
S. Bonaventura, *Devote Meditationi*, 27 févr. 1489 (r. c_1).

poitrine ; en arrière, troupe de soldats. A droite et au pied de la croix, dont elle étreint l'arbre des deux bras, Madeleine, agenouillée, nimbée, les cheveux flottants ; un peu en arrière, un valet tenant le roseau à l'éponge imbibée de fiel et de vinaigre ; le fond est occupé par une troupe de soldats ; au premier plan, trois gardes accroupis, jouant aux dés les vêtements de Jésus-Christ ; en avant du pied de la croix, une tête de mort et des ossements. — R. e_6. *Résurrection.* A gauche, le tombeau ouvert, au-dessus duquel s'élève en l'air Jésus, avec le nimbe crucifère, la main droite bénissante, la main gauche tenant serrée contre son corps la hampe de la croix de résurrection, le buste et les bras dégagés du linceul; il est entouré d'une auréole rayonnante, bordée de têtes d'anges ailées ; en avant du tombeau, près de l'angle de gauche, un garde assis ; à droite du tombeau, un autre garde couché et un troisième assis ; au fond, sur la droite, Jérusalem, d'où s'avance la troupe des saintes femmes, venant vers le tombeau.

V. e_6 : *Finisse le meditatione del nostro signore iesu christo con li miste/ rii posti in figura impresse in Venetia per Matheo di co de cha da Par/ma del Mccclxxxix. a di xxvii. de Februario.* Au-dessous, marque à fond noir.

406. — Matheo Codeca, 26 avril 1490 ; 4°. — (Rome, Co ; Venise, C)

Incominciano le deuote meditatione sopra la passione del nostro si/ gnore cauate & fundate originalmente sopra sancto Bonauentura car/ dinale del ordine minore sopra Nicolao de Lira : etiamdio sopra altri/ doctori & predicatori approbati.

34 ff. n. ch. s. : *a-e*. — 6 ff. par cahier, sauf *a*, *b*, qui en ont 8. — C. rom. — 40 ll. par page. — Bois de l'édition 27 février 1489, auxquels on a joint trois vignettes plus petites : au r. c_6, *Crucifixion* ; au v. d_6, *Pieta ;* au v. e_{ii}, *Mise au tombeau* (voir reprod. pp. 361, 362). — Petites in. o. à fond noir.

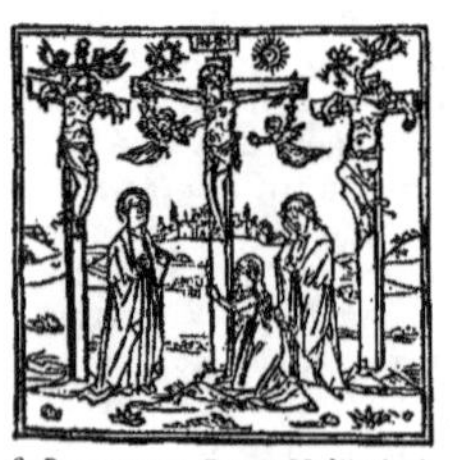
S. Bonaventura, *Devote Meditationi*, 26 avril 1490 (r. c_6).

R. e_6 : *Finisse le meditatione del nostro signore Iesu Christo con li miste/ rii posti in figura impresse in Venetia per Matheo di co de cha da Par/ ma del. Mccccl xxxx. a di. xxyi. de aprile.* Au bas de la page, marque à fond noir. — Le verso, blanc.

407. — Bernardino Benali, s. a. (*circa* 1490) ; 4°. — (Venise, C)

Incominciano le deuote meditatiõe sopra la passione del/ nostro signore cauate & fundate

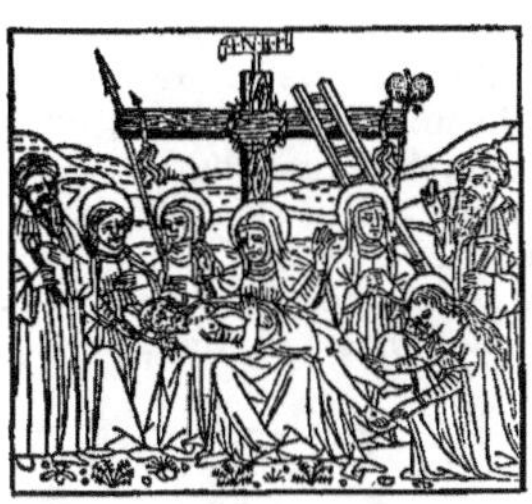

S. Bonaventura, *Devote Meditationi*, 26 avril 1490 (v. d_4).

originalmēte sopra sancto/ Bonauētura cardinale del ordine minore sopra Nicolao de/ Lira. : tiamdo sopra altri doctori & predicatori approbati.

34 ff. n. ch., s. : *a-e*. — 6 ff. par cahier, sauf *a* et *d*, qui en ont 8. — C. rom. — 41 ll. par page. — 11 gravures au trait, tenant la largeur de la justification. — R. *a*. *Résurrection de Lazare*. Il est assis dans son tombeau, de profil, nimbé, les mains jointes, tourné vers le Christ, qui est debout à gauche, la tête ornée du nimbe crucifère, retenant de la main droite les plis de son manteau, et la main gauche étendue vers Lazare. Au-delà du tombeau, les deux sœurs de Lazare, Marthe et Madeleine, sont agenouillées, nimbées, les mains jointes, l'une tournée vers le Christ, l'autre regardant son frère ressuscité ; près d'elles, à droite, deux femmes debout, se bouchant le nez, et un homme tenant dans ses bras le couvercle du sépulcre ; sur la gauche, près du Christ, trois apôtres nimbés. Terrain vallonné, semé de plantes et de pierres ; au fond, Jérusalem, un arbre desséché à droite, et un autre à gauche. — V. a_{ii}. *Entrée à Jérusalem* (voir reprod. p. 363). — R. a_6. *La Cène*. Le Christ est debout, au fond de la composition, occupant le haut bout d'une table carrée, couverte d'une nappe à franges, et sur laquelle sont disposés des mets, des assiettes, des couteaux, etc. Jésus, la tête ornée du nimbe crucifère, tient de la main gauche le morceau de pain qu'il va rompre en prononçant les paroles de la consécration ; il a la main droite posée sur l'épaule de St Jean, qui est couché sur la table, la tête sur son bras gauche replié. Sur la gauche, à la suite de St Jean, cinq apôtres assis, dans des attitudes diverses ; six autres leur font vis-à-vis de l'autre côté de la table. Au premier plan, sur les dalles, une aiguière, près de laquelle est assis un chat. Dans le mur du fond, deux fenêtres, par lesquelles on aperçoit le paysage lointain ; au mur de gauche, un essuie-mains suspendu sur un rouleau ; contre le mur de droite, partie d'une crédence où sont posés une aiguière et un plat. — V. *b*. *Veillée au jardin de Gethsemani*. Jésus est agenouillé au troisième plan, à droite, dans l'intérieur d'une enceinte formée par un clayonnage, dont la barrière est ouverte. Il est nimbé, tourné de profil, les mains jointes vers un ange qui vole vers lui, descendant de la droite et portant un calice. A gauche du Christ, un arbre ; plantes et touffes d'herbe sur le terrain. Au premier plan, à gauche, en avant de la barrière, les trois

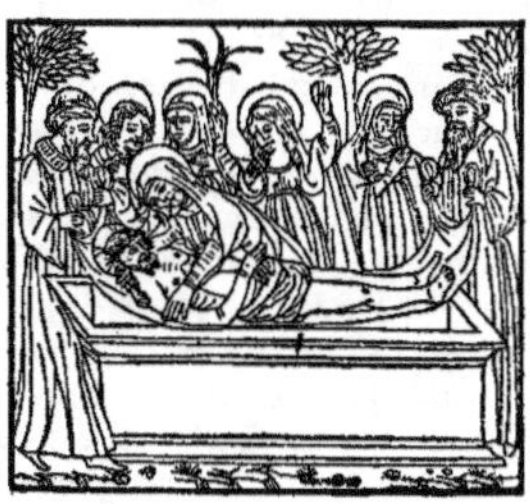

S. Bonaventura, *Devote Meditationi*, 26 avril 1490 (v. e_{ii}).

apôtres endormis, l'un couché, les deux autres assis; sur la droite, partie d'une maisonnette. Au fond, paysage montueux, avec une maisonnette sur une hauteur, à gauche. — V. b_{iii}. *Arrestation de Jésus.* Au premier plan, dans le milieu, Jésus, de face, avec le nimbe crucifère, reçoit le baiser de Judas, posé de profil, nimbé, tourné vers la gauche. A droite, groupe de soldats, commandés par un centurion, dont le geste désigne le Christ. A gauche, St Pierre coupant l'oreille de Malchus, qui porte la main sur Jésus; St Jean, s'enfuyant vers la gauche. Au bord du premier plan, barrière de clayonnage ouverte dans le milieu; au fond, paysage

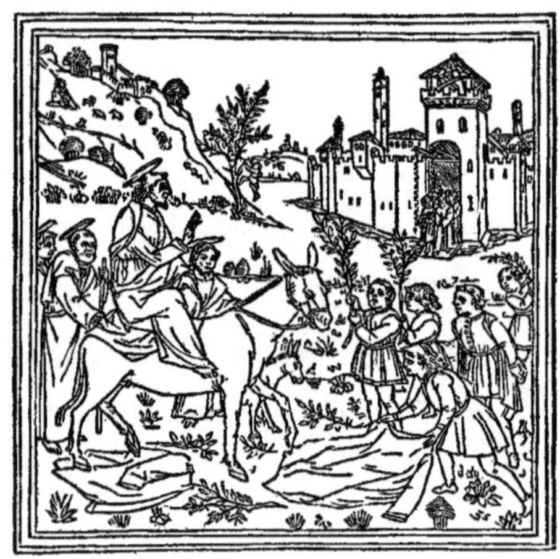

S. Bonaventura, *Devote Meditationi, circa* 1490 (v. a_{ii}).

montueux, avec édifices sur une hauteur à gauche, et sur une autre éminence vers la droite. — R. *c. Jésus devant Pilate.* Le gouverneur est assis sur un haut siège à dossier, dont le fronton est marqué des initiales S P Q R, et placé sur une estrade élevée de deux degrés. Il a la main gauche posée sur la poitrine, et tient un sceptre de la main droite. A gauche, groupe de soldats, en avant desquels se tient Jésus, avec le nimbe crucifère, les mains liées en avant de la poitrine. A droite, groupe de pharisiens, réclamant à Pilate la mort de Jésus. Au premier plan, devant l'estrade, un chien couché sur les dalles. Au fond, deux larges baies cintrées, par l'ouverture desquelles on voit le paysage lointain. — V. c_{iii}. *Flagellation.* Jésus, avec le nimbe crucifère, nu, le *perizonium* noué autour de la taille, est debout, attaché par les bras et le haut du corps à une colonne qui occupe le milieu de la composition; un homme placé en arrière de la colonne, achève de nouer la corde, pendant qu'un autre, accroupi, est en train de lier les jambes. A droite, un bourreau, posé de profil, le bras gauche étendu, lève de la main droite un fouet à triple lanière, dont il va frapper le Christ; près de ce personnage, se tient un autre exécuteur, vu de dos, la main gauche sur la hanche, un fouet passé sur l'épaule. A droite, un second bourreau, coiffé d'un chapeau rond, posé de face, les jambes écartées, le buste déjeté, brandit de la main droite un fouet à triple lanière; près de lui, un quatrième tourmenteur s'avance, préparant son fouet. Au fond, deux arcades; sous celle de gauche, est accroché au mur du fond un bouclier portant les initiales S P Q R; sous celle de droite, à

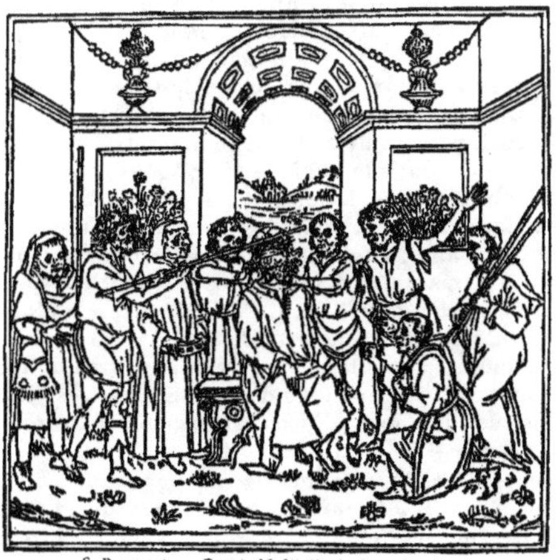

S. Bonaventura, *Devote Meditationi, circa* 1490 (r. c_5).

une petite fenêtre, apparaît en buste Pilate, tenant un sceptre. — R. c_5. *Couronnement d'épines* (voir reprod. p. 364). — R. *d. Portement de Croix.* Jésus, courbé sous le poids de la croix qu'il porte sur l'épaule gauche, marche de gauche à droite; un homme l'entraîne en avant par une corde passée autour du cou du Sauveur; entre cet homme et le Christ, apparaît un autre homme, posé de face, qui empoigne de la main gauche les cheveux de Jésus, et lève la main droite pour le souffleter; à gauche, à la suite du Christ, marche un soldat qui le frappe du poing dans le dos; un autre lui donne un coup de pied, tout en levant sur lui sa masse d'armes; d'autres soldats figurent à droite et à gauche; au-dessus du groupe de droite, flotte un étendard marqué des initiales S P Q R. Dans le fond, vers la gauche, groupe de saintes femmes, suivant de loin le cortège. Terrain montueux, avec édifices au dernier plan. — R. d_{iiii}. *Crucifixion.* La croix, plantée dans un petit monticule, au pied duquel est posée une tête de mort, porte un *titulus* en forme de parallélogramme, avec l'inscription: ·I·N·R·I·; Jésus, a le nimbe crucifère, les mains ouvertes, la tête inclinée vers l'épaule droite, le *perizonium* noué sur le ventre. Au pied de la croix, dont elle embrasse l'arbre, Madeleine est agenouillée de face, nimbée, les cheveux flottants. A droite, le centurion, à cheval; près de lui, un cavalier portant l'étendard marqué des initiales S P Q R, et plusieurs soldats à pied. A gauche, la Ste Vierge, affaissée à terre, soutenue par une femme; l'une et l'autre, nimbées; entre ces deux personnages et Madeleine, un valet, tenant de la main gauche un seau, et de la main droite élevant vers la croix le roseau à l'éponge imbibée de fiel et de vinaigre; puis, un autre groupe de soldats à pied, et, à l'extrême gauche, Longinus, à cheval, perçant de sa lance le flanc droit du Christ. Terrain vallonné, avec édifices dans le fond. — V. e_6. *Résurrection*. Le Christ, la tête ornée du nimbe crucifère, le torse et les bras dégagés de son linceul, et tenant de la main gauche la croix de résurrection, monte dans les airs, la main droite bénissante; au-dessous de lui, le tombeau ouvert, dont la face antérieure est marquée des initiales I N R I. Au premier plan, à droite du tombeau, deux gardes, dont l'un est encore endormi, et l'autre, la main levée au-dessus du front, regarde le Christ; à gauche, deux autres gardes, dans les mêmes attitudes respectives. Paysage montueux, traversé, en arrière du tombeau, par un cours d'eau sur lequel est jeté un pont, et où flottent plusieurs barques; édifices sur la gauche, au troisième plan et çà et là, dans le fond. — In. o. à fond noir.

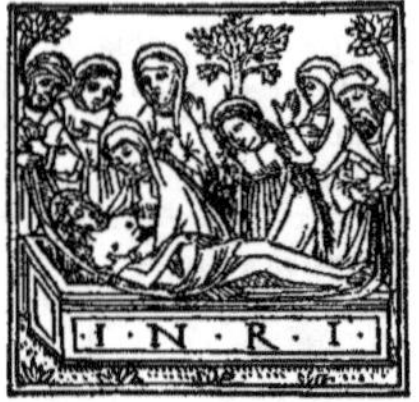

S. Bonaventura, *Devote Meditationi*, Benali & Codeca, s. a. (v. e_{iii}).

V. e_6 : *Finisse le meditatione del nostro signore impresse in Venetia/ per Bernardino di benali a honore del omnipotente dio Amen.*

Les gravures de cet ouvrage, entourées d'un cadre à deux filets, tantôt simple, tantôt double, occupent toute la largeur de la page, avec une dimension moyenne de 105 mm. de largeur sur 102 de hauteur. Ces compositions, où la manière de Bellini est un peu modifiée par l'influence mantegnesque, sont traitées avec un soin délicat qui se constate rarement dans les illustrations contemporaines de ce genre. Malgré l'exiguité du format, l'ordonnance aisée des scènes, le dessin souple des figures, la grâce savante des mouvements, l'instinct des combinaisons ornementales, leur donnent une place tout à fait à part. Les têtes, pleines de caractère, expriment éloquemment les sentiments qui animent les acteurs; les draperies tombent en plis aisés et élégants; le décor surtout, paysage ou détails d'architecture dans le pur style de la Renaissance, est toujours en parfaite harmonie avec le sujet représenté, et permet un heureux agencement des

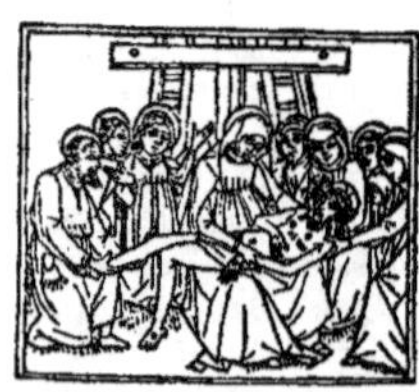
S. Bonaventura, *Devote Meditationi*, Benali & Codeca, s. a. (v. *e*).

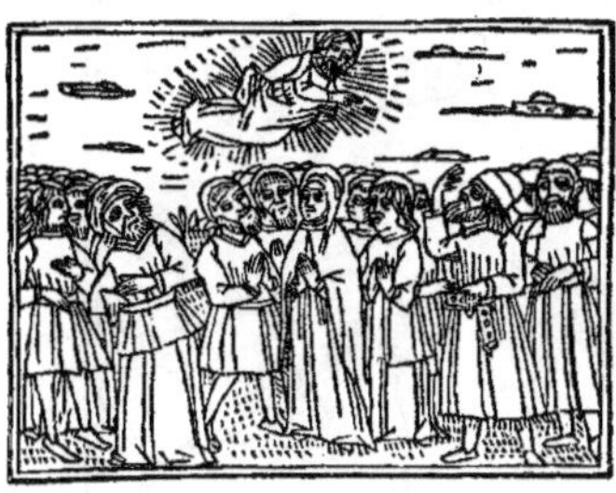
S. Bonaventura, *Devote Meditationi*, 10 mars 1492 (v. e_6).

figures et des fonds. Les motifs architecturaux où, comme dans beaucoup de bois vénitiens de cette époque, l'arcature joue un rôle prépondérant, sont choisis avec une rare sûreté de goût pour produire l'effet le plus pittoresque. Il est évident que ces dessins ont été exécutés par un artiste de premier ordre. Le tailleur de bois, de son côté, n'a pas, si l'on songe aux moyens limités de son interprétation, trop altéré la composition originale; la taille est fine et nette, au simple trait indiquant seulement les contours, selon la mode vénitienne; le tirage est soigné. La réunion de telles qualités permet de ranger ces gravures parmi les plus remarquables de la même période.

Il est probable que cette édition fut imprimée par Benali avant son association avec Matheo Codeca; voir à ce propos l'observation que nous avons ajoutée à la description de l'édition suivante.

408. — Bernardino Benali et Matheo Codeca, s. a. (1491); 4°. — (☆)

Incomĩciano le meditatione sopra la passione del/ nostro signore cauate & fũdate originalmẽte sopra sancto/ Bonauẽtura cardinale del ordĩe minore sopra Nicolao de/ Lira: etiamdio sopra altri doctori & predicatori approbati.

34 ff. n. ch., s.: *a-e*. — 6 ff. par cahier, sauf *a*, *d*, qui en ont 8. — C. rom. — 41 ll. par page. — Grands bois de l'édition Benali, s. a., auxquels on a joint trois petites vignettes: au v. d_{iii}, *Crucifixion*, de l'édition 26 avril 1490; au v. *e*, *Pietà* (voir reprod. p. 365); au v. e_{iii}, *Mise au tombeau* (voir reprod. p. 365).

V. e_6: *Finisse le meditatione del nostro signore impresse in Venetia per Ber/ nardino di Benali: & Matheo da Parma. A honore de lo omnipotente/ Dio. E della gloriosa Vergine Maria. AMEN.*

Comme on sait que l'association de Matheo Codeca et Bernardino Benali commença dans les derniers mois de 1490 et prit fin l'année suivante, cette édition doit être de 1491. C'est d'ailleurs la date que lui assigne Affò, le seul bibliographe qui l'ait citée en ces termes: "In-4°, con figure intagliate in legno a puri contorni di buona maniera". Les trois vignettes ajoutées que nous mentionnons plus haut, ont dû être apportées par Codeca, qui en avait déjà placé une dans son édition de l'année précédente.

409. — Matheo Codeca, 10 mars 1492; 4°. — (Venise, C; Florence, N — ☆)

Incominciano le deuote meditatione sopra la passione del nostro si/gnore Iesu christo cauate & fundate originalmente sopra sancto Bona/uentura cardinale del

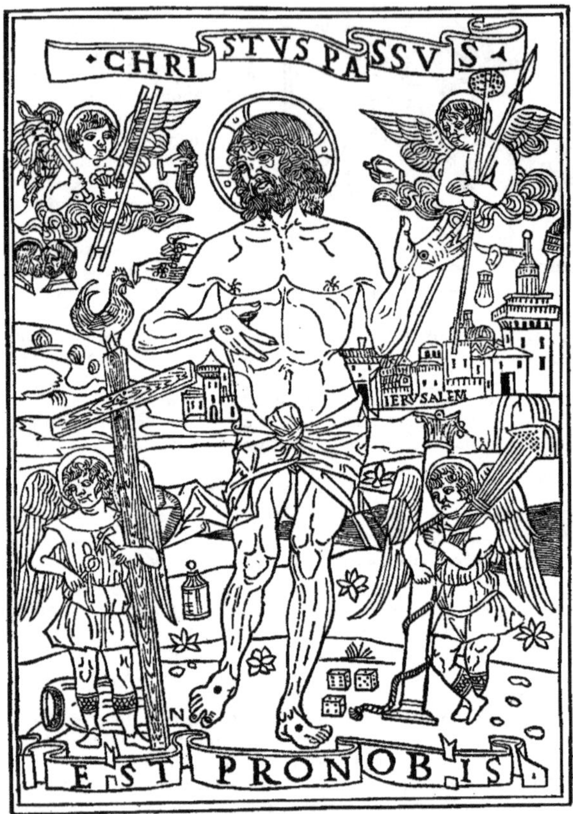

S. Bonaventura, *Devote Meditationi*, *circa* 1493 (p. du titre).

ordine minore sopra Nicolao de Lira; etiamdio/ sopra altri doctori & predicatori approbati.

34 ff. n. ch., s. : *a-e*. — 6 ff. par cahier, sauf *a*, *d*, qui en ont 8. — C. rom. — 39 ll. par page. — Grand bois de l'édition 27 février 1489, avec les trois petites vignettes de l'édition Benali & Codeca, s. a. — In. o. au trait.

V. e_6 : *Finisse le deuote meditatione del nostro signore impresse in Vene/ tia per Matheo da Parma. A honore delo omnipotente dio. E dela glo/ riosa Vergine Maria. Del. M. cccc. lxxxxii. Adi x. de marzo. Finis.* Au-dessous, vignette au trait : *Ascension* (voir reprod. p. 366).

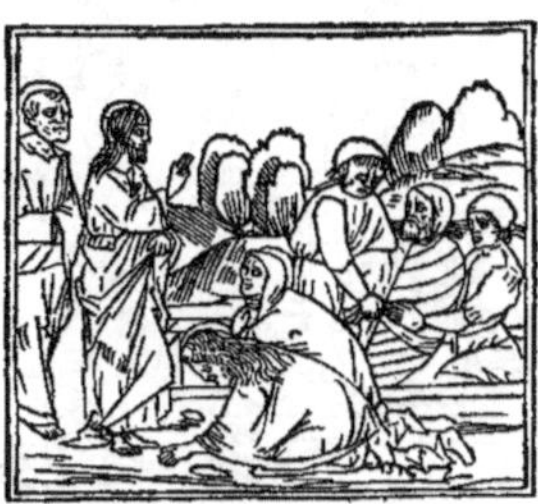
S. Bonaventura, *Devote Meditationi*, *circa* 1493 (r. a_{ii}).

410. — Matheo Codeca (pour L. A. Giunta), 21 février 1492; 4°. — (Paris, N — ☆)

Incominciano le deuote meditatione sopra la passiõe del nostro si/gnore Iesu christo cauate & fundate originalmẽte sopra sancto Bona/uentura cardinale del ordĩe minore sopra Nicolao de Lira : etiamdio sopra altri doctori & predicatori approbati.

34 ff. n. ch., s. : *a-e.* — 6 ff. par cahier, sauf *a*, *d*, qui en ont 8. — C. rom. — 39 ll. par page. — Grands bois de l'édition 27 février 1489, avec les trois petites vignettes de l'édition Benali et Codeca, s. a. — In. o. au trait.

V. e_6 : *Finisse le deuote meditatione del nostro Signore impresse in Vene/tia per Matheo da parma. ad instantia de mestro Luchantonio de ʒõ/ ta. Ad honore de lo omnipotente Dio e della gloriosa uergine Maria/ Del. M.ccccLxxxxii. Adi. xxi. de Februario. FINIS.* Au-dessous, vignette provenant de la *Bible*, 15 Octobre 1490.

411. — S. l. a. & n. t. (*circa* 1493); 4°. — (Vienne, R)

Le Meditatione de la passione di Christo facte per sancto Bonauentura Cardinale.

32 ff. n. ch., s. : *a-h.* — 4 ff. par cahier. — C. rom. — 41 ll. par page. — Au-dessous du titre, grand bois, avec monogramme N : *Christ de pitié et quatre anges portant les instruments de la Passion* (voir reprod. p. 367). Le verso, blanc. — R. a_{ii} : *INCOMINCIANO le deuote meditatiõe sopra la pas/sione del nostro signore cauate & fundate originalmen/te sopra sancto Bonauentura cardinale del ordine mi/nore sopra Nicolao delIra. etiamdio sopra altri docto/ri & predica/tori approbati.* — Dans le texte, 13 vignettes au trait. — R. a_{ii}. *Résurrection de Laʒare* (voir reprod. p. 368). — R. a_{iii}. *Entrée à Jérusalem.* Le Christ, avec le nimbe crucifère, la main droite bénissante, est monté sur une ânesse, qui marche de droite à gauche; au second plan, à droite, deux apôtres nimbés ; à gauche, devant l'ânesse, un homme étendant un tapis à terre, et, au second plan, un autre personnage portant des deux mains une branche d'arbre. — R. b_{ii}. *La Cène.* Jésus, avec le nimbe crucifère, la main droite bénissante, est assis de face, entre St Jean et un autre apôtre à gauche, et deux apôtres à droite, ces quatre personnages nimbés; de l'autre côté de la table, couverte de mets, et en face du Christ, est assis Judas, sans nimbe ; deux petites fenêtres cintrées dans le mur du fond. — V. *c. Veillée au jardin de Gethsemani.* A l'intérieur d'une enceinte fermée

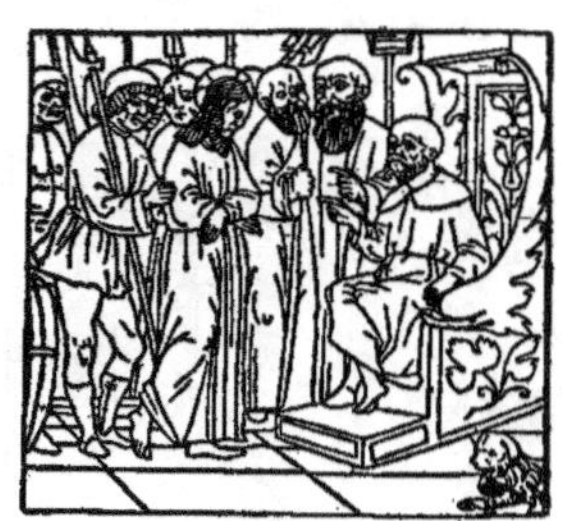
S. Bonaventura, *Devote Meditationi*, *circa* 1493 (r. d_{ii}).

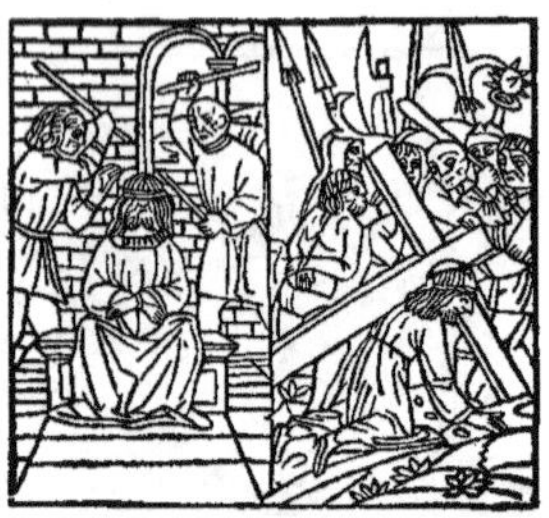

S. Bonaventura, *Devote Meditationi*, *circa* 1493 (r. e_{ii}).

par une barrière de clayonnage, le Christ agenouillé à gauche, la tête ornée du nimbe crucifère, les mains jointes, regardant un ange qui descend vers lui, portant un calice ; à droite, trois apôtres endormis ; au fond, édifices sur la gauche. — R. c_{iii}. *Arrestation de Jésus*. Au premier plan, Jésus, avec le nimbe crucifère, reçoit le baiser de Judas, nimbé ; à gauche de ce dernier, Malchus, à qui St Pierre, nimbé, porte un coup de sabre ; tout le fond est occupé par une troupe de soldats, au-dessus desquels se dressent des fers de lances et de hallebardes, et un pot à feu. — R. d_{ii}. *Le Christ devant Pilate* (voir reprod. p. 368). — V. d_4. *Flagellation*. Le Christ, avec le nimbe crucifère, nu, le *perizonium* noué autour de la taille, est attaché, les mains liées derrière le dos, à une colonne placée au centre de la composition ; un valet, arc-bouté du genou contre la cuisse gauche de Jésus, est en train de serrer les cordes qui le garrottent ; près de ce personnage, un homme levant un faisceau de verges dont il va frapper Jésus ; à gauche, un second tourmenteur, brandissant également un paquet de verges ; au fond, à droite, Caïphe, assis sur un trône. — R. e_{ii}. Vignette à deux compartiments ; à gauche : *Couronnement d'épines ;* à droite : *Portement de croix* (voir reprod. p. 369). — R. e_{iii}. Comme au r. e_{ii}. — V. e_{iiii}. *Crucifixion*. La croix, au bois veiné, porte un *titulus* rectangulaire avec l'inscription : ·I·N·R·I· ; Jésus a le nimbe crucifère, la couronne d'épines, le *perizonium* flottant le long de la cuisse gauche ; des gouttes de sang, figurées par des traits filiformes, tombent de ses mains et de son flanc droit ; à gauche de la croix, Marie entourée de quatre femmes ; à droite et au pied de la croix, Madeleine agenouillée ; du même côté, St Jean, debout, les mains jointes ; tous ces personnages sont nimbés : en avant du pied de la croix, une tête de mort et des ossements. — R. f_{ii}. *Pietà ;* vignette (v. d_6) de l'édition Codeca, 26 avril 1490. — V. g_{iii}. *Mise au tombeau ;* vignette (v. e_{ii}) de la même édition. — V. h_{ii}. *Résurrection*. Le Christ est debout en avant du tombeau ouvert, la main droite levée, et tenant de la main gauche la croix de résurrection ; il est nu, avec le *perizonium* noué autour de la taille et le linceul tombant des épaules ; à gauche, un soldat assis à terre, la main gauche levée au-dessus du front, la tête levée vers Jésus ; à droite, un autre soldat, coiffé d'un chapeau, assis et dormant, les bras appuyés sur ses genoux pliés ; à terre,

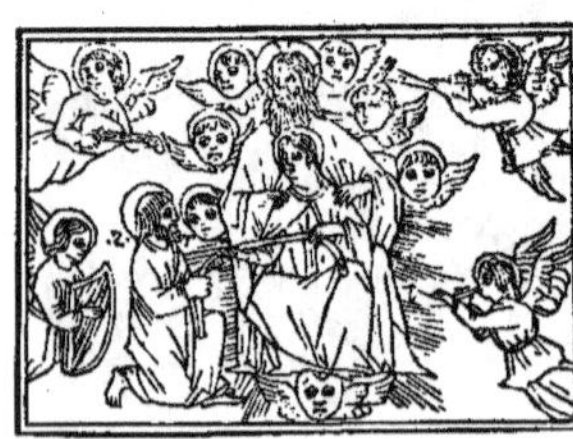

S. Bonaventura, *Devote Meditationi*, 11 oct. 1494 (v. e_4).

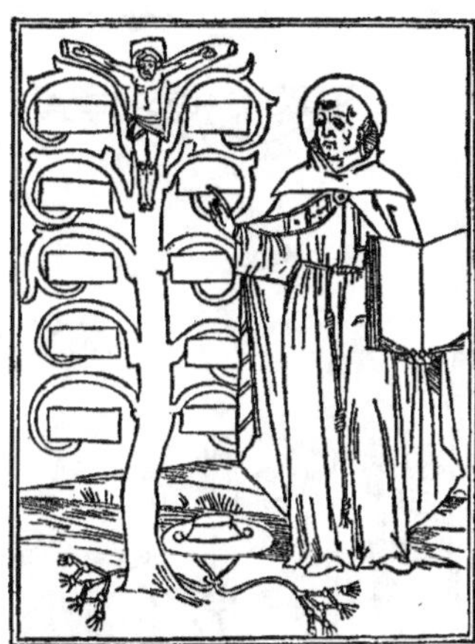
S. Bonaventura, *Devote Meditationi*, 16 mars 1497 (p. du titre).

les sabres des deux gardes. — In. o. à fond noir. — V. h_4: *TABVLA DE LA PIATOSISSIMA OPERA.*

Cette édition est probablement de 1493, la première année où l'on voit paraître le graveur N ; les vignettes en ont été gravées par trois artistes différents, dont un bien supérieur aux deux autres.

412. — Matheo Codeca, 11 octobre 1494 ; 4°. — (Paris, N ; Florence, N)

Incominciano le deuote meditatione sopra la passiõe del nostro si/ gnore Iesu christo cauate & fundate originalmẽte sopra sancto Bona/ uentura cardinale del ordĩe minore sopra Nicolao de Lira : etiamdio sopra altri doctori & predicatori approbati.

34 ff. n. ch., s. : *a-e*. — 8 ff. par cahier, sauf *d*, qui en a 6, et *e*, qui en a 4. — C. rom. — 39 ll. par page. — Grands bois de l'édition 27 février 1489, avec les trois petites vignettes de l'édition Benali & Codeca, s. a. — In. o. au trait.

V. e_4 : *Finisse le deuote meditatione del nostro Signore misser iesu Chri-/sto impresse in Venetia per Matheo di codecha da parma. Ad honore/ de lo omnipotente Dio e della gloriosa uergine Maria Del. M.cccclxx/ xxiiii. Adi. xi. de Otubrio. FINIS.* Au-dessous, vignette au trait : *Assomption* ; la Ste Vierge, enlevée du ciel, donnant sa ceinture à St Thomas (voir reprod. p. 369). Au bas de la page, marque à fond noir, aux initiales de l'imprimeur.

413. — Lazaro Soardi, 16 mars 1497 ; 8°. — (Rome, Ca)

Le Meditatione de la passione/ de Christo fatte per sancto Bona/ uentura cardinale.

64 ff. n. ch., dont le dernier est blanc, s. : *a-h*. — 8 ff. par cahier. — C. rom. ; titre g. — 29 ll. par page. Au-dessous du titre : figure de St Bonaventure, au trait (voir reprod. p. 370). Le verso, blanc. — Dans le texte, vignettes de l'édition *circa* 1493.

V. h_7 : ℂ *...Impresse in Venesia per Laȥaro de Soardis. M.ccccxcvii. adi. xvi. de Marȥo...*

414. — Manfredo de Monteferrato 14 décembre 1497 ; 8°. — (☆)

Deuotissime .B. Bonauenture/ Cardinalis meditationes.

3 ff. n. ch., 62 ff. num. par erreur : 90, et 1 f. blanc, s. : *A-H*. 8 ff par cahier, sauf *H*, qui en a 10. — C. g. ; titre rom. — 2 col. à 32 ll. — Au-

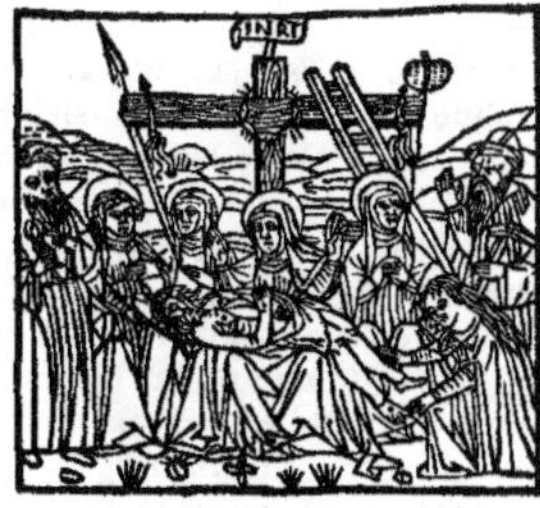

S. Bonaventura, *Devote Meditationi*, 14 déc. 1497 (p. du titre).

dessous du titre : *Pietà* (voir reprod. p. 370), copie de la vignette du r. f_{ii} de l'édition *circa* 1493. — Au verso : *Crucifixion*, au trait (voir reprod. p. 371).

V. 58 :... *Impresse/ in Uenetis per me Manfre/ dum de Mõteferato de Su/ streuo del 1497. Die. 14. de/ decembrio.* — R. H_8 (ch. : 61) : ℂ *Uersiculi arboris vite/ christi.*, jusqu'à la fin.

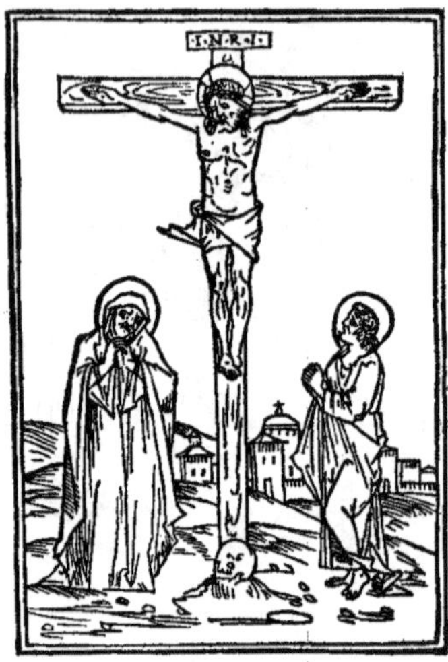

S. Bonaventura, *Devote Meditationi*, 14 déc. 1497 (v. *A*).

415. — S. n. t., 4 avril 1500 ; 4°. — (Vérone, C — ☆)

Incominciano le deuote meditatione sopra la passio/ne del nostro signore Iesu christo cauate: & funda/ te originalmẽte sopra sancto bonauẽtura car/ dinale del ordine minore sopra Nicolao/ de Lira: etiam dio sopra altri/ doctori : & predica/ tori appro/bati.

56 ff. n. ch., s. : *a-g*. — 8 ff. par cahier. — C. rom. — 30 ll. par page. — R. a_{ii}. *Résurrection de Lazare.* Jésus, la tête ornée du nimbe crucifère, est debout à gauche, la main droite retenant les plis de son vêtement sur la cuisse, la main gauche étendue vers le tombeau de Lazare, situé à droite, dans une excavation de rochers ; à l'appel du Christ, Lazare se dresse debout, les mains croisées sur la poitrine ; près du tombeau, Madeleine nimbée, le genou gauche à terre, les cheveux flottants, regardant le Sauveur ; à la suite de ce dernier, sur la gauche, groupe d'apôtres ; au fond, paysage avec bouquets d'arbres ; six oiseaux dans le ciel. — R. a_{iiii}. *Entrée à Jérusalem* (voir reprod. p. 372). Cette gravure est comparable aux plus belles du *Songe de Poliphile*, avec lesquelles, d'ailleurs, elle a une frappante analogie. Non seulement c'est de part et d'autre le même style, le même art dans la composition de la scène et le groupement des personnages, mais encore les attitudes, les draperies, sont semblables ; et, quant à la taille, on remarque une similitude telle, qu'un copiste, même le plus habile, ne saurait y atteindre. Bien plus, si nous rapprochons cette belle gravure du bois qui se trouve au v. l_{iiii} du *Songe (Triumphus quartus)*, nous trouvons qu'une partie de la scène semble en être directement copiée : l'âne a la même posture, le même mouvement des pieds, la même expression de la tête portée par un cou très allongé, et caractérisée par la saillie de l'arcade sourcillière gauche ; le personnage qui monte l'âne a la même position penchée en avant, et, sur sa jambe droite, les mêmes plis formés par le vêtement ; les cheveux sont traités d'une manière identique (voir reprod. p. 373). Les palmes, enfin, sont bien celles que nous voyons dans

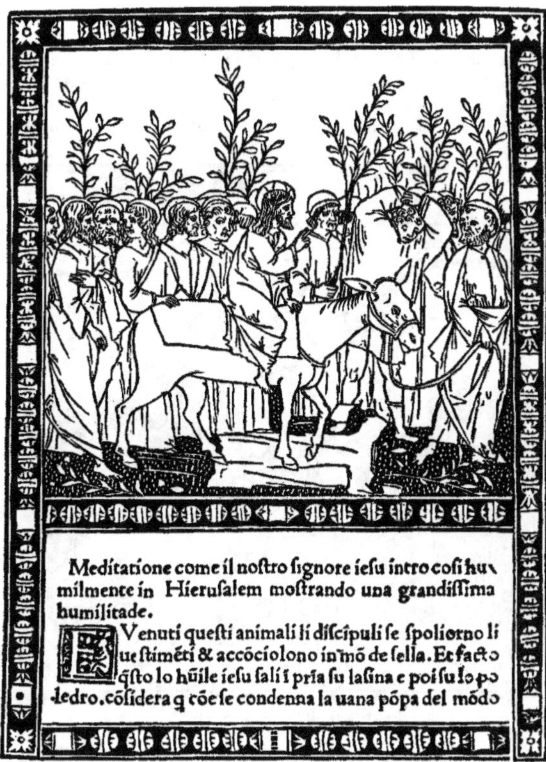

Meditatione come il nostro signore iesu intro cosi humilmente in Hierusalem mostrando una grandissima humilitade.

[E]Venuti questi animali li discipuli se spoliorno li uestiméti & accôciolono in mô de sella. Et facto qsto lo hûile iesu sali î pria su lasina e poi su lo podedro. côsidera q côe se condenna la uana pôpa del môdo

S. Bonaventura, *Devote Meditationi*, 4 avril 1500 (r. a_{IIII}).

mainte représentation du *Poliphile*; et si l'attention s'arrête au St Jean qui a la main droite posée sur la croupe de la monture du Christ, ne reconnaît-on pas dans son port de tête une des attitudes les plus fréquentes dans les illustrations du *Songe*, une de celles qu'on y rencontre presque à chaque page?[1] — Les bois qui suivent n'ont aucun rapport avec le premier: la taille en est assez grossière, et le dessin n'est pas même à la hauteur des compositions signalées dans les éditions précédentes du

1. Les deux ouvrages sont presque contemporains, l'un étant de décembre 1499, et l'autre d'avril 1500.

Devote Meditationi. Notre artiste les connaissait cependant, car il s'en est inspiré pour quelques-unes de ses gravures ; d'autres fois, il s'en est écarté, et d'une manière assez malheureuse. — V. *b. La Cène.* La table, rectangulaire, occupe la largeur de la composition; le Christ est assis de face, la tête ornée du nimbe crucifère, la main droite bénissante, la main gauche posée sur la tête de St Jean, qui est serré contre lui, à demi couché sur la table; deux autres apôtres à la gauche de St Jean,

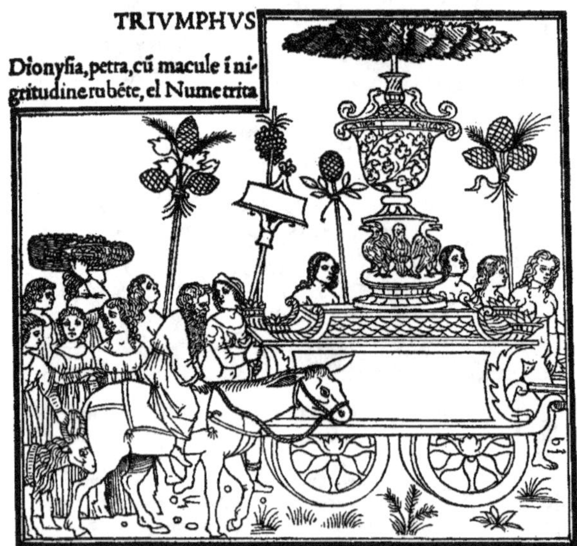

Hypnerotomachia Poliphili, déc. 1499 (v. l_{IIII}).

et trois à la droite du Christ, occupent les places contre le mur du fond, percé de deux fenêtres; de l'autre côté de la table, six apôtres sont assis sur des escabeaux ; Judas est au milieu, faisant face à Jésus, et tenant à la main un morceau qu'il vient de prendre dans un plat creux posé devant lui; tous les apôtres ont le nimbe; au premier plan, deux chats jouant ensemble. — V. b_7. *Veillée au jardin de Gethsemani.* Sur le haut d'un tertre entouré d'une barrière basse de clayonnage, Jésus, avec le nimbe crucifère, est agenouillé, de profil, les mains jointes, la tête levée vers un ange qui descend vers lui, de la droite, portant des deux mains un calice surmonté d'une hostie. Au premier plan, les trois apôtres, dont un couché, les deux autres assis à terre; tous trois ont le nimbe à double trait. Au fond, sur la droite, étendue d'eau avec quelques bateaux;

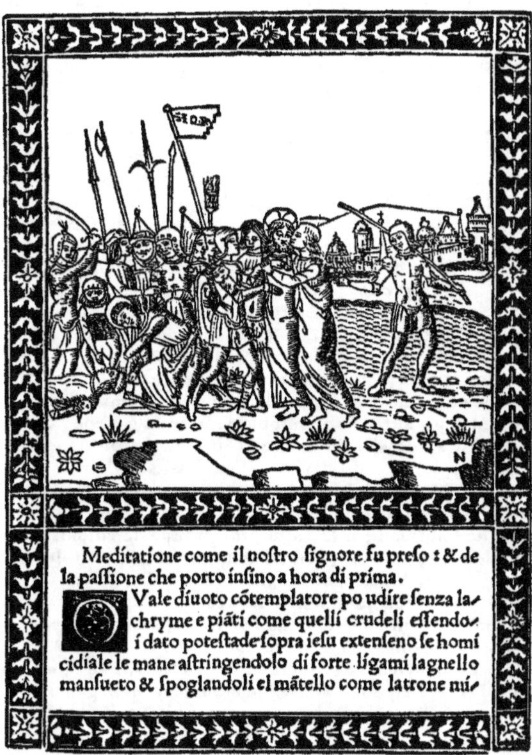
Meditatione come il noſtro ſignore fu preſo : & de la paſſione che porto inſino a hora di prima.

Q Vale diuoto cōtemplatore po udire ſenza la-chryme e piāti come quelli crudeli eſſendo-i dato poteſtade ſopra ieſu extenſeno ſe homicidiale le mane aſtringendolo di forte ligami lagnello manſueto & ſpoglandoli el mātello come latrone mi-

S. Bonaventura, *Devote Meditationi*, 4 avril 1500 (v. c_{ii}).

sur la gauche, un arbre sans feuillage, et, dans le lointain, trois autres arbres et une ville; vol d'oiseaux dans le ciel. — V. c_{ii}. *Arrestation de Jésus*, avec monogramme N (voir reprod. p. 374). — R. c_8. *Jésus devant Pilate*. Le Christ, avec le nimbe crucifère à double trait, est debout au milieu de la composition, de profil, tourné vers la gauche, où est assis sur un trône le gouverneur romain; un page, debout près du trône, tenant une cuvette et une aiguière, verse de l'eau sur les mains de Pilate, pendant que deux valets serrent les nœuds de la corde dont est garrotté Jésus; à gauche, dans l'ouverture d'une porte cintrée, un garde, la lance appuyée sur l'épaule gauche; à droite, près d'une porte semblable, un soldat armé d'une lance et d'un bouclier armorié; un autre soldat, portant un bouclier marqué des initiales S P Q R, est en train de sortir de la salle; au fond, double fenêtre par laquelle on aperçoit un paysage lointain; plafond à caissons. — R. d_{iiii}. *Flagellation.* Le Christ, avec le nimbe crucifère, le *perizonium* noué autour de la taille, est lié, les mains derrière le dos, à une colonne placée au milieu d'un atrium, et surmontée d'une statue; à gauche, près d'une porte à deux battants, un valet de bourreau, tenant de la main droite un fouet à triple lanière, la main gauche étendue vers Jésus; à droite, près d'une porte semblable, un autre valet, dans une attitude analogue; au-dessus de chacune des deux portes, une fenêtre; à celle de gauche, décorée d'un tapis, apparaissent un homme et une femme, regardant la scène; à celle de droite, un homme; au fond, édifices et montagnes. — V. d_6. *Couronnement d'épines.* Jésus, avec le nimbe crucifère, la couronne d'épines, un bandeau sur les yeux, est assis de face, sous un dais, tenant de la main droite, dressé sur son genou, le roseau qu'on lui a donné par dérision en guise de sceptre; à droite, un jeune homme le frappe d'un bâton sur la tête; du même côté, arrive un bouffon, soufflant dans une trompette en forme de conque; à gauche, un homme tenant un bâton levé et parlant à un autre bouffon qui vient de la gauche; au fond, deux petites fenêtres, au-dessus desquelles court un feston de feuillage et de fruits, partant du sommet du dais placé au-dessus de Jésus. — R. *e. Portement de croix.* Jésus, avec le nimbe crucifère, marche vers la droite, portant la croix sur l'épaule gauche, et tiré en avant, au moyen d'une corde, par un valet de bourreau; à la suite, une troupe de soldats, dont l'un, à gauche, parlemente avec les saintes femmes qui suivent le cortège; au fond, sur la droite, le Golgotha, au sommet duquel se dressent deux croix; sur la pente de la montagne, Jésus est encore indiqué par une petite silhouette, que suit un soldat. Dans l'angle inférieur de gauche, on distingue le premier jambage du monogramme N. — R. e_{iii}. *Mise en croix.* Deux valets de bourreau, agenouillés, sont en train de clouer les mains de Jésus sur la croix étendue à terre; le clou de la main gauche est presque complètement assujetti; un homme accroupi vis-à-vis de celui qui frappe les coups de marteau, semble surveiller sa besogne; un autre maintient encore au moyen d'une corde tendue la main droite, où le clou commence seulement à pénétrer. Le Christ a le nimbe crucifère; ses pieds sont liés par une corde qui traîne à terre; un valet perce avec une tarière le trou destiné à recevoir le clou qui va les fixer sur le bois, et que tient près de lui un autre ouvrier; à droite, un garde, armé d'une lance; à gauche, un autre, tenant une hallebarde; à terre, au premier plan, une tarière et la tunique de Jésus; au fond, à gauche, Jérusalem; à droite, bouquet d'arbres. — R. e_5. *Crucifixion*, avec monogramme N. La croix, haute, porte un *titulus* en volute, avec l'inscription: I·N·R·I, fixé à la pièce de bois qui surmonte la traverse; Jésus a le nimbe crucifère et la couronne d'épines, le *perizonium* noué sur la hanche gauche; un ange recueille dans deux calices le sang qui coule de la main droite et du flanc droit du Sauveur;

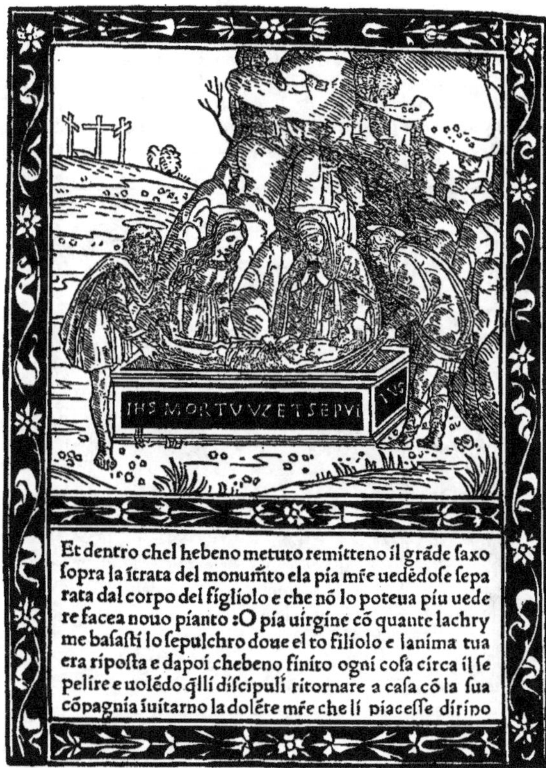

Et dentro chel hebeno metuto remitteno il grãde ſaxo
ſopra la ĩtrata del monumẽto ela pia mr̃e uedẽdoſe ſepa
rata dal corpo del figliolo e che nõ lo poteua piu uede
re facea nouo pianto :O pia uirgine cõ quante lachry
me baſaſti lo ſepulchro doue el to filiolo e lanima tua
era ripoſta e dapoi chebeno finito ogni coſa circa il ſe
pelire e uolẽdo q̃lli diſcipuli ritornare a caſa cõ la ſua
cõpagnia iuitarno la dolẽte mr̃e che li piaceſſe dirino

S. Bonaventura, *Devote Meditationi*, 4 avril 1500 (v. g_{iii}).

un second ange recueille de même le sang qui dégoutte de la main gauche ; au pied et en avant de la croix, la Ste Vierge, assise à terre, les mains jointes ; à gauche, Madeleine agenouillée, tournée vers la mère de Jésus, et St Augustin, également à genoux, la tête levée vers le Christ ; du même côté, au second plan, le gibet du bon larron, dont un ange vient recevoir l'âme ; à droite, St Jean, debout, de face, et St Jérôme, le genou gauche à terre, la tête levée vers Jésus ; près de lui, est couché son lion familier ; du même côté, au second plan, le gibet du mauvais larron, dont un démon vient prendre l'âme ; au fond, Jérusalem et des montagnes. Les cinq personnages du premier plan ont le nimbe à double trait. — R. f_8. *Descente de croix*. Un homme monté sur une échelle, vu de dos, soutient dans ses bras le corps de Jésus, incliné en avant, les bras pendants; un autre, monté sur une seconde échelle, à gauche, guide le glissement de la bande d'étoffe enroulée autour de la poitrine du Christ, et dont St Jean, placé au pied de l'échelle, retient l'extrémité ; du même côté, Nicodème, coiffé d'un turban, arrache avec une tenaille le clou qui traverse les pieds

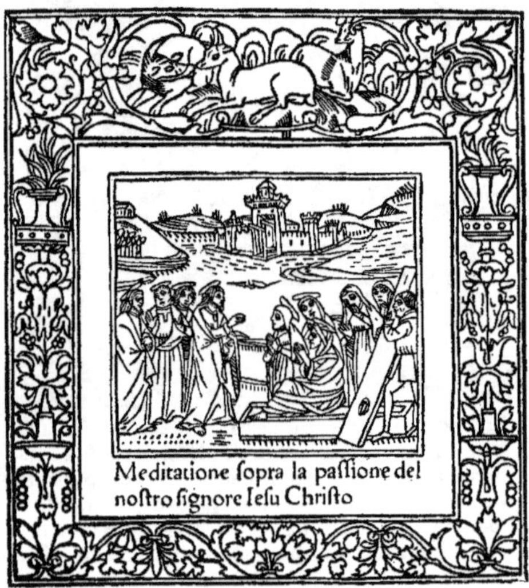

S. Bonaventura, *Devote Meditationi*, 28 août 1505 (r. a_{ii}).

de Jésus; entre la hampe de la croix et la première échelle, Joseph d'Arimathie, un genou à terre, tenant un marteau ; à droite de l'échelle, la Ste Vierge affaissée à terre, et soutenue par deux femmes ; en arrière de ce groupe, Madeleine, debout, les mains jointes, la bouche ouverte ; ces quatre personnages, ainsi que St Jean, sont nimbés. Paysage montueux, avec bouquets d'arbres ; un château-fort sur une hauteur, au fond, à droite. — V. g_{iii}. *Mise au tombeau* (voir reprod. p. 376). — R. g_6. *Résurrection*. Jésus, la tête ornée du nimbe crucifère, la main droite bénissante, la main gauche tenant la croix de résurrection, le buste et le bras droit dégagés de son linceul, s'élève hors du tombeau, dont la face antérieure porte l'inscription : ·XPS· RED/ EMPTOR·M en lettres blanches sur fond noir; la pierre qui fermait le sépulcre est renversée sur la droite; du même côté, un soldat étendu à terre, et un autre debout, prenant la fuite vers la droite;

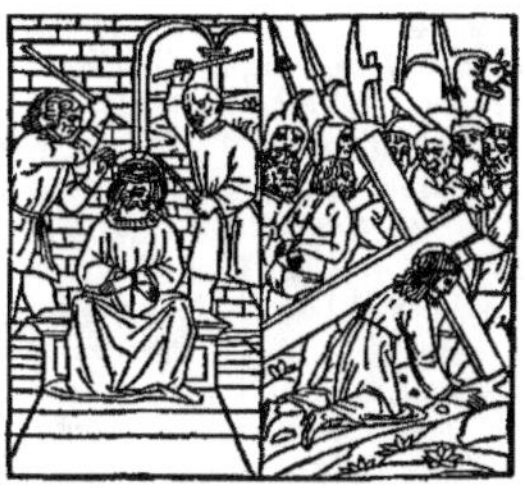

S. Bonaventura, *Devote Meditationi*, 28 août 1505 (v. c_8).

à gauche, deux autres gardes, l'un couché, l'autre un genou à terre, la main gauche levée au-dessus de la tête, les premiers plans ont le terrain noir; au fond, paysage montueux, avec bouquets d'arbres et édifices; plusieurs nuages et des oiseaux dans le ciel. — Tous ces bois, ainsi que les quelques lignes de texte placées au-dessous, sont entourés de bordures à motifs variés d'ornement, sur fond noir. — Petites in. o. à fond noir.

R. g_8: *Finisse le deuotissime meditatione del nostro/ Signor Misser Iesu Christo ad honore/ e gloria sua. stampate in Venetia/ Adi. iiii. de Aprile del Mil/le cinquecento.* Le verso, blanc.

416. — Albertino de Lissona, 27 septembre 1504; 4°. — (Rome, VE; Florence, N)

Incominciano le deuote meditatione sopra/ la passione del nostro signore Iesu xpo ca/ uate & fundate originalmēte sopra sanc/to Bonauentura cardinale del ordi/ ne minore sopra Nicolao de Li/ra: etiamdio sopra altri/ Doctori & predi/ catori approbati.

48 ff. n. ch. s.: *a-f.* — 8 ff. par cahier. — C. rom. — 31 ll. par page. — Au-dessous du titre: *La Cène*, de l'édition 27 février 1489. — Autres grands bois de la même édition, sauf la *Crucifixion*, qui a été remplacée, au v. d_6, par la vignette, de même sujet, mais de dimensions moindres, employée dans le *Legenda delle SS. Martha & Magdalena*, 1er février 1491. En outre, les trois petites vignettes de l'édition Benali & Codeca, s. a.

R. f_8: ... *Stāpate in Venetia ꝑ Alber/tino de Lissona Vercellese del Mil/ le cinquecento e quatro/ Adi. xxvii. de Se/ ptembrio.* Le verso, blanc.

417. — Georgio Rusconi, 28 août 1505; 4°. — (Rome, Co)

Incominciano le deuote meditatio/ ne sopra la passione del nostro si/gnore Iesu christo cauate: & fun/date originalmente sopra san/cto Bonauentura cardina/ le del ordine minore so/pra Nicoao (sic) *de Lira/ etiā dio sopra al/tri doctori: & predicatori/ appro/bati.*

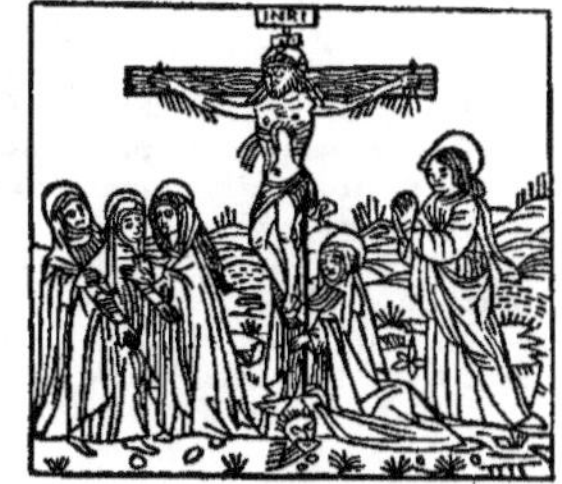

S. Bonaventura, *Devote Meditationi*, 28 août 1505 (r. d_{iiii}).

44 ff. n. ch., s.: *a-f.* — 8 ff. par cahier, sauf *f*, qui en a 4. — C. rom. — 31 ll. par page. — Page du titre: encadrement au trait, (feuillage, vases, *putti*, animaux). — 14 vignettes au trait, médiocres, dont quelques-unes copiées de plusieurs éditions antérieures. — R. a_{ii}. *Résurrection de Lazare* (voir reprod. p. 377). Même encadrement qu'à la page du titre. — V. a_{iii}. *Entrée à Jérusalem.* Le Christ à gauche, monté sur une ânesse près de laquelle marche un ânon; deux apôtres l'escortent, nimbés, comme le Sauveur lui-même, du nimbe uni; à droite, un homme étendant un tapis à terre, et trois enfants portant des palmes; au fond, des montagnes, et, sur la droite, mur d'enceinte de Jérusalem, avec groupe

de personnages sous une porte. — R. a_8. *La Cène*; copie réduite du bois (r. a_6) de l'édition Bern. Benali, s. a. — V. b_{iiij}. *Veillée au jardin de Gethsemani*; copie réduite du bois (v. *b*) de la même édition. — R. b_7. *Arrestation de Jésus*; copie de la vignette (r. c_{iii}) de l'édition *circa* 1493. — V. c_{iii}. Comme au r. b_7. — V. c_6. *Flagellation;* copie de la vignette (v. d_4) de l'édition *circa* 1493. — V. c_8. *Couronnement d'épines* et *Portement de croix*; vignette à deux compartiments (voir reprod. p. 378), copie de celle de la même édition (r. e_{ii}). — V. d_{ii}. Comme au v. c_8. — R. d_{iiii}. *Crucifixion* (voir reprod. p. 378); copie de la vignette (v. e_4) de l'édition *circa* 1493. — R. d_5. Comme au r. d_{iiii}. — R. e_6. *Pietà;* copie de la vignette (v. d_6) de l'édition 26 avril 1490. — V. e_8. *Mise au tombeau*; copie de la vignette (v. e_{ii}) de la même édition. — V. f_{ii}. *Résurrection*; imitation du bois (v. e_6) de l'édition Benali, s. a. — Petites in. o. à fond noir.

R. f_4 : *¶ Finisse le deuotissime meditatione del nostro Signore.... stampa/te in Venetia per Zorzo de Ruscone milane/se a di. xxyiii. de Agosto del. M.cccccy....* Le verso, blanc.

418. — Georgio Rusconi, 4 novembre 1508; 4°. — (Londres, BM; Milan, T)

Incominciano le deuote meditatione sopra/ la passione del nostro signore Iesu xpo ca/ uate & fundate originalmēte sopra san/cto Bonauentura cardinale del ordi/ne minore sopra Nicolao de Li/ra: etiam dio sopra altri Doctori & predi/ catori approbati.

48 ff. n. ch. s. : *a-f.* — 8 ff. par cahier. — C. rom. — 31 ll. par page. — Grands bois de l'édition 27 février 1489; petite *Crucifixion* et *Mise au tombeau* de l'édition Benali & Codeca, s. a.

R. f_8 : *Finisse le deuotissime meditatione del nostro/ signor misser Iesu Christo ad honore e/ gloria sua. Stāpate in Venetia per/ Georgio di Rusconi Milanese./ del Mille cinquecento e octo/ Adi quatro de Nouembrio.* Le verso, blanc.

419. — Piero Quarengi, 12 avril 1512; 4°. — (Venise, M)

Incomincia le deuote meditatione sopra/ la passiōe del nostro Iesu chri/sto cauate & fundate originalmē/ te sopra sancto Bonauētura car/dinale del ordine minore so/pra Nicolao de Lira : etiā/dio sopra molti altri/ Doctori & pre/ dicatori ap/probati.

48 ff. n. ch., s. : *A-F.* — 8 ff. par cahier. — C. rom. — 32 ll. par page. — Au-dessous du titre : *Crucifixion*, bois de l'édition Benali, s. a. — R. A_{ii}. *Résurrection de Lazare*, de la même édition. — 12 vignettes empruntées de la *Bible*, 15 oct. 1490.

R. F_8 : *Finisse le deuotissime meditatione... stampata in Venetia/ Per Piero de quāregi Bergomasco del Mille cinq̄ cē/ to e dodexe adi do/dexe Aprile.* Le verso, blanc.

420. — Piero Quarengi, 10 février 1512; 8°. — (☆)

Deuotissimum opus passio/nis Christi Meditationum/ incipit : a seraphico doctore/ Bonauentura editū. omni/ bus predicatoribus deuotis/q3 religiosis necessariu3 : nu/ perrime impressum.

3 ff. n. ch. et 61 ff. num. par erreur : 60, s. : *A-H.* — 8 ff. par cahier. — C. g. — 2 col. à 32 ll. — Au-dessous du titre : *Crucifixion*, copie de la vignette du v. e_{iiii} de l'édition *circa* 1493, mais différente de la copie signalée dans l'édition 28 août 1505. — Au verso, autre *Crucifixion*, de l'édition 14 déc. 1497.

R. H_6 :... *Impressum Uenetijs per Pe/trum de quārengijs bergo/ mensem. Annō. M.ccccc/xij. Die. xx. Kaľ. Martij.* Le verso du dernier f., blanc.

421. — Georgio Rusconi, 27 avril 1513; 4°. — (Florence, L)

Incominciano le deuote Meditatione sopra la Passione del Nostro Signore Iesu

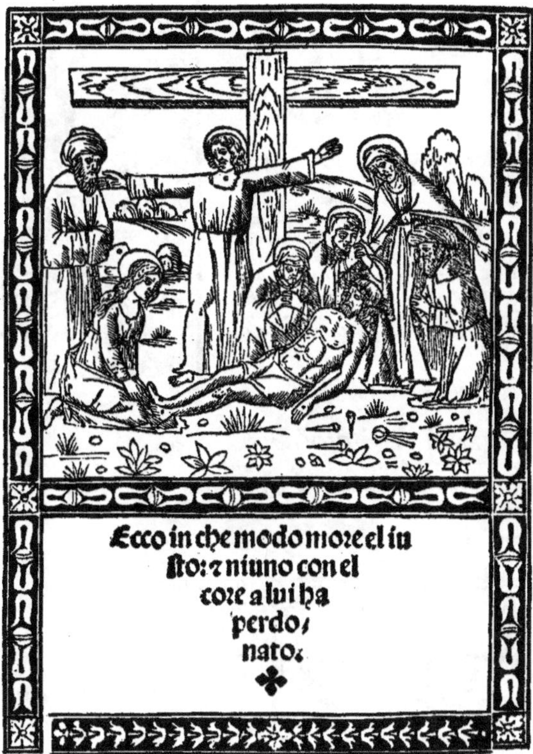

S. Bonaventura, *Devote Meditationi*, 6 juin 1523 (v. *A*).

Xpo ca/uate & fundate originalmente sopra San/ cto Bonauentura Cardinale del ordi/ ne Minore sopra Nicolao de Li/ ra: etiam Dio sopra altri/ Doctori & Predi/ catori Appro/ bati.

48 ff. n. ch. s: *a-f.* — C. rom. — 32 ll. par page. – Grands bois de l'édition 27 février 1489. — V. d_6. Petite *Crucifixion*, du *Legenda della SS. Martha & Magdalena.* 1er févr. 1491. — V. d_7. Autre petite *Crucifixion*, de l'édition Benali & Codeca, s. a. — In. o. à fond noir.

R. f_8 :... *Stāpate in Venetia per/ Georgio di Rusconi Milanese./ del Mille cinquecento e trede/ci. Adi. xxvii. de Apri/ le.* Le verso, blanc.

422. — Augustino Zanni, 26 août 1517; 4°. — (Munich, Libr. J. Rosenthal)

Incomincia le deuote meditatione sopra la/ passione del nostro signore Iesu Christo/ cauate originalmẽte da Sancto Bo/ nauentura cardinale del ordine/ minore ꝛ da Nicolao de Li/ ra : ꝛ etiãdio da molti/ altri Doctori ꝛ/ predicato/ ri appro/ bati.

43 ff. num. et 1 f. blanc, s. : *A-F*. — 8 ff. par cahier, sauf *F*, qui en a 4. — C. rom.; titre g. n. — 2 col. à 33 ll. — V. du titre, blanc. — Dans les colonnes, 14 vignettes ombrées, de grandeurs différentes, et de médiocre valeur, tirées des livres de liturgie imprimés par L. A. Giunta.

V. xliii : ℭ *Finisse le deuotissime meditatione del nostro signo/ re misser Iesu Christo ad honore e gloria sua/... stampate in Venetia/ per Augustino de Zãni da/ Portese nel. M.D./ XVII. Adi./ XXVI./ Agosto.*

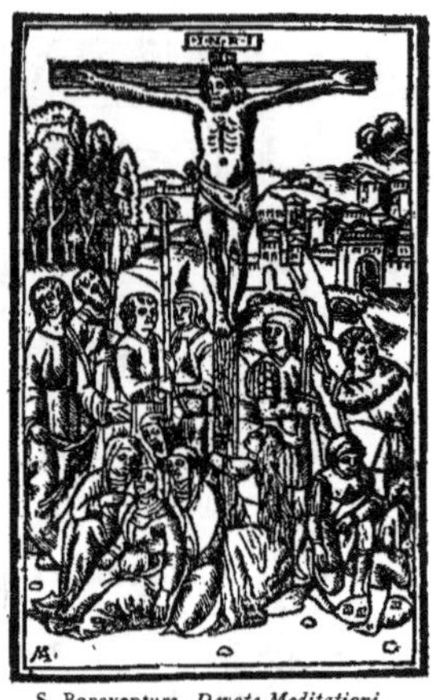
S. Bonaventura, *Devote Meditationi*, mars 1526 (p. du titre).

423. — Joanne Zacuino, 6 juin 1523; 4°. — (☆)

INCOMENCIA LE DIVO/ te Meditatione sopra la passiõe del no/ stro signore Iesu Christo, cauate ꝛ fundate ori/ginalmente sopra Nicolao/ de Lira : etiamdio sopra molti altri do/ ctori ꝛ predicatori approbati.

44 ff. n. ch., s. : *A-F*. — 8 ff. par cahier, sauf *F*, qui en a 4. — C. rom.; titre g. r. et n., sauf la première ligne en cap. rom. — 32 ll. par page. — R. *A*. Au-dessus du titre : *Crucifixion*, avec monogramme ɴ, de l'édition 4 avril 1500; ce bois est répété au r. D_{iiii}. — V. *A* et v. D_6 : *Pietà* (voir reprod. p. 380). — R. A_{ii} : *Résurrection de Lazare*; bois (r. *a*) de l'édition Benali, s. a. Bordure ornementale sur les côtés et au bas de la page. — Les neuf bois suivants sont ceux de l'édition 4 avril 1500. — V. A_7. *La Cène*. — R. B_{iiii}. *Veillée au jardin de Gethsemani*. — V. B_6. *Arrestation de Jésus*, avec monogramme ɴ. — V. C_{ii}. *Jésus devant Pilate*. — V. C_5. *Flagellation*. — V. C_7. *Couronnement d'épines*. — V. *D*. *Portement de croix*. — R. D_{iii}. *Mise en croix*. — R. E_6.

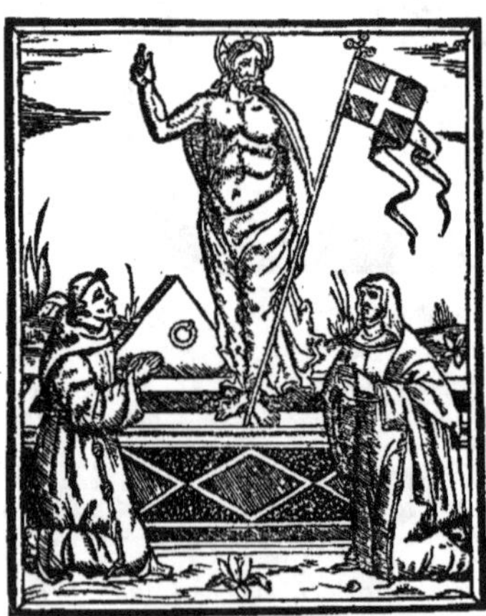
S. Bonaventura, *Devote Meditationi*, mars 1526.

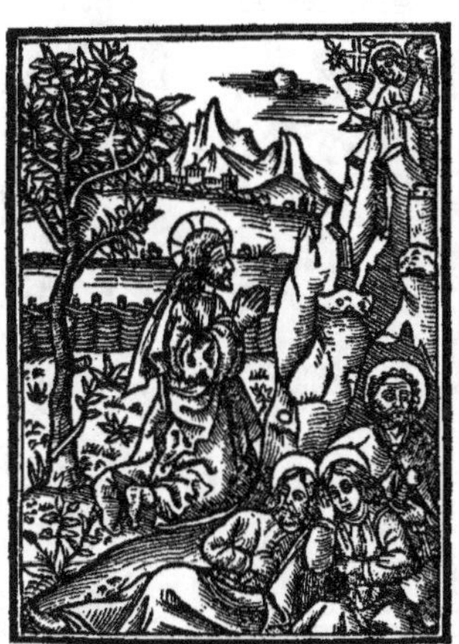

S. Bonaventura, *Devote Meditationi*, s. a. (r. 15).

Descente de croix. — V. F_{ii}. *Résurrection.* Le Christ, avec le nimbe crucifère, la main droite bénissante, la main gauche tenant la croix de résurrection, le bras gauche et une partie du buste dégagés de son linceul, s'élève hors de son tombeau, porté par une tête d'ange ailée ; sur la face antérieure du tombeau, dans un médaillon circulaire, flanqué de rinceaux de feuillage noir, se lit l'inscription : EGO./ SVM. RE/ DEMTOR/ MVNDI ; à droite et à gauche du tombeau, deux gardes couchés à terre, et dont les corps ne sont visibles qu'en partie ; au fond, Jérusalem, montagnes et bouquets d'arbres. — Comme dans l'édition 4 avril 1500, ces bois, ainsi que le texte placé au-dessous, sont encadrés d'une bordure à motif d'ornement sur fond noir. — Petites in. o. à fond noir.

R. F_4 : *Finisse le diuotissime Meditatione del nostro signor Iesu Christo/ ad honore & gloria sua. Stampata in Venetia per Ioan/ne Tacuino de Trino. Anno mille cinquecento e/ uinti tre Adi. yi. de Zugno,...* Au-dessous, le registre. Le verso, blanc.

424. — Francesco Bindoni & Mapheo Pasini, mars 1526 ; 8°. — (Milan, P)

Meditationi deuotissime di/ sancto Bonauentura Cardinale fon/date sopra la passione del nostro si/gnore Iesu Christo...

64 ff. n. ch. et dont le dernier est blanc, s. : *A-H.* — 8 ff. par cahier. — C. rom. ; titre g. r. et n. — 30 ll. par page. — Au-dessous du titre : *Crucifixion*, avec monogramme M. (voir reprod. p. 381), copie du bois du *Missale rom.*, Bern. Stagnino, 30 juillet 1506. Au verso, autre *Crucifixion*, à trois personnages. Dans le texte, 13 vignettes ombrées, dont la dernière, plus grande que les autres, représente le *Christ ressuscité* (voir reprod. p. 381).

V. H_7 :... *Stampate nella inclita cirta* (sic) *di Vineg/gia : appresso santo Moyse nelle case nuo/ue Iustiniane : per Francesco di Ales/sandro Bindoni. & Mapheo Pasy/ni compagni : Nelli anni del no/stro signore. M. D. XXVI./ del mese di Marzo....* Au-dessous, le registre.

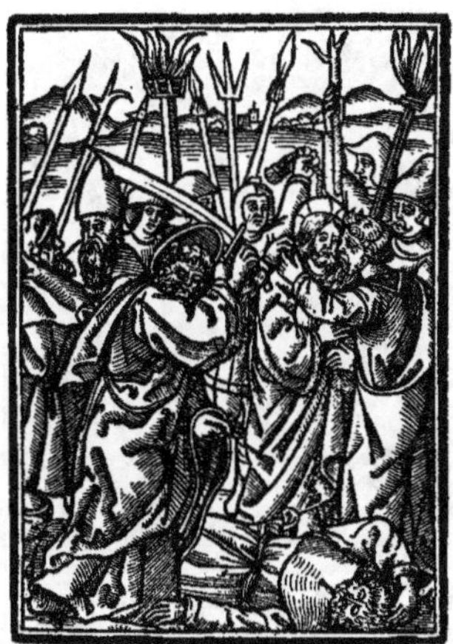

S. Bonaventura, *Devote Meditationi*, s. a. (v. 18).

425. — Joanne Tacuino, 15 juin 1531; 4°. — (Venise, M)

INCOMENCIA LE DIVO/ te Meditatione sopra la passiõe del no/ stro signore Iesu Christo...

Réimpression de l'édition 6 juin 1523.

R. F_4: *Finisse le diuotissime Meditatione del nostro signor Iesu Christo/ ad honore & gloria sua. Stampata in Venetia per Ioan/ ne Tacuino da Trino. Anno mille cinquecento e/ trenta uno Adi.xv. de Zugno...* Au-dessous, le registre. Le verso, blanc.

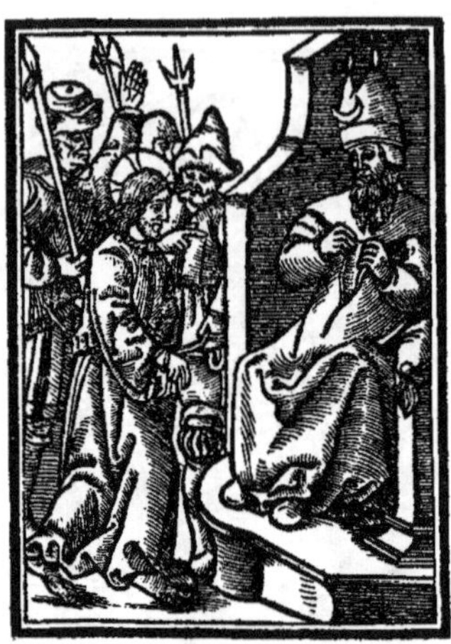

S. Bonaventura, *Devote Meditationi*, s. a. (v. 24).

426. — Francesco Bindoni & Mapheo Pasini, 15 août 1531; 8°. — (Florence, N)

☙ *Meditationi deuotissime di/ santo Bonauentura Cardinale fon/ date sopra la passione del nostro si/ gnore Iesu Christo. Noua/ mẽte hystoriate : ꝛ in lin/ gua Tosca corrette.*

64 ff. n. ch., dont le dernier est blanc, s.: *A-H.* — 8 ff. par cahier. — C. rom.; titre g. — 30 ll. par page. — Mêmes vignettes que dans l'édition mars 1526.

V. H_7:... *Stampate nella inclita citta di Vineggia: per/ Frãcesco Bindoni, & Mapheo Pasyni com/ pagni: a san Moise nelle case Iustiniane/ al segno de Lãzolo Raphaelo adi. 15/ Agosto nel Anno 1531.* Au-dessous, le registre. Plus bas, marque de l'*archange Raphaël conduisant le jeune Tobie.*

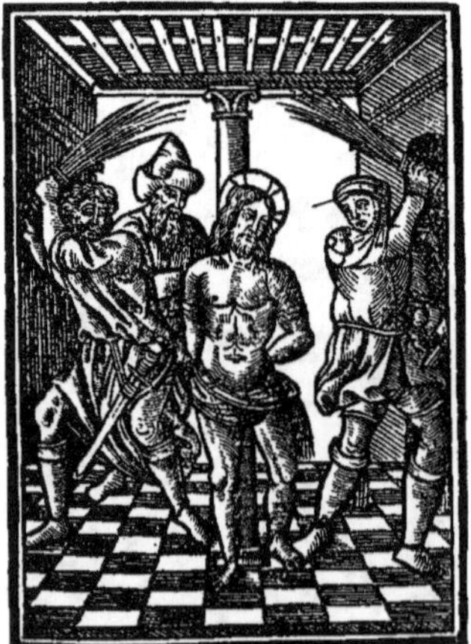

S. Bonaventura, *Devote Meditationi*, s. a. (r. 29).

427. — Francesco Bindoni & Mapheo Pasini, mars 1537; 8°. — (✶)

☙ *Meditationi deuotissime di/ santo Bonauentura Cardinale fon/ date sopra la passione del nostro si/ gnore Iesu Christo. Noua/ mẽte hystoriate: ꝛ in lin/ gua Tosca corrette.*

Même description que pour l'édition 15 août 1531, des mêmes imprimeurs.

V. H_7:... *Stampate nella inclita citta di Vineg/ gia : appresso santo Moyse nelle case nuo/ ue Iustiniane: per Francesco di Ales/ sandro Bindoni, & Mapheo Pasy/ ni compagni: Nelli anni del no/ stro signore. M.D.XXXVII./ del mese di Marzo.*

428. — Francesco Bindoni & Mapheo Pasini, septembre 1538; 8°. — (Munich, Libr. J. Rosenthal)

Meditationi deuotissime di/ santo Bonauentura Cardinale fon/ date sopra la passione del nostro si/ gnore Iesu Chrĩsto. Nouamẽ/ te hystoriate: ꝛ in lingua/ Toscha corrette.

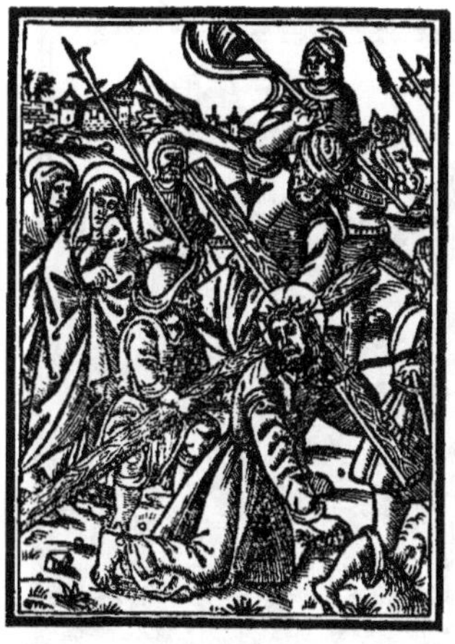

S. Bonaventura, *Devote Meditationi*, s. a. (r. 35).

Réimpression de l'édition mars 1537, sauf quelques légères différences dans la justification ; au v. C_3, la vignette : *Arrestation de Jésus* a été substituée à la vignette : *Jésus devant Pilate.*

V. H_7 : ℂ *Stampate ne la inclita citta di Vinegia per/ Francesco Bindoni, & Mapheo Pasini/ compagni, a San Moyse nelle case/ noue Iustiniane al segno de/ Lanzolo Raphaelo, del/ mese di Settembre./ 1538.* Au-dessous, marque de l'*archange Raphaël conduisant le jeune Tobie.*

429. — S. l. a. & n. t. ; 4°. — (Vérone, C)

INCOMINCIANO le deuote meditatiõe sopra la pas/ sione del nostro signore cauate & fundate originalmen/ te sopra sancto Bonauentura cardinale del ordine mi/ nore sopra Nicolao dellra. etiamdio sopra altri docto/ ri & predicatori approbati.

32 ff. n. ch., s. : *A-h.* — 4 ff. par cahier. — C. rom. — 41 ll. par page. — Le f. *A* manque dans cet exemplaire. — R. A_{ii}. *Résurrection de Lazare.* — R. A_{iii}. *Entrée à Jérusalem.* — R. b_{ii}. *La Cène.* — V. c_{ii}. *Veillée dans le jardin de Gethsemani.* — R. c_{iii}. *Arrestation de Jésus.* — R. d_{ii}. *Le Christ devant Pilate.* — V. d_4. *Flagellation.* — R. e_{ii} et r. e_{iii}. Gravure à deux compartiments : *Couronnement d'épines* et *Portement de croix.* — V. e_4. *Crucifixion.* — R. f_{ii}. *Pietà.* — V. g_{iii}. *Mise au tombeau.* — V. h_{ii}. *Résurrection.* — Ces gravures sont celles de l'édition 28 août 1505. — In. o. à fond noir. — V. h_4 : *FINIS.*

430. — Giovanni Andrea & Florio Vavassore, s. a. ; 8°. — (Londres, FM)

Meditationi deuoiissime/ DI SANTO BONAVENTVRA/ Cardinale fondate sopra la passione/ del nostro Signore Iesu Chri/sto Nouamente historiate/ & in Lingua Tosca/ corretle.

63 ff. num. et 1 f. blanc, s. : *A-H.* — 8 ff. par cahier. — C. rom. ; la première ligne du titre en lettres g. r. et n. — 30 ll. par page. — Au-dessous du titre, petite *Crucifixion :* la Ste Vierge debout à gauche, de trois quarts, la main gauche un peu

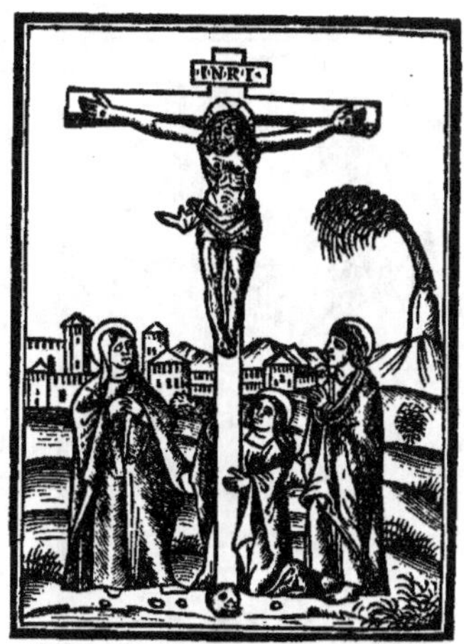

S. Bonaventura, *Devote Meditationi*, s. a. (r. 39).

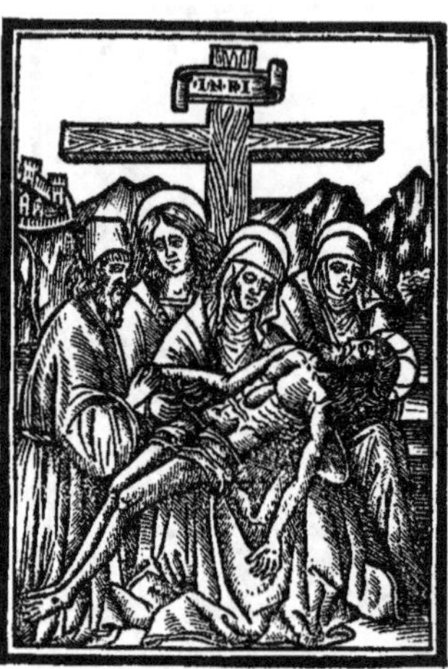
S. Bonaventura, *Devote Meditationi*, s. a. (v. 41).

écartée du corps et montrant la paume, la main droite à la ceinture, retenant les plis de son manteau ; St Jean, à droite, de face, le bras droit écarté du corps, la main gauche retenant son manteau au-dessous de la ceinture ; les deux personnages sont nimbés ; une tête de mort en avant du pied de la croix; au fond, Jérusalem. — R. 15. *Veillée au jardin de Gethsemani* (voir reprod. p. 382). — V. 18. *Arrestation de Jésus*, bois emprunté de l'*Opera nova contemplativa* (voir reprod. p. 382). — V. 24. *Le Christ devant Caïphe*, même provenance (voir reprod. p. 383). — R. 29. *Flagellation* (voir reprod. p. 383). — *R.* 32. *Couronnement d'épines*, bois de l'*Op. n. cont.* Le Christ est assis de face sur un siège carré, posé sur un socle; il est vêtu d'un manteau fermé à l'encolure, et d'où sortent ses mains garrottées, sa jambe droite et son pied gauche; il a la couronne d'épines; un personnage placé à gauche, coiffé d'un chapeau pointu, et un autre placé à droite, coiffé d'un turban, tiennent au-dessus de la tête de Jésus deux roseaux croisés en X, réunis par une corde; à droite, près de l'angle antérieur du socle, un homme, le genou gauche à terre, et soulevant son bonnet de la main gauche, présente par dérision au Christ un sceptre de roseau ; au fond, deux petites fenêtres cintrées, sous une arcade dont on ne voit que la retombée portée par deux pilastres. — R. 35. *Portement de croix*, même provenance (voir reprod. p. 384). — R. 39. *Crucifixion*, copie du bois de l'*Op. n. cont.* (voir reprod. p. 384). — V. 41. *Pietà* (voir reprod. p. 385). — *R.* 53. *Descente de croix* (voir reprod. p. 385). — R. 59. *Descente du Christ aux limbes*, bois de l'*Op. n. cont.* Le Christ, tenant la croix de résurrection, au seuil d'une

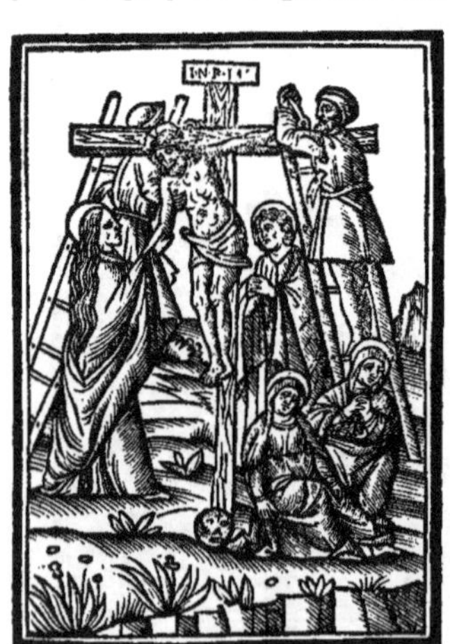
S. Bonaventura, *Devote Meditationi*, s. a. (r. 53).

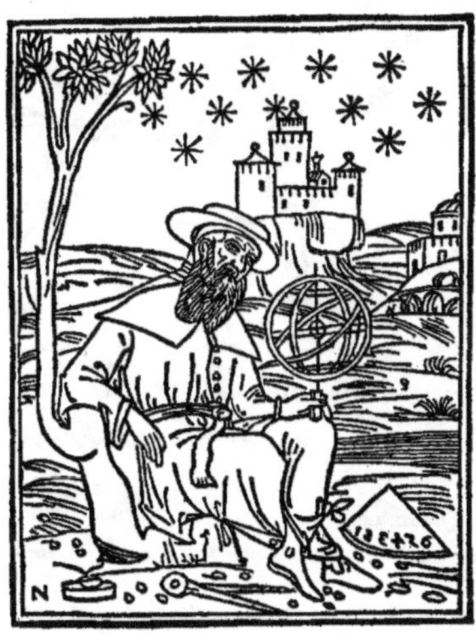

Angelus (Io.), *Astrolabium planum*, 9 juin 1494 (v. du titre).

caverne dont les portes sont tombées, saisit par la main Adam, qui fléchit le genou devant lui ; en arrière d'Adam, Eve, les mains jointes, et un autre personnage ; à gauche, un monstre infernal, une patte posée sur une des portes qui gisent à terre ; dans le haut de la composition, d'autres animaux fantastiques. — V. 60. *Le Christ ressuscité debout devant son tombeau ;* même provenance. Jésus a le nimbe crucifère, le torse et les jambes dégagées de son linceul qui traîne à terre ; de la main gauche, il tient la hampe d'une croix de résurrection ; il tourne la tête vers la gauche, la main droite bénissante ; en arrière du tombeau, à droite, un soldat couché, tenant une hallebarde.

R. 63 : ℭ *Stampata in Venetia per Giouanni An/drea Vauassore detto Guadagnino/ & Florio Fratello.* Au verso, marque aux initiales Z A V sur fond de hachures croisées.

1488

Avienus (Rufus Festus). — ***Fragmentum Arati Phænomenon.***

431. — Antonius de Strata, 25 octobre 1488 ; 4°. — (Munich, R)

122 ff. n. ch. s. : *a-p*. — 8 ff. par cahier, sauf *a*, qui en a 10. — Les ff. g_8, p_7, p_8, sont blancs. — C. rom. — 39 ll. par page. — V. a_{iiii}. Après la lettre dédicatoire de Victor Pisanus : ***Hic codex auienii cõtinet epigrãma. eiusdẽ arati phænome/ na geographia carmine heroico : & oras maritimas trimetro/ iambico : germanici quoqȝ : & marci tulii arati fragmenta : &/ Sereni uersus de uariis curandis morbis.*** — Au bas du r. g_7 : *RVFI FESTI AVIENII OPERA FINIVNT.* Le verso, blanc. R. *h* : ***Fragmentũ arati phænomenon per germanicum in latinũ conuersi cum cõmento nuper in sicilia repertum.*** — R, h_{ii}. Carte des signes du Zodiaque. — 36 figures emblématiques des planètes et constellations principales ; plusieurs sont des copies inverses de celles de l'Hyginus, ***Poeticon Astronomicon***, 22 janvier 1485.

R. p_6 : ***Hoc opus impressum Venetiis arte & ingenio Antonii de/ strata Cremonensis. Anno salutis. M.cccclxxxviii. octauo ca/ lendas nouembres.*** Au dessous, le registre. — Le verso, blanc.

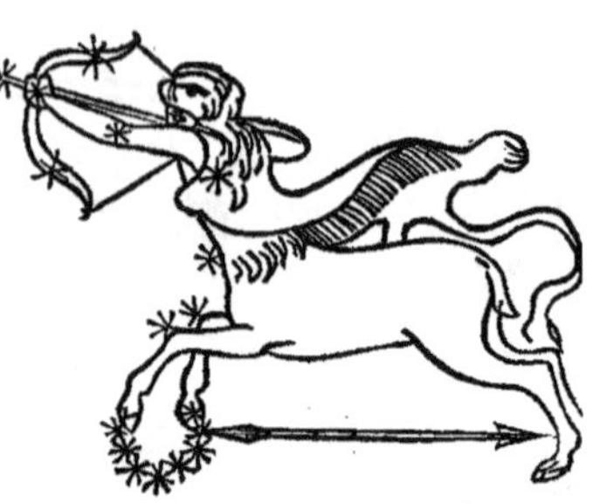

Angelus (Jo.), *Astrolabium planum*, 9 juin 1494.

1488

Angelus (Joannes) de Aischach. — *Astrolabium planum.*

432. — (Augustæ Vindel.) Erhardus Ratdolt, 26 octobre 1488 ; 4°. — (Paris, N)

Astrolabium planũ in tabulis Ascendens/ cõtinens qualibet hora atqʒ mĩto. Equa/ tiones domoruʒ celi...

A la fin :... *Erhardi rat/ dolt Augustensis viri solertis : eximia indu/ stria : mira imprimendi arte : qua nup ve/ necijs : nunc Auguste vindelicorũ excellet/ nominatissimus. Vigesimo septimo Kalen/ das Nouembris. M. cccc lxxxviij./ Laus deo.*

Figures de l'Hyginus, *Poeticon Astronomicon*, 14 octobre 1482, imprimé à Venise par le même Ratdolt.

433. — Joannes Emericus de Spira, 9 juin 1494 ; 4°. — (Paris, N ; Florence, N — ☆)

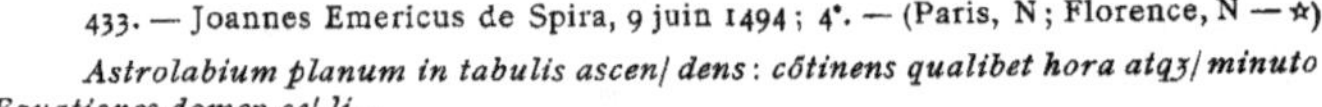

Astrolabium planum in tabulis ascen/ dens : cõtinens qualibet hora atqʒ/ minuto Equationes domoꝝ ce/ li...

4 ff. prél. n. ch. et n. s. — 172 ff. n. ch., et dont les deux derniers sont blancs, s. : *a-ꝫ*, *A-D*. — Cahiers *a-e*, *t-y*, *A-C*, de 8 ff. ; cahiers *f-s*, de 4 ff. ; cahiers ꝫ et *D*, de 12 ff. — C. g. — 44 ll. par page. — Au-dessous du titre, marque du lis florentin, en noir. — Au verso, bois au trait avec monogramme N (voir reprod. p. 386). — Du r. *f*. au v. r_4 : nombreuses figures au trait pour l'explication des horoscopes. — Du r. *s*. au v. $ꝫ_{12}$, figures des constellations et des planètes (voir reprod. pp. 387-389). — In. o. à fond noir.

V. D_{10} : le registre ; au-dessous :... *Impressum vene/ tijs per iohãnẽ Emericũ de Spi/ ra alemanuʒ : Anno salutis millesi/ mo quadringẽtesimo nonagesimo/ quarto : quinto idus Iunij.* Au bas de la page, petite marque à fond noir, avec les initiales ·I· ·E·.

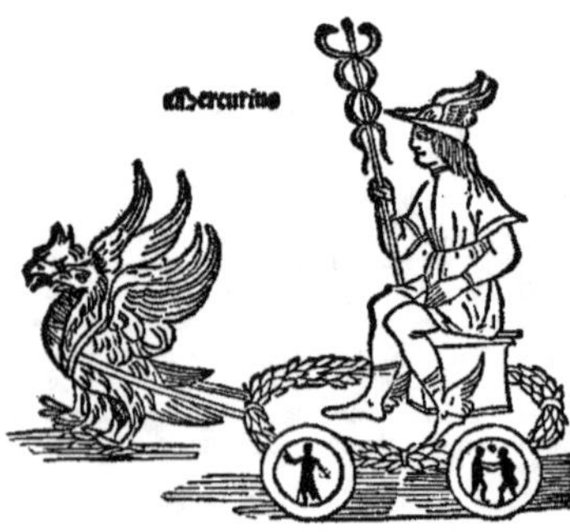

Angelus (Jo.), *Astrolabium planum*, 9 juin 1494.

434. — Luc'Antonio Giunta, 1er décembre 1502 ; 4°. — (Séville, C — ☆)

Astrolabium planum in tabulis ascẽ/ dens : cõtinens qualibet hora atqʒ/ minuto equationes domoruʒ ce/ li :...

4 ff. prél., n. s. — 170 ff. n. ch., s. : *a-ꝫ*, *A-D*. — Cahiers *a-e*, *t-y*, *A-C*, de 8 ff. ; cahiers *f-s*, de 4 ff. ; ꝫ, de 12 ff. ; *D*, de 10 ff. — C. g. — 44 ll. par page. — Au-dessous du titre, marque du lis florentin, en noir. Le verso, blanc. — Dans le corps de l'ouvrage, figures de l'édition 9 juin 1494. — In. o. à fond noir.

R. D_{10} : le registre ; au-dessous :... *Impressuʒ Uene/ netijs* (sic) *per Lucã Antoniũ de/ Giunta florentinũ. Anno/ salutis millesimo quin/ gentesimo secundo/ kal. decembris.* Le verso, blanc.

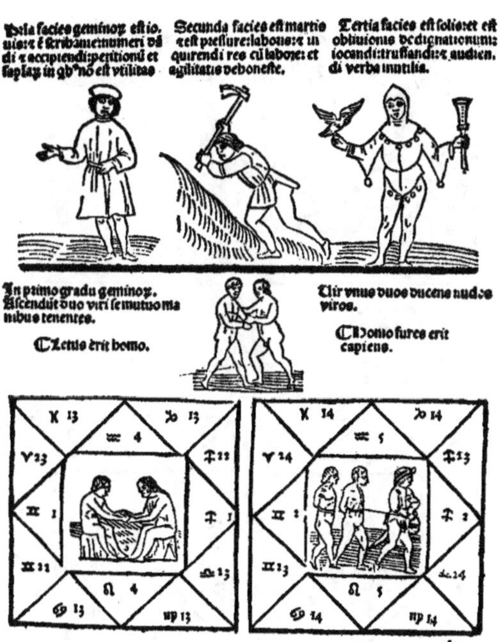

Angelus (Jo.), *Astrolabium planum*, 9 juin 1494.

435. — Petrus Liechtenstein, 1512 ; 4°. — (Venise, M)

Astrolabij quo primi mo/ bilis motus deprehen/ duntur Canones./ Instrumentum Astrolabij etiam Impressum/ est Uenetijs in officina Petri Liechten/ stein Coloniēsis Germani āno 1512.

30 ff. n. ch., s. : *a-d*. — 8 ff. par cahier, sauf *d*, qui en a 6. — C. g. — 36 ll. par page. — V. du titre, blanc. — Dans le texte, petites figures sans importance ; in. o. à fond noir.

1488

ALBUMASAR. — *Flores astrologiæ.*

436. — (Augustæ Vindel). Erhardus Ratdolt, 18 novembre 1488 ; 4°. — (Venise, M — ✯)

Flores Albumasaris.

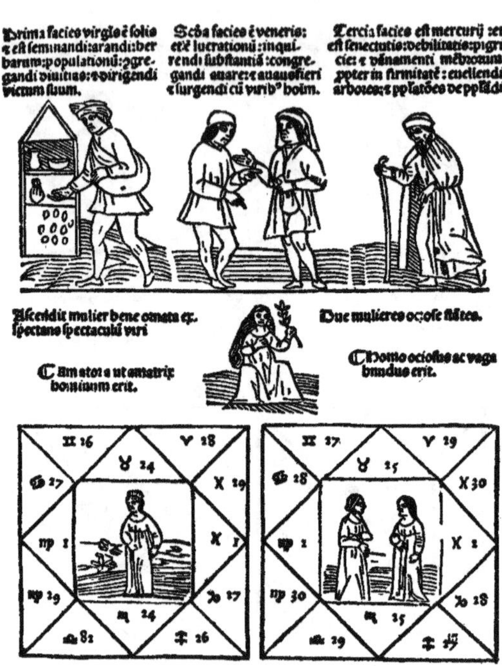

Angelus (Jo.), *Astrolabium planum*, 9 juin 1494.

A la fin: *Opus florũ Albumasaris explicit feliciter./ Erhardi ratdolt Augustensis viri solertis/ eximia industria : ꝛ mira imprimendi arte:/ qua nup venecijs: nũc Auguste vindelicoꝝ/ excellit nominatissim'. xiiij. Kal. Decẽbris. M.ccc.lxxxviij.*

Figures employées par Ratdolt dans l'Hyginus, *Poeticon astronomicon*, 14 octobre 1482, imprimé à Venise.

Réimpression, faite également à Augsbourg, 14 septembre 1495. — (Munich, R)

437. — Joanne Baptista Sessa, s. a.; 4°. — (Venise, M, C)

Albumasar Flores/ Astrologie.

20 ff. n. ch. dont le dernier est blanc, s. : *a-e*. — 4 ff. par cahier. — C. g. — 40 ll. par page. — Au-dessous du titre, marque du Chat. Le verso, blanc. — Diagrammes et figures astronomiques (personnifications des planètes, des constellations, des signes du Zodiaque).

V. e_3 : *Impressum Uenetijs Per. Io. Baptistam Sessa.* Au-dessous, petite marque à fond noir.

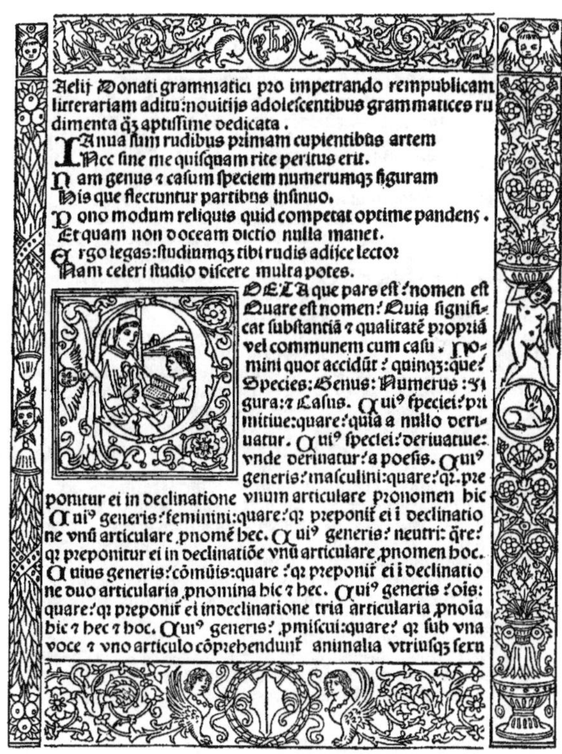
Aelij Donati grammatici pro impetrando rempublicam litterariam aditu: nouitijs adolescentibus grammatices rudimenta q̃z aptissime dedicata.

Ianua sum rudibus primam cupientibus artem
Nec sine me quisquam rite peritus erit.
Nam genus ⁊ casum speciem numerumq̃z figuram
His que flectuntur partibus insinuo.
Pono modum reliquis quid competat optime pandens.
Et quam non doceam dictio nulla manet.
Ergo legas: studiumq̃z tibi rudis adijce lector
Nam celeri studio discere multa potes.

POETA que pars est? nomen est. Quare est nomen? Quia significat substantiã ⁊ qualitatẽ propriã vel communem cum casu. Nomini quot accidũt? quinq̃z: que? Species: Genus: Numerus: Figura: ⁊ Casus. Cuius speciei? primitiue: quare? quia a nullo deriuatur. Cuius speciei? deriuatiue: vnde deriuatur? a poesis. Cuius generis? masculini: quare? q2 preponitur ei in declinatione vnum articulare pronomen hic. Cuius generis? feminini: quare? q2 preponit̃ ei i declinatione vnũ articulare pnomẽ hec. Cuius generis? neutri: q̃re? q2 preponitur ei in declinatiõe vnũ articulare pnomen hoc. Cuius generis? cõmũis: quare? q2 preponit̃ ei i declinatione duo articularia pnomina hic ⁊ hec. Cuius generis? ois: quare? q2 preponit̃ ei indeclinatione tria articularia pnoia hic ⁊ hec ⁊ hoc. Cuius generis? pmiscui: quare? q2 sub vna voce ⁊ vno articulo cõprehendunt̃ animalia vtriusq̃z sexu

Donatus (Aelius), *Grammatices rudimenta*, 20 févr. 1493 (r. *a*).

1488

Donatus (Aelius). — *Grammatices rudimenta*.

438. — Theodorus de Ragazonibus, 5 décembre 1488 ; 4°. — (☆)

Aelij donati grammatici pro impetrando ad rempub. litterariam aditu : nouitijs adolescentibus grammatices/ rudimenta q̃z aptissime dedicata.

24 (8, 12, 4) ff. n. ch. s. : *a-c*. — C. g. r. et n. — 31 ll. par page. — R. *a*. Grande

Aelij Donati grāmatici pro impetrando ad rempublicam litterariam aditu nouitijs adoleſcentibus grāmatices ru/dimenta q̄ȝ aptiſſime dedicata.

I anua ſū rudib' primā cupientibus artē:
Nec ſine me quiſq̄ȝ rite peritus erit.
Naȝ genus ⁊ caſuȝ ſpeciē numerūq̄ȝ figurā
His que flectunt partibus inſinno.
Pono modū reliqs qd ꝯpetat optīe pādēs
Et quam non doceaȝ dictio nulla manet
Ergo legas ſtudiūq̄ȝ tibi rudis adijce lector
Nam celeri ſtudio diſcere multa potes.

Peta que pars ē? Nomē ē. Qua re eſt nomē? Quia ſignificat ſub/ſtantiā et qualitatē ꝓpriā vel cō/munē cum caſu. Nomini quot accidūt? quinq̄ȝ. q̄? Species: Ge nus: Numer'. Figura: ⁊ Caſus Cui' ſpeciei? primitiue: Quare? q̄ȝ a nullo deriuat. Cui' ſpeciei? deriuatiue. vnō deriuat? a poeſis Cui' generis? maſculini. Quare quia preponit ei in declinatione vnū articulare pnomē hic. Cu ius generis? feminini: Quare: q̄ȝ preponit ei in declinatione vnū articulare pnomē hec. Cuius generis? neutri. Quare? quia preponit ei ī declina tione vnū articulare pronomē hoc. Cuius generis? cōmu nis. Quare? quia ꝑponunt ei ī declinatiōe duo articularia pronomina hic ⁊ hec. Cuius generis? omnis. Quare? q̄ȝ preponunt ei ī declinatione tria articularia pnomina hic ⁊ hec ⁊ hoc. Cui' generis? pmiſcui. Quare? quia ſub vna voce ⁊ vno articulo ꝯprehēdunt animalia vtriuſq̄ȝ ſexus Cuius generis? incerti. Quare? quia nulla ratione cogēte ſed ſola auctoritas veterū ſub diuerſo genere ptulit. Cui' numeri? ſingularis Quare? quia ſingulariter pfert. Cui' numeri? pluralis. Quare? quia pluraliter pfert. Cui' figu

a

Donatus (Aelius), *Grammatices rudimenta*, 11 nov. 1510 (r. *a*).

in. o. *P*, en rouge, tirée du Guarinus Veronensis, *Regulae grammaticales*, imprimé le 9 août de la même année par Nicolo de Balager, dit Castilia.

V. c_4 : *Impressum Uenetijs per theodorum de ragaȝonibus/ de asula. Anno Domini. Millesimo. quatrīgentesimo/ octagesimo. octauo Nonis mensis decēbris :*

439. — Guglielmo de Tridino, 20 février 1493 ; 4°. — (Venise, M)

Aelij Donati grammatici pro impetrando rempublicam/ litterariam aditu : nouitijs adolescentibus grammatices ru/ dimenta q̄ȝ aptissime dedicata.

20 ff. n. ch., s. : *a-c*. — 8 ff. par cahier, sauf *c*, qui en a 4. — C. g. r. et n. — 37 ll. par page. — R. *a*. Encadrement de page au trait et grande in. o. *P*, du même genre, en rouge, avec figure de Donatus enseignant à un jeune élève (voir reprod. p. 390). — Au bas du v. b_7 : *Finis Donati*. Au-dessous, répétition de la partie inférieure de l'encadrement du r. *a*. — R. b_8 : *Marci Catōis viri singularis ad vitā adolescētuloꝝ liberis/*

artibus instruendam vtriusque virtutis felicissima instituta. Au commencement du texte, grande in. o. *C* en rouge, avec figure d'un personnage lisant, du même style que le *P* du 1er f.

V. C_4 : *Impressum Uenetijs.... Per Guliermum/ Tridinensem cognomento Anima mia. Anno ab incarna/tione domini. M.ccccLxxxxiij. die.xx. Februarij.* Au-dessous, répétition de la partie inférieure de l'encadrement du r. *a.*

440. — Joanne Baptista Sessa, 13 janvier 1495 ; 4°. — (Rome, Co)

30 ff. n. ch., s. : *a-d.* — 8 ff. par cahier, sauf *d*, qui en a 6. — C. rom. — 41 ll. par page. — R. *a* : *Ianua sum rudibus primam cupientibus artem....* Encadrement de page du Monteregio, *Kalendarium*, 9 août 1482.

R. d_6 : *Impressum Venetiis impensis Ioã/nis Baptiste de Sessa Mediola/nensi. Anno salutis nostre./ M.ccccxcv. Die uero. xiii./ Ianuarii. Foeliciter.* Au verso, marque du Chat.

441. — Luc' Antonio Giunta, 11 novembre 1510 ; 4°. — (☆)

Aelij Donati grãmatici pro impetrando ad rempublicam/ litterariam aditu nouitijs adolescentibus grãmatices ru/dimenta q; aptissime dedicata.

20 (8, 8, 4) ff. n. ch. s. : *a-c.* — C. g. majuscules imprimées en rouge. — 37 ll. par page. — Au-dessous du titre, également imprimé en rouge, quatre distiques latins, en guise d'avis au lecteur; sur la droite de ces huit vers, marque du lis rouge florentin. — Au commencement du texte de l'ouvrage proprement dit, belle initiale *P*, imprimée en rouge, et dont la hampe est une bordure ornementale emplissant toute la marge de la page; à l'intérieur de la lettre, figure de l'auteur enseignant la grammaire à un enfant (voir reprod. p. 391). — R. b_8 : *Finis Donati./ Marci Catonis viri singularis ad vita; adolescẽtuloru; liberis/ artibus instruendã vtriusq; virtutis felicissima instituta.* Au-dessous de ce titre, imprimé en rouge, est placé, au commencement du texte, un *C* orné, blanc sur fond rouge.

V. c_4 : *Impressu; Uenetijs... impensis/ Lucantonij de giunta florẽ/tini Anno ab incarnatione/ dominica. M.ccccc.x./ Tertio idus nouẽbris.*

442. — Luc' Antonio Giunta, 18 mai 1525 ; 4°. — (Venise, M)

Aelij Donati grãmatici ꝓ impetrãdo ad rempubli/ cã litterariã aditu nouitijs adolescẽtib⁹ grammatices/ rudimenta q; aptissime dedicata.

Cahier de 20 ff. n. ch., s. : *a.* — C. g. r. et n. — 37 ll. par page. — Au-dessous du titre, sur le côté de la page, à droite, petite marque du lis rouge florentin. Grande initiale *P*, à bordure marginale, tirée en rouge, de l'édition 11 nov. 1510. — R. a_{16} : *Finis Donati./ Marci Catonis viri singularis ad vitam adolescentulorum libe/ ris artibus instruendam vtriusq; virtutis felicissima instituta.* Au commencement du texte, in. o. *C*, à fond rouge, de l'édition 1510.

V. a_{20} : *Aelij donati viri eruditissimi grãmatica : ....In ędibus nobilis viri lucę/ antonij Iũta florẽtini ĩpres/ sa labẽte anno. M.d.xxv./ Die xviij. maij.*

443. — S. n. t., 1526 ; 4°. — (Londres, BM)

¶ *Aelij Donati grãmatici pro impetrando ad rẽpu-/ blicam literariam aditu nouitijs adolescentibus/ grãmatices rudimẽta q; aptissime dedicata.*

20 ff. n. ch., s. : *A.* — C. g. r. et n. — 38 ll. par page. — Page du titre : encadrement ornemental, fermé, au bas, par un bloc à figures, signé du monogramme ·L· (voir reprod. p. 393). — Au commencement du texte, belle in. o. *P*, sur fond rouge. — V. A_{20}, au bas de la page : *M.D.xxvj.*

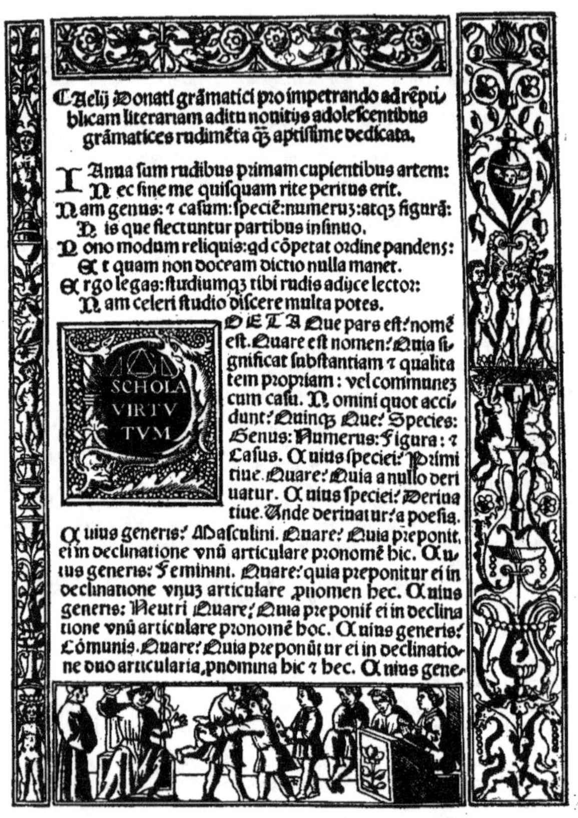
¶ Aelij Donati grāmatici pro impetrando ad rēpublicam literariam aditu nouitijs adolescentibus grāmatices rudimēta q̄ꝫ aptissime dedicata.

I Anua sum rudibus primam cupientibus artem:
N ec sine me quisquam rite peritus erit.
N am genus: ⁊ casum: speciē: numeruꝫ: atqꝫ figurā:
H is que flectuntur partibus insinuo.
P ono modum reliquis: qd cōpetat ordine pandens:
E t quam non doceam dictio nulla manet.
E rgo legas: studiumqꝫ tibi rudis adijce lector:
N am celeri studio discere multa potes.

POETA Que pars est? nomē est. Quare est nomen? Quia significat substantiam ⁊ qualitatem propriam: vel communeꝫ cum casu. Nomini quot accidunt? Quinqꝫ Que? Species: Genus: Numerus: Figura: ⁊ Casus. Cuius speciei? Primitiue. Quare? Quia a nullo deriuatur. Cuius speciei? Deriuatiue. Unde deriuatur? a poesia. Cuius generis? Masculini. Quare? Quia preponit ei in declinatione vnū articulare pronomē hic. Cuius generis? Feminini. Quare? quia preponitur ei in declinatione vnuꝫ articulare pnomen hec. Cuius generis? Neutri Quare? Quia preponit ei in declinatione vnū articulare pronomē hoc. Cuius generis? Cōmunis. Quare? Quia preponūtur ei in declinatione duo articularia pnomina hic ⁊ hec. Cuius gene-

Donatus (Aelius) *Grammatices rudimenta*, 1526.

444. — Guglielmo de Fontaneto, 26 juillet 1532; 4°. — (☆)

Donato cō/ strutto nouamente corretto. Et sonce adiunti/ Edo : Eo : Fio ⁊ Memini : che in li altri si al/ presente impressi mācauano.... M.D.XXXII.

32 (16,16) ff. n. ch., s. : *A. B.* — C. g. — 37 ll. par page. — Au bas de la page du titre, et au-dessus de la date, bois ombré du Thibaldeo da Ferrara, *Opera*, 10 décembre 1519. Au verso, grand bois tiré du Dante de Brescia, 1487 (*Purgat.*, ch. XIV). — R. A_{ij}. Encadrement de page ornemental. — Deux in. o. florales.

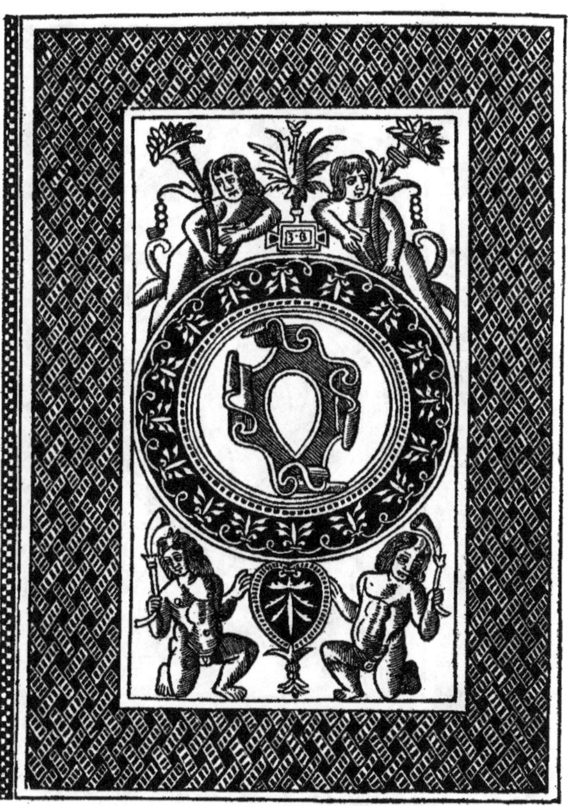

Donatus (Aelius), *Grammatices rudimenta*, 26 juillet 1532.

V. B_{16} : ℭ *Uenetijs per Guilielmum de Fontaneto. Anno/ domini. M.D.xxxij. die. xxvj. Mensis Iulij.*

Ce qui donne à ce volume un intérêt particulier, c'est qu'il est revêtu de sa couverture de papier originale, illustrée sur les deux faces, et portant sur la face antérieure le monogramme з·a (voir reprod. pp. 394, 395). Cette couverture est elle-même copiée d'une autre, signée du monogramme з·A·, qui se trouve également dans notre collection, et dont nous donnons une reproduction (voir pp. 396, 397). Une planche sur cuivre, qui fait partie de l'œuvre de Zuan Andrea (Paris, N, Est. rés. Ea. 32), et citée par Passavant (V, p. 82, n° 40), offre des types de *putti* identiques à ceux qui figurent sur cette couverture.

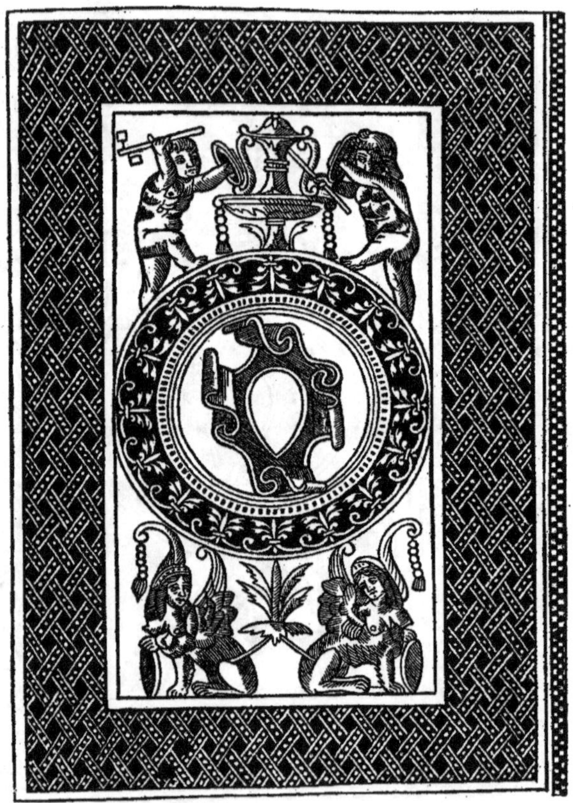

Donatus (Aelius), *Grammatices rudimenta*, 26 juillet 1532.

445. — Io. Baptista Sessa, s. a.; 4°. — (Munich, Libr. J. Rosenthal, 1905)

Aelij Donati Grammatici pro impetrando ad rem/ publicam litterariam aditu : nouitijs adolescentibus/ grammatices rudimenta q̃ȝ aptissime dedicata.

20 (8, 8, 4) ff. n. ch., s. : *a-c*. — C. g. ; titre en rouge, ainsi que l'in. o. *P* au commencement du texte, et les initiales ordinaires dans le corps de l'ouvrage. — 36 ll. par page. — R. a. Encadrement de page au trait, de l'édition 20 février 1493. — R. b_8 : *Liber Donati Feliciter Explicit.* Au-dessous : *Marci Catonis viri singularis ad vitam adolescentuloꝶ/ liberis artib' ĩstruẽdã vtriusqȝ virtutis felicissima ĩstituta.* Au commencement du texte, in. o. *C*, tirée en noir.

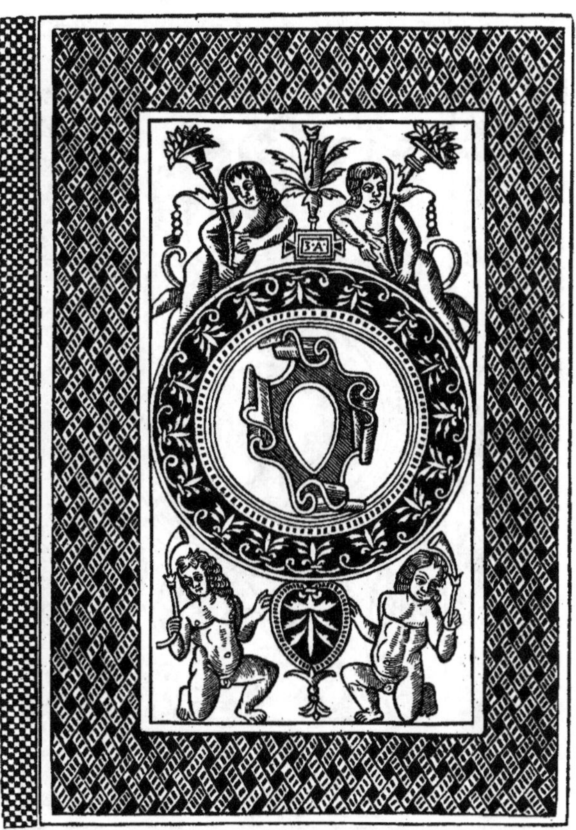

Couverture illustrée, gravée par Zuan Andrea.

V. c_4 : *FINIS./ Impressum venetijs p Io. Baptistã de Sessa.* Au-dessous, marque du Chat, aux initiales de l'imprimeur.

446. — Bernardino Benali, s. a, ; 4°. — (Rome, An)

Aelij Donati grãmatici pro impetrando ad rem/publicaꝫ litterariaꝫ aditu nouitijs adolescẽtibus/ grãmatices rudimenta qꝫ aptissime dedicata.

20 (8, 8, 4) ff. n. ch., s. : *A-C.* — C. g. r. et n. — 36 ll. par page. — Page du

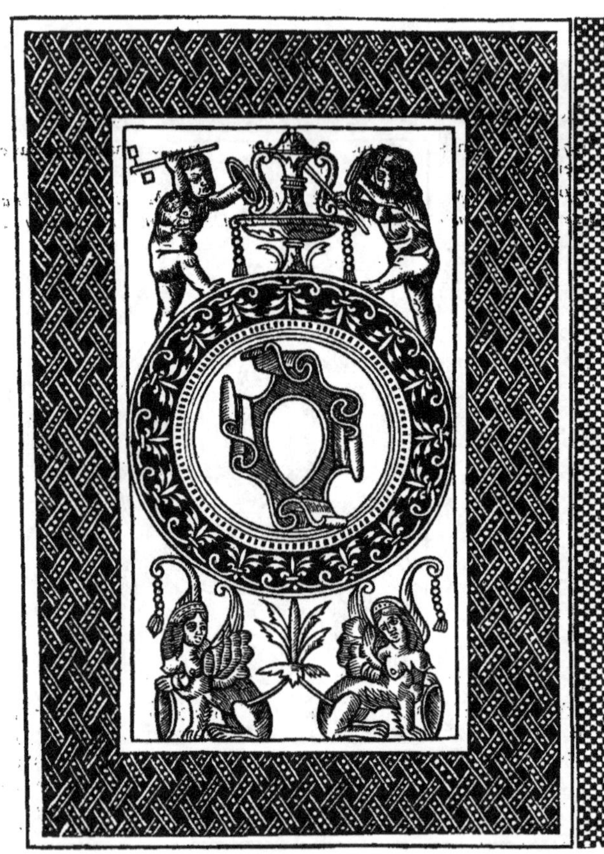

Couverture illustrée, gravée par Zuan Andrea.

titre : encadrement, composé d'une bordure d'arabesques à fond noir, sur le côté intérieur et dans le haut ; de trois vignettes hagiographiques séparées par des légendes en rouge, sur le côté droit ; et, dans le bas, d'un bloc allongé, réprésentant un professeur assis dans une chaire, et six auditeurs assis de chaque côté, tous vêtus de la robe à larges manches & coiffés du bonnet rond. — In. o. à figures ; d'autres à fond noir.

V. C_4 : *Impressum Uenetijs per Bernardinũ benaliũ.*

1488

THOMAS (S[t]) d'Aquin. — *Opusculum de Esse et Essentiis.*

447. — Joannes Lucilius Santritter & Hieronymus de Sanctis, 11 février 1488 ; 4°. — (Pise, U — ✫)

OPVSCVLVM PRAECLA℞ BEATI THOMAE AQUI/ natis. Quod de esse & essentiis tum realibus tũ intentionalibus inscri/bitur....

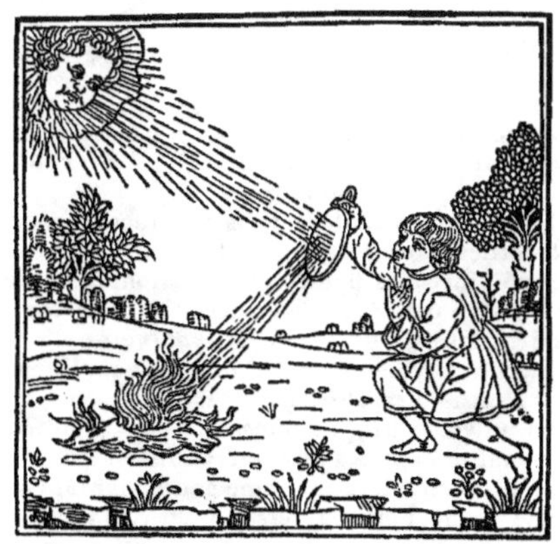

St Thomas d'Aquin, *Opusculum de Esse & Essentiis*, 11 févr. 1488 (r. B_{ii}).

30 ff. n. ch. s. : *A-D*. — 8 ff. par cahier, sauf *D*, qui en a 6. — C. rom. — 37 ll. par page. — R. *A*, blanc. Au verso, le titre, suivi d'un avant-propos de Ludovico Rigio, correcteur de l'opuscule. — R. B_{ii}. En tête de la page, bois au trait (voir reprod. p. 398). — Belles in. o. à fond noir.

R. D_6 : *Opusculi huius sacri uidelicet doctoris Aquinatis de/ esse & essentiis Impressione Ioãnis Lucilii santri/ ter de fonte salutis : & Hieronymi de Sanctis/ Veneti sociorum. Impensis quoq3 munificẽtis/ simis generosi uiri Francisci Bolani olim/ Candiani splẽdidissimi oratoris : patri/ tii quoq3 Veneti fœlix impositus est/ finis. xix. kalendas Martii Anno/ salutis. M. cccc. Lxxxviii.* Au-dessous, marque à fond noir. Le verso, blanc.

Cet opuscule est particulièrement intéressant, non seulement par son insigne rareté, par la qualité exceptionnelle du bois dont il est orné, mais encore et surtout parce que l'auteur de ce bois est le seul des graveurs exerçant à Venise à cette époque, qui ne soit pas resté anonyme. Cet

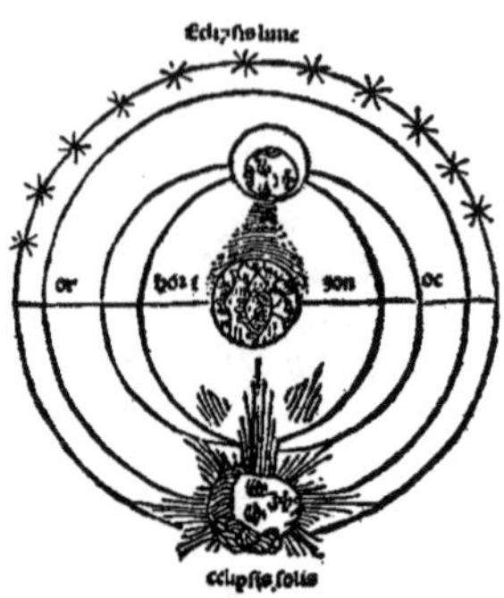

Sacrobusto (Jo. de), *Sphæra Mundi*, 31 mars 1488 (v. BB_{12}).

artiste, d'un talent si affiné, d'une habileté si consommée, n'est autre que le Vénitien Hieronimo de Sancti, qui a signé le livre comme associé de Johann Santritter, de Heilbronn. A vrai dire, ce n'est pas dans le livre même qu'il est mentionné comme graveur, et ce n'est que par rapprochement que nous pouvons lui attribuer avec certitude le bois du *De Esse & Essentiis ;* mais le rapprochement, du moins, est péremptoire et ne laisse place à aucun doute. La désignation expresse de Hieronimo de Sancti, comme tailleur de bois, se trouve à la fin de l'édition du Sacrobusto, *Sphaera Mundi*, publié le 31 mars de la même année 1488, par les mêmes associés. En un de ces éloges hyperboliques qui étaient alors à la mode, et formulé en trois distiques latins, dont l'intention est assurément meilleure que le style, il est dit très précisément que Iohann Santritter a donné l'idée des figures qui illustrent ce traité d'astronomie, et que Hieronimo de Sancti les a exécutées. Nous citons ces vers à leur place, dans la description du *Sphæra Mundi* (voir pp. 246-7). Or, si l'on veut bien comparer la physionomie de l'homme qui allume le feu, dans la gravure du *De Esse & Essentiis*, avec les deux têtes rayonnantes qui figurent le soleil au verso BB_{12} du *Sphæra Mundi* (voir reprod. p. 399), on ne pourra méconnaître dans ces représentations l'identité du dessin et de la gravure. Il y a plus : une tête du même genre, figurant aussi le soleil, se remarque dans le grand bois du verso *A* du *Sphæra Mundi* ; et si, de ce détail de la composition, nous passons aux autres, nous vérifions dans cette importante gravure les mêmes particularités de facture que dans le bois du *De Esse & Essentiis :* les brèches au bord du terrain, au premier plan ; les plantes aux feuilles lancéolées ; les traits, bien caractéristiques, indiquant les plis des vêtements ; le fini du travail dans les extrémités des personnages. Nous aurons à revenir sur ces similitudes à propos d'un autre ouvrage imprimé par Hieronimo de Sancti, l'*Officium B. M. Virginis*, 26 avril 1494, dont les gravures, d'un charme et d'une délicatesse incomparables, sont également l'œuvre de ce maître, sans contredit le plus remarquable de tous les illustrateurs de livres, à Venise, dans les dernières années du XVme siècle.

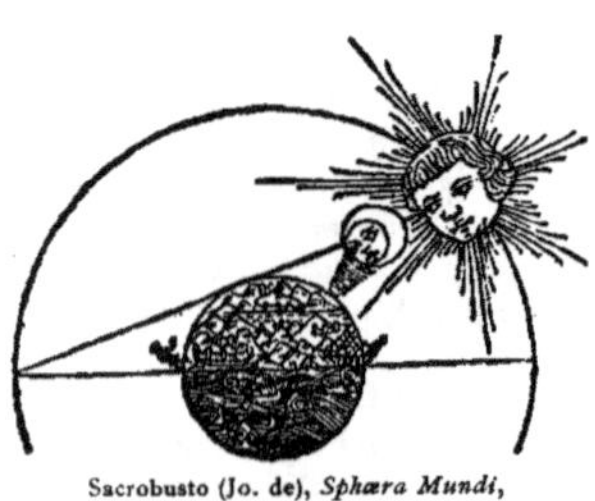

Sacrobusto (Jo. de), *Sphæra Mundi*, 31 mars 1488 (v. BB_{12}).

1489

ALBUMASAR. — *De magnis conjunctionibus.*

448. — (Augustæ Vindel.) Erhardus Ratdolt, 31 mars 1489; 4°. — Paris. (N, M)

Albumasar de magnis coniunctio/ nibus : annorum reuolutionibus : ac/eorum profectionibus : octo conti/ nens tractatus.

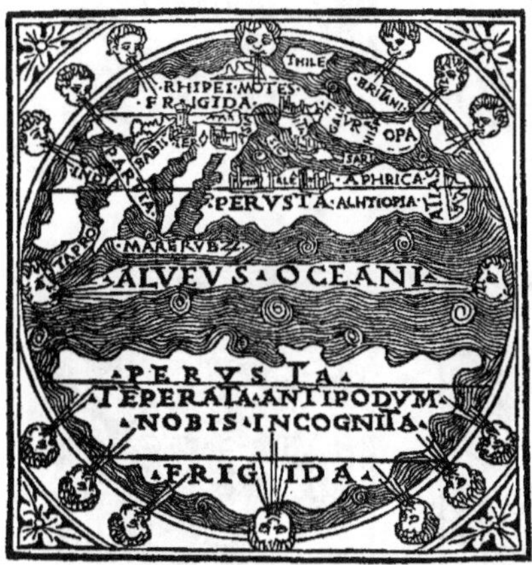

Eschuid, *Summa astrologiæ judicialis*, 7 juillet 1489 (r. f_4).

A la fin : *Opus albumaʒaris de magnis cōiunctionib' explicit feliciter :... Erhardiqȝ ratdolt viri/ solertis eximia industria : ⁊ mira imprimendi arte : qua nuꝑ venetijs : nunc/ auguste vindelicoꝝ excellit nōtatissm' pridie kal'. Aprilis. 1489.*

Figures employées par Ratdolt dans l'Hyginus, *Poeticon Astronomicon*, 14 oct. 1482, imprimé à Venise.

449. — Jacobus Pentius de Leucho (pour Melchior Sessa), 31 mai 1515; 4°. — (Paris, N; Londres, BM; Munich, R; Venise, C)

Albumasar de magnis ꝯiunctionibus :/ annoꝝ reuolutiōibus : ac eoꝝ profe/ ctionibus : octo ꝯtinēs tractatus.

94 ff. n. ch., s. : *A-M*. — 8 ff. par cahier, sauf *M*, qui en a 6. — C. g. — 45 ll. par page. — Au-dessous du titre : bois ombré, avec monogramme ʟꜰ, employé précédemment dans le Cecho d'Ascoli, *Acerba*, 27 avril 1510. Le verso, blanc. — R. A_2 : ℂ *Hic est liber indiuiduorum superiorum in summa de significationibus super/accidentia que efficiunt in mundo :... Et sunt octo tractatus Editus a Iaphar/ astrologo qui dictus est Albumasar :...* — Dans le texte, figures symboliques des planètes, des grandes

Officium B. M. V., Andreas de Torresanis, 23 juillet 1489.

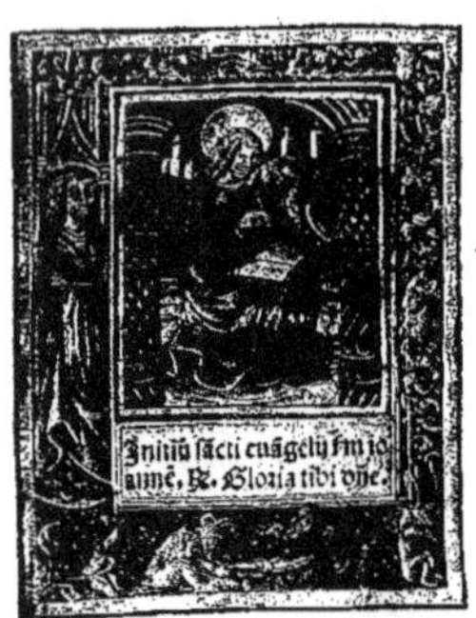

St Jean à Pathmos.

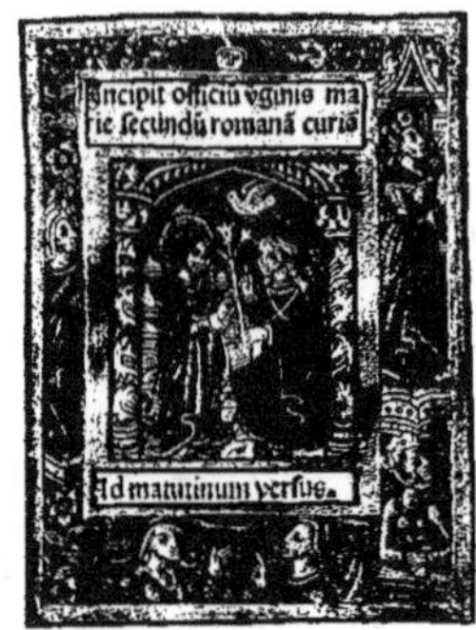

Annonciation (r. *A.*)

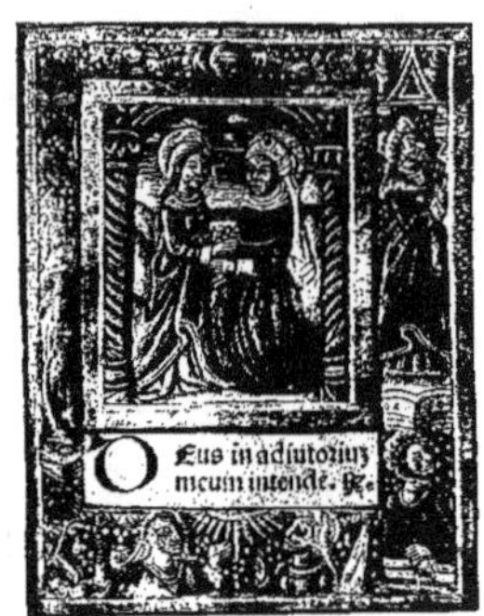

Visitation.

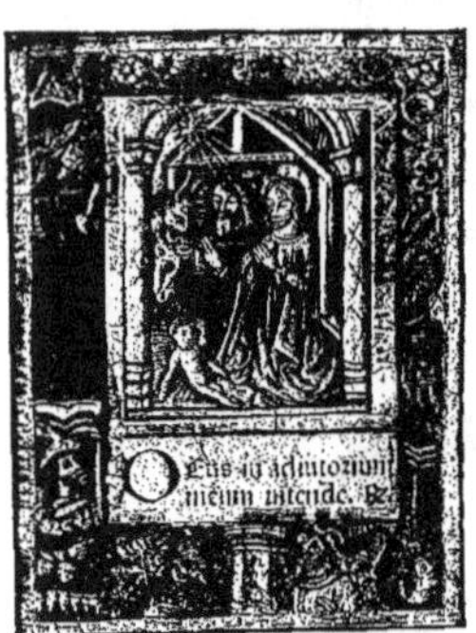

Nativité de J. C.

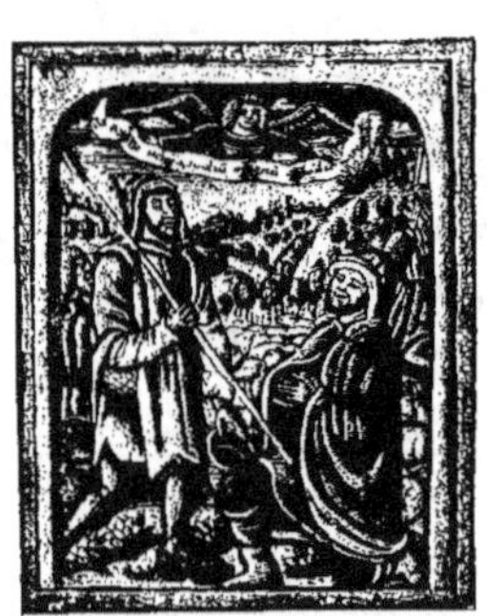

Annonce aux bergers.

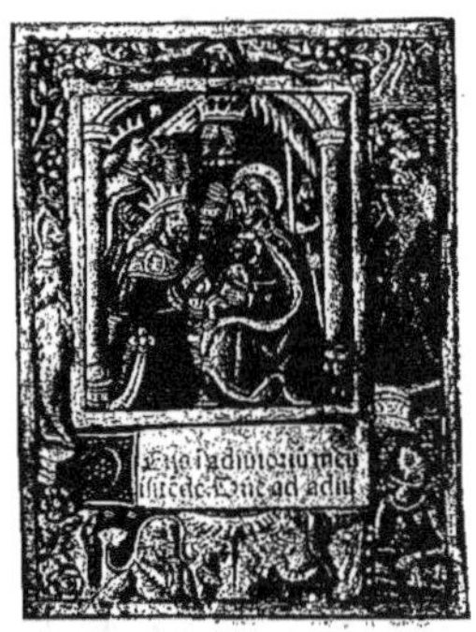

Adoration des Mages.

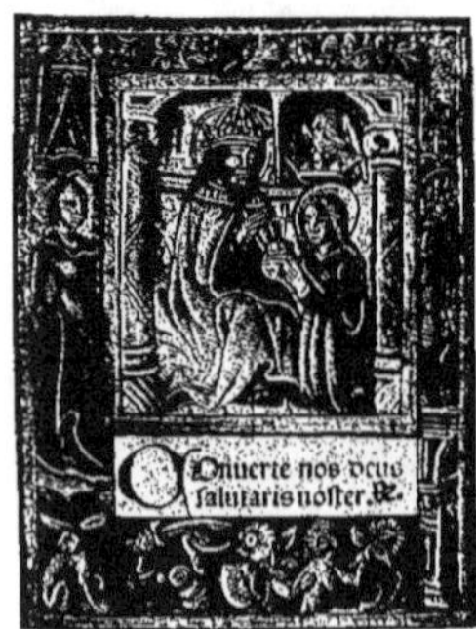

Couronnement de la Ste Vierge.

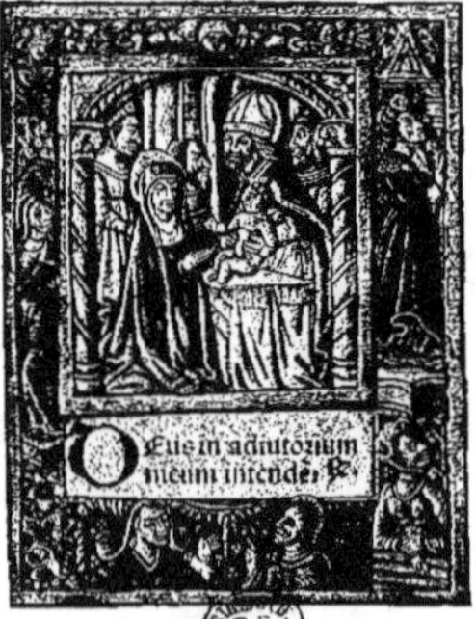

Présentation au Temple.

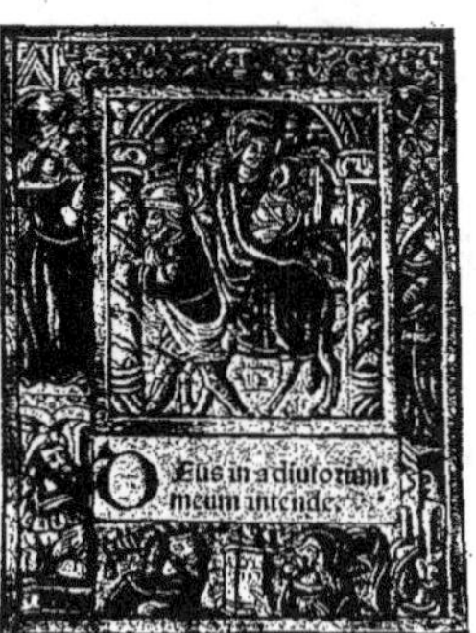

Fuite en Egypte.

Offic. B. M. V., Andreas de Torresanis, 23 juillet 1489 (suite)

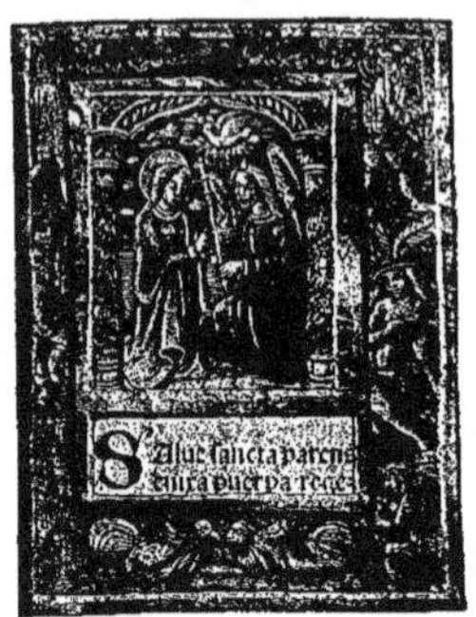

Annonciation (r-i_2).

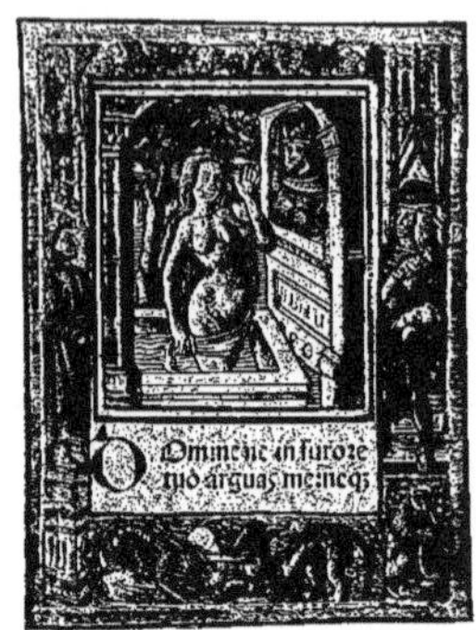

Bethsabée.

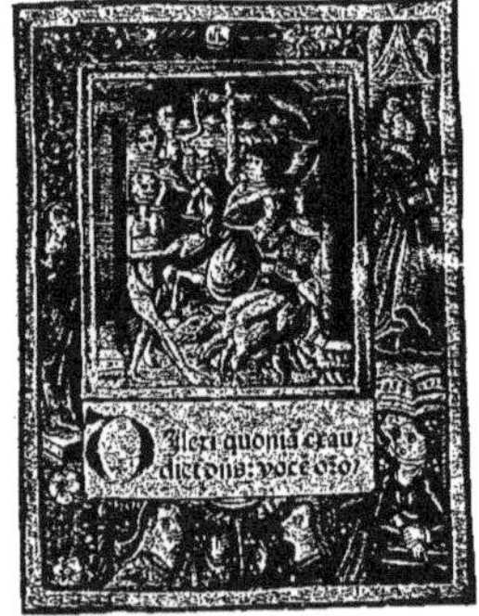

Les trois Morts et les trois Vifs.

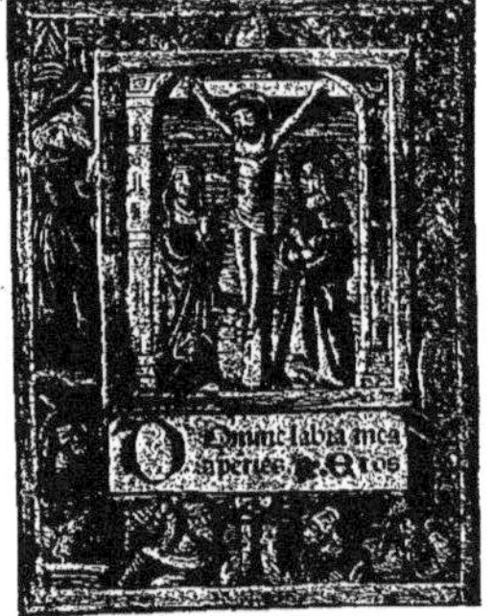

Crucifixion.

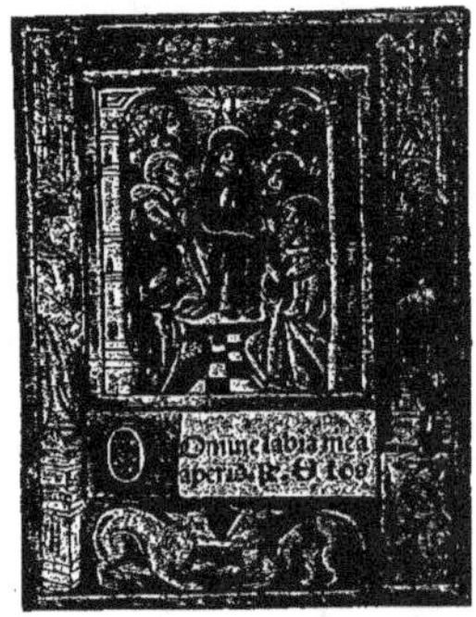

Descente du St-Esprit.

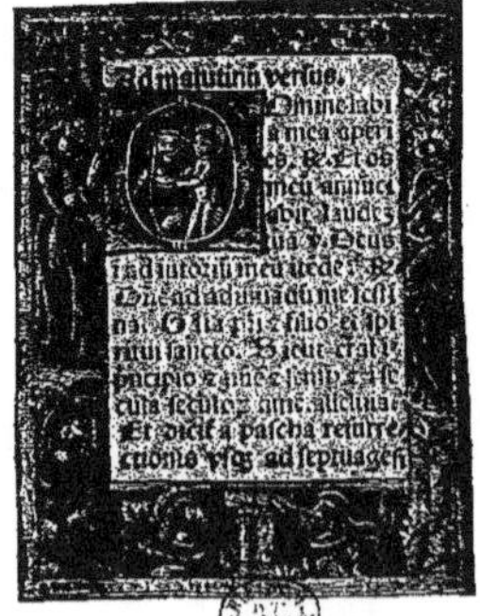

Page avec encadrement.

constellations, des signes du Zodiaque, diagrammes astronomiques. — In. o. à fond noir.

R. M_6 : ℂ *Opus albumazaris de magnis coniunctionibus explicit feliciter./ Impressum Uenetijs: Mandato z expensis Melchiorem* (sic)/ *Sessa. Per Iacobum pentium de Leucho./ Anno domini 1515. Pridie Kal. Iunij.* Au-dessous, marque de Sessa. Le verso blanc.

1489

ESCHUID (Joannes). — *Summa astrologiæ judicialis.*

450. — Joannes Santritter (pour Franciscus Bolanus), 7 juillet 1489; f°. — (Londres, BM; Munich, R)

2 ff. prél. n. ch., et n. s.; le r. du 1er f., blanc. — 219 ff. num. par erreur: 306, et 1 f. blanc : s. : *a-z*, *&*, *A-D*. — 8 ff. par cahier, sauf *k*, qui en a 4; *l*, qui en a 6 ; *n*, qui en a 10. — C. rom. — 2 col. à 56 ll. — R. *a* : ℂ *Summa astrologiæ iudicialis de accidentibus/ mundi quæ anglicana uulgo nuncupatur Ioan/nis eshcuidi..... fœlici sidere inchoat.* — R. f_4. Mappemonde (voir reprod. p. 400). — Belles in. o. à fond noir.

V. D_7 : ℂ *Opera quoqz & cura diligenti qua fieri potuit./ Iohannis lucilii. Sanctiter* (sic) *helbrõnensis germani./ Impensis quoqz non minimis. Generosi uiri. Frãcisci bolani eloquentissimi olim uiri Candiani pa/ tritii ueneti. Anno salutis. 1489. nonis Iulii impres/sione completum est Venetiis.*

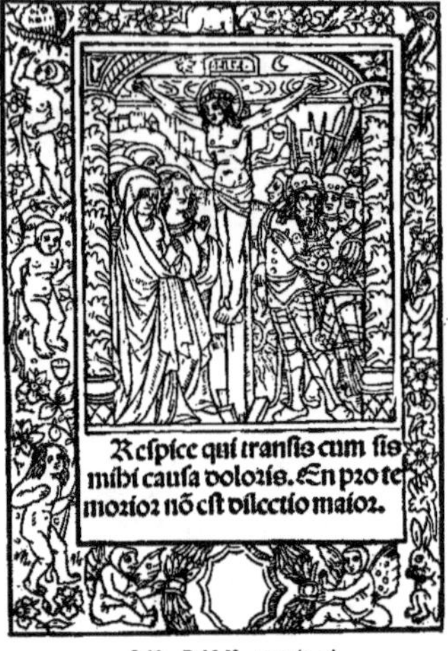

Offic. B.M.V., 1490 (v. *a*).

1489

Officium B. M. Virginis.

451. — Andreas de Torresanis, 23 juillet 1489; 16°. — (Venise, C)

Vélin. — 24 ff. prél., dont le 1er est blanc., s. : *A-D*. — 144 ff. n. ch., dont les trois premiers cahiers (qui devraient être signés : *a*, *b*, *c*) n'ont pas de signature, et les suivants s. : *d-s*. — 8 ff. par cahier. — C. g. r. et n. — 15 ll. par page. — R. a : *Incipit officiũ v̄ginis ma/ rie secundũ romanã curiã.* — Toutes les pages sont encadrées de bordures composées de feuillage et fleurs, personnages en buste ou en pied, oiseaux, animaux fantastiques, dans le goût des livres d'Heures français. — Les quatorze bois de page sont encadrés de même, à l'exception d'un seul, plus grand que les autres. — (Pour le détail des gravures et les reproductions données, voir le tableau I, à la suite des descriptions de cette série.)

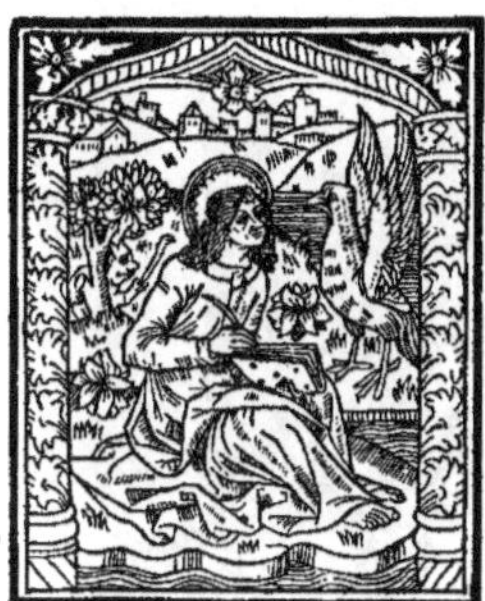

Offic. B.M.V., 1490 (v. b_8).

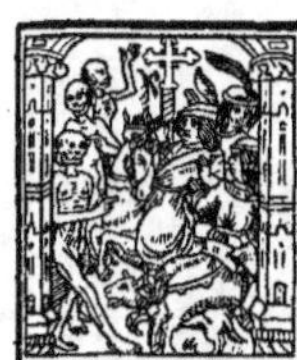

Offic. B.M.V., 23 juillet 1489 (r. m_5).

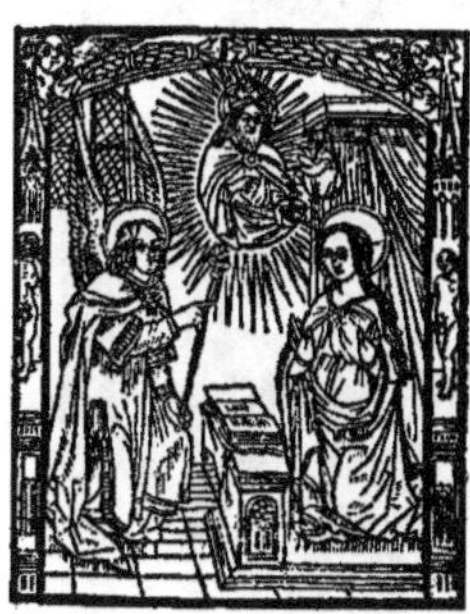

Offic. B.M.V., 1490 (v. b_{12}).

R. s_8 : *Officiũ beatissime marie/ virginis : una cum septem psalmis penitentialibus : officio/ mortuorum : sancte crucis : et/ sancti spiritus : et pluribus/ alijs devotissimis orationi/ bus : feliciter finit : Impres/ sum Uenetijs per Andrea/ de Thoresanis : de Asula :/ Anno salutis Millesimo/ quadringentesimo octua/ gesimonono : die. xxiij. mẽ/ sis Iulij.* Le verso, blanc.

Les vignettes de ce petit volume, dont nous ne connaissons qu'un seul exemplaire, sont remarquables surtout par leur style, qui n'a rien d'italien. Elles ont été évidemment copiées d'un livre d'Heures français — si même ce ne sont pas les bois originaux, qui auraient été transportés à Venise, ainsi que d'autres ouvrages nous en offrent des exemples. Il est regrettable que l'enluminure qui couvre ces compositions ne permette pas d'en apprécier le travail; nous pouvons, du moins, nous en faire une idée par la vignette du r. m_5 (*Les trois Morts et les trois Vifs*), qui se retrouve, non coloriée et sans encadrement, dans l'*Offic. B. M. V.*, Gregorius de Gregoriis, 1er septembre 1512. La gravure de l'*Annonce aux bergers*, du r. d_4, de dimension plus grande que les treize autres vignettes, semble ne pas appartenir à cette suite; mais elle est également de provenance francaise.

452. — Joannes Hamman de Landoia, 1490; 12°. — (Parme, R)

Vélin. — 148 ff. n. ch., s. : *a-s*. — 8 ff. par cahier, sauf *b*, qui en a 12. — C. g. r. et n. — 17 ll. par page. — Toutes les pages sont encadrées de bordures à motifs d'ornement, ou avec personnages, et qui paraissent d'origine française. — R. *a*, blanc. — V. b_{12} : *Incipit officiũ beatissime/ virginis marie : ſm ꝯsuetudi/ nem romane curie.* — (Pour le détail des gravures et les reproductions données, voir tableau I.) — Petites vignettes dans le texte, surtout dans les deux derniers cahiers *r* et *s* (voir reprod. pp. 403-405). — Tous les bois de page ont été coloriés, sauf la *Crucifixion* du v. *a*.

Officium B. M. V., Jo. Hamman de Landoia, 1490.

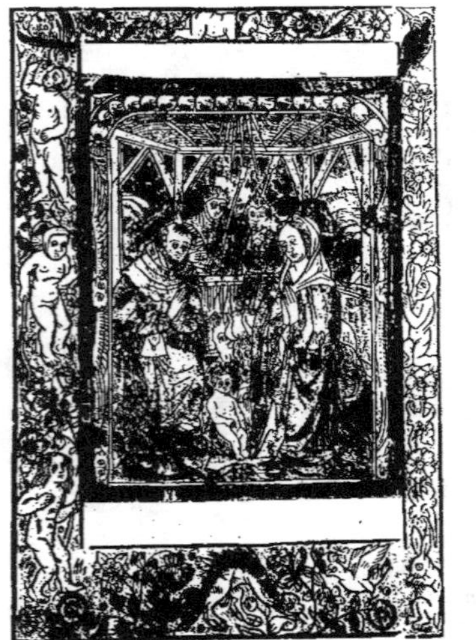

Nativité de J. C.

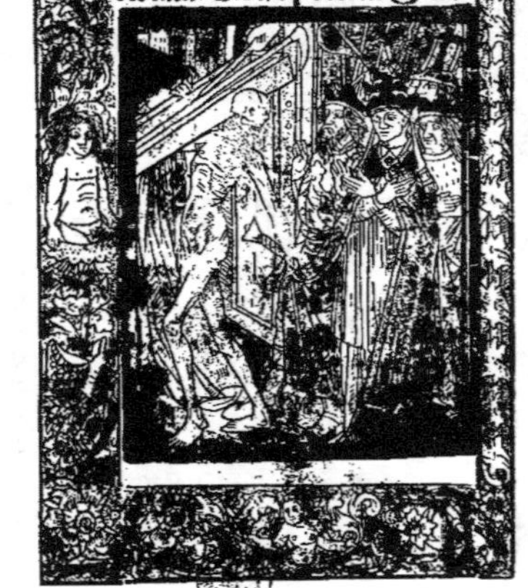

La Mort emmenant un groupe de personnages.

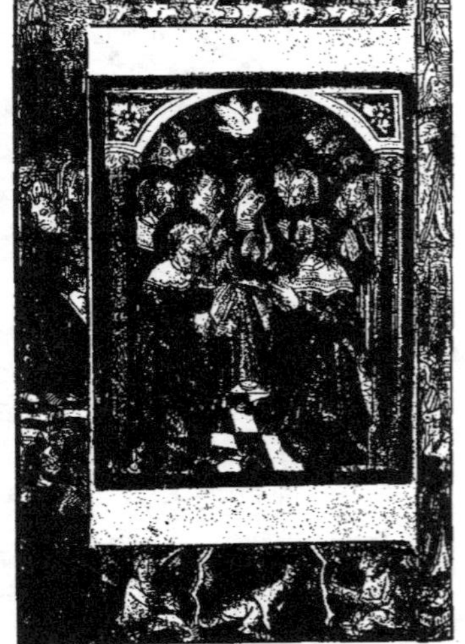

Descente du St-Esprit.

V. q_8 : *Officium beate marie virginis/ vna cum septē psalmis penitē/ tialiꝰ : officio mortuorū : sācte/ crucis ⁊ sancti spiritꝰ explicit :/ Impressuꝫ Uenetijs ꝑ Ioan/nē hāman alemanū de lādoia : dictum hertzog. Anno salutis/ christiane. M.cccc. lxxxx.* — V. s_8 : marque à fond rouge.

L'illustration de ce petit volume, dont nous n'avons pas vu d'autre exemplaire, est tout entière composée de bois français, ou de copies serviles exécutées d'après des gravures françaises, qui nous sont restées inconnues [1].

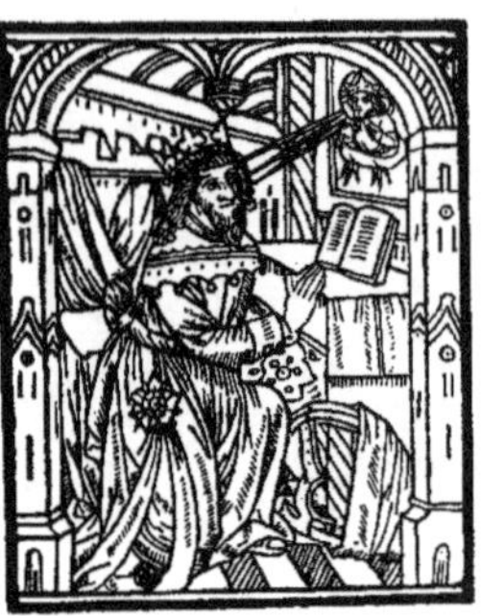

Offic. B.M.V., 1490 (v. i_{iii}).

453. — Joannes Hamman de Landoia, 3 décembre 1491 ; 32°. — (Paris, N)

Vélin. — Le titre manque. — 160 ff. n. ch., dont le dernier est blanc, s. : *a-v*. — 8 ff. par cahier. — C. g. — 15 ll. par page. — Calendrier, du r. *a* au v. b_{iiij}. — R. b_5. *Initiū sci ēuāgelij ꝺm Ioannem.* — R. c_{ij}. *Incipit officiū beatissime virginis marie ꝺm ꝯsuetudinem romane curie.* Encadrement de page ornemental ; in. o. *D*, renfermant une Vierge à l'enfant. — (Pour le détail des gravures et les reproductions données, voir tableau I. Nous décrivons seulement les bois non reproduits.) — V. k_8. *Jugement dernier*. Jésus est assis de face, les pieds sur une sphère, les bras ouverts ; à gauche de sa tête, une épée placée horizontalement ; à droite, symétriquement, un rameau d'olivier. Sur la gauche, la Ste Vierge, nimbée, à genoux, mains jointes ; sur la droite, St Jean Baptiste, dans la même attitude. Entre ces deux personnages, quatre morts sortant de leurs fosses. — V. t_{iij}. *Crucifixion*. La croix porte un *titulus* rectangulaire, avec l'inscription ·I·N·R·I· ; une tête de mort et un tibia sont posés au pied de la croix, juste en avant de l'arbre ; à gauche, la Ste Vierge, la tête levée,

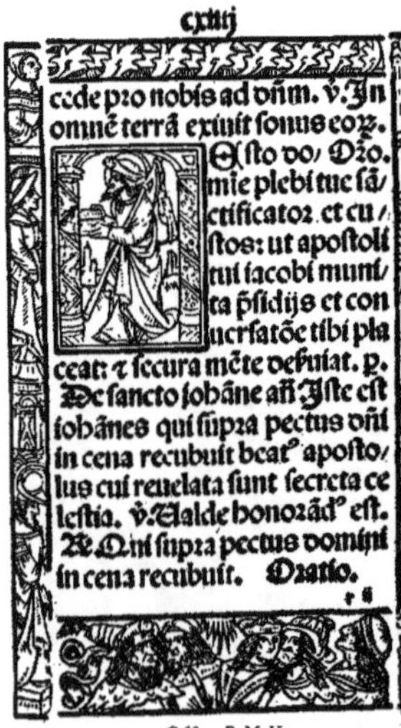

Offic. B.M.V., 1490.

1. Molini (*Operette*, p. 124) signale une autre édition de 1490, de format in-64°, avec registre : *a-u*, et la souscription suivante : *Impressum Uenetiis per Ioannem hamanum de Landoia : dictū. Herzog. Anno incarnationis christi Millesimo quadrīgētesimo. nonagesimo. Pridie nōs. Decembris. Laus Deo.* Nous n'avons jamais rencontré cette édition.

la main gauche portée en avant de l'épaule et présentant la paume, la main droite ouverte, écartée du corps, la tête de trois quarts, presque de face; à droite, St Jean, de trois quarts, les mains jointes en avant de la poitrine, la tête levée. — V. t_7. *Ste Trinité.* Dans une *cathedra* à haut dossier, et dont les côtés forment des gradins, Dieu le Père, nimbé, coiffé de la tiare, est assis de trois quarts, tourné vers la droite, tenant sur ses

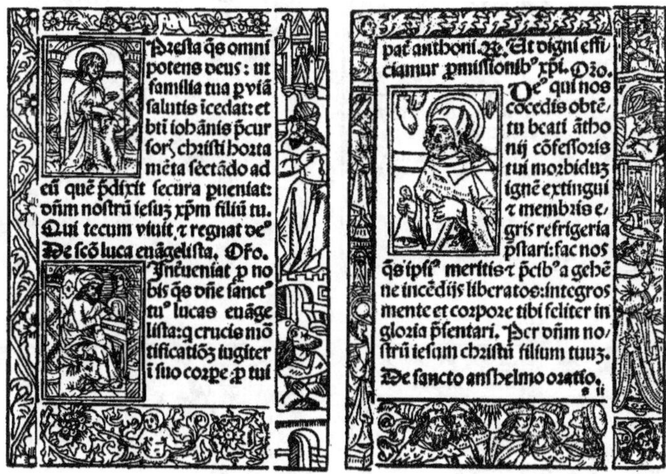
Presta q̄s omni
potens deus: ut
familia tua p viā
salutis icedat: et
bti iohānis p̄cur
sor: christi horta
mēta sectādo ad
eū quē p̄dixit secura pueniat:
dn̄m nostrū iesuz xp̄m filiū tu.
Qui tecum viuit, τ regnat de°
De scō luca euāgelista. Oro.
Interueniat p no
bis q̄s dn̄e sanct°
tu° lucas euāge
lista: q crucis mō
tificatiōz iugiter
i suo corpe p tui

pat anthonii. ℣. Ut digni effi
ciamur pmissionib° xp̄i. Oro.
Deus qui nos
cōcedis obtē
tu beati āntho
nij cōfessoris
tui morbiduz
ignē extingui
τ membris e
gris refrigeria
pstari: fac nos
q̄s ipsi° meritis τ p̄cib° a gehē
ne incēdiis liberatos: integros
mente et corpore tibi feliciter in
gloria p̄sentari. Per dn̄m no
strū iesum christi filium tuuz.
De sancto anshelmo oratio.
a ii

Offic. B.M.V., 1490. *Offic. B.M.V.*, 1490.

genoux le corps de Jésus, nu, avec le *perizonium*, le bras droit replié, le bras gauche pendant, les pieds vers la gauche. Dans l'angle supérieur de droite, la colombe céleste, éployée.

R. v_7 : *Officiū beate marie virginis vna cū septē psalmis penitentialibus : officio mortuoꝝ: sācte crucis: τ scti spiritus explicit. Impressum Uenetijs per Joannē hamman alemanū de Landoīa dictum Hertzog. Anno incarnationis christi Millesimo quadringentesimononagesimo primo. Die tertia decembris.* Le verso, blanc.

Toutes les gravures et les in. o. sont coloriées dans cet exemplaire, le seul qui nous soit connu.

454. — Joannes Hamman de Landoia, 4 février 1492; 24°. — (Paris, N)

Vélin. — 160 ff. n. ch., dont le dernier est blanc, s.: *a-u*. — 8 ff. par cahier. — Le titre et le cahier *c* font défaut dans l'exemplaire. — C. g. — 15 ll. par page. — (Pour le détail des gravures et les reproductions

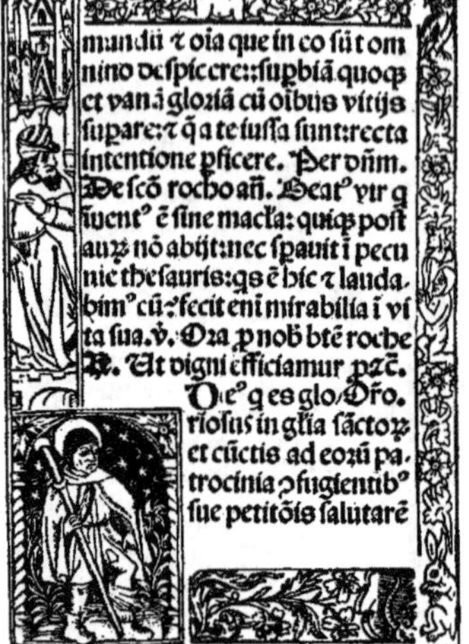
mundū τ oia que in eo sūt om
nino despicere: superbiā quoq
et vanā gloriā cū oibus vitijs
superare: τ q̄ a te iussa sunt: recta
intentione pficere. Per dn̄m.
De scō rocho añ. Beat⁹ vir q
iuent⁹ ē sine macl'a: quiq post
aurū nō abijt: nec spauit i pecu
nie thesauris: qs ē hic τ lauda
bim⁹ eū: fecit eni mirabilia i vi
ta sua. ℣. Ora p nob bte roche
℟. Ut digni efficiamur p. x. c.
Deus q es glo Orō.
riosus in gl'ia sctoꝝ
et cūctis ad eorū pa
trocinia ↄfugientib⁹
sue petitōis salutarē

Offic. B.M.V., 1490.

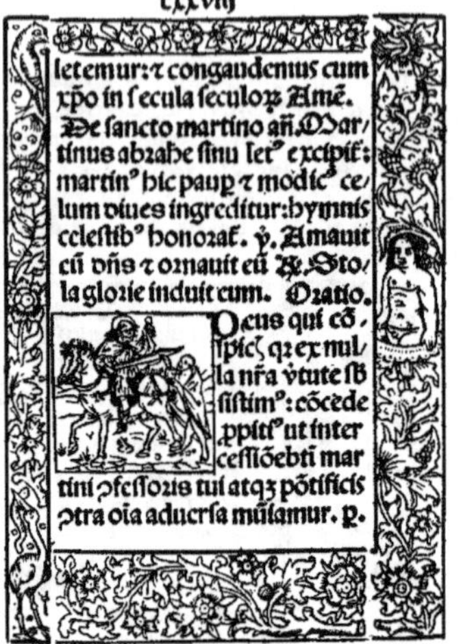
cxxviij
letemur: τ congaudeamus cum
xp̄o in secula seculoꝝ Amē.
De sancto martino añ. Mar
tinus abrahe sinu let⁹ excipit:
martin⁹ hic paup τ modic⁹ ce
lum dives ingreditur: hymnis
celestib⁹ honoraī. ℣. Amavit
eū dn̄s τ ornavit eū ℟. Sto
la glorie induit eum. Oratio.
Deus qui cō
spic̄, q: ex nul
la nr̄a vtute sb
sistim⁹: cōcede
ppiti⁹ ut inter
cessiōe bti mar
tini ↄfessoris tui atq3 pōtificis
ↄtra oia adversa muniamur. p.

Offic. B.M.V., 1490.

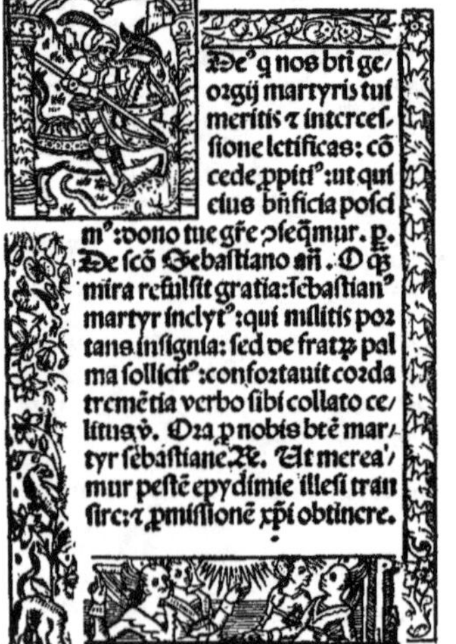
Deus q nos bti ge
orgij martyris tui
meritis τ intercel
sione letificas: cō
cede ppiti⁹: ut qui
eius bn̄ficia posci
m⁹: dono tue grē ↄsequmur. p.
De scō Sebastiano añ. O q̄
mira refulsit gratia: sebastian⁹
martyr inclyt⁹: qui militis por
tans insignia: sed de fratꝝ pal
ma sollicit⁹: confortavit corda
tremētia verbo sibi collato ce
litus. ℣. Ora p nobis btē mar
tyr sebastiane ℟. Ut merea
mur pestē epydimie illesi tran
sire: τ pmissionē xp̄i obtinere.

Offic. B.M.V., 1490.

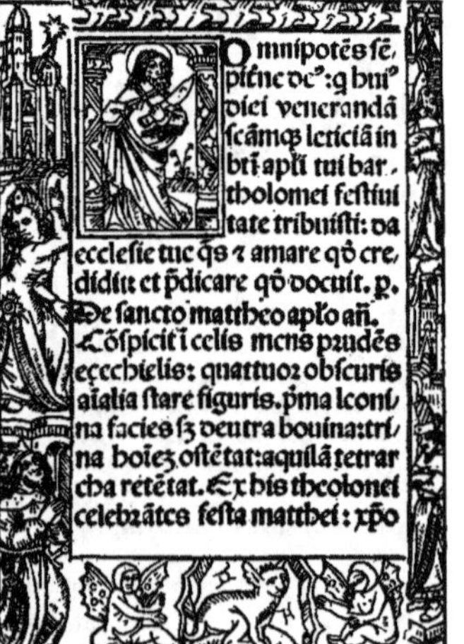
Omnipotēs sē
pitne de⁹: q huj⁹
diei venerandā
scāmq leticiā in
bti apl̄i tui bar
tholomei festiui
tate tribuisti: da
ecclesie tue q̄s τ amare qd cre
didit et p̄dicare qd docuit. p.
De sancto mattheo apl̄o añ.
Cōspicit i celis mens prudēs
ezechielis: quattuor obscuris
aialia stare figuris. pma leoni
na facies s3 dextra bovina: tri
na hoīs ostētat: aquilā tetrar
cha retētat. Ex his theolonei
celebrātes festa matthei: xp̄o

Offic. B.M.V., 1490.

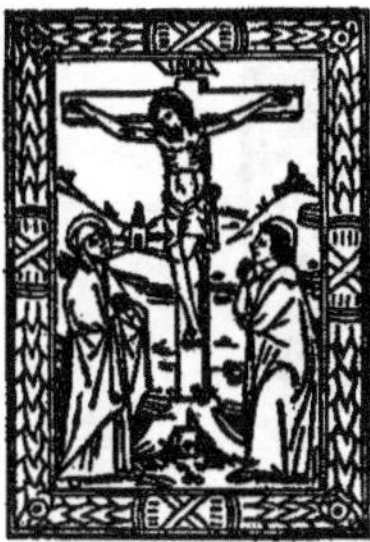
Offic. B.M.V., 4 févr. 1493 (v. t_7).

données, voir tableau I. Nous décrivons seulement les bois non reproduits.) — V. k_{iiii}. *Nativité de J. C.* L'enfant, nu, est couché dans une corbeille, les pieds vers la gauche. A gauche, la Ste Vierge, nimbée, agenouillée, de trois quarts, mains jointes. A droite, St Joseph, de trois quarts, mains jointes, un bâton dressé obliquement reposant sur son épaule droite. Au fond, un mur bas, percé d'une brèche par laquelle apparaissent, sur la gauche, la tête du bœuf, et sur la droite, la tête de l'âne. Dans le lointain, paysage et ville. Sur la pente de la toiture de l'étable, à gauche, un ange tenant un tambourin ; à droite un autre ange jouant du violon ; au sommet du toit, une étoile. — V. t_7. *Descente du St Esprit.* La Ste Vierge est assise au milieu, de face, les mains jointes ; six Apôtres sont à gauche, six à droite, en demi-cercle, tous nimbés et mains jointes. Au-dessus de Marie, la colombe céleste éployée, nimbée, dardant des rayons. Au fond, une porte à droite, et une à gauche. Petite bordure ornementale, au trait. — Les pages r. k_5, r. k_8, r. n_8, r. t_3, r. t_8, sont entourées d'un encadrement au trait (voir reprod. hors texte).

R. u_7 : *Officiū beate marie vir/ginis : vna cū septē psalmis/ penitentialib' : officio mor/tuorum : scē crucis : ɀ scī spi/ritus explicit. Impressum/ Uenetijs per Ioannem ha/manum de Landoia : dictū/ Hertʒog Anno incarnatio/nis christi : Millesimo qua/dringētesimononagesimo-/ secundo. Pridie nonas fe-/bruarij./ Laus deo.* Le verso, blanc.

Même remarque que pour le n° précédent.

455. — Joannes Emericus de Spira, 6 mai 1493 ; 32°. — (Paris, N)

Vélin. — 160 ff. n. ch., s. : *a-v*. — 8 ff. par cahier. — Manquent le titre et les ff. *b* et b_8. — C. g. — 15 ll. par page. — R. *c. Incipit officiū beatissime virginis marie ƀm ɔsuetudinē romane curie.* Encadrement au trait. — (Pour le détail des gravures et les reproductions données, voir tableau I. Nous décrivons seulement les bois non reproduits.) — V. k_8. *David.* Le saint roi est de profil, agenouillé, les mains jointes, tourné vers la gauche ; il porte la couronne à l'antique. A gauche, devant lui, sur l'entablement d'une colonne, est placé un livre ouvert ; au pied, est accoté un psaltérion. Au-dessus de David, se développe une arcade occupant la largeur de la composition. Sur la gauche, un peu au-dessus du chapiteau de la colonne, on voit la tête de Dieu le Père, nimbée, tournée vers David. Au fond, et sur la droite, une balustrade basse, laissant voir un paysage lointain. — V. t_{iij}. *Crucifixion.* La croix plantée sur un petit monticule, au pied duquel est une tête de mort, ne porte pas de *titulus*. Le Christ, nimbé, a la tête inclinée sur l'épaule droite. A gauche, Marie, de trois quarts, nimbée, les mains jointes avec les doigts entrecroisés en avant de sa poitrine. A droite, St Jean, de trois quarts, nimbé, la tête

Officium B. M. V., Jo. Hamman de Landoia, 3 déc. 1491.

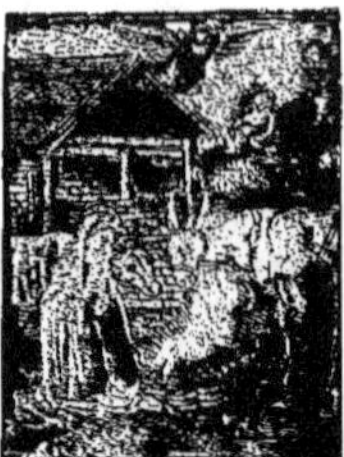

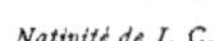

Nativité de J. C.

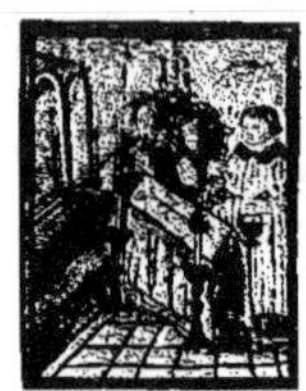

Office des Morts.

Officium B. M. V., Jo. Hamman de Landoia, 4 févr. 1492.

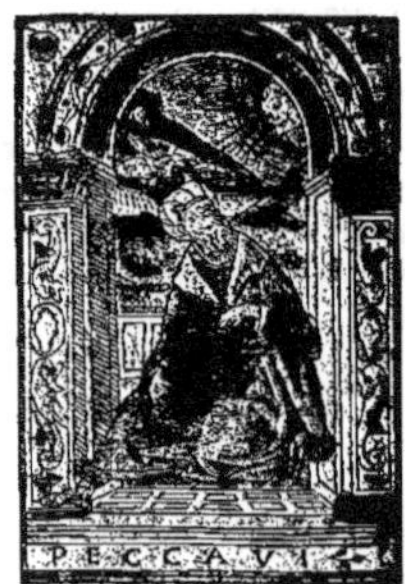

David.

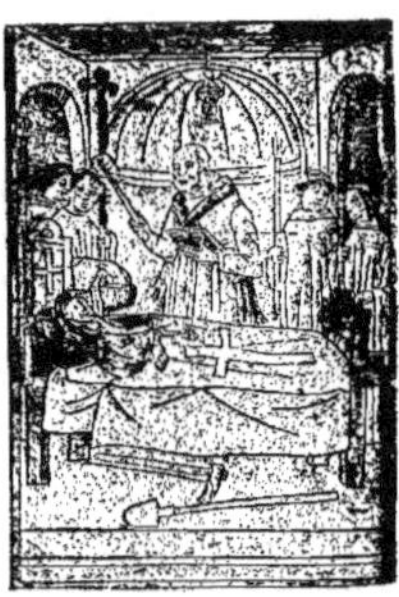

Office des Morts.

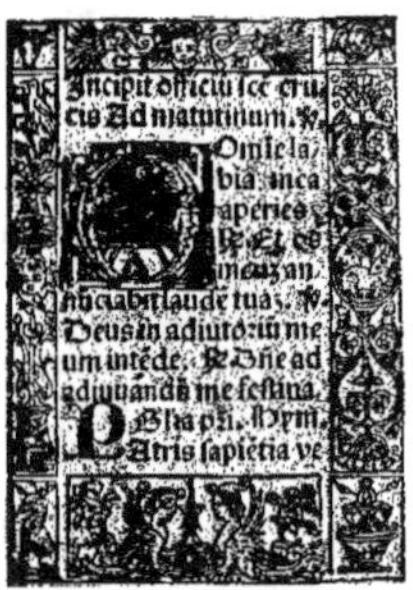

Incipit officiu scte cru
cis Ad matutinum. V.
D omine la
bia mea
aperies.
R. Et os
meu an
nunciabit laude tua. V.
Deus in adiutoriu me
um intede. R. Dne ad
adiuvandu me festina.
P Gloria patri. Hym.
Atris sapietia ve

Page avec encadrement.

Officium B. M. V., Jo. Emericus de Spira, 6 mai 1493.

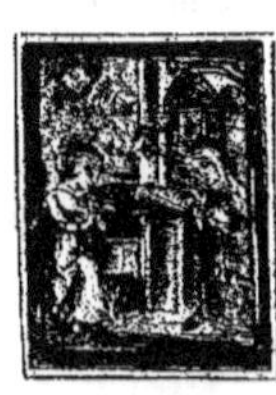

Annonciation.

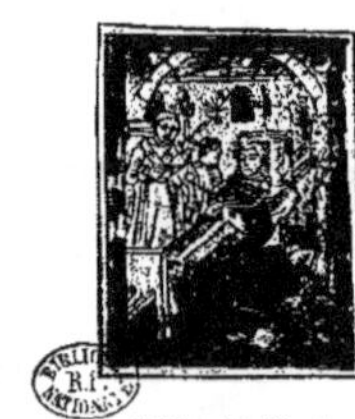

Office des Morts.

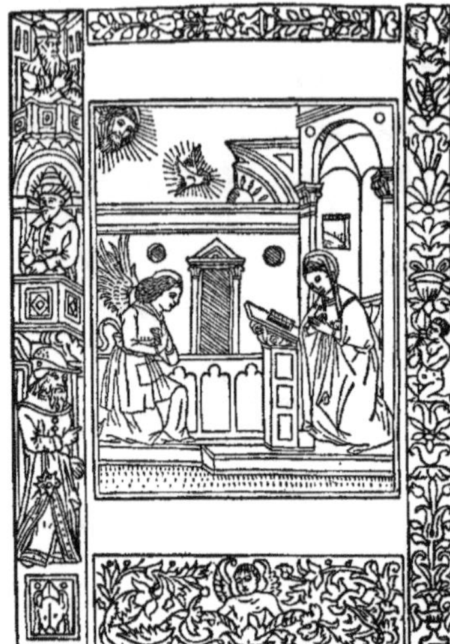

Offic. B.M.V., Jo. Hamman de Landoia, 1493 (v. b_8).

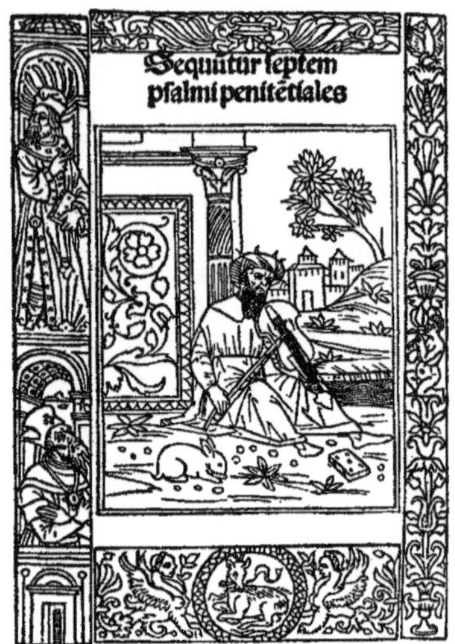

Offic. B.M.V., Jo. Hamman de Landoia, 1493 (v. h_7).

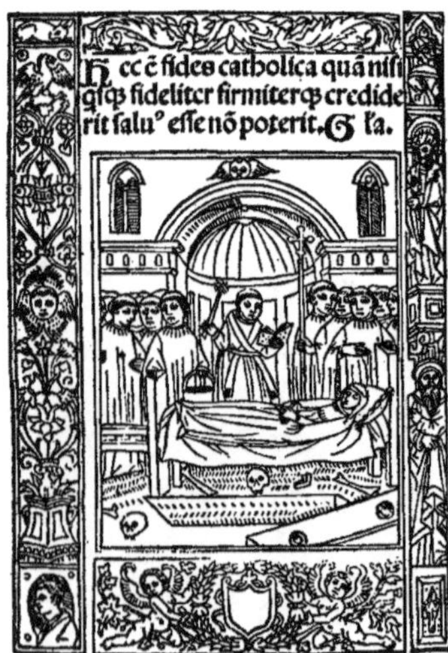

Offic. B.M.V., Jo. Hamman de Landoia, 1493 (v. *l*).

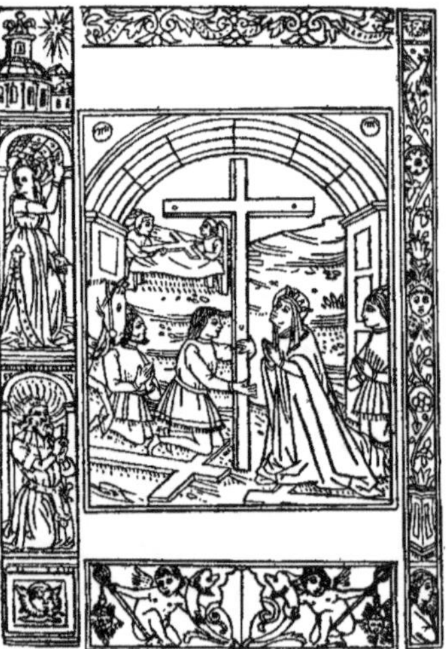

Offic. B.M.V., Jo. Hamman de Landoia, 1493 (v. *p*).

appuyée sur la main droite, le coude droit reposant sur la main gauche. Au fond, paysage vallonné, avec édifices dans le milieu. — V. t_7. *Descente du S-Esprit.* Sous un édicule figurant la Jérusalem céleste, sont groupés : la S Vierge, au milieu, de face ; à gauche, deux Apôtres, l'un visible seulement en partie, l'autre dont la tête seule est indiquée ; à droite, deux autres apôtres ; les cinq personnages sont nimbés, et ont les mains jointes.

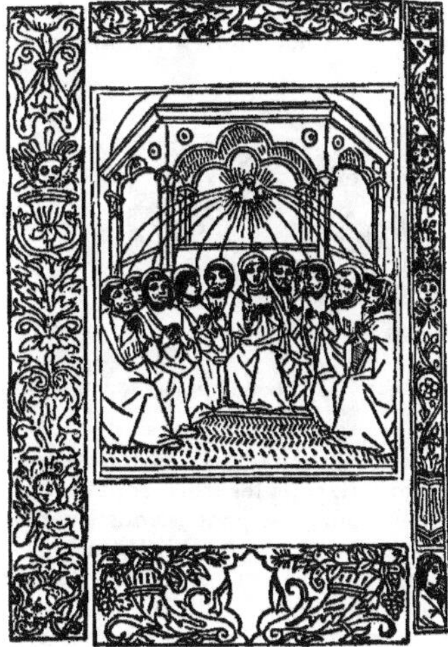

Offic. B.M.V., Jo. Hamman de Landoia, 1493 (v. p_4).

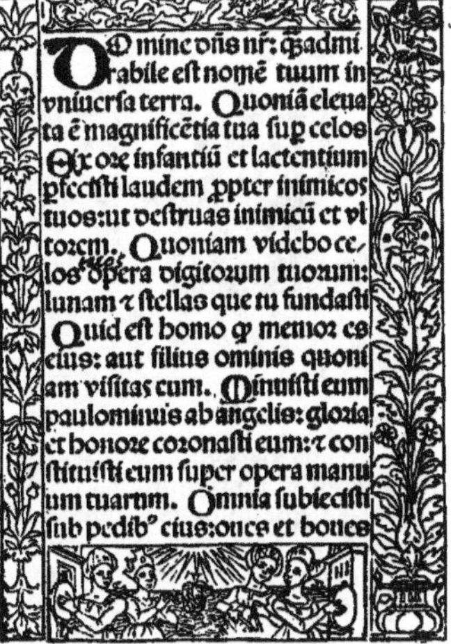

Domine dñs nr: q̃ admi
rabile est nomẽ tuum in
vniuersa terra. Quoniã eleua
ta ẽ magnificẽtia tua sup celos
Ex ore infantiũ et lactentium
pfecisti laudem ꝓpter inimicos
tuos: ut destruas inimicũ et vl
torem. Quoniam videbo ce
los opera digitorum tuorum:
lunam ⁊ stellas que tu fundasti
Quid est homo q̃ memor es
eius: aut filius ominis quoni
am visitas eum. Minuisti eum
paulominus ab angelis: gloria
et honore coronasti eum: ⁊ con
stituisti eum super opera manu
um tuarum. Omnia subiecisti
sub pedib' eius: oues et boues

Offic. B.M.V., Jo. Hamman de Landoia, 1493.

Au-dessus d'eux, plane la colombe céleste, rayonnante. Au fond, entre les colonnes de l'édicule, apparaissent des bouquets d'arbres.

R. v_8 : *Finit officiũ btẽ marie cũ se/ptẽ psalmis ⁊c. Impressũ ve/netijs p Joãnem emericuȝ/ de spira. Anno dñi. Mcccc/xciij. die ꝓo sexto maij.* Le verso, blanc.

Même remarque que pour les deux n précédents.

456. — Joannes Hamman de Landoia, 1493 ; 8°. — (Londres, BM, FM — ☆)

Officia beate ma/rie secunduȝ usum/ Romane ecclesie.

Vélin. — 136 ff. n. ch. s. : *a-r.* — 8 ff. par cahier. — C. g. r. et n. — 18 ll. par page. — Toutes les pages sont encadrées d'une bordure au trait, avec motifs imités des livres d'Heures français. — (Pour le détail des gravures et les reproductions données, voir tableau I.) — Dans le texte, à partir du cahier *q*, 29 vignettes au trait comme les grandes, et représentant, en pied ou en buste, des apôtres, les quatre évangélistes, et divers martyrs (voir reprod. p. 409). — In. o. à figures et in. florales, également au trait.

V. r_8 : *Officia scd̄m morē curie roma/ ne : beate videlʒ marie : cū septē/ psalmis penitētialibus : officio/ mortuoꝝ :... Impssa/ venetijs ꝑ ioānē hāman dictū/ hertʒog. Anno Mccccxcxiij*. Au-dessous, marque à fond noir.

L'ornementation de cet *Office*, d'une variété et d'une délicatesse remarquables, en fait un des plus beaux spécimens de l'art vénitien de cette époque.

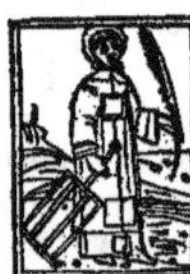
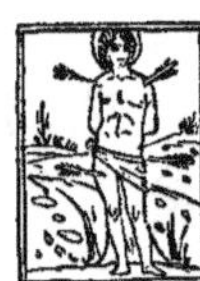
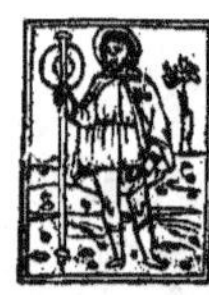
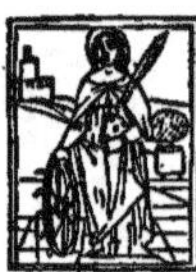

Offic. B.M.V., Io. Hamman de Landoia, 1493.

457. — Hieronymus de Sanctis, 26 avril 1494 ; 8°. — (Paris, N ; Ferrare, C — ☆)

Nous ne connaissons de ce précieux volume que les trois exemplaires dont nous donnons l'indication, et qui, tous les trois, sont incomplets de quelques feuillets. Fort heureusement, on peut reconstituer le livre dans son intégrité — au moins en ce qui concerne l'illustration — par le rapprochement des trois exemplaires défectueux et d'un autre *Officium B.M. Virginis*, imprimé en 1549 par Girolamo Calepino, (Amiens, Collection J. Masson), où se retrouvent plusieurs gravures provenant de l'édition de 1494.

12 ff. prél. n. ch., s. : ✠. — 138 ff. n. ch., s. : *a-s*. — 8 ff. par cahier, sauf *d*, qui en a 6, et *s*, qui en a 4. — C. g. r. et n. — 18 ll. par page. — Au recto du 1er f., marque de l'imprimeur : une couronne fleuronnée, sur fond noir, surmontant les initiales : ·I· ·S·. — Toutes les pages sont encadrées de bordures à motifs d'ornement, au trait, dans la composition desquelles rinceaux de feuillage, vases de fleurs, mascarons, cornes d'abondance, oiseaux, hippocampes, *putti*, etc. sont arrangés avec un goût exquis, au gré d'une fantaisie aussi charmante que variée. — R. *a*. *Incipit Officium Beate Ma/ rie virginis : ꝫm cōsuetudinem/ romane curie*. — (Pour le détail des gravures et les reproductions données, voir tableau I.)[1] — Aux bois de

1. Le bois de la *Crucifixion* passa à Bologne au 16e siècle. On le voit au verso du dernier f. de *La Vita della beata Catherina da Bologna... Stampata in Bologna per Pelegrino Bonardo*, s. a. ; au-dessous du titre de *Il libro della beata Caterina Bolognese*, s. l. a. & n. t., imprimé avec les mèmes caractères ; et au-dessous du titre du *Devotissime Compositioni Eremitiche... di vna Suora del Monasterio del Corpo di Christo di Bologna*, s. l. a. & n. t., imprimé sans doute aussi à Bologne, mais plus tard que les deux précédents ouvrages.

page, il faut ajouter six petites vignettes, réparties dans texte vers la fin du volume. R. p_6. *La Ste Vierge et l'enfant Jésus.* — V. p_6. *St Jean à Pathmos.* — V. p_7. *St Augustin en oraison.* — V. q_3. *David implorant le Seigneur.* — R. q_5. *Messe miraculeuse de St Grégoire.* — R. q_7. *Colloque de St Bernard et du diable* (voir reprod. p. 413). — Nombreuses in. o. à figures, de même facture.

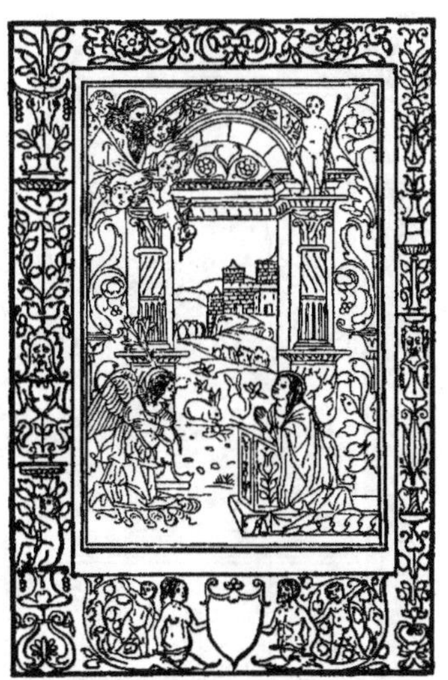

Offic. B.M.V., 26 avril 1494 (v. ✠$_{12}$).

R. s_4 : *Officium beate virginis : septē/ psalmi penitentiales : officium/ mortuorū : officiū sancte crucis/ ꝛ officiū spūs sancti cuꝫ multis/ deuotissimis oratiōibus ꝑ Hie/ ronymū venetū de sanctis Ue/ netijs diligēter impssa : feliciter/ expliciunt. M.cccc.lxxxxiiij./ die xxvj. aprilis : regnāte dño/ Augustino barbadico inclyto/ Uenetiarū duce. Laus deo.* Le verso, blanc.

Les reproductions que nous donnons nous dispensent d'insister longuement sur ce chef-d'œuvre de la typographie et de la gravure vénitiennes. Nous appellerons seulement, une fois de plus, l'attention du lecteur sur la personnalité de l'auteur de ces merveilleuses illustrations, Hieronymo de Sancti, qui a signé le livre en qualité d'imprimeur, et qui s'est fait connaître, comme graveur, dans le Sacrobusto, *Sphaera Mundi*,

31 mars 1488. En se reportant à ce livre, ainsi qu'au St Thomas d'Aquin, *De Esse et Essentiis*, publié le 11 février de la même année, on pourra se convaincre, comme nous l'avons fait nous-même, que les bois de ces deux ouvrages et les gravures de notre *Officium* sont bien de la main du même artiste. Nous indiquerons quelques points particuliers de comparaison : par exemple, la tête de Dieu le père dans le bois de page de l'*Annonciation*, celle de St Jean dans la vignette du v. p_6, et la tête de Ptolémée dans le bois

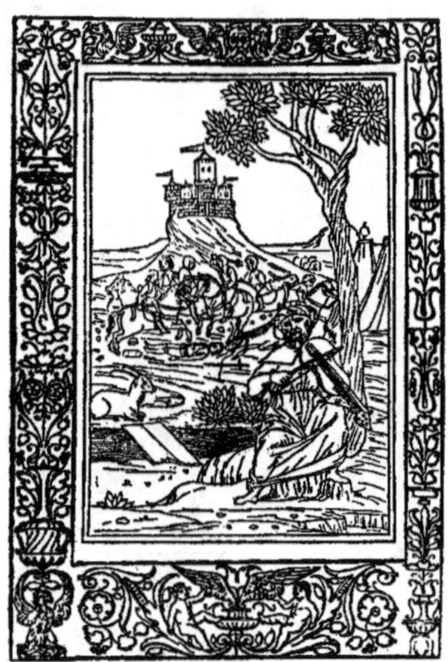

Offic. B.M.V., 26 avril 1494 (v. g_3).

du *Sphaera Mundi ;* — les têtes d'anges ailées qui entourent Dieu le Père dans la même gravure de l'*Annonciation*, et les petites têtes qui figurent les astres à différentes pages du *Sphaera*, ainsi que la physionomie du personnage de la gravure du *De Esse et Essentiis ;* — la brèche qui se remarque au bord du terrain, à droite, dans la représentation du David de l'*Officium* (v. g_3) et les brèches identiques, au premier plan, sur le bois du *De Esse & Essentiis*. Ces différents détails, très caractéristiques, nous permettent d'inscrire, sans aucune hésitation, les admirables gravures de l'*Officium Virginis* au compte de Hieronymo de Sancti, que ce travail seul suffirait à mettre hors de pair parmi les graveurs vénitiens du XVe siècle.

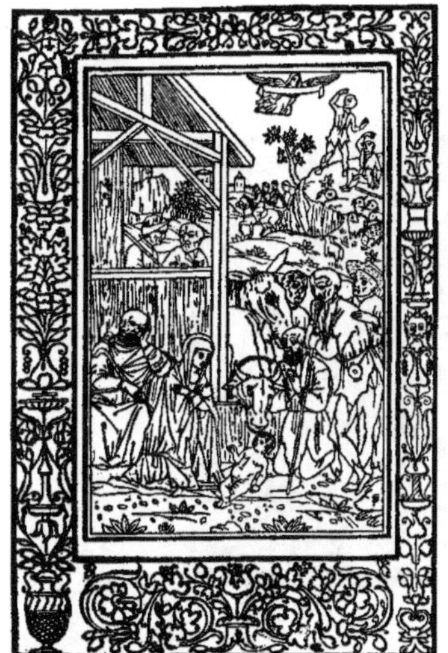

Offic. B.M.V., 26 avril 1494 (v. *h*).

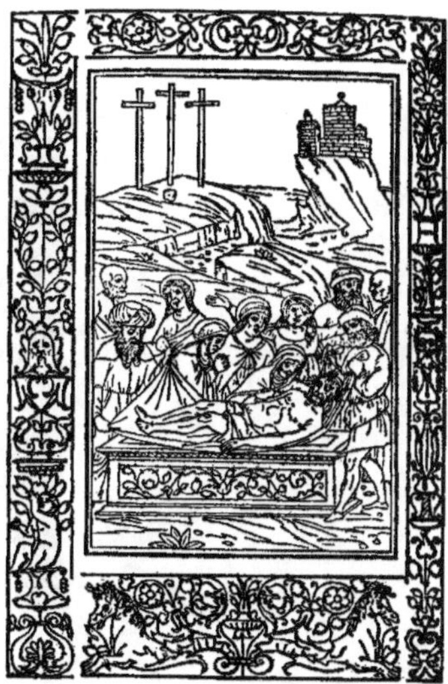

Offic. B.M.V., 26 avril 1494 (v. i_8).

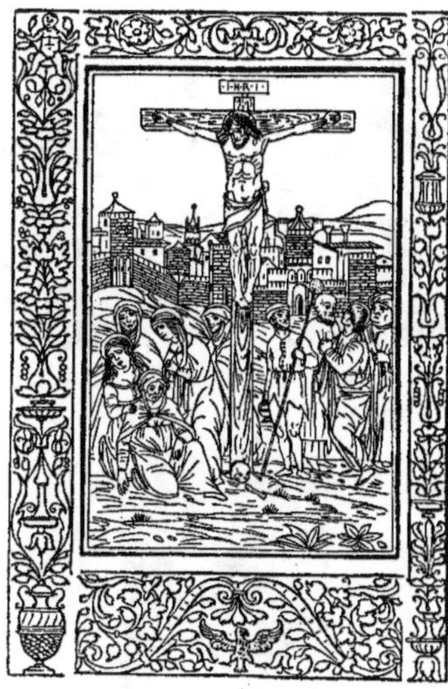

Offic. B.M.V. 26 avril 1494 (v. o_4).

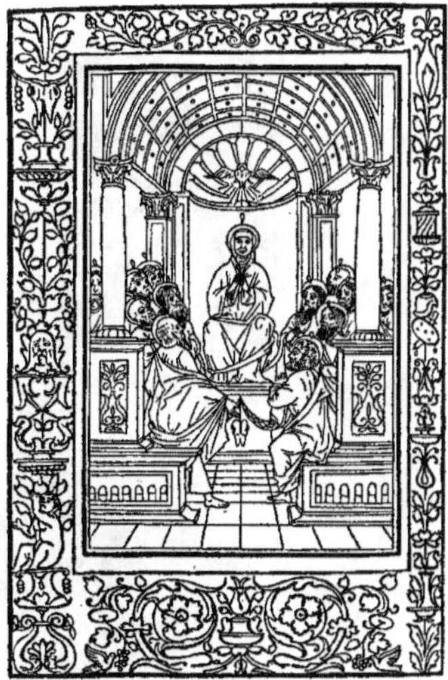

Offic. B.M.V., 26 avril 1494 (v. o_8).

Officium B. M. V., Jo. Emericus de Spira, 31 juillet 1495.

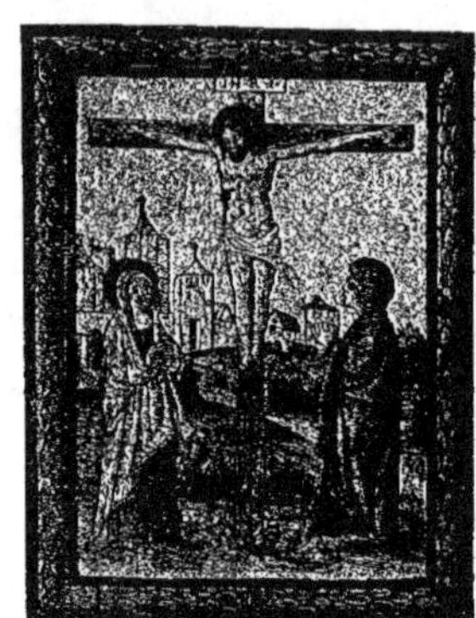

Crucifixion.

Officium B. M. V., Jo. Emericus de Spira, 31 août 1496.

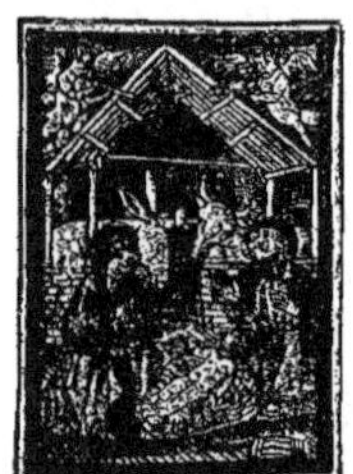

Nativité de J. C.

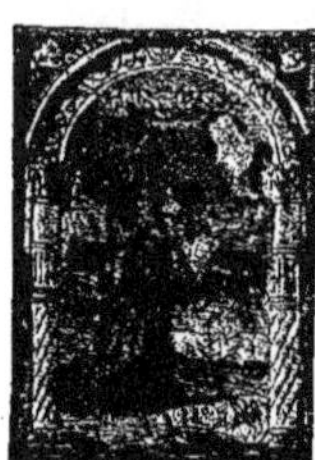

David.

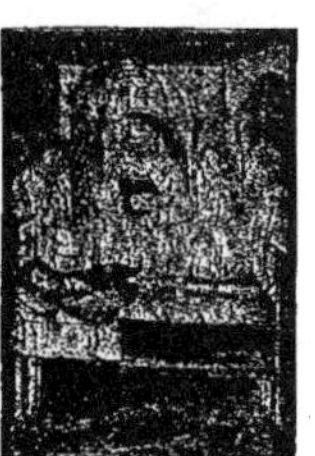

Office des Morts.

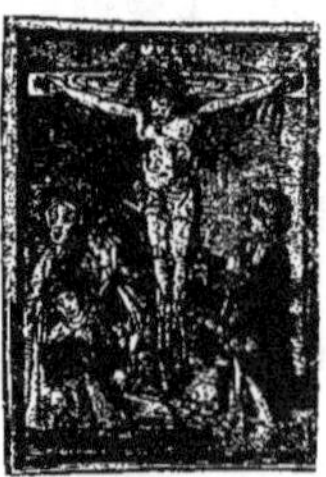

Crucifixion.

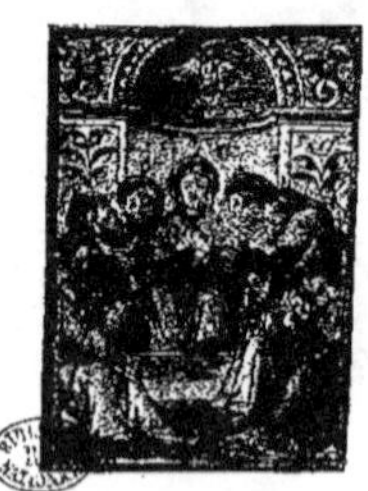

Descente du St-Esprit.

458. — Joannes Emericus de Spira (pour L. A. Giunta), 31 juillet 1495; 16°. — (Paris, N)

Officium beate ma/ rie virginis ƀm cō/ suetudinem ro/ mane curie.

160 ff. n. ch., s. : *a-v*. — 8 ff. par cahier. — C. g. r. et n. — 16 ll. par page. — Au-dessous du titre, marque du lis rouge florentin. — Le verso,

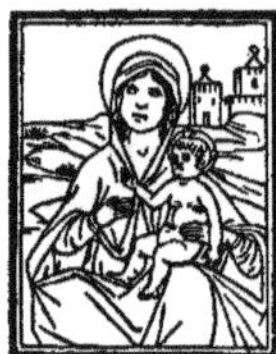

Offic. B.M.V., 26 avril 1494 (r. p_6).

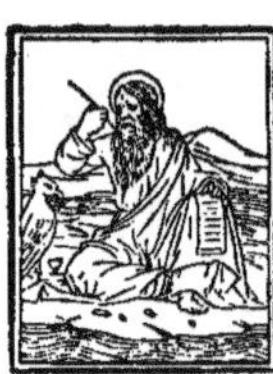

Offic. B.M.V., 26 avril 1494 (v. p_6).

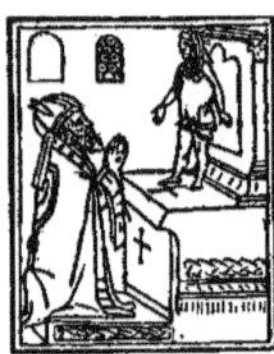

Offic. B.M.V., 26 avril 1494 (v. p_7).

blanc. — (Pour le détail des gravures et les reproductions, données, voir tableau I. Nous décrivons seulement un bois non reproduit). — V. i_7. *Immaculée Conception.* La Ste Vierge, nimbée, couronnée, les cheveux flottants, dans une *mandorla* remplie de rayons droits et flamboyants, se tient debout sur la convexité d'un croissant de lune où est inscrit un profil humain. Son manteau entr'ouvert laisse voir la robe serrée par une cein-

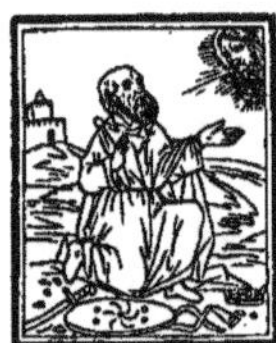

Offic. B.M.V., 26 avril 1494 (v. q_3).

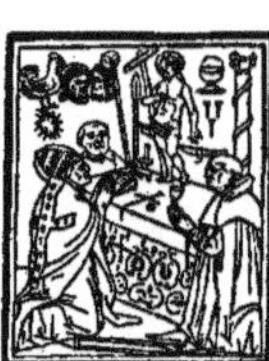

Offic. B.M.V., 26 avril 1494 (r. q_6).

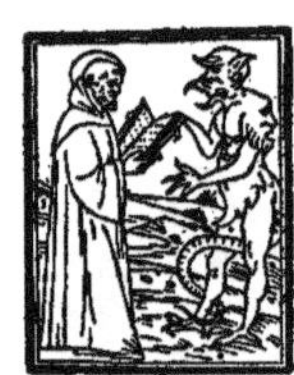

Offic. B.M.V., 26 avril 1494 (r. q_7).

ture. De la main droite, elle tient une fleur; sur son avant-bras gauche replié, est assis l'enfant Jésus, la tête ornée du nimbe crucifère, qui tend les deux mains ouvertes vers la fleur. Dans chacun des quatre angles de la vignette, une tête d'ange ailée et nimbée. — Quelques petites in. o. à figures.

R. v_8 : *Impressuꝫ Uenetijs ꝑ Iohā/nem emericuꝫ de spira : Anno/a natiuitate dñi. M.cccc.xcv./ pridie kl's. augusti.* Le verso, blanc.

Toutes les gravures et les in. o. ont été coloriées dans cet exemplaire, le seul qui nous soit connu.

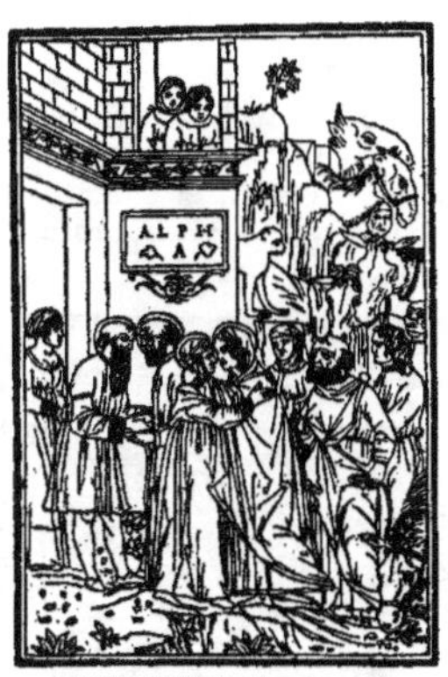

Offic. B.M.V., 26 avril 1494 (d'après l'*Office*, Girolamo Calepino, 1549).

459. — Joannes Emericus de Spira (pour L. A. Giunta), 31 juillet 1496; 16°. — (Paris, N)

Exemplaire incomplet des deux premiers cahiers. — 180 ff. n. ch., s. : *c-r*. — 12 ff. par cahier. — C. g. — 14 ll. par page. — R. *c*. *Incipit officiuȝ/ beate virgīs ma/ rie ƀm ɔsuetudi / nē romane curie*. Page ornée d'une bordure de feuillage au trait. — (Pour le détail des gravures, voir tableau I.) — Les pages r. h_9, r. *i*, r. l_{iiij}, r. p_{iiij}. r. p_9, sont encadrées d'une bordure de feuillage au trait. — Petites in. o. à figures.

R. r_{12} : *Impressum Uenetijs/ iussu ac impensis nobilis/ viri Lučantonij de giūta/ Florentini : arte autem io/ annis Emerici de Spira :/ Anno a nati/ uitate domi/ni M. ccccl xxxxvj. pridie/ kľ. Augusti*. Le verso, blanc. — Seul exemplaire connu.

460. — Ioannes Emericus de Spira (pour L. A. Giunta), 31 août 1496; 32°. — (Modène, E)

Vélin. — Exemplaire incomplet, qui commence par 4 ff. sans signature, dont le premier porte au recto le titre manuscrit : *Offi/cium Beate/ Marie/*, à l'intérieur d'une petite bordure enluminée. A la suite, 144 ff. n. ch. s. : *c-v*. — 8 ff. par cahier. — C. g. r. et n. — 16 ll. par page. — (Pour le détail des gravures et les reproductions données, voir tableau I.) — Aux pages en regard des gravures, bordures ornementales et petites in. o. à figures, enluminées.

R. V_7 : *Impressum Uenetijs ius/ su ac impensis nobilis viri/ Lučantonij de giunta Flo/rentini : arte autem ioannis/ Emerici de Spira : Anno a/ natiuitate domini. Mccccl/ xxxxvj. pridie kľ. Septēbris*. Au verso : *Initiū scī euāgelij ƀm ioān*. — Le verso du dernier f., blanc. — Seul exemplaire connu.

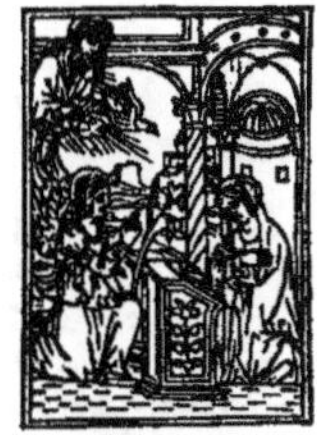

Offic. B.M.V., 31 août 1496 (v. du 4e f.)

461. — Joannes Emericus de Spira, 31 juillet 1497; 16°. — (Milan, T)

Officium beate ma/rie virginis ƀm cō/ suetudinem ro/ mane curie.

Réimpression de l'édition 31 juillet 1495.

R. v_8 : *Impressuȝ Uenetijs ꝑ Iohā/nem emericuȝ de spira: Anno/ a natiuitate dñi. M.cccc.xcvii/ pridie kľs augusti*. Le verso, blanc. — Seul exemplaire connu.

462. — Joannes Hamman de Landoia (pour Octaviano Scoto), 1er octobre 1497; 8°. — (Parme, R)

Vélin. — 12 ff. prél. n. ch. et n. s. — 164 ff. n. ch. s. : *a-x*. — 8 ff. par cahier, sauf *x*, qui en a 4. — C. g. r. et n. — 18 ll. par page. — Toutes les pages sont encadrées de bordures ornementales, au trait, et à motifs variés, se rapprochant — sauf l'imitation du style français — des bordures

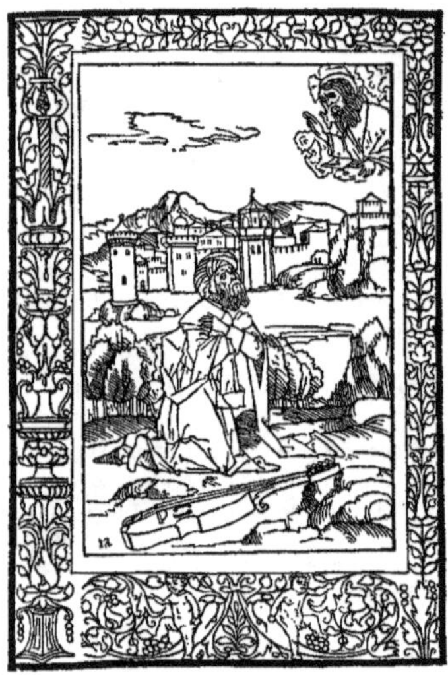

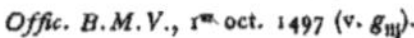

Offic. B.M.V., 1er oct. 1497 (v. g_{iij}).

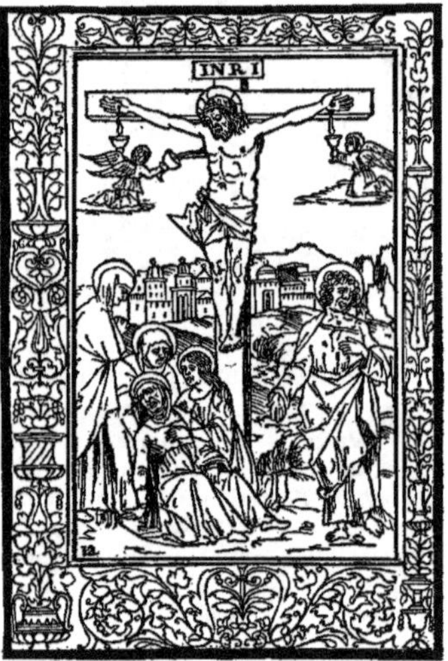

Offic. B.M.V., 1er oct. 1497 (v. o_4).

de l'*Offic. B. M. V.*, 1493, du même imprimeur. — R. 1er f. Marque de Scoto : deux *putti* tenant une couronne, adossés à deux colonnes surmontées d'un fronton triangulaire. — (Pour le détail des gravures et les reproductions données, voir tableau I.) — Dans le texte, petites vignettes, vers la fin du volume. — In. o. à figures.

V. x_{ij} : *Officia scd'm morem sctē Ro/ mane ecclesie : compluribusqȝ/ meritorijs oratiōibus annexis/hic finem sumpsisse cernens o/ lector deuotissime : deo et suis/ conregnantibus gratias age./ Actoremqȝ cuius iussu et im/ pensis facta sunt Nobilem vi/ delicet Octauianum scotum/ Modoetiensem lauda : cum/ famatissimo artis impressorie/ magistro Ioāne Hertzog de/ Landoia in Uenetiarum in/ clita vrbe. Anno a partu vir/ginis post millesimum quater/qȝ centesimum nonagesimo se/ ptimo. Kalendis octobris.* — V. x_4. Marque à fond rouge de Hamman de Landoia.

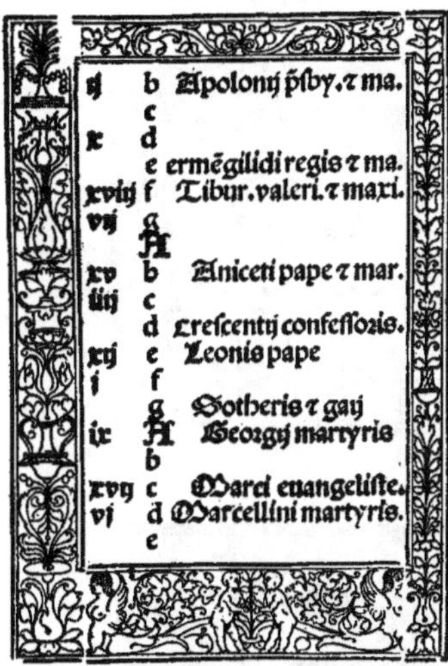

ij b Apolonij p̄sby. ꝛ ma.
c
x d
e ermēgildi regis ꝛ ma.
xviij f Tibur. valeri. ꝛ maxi.
vij g
A
xv b Aniceti pape ꝛ mar.
iiij c
d crescentij confessoris.
xij e Leonis pape
j f
g Sotheris ꝛ gaij
ix A Georgij martyris
b
xvij c Marci euangeliste.
vj d Marcellini martyris.
e

Offic. B.M.V., 1er oct. 1497.

Ad matutinum

In oēm terrā exiuit son⁹ eoꝝ: ꝛ i fines orbis terre verba eoꝝ.
In sole posuit tabernaculum suum: et ipse tanquāꝫ sponsus procedens de thalamo suo.
Exultauit vt gigas ad currē-dā viā: a sūmo celo egressio ei⁹
Et occursus eius vsqꝫ ad sū-mum eius: nec est qui se abscō-dat a calore eius.
Lex domini immaculata con-uertēs aīas: testimoniū dn̄i fidele sapientiā p̄stans puulis
Iusticie domini recte letificā-tes corda: preceptum domini lucidum illuminans oculos.
Timor domini sanctus pma-net in sclm seculi: iudicia domi

Offic. B.M.V., 1er oct. 1497.

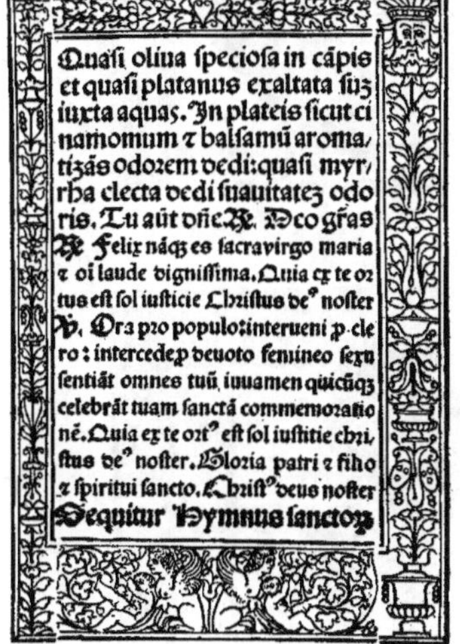

Quasi oliua speciosa in cāpis et quasi platanus exaltata suꝫ iuxta aquas. In plateis sicut ci-namomum ꝛ balsamū aroma-tizās odorem dedi: quasi myr-rha electa dedi suauitateꝫ odo-ris. Tu aūt dn̄e. R. Deo grās
R. Felix nāqꝫ es sacra virgo maria ꝛ oī laude dignissima. Quia ex te or-tus est sol iusticie Christus de⁹ noster
V. Ora pro populo: interueni p clero: intercede p deuoto femineo sexu sentiāt omnes tuū iuuamen quicūqꝫ celebrāt tuam sanctā commemoratio-nē. Quia ex te ort⁹ est sol iustitie chri-stus de⁹ noster. Gloria patri ꝛ filio ꝛ spiritui sancto. Christ⁹ deus noster
Sequitur Hymnus sanctoꝝ

Offic. B.M.V., 1er oct. 1497.

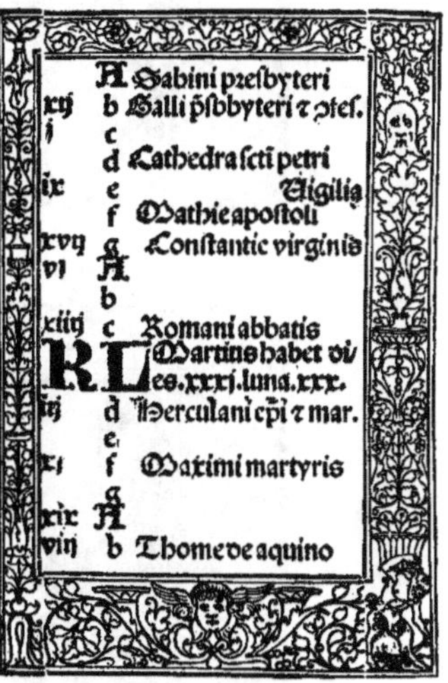

A Sabini presbyteri
xij b Galli p̄sbbyteri ꝛ ꝯfes.
j c
d Cathedra scti petri
ix e Vigilia
f Mathie apostoli
xvij g Constantie virginis
vj A
b
xiiij c Romani abbatis
KL Martius habet di-es. xxxj. luna. xxx.
iij d Herculani epi ꝛ mar.
e
xj f Maximi martyris
g
xix A
viij b Thome de aquino

Offic. B.M.V., 1er oct. 1497.

Officium B. M. V., Jo. Hamman de Landoia, 1er oct. 1497.

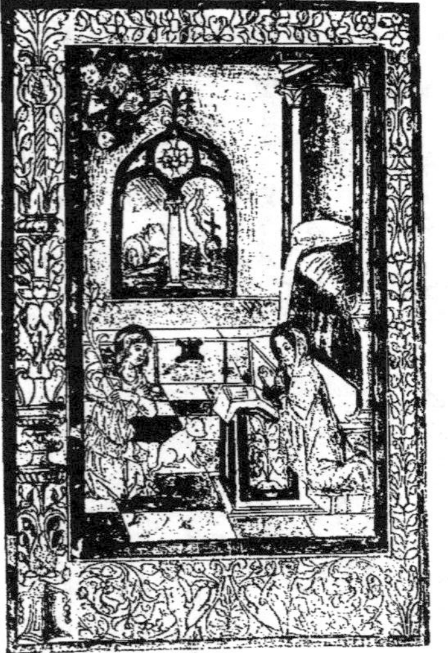

Annonciation.

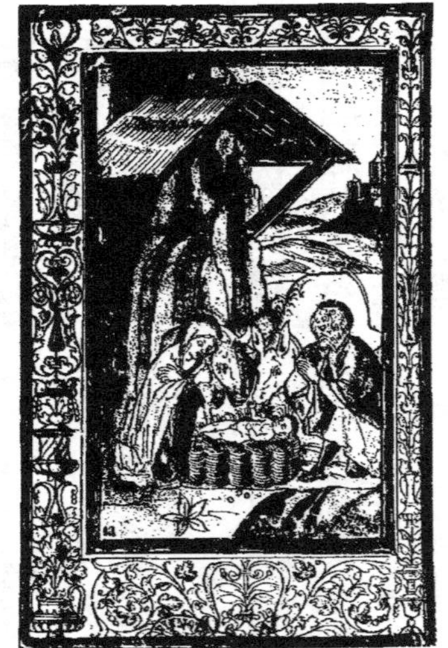

Nativité de J. C.

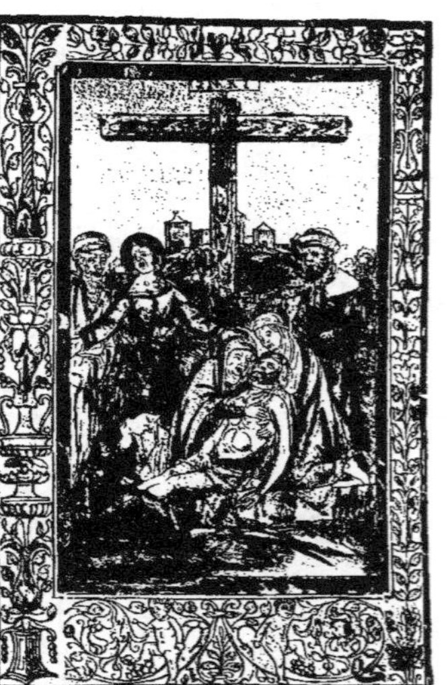

Pietà.

Officium B. M. V., Jo. Hamman de Landoia, 1er oct. 1497 (suite).

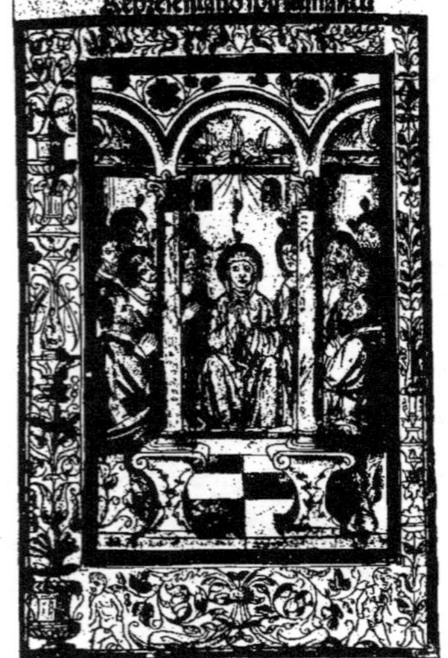

Descente du St-Esprit.

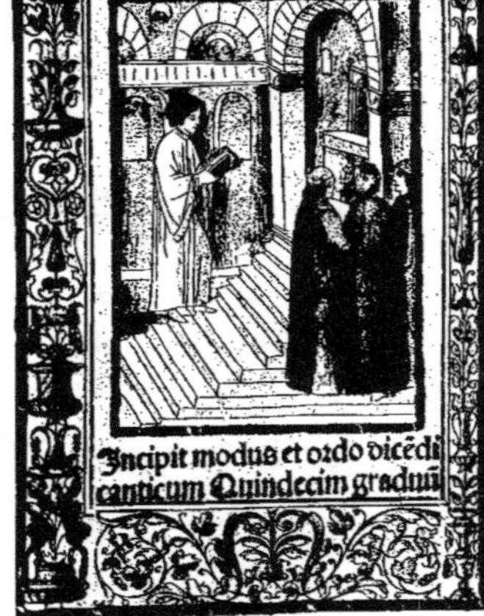

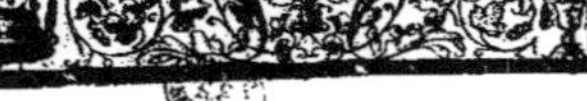

Les quinze degrés du Temple mystique de Salomon

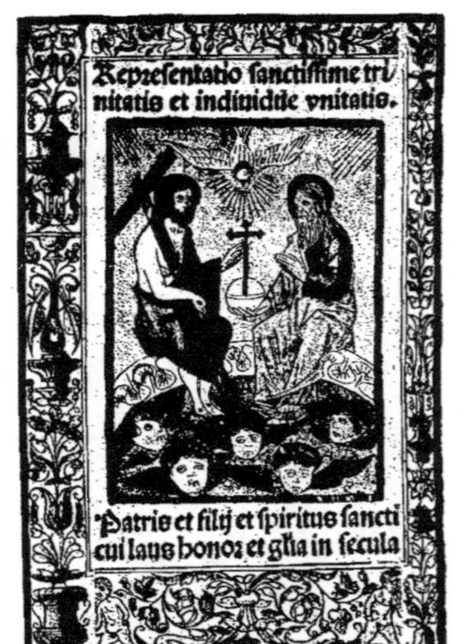

Ste Trinité.

Officium B. M. V., Jo. Hamman de Landoia, 1er oct. 1497 (suite).

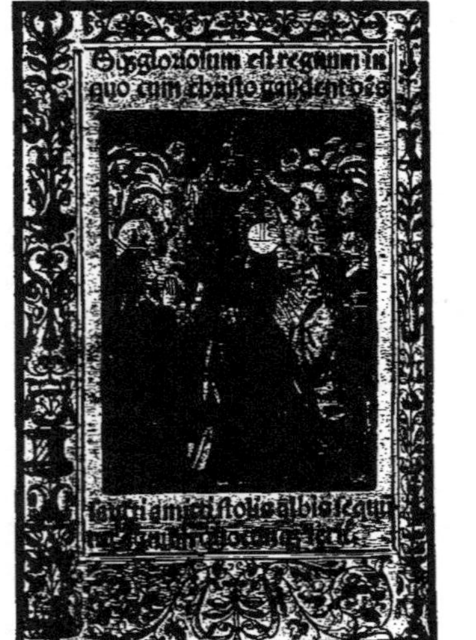

La Cour céleste.

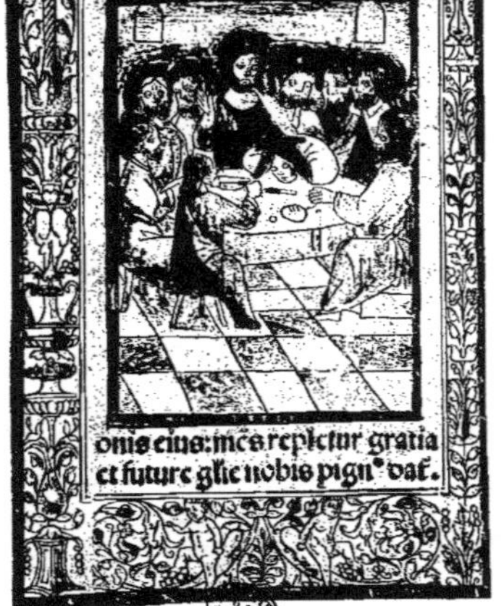

La Cène.

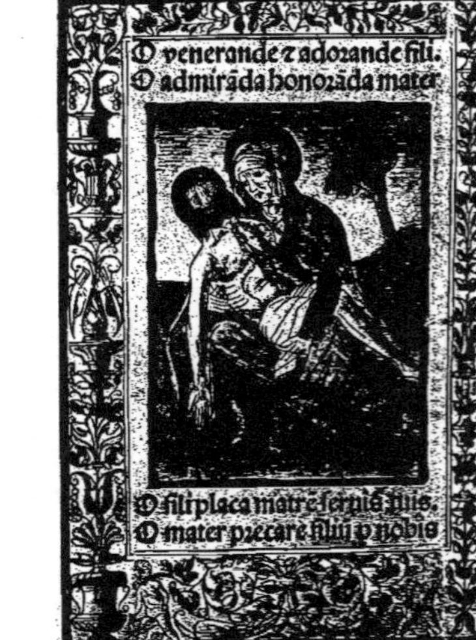

Pietà.

Les gravures de cet exemplaire, le seul que nous connaissions, ont été gâtées par un coloriage qui empêche d'apprécier toutes les qualités des bois remarquables fournis par le graveur ꝛa. Deux de ces bois, le *David* et la *Crucifixion*, ont été employés plus tard dans l'atelier de Hieronymo Scoto; nous reproduisons le premier d'après le *Compendium multarum orationum* imprimé en 1559, et le second d'après un *Missale Romanum* de l'année suivante.

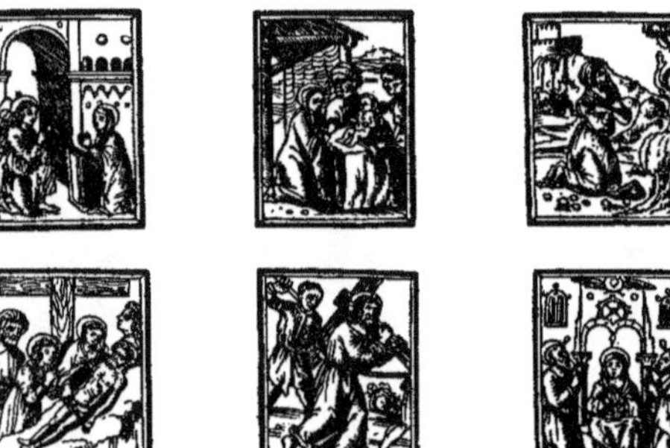

Offic. B.M.V., 21 mai 1499.

463. — (græcè) Aldus Manutius, 5 décembre 1497; 16°. — (Paris, N; Vérone, C)

Ὧραι τῆς ἀει παρθένου Μαρίας κα/τ'ἔθος τῆς ῥωμαϊκης ἀυλῆς./ Ἑπτὰ ψαλμοὶ τῆς μετανοίας.

Horae beatiss. uirginis secũ/ dum consuetudinem ro/ manæ curiæ/ Septem psalmi pænitentia/ les cũ letaniis & orationi/bus.

112 ff. n. ch. s. : α-ξ. — 8 ff. par cahier. — C. grecs r. et n. — 13 ll. par page. — V. α. *Annonciation* (*Offic. B. M. V.*, Hamman de Landoia, 1493). — Petites in. o. rouges au trait.

R. $ξ_8$: ΤΕΛΟΣ./ Ἐνετίῃσιν ἐτυπώθη παρ 'ἄλδῳ. τοῦ/ ἄνευμέντοι προνομίου. χιλιοστῷ/ τετρακοσιοστῷ εννενηκοστῷ ἑβδομῳ/ ἀπὸ τῆς θεογονίας ἔτει. μηνὸς ποσειδεῶνος πεμπτῃ ισταμένου.... (*Venetiis impressum apud Aldum, millesimo quadringentesimo nonagesimo septimo anno a natiuitate domini, quinta die mensis decembris...*)

Hain (n° 8830) signale, pour cette édition, 16 ff. n. ch., et 112 ff. numérotés. L'exemplaire de la B. Nat. est sans pagination, et n'a pas les 16 ff. prél. indiqués. Nous avons pu voir ces deux cahiers, de 8 ff. chacun, avec signatures : *a*, *b*, dans un exemplaire que possédait en 1897 la librairie Olschki, à Venise. R. *a* : *Breuissima introductio ad/ litteras graecas.* Au verso, l'*Annonciation* ci-dessus indiquée. R. a_{ii} : *Alphabetum Graecum*, disposé sur deux colonnes, où sont donnés les noms des lettres, leur valeur correspondante dans l'alphabet latin, et leurs formes diverses, majuscules et minuscules, dans l'écriture et dans l'impression. A la suite, tableau des voyelles, diphthongues, etc. ; puis, le texte, avec traduction latine interlinéaire, du *Pater noster*, de l'*Ave Maria*, du *Credo*, etc.

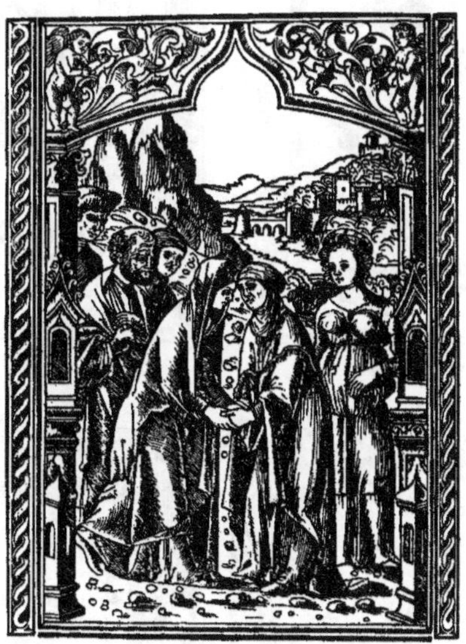

Offic. B.M.V., 26 juin 1501 (v. *b*).

464. — Ioannes Emericus de Spira (pour L. A. Giunta), 21 mai 1499 ; 64°. — (Munich, R)

16 ff. prél. n. ch. ; 143 ff. num. et 1 f. blanc, s. : *a-v*. — 8 ff. par cahier. — C. g. r. et n. — 16 ll. par page. — Les ff. *a* et *c* font défaut dans cet exemplaire. — (Pour le détail des gravures & les reproductions données, voir tableau I.) — Petites in. o. à figures, au trait.

V. v_7 : ℭ *Finit officium beate Marie/ virginis. Impressum Uenetijs/ impensis nobilis viri Lučan/ tonij de giunta Florentini./ Arte autem Ioãnis emerici/de Spira alemani. M.ccccxcix./ xij. kl. Iunij.*

Ce petit livre, dont nous n'avons pas vu d'autre exemplaire, est particulièrement curieux à cause de son format exceptionnel ; on en peut juger par les six vignettes que nous reproduisons, et qui s'y trouvent placées comme bois de page.

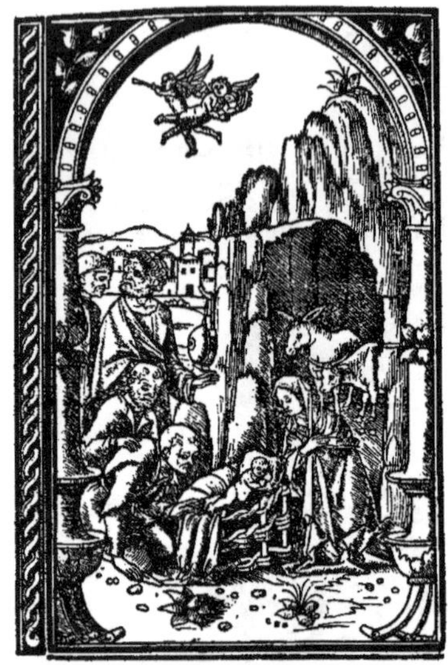

Offic. B.M.V., 26 juin 1501 (v. c_2).

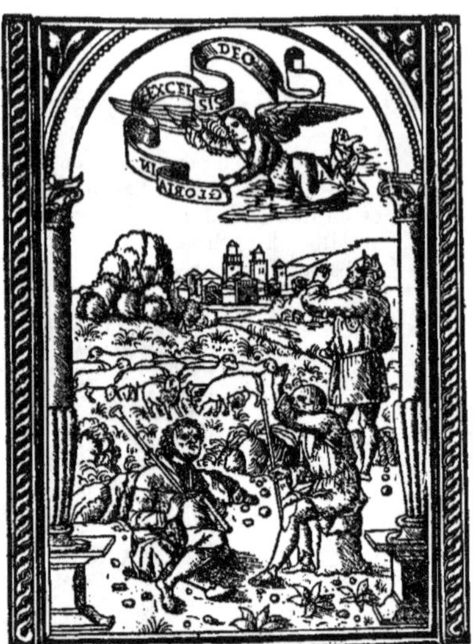

Offic. B.M.V., 26 juin 1501 (v. c_6).

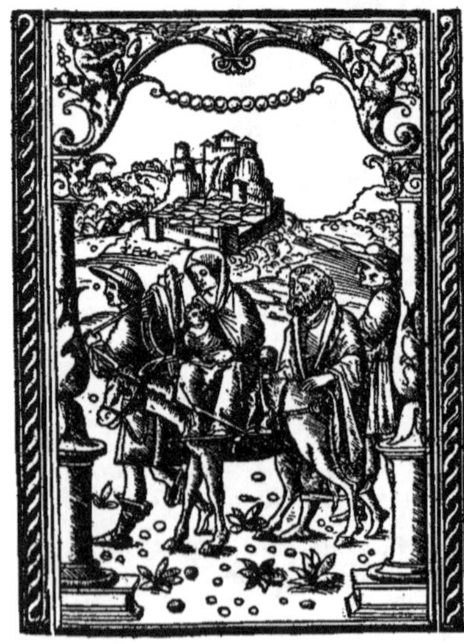

Offic. B.M.V., 26 juin 1501 (v. d_7)

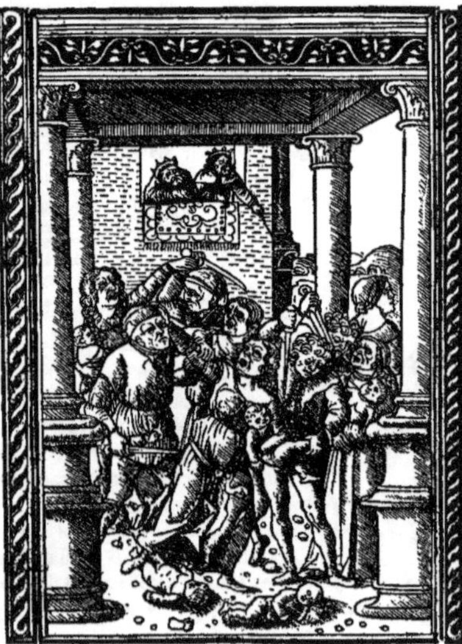

Offic. B.M.V., 26 juin 1501 (v. e_5).

465. — Luc'Antonio Giunta, 26 juin 1501; 8°. — (Paris, N; Vérone, C — ☆)

Officium beate Marie ẜm vsum Roma/ num nouiter impressum: in quo multa vti/lia z deuotione digna que in alijs antea/ impressis nõ habentur : inuenies. vide/ licet quatuor euangelia : passio ẜm/ ioannẽ : suffragia

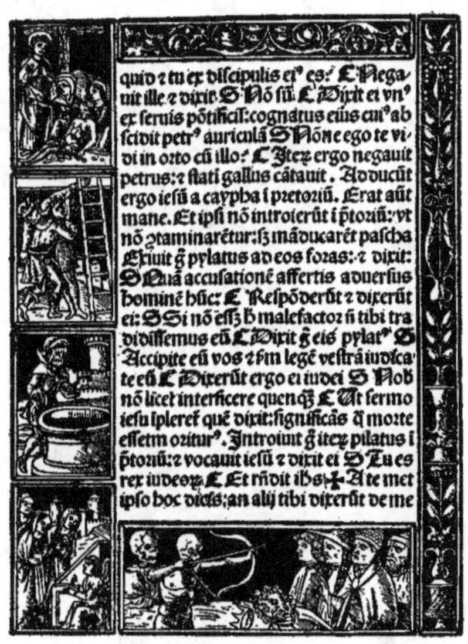
quid z tu ex discipulis ei⁹ es? ¶ Negauit ille z dixit. S Nõ sũ. ¶ Dixit ei vn⁹ ex seruis põtificũ: cognatus eius cui⁹ abscidit petr⁹ auriculã S Nõne ego te vidi in orto cũ illo? ¶ Iterũ ergo negauit petrus: z statĩ gallus cãtauit. Adducũt ergo iesũ a caypha ĩ pretoriũ. Erat aũt mane. Et ipsi nõ introierũt ĩ ptoriũ: vt nõ ɔtaminarẽtur: sȝ mãducarẽt pascha Exiuit ḡ pylatus ad eos foras: z dixit: S Quã accusationẽ affertis aduersus hominẽ hũc: ¶ Respõderũt z dixerũt ei: S Si nõ eẽt hic malefactor ñ tibi tradidissemus eũ ¶ Dixit ḡ eis pylat⁹ S Accipite eũ vos z ẜm legẽ vestrã iudicate eũ ¶ Dixerũt ergo ei iudei S Nob nõ licet interficere quenq̃ ¶ Ut sermo iesu ĩpleret quẽ dixit: significãs q̃ morte esset moritur⁹. Introiuit ḡ iterũ pilatus ĩ ptoriũ: z vocauit iesũ z dixit ei S Tu es rex iudeorũ ¶ Et rñdit ihs ✠ A te met ipso hoc dicis: an alij tibi dixerũt de me

Offic. B.M.V., 26 juin 1501.

sanctorum : of/ ficium trinitatis : officium sa/ crosancti sacramenti : z / of/ ficium omnium/ sanctorum zc.

20 ff. prél., dont huit sans signature, les douze suivants s. : ✠. — 176 ff. n. ch. s. s. : *a-x*. — 8 ff. par cahier. — C. g. r. et n. — 19 ll. par page. — Au-dessous du titre, marque du lis rouge florentin. — Toutes les pages sont entourées d'un encadrement composé d'une bordure ornementale à fond criblé sur le côté intérieur et dans le haut ; de quatre vignettes hagiographiques à fond criblé sur le côté extérieur ; et, dans le bas, de blocs à figures oblongs, à fond criblé également, dont les sujets sont les suivants: *David tuant Goliath. — L'Embrassement devant la Porte Dorée. — Nativité de la Ste Vierge. — Marie enfant amenée au temple par Ste Anne & St Joachim. — St Joseph déposant sur l'autel une baguette avec celles des autres prétendants à la main de Marie. — Mariage de St Joseph et de*

Marie. — *Annonciation.* — *Visitation.* — *Nativité de J. C.* — *Jésus enfant parmi les docteurs.* — *Baptême de J. C.* — *Jésus et la femme adultère.* — *Jésus et la Chananéenne au puits de Jacob.* — *Jésus chassant les vendeurs du temple.* — *Jésus chassant le démon du corps d'un muet.* — *Incrédulité*

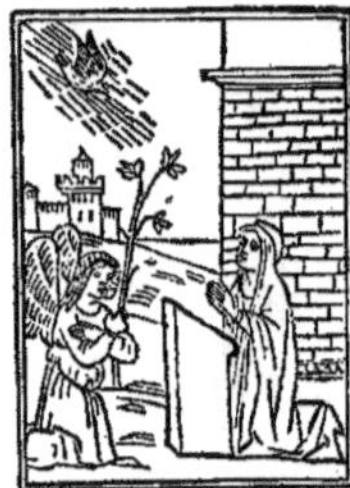

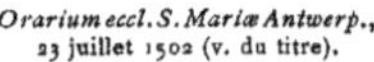

Orarium eccl. S. Mariæ Antwerp., 23 juillet 1502 (v. du titre).

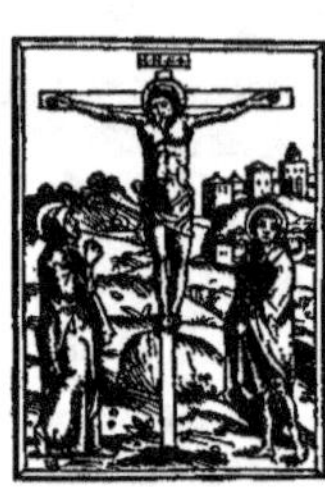

Orarium eccl. S. Mariæ Antwerp., 23 juillet 1502 (v. ✠✠$_8$).

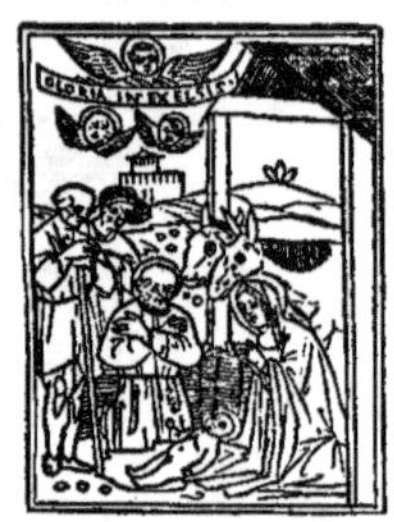

Orarium eccl. S. Mariæ Antwerp., 23 juillet 1502 (v. 4_8).

de St Thomas. — *La Mort frappant les puissants de la terre* (voir reprod. p. 420). — 12 bois de page, dont un est répété, et que nous avons déjà signalés dans les *Missels* imprimés par L. A. Giunta. (Pour le détail des gravures et les reproductions données, voir tableau I.) — Dans le texte,

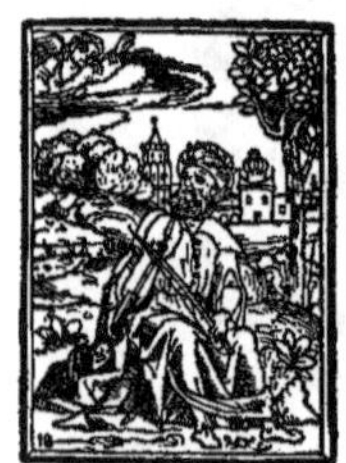

Orarium eccl. S. Mariæ Antwerp., 23 juillet 1502 (v. *f*).

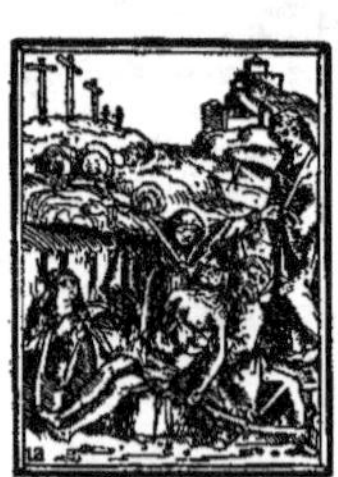

Orarium eccl. S. Mariæ Antwerp., 23 juillet 1502 (v. i_{iiij}).

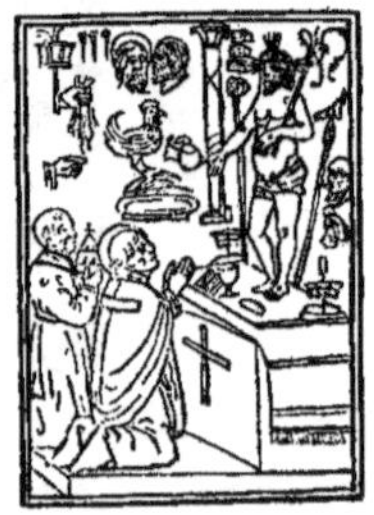

Orarium eccl. S. Mariæ Antwerp., 23 juillet 1502 (v. p_8).

quelques vignettes. — Aux pages en regard des grands bois, in. o. à figures, dont plusieurs au trait.

R. r_8 : ℂ *Finit officiū beate marie. Im/pressum Uenetijs : impensis/ Luce antonij đ' giūta Flo/rentini Anno natal' dñi / Mcccccı.vj. kl'. Iulij.* Le verso, blanc.

466. — Petrus Liechtenstein, 23 juillet 1502 ; 16°. — (Londres, BM)

Orariū ꝭm mo/ rem ecclesie san/ cte marie Ant/ werpiensis.

24 (8, 8, 8,) ff. prél., les deux premiers cahiers s. : ✠, ✠✠, et les

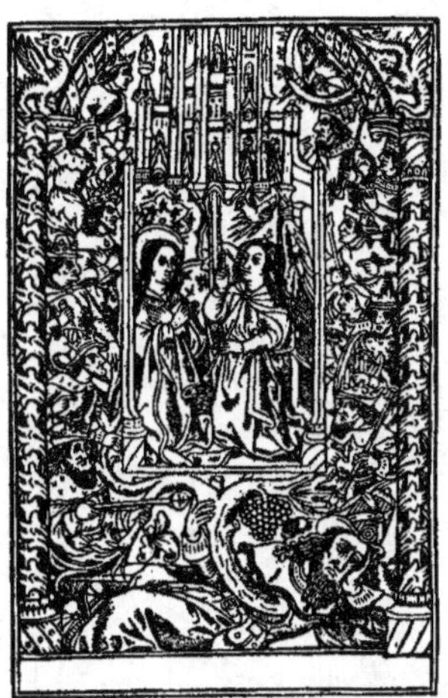

Offic. B.M.V., 24 oct. 1502 (v. B_8).

4 premiers ff. du 3me cahier portant en guise de signatures les chiffres : *1-4*. — A la suite, 144 ff. n. ch., s. : *a-s*. — 8 ff. par cahier. — C. g. r. et n. — 16 et 17 ll. par page. — (Pour le détail des gravures et les reproductions données, voir tableau I.)

V. s_7 : ℭ *Impressum Venetijs arte z/ ingenio Petri Liechtensteyn/ Coloniẽsis Anno a virgineo/ partu. 1502. Decimo kalendas/ augusti.* — R. s_8 : la table ; le verso, blanc. — Seul exemplaire connu.

467. — Zuan Ragazo (pour Bernardino Stagnino), 24 octobre 1502 ; 8°. — (Vienne, R)

ℭ *Nota che q̃sto offõ e ordĩato tuti gli/ officij chaduno e da sua posta cuȝ li soi/ psalmi ꝑ caduno offõ z tuti le sue hore/....*

16 (8,8) ff. prél. n. ch., s. : *A-B*. — 168 ff. num. par erreur : 148, s. : *a-k ; k, l, m* (ces trois signatures en g. r.), *l-s*. — 8 ff. par cahier. — C. g. r. & n. — 23 ll. par page. — Au-dessous du titre, marque du *St Bernardin portant le chrisme*. — (Pour le détail des gravures et les reproductions données, voir tableaux I et II.) — Les pages r. 1, r. 12, r. 19, r. 22, r. 25, r. 28, r. 36, r. 40, r. 70, v. 102, r. *n*, r. *q*, r. q_6, sont ornées d'encadrements formés de petits blocs à figures sur le côté droit et dans le bas, et d'une bordure ornementale sur le côté gauche et en haut ; la page r. *l* (signature rouge) a une petite bordure sur le côté gauche et en haut. — Quelques petites vignettes dans le texte. — In. o. rouges, avec bordures marginales ; quelques-unes à fond noir ; d'autres avec figures.

R. s_8 : ℭ *Impresso in venesia per ser Zan re/ gaȝo de monferra ala instantia de mi/ser Bernardino Stagnino detrino de/ monferra nel anno del Signore. 1502./ adi. 24 de octobrio.* Au-dessous, le registre ; plus bas, marque à fond rouge de Stagnino. Le verso, blanc.

Nous avons eu, il y a quelques années, l'occasion de signaler dans une étude spéciale [1] les emprunts faits à nos livres d'Heures français par les éditeurs vénitiens du commencement du 16me siècle. Mais alors, il ne s'agissait que de copies plus ou moins fidèles exécutées par les illustrateurs italiens d'après les modèles sortis des presses parisiennes. Nous avons pu vérifier, par la suite de nos recherches, que les imprimeurs de Venise ne se

1. *Les Livres d'Heures français & les Livres de liturgie vénitiens* ; Paris, *Gaȝette des Beaux-Arts*, s. d.

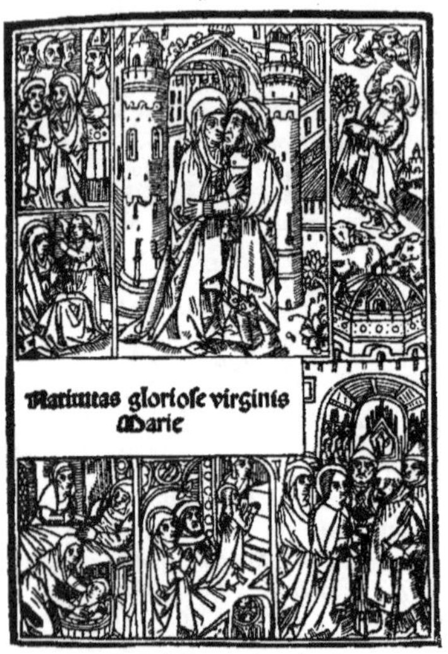

Offic. B.M.V., 24 oct. 1502 (v. 11).

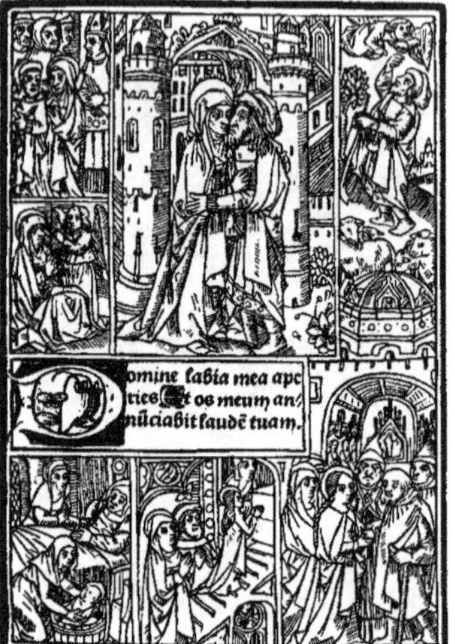

Horæ ad usum Romanum, Jean du Pré, s. a.

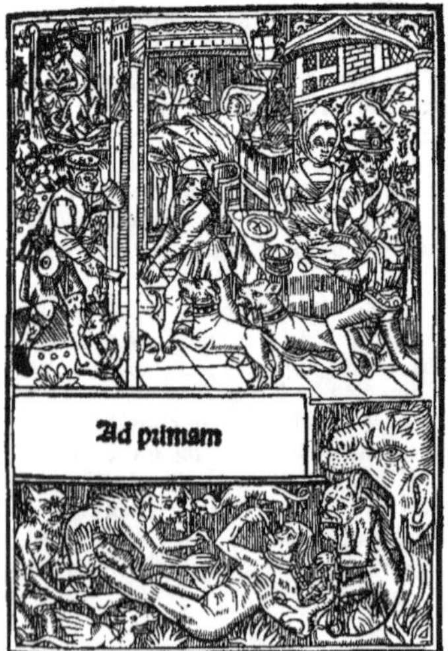

Offic. B.M.V., 24 oct. 1502 (v. 18).

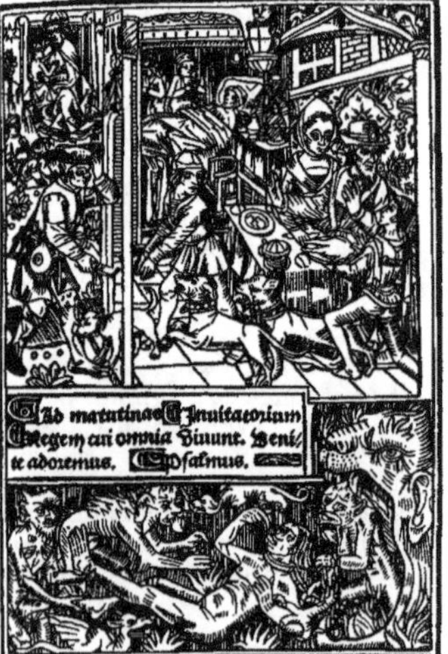

Horæ ad usum Romanum, Jean du Pré, s. a.

sont pas bornés à ces imitations, et ont introduit dans plusieurs livres des bois originaux provenant du matériel de certains imprimeurs de Paris. Parmi ceux-ci, Jean du Pré semble avoir été le principal fournisseur de ces bois qui, après avoir servi dans son atelier, furent transportés en Italie, où ils reparurent dans des ouvrages imprimés entre 1500 et 1510.

Jean du Pré avait été, dès le début de son exercice, en relations

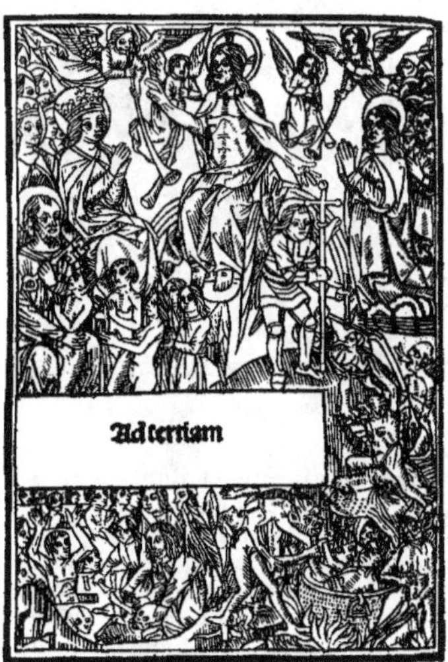

Offic. B.M.V. 24 oct. 1502 (v. 21).

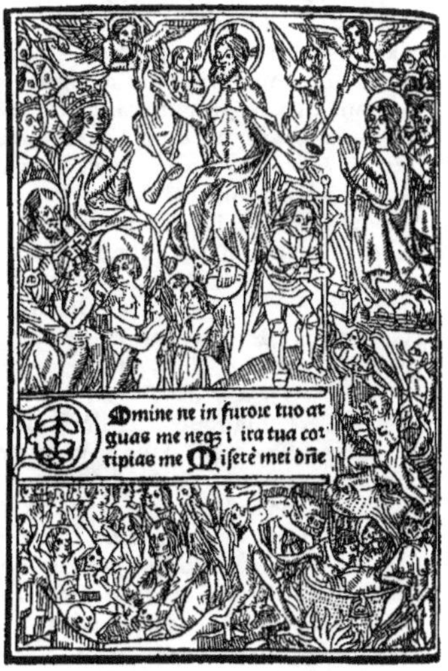

Horæ ad usum Romanum, Jean du Pré, s. a.

professionnelles avec Venise, ainsi que le constate M. Claudin, dans son *Histoire de l'Imprimerie en France* (I, p. 220) : « Venise, dit le savant bibliographe, avait alors la spécialité de l'impression des livres liturgiques. L'évêque de Nantes, Du Chaffaut, y avait fait imprimer le Missel de son diocèse. Jean du Pré implanta cette industrie à Paris, et y amena des ouvriers vénitiens qui travaillèrent au Missel de Limoges *(per Venetos arte impressoria magnificos et valde expertos completum)*, comme il est déclaré à la fin du volume... Ce sont ces ouvriers vénitiens de premier ordre, connaissant à fond tous les secrets de l'art typographique *(magnificos et valde expertos)*, qui ont dû travailler sous une habile direction à la fonte des caractères et à la gravure sur bois ou sur métal, d'après les dessins de maîtres français, des planches d'illustration des premiers livres de Du Pré. Il serait même fort possible qu'il eût appris lui-même son art en Italie, où l'on illustrait déjà les livres. Toutefois, sa manière de faire est bien française, et ne ressemble en aucune façon à celle des imprimeurs qui l'ont précédé ».

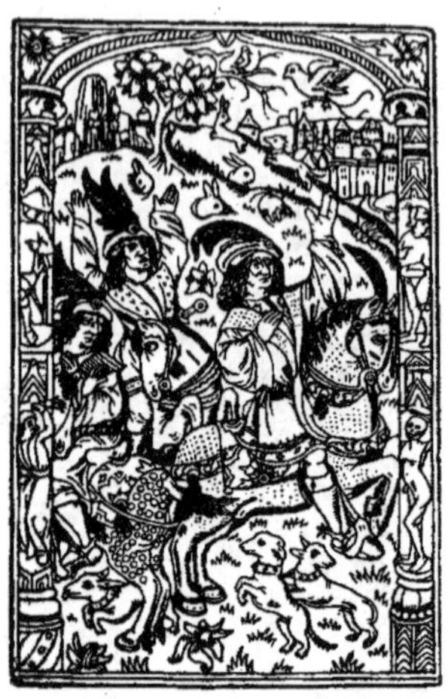

Offic. B.M.V., 24 oct. 1502 (v. 35).

Nous ne savons à quel imprimeur vénitien nommément furent cédés par Jean du Pré les blocs d'illustration dont nous nous occupons ici. Toujours est-il que l'*Offic. B.M.V.* de 1502 est, dans l'ordre chronologique, le premier livre où nous puissions désigner précisément quatre gravures imprimées avec les bois originaux d'un livre de Jean du Pré, « *Horae ad vsum Romanum/Io. de prato.* » s. a., dont un exemplaire unique est conservé à la B. Bodléienne d'Oxford.[1] Quatre autres planches du même livre d'Heures ont passé dans l'*Offic. B.M.V.* du 11 février 1505, imprimé par Gregorius de Gregoriis, ainsi qu'un bois (*Visitation*) déjà employé dans les *Heures à l'usage de Paris*, 1489; et de ces quatre planches de l'édition 1505, deux se retrouvent dans une autre édition vénitienne, probablement du même imprimeur, et dont nous ne connaissons qu'un exemplaire incomplet. Nous aurons encore à mentionner plus tard, dans le *Legendario de Sancti* du 30 décembre 1504, imprimé par Ioanne Tacuino, un groupe de bois provenant de la *Legende doree* de Jean du Pré, 7 octobre 1489. Il est plus que probable que les autres bois, de style identique, faisant partie des séries de gravures des *Offices* vénitiens, ou qui se rencontreront çà et là dans différents ouvrages imprimés à Venise, ont passé d'abord dans des livres français de même origine, que nous ne pouvons désigner. Cette contribution directe de l'art français à l'illustration des livres de Venise est assez intéressante pour que nous ayons cru devoir y insister tout particulièrement.

468. — S. n. t. (?), 1503; 8°

Porté sur le catalogue de la Bibl. Casanatense, à Rome (R. VIII. 31. a. cc); mais ne se trouve plus dans cette bibliothèque.

469. — Iacobus Pencius de Leucho (pour L. A. Giunta), 24 juillet 1504; 8°. — (Paris, N)

Officium beate ma/rie virginis ꝯm cõ/ suetudinem ro/ mane curie.

---

1. Nous donnons à dessein, pour chacune de ces gravures, deux reproductions, l'une d'après le livre d'Heures de la Bodléienne, l'autre d'après l'*Office* vénitien, afin que le lecteur puisse s'assurer par lui-même que ce sont bien les mêmes bois de part et d'autre.

Vélin. — 160 ff. n. ch., s. : *a-v*. — 8 ff. par cahier. — C. g. r. et n. — 16 ll. par page. — Au-dessous du titre, marque du lis rouge florentin. (Pour le détail des gravures et les reproductions données, voir tableau II.)[1] — Quelques petites in. o. à figures.

R. v_8 : *Impressum Uenetijs : Im/pensis Luceantonij de giunta Florentini: Arte autẽ Ja/cobi pentii de leuco. Anno/a natiuitate dñi. M.ccccc./iiij.die.ix kal̃. augusti.* Le verso, blanc.

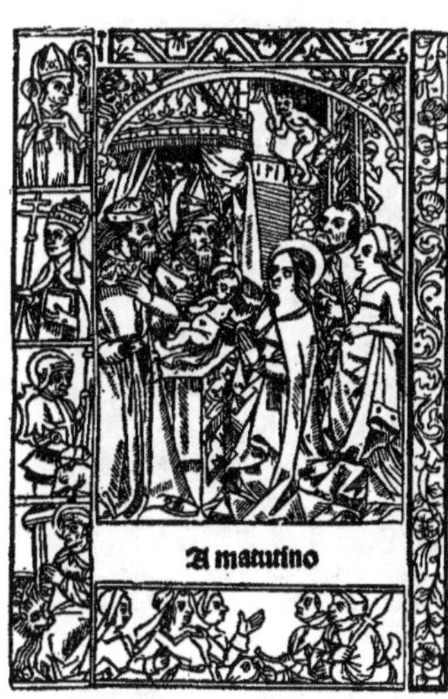

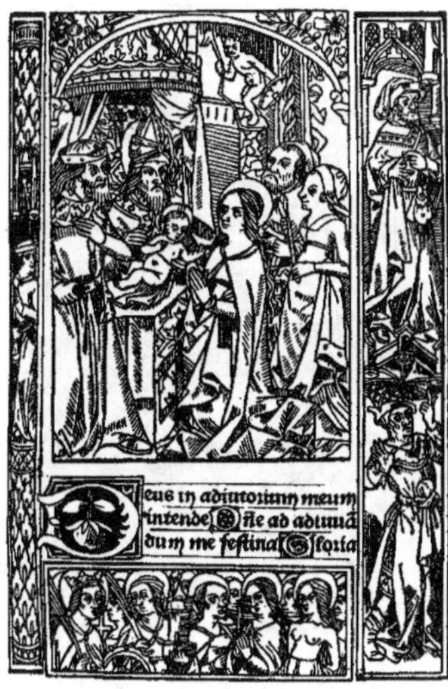

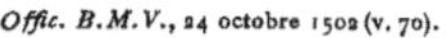

Offic. B.M.V., 24 octobre 1502 (v. 70).

Horæ ad usum Romanum, Jean du Pré, s. a.

470. — Luc' Antonio Giunta, 30 avril 1505 ; 8°. — (Milan, T)

℄ *Officium beate Marie ẜm vsum Roma/nũ nouiter impressum :...*

Vélin. — 20 ff. prél., dont les 8 premiers sans signature, les 12 suivants s. : ✠. — 192 ff. n. ch., s. : *a-ʒ*. — 8 ff. par cahier, sauf l'avant-dernier cahier, s. : *xy*, qui a 12 ff. — C. g. r. & n. — 19 ll. par page. — Pages encadrées comme dans l'*Offic. B. M. V.*, 26 juin 1501. — (Pour le détail des gravures, voir tableaux I et II.) — In. o. à figures.

R. xy_{12} : ℄ *Finit officium beate marie/ quã diligentissime correctũ. Im/ pressum Uenetijs : impensis no/bilis viri Lučantonij de giunta/ Florẽtini. Anno a salutifera in/ carnatione millesimo quingente/ simo quinto pridie kal̃. maij.* Le verso, blanc. — R. *ʒ* : ℄ *Tabula ꝛ ordine del officio de la mado/na : per tutto lãno ꝑ li simplici che nõ sano.*

---

1. Une copie de la *Descente du St-Esprit*, signée du monogramme de la colonnette, se trouve dans : Ugo cardin. de S. Vittore, *Opera utilissima a qualunche fidel christião*, Alex. Bindoni, 7 sept. 1521, 8°.

471. — Luc' Antonio Giunta, 10 juin 1505; 8°. — (Londres, BM; Munich, R; Salzbourg, SP)

¶ *Officium beate marie se/ cundum vsuʒ monasticū....*

16 ff. prél., n. ch., et 224 ff. num., s. : *a-ʒ*, ꝛ, ꝯ, ꝶ, *A-D*. — 8 ff. par cahier. — C. g. r. et n. — 17 ll. par page. — Au-dessus du titre, petite vignette : *St Benoît*, mitré, nimbé, vêtu du costume nonacal, tenant de la main gauche la crosse abbatiale dressée, et de la main droite un livre fermé ; édifices dans le fond. — (Pour le détail des gravu-

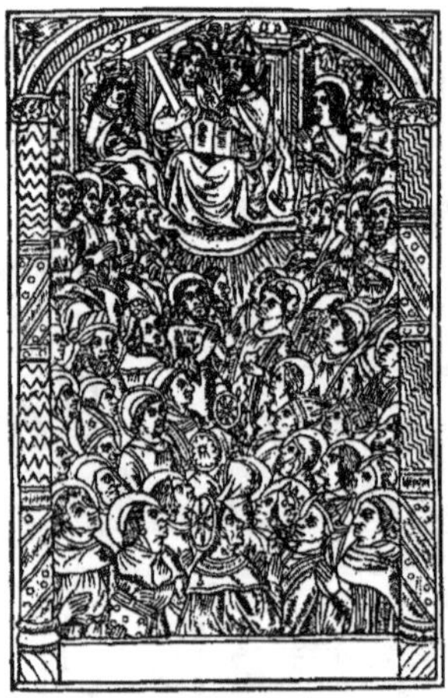

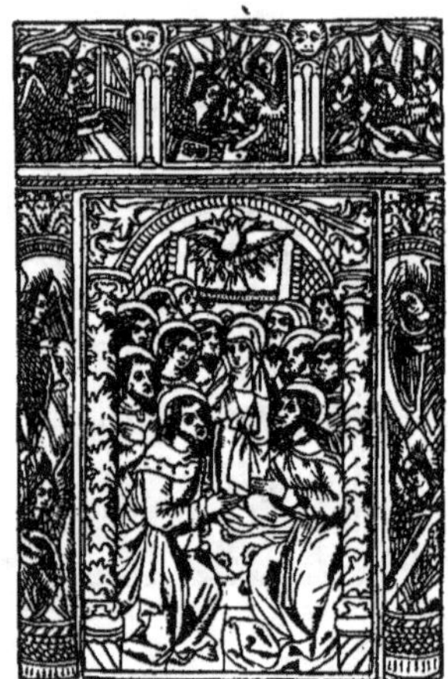

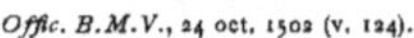

Offic. B.M.V., 24 oct. 1502 (v. 124). *Offic. B.M V.*, 24 oct. 1502 (v. 129).

res, voir tableau II.) — Aux pages r. *l*, r. *lxvij*, r. *lxxxvij*, r. *cxliiij*, r. *cc*, encadrements formés d'une bordure de feuillage à fond criblé sur le côté intérieur et dans le haut; de deux vignettes à figures et à fond criblé sur le côté extérieur; et, dans le bas, de blocs à figures, également à fond criblé, tenant la largeur de la justification et empruntés de l'*Offic. B. M. V.*, 26 juin 1501. — In. o. à figures au trait.

R. ccxxiiij : *Finit officiolū v̄ginis marie. Imp̄ssuʒ/ venetijs per Luc̄anto/nium de giunta floren/tinū. Anno dn̄i. 1505/quarto idus iunij.* Au bas de la page, sur la droite des quatre dernières lignes du colophon, marque du lis rouge florentin.

472. — Ioannes & Gregorius de Gregoriis, 11 février 1505; 8°. — (Berlin, E)

Le titre manque dans l'exemplaire. — 400 ff. n. ch., s. : *A-C*, *a-y*. — 8 ff. par cahier. — C. g. r. et n. — 17 ll. par page. — Toutes les pages sont encadrées de bordures ornementales à motifs variés (rinceaux de feuillage, oiseaux, animaux, personnages) sur fond noir, copiées ou provenant de livres français. Les quinze bois de page sont du même style. — (Pour le

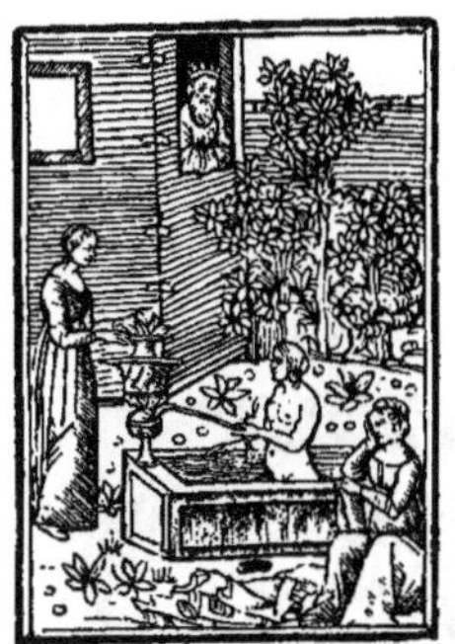
Offic. B. M. V., 24 juillet 1504 (v. k_{ij}).

détail des gravures et les reproductions données, voir tableau II.) — Dans le texte, quelques petites vignettes, du même caractère. — In. o. à figures.

R. v_8 : *Officia ƀm morē sācte Ro/ mane ecl̄e : cū pluribusq3 me/ ritorijs or̄onib' annexis hic/ finem imposui. Impressum/ Uenetijs per Ioannem z/ Gregoriū de gregorijs fra/tres. Die. xj. febr. 1505.* Au verso, marque du *Phénix*, en noir, au-dessus d'un brasier en rouge, avec la souscription : *Laus deo/ Et in fine renouabitur.*

Voir la note qui fait suite à la description de l'*Offic. B. M. V.*, 24 octobre 1502.[1]

473. — Luc' Antonio Guinta, 4 mai 1506 ; 24°. — (Milan, T)

☙ *Officiolu3 beate marie virginis/ƀm ꝯsuetudi/nem roma/ne curie.*

Vélin. — 160 ff. n. ch., s. : *a-v*. — 8 ff. par cahier. — C. g. r. et n. — 16 ll. par page. — Au-dessous du titre, marque du rouge lis florentin. — Six bois de page, signés du monogramme ᴛᴀ, et qui ont été enluminés en or et couleurs (pour le détail des gravures et les reproductions données, voir tableaux I et II). — Les trois bois : *David*, *Pietà*, *Crucifixion* ont été signalés antérieurement dans l'*Orarium Eccl. S. Mariæ Antwerpiensis*, 23 juillet 1502. — Jolies in. o., qui ont été également enluminées. Même remarque pour deux encadrements de page, l'un au v. b_8, l'autre au r. *c*, qui portent respectivement les armoiries des Medici et des Giugni.

R. v_8: ☙ *Finit officiu3 bt̄ē marie/ virginis. Impressum Ue/netijs impensis Luceanto/nij de Giūta Florētini. An/no īcarnationis christi. M/ccccc.vj q̄rto nonas maij.* Le verso, blanc. — Seul exemplaire connu.

474. — Bernardino Stagnino, 9 juin 1506 ; 24°. — Paris, N)

Offm̄ Diue & immaculate vir/ginis Marie ƀm vsum roma/ ne curie cu3 multis or̄oni/bus deuotissimis hacte/nus non impressis.

Vélin. — 144 ff. n. ch., s. : ✠, ✠✠, *a-q*. — 8 ff. par cahier. — C. rom. — 19 ll. par

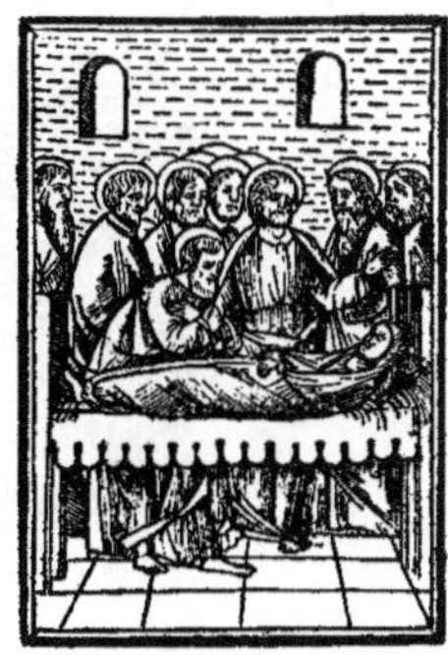
Offic. B. M. V., 24 juillet 1504 (v. m_8).

1. C'est comme pièce de comparaison que nous reproduisons ici la gravure des *Heures à l'usage de Rome*, Jean du Pré, 4 févr. 1488, représentant : *l'« acteur » en adoration devant la Ste Vierge* ; le bois du v. b_{ij} de l'*Office* vénitien, qui provient peut-être, lui aussi, d'un livre français, semble en être une copie directe, sauf quelques modifications de détail.

Officium B. M. V., Bern. Stagnino, 9 juin 1506.

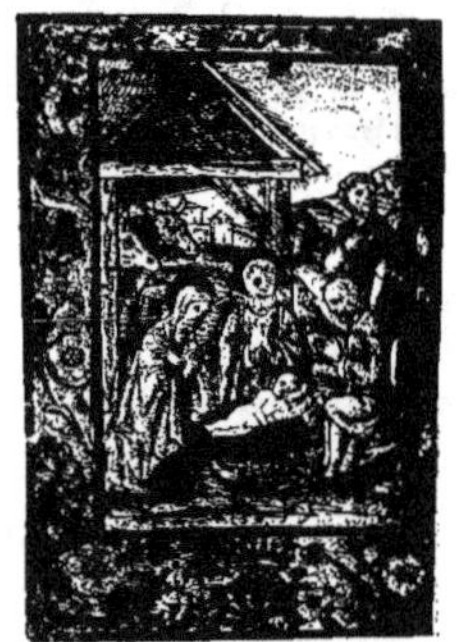

Nativité de J. C.

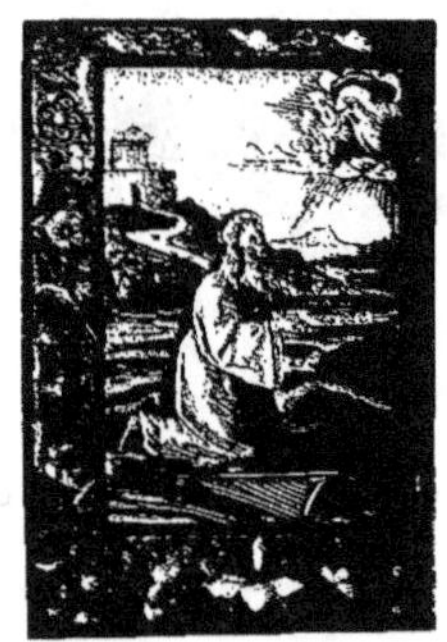

David.

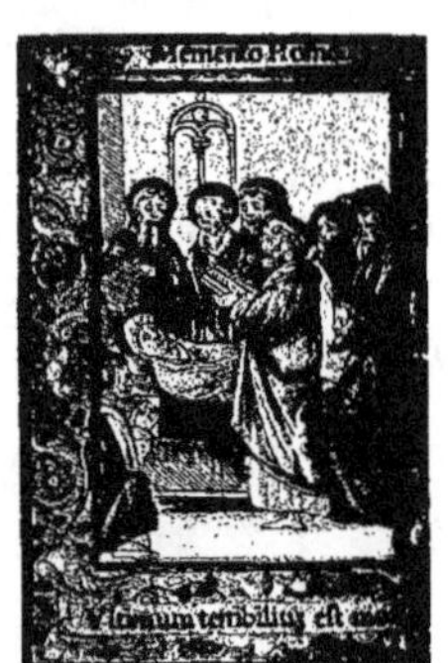

Mort de la Ste Vierge.

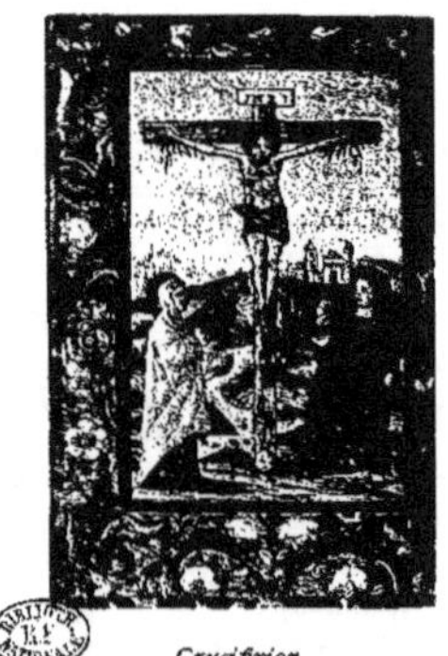

Crucifixion.

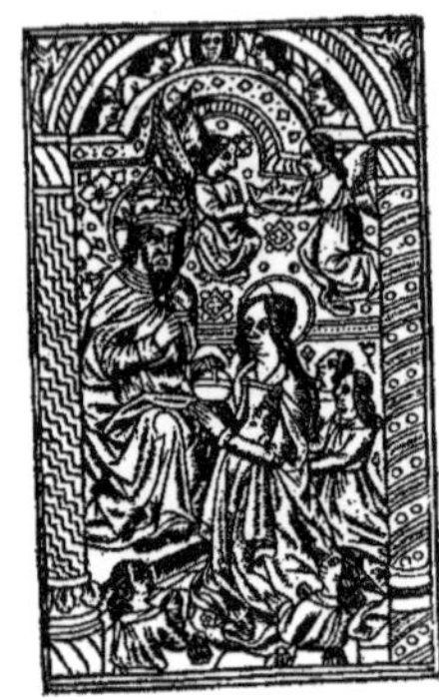
Offic. B.M.V., 11 févr. 1505 (v. C_8).

page. — Au-dessous du titre, petite marque du *St Bernardin portant le chrisme.* — (Pour le détail des gravures et les reproductions données, voir tableau II. Nous décrivons seulement les bois non reproduits.) — V. ✠ ✠$_8$. *Annonciation*. Sur la droite, un portique avec colonnade, à l'entrée duquel la Ste Vierge, nimbée, est assise de face, l'avant-bras gauche posé sur le pupitre d'un prie-Dieu, la main droite sur la poitrine, les cheveux tombant sur les épaules. A gauche, près de la première colonne du portique, l'archange Gabriel, nimbé, agenouillé, de trois quarts, tourné vers Marie, les mains croisées sur la poitrine et retenant la tige d'un lis. Au fond, sur la gauche, en haut, Dieu le Père en buste, dans une auréole frangée de nuages et rayonnante. A l'extrémité du portique, sur la droite, une muraille percée d'une fenêtre cintrée, dans le champ de laquelle apparaît la colombe céleste volant obliquement vers la Ste Vierge. Sol pavé de dalles. — V. n_8. *Descente du St-Esprit.* Au milieu, la Ste Vierge assise dans une *cathedra*, de face, nimbée, les mains jointes ; groupe de six apôtres à gauche ; autre groupe de cinq à droite. Au-dessous de la Ste Vierge, la colombe céleste, dardant des rayons et des langues de feu. Sol pavé de dalles. — Ces gravures ont été coloriées. — Petites in. o. à figures, également enluminées.

R. q_8 : *Explicit officiū nuper cuȝ sum/ma Diligentia castigatū : addi/tisqȝ multis oꝛonibus deuotis/simis : Venetijs Impressum per/ Dñm Bernardinum stagninuȝ/ die. ix. Iunij. M.CCCCC.vj.* Le verso, blanc. — Seul exemplaire connu.

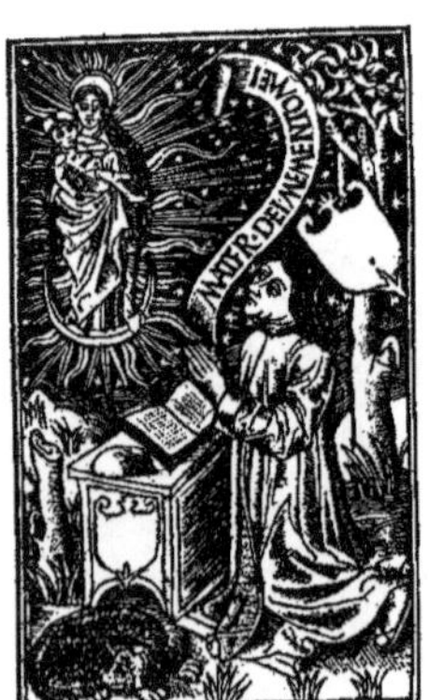
Offic. B.M.V. 11 févr. 1505 (v. b_{ij}).

475. — Bernardino Stagnino, 26 septembre 1507 ; 8°. — (Midhurst, F — ☆)

℄ *Officium beate Marie ƀm vsum Roma/num nouiter impressum : in quo multa vtilia ꝛ deuotione digna q̄ in alijs antea/impressis nō habenī : inuenies...*

18 ff. prél., dont les 8 premiers sans signature, les 10 suivants s. : ✠. — 176 ff. n. ch., s. : *a-y*. — 8 ff. par cahier, sauf *x*, qui en a 12, et *y*, qui en a 4. — C. g. r. et n. — 19 ll. par page. — Au bas de la page du titre, la couronne fermée qui a été l'une des marques de Stagnino, avec les initiales ·B· ·S·. — Toutes les pages sont ornées d'un encadrement formé d'une

bordure étroite à motif ornemental dans le haut et sur le côté intérieur; de trois vignettes séparées par des légendes en gothique rouge, sur le côté extérieur; et, dans le bas, d'un bloc à figures, tenant la largeur de la justification, et surmonté d'une légende en gothique ou en italique rouge. Ces blocs de bas de page représentent des épisodes de la vie de la

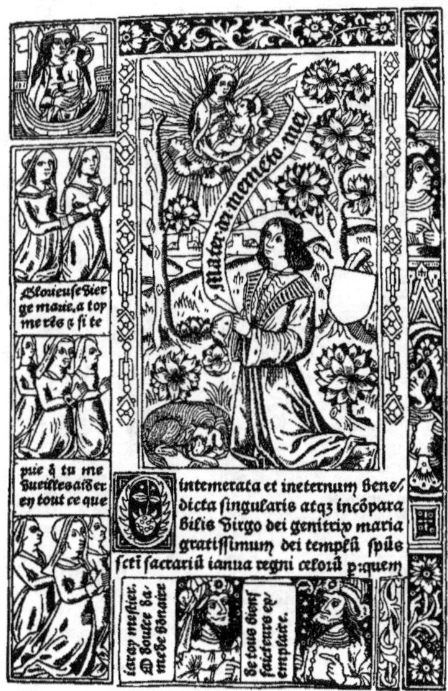

Heures à l'usage de Rome, Jean du Pré, 4 févr. 1488.

Ste Vierge. — (Pour le détail des gravures et les reproductions données, voir tableau II.)

R. x_{12} : ℂ *Finit officiuȝ beate marie vir/ginis quãdiligentissime corre/ctũ. Uenetijs Impressum : impẽ/sis nobilis viri Bernardini Sta/gnini de monteferrato. Anno a/ salutifera incarnatione Mille/simo quingentesimo septimo./ sexto kl's octobris.* Le verso, blanc. — R. *y* : ℂ *Tabula ꝛ ordine del officio de la madonna : per tutto lanno per li simplici che non sano.* — V. y_4, blanc. — Livre de la plus grande rareté.

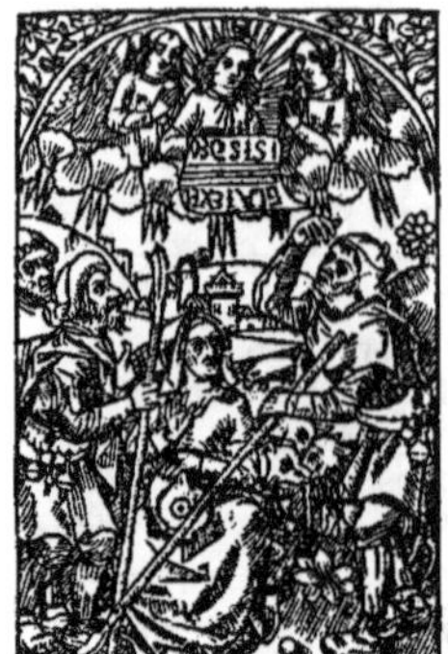

Offic. B.M.V., 11 févr. 1505 (v. *d*).

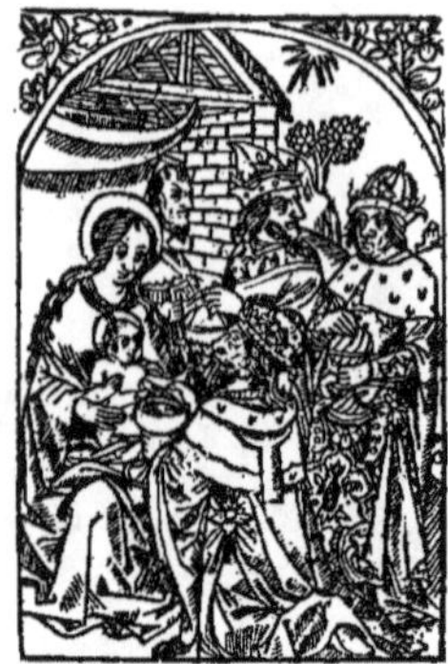

Offic. B.M.V., 11 févr. 1505 (v. d_5).

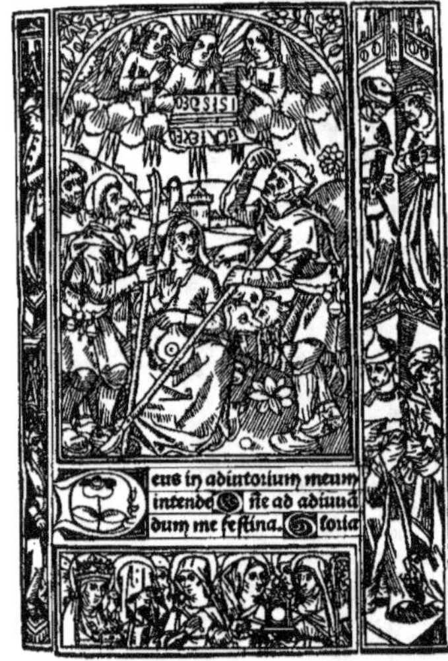

Heures à l'usage de Rome, Jean du Pré, s. a.

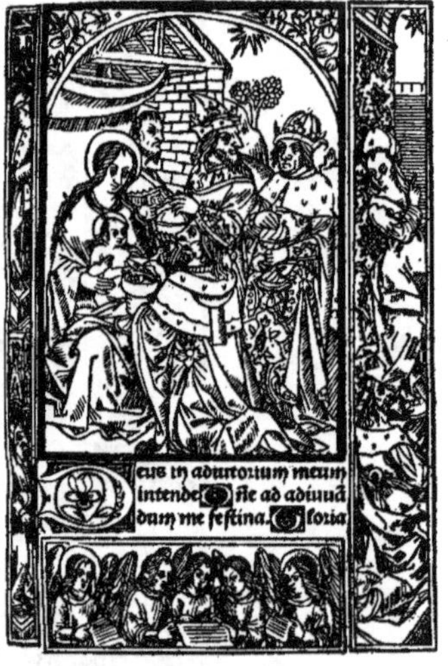

Heures à l'usage de Rome, Jean du Pré, s. a.

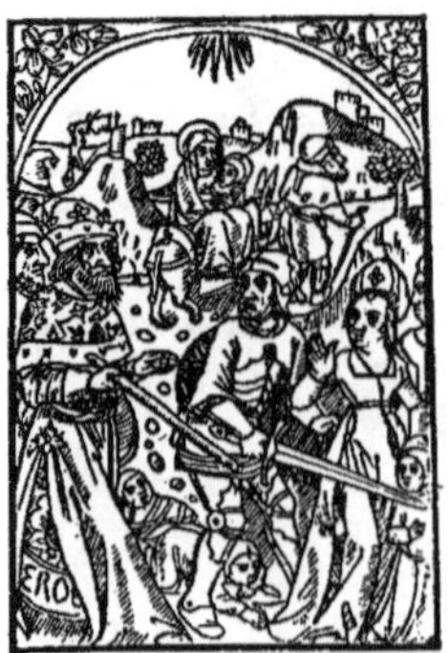

Offic. B.M.V., 11 févr. 1505 (r. e_4).

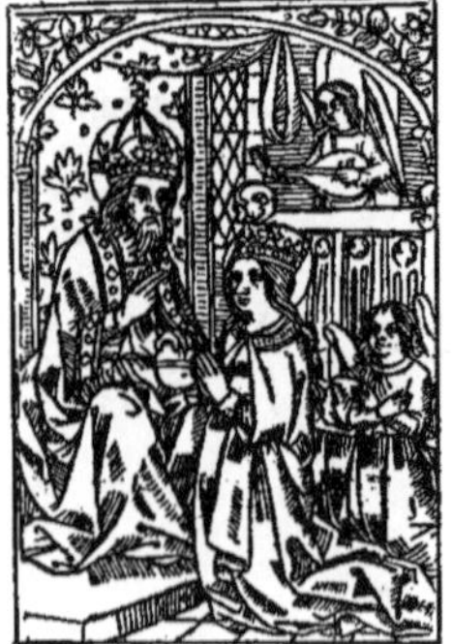

Offic. B.M.V., 11 févr. 1505 (v. f_{ij}).

476. — Bernardino Stagnino, 15 décembre 1511 ; 8°. — (☆)

¶ *Nota che questo officio e ordina/to tutti gli officij chadauno e da sua posta : con li soi psalmi per chadau/no officio : ꝛ tutte le sue hore :...*

Vélin. — 16 (8, 8) ff. prél. n. ch. s. : ✠, ✠. — 208 ff. num., s. ; *a-ʒ*, ꝛ, ꝯ, ꝶ. — 8 ff. par cahier. — C. g. r. et n. — 23 ll. par page. — La page du

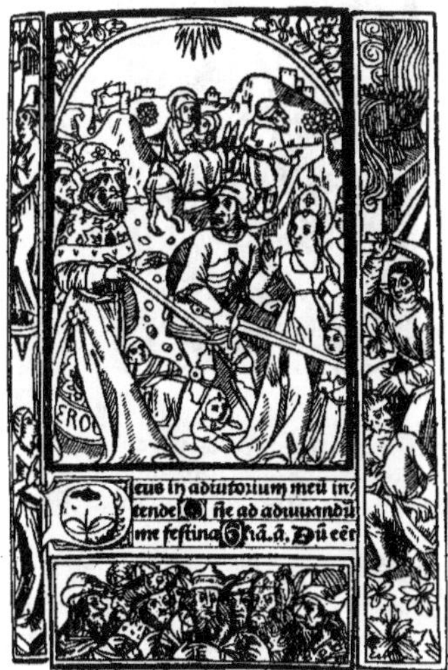

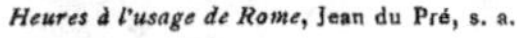
Heures à l'usage de Rome, Jean du Pré, s. a.

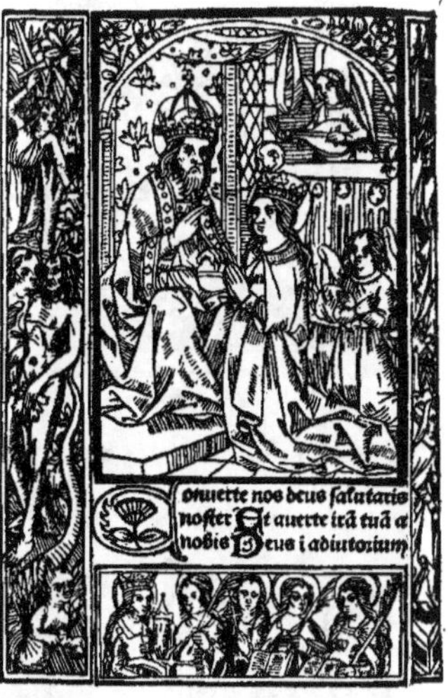

Heures à l'usage de Rome, Jean du Pré, s. a.

titre est encadrée d'une petite bordure à motif d'ornement; au bas de la page, marque du *St Bernardin portant le chrisme.* — Toutes les pages sont entourées d'un encadrement formé d'une bordure ornementale étroite en haut et sur le côté intérieur; de trois vignettes, séparées par des légendes en rouge, sur le côté extérieur; et, dans le bas, de deux figures de prophètes séparées par deux versets en rouge, et accompagnées chacune d'un petit motif d'ornement. — (Pour le détail des gravures, voir tableau II.) — In. o. à figures.

R. 208 : *Explicit offm̄ ordinariū Btē/ marie v̄gīs Im/pressuȝ venetijs/ īpēsis nobilis viri Bernardini/ stagnini de monteferrato anno/ salutis. 1511. Die. 15. Decēbris.* Au-dessous, le registre. Au bas de la page, marque rouge aux initiales de Stagnino. Le verso, blanc.

477. — Bernardino Stagnino, 17 avril 1512; 8°. — (Mayhingen, O — ☆)

℄ Officiuȝ beate Marie ſm vsuȝ /Romanum nouiter impressum : in/ quo/ multa vtilia ꝛ deuotiōe digna/ que in alijs antea impressis nō ha/ bentur: inuenies...

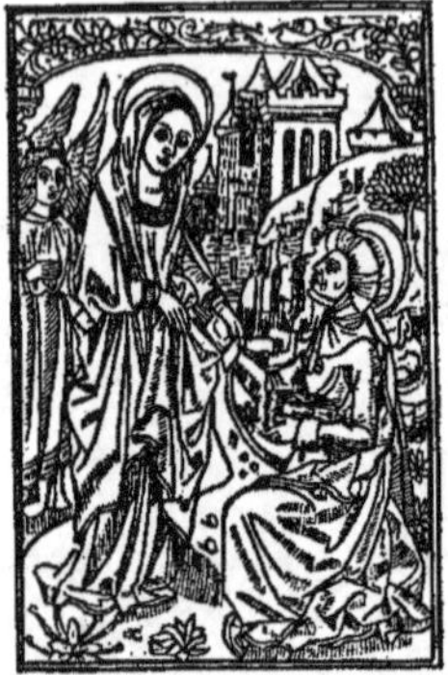

Heures à l'usage de Paris, Jean du Pré, 1489 et *Offic. B.M.V.*, 11 févr. 1505 (v. h_3).

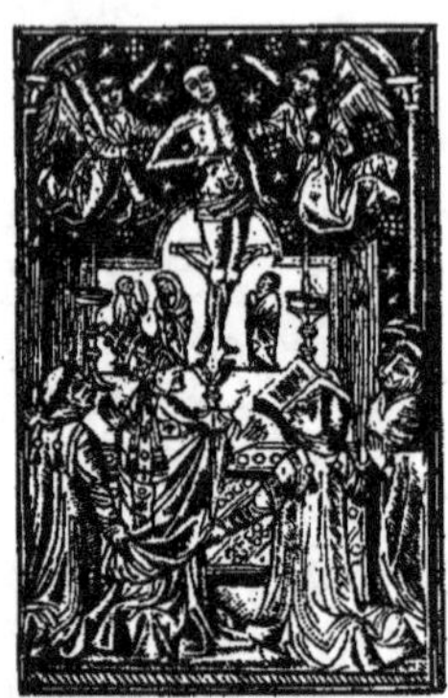

Offic. B.M.V., 11 févr. 1505 (v. s_8).

16 ff. prél., dont les 8 premiers sans signature, les 8 suivants s. : ✠. 120 ff. num., s. : *a-f*, *aa-kk*. — 8 ff. par cahier, sauf *e* et *f*, qui en ont 4. — C. g. r. et n. — 25 ll. par page. — Au-dessous du titre, marque du *St Ber-*

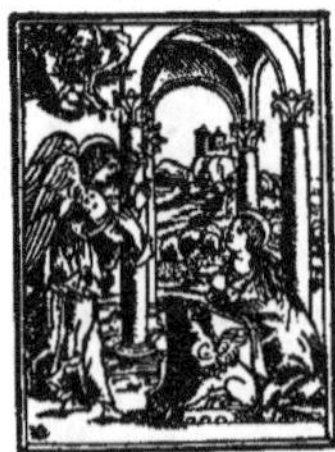

Offic. B.M.V., 4 mai 1506 (v. b_8).

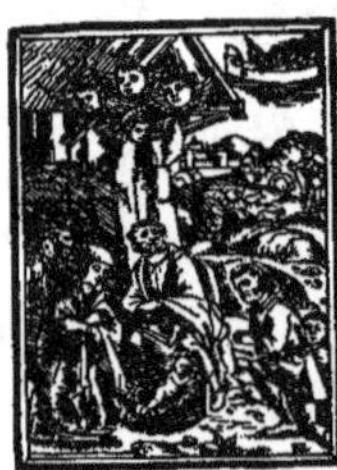

Offic. B.M.V., 4 mai 1506 (v. k_{ij}).

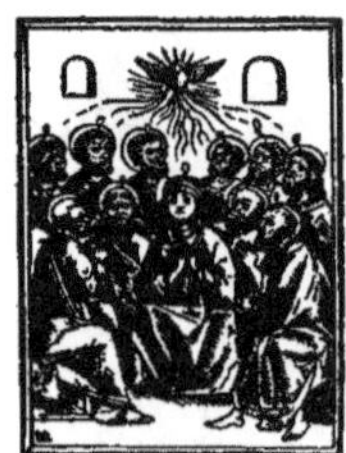

Offic. B.M.V., 4 mai 1506 (v. t_6)

nardin portant le chrisme. — Toutes les pages sont ornées d'un encadrement du même genre que dans l'*Office*, 15 décembre 1511. — (Pour le détail des gravures, voir tableau II.) — Dans le texte, quelques petites vignettes et in. o. à figures.

R. 120 (num. par erreur : 110) : *℄ Finit officium beate marie virgi/nis quam diligentissime corre/ctum. Uenetijs Impressum : impēsis nobilis viri*

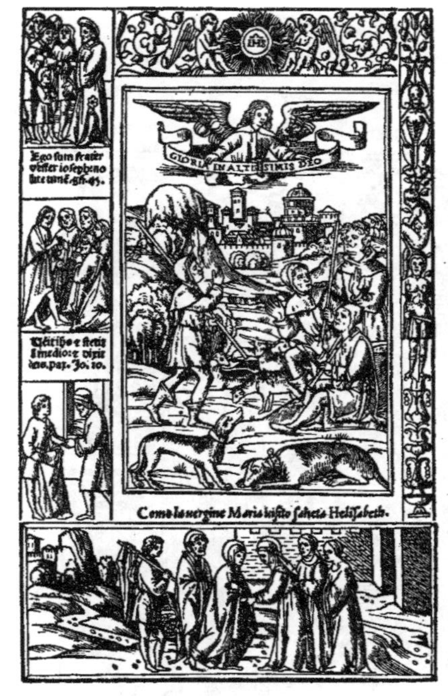

Offic. B.M.V., 26 sept. 1507 (v. c_6).

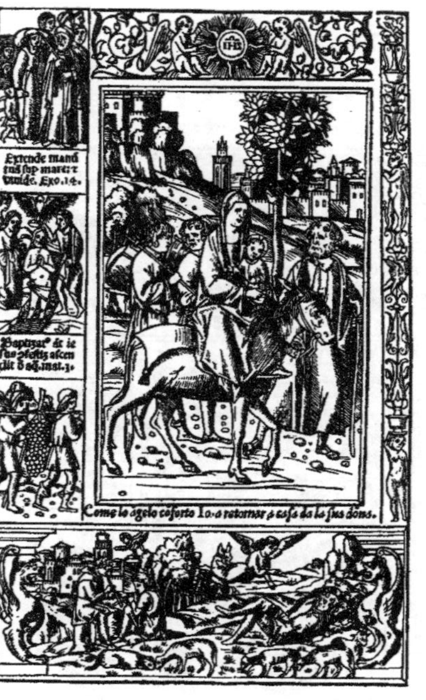

Offic. B.M.V., 26 sept. 1507 (v. d_7).

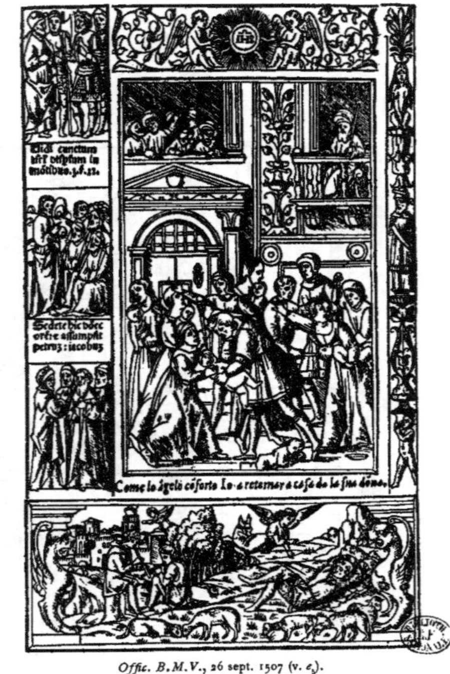

Offic. B.M.V., 26 sept. 1507 (v. *e*).

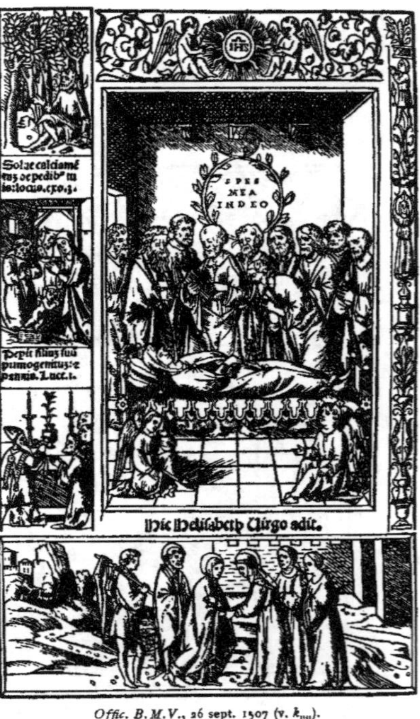

Offic. B.M.V., 26 sept. 1507 (v. *k* iiii).

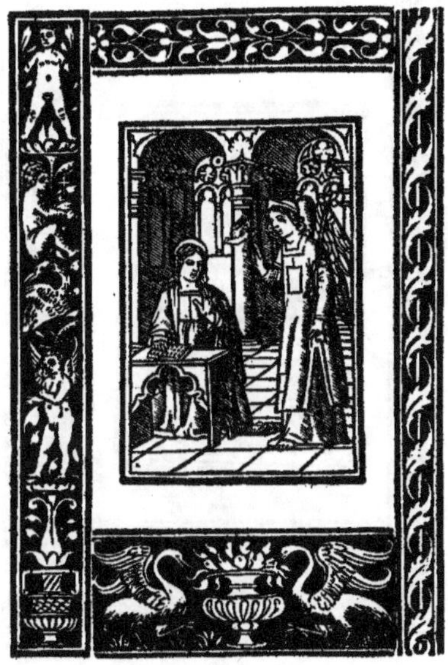

Offic. B.M.V., 2 août 1512 (v. 14).

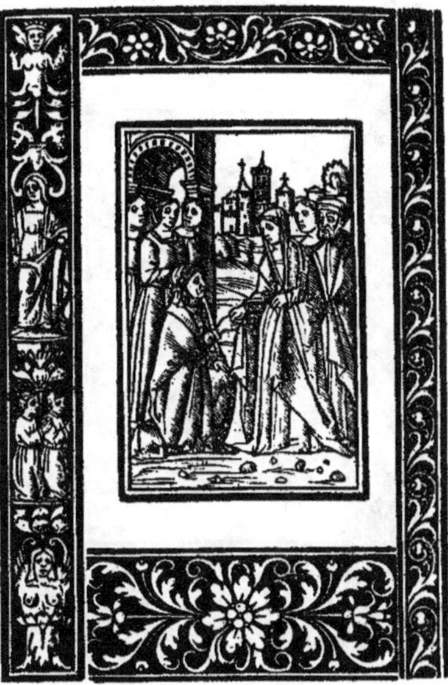

Offic. B.M.V., 2 août 1512 (v. 22).

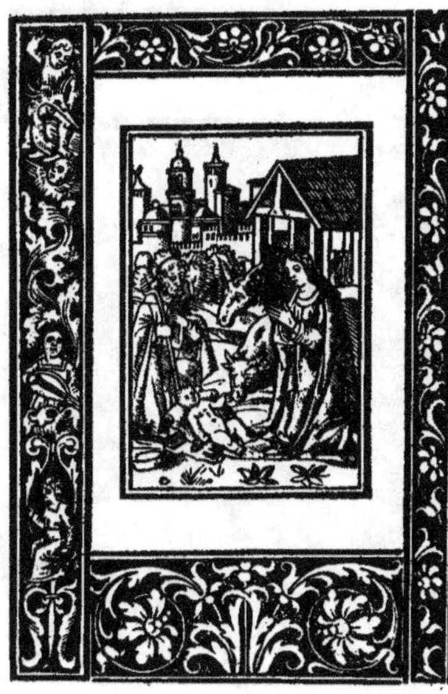

Offic. B.M.V. 2 août 1512 (v. 32).

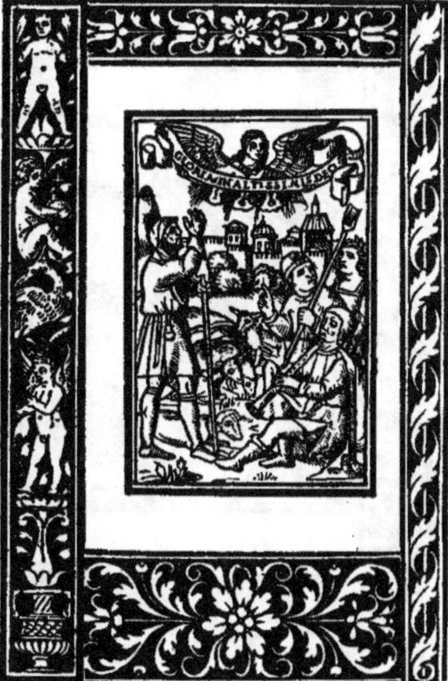

Offic. B.M.V., 2 août 1512 (v. 36).

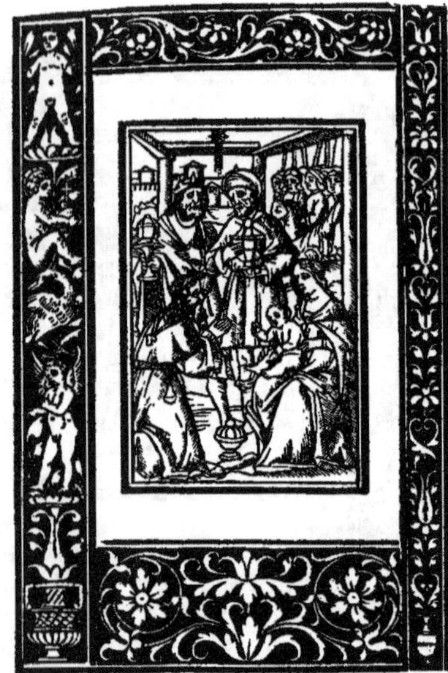

Offic. B. M. V., 2 août 1512 (v. 40).

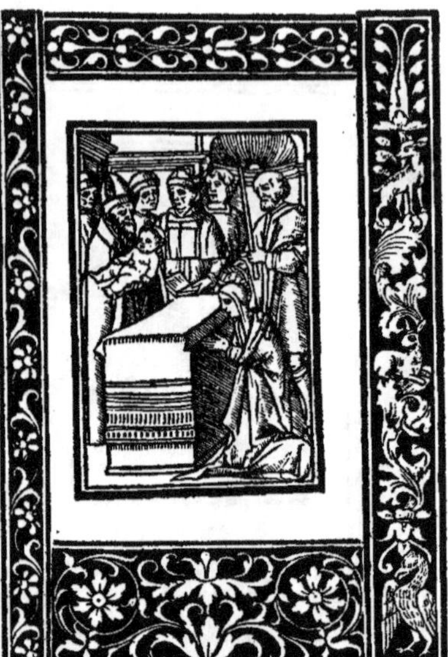

Offic. B. M. V., 2 août 1512 (r. 44).

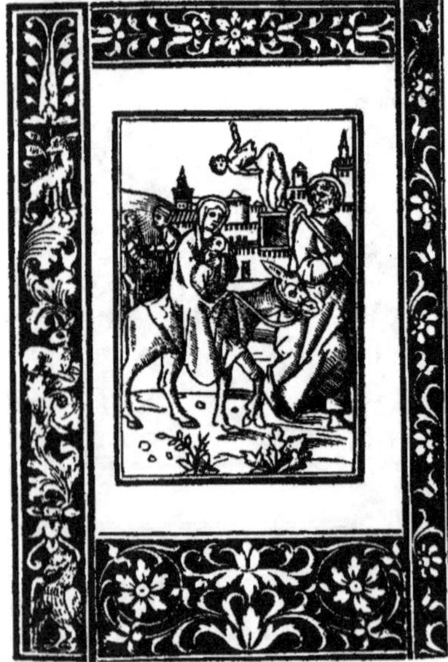

Offic. B. M. V., 2 août 1512 (v. 47).

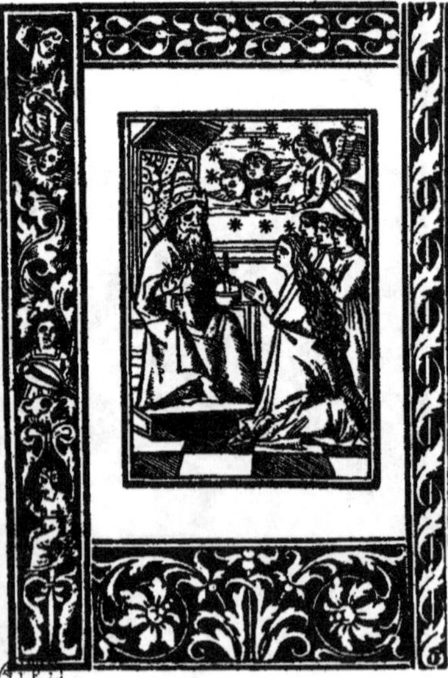

Offic. B. M. V., 2 août 1512 (v. 53).

Bernardini Sta•/gnini de Monteferrato. Anno a sa/ lutifera incarnatione. M.ccccc.xii./die xv.Klendas Maii. Au-dessous, marque aux initiales ·S· ·B·. Le verso, blanc.

478. — Georgio Rusconi (pour François Ratkovié, de Raguse). — 2 août 1512; 8°. — (Paris, N)

140 ff. n. ch. par 8, sauf les trois derniers cahiers, qui sont de 4 ff. —

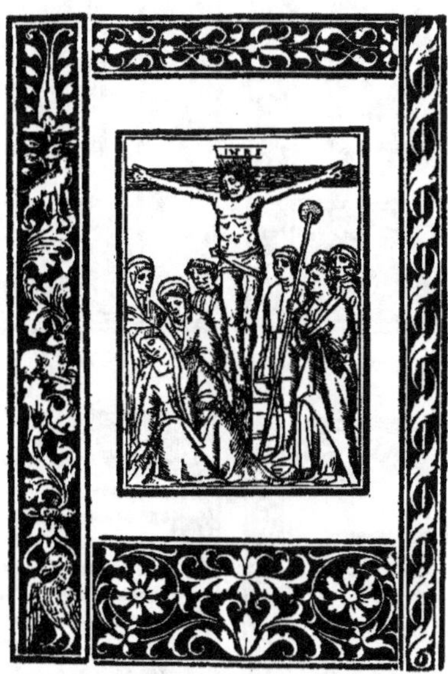

Offic. B.M.V., 2 août 1512 (v. 73).

Caract. slavons r. et n. — 18 ll. par page. — Toutes les pages sont encadrées d'une bordure à motifs d'ornement sur fond noir. — En tête des mois du calendrier, petits bois très médiocres. — (Pour le détail des gravures et les reproductions données, voir tableau II.) — In. o. de diverses grandeurs, à fond noir ou rouge.

R. 124 : (traduction) *Impressum Venetiis apud Georgium Rusconi Mediolanensem, jussu Francisci Ratkovitch, de Ragusa, die secundo Augusti 1512.* Au-dessous, marque de l'éditeur : un écu, avec une fleur de lis rouge en chef, et, dans le bas, les initiales F R entre deux étoiles. Le verso, blanc, ainsi que le f. suivant. — R. 126. Au-dessous du titre des

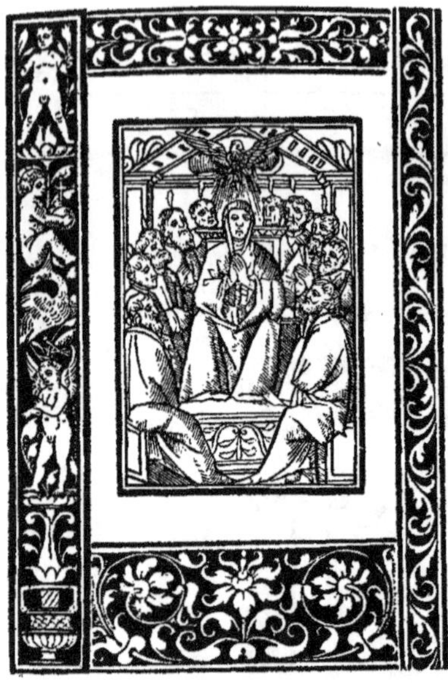

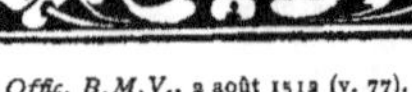
Offic. B.M.V., 2 août 1512 (v. 77).

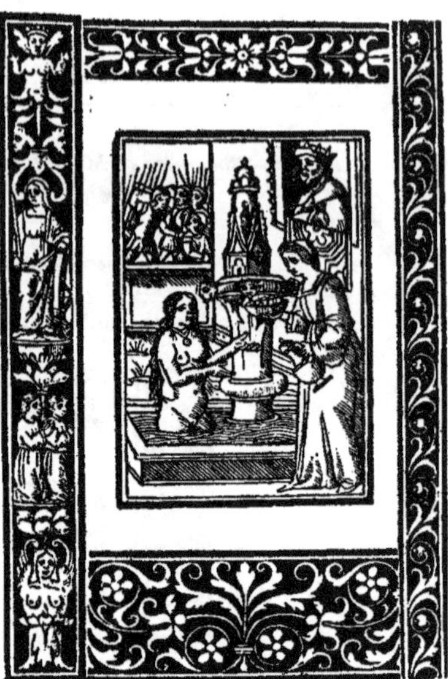

Offic. B.M.V., 2 août 1512 (v. 81).

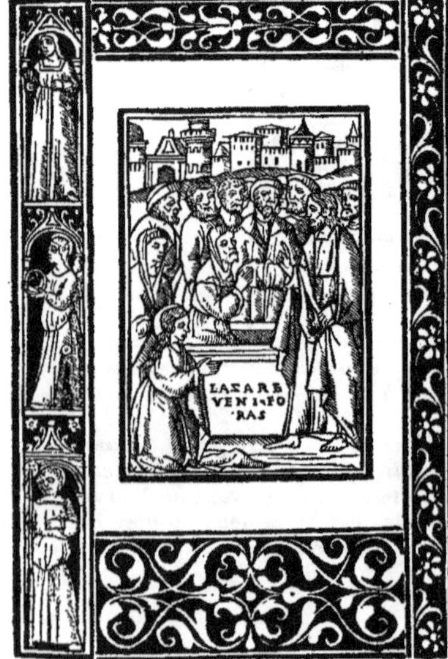

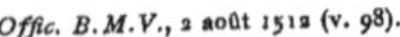
Offic. B.M.V., 2 août 1512 (v. 98).

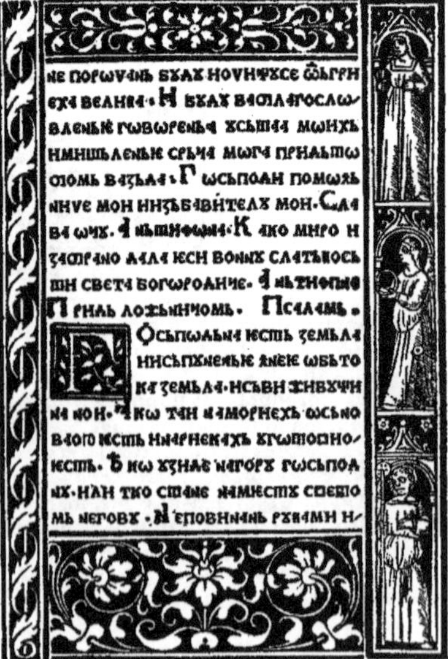

Offic. B.M.V., 2 août 1512.

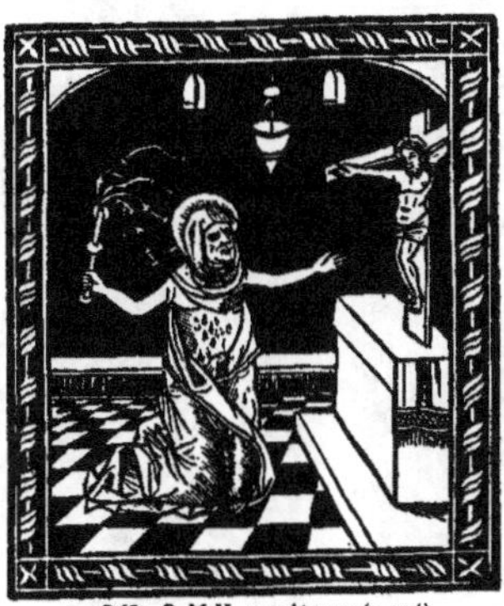
Offic. B.M.V., 2 août 1512 (r. 126).

Prières de Ste Brigitte, bois à fond noir, représentant la sainte en oraison devant un crucifix et se flagellant (voir reprod. p. 440). — R. 137 : (traduction) *Impressum pro Francesco Ratkov, de Ragusa, die.x. augusti 1512.* Le verso, blanc.

Aucun bibliographe slave, ni Šafařik, ni Kukuljević, ni Karatajev, ne semble avoir connu ce volume. Le nom même de Ratković n'est cité nulle part, pas même dans l'*Histoire de Raguse* d'Appendini. L'exemplaire de la B. Nat. est le seul que nous ayons rencontré.

479. — Gregorius de Gregoriis, 1er septembre 1512 ; 12°. — (Berlin, E)

¶ *Nota che q̃sto offi/cio e ordinato tuti gli officij chada/ uno e da sua posta con li soi psalmi/ ꝑ chadauno officio ꝛ tuti le sue ho/re :...*

24 (12, 12), ff. prél., n. ch. s. : ✠, ✠✠. — 168 ff. num. s. : *a-o*. — 12 ff. par cahier. — C. rom. r. et n. ; titre g. r. — 32 ll. par page. — Au-dessous du titre, petite vignette : *St Grégoire* « in cathedra ». — (Pour le détail des gravures et les reproductions données, voir tableaux I et II. Nous décrivons seulement les bois non reproduits). — *Nativité de J. C.* La Ste Vierge agenouillée à gauche ; St Joseph assis à droite ; devant eux, couché à terre, l'enfant Jésus, nu ; à l'arrière-plan : sur la gauche, le bœuf et l'âne sous un hangar ; sur la droite, deux bergers ; dans le haut de la composition, quatre petits anges tenant une banderole avec la légende : GLORIA IN ALTISS ; au fond, paysage avec bouquets d'arbres et maisons. — *Adoration des Mages.* A gauche, la Ste Vierge assise, tenant l'enfant Jésus, nu, devant qui est agenouillé, les mains jointes, un des mages ; près de ce personnage sont déposés à terre sa couronne et un ciboire ; en arrière, groupe composé de St Joseph, des deux autres mages et de leur suite ; au fond, paysage montueux, où cheminent de gauche à droite un cavalier et deux chameaux ; dans le ciel, une étoile rayonnante. — *Circoncision.* Un personnage assis dans une *cathedra*, tenant sur ses genoux l'enfant Jésus, nu ; le grand-prêtre, mitré, assis à gauche sur un siège bas, approche de l'enfant sa main droite armée d'un couteau ; en arrière de la *cathedra*, groupe composé de St Joseph, de la Ste Vierge, et de trois autres personnages ; sur les dalles, au premier plan, un bassin. — *Descente du St-Esprit* (reprod. pour le *Brev. Rom.*, 31 octobre 1518). — *Ste Trinité.* Dieu le Père assis de face, soutenant des deux mains la croix où est cloué Jésus ; sur la traverse de la croix est posée la colombe céleste, éployée ; autour de la tête de Dieu le Père, têtes d'anges ailées et petits anges musiciens ; deux autres petits anges maintiennent le pied de la

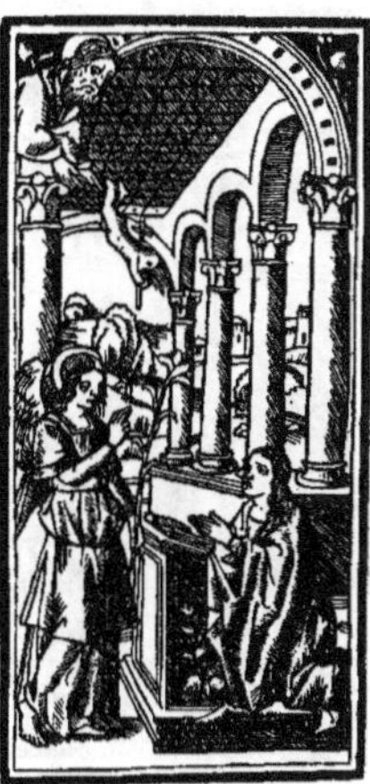
Offic. B.M.V., 1er sept. 1512 (v. XXVI).

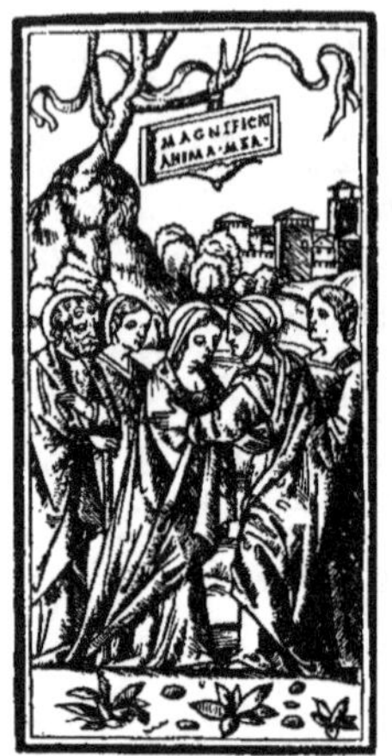

Offic. B. M. V., 1er sept. 1512 (v. VII).

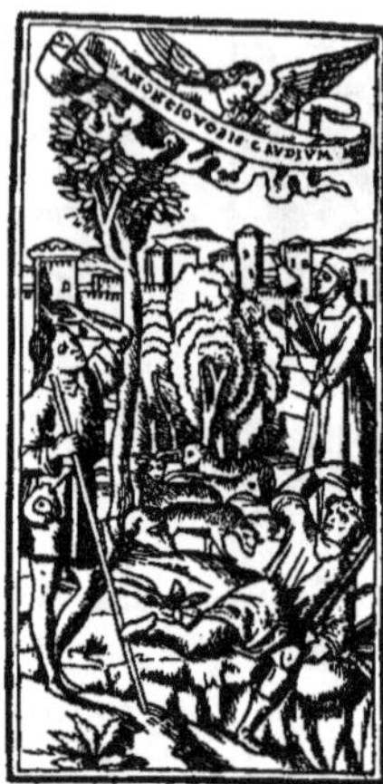

Offic. B. M. V., 1er sept. 1512 (v. XIIII).

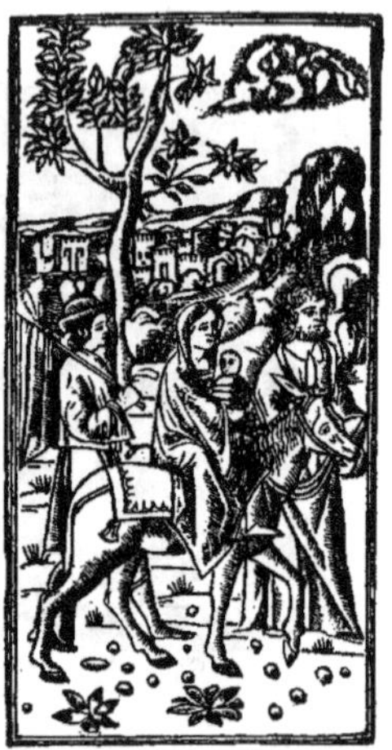

Offic. B. M. V., 1er sept. 1512 (v. XX).

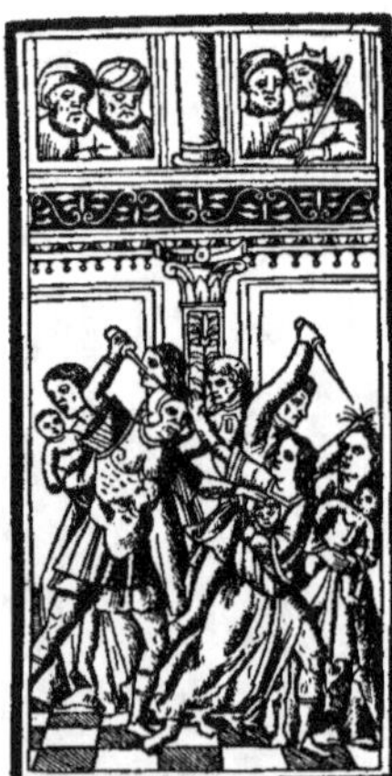

Offic. B. M. V., 1er sept. 1512 (v. XXIII).

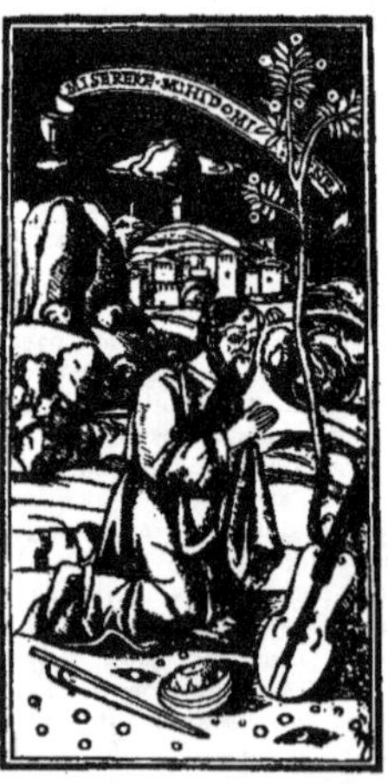

Offic. B. M. V., 1er sept. 1512 (v. LXXXII).

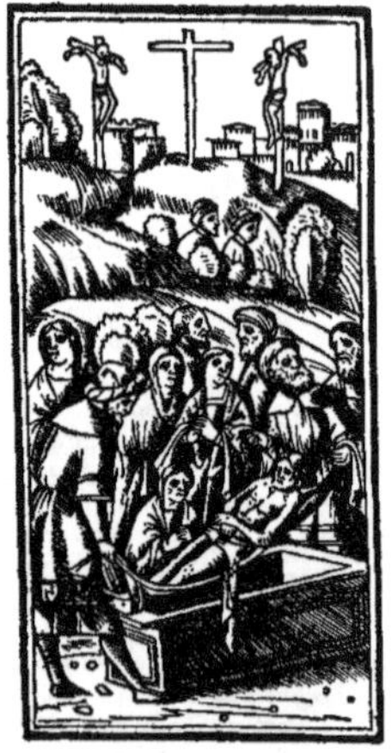

Offic. B. M. V., 1er sept. 1512 (v. XCIII).

croix. — *Toussaint* (reprod. pour le *Brev. Rom.*, 31 octobre 1518). — *La Ste Communion.* Un prêtre debout, de face, en avant de l'autel, tient de la main gauche le saint ciboire, au-dessus duquel il élève de la main droite l'hostie consacrée; en avant de l'autel, cinq personnages agenouillés, les mains jointes; sur l'autel, deux cierges allumés; au fond un retable, avec deux figures de saints et un christ de pitié; dans le haut, deux fenêtres cintrées. — *Crucifixion.* La croix en T, très haute, porte un *titulus* rectangulaire, sans inscription; au pied de la croix, Madeleine agenouillée; à gauche, la Ste Vierge, soutenue par une femme; deux autres personnages à

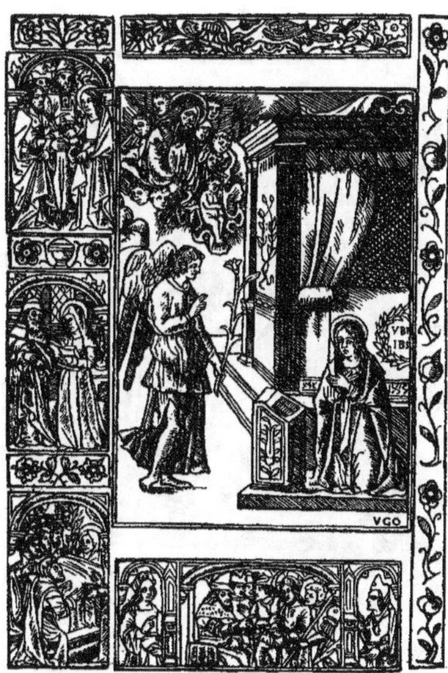

Offic. B.M.V., 3 avril 1513 (v. ✠$_8$).

l'arrière-plan; à droite, St Jean et deux soldats; au fond, Jérusalem. — Dans le texte, vignettes de diverses grandeurs, dont plusieurs sont des imitations du style français ou peut-être même des originaux français; parmi ces derniers, se retrouve au r. XCIII le petit bois: *Les trois Morts et les trois Vifs*, que nous avons vu dans l'*Office* 23 juillet 1489 (r. m_5). — In. o. à figures.

R. CLXVIII: ℂ *Explicit officium ordinariū beate Ma/rie uirginis Impressum Venetiis per/ Gregorium de Gregoriis. Die/primo mensis Septēbris./ M.CCCCC.XII.* Le verso, blanc.

480. — Bernardino Stagnino, 20 janvier 1512; 8°. — (Paris, N — ☆)

℃ *Officiū beate Marie ẜm vsum/ Romanū nouiter impressū : in quo multa vtilia ⁊ deuo/tione digna q̄ in alijs an/tea impressis non ha/bētur : vt in tabu/la cōtinetur.*

18 (8, 10) ff. prél. n. ch., s. : ✠, ✠✠. — 176 ff. n. ch. s. : *a-y*. — 8 ff. par cahier, sauf *x*, qui en a 12, et *y*, qui en a 4. — C. g. r. et n. — 19 ll. par page. — Page du titre : bordure ornementale en haut et sur les côtés ; dans

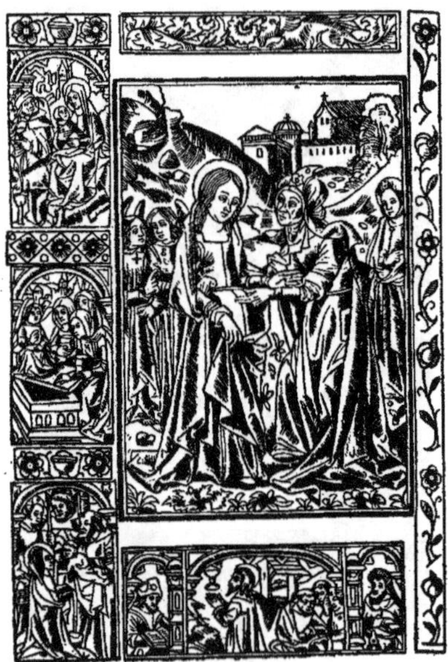

Offic. B.M.V., 3 avril 1513 (v. 13).

le bas, bloc de la largeur de la justification : la Sibylle montrant à l'empereur Auguste l'image de la Ste Vierge et du Sauveur dans une *mandorla* rayonnante. Au-dessous des sept lignes de titre, imprimé en rouge, la couronne fermée, marque de Stagnino, avec les initiales ·B· ·S·. — Toutes les pages sont encadrées comme dans l'*Office*, 26 septembre 1507. — Les bois de page sont aussi les mêmes (voir tableau II). — Dans le texte, vers la fin du volume, quelques petites vignettes. — In. o. à figures.

R. x_{12} ; ℃ *Finit officiū beate marie vir/ginis quā diligentissime corre/ctū Uenetijs Impressū ꝑ dn̄ʒ / Bernardinuʒ stagninum. M./ccccc.*

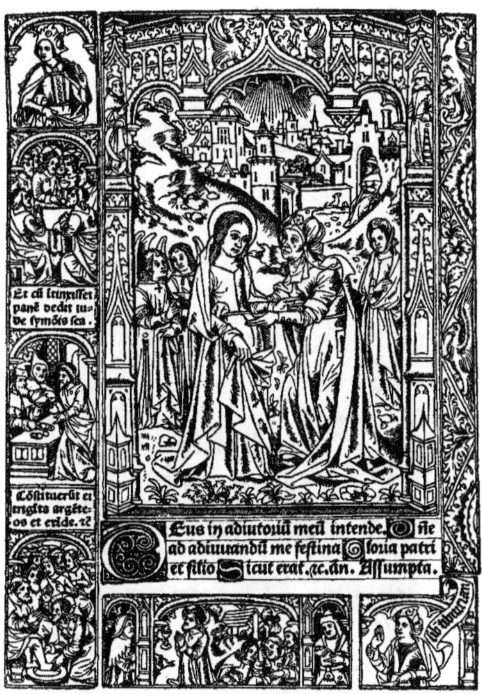

Heures a lusage de Rome, Simon Vostre, 17 sept. 1496.

xij. Die. xx. Ianuarij. Au-dessous, marque à fond rouge, aux initiales de Stagnino. — Le verso, blanc. — R. *y* : ℂ *Tauola* ꝛ *ordine del officio de la madonna : per tutto lanno per li simplici che non sano.* — R. y_3 : Petite marque du *St Bernardin portant le chrisme.* Au verso : ℂ *Tabula officiorum* ꝛ *orationum in hoc offi/ciolo contentorum.* — V. y_4, blanc.

481. — Jacobus Pencius de Leucho (pour Alexandro Paganini), 3 avril 1513; 8°. — (Milan, A)

ℂ *Offm̃ btissime virginis ma/ rie cũ li officij ordinati de cia/ schũ tẽpo cioe del adẽto : / de la natiuita :* ꝛ *de la pu/ rificatione per ogni/ tempo il suo offi/cio ĩtegerrimo :...*

16 (8, 8) ff. prél. n. ch., s. : ✠, ✠. — 216 ff. num. s. : *a-z*, ꝛ, ꝯ, ꝶ, *A*. —

8 ff. par cahier. — C. g. r. et n. — 22 ll. par page. — Au-dessous du titre : *Annonciation*, petite vignette sans importance. — Toutes les pages sont entourées d'encadrements imités des livres d'Heures français, et formés d'une bordure étroite à motif ornemental sur le côté extérieur, et d'un bloc à figures dans le bas. — (Pour le détail des gravures et les reproductions données, voir tableau II.) — Cinq des bois de page sont copiés des *Heures a lusage de Rome*, imprimées par Philippe Pigouchet pour Simon

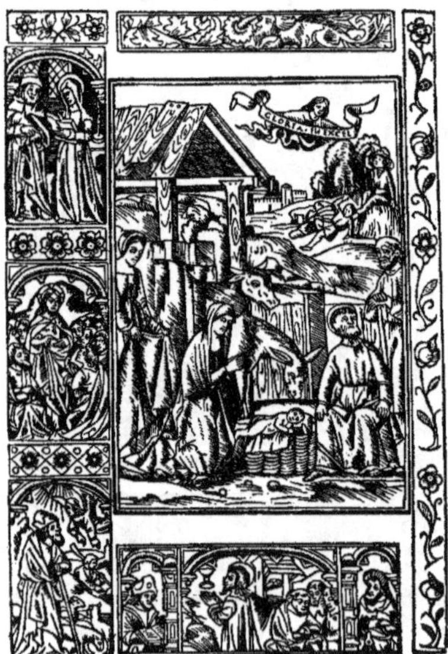

Offic. B. M. V., 3 avril 1513 (v. 21).

Vostre, le 17 septembre 1496 : *Visitation*, *Annonce aux bergers*, *Adoration des Mages*, *Fuite en Egypte*, *Arrestation de Jésus*, *Descente du St Esprit*[1]; trois autres sont copiés de l'*Offic. Virg.*, 26 sept. 1507 : *Présentation au temple*, *Mort de la Ste Vierge*, *Crucifixion*. — Parmi les petits bois des encadrements, il faut signaler particulièrement les représentations de la *Danse macabre*, dont les sujets, au nombre de huit, les uns à fond blanc, les autres à fond criblé, et imités des vignettes de nos livres

1. Les reproductions de ces bois français que nous donnons ici, ont été prises d'après un exemplaire des *Heures* du 16 sept. 1498, dans lequel les épreuves étaient d'un meilleur tirage.

d'Heures, sont répartis depuis la page r. 150, où commence l'Office des Morts, jusqu'à la page r. 183 (voir reprod. p. 450). — In. o. à figures.

R. 216 : ℂ *Finit offm̃ ordinarium beate/ marie qȝdiligentissime correctū./ Impressum Uenetijs ꝑ Iacobū/ pentium de Leucho. Impensis/ domini Alexandri de paganinis/ Brixiensis. Anno incarnationis/dñi. M.d.xiij. Die.iij. Aprilis.* Le verso, blanc.

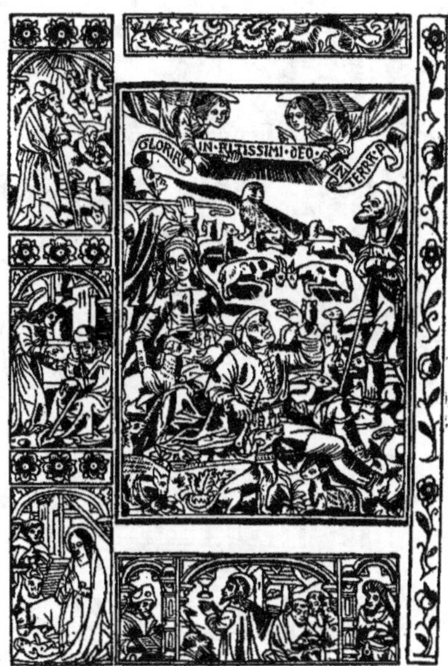

Offic. B.M.V., 3 avril 1513 (v. 24).

482. — Luc'Antonio Giunta, 13 novembre 1513 ; 16°. — (Londres, BM)

ℂ *Officiolum beatissi/me virginis marie/ ꝭm ordineȝ fra/ trum p̄dica/ toꝝ ꝛ bea/ti domi/nici.*

16 (8,8) ff. prél. n. ch., s. : ✠, ✠ ✠. — 192 ff. num., s. : *a-ȝ*, ꝛ. — 8 ff. par cahier. — C. g. r. et n. — 16 ll. par page. — Au-dessous du titre, petite vignette : *St Dominique*, tenant de la main droite un livre, une branche de lis et un crucifix, et de la main gauche l'église symbolique. — En tête des mois du calendrier, représentations des occupations agricoles et ménagères pour les diverses saisons. — (Pour le détail des gravures et les reproductions données, voir tableau II.) — On a employé comme bois de page, au v. 69, un *St Michel terrassant le démon*, et, au v. 74, un

GLORIA IN ALTISSIMIS DEO IN TERRA

exurgēsioseph a sōno accepit cōiugē suam.

Pepit filiū suum p̄mogenitū ꝛ pānis eū ꝛc.

Deus in adiutoriū meū intende. Dn̄e ad adiuuandū me festina. Gloria patri et filio: et spiritui sancto. Sicut erat in

Heures a lusage de Rome, Simon Vostre, 17 sept. 1496.

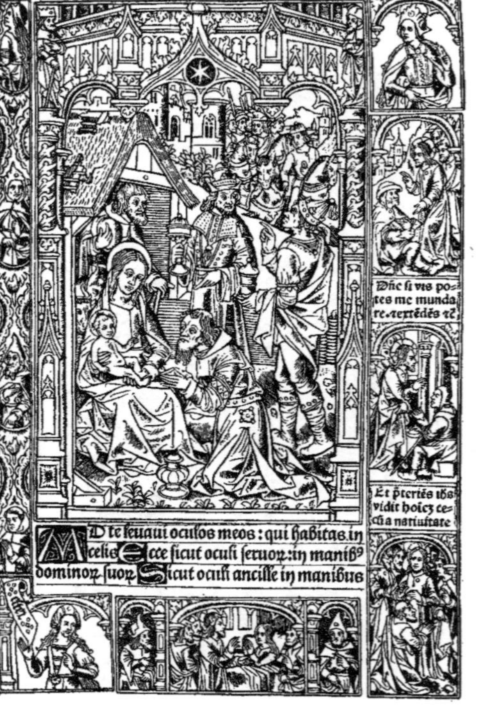
Ad te leuaui oculos meos: qui habitas in celis. Ecce sicut oculi seruorum: in manibus dominorum suorum. Sicut oculi ancille in manibus

Dn̄e si vis potes me mundare. extēdēs ꝛc.

Et p̄tertēs ihs vidit hoīez cecū a natiuitate

Heures a lusage de Rome, Simon Vostre, 17 sept. 1496.

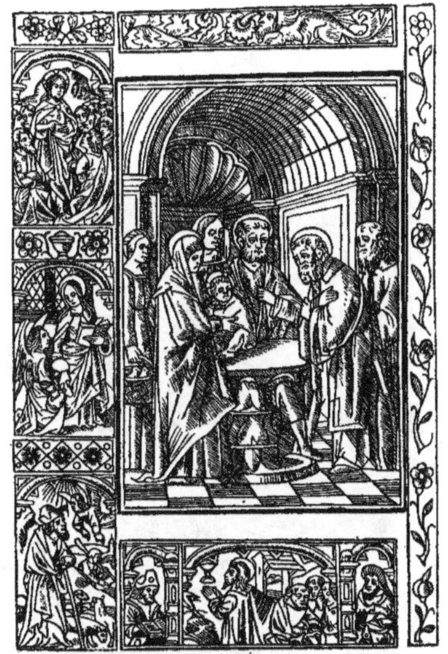

Offic. B.M.V., 3 avril 1513 (v. 27).

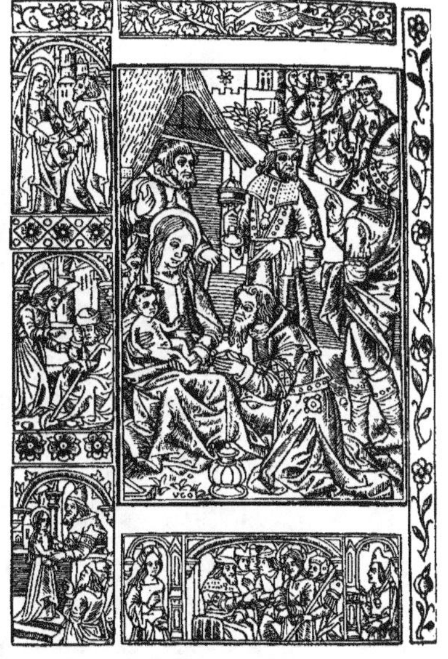

Offic. B.M.V., 3 avril 1513 (v. 30).

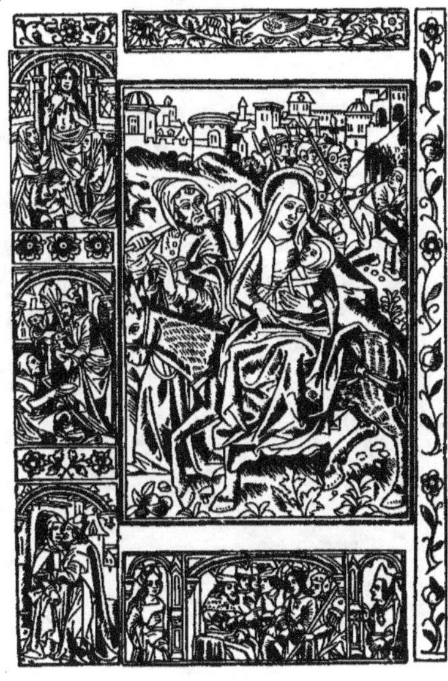

Offic. B.M.V., 3 avril 1513 (v. 33).

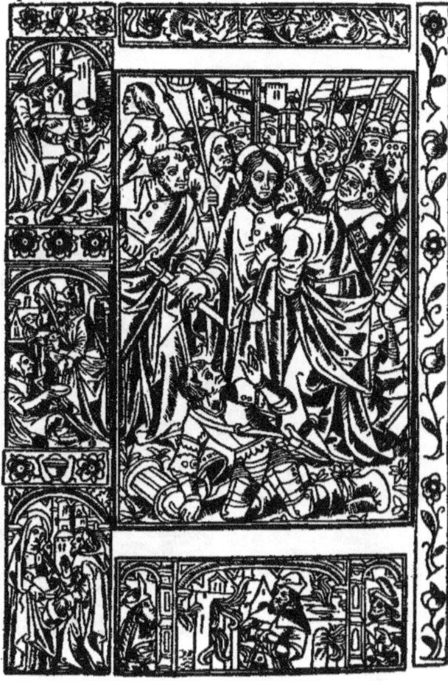

Offic. B.M.V., 3 avril 1513 (v. 38).

Deus in adiutorium meum intende. Domine ad adiuuandum me festina. Gloria patri et filio. Sicut erat. &c. a. Dii esset. Ps.

Quā accusatio nē affertis aduersus holem hūc

apprehēdit pylat' iesū; flagellauit eū. Io. 19.

Heures a lusage de Rome, Simon Vostre, 17 sept. 1496.

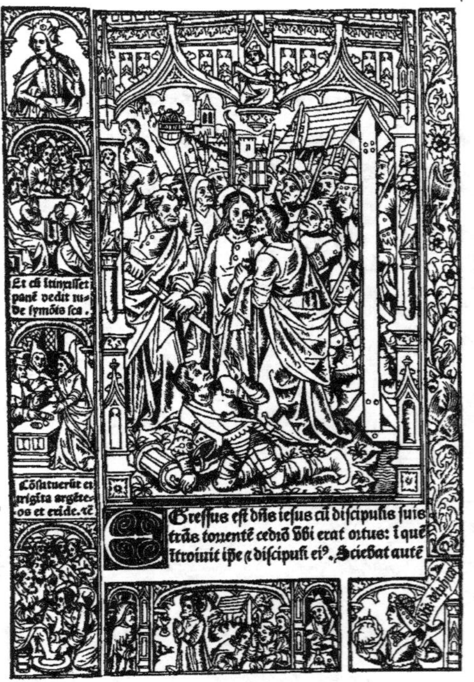

Heures a lusage de Rome, Simon Vostre, 17 sept. 1496.

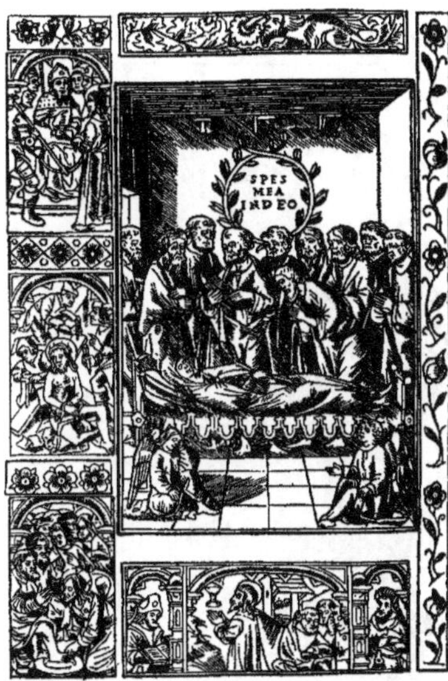

Offic. B.M.V., 3 avril 1513 (v. 149).

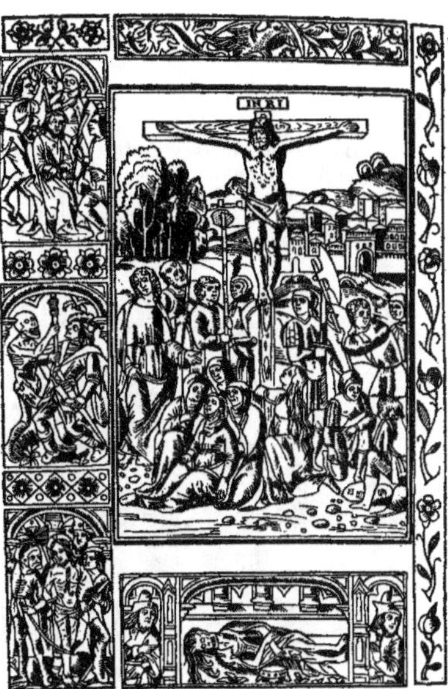

Offic. B.M.V., 3 avril 1513 (v. 178).

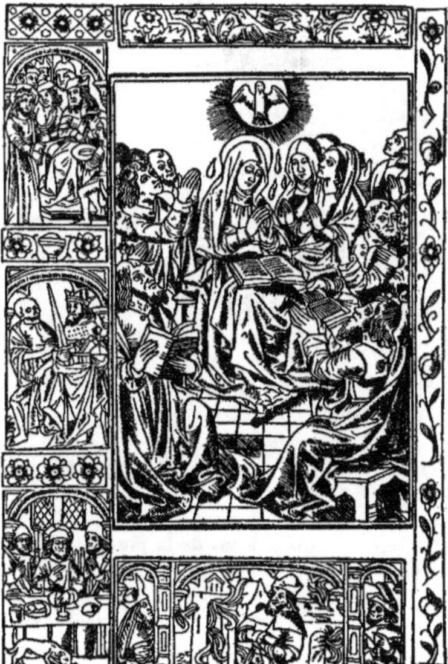

Offic. .M.V., 3 avri 1513 (v. 184).

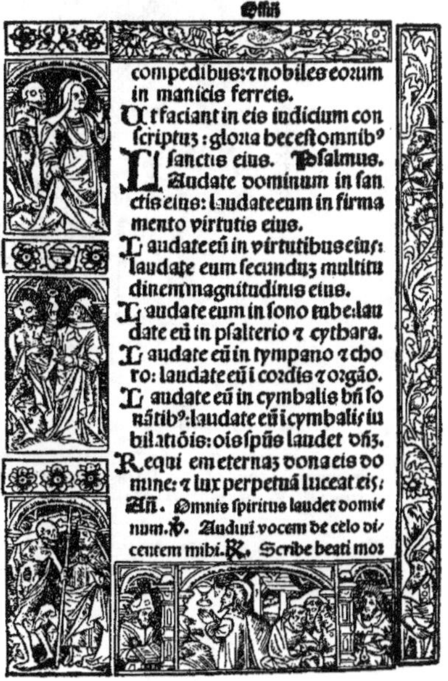

Offiũ

compedibus: ⁊ nobiles eorum
in manicis ferreis.
Ut faciant in eis iudicium con
scriptuȝ: gloria hec est omnibꝰ
sanctis eius. Psalmus.
Laudate dominum in san
ctis eius: laudate eum in firma
mento virtutis eius.
Laudate eũ in virtutibus eius:
laudate eum secunduȝ multitu
dinem magnitudinis eius.
Laudate eum in sono tube: lau
date eũ in psalterio ⁊ cythara.
Laudate eũ in tympano ⁊ cho
ro: laudate eũ i cordis ⁊ orgão.
Laudate eũ in cymbalis bñ so
nãtibꝰ: laudate eũ i cymbalis iu
bilatiõis: ois spũs laudet dñȝ.
Requiem eternaȝ dona eis do
mine: ⁊ lux perpetuã luceat eis:
Añ. Omnis spiritus laudet domi
num. ℣. Audiui vocem de celo di
centem mihi. ℟. Scribe beati mor

Offic. B.M.V., 3 avril 1513.

St Dominique, deux vignettes qu'on rencontre fréquemment dans les colonnes des livres de liturgie in-4° et in-f° imprimés par Giunta. — In. o. à figures.

R. 192 : *Officiolũ btĩssime ṽginis marie ẽm ri/ tũ p̃dicatoꝝ... Ve/ netijs per dñm lucantonium impressuꝫ/ feliciter explicit. Anno dñi M.ccccc./xiij. die. xiij. Nouembris.* Le verso, blanc.

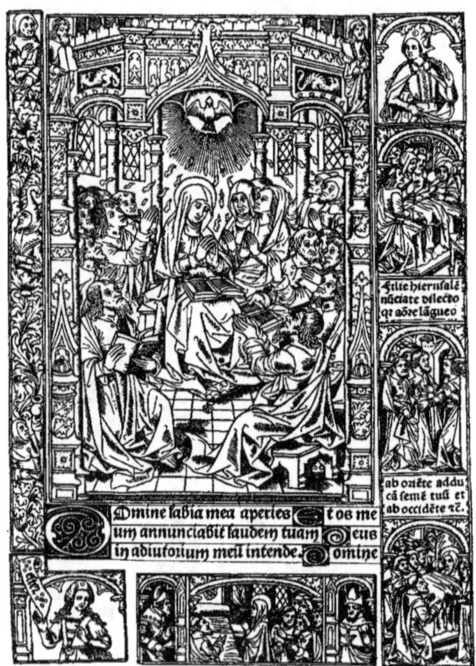

Heures a lusage de Rome, Simon Vostre, 17 sept. 1496.

483. — Gregorius de Gregoriis, juillet 1516 ; 12°. — (Vérone, Ca)

Officium Romanum./ ℂ Nota candidissime lector officiũ/ istud beate virginis nouo quodam/ordine a Gregorio de gregoriis ex/ cogitato suis etiam characteribus & sumpti/bus est impressum.... Cum gratia et priuilegio. 1516.

24 ff. prél., n. ch., s. : ✠, ✠. — 156 ff. num., s. : *A-N*. — 12 ff. par cahier. — C. ital. r. et n. ; titre imprimé en rouge, sauf la dernière ligne. — Au-dessous de la première ligne, imprimée en c. g., figure du bœuf ailé penché sur un livre de l'Evangile posé à

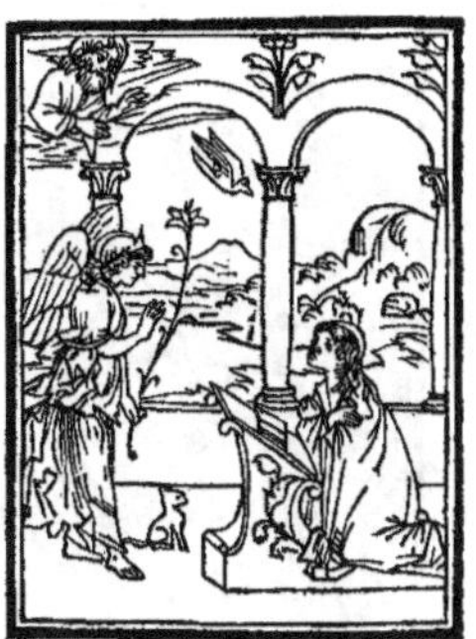
Offic. B.M.V., 13 nov. 1513 (v. ✠✠ₒ).

terre ; sous le corps de l'animal, le monogramme C.G.[1] (voir reprod. p. 454). — R. ✠ii (1er cahier) : cadran pour l'indication du nombre d'or ; au verso : autre cadran pour l'indication de la lettre dominicale. — (Pour le détail des gravures et les reproductions données, voir tableau II.) — Les trois bois : *Visitation*, *Fuite en Egypte*, *Ste Trinité*, sont des copies de ceux de l'*Offic. B. M.*, 1er sept. 1512. — Dans le texte, vignettes de diverses grandeurs (voir reprod. p. 454). — In. o. à figures.

R. CLVI : ℭ *Impressum Venetijs per Gregoriū/ de gregorijs Cum priuilegio Il/ lustrissimi. D. V. Mensis/ Iulij. M. ccccc. xvi.* Le verso, blanc.

484. — Luc'Antonio Giunta, 10 avril 1517 ; 8°. — (Vienne, I)

ℭ *Offm̄ btissime virginis ma/rie cū li officij ordinati de cia/ schū tēpo... ꝛ cum/ multe rubrice e de/ uotione de nouo poste.*

16 (8,8) ff. prél. n. ch. s. : ✠, ✠✠. — 216 ff. num., s. : *a-ʒ*, *ꝛ*, *ꝯ*, *A*. — 8 ff. par cahier. — C. g. r. et n. — 23 ll. par page. — Page du titre : petite bordure ornementale ; au bas de la page, marque du lis rouge florentin. — Toutes les pages sont entourées d'un encadrement formé d'une petite bordure ornementale en haut et sur le côté intérieur ; de trois petits bois séparés par des légendes en rouge, sur le côté extérieur ; et, dans le bas, de deux figures de prophètes en buste, séparées par deux versets en rouge, et soulignées d'un motif d'ornement. — (Pour le détail des gravures et les reproductions données, voir tableau III.) — Tous ces bois, sauf la *Fuite en Egypte*, sont des copies directes ou inverses des gravures de l'*Offic. B. M. V.*, 26 septembre 1507. — Dans le texte vignettes de diverses grandeurs, parmi lesquelles la petite *Crucifixion* avec monogramme **IA**, signalée dans l'*Orarium Eccl. S. Mariæ Antwerp.*, 23 juillet 1502. — In. o. à figures.

R. 216 :.... *Impressum Uenetijs : impēsis/nobilis viri Lucāntonij de giun/ta Florentini. Anno a salutife/ra incarnatione. M.ccccc. xvij./ die. x. aprił.* Le verso, blanc.

485. — (Florentiæ) Hæredes Philippi Iuntæ, 7 mars 1520 ; 32°. — (Londres, BM)

HORAE IN LAV/ dem beatiss. Virginis secū-/ dum consuetudinem Ro/ manæ curiæ./ SEPTEM PSALMI/ pœnitentiales cum litanijs/ & orationibus./ SACRIFICIVM IN/ laudē sanctiss. Virginis./ VESPERAE MOR-/ tuorum.

160 ff. n. ch., s. : *a-u*. — 8 ff. par cahier. — C. gr. r. et n. — 13 ll. par page. — V. du titre : *Annonciation*, d'origine vénitienne (voir reprod. p. 458).

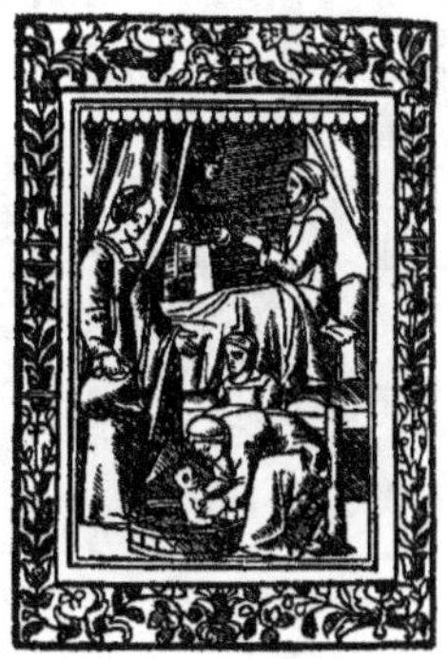
Offic. B.M.V., 13 nov. 1513 (v. 44).

1 Ce monogramme — comme l'ancre aux deux S qu'on voit sur certaines gravures des livres de Scoto — est-il simplement une marque de propriété de l'imprimeur-éditeur ? ou bien faut-il y voir une signature qu'il avait mise, comme graveur, sur le bois taillé par lui-même ? Cette signature se retrouve sur d'autres gravures, qui prêtent à la même question. Il est fort probable que Gregorio de Gregorii, comme d'autres imprimeurs de Venise, a dû s'exercer à la gravure ; mais nous ne pouvons que nous en tenir à cette probabilité.

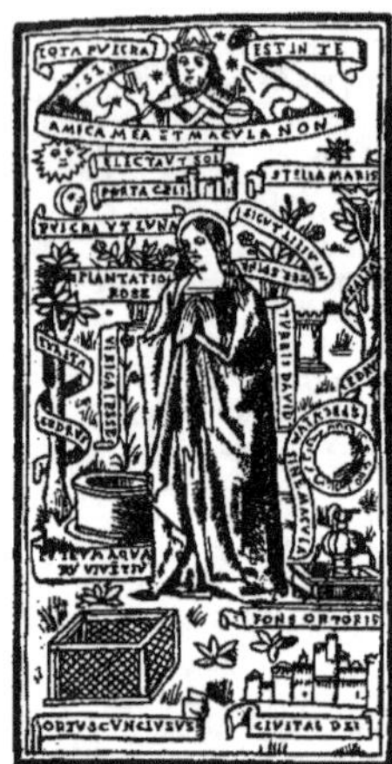
Offic. B.M.V., juillet 1516 (v. ✠$_{8}$).

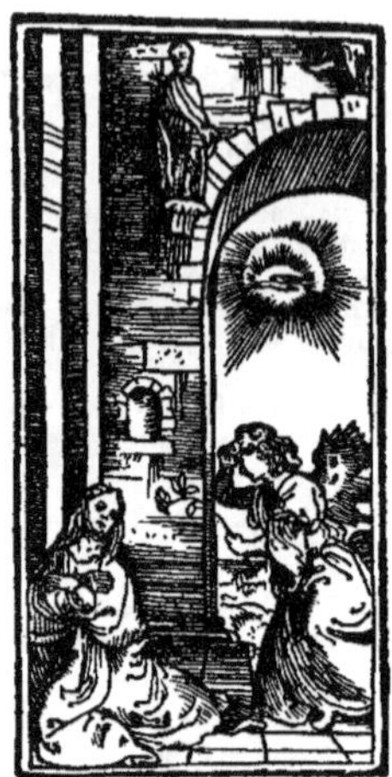
Offic. B.M.V., juillet 1516 (v. ✠$_{12}$).

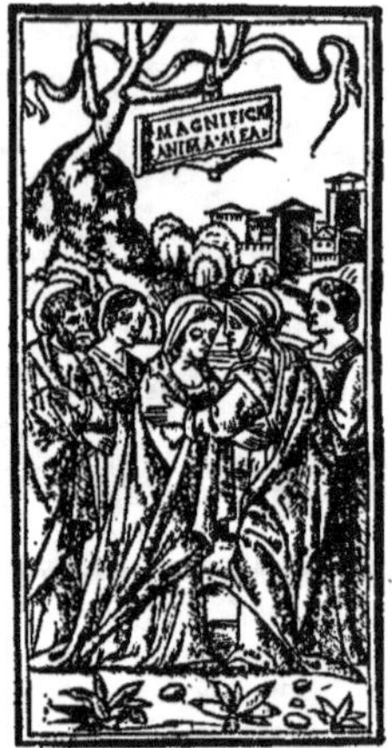

Offic. B.M.V., juillet 1516 (v. XI).

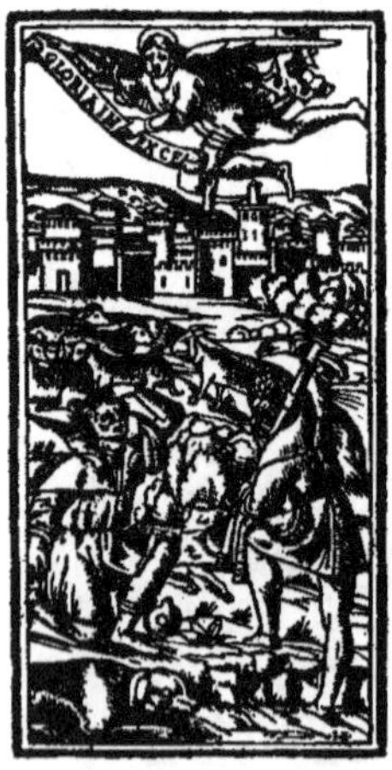
Offic. B.M.V., juillet 1516 (v. XXII).

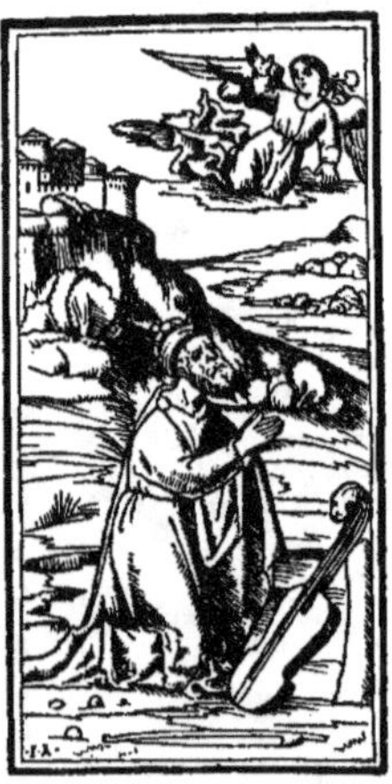
Offic. B.M.V., juillet 1516 (v. XLII).

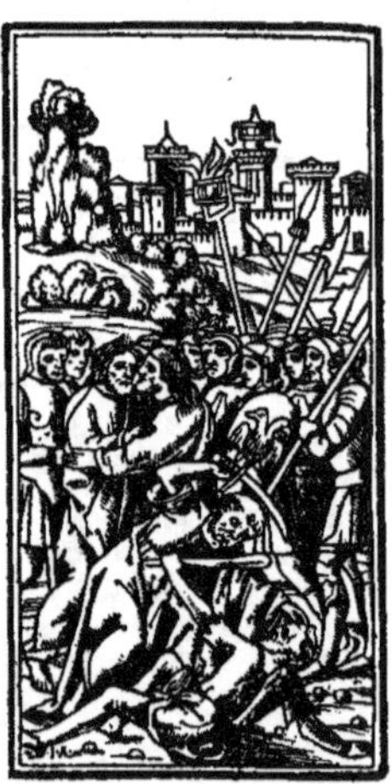
Offic. B.M.V., juillet 1516 (v. CXLIII).

V. u_6 : *Florentiae p haeredes/ Philippi Iuntę. Anno/ Domini M. D. XX. / Die uero Martii. VII./ Leone.* X. *Pont.* — Le f. suivant et le r. u_8 sont blancs. Au verso de ce dernier f., marque du lis florentin, soutenu par deux *putti* qui portent des cornes d'abondance fleuries.

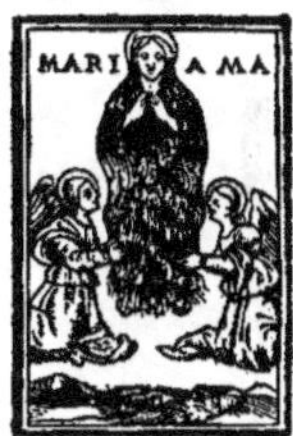

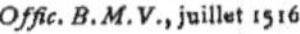
Offic. B.M.V., juillet 1516.

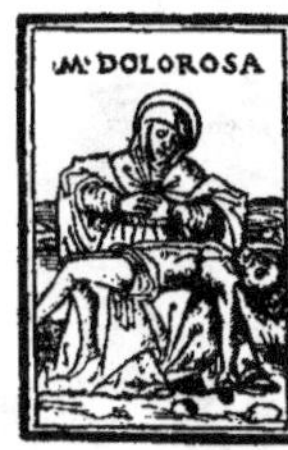

Offic. B.M.V., juillet 1516.

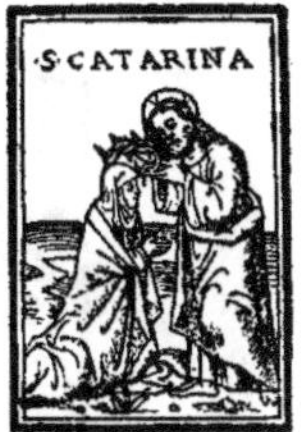

Offic. B.M.V., juillet 1516.

486. — Gregorius de Gregoriis, août 1520; 12°. — (Munich, R)

Officium Romanum.

36 (12, 12, 12) ff. prél., s. : *A-C.* — 216 ff. num., s. : *a-s.* 12 ff. par cahier. — C. g. r. et n. — 30 ll. par page. — Au-dessous du titre : deux anges agenouillés tenant une couronne d'épines dans laquelle est inscrit le mot : CHRISTI ; au-dessus, la colombe céleste éployée ; au-dessous de la couronne, le monogramme G.G. — Calendrier illustré de petites vignettes à deux compartiments inégaux, représentant, d'une part, les signes

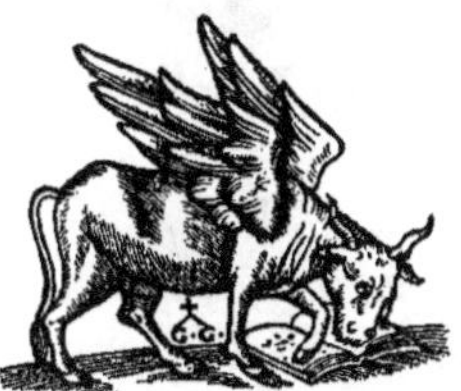
Offic. B.M.V., juillet 1516 (p. du titre).

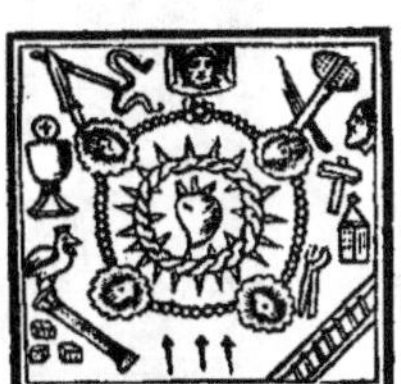
Offic. B.M.V., juillet 1516.

du Zodiaque ; d'autre part, les occupations agricoles et ménagères pour les différentes saisons, avec les noms des mois. — R. A_{ii}. Cadran pour la recherche du nombre d'or ; à l'intérieur, une figure d'ange en buste, tenant un cartouche qui porte les lettres : ·A·N· — Au verso, autre cadran, pour la recherche de la lettre dominicale ; à l'intérieur, figure d'apôtre en buste, tenant une hallebarde. — (Pour le détail des gravures, voir tableaux II et III.) — Dans le texte, petites vignettes de diverses grandeurs. — In. o. à figures.

R. 216 : ℂ *Explicit officiuȝ ordinarium/ Beate marie virginis Im/pressum Uenetijs per Gregoriuȝ de Gre/gorijs. Mense/ Augusti.* 1520. Le verso, blanc.

487. — S. a. et n. t. (L. A. Giunta, *circa* 1520) ; 8°. — (☆)

Officium de domina/ secundum vsum/ Romane/ curie/ cũ multis alijs officijs lau/ dibus ꝛ orationibus ad lau/ dem dei ꝛ gloriose virginis/marie ut patet a tergo.

8 ff. prél., n. ch. et n. s. — 160 ff. dont les 16 premiers seulement sont numérotés,

s: *a-v*. — 8 ff. par cahier. — C. g. r. et n. — 15 ll. par page. — Au-dessous du titre, en guise de vignette. in. o. *U*, renfermant les figures à mi-corps de la Ste Vierge et de l'archange Gabriel, au-dessus desquels vole la colombe céleste. — Toutes les pages sont encadrées de bordures ou de fragments de bordures à motifs d'ornement au trait. — Dans le texte, in. o. à figures et autres. — Ce livre sort des presses de L. A. Giunta.

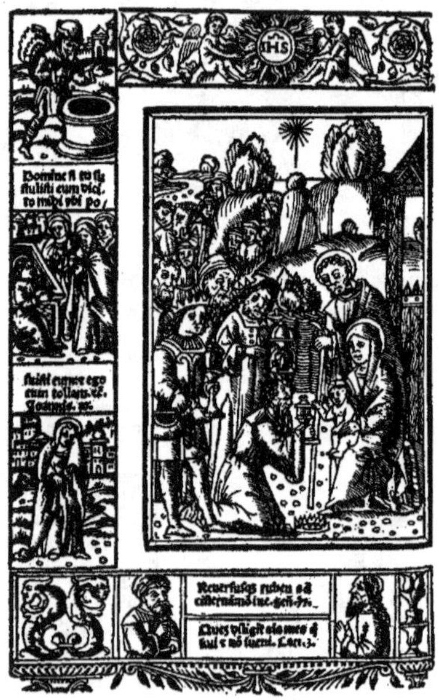

Offic. B.M.V., 10 avril 1517 (v. 30).

488. — Bernardino Stagnino, 3 décembre 1521 ; 12°. — (Munich, Libr. J. Rosenthal, 1899).

℄ *Nota che questo officio/ e ordinato tutti gli Officij cadauno e da sua posta con li soi psalmi per cadauno/ officio & tutte le sue hore :...* ℄ *Inueniuntur in biblio/ theca sancti Ber/nardini.*

Exemplaire imprimé sur papier bleu. — 24 (12, 12) ff. prél., s. : ✠, ✠✠. — 180 ff. num., s. : *a-p*. — 12 ff. par cahier. — C. rom. r. et n.; la première ligne du titre en goth. r. — 33 ll. par page. — Page du titre, au-dessus de l'indication de lieu : ℄ *Inueniuntur*, etc., vignette ombrée : *Christ de pitié*, entouré des instruments de la Passion ; à droite et à gauche de la figure, imprimé longitudinalement, le verset : *Propter scelera nostra attri//tus est iesus christus.* Au verso : *Tabula Omnium in presenti ora/torio contentorum.* — Du r. ✠iij au v. $✠_8$: calendrier. — R. $✠_9$: *Ad Inuenien/ dum aureum numerum.*

En tête de la page, un cadran dans l'intérieur duquel une figure d'ange en buste tient un cartouche portant les initiales : ·A·N·. — V. ✠$_9$: *Ad Inueniendum lite/ram domi-nica/lem*. En tête de la page, un cadran, dans l'intérieur duquel est figuré un apôtre, à mi-corps, nimbé, tenant des deux mains une hallebarde. — V. ✠✠$_9$. Figure de la plaie du flanc de N. S. J. C., imprimée en rouge et noir. — (Pour le détail des gravures, voir tableau II.) — Dans le texte, nombreuses vignettes de diverses grandeurs. — In. o. à figures.

R. 180 :... *Impressum Vene/tijs per dñƷ Bernardinũ stagninũ/ de tridino mõtis ferrati/Die. iii. mẽsis. Decẽbrij./ M. ccccc.xxi.* Le verso, blanc.

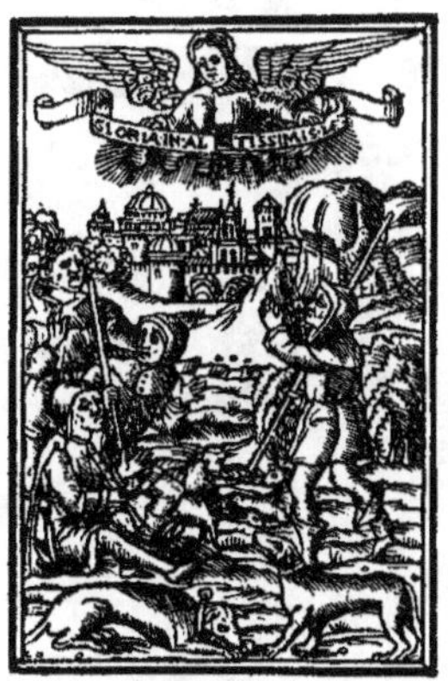

Offic. B.M.V., 10 avril 1517 (v. 24).

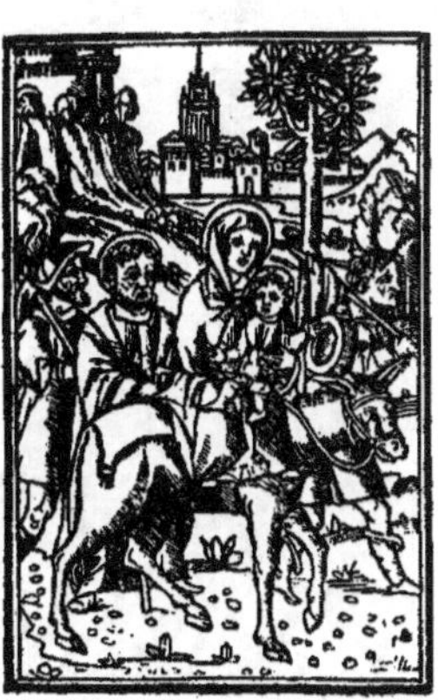
Offic. B.M.V., 10 avril 1517 (v. 33).

489. — Iacobus Pentius de Leucho, 20 octobre 1522 ; 8°. — (Londres, BM — ☆)

¶ *Officium beatissime/ virginis : con li officij ordinari de ciaschun tempo* :...

16 (8,8) ff. prél., n. ch., s. : ✠, ✠✠. — 160 ff. num., s. : *a-v*. — 8 ff. par cahier. — C. g. r. et n. — 23 ll. par page. — Au-dessous du titre, petite vignette ombrée : *St Jacques le Majeur*. Autour de la page, bordure ornementale. — Toutes les pages sont entourées d'un encadrement formé : sur le côté extérieur, de trois vignettes séparées par des légendes en rouge et imitées de celles des livres d'Heures français ; dans le bas, de deux figures de prophètes en buste, imitées des mêmes originaux, séparées par deux versets en rouge, et soulignées d'une bande ornementale qui tient toute la largeur de la justification ; sur le côté intérieur, d'une bordure étroite, le plus souvent à motif de feuillage avec figures humaines, oiseaux, etc. ; et, dans le haut, d'une petite bordure tréflée. — (Pour le détail des gravures et les reproductions données, voir tableaux II et III.) — Le bois de

l'*Annonciation*, avec monogramme vgo, a paru antérieurement dans un *Breviarium Brixinense*, 1516, et dans un *Missale Romanum*, 20 octobre 1520, sortis des presses du même imprimeur. Il a été copié, sans doute, d'une gravure des *Heures* imprimées par Philippe Pigouchet pour Simon Vostre, le 22 août 1498 (voir reprod. p. 461)[1]. L'original pourrait être aussi

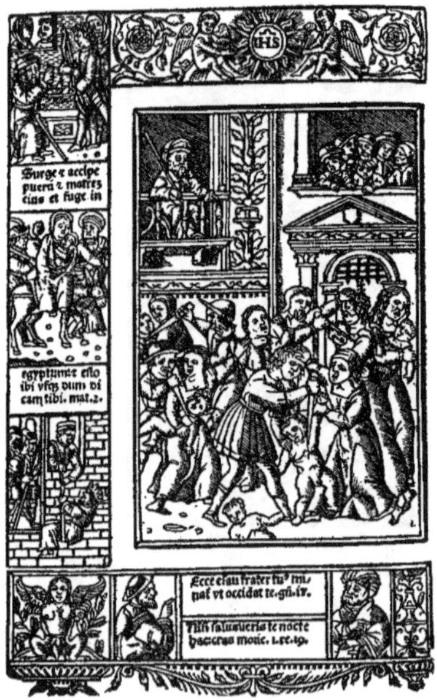

Offic. B.M.V., 10 avril 1517 (v. 38).

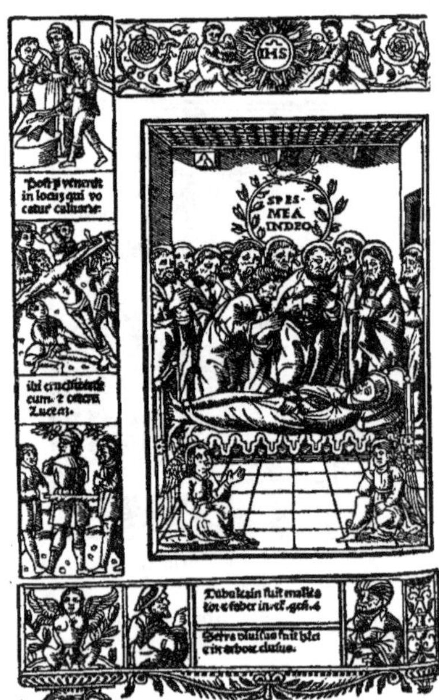

Offic. B.M.V., 10 avril 1517 (v. 149).

un bois placé au-dessus du titre de *Les postilles* ⁊ *expositions des epistres et euuangilles dominicalles... Imprimees à Troyes par Guillaume le rouge... le penultime iour de mars Mil cccc quatrevīgtʒ* ⁊ *xii* (voir reprod. p. 460)[2]. La composition de Pigouchet et celle de Guillaume le Rouge, comme aussi plusieurs autres qu'on rencontre dans les livres d'Heures de différents imprimeurs parisiens, sont elles-mêmes des copies d'une très curieuse estampe dont un exemplaire, collé à l'intérieur du

1. La reproduction a été prise d'un exemplaire des *Heures* du 16 sept. 1498, comme celles qui ont été données précédemment à l'occasion de l'*Office* du 3 avril 1513. Voir la note p. 445.

2. Petit in-f°. — (Amiens, M).

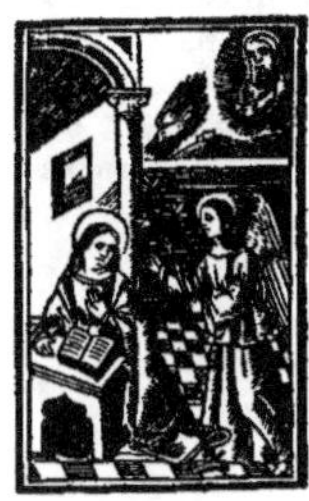

Offic. B.M.V., Florentiæ, 7 mars 1520.

couvercle d'un coffret appartenant à M. Protat, de Mâcon, figurait parmi les pièces les plus intéressantes de l'Exposition de la Gravure sur bois à l'Ecole des Beaux-Arts, en 1902 (voir reprod. hors texte). — Dans le texte, petites vignettes; in. o. à figures.

R. 160 : ℭ *Explicit officium beate virginis Marie :.... Impressum venetijs/per magistrum Iacobum pentium de Leu/cho impressorē q̄ȝ diligentissimuȝ. Anno do/ minice incarnationis. 1522. die vero. 20./ octobris....* Le verso, blanc.

490. — Gregorius de Gregoriis, 1523; 8°. — (☆)

Officium romanū beate/ Marie virginis ordina/ riū ꝛ triplicatum cū/ mnltis (sic) *oratio/ nibus./* ✠.

12 ff. prél. n. ch., s. : *A*. — 144 ff. num., s. : *a-s*. — 8 ff. par cahier. — C. g. r. et n. ; titre en rouge. — 27 ll. par page. — Toutes les pages sont ornées d'encadrements à motifs variés (fleurs, feuillage, oiseaux, animaux fantastiques, personnages), copiés des livres d'Heures de Jean du Pré. Les bois de page sont du même style. — (Pour le détail des gravures et les reproductions données, voir tableaux I, II et III.) Dans le texte, petites vignettes et in. o. à figures, de style italien.

R. 144 : ℭ *Impressum Uenetijs per/ Gregoriū de Gregorijs./ Anno. D. M. ccccc./ xxij.* Le verso, blanc.

Cette édition nous fournit un nouveau témoignage de l'influence exercée par l'art français sur l'illustration des livres à Venise à la fin du XVe siècle. Ici encore, nous rencontrons un bois *(Création de la femme)* tiré d'un des premiers livres à gravures imprimés à Paris, véritable chef-d'œuvre de la typographie de cette époque. La présence de ce bois de *La Mer des Hystoires* de 1488 dans notre *Officium B.M.V.* laisse croire qu'une partie du matériel d'illustration de l'atelier de Pierre Le Rouge avait passé à Venise, où s'était installée une branche de la famille de cet imprimeur [1]. Il est probable que les autres planches qui accompagnent celle-là, et qui ont un caractère identique, ont eu aussi la même origine, ce que nous n'avons pu toutefois vérifier. Le même fait a été constaté précédemment pour une série de bois provenant de l'atelier de Jean du Pré, et introduits dans les éditions vénitiennes de l'*Officium B. M. V.* du 24 oct. 1502 et du 11 février 1505. En tout cas — qu'il s'agisse d'originaux que nous ne saurions préciser, ou de copies exécutées peut-être aussi par un graveur français, — les deux éditions imprimées par Gregorius en 1523 nous offrent des figures et des motifs d'ornementation absolument analogues à ceux que nous voyons dans les *Heures a lusaige de Romme* du 10 mai 1488, de Jean du Pré. Les pages de ce livre que nous reproduisons (voir pp. 465-7), confrontées avec les gravures correspondantes de l'ouvrage italien, mettent en évidence cette frappante similitude. On peut remarquer

1. Voir la savante étude de Henri Monceaux : *Les Le Rouge de Chablis* ; Paris, A. Claudin, 1896.

notamment que, s'il y a quelques différences dans la composition des deux bois de page représentant l'épisode de Bethsabée, du moins le type de la femme est bien conforme de part et d'autre; et, de plus, que la petite figure de Bethsabée comprise dans un des montants d'encadrement de l'*Office* de Gregorius est une réduction littérale de celle de la gravure du

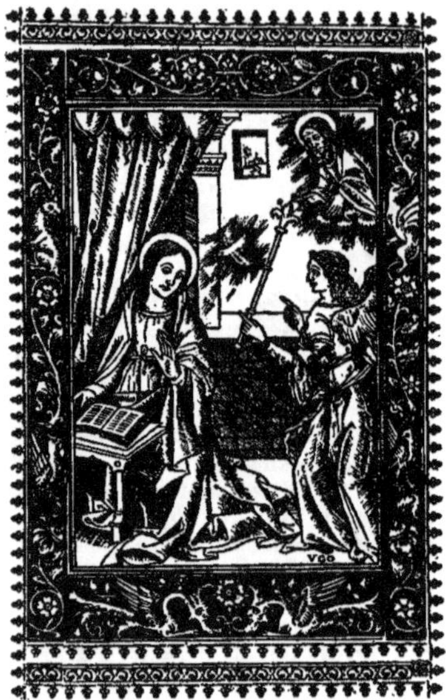

Offic. B.M.V., 20 oct. 1522 (v. ✠✠₈).

livre d'Heures. A ces observations nous pouvons ajouter que les éditions de l'*Office* de 1523 sont aussi rares que les livres français où l'on pourrait découvrir, à l'état d'originaux, les bois dont elles sont ornées.

491. — Gregorius de Gregoriis, 5 février 1523; 8°. — (Venise, S — ☆)

Officium romanũ beate/ Marie Virginis ordina/ riũ z triplicatum cũ/ multis oratio/ nibus./ ✠.

12 ff. prél. n. ch., s. : *A*. — 156 ff. num., s. : *a-t*. — 8 ff. par cahier, sauf *t*, qui en a 12 (et non 10, comme l'indique le registre). — C. rom. r. et n.; titre g. r.; le texte des ff. prél. en g. r. et n. — 23 ll. par page. — Toutes les pages sont entourées des mêmes encadrements que dans l'autre édition

publiée par Gregorius cette même année (voir reprod. pp. 468-9).—(Pour le détail des gravures, voir tableaux I, II et III.) — Vers la fin du volume, mêmes petits bois que dans le texte de la précédente édition, sauf la vignette placée en tête de l'*Officium sancte crucis* (v. 132).

R. 156 : le registre ; au-dessous : ℂ *Impressum Venetiis per Gregoriũ/ de Gregoriis. Anno. D.M.ccccc./ xxiii. Die. v. Mensis Fe/ bruarii.* Le verso, blanc.

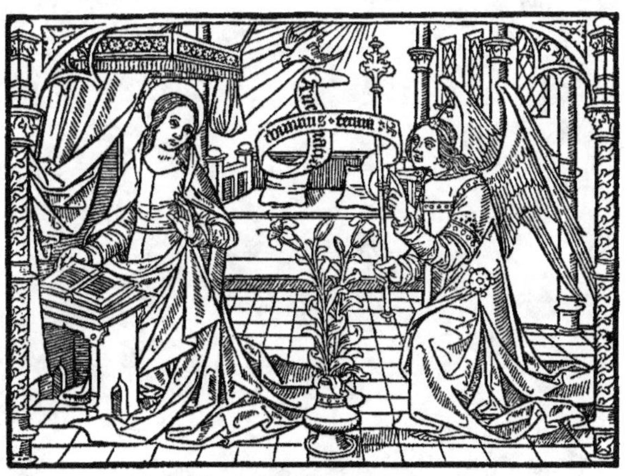

Les postilles et expositions des epistres et euangilles,
Troyes, Guillaume le Rouge, 30 mars 1492.

492. — S. a. & n. t. (Gregorius de Gregoriis, *circa* 1523); 8°.— (Munich, Libr. L. Rosenthal, 1892)

Ce fragment important d'un exemplaire imprimé sur vélin, comprend 12 ff. prél. n. ch. et n. s., dont les pages, sauf la dernière, sont encadrées de bordures ornementales, et 138 ff. sans pagination, avec signatures : *a-s*$_{ii}$. — 8 ff. par cahier. — C. g. r. et n. — 21 ll. pour les pages non encadrées ; 17 et 18 ll. pour les pages avec encadrement. — (Pour le détail des gravures et les reproductions données, voir tableaux I, II et III. Nous décrivons seulement les bois non reproduits.) — *St Jean à Pathmos* (v. *a*$_{iij}$). L'Evangéliste, nimbé, est assis à gauche, tourné de trois quarts vers la droite, écrivant dans un livre qui est ouvert sur ses genoux. Au second plan, à droite, l'aigle symbolique, debout, éployé, tourné vers l'apôtre ; à gauche, un démon armé d'une fourche. Au fond, à droite, Dieu le Père et Jésus-Christ, assis l'un près de l'autre, tenant chacun d'une main un même livre ouvert, dressé sur leurs genoux ; de la même main, le Christ retient la hampe

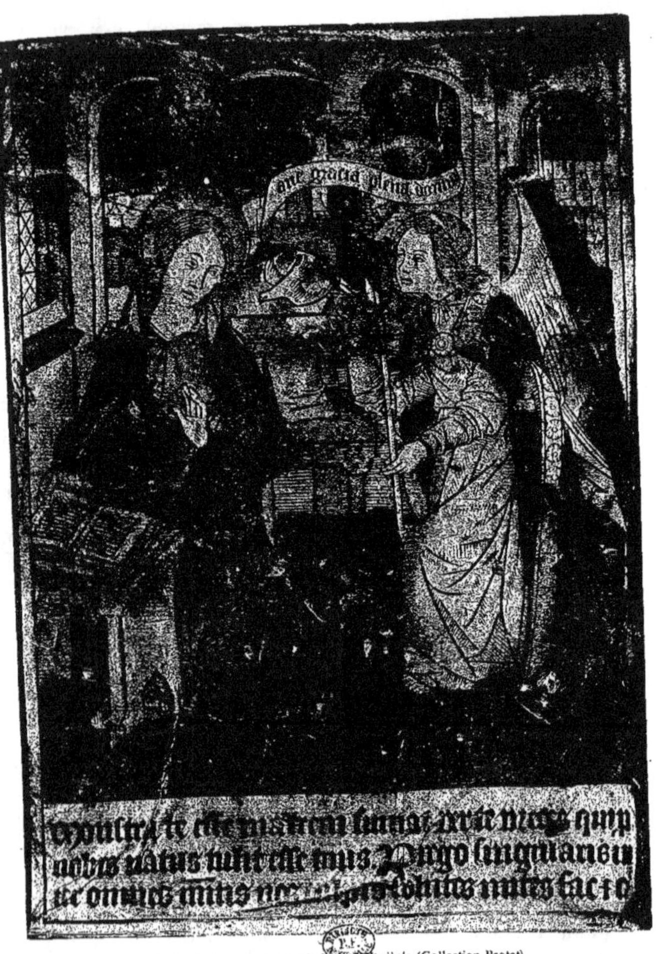

Annonciation, gravure sur bois du XVe siècle (Collection Protat).

d'une croix appuyée sur son épaule gauche. Entre le Père et le Fils, la colombe céleste, éployée. Sur la gauche, un arbre, au-delà duquel apparaît une ville avec des tours. De chaque côté de la gravure, se dresse une colonne sur le fût de laquelle sont figurés deux anges musiciens

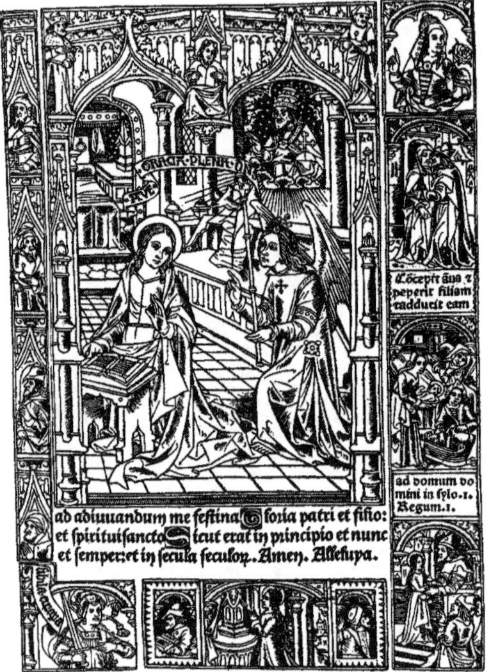

Heures a lusage de Rome, Simon Vostre, 22 août 1498.

superposés ; au-dessus, un bloc à trois compartiments, renfermant aussi des anges musiciens. — *Visitation.* A gauche, la Ste Vierge, nimbée, debout de trois quarts, tournée vers la droite, les mains croisées sur la poitrine, les cheveux flottants ; plus à gauche, et en arrière de Marie, St Joseph, visible seulement en partie. A droite, Ste Elisabeth, nimbée, la tête enveloppée d'un voile, tournée de trois quarts vers la gauche, la main droite posée sur la poitrine, le bras gauche replié et la main droite tendue vers Marie; plus à droite, une suivante, visible seulement en partie.

O Eus in adiutoriū meum inten
de. ℣. Domine ad adiuuan-
dum me festina G loria patri & filio

Offic. B.M.V., 1523 (r. 21).

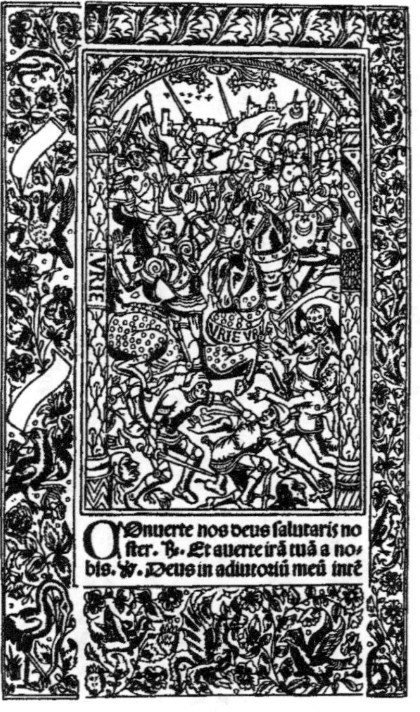

O Onuerte nos deus salutaris no
ster. ℟. Et auerte irā tuā a nobis. ℣. Deus in adiutoriū meū intē

Offic. B.M.V., 1523 (v. 26).

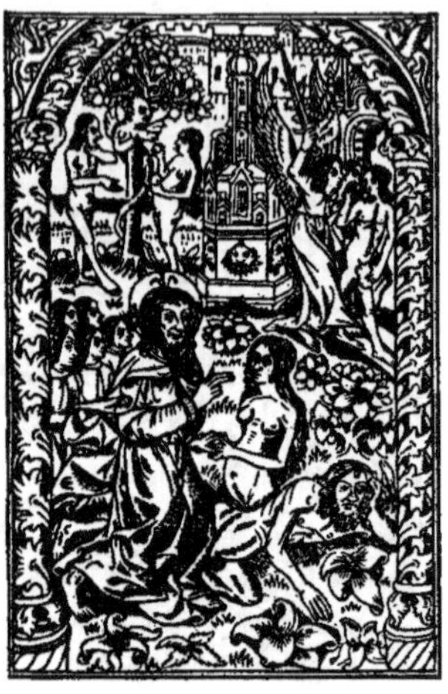
La Mer des Hystoires ;
Paris, Pierre le Rouge, 1488 (t. I, r. XX).

Au fond, monticules et arbres ; au-delà, une ville. Au premier plan, un livre posé à terre. La gravure est comprise dans un encadrement architectural, avec colonnes garnies de niches à la partie supérieure ; deux personnages dans chaque niche. — *Annonce aux bergers.* A gauche, un berger assis au bord de l'eau, de trois quarts, tenant de la main droite une cornemuse dont l'outre est passée sous son bras, la main gauche levée ; au-dessous de lui, un tronc d'arbre ébranché, auquel est suspendue une gourde. Au second plan, du même côté, un homme qu'on ne voit que jusqu'à mi-corps, de trois quarts, les mains écartées en avant de la poitrine ; près de lui, à droite, une femme, le visage de profil, la tête levée, les mains jointes. A droite, un berger assis sur une corbeille, le corps de trois quarts, la tête de profil levée, la main droite levée au-dessus du front, la main gauche tenant une houlette ; au-dessous de lui, un chien couché, dont on ne voit que l'avant-train. Entre les deux bergers assis, au milieu, un autre chien, vu également à mi-corps, la tête retournée vers la droite. En arrière, trois moutons. Au fond, à droite et à gauche, monticules et arbres, au-delà desquels on aperçoit une ville. Dans le haut, trois anges nimbés, en buste, issant de nuages frangés de rayons, et tenant un phylactère avec la légende : GLAIEXIS. Encadrement architectural. — *Adoration des Mages.* A gauche, la Ste Vierge, nimbée, les cheveux flottants, assise de trois quarts, tournée vers la droite, soutenant du bras droit, sur ses genoux, l'enfant Jésus, nu, la tête ornée du nimbe crucifère. Au-dessus de Marie, apparaît le profil de St Joseph, tourné vers la droite. A droite, devant la Ste Vierge, un mage agenouillé, de profil, barbu, avec une couronne fleuronnée, les mains écartées en avant de la poitrine ; à terre, près de lui, un ciboire. Plus à droite, le second mage, debout, de trois quarts, tourné vers la gauche, la main droite tenant un ciboire, la main gauche levée à la hauteur de l'épaule, sur la tête un chapeau garni d'une couronne. Le troisième mage, dont le corps est caché, domine de la tête le personnage agenouillé ; il est de profil, regardant l'enfant, et présentant de la main droite une cassolette ; il est coiffé également d'un chapeau à couronne. Au fond, une charpente d'étable ; à droite du toit, en haut, une étoile. Encadrement architectural. — *Crucifixion.* Le Christ, crucifié entre les deux larrons, a le nimbe crucifère et la couronne d'épines, la tête inclinée vers l'épaule droite, les mains crispées ; la croix

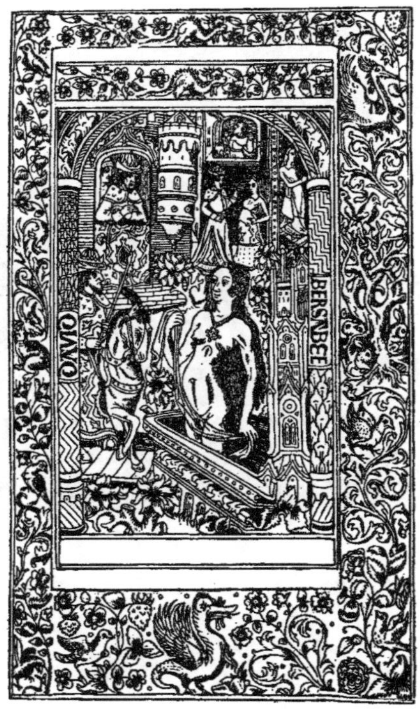

Offic. B.M.V., 1523 (r. 94).

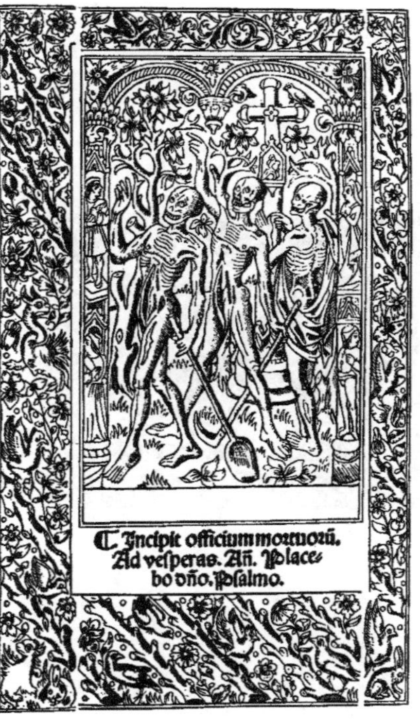

Offic. B.M.V., 1523 (v. 99).

Officium B. M. V., (Gregorius de Gregoriis, *circa* 1523).

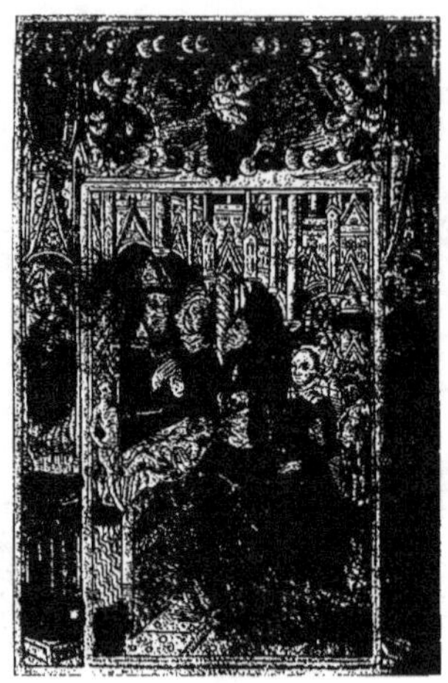

Nativité de J. C.

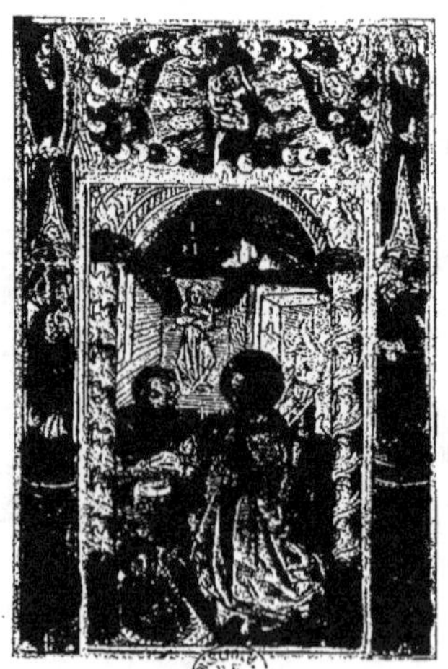

Présentation au temple.

porte un *titulus* rectangulaire, avec l'inscription INRI, posé sur une pièce de bois qui surmonte la traverse. Au pied de la croix, Madeleine, nimbée, agenouillée de profil, la tête levée et tournée vers la gauche, étreignant le gibet. A gauche, la Ste Vierge affaissée, de face, les mains jointes, la tête penchée vers l'épaule droite. Derrière elle, au second et au troisième plan,

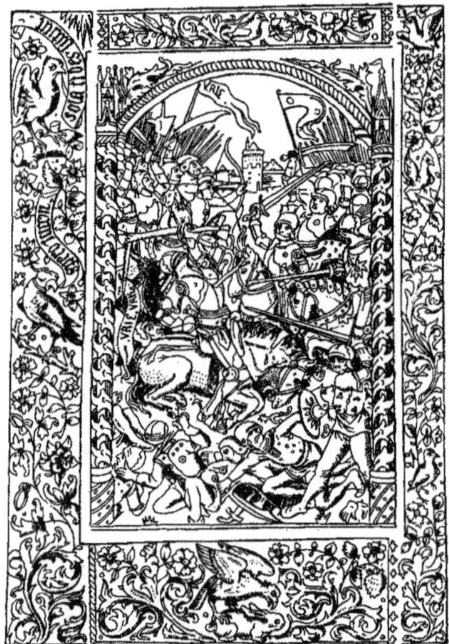

Heures a lusaige de Romme, Jean du Pré, 10 mai 1488.

cinq femmes nimbées, dont on ne voit que la tête et une partie du buste. A droite, le centurion, de trois quarts, vêtu d'une armure, la main gauche posée sur une hache d'armes pendue à sa ceinture ; en arrière, deux soldats, l'un dont on ne voit que la tête et la poitrine, l'autre dont on ne voit que la tête, et tenant un étendard à l'aigle noir bicéphale. Encadrement architectural. — *Purification*. A droite, le grand-prêtre, mitré, nimbé, dépose sur l'autel l'enfant Jésus, nu, la tête ornée du nimbe crucifère, et qui regarde sa mère agenouillée à gauche, de profil, les mains ouvertes en avant du corps. Plus à gauche, au second plan, un homme tenant de la main gauche un cierge et de la main droite un panier avec trois colombes ;

derrière la tête de ce personnage, paraît celle d'une femme. Au fond, trois personnages, dont deux servants en costume ecclésiastique, l'un tenant un cierge, l'autre un livre ouvert sur sa poitrine. Encadrement formé d'une bordure de feuillage et de fleurs sur les côtés, et d'un bloc à figures dans le bas. — Les pages r. b_8, v. c_7, v. d_{ij}, v. d_5, r. d_8, r. e_{iij}, r. e_8, v. g_{iiij}, r. g_7, v. i_7,

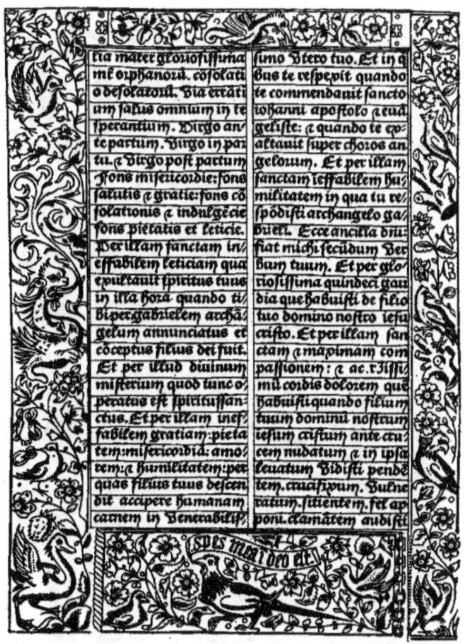

tia mater gloriosissima
mr orphanorū. cōsolati
o desolatorū. Via errāti
um salus omnium in te
sperantium. Virgo an-
te partum. Virgo in par
tu. & Virgo post partum
Fons misericordie: fons
salutis & gratie: fons cō
solationis & indulgēcie
fons pietatis et leticie.
Per illam sanctam in-
effabilem leticiam qua
exultauit spiritus tuus
in illa hora quando ti-
bi per gabrielem archā-
gelum annunciatus et
cōceptus filius dei fuit.
Et per illud diuinum
misterium quod tunc o-
peratus est spiritussan-
ctus. Et per illam inef-
fabilem gratiam: pieta
tem: misericordiā: amo-
rem: & humilitatem: per
quas filius tuus descen
dit accipere humanam
carnem in venerabilis-
simo vtero tuo. Et in q
bus te respexit quando
te commendauit sancto
iohanni apostolo & euā
geliste: & quando te ex-
altauit super choros an
gelorum. Et per illam
sanctam ieffabilem hu-
militatem in qua tu re-
spōdisti archangelo ga-
brieli. Ecce ancilla dñi:
fiat michi secūdum ver
bum tuum. Et per glo-
riosissima quindeci gau
dia que habuisti de filio
tuo domino nostro iesu
cristo. Et per illam san
ctam & maximam com
passionem: & acerbissi-
mū cordis dolorem quē
habuisti quando filium
tuum dominū nostrum
iesum cristum ante cru-
cem nudatum & in ipsa
leuatum vidisti pendē
tem. crucifixum. Vulne
ratum. sitientem. fel ap
poni. clamātem audisti

Heures a lusaige de Romme, Jean du Pré, 10 mai 1488.

r. n_{iij}, v. n_6, r. o, v. o_{iiij}, r. p_{iij}, v. p_5, sont ornées d'encadrements, la plupart composés d'une bordure de feuillage sur un des côtés et dans le haut, et de blocs à figures sur l'autre côté et dans le bas; sur quelques-unes de ces pages, l'encadrement est tout entier de feuillage et de fleurs. — Dans le texte, petites vignettes, parmi lesquelles se retrouve, au v. i_7: *Les trois Morts & les trois Vifs*, de l'*Office* 23 juillet 1489 (r. m_5).

L'ornementation de ce volume, plus riche — au moins en ce qui concerne les bois de page — que celle des éditions 1490, 1502, 1505 et 1523, est tout entière de style français, et caractérisée surtout par la présence de deux bois originaux de Jean du Pré, signalés déjà dans l'édition

11 février 1505, et du bois de Pierre Le Rouge qui figure dans les deux éditions de 1523. Peut-être avons-nous affaire, ici encore, à toute une série de bois sortis de quelque atelier typographique de Paris. Il est regrettable de ne pouvoir citer de cet *Office* qu'un exemplaire incomplet, et dont l'illustration a été gâtée par un malencontreux coloriage. Tel quel, il

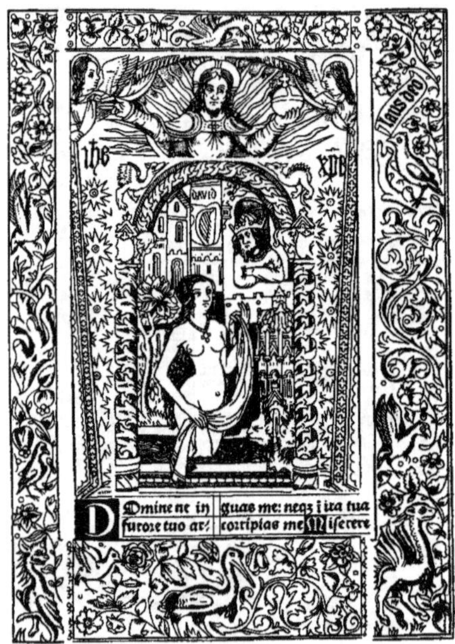

Heures a lusaige de Romme, Jean du Pré, 10 mai 1488.

peut être attribué à Gregorius de Gregoriis, comme les deux éditions de 1523, et à une date assez proche de celle-là.

493. — Gregorius de Gregoriis, octobre 1524 ; 12°. — (Londres, B M — ☆)

Officium Romanum./ ℭ *Nota deuotissime lector/ quodhoc officium est ordina-/ rium : ordine quodaʒ miro tri-/ plicatū : vt quilibet quantūqʒ / inexpertus facillime : ꝛ absqʒ /vlla ꝓmeditatiōe legere pote-/ rit :... In ædibus gre-/ gorii de grego./ M.D.XXIIII.*

12 ff. prél. n. ch. s. : ✠. — 216 ff., num. par erreur : 212, s. : *a-ʒ, ꝛ, ꝯ, ꝗ, A.* —

8 ff. par cahier. — C. g. r. et n. ; l'indication de lieu et de date, au bas de la page du titre, en c. rom. r. — 22 ll. par page. — Au-dessous de la première ligne du titre : deux anges agenouillés tenant la couronne d'épines, etc. (comme dans l'*Office*, août 1520). — Toutes les pages sont entourées d'un encadrement formé d'une bordure ornementale étroite en haut et sur le côté intérieur ; de trois vignettes séparées par des versets en

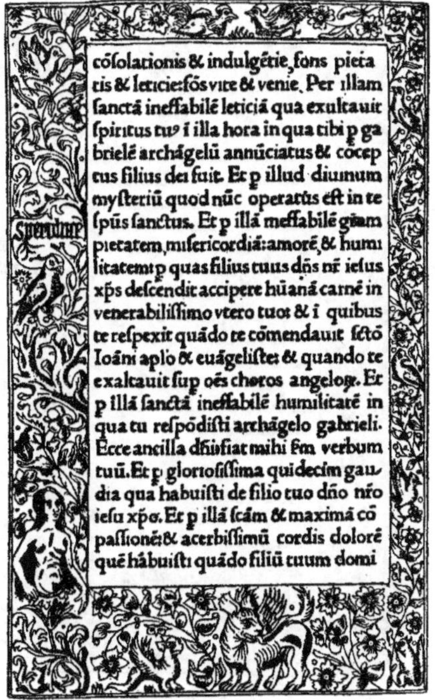
cõsolationis & indulgẽtie, fons pieta
tis & leticie: fõs vite & venie. Per illam
sanctã ineffabilẽ leticiã qua exultauit
spiritus tuꝰ i illa hora in qua tibi p ga
brielẽ archãgelũ annũciatus & cõcep
tus filius dei fuit. Et p illud diuinum
mysteriũ quod nũc operatũs est in te
spũs sanctus. Et p illã ineffabilẽ grãm
pietatem, misericordiã: amorẽ, & humi
litatem: p quas filius tuus dñs nr̃ iesus
xp̃s descendit accipere hũanã carnẽ in
venerabilissimo vtero tuo: & i quibus
te respexit quãdo te cõmendauit sctõ
Ioãni aplo & euãgelistę: & quando te
exaltauit sup oẽs choros angelorum. Et
p illã sanctã ineffabilẽ humilitatẽ in
qua tu respõdisti archãgelo gabrieli.
Ecce ancilla dñi: fiat mihi sm verbum
tuũ. Et p gloriosissima quĩdecim gau
dia quã habuisti de filio tuo dño nr̃o
iesu xp̃o. Et p illã scãm & maximã cõ
passionẽ: & acerbissimũ cordis dolorẽ
quẽ hãbuisti quãdo filiũ tuum domi

Offic. B.M.V., 5 févr. 1523.

rouge sur le côté extérieur ; et, dans le bas, de deux figures de prophètes en buste, séparées par deux versets en rouge, et soulignées d'un motif ornemental qui tient toute la largeur de la justification. — (Pour le détail des gravures, voir tableau III.) — La *Visitation* et la *Nativité de J. C.* sont copiées de deux bois de l'*Office*, 1er septembre 1512. — Dans le texte, quelques petites vignettes. — In. o. à figures.

R. A_8 (chiffré : 212) : ℂ *Uenetijs in edibus Gregorij de gre/gorijs. Anno. M.D.XXIIII./ Mense octobri.* Au-dessous, le registre. Le verso, blanc.

494. — Gregorius de Gregoriis, février 1525 ; 12°. — (Milan, P)

Officium ordinariū/ ℂ Officium Gloriose Uirgi/nis marie secundum consue/ tudinem ecclesie Roma/ ne : Una cum multis/ alijs officijs : z ora/ tionibus : Ut in/ tabula videri/ poterit.

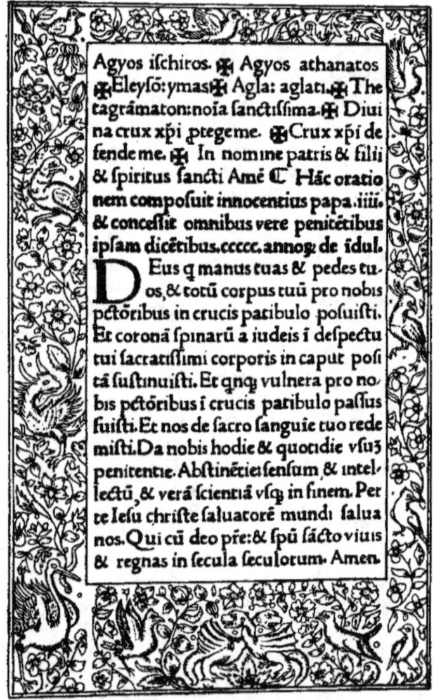

Agyos ischiros. ✠ Agyos athanatos ✠ Eleysō: ymas ✠ Agla: aglati. ✠ The tagrāmaton: noīa sanctissima. ✠ Diui na crux xp̄i ꝓtege me. ✠ Crux xp̄i de fende me. ✠ In nomine patris & filii & spiritus sancti Amē ℂ Hāc oratio nem composuit innocentius papa. iiii. & concessit omnibus vere penitētibus ipsam dicētibus. ccccc. annoꝝ de idul.

DEus q manus tuas & pedes tu os, & totū corpus tuū pro nobis pc̄tōribus in crucis patibulo posuisti. Et coronā spinarū a iudeis ī despectu tui sacratissimi corporis in caput posi tā sustinuisti. Et qnq; vulnera pro no bis pc̄tōribus ī crucis patibulo passus fuisti. Et nos de sacro sanguie tuo rede misti. Da nobis hodie & quotidie vsuз penitentie. Abstinētie: sensum, & intel lectū, & verā scientiā vsq; in finem. Per te Iesu christe saluatorē mundi salua nos. Qui cū deo p̄re: & spū sācto viuis & regnas in secula seculorum. Amen.

Offic. B.M.V., 5 févr. 1525.

24 ff. prél. n. ch. s. : *A-B.* — 228 ff. num., s. : *a-t.* — 12 ff. par cahier. — C. g. r. et n. — 24 ll. par page. — Au-dessous de la 1re ligne du titre, deux anges agenouillés soutenant un calice surmonté de la colombe céleste rayonnante ; au-dessous du calice, le monogramme de Gregorius. — (Pour le détail des gravures, voir tableau III.) — Dans le texte, vignettes de diverses grandeurs ; in. o. à figures.

R. 228 : ℂ *Apud Gregorium de/ Gregorijs. Mēse Fe/bruario. 1525.* Le verso, blanc.

495. — S. a. et n. t. (*circa* 1525) ; 8°. — (Munich, Libr. L. Rosenthal, 1895).

Cet exemplaire, incomplet, commence au f. ✠✠ij, avec le calendrier. Les ff. num. vont de 2 à 176, avec signatures : *a*ij-*y*; manquent les ff. *a*, q_{iij}-q_8, t_{ij}-t_7. — 8 ff. par cahier. — C. g. r. et n. — 22 ll. par page. — Toutes les pages de texte sont entourées d'encadrements formés d'une bordure ornementale en haut et sur le côté intérieur; de

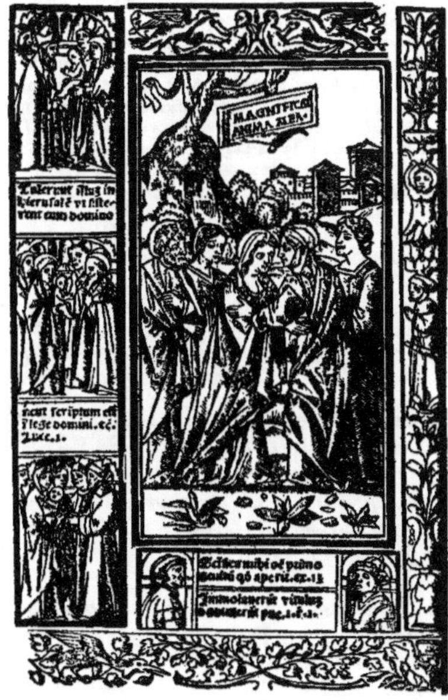

Offic. B. M. V., octobre 1524 (v. 13).

trois vignettes séparées par des versets en rouge, sur le côté extérieur; et, dans le bas, de deux figures de prophètes en buste, séparées par deux versets en rouge et soulignées d'un motif ornemental qui tient toute la largeur de la justification. — (Pour le détail des gravures, voir tableau III.) — Les bois ont des encadrements différents de ceux des autres pages : la bordure du côté intérieur est supprimée ; le bloc du haut représente ou bien un soleil rayonnant et flamboyant inscrit dans une guirlande tenue par deux *putti* dont le corps se termine en ornement à volute, ou bien deux petits anges assis tenant le chrisme rayonnant et flamboyant. — In. o. à figures.

496. — S. a. & n. t. (Francesco Bindoni, *circa* 1525); 8°. — (Munich, Libr. L. Rosenthal, 1901).

Officium beatissime vir/ ginis Marie con li officij ordi/nati de ciaschun tempo.... con/ molte rubriche e de/ uotioni de nouo poste.

16 (8, 8) ff. prél. n. ch., s. : *AA, BB.* — 216 ff. num., s. : *a-ꝗ, ꝛ, ꝯ, ꝑ, A.* — 8 ff. par cahier. — C. g. r. et n. — 22 ll. par page. — Au-dessous du titre, petite marque de l'*Archange Raphaël conduisant le jeune Tobie* (marque de Francesco Bindoni). La page est encadrée d'une bordure ornementale. — Toutes les pages de texte sont entourées d'un encadrement formé d'une bordure ornementale étroite en haut et sur le côté intérieur; de trois vignettes, séparées par des versets en rouge, sur le côté extérieur; et, dans le bas, de deux figures de prophètes en buste, séparées par deux versets en rouge, et soulignées de petits fragments d'ornements. A remarquer, parmi les vignettes de ces encadrements, celles qui représentent des sujets de la *Danse macabre*, et qui sont copiées de bois français. Les encadrements des bois de page sont différents; ils se composent de blocs à motifs d'ornement, dont un certain nombre à fond criblé, qu'on voit dans les *Offices* et autres livres de liturgie imprimés par Iacobus Pencius de Leucho. — (Pour le détail des gravures, voir tableau III.) — Dans le texte, quelques vignettes, parmi lesquelles la *Crucifixion* avec monogramme ꝉA, de l'*Orarium Eccl.S.Mariæ Antwerp.*, 23 juillet. 1502. — In. o. à figures.

R. 216 : ℂ *Finit officium ordinariū beate/ Marie q̄ʒdiligentissime correctū.* Le verso, blanc.

497. — Gregorius de Gregoriis, octobre 1527 ; 12°. — (Rome, A)

Le titre fait défaut dans cet exemplaire. — 24 ff. prél. n. ch., s. : ✠, ✠✠. — 168 ff. num., s. : *A-O.* — 12 ff. par cahier. — C. rom. r. et n. — 36 ll. par page. — (Pour le détail des gravures, voir tableau III.) — Dans le texte, vignettes de diverses grandeurs.

R. 168 : ℂ *Venetiis apud Gregorium/ de Gregoriis. Mense Octubrio MD./ XXVII.* Le verso, blanc.

498. — Hæredes Aldi et Andreæ Asulani, octobre 1529; 16°. — (Munich, Libr. L. Rosenthal, 1904).

HORAE IN/ LAVDEM BEATIS/ simæ virginis Mariæ ad/vsum Romanum./ Venetijs in ædibus hę-/ redum Aldi Manutii Ro-/ mani, & Andreę Asulani/ soceri, mense Octobri M/ DXXIX, cum privilegio Se-/ renissimę Reipublicę Vene-/ te, Doge A. Gritti, Clemen-/ te VII. & Carolo V. Imp.

Vélin. — 158 ff. num. et 2 ff. n. ch. pour la table, s. : *A-V.* — 8 ff. par cahier. — C. rom. r. et n. — 27 ll. par page. — Page du titre : encadrement architectural ; au-dessus de l'indication de lieu et de date, un écu d'armoiries. — 14 gravures, chacune enfermée dans un encadrement architectural, occupant une page entière. — (Pour le détail et les reproductions données, voir tableau III.) — En outre, au v. 147, en tête de la page, sur la gauche du texte une petite vignette : *Messe miraculeuse de St Grégoire.* — Ces gravures et leurs encadrements ont été enluminés, de telle sorte qu'il est presque impossible de découvrir le trait du graveur sous l'empâtement du coloriage. Tout au plus, en les examinant par transparence, peut-on distinguer çà et là quelques parties ombrées de hachures fines et serrées, qui dénotent un travail exécuté, non sur bois, mais sur métal, comme certaines gravures de nos livres d'Heures français.

Cette édition n'est pas mentionnée par Renouard dans ses *Annales de l'imprimerie des Aldes.* Ambroise Firmin-Didot, qui en a possédé un exemplaire, également imprimé sur vélin, consacre dans son *Catalogue raisonné* (n° 890) une assez longue notice à ce rarissime petit livre, qu'il rapproche avec raison des *Heures* de Geoffroy Tory, et notamment de l'édition donnée par cet imprimeur, dans un pareil format, cette même année 1529.

« On sait, dit-il, qu'Alde l'Ancien étant mort le 6 février 1515 (nouv. st.), laissant quatre enfants en bas âge, son beau-père André d'Asola dirigea l'imprimerie avec ses deux fils sous la raison sociale ci-dessus (Les héritiers d'Alde et d'André d'Asola) jusqu'en 1529, époque de sa mort. Ces charmantes *Heures* à la française sont donc la dernière production de la première époque de la typographie aldine avant la

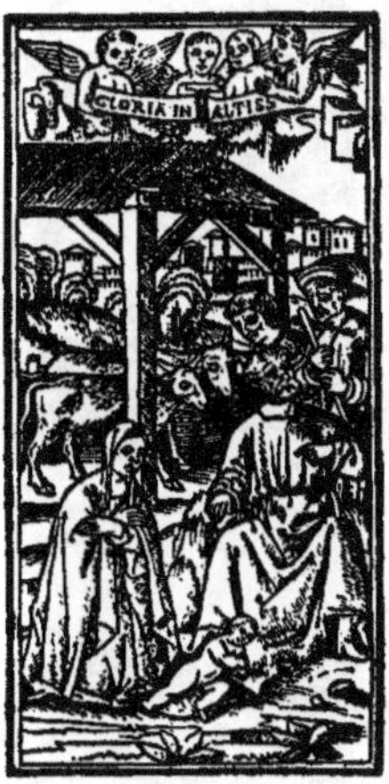

Offic. B.M.V., octobre 1541 (v. 21).

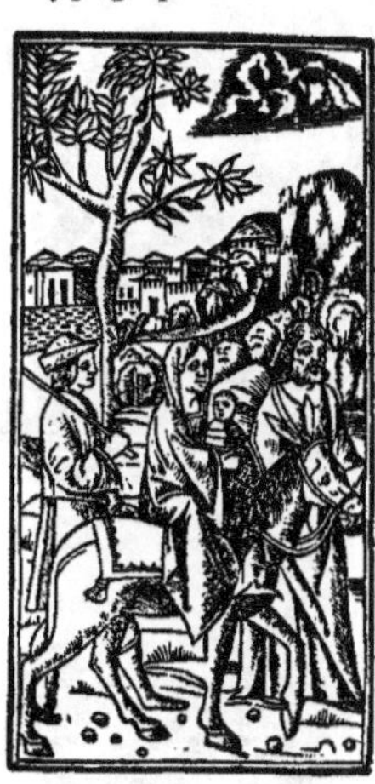

Offic. B.M.V., octobre 1541 (v. 37).

reprise de ses travaux en 1533... Quatorze charmantes compositions gouachées avec art, et entourées d'encadrements remarquables par l'éclat et l'élégance de cette grande époque de l'art italien, nous montrent que dans ses imitations Geoffroy Tory s'était inspiré en Italie de ce beau style. » Nous nous accordons avec Didot pour ce qui concerne les encadrements, dont le style, en effet, rappelle celui des magnifiques monuments des Lombardi et de leur école; quant aux compositions placées dans ces encadrements, et dont la facture nous paraît s'écarter beaucoup de la manière vénitienne, nous ne voudrions pas affirmer qu'elles n'ont pas été importées de quelque atelier français, comme les bois de Jean du Pré et de Pierre Le Rouge signalés dans plusieurs éditions précédentes.

Horæ in laudem B. M. V., Hæredes Aldi & Andreæ Asulani, octobre 1529.

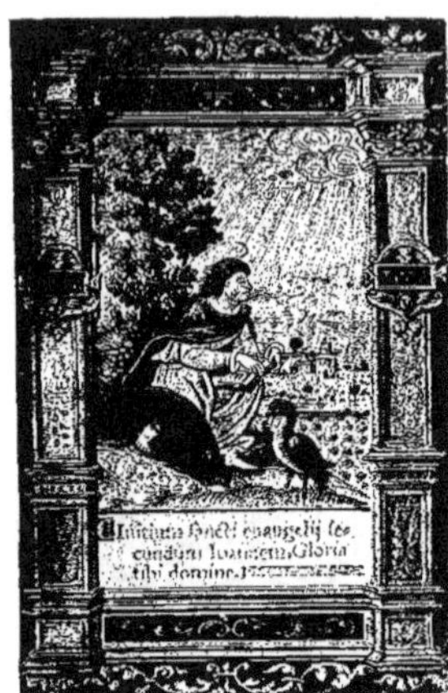

St Jean à Pathmos.

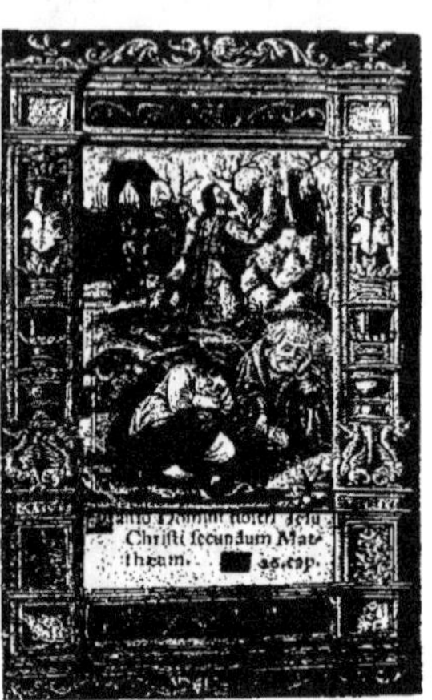

Veillée au jardin de Gethsemani.

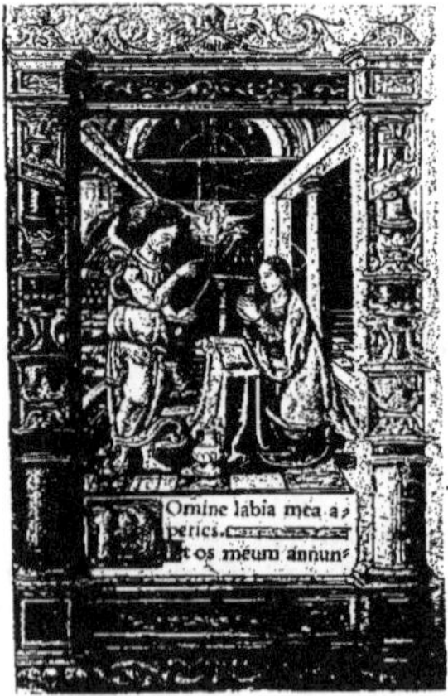

Annonciation.

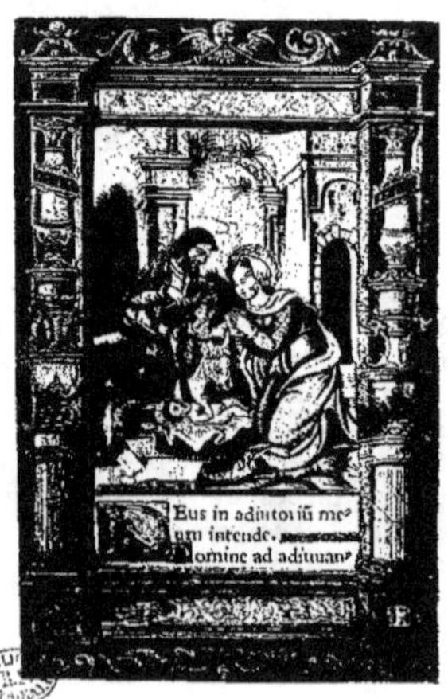

Nativité de J. C.

Horæ in laudem B. M. V., Hæredes Aldi & Andreæ Asulani, octobre 1529 (suite).

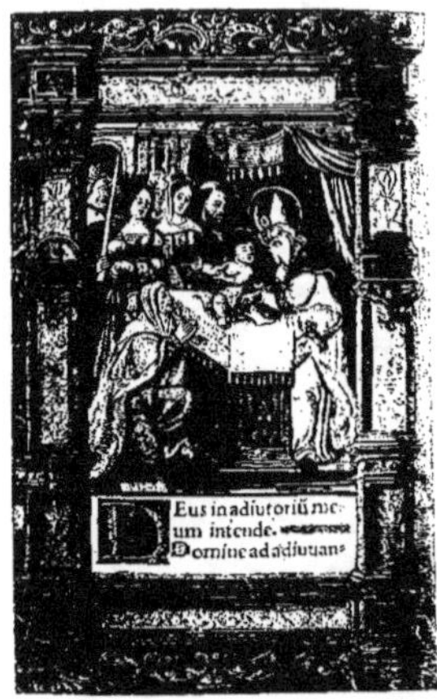

Présentation au temple.

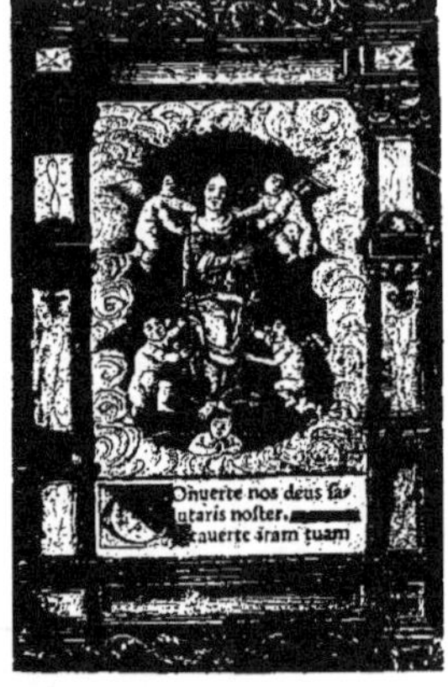

Assomption.

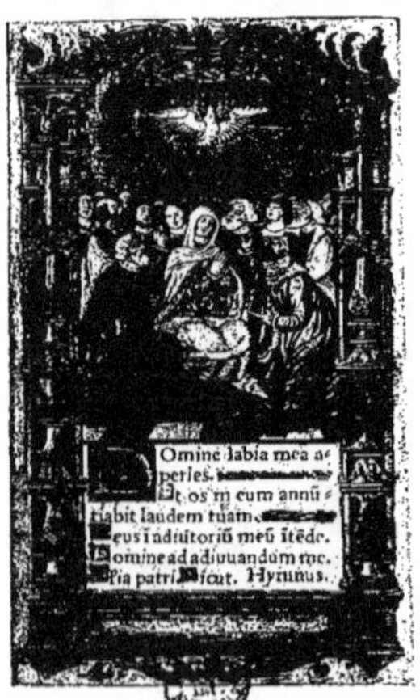

Descente du St-Esprit.

499. — Domenico Gilio et Domenico Gallo, octobre 1541 ; 12°. — (Paris, N)

Officio della gloriosa virgi/ ne maria ordinato con gli tre offi/ cij, secondo la corte Romana :/ tradotto nella volgar lin/gua. Nouamente reui/sto ꝛ Historiato.... In venetia M.D.XLI.

24 ff. prél. n. ch. s. : ✠, *a*. — 204 ff. num. s. : *A-R*. — 12 ff. par cahier. — C. g. r. et n. — 25 et 32 ll. par page. — Au-dessus du titre, petite vignette : la Sᵗᵉ Vierge *in cathedra*, tenant l'enfant Jésus nu, assis sur son genou droit; au fond, bouquets d'arbres. — (Pour le détail des gravures et les reproductions données, voir tableau III. Ces bois sont presque tous des copies de ceux de l'*Office*, 1ᵉʳ septembre 1512.) — Dans le texte, quelques vignettes. — In. o. à figures, et in. florales à fond criblé.

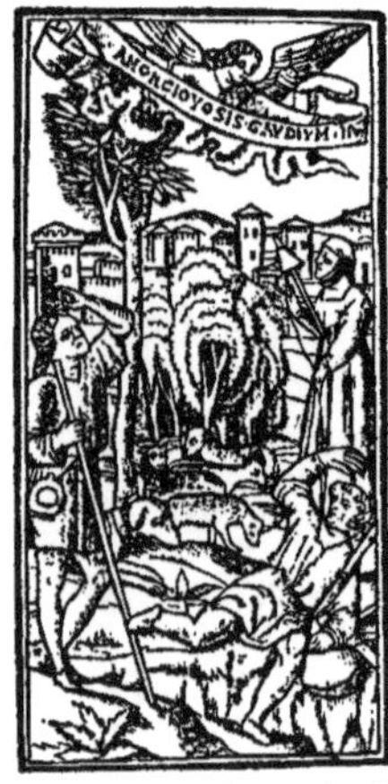

Offic. B.M.V., octobre 1541 (v. 75).

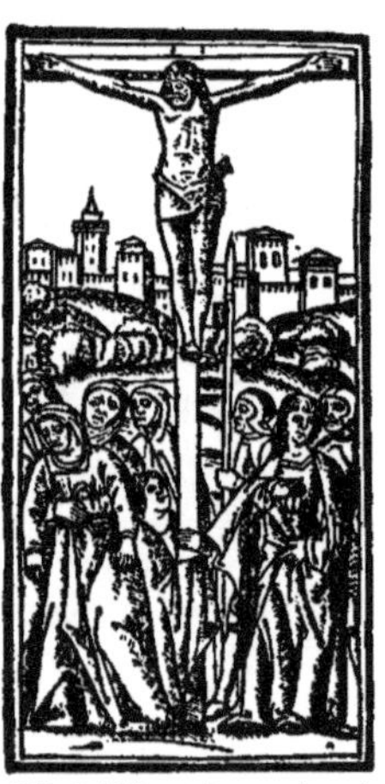
Offic. B.M.V., octobre 1541 (v. 170).

R. 204 : *Stāpato in Uinetia : per dñico Gilio : et/ dominico Gallo : Ueneti Anno/ dñi 1541. mense octob.* Au-dessous, le registre. Le verso, blanc.

500. — Hæredes L. A. Juntæ, décembre 1541 ; 12°. — (Londres, A)

℄ Hore in laudem beatissime/ Virg. Marie tripliciter ac se-/ paratim pro tempoꝝ va-/ rietate excuse : mul-/ tisqꝫ deuotissimis orationibus/ adaucte./ ✠

16 (8, 8,) ff. prél. n. ch., s. : ✠, ✠✠. — 216 ff. num., s. : *a-ꝫ, ꝛ, ꝯ, ꝶ, A*. — 8 ff. par cahier. — C. g. r. & n. — 29 ll. par page. — Au bas de la page du titre, marque du lis florentin. — (Pour le détail des gravures, voir tableau III.) — La *Nativité de J. C.* et la *Présentation au temple* (sans monogramme) sont des copies de bois employés dans les livres de liturgie de Bernardino Stagnino. — Ces gravures sont encadrées sur trois côtés ; dans le haut, bloc ornemental ; sur le côté intérieur, trois vignettes séparées par des versets en rouge ; dans le bas, deux figures de prophètes en buste séparées par deux versets, et, au-dessous, un motif ornemental tenant la largeur de la justification.

R. 216 : ℄ *Venetijs apud heredes/ Luceantonij Iunte flo-/ rentini anno. 1541./ mense De-/ cembri.* Le verso, blanc.

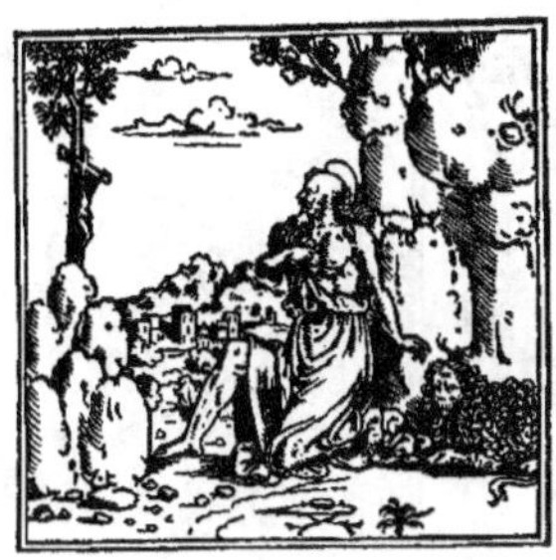

Offic. B.M.V., 1544 (p. du titre).

501. — Heredi di L. A. Giunta, janvier 1541 : 12°. — (☆)

L'VFICIO DELLA/ GLORIOSISSIMA/ Vergine & madre di Dio/ MARIA Secondo la/ consuetudine della Ro/mana Chiesa, Tradot/to nella lingua/ Fiorentina/ per/ Giouan/ Francesco/ Zeffi/ cit/ tadino/ FIORENTINO MDX XXXI.

12 ff. prél. n. ch. s. : ✠. — 228 ff. num., s. : *A-T*. — 12 ff. par cahier. — C. rom. r. et n. — 26 ll. par page. — Le titre est inscrit dans le contour d'un calice imprimé en rouge, surmonté d'une hostie au chiffre de Jésus. Au bas de la page, marque du lis rouge florentin. — (Pour le détail des gravures, voir tableau III.) — Dans le texte, vignettes de style moderne ; in. o. florales.

R. 228 : le registre ; au-dessous : *In Vinetia nella Stamperia de gli heredi di Luc' antonio Giunti/ Florentino del mese di/ Giennaio. 1541. a/ natiuitate.* Le verso, blanc.

502. — Hæredes L. A. Juntæ, 1542 ; 8°. — (Milan, B)

Officium gloriose virginis / marie, tribus anni temporibus accom/ modatum... M.D.XLII.

240 ff. num. à partir du 13me, et 1 f. blanc. : *A-C, a-r*. — 12 ff. par cahier (manquent dans cet exemplaire les ff. 23 et 228-230). — C. g. r. et n. — 30 ll. par page. — En tête de la page du titre, marque de la *Sirène* à double queue ; au bas de la page, entre les deux parties de la date : *M. D.* et *XLII*, petite marque du lis rouge florentin. — (Pour le détail des gravures, voir tableau III.) — La *Descente du St-Esprit*, la *Toussaint*, la *Ste Communion*, sont copiées de l'*Office*, 1er septembre 1512 ; l'*Immaculée Conception* et l'*Arrestation de J. C.* sont copiées de l'*Office*, juillet 1516. — R. 170. Vignette de la largeur de la justification, mais seulement de la hauteur d'un peu plus du tiers de la page : *Instruments de la Passion*. — In. o. à figures.

R. 240 : le registre ; au-dessous : *Uenetijs Sumptubus Heredum Lu/....nte Anno dñi. 1542./....* (Le reste de la souscription a été enlevé par une déchirure).

503. — Hieronymo Scoto, 1544 ; 8°. — (☆)

OFFICIVM ROMANVM/ in laudem beatissimę virginis Marię/ ordinatum, Nouiter cum multis/ alijs officijs, ac orationibus/ omni studio, ac diligẽtia/ excussum./.... Venetijs, Apud Hieronymum Scotum./ 1544.

24 ff. prél. n. ch., s. : ✠✠, ✠✠, ❀. — 216 ff. num., s. : *A-Z, aa-dd*. — 8 ff. par cahier. — C. g. r. et n. ; la première ligne du titre en cap. rom. — Toutes les pages sont entourées d'un encadrement formé d'une bordure de fleurettes dans le haut et sur le côté intérieur ; de trois vignettes séparées par des versets en rouge sur le côté extérieur, et, dans le bas, de deux figures de prophètes, séparées par deux versets en rouge, et accompagnées aux extrémités du bloc, de deux motifs d'ornement. — En tête de la page du titre : *St Jérôme* battant sa coulpe devant un crucifix, son lion familier couché près de lui. — (Pour le détail des gravures et les reproductions

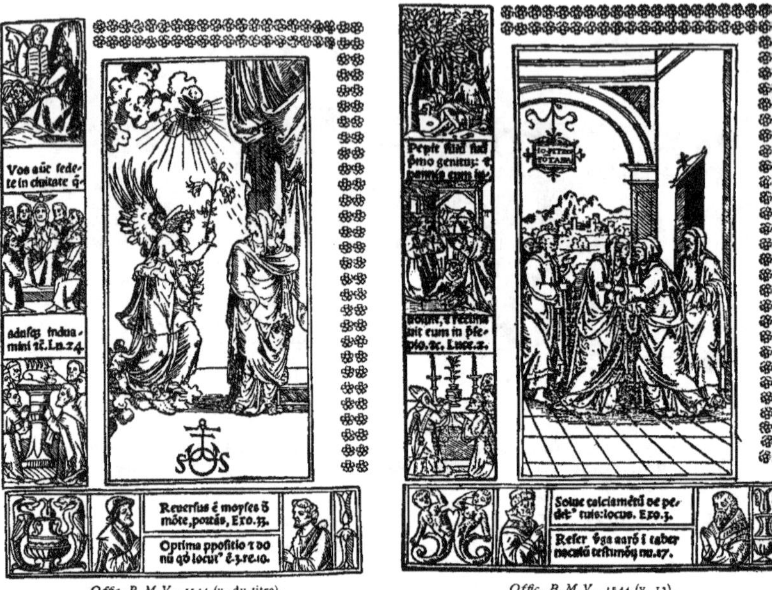

Offic. B.M.V., 1544 (v. du titre).

Offic. B.M.V., 1544 (v. 13).

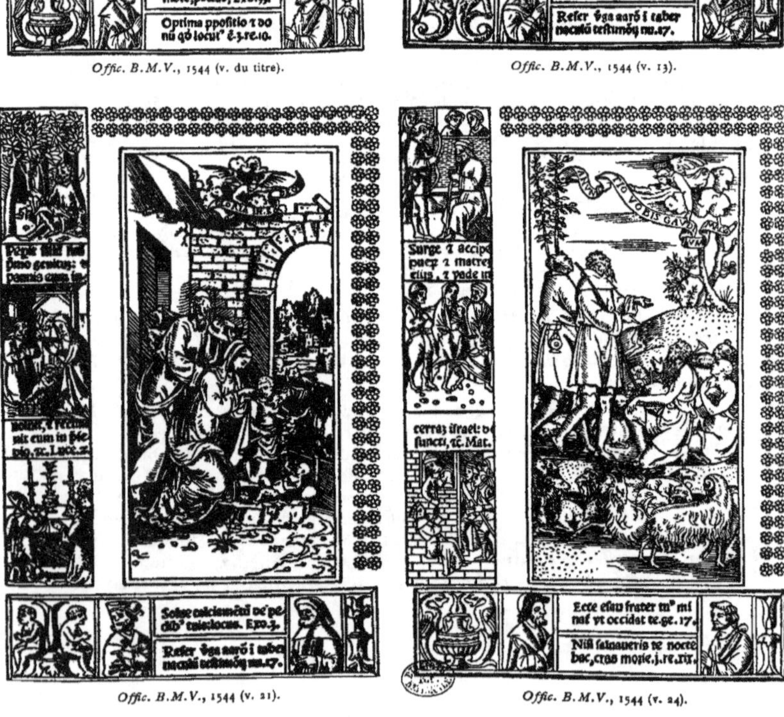

Offic. B.M.V., 1544 (v. 21).

Offic. B.M.V., 1544 (v. 24).

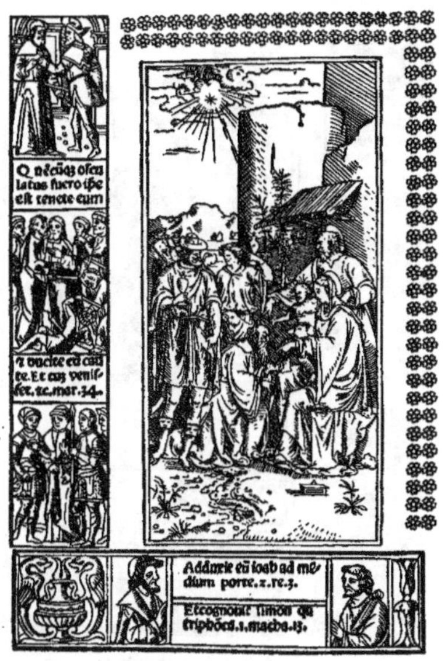

Offic. B.M.V., 1544 (v. 27).

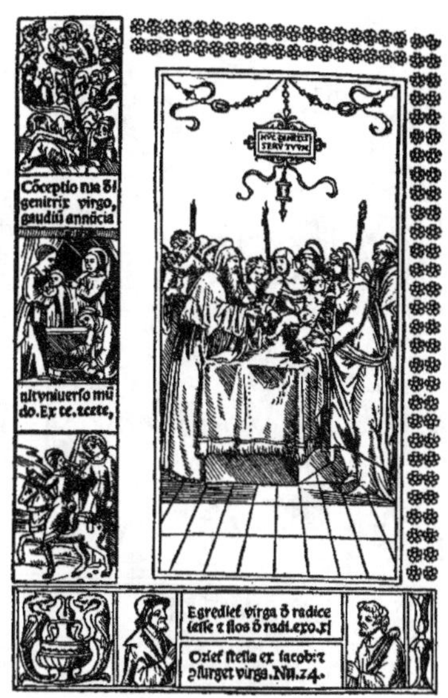

Offic. B.M.V., 1544 (v. 30).

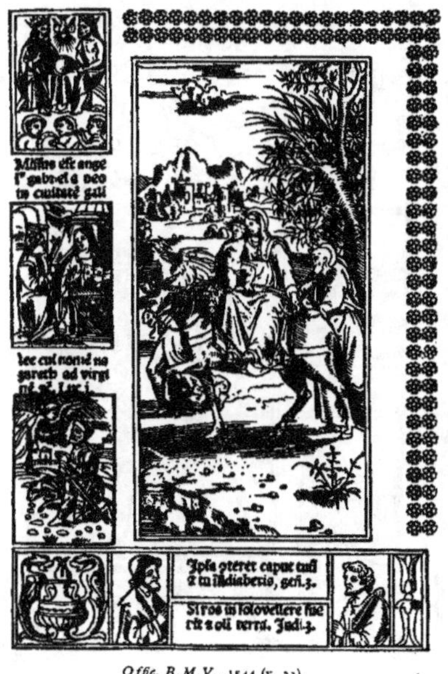

Offic. B.M.V., 1544 (v. 33).

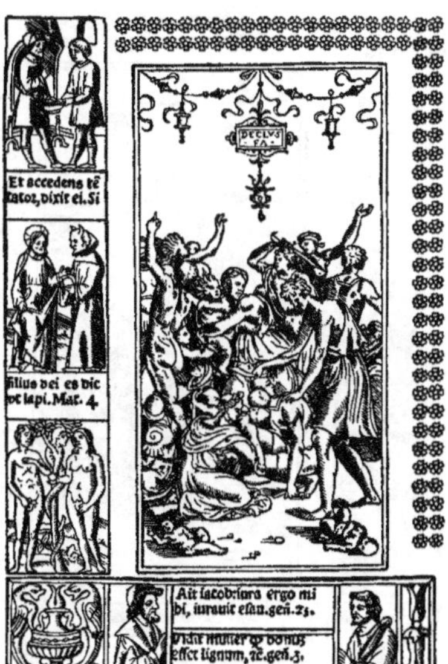

Offic. B.M.V., 1544 (v. 38).

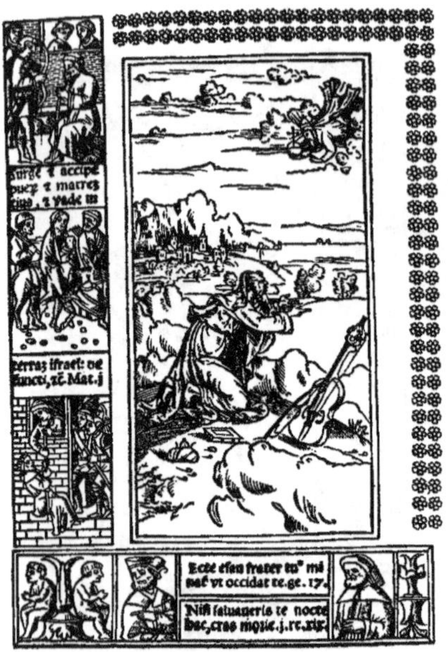

Offic. B.M.V., 1544 (v. 129).

Offic. B.M.V., 1544 (v. 149).

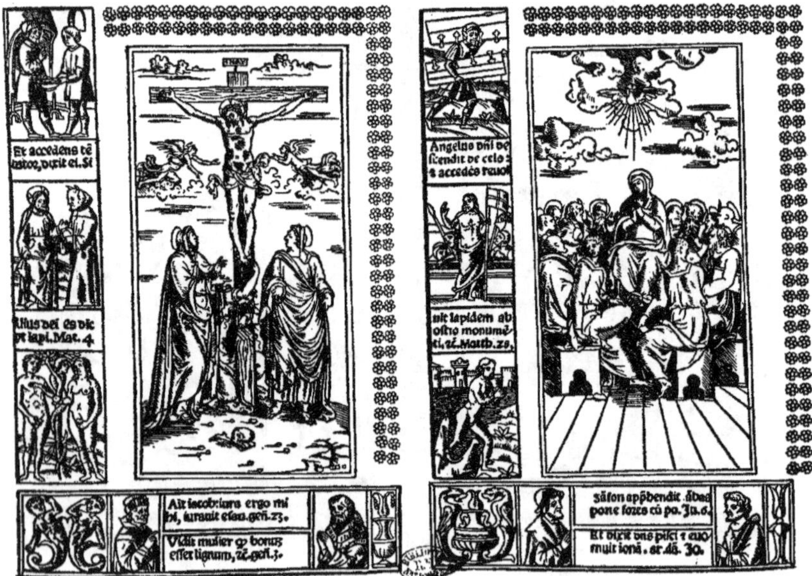

Offic. B.M.V., 1544 (v. 178).

Offic. B.M.V., 1544 (v. 184).

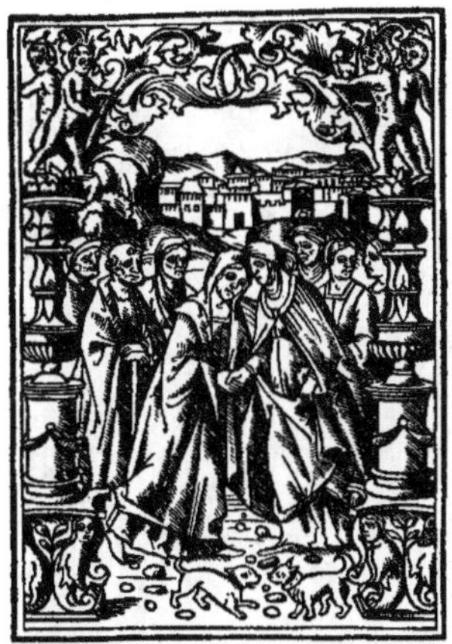

Offic. B.M.V., P. Liechtenstein, 1545 (v. 11).

données, voir tableau IV.) — R. 215, au bas de la page : *FINIS*. Au verso, la table. — R. 216. Au bas de la page, le registre. Le verso, blanc.

Ce volume est à classer parmi les plus précieux, non seulement à cause de son insigne rareté, mais encore parce qu'il apporte deux noms nouveaux à la liste, relativement très brève, des artistes qu'on peut désigner d'une manière précise parmi les illustrateurs des livres imprimés à Venise. Il serait difficile de dire avec une assurance formelle quelle part de ces gravures, d'un style tout particulier, doit être attribuée respectivement au Decius & au Fontana dont nous voyons ici les signatures. M. Fairfax Murray, dont on connaît la grande compétence en fait d'art italien, est d'avis que le premier doit être cet Agosto Decio que le peintre milanais Giovanni Paolo Lomazzi a cité, dans un de ses sonnets, parmi les miniaturistes les plus remarquables du XVIe siècle[1]. Il serait possible qu'il eût fourni les dessins de ces illustrations, dont plusieurs figurent dans les *Missels* de 1542 et 1543 et dans un *Bréviaire* de 1545, du même imprimeur. Et comme, d'autre part, le travail de la gravure est identique dans toute cette suite de bois, il y aurait lieu d'en conclure que la taille en est due à Pietro Fontana, qui a mis sur l'un d'eux sa signature entière, et sur deux autres ses initiales.

504. — Petrus Liechtenstein, 1545 ; 8°. — (Rome, An)

OFFICIVM BEATAE MARIAE VIR/ *ginis ad vsum Sacrosancte Ecclesiæ Ro/manæ tripliciter ordinatū... M.D. XLV./* VENETIIS./ *Apud Petrum Liechtenstein.*

12 ff. prél. n. ch., s. : ✠. — 180 ff. num., s. : *A-P*. — 12 ff. par cahier. —

Offic. B.M.V., P. Liechtenstein, 1545 (v. 21).

1. *Rime di Gio. Paolo Lomazzi, Milanese pittore, divise in sette Libri.* Milano, per Paolo Gottardo Pontio, l'anno 1587 (Libro secondo dei *Grotteschi*. p. 113).

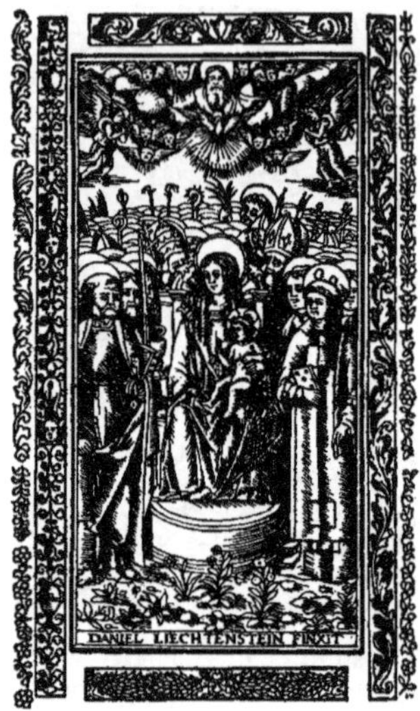

Offic. B. M. V., P. Liechtenstein, 1545 (v. 100).

C. g. r. et n.; le titre en c. rom. — 25 ll. par page. — En tête de la page du titre : le Christ enfant assis sur une sphère terrestre, la main droite bénissante; en arrière de son corps, se développe une banderole avec l'inscription : EGO SVM LVX MVNDI. Au bas de la page, entre les deux parties de la date et au-dessus de l'indication de lieu, autre marque, avec figure de l'Agneau divin et la légende : AGNVS DEI... etc. — Toutes les pages de texte sont entourées d'encadrements formés d'une bordure étroite de feuillage dans le haut et sur le côté intérieur; d'un bloc à quatre sujets hagiographiques superposés sur le côté extérieur; et, dans le bas, d'une vignette oblongue (épisodes de la vie de J. C. et de la Ste Vierge). Ces vignettes, dont plusieurs sont répétées au-dessous des bois de page, sont de style avancé; les personnages ont des nimbes à la manière de Titien, posés à plat sur l'occiput, et dont le champ est tantôt blanc, tantôt garni de rayons. — (Pour le détail des gravures et les reproductions données, voir tableau IV. Nous décrivons seulement les bois non reproduits.) — *Nativité de J. C.* Sur la gauche, au pied de le charpente de l'étable où sont enfermés l'âne et le bœuf, la Ste Vierge est agenouillée, les mains croisées sur la poitrine, enveloppée d'un manteau rabattu sur ses cheveux; près d'elle est assis St Joseph; devant eux, à terre, est couché l'enfant Jésus, nu; sur la droite, groupe de trois bergers, dont deux, coiffés de chapeaux ronds, s'entretiennent debout, et le troisième agenouillé, nu-tête, contemple l'enfant, les mains jointes. En arrière de l'étable, deux autres bergers arrivant de la gauche. Au fond, bouquets d'arbres, et maisons sur la droite. Dans le ciel, deux anges tenant un phylactère avec la légende : GLORIA IN ALTISSIMIS DEO. — *Circoncision.* Au fond d'une abside fermée à droite et à gauche par une colonnade, dans une *cathedra* à haut dossier, élevée sur un socle, un personnage assis tient sur ses genoux l'enfant Jésus, nu; à gauche, debout, le grand prêtre, tenant de la main droite un couteau; du même côté, à l'arrière plan, un homme et une femme, visibles seulement en partie; à droite, un prêtre du temple, et trois autres personnages, dont une femme. — *Adoration des Mages.* A droite, la Ste Vierge, nimbée, les cheveux flottants, est assise, tenant sur ses genoux l'enfant Jésus, nu; derrière elle, St Joseph, debout. A gauche, le premier

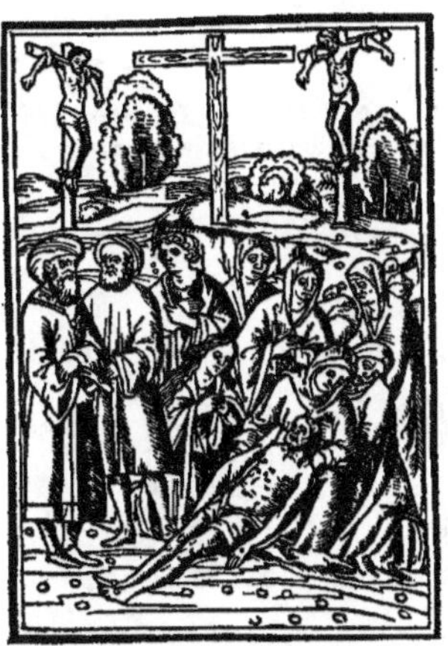

Offic. B. M. V., P. Liechtenstein, 1545 (v. 116).

mage, aux longs cheveux et à la longue barbe, est agenouillé, présentant à l'enfant un ciboire; à terre, près de lui, est déposée sa couronne. Les deux autres mages sont debout au second plan, tenant les présents qu'ils vont offrir. En arrière, du même côté, suite nombreuse de personnages dont les têtes seules sont indiquées. Au fond, entre deux escarpements de terrain, apparaissent les têtes de deux chameaux. Sur la droite, en arrière de St Joseph, un arbre. Dans le ciel, une étoile rayonnante. Ce bois est encadré d'une petite bordure ornementale. — ***Présentation au temple***. La Ste Vierge, enveloppée d'un long manteau rabattu sur ses cheveux, venant de la gauche, présente l'enfant Jésus au grand-prêtre, qui se tient debout à droite, accompagné d'un autre personnage visible seulement en partie. Entre l'enfant et le grand-prêtre, St Joseph, dont on ne voit que le buste. Sur la gauche, trois femmes, dont une, au premier plan, porte de la main gauche un cierge, et de la main droite un panier contenant deux colombes. Intérieur d'abside à cul-de-four, fermée sur les côtés par une colonnade. — Dans le texte, petites vignettes, parmi lesquelles plusieurs méritent une mention particulière. Nous remarquons d'abord, au r. 36, sur la gauche du texte, dans le haut de la page, une ***Immaculée Conception*** (voir reprod. p. 480), signée du monogramme ·D· ·L·, qui est évidemment celui de Daniel Liechtenstein. Le type de la Ste Vierge rappelle ces personnages à la stature élancée que nous montrent les gravures des ***Missels*** 1542 et 1543 et l'***Officium B. M. V.*** 1544, imprimés par Hieronymo Scoto. Du même caractère sont les six vignettes : SVPERBIA, AVARICIA, etc., qui, du r. 105 au r. 110, illustrent les psaumes de la Pénitence (voir reprod. p. 481), et dont nous trouverons des copies inverses dans le ***Brevarium Rom.***, 1551, Scoto. En comparant ces figures avec le bois de la ***Ste Vierge glorifiée***, qui est d'un dessin tout différent, nous sommes amené à en attribuer la gravure seule à Daniel Liechtenstein, ce qui, d'ailleurs, n'est que l'interprétation correcte du mot « finxit » dont il a fait suivre son nom au bas de la composition du v. 100. Ce graveur, dont nous ignorons le degré de parenté avec Petrus Liechtenstein, aurait donc travaillé à l'illustration des livres imprimés par ce dernier, ainsi que de plusieurs ouvrages sortis vers le même temps des presses de Scoto.[1] Quant aux bois de l'*Office*

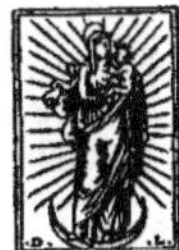

Offic. B. M. V., P. Liechtenstein, 1545 (r. 36).

1. Rappelons que les deux *Missels* de janvier 1535 et du 17 avril de la même année, imprimés par Petrus Liechtenstein, contiennent une *Annonciation* qui porte la petite marque de Scoto

de 1545, ils n'ont pas été tous taillés par lui seul ; on reconnaît à première vue dans plusieurs de ces planches la main d'un autre graveur. — In. o. de différents genres.

R. 180 : ℂ *Impressum Uenetijs. 1545./ Apud Petrum Liechtenstein.* Au verso, en tête de la page, la date : 1545. Au-dessous, la marque des deux sphères ; au bas de la page : *Petrus Liechtenstein.*

505. — Francesco Marcolini, 1545 ; 8°. — (Paris, N ; Londres, BM ; Venise, M — ☆)

OFFICIVM BEATE/ MARIE VIRGINIS.

24 ff. prél. n. ch., s. : ✠, *a, b.* — 184 ff. num., s. : *A-Z.* — 8 ff. par

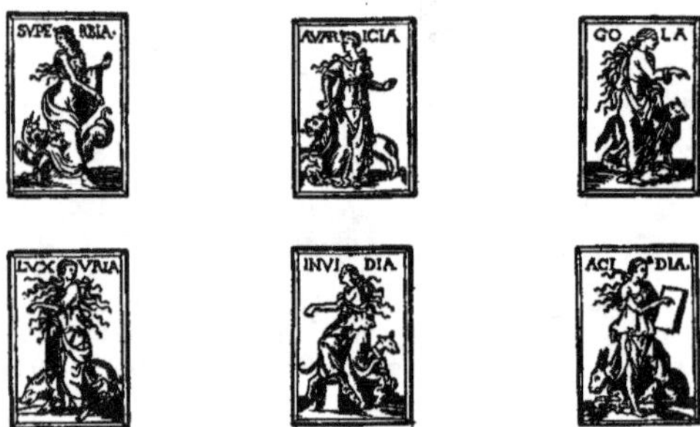

Offic. B. M. V., P. Liechtenstein, 1545 (r. 105-r. 110).

cahier. — C. g. r. et n. ; le titre, en cap. rom. r. — 23 ll. par page. — Au-dessous du titre, grand bois entouré d'un encadrement ornemental : le cerf symbolique, figure du Sauveur[1], tuant un serpent, image du démon (voir reprod. p. 482). Le verso, blanc. — Toutes les pages de texte sont entourées d'encadrements formés : en haut et sur le côté intérieur, d'une bordure à motifs d'ornement variés ; sur le côté extérieur, de trois vignettes, séparées par de petits motifs d'ornement, parmi lesquels se répètent souvent, outre le cerf mystique, un cartouche portant le mot ·VIRTV·, un autre portant le mot ·OLIM·, et un troisième avec les initiales ·A· ·F· ·G· ; dans le bas, de blocs à figures, tenant toute la largeur de la justification. Pour les pages du calendrier, ces blocs inférieurs sont à deux compartiments inégaux, renfermant d'une part les signes du Zodiaque, d'autre part des représentations des occupations agricoles et ménagères pendant les diverses saisons. Pour les autres pages, ce sont des épisodes

1 « Les vieux bestiaires mettent ce noble et inoffensif animal (le cerf) à la tête des animaux considérés comme purs, eu égard sans doute à la guerre qu'il fait au serpent. Il porte à ce reptile, d'après la légende, une haine irréconciliable, et lui donne la mort rien que par son souffle. C'est pourquoi il est souvent pris comme figure du Sauveur lui-même. » (L. Cloquet, *Eléments d'iconographie chrétienne*, p. 313.)

de la vie de la Ste Vierge : *Embrassement devant la Porte Dorée — Nativité de la Ste Vierge — Les prétendants à la main de Marie déposant sur l'autel leurs baguettes desséchées — Mariage de St Joseph et de la Ste Vierge — Annonciation — Visitation — Purification — Mort de la Ste Vierge — Assomption : la Ste Vierge donnant sa ceinture à St Thomas*, etc. — (Pour le détail des gravures et les reproductions données, voir tableau IV. Nous

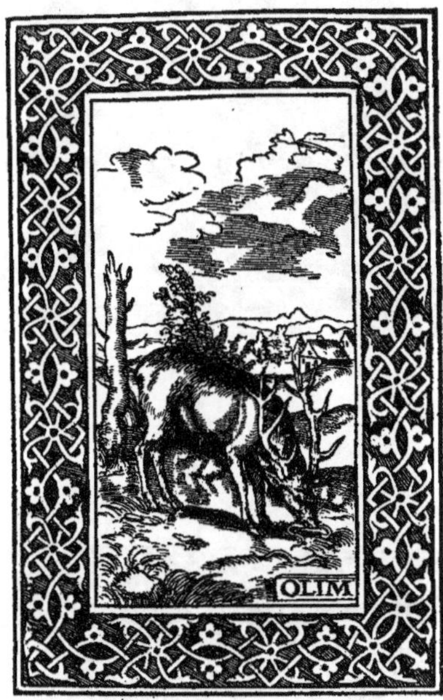

Offic. B.M.V., F. Marcolini, 1545 (p. du titre).

décrivons seulement les bois non reproduits.) — *Nativité de J. C.* La Ste Vierge est agenouillée à gauche, les mains jointes, le corps de trois quarts, la tête de profil, tournée vers la droite, un voile couvrant en partie ses cheveux. A terre, touchant ses genoux, une corbeille recouverte d'un linge où est couché l'enfant Jésus. A droite, un petit ange, de profil, la tête penchée au-dessus de celle du nouveau-né. Au-delà de la corbeille, un autre ange, dont on ne voit que le haut du corps, levant ses bras ouverts. Au second plan, en arrière de l'ange, St Joseph nimbé, assis de face, les mains croisées sur la poitrine, la tête penchée vers l'enfant. Sur

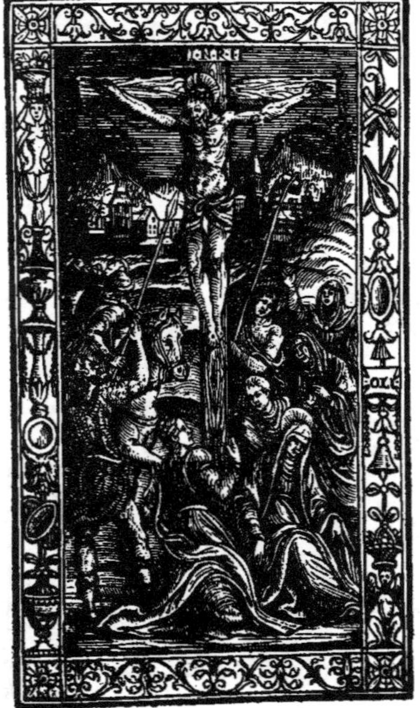

Offic. B.M.V., F. Marcolini, 1545 (v. *a*$_{ij}$).

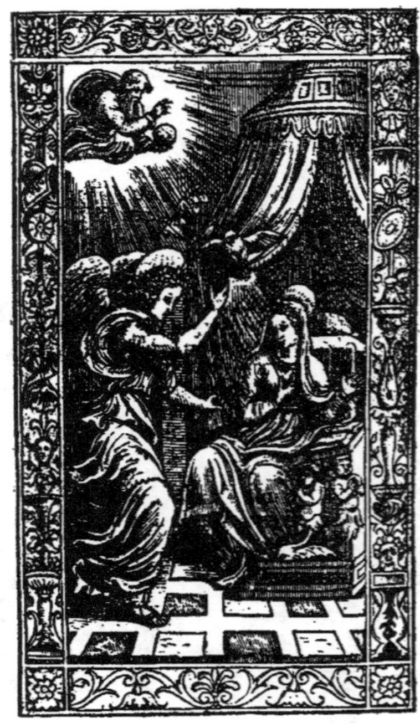

Offic. B.M.V., F. Marcolini, 1545 (v. *b*$_{8}$).

la gauche, en arrière de la Ste Vierge, deux bergers visibles seulement en partie. A droite de ces deux personnages, une colonne soutenant une arcade par la baie de laquelle on aperçoit des édifices en ruines ; au fond, montagnes et maisons, au-dessus desquelles rayonne une étoile. — *Annonce aux bergers.* A gauche, un berger, couché de trois quarts, la tête

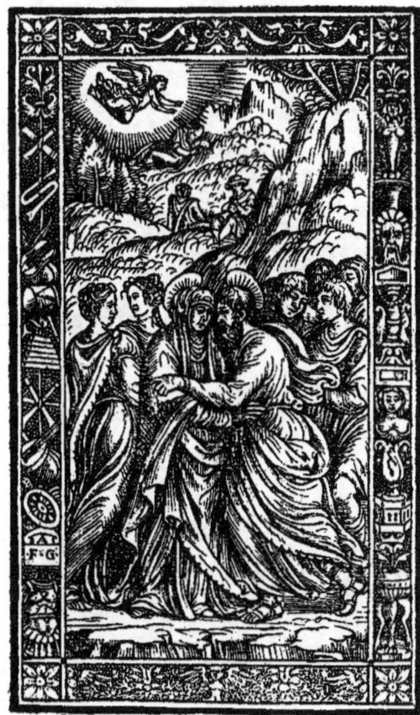

Offic. B.M.V., F. Marcolini, 1545 (v. 14).

de profil, tourné vers la droite, la jambe gauche repliée, un bâton posé contre son épaule droite et retenu par ses deux mains. En arrière de ce personnage, deux autres bergers, le premier presque de face, les mains levées en avant du corps, la tête retournée vers la gauche ; le second, touchant le cadre de la gravure, les mains posées sur les épaules du précédent, la tête levée de profil. A droite, un quatrième berger debout, appuyé des deux mains sur un bâton ; derrière lui, un chien couché. Au troisième plan, dans le milieu, deux chèvres luttant front contre front ; au-delà,

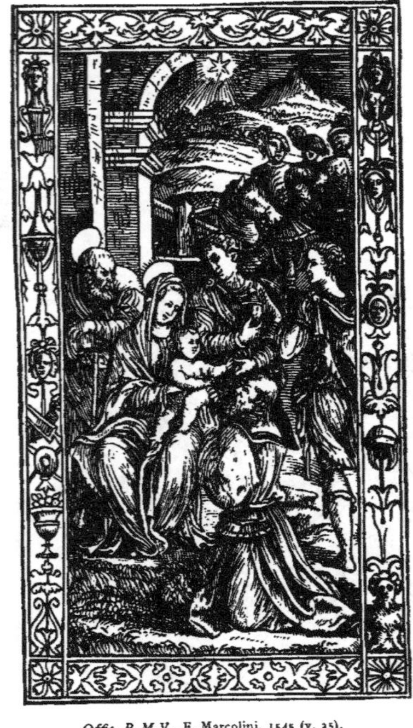

Offic. B.M.V., F. Marcolini, 1545 (v. 35).

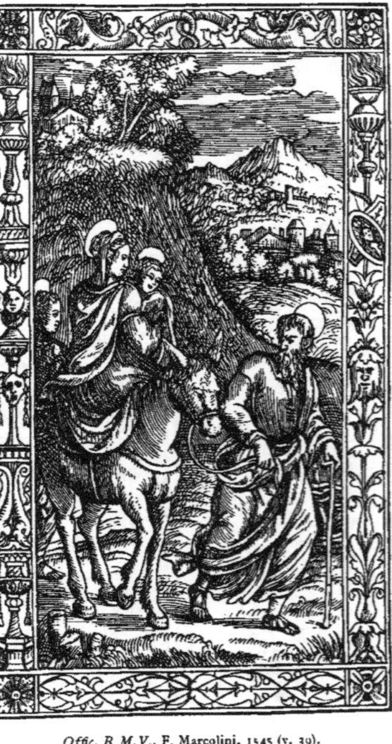

Offic. B.M.V., F. Marcolini, 1545 (v. 39).

apparaissent d'autres animaux. Au fond, paysage montueux ; bouquets d'arbres ; sur la droite, une éminence de terrain couronnée de maisons, au-dessus desquelles volent trois petits anges tenant un phylactère qui a plutôt la forme d'un voile flottant au vent. — *Présentation au temple.* Au milieu, un autel élevé sur un socle. A droite, la Ste Vierge, tournée vers la

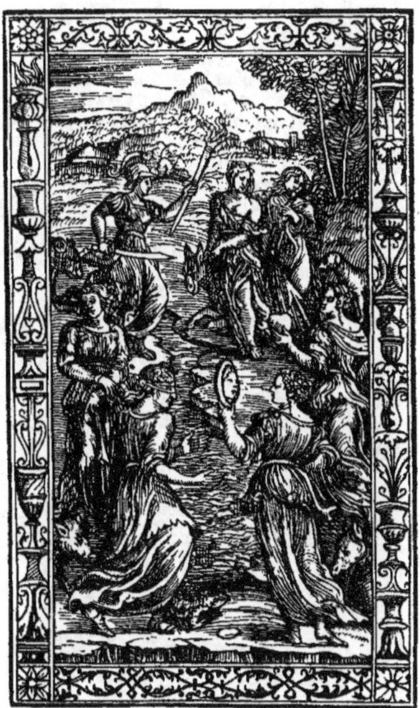

Offic. B.M.V., F. Marcolini, 1545 (v. 104).

gauche, déposant sur la nappe de l'autel l'enfant Jésus, vu de face, assis, la main droite à l'encolure de la robe de sa mère. Entre Marie et le cadre de la gravure, une femme, visible seulement en partie. A gauche, de l'autre côté de l'autel, St Siméon, les mains jointes, regardant l'enfant ; entre le vieillard et le cadre de la gravure, deux personnages visibles seulement en partie. Un autre personnage s'aperçoit entre l'enfant Jésus et St Siméon. Au fond, deux colonnes, à chacune desquelles est accroché un jeune garçon, regardant la scène. Dans une baie de fenêtre reculée entre les deux colonnes, apparaissent trois personnages en buste. — *Massacre des SS. Innocents.* Au premier plan, à droite, un enfant mort, étendu à terre, la tête reposant sur le bras gauche. Dans le milieu, un homme, les jambes et les bras nus, tirant violemment à lui un enfant que tient dans ses bras une femme venant de la gauche ; un autre enfant, marchant, se cramponne à

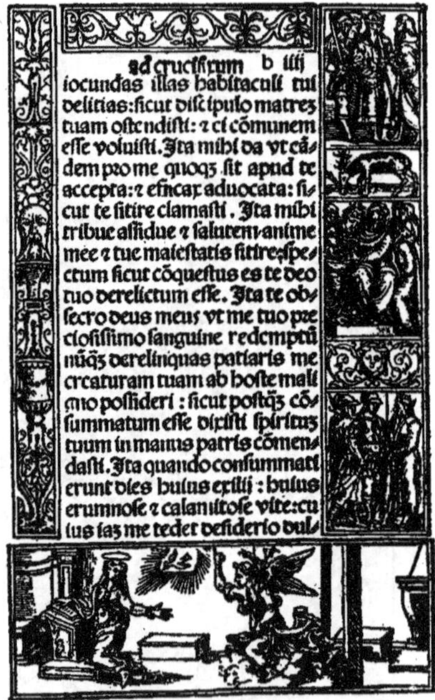

ad crucifixum b iiij
iocundas illas habitaculi tui
delitias: sicut discipulo matrē
tuam ostendisti: ꝛ ei cōmunem
esse voluisti. Ita mihi da vt eā-
dem pro me quoqꝫ sit apud te
accepta: ꝛ efficax aduocata: sicut te sitire clamasti. Ita mihi
tribue assidue ꝛ salutem anime
mee ꝛ tue maiestatis sitire: spe-
ctum sicut cōquestus es te deo
tuo derelictum esse. Ita te ob-
secro deus meus vt me tuo pre
ciosissimo sanguine redemptū
nūqꝫ derelinquas patiaris me
creaturam tuam ab hoste mali
gnio possideri: sicut postqꝫ cō-
summatum esse dixisti spiritū
tuum in manus patris cōmen-
dasti. Ita quando consummati
erunt dies huius exilij: huius
erumnose ꝛ calamitose vite: cu
ius iaꝫ me tedet desiderio dul-

Offic. B. M. V., F. Marcolini, 1545.

la robe de la femme ; à terre, près du pied gauche de l'homme, une épée nue. Au second plan, à droite, un soldat casqué levant son épée sur une femme agenouillée à ses pieds, et qui tient un enfant. En arrière de ces groupes, apparaît une mêlée de corps, hommes, femmes, enfants, emplissant l'espace limité par un péristyle à arcades, surmonté d'une balustrade par dessus laquelle regardent le roi Hérode et cinq autres personnages. — *Mort de la Ste Vierge.* Au milieu de la composition, un catafalque, surmonté d'un dais, et où repose le corps de la Ste Vierge, les mains croisées sur le ventre ; à droite et à gauche, sont groupés les apôtres, dont un tient une croix stationale. Au fond, sur la droite, une porte entrouverte. Pavé de carreaux striés de hachures, enfermant des losanges blancs. — *Descente du St-Esprit.* Au fond, sur une banquette élevée de deux marches, la Ste Vierge assise de face, nimbée, mains jointes, un voile sur les cheveux ; près d'elle,

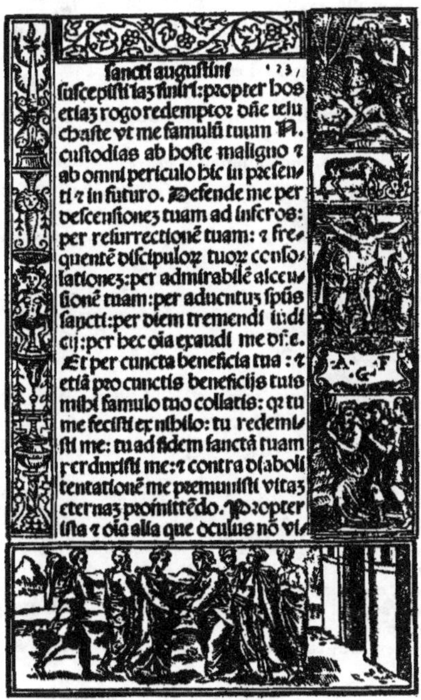
sancti augustini ·73·
suscepisti iaz finiri: propter hos
etiaz rogo redemptor dñe iesu
christe vt me famulũ tuum N.
custodias ab hoste maligno ꝛ
ab omni periculo hic in presenti ꝛ in futuro. Defende me per
descensionez tuam ad inferos:
per resurrectionẽ tuam: ꝛ fre-
quentẽ discipuloꝝ tuoꝝ conso-
lationez: per admirabilẽ ascen-
sionẽ tuam: per aduentuz spũs
sancti: per diem tremendi iudi
cij: per hec oia exaudi me dñe.
Et per cuncta beneficia tua: ꝛ
etiã pro cunctis beneficijs tuis
mihi famulo tuo collatis: q; tu
me fecisti ex nihilo: tu redemisti me: tu ad fidem sanctã tuam
perduxisti me: ꝛ contra diaboli
tentationẽ me premunisti vitaz
eternaz promittẽdo. Propter
ista ꝛ oia alia que oculus nõ vi-

Offic. B.M.V., F. Marcolini, 1545.

à droite, St Jean, les mains ouvertes en avant de la poitrine ; à gauche, St Pierre, les mains croisées sur la poitrine. Les autres apôtres sont groupés en demi-cercle depuis l'estrade du fond jusqu'au premier plan. Au-dessus de la Ste Vierge, la colombe céleste, dans une auréole à fond blanc, dardant des rayons. — Chacun de ces bois est encadré d'une bordure ornementale.

R. 184 : *VENETIIS IN OF/ FICINA FRAN/ CISCI MAR/ COLINI./ M D XLV.* Au verso marque : VERITAS/ FILIA/ TEMPORIS, dont le dessin est attribué à Titien.

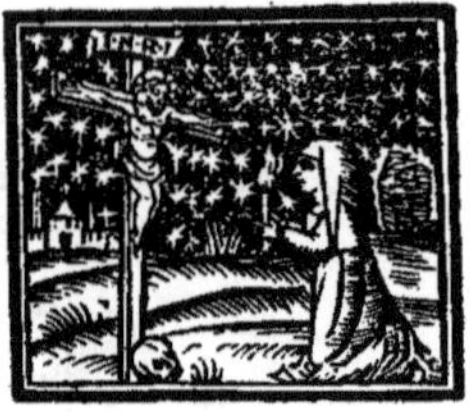
Offic. B. M. V., 1571 (r. L_{8}).

Casali, dans ses *Annali della Tipografia veneziana di Francesco Marcolini da Forli* (Forli, 1861), donne de ce livre une description qu'il a, dit-il, « faite à la hâte d'après un exemplaire vu à Forli, incomplet du frontispice et de plusieurs autres feuillets, et à laquelle il a pu ajouter des notes procurées par l'avocat De Minicis, qui en possédait un exemplaire également défectueux au commencement ». Il signale l'extrême rareté de cette édition, qui se rencontre à peine dans quelques catalogues de bibliothèques publiques ou particulières.

506. — Hæredes L. A. Juntæ, juillet 1546 ; 12°. — (Bologne, U)

Officium Romanum./ Officium beatę Marię Virgi/nis ordinarium : in quo multa officia ꝛ orationes sunt additę./....

12 (6, 6) ff. prél. n. ch., s. : ✠, ✠✠. — 209 ff. avec pagination erronée et 1 f. blanc, s. : *a-s*. — 12 ff. par cahier, sauf *s*, qui en a 6. — C. g. r. et n. — 23 ll. par page. — Page du titre : au-dessous de la première ligne, un chapeau cardinalice, imprimé en rouge, surmontant un écu avec la marque du lis rouge florentin. — (Pour le détail des gravures, voir tableau III.) — Dans le texte petites vignettes ; in. o. à figures.

V. s_{5} : ℭ *Uenetijs apud Heredes/ Luceantonij Iunte Flo/rentini Anno domi/ni. 1546. Men/se Iulij.*

507. — Girolamo Calepino, 1549 ; 12°. — (Amiens, M)

OFFICIO DE LA/ GLORIOSA VERGINE/ Maria ordinato con li tre officij/ secõdo la ꝯrte Romana, tra/ detto ne la volgare lingua./ Nouamente reuisto,/ & historiato./ .... In Venetia. nel anno MDXLIX.

12 ff. n. ch. et 180 ff. num., s. : *A-R*. — 12 ff. par cahier. — C. g. r. et n., sauf les cahiers *A*, *B*, *Q*, *R*, qui sont imprimés en c. rom. — 25 et 31 ll. par page. — Au-dessus du titre, vignette ombrée : *Immaculée Conception*, encadrée d'une bordure ornementale tirée en rouge. — R. B_{12}. Au bas de la page, deux blocs à figures, superposés, copies de bois français. — (Pour le détail des gravures, voir tableau I.) — V. 153, r. 165. En tête de la page, et sur la gauche du texte, vignette au trait : *la Ste Vierge et l'enfant Jésus*, de l'édition 26 avril 1494. — Quelques autres vignettes ombrées, très médiocres, vers la fin du volume.

R. 180 : le registre ; au-dessous : *In Venetia per Gerolimo Calepino.* Le verso, blanc.

508. — Hieronymo Scoto, 1558 ; 12°. — (Paris, N ; Florence, Libr. de Marinis, 1906)

L'VFICIO VOLGARE/ della gloriosissima Vergine, &/ madre di Dio Maria, Secõdo/ l'vso della Chiesa/ Romana./... In VENETIA Appresso Girolamo/ Scoto. MDLVIII.

36 (12, 12, 12) ff. prél., dont les huit premiers n. ch., les autres num. de 9 à 36, s. : *1*, *2*, *3*. — 192 ff. num., s. : *A-Q*. — 12 ff. par cahier. — C. rom. r. & n. — 28 ll. par page. — En tête de la page du titre, petite vignette : *Ascension*. — (Pour le détail des gravures, voir tableau IV.) — Dans le texte, vignettes & in. o.

R. 192 : le registre ; au-dessous, la marque, imprimée en rouge ; au bas de la page : *IN VENETIA, Appresso Giro-/ lamo Scoto. MDLVIII.* Le verso, blanc.

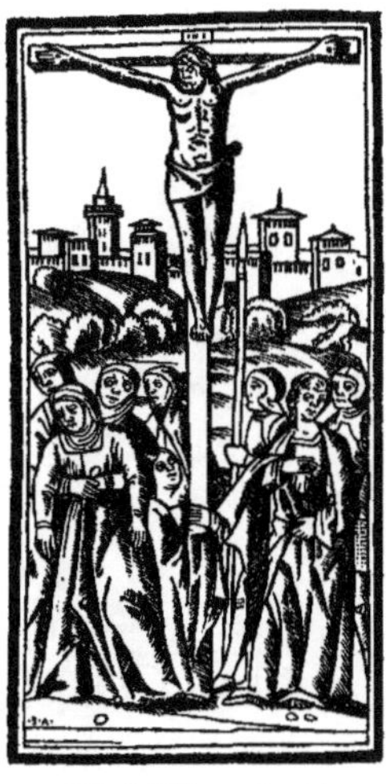

Offic. B.M.V., 1573 (p. 192).

509. — Hæredes L. A. Juntæ, 1566; 8°. — (Florence, M)

Officium beatae Mariæ... (A la fin) *In officina Lucæ Antonii Iuntæ MDLXVI.*

Toutes les pages sont encadrées d'une petite bordure ornementale. — Un bois de page : *Annonciation* (reprod. dans *Les Missels vén.*, p. 12).

510. — Petrus Liechtenstein, 1567; 16°. — (Venise, Libr. Olschki, 1895)

Officium Beatę Marię/ Virginis./ Secundũ ordinem Camaldulensiũ/ Additis quibusdam deuotissi/mis orationibus. Noui/ter impressum./ Venetiis./ Apud Liechtenstein. 1567.

Au-dessus du titre, le calice aux colombes, armoiries de l'ordre des Camaldules. Au verso, figure de *St Romuald.* — Cinq bois de page; petites vignettes dans le texte. A la fin, marque de l'imprimeur.

511. — Hæredes L. A. Juntæ, 1568; 12°. — (Florence, Libr. Dotti, 1894)

OFFICIVM GLORIOSAE/ VIRGINIS MARIAE... VENETIIS MDLXVIII.

Au-dessus du titre, la lune, à figure humaine, rayonnante, avec la légende : *Pulchra vt Luna;* au-dessus de l'indication de lieu et de date, marque du lis rouge florentin. — Cinq bois de page, de style moderne. — Nombreuses vignettes dans le texte. — A la fin : *Venetijs in officina Luceantonij Iuntę. Anno Domini. 1568.*

512. — Jacob Debarom et Ambrosio Corso, 1571; 8°. — (Paris, N)

Office en vieux bosniaque. — 16 ff. prél., s. : †, ††. — 96 ff. sans pagination, s. : *A-M.* — 8 ff. par cahier. — 22 ll. par page. — Au-dessous du titre, marque de l'*échelle surmontée d'une étoile*, avec les initiales : I B. — Au-dessous, la date : *M. D. LXXI.* — Mêmes bois que dans l'*Office*, 2 août 1512. — R. L_8. En tête des oraisons de Ste Brigitte, petit bois à fond noir semé d'étoiles (voir reprod. p. 489).

V. M_8 : *Venetiis impressum apud Iacobum Debarom et Ambrosium Corsum, ad signum Scalæ* (traduction latine). Au-dessous : *1571.*

513. — Aegidius Regazola, 1573; 8°. — (Munich, R)

OFFICIVM/ Beatæ Mariæ./ SECVNDVM VSVM/ Monasticum S. Benedicti,/ congregationis Cassinen/ sis, alias L. Iustinæ... VENETIIS/ Apud Aegidium Regazolam./ MDLXXIII.

12 bois de page, de style moderne, sauf à la page 192, une *Crucifixion* avec monogramme ·I·A· (voir reprod. p. 490), copie du bois de l'*Office*, 1er septembre 1512. — A la fin : *VENETIIS/ Excudebat Aegidius Regazola./ MDLXXIII.*

514. — Juntæ, 1575; 8°. — (Mayhingen, O)

OFFICIVM/ beate Marie, secundum vsum/ Monasticum S. Benedicti/

TABLEAUX RÉCAPITULATIFS

des principales gravures

des

OFFICES DE LA VIERGE

Dans la colonne des reproductions données, les chiffres renvoient aux pages, et l'abréviation : *h. t.* aux planches hors texte du présent volume ; l'abréviation : *M. V.* suivie d'un chiffre indique la page de l'ouvrage sur *Les Missels vénitiens* où la gravure a déjà été reproduite.

Tableau I.

	NUMÉROS D'ORDRE DES DESCRIPTIONS			451	452	453	454	455	456	457	458	459
	DÉSIGNATION DES GRAVURES	Signatures et Monogrammes de Graveurs	Pages où sont données des reproductions	23 juillet 1489 Andreas de Torresanis	1490 Joannes Hamman de Landoia	3 décembre 1491 Joannes Hamman de Landoia	4 février 1492 Joannes Hamman de Landoia	6 mai 1493 Joannes Emericus de Spira	1493 Joannes Hamman de Landoia	26 avril 1494 Hieronymus de Sanctis	31 juillet 1495 Joannes Emericus de Spira (pour L. A. Giunta)	31 juillet 1496 Joannes Emericus de Spira (pour L. A. Giunta)
1	St Jean à Pathmos		h. t.	v. B-7	»	»	»	»	»	»	»	»
2	Annonciation		h. t.	r. A	»	»	»	»	»	»	»	»
3	Visitation		h. t.	r. b-4	»	»	»	»	»	»	»	»
4	Nativité de J.-C		h. t.	v. c-7	»	»	»	»	»	»	»	»
5	Annonce aux bergers		h. t.	r. d-4	»	»	»	»	»	»	»	»
6	Adoration des Mages		h. t.	r. d-8	»	»	»	»	»	»	»	»
7	Présentation du temple		h. t.	r. e-3	»	»	»	»	»	»	»	»
8	Fuite en Egypte		h. t.	r. e-6	»	»	»	»	»	»	»	»
9	Couronnement de la Ste Vierge		h. t.	v. f-5	»	»	»	»	»	»	»	»
10	Annonciation (no 2, avec encadrement différent)		h. t.	r. i-2	»	»	»	»	»	»	»	»
11	Bethsabée		h. t.	r. i-5	»	»	»	»	»	»	»	»
12	Les trois Morts et les trois Vifs		h. t. et [illegible]	r. m-5	»	»	»	»	»	»	»	»
13	Crucifixion		h. t.	v. r-7	»	»	»	»	»	»	»	»
14	Descente du St-Esprit		h. t.	r. s-3	»	»	»	»	»	»	»	»
15	Crucifixion		401	»	v. a, p-8	»	»	»	»	»	»	»
16	St Jean à Pathmos		402	»	v. b-8	»	»	»	»	»	»	»
17	Annonciation		402	»	v. b-12	»	»	»	»	»	»	»
18	Nativité de J.-C		h. t.	»	v. h-8	»	»	»	»	»	»	»
19	David		403	»	v. i-3	»	»	»	»	»	»	»
20	La Mort emmenant un groupe de personnages		h. t.	»	v. l-6	»	»	»	»	»	»	»
21	Descente du St-Esprit		h. t.	»	v. q-3	»	»	»	»	»	»	»
22	Nativité de J.-C.		h. t.	»	»	v. c	»	»	»	»	»	»
23	Jugement dernier		»	»	»	v. k-8	»	»	»	»	»	»
24	Office des Morts		h. t.	»	»	v. n-8	»	»	»	»	»	»
25	Crucifixion		»	»	»	v. t-3	»	»	»	»	»	»
26	Ste Trinité		»	»	»	v. t-7	»	»	»	»	»	»
27	Nativité de J.-C.		»	»	»	»	v. k-4	»	»	»	»	»
28	David		h. t.	»	»	»	v. k-7	»	»	»	»	»
29	Office des Morts		h. t.	»	»	»	v. n-7	»	»	»	»	»
30	Crucifixion		406	»	»	»	v. t-2	»	»	»	»	»
31	Descente du St-Esprit		»	»	»	»	v. t-7	»	»	»	»	»
32	Annonciation		h. t.	»	»	»	»	v. k-5	»	»	»	»
33	David		»	»	»	»	»	v. k-8	»	»	»	»
34	Office des Morts		h. t.	»	»	»	»	v. n-8	»	»	»	»
35	Crucifixion		»	»	»	»	»	v. t-3	»	»	»	»
36	Descente du St-Esprit		»	»	»	»	»	v. t-7	»	»	»	»
37	Annonciation		407	»	»	»	»	»	v. b-8	»	v. b-8	v. b-12
38	David		407	»	»	»	»	»	v. h-7	»	v. k-2	v. h-12
39	Office des Morts		407	»	»	»	»	»	v. l	»	v. m-8	v. l-3
40	Invention de la Ste Croix		407	»	»	»	»	»	v. p	»	»	»
41	Descente du St-Esprit		408	»	»	»	»	»	v. p-4	»	v. s-2	v. p-8
42	Annonciation		410	»	»	»	»	»	»	v. ✠ 12	»	»
43	David		411	»	»	»	»	»	»	v. g-7	»	»
44	Nativité de J.-C.		412	»	»	»	»	»	»	v. h	»	»
45	Mise au tombeau		412	»	»	»	»	»	»	v. i-8	»	»
46	Crucifixion		413	»	»	»	»	»	»	v. o-4	»	»
47	Descente du St-Esprit		413	»	»	»	»	»	»	v. o-8	»	»
48	Visitation		414	»	»	»	»	»	»	?	»	»
49	Immaculée-Conception		»	»	»	»	»	»	»	»	v. i-7	v. h-8
50	Crucifixion		h. t.	»	»	»	»	»	»	»	v. r-6	v. p-3
51	Annonciation		414	»	»	»	»	»	»	»	»	»
52	Nativité de J.-C.		h. t.	»	»	»	»	»	»	»	»	»
53	David		h. t.	»	»	»	»	»	»	»	»	»
54	Office des Morts		h. t.	»	»	»	»	»	»	»	»	»
55	Crucifixion		h. t.	»	»	»	»	»	»	»	»	»
56	Descente du St-Esprit		h. t.	»	»	»	»	»	»	»	»	»
57	Annonciation	■	h. t.	»	»	»	»	»	»	»	»	»
58	Nativité de J.-C.	■	h. t.	»	»	»	»	»	»	»	»	»
59	David	■	415	»	»	»	»	»	»	»	»	»
60	Pietà	■	h. t.	»	»	»	»	»	»	»	»	»
61	Crucifixion	■	415	»	»	»	»	»	»	»	»	»
62	Descente du St-Esprit	■	h. t.	»	»	»	»	»	»	»	»	»
63	Les quinze degrés du temple mystique de Salomon		h. t.	»	»	»	»	»	»	»	»	»
64	Ste Trinité		h. t.	»	»	»	»	»	»	»	»	»
65	La Cour céleste		h. t.	»	»	»	»	»	»	»	»	»
66	La Cène		h. t.	»	»	»	»	»	»	»	»	»
67	Pietà		h. t.	»	»	»	»	»	»	»	»	»
68	Annonciation		417	»	»	»	»	»	»	»	»	»
69	Nativité de J.-C.		417	»	»	»	»	»	»	»	»	»
70	David		417	»	»	»	»	»	»	»	»	»
71	Pietà		417	»	»	»	»	»	»	»	»	»
72	Portement de croix		417	»	»	»	»	»	»	»	»	»
73	Descente du St-Esprit		417	»	»	»	»	»	»	»	»	»
74	Annonciation		*M. V.*, 167	»	»	»	»	»	»	»	»	»
75	Visitation		418	»	»	»	»	»	»	»	»	»
76	Nativité de J.-C.		419	»	»	»	»	»	»	»	»	»
77	Annonce aux bergers		419	»	»	»	»	»	»	»	»	»
78	Adoration des Mages		*M. V.*, 103	»	»	»	»	»	»	»	»	»
79	Présentation au temple		*M. V.*, 176	»	»	»	»	»	»	»	»	»
80	Fuite en Egypte		419	»	»	»	»	»	»	»	»	»
81	Massacre des SS. Innocents		419	»	»	»	»	»	»	»	»	»
82	Nativité de J.-C.		*M. V.*, 111	»	»	»	»	»	»	»	»	»
83	Mort de la Ste Vierge		*M. V.*, 134	»	»	»	»	»	»	»	»	»
84	Crucifixion		*M. V.*, 289	»	»	»	»	»	»	»	»	»
85	Descente du St-Esprit		*M. V.*, 118	»	»	»	»	»	»	»	»	»
86	Annonciation		421	»	»	»	»	»	»	»	»	»
87	Crucifixion	■	421	»	»	»	»	»	»	»	»	»
88	Nativité de J.-C.		421	»	»	»	»	»	»	»	»	»
89	David	■	421	»	»	»	»	»	»	»	»	»
90	Pietà	■	421	»	»	»	»	»	»	»	»	»
91	Messe miraculeuse de St Grégoire		421	»	»	»	»	»	»	»	»	»

Nos d'ordre des gravures	460	461	462	463	464	465	466	469	470	471	479	490	491	492	507
	31 août 1496 Joannes Emericus de Spira (pour L. A. Giunta)	31 juillet 1497 Joannes Emericus de Spira	1er octobre 1497 Joannes Hamman de Landoia (pour Octav. Scoto)	5 décembre 1497 Aldus Manutius	21 mai 1499 Joannes Emericus de Spira (pour L. A. Giunta)	26 juin 1501 Luc'Antonio Giunta	23 juillet 1502 Petrus Liechtenstein	24 octobre 1502 Zuan Ragazo (pr Bern. Stagnino)	30 avril 1505 Luc'Antonio Giunta	4 mai 1506 Luc'Antonio Giunta	1er septemb. 1512 Gregorius de Gregoriis	1523 Gregorius de Gregoriis	5 février 1523 Gregorius de Gregoriis	circa 1523 Gregorius de Gregoriis (?)	1549 Girolamo Calepino
1	»	»	»	»	»	»	»	»	»	»	»	»	»	»	»
2	»	»	»	»	»	»	»	»	»	»	»	»	»	»	»
3	»	»	»	»	»	»	»	»	»	»	»	»	»	»	»
4	»	»	»	»	»	»	»	»	»	»	»	»	»	»	»
5	»	»	»	»	»	»	»	»	»	»	»	»	»	»	»
6	»	»	»	»	»	»	»	»	»	»	»	»	»	»	»
7	»	»	»	»	»	»	»	»	»	»	»	»	»	»	»
8	»	»	»	»	»	»	»	»	»	»	»	»	»	»	»
9	»	»	»	»	»	»	»	»	»	»	»	»	»	»	»
10	»	»	»	»	»	»	»	»	»	»	»	»	»	»	»
11	»	»	»	»	»	»	»	»	»	»	»	»	»	»	»
12	»	»	»	»	»	»	»	»	»	»	r. 93	»	»	v. i-7	»
13	»	»	»	»	»	»	»	»	»	»	»	»	»	»	»
14	»	»	»	»	»	»	»	»	»	»	»	»	»	»	»
15	»	»	»	»	»	»	»	»	»	»	»	»	»	»	»
16	»	»	»	»	»	»	»	v. B-2	»	»	»	»	p. titre.	r. 1er f.	»
17	»	»	»	»	»	»	»	»	»	»	»	p. titre.	»	»	»
18	»	»	»	»	»	»	»	»	»	»	»	»	»	»	»
19	»	»	»	»	»	»	»	v. 104	»	»	»	»	»	»	»
20	»	»	»	»	»	»	»	»	»	»	»	»	»	»	»
21	»	»	»	»	»	»	»	»	»	»	Voir tableau II	»	»	»	»
22	»	»	»	»	»	»	»	»	»	»	»	»	»	»	»
23	»	»	»	»	»	»	»	»	»	»	»	»	»	»	»
24	»	»	»	»	»	»	»	»	»	»	»	»	Voir tableaux II, III	Voir tableaux II, III	»
25	»	»	»	»	»	»	»	»	»	»	»	Voir tableaux II, III	»	»	»
26	»	»	»	»	»	»	»	Voir tableau II	»	»	»	»	»	»	»
27	»	»	»	»	»	»	»	»	»	»	»	»	»	»	»
28	»	»	»	»	»	»	»	»	»	»	»	»	»	»	»
29	»	»	»	»	»	»	»	»	»	»	»	»	»	»	»
30	»	»	»	»	»	»	»	»	»	»	»	»	»	»	»
31	»	»	»	»	»	»	»	»	»	»	»	»	»	»	»
32	»	»	»	»	»	»	»	»	»	»	»	»	»	»	»
33	»	»	»	»	»	»	»	»	»	»	»	»	»	»	»
34	»	»	»	»	»	»	»	»	»	»	»	»	»	»	»
35	»	»	»	»	»	»	»	»	»	»	»	»	»	»	»
36	»	»	»	»	»	»	»	»	»	»	»	»	»	»	»
37	»	v. b-8	»	v. a	»	»	»	»	»	»	»	»	»	»	»
38	»	v. k-2	»	»	»	»	»	»	»	»	»	»	»	»	»
39	»	v. m-8	»	»	»	»	»	»	»	»	»	»	»	»	»
40	»	»	»	»	»	»	»	»	»	»	»	»	»	»	»
41	»	v. s-2	»	»	»	»	»	»	»	»	»	»	»	»	»
42	»	»	»	»	»	»	»	»	»	»	»	»	»	»	r. b-12, 11, 137
43	»	»	»	»	»	»	»	»	»	»	»	»	»	»	v. 120
44	»	»	»	»	»	»	»	»	»	»	»	»	»	»	r. 10, v. 18, 15
45	»	»	»	»	»	»	»	»	»	»	»	»	»	»	
46	»	»	»	»	»	»	»	»	»	»	»	»	»	»	r. 148
47	»	»	»	»	»	»	»	»	»	»	»	»	»	»	
48	»	»	»	»	»	»	»	»	»	»	»	»	»	»	r. 52, 93
49	»	v. i-7	»	»	»	»	»	»	»	»	»	»	»	»	»
50	»	v. r-6	»	»	»	»	»	»	»	»	»	»	»	»	»
51	v. 4e f.	»	»	»	»	»	»	»	»	»	»	»	»	»	»
52	v. k-4	»	»	»	»	»	»	»	»	»	»	»	»	»	»
53	v. k-7	»	»	»	»	»	»	»	»	»	»	»	»	»	»
54	v. n-7	»	»	»	»	»	»	»	»	»	»	»	»	»	»
55	v. t-2	»	»	»	»	»	»	»	»	»	»	»	»	»	»
56	v. t-7	»	»	»	»	»	»	»	»	»	»	»	»	»	»
57	»	»	v. 12e f. pr.	»	»	»	»	»	»	»	»	»	»	»	»
58	»	»	v. f-8, r-5	»	»	»	»	»	»	»	»	»	»	»	»
59	»	»	v. g-3	»	»	»	»	»	»	»	»	»	»	»	»
60	»	»	v. i-8	»	»	»	»	»	»	»	»	»	»	»	»
61	»	»	v. o-4	»	»	»	»	»	»	»	»	»	»	»	»
62	»	»	v. o-8	»	»	»	»	»	»	»	»	»	»	»	»
63	»	»	v. p-3	»	»	»	»	»	»	»	»	»	»	»	»
64	»	»	v. p-7	»	»	»	»	»	Voir tableau II	»	»	»	»	»	»
65	»	»	v. q-7	»	»	»	»	»	»	»	»	»	»	»	»
66	»	»	v. r-2	»	»	»	»	»	»	»	»	»	»	»	»
67	»	»	v. r-8	»	»	»	»	»	»	»	»	»	»	»	»
68	»	»	»	»	v. b-8	»	»	»	»	»	»	»	»	»	»
69	»	»	»	»	v. k-3	»	»	»	»	»	»	»	»	»	»
70	»	»	»	»	v. k-6	»	»	»	»	»	»	»	»	»	»
71	»	»	»	»	v. n	»	»	»	»	»	»	»	»	»	»
72	»	»	»	»	v. s	»	»	»	»	»	»	»	»	»	»
73	»	»	»	»	v. s-5	»	»	»	»	»	»	»	»	»	»
74	»	»	»	»	»	v. ✠ 12	»	»	v. ✠ 12	»	»	»	»	»	»
75	»	»	»	»	»	v. b	»	»	v. b	»	»	»	»	»	»
76	»	»	»	»	»	v. c-2	»	»	v. c-2	»	»	»	»	»	»
77	»	»	»	»	»	v. c-6	»	»	v. c-6	»	»	»	»	»	»
78	»	»	»	»	»	v. d	»	»	v. d	»	»	»	»	»	»
79	»	»	»	»	»	v. d-4	»	»	v. d-4	»	»	»	»	»	»
80	»	»	»	»	»	v. d-7	»	»	v. d-7	Voir tableau II	»	»	»	»	»
81	»	»	»	»	»	v. e-5	»	»	v. e-5	»	»	»	»	»	»
82	»	»	»	»	»	v. g-5, g-8	»	»	v. g-5	»	»	»	»	»	»
83	»	»	»	»	»	v. k-4	»	»	v. k-4	»	»	»	»	»	»
84	»	»	»	»	»	v. o-5	»	»	v. o-5	»	»	»	»	»	»
85	»	»	»	»	»	v. p	»	»	v. p	»	»	»	»	»	»
86	»	»	»	»	»	»	v. titre	»	»	»	»	»	»	»	»
87	»	»	»	»	»	»	v. ✠o✠ 8	»	»	v. 1	»	»	»	»	»
88	»	»	»	»	»	»	v. 4-8	»	»	»	»	»	»	»	»
89	»	»	»	»	»	»	v. f	»	»	v. k-6	»	»	»	»	»
90	»	»	»	»	»	»	v. i-4	»	»	v. n-6	»	»	»	»	»
91	»	»	»	»	»	»	v. p-8	»	»	»	»	»	»	»	»

Tableau II.

Nos	DÉSIGNATION DES GRAVURES	Signatures et Monogrammes de Graveurs	OUVRAGES ANTÉRIEURS dans lesquels les gravures ont été employées	Pages où sont données des reproductions	467 — 24 octobre 1502 — Zuan Rugazo (pour Bern. Stagnino)	469 — 24 juillet 1504 — Jacobus Pentius de Leucho (pour L. A. Giunta)	470 — 30 avril 1505 — Luc' Antonio Giunta	471 — 10 juin 1505 — Luc' Antonio Giunta	472 — 11 février 1505 — Joannes et Gregorius de Gregoriis	473 — 4 mai 1506 — Luc' Antonio Giunta	474 — 9 juin 1506 — Bernardino Stagnino
92	Annonciation			421	v. b-8, 28, r. 108	»	»	»	v. t-6	»	»
93	Embrassement devant la Porte Dorée		*Heures à l'usage de Rome*, J. du Pré, s. a.	422	v. 11, 24, 27	»	»	»	»	»	»
94	Lazare dans la maison du riche		*id.* *id.* id.	423	v. 18, 30	»	»	»	»	»	»
95	Jugement dernier		*id.* *id.* id.	424	v. 22	»	»	»	»	»	»
96	Les trois Vifs			425	v. 35	»	»	»	»	»	»
97	Présentation au temple		*Heures à l'usage de Rome*, J. du Pré, s. a.	426	v. 70	»	»	»	v. d-8	»	»
98	La Cour céleste			427	v. 124	»	»	»	v. r-8	»	»
99	Descente du S'-Esprit			427	v. 129	»	»	»	v. r-5	»	»
100	Crucifixion		*Brev. Carmel*, 6 avril 1504.	»	»	v. a, r-6	»	v. 135	»	»	»
101	Annonciation		*Brev. Rom.*, 27 janvier 1503.	»	»	v. b-8	»	v. b-8	»	»	»
102	Nativité de J.-C.		*id.* id. id.	»	»	v. i-7	»	»	»	»	»
103	Bethsabée			428	»	v. k-2	»	»	»	»	»
104	Mort de la S'e Vierge			428	»	v. m-8	»	v. 86	»	»	»
105	Descente du S'-Esprit		*Brev. Rom.*, 27 janvier 1503.	»	»	v. s-2	»	v. 143	»	»	»
106	Bethsabée			»	Voir tableau I	»	v. g-8	»	»	»	»
107	David		*Brev. Rom.*, 30 avril 1504.	»	»	»	»	v. 66	»	»	»
108	S' Benoît, S' Placide et S' Maur		S' Grégoire, *Sec. dialog. liber*, 13 mars 1516.	»	»	»	»	v. 149	»	»	»
109	Couronnement de la S'e Vierge			429	»	»	»	»	v. C-8	»	»
110	L'*acteur* implorant la S'e Vierge			429	»	»	»	»	v. b-2, c-5	»	»
111	Annonce aux bergers		*Heures à l'usage de Rome*, J. du Pré, s. a.	431	»	»	»	»	v. d	»	»
112	Adoration des Mages		*id.* *id.* id.	431	»	»	»	»	v. d-5, h-8	»	»
113	Massacre des SS. Innocents		*id.* *id.* id.	431, 432	»	»	»	»	r. e-4	»	»
114	Couronnement de la S'e Vierge		*id.* *id.* id.	431, 432	»	»	Voir tableau I	»	v. f-2	»	»
115	Visitation		*Heures à l'usage de Paris*, J. du Pré, 1489	433	»	»	»	»	v. h-5	»	»
116	Les trois Morts			464	»	»	»	»	v. l-8	»	»
117	Messe miraculeuse de S' Grégoire			433	»	»	»	»	v. s-5	»	»
118	Annonciation	[signe]		433	»	»	»	»	»	v. h-8	»
119	Nativité de J.-C.	[signe]		433	»	»	»	»	»	v. k-2	»
120	Descente du S' Esprit	[signe]		433	»	»	»	»	»	v. t-6	»
121	Annonciation			»	»	»	»	»	»	»	v. ✠ ✠8
122	Nativité de J.-C.			b. t.	»	»	»	»	»	»	v. f-6
123	David			b. t.	»	»	»	»	»	»	v. g-2
124	Mort de la S'e Vierge			b. t.	»	»	»	»	»	»	v. i-5
125	Crucifixion			b. t.	»	»	»	»	»	»	v. n-4, p-8
126	Descente du S' Esprit			»	»	»	»	»	»	»	v. n-8
127	Annonciation			*M. V.*, 6	»	»	»	»	»	»	»
128	Embrassement devant la Porte Dorée	[signe]		*M. V.*, 86	»	»	»	»	»	Voir tableau I	»
129	Nativité de J.-C.			*M. V.*, 112	»	»	»	»	»	»	»
130	Annonce aux bergers			434	»	»	»	»	»	»	»
131	Adoration des Mages			*M. V.*, 106	»	»	»	»	»	»	»
132	Présentation au temple			*M. V.*, 175	»	»	»	»	»	»	»
133	Fuite en Egypte			434	»	»	»	»	»	»	»
134	Massacre des SS. Innocents			435	»	»	»	»	»	»	»
135	Procession de l'arche d'alliance	[signe]	*Brev. Casin.*, 27 octobre 1506.	»	»	»	»	»	»	»	»
136	Mort de la S'e Vierge			435	»	»	»	»	»	»	»
137	Crucifixion			*M. V.*, 73	»	»	»	»	»	»	»
138	Descente du S'-Esprit			*M. V.*, 174	»	»	»	»	»	»	»
139	Annonciation	[signe]		436	»	»	»	»	»	»	»
140	Visitation			436	»	»	»	»	»	»	»
141	Nativité de J.-C.			436	»	»	»	»	»	»	»
142	Annonce aux bergers			436	»	»	»	»	»	»	»
143	Adoration des Mages			437	»	»	»	»	»	»	»
144	Présentation au temple			437	»	»	»	»	»	»	»
145	Fuite en Egypte			437	»	»	»	»	»	»	»
146	Couronnement de la S'e Vierge			437	»	»	»	»	»	»	»
147	Crucifixion			437	»	»	»	»	»	»	»
148	Descente du S'-Esprit			438	»	»	»	»	»	»	»
149	Bethsabée			439	»	»	»	»	»	»	»
150	Résurrection de Lazare			439	»	»	»	»	»	»	»
151	Annonciation			439	»	»	»	»	»	»	»
152	Visitation			440	»	»	»	»	»	»	»
153	Nativité de J.-C.			441	»	»	»	»	»	»	»
154	Annonce aux bergers			»	»	»	»	»	»	»	»
155	Adoration des Mages			441	»	»	»	»	»	»	»
156	Circoncision			»	»	»	»	»	»	»	»
157	Fuite en Egypte			441	»	»	»	»	»	»	»
158	Massacre des SS. Innocents			441	»	»	»	»	»	»	»
159	David			441	»	»	»	»	»	»	»
160	Mise au tombeau			441	»	»	»	»	»	»	»
161	Descente du S'-Esprit			441	»	»	»	»	»	»	»
162	S'e Trinité			»	»	»	»	»	»	»	»
163	Toussaint			»	»	»	»	»	»	»	»
164	La S'e Communion			»	»	»	»	»	»	»	»
165	Crucifixion			»	»	»	»	»	»	»	»
166	Annonciation	[signe]	*Brev. Rom.*, 24 novembre 1512.	442	»	»	»	»	»	»	»
167	Visitation			443	»	»	»	»	»	»	»
168	Nativité de J.-C.		*Brev. Rom.*, 24 novembre 1511.	445	»	»	»	»	»	»	»
169	Annonce aux bergers			446	»	»	»	»	»	»	»
170	Présentation au temple			448	»	»	»	»	»	»	»
171	Adoration des Mages	[signe]	*Missale Rom.*, 16 septembre 1512.	448	»	»	»	»	»	»	»
172	Fuite en Egypte			448	»	»	»	»	»	»	»
173	Arrestation de Jésus			448	»	»	»	»	»	»	»
174	Procession de l'arche d'alliance	[signe]		»	»	»	»	»	»	»	»
175	Mort de la S'e Vierge			450	»	»	»	»	»	»	»
176	Crucifixion			450	»	»	»	»	»	»	»
177	Descente du S'-Esprit			450	»	»	»	»	»	»	»
178	Annonciation			450	»	»	»	»	»	»	»
179	Nativité de la S'e Vierge			452	»	»	»	»	»	»	»
180	S' Grégoire entre deux cardinaux		S' Grégoire, *Sec. dialog. liber*, 13 mars 1516.	452	»	»	»	»	»	»	»
181	Immaculée Conception			»	»	»	»	»	»	»	»
182	Annonciation			453	»	»	»	»	»	»	»
183	Visitation			453	»	»	»	»	»	»	»
184	Annonce aux bergers	[signe]		453	»	»	»	»	»	»	»
185	Fuite en Egypte	[signe]		453	»	»	»	»	»	»	»
186	David	[signe]		»	»	»	»	»	»	»	»
187	S'e Trinité	[signe]		453	»	»	»	»	»	»	»
188	Arrestation de Jésus	[signe]		»	»	»	»	»	»	»	»

Nos d'ordre des gravures	475 — 26 sept. 1507 — Bernardino Stagnino	476 — 15 décemb. 1511 — Bernardino Stagnino	477 — 17 avril 1512 — Bernardino Stagnino	478 — 1 août 1512 — Georgio Rusconi (pour François Ratkovic)	479 — 1er sept. 1512 — Gregorius de Gregoriis	480 — 20 janvier 1512 — Bernardino Stagnino	481 — 3 avril 1513 — Jacobus Pentius de Leucho (pour Alex. Paganini)	482 — 13 novemb. 1513 — Luc' Antonio Giunta	483 — Juillet 1516 — Gregorius de Gregoriis	486 — Août 1520 — Gregorius de Gregoriis	488 — 3 décembre 1521 — Bernardino Stagnino	489 — 30 octobre 1522 — Jacobus Pentius de Leucho	490 — 1523 — Gregorius de Gregoriis	491 — 5 février 1523 — Gregorius de Gregoriis	492 — circa 1523 — Gregorius de Gregoriis (?)
92	»	»	»	»	»	»	»	»	»	»	»	»	r. 13, v. 25, 88	v. 16, 18, r. 12	v. a-8
93	»	»	»	»	»	»	»	»	»	»	»	»	»	»	»
94	»	»	»	»	»	»	»	»	»	»	»	»	»	»	»
95	»	»	»	»	»	»	»	»	»	»	»	»	»	»	»
96	»	»	»	»	»	»	»	»	»	»	»	»	r. 19	»	»
97	»	»	»	»	»	»	»	»	»	»	»	»	»	»	»
98	»	»	»	»	»	»	»	»	»	»	»	»	v. 8	r. 10	v. a-8, r. o-4
99	»	»	»	»	»	»	»	v. 32	»	»	»	»	»	»	v. n-6, p-2
100	»	»	»	»	»	»	»	v. 48	»	»	»	»	»	»	»
101	»	»	»	»	»	»	»	»	»	»	»	»	»	»	»
102	»	»	»	»	»	»	»	»	»	»	»	»	»	»	»
103	»	»	»	»	»	»	»	»	»	»	»	»	»	»	»
104	»	»	»	»	»	»	»	»	»	»	»	»	»	»	»
105	»	»	»	»	»	»	»	»	»	»	»	»	»	»	»
106	»	»	»	»	»	»	»	»	»	»	»	»	»	»	»
107	»	»	»	»	»	»	»	v. 103	»	»	»	»	»	»	»
108	»	»	»	»	»	»	»	»	»	»	»	»	»	»	»
109	»	»	»	»	»	»	»	»	»	»	»	»	»	»	»
110	»	»	»	»	»	»	»	»	»	»	»	»	»	»	»
111	»	»	»	»	»	»	»	»	»	»	»	»	»	»	»
112	»	»	»	»	»	»	»	»	»	»	»	»	»	»	»
113	»	»	»	»	»	»	»	»	»	»	»	»	»	»	v. e-2
114	»	»	»	»	»	»	»	»	»	»	»	»	»	»	v. e-7
115	»	»	»	»	»	»	»	»	»	»	»	»	»	»	»
116	»	»	»	»	»	»	»	»	»	»	»	»	v. 99	r. 110	r. i-7
117	»	»	»	»	»	»	»	»	»	»	»	»	»	»	»
118	»	»	»	»	»	»	»	»	»	»	»	»	»	»	»
119	»	»	»	»	»	»	»	»	»	»	»	»	»	»	»
120	»	»	»	»	»	»	»	»	»	»	»	»	»	»	»
121	»	»	»	»	»	»	»	»	»	»	»	»	»	»	»
122	»	»	»	»	»	»	»	»	»	»	»	»	»	»	»
123	»	»	»	»	»	»	»	»	»	»	»	»	Voir tableaux I, III	Voir tableaux I, III	Voir tableaux I, III
124	»	»	»	»	»	»	»	»	»	»	»	»	»	»	»
125	»	»	»	»	»	»	»	»	»	»	»	»	»	»	»
126	»	»	»	»	»	»	»	»	»	»	»	»	»	»	»
127	v. ✠10	v. ✠d, 12, 13, 126	v. ✠8, 36	»	»	v. ✠ ✠10	»	»	»	»	»	»	»	»	»
128	v. b	v. 13, 96	v. 10	»	»	v. b	»	»	»	»	»	»	»	»	»
129	v. c-2, g-5	v. 21, 62, 108	v. 17, 40	»	»	v. c-2, g-5	»	»	»	»	»	»	»	»	»
130	v. c-6	v. 24, 65, 104	v. 20	»	»	v. c-6	»	»	»	»	»	»	»	»	»
131	v. d	v. 30, 68, 111	v. 26	»	»	v. d-7	»	»	»	»	»	»	»	»	»
132	v. d-4	v. 27, 71, 114	v. 23	»	»	v. d-4	»	»	»	»	»	»	»	»	»
133	v. d-7	v. 33, 74, 117	v. 29	»	»	v. d	»	»	»	»	»	»	»	»	»
134	v. e-5	v. 38, 79, 123	v. 33	»	»	v. c-3	»	»	»	»	»	»	»	»	»
135	v. g-8	v. 129	v. 42	»	»	v. g-8	»	»	»	»	»	»	»	»	»
136	v. k-4	v. 149	v. 53	»	»	v. k-4	»	»	»	»	»	»	»	»	»
137	v. o-5	v. 178	v. 74	»	»	v. o-5	»	»	»	»	»	»	»	»	»
138	v. p	v. 184	v. 76	»	»	v. p	»	»	»	»	»	»	»	»	»
139	»	»	»	v. 24	»	»	»	»	»	»	»	»	»	»	»
140	»	»	»	v. 22	»	»	»	»	»	»	»	»	»	»	»
141	»	»	»	v. 32	»	»	»	»	»	»	»	»	»	»	»
142	»	»	»	v. 36	»	»	»	»	»	»	»	»	»	»	»
143	»	»	»	v. 40	»	»	»	»	»	»	»	»	»	»	»
144	»	»	»	r. 44	»	»	»	»	»	»	»	»	»	»	»
145	»	»	»	v. 47	»	»	»	»	»	»	»	»	»	»	»
146	»	»	»	v. 53	»	»	»	»	»	»	»	»	»	»	»
147	»	»	»	v. 73	»	»	»	»	»	»	»	»	»	»	»
148	»	»	»	v. 77	»	»	»	»	»	»	»	»	»	»	»
149	»	»	»	v. 81	»	»	»	»	»	»	»	»	»	»	»
150	»	»	»	v. 98	»	»	»	»	»	»	»	»	»	»	»
151	»	»	»	»	v. ✠✠ 17, 18, 51, 80	»	»	»	»	»	v. ✠ ✠12	»	»	»	»
152	»	»	»	»	v. 7, 34, 60	»	»	»	»	v. 7, 34, 60	v. 7, 12, 56, 80	»	»	»	»
153	»	»	»	»	v. 12, 39, 65	»	»	»	v. 19	v. 12, 39, 65	v. 39, 65	»	»	»	»
154	»	»	»	»	v. 14, 41, 68	»	»	»	»	v. 41	v. 41	»	»	»	»
155	»	»	»	»	v. 16, 43, 70	»	»	»	v. 25	v. 16, 43, 70	v. 16, 43, 70	»	»	»	»
156	»	»	»	»	v. 18, 45, 72	»	»	»	v. 28	v. 18, 45, 72	v. 18, 45, 72	»	»	»	»
157	»	»	»	»	v. 20, 47, 74	»	»	»	»	»	»	»	»	»	»
158	»	»	»	»	v. 23, 50, 78	»	»	»	v. 37	v. 23, 50, 78	v. 23, 50, 78	»	»	»	»
159	»	»	»	»	v. 81	»	»	»	»	»	»	»	»	»	»
160	»	»	»	»	v. 93	»	»	»	v. 56	v. 93	v. 94	»	»	»	»
161	»	»	»	»	v. 114	»	»	»	v. 80	v. 114	v. 114	»	»	»	»
162	»	»	»	»	v. 117	»	»	»	»	v. 117	v. 117	»	»	»	»
163	»	»	»	»	v. 121	»	»	»	v. 88	v. 121	v. 121	»	»	»	»
164	»	»	»	»	v. 123	»	»	»	v. 91	v. 123	v. 123	»	»	»	»
165	»	»	»	»	v. 174	»	»	»	v. 76	v. 118, 156, 186	v. 110, 176	»	»	»	»
166	»	»	»	»	»	»	v. ✠d, 12, 13, 126	»	»	»	»	»	»	»	»
167	»	»	»	»	»	»	v. 13, 96	»	»	»	»	v. 20	»	»	»
168	»	»	»	»	»	»	v. 21, 62, 108	»	»	»	»	v. 33	»	»	»
169	»	»	»	»	»	»	v. 24, 65, 104	»	»	»	»	v. 39	»	»	»
170	»	»	»	»	»	»	v. 27, 71, 114	»	»	»	»	v. 45	»	»	»
171	»	»	»	»	»	»	v. 30, 68	»	»	»	»	v. 51	»	»	»
172	»	»	»	»	»	»	v. 33, 74, 117	»	»	Voir tableau III	»	v. 57	»	»	»
173	»	»	»	»	»	»	v. 38, 79, 123	»	»	»	»	»	»	»	»
174	»	»	»	»	Voir tableau I	»	v. 129	»	»	»	»	v. 77	»	»	»
175	»	»	»	»	»	»	v. 149	»	»	»	»	v. 96	»	»	»
176	»	»	»	»	»	»	v. 178	»	»	»	»	v. 125	»	»	»
177	»	»	»	»	»	»	v. 184	»	»	»	»	v. 131	»	»	»
178	»	»	»	»	»	»	»	v. ✠✠8	»	»	»	»	»	»	»
179	»	»	»	»	»	»	»	v. 44	»	»	»	»	»	»	»
180	»	»	»	»	»	»	»	v. 56	»	»	»	»	»	»	»
181	»	»	»	»	»	»	»	»	v. ✠8	v. C-6	v. ✠ ✠6	»	»	»	»
182	»	»	»	»	»	»	»	»	v. ✠12, 40	v. C-12, 18, 22	v. 34, 52, 82	»	»	»	»
183	»	»	»	»	»	»	»	»	v. 11	»	»	»	»	»	»
184	»	»	»	»	»	»	»	»	v. 22	v. 14, 67	v. 14, 68	Voir tabl. III	»	»	»
185	»	»	»	»	»	»	»	»	v. 31	v. 20, 47, 74	v. 20, 47, 74	»	»	»	»
186	»	»	»	»	»	»	»	»	v. 42	v. 82	v. 83	»	»	»	»
187	»	»	»	»	»	»	»	»	v. 83	»	»	»	»	»	»
188	»	»	»	»	»	»	»	»	v. 143	»	»	»	»	»	»

Tableau III.

NUMÉROS D'ORDRE DES DESCRIPTIONS					484	485	486	489
	DÉSIGNATION DES GRAVURES	Signatures et Monogrammes de Graveurs	Ouvrages antérieurs dans lesquels les gravures ont été employées	Pages où sont données des reproductions	10 avril 1517 Luc'Antonio Giunta	7 mars 1520 (Florentiae) Haeredes Philippi Juntae	Août 1520 Gregorius de Gregoriis	20 octobre 1522 Jacobus Pentius de Leucho
127	Annonciation			»	»	»	»	»
151	Annonciation			»	»	»	»	»
152	Visitation			»	»	»	»	»
153	Nativité de J. C.			»	»	»	»	»
155	Adoration des Mages			»	»	»	»	»
156	Circoncision			»	»	»	»	»
158	Massacre des SS. Innocents			»	»	»	»	»
160	Mise au tombeau			»	»	»	»	»
161	Descente du St-Esprit			»	»	»	»	»
162	Ste Trinité			»	»	»	»	»
163	Toussaint			»	»	»	»	»
164	La Ste Communion			»	»	»	»	»
165	Crucifixion			»	»	»	»	»
166	Annonciation	vco	*Brev. Rom.*, 24 nov. 1511.	»	»	»	»	»
167	Visitation			»	»	»	»	»
168	Nativité de J. C.		*Brev. Rom.*, 24 nov. 1511.	»	»	»	»	»
169	Annonce aux bergers			»	»	»	»	»
170	Présentation au temple			»	»	»	»	»
171	Adoration des Mages	vco		»	»	»	»	»
172	Fuite en Egypte			»	»	»	»	»
174	Procession de l'arche d'alliance	vco	*Brev. Rom.*, 24 nov. 1511.	»	»	»	»	»
175	Mort de la Ste Vierge			»	»	»	»	»
176	Crucifixion			»	»	»	»	»
177	Descente du St-Esprit			»	»	»	»	»
181	Immaculée Conception			»	»	»	»	»
182	Annonciation			»	»	»	»	»
183	Visitation			»	»	»	»	»
184	Annonce aux bergers	·ia·		»	»	»	»	»
185	Fuite en Egypte			»	»	»	»	»
186	David	·ia·		»	»	»	»	»
187	Ste Trinité			»	»	»	»	»
188	Arrestation de Jésus	·ia·		»	»	»	»	»
189	Annonciation	L	*Brev. Casin.*, 22 octobre 1511.	»	r. ✠✠8, 42, 83, 126	»	»	»
190	Embrassement devant la Porte Dorée	L	*Brev. Rom.*, 5 juin 1515.	»	v. 13, 96	»	»	»
191	Nativité de J. C.	L	*Brev. Rom.*, 8 février 1515.	»	v. 21, 62, 108	»	»	»
192	Annonce aux bergers	L		455	v. 24, 65, 104	»	»	»
193	Présentation au temple	L	*Brev. ord. Praed.*, 7 août 1515.	»	v. 27, 71, 114	»	»	»
194	Adoration des Mages	L		456	v. 30, 68, 111	»	»	»
195	Fuite en Egypte	L		456	v. 33, 74, 117	»	»	»
196	Massacre des SS. Innocents	L		457	v. 38, 79, 123	»	»	»
197	Procession de l'arche d'alliance	L	*Brev. Rom.*, 7 juillet 1510.	»	v. 129	»	»	»
198	Mort de la Ste Vierge			457	v. 149	»	»	»
199	Crucifixion	L	*Offic. hebdom. sanctae*, 19 mars 1513.	»	v. 178	»	»	»
200	Descente du St-Esprit		*Brev. Rom.*, 7 octobre 1512.	»	v. 184	»	»	»
201	Annonciation			458	»	v. titre	»	»
202	Jésus enfant parmi les docteurs		*Familiaris cleric. liber*, 15 juin 1517.	»	»	»	v. 56	»
203	Annonciation	vco	*Brev. Brixin.*, 1516.	459	»	»	»	r. ✠✠8, 67, 74
204	Création de la femme		*La Mer des Hystoires*, Pierre Le Rouge, 1488.	463	»	»	»	»
205	Mort d'Urie (a)			462	»	»	»	»
206	Mort d'Urie (b)			462	»	»	»	»
207	Bethsabée			464	»	»	»	»
208	St Jean à Pathmos			»	»	»	»	»
209	Visitation			»	»	»	»	»
210	Nativité de J. C.			h. t.	»	»	Voir tableau II	»
211	Annonce aux bergers			»	»	»	»	»
212	Adoration des Mages			»	»	»	»	Voir tableau II
213	Présentation au temple			h. t.	»	»	»	»
214	Crucifixion			»	»	»	»	»
215	Purification			»	»	»	»	»
216	Visitation			470	»	»	»	»
217	Nativité de J. C.			»	»	»	»	»
218	St Jean à Pathmos			h. t.	»	»	»	»
219	Veillée au jardin de Gethsemani			h. t.	»	»	»	»
220	Annonciation			h. t.	»	»	»	»
221	Visitation			»	»	»	»	»
222	Nativité de J. C.			h. t.	»	»	»	»
223	Annonce aux bergers			»	»	»	»	»
224	Adoration des Mages			»	»	»	»	»
225	Présentation au temple			h. t.	»	»	»	»
226	Fuite en Egypte			»	»	»	»	»
227	Assomption			h. t.	»	»	»	»
228	Crucifixion			»	»	»	»	»
229	Descente du St-Esprit			h. t.	»	»	»	»
230	David			»	»	»	»	»
231	Job sur un fumier			»	»	»	»	»
232	Annonciation			»	»	»	»	»
233	Nativité de J. C.			472	»	»	»	»
234	Adoration des Mages			»	»	»	»	»
235	Circoncision			»	»	»	»	»
236	Fuite en Egypte			472	»	»	»	»
237	Massacre des SS. Innocents			»	»	»	»	»
238	Annonce aux bergers			473	»	»	»	»
239	David			»	»	»	»	»
240	Mise au tombeau			»	»	»	»	»
241	Crucifixion			473	»	»	»	»
242	Nativité de J. C.			»	»	»	»	»
243	Présentation au temple			»	»	»	»	»
244	Descente du St-Esprit			»	»	»	»	»
245	Toussaint			»	»	»	»	»
246	La Ste Communion			»	»	»	»	»
247	Immaculée Conception			»	»	»	»	»
248	Arrestation de Jésus			»	»	»	»	»

N^os d'ordre des gravures	490	491	492	493	494	495	496	497	498	499	500	501	502	506
	1523 Gregorius de Gregoriis	5 février 1523 Gregorius de Gregoriis	*circa* 1523 Gregorius de Gregoriis (?)	Octobre 1524 Gregorius de Gregoriis	Février 1525 Gregorius de Gregoriis	*circa* 1525	*circa* 1525 Francesco Bindoni	Octobre 1527 Gregorius de Gregoriis	Octobre 1529 Haeredes Aldi et Andreae Asulani	Octobre 1541 Domenico Gilio et Domenico Gallo	Décembre 1541 Haeredes L. A. Juntae	Janvier 1541 Heredi di L.A. Giunti	1542 Haeredes L. A. Juntae	Juillet 1546 Haeredes L. A. Juntae
127	»	»	»	r. ✠12, 82, 126	»	»	»	»	»	»	»	»	»	»
151	»	»	»	»	v. 40, 78	»	»	»	»	»	»	»	»	»
152	»	»	»	»	»	»	»	v. 7, 33, 57	»	»	»	»	»	»
153	»	»	»	»	v. 18, 59, 96	»	»	v. 12, 37, 62	»	»	»	»	»	»
155	»	»	»	v. 30, 68, 111	v. 24, 64, 102	»	»	v. 16, 41, 66	»	»	»	»	»	»
156	»	»	»	v. 27, 71, 114	v. 27, 67, 105	»	»	v. 18, 43, 68	»	»	»	»	»	»
158	»	»	»	v. 38, 79, 123	v. 35, 75, 113	»	»	v. 23, 48	»	»	»	»	»	»
160	»	»	»	v. 149	v. 136	»	»	v. 88	»	»	»	»	»	»
161	»	»	»	v. 192	v. 168	»	»	v. 105	»	»	»	»	»	»
162	»	»	»	»	v. 172	»	»	v. 107	»	»	»	»	»	»
163	»	»	»	»	v. 178	»	»	v. 111	»	»	»	»	»	»
164	»	»	»	»	v. 181	»	»	v. 113	»	»	»	»	»	»
165	»	»	»	v. 178	v. 163	»	»	v. 102	»	»	»	»	»	»
166	»	»	»	»	»	»	v. 42, 123	»	»	»	»	»	»	»
167	»	»	»	»	»	»	v. 13	»	»	»	»	»	»	»
168	»	»	»	»	»	v. 21	v. 21, 62, 108	»	»	»	»	»	»	»
169	»	»	»	»	»	»	v. 24, 65, 104	»	»	»	»	»	»	»
170	»	»	»	»	»	v. 27, 71	v. 21, 71, 96, 111, 114	»	»	»	»	»	»	»
171	»	»	»	»	»	v. 68, 111	v. 30, 68	»	»	»	v. 68, 111	»	»	»
172	»	»	»	»	»	»	v. 33, 74, 117	»	»	»	»	»	»	»
174	»	»	»	»	»	»	v. 129	»	»	»	»	»	»	»
175	»	»	»	»	»	»	v. 149	»	»	»	»	»	»	»
176	»	»	»	»	»	»	v. 178	»	»	»	»	»	»	»
177	»	»	»	»	»	»	v. 185	»	»	»	»	»	»	»
181	»	»	»	»	»	»	»	v. ✠✠2	»	»	»	»	»	»
182	»	»	»	v. 42	v. B-12, 116	»	»	v. 25, 50, 79	»	»	»	»	»	»
183	»	»	»	»	»	»	»	»	»	v. 18, 43, 108, 116	»	»	»	»
184	»	»	»	v. 24, 65, 108	v. 21, 61, 99	»	»	v. 14, 39, 64	»	»	»	»	»	»
185	»	»	»	v. 33, 74, 117	v. 30, 71, 108	»	»	v. 20, 45, 70	»	»	»	»	»	»
186	»	»	»	v. 129	v. 119	»	»	v. 78	»	»	»	»	»	»
187	»	»	»	»	»	»	»	»	»	v. 173	»	»	v. 140	»
188	»	»	»	v. 184	v. 218	»	»	v. 150	»	»	»	»	»	»
189	»	»	»	»	»	v. 42, 83, 128	v. BB-8	»	»	»	r. 42, 83, 126	»	»	»
190	»	»	»	»	»	v. 13, 96	»	»	»	»	v. 13, 84	»	»	»
191	»	»	»	»	»	v. 62, 108	»	»	»	»	v. 62, 108	»	»	»
192	»	»	»	»	»	r. 24, 65, 104	»	»	»	»	r. 24, 65, 104	»	»	»
193	»	»	»	»	»	v. 114	»	»	»	»	v. 114	»	»	»
194	»	»	»	»	»	v. 30	»	»	»	»	v. 30	»	»	»
195	»	»	»	»	»	r. 34, 74, 117	»	»	»	»	r. 33, 74, 117	»	»	»
196	»	»	»	»	»	v. 38, 79	»	»	»	»	r. 38, 79, 123	»	»	»
197	»	»	»	»	»	v. 129	»	»	»	»	v. 129	»	»	»
198	»	»	»	»	»	»	»	»	»	»	v. 149	»	»	»
199	»	»	»	»	»	»	»	»	»	»	v. 178	»	»	»
200	»	»	»	»	»	»	»	»	»	»	v. 184	»	»	»
201	»	»	»	»	»	»	»	»	»	»	»	»	»	»
202	»	»	»	»	»	»	»	»	»	»	»	»	»	»
203	»	»	»	»	»	»	v. 21, 79, 82, 115	»	»	»	»	»	»	»
204	r. 14, v. 16	v. 21, 30	r. a	»	»	»	»	»	»	»	»	»	»	»
205	r. 21	r. 24	»	»	»	»	»	»	»	»	»	»	»	»
206	v. 26	v. 33	»	»	»	»	»	»	»	»	»	»	»	»
207	r. 94	r. 19, v. 94	v. g-6	»	»	»	»	»	»	»	»	»	»	»
208	»	»	v. a-3	»	»	»	»	»	»	»	»	»	»	»
209	»	»	v. b-7	»	»	»	»	»	»	»	»	»	»	»
210	»	»	r. c-7, g-4	»	»	»	»	»	»	»	»	»	»	»
211	»	»	r. d-2	»	»	»	»	»	»	»	»	»	»	»
212	»	»	r. d-5	»	»	»	»	»	»	»	»	»	»	»
213	»	»	v. d-7	»	»	»	»	»	»	»	»	»	»	»
214	»	»	v. n-2	»	»	»	»	»	»	»	»	»	»	»
215	»	»	r. p-5	»	»	»	»	»	»	»	»	»	»	»
216	»	»	»	v. 13, 96	v. 12, 51, 89	»	»	»	»	»	»	»	»	»
217	»	»	»	v. 22, 62, 104	»	»	»	»	r. 12	»	»	»	»	»
218	Voir tableaux I, II	Voir tableaux I, II	»	»	»	»	»	»	v. 15	»	»	»	»	»
219	»	»	»	»	»	»	»	»	v. 38	»	»	»	»	»
220	»	»	»	»	»	»	»	»	r. 48	»	»	»	»	»
221	»	»	»	»	»	»	»	»	v. 54	»	»	»	»	»
222	»	»	»	»	»	»	»	»	v. 57	»	»	»	»	»
223	»	»	»	»	»	»	»	»	v. 60	»	»	»	»	»
224	»	»	»	»	»	»	»	»	v. 63	»	»	»	»	»
225	»	»	»	»	»	»	»	»	v. 66	»	»	»	»	»
226	»	»	»	»	»	»	»	»	r. 71	»	»	»	»	»
227	»	»	»	»	»	»	»	»	r. 80	»	»	»	»	»
228	»	»	»	»	»	»	»	»	v. 83	»	»	»	»	»
229	»	»	»	»	»	»	»	»	r. 90	»	»	»	»	»
230	»	»	Voir tableaux I, II	»	»	»	»	»	v. 101	»	»	»	»	»
231	»	»	»	»	»	»	»	»	»	r. a-12, 19, 25, 152	»	v. ✠ 17, 45, 88	v. 26, 56, 82, 103	v. ✠, e-2, 54, 148
232	»	»	»	»	»	»	»	»	»	r. 21, 26, 71, 120	»	v. 132	»	»
233	»	»	»	»	»	»	»	»	»	v. 29, 132	»	»	»	»
234	»	»	»	»	»	»	»	»	»	v. 33, 128	»	»	»	»
235	»	»	»	»	»	»	»	»	»	v. 37	»	»	»	»
236	»	»	»	»	»	»	»	»	»	v. 43, 90	»	»	»	»
237	»	»	»	»	»	»	»	»	»	v. 75, 124	»	»	»	»
238	»	»	»	»	»	»	»	»	»	v. 143	»	v. 139	v. 109	v. k
239	»	»	»	»	»	»	»	»	»	v. 164	»	v. 153	v. 118	v. 1-6
240	»	»	»	»	»	»	»	»	»	v. 170	»	»	v. 134, 175	»
241	»	»	»	»	»	»	»	»	»	»	»	»	»	»
242	»	»	»	»	»	»	»	»	»	»	v. 21	»	»	»
243	»	»	»	»	»	»	»	»	»	»	v. 27, 71	»	v. 137	»
244	»	»	»	»	»	»	»	»	»	»	»	»	v. 144	»
245	»	»	»	»	»	»	»	»	»	»	»	»	v. 146	»
246	»	»	»	»	»	»	»	»	»	»	»	»	v. 157	»
247	»	»	»	»	»	»	»	»	»	»	»	»	v. 217	»
248	»	»	»	»	»	»	»	»	»	»	»	»	»	»

Tableau IV.

NUMÉROS D'ORDRE DES DESCRIPTIONS					503	504	505	508
	DÉSIGNATION DES GRAVURES	SIGNATURES et monogrammes de graveurs	OUVRAGES ANTÉRIEURS dans lesquels les gravures ont été employées	Pages où sont données des reproductions	1544 Hieronymus Scotus	1545 Petrus Liechtenstein	1545 Franciscus Marcolinus	1558 Girolamo Scoto
249	Annonciation		*Missale Rom.* et *Brev. Rom.*, 1542.	475	v. titre, 8, 42 v. 83, 126	»	»	»
250	Visitation			475	v. 13, 96	»	»	»
251	Nativité de J. C.			475	v. 21, 108	»	»	v. 70, 106
252	Annonce aux bergers			475	v. 24, 63, 65, 104	»	»	»
253	Adoration des Mages			476	v. 27, 68, 111	»	»	»
254	Présentation au temple			476	v. 30, 71, 114	»	»	»
255	Fuite en Egypte			476	v. 33, 74, 117	»	»	»
256	Massacre des SS. Innocents			476	v. 38, 79, 123	»	»	»
257	David			477	v. 129	»	»	v. 3-12
258	Christ de pitié			477	v. 149	»	»	v. 129
259	Crucifixion			477	v. 178	»	»	»
260	Descente du St Esprit			477	v. 184	»	»	»
261	Immaculée Conception		*Brev. ord. S. Bened.*, 15 juillet 1519.	»	»	v. ✠ 12, 35	»	»
262	Visitation			»	»	v. 11	»	»
263	Nativité de J. C.			»	»	v. 18	»	»
264	Annonce aux bergers			478	»	v. 21	»	»
265	Circoncision			»	»	v. 24	»	»
266	Adoration des Mages			»	»	v. 27	»	»
267	Présentation au temple			»	»	r. 30	»	»
268	Annonciation		*Brev. Patav.*, 25 mai 1515.	»	»	v. 38, 69	»	»
269	La Ste Vierge glorifiée	DANIEL LIECHTENSTEIN FINXIT		479	»	v. 100	»	»
270	Procession de l'arche d'alliance			»	»	v. 104	»	»
271	Pietà			480	»	v. 116	»	»
272	Le cerf symbolique (figure du Sauveur)			482	»	»	p. titre	»
273	Crucifixion			483	»	»	v. a-2, 147	»
274	Annonciation			483	»	»	v. b-8, 100	»
275	Embrassement devant la Porte Dorée			484	»	»	v. 14, 64	»
276	Nativité de J. C.			»	»	»	v. 23, 72	»
277	Annonce aux bergers			»	»	»	v. 27, 76	»
278	Présentation au temple			»	»	»	v. 31, 84	»
279	Adoration des Mages			485	»	»	v. 35, 80	»
280	Massacre des SS. Innocents			»	»	»	v. 45, 50, 94	»
281	Fuite en Egypte			485	»	»	v. 39, 85	»
282	Les sept péchés capitaux			486	»	«	v. 104	»
283	Mort de la Ste Vierge			»	»	»	v. 118	»
284	Descente du St-Esprit			»	»	»	v. 151	»

congregationis Casinen-/ sis, alias S. Iustine./ Venetiis, Apud Iuntas. M D L XXIII.

24 ff. n. ch. ; 168 ff. num. — 9 bois, de style moderne.

515. — Juntæ, 1581-1583 ; 12° — (Venise, Libr. Olschki, 1895)

OFFICIVM/ BEATÆ MARIÆ/ VIRGINIS... VENETIIS APVD IVNTAS./ Permittente Sede Apostolica. MDLXXXIII.

8 bois de page, de style moderne, et de médiocre intérêt. — A la fin, marque du lis rouge florentin, et au-dessous: *VENETIIS APVD IVNTAS. MDLXXXI.*

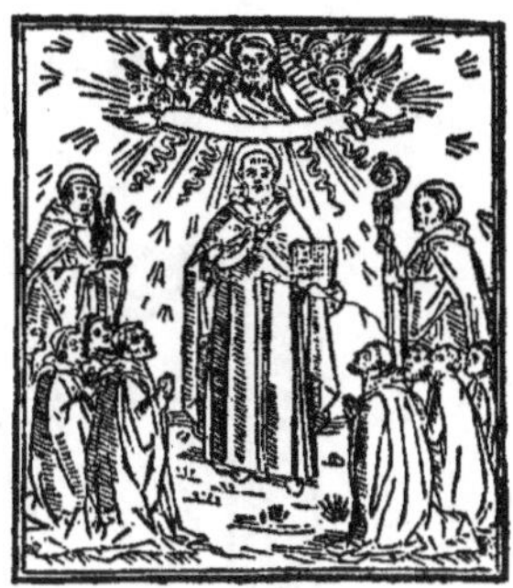

Regula S. Benedicti, 21 janvier 1489 (v. du 4e f. prél.).

516. — Juntæ, 1583 ; 12°. — (Munich, Libr. L. Rosenthal, 1895)

OFFICIVM beatę Marię, secundum vsum Monasticum S. Benedicti congregationis Casinensis, alias S. Iustinę... VENETIIS APVD IVNTAS, MDLXXXIII.

9 bois de page, tirés sur 6 blocs, dont deux sont répétés; tous de facture médiocre. A la fin: *Uenetijs, Apud Iuntas. 1583.*

517. — Joannes Variscus et Socii, 1585 ; 24°. — (Munich, Libr. L. Rosenthal, 1895)

OFFICIVM/ B. MARIÆ/ VIRGINIS, ...VENETIIS, Apud Iohannem Variscum, & Socios.

6 bois de page médiocres. — A la fin : *Apud Iohannem Variscum, & Paganinum de Paganinis. MDLXXXV.*

518. — Alexander Gryphius, 1585 ; 12°. — (Venise, Libr. Olschki, 1896)

OFFICIVM/ B. Mariæ virginis./ NVPER REFORMATVM, & Pij. V. Pont. Max. iussu editum./... venetiis, MD.LXXXV./ Apud Alexandrum Gryphium.

Un bois de page : *Annonciation*, avec encadrement ornemental, et de nombreuses petites vignettes, peu intéressantes.

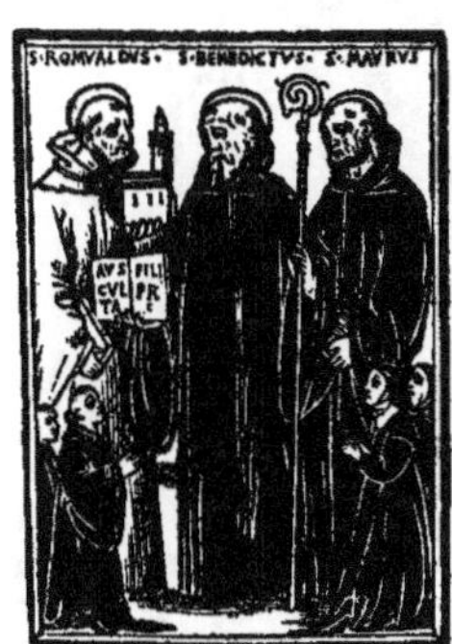

Regula S. Benedicti, mai 1529 (p. du titre).

1489

REGULA S. BENEDICTI.

519. — Bernardino Benali, 21 janvier 1489; 16°. — (Venise, C ; Munich, R ; — ☆)

4 ff. prél., sans signature. — 64 ff. n. ch., s. : *a-h*. — 8 ff. par cahier. — C. g. — 20 ll. par

page. — R. du 1er f. Vignette au trait, de facture assez grossière : le Golgotha, avec les trois croix en T, celle de Jésus portant le *titulus*, les clous, et la couronne d'épines ; les deux autres, plus basses, portant, sur

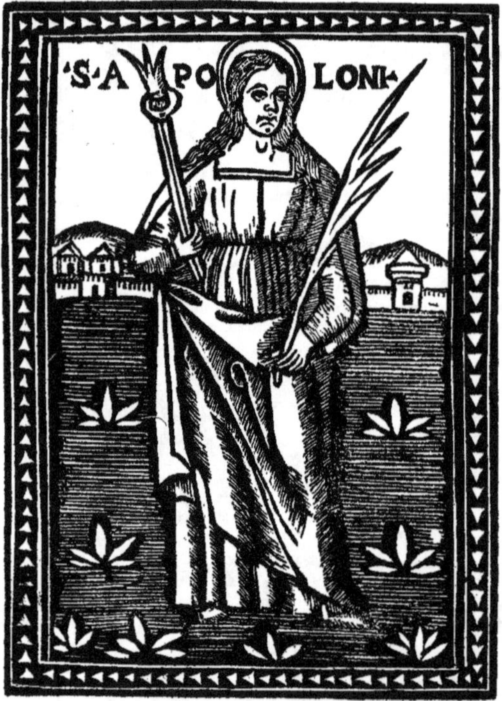

Regula S. Benedicti, mai 1529 (v. du titre).

la traverse, la corde qui servit à y attacher chacun des deux larrons ; au premier plan, au pied du monticule où se dressent les trois croix, une tête de mort et des ossements. — Au verso : ℂ *Incipiunt capitula regule sãctis/ simi patris nostri Benedicti exi/mij confessoris patris mona/chorum.* — V. du 4me f. prél. Bois au trait : *St Benoît, assisté de St Placide et de St Maur*, donnant aux moines la règle de son ordre (voir reprod. p. 491).

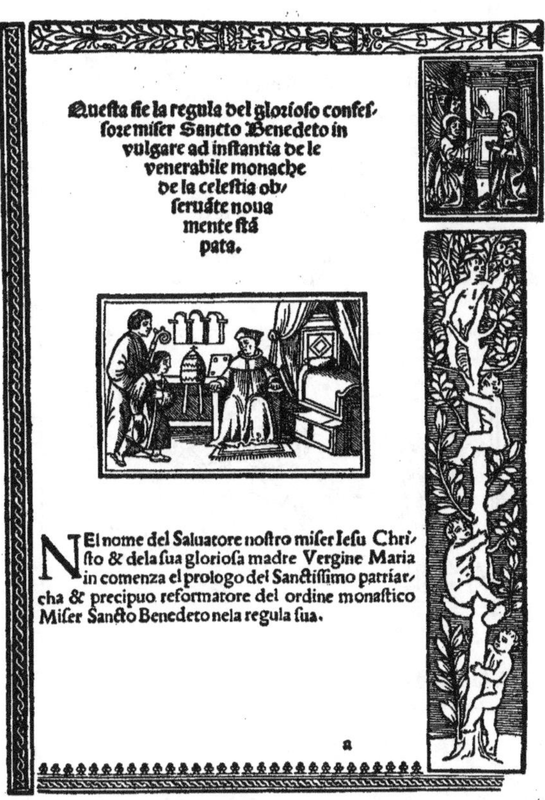

Queſta ſie la regula del glorioſo confeſ/ſore miſer Sancto Benedeto in vulgare ad inſtantia de le venerabile monache de la celeſtia ob/ſeruãte noua mente ſtã pata.

NEl nome del Saluatore noſtro miſer Ieſu Chri/ſto & dela ſua glorioſa madre Vergine Maria in comenza el prologo del Sanctiſſimo patriar/cha & precipuo reformatore del ordine monaſtico Miſer Sancto Benedeto nela regula ſua.

a

Regula S. Benedicti, s. a.

R. h_8 : ¶ *Impressum Uenetijs per Ber/nardinum Benalium. 1489. die. 21. Ianuarij.* Le verso, blanc.[1]

520. — Francesco Bindoni et Mapheo Pasini, mai 1529 ; 4°. — (☆)

Regula del Sanctissimo Benedetto Patre/ nostro : tradutta in quelle parte che conuengono a noi Mona/che, con le declarationi sopra quella,

1. Cet opuscule est joint au St Grégoire, *Secundus dialogorum liber de vita et miraculis S. Benedicti*, 17 février 1490, du même imprimeur, et dont nous donnons plus loin la description.

fatte per satisfactio/ ne della conscientia delle Religiose che uiuano sotto/ la Regula de Sancto Benedetto della obseruanza/ regulare...

48 ff., num. par erreur jusqu'à 46, s. : *A-M*. — 4 ff. par cahier. — C. rom. ; la première ligne du titre en c. g. — 38 ll. par page. — Au-dessous du titre, vignette ombrée : *St Benoît entre St Romuald et St Maur* (voir reprod. p. 491). Au verso, bois de page : *Ste Apolline*, tenant de la main droite une dent serrée dans une tenaille (parce qu'on lui arracha ainsi les dents pour la martyriser), et de la main gauche la palme du martyre (voir reprod. p. 492). — R. A_{ii}. Au commencement du texte du *Prologo*, in. o. *A* à fond criblé.

V. M_4 (chiffré 46) : ℂ *Stampata nella Inclyta Citta di Vinegia a Santo Moyse, nel/le case noue Iustiniane, appresso il Bastione : Per Fran/*

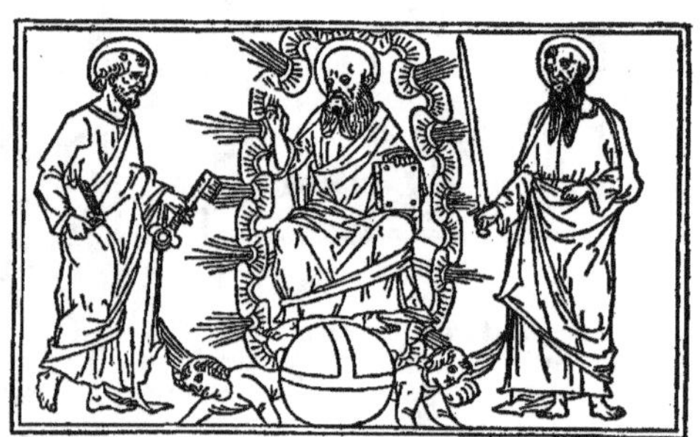

Gratianus, *Decretum*, 6 févr. 1489 (p. du titre).

cesco di Alessandro Bindoni, & Mapheo Pa/sini compagni. Nel anno del si/ gnore. 1529. Del mese/ di Magio.

521. — Andrea de Rota de Leucho, s. a. ; 4°. — (Londres, FM)

Questa sie la regula del Glorioso confes-/sore miser Sancto Benedeto in/ vulgare ad instantia de le/ venerabile monache/de la celestia ob-/ seruãte noua/mente stã/pata.

26 ff. num., s. : *a-f*. — 4 ff. par cahier, sauf *f*, qui en a 6. — C. rom. — 2 col. à 38 ll. — Page du titre : encadrement à figures et vignette, qui ont été employés dans un autre ouvrage sorti de la même imprimerie : Justiniano (B. Lorenzo), *Ordo benedictionis, sive consecrationis virginum sec. consuet. monialium S. Mariæ de Celestibus, ordinis S. Bernardi*, 7 févr. 1527. Un des blocs qui forment le montant de droite de l'encadrement (enfants grimpant à un arbre) est imité d'une partie de l'encadrement au trait du Guarinus Veronensis, *Grammaticales Regulæ*, 9 août 1488 (voir reprod. p. 493). — V. a_{ii}, blanc. — In. o. à fond noir.

R. f_8 : le registre ; au-dessous : *Stampata in Uenesia per maistro Andrea/de Rota de Leucho libraro nela/ contrada di Santo/ Apolinaro./* ✠ Le verso, blanc.

1489

Gratianus. — *Decretum.*

522. — Thomas de Blavis, 6 février 1489 ; 4°. — (Florence, N ; Munich, R)

Diuinus Codex decre/toꝝ.

520 ff. n. ch., s. : *a-z*, *z*, *ꝯ*, *A-T*. — 12 ff. par cahier, sauf *ꝯ* et *T*, qui n'en ont que 8. — C. g. r. et n. — Texte encadré par le commentaire, sur 2 col.

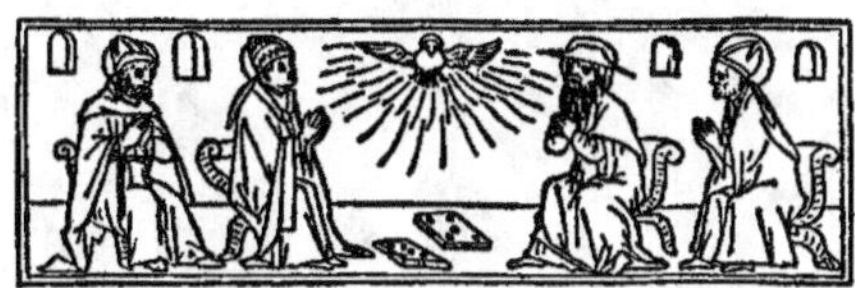

Gratianus, *Decretum*, 6 févr. 1489 (r. a_2).

à 54 ll. — Au-dessus du titre, bois oblong au trait (voir reprod. p. 494). — R. a_2. En tête du texte et au-dessous de la sixième ligne du commentaire, autre vignette au trait (voir reprod. p. 495).

R. T_8 : *Diuinus decretorum codex impressus venetijs/ impensa ac diligentia Thome de blauis de ale/ xandria feliciter explicit. anno salutis christiane/ millesimo. cccclxxxviiij. die. vi. februarij...* Au-dessous, marque de l'imprimeur en rouge. Plus bas, le registre. Le verso, blanc.

523. — Luc' Antonio Giunta, 20 mai 1514 ; 4°. — (Londres, BM ; Rome, VE — ☆)

Decretuȝ Gratiani/ cũ Glossis dñi Ioannis theutonici pre/ positi alberstatensis :...

38 (8, 8, 8, 8, 6) ff. prél., n. ch., s. : *1-5*. — 652 ff. num., s. : *A-Z*, *AA-ZZ*, *AAA-ZZZ*, *AAAA-MMMM;* suivis de 76 ff. n. ch., s. : *NNNN-UUUU*, ✠. — 8 ff. par cahier, sauf *MMMM* et *UUUU*, qui en ont 12. — Les ff. $UUUU_{12}$ et ✠ sont blancs. — C. g., r. et n. — Texte encadré par le commentaire, sur 2 col. à 55 ll. — Au bas de la page du titre, marque du lis rouge florentin. — V. 5_6 : Grand bois ombré : *Arrestation de J. C.*, avec monogramme ✱ (voir reprod. p. 496) copie inverse d'une planche d'Urs

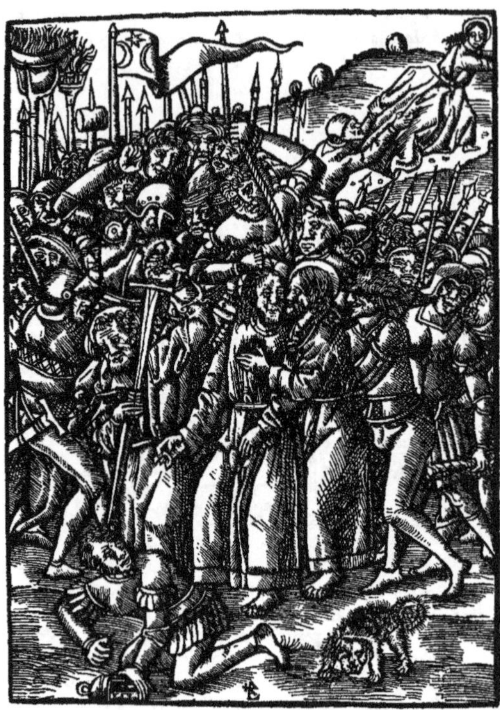

Gratianus, *Decretum*, 20 mai 1514 (v. 5_6).

Graf[1]. — R. I. En tête de la page, bois oblong : Gratianus assis dans une chaire, de face, un livre ouvert posé devant lui ; six ecclésiastiques à droite, et sept à gauche, assis, suivant son enseignement ; sur la face antérieure de la chaire : GRATIA/NVS. — Dans le texte, 130 vignettes et deux arbres généalogiques indiquant les degrés de parenté. — Petites in. o.

1. *Passio domini nostri Ie/su Christi ex euangelistarum textũ q3 accura‑/ tissime deprompta additis sanctissimis exqui‑/ tissimisq3* (sic) *figuris.* (A la fin) *Ioannes Knobloüchus imprimebat. Argeñ. Ann. M.D.VII.* (Paris, N, Est., E.c.6.a.). La planche, que nous reproduisons (voir p. 497), est au verso du f. C_{ij}. Le copiste italien n'a fidèlement suivi la donnée de l'artiste allemand que pour l'épisode principal ; il a supprimé deux des représentations accessoires qui occupent la partie de gauche de la composition originale (Jésus en prière ; Jésus allant réveiller ses trois compagnons), et rempli l'espace correspondant sur son bois par un groupe compact de soldats ; il a réduit aussi la troisième scène (un apôtre prenant la fuite) en supprimant le groupe de disciples qu'on voit au dernier plan sur la gravure allemande. Quant au chien placé à droite, au premier plan, il ne figure pas sur la planche d'Urs Graf ; mais il est emprunté d'un autre bois de la même suite : *Jésus dans le temple* (verso du f. *B*).

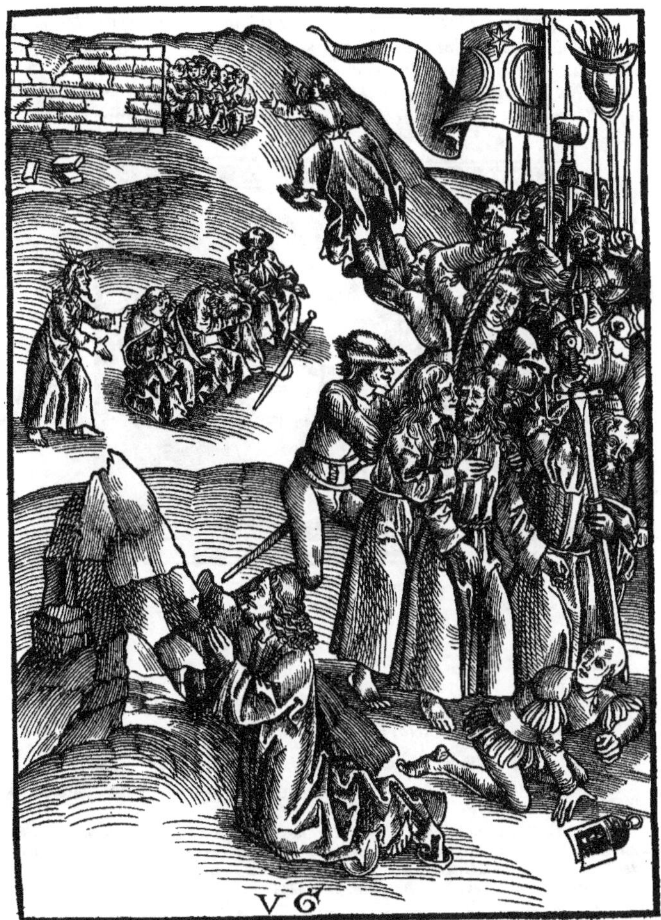

Passio D. N. J. C.; Strasbourg, Johann Knobloch, 1507 (v. C_{ij}).

R. cccccclij :... *Lucas antonius de Giũta Florẽ/tinus Uenetijs ĩpressit. Anno salutis. M.d.xiiij. die.xx.Maij...* Au-dessous, le registre, qui indique à tort une suite de cahiers de *UUUU* à *ZZZZ*. Le verso, blanc. R. *NNNN: Margarita decreti/seu tabula martiniana :...* sur 3 col. — R. ✠$_8$: *Flosculi seu summarij totius decreti finis.* Le verso, blanc.

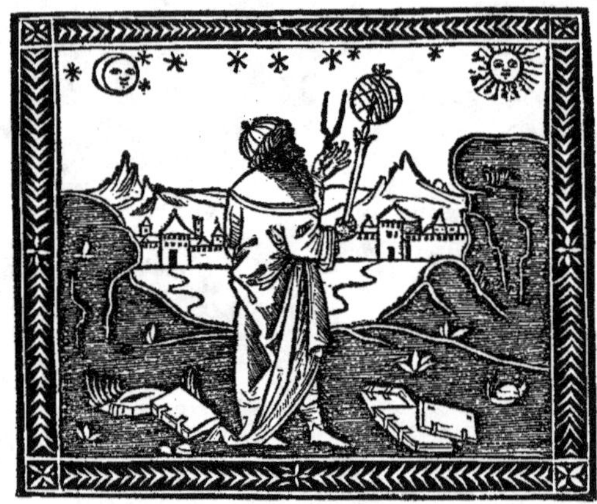

Albumasar, *Introductorium in astronomiam*, 5 sept. 1506 (p. du titre).

1489

ALBUMASAR. — *Introductorium in astronomiam.*

524. — (Augustæ Vindel.) Erhardus Ratdolt, 7 février 1489 ; 4°. — (Munich, R)

Introductorium in astronomiaʒ/ Albumasaris abalachi octo conti/ nens libros partiales.

A la fin : *Opus introductorij in astronomiã albumaʒaris abalachj explicit feliciter/ Erhardi ratdolt mira imprimendi arte : qua nuper venetijs nunc auguste/ vindelicoꝝ excellit noĩatissimus. 7. Idus Februarij. 1489.*

Figures employées par Ratdolt dans l'Hyginus, *Poeticon Astronomicon*, 14 oct. 1482, imprimé à Venise.

525. — Jacobus Pentius de Leucho (pour Melchior Sessa), 5 septembre 1506 ; 4°. — (Paris, M ; Londres BM — ☆)

Introductorium in astronomiam/ Albumasaris abalachi octo conti/ nens libros partiales.

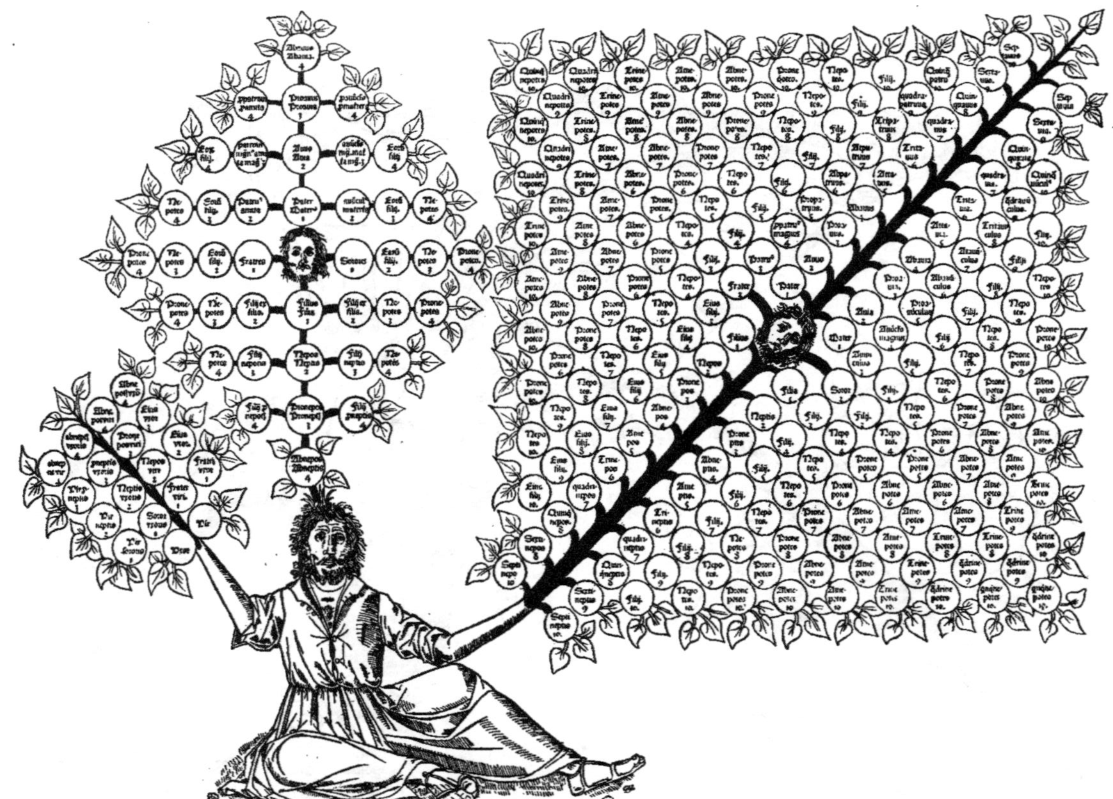

Crispus (Io.) de Montibus, *Repet. tituli institut. de hered. ab intest.*, 19 oct. 1490 (v. c_{ij} et r. c_{iij}).

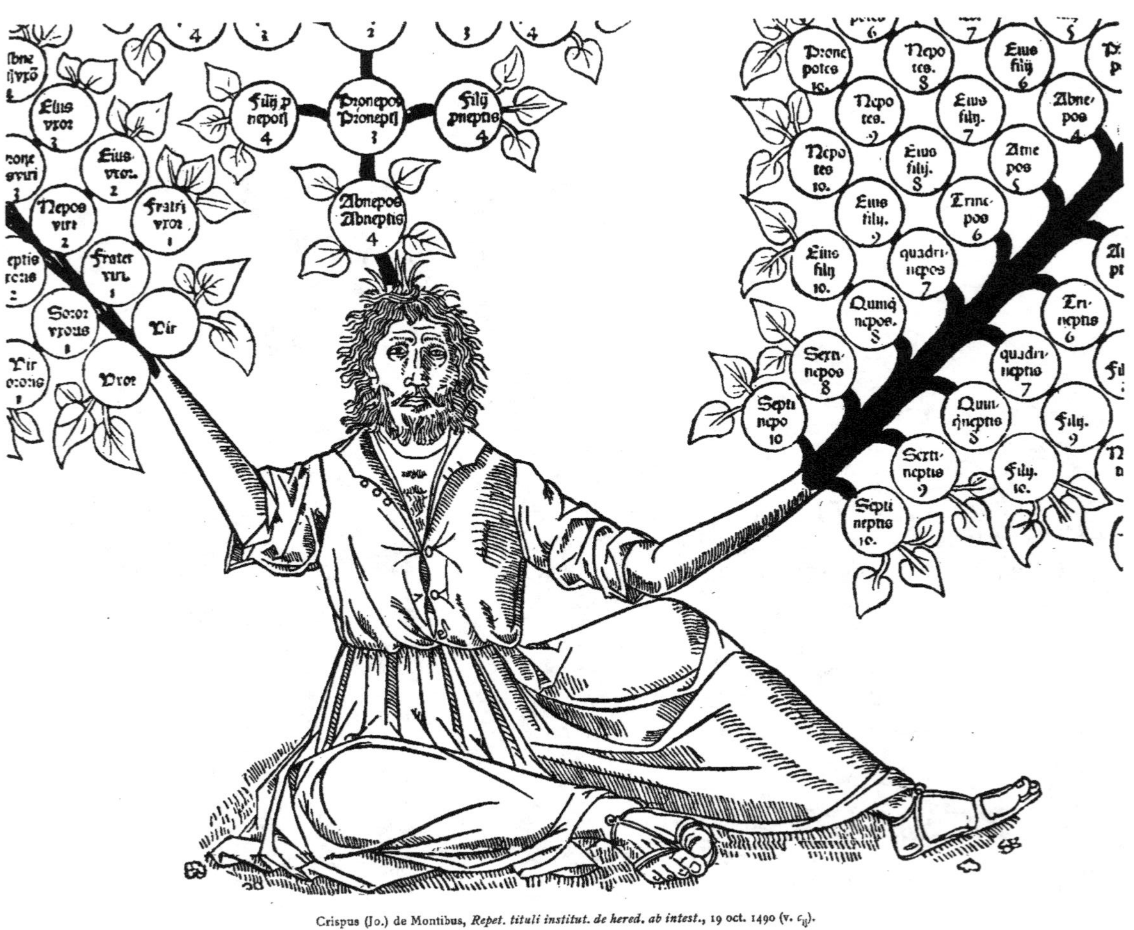

Crispus (Jo.) de Montibus, *Repet. tituli institut. de hered. ab intest.*, 19 oct. 1490 (v. c_{ij}).
(Grandeur exacte de la figure).

64 ff. n. ch., dont le dernier est blanc, s. : *a-h*. — 8 ff. par cahier. — C. g. — 2 col. à 43 ll. — Au-dessous du titre, bois ombré à terrain noir (voir reprod. p. 498). Le verso, blanc. — Dans le texte, 43 petites figures emblématiques des planètes et signes du Zodiaque ; trois diagrammes astronomiques. — In. o. à fond noir, de diverses grandeurs ; jolie in. *A*, au trait, au r. a_2.

V. h_7 :... *Uenetijs : mandato z expensis Melchionis* (sic) *Sessa Per Iacobum pentium/ Leucensez. Anno dñi. 1506. Die. 5 Septembris*... Au-dessous, le registre ; plus bas, marque du *Chat*.

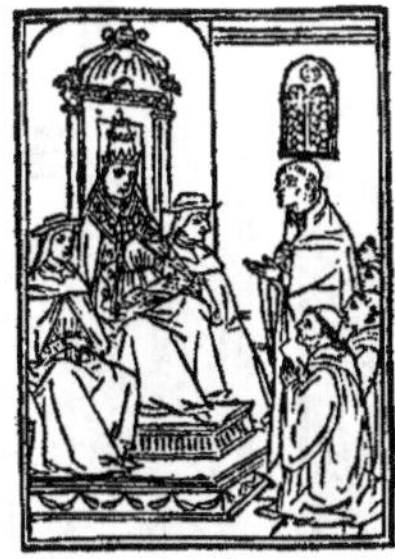

Sᵗ Grégoire, *Secundus dialog. liber de vita S. Benedicti*, 17 févr. 1490 (v. *A*).

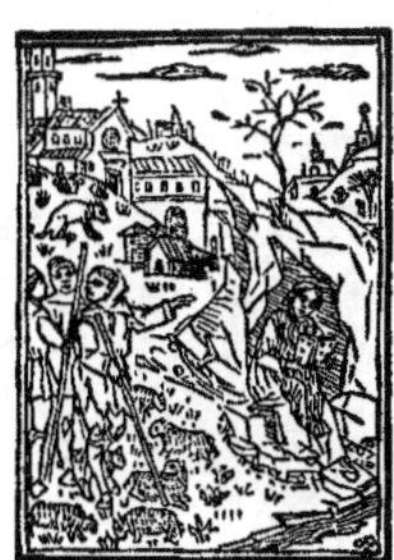

Sᵗ Grégoire, *Secundus dialog. liber de vita S. Benedicti*, 17 févr. 1490 (r. A_8).

1490

526. — Magister (Joannes). — *Questiones perutiles philosophiæ naturalis.*

Octavianus Scotus, 25 septembre 1490 ; 4°. — (Milan, A)

¶ *Incipiũt questiones perutiles sup tota philo/ sophia magistri Iohãnis Magistri doctoris pa/ risiensis*....

162 ff. n. ch., dont le dernier est blanc, s. : *a-u*. — 8 ff. par cahier, sauf *u*, qui en a 10. Le premier f. manque dans cet exemplaire. — C. g. — 2 col. à 50 ll. — V. p_3. Figure au trait montrant la réfraction des rayons lumineux. — Quelques autres diagrammes. — In. o. à fond noir.

R. u_8 : ¶ *Impresse Uenetijs anno dominici natalis./ 1490, septimo calendas octobris, sumptibus z ex/pẽsis nobilis Octauiani Scoti ciuis Modoeti/ensis*.... Au-dessous, le registre. — V. u_9 : grande marque à fond noir, aux initiales de l'imprimeur.

1490

527. — Crispus (Joannes) de Montibus. — *Repetitio tituli institutionum de hereditate ab intestato.*

Joannes Hamman de Landoia, 19 octobre 1490; f°. — (Londres, BM; Berlin, E)

Repetitio tituli insti. de here q̄ ab inte. defe./ z tituli de gradibus cum arbore edita per dn̄m/ Ioannē Crispū de mōtibus: Ciuē Aquila/ num...

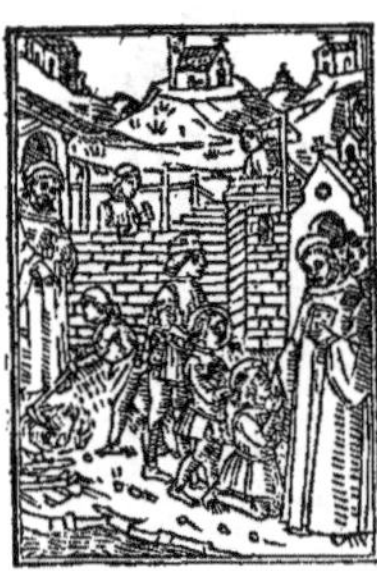

St Grégoire, *Secundus dialog. liber de vita S. Benedicti*, 17 févr. 1490 (v. B_3).

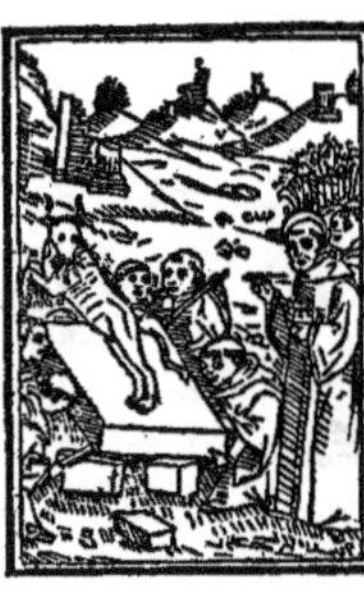

St Grégoire, *Secundus dialog. liber de vita S. Benedicti*, 17 févr. 1490 (r. C_3).

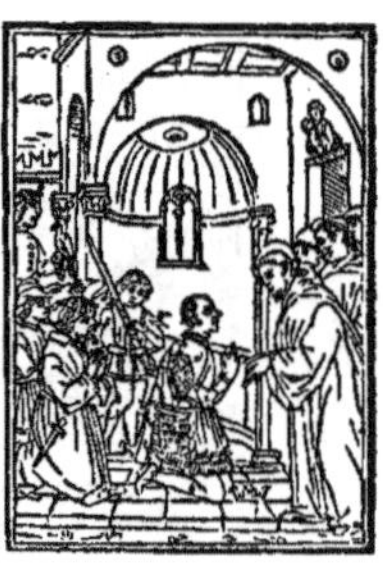

St Grégoire, *Secundus dialog. liber de vita S. Benedicti*, 17 févr. 1490 (r. D_3).

18 ff. (8,6,4) n. ch. s.: *a-c*. — C. g. — 2 col. à 59 ll. — Le titre reproduit ci-dessus est imprimé en rouge en tête de la 1re col. du f. a_{ij}. — R. c_{ij}, au bas de la 2me col.: *Sequitur arbor. Et post/ arborem ponūtur alie re/gule speciales ad declarā/ dum ramum successionis...* Le v. de ce f. et le r. c_{iij} sont occupés par une grande planche où sont figurés: *l'arbre de consanguinité*, *l'arbre d'affinité*, et *l'arbre de succession;* le premier sort de la tête, et les deux autres prolongent les bras d'un personnage assis dans le bas de la feuille, vers la gauche; au milieu du tronc de l'*arbre de consanguinité* et de *l'arbre de succession*, une tête humaine (voir reprod. pp. 499, 500). Le personnage et les branches sont imprimés en brun; la couleur verte des feuilles paraît avoir été appliquée à la main.

R. c_4: *Expletum est presens opusculum Impres/ sum Uenetijs: impensis atq3 diligentiori cura/ Iohannis hamman de Landoia Alemani di/cti Hertzog. Anno Millesimoquadringente/ simononagesimo. xiiij. Kal'. Nouembris.* Au bas de la page, marque à fond noir. Le verso, blanc.

1490

528. — GRÉGOIRE (S[t]), pape. — *Secundus dialogorum liber de vita et miraculis S. Benedicti*

Bernardino Benali, 17 février 1490; 16°. — (Venise, C; Munich, R — ☆)

56 ff. n. ch., s. : *A-G*. — 8 ff. par cahier. — C. g. — 20 ll. par page. — R. *A*, blanc. Au verso : *St Grégoire assis sur son trône, entre deux cardi-*

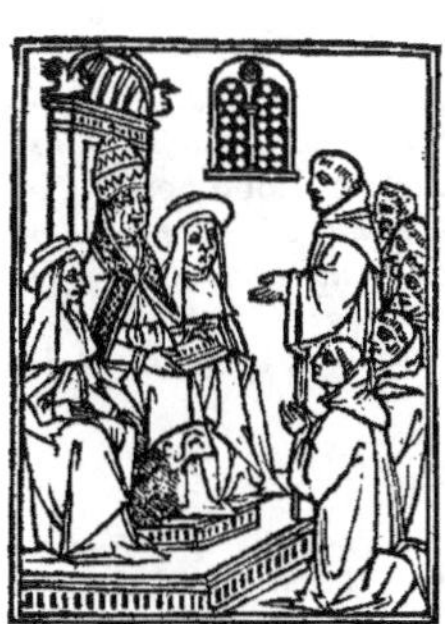

St Grégoire, *Secundus dialog. liber de vita S. Benedicti*, 13 mars 1505 (v. A_8).

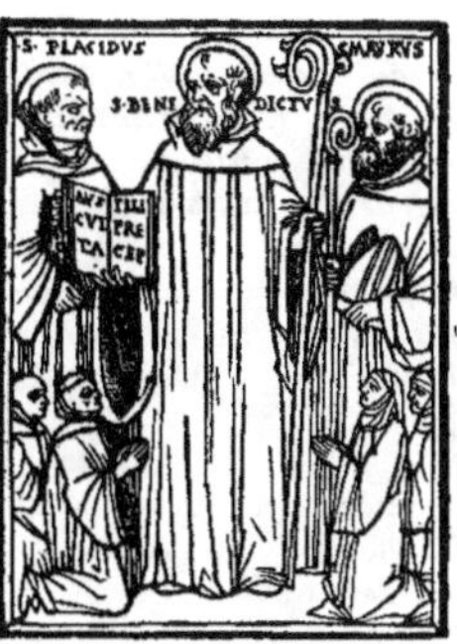

St Grégoire, *Secundus dialog. liber de vita S. Benedicti*, 13 mars 1505 (v. e_8).

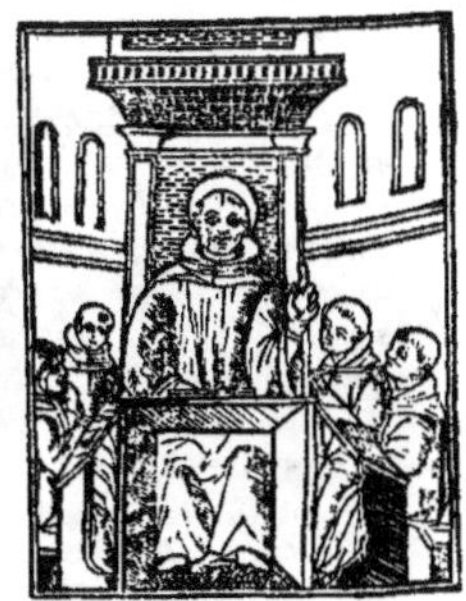

St Grégoire, *Secundus dialog. liber de vita S. Benedicti*, 13 mars 1505 (v. 88).

naux. — R. A_2 : ℂ *Incipit scd's liber dialogoꝝ bti/ gregorij pape de vita ꝛ miraculis/ bti prís nri bñdicti...* — R. A_3. *Des bergers se montrant St Benoît assis, en train de lire à l'entrée d'uue grotte.* — *V*. B_3. *Des enfants devant St Benoît.* — R. C_5. *St Benoît chassant le démon qui empêche les moines de lever une pierre de construction.* — R. D_3. *Totila, roi des Goths, à genoux devant St Benoît.* — (Voir les reprod. pp. 501, 502).

R. G_8 : ℂ *Explicit scd's lib Dyalogorum/ beati Gregorij pape de vita ꝛ mi/iraculis* (sic) *btissimi pris bñdicti ab/ batis ãno dñi. M. cccc. ixxxx* (sic). *die/ xvij. mẽsis februuarij* (sic). *Impressuȝ / Uenetijs ꝑ Bernardinũ benaliũ./ FINIS.* Le verso, blanc [1].

529. — Luc'Antonio Giunta, 13 mars 1505; 12°. — (Milan, B)

Secundus dyalogorum liber beati/ Gregorij pape de vita ac miracu/lis beatissimi Benedicti/ Eiusdem Almi patris nostri Bene/dicti regula./ Speculum Bernardi Abbatis casi/ nensis de his ad que in professio / ne obligatur monachus.

1. Voir p. 493 la note mise en renvoi au *Regula S. Benedicti*, 21 janvier 1489.

8 ff. prél., n. ch., s. : *A*. — 191 ff. num. et 1 f. n. ch., s. : *a-ʒ*, ⁊. — 8 ff. par cahier. — C. g. — 25 ll. par page. — Au-dessous du titre, marque du lis rouge florentin. — V. A_8. Vignette au trait, copie de celle de l'édition Benali, 17 février 1490 (voir reprod. p. 503). — R. 1. Encadrement de page : en haut et à gauche, bordure étroite de feuillage sur fond criblé ; sur le côté droit, deux petits bois à fond criblé ; au bas, bloc du même genre : *Jésus guérissant un malade* (de l'*Offic. B. M. V.*, 26 juin 1501). — V. 38 : ℂ *Explicit secundus liber Dyalogorum/ bti gregorij pape de vita ⁊ miraculis bea/tissimi patris benedicti abbatis.* — F. e_7, et r. e_8, blancs. — V. e_8. *St Benoît entre St Placide & St Maur* (voir reprod. p. 503). — R. 41. Encadrement de page du même genre qu'au r. 1 ; bloc inférieur : *Incrédulité de St Thomas.* — V. 88. *St Benoît enseignant des religieux* (voir reprod. p. 503). — R. 89. ℂ *Incipit Speculuȝ. D./ Bernardi abbatis casinẽ/ sis...* Encadrement de page du même genre qu'au r. 1 ; bloc inférieur : *Jésus enfant au milieu des docteurs.* — In. o. à figures, et in. o. à fond noir.

V. 191 : *Uenetijs. Impressum q̃ȝ diligentissime per/ Nobilem virum Lucantonium de giunta/ florentinum felicibus diui martyris Geor/gij auspicijs. Anno incarnatiõis dominice :/ quingentesimoquinto supra millesimum./ Tertio idus martij.* — R. $⁊_8$: marque du *St Georges combattant le dragon*. Le verso, blanc.

530. — Petrus Liechtenstein, 1520 ; 12°. — (Londres, BM)

ℂ *Secũdus dyalogorum liber beati/ Gregorij pape de vita ac miracu/ lis beatissimi Benedicti./* ℂ *Eiusdem Almi patris nostri Bene/dicti regula./* ℂ *Speculum Bernardi Abbatis casi/ nensis de his ad que in professio/ ne obligatur monachus./ Uenetijs in Edibus / Petri liechtẽstein.*

8 ff. prél. n. ch., s. : ✠. — 160 ff. num., s. : *a-v*. — 8 ff. par cahier. — C. g. r. et n. — 27 ll. par page. — Page du titre, au-dessus de l'indication de lieu, petite vignette ombrée : *St Benoît*, portant la mitre et la crosse, & tenant de la main droite un vase d'où sort un serpent. — V. $✠_8$: *St Benoît* « in cathedra », tenant de la main droite la crosse abbatiale, et de la main gauche un vase d'où sort un serpent ; cette vignette est enfermée dans un encadrement architectural, avec figure de Dieu le Père, en buste, entouré de têtes d'anges ailées, dans le tympan. — Quelques in. o. à figures. — (Manquent dans cet exemplaire les ff. 46, 90, 92, 93).

R. 160 : le registre ; au-dessous : *Uenetijs in Edibus/ Petri liechtẽstein/ Anno. 1520.* Le verso, blanc.

Imprimerie
FRAZIER-SOYE
153, rue Montmartre
PARIS

PRINCE D'ESSLING

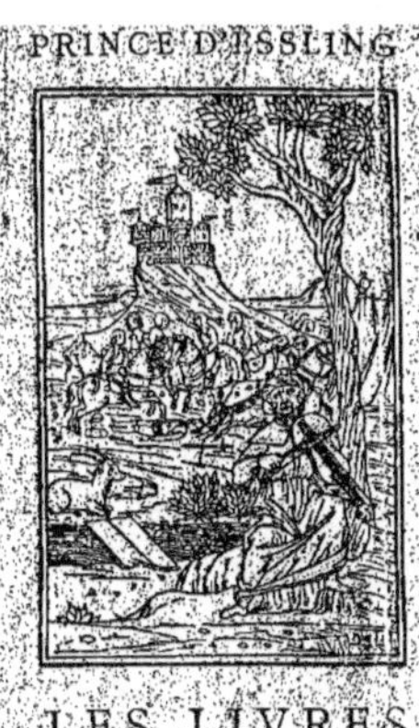

LES LIVRES A FIGURES VENITIENS

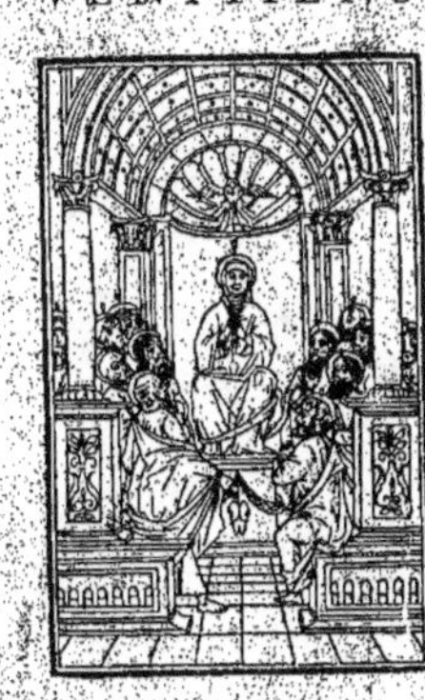

Première Partie

Tome I

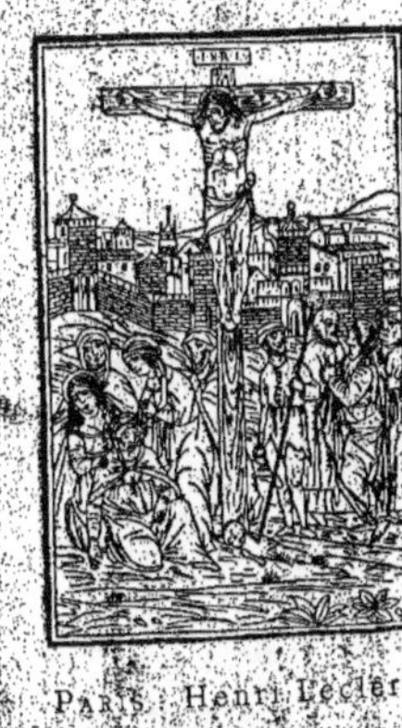

PARIS : Henri Leclerc

FLORENCE : Leo S. Olschki

www.ingramcontent.com/pod-product-compliance
Lightning Source LLC
LaVergne TN
LVHW011247110826
845149LV00001B/69

9782012736535